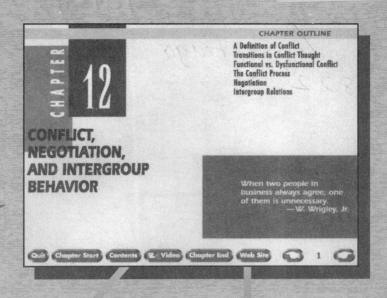

"On Location"
Video personalizado de casos
filmado en **The Knitting
Factory** (30 minutos)

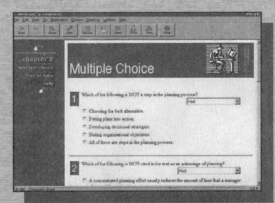

Site de apoyo para estudiantes que
incluye
- Noticias de actualidad
- Guía de estudio interactiva
- Recursos de Internet en CO

El *site* de apoyo para estudiantes está disponible
en **http://www.prenhall.com/robbinsorgbeh**
o mediante la conexión en el CD-ROM

Jürgen Heilmann
Av. Pedro de Valdivia 150, Depto 615
Providencia, Santiago
233 2822

Octava edición

COMPORTAMIENTO ORGANIZACIONAL

STEPHEN P. ROBBINS
San Diego State University

Traducción:

Alberto Santiago Fernández Molina
Ing. Industrial, Universidad Iberoamericana
MBA, Stetson University, Florida

Revisión Técnica:

Othón Juárez Hernández
Consultor en Organización y Recursos Humanos

Pearson
Educación

MÉXICO · ARGENTINA · BRASIL · COLOMBIA · COSTA RICA · CHILE
ESPAÑA · GUATEMALA · PERÚ · PUERTO RICO · VENEZUELA

Datos de catalogación bibliográfica

Robbins, Stephen

Comportamiento organizacional, 8a. ed.
PRENTICE HALL
México, 1999

ISBN: 970-17-0236-0
Área: Universitarios

Formato: 20 × 25.5 cm   Páginas: 816

Edición en español:
Editora: Marisa de Anta
Supervisora de traducción: Rocío Cabañas Chávez
Supervisor de edición: Alejandro A. Gómez Ruiz
Correctores de estilo: Arturo Velasco Carreto y Carlos Roberto Ramírez Fuentes

Edición en inglés:
Acquisitions editor: David Shafer
Assistant editor: Lisamarie Brassini
Editorial assistant: Christopher Stogdill
Editor-in-chief: Natalie Anderson
Marketing manager: Stephanie Johnson
Production editor: Judith Leale
Managing editor: Dee Josephson
Manufacturing buyer: Kenneth J. Clinton
Manufacturing supervisor: Arnold Vila
Manufacturing manager: Vincent Scelta
Senior designer: Ann France
Design director: Patricia Wosczyk
Cover design: Maureen Eide/Jill Little
Endpaper design: Warren Fischbach
Cover image: © Boris Lyubner/SIS

ROBBINS: COMPORTAMIENTO ORGANIZACIONAL, 8a. ed.

Traducido de la octava edición en inglés de la obra: **Organizational Behavior, Concepts, Controversies, Applications.**

Derechos reservados © 1999 respecto a la cuarta edición en español publicada por:
Prentice Hall Hispanoamericana, S. A.
Calle 4 Núm. 25-2º piso, Fracc. Industrial Alce Blanco
53370 Naucalpan de Juárez, Edo. de México

ISBN 970-17-0236-0

Miembro de la Cámara Nacional de la Industria Editorial Mexicana, Reg. Núm. 1524.

Original English Language Edition Published by Prentice Hall, Inc.
Copyright © 1998
All right reserved

ISBN 0-13-857459-6

IMPRESO EN MÉXICO/PRINTED IN MEXICO

1 2 3 4 5 6 7 8 9 0   03 02 01 00 99

TIPOGRAFICA BARSA
PINO No. 343 LOCAL 71-72
MEXICO, D.F.
C.P. 06400

Contenido

Prefacio

Mi editor dice que desde su quinta edición esta obra continuamente ha sido el libro de texto número uno en ventas sobre comportamiento organizacional (CO) en Estados Unidos y en el mundo. De acuerdo con la tendencia hacia la globalización de los mercados, este libro en realidad vende más ejemplares cada año fuera de Estados Unidos que dentro. Por ejemplo, la edición más reciente (y sus adaptaciones o traducciones) es líder de mercado en Australia, Hong Kong, Malasia, las Filipinas, India, México, Brasil, América Central y Escandinavia.

Los comentarios anteriores, sin embargo, se relacionan con las ediciones *pasadas*. Espero que usted esté más interesado en lo que hay en *esta* edición. Por lo tanto, déjeme resaltar aquellas características que los profesores que lo adoptan como libro de texto continúan diciéndome que les gusta (y que se ha mantenido en esta revisión) como también lo que hay de nuevo.

Lo que se conserva de la edición pasada

◆ *El análisis del modelo de los tres niveles*. Este libro continúa organizando el CO alrededor del análisis de los tres niveles. Empezamos con el comportamiento individual y luego abordamos el comportamiento en grupo. Finalmente, agregamos el sistema organizacional para capturar toda la complejidad del comportamiento organizacional.

◆ *Estilo de escritura*. El texto continúa presentando los conceptos de manera clara y sin rodeos. Se hace un considerable esfuerzo para explicar con cuidado los temas complejos e ilustrar la aplicación por medio de numerosos ejemplos.

◆ *Cobertura extensa de la bibliografía*. Este libro se caracteriza por su amplia y actualizada cobertura acerca del CO: tanto de los periódicos académicos como de los de negocios. Por ejemplo, este libro tuvo un capítulo sobre el conflicto en 1979 y otro sobre la cultura organizacional en 1983. Además, fue uno de los primeros libros de CO que incluyeron temas sobre diversidad, globalización, poder y política, negociación, socialización, la disminución de la burocracia, la organización virtual, la fuerza laboral bimodal y la importancia del fomento de la confianza.

◆ *Pedagogía*. La octava edición continúa la tradición de proporcionar el más completo surtido de tipos de pedagogía, que no está disponible en cualquier libro de CO. Esto incluye revisión y preguntas de discusión, debates en favor y en contra, ejercicios individuales y en grupo, ejercicios de dilemas éticos, casos reales y reseñas de casos, además de un caso progresivo de integración, al final de cada parte.

Lo nuevo de la octava edición

Continuando con la historia del liderazgo en el mercado, los usuarios de ediciones anteriores notarán diversos cambios significativos.

◆ *Primero*, el material que previamente se incluyó en un capítulo separado —"Respuesta ante la diversidad global y cultural"— se integra ahora a lo largo del texto. Como se observa en la ilustración P-1, usted encontrará discusiones de ética, diversidad de la fuerza laboral y globalización cubiertos en la mayoría de los capítulos. Este cambio se debe a mantener mis esfuerzos de integrar los temas, más que dejarlos como temas aislados.

◆ *Segundo*, esta edición representará el primer intento en los textos de comportamiento organizacional de integrar completamente la tecnología. Cada ejemplar de *Comportamiento organizacional*, 8a. ed., incluye un CD-ROM creado especialmente para este texto. Además, existe una conexión a Internet a un sitio en la Web, específico para el texto **<http://www.prenhall.com/robbinsorgbeh>**. Los estudiantes encontrarán allí una guía interactiva, enlaces a sitios adicionales sobre el comportamiento organizacional y nuevos artículos actualizados vinculados a sus textos.

◆ *Tercero*, las reseñas de caso están hechas a la medida para este texto con la intención de demostrar con claridad los principios del comportamiento organizacional, como aparecen en las compañías en la realidad. **The Knitting Factory**, una pequeña fábrica de música localizada en Nueva York, es la compañía. Su red y su apoyo en la tecnología para un rápido crecimiento presentan ejemplos interesantes sobre el individuo, el grupo y temas organizacionales, así como conceptos discutidos en el texto. El video de esta reseña de caso está en el CD-ROM anexo.

Ilustración P-1 **Temas integradores (con referencias de página específicas)**

Capítulo	Ética	Diversidad	Globalización
1	17–18, 32	13–14, 32–34	12–13
2		42–45	65–66
3	103, 117–19, 120, 126–27		116–17, 120
4	137	149–50	138, 140
5			167, 192–93
6	231–32	224	208, 210, 214, 217–18, 231
7		261–63, 264	261
8		299–300	294–96
9		330–32, 342–43	309–10, 315, 330, 332–34, 341–42
10	384–85	377–78	351–53, 382–83
11	422–23	395–96, 408–10, 430–31	395–96
12		445–47, 454	454–55
13	510–11		496
14	548–49		
15	575, 589–90	559, 561, 580–83, 590	558, 579–80, 586, 587
16	618	602	593–94, 600–01, 604
17			625–26, 637, 651–52, 671–72
Apéndices	A-2, A-23		

◆ *Cuarto*, toda la investigación desde la séptima edición se ha revisado y se ha actualizado para esta edición.

◆ *Finalmente*, existen numerosos cambios y adiciones a muchos de los capítulos. El más significativo es haber eliminado el tema del control del estrés del capítulo sobre el diseño del trabajo (capítulo 15 antiguo) y haberlo pasado al capítulo final sobre el cambio organizacional (capítulo 17 nuevo). La siguiente lista destaca lo que es nuevo en la octava edición:

Capítulo 2: Fundamentos del comportamiento individual. Nuevo cuadro de "De los conceptos a las habilidades" sobre habilidades de disciplina eficaces.

Capítulo 3: Percepción y toma individual de decisiones. Más material sobre la creatividad en la toma de decisiones. Se enfatiza la bibliografía sobre el comportamiento de la toma de decisiones, la heurística y los estilos de toma de decisiones.

Capítulo 4: Valores, actitudes y satisfacción en el trabajo. Material sobre las diferencias culturales, ahora incluidas en este capítulo, y nuevo material sobre influencias genéticas en la satisfacción en el trabajo.

Capítulo 6: Motivación: de los conceptos a las aplicaciones. Nuevo material sobre programas de reconocimiento al empleado y sobre los retos de motivar a los trabajadores no calificados de servicio y al personal que hace tareas altamente repetitivas.

Capítulo 10: Liderazgo. Material nuevo sobre el liderazgo visionario y el liderazgo de equipo, así como también sobre la posible dimensión moral del liderazgo.

Capítulo 14: Diseño del trabajo. Se ha añadido una nueva sección sobre las condiciones físicas y el diseño del espacio de trabajo, además de una nueva disquisición sobre el trabajo basado en equipo.

Capítulo 15: Políticas y prácticas de recursos humanos. Material nuevo sobre bibliografía básica de entrenamiento y sobre entrenamiento individualizado; material revisado sobre desarrollo de la carrera, lo cual refleja un nuevo énfasis en las carreras autoadministradas; y una nueva sección sobre la cultura de la organización.

Capítulo 16: La cultura organizacional. Nuevo cuadro de "De los conceptos a las habilidades" sobre lectura de la cultura de la organización.

Capítulo 17: Cambio organizacional y manejo de la tensión. Nuevo material sobre el efecto de la cultura en los esfuerzos de cambio.

Glosario/Índice por temas. La última parte, de reciente creación, integra el índice temático y el glosario. Esto ahora proporciona una localización de una sola parada para encontrar y definir términos y conceptos clave.

Agradecimientos

Numerosos colegas han sido lo suficientemente amables para revisar esta nueva edición y ofrecer sugerencias para mejorarla. Agradezco a las siguientes personas por sus comentarios:

Joseph Martelli, The University of Findlay, Findlay, OH
Scott Lefaver, San Jose State University, San José, CA
Michael Whitty, Santa Clara University, Santa Clara, CA
Roya Ayman, Illinois Institute of Technology, Chicago, IL

Jane Whitney Gibson, Nova Southeastern University, Fort Lauderdale, FL

Matthew Lane, Portland State University, Portland, OR

Sheri Bischoff, Brigham Young University, Provo, UT

Sin importar qué tan bueno sea el manuscrito que entregue, no es más que só-lo tres o cuatro disquetes hasta que mis amigos de Prentice Hall entran en acción. Entonces el equipo de editores, de personal de producción, diseñadores, especialistas de mercadotecnia y representantes de PH convierten esos millones de caracteres digitales a un libro de texto y ven que llegue a las manos de los profesores y estudiantes. Mi agradecimiento en este proyecto es para David Shafer, Natalie Anderson, Jim Boyd, Sandy Steiner, Bill Oldsey, Stephanie Johnson, Judy Leale, Ann France, Christopher Stogdill, Lisamarie Brassini, Nancy Moudry, Teri Stratford y todos mis amigos de Prentice Hall de Canadá, Prentice Hall de Australia, Prentice Hall Hispanoamericana, Prentice Hall de Brasil, Prentice Hall de la India y Simon & Schuster de Asia, quienes han apoyado mucho este libro en sus múltiples ediciones.

Dedico un agradecimiento especial a Rob Panco. La apertura y honestidad de Rob continúa haciendo del caso de interrogación de esta obra, una característica única entre los libros de comportamiento organizacional.

Finalmente, deseo agradecer a mi esposa, Laura Ospanik. Escribir es una actividad demandante. Es también algo que hago por mí mismo, escondido en mi oficina, casi todos los días del año. No muchas esposas entenderían tal aislamiento autoimpuesto. Como artista, Laura lo entiende. Por ello quiero usar este espacio para agradecerle públicamente su tolerancia y su apoyo.

Stephen P. Robbins

Acerca del autor

STEPHEN P. ROBBINS realizó su doctorado en la Universidad de Arizona. Antes trabajó en Shell Oil Company y en Reynolds Metals Company. Desde que terminó sus estudios, ha impartido clases en la Universidad de Nebraska, Omaha; en la Universidad de Concordia, Montreal; en la Universidad de Baltimore; en la Universidad del Sureste de Illinois, en Edwardsville y en la Universidad Estatal de San Diego. Sus intereses de investigación se han enfocado en el conflicto, el poder y la política en las organizaciones, así como también en el desarrollo de habilidades interpersonales eficaces. Sus artículos sobre éstos y otros temas han sido publicados en diarios como *Business Horizons*, *California Management Review*, *Business and Economic Perspectives*, *International Management*, *Management Review*, *Canadian Personnel and Industrial Relations* y *The Journal of Management Education*. En años recientes, ha pasado la mayor parte de su tiempo profesional escribiendo libros de texto. Entre sus otros libros publicados por Prentice Hall están *Managing Today!*, *Management*, 5a ed. (con Mary Coulter); *Fundamentals of Management*, 2a ed. (con David DeCenzo); *Essentials of Organizational Behavior*, 5a ed.; *Training in InterPersonal Skills*, 2a ed. (con Philip Hunsaker); *Organization Theory*, 3a ed.; y *Supervision Today!*, 2a ed. (con David De Cenzo). Estos libros se usan en más de mil colegios y universidades en Estados Unidos, y en cientos de escuelas a lo largo de Canadá, Australia, Nueva Zelanda, Singapur, Hong Kong, Malasia, China, Islas Filipinas, México, Países Bajos y Escandinavia.

Además de llevar una intensa vida intelectual, Robbins suele participar en competencias de pista para veteranos. En 1995 reafirmó su título de "El hombre más rápido del mundo mayor de 50 años" —por haber ganado el campeonato estadounidense bajo techo de 60 y 200 metros; por haber conquistado el campeonato nacional al aire libre de Estados Unidos de 100 y 200 metros; y por haber obtenido cuatro medallas de oro (habiendo establecido tres nuevas marcas mundiales) en los XI Juegos Mundiales para Veteranos. En los juegos mundiales ganó en los 100, 200 y 400 metros planos y aseguró la victoria para Estados Unidos en la carrera de relevos por equipos. Robbins fue nombrado el atleta sobresaliente mayor de 40 años de pista y campo en 1995, por el Comité de Veteranos de Pista y Campo de USA Track & Field, el órgano nacional de gobierno para atletismo en Estados Unidos.

Primera parte   Introducción

¿QUÉ ES EL COMPORTAMIENTO ORGANIZACIONAL?

PERFIL DEL CAPÍTULO
La labor de los gerentes
Introducción al comportamiento organizacional
Reemplazo de la intuición con el estudio sistemático
Retos y oportunidades para el CO
Disciplinas que contribuyen al campo del CO
Existencia de algunos principios absolutos en el CO
Nuevas atracciones: desarrollo de un modelo del CO

> No es lo que no sabemos lo que nos da problema, sino lo que sabemos.
> —W. Rogers

OBJETIVOS DE APRENDIZAJE

Después de estudiar este capítulo, usted será capaz de:

1 Definir el comportamiento organizacional (CO)

2 Describir la labor de los gerentes

3 Explicar el valor del estudio sistemático del CO

4 Listar los mayores retos y oportunidades para los gerentes al usar los conceptos del CO

5 Identificar las contribuciones realizadas por las principales disciplinas científicas del comportamiento al CO

6 Describir por qué los gerentes requieren el conocimiento del CO

7 Explicar la necesidad de un método de contingencia del estudio del CO

8 Identificar los tres niveles de análisis en el modelo de CO de este libro

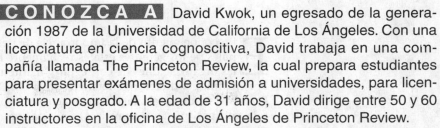

CONOZCA A David Kwok, un egresado de la generación 1987 de la Universidad de California de Los Ángeles. Con una licenciatura en ciencia cognoscitiva, David trabaja en una compañía llamada The Princeton Review, la cual prepara estudiantes para presentar exámenes de admisión a universidades, para licenciatura y posgrado. A la edad de 31 años, David dirige entre 50 y 60 instructores en la oficina de Los Ángeles de Princeton Review.

"Mi entrenamiento académico en inteligencia artificial no me preparó para mi mayor reto de trabajo: entender y motivar a la gente", dice David. "Por ejemplo, nada en la UCLA enfatizó en realidad cómo hacer que las personas estén preparadas. Para mí, la gente es la parte desconocida de la ecuación que determina qué tan eficaz soy en mi trabajo. Otras tareas, como programar o las relaciones con el cliente, me dan muy pocos dolores de cabeza. Lo que he aprendido es que cuando las cosas van mal, casi siempre el trasfondo es un problema relacionado con la gente. He trabajado muy duro para hacer que nuestro personal de enseñanza se sienta como una pequeña familia y que se familiarice con técnicas de aprendizaje para conseguir que se motiven. Pero, para mí, ha sido un entrenamiento sobre la marcha del trabajo. No aprendí nada de esto en la escuela."

David Kwok ha aprendido lo que la mayoría de los gerentes aprende muy rápido: una gran parte del éxito en cualquier trabajo de gerencia tiene que ver con el desarrollo de buenas habilidades con la gente o interpersonales. Lawrence Weinbach, director en jefe de una empresa de contadores de Arthur Andersen & Co., lo dice de esta manera: "El conocimiento técnico puro te va llevar solamente a un punto. Más allá, las habilidades interpersonales se vuelven críticas."[1]

Aunque los gerentes empíricos entendieron hace tiempo la importancia de las habilidades interpersonales para una gerencia eficaz, las escuelas de negocios fueron más lentas en captar el mensaje. Hasta finales de la década de los ochenta, los currícula de las escuelas de negocios se enfocaron casi únicamente en los aspectos técnicos de la gerencia, enfatizando cursos de economía, contabilidad, finanzas y técnicas cuantitativas. Los cursos en comportamiento humano y habilidades con la gente recibieron mínima atención en relación con los aspectos técnicos de la gerencia. A lo largo de la década pasada, sin embargo, el profesorado de las escuelas de negocios ha cobrado conciencia de la importancia que tiene el entendimiento del comportamiento humano en la determinación de la eficacia del gerente. Así, pues, en gran medida se han agregado al currículum los cursos obligatorios sobre habilidades. ◆

El reconocimiento de la importancia de desarrollar las habilidades interpersonales de los gerentes está estrechamente ligado con la necesidad que tienen las organizaciones de conseguir y mantener empleados de alto rendimiento. Por ejemplo, el director general ejecutivo (CEO) de Chrysler Corporation, Robert Eaton, ve su fuerza laboral como un activo que proporciona a su compañía una ventaja competitiva importante. "La única manera en que podemos vencer a la competencia es con la gente", dice Eaton. "Es la única cosa que cualquiera tiene. Su cultura y su modo de motivar y facultar y educar a su gente es lo que hace la diferencia."[2] La dirección de Starbucks, el vendedor de café de rápido crecimiento establecido en Seattle, coincide: "Nuestra única ventaja competitiva sostenible es la calidad de nuestra fuerza laboral."[3]

Un estudio de 191 ejecutivos de alto nivel en seis compañías de Fortune 500, buscó una respuesta a la pregunta: ¿Por qué fracasan los gerentes? La única y más grande razón para el fracaso, de acuerdo con estos ejecutivos, era la pobreza de habilidades interpersonales.[4] El Centro para el Liderazgo Creativo en Greensboro, Carolina del Norte, estima que la mitad de los gerentes y 30% de los gerentes *senior* tienen algún tipo de dificultad con la gente.[5] En consistencia con estos hallazgos están las encuestas que han buscado determinar qué habilidades consideran los reclutadores de universidades como las más importantes para la eficacia en el trabajo de los egresados del MBA.[6] Estas encuestas han identificado consistentemente las habilidades interpersonales como las más importantes.

Hemos llegado a entender que las habilidades técnicas son necesarias, pero insuficientes, para el éxito en la administración. En el lugar de trabajo de hoy, cada vez más competitivo y demandante, los gerentes no pueden tener éxito basándose únicamente en sus habilidades técnicas. Deben también tener buenas habilidades con la gente. Este libro se ha escrito para ayudar tanto a los gerentes en activo como a los potenciales a desarrollar aquellas habilidades personales.

La labor de los gerentes

Empecemos por definir de manera breve los términos *gerente* y el lugar donde los gerentes trabajan: la *organización*. Luego, observemos el trabajo del gerente; específicamente, ¿qué hacen los gerentes?

Los **gerentes** obtienen cosas a través de otra gente. Toman decisiones, distribuyen recursos y dirigen las actividades de otros para lograr metas. Los gerentes hacen su trabajo en una **organización.** Ésta es una unidad social coordinada conscientemente, compuesta de dos o más personas, que funciona con una base relativamente continua para lograr una meta común o un conjunto de metas. Con base en esta definición, las empresas de manufactura y servicio son organizaciones. Así también, lo son las escuelas, los hospitales, las iglesias, las unidades militares, las tiendas al menudeo, los departamentos de policía y las agencias locales, estatales y federales de gobierno. Las personas que supervisan las actividades de otros y que son responsables del logro de las metas en estas organizaciones son los gerentes (aunque a veces se denominan *administradores*, en especial en las organizaciones sin afán de lucro).

gerentes
Individuos que logran metas determinadas por medio de la demás gente.

organización
Una unidad social coordinada conscientemente, compuesta por dos o más personas, que funciona con una base de relativa continuidad para lograr una meta común o una serie de metas.

◆ Las personas que supervisan las actividades de otros y que son responsables del logro de las metas en las organizaciones son los gerentes.

Funciones de la gerencia

En la primera parte de este siglo, un industrialista francés de nombre Henry Fayol escribió que los gerentes realizan cinco funciones: planean, organizan, ordenan, coordinan y controlan.[7] Hoy en día, las hemos condensado en cuatro: planear, organizar, dirigir y controlar.

Si usted no sabe hacia dónde se está dirigiendo, cualquier camino será bueno. Ya que las organizaciones existen para lograr metas, alguien tiene que definir esas metas y los medios por los cuales pueden lograrse. La gerencia es ese alguien. La función de **planeación** se ocupa de definir las metas de la organización, establecer la estrategia general para lograr estas metas y desarrollar una jerarquía comprensiva de los planes para integrar y coordinar actividades.

Los gerentes también son responsables del diseño de la estructura de la organización. Esta función se conoce como **organización.** Incluye la determinación de qué tareas son las que se realizarán, quién las hará, cómo se agruparán las labores, quién reportará a quién y dónde se tomarán las decisiones.

Cada organización contiene personas, y es trabajo de la gerencia dirigir y coordinar a estas personas. Ésta es la función de **dirección.** Cuando los gerentes motivan a los subordinados, dirigen las actividades de otros, seleccionan los canales más eficaces de comunicación o resuelven conflictos entre los miembros, están implicados en el liderazgo.

La función final que los gerentes desarrollan es el **control.** Después de que se establecen las metas, se formulan los planes, se delinean los arreglos estructurales y se contrata, se entrena y se motiva el personal, existe todavía la posibilidad de que algo se haya pasado por alto. Para asegurar que las cosas estén marchando como deberían, la gerencia debe monitorear el rendimiento de la organización. El rendimiento real debe compararse con las metas previamente establecidas. Si hay alguna desviación significativa, es trabajo de la gerencia hacer que la organización vuelva al camino. Este monitoreo, esta comparación y esta corrección potencial constituyen el significado de la función de controlar.

Así que usando el método funcional, la respuesta a la pregunta, ¿qué hacen los gerentes? es: que planean, organizan, dirigen y controlan.

planear
Incluye la definición de metas, el establecimiento de la estrategia y el desarrollo de planes para coordinar las actividades.

organizar
Determinación de qué labores deben realizarse, quién deberá hacerlas, cómo se agruparán las tareas, quién reportará a quién y quién tomará las decisiones.

dirigir
Se refiere a motivar a los subordinados, dirigir a otros, seleccionar los canales de comunicación más eficaces y resolver los conflictos.

controlar
Monitorear las actividades para asegurar que se están logrando según lo planeado y corregir cualquier desviación significativa.

Kim Woo-Choong (izquierda), director y fundador del grupo Daewoo de Corea del Sur, está involucrado personalmente en el control de la calidad del producto. Su meta es vender automóviles Daewoo —ahora principalmente exportados a países del tercer mundo— en Estados Unidos. Para lograr esa meta, la compañía debe mejorar la calidad de sus autos al reducir los defectos. Las visitas frecuentes de Kim al piso de la fábrica para inspeccionar personalmente partes es una poderosa señal para los empleados sobre la importancia de monitorear la calidad del producto.

Papeles de la gerencia

A finales de la década de los sesenta, un estudiante egresado del MIT, Henry Mintzberg, llevó a cabo un cuidadoso estudio sobre cinco ejecutivos para determinar qué hicieron estos gerentes en sus trabajos. Con base en las observaciones que hizo de estos gerentes, Mintzberg concluyó que los gerentes realizan diez papeles diferentes altamente relacionados o grupos de comportamientos atribuibles a sus trabajos.[8] Como se muestra en la ilustración 1-1, estos diez papeles pueden agruparse como concernientes principalmente con las relaciones interpersonales, la transferencia de información y la toma de decisiones.

PAPELES INTERPERSONALES Se requiere que todos los gerentes realicen actividades que son de naturaleza ceremoniosa y simbólica. Cuando el rector de una universidad entrega los diplomas en la ceremonia de graduación o cuando el supervisor de una fábrica guía a un grupo de estudiantes de preparatoria, están actuando un papel de *figura decorativa*. Todos los gerentes tienen también un papel de *líder*. Éste incluye contratar, entrenar, motivar y disciplinar a los empleados. El tercer papel dentro del grupo interpersonal es el de *enlace*. Mintzberg describió esta actividad como contactar externos que proporcionarán información al gerente. Aquéllos podrían ser individuos o grupos de dentro o fuera de la organización. El gerente de ventas que obtiene información del gerente de personal en su propia compañía tiene una relación interna de enlace. Cuando el gerente de ventas tiene contactos con otros ejecutivos de ventas por medio de una asociación de negociación de mercadotecnia, él o ella tiene una relación externa de enlace.

PAPELES DE INFORMACIÓN Todos lo gerentes, en algún grado, recopilan información de organizaciones e instituciones fuera de la suya propia. Típicamente, consiguen información al leer revistas y hablar con otras personas para conocer los cambios en los gustos del público, lo que los competidores pueden estar planeando y cosas similares. Mintzberg llamó a esto el papel de *observador*. Los gerentes también actúan como un conducto para transmitir información a los miembros de la organización. Éste es el papel de *diseminador*. Además, los gerentes actúan el papel de *vocero* cuando representan a la organización ante los externos.

PAPELES DE DECISIÓN Por último, Mintzberg identificó cuatro papeles que giran alrededor de la elección de opciones. En el papel de *emprendedores*, los gerentes inician y supervisan nuevos proyectos que mejorarán el rendimiento de la organización. Como *manejadores de perturbaciones*, los gerentes instauran acciones correctivas en respuesta a problemas no previstos. Como *distribuidores de recursos*, los gerentes son responsables de distribuir los recursos humanos, físicos y monetarios. Por último, los gerentes realizan un papel de *negociadores*, en el cual ellos discuten temas y negocian con otras unidades para obtener ventajas para su propia unidad.

Habilidades gerenciales

Incluso otra manera de considerar lo que hacen los gerentes, es mirar las habilidades o competencias que necesitan para lograr con éxito sus metas. Robert Katz ha identificado tres habilidades esenciales del gerente: técnica, humana y conceptual.[9]

habilidades técnicas
La habilidad de aplicar el conocimiento especializado o la experiencia.

HABILIDADES TÉCNICAS Las **habilidades técnicas** conllevan la de aplicar el conocimiento especializado o la experiencia. Cuando usted piensa en las habilidades de los profesionistas como los ingenieros civiles o los cirujanos dentistas, se enfoca casi siempre en sus habilidades técnicas. A través de la educación extensiva formal, ellos han adquirido el conocimiento especializado y las prácticas de su campo. Por supuesto, los profesionistas no tienen un monopolio de las habilidades técnicas y no todas éstas tienen que ser aprendidas en las escuelas o en programas de entrenamien-

Ilustración 1-1 Papeles gerenciales de Mintzberg

Papel	Descripción	Ejemplo
Interpersonal		
Figura decorativa	Cabeza simbólica, requerida para realizar numerosos deberes de rutina de naturaleza legal o social	Ceremonias, peticiones de estado, solicitudes
Líder	Responsable de la motivación y dirección de los subordinados	Virtualmente todas las actividades gerenciales que involucran subordinados
Enlace	Mantiene una red de contactos externos que proporcionan favores e información	Poseedor del correo, trabajo externo de la junta
Informal		
Observador	Recibe una amplia variedad de información; sirve como un centro nervioso de información interna y externa de la organización	Manejo del correo y contactos caracterizados como de interés principal que reciban información
Diseminador	Transmite información recibida de los externos o de otros subordinados a los miembros de la organización	Mandar el correo a la organización para fines de información; contactos verbales que involucren flujo de información para subordinados tales como sesiones de revisión
Vocero	Transmite información a los externos sobre los planes, políticas, acciones y resultados de la organización; sirve como experto en la industria de la organización	Reuniones de la junta; manejo de contactos que involucren la transmisión de información a los externos
Decisión		
Emprendedor	Busca en la organización y su ambiente oportunidades e inicia proyectos que lleven al cambio	Sesiones de estrategia y revisión que involucren iniciación o diseño de proyectos de mejora
Manejador de obstáculos	Responsable de la acción correctiva cuando la organización enfrenta importantes e inesperados obstáculos	Sesiones de estrategia y revisión que involucren obstáculos y crisis
Distribuidor de recursos	Decide o aprueba las decisiones significativas organizacionales	Horario; peticiones para autorizar, presupuesto; programar el trabajo de los subordinados
Negociador	Responsable de representar la organización en las mayores negociaciones	Negociación de un contrato

Fuente: adaptado de *The Nature of Managerial Work* por H. Mintzberg. Derechos reservados © 1973 por H. Mintzberg. Reimpreso con permiso de Addison-Wesley Educational Publishers Inc.

◆ **Muchas personas son técnicamente superiores, pero incompetentes desde el punto de vista interpersonal.**

habilidades humanas
La habilidad de trabajar con, entender y motivar a la gente, tanto individualmente como en grupos.

habilidades conceptuales
La capacidad mental de analizar y diagnosticar situaciones complejas.

to formal. Todos los trabajos requieren de alguna experiencia especializada y mucha gente desarrolla sus habilidades técnicas en el trabajo.

HABILIDADES HUMANAS La capacidad de trabajar con otras personas, de entenderlas y motivarlas, tanto individualmente como en grupos, describe lo que se conoce como **habilidades humanas.** Mucha gente es técnicamente superior, pero incompetente desde el punto de vista interpersonal. Podrían ser escuchas pobres, incapaces de entender las necesidades de otros o tener dificultad en el manejo de conflictos. Ya que los gerentes consiguen cosas a través de otros, deben tener buenas habilidades humanas para comunicar, motivar y delegar.

HABILIDADES CONCEPTUALES Los gerentes deben tener la habilidad mental de analizar y diagnosticar situaciones complejas. Estas tareas requieren de **habilidades conceptuales.** La toma de decisiones, por ejemplo, exige que los gerentes vislumbren problemas, identifiquen alternativas que los corrijan, evalúen aquellas opciones y seleccionen la mejor. Los gerentes pueden ser competentes en los ámbitos técnico e interpersonal, y aun así fracasar debido a la falta de habilidad para racionalizar el proceso e interpretar la información.

Actividades gerenciales eficaces *versus* exitosas

Fred Luthans y sus asociados observaron el tema de la labor de los gerentes desde una perspectiva diferente.[10] Formularon esta pregunta: ¿los gerentes que ascienden más rápido en una organización hacen las mismas actividades y con el mismo énfasis que aquellos gerentes que hacen el mejor trabajo? Usted tendería a pensar que los gerentes que fueron los más eficaces en sus trabajos serían también los que fueron promovidos más rápido. Pero eso no es lo que parece ocurrir.

Luthans y sus asociados estudiaron a más de 450 gerentes. Lo que encontraron fue que todos estos gerentes estaban comprometidos con cuatro actividades gerenciales:

1. *Gerencia tradicional*. Toma de decisiones, planeación y control.
2. *Comunicación*. Intercambio de información rutinaria y procesamiento de papeleo.
3. *Gerencia de recursos humanos*. Motivación, disciplina, manejo de conflictos, asuntos de personal y capacitación.
4. *Fomento de una red social*. Socializar, hacer política e interactuar con externos.

El gerente "promedio" del estudio dedicó 30% de su tiempo a actividades de gerencia tradicional; 29% a comunicación; 20% a actividades de gerencia de recursos humanos, y 19% al trabajo en una red social. Sin embargo, la cantidad de tiempo y esfuerzo que diferentes gerentes pasaron en aquellas cuatro actividades varió en gran medida. Específicamente, como se muestra en la ilustración 1-2, los gerentes que tuvieron *éxito* (definidos en términos de la velocidad de la promoción dentro de su organización) tuvieron un énfasis muy diferente del de los gerentes que fueron *eficaces* (definidos según la cantidad y calidad de su rendimiento y la satisfacción y compromiso de sus subordinados). Entre los gerentes de éxito, la red social hizo la mayor contribución relativa al éxito y las actividades de gerencia de recursos humanos constituyeron la menor contribución relativa. Entre los gerentes eficaces, la comunicación hizo la mayor contribución relativa y la red, la menor.

Este estudio agrega elementos importantes a nuestro conocimiento acerca de lo que hacen los gerentes. En promedio, los gerentes dedican aproximadamente 20

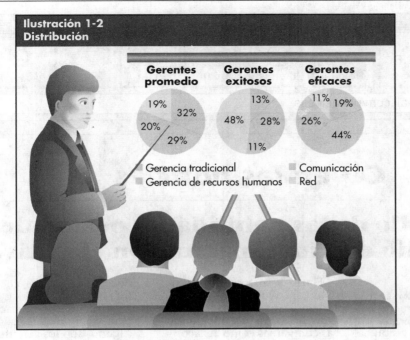

Ilustración 1-2
Distribución

Fuente: basado en F. Luthans, R. M. Hodgetts y S.A. Rosenkrantz, *Real Managers* (Cambridge, MA: Ballinger, 1988).

o 30% de su tiempo en cada una de las cuatro actividades: gerencia tradicional, comunicación, gerencia de recursos humanos y trabajo en la red social. Sin embargo, los gerentes exitosos no ponen el mismo énfasis a cada una de esas actividades como lo hacen los gerentes eficaces. De hecho, su énfasis es casi siempre lo opuesto. Este hallazgo reta la premisa histórica de que los ascensos o promociones están basados en el rendimiento, e ilustra vívidamente la importancia que las habilidades sociales y políticas juegan en conseguir promociones en las organizaciones.

Una revisión del trabajo del gerente

Una amenaza común recorre los métodos de las funciones, los papeles, las habilidades y las actividades de la gerencia: cada uno reconoce la importancia suprema de dirigir personal. Al igual que lo descubrió David Kwok, cuando se convirtió en gerente en The Princeton Review, sin importar el nombre —"función de liderazgo", "papeles interpersonales", "habilidades humanas", "gerencia de recursos humanos, comunicación o actividades de red social"—, es claro que los gerentes necesitan desarrollar las habilidades de sus colaboradores si quieren ser eficaces y tener éxito.

Introducción al comportamiento organizacional

Hemos visto el caso de la importancia de las habilidades de la gente. Pero ni este libro ni la disciplina sobre la cual está basado se llaman habilidades interpersonales. El término que es ampliamente utilizado para describir la disciplina es *comportamiento organizacional*.

El **comportamiento organizacional** (a menudo abreviado como CO) es un *campo de estudio que investiga el impacto que los individuos, los grupos y la estructura tienen sobre el comportamiento dentro de las organizaciones, con el propósito de aplicar tal conocimiento al mejoramiento de la eficacia de la organización.* Éstas son demasiadas palabras, así que dividámoslas.

comportamiento organizacional (CO)
Es un campo de estudio que investiga el impacto que los individuos, los grupos y la estructura tienen sobre el comportamiento dentro de las organizaciones, con el propósito de aplicar tal conocimiento al mejoramiento de la eficacia de la organización.

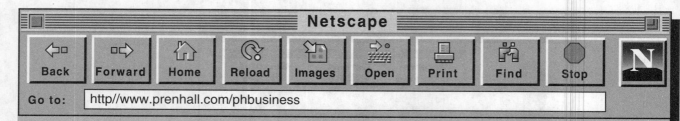

CO en las noticias

Desarrollo de las habilidades personales por medio de una capacitación ejecutiva

Los problemas de Carolyn Piecherowski empezaron justamente después de que fue promovida como contralora, en la división Rosan Aerospace Fastener de la Corporación Fairchild. Piecherowski, de 45 años, había dirigido previamente un departamento de contabilidad con ocho subordinados pero estaba acostumbrada a emitir órdenes con muy pocas explicaciones. "Yo les decía: 'háganlo como les digo. No se preocupen sobre los porqués'." Este estilo no funcionó en su nuevo trabajo. Después de que sus subordinados se quejaron con insistencia, el jefe de Piecherowski entró en acción. ¿Que si la reprimió o consideró reemplazarla? ¡No! Lo que hizo fue contratar un capacitador ejecutivo para ayudarla a mejorar sus habilidades interpersonales.

El uso de instructores ejecutivos para ayudar a los gerentes a mejorar sus habilidades con la gente se está incrementando. Las compañías como Texaco, AT&T, American Express, Coca-Cola, CitiBank, Sun Microsystems y Northern Telecom se han dado cuenta de que estos instructores pueden pulir las habilidades interpersonales de los gerentes cuyas habilidades técnicas no quieren perder.

"Hace algunos años, si usted era bueno, usted podía salirse con la suya siendo rudo", dice un instructor. "Hoy en día la gente no querrá trabajar con usted." Estos instructores cobran desde 5,000 dólares por media docena de sesiones de 90 minutos, a $100,000 por consultorías que pueden durar dos años e involucrar entrevistas de hechos-hallazgos con docenas de colegas, clientes e incluso familiares.

¿Quiénes son los candidatos para este tipo de instrucción? Algunos son los gerentes que han sido ascendidos recientemente, como Carolyn Piecherowski, y cuya experiencia es limitada. El grueso de los candidatos, sin embargo, tiende a corresponder a jefes de sexo masculino, blancos y de edad avanzada.

A menudo adhieren la orden y el control a los estilos de liderazgo que obstruyen su eficacia y tienen dificultad en supervisar trabajadores menores de 45 años, que son más diversos en términos de raza, género, y origen de nacionalidad.

Basado en T. Gabriel, "Personal Trainers to Buff de Boss People Skills", en *New York Times*, 28 de abril de 1996, pp. F1, F10.

¡Conéctese a la red!

Lo invitamos a que visite la página de Robbins en el sitio de Prentice Hall en la Web:

http://www.prenhall.com/robbinsorgbeh

para el ejercicio de la World Wide Web de este capítulo.

El comportamiento organizacional es un campo de estudio. Esta declaración significa que es un área distintiva de experiencia con un cuerpo común de conocimiento. ¿Qué es lo que estudia? Estudia tres determinantes del comportamiento en las organizaciones: individuos, grupos y estructura. Además, el CO aplica el conocimiento obtenido acerca de los individuos, los grupos y el efecto de la estructura en el comportamiento a fin de hacer que las organizaciones trabajen más eficientemente.

Para completar nuestra definición, el CO tiene relación con el estudio de lo que la gente hace en una organización y cómo ese comportamiento afecta el rendimiento de esta última. Y debido a que el CO tiene que ver específicamente con las situaciones relacionadas con el empleo, no debería sorprender el énfasis del comportamiento en su relación con los empleos, el trabajo, el ausentismo, la rotación de empleos, la productividad, el rendimiento humano y la gerencia.

Existe un acuerdo cada vez mayor acerca de los componentes o temas que constituyen la materia del área del CO. Aunque existe todavía un debate considerable en relación con la importancia relativa de cada uno, parece haber un acuerdo general en que el CO incluye los temas centrales de la motivación, el comportamiento del líder y el poder, la comunicación interpersonal, la estructura de grupo y sus procesos, el aprendizaje, la actitud de desarrollo y la percepción, los procesos de cambio, el conflicto, el diseño de trabajo y la tensión en el trabajo.[11]

Reemplazo de la intuición con el estudio sistemático

Cada uno de nosotros es un estudiante del comportamiento. Desde nuestros primeros años, hemos observado las acciones de otros y hemos tratado de interpretar lo que vemos. Ya sea que usted haya pensado explícitamente acerca de ello antes o ya sea que no lo haya hecho, ha estado "leyendo" a la gente casi toda su vida. Observa lo que otros hacen y trata de explicarse por qué experimentan tal o cual comportamiento. Además, usted ha tratado de predecir lo que ellos podrían hacer bajo diferentes condiciones.

Generalizaciones acerca del comportamiento

Usted ya ha hecho algunas generalizaciones de gran ayuda para explicar y predecir lo que la gente hace y hará. ¿Pero cómo llega a esas generalizaciones? Usted lo hizo observando, sensibilizándose, preguntando, escuchando y leyendo. En otras palabras, su entendimiento surge ya sea directamente de su propia experiencia, con elementos del ambiente, o de segunda mano, por medio de la experiencia de otros.

¿Qué tan precisas son las generalizaciones que usted sostiene? Algunas podrían representar apreciaciones extremadamente complejas de comportamiento y podrían probar ser altamente eficaces en explicar y predecir el comportamiento de otros. Sin embargo, la mayoría de nosotros tiene creencias que con frecuencia no logran explicar por qué la gente hace lo que hace.[12] Para ilustrar, consideremos los siguientes enunciados acerca del comportamiento relacionado con el trabajo:

◆ La mayoría de nosotros tiene creencias que con frecuencia no logran explicar por qué la gente hace lo que hace.

1. Los trabajadores felices son trabajadores productivos.
2. Todos los individuos son más productivos cuando su jefe es amistoso, de confianza y accesible.

3. Los mejores líderes son aquellos que muestran un comportamiento consistente, sin importar las situaciones que enfrenten.

4. Las entrevistas son herramientas eficaces de selección para separar a los solicitantes de trabajo que serían empleados de alto rendimiento de aquellos que tendrían bajo desempeño.

5. Todo mundo quiere un trabajo desafiante.

6. Usted tiene que atemorizar un poco a la gente para que haga su trabajo.

7. Debido a que las metas específicas intimidan a la gente, los individuos trabajan más duro cuando se les pide que sólo hagan su mejor esfuerzo.

8. Todo mundo está motivado por el dinero.

9. La mayoría de la gente está mucho más interesada en el monto de su propio salario que en el de los demás.

10. La mayoría de los grupos de trabajo más eficaces carece por completo de conflictos.

¿Cuántos de estos enunciados cree usted que son verdaderos? La mayoría es falsa; los estudiaremos uno por uno en este texto, más adelante. Pero ya sea que estos enunciados sean verdaderos o falsos, esto no es en realidad importante por ahora. Lo que importa es que muchas de sus posturas concernientes al comportamiento humano están basadas en la intuición más que en los hechos. Como resultado, un enfoque sistemático en el estudio del comportamiento mejora sus habilidades explicativas y predictivas.

La consistencia *versus* las diferencias individuales

Los métodos casuales o de sentido común para obtener el conocimiento acerca del comportamiento humano son inadecuados. Al leer este texto, usted descubrirá que un enfoque sistemático develará hechos y relaciones importantes y proporcionará una base para que predicciones más precisas sobre el comportamiento puedan realizarse. El apoyo de este método sistemático es la creencia de que el comportamiento no es aleatorio. Tiene su origen y se dirige hacia algún fin que los individuos creen, correcta o incorrectamente, que está entre sus mejores intereses.

El comportamiento generalmente es predecible si sabemos cómo la persona percibió la situación y lo que es importante para ella. Mientras el comportamiento de las personas no parezca ser racional para un externo, existe razón para creer que, por lo común, esas personas intentaron hacerlo racional y que, al menos ellas, lo ven como tal. Un observador a menudo ve el comportamiento como no racional ya que el observador no tiene acceso a la misma información o no percibe el ambiente de la misma manera.[13]

◆ **Existen ciertas consistencias esenciales que fundamentan el comportamiento de todos los individuos y pueden identificarse y luego modificarse para reflejar las diferencias individuales.**

En verdad existen diferencias entre los individuos. Puesta en situaciones similares, no toda la gente actúa exactamente igual. Sin embargo, existen ciertas consistencias esenciales que fundamentan el comportamiento de todos los individuos y pueden identificarse y luego modificarse para reflejar las diferencias individuales.

Estas consistencias básicas son muy importantes. ¿Por qué? Debido a que permiten la posibilidad de predecir. Cuando aborda su automóvil, realiza algunas predicciones definitivas y usualmente precisas acerca de cómo se comportará otra gente. En Estados Unidos, por ejemplo, usted prediciría que otros conductores se detendrían en las señales de alto y en los semáforos en rojo, conducirían por el lado derecho del camino, rebasarían por su izquierda y no cruzarían una línea doble en caminos montañosos. Note que sus predicciones acerca del comportamiento de la gente al volante son casi siempre correctas. Obviamente, el reglamento de tránsito hace que las predicciones acerca del comportamiento al conducir sean muy fáciles.

Lo que sería menos obvio es que existen reglas (escritas y no escritas) en casi cualquier situación. Por tanto, se puede argüir que es posible predecir el comportamiento (sin duda, no siempre con 100% de precisión) en supermercados, salones de clase, consultorios médicos, elevadores y en casi todas las situaciones estructuradas. Por ejemplo, ¿usted se da la vuelta y da la cara a las puertas cuando entra a un elevador? Casi todo mundo lo hace. ¿Pero leyó alguna vez que se suponía que usted debía hacer esto? ¡Probablemente no! Justo como hago predicciones acerca de los conductores de automóviles (donde existen reglas definidas acerca del camino), puedo hacer predicciones acerca del comportamiento de la gente en los elevadores (donde existen pocas reglas escritas). En un grupo de 60 estudiantes, si usted quisiera hacer una pregunta al profesor, yo predigo que usted levantaría la mano. ¿Por qué no aplaude, se pone de pie, levanta su pierna, tose o grita "¡hey, por aquí!"? La razón es que usted ha aprendido que levantar la mano es un comportamiento apropiado en la escuela. Estos ejemplos apoyan una mayor contención en este texto: el comportamiento es generalmente predecible y el *estudio sistemático* del comportamiento es un medio de realizar predicciones razonablemente precisas.

Cuando se usa la frase **estudio sistemático,** se quiere decir observar de las relaciones, tratar de atribuir causas y efectos y llegar a conclusiones basándose en evidencia científica —esto es, sobre información recopilada bajo condiciones controladas y medibles e interpretadas de una manera razonablemente rigurosa. (*Véase* el apéndice B, para una revisión básica de los métodos de investigación usados en estudios de comportamiento organizacional.)

El estudio sistemático reemplaza la **intuición,** o aquellos "sentimientos viscerales" acerca de "por qué hago lo que hago" y "qué hace que otros funcionen". Claro, un método sistemático no significa que aquello que usted ha llegado a creer de una manera no sistemática es necesariamente incorrecto. Algunas de las conclusiones que hacemos en este texto, basadas en hallazgos de investigación razonablemente sustanciales, sólo apoyarán lo que usted siempre supo que era cierto. Pero también estará expuesto a la evidencia de la investigación que va contra lo que usted podría haber pensado que era sentido común. De hecho, uno de los retos de enseñar un tema como comportamiento organizacional es superar la noción, que tienen muchos, de que "todo es sentido común".[14] Encontrará que muchas de las opiniones tan denominadas de sentido común que usted tiene acerca del comportamiento humano están, con un examen más detallado, equivocadas. Además, lo que una persona considera sentido común a menudo está en contra de la versión de sentido común de otro individuo. ¿Los líderes nacen o se hacen? ¿Qué es lo que motiva a la gente en el trabajo hoy en

estudio sistemático
Observar las relaciones, tratar de atribuir causas y efectos y llegar a conclusiones basándose en evidencia científica.

intuición
Un sentimiento no necesariamente apoyado por la investigación.

Los psicólogos del Center for Creative Leadership (Centro para el Liderazgo Creativo) estudian sistemáticamente el comportamiento de los gerentes en un ambiente controlado. A través de un vidrio de una sola vista, observan, graban y evalúan las habilidades de liderazgo de los gerentes. También reúnen información al encuestar a los gerentes y a sus compañeros de trabajo, jefes y subordinados. La meta de este método científico es enseñar a los gerentes a dirigir con eficacia a otros individuos, en sus organizaciones.

día? Usted probablemente tendrá respuestas a tales preguntas y los individuos que aún no han revisado la investigación tal vez difieran en sus respuestas. El punto es que uno de los objetivos de este texto es alentarlo a moverse lejos de sus perspectivas intuitivas sobre el comportamiento hacia un análisis sistemático, en la creencia de que tal análisis mejorará su precisión al explicar y predecir el comportamiento.

Retos y oportunidades para el CO

Entender el comportamiento organizacional nunca había sido tan importante para los gerentes como ahora. Un rápido vistazo a algunos de los drásticos cambios que están teniendo lugar en las organizaciones apoya esta aseveración. Por ejemplo, el típico empleado estadounidense está volviéndose obsoleto; más y más mujeres y hombres que no son de raza blanca están en la fuerza laboral; el adelgazamiento corporativo y la reducción de costos están mermando los bonos de lealtad que históricamente hacían que muchos empleados se ataran a sus jefes; y la competencia global está requiriendo que los empleados sean más flexibles y aprendan a superar las dificultades con un cambio rápido.

En resumen, existen muchos retos y oportunidades hoy en día para los gerentes para aplicar los conceptos del CO. En esta sección, revisaremos algunos de los temas más críticos que enfrentan los gerentes para los cuales el CO ofrece soluciones —o, cuando menos, algunos conocimientos que conduzcan hacia las soluciones.

La creación de una villa global

Hace 30 o 50 años, las fronteras actuaron para aislar la mayoría de las empresas de las presiones de la competencia extranjera. Cuando menos tres factores contribuyeron a este aislamiento. Primero, los políticos impusieron grandes tarifas sobre las importaciones, así que era difícil para las compañías vender bienes fuera de su propio país. Segundo, los países comunistas, como la ex Unión Soviética, Polonia, Hungría y ex Yugoslavia tenían economías centralizadas. Sobrecargadas por sistemas de gerencia pobres y procesos primitivos de manufactura, las empresas del bloque del Este no pudieron competir en precio ni en calidad contra los productos fabricados por las compañías de los países capitalistas. Y, tercero, la fuerza laboral en muchos países —en especial en lugares como Japón, Corea, Taiwán y Malasia— carecían de las habilidades para producir productos de alta calidad que pudieran competir contra los fabricados por trabajadores estadounidenses y europeos.

Las organizaciones ya no están constreñidas por las fronteras nacionales. Los bloques comerciales como el NAFTA (TLC) y la Unión Europea han reducido en forma significativa las tarifas y las barreras para comerciar; el capitalismo está reemplazando rápidamente el control gubernamental en las compañías del Este de Europa; y Estados Unidos y Europa ya no tienen el monopolio de trabajadores altamente calificados.

El mundo se ha vuelto una verdadera ciudad global. Burger King es propiedad de una empresa británica y McDonald's vende hamburguesas en Moscú. Exxon, la tan llamada compañía estadounidense, recibe casi 75% de su ingreso de ventas fuera de Estados Unidos. Toyota fabrica automóviles en Kentucky, mientras que General Motors lo hace en Brasil; y Ford (la cual posee parte de Mazda) transfiere ejecutivos de Detroit a Japón para ayudar a Mazda a administrar sus operaciones. ¿El mensaje? En la medida en que las corporaciones multinacionales desarrollen operaciones en el mundo entero, las compañías adopten empresas de riesgo compartido con socios extranjeros, y los trabajadores busquen cada vez más oportunidades de trabajo cruzando las fronteras, los gerentes tienen que volverse capaces de trabajar con gente de diferentes culturas.

A través de tareas en el extranjero, los gerentes de Coca-Cola Company aprenden a trabajar con gente de diferentes culturas. John Hunter, un australiano, se convirtió en el más alto ejecutivo internacional de la compañía después de entablar fuertes relaciones con los embotelladores en muchos países. Hunter se muestra aquí departiendo con clientes en México, un mercado que ofrece al vendedor global de la bebida gaseosa un crecimiento potencial significativo.

La globalización afecta las habilidades interpersonales de los gerentes cuando menos de dos maneras. Primero, si usted es un gerente, es muy probable que llegue a tener una asignación extranjera. Usted sería transferido a la división operativa de su patrón o a una subsidiaria en otro país. Una vez ahí, usted tendría que administrar una fuerza laboral que tal vez fuera muy diferente en cuanto a necesidades, aspiraciones y actitudes de lo que usted solía tener en casa. Segundo, aun en su propio país, se encontrará trabajando con jefes, compañeros y subordinados que han nacido y han crecido en diferentes culturas. Lo que lo motiva a usted posiblemente no los motiva a ellos. Su estilo de comunicación podría ser muy directo y abierto; ellos podrían considerar ese estilo no placentero y tal vez amenazante. Si quiere ser capaz de trabajar con eficacia con esas personas, necesita entender su cultura y cómo ésta las ha formado, así como aprender a adaptar su estilo de gerencia. Como discutiremos los conceptos del CO a lo largo de este libro, nos enfocaremos en forma repetida en cómo las diferencias culturales podrían requerir que los gerentes modifiquen sus prácticas.

Desde la "igualdad de todos" hasta la diversidad de la fuerza laboral

Uno de los retos más importantes y amplios que enfrentan las organizaciones es adaptarse a la gente que es diferente. El término que usamos para describir este reto es la *diversidad de la fuerza laboral*. Así como la globalización se enfoca en las diferencias entre la gente de diferentes países, la diversidad de la fuerza laboral se dirige a las diferencias entre personas dentro de países dados.

La **diversidad de la fuerza laboral** significa que las organizaciones se están volviendo más heterogéneas en términos de género, raza y etnicidad. Pero el término rodea a cualquiera que no siga la famosa norma. En Estados Unidos, por

diversidad de la fuerza laboral
La creciente homogeneidad de las organizaciones con la inclusión de diferentes grupos.

ejemplo, además de los grupos más obvios —mujeres, afroestadounidenses, hispa-noestadounidenses, asiáticoestadounidenses— también se añaden los discapacitados físicamente, homosexuales y lesbianas y los ancianos. Asimismo esto también es asunto tanto de Canadá, Australia, Sudáfrica, Japón y Europa, como de Estados Unidos. Los gerentes de Canadá y Australia, por ejemplo, están teniendo que ajustarse a grandes influjos de trabajadores asiáticos. La "nueva" Sudáfrica se caracterizará cada vez más por negros que tengan importantes trabajos técnicos y gerenciales. Las mujeres, largamente confinadas a trabajos temporales de bajo salario, se están moviendo hacia las posiciones gerenciales. Y la creación del acuerdo comercial de cooperación de la Unión Europea, el cual abrió las fronteras en todo el oeste de Europa, ha incrementado la diversidad de la fuerza laboral en organizaciones que operan en países como Alemania, Portugal, Italia y Francia.

Solíamos tomar el método del tazón fundido para las diferencias en las organizaciones, asumiendo que la gente que fuera diferente de alguna manera automáticamente querría asimilarse. Pero ahora reconocemos que los empleados no dejan de lado sus valores culturales ni sus preferencias de estilo de vida cuando vienen a trabajar. El reto para las organizaciones, por tanto, es hacerse más acomodaticias a los grupos diversos de la gente dirigiendo sus diferentes estilos de vida, necesidades familiares y estilos de trabajo. La premisa del tazón fundido está siendo reemplazada por otra que reconozca y valore las diferencias.[15]

¿No han incluido las organizaciones siempre a miembros de diversos grupos? Sí, pero eran un porcentaje pequeño de la fuerza laboral y fueron, en su mayor parte, ignorados por las grandes organizaciones. Además, se ha asumido que estas minorías buscarían mezclarse y asimilarse. Por ejemplo, el grueso de la fuerza laboral en Estados Unidos antes de la década de los ochenta, se conformaba por hombres caucásicos que trabajaban tiempo completo para mantener una esposa e hijos en edad escolar. ¡Ahora tales empleados son una minoría! Actualmente, 45% de la fuerza laboral estadounidense son mujeres. Las minorías e inmigrantes suman el 22%.[16] Como lo señala un caso, la fuerza laboral de Hewlett-Packard se compone de 19% de minorías y 40% de mujeres.[17] Una planta de Digital Equipment Corporation en Boston proporciona una vista parcial anticipada del futuro. Los 350 empleados de la fábrica incluyen hombres y mujeres de 44 países y que hablan 19 idiomas. Cuando la gerencia de la planta emite boletines, éstos están impresos en inglés, chino, francés, español, portugués, vietnamita y criollo haitiano.

La diversidad de la fuerza laboral tiene implicaciones importantes para la práctica de la gerencia. Los gerentes necesitarán cambiar su filosofía de amenazar a todo mundo por igual para reconocer las diferencias y reconocerlas en formas que aseguren la retención del empleado y una mayor productividad, al mismo tiempo que se evita la discriminación. Este cambio incluye, por ejemplo, proporcionar entrenamiento diverso y renovar los programas de beneficios para hacerlos más "amigables con la familia". La diversidad, si es administrada positivamente, incrementa la creatividad y la innovación en las organizaciones como también mejora la toma de decisiones al proporcionar diferentes perspectivas sobre los problemas.[18] Cuando la diversidad no es administrada propiamente, existe el potencial para una rotación alta, una comunicación más difícil y más conflictos interpersonales.

Hacia la mejora de la calidad y la productividad

Tom Rossi administra un negocio difícil. Él dirige una planta de focos (bombillas) en Mattoon, Illinois, para General Electric. Su negocio ha visto fuerte competencia de fabricantes en Estados Unidos, Europa e incluso China. Para sobrevivir, ha tenido que adelgazarse, incrementar la productividad y mejorar la calidad. Y ha tenido éxito. Durante un periodo reciente de cinco años, la planta de Mattoon ha promediado mejoras en productividad de costo de aproximadamente 8%. Al enfocarse en mejoras continuas, mejorar los procesos y reducir los costos, la planta Mattoon de General Electric ha permanecido viable y con ganacias.[19]

Más y más gerentes están confrontando los mismos retos que Tom Rossi. Han tenido que mejorar la productividad de la organización y la calidad de los productos y servicios que ofrecen. Con la intención de mejorar la calidad y la productividad, están poniendo en práctica programas como el de calidad total de la gerencia y la reingeniería, programas que requieren un amplio compromiso con el empleado.

Analizamos la **administración de la calidad total (ACT)** a lo largo de este libro. Como la ilustración 1-3 lo describe, la ACT es la filosofía de que la gerencia está dirigida por un constante logro de la satisfacción del cliente a través del mejoramiento continuo de todos los procesos de la organización.[20] La ACT tiene sus implicaciones para el CO, ya que requiere que los empleados piensen nuevamente lo que hacen y se involucren más en las decisiones del lugar de trabajo.

En tiempos de cambio rápido y drástico, es necesario, a veces, aproximarse al mejoramiento de la calidad y la productividad desde la perspectiva de "¿cómo haríamos las cosas aquí si empezáramos desde el principio?" Eso es en esencia la aproximación de la **reingeniería.** Pide a los gerentes que reconsideren cómo debería realizarse el trabajo y la organización estructurada si fueran creadas de la nada.[21] Para ilustrar el concepto de reingeniería considere un fabricante de patines. Su producto es esencialmente un zapato con ruedas en la plantilla. El patín típico fue una bota de piel con agujetas, unido a una plataforma de acero que sostenía cuatro ruedas de madera. Si nuestro fabricante tomara un método de mejoramiento continuo para cambiar, buscaría mejoras incrementales pequeñas que pudiera introducir a su producto. Por ejemplo, podría considerar agregar ganchos a la parte superior de la bota para amarrar rápidamente; o cambiar el peso de la piel para mejorar el *confort;*

administración de la calidad total (ACT)
Una filosofía de que la gerencia está dirigida por un constante logro de la satisfacción del cliente a través del mejoramiento continuo de todos los procesos de la organización.

reingeniería
Reconsidera cómo debería realizarse el trabajo y la organización estructurada si fueran creadas de la nada.

Ilustración 1-3 ¿Qué es administración de la calidad total?

1. *Enfoque intenso en el cliente.* El cliente incluye no solamente externos quienes compran los productos o servicios de la organización sino también internos (como personal de embarque o cuentas por pagar), quienes interactúan y sirven a otros en la organización.

2. *Interés por la mejora continua.* La ACT es un compromiso de nunca estar satisfecho. "Muy bien" no es suficientemente bueno. La calidad siempre puede mejorarse.

3. *Mejoramiento en la calidad de todo lo que la organización hace.* La ACT utiliza una amplia definición de calidad. Relacionada no sólo con el producto final sino también con la forma en que la organización maneja las entregas, cuán rápido se responde a las quejas, cuán cortésmente se contestan las llamadas, y similares.

4. *Medición precisa.* La ACT utiliza técnicas estadísticas para medir cada variable crítica en el desempeño en las operaciones de la organización. Estas variables de rendimiento son entonces comparadas contra los estándares o *benchmarks* para identificar problemas, los problemas son trazados hasta sus raíces y las causas, eliminadas.

5. *Facultación de empleados.* La ACT involucra a la gente de línea en el proceso de mejoramiento. Es muy común trabajar en equipo, en los programas ACT como medio de facultación para encontrar y resolver problemas.

o usar diferentes baleros para hacer que las ruedas giraran con más suavidad. Ahora la mayoría de nosotros está familiarizada con los patines de línea. Ellos representan el método de la reingeniería para el patinador. La meta fue descubrir un dispositivo de patinaje que pudiera mejorar la velocidad, la movilidad y el control del patinaje. Las hojas rodantes cumplieron estas metas en un tipo completamente diferente de zapato. La parte superior fabricada de plástico inyectado, se hizo popular en el patinaje. Las agujetas fueron reemplazadas por broches de fácil cerradura. Y las cuatro ruedas de madera, fueron agrupadas en dos pares y reemplazadas por cuatro o seis ruedas de plástico, puestas en línea. El resultado de la reingeniería, que no se pareció mucho al patín tradicional, probó ser superior. El resto, claro, es historia. Los patines en línea han revolucionado el negocio de los patines de ruedas.

Los gerentes contemporáneos entienden que, en cualquier esfuerzo de mejorar la calidad y la productividad para el éxito, debe incluirse a los empleados. Éstos no sólo son la mayor fuerza para llevar a cabo los cambios, sino que también participarán activamente en la planeación de las modificaciones. El CO ofrece conocimientos importantes para ayudar a los gerentes a trabajar mediante esos cambios.

Mejoramiento de las habilidades interpersonales

Hemos abierto este capítulo para demostrar lo importante que son las habilidades interpersonales en la eficacia gerencial. Dijimos: "Este libro se escribió para ayudar a los gerentes tanto en activo como a los potenciales a desarrollar esas habilidades interpersonales."

Conforme usted se adentre en el texto, encontrará conceptos relevantes y teorías que pueden ayudarle a explicar y predecir el comportamiento de la gente en el trabajo. Además, usted obtendrá conocimiento sobre habilidades específicas interpersonales que puede poner en marcha en el trabajo. Por ejemplo, aprenderá a ser un escucha eficaz, la manera adecuada de dar retroalimentación sobre el rendimiento, a delegar la autoridad y a crear equipos eficaces. Además, tendrá la oportunidad de completar los ejercicios que le darán los conocimientos de su propio comportamiento, el comportamiento de otros y la práctica para mejorar sus habilidades interpersonales.

Del control gerencial a la facultación

Si usted toma cualquier periódico popular de negocios en estos días, leerá acerca de dar nueva forma a la relación entre los gerentes y las personas de quienes supuestamente son responsables de administrar. Encontrará que a los gerentes se les llama instructores, consejeros, patrocinadores o facilitadores.[22] En muchas organizaciones, los empleados se han convertido en asociados o compañeros de equipo.[23] Y existe una línea muy tenue entre los papeles de gerentes y trabajadores. La toma de decisiones se está empujando hacia abajo, al nivel operativo, donde los trabajadores están teniendo la libertad de elegir opciones acerca de programas, procedimientos y solución de problemas relacionados con el trabajo. En la década de los ochenta los gerentes fueron alentados a hacer que sus empleados participaran en decisiones relacionadas con el trabajo.[24] Ahora, los gerentes están yendo más allá al permitir a los empleados el control total de su trabajo. Los equipos autoadministrados, en los cuales los gerentes operan ampliamente sin jefes, se han convertido en la moda de la década de los noventa.[25]

Lo que está pasando es que los gerentes están facultando a los empleados. Están poniendo a los subordinados a cargo de lo que ellos hacen. Y al hacerlo, los gerentes están aprendiendo a dar el control, de modo tal que los empleados están teniendo que aprender a asumir la responsabilidad de su trabajo y a tomar las decisiones apropiadas. En capítulos posteriores de este libro mostraremos cómo la

facultación está cambiando los estilos de liderazgo, las relaciones de poder, la manera de diseñar el trabajo y la forma en que se estructuran las organizaciones.

facultación
Poner a los empleados a cargo de lo que hacen.

De la estabilidad a la flexibilidad

Los gerentes han estado siempre interesados en el cambio. Lo que es diferente hoy en día es el tiempo que transcurre entre los cambios. Los gerentes solían introducir programas de cambio importante una o dos veces por década. En nuestros días, el cambio es una actividad continua para la mayoría de ellos. El concepto del mejoramiento continuo, por ejemplo, implica un cambio constante.

◆ En nuestros días, el cambio es una actividad continua para la mayoría de los gerentes.

En el pasado, la gerencia se caracterizaría por largos periodos de estabilidad, interrumpidos ocasionalmente por periodos cortos. La gerencia de hoy en día se describiría más precisamente como con largos periodos de cambio continuo, ¡interrumpidos ocasionalmente por periodos de tiempo de estabilidad! El mundo que la mayoría de los gerentes y los empleados enfrenta en nuestros días es de temporalidad permanente. Las labores actuales que los trabajadores desarrollan están en un estado permanente de flujo, así que los trabajadores necesitan en forma continua actualizar su conocimiento y sus habilidades para realizar nuevos requerimientos de trabajo.[26] Por ejemplo, los empleados de producción de compañías como Caterpillar, Chrysler y Reynolds Metals ahora necesitan saber operar equipo computarizado de producción. Ésta no era parte de la descripción de su puesto hace 15 años. Los grupos de trabajo están también cada vez más en un estado de flujo. En el pasado, los empleados eran asignados a un grupo en específico y la tarea era relativamente permanente. Existía una considerable cantidad de seguridad en trabajar con la misma gente día tras día. Esta posibilidad de predecir ha sido reemplazada por grupos de trabajo temporales —equipos que incluyen miembros de diferentes departamentos y cuyos miembros cambian todo el tiempo— y el uso cada vez mayor de la rotación de empleados para cubrir tareas de trabajo de cambio constante. Por último, las organizaciones por ellas mismas están en un estado de flujo. Continuamente reorganizan sus diversas divisiones, venden negocios de rendimiento pobre, reducen operaciones, subcontratan servicios y operaciones que no son cruciales a otras organizaciones y reemplazan empleados permanentes con temporales.[27]

En la época actual los gerentes y los empleados deben aprender a enfrentar la temporalidad. Tienen que aprender a vivir con la flexibilidad, la espontaneidad y la imposibilidad de predecir. El estudio del CO proporciona importantes conocimientos que ayudan a entender mejor el mundo del trabajo en cambio continuo, a superar la resistencia al cambio y a mejorar para crear una cultura organizacional que prospere con el cambio.

Mejoramiento del comportamiento ético

En un mundo organizacional caracterizado por recortes, expectativas de incrementar la productividad del trabajador y la competencia feroz en el mercado, no es de sorprender que muchos de los empleados se sientan presionados para tomar atajos, romper las reglas y comprometerse en prácticas cuestionables.

Los miembros de las organizaciones se encuentran enfrentándose a **dilemas éticos:** situaciones en las cuales se requiere que definan la conducta adecuada y la inadecuada.[28] Por ejemplo, ¿deberían delatar las actividades ilegales que descubran en su compañía? ¿Deberían seguir órdenes con las cuales no están personalmente de acuerdo? ¿Deben dar una evaluación de alto rendimiento a un empleado que les cae bien, sabiendo que tal evaluación podría salvar el trabajo del empleado? ¿Se permiten jugar a la política en la organización, si eso favorece su carrera?

dilema ético
Situación en la cual se requiere que un individuo defina una conducta correcta y una incorrecta.

Lo que constituye un buen comportamiento ético nunca se ha definido claramente. Y en años recientes la línea que diferencia lo bueno de lo malo se ha vuelto aun más confusa. Los empleados ven a su alrededor gente comprometida en prácticas no éticas: funcionarios electos son acusados de abultar sus cuentas de gastos o de aceptar sobornos; se encuentran abogados prominentes, que conocen las leyes, que evitan el pago de los impuestos de seguridad social para ayuda del sostenimiento de la familia; ejecutivos exitosos que usan información interna para obtener ganancias financieras personales; empleados de otras compañías que participan en encubrimientos masivos de armas militares defectuosas. Se oye decir a estas personas, cuando son atrapadas, excusas como: "Todo mundo lo hace", "usted tiene que aprovechar cada ventaja hoy en día" o "nunca pensé que me atraparían".

Los gerentes y sus organizaciones están respondiendo a este problema desde diversas direcciones.[29] Están escribiendo y distribuyendo códigos de ética para guiar a los empleados en dilemas éticos. Ofrecen seminarios, talleres y programas de entrenamiento similar para tratar de mejorar los comportamientos éticos. Están proporcionando consejeros en casa que pueden ser contratados en muchos casos en forma anónima, para la asistencia en el tratamiento de temas éticos. Y están creando mecanismos de protección para empleados que revelen prácticas internas antiéticas.

El gerente de hoy necesita crear un clima éticamente saludable para sus empleados, donde puedan hacer su trabajo de manera productiva y enfrentar un grado mínimo de ambigüedad respecto de lo que constituye un comportamiento correcto y uno incorrecto. Analizamos la ética en diversas partes de este libro —por ejemplo, en su relación con la toma de decisiones y la política en las organizaciones. Para ayudarle a definir y establecer sus estándares éticos personales, incluimos ejercicios de dilemas éticos al final de muchos capítulos. Al confrontar los temas éticos en los que usted podría no haber pensado y compartir sus ideas con sus compañeros de grupo, usted obtendrá conocimientos sobre sus puntos de vista éticos, los de otros y las implicaciones de varias opciones.

> ◆ El gerente de hoy necesita crear un clima éticamente saludable para sus empleados, donde éstos puedan hacer su trabajo de manera productiva y enfrentar un grado mínimo de ambigüedad respecto de lo que constituye un comportamiento correcto y uno incorrecto.

Disciplinas que contribuyen al campo del CO

El comportamiento organizacional es una ciencia de comportamiento aplicada que se construye con base en las contribuciones de diversas disciplinas del comportamiento. Las áreas predominantes son la psicología, la sociología, la psicología social, la antropología y las ciencias políticas.[30] Como aprenderemos, las contribuciones de la psicología han sido principalmente al individuo o al nivel micro del análisis; las otras cuatro disciplinas han contribuido a nuestro entendimiento de los conceptos macro como los procesos de grupo y la organización. La ilustración 1-4 presenta un resumen de las mayores contribuciones al estudio del comportamiento organizacional.

Psicología

psicología
La ciencia que busca medir, explicar y a veces cambiar el comportamiento de los humanos y otros animales.

La **psicología** es la ciencia que busca medir, explicar y a veces cambiar el comportamiento de los humanos y otros animales. Los psicólogos están interesados en estudiar y tratar de entender el comportamiento humano.

Aquellos que no cesan de contribuir al conocimiento del CO son los teóricos del aprendizaje y los de la personalidad, los sociólogos de consejo y los más importantes: los psicólogos industriales y organizacionales.

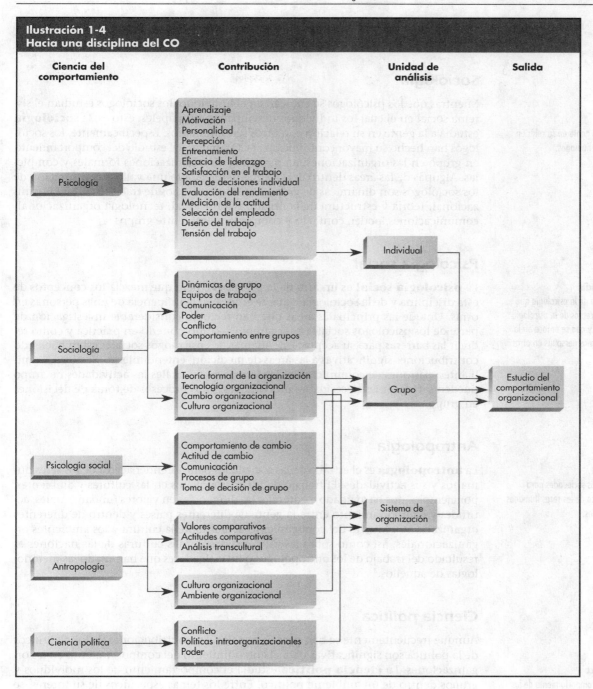

Ilustración 1-4
Hacia una disciplina del CO

Ciencia del comportamiento	Contribución	Unidad de análisis	Salida

Psicología → Aprendizaje / Motivación / Personalidad / Percepción / Entrenamiento / Eficacia de liderazgo / Satisfacción en el trabajo / Toma de decisiones individual / Evaluación del rendimiento / Medición de la actitud / Selección del empleado / Diseño del trabajo / Tensión del trabajo → Individual

Sociología → Dinámicas de grupo / Equipos de trabajo / Comunicación / Poder / Conflicto / Comportamiento entre grupos → Grupo

Teoría formal de la organización / Tecnología organizacional / Cambio organizacional / Cultura organizacional → Grupo

Psicología social → Comportamiento de cambio / Actitud de cambio / Comunicación / Procesos de grupo / Toma de decisión de grupo → Sistema de organización

Antropología → Valores comparativos / Actitudes comparativas / Análisis transcultural

Cultura organizacional / Ambiente organizacional → Sistema de organización

Ciencia política → Conflicto / Políticas intraorganizacionales / Poder

→ Estudio del comportamiento organizacional

Los primeros psicólogos industriales y organizacionales se interesaron en problemas de fatiga, aburrimiento y otros factores relevantes en las condiciones de trabajo que pudieran impedir el eficiente rendimiento del trabajo. Más recientemente, sus contribuciones se han ampliado y ahora incluyen el aprendizaje, la percepción, la personalidad, la eficacia de liderazgo, las necesidades y las fuerzas motivacionales, la satisfacción en el trabajo, los procesos de toma de decisiones, las evaluaciones del ren-

dimiento, la medición de las actitudes, las técnicas de selección del empleado, el diseño del trabajo y la tensión o estrés laboral.

Sociología

sociología
El estudio de la gente en su relación con otros seres humanos.

Mientras que los psicólogos se enfocan en el individuo, los sociólogos estudian el sistema social en el cual los individuos desempeñan sus papeles; esto es, la **sociología**
estudia a la gente en su relación con otros seres humanos. Específicamente, los sociólogos han hecho su mayor contribución al CO a través del estudio del comportamiento
en grupo en las organizaciones, en particular en organizaciones formales y complejas. Algunas de las áreas dentro del CO que han recibido una valiosa contribución de
los sociólogos son dinámicas de grupo, diseño de equipos de trabajo, cultura organizacional, teoría y estructura de la organización formal, tecnología organizacional,
comunicaciones, poder, conflicto y comportamiento entre grupos.

Psicología social

psicología social
Un área dentro de la psicología que mezcla los conceptos de la psicología y la sociología y que se enfoca en la influencia de unas personas en otras.

La **psicología social** es un área de la psicología, pero que mezcla los conceptos de
esta disciplina y de la sociología y que se enfoca en la influencia de unas personas en
otras. Una de las principales áreas que han recibido considerable investigación de
parte de los psicólogos sociales es el cambio —cómo ponerlo en práctica y cómo reducir las barreras para su aceptación. Además, los psicólogos sociales están haciendo
contribuciones significativas a las áreas de medición, entendimiento y actitudes cambiantes; patrones de comunicación; las formas en las cuales las actividades de grupo
pueden satisfacer las necesidades individuales, y los procesos de toma de decisiones
en grupo.

Antropología

antropología
El estudio de las sociedades para aprender acerca de los seres humanos y sus actividades.

La **antropología** es el estudio de las sociedades para aprender acerca de los seres humanos y sus actividades. El trabajo de los antropólogos en las culturas y ambientes,
por ejemplo, nos ha ayudado a entender las diferencias en valores fundamentales, actitudes y comportamiento entre la gente de diferentes países y dentro de diferentes
organizaciones. Mucho del conocimiento actual sobre la cultura y los ambientes organizacionales, así como sobre las diferencias entre las culturas de las naciones es
resultado del trabajo de los antropólogos o investigadores que han usado las metodo-
logías de aquéllos.[31]

Ciencia política

ciencia política
El estudio del comportamiento de los individuos y grupos dentro de un ambiente político.

Aunque frecuentemente se han pasado por alto, las contribuciones de los científicos
de la política son significativas para el entendimiento del comportamiento en las organizaciones. La **ciencia política** estudia el comportamiento de los individuos y
grupos dentro de un ambiente político. Entre los temas específicos de su interés, se
incluyen la estructura del conflicto, la distribución del poder y cómo la gente manipula el poder en su propio beneficio.

Hace 30 años, poco de lo que los científicos políticos estudiaban era de interés
para los estudiantes del comportamiento organizacional. Sin embargo los tiempos
han cambiado. Nos hemos dado cuenta cada vez más de que las organizaciones son
entidades políticas; si quisiéramos explicar y predecir con precisión el comportamiento de la gente en las organizaciones, necesitaríamos dar una perspectiva política a
nuestro análisis.

Ilustración 1-5
Dibujo por Handelsman en *The New Yorker*. Derechos reservados © 1986 por The New Yorker Magazine. Reimpreso con permiso.

"Soy un científico social, Miguel. Esto significa que no puedo explicar la electricidad o algo como eso, pero si tú quisieras saber alguna vez acerca de la gente, yo soy tu hombre."

Existencia de algunos principios absolutos en el CO

Existen pocos, si los hay, principios simples y universales que expliquen el comportamiento organizacional. Existen leyes en las ciencias físicas —química, astronomía, física— que son consistentes y aplicables en un amplio rango de situaciones. Éstos permiten a los científicos generalizar acerca de la fuerza de gravedad o la seguridad de enviar astronautas al espacio para reparar satélites. Pero como un connotado investigador del comportamiento concluyó en forma apropiada: "Dios concedió todos los problemas fáciles a los físicos." Los seres humanos son complejos. Ya que no son iguales, nuestra habilidad de hacer generalizaciones simples, precisas y claras es limitada. Dos personas a menudo actúan en forma muy diferente en la misma situación, y el comportamiento de la misma persona cambia en situaciones distintas. Por ejemplo, no todo el mundo se siente motivado por el dinero y usted tiene un comportamiento muy diferente en la iglesia, el domingo, del que tuvo en una fiesta, la noche anterior.

◆ "Dios concedió todos los problemas fáciles a los físicos."

Esto no significa, por supuesto, que no podamos ofrecer explicaciones razonablemente precisas del comportamiento humano o hacer predicciones válidas. Significa, sin embargo, que los conceptos del CO deben reflejar condiciones situacionales o de contingencia. Podemos decir que x lleva a y, pero sólo en condiciones especificadas en z (las **variables de contingencia**). La ciencia del CO se desarrolló usando conceptos generales y luego ajustando su aplicación a la situación particular. Así, por ejemplo, los estudiosos del CO evitan declarar que los líderes eficaces deberían siempre pedir ideas a sus subordinados, antes de tomar una decisión. En su lugar, encontramos que en algunas situaciones un estilo participativo es claramente superior, pero, en otras, un estilo de decisión autocrático es más eficaz. En otras palabras, la eficacia de un estilo en particular de liderazgo es contingente dependiendo de la situación en la cual se usa.

Conforme avance en este libro, encontrará una abundancia de teorías basadas en la investigación acerca de cómo la gente se comporta en las organizaciones. Pero

variables de contingencia
Los factores situacionales; variables que moderan la relación entre las variables independientes y las dependientes, y mejoran la correlación.

no espere encontrar muchas relaciones directas de causa y efecto. ¡No hay muchas! Las teorías del comportamiento organizacional reflejan la materia de la que tratan. La gente es compleja y complicada y así también deben ser las teorías desarrolladas para explicar sus acciones.

Consistentes con la filosofía de la contingencia proporcionamos, debates en favor y en contra del término de cada capítulo. Estos debates se incluyen para reforzar el hecho de que dentro del campo del CO existen muchos temas sobre los cuales hay un desacuerdo significativo. Atienden directamente algunos de los temas más controvertidos, de acuerdo con un formato de presentación de argumentos en contra y en favor. Lo anterior le da la oportunidad de explorar diferentes puntos de vista, descubrir qué tanto las perspectivas se complementan y se oponen entre ellas y de obtener un conocimiento acerca de los debates que actualmente tienen lugar en el campo del CO.[32]

Así que al final del capítulo 1, usted encontrará el argumento de que el liderazgo juega un papel importante en el logro de las metas de la organización, seguido por el argumento de que existe muy poca evidencia que apoye tal aseveración. De igual manera, al final de otros capítulos, usted leerá ambos lados del debate sobre si el dinero es un motivador, si una clara comunicación es siempre deseable y otros temas polémicos. Estos argumentos demuestran que el CO, como muchas disciplinas, tiene sus desacuerdos sobre hallazgos específicos, métodos y teorías. Algunos de los argumentos en favor o en contra son más provocativos que otros, pero cada uno tiene puntos válidos en los que a usted le gustará pensar. La clave es ser capaz de descifrar en qué condiciones cada argumento podría ser correcto o incorrecto.

> ◆ Existen tres niveles de análisis en el CO y conforme nos movemos del nivel individual al del grupo y al de los sistemas de la organización, avanzamos sistemáticamente en nuestro entendimiento del comportamiento en las organizaciones.

Nuevas atracciones: *desarrollo de un modelo del CO*

Concluimos este capítulo presentando un modelo general que define el campo del CO, demarca sus parámetros e identifica sus variables dependientes e independientes. El resultado final será una "nueva atracción" sobre los temas componentes del resto de este libro.

Resumen

modelo
Abstracción de la realidad, representación simplificada de algún fenómeno real del mundo.

Un **modelo** es una abstracción de la realidad, una representación simplificada de algún fenómeno real del mundo. Un maniquí en una tienda al menudeo es un modelo. Así, también, lo es la fórmula de contabilidad: activo = pasivo + capital.

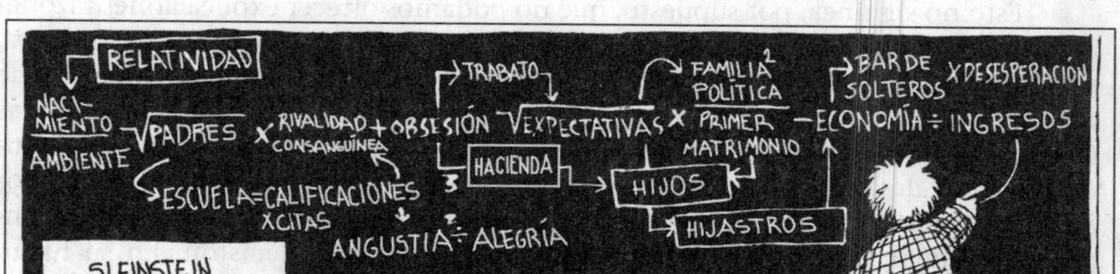

Ilustración 1-6
"Conclusión falsa" por Wiley en *The Washington Post*, 5 de enero de 1993. Derechos reservados © 1993, Washington Post Writers Group. Reimpreso con permiso.

La ilustración 1-7 representa el esqueleto sobre el cual construiremos nuestro modelo del CO. Propone que existen tres niveles de análisis en el CO y que conforme nos movemos del nivel individual al de los sistemas de la organización, avanzamos sistemáticamente en nuestro entendimiento del comportamiento en las organizaciones. Los tres niveles son análogos a la construcción por bloques; cada nivel se construye sobre el nivel anterior. Los conceptos de grupo crecen a partir de los cimientos construidos en la sección individual, sobrepone los límites estructurales sobre el individuo y el grupo a fin de llegar al comportamiento organizacional.

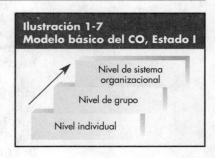

**Ilustración 1-7
Modelo básico del CO, Estado I**

Nivel de sistema organizacional

Nivel de grupo

Nivel individual

Las variables dependientes

Las **variables dependientes** son los factores clave que usted quiere explicar o predecir y que son afectados por otros factores. ¿Cuáles son las variables dependientes en el CO? Los investigadores tienden a enfatizar la *productividad*, el *ausentismo*, la *rotación* y la *satisfacción en el trabajo*. Debido a su amplia aceptación, usaremos estos cuatro factores como variables críticas dependientes en la eficacia de los recursos humanos de la organización. Sin embargo, no hay nada mágico en estas variables dependientes. Éstas simplemente muestran que la investigación del CO ha reflejado fuertemente los intereses gerenciales en aquellos individuos o sociedad como un todo. Revisemos tales términos para asegurarnos que entendemos lo que significan y por qué han alcanzado la distinción de ser las variables dependientes primarias del CO.

variable dependiente
Una respuesta que es afectada por una variable independiente.

    PRODUCTIVIDAD Una organización es productiva si logra sus metas y si lo hace transfiriendo los insumos a la producción al menor costo. Como tal, la **productividad** implica el entendimiento tanto de la **eficacia** como de la **eficiencia**.

    Un hospital, por ejemplo, es *eficaz* cuando cumple exitosamente las necesidades de sus clientes. Es *eficiente* cuando lo hace a un bajo costo. Si un hospital se administra para lograr una alta producción de su personal actual reduciendo el promedio de días que un paciente se mantiene en cama o incrementando el número de contactos paciente-personal por día, decimos que el hospital ha logrado una eficiencia productiva.

productividad
Una medición del rendimiento que incluye la eficacia y la eficiencia.

eficacia
El logro de las metas.

eficiencia
La relación entre el resultado eficaz y el insumo requerido para lograrlo.

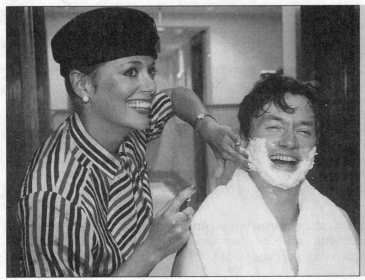

Dejándose rasurar por una aeromoza, el director ejecutivo de British Airways, Robert Ayling, señala su plan para impulsar la eficiencia de la aerolínea al rasurar 1.5 mil millones de dólares en costos de operación. Ayling planea crear una máquina esencial de ganancias enfocada en dar un servicio de máximo nivel en rutas mundiales pidiendo que 5,000 voluntarios dejen la compañía, reduciendo los costos de contabilidad y de manejo de equipaje y carga, y cediendo las rutas de menores ganancias a las aerolíneas pequeñas para que sean operadas como franquicias.

Una compañía es eficaz cuando logra sus metas de ventas o la participación de mercado, pero su productividad también depende de lograr esas metas en forma eficiente. Entre las medidas de tal eficiencia podrían estar el rendimiento sobre la inversión, las ganancias por dólares de ventas y la producción por hora laboral.

También podemos mirar la productividad desde la perspectiva del empleado individual. Tome los casos de Mike y Al, quienes son camioneros de larga distancia. Si suponemos que Mike transporta su camión completamente cargado desde Nueva York hasta su destino en Los Ángeles en 75 horas o menos, él es eficaz si recorre el viaje de 3,000 millas dentro de ese periodo. Pero las mediciones de productividad deben tomar en cuenta los costos incurridos en alcanzar la meta. Es ahí donde entra la eficiencia. Asumamos que Mike hizo la corrida de Nueva York a Los Ángeles en 68 horas y con un promedio de 7 millas por galón. Al, por el otro lado, realizó el viaje también en 68 horas pero con un promedio de 9 millas por galón (el transporte y la carga es idéntica). Tanto Mike como Al fueron eficaces —lograron su meta— pero Al fue más eficiente que Mike, ya que su camión consumió menos combustible y, por tanto, logró su meta a un costo menor.

En resumen, uno de los mayores intereses del CO es la productividad. Queremos saber qué factores influirán en la eficacia y la eficiencia de los individuos, de los grupos y de toda la organización.

ausentismo
La inasistencia al trabajo.

AUSENTISMO El costo anual del **ausentismo** se ha estimado superior a los 40 mil millones de dólares para las organizaciones estadounidenses y 12 mil millones para las empresas canadienses.[33] En Alemania, las ausencias cuestan a las firmas industriales más de 60 mil millones de marcos alemanes (35.5 mil millones de dólares estadounidenses) cada año.[34] A nivel del trabajo, un día de ausencia de un oficinista puede costar al patrón estadounidense $100 en la eficiencia reducida y en el incremento en la carga de trabajo de supervisión.[35] Estos números indican la importancia que reviste para una organización el mantener bajo el ausentismo.

Obviamente es difícil para una organización operar suavemente y lograr sus objetivos si los empleados no asisten a sus trabajos. El flujo del trabajo se interrumpe y a menudo se proponen decisiones importantes. En las organizaciones que dependen sobremanera de una línea de ensamble de producción, el ausentismo puede ser más que una interrupción; puede provocar un paro completo de la producción de la instalación. Pero los niveles de ausentismo que rebasan el intervalo normal en cualquier organización tienen un impacto directo en la eficacia y eficiencia de la organización.

¿Son malas *todas* las ausencias? ¡Probablemente no! Aunque muchas ausencias tienen un impacto negativo en la organización, podemos concebir situaciones en las cuales la organización podría beneficiarse de la voluntad del empleado de no ir a trabajar. Por ejemplo, la enfermedad, la fatiga y el exceso de tensión pueden disminuir en forma significativa la productividad de un empleado. En trabajos en los cuales un empleado necesita estar alerta —cirujanos y pilotos de avión son ejemplos obvios— sería mucho mejor para la organización que el empleado no asistiera a trabajar en lugar de que se presentara y rindiera pobremente. El costo de un accidente en tales trabajos podría ser prohibitivo. Aun en puestos gerenciales, donde los errores son menos espectaculares, el rendimiento podría mejorarse si los gerentes se ausentan del trabajo en lugar de tomar una decisión mediocre bajo tensión. Pero estos ejemplos son claramente atípicos. En la mayoría de los casos, las organizaciones se benefician cuando el ausentismo de los empleados es bajo.

rotación
Retiro permanente voluntario e involuntario de la organización.

ROTACIÓN Una tasa alta de **rotación** en una organización da como resultado costos altos de reclutamiento, selección y entrenamiento. ¿Cuán altos son estos costos? Un estimado conservador sería cerca de 15,000 dólares por empleado.[36] Una tasa alta de rotación puede entorpecer el funcionamiento eficiente de una organización cuando personal con conocimientos y experiencia se va y los reemplazos deben encontrarse y prepararse para asumir puestos de responsabilidad.

Por supuesto todas las organizaciones tienen cierta rotación. De hecho, si la gente "adecuada" —los empleados marginales y submarginales— deja la organización, la rotación puede ser positiva. Puede crear la oportunidad para reemplazar un individuo de bajo rendimiento con alguien que tenga mejores habilidades o mayor motivación, abrir más oportunidades de ascensos y agregar nuevas y frescas ideas a la organización.[37] En el mundo cambiante de hoy en día, los niveles razonables de rotación de empleados nuevos facilitan la flexibilidad organizacional y la independencia del empleado y pueden disminuir la necesidad de nuevos despidos.

Pero la rotación a menudo involucra la pérdida de gente que la organización no desearía perder. Por ejemplo, un estudio realizado con 900 empleados que habían renunciado a sus trabajos encontró que 92% obtenía calificaciones de rendimiento de "satisfactorio" o mejores que las de sus superiores.[38] Así, cuando la rotación es excesiva o cuando involucra empleados de valioso rendimiento, puede ser un factor de ruptura, que obstruya la eficacia de la organización.

SATISFACCIÓN EN EL TRABAJO La última variable dependiente que estudiaremos es la **satisfacción en el trabajo,** la cual definiremos simplemente, en este punto, como la diferencia entre la cantidad de recompensas que los trabajadores reciben y la cantidad que ellos creen que deberían recibir. (Ampliaremos en forma considerable esta definición en el capítulo 4.) A diferencia de las tres variables anteriores, la satisfacción del trabajador representa una actitud más que un comportamiento. ¿Por qué, entonces, se ha convertido en la variable dependiente primaria? Por dos razones: su demostrada relación con los factores de rendimiento y las preferencias de valor defendidas por muchos investigadores del CO.

La creencia de que los empleados satisfechos son más productivos que los insatisfechos ha sido una opinión básica entre los gerentes por años. Aunque mucha evidencia cuestiona la relación causal asumida, puede discutirse que las sociedades avanzadas deberían interesarse no sólo en la cantidad de vida —es decir, en lo concerniente a la alta productividad y a las adquisiciones materiales— sino también en la calidad de vida. Los investigadores con valores fuertemente humanistas sostienen que la satisfacción es un objetivo legítimo de una organización. No sólo es que la insatisfacción está negativamente relacionada con el ausentismo y la rotación, sino también

satisfacción en el trabajo
Una actitud general hacia el trabajo de uno; la diferencia entre la cantidad de recompensas que los trabajadores reciben y la cantidad que ellos creen que deberían recibir.

Las compañías están manifestando maneras creativas de incrementar la satisfacción en el trabajo. Una forma en la que Autodesk, una compañía desarrolladora de software, establecida en San Rafael, California, mantiene satisfechos a sus empleados es permitiendo que los trabajadores lleven sus perros al trabajo. Esta práctica ayuda a Autodesk a mantener una fuerza laboral leal y motivada que califica alto en satisfacción en el trabajo y en productividad, y bajo en rotación. Los amantes de perros de Autodesk se muestran aquí con sus mascotas durante el almuerzo.

—arguyen— que las organizaciones tienen la responsabilidad de proporcionar a sus empleados trabajos desafiantes e intrínsecamente recompensantes. Así, pues, aunque la satisfacción en el trabajo representa una actitud más que un comportamiento, los investigadores del CO la consideran típicamente como una variable dependiente importante.

Las variables independientes

variable independiente
La presunta causa de algún cambio en la variable dependiente.

¿Cuáles son los mayores determinantes de la productividad, ausentismo, rotación y satisfacción en el trabajo? Nuestra respuesta a esta pregunta nos lleva a las **variables independientes.** En consistencia con nuestra idea de que el comportamiento organizacional puede entenderse mejor cuando se ve esencialmente como una serie cada vez más compleja de bloques de construcción, la base, o el primer nivel, de nuestro modelo yace en la comprensión del comportamiento individual.

VARIABLES DEL NIVEL INDIVIDUAL   Se ha dicho que los "gerentes, a diferencia de los padres, deben trabajar con seres humanos usados, no nuevos —seres humanos a quienes otros han tenido primero".[39] Cuando los individuos entran en una organización, son un tanto como automóviles usados. Cada uno es diferente. Algunos tienen "poco kilometraje" —han sido tratados con cuidado y se han expuesto poco a las inclemencias del clima. Otros están "muy usados", han sido conducidos por caminos difíciles. Esta metáfora indica que la gente entra en las organizaciones con ciertas características que influirán en su comportamiento en el trabajo. Las más obvias son las características personales o biográficas como la edad, el género, el estado civil; características de personalidad; valores y actitudes, y niveles básicos de habilidad. Estas características están esencialmente intactas cuando un individuo entra en la fuerza laboral y, en la mayor parte, es muy poco lo que la gerencia puede hacer para modificarlas. Sin embargo, tienen un impacto real en el comportamiento del empleado. Por tanto, cada uno de estos factores: características biográficas, personalidad, valores y actitudes y habilidad, se estudiarán como variables independientes en los capítulos 2 y 4.

Existen otras cuatro variables en el ámbito individual que se ha demostrado que afectan el comportamiento del empleado: la percepción, la toma individual de decisiones, el aprendizaje y la motivación. Tales temas se introducirán y discutirán en los capítulos 2, 3, 5 y 6.

VARIABLES A NIVEL DE GRUPO   El comportamiento de la gente en grupos es más que la suma total de todos los individuos que actúan a su manera. La complejidad de nuestro modelo se incrementó al darnos cuenta de que el comportamiento de la gente cuando está en grupo es diferente del que tiene cuando está sola. Por tanto, el siguiente paso para entender el CO es el estudio del comportamiento en grupo.

En el capítulo 7 se encuentra la base para un entendimiento de las dinámicas del comportamiento en grupo. Allí mismo se discute cómo los individuos en grupos son influidos por los patrones del comportamiento que se espera que muestren, por lo que el grupo considera como estándares aceptables del comportamiento y por el grado en el cual los miembros del grupo están unidos entre ellos. En el capítulo 8 se traduce nuestro entendimiento de los grupos al diseño de equipos eficaces de trabajo. Los capítulos 9 al 12 muestran cómo los patrones de comunicación, los estilos de liderazgo, el poder y la política, las relaciones intergrupales y los niveles de conflicto afectan el comportamiento del grupo.

VARIABLES A NIVEL DE SISTEMAS DE ORGANIZACIÓN   El comportamiento organizacional alcanza su máximo nivel de complejidad cuando agregamos una estructura formal a nuestro conocimiento previo del comportamiento del individuo y de grupo. Así como los grupos son más que la suma de sus miembros individuales, así también las organizaciones son más que la suma de los grupos que las integran. El diseño de la organización formal, los procesos de trabajo y los trabajos; las políticas de recursos humanos de la organización y las prácticas (esto es, los procesos de selección, los programas de entrenamiento, los métodos de apreciación del rendimiento); y la cultura interna, todos, tienen un impacto en las variables dependientes. Éstas se analizan en detalle en los capítulos 13 al 16.

Hacia un modelo de contingencia del CO

Nuestro modelo final se muestra en la ilustración 1-8 de la página 28. Muestra las cuatro variables clave dependientes y un gran número de variables independientes, organizadas por nivel de análisis, que la investigación indica como en variación de los efectos en el primero. Un modelo tan complicado como éste todavía no hace justicia a la complejidad del asunto del tema del CO, pero debería ayudar a explicar por qué los capítulos de este libro están arreglados de la manera en que se presentan y a predecir el comportamiento de la gente en el trabajo.

En su mayor parte, nuestro modelo no identifica en forma explícita el vasto número de variables de contingencia debido a la tremenda complejidad que estaría implicada en tal diagrama. De alguna manera, a través de este texto introduciremos variables importantes de contingencia que mejoran la unión explicativa entre las variables independientes y las dependientes en nuestro modelo del CO. Note que hemos incluido los conceptos de cambio y tensión en la ilustración 1-8, admitiendo la existencia de la dinámica del comportamiento y el hecho de que la tensión en el trabajo es un tema individual, de grupo y organizacional. Específicamente, en el capítulo 17 se analiza el proceso de cambio, las maneras de manejar el cambio organizacional, los temas clave del cambio para la gerencia en la década de los noventa, las consecuencias de la tensión del trabajo y las técnicas para administrar la tensión.

También note que la ilustración 1-8 incluye uniones entre estos tres niveles de análisis. Por ejemplo, la estructura de la organización está encadenada al liderazgo. Se hace este encadenamiento para transmitir que la autoridad y el liderazgo están relacionados; la gerencia ejerce su influencia en el comportamiento del grupo mediante el liderazgo. De igual manera, la comunicación es el medio por el cual los individuos transmiten información; por tanto, es la unión entre el comportamiento del individuo y el del grupo.

Resumen e implicaciones para los gerentes

Los gerentes necesitan desarrollar sus habilidades interpersonales o de trato con la gente, si desean ser eficaces en su trabajo. El comportamiento organizacional (CO) es un campo de estudio que investiga el impacto que los individuos, los grupos y la estructura tienen en el comportamiento dentro de una organización, y que aplica su conocimiento para hacer que las organizaciones trabajen de manera más eficiente. Específicamente, el CO se enfoca en cómo mejorar la productividad, reducir el ausentismo y la rotación e incrementar la satisfacción del empleado en el trabajo.

Todos nosotros tenemos generalizaciones acerca del comportamiento de la gente. Algunas de nuestras generalizaciones podrían proporcionar conocimientos válidos al comportamiento humano, pero muchos son erróneos. El comportamiento organizacional usa el estudio sistemático para mejorar las predicciones del comportamiento que se harían sólo con la intuición. Pero, debido a que la gente es diferente, necesitamos observar el CO en un marco de contingencia, usando variables situacionales para moderar las relaciones causa-efecto.

Ilustración 1-8
Modelo básico del CO, Estado II

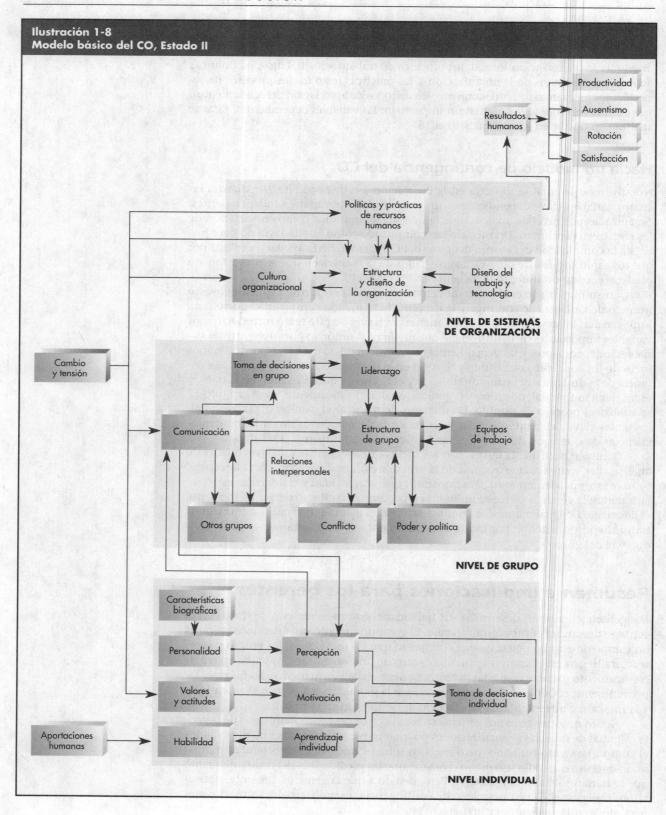

El comportamiento organizacional ofrece tanto retos como oportunidades para los gerentes. Reconoce las diferencias y ayuda a los gerentes a ver el valor de la diversidad de la fuerza laboral y las prácticas que podría ser necesario cambiar cuando se administra en países distintos. Puede ayudar a mejorar la calidad y la productividad del empleado y mostrar a los gerentes cómo facultar a su gente y cómo diseñar y poner en práctica programas de cambio. Ofrece conocimientos específicos para mejorar las habilidades interpersonales de los gerentes. En tiempos de cambio rápido y en progreso —lo que muchos gerentes enfrentan hoy en día—, el CO puede ayudar a los gerentes a aprender a contender en un mundo de temporalidad y a manejar una fuerza laboral que ha sufrido el trauma del adelgazamiento. Finalmente, el CO ofrece a los gerentes una guía en la creación de un clima de trabajo ético y saludable.

Para revisión

1. "El comportamiento es generalmente predecible." ¿Está de acuerdo o en desacuerdo? Explique.

2. Defina el *comportamiento organizacional*. Relaciónelo con la *gerencia*.

3. ¿Qué es una organización? ¿Es la unidad familiar una organización? Explique.

4. Identifique y contraste los tres papeles generales de la gerencia.

5. ¿Qué significa ACT? ¿Cuál es su relación con el CO?

6. ¿En qué áreas ha contribuido la psicología en el CO? ¿La sociología? ¿La psicología social? ¿La antropología? ¿La ciencia política? ¿Qué otras disciplinas académicas han contribuido en el CO?

7. "El comportamiento es generalmente predecible, así que no hay necesidad de estudiar de manera formal el CO." ¿Por qué está equivocada esta afirmación?

8. ¿Cuáles son los tres niveles de análisis en nuestro modelo del CO? ¿Están relacionados? Si es así, ¿cómo?

9. Si la satisfacción en el trabajo no es un comportamiento, ¿por qué se considera como una variable dependiente?

10. ¿Qué es eficacia y eficiencia? ¿Cómo se relacionan éstas con el comportamiento organizacional?

Para discusión

1. Contraste la investigación comparando los gerentes eficaces con los gerentes exitosos. ¿Cuáles son las implicaciones de la investigación para los gerentes en activo?

2. "La mejor manera de ver el CO es a través de una aproximación de contingencia." Elabore un argumento que apoye este enunciado.

3. ¿Por qué piensa que el tema del CO debería calificarse como "de sentido común", cuando uno rara vez escucha tal crítica acerca de un curso de física o estadística?

4. Millones de trabajadores han perdido sus trabajos debido al adelgazamiento. Al mismo tiempo, muchas organizaciones se están quejando de que no pueden encontrar gente para ocupar los puestos vacantes. ¿Cómo explica usted esta aparente contradicción?

5. En una escala del 1 al 10 que mida la complejidad de una disciplina científica en la predicción de fenómenos, la física matemática tendría probablemente un 10. ¿En qué lugar de la escala piensa usted que caería el CO? ¿Por qué?

Caso para la explicación estructural del comportamiento organizacional

Si quiere entender realmente el comportamiento de la gente en el trabajo, necesita enfocarse en la estructura social. ¿Por qué? Como un connotado estudioso lo planteó: "el hecho fundamental de la vida social es precisamente que es social —que los seres humanos no viven en aislamiento sino en asociación con otros seres humanos".*

Demasiado énfasis se ha puesto en el estudio de las características individuales de las personas. No queremos decir con esto que los valores, las actitudes, las personalidades y las características similares personales son irrelevantes para entender el comportamiento organizacional. Al contrario, nuestra idea es que obtendrá más conocimiento si usted observa las relaciones estructuradas entre los individuos en las organizaciones y cómo estas relaciones restringen ciertas acciones y permiten que otras ocurran.

Las organizaciones conllevan una multitud de mecanismos de control formales e informales que, en efecto, en gran medida da forma, dirige y restringe el comportamiento de los miembros. Revisemos algunos ejemplos.

Casi todas las organizaciones tienen una documentación formal que limita y da forma al comportamiento. Esto incluye políticas, procedimientos, reglas, descripciones de puestos e instrucciones de trabajo. Esta documentación formal establece estándares de comportamiento aceptable e inaceptable. Si conoce las principales políticas de una organización y tiene una copia de la descripción de puesto de un empleado en específico, será más fácilmente capaz de predecir una buena parte del comportamiento que muestra el empleado en el trabajo.

Casi todas las organizaciones diferencian los papeles horizontalmente. Con esto quiero decir que crean puestos y departamentos únicos. Toni es un representante de ventas de H. J. Heinz que trabaja en supermercados. Frank trabaja también en Heinz, pero en una línea de ensamble, donde monitorea las máquinas que llenan los frascos de pepinillos sazonados. La estructura de estos puestos por sí sola me permite predecir que Toni tendrá mucho más autonomía que Frank para decidir sobre lo que hará en su puesto y cómo lo realizará.

Las organizaciones también diferencian los papeles verticalmente creando niveles de gerencia. Al hacerlo, crean relaciones jefe-subordinado que restringen el comportamiento del subordinado. En nuestra vida no laboral no tenemos "jefes" que nos digan qué hacer, que nos evalúen e incluso que nos despidan. Pero la mayoría de nosotros los tiene en el trabajo. Y recuerde, los jefes evalúan el rendimiento del empleado y típicamente controlan la distribución de las recompensas. Así que si sé qué comportamientos son los que preferiría su jefe, yo puedo predecir los posibles comportamientos que usted experimentará.

Cuando usted se une a una organización, se espera que se adapte a las normas de lo que se considera un comportamiento aceptable. Las "reglas" no tienen que estar escritas para ser poderosas y controladoras. Una organización, por ejemplo, podría no tener un código formal del vestir, pero se espera que los empleados "vistan adecuadamente" —lo que significa adaptarse al código de normas de vestido formal. Merrill Lynch espera que sus corredores vistan en forma apropiada: Los hombres usan traje y corbata y las mujeres portan una vestimenta profesional similar. En este mismo sentido, las normas de Microsoft ponen énfasis en las jornadas largas de trabajo —60 a 70 horas a la semana no son raras. Estas expectativas son entendidas por los empleados, quienes, en correspondencia, modifican su comportamiento.

El punto es que usted no debería olvidar la parte *organizacional* del comportamiento en las empresas. No parece muy agradable, pero éstas son instrumentos de dominio. Ponen a las personas en "cajas" de trabajo para restringir sus actividades y la interacción con otros individuos. En el grado en el que los empleados aceptan la autoridad de su jefe y los límites, la organización coloca a los trabajadores en sus papeles, de modo que esa autoridad y esos límites se vuelven restricciones sobre opciones de comportamiento de los miembros de la organización.

Algunas partes de esta exposición están basadas en J. Pfeffer, "Organization Theory and Structural Perspectives on Management", *Journal of Management,* diciembre de 1991, pp. 789-803.

*P.M. Blau, *Inequality and Heterogeneity* (Nueva York: Free Press, 1977), p. 1.

Caso para la explicación psicológica del comportamiento organizacional

El concepto de una "organización" es una noción artificial. Las organizaciones tienen propiedades físicas, como edificios, oficinas y equipo, que tienden a oscurecer el hecho obvio de que las organizaciones no son otra cosa en realidad que agregados de los individuos. Como tales, las acciones organizacionales son sólo acciones combinadas de individuos. En esta sección, veremos que gran parte del comportamiento organizacional puede apreciarse como una recopilación de esfuerzos por parte de un grupo de actores cuasi-independientes.

Empecemos admitiendo que la organización coloca restricciones sobre el comportamiento del empleado. Pero, a pesar de éstas, cada puesto posee un grado de discreción —áreas en las cuales las reglas, los procedimientos, las descripciones de puesto, la supervisión de directivos y otras restricciones formales no se aplican. Hablando de manera general, mientras más alto se mueva uno en la organización, más discreción deberá tenerse. Los trabajos de nivel inferior tienden a ser más programados que los de gerencia media; y los gerentes medios tienen menos discreción que los *senior*. Pero *todo puesto* conlleva alguna autonomía. Y ésta permite que diferentes personas hagan distintas cosas en el mismo puesto.

La observación casual nos lleva a todos a la conclusión obvia de que dos personas en el mismo puesto no se comportan exactamente de la misma manera. Aun en puestos altamente programados, como un puesto en una línea de ensamble en una fábrica de automóviles, el comportamiento del empleado varía. ¿Por qué? ¡Diferencias individuales! Los estudiantes del colegio ciertamente entienden y actúan sobre esta realidad cuando escogen grupos. Si hay tres profesores que imparten la materia de contabilidad 1 a la misma hora del día, la mayoría de los estudiantes acudirá a sus amigos que ya tomaron esa clase, a fin de encontrar las diferencias entre los instructores. Sin embargo, aunque enseñen el mismo curso, como se describe en el catálogo de la universidad, los instructores disfrutarán de un grado considerable de libertad en cuanto a la forma de lograr los objetivos del curso. Los estudiantes saben eso, y tratarán de adquirir información precisa que les permita seleccionar entre las tres opciones. Así que a pesar del hecho de que los instructores están dando el mismo curso y de que el contendido de éste está explícitamente definido en la documentación formal de la organización (el catálogo de la universidad), los estudiantes (y el resto de nosotros) saben que el comportamiento de los instructores variará ampliamente.

La gente hace sus trabajos de diferentes maneras. Difieren en sus interacciones con sus jefes y compañeros de trabajo. Varían en términos de hábitos de trabajo la rapidez en realizar las tareas, la conciencia en hacer un trabajo de calidad, la cooperación con los compañeros de trabajo, la habilidad de manejar situaciones de tensión y similares. Varían por el nivel de motivación y el grado de esfuerzo que están dispuestos a ejercer sobre su puesto. Varían con respecto a la importancia que dan a factores como la seguridad, el reconocimiento, el avance, el apoyo social, el reto en las asignaciones de trabajo y la voluntad de trabajar tiempo extra. ¿Qué explica estas variaciones? Las características sociológicas individuales como los valores, las actitudes, las percepciones, las motivaciones y la personalidad.

El resultado final es que, en la búsqueda de entender la productividad, el ausentismo, la rotación y la satisfacción en el trabajo, usted ha reconocido la sobrecogedora influencia que juegan los factores sociológicos del individuo.

Algunos puntos de esta argumentación están basados en B. M. Staw, "Dressing Up Like an Organization: When Psychological Actions Can Explain Organizational Action", *Journal of Management,* diciembre de 1991, pp. 805-819.

Ejercicio de aprendizaje sobre usted mismo

¿Cuál es su calificación en comportamiento ético?

Abajo aparecen 15 enunciados. Identifique la frecuencia con la cual usted hace, ha hecho o haría estas cosas en el futuro cuando sea empleado de tiempo completo. Coloque la letra *R, O, S o N* sobre la línea al principio de cada enunciado.

R = REGULARMENTE; O = OCASIONALMENTE; S = RARA VEZ; N = NUNCA

_____ S **1.** Llego al trabajo tarde y me pagan por hacerlo.

_____ **2.** Me voy del trabajo antes de la hora establecida y me pagan por hacerlo.

_____ **3.** Tomo largos descansos/almuerzos y me pagan por hacerlo.

_____ **4.** Llamo para decir que estoy enfermo y tener libre el día cuando no lo estoy.

_____ **5.** Uso el teléfono de la compañía para hacer llamadas personales de larga distancia.

_____ **6.** Hago tareas personales en el tiempo de la compañía.

_____ **7.** Uso la copiadora de la compañía para asuntos personales.

_____ **8.** Envío correspondencia personal a través del correo de la compañía.

_____ **9.** Llevo a casa abastecimientos o mercancía de la compañía.

_____ **10.** Doy mercancía o abastos de la compañía a amigos o permito que éstos los tomen sin que yo haga algo para evitarlo.

_____ **11.** Cobro reembolsos de comidas que realmente no tuve o viajes que no realicé u otros gastos "fabricados".

_____ **12.** Uso el auto de la compañía para asuntos personales.

_____ **13.** Llevo a mi esposa(o)/amiga(o) a comer fuera y lo cargo a la cuenta de gastos de la compañía.

_____ **14.** Llevo a mi esposa(o)/amiga(o) a viajes de negocios y cargo los gastos a la cuenta de la compañía.

_____ **15.** Acepto regalos de clientes/proveedores a cambio de permitirles que se beneficien haciendo negocios con la empresa.

Pase a la página A-25 para las instrucciones y la clave de calificación.

Fuente: R. N. Lussier, *Human Relations in Organizations: A Skill Building Approach,* 2a ed. (Homewood, IL: Irwin, 1993), p. 297.

Ejercicio de trabajo en grupo

Ejercicio sobre la diversidad de la fuerza laboral

Propósito	Aprender acerca de las diferentes necesidades de una fuerza laboral diversa.
Tiempo requerido	Aproximadamente 40 minutos.
Participantes y papeles	Divida el grupo en seis equipos de igual tamaño aproximadamente. A cada equipo se asigna a uno de los siguientes papeles:

Nancy tiene 28 años de edad. Es una madre divorciada con tres niños de 3, 5 y 7 años. Ella es directora de departamento. Gana $37,000 al año en su trabajo y recibe de su ex marido otros $3,600 anuales como apoyo para los niños.

Ethel es una viuda de 72 años de edad. Trabaja 25 horas a la semana para complementar su pensión anual de $8,000. Incluyendo su salario por hora de $7.50, ella gana $17,750 al año.

John es un hombre de color, nacido en Trinidad, que ahora es un residente estadounidense. Está casado y es padre de dos niños pequeños. John va a la universidad en la noche y dentro de un año obtendrá su certificado. Su salario es de $24,000 al año. Su esposa es abogada y gana aproximadamente $44,000 anuales.

Lu es un asiáticoestadounidense de 26 años, físicamente impedido. Es soltero y tiene una maestría en educación. Lu es paralítico y está confinado a una silla de ruedas como resultado de un accidente automovilístico. Gana $29,000 al año.

María es una hispana soltera de 22 años. Nació y creció en México. Llegó a Estados Unidos hace sólo tres meses. María necesita mejorar su inglés considerablemente. Gana $18,000 al año.

Mike es un hombre blanco de 16 años de cuarto grado de preparatoria que trabaja 15 horas a la semana después de clase y durante las vacaciones. Gana $6.25 por hora o aproximadamente $4,875 al año.

Los miembros de cada grupo deben asumir las características consistentes con su papel asignado.

Antecedentes Nuestros seis participantes trabajan en una compañía que ha instalado recientemente un programa flexible de prestaciones. En lugar del tradicional "programa de prestaciones que sirve para todos", la compañía está distribuyendo un 25% adicional a cada salario anual del empleado para ser usado en prestaciones discrecionales. Estas prestaciones y su costo anual se listan a continuación.

Plan suplementario de salud por empleado:

Plan A (No deducible y paga 90%) = $3,000
Plan B ($200, deducible y paga 80%) = $2,000
Plan C ($1,000, deducible y paga 70%) = $500

El plan de salud suplementario para dependientes (mismos deducibles y porcentajes que los anteriores):

Plan A = $2,000
Plan B = $1,500
Plan C = $500

Plan dental suplementario = $500

Seguro de vida:

Plan A ($25,000 de cobertura) = $500
Plan B ($50,000 de cobertura) = $1,000
Plan C ($100,000 de cobertura) = $2,000
Plan D ($250,000 de cobertura) = $3,000

Plan de salud mental = $500

Asistencia legal prepagada = $300

Vacaciones = 2% del salario anual por cada semana, hasta 6 semanas al año

Pensión y retiro igual a aproximadamente 50% de las ganancias anuales finales = $1,500

Cuatro días de trabajo a la semana durante los tres meses de verano (disponible solamente para trabajadores de tiempo completo) = 4% del salario anual

Servicios de cuidado de la salud (después de la contribución de la compañía) = $2,000 para todos los niños de los empleados, sin importar el número. Transportación por parte de la compañía hacia y desde el trabajo = $750

Reembolso de colegiatura = $1,000

Reembolso de colegiatura de clases de idioma = $500

La tarea

1. Cada grupo tiene 15 minutos para desarrollar un paquete de prestaciones que consuma 25% (y no más) del salario de su papel.

2. Después de terminar el paso 1, cada equipo designa un vocero que describa a todo el grupo el paquete de prestaciones que ha determinado su corrillo para su personaje.

3. Todo el grupo discutirá entonces los resultados. ¿Cómo las necesidades, los intereses y los problemas de cada participante influyeron en la decisión del equipo? ¿Qué sugieren los resultados al tratar de motivar una fuerza laboral diversa?

Agradecimiento especial a la profesora Penny Wright (San Diego State University) por sus sugerencias en el desarrollo de este ejercicio.

CASO INCIDENTE

Gracias por 24 años de servicio. Ahora... ¡aquí está la puerta!

Russ McDonald egresó de la Universidad de Michigan con su maestría en administración de empresas, en 1969. Tuvo numerosos ofrecimientos de trabajo pero escogió General Motors por diversas razones. La industria automovilística ofrecía maravillosas oportunidades de hacer carrera y GM era el fabricante número uno de automóviles. Los salarios de GM estaban entre los más altos en las corporaciones en América y un trabajo en GM proporcionaba seguridad sin paralelo. Un trabajo ejecutivo en GM era lo más cercano a un empleo permanente, que no fuera trabajar para el gobierno federal.

Russ empezó su carrera en GM como analista de costos en la división Fisher Body en Detroit. De ahí procedió a través de una larga secuencia de mayores responsabilidades. Para su vigésimo aniversario en la compañía, él había sido ascendido a la posición de asistente de la vicepresidencia de finanzas, en el departamento de tesorería de la corporación. Su salario era de $124,000 al año y en un buen año podía esperar un bono de $10,000 a $25,000. Pero esos bonos se habían vuelto cada vez más raros, ya que la rentabilidad de GM había declinado a lo largo de la década de los ochenta. La creciente competencia extranjera, las acciones audaces de Ford y Chrysler y la lenta respuesta de GM ante el cambio había ocasionado una seria erosión en la posición de mercado de la compañía. Cuando Russ se unió a la compañía, casi uno de cada dos automóviles nuevos vendidos en Estados Unidos era un producto de GM. A finales de la década de los ochenta, el número se redujo a uno de cada cuatro. Como resultado, la gerencia de GM estaba tomando acciones drásticas para tratar de parar su descenso en la participación de mercado. Estaba cerrando plantas ineficientes, reorganizando divisiones, introduciendo nuevas tecnologías de producción y haciendo grandes recortes en su personal. Miles de posiciones ejecutivas se eliminaron. Una de ellas fue el trabajo de Russ McDonald. En el verano de 1993, a menos de un año de su vigésimo quinto aniversario en GM, se le dio la oportunidad de tomar un retiro anticipado. Russ se vio entre la espada y la pared. Si no tomaba el retiro anticipado, sería sólo cuestión de tiempo —probablemente un año o dos cuando mucho— para que fuera despedido y con un paquete menos atractivo de separación. Así que aceptó la oferta de la compañía: nueve meses de salario más prestaciones médicas de por vida para él y su familia. Russ trató de darle un giro positivo a la situación. Probablemente esto fue una bendición disfrazada. Tenía solamente 49 años de edad. Contaba con 24 años de experiencia con una de las compañías más adelantadas. Él aterrizaría en una compañía que estuviera creciendo y que ofreciera las oportunidades que ya no existían en GM.

El optimismo de Russ estaba bastante descolorido para el año nuevo de 1996. Había estado sin trabajar cerca de 30 meses. Había respondido a docenas de anuncios de empleo. Había enviado más de 200 currículas. Había hablado con diversos ejecutivos de firmas de reclutamiento y había gastado más de $7,000 en consultoría de empleo. Todo para nada. Lo que él continuaba escuchando era que su experiencia no era relevante para el lugar de trabajo de hoy en día; no había oportunidades en grandes compañías, las pequeñas empresas querían gente que fuera flexible y consideraban a los tipos corporativos como "rígidos mentales". Aun si hubiera un trabajo para el cual Russ estuviera calificado, él tendría que aceptar una reducción de cuando menos 50% en salario y los patrones estarían muy a disgusto ofreciendo a alguien un salario relativamente bajo; se imaginarían que Russ estaría desmotivado y probablemente "saltaría del barco" a la primera oportunidad.

Preguntas

1. ¿Qué tan válidos cree usted que sean los comentarios que Russ está escuchando?

2. ¿Si usted fuera un ejecutivo de una pequeña empresa con la necesidad de alguien con la extensa experiencia financiera de Russ, lo consideraría para el puesto? Explique su punto de vista.

3. ¿Qué sugerencias podría usted hacer a Russ para ayudarle a encontrar un empleo para él?

La nueva carrera de David Vincent

Desde 1990, 8,400 trabajos de leñador han desaparecido en Oregón. Formas más eficientes de cortar árboles han echado del bosque a los leñadores. Uno de ellos es David Vincent, de 40 años de edad. Más que buscar otro trabajo de leñador, David ha decidido reentrenarse para una carrera completamente diferente. Está inscrito en un programa de enfermería en su universidad local.

"Me molestan a veces", dice David. "La enfermería es una ocupación para mujeres —o percibida de esa manera. Y mis viejos amigos leñadores cuestionan mi masculinidad." Pero David es realista. Él quiere un futuro y se da cuenta de que no hay mucho para él en el negocio de leñador. "La realidad de mi situación es que tengo que sobrevivir. Tengo que adaptarme. La industria de la madera está en patines; ahí ya no hay trabajo para mí. Y lo que tengo que hacer es adaptarme. Tengo que resolver la manera de ganarme la vida y continuar con mi existencia." Un lu-

RESEÑA DE CASO

ABCNEWS

gar donde parece haber oportunidad es el cuidado de la salud. Desde 1990, existen más de 6,000 nuevos trabajos en la industria de la salud en Oregón. Y David está determinado a tener uno de ellos.

David no está solo en sus esfuerzos de reentrenamiento. La globalización, la tecnología y otras fuerzas están cambiando las estructuras del trabajo y las oportunidades. Millones de estadounidenses están haciendo lo mismo que David —reentrenándose para nuevas carreras. Los jóvenes de Estados Unidos enfrentan la posibilidad de cinco, seis o siete diferentes carreras en su vida. Para David Vincent, la enfermería sería la cuarta.

Para aquellos trabajadores que tienen miedo del cambio, incapaces de demostrar flexibilidad o sin voluntad de participar en reentrenamiento, el futuro podría ser en verdad vacío.

Preguntas

1. ¿Qué es lo que este caso dice acerca de la fuerza laboral cambiante?

2. ¿Qué clase de atributos personales piensa usted que estarían relacionados con el éxito en un trabajo de leñador? ¿Qué piensa del trabajo de un enfermero?

3. ¿Hasta qué grado piensa usted que sus respuestas a la pregunta 2 son estereotipadas?

4. ¿Qué tan flexible piensa usted que es la mayoría de la gente para reentrenarse en nuevas carreras? Discútalo.

Fuente: basado en "Person in the News", *Word News Tonight, ABC News;* transmitido el 18 de marzo de 1994.

ROB PANCO: ANTECEDENTES Y REFLEXIONES*

Robert (Rob) Panco tiene 37 años de edad. Ahora es gerente consultor. A lo largo de su camino hacia su posición actual, Rob ha tenido experiencias interesantes de trabajo y ha sido lo suficientemente amable para compartir algunas de ellas con nosotros. Específicamente, él reflexiona sobre la trayectoria de su carrera y sobre los retos y problemas relacionados con el CO que encontró en su carrera.

Este caso progresivo (el cual aparece al final de cada sección de este libro) es valioso para usted, al menos por dos razones. Primero, le ayudará a integrar muchos de los conceptos introducidos en este libro. Desafortunadamente, los libros de texto tienen que ser lineales —moverse en forma secuencial a través de una serie creada artificialmente de capítulos independientes. El mundo real, sin embargo, es un acto de malabares de actividades sobrepuestas y altamente interdependientes. Este caso hará que esta interdependencia sea clara y ayudará a demostrar cómo los factores individuales, de grupo y de sistemas de organización se sobreponen. Segundo, este caso progresivo mostrará la aplicación de los conceptos del CO a la práctica actual de la gerencia. La mayoría de los ejemplos del libro de texto o casos es breve y está diseñada para ilustrar sólo uno o dos puntos. Como una historia integrada y progresiva, el caso de Rob Panco le mostrará cómo un gerente de la vida real tiene que tratar con múltiples temas del CO.

La ilustración I-1 proporciona una breve descripción de los antecedentes y la progresión de la carrera de Rob Panco. Pero como los currícula omiten mucha información, empecemos conociendo un poco acerca de la vida temprana y las experiencias de la carrera de Rob.

Si usted hubiera preguntado a Rob durante su último año de escuela qué había planeado hacer con su vida, le hubiera contestado: "Voy a ser un músico profesional." Con ese fin, se estuvo entrenando como bajista. Cuando salió de la universidad —Duquesne University en Pittsburgh—, tuvo la intención de perseguir sus intereses musicales. Pero las cosas no siempre resultaron como se planearon. Durante su primer año Rob tuvo que enfrentarse cara a cara con la realidad: existían muchos bajistas más talentosos que él. Si hubiera continuado con su pasión, a lo mucho hubiera llegado a ser un maestro de música. Rob quiso más, así que decidió cambiar su licenciatura. Escogió trabajar en una licenciatura en negocios, con una especialización en mercadotecnia y administración.

¿Por qué seguir una carrera en negocios? Rob no estaba seguro. Podría haber sido la influencia de su padre, quien abrió una agencia de seguros para granjas del estado, después de pasar 22 años en la fuerza naval estadounidense. O podrían haber sido sus experiencias positivas de haber trabajado, a tiempo parcial, en la preparatoria. Desde la edad de 14 a 18 años Rob trabajó por las tardes, los fines de semana y los veranos en un periódico semanal. "Tomé el trabajo inicialmente para tener dinero. Yo quería comprar un bajo de $1,400." Empezó barriendo pisos y limpiando las prensas. Pero, con el tiempo, aprendió la mayoría de los trabajos en el periódico. Por ejemplo, montaba la tipografía, hacía anuncios y llegó a perfeccionar sus habilidades de mantenimiento de equipo complejo de impresión. Después de egresar de la preparatoria, Rob continuó trabajando los fines de semana en el periódico.

Durante sus años universitarios, Rob obtuvo experiencia vendiendo zapatos en Tom McAn, trabajando en una tienda de tarjetas Hallmark y en trabajos similares.

*Algunos de los hechos, incidentes y citas incluidas en este caso progresivo han sido modificadas ligeramente por el autor para incrementar la discusión y el análisis del estudiante.

Ilustración I-1 Resumée

ROBERT PANCO, JR.
446 Sheridan Avenue
New Brunswick, NJ 07114
(908) 792-1722

Formación profesional

Maestría en Administración de Empresas, M.B.A., Duquesne University (Pittsburgh, PA), 1984

Lic. en Administración de Empresas, Duquesne University.
Especialización: Mercadotecnia/Administración; Economía

Experiencia profesional

1/97–a la fecha	Consultor independiente en Administración
5/93–12/96	Gerente general, M.E. Aslett Corp., New Jersey
10/92–4/93	Gerente administrativo, M.E. Aslett Corp.
9/90–9/92	Gerente de proyecto/consultor, AT&T Bell Laboratories, New Jersey
5/89–9/90	Gerente *senior* de Mercadotecnia, Mercadotecnia regional de AT&T Network Systems Regional. Marketing, Maryland
10/88–4/89	Gerente de Mercadotecnia, AT&T Network Systems Regional Marketing
5/87–9/88	Planificador de mercado, Planificación de mercado de AT&T Network Systems Network. New Jersey
6/86–4/87	Planificador asociado de mercado, Planificador de mercado de, AT&T Network Systems Network
6/83–6/86	Consultor *senior*, Small Business Development Center; Duquesne University, División de Educación Continua

Información personal

Fecha de nacimiento: January 20, 1960
Estado civil: casado, sin hijos

No era inusual para él llevar cursos con valor total de 18 créditos y trabajar 30 horas a la semana durante el año escolar.

(Rob necesitaba el dinero, pero también disfrutaba el trabajar.) Él también asumió papeles de liderazgo en actividades de la universidad. Estuvo en mesas de actividad estudiantil (Student Activity Board, SAB), y sin asistencia luchó por llevar conciertos de jazz al campus de la escuela. Estos conciertos con el tiempo se convirtieron en una de las pocas empresas con ganancias de SAB. Pero el difícil horario de Rob tenía un precio. "Mis calificaciones nunca fueron tan altas como deberían haber sido", dice Rob. "Fui un estudiante de 8 cuando debí haber sido uno de diez."

Después de obtener su diploma y de enfrentar un mercado laboral débil, Rob entró a trabajar en una escuela para graduados. Otra vez, combinó el estudio con el trabajo externo. En su primer año, pasó 20 horas a la semana supervisando estudiantes en la unión de estudiantes de la universidad. En su segundo año, pasó 30 horas a la semana trabajando en el Small Business Development Center (Centro de Desarrollo de Pequeños Negocios) de la universidad. Ambos trabajos eran valiosos ya que le permitían aplicar lo que aprendía en su programa de MBA. Claramente, se ponía de manifiesto un patrón: el de una persona que no se sentía feliz a menos que estuviera muy ocupado.

Rob se quedó dos años en el centro, después de obtener su grado de MBA. Luego aceptó un trabajo en AT&T, en Nueva Jersey. En su primer puesto ahí, realizó investigación de mercado sobre productos nuevos. Después de seis meses, obtuvo su primer ascenso. Un año más tarde, fue escogido para dirigir un equipo temporal de investigación de mercado, compuesto de cinco compañeros. "Éste fue un trabajo muy desafiante", dice Rob. "Estas personas trabajaban bajo mi dirección pero reportaban a sus jefes de departamento. No tenía una autoridad real, sin embargo yo era responsable del proyecto. Irónicamente, fue como mi experiencia en dirigir conciertos en la universidad. Las personas que supervisaban eran todas voluntarias. Dirigir a compañeros y a voluntarios es muy similar."

El éxito de Rob en administrar este equipo de proyectos lo llevó a su nominación y selección para el programa de liderazgo continuo de AT&T. Éste es un grupo selecto de individuos que parecen tener gran talento en responsabilidades gerenciales significativamente mayores. Como parte de este programa, Rob se unió con un ejecutivo *senior*, quien se convertiría en su mentor informal; participó en dos programas de educación continua al año, y obtuvo un estado favorecido sobre futuras asignaciones de trabajo. En 1989, Rob fue transferido a Maryland como gerente *senior* de mercadotecnia. ¡Ocho meses después regresó a Nueva Jersey como gerente de proyecto!

En octubre de 1992, Rob se unió a M. E. Aslett Corporation como gerente de negocios de la compañía. Aslett es un empaquetador pequeño de libros educativos y profesionales de consulta, establecido en Nueva Jersey. Maneja proyectos de libros desde la concepción hasta el producto terminado, excluyendo el proceso de impresión. Entre los clientes de Aslett se incluyen Grolier Encyclopedia, World Book International, Prentice Hall, Harcourt Brace y McGraw Hill. Siete meses después, tomó posesión como gerente general y, como tal, supervisó las operaciones de la firma —el gerente de producción, el administrador de la red, los supervisores y correctores de estilo, los correctores de pruebas, los editores y los encargados de la separación de color, le reportaban directamente a él.

Cuando se le preguntó su filosofía acerca de dirigir gente, Rob dice: "Usted no puede dejar la honestidad. No puede confundir a la gente. Sea abierto y diga la verdad." Pero también menciona algo que ocasionalmente lo mete en problemas: "Yo asumo que la otra gente ama su trabajo como yo. Me gusta aprender, manteniéndome en movimiento hacia adelante. Por ejemplo, cada cuatrimestre, me establezco metas de superación personal (automejoramiento). A veces olvido que la demás gente no es como yo."

El comentario acerca de "que la gente no es como yo" incitó preguntas acerca de la diversidad de la fuerza laboral en Aslett. "Tuvimos más mujeres trabajando ahí que hombres", dijo Rob, "y varios de nuestros empleados fueron padres solteros. Además, empleamos un par de personas de Gran Bretaña, un afroestadounidense y un jamaiquino. Para la compañía de sólo 20 trabajadores, pienso que tuvimos un grupo bastante diverso".

Cuando se le preguntó acerca de las metas en su carrera. La respuesta de Rob no fue del todo sorprendente. "Quiero crecer. Quiero aprender nuevas cosas. Me gusta trabajar duro, y al mismo tiempo que aprendo, lo disfruto. Quiero hacer cosas que son divertidas." Sus actividades actuales de consultoría gerencial parecen ajustarse bien con su meta del aprendizaje continuo.

Preguntas

1. ¿De qué manera, según su criterio, las experiencias tempranas en la vida de Rob han influido en las opciones de su carrera y en su filosofía sobre la dirección de la gente?

2. Revise el último puesto de Rob en Aslett en términos de funciones gerenciales, papeles y habilidades.

3. ¿Qué retos podría haber enfrentado Rob con su fuerza laboral diversa en Aslett, que no podría haber tenido si hubiera contado con una fuerza laboral homogénea?

4. ¿Qué cree usted que Rob quiere decir cuando afirma que "dirigir a compañeros y a voluntarios es muy similar"?

Segunda parte   El individuo

FUNDAMENTOS DEL COMPORTAMIENTO INDIVIDUAL

PERFIL DEL CAPÍTULO
Características biográficas
Habilidad
Personalidad
Aprendizaje

El peor consejo que
puede dar a la gente
es: "sé tú mismo".
—T. Masson

OBJETIVOS DE APRENDIZAJE

Después de estudiar este capítulo, usted será capaz de:

1 Definir las características biográficas clave

2 Identificar dos tipos de habilidad

3 Explicar los factores que determinan la personalidad de un individuo

4 Describir el impacto de la relación entre el tipo de trabajo y la personalidad sobre el rendimiento laboral

5 Resumir cómo las teorías del aprendizaje apuntan conocimientos sobre el cambio en el comportamiento

6 Distinguir cuatro programas de refuerzo

7 Esclarecer el papel del castigo en el aprendizaje

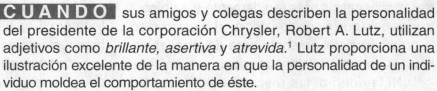

CUANDO sus amigos y colegas describen la personalidad del presidente de la corporación Chrysler, Robert A. Lutz, utilizan adjetivos como *brillante, asertiva* y *atrevida*.[1] Lutz proporciona una ilustración excelente de la manera en que la personalidad de un individuo moldea el comportamiento de éste.

Robert Lutz nació en Zurich, en 1932. Se mudó a la ciudad de Nueva York siendo niño, cuando transfirieron a su padre, un banquero. Se volvió ciudadano estadounidense a la edad de 11 años. Debido a que continuamente se mudaba a otra ciudad, no terminó la preparatoria sino hasta que cumplió los 22 años. Pero no dejó que el pasto creciera bajo sus pies. Durante sus años de adolescente aprendió a hablar francés, alemán e italiano, tan bien como el inglés.

Fascinado desde temprana edad con las motocicletas, automóviles y aviones —de hecho, cualquier cosa que fuera veloz— se enroló al cuerpo de marina con la intención de convertirse en piloto de combate. Durante cinco años piloteó *jets*. Luego voló con las reservas de la marina mientras continuaba su educación. A la edad de 30 años, tenía un título universitario y una maestría en administración de la Universidad de California en Berkeley.

En 1963, Lutz empezó a trabajar en General Motors como planeador de producto. En sus ocho años en GM, fue ascendiendo poco a poco hasta convertirse en director de ventas y mercadotecnia de la unidad Opel de GM en Alemania. Luego pasó tres años en Munich como vicepresidente ejecutivo de ventas y mercadotecnia de la BMW. De ahí, se fue a las operaciones europeas de la Ford, donde rápidamente ascendió por los escalafones para llegar a dirigir la Ford de Europa. A los 50 años, volvió a Estados Unidos como vicepresidente ejecutivo de las operaciones internacionales de Ford. En 1986, cuando tenía 54 años, fue contratado por la Chrysler como presidente y director de operaciones.

Lutz personifica la imagen de Chrysler como el fabricante de automóviles de Detroit más audaz y determinante. Su brillante y fuerte personalidad tal vez le costó la presidencia, debido a sus conflictos con su jefe anterior. Pero sus opiniones bruscas y su método audaz de gerencia hicieron que se destacara y se le atribuyera ampliamente el éxito actual de Chrysler. Reordenó al personal de ingeniería en equipos flexibles, interfuncionales y campeones, con un estilo atrevido, equiparable al rendimiento deportivo de los modelos como el sedán Dodge Intrepid y la pickup Ram. Su éxito en la reorganización de los grupos de desarrollo de producto de la compañía hizo posible desarrollar carros más rápidamente y a un costo más bajo que su competencia, y ha estimulado la creatividad del personal para desarrollar vehículos de mejor vista y de mejor rendimiento.

Ni la edad ni las responsabilidades han mermado el amor de Lutz por la velocidad. Además de poseer una flotilla de automóviles y motocicletas de los más veloces, pilotea un helicóptero y un avión de su propiedad. Su juguete más reciente es el *jet* de combate L-39C Albatros, de fabricación checa. Los fines de semana, él y su esposa vuelan a través del cielo de Michigan a una velocidad aproximada de 600 millas por hora. ◆

Las características de asertividad y búsqueda del riesgo de la personalidad de Robert Lutz existían desde mucho antes de que ingresara a la corporación Chrysler. Pero juegan un papel importante en moldear sus acciones. Claro, Robert Lutz no es único. *Todo* nuestro comportamiento de alguna manera toma forma a partir de nuestra personalidad y nuestras experiencias. En este capítulo veremos cuatro variables a nivel individual —características biográficas, habilidad, personalidad y aprendizaje— y consideraremos su efecto en el rendimiento y la satisfacción del empleado.

Características biográficas

Como se discutió en el capítulo anterior, el propósito esencial de este libro es encontrar y analizar las variables que tienen un impacto en la productividad, el ausentismo, la rotación y la satisfacción en el trabajo. La lista de dichas variables —como se muestra en la ilustración 1-8 de la página 28— es larga y contiene algunos conceptos complicados. Muchos de éstos —digamos, motivación o poder, y política o cultura organizacional— son difíciles de evaluar. Podría ser valioso, entonces, empezar por observar los factores que son fácilmente definibles e inmediatamente disponibles; datos que pueden obtenerse, en su mayor parte, simplemente de la información disponible en el archivo del empleado. ¿Qué factores serían éstos? Las características obvias serían la edad del empleado, el género, el estado civil y el tiempo de servicio en la organización. Por fortuna, se ha llevado a cabo una gran cantidad de investigación que ha analizado específicamente muchas de estas **características biográficas**.

características biográficas
Características personales —como la edad, el género y el estado civil— que son objetivas y cuya obtención es fácil mediante los registros de personal.

Edad

Las relaciones entre edad y rendimiento en el trabajo probablemente sea un tema de importancia cada vez mayor durante la siguiente década. ¿Por qué? Existen cuando menos tres razones. Primero, la creencia ampliamente divulgada de que el rendimiento en el trabajo disminuye con el incremento de la edad. Sin importar que sea verdad o que no lo sea, mucha gente lo cree y actúa conforme a ello. Segundo, la realidad es que la fuerza laboral está envejeciendo. Por ejemplo, los trabajadores de 55 años y más son el sector de mayor crecimiento de la fuerza de trabajo; entre 1990 y 2005, se espera que sus rangos salten a 43.7%.[2] La tercera razón es la legislación estadounidense reciente que, para todos los intentos y propósitos, prohíbe el retiro obligatorio. La mayoría de los trabajadores estadounidenses hoy en día no tiene que retirarse a la edad de 70 años.

¿Cuál es la percepción respecto de los trabajadores más viejos? La evidencia indica que los patrones tienen sentimientos encontrados.[3] Ven ciertas cualidades positivas que los trabajadores más viejos aportan a su trabajo: en especial, la experiencia, el juicio, una acrisolada ética y un compromiso con la calidad. Pero también se percibe a los trabajadores de mayor edad como carentes de flexibilidad y con una resistencia a la nueva tecnología. Y en un tiempo en el que las organizaciones buscan con tenacidad individuos que sean adaptables y abiertos al cambio, la negatividad asociada con la edad claramente obstruye la contratación inicial de trabajadores de edad avan-

En McDonald's se considera que los trabajadores de edad avanzada están dispuestos a aceptar nuevas responsabilidades, son pacientes, disciplinados y buenos modelos para sus empleados jóvenes. A través de su programa McMaster (Mcveteranos), recluta, entrena y desarrolla gente de más de 55 años. Los estudios indican que, en general, los trabajadores de edad avanzada son más estables y (contrario a la creencia popular) no son menos productivos que sus compañeros de trabajo más jóvenes.

zada e incrementa la probabilidad de que se les despida con el adelgazamiento. Ahora revisemos la evidencia. ¿Qué efecto tiene realmente la edad en la rotación, el ausentismo, la productividad y la satisfacción?

Mientras más viejo te vuelvas, menos probable es que renuncies a tu trabajo. Esta conclusión está basada en estudios sobre la relación edad-rotación.[4] Claro, no debería ser demasiado sorprendente. Conforme los trabajadores se vuelven viejos, van teniendo menos oportunidades de trabajo. Además, es menos probable que renuncien los trabajadores de mayor edad que los jóvenes, ya que la larga inamovilidad de aquéllos tiende a proporcionales sueldos más altos, prolongadas vacaciones pagadas y beneficios de pensión más atractivos.

Es tentador asumir que la edad está inversamente relacionada con el ausentismo. Después de todo, si es menos probable que los trabajadores de más edad renuncien, ¿no demostraría también esto una mayor constancia en la asistencia al trabajo? ¡No necesariamente! La mayoría de los estudios muestra una relación inversa, pero un análisis más de cerca pone de manifiesto que la relación edad-ausentismo está, en parte, en función de si la ausencia es evitable o inevitable.[5] En general, los empleados de más edad tienen tasas más bajas de ausentismo evitable que los empleados jóvenes. Sin embargo, presentan tasas más altas de ausentismo inevitable, probablemente debido a la salud más precaria asociada con el envejecimiento y al periodo de recuperación más largo que los trabajadores mayores necesitan cuando se enferman.

¿Cómo afecta la edad la productividad? Existe la creencia ampliamente difundida de que la productividad declina con la edad. Se asume con frecuencia que las habilidades de un individuo —particularmente la velocidad, la agilidad, la fortaleza y la coordinación— disminuyen con el tiempo y que el aburrimiento prolongado del trabajo y la carencia de estimulación intelectual contribuyen a una productividad menor. La evidencia, sin embargo, contradice esa creencia y esas suposiciones. Por ejemplo, durante un periodo de tres años, una enorme cadena de hardware contrató, en una de sus tiendas, solamente empleados de más de 50 años y comparó sus resultados con las otras cinco tiendas, cuyos empleados eran jóvenes. La tienda que utilizó personal de más de 50 años fue significativamente más productiva (medida en términos de ventas generadas contra los costos de personal) que dos de las otras, y se mantuvo al mismo nivel que las otras tres.[6] Una revisión amplia de la investigación encontró que la edad y el rendimiento en el trabajo no tenían relación.[7] Además, ese hallazgo parece ser verdad para casi todos los tipos de trabajos, ya sean profesionales o no profesionales. La conclusión natural es que las demandas de la mayoría de los trabajos, incluso aquellos que exigen requerimientos de labor manual, no llega a ser tan extremista como para que cualquier incapacidad física debida a la edad tenga un impacto en la productividad; o como para que, si existe algún decaimiento por la edad, éste se compense con las ganancias debidas a la experiencia.

Nuestro interés final es la relación entre la edad y la insatisfacción en el trabajo. En este tema la evidencia se encuentra mezclada. La mayoría de los estudios indica una asociación positiva entre la edad y la satisfacción, cuando menos hasta los 60 años.[8] Otros estudios, sin embargo, han encontrado una relación en forma de U.[9] Diversas explicaciones pueden aclarar estos resultados, la más plausible es que estos estudios están entremezclando los empleados profesionistas y los no profesionales. Cuando estos dos tipos se separan, la satisfacción tiende a incrementarse en forma continua entre los profesionistas conforme envejecen, mientras que cae entre los no profesionistas en edad media y luego se incrementa otra vez en los últimos años.

Género

Pocos temas propician más debates, concepciones erróneas y opiniones sin más fundamento que el relativo a si las mujeres se desempeñan tan bien en los trabajos como el hombre. En esta sección, revisaremos la investigación sobre el tema.

La evidencia sugiere que la mejor forma de empezar es reconociendo que entre los hombres y las mujeres existen pocas, si es que hay, diferencias que afectan su *desempeño en el trabajo*. Hay, por ejemplo, diferencias no consistentes masculinas-femeninas en las habilidades para la solución de problemas, habilidades analíticas, dirección competitiva, motivación, sociabilidad o habilidad de aprendizaje.[10] Los estudios psicológicos han encontrado que las mujeres están más dispuestas a estar de acuerdo con la autoridad y que los hombres son más audaces y probablemente tengan más expectativas de éxito que las mujeres, pero esas diferencias son minúsculas. Dados los significativos cambios que han tomado lugar en los últimos 25 años en términos de las crecientes tasas de participación femenina en la fuerza laboral y el replanteamiento de lo que constituyen los papeles masculinos y femeninos, usted debería operar con base en la premisa de que no existe diferencia significativa en la productividad del trabajo entre los hombres y las mujeres. De igual manera, no existe evidencia que indique que el género de un empleado afecta la satisfacción en el trabajo.[11]

◆ **Existen pocas, si es que hay, diferencias entre los hombres y las mujeres que afectan su rendimiento en el trabajo.**

Un tema que parece diferir entre los géneros, en especial si el empleado tiene niños en edad preescolar, es la preferencia por ciertos horarios de trabajo.[12] Las madres que trabajan es más probable que prefieran un trabajo de tiempo parcial, horarios flexibles de trabajo y la teleconmutación,* a fin de hacer compatible su trabajo con sus responsabilidades familiares.

¿Pero qué hay acerca de las tasas de ausentismo y rotación? ¿Son las mujeres menos estables como empleadas que los hombres? Primero, sobre la pregunta de la rotación, la evidencia está mezclada.[13] Algunos estudios han encontrado que las mujeres tienen mayores tasas de rotación; otros no han encontrado diferencia. Parece que no hay suficiente información para llegar a conclusiones significativas. La investigación sobre ausentismo, sin embargo, es una historia diferente. Las pruebas indican en forma consistente que las mujeres tienen tasas más altas de ausentismo que los hombres.[14] La explicación más lógica del hallazgo es que la investigación se llevó a cabo en Estados Unidos y la cultura de ese país ha encargado a la mujer las responsabilidades de la casa y la familia. Cuando un niño se enferma o si es necesario que alguien se quede en casa para esperar al fontanero, ha sido la mujer quien tradicionalmente ha faltado al trabajo. Sin embargo, esta investigación está unida al tiempo, sin duda alguna.[15] El papel histórico de la mujer como encargada del cuidado de los niños y como proveedora secundaria ha cambiado de manera definitiva, desde la década de los setenta y, en nuestros días, una gran proporción de hombres está tan interesada en el cuidado y en los problemas asociados con la educación de los niños como las mujeres.

* Trabajar a distancia manteniendo comunicación constante por red o vía electrónica (nota del editor).

Estado civil

No hay suficientes estudios que permitan hacer conclusiones acerca del efecto del estado civil sobre la productividad. Pero la investigación indica en forma consistente que los empleados casados tienen pocas ausencias, menos rotación y están más satisfechos con sus trabajos que sus compañeros de trabajo solteros.[16]

El matrimonio impone responsabilidades mayores que podrían hacer que un trabajo estable fuera más valioso e importante. Pero la pregunta sobre la causa no se ha respondido. Podría muy bien ser que los empleados conscientes y satisfechos muy probablemente sean los casados. Otra derivación de este tema es que la investigación no ha estudiado otros estados civiles además del soltero y el casado. ¿El ser divorciado o viudo tiene un impacto en el desempeño y la satisfacción del empleado? ¿Qué hay acerca de las parejas que viven juntas sin estar casadas? Éstas son preguntas que necesitan una investigación.

Antigüedad

La última característica biográfica que analizaremos es la antigüedad. Con excepción del tema de las diferencias masculinas y femeninas, probablemente no existe otro tema con tantos malentendidos y especulaciones que el impacto de la antigüedad en el rendimiento en el trabajo.

Se han llevado a cabo revisiones extensas de la relación antigüedad-productividad.[17] Si definimos la antigüedad como el tiempo que se haya trabajado en un empleo en particular, podemos decir que la mayor parte de la evidencia reciente demuestra una relación positiva entre la antigüedad y la productividad en el trabajo. Así, el ejercicio de un trabajo, expresado como experiencia laboral, parece ser un buen pronosticador de la productividad del empleado.

La investigación sobre la relación entre la antigüedad y el ausentismo es muy vehemente. Los estudios demuestran que la antigüedad está negativamente relacionada con el ausentismo. De hecho, en términos tanto de la frecuencia de faltas como del número total de días perdidos en el trabajo, la antigüedad es la única variable explicativa importante.[19]

La antigüedad en un trabajo es también una variable poderosa al explicar la rotación. "Consistentemente se ha encontrado que la antigüedad está relacionada en forma negativa con la rotación y se ha sugerido como uno de los mejores pronosticadores de la rotación."[20] Además, en congruencia con la investigación que sugiere que el comportamiento pasado es el mejor pronosticador del comportamiento futuro,[21] la evidencia indica que la antigüedad que un empleado tuvo en su trabajo anterior pronostica de manera casi siempre acertada la rotación futura de éste.[22]

La evidencia indica que la antigüedad y la satisfacción están relacionadas en forma positiva.[23] De hecho, cuando la edad y la antigüedad son tratados por separado, la segunda parece ser un pronosticador más consistente y estable de la satisfacción en el trabajo que la edad cronológica.

Habilidad

Contrario a lo que se nos enseñó en la primaria, no todos fuimos creados igual. La mayoría de nosotros está a la izquierda de la media de alguna curva normal de habilidad. Sin importar qué tan motivado se encuentre, no es probable que usted pueda actuar tan bien como Meryl Streep, correr tan rápido como Michael Johnson, escribir historias de terror igual que Stephen King o cantar tan bien como Whitney Houston. Claro, el solo hecho de no ser iguales en habilidades no implica que algunos individuos sean inherentemente inferiores a otros. Lo

◆ Contrario a lo que se nos enseñó en la primaria, no todos fuimos creados igual.

que queremos dar a entender es que todos tienen fortalezas y debilidades en términos de la habilidad que los hace ser relativamente superiores o inferiores a los otros al realizar ciertas tareas o actividades.[24] Desde el punto de vista de la administración, el asunto no es si la gente difiere en términos de sus habilidades. ¡Porque sí difieren! La cuestión es saber cómo la gente difiere en cuanto a las habilidades que poseen y aplicar ese conocimiento para incrementar la probabilidad de que un empleado se desempeñe bien en su trabajo.

¿Qué significa *habilidad*? Como usamos el término, la **habilidad** se refiere a la capacidad que tiene un individuo de realizar varias tareas en un trabajo. Es un activo real de lo que uno puede hacer. El conjunto de habilidades de un individuo en esencia se conforma de dos grupos de factores: habilidades intelectuales y físicas.

habilidad
La capacidad que tiene un individuo de realizar varias tareas en un trabajo.

Habilidades intelectuales

habilidades intelectuales
Son aquéllas requeridas para realizar actividades mentales.

Las **habilidades intelectuales** son aquellas necesarias para realizar actividades mentales. Los *tests* de coeficiente de inteligencia (IQ), por ejemplo, están diseñados para cerciorarse de las habilidades generales intelectuales de un individuo. También lo son los *tests* de admisión más conocidos a las universidades estadounidenses, como el SAT y el ACT, al igual que los *tests* de admisión para el posgrado en negocios (GMAT), leyes (LSAT) y medicina (MCAT). Las siete dimensiones más frecuentemente citadas que componen las habilidades intelectuales son la aptitud numérica, la comprensión verbal, la velocidad perceptual, el razonamiento inductivo, el razonamiento deductivo, la visualización espacial y la memoria.[25] La ilustración 2-1 describe estas dimensiones.

Ilustración 2-1 Dimensiones de la actividad intelectual

Dimensión	Descripción	Ejemplos de puesto
Aptitud numérica	Habilidad para la velocidad y la precisión aritmética	Contador: calcula los impuestos sobre ventas en una serie de artículos
Comprensión verbal	Habilidad para entender lo que se lee o se escucha y la relación entre las palabras	Gerente de planta: sigue políticas corporativas
Velocidad perceptual	Habilidad de identificar las similitudes y diferencias visuales rápidamente y con precisión	Investigador de causas de incendio: identifica pistas para apoyar un cargo de incendiario
Razonamiento inductivo	Habilidad de identificar la secuencia lógica en un problema y luego resolverlo	Investigador de mercado: pronostica la demanda de un producto en el siguiente periodo
Razonamiento deductivo	Habilidad para usar la lógica y evaluar las implicaciones de un argumento	Supervisor: escoge entre dos sugerencias diferentes ofrecidas por los empleados
Visualización espacial	Habilidad de imaginar cómo se vería un objeto si se le cambiara de posición en el espacio	Decorador de interiores: redecora oficinas u otros espacios
Memoria	Habilidad de retener y recordar experiencias pasadas	Agente de ventas: recuerda los nombres de los clientes

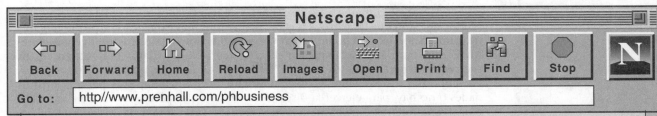

El CO en las noticias

La evidencia de la *curva de campana*

Indudablemente, fue el libro de ciencia social de mayor controversia publicado durante la primera mitad de la década de los noventa. *The Bell Curve* (La curva de campana) escrito por Richard Herrnestein y Charles Murray, publicado por The Free Press en 1994 presenta evidencia de que el IQ, no la educación o la oportunidad, es el factor clave en la determinación del lugar que logra una persona en la escala social estadounidense. Lo que molestó a la mayoría de los revisores, científicos, políticos y periodistas fue la aseveración de los autores de que las desigualdades económicas entre los grupos raciales estaban relacionadas con diferencias en los niveles promedio de IQ entre las razas. Pero nosotros estamos interesados sólo en el segmento de su trabajo que se relaciona con el tema del IQ y el desempeño del trabajo.

Herrnstein y Murray empezaron haciendo seis declaraciones que categorizaron como "más allá de la disputa técnica significativa": (1) Hay una suerte de factor general de la habilidad cognoscitiva en el cual los seres humanos difieren; (2) todos los *tests* estandarizados de aptitud académica o de logro miden este factor general en algún grado, pero los *tests* expresamente diseñados para estos propósitos lo miden con más precisión; (3) Las calificaciones de IQ empatan más estrechamente todo lo que la gente quiere decir cuando usa la palabra *inteligente* o *listo* en el lenguaje ordinario; (4) las calificaciones del IQ son estables; sin embargo, no son perfectas, sobre todo en la vida de una persona; (5) los *tests* de IQ aplicados apropiadamente no están dirigidos contra los grupos sociales, económicos, étnicos o raciales; y (6) una porción sustancial de la habilidad cognoscitiva (no menos de 40% y no más de 80%) se hereda mediante los genes. Usando estos seis puntos como base, los autores entonces argumentaron vigorosamente que el IQ es un pronosticador poderoso del rendimiento en el trabajo. O, para usar sus términos, "un empleado listo es, en promedio, un empleado superior".

De acuerdo con Herrnstein y Murray, todos los trabajos requieren de la habilidad cognoscitiva. Este hecho es relativamente evidente por sí mismo en ocupaciones profesionales como contabilidad o ingeniería. Pero también es cierto para trabajos de obreros de habilidad media, y se mantiene, aunque con debilidad, aun para trabajos manuales que no requieren alguna habilidad. Por ejemplo, ellos señalan que existen buenos y malos ayudantes de meseros en los restaurantes. Los realmente buenos usan la inteligencia para resolver problemas relacionados con el trabajo y dan soluciones. Pero al tiempo que el trabajo se vuelve más complejo, el IQ se vuelve más importante para determinar el rendimiento. Esta ventaja se mantiene con el tiempo. "El costo de contratar trabajadores menos inteligentes podría durar tanto como ellos se queden en el trabajo."

Estos puntos de vista son expresados por Herrnstein y Murray, quienes, por cierto, no son radicales. En la cúspide de la controversia alrededor de la publicación de *The Bell Curve*, 52 de los expertos más respetados en investigación sobre inteligencia reafirmaron las conclusiones de Herrnstein y Murray en el editorial del *Wall Street Journal* (13 de diciembre de 1994, p. A18).

¡Conéctese a la red!

Lo invitamos a que visite la página de Robbins en el sitio de Prentice Hall en la Web:

http://www.prenhall.com/robbinsorgbeh

para el ejercicio de la World Wide Web de este capítulo.

Los trabajos difieren en las exigencias de habilidades intelectuales que requieren los ocupantes de las partes. En general, mientras más exigencias de procesamiento de información existan en un trabajo, más habilidades verbales e inteligencia general serán necesarias para desarrollar el trabajo con éxito.[26] Claro, un IQ alto no es un prerrequisito para todos los trabajos. De hecho, en muchos trabajos —en los cuales el comportamiento del empleado es altamente rutinario y hay muy pocas oportunidades o no hay, para ejercer la discreción— un IQ alto podría no estar relacionado con el rendimiento. Por el otro lado, una revisión cuidadosa de la evidencia demuestra que los *tests* que valoran las habilidades verbales, numéricas, espaciales y de percepción son válidos para pronosticar la superioridad laboral en todos los niveles de trabajo.[27] Por tanto, los *tests* que miden dimensiones específicas de la inteligencia han resultado ser fuertes pronosticadores del rendimiento futuro en el trabajo.

El mayor dilema enfrentado por los empleadores que usan aplican de habilidad mental en la selección, promoción, entrenamiento y decisiones de personal similares, es que dichas pruebas tienen un impacto negativo en los grupos raciales y étnicos.[28] La evidencia indica que algunas calificaciones de los grupos minoritarios, en promedio, tienen una desviación estándar menor que los blancos en exámenes de habilidad verbal, numérica y espacial.

Habilidades físicas

habilidad física
Aquella que se requiere para hacer tareas que demandan vigor, destreza, fortaleza y características similares.

En el mismo grado en que las habilidades intelectuales juegan un mayor papel en los trabajos complejos con requerimientos de procesamiento de información, las **habilidades físicas** específicas cobran más importancia para realizar exitosamente los trabajos de menor habilidad y más estandarizados. Por ejemplo, los trabajos en los cuales el éxito exige vigor, destreza, fortaleza o talentos similares, requieren que la gerencia identifique las capacidades físicas del empleado.

La investigación sobre los requerimientos necesarios en cientos de trabajos ha hecho identificar nueve habilidades básicas en el rendimiento de las tareas físicas.[29] Éstas se describen en la ilustración 2-2. Los individuos difieren en el grado en el cual poseen cada una de estas habilidades. No es sorprendente, que exista también poca relación entre ellas. Una alta calificación en una no asegura una alta calificación en las demás. Es probable que el alto desempeño del empleado se logre cuando la gerencia haya descubierto con seguridad el grado en el cual un trabajo requiere de cada una de las nueve habilidades y entonces se asegure de que los empleados que ocupen ese puesto tengan tales habilidades.

Las habilidades y el ajuste al puesto

Nuestro interés radica en explicar y predecir el comportamiento de la gente en el trabajo. En esta sección, hemos demostrado que los trabajos crean demandas distintas sobre la gente y ésta difiere en cuanto a las habilidades que poseen. El desempeño del empleado, por tanto, se incrementa cuando existe una alta compatibilidad entre las habilidades y el trabajo.

◆ El desempeño del empleado se incrementa cuando existe una alta compatibilidad entre las habilidades y el trabajo.

Las habilidades específicas intelectuales o físicas requeridas para un adecuado desempeño en el trabajo dependen de los requerimientos de habilidad del trabajo. Así, por ejemplo, los pilotos de las líneas aéreas necesitan fuertes habilidades de visualización espacial; los salvavidas de las playas necesitan tanto de habilidades de visualización espacial como de coordinación corporal; los ejecutivos *senior* necesitan habilidades verbales; los trabajadores dedicados a la construcción de altos edificios necesitan el equilibrio; y los periodistas con pobres habilidades de razonamiento podrían tener dificultades para llegar a los estándares mínimos de rendimiento en el trabajo.

Ilustración 2-2 Nueve habilidades físicas básicas

Factores de fortaleza

1. Fortaleza dinámica — Habilidad de ejercer fuerza muscular repetida o continuamente durante un tiempo

2. Fortaleza del tronco — Habilidad de ejercer fuerza muscular usando el músculo del tronco (particularmente abdominal)

3. Fortaleza estática — Habilidad de ejercer la fuerza contra objetos externos

4. Fortaleza explosiva — Habilidad de gastar un máximo de energía en uno o en una serie de actos explosivos

Factores de flexibilidad

5. Flexibilidad extendida — Habilidad de mover los músculos del tronco y espalda tan lejos como sea posible

6. Flexibilidad dinámica — Habilidad de hacer movimientos rápidos y de flexión repetida

Otros factores

7. Coordinación del cuerpo — Habilidad de coordinar acciones simultánea de partes diferentes del cuerpo

8. Equilibrio — Habilidad de mantener el equilibrio a pesar de las fuerzas desequilibradoras

9. Estamina — Habilidad para un esfuerzo máximo continuo requerido durante un tiempo prolongado

Fuente: reimpreso con permiso de *HRMagazine* por la Society for Human Resource Management, Alexandria, VA.

Al dirigir la atención sólo a las habilidades de los empleados o solamente a los requerimientos de habilidad del trabajo, se ignora el hecho de que el desempeño del empleado depende de la interacción de dos.

¿Qué pronósticos podemos hacer cuando el ajuste es pobre? Como se aludió previamente, si los empleados carecen de las habilidades requeridas, es probable que fracasen. Si a usted lo contratan para manejar un procesador de palabras y no reúne los requerimientos básicos del manejo de teclado, su rendimiento va a ser pobre sin importar su actitud positiva o su alto nivel de motivación. Cuando la compatibilidad entre las habilidades y el trabajo está fuera de sincronía porque el empleado tiene habilidades que exceden por mucho los requerimientos del puesto, nuestros pronósticos serían muy diferentes. Es probable que el rendimiento del trabajo sea adecuado, pero existirían ineficiencias organizacionales y posibles descensos en la satisfacción del empleado. Dado que la paga tiende a reflejar el más alto nivel que el empleado posee, si las habilidades del empleado exceden por mucho aquéllas necesarias para hacer el trabajo, la gerencia estará pagando más de lo que necesita. Las habilidades que están significativamente por encima de las requeridas pueden también reducir la satisfacción laboral del empleado, cuando el deseo de éste de usar sus habilidades sea particularmente fuerte y se vea frustrado por las limitaciones del trabajo.

Personalidad

¿Por qué existen algunas personas silenciosas y pasivas, mientras otras son gritonas y agresivas? ¿Están mejor adaptados ciertos tipos de personalidad para ciertos tipos de trabajo? ¿Qué sabemos de las teorías de la personalidad que puede ayudarnos a

Los factores de coordinación del cuerpo, balance, vigor, fortaleza y flexibilidad son habilidades físicas requeridas para el desempeño del trabajo en Black Diamond Equipment, en Salt Lake City. La compañía de equipo para escalar en roca asegura las habilidades que se necesitan para ajustarse al puesto al contratar clientes —deportistas entusiastas que usan sus productos y tienen la pasión de escalar.

explicar y predecir el comportamiento de gente como Robert Lutz de Chrysler, a quien describimos al principio de este capítulo? En esta sección trataremos de contestar tales preguntas.

¿Qué es la personalidad?

Cuando hablamos de personalidad, no queremos decir que una persona tiene carisma, o una actitud positiva hacia la vida, una cara sonriente o que parezca una finalista de la categoría "la más alegre y amigable" en los concursos de Señorita Estados Unidos. Cuando los psicólogos hablan de personalidad, se refieren a un concepto dinámico que describe el crecimiento y el desarrollo de todo el sistema sociológico de una persona. Más que observar todas las partes que conforman a un individuo, la personalidad busca algún todo agregado que es mayor que la suma de las partes.

La definición más frecuentemente aceptada de la personalidad es la propuesta por Gordon Allport hace más de 60 años. Para él, la personalidad es "la organización dinámica dentro del individuo de aquellos sistemas psicofísicos que determinan sus ajustes únicos a su ambiente".[30] Para nuestros propósitos, usted debería pensar en la **personalidad** como la suma total de formas en las cuales un individuo reacciona e interactúa con otros. Más a menudo se describe en términos de tendencias medibles que la persona muestra.

Determinantes de la personalidad

Una de las primeras cuestiones en la investigación de la personalidad es si la personalidad de un individuo es resultado de la herencia o del ambiente. ¿Se determina en el nacimiento o es resultado de la interacción del individuo con su ambiente? Por supuesto, no hay una respuesta simple en negro y blanco. La personalidad parece ser un resultado de ambas influencias. Además, hoy en día reconocemos un tercer factor: la situación. Por tanto, ahora se considera que la personalidad adulta generalmente

personalidad
La suma total de las formas en las cuales un individuo reacciona e interactúa con otros.

De los conceptos a las habilidades

Autoconocimiento: ¿se conoce a usted mismo?

Un caricaturista famoso asistió una vez a una fiesta con algunos amigos. Alguien le pidió que dibujara la caricatura de todos los presentes, lo cual procedió a hacer con unos cuantos trazos habilidosos de su lápiz. Cuando los dibujos se pasaron alrededor para que los invitados los identificaran, todo mundo reconoció las de las otras personas, pero difícilmente alguien reconoció la caricatura de él mismo.[31]

Muchos de nosotros somos como la gente de esa fiesta. En realidad no nos conocemos. Pero usted puede ampliar su autoconocimiento. Y cuando lo haga, entenderá mejor sus fortalezas personales, debilidades y cómo los otros le perciben. También logrará conocimientos del porqué otros le responden como lo hacen.

Un importante componente para obtener un auto-entendimiento es encontrar cómo califica usted en características clave de personalidad. Más tarde, en nuestra discusión sobre personalidad, revisaremos seis de los principales atributos de la personalidad: *locus* o lugar de control, maquiavelismo, autoestima, automonitoreo, toma de riesgos y tipo de personalidad A. Incluido con la revisión habrá una serie de cuestionarios de autocono-cimiento que se han diseñado para medir estas características de personalidad. Individual-mente, los cuestionarios le darán conocimiento sobre cómo califica en cada atributo. En suma, le ayudarán a entender mejor quién es usted.

---

está formada tanto por la herencia como por los factores ambientales, moderados por las condiciones situacionales.

HERENCIA La herencia se refiere a aquellos factores que se determinaron en la concepción. La estatura física, el atractivo facial, el género, el temperamento, la composición de músculos y reflejos, el nivel de energía y los ritmos biológicos son características que por lo general se considera que están, ya sea completa o sustancialmente, influenciadas por quienes fueron sus padres. Esto es, por su arreglo biológico, sociológico y psicológico inherente. El método de la herencia sostiene que la explicación última de la personalidad del individuo es la estructura molecular de los genes, localizados en los cromosomas.

Tres corrientes diferentes de investigación conceden cierta credibilidad al argumento de que la herencia juega una parte importante en la determinación de la personalidad. La primera atiende el apuntalamiento genético del comportamiento humano y el temperamento entre los niños pequeños. La segunda dirige el estudio a los gemelos que son separados al nacer. La tercera examina la consistencia en la satisfacción en el trabajo a través del tiempo y a lo largo de determinadas situaciones.

Estudios recientes de niños jóvenes prestan bastante apoyo al poder de la herencia.[32] La evidencia demuestra que las características como la timidez, el temor y la ansiedad son causados probablemente por características genéticas heredadas. Este hallazgo sugiere que algunas características de la personalidad podrían crearse dentro del mismo código genético que afecta factores como la altura y el color de los cabellos.

Los investigadores han estudiado más de 100 grupos de gemelos idénticos que fueron separados al nacer y que crecieron aparte.[33] Si la herencia jugó una pequeña parte o no intervino en determinar la personalidad, usted podría esperar encontrar pocas similitudes entre los gemelos separados. Pero los investigadores encontraron mucho en común. Para casi toda característica de comportamiento, una parte significativa de la variación entre los gemelos resultó estar asociada con los factores genéticos. Por ejemplo, un grupo de gemelos que habían estado separados durante 39 años y habían crecido en lugares situados a 45 millas uno del otro, se encontró que manejaban sendos automóviles del mismo modelo y color, fumaban cigarrillos de la misma marca, poseían perros de la misma raza y tomaban vacaciones en una playa de la comunidad a 1,500 millas de distancia, con tres calles de distancia entre uno y otro lugar de descanso. Los investigadores encontraron que la genética da cuenta de cerca de 50% de las diferencias de personalidad y de más de 30% de la variación en intereses ocupacionales y de descanso.

Más apoyo a la importancia de la herencia puede encontrarse en estudios sobre la satisfacción en el trabajo individual. La investigación ha descubierto unos fenómenos interesantes: la satisfacción en el trabajo individual es marcadamente más estable con el tiempo. Aun cuando los patrones u ocupaciones cambiaran, la satisfacción en el trabajo permanece relativamente estable durante la vida de uno.[34] Este resultado es consistente con el que usted esperaría si la satisfacción estuviera determinada por algo inherente en la persona, más que por factores ambientales externos.

Si las características de la personalidad estuvieran *completamente* dictadas por la herencia, estarían determinadas desde el nacimiento y ninguna experiencia podría alterarlas. Si usted fuera relajado y feliz como un niño, por ejemplo, sería resultado de sus genes, y no sería posible para usted cambiar esas características. Pero las características de la personalidad no son completamente dictadas por la herencia.

AMBIENTE Entre los factores que ejercen presiones en la formación de la personalidad, están la cultura en la cual crecimos, nuestros primeros aprendizajes, las normas de nuestra familia y los grupos sociales y otras influencias que experimentamos. El ambiente al que somos expuestos juega un papel sustancial en el moldeamiento de la personalidad.

Por ejemplo, la cultura establece las normas las actitudes y los valores que pasan de una generación a otra y crea consistencias con el tiempo. Una ideología que se nutre con intensidad en una cultura podría influenciar moderadamente en otra. Por ejemplo, los estadounidenses han tenido los temas de la industriosidad, el éxito, la competencia, la independencia y la ética de trabajo de los protestantes, constantemente implantados a través de los libros, el sistema escolar, la familia y los amigos. Los estadounidenses, como resultado de ello, tienden a ser ambiciosos y empeñosos en relación con los individuos que crecieron en culturas que han enfatizado el llevarse bien con los demás, la cooperación y la prioridad de la familia sobre el trabajo y la carrera.

Una cuidadosa consideración de los argumentos que favorecen tanto la herencia o el ambiente como el determinante principal de la personalidad fuerza la conclusión de que ambos son importantes. La herencia establece los parámetros o los límites exteriores, pero el potencial completo de un individuo será determinado por cuán bien él o ella se ajuste a las demandas y requerimientos del trabajo.

SITUACIÓN Un tercer factor, la situación, influye en los efectos de la herencia y el ambiente en la personalidad. La personalidad de un individuo, aunque generalmente estable y consistente, cambia en situaciones diferentes. Las distintas

El ambiente cultural en el cual la gente crece, juega un papel importante en moldear la personalidad. En la India, los niños aprenden desde temprana edad los valores del duro trabajo, la frugalidad y la cercanía de la familia. Esta foto de la familia Harilela muestra la importancia que los hindúes dan a los lazos familiares cercanos. Los seis hermanos Harilela poseen propiedades y hoteles en toda Asia. No sólo los hermanos trabajan juntos, sino sus seis familias y la de la hermana casada también viven en una misma mansión de Hong Kong.

demandas de diversas situaciones competen a cuatro aspectos diferentes de la personalidad. No deberíamos, por tanto, observar los patrones de personalidad en forma aislada.[35]

Parece lógico suponer que las situaciones influirán en la personalidad del individuo, pero un plan de clasificación claro que nos mostrara el impacto de varios tipos de situaciones se ha eludido hasta ahora. "Aparentemente todavía no estamos cerca de desarrollar un sistema para clarificar situaciones que pudieran estudiarse de manera sistemática."[36] Sin embargo, sabemos que ciertas situaciones tienen mayor influencia en la personalidad.

Lo que es taxonómicamente de interés es que las situaciones parecen diferir sustancialmente en las restricciones que imponen sobre el comportamiento. Algunas situaciones —por ejemplo, la iglesia, una entrevista de empleo— restringen muchos comportamientos; otras situaciones —por ejemplo, un día de campo en un parque público— restringen relativamente pocos.[37]

Además, aunque ciertas generalizaciones pueden hacerse acerca de la personalidad, hay diferencias individuales significativas. Como veremos, el estudio de las diferencias individuales ha llegado a tener mayor énfasis en la investigación sobre la personalidad, la cual buscó originalmente patrones más generales, universales.

Características de la personalidad

Los primeros trabajos sobre la estructura de la personalidad constituyeron intentos de identificar y nombrar las características permanentes que describen el comportamiento de un individuo. Las características comunes incluyen la timidez, la agresividad, la sumisión, la pereza, la ambición, la lealtad y la falta de confianza. Aquellas características, cuando se exhiben en un gran número de situaciones se llaman **características de la personalidad.**[38] Mientras más consistente sea y más frecuentemente ocurra la característica en diversas situaciones, más importante será la característica al describir al individuo.

características de la personalidad
Las características permanentes que describen el comportamiento de un individuo.

Ilustración 2-3

Fuente: PEANUTS reimpreso con permiso de United Features Syndicate, Inc.

PRINCIPIOS DE LA BÚSQUEDA DE CARACTERÍSTICAS PRIMARIAS Se han obstruido los esfuerzos por aislar las características, pues existen demasiadas. En un estudio, se identificaron 17,953 características individuales.[39] Es virtualmente imposible predecir el comportamiento cuando debe tomarse en cuenta tal número de características. Como resultado, la atención se ha dirigido hacia la reducción de estos miles a un número más manejable.

Un investigador aisló 171 características pero concluyó que fueron superficiales y carentes del poder descriptivo.[40] Lo que él buscó fue un grupo reducido de características que identificarían patrones básicos. El resultado fue la identificación de 16 factores de personalidad, los cuales llamó *características fuente* o *primarias*. Éstas se muestran en la ilustración 2-4. Se encontró que estas 16 características son fuentes generalmente firmes y constantes del comportamiento, por lo que permiten el pronóstico del comportamiento de un individuo en situaciones específicas sopesando las características para su relevancia situacional.

indicador de tipo Myers-Briggs
Un examen de personalidad que une cuatro características y clasifica a la gente en uno de los 16 tipos de personalidad.

INDICADOR DE TIPO MYERS-BRIGGS Uno de los marcos de trabajo más ampliamente utilizados se denomina **indicador de tipo Myers-Briggs (MBTI,** por sus siglas en inglés).[41] Es esencialmente un examen de personalidad de 100 interrogantes que pregunta a la gente cómo se siente o actúa en situaciones particulares.

Con base en las respuestas que los individuos dan, son clasificados como extrovertidos o introvertidos (E o I), sensibles o intuitivos (S o N), racionales o pasionales (T o F) y perceptivos o juiciosos (P o J). Estas clasificaciones se combinan dentro de 16 tipos de personalidad. (Estos tipos son diferentes de las 16 características primarias de la ilustración 2-4.) Para ilustrar esto, tomemos diversos ejemplos. Los INTJ son visionarios. Usualmente tienen mentes originales y un gran empuje para sus ideas propias y propósitos. Se caracterizan como escépticos, críticos, independientes, determinados y a menudo testarudos. Los ESTJ son organizadores. Son realistas, lógicos, analíticos, decisivos y tienen una mente natural para el negocio y la mecánica. Les gusta organizar y dirigir actividades. El tipo ENTP es conceptualizador. Es innovador, individualista, versátil y se siente atraído por las ideas empresariales. Esta persona tiende a tener muchos recursos para solucionar problemas de reto, pero podría poner muy poca atención a las tareas rutinarias. Un libro reciente que contenía el perfil de 13 personas de negocios contemporáneas que crearon firmas súper exitosas, incluidas Apple Computer, Federal Express, Honda Motors, Microsoft, Price Club y Sony halló que los 13 eran pensadores racionales (NT).[42] Este resultado es particularmente interesante, ya que los racionales intuitivos representan sólo cerca de 5% de la población.

Más de 2 millones de personas al año toman el MBTI en Estados Unidos. Las organizaciones que usan el MBTI incluyen a Apple Computer, AT&T, Citicorp, Exxon, GE, 3M Co., además de muchos hospitales, instituciones educativas y aun las fuerzas armadas de Estados Unidos.

Ilustración 2-4 16 características primarias

1.	Reservado	*versus*	Extrovertido
2.	Menos inteligente	*versus*	Más inteligente
3.	Afectado por sentimiento	*versus*	Estable emocionalmente
4.	Sumiso	*versus*	Dominante
5.	Serio	*versus*	Alegre y afortunado
6.	Egoísta	*versus*	Consciente
7.	Tímido	*versus*	Aventurado
8.	Realista	*versus*	Sensitivo
9.	Confiado	*versus*	Suspicaz
10.	Práctico	*versus*	Imaginativo
11.	Directo	*versus*	Juicioso
12.	Seguro de sí mismo	*versus*	Aprehensivo
13.	Conservador	*versus*	Experimentado
14.	Dependiente del grupo	*versus*	Autosuficiente
15.	Sin control	*versus*	Controlado
16.	Relajado	*versus*	Tenso

Irónicamente, no existe una evidencia sólida de que el MBTI sea una medida válida de la personalidad. Pero la carencia de evidencia no parece desalentar su uso en un amplio rango de organizaciones.

EL MODELO DE LOS CINCO GRANDES El MBTI podría carecer de una evidencia válida, pero no puede decirse lo mismo para el modelo de los cinco factores de la personalidad —típicamente conocido como el de "los cinco más importantes".[43] En años recientes, un cuerpo impresionante de investigación apoya la noción de que las cinco dimensiones básicas de la personalidad fundamentan a todas las demás. Los cinco grandes factores son:

◆ **Extroversión.** Esta dimensión captura el nivel de comodidad de uno con las relaciones. Los extrovertidos (que califican alto en extroversión) tienden a ser amigables, sociables y pasan gran parte de su tiempo manteniendo y disfrutando grandes números de relaciones. Los introvertidos tienden a ser reservados y a tener pocas relaciones, están más a gusto con la soledad de lo que la mayoría de la gente lo está.

◆ **Afabilidad.** Esta dimensión se refiere a la propensión de un individuo a diferir de los otros. La gente altamente afable valora más la armonía que lo que dice o su manera de pensar. Cooperan y confían en los demás. La gente que califica bajo en afabilidad se enfoca más en sus propias necesidades que en las de los demás.

◆ **Escrupulosidad.** Esta dimensión se refiere al número de metas en las cuales una persona se enfoca. Una persona con una alta escrupulosidad persigue menos metas, con vehemencia, y tiende a ser responsable, persistente, confiable y orientada al logro. Aquellos que califican bajo en esta dimensión tienden a distraerse más fácilmente, persiguen muchas metas y son más hedonistas.

◆ **Estabilidad emocional.** Esta dimensión se enfoca en la habilidad de una persona de soportar la tensión. La gente con una estabilidad emocional positiva tiende a caracterizarse como calmada, entusiasta y segura. Aquellas personas con calificaciones negativas tienden a ser nerviosas, depresivas e inseguras.

extroversión
Dimensión de la personalidad que describe a alguien que es sociable, comunicativo y asertivo.

afabilidad
Una dimensión de la personalidad que describe a una persona de buena naturaleza, cooperativa y digna de confianza.

escrupulosidad
Dimensión de la personalidad que describe a alguien que es responsable, confiable, persistente orientado al logro.

estabilidad emocional
Dimensión de la personalidad que caracteriza a una persona calmada, entusiasta, segura (positiva) *versus* una persona tensa, nerviosa, deprimida e insegura (negativa).

apertura a la experiencia
Dimensión de la personalidad que caracteriza a alguien en términos de la imaginación, la sensibilidad artística y el intelectualismo.

◆ **Apertura a la experiencia.** La dimensión final se dirige a los rangos personales de interés. La gente extremadamente abierta se siente fascinada por la novedad y la innovación. Tiende a ser imaginativa, sensitiva a lo artístico e intelectual. Quienes están en el extremo opuesto de la categoría de la apertura parecen más convencionales y encuentran comodidad en lo familiar.

Además de proporcionar un marco de personalidad unificado, la investigación sobre los cinco grandes factores de la personalidad también ha encontrado relaciones importantes entre estas dimensiones de la personalidad y el desempeño en el trabajo.[44] Un amplio espectro de ocupaciones se observaron en: profesionistas (incluyendo ingenieros, arquitectos, contadores, abogados), policías, gerentes, vendedores y empleados de capacitación media y capacitación completa. El desempeño en el trabajo se definió en términos de calificación de rendimiento, habilidad de entrenamiento (desempeño durante los programas de entrenamiento) e información del personal como el nivel de salario. Los resultados demostraron que la escrupulosidad pronosticó el rendimiento en el trabajo para todos los grupos ocupacionales. "La evidencia preponderante muestra que los individuos de los que se puede depender —que son confiables, cuidadosos, precisos, capaces de planear, organizados, asiduos, persistentes y orientados al logro— tienden a tener un rendimiento en el trabajo más alto en la mayoría si no es que en todas las ocupaciones."[45] Para las otras dimensiones de la personalidad, la pronosticabilidad dependió tanto de los criterios de rendimiento como del grupo ocupacional. Por ejemplo, la extroversión pronostica el rendimiento en puestos gerenciales y de ventas. Este hallazgo tiene sentido ya que estas ocupaciones involucran una interacción social alta. De igual forma, se encontró que la apertura a la experiencia es importante para pronosticar el aprovechamiento del entrenamiento, el cual, también, parece lógico. Lo que no estaba tan claro fue por qué la estabilidad emocional positiva no estaba relacionada con el desempeño en el trabajo. Intuitivamente, parecería que la gente calmada y segura se desempeñaría mejor en casi todos los trabajos que la gente nerviosa e insegura. Los investigadores sugirieron que la respuesta podría ser que sólo las personas que califican alto en estabilidad emocional mantienen sus trabajos. Así que el rango entre estas personas que se estudiaron, todas las cuales estaban empleadas, tendería a ser algo pequeño.

Los atributos de personalidad de mayor influencia para el CO

En esta sección, queremos evaluar con más cuidado los atributos de la personalidad que se encontraron como pronosticadores poderosos del comportamiento en las organizaciones. El primero está relacionado con dónde se percibe el lugar de control o *locus* de control en la vida de uno. Los otros son el maquiavelismo, la autoestima, el automonitoreo, la propensión a asumir riesgos y la personalidad de tipo A. En esta sección, introduciremos con brevedad estos atributos y resumiremos lo que sabemos acerca de la habilidad de éstos para explicar y predecir el comportamiento del empleado.

internos
Individuos que creen que controlan lo que les pasa.

externos
Individuos que creen que lo que les pasa está controlado por fuerzas externas como la suerte y la oportunidad.

locus de control o lugar de control
El grado en el cual las personas creen que son los arquitectos de su propio destino.

LOCUS DE CONTROL O LUGAR DE CONTROL Algunas personas creen que son los arquitectos de su propio destino. Otras se perciben como peones del destino, creen que lo que les ocurre en la vida se debe a la suerte o a la oportunidad. El primer tipo, aquellos que creen que controlan su destino, se denominan **internos;** mientras que los últimos, aquellos que ven su vida como controlada por fuerzas exteriores, se han llamado **externos.**[46] La percepción que una persona tiene sobre la fuente de su destino se conoce como *locus* **de control.**

Una gran parte de las investigaciones que compara los internos con los externos ha demostrado en forma consistente que quien califica alto en externalidad está menos satisfecho con su trabajo, tiene tasas de ausentismo más altas, está más alineado con el establecimiento del trabajo y menos involucrado en sus labores que los internos.[47]

INCREMENTE EL CONOCIMIENTO SOBRE USTED MISMO: EVALÚE SU *LOCUS* DE CONTROL

Instrucciones: lea los siguientes enunciados e indique si usted está más de acuerdo con la opción A o con la B.

A

1. Ganar mucho dinero es en gran medida cuestión de conseguir las oportunidades correctas.
2. He notado que existe una conexión directa entre lo duro que estudio y las calificaciones que obtengo.
3. El número de divorcios indica que cada vez más y más personas no tratan de que sus matrimonios funcionen.
4. Es tonto pensar que uno puede cambiar realmente las actitudes básicas de una persona.
5. Conseguir un ascenso es cuestión de ser más suertudo que otra persona.
6. Si alguien sabe cómo tratar con la gente, puede dirigirla fácilmente.
7. Las calificaciones que obtengo son el resultado de mis propios esfuerzos; la suerte tiene muy poco o nada que ver con ello.
8. La gente como yo puede cambiar el curso de las relaciones mundiales si nos hacemos escuchar.
9. Mucho de lo que me pasa es probablemente cuestión de casualidad.
10. Llevarse bien con la gente es una habilidad que debe practicarse.

B

1. Los ascensos se ganan por medio del trabajo duro y la persistencia. _B B_
2. Muchas veces, las reacciones de los maestros me parecen azarosas. _A A_
3. El matrimonio es en gran medida un juego de azar. _A A_
4. Cuando estoy en lo correcto puedo convencer a los demás. _B B_
5. En nuestra sociedad, el poder futuro que obtenga una persona depende de su habilidad. _B B_
6. Tengo muy poca influencia en la manera en que la demás gente se comporta. _A A_
7. A veces siento que muy poco tengo ver con las calificaciones que obtengo. _A A_
8. Es solamente un deseo creer que uno puede influir en lo que ocurre en nuestra sociedad. _B B_
9. Soy el arquitecto de mi propio destino. _B B_
10. Es casi imposible imaginar cómo complacer a algunas personas. _A A_

Fuente: adaptado de J. B. Rotter, "External Control and Internal Control", *Psychology Today,* junio de 1971, p. 42. Copyright 1971 por la American Psycological Association. Adaptado con permiso.

Clave de calificación: anótese 1 punto por cada una de las siguientes selecciones: 1B, 2A, 3A, 4B, 5B, 6A, 7A, 8A, 9B y 10A. Las calificaciones pueden ser interpretadas como sigue:

   8–10 = Alto *locus* de control interno
   6–7 = Moderado *locus* de control interno
      5 = Mezclado
   3–4 = Moderado *locus* de control externo
   1–2 = Alto *locus* de control externo

¿Por qué los externos son más insatisfechos? La respuesta es probablemente porque se perciben a sí mismos con poco control sobre aquellos resultados organizacionales que son importantes para ellos. Los internos, enfrentan la misma situación, atribuyen los resultados organizacionales a sus propias acciones. Si la situación no es atractiva, creen que no hay alguien más a quien culpar que no sean ellos mismos. También el insatisfecho interno es más probable que renuncie a un trabajo que no le satisface.

El impacto del *locus* de control sobre el ausentismo es interesante. Los internos creen que la salud está sustancialmente bajo su propio control a través de hábitos adecuados, así que ellos pueden adoptar mayor responsabilidad de su salud y tener mejores hábitos. En consecuencia, sus incidencias de enfermedades, y por ende, de ausentismo, son menores.[48]

No deberíamos esperar relación entre el *locus* de control y la rotación, ya que son fuerzas opuestas en el trabajo. "Por un lado, los internos tienden a tomar acción y, por tanto, se esperaría que renunciaran al trabajo con mayor facilidad. Por el otro lado, tienden a ser más exitosos en el trabajo y a estar más satisfechos, factores asociados con menor rotación individual."[49]

La evidencia total indica que los internos generalmente se desempeñan mejor en sus trabajos, pero esa conclusión debería ser moderada para reflejar las diferencias en los trabajos. Los internos buscan más activamente la información antes de tomar una decisión, y se sienten más motivados por lograr y hacer un gran intento de controlar su ambiente. Los externos, sin embargo, son más obedientes y están más dispuestos a seguir instrucciones. Por consiguiente, los internos se desempeñan bien en tareas complejas —entre las que se incluye la mayoría de los trabajos gerenciales y profesionales— que requieren un avanzado procesamiento de información y aprendizaje. Además los internos, están más acordes con trabajos que requieren de iniciativa e independencia de acción. En contraste, los externos deberían desempeñarse bien en trabajos que estén bien estructurados, que sean rutinarios y en los cuales el éxito dependa en gran medida de seguir la dirección de otros.

maquiavelismo
Grado en que un individuo es pragmático, mantiene una distancia emocional, y cree que el fin justifica los medios.

MAQUIAVELISMO La característica de la personalidad del **maquiavelismo** tiene este nombre por Nicolás Maquiavelo, quien escribió en el siglo XVI sobre cómo ganar y usar el poder. Un individuo con un alto maquiavelismo es pragmático, mantiene una distancia emocional y cree que el fin justifica los medios. Se guía por la idea de: "Si funciona, úsalo"; es consistente con una perspectiva de maquiavelismo alto.

Una gran cantidad de investigación ha sido dirigida hacia relacionar personalidades altas y bajas en rasgos maquiavélicos, para obtener ciertos resultados de comportamiento.[50] Los altos maquiavélicos manipulan más, ganan más y son menos persuadidos y persuaden más que los maquiavélicos bajos.[51] Sin embargo estos resultados sobre el marcado maquiavelismo son moderados por los factores situacionales. Se ha encontrado que quienes califican alto en maquiavelismo alcanzan su plenitud (1) cuando interactúan cara a cara con otros, más que indirectamente; (2) cuando la situación tiene un número mínimo de reglas y regulaciones; por tanto, permiten la actitud de improvisación; (3) cuando el involucramiento emocional con detalles irrelevantes para ganar distrae a los bajos en maquiavelismo.[52]

¿Deberíamos concluir que los maquiavélicos altos son buenos empleados? Esta respuesta depende del tipo de trabajo y si se consideran las implicaciones éticas en la evaluación del rendimiento. En trabajos que requieren habilidades de negociación (tales como las relaciones laborales) o que ofrecen recompensas sustanciales por ganar (como comisión sobre ventas), los maquiavélicos altos serán productivos. Pero si el fin no puede justificar los medios, si existen estándares *absolutos* de comportamiento o si los tres factores situacionales del párrafo anterior no son evidentes, nuestra habilidad de pronosticar un rendimiento de maquiavelismo alto se verá severamente disminuida.

autoestima
El grado en el que el individuo se gusta o se disgusta a sí mismo.

AUTOESTIMA La gente difiere sobre el grado en que se gusta o se disgusta a sí misma. Esta característica se denomina **autoestima.**[53] La investigación acerca de la autoestima (AE) ofrece algunos conocimientos interesantes para el comportamiento organizacional. Por ejemplo, la autoestima está directamente relacionada con las expectativas del éxito. Los de alta autoestima creen que poseen la habilidad que necesitan para tener éxito en el trabajo.

Los individuos con una alta autoestima tomarán más riesgos en la selección de trabajo y probablemente escogerán trabajos no convencionales que la gente con baja autoestima.

INCREMENTE EL CONOCIMIENTO SOBRE USTED MISMO: ¿QUÉ TAN MAQUIAVÉLICO ES?

Instrucciones: para cada enunciado, encierre en un círculo la opción que más se asemeje a su actitud.

Enunciados	Acuerdo		Neutral	Desacuerdo	
	Mucho	Un poco	Neutral	Un poco	Mucho
1. La mejor manera de manejar a las personas es decirles lo que quieren escuchar.	1	2	(3)	4	5
2. Cuando usted le pide a alguien que haga algo por usted, lo mejor es dar una razón verdadera y atractiva en lugar de razones de mayor peso.	(1)	2	3	4	5
3. Cualquiera que confíe completamente en alguien tendrá problemas.	1	2	3	(4)	5
4. Es difícil avanzar sin tomar atajos por todos lados.	1	2	3	(4)	5
5. Es seguro asumir que toda la gente tiene una característica inmoral que saldría a flote a la primera oportunidad.	1	2	3	(4)	5
6. Uno debe tomar acción sólo cuando es moralmente correcto.	1	(2)	3	4	5
7. La mayoría de la gente básicamente es buena y amable.	1	2	3	(4)	5
8. No existe excusa para mentir a alguien.	1	2	3	(4)	(5)
9. La mayoría de las personas olvida más fácilmente la muerte de su padre que la pérdida de su propiedad.	1	2	(3)	4	5
10. En general, la gente no trabajará duro a menos que se le fuerce a hacerlo.	1	2	3	(4)	5

Fuente: R. Christie y F. L. Geis, *Studies in Machiavellianism.* © Academic Press 1970. Reimpreso con permiso.

Clave de calificación: para obtener su calificación en maquiavelismo, sume el número que ha marcado en las preguntas 1, 3, 4, 5, 9 y 10. Para las otras cuatro preguntas, ponga a la inversa los números que ha marcado: 5 se vuelve 1, 4 es 2, 2 es 4 y 1 es 5. Sume sus diez números para encontrar su calificación. Mientras más alta sea su calificación, más maquiavélico será usted. Entre la muestra aleatoria de los adultos estadounidenses, el promedio nacional fue 25.

El hallazgo más generalizable sobre la autoestima es que los bajos en autoestima son más susceptibles a la influencia externa que los altos en autoestima. Los individuos de AE baja son dependientes de recibir evaluaciones positivas de parte de quienes los rodean. Como resultado, probablemente buscarán la aprobación de los otros y estarán más predispuestos a conformarse con las creencias y comportamientos de aquellos que respetan, que tienen AE alta.

No es de sorprender que se haya descubierto que la autoestima también está relacionada con la satisfacción en el trabajo. Numerosos estudios confirman que los de AE altas están más satisfechos con sus trabajos que los de AE bajas.

AUTOMONITOREO Una característica de la personalidad que ha recibido recientemente mayor atención es el **automonitoreo**.[54] Se refiere a la habilidad individual de ajustar el comportamiento propio a factores situacionales externos.

automonitoreo
Característica de la personalidad que mide la habilidad de un individuo de ajustar su comportamiento a los factores situacionales externos.

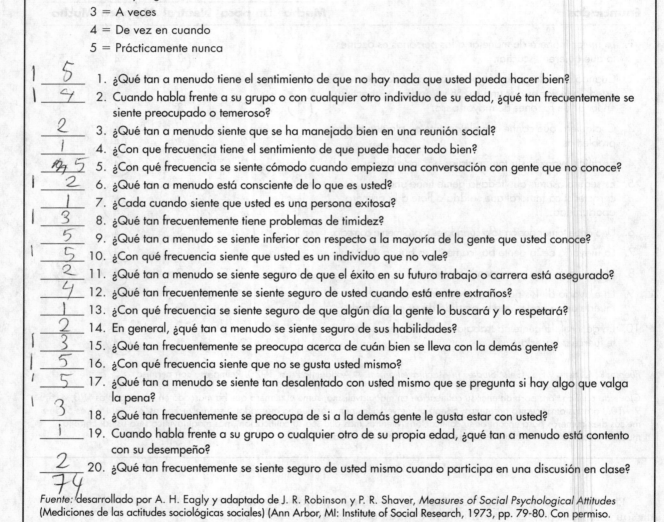

INCREMENTE EL CONOCIMIENTO SOBRE USTED MISMO: ¿CÓMO ESTÁ SU AUTOESTIMA?

Instrucciones: conteste cada una de las siguientes preguntas *honestamente*. Al principio de cada pregunta escriba 1, 2, 3, 4 o 5 dependiendo de cuál respuesta lo describe mejor.

1 = Muy frecuentemente
2 = Muy seguido
3 = A veces
4 = De vez en cuando
5 = Prácticamente nunca

_5_ 1. ¿Qué tan a menudo tiene el sentimiento de que no hay nada que usted pueda hacer bien?

_4_ 2. Cuando habla frente a su grupo o con cualquier otro individuo de su edad, ¿qué tan frecuentemente se siente preocupado o temeroso?

_2_ 3. ¿Qué tan a menudo siente que se ha manejado bien en una reunión social?

_1_ 4. ¿Con que frecuencia tiene el sentimiento de que puede hacer todo bien?

_5_ 5. ¿Con qué frecuencia se siente cómodo cuando empieza una conversación con gente que no conoce?

_2_ 6. ¿Qué tan a menudo está consciente de lo que es usted?

_1_ 7. ¿Cada cuando siente que usted es una persona exitosa?

_3_ 8. ¿Qué tan frecuentemente tiene problemas de timidez?

_5_ 9. ¿Qué tan a menudo se siente inferior con respecto a la mayoría de la gente que usted conoce?

_5_ 10. ¿Con qué frecuencia siente que usted es un individuo que no vale?

_2_ 11. ¿Qué tan a menudo se siente seguro de que el éxito en su futuro trabajo o carrera está asegurado?

_4_ 12. ¿Qué tan frecuentemente se siente seguro de usted cuando está entre extraños?

_1_ 13. ¿Con qué frecuencia se siente seguro de que algún día la gente lo buscará y lo respetará?

_2_ 14. En general, ¿qué tan a menudo se siente seguro de sus habilidades?

_3_ 15. ¿Qué tan frecuentemente se preocupa acerca de cuán bien se lleva con la demás gente?

_5_ 16. ¿Con qué frecuencia siente que no se gusta usted mismo?

_5_ 17. ¿Qué tan a menudo se siente tan desalentado con usted mismo que se pregunta si hay algo que valga la pena?

_3_ 18. ¿Qué tan frecuentemente se preocupa de si a la demás gente le gusta estar con usted?

_1_ 19. Cuando habla frente a su grupo o cualquier otro de su propia edad, ¿qué tan a menudo está contento con su desempeño?

_2_ 20. ¿Qué tan frecuentemente se siente seguro de usted mismo cuando participa en una discusión en clase?
_74_

Fuente: desarrollado por A. H. Eagly y adaptado de J. R. Robinson y P. R. Shaver, *Measures of Social Psychological Attitudes* (Mediciones de las actitudes sociológicas sociales) (Ann Arbor, MI: Institute of Social Research, 1973, pp. 79-80. Con permiso.

Clave de calificación: sume su calificación de la columna izquierda para los siguientes números: 1, 2, 6, 8, 10, 15, 16, 17 y 18. Para los otros, invierta la calificación (por ejemplo: 5 se vuelve 1; 4 se vuelve 2). Mientras más alta sea su calificación, más alta será su autoestima.

Los individuos altos en automonitoreo muestran una adaptabilidad considerable en ajustar su comportamiento a los factores situacionales externos. Son altamente sensibles a las pistas externas y pueden comportarse en distinta forma en diferentes situaciones; son capaces de presentar impresionantes contradicciones entre sus imágenes pública y privada. Los de bajo monitoreo no pueden disfrazarse de esta manera.

INCREMENTE EL CONOCIMIENTO SOBRE USTED MISMO: ¿CALIFICA USTED ALTO EN AUTOMONITOREO?

Instrucciones: indique el grado en el cual usted piense que los siguientes enunciados son verdaderos o falsos circulando el número apropiado. Por ejemplo, si un enunciado es siempre verdad, circule el número cinco, junto a la afirmación.

5 = Con certeza, siempre es verdad
4 = Generalmente es verdad
3 = Es cierto, pero hay excepciones
2 = Es falso, pero hay excepciones
1 = Generalmente es falso
0 = Con certeza, siempre es falso

1. En situaciones sociales, tengo la habilidad de modificar mi comportamiento si siento que debo cambiar algo.   5 (4) 3 2 1 0

2. A menudo soy capaz de interpretar correctamente las verdaderas emociones de las personas, a través de sus ojos.   5 4 (3) 2 1 0

3. Tengo la habilidad de controlar la manera de acercarme a la gente, dependiendo de la impresión que deseo causar.   5 4 3 (2) 1 0

4. En las conversaciones, percibo incluso hasta el menor cambio en la expresión facial de la persona con quien platico.   5 (4) 3 2 1 0

5. Mis poderes de intuición son muy buenos cuando se trata de entender las emociones y los motivos de los demás.   5 4 (3) 2 1 0

6. Normalmente puedo darme cuenta de cuándo los demás consideran que una broma es de mal gusto, incluso cuando hayan creído haberse reído de manera convincente.   (5) 4 3 2 1 0

7. Cuando siento que la imagen que estoy proyectando no está dando resultado, puedo cambiarla para que funcione.   5 (4) 3 2 1 0

8. Por lo común me doy cuenta cuándo he dicho algo inapropiado leyendo los ojos de los escuchas.   (5) 4 3 2 1 0

9. Tengo problemas para cambiar mi comportamiento con el objeto de adecuarlo a diferentes personas y a distintas situaciones.   5 4 3 2 (1) 0

10. Puedo ajustar mi comportamiento para satisfacer las exigencias de cualquier situación en la que me encuentre.   5 4 (3) 2 1 0

11. Si alguien me miente, me doy cuenta al menos por la manera de expresarse de esa persona.   5 4 (3) 2 1 0

12. Aun cuando podría ser una ventaja para mí, tengo dificultades para disimular algo que no siento.   (5) 4 3 2 1 0

13. Una vez que sé lo que se requiere en una situación, me es fácil regular mis acciones para hacerlas acordes a los requerimientos.   5 (4) 3 2 1 0

44

Fuente: R. D. Lennox y R. N. Wolf, "Revision of the Self-Monitoring Scale", *Journal of Personality and Social Psychology,* junio de 1984, p. 1361. Derechos reservados en 1984 por la American Psychological Association. Reimpreso con permiso.

Clave de calificación: para obtener su puntaje, sume los números circulados, excepto los puntajes inversos de las preguntas 9 y 12. En éstas, un 5 circulado se convierte en 0, 4 en 1, y así sucesivamente. Las personas con alto monitoreo son aquellas que tienen un puntaje de por lo menos 53.

Tienden a mostrar sus verdaderas disposiciones y actitudes en toda situación. Por esta razón, existe una alta consistencia de comportamiento entre quiénes son y lo que hacen.

La investigación del automonitoreo está en sus inicios, así que los pronósticos deben restringirse. Sin embargo, la evidencia primaria sugiere que quienes califican alto en automonitoreo tienden a poner una atención estrecha al comportamiento de otros y son más capaces de conformarse que los de bajo automonitoreo.[55] Además, los gerentes con un alto automonitoreo tienden a ser más movibles en su carrera y a recibir más ascensos (tanto internos como en otras organizaciones).[56] También podríamos formular la hipótesis de que los altos en monitoreo serán más exitosos en puestos gerenciales en los cuales se requiere que los individuos desempeñen múltiples papeles, incluso contradictorios. El individuo con alto monitoreo es capaz de poner diferentes caras ante diferentes públicos.

TOMA DE RIESGOS La gente difiere en cuanto a su voluntad de aprovechar las oportunidades. Esta propensión a asumir o evitar el riesgo ha demostrado tener un impacto en el tiempo que lleva a los gerentes tomar una decisión y en la cantidad de información que requieren para hacerlo. Por ejemplo, 79 gerentes trabajaron en ejercicios simulados de personal en los que se requería que tomaran decisiones de contratación.[57] Los gerentes que calificaron alto en la toma de riesgos tomaron decisiones más rápidas y usaron menos información para decidir que los gerentes con baja calificación en toma de riesgos. Es interesante que la precisión de la decisión haya sido la misma para ambos grupos.

INCREMENTE EL CONOCIMIENTO SOBRE USTED MISMO: ¿ES USTED UN TOMADOR DE RIESGOS?

Instrucciones: en cada una de las siguientes situaciones, se le pedirá que indique las probabilidades mínimas de éxito que usted demandaría antes de recomendar que se escoja una alternativa sobre otra. Trate de ponerse en la posición de asesor de la persona central en cada una de las situaciones.

1. Al señor B, un contador de 45 años, recientemente su doctor le informó que padece una afección cardíaca. Esta enfermedad será lo suficientemente seria para forzar al señor B a cambiar muchos de sus hábitos arraigados de por vida: reducir su carga de trabajo, cambiar drásticamente su dieta, dejar su esparcimiento favorito. El doctor le sugiere intentar una operación delicada que, en caso de ser exitosa, aliviaría completamente su condición del corazón. Pero el éxito no podría asegurarse y, de hecho, la operación podría ser fatal.

Imagine que usted está aconsejando al señor B. Abajo se listan varias probabilidades o puntos de que la operación sería un éxito. Verifique la menor probabilidad que usted consideraría aceptable para que se realice la operación.

_____ Coloque una marca aquí si usted piensa que el señor B no debería someterse a la operación, sin importar las probabilidades.

_____ Las probabilidades son 9 de 10 de que la operación sea un éxito.

___X___ Las probabilidades son 7 de 10 de que la operación sea un éxito.

_____ Las probabilidades son 5 de 10 de que la operación sea un éxito.

_____ Las probabilidades son 3 de 10 de que la operación sea un éxito.

_____ Las probabilidades son 1 de 10 de que la operación sea un éxito.

2. El señor D es el capitán del equipo de fútbol de la universidad X. La universidad X está jugando contra su rival tradicional, la universidad Y, el partido final de la temporada. El juego está en sus últimos segundos y el equipo del señor D, universidad X, está atrás en el marcador. La universidad X tiene tiempo para hacer una jugada más. El capitán debe decidir si sería mejor terminar con un marcador de empate haciendo una jugada que sería casi seguro que se lograra, o por el otro lado, debería intentar una jugada más complicada y riesgosa que le daría la victoria si tuviera éxito o la derrota, en caso contrario.

Imagine que usted está aconsejando al señor D. Abajo están listadas diversas probabilidades o posibilidades de que la jugada arriesgada se logre. Marque la *probabilidad menor* que usted consideraría aceptable para que la jugada arriesgada se intentara.

(continúa)

_____Coloque una marca aquí si usted piensa que el señor D *no* debería intentar la jugada arriesgada, sin importar las probabilidades.

_____Las probabilidades son 9 de 10 de que la jugada funcione.

_____Las probabilidades son 7 de 10 de que la jugada funcione.

___✗___Las probabilidades son 5 de 10 de que la jugada funcione.

_____Las probabilidades son 3 de 10 de que la jugada funcione.

_____Las probabilidades son 1 de 10 de que la jugada funcione.

3. La señora K es una mujer exitosa de negocios que ha participado en numerosas actividades cívicas de considerable valor para la comunidad. Se le han acercado líderes de su partido político para nominarla como posible candidata al congreso en la siguiente elección. El partido es minoritario en el distrito, sin embargo ha ganado diversas elecciones en el pasado. La señora K quisiera tener el cargo político, pero hacerlo involucraría un serio sacrificio financiero, ya que el partido no tiene los fondos necesarios para la campaña. Ella tendría también que soportar los ataques de sus oponentes políticos en una dura campaña.

Imagine que está asesorando a la señora K. Abajo están listadas diversas probabilidades o posibilidades de que la señora K gane la elección en su distrito. Marque la *menor posibilidad* que usted consideraría aceptable para que valiera la pena que la señora K se postulara para el puesto político.

_____Coloque una marca aquí si usted piensa que la señora K *no* debería postularse para el puesto político, sin importar las probabilidades.

_____Las probabilidades son 9 de 10 de que gane la elección.

_____Las probabilidades son 7 de 10 de que gane la elección.

___✗___Las probabilidades son 5 de 10 de que gane la elección.

_____Las probabilidades son 3 de 10 de que gane la elección.

_____Las probabilidades son 1 de 10 de que gane la elección.

4. La señora L, una investigadora en física, de 30 años de edad, ha sido asignada por cinco años a un laboratorio de una gran universidad. Mientras ella contempla los siguientes cinco años, se da cuenta de que podría trabajar en un problema difícil de mucho tiempo que, de hallar una solución, resolvería temas básicos científicos en el campo. Ello le traería altos honores en el ámbito científico. Si no se encontrara una solución, sin embargo, la señora L tendría muy poco que mostrar de sus cinco años de laboratorio y sería difícil para ella conseguir un buen trabajo después. Por el otro lado, ella podría, como muchos de sus asociados profesionales están haciendo, trabajar en una serie de problemas de corto plazo para los cuales las soluciones serían más fáciles de encontrar, aunque de menor importancia científica.

Imagine que usted está aconsejando a la señora L. Abajo están listadas diversas probabilidades de que se encuentre solución al difícil problema de largo plazo que la señora L tiene en mente. Marque la *menor posibilidad* que usted consideraría aceptable para que valiera la pena que la señora L trabajara sobre el problema difícil de largo plazo.

_____Las probabilidades son 9 de 10 de que resuelva el problema de largo plazo.

_____Las probabilidades son 7 de 10 de que resuelva el problema de largo plazo.

_____Las probabilidades son 5 de 10 de que resuelva el problema de largo plazo.

___✗___Las probabilidades son 3 de 10 de que resuelva el problema de largo plazo.

_____Las probabilidades son 1 de 10 de que resuelva el problema de largo plazo.

_____Coloque aquí una marca si usted piensa que la señora L *no* debería escoger el problema de largo plazo, sin importar las probabilidades.

Fuente: adaptado de N. Kogan y M. A. Wallach, *Risk Taking: A Study in Cognition and Personality* (Nueva York: Holt, Rinehart & Winston, 1964), pp. 256-61.

Clave de calificación: estas situaciones se basaron en un extenso cuestionario. Sus resultados son una indicación de su orientación general hacia el riesgo, más que una medición precisa. Para calcular su calificación de riesgo, sume las probabilidades que usted está dispuesto a tomar y divida entre cuatro. Para cualquiera de las situaciones en las cuales no tomaría el riesgo, sin importar las probabilidades, dése un 10. Mientras más bajo sea el número, más predispuesto al riesgo es usted.

Aunque en general es correcto concluir que los gerentes en las organizaciones se oponen al riesgo,[58] existen diferencias individuales en esta dimensión.[59] Como resultado, tiene sentido reconocer estas diferencias y aun considerar alinear la propensión a la toma de riesgos con las exigencias específicas de un puesto. Por ejemplo, una propensión a la toma de riesgos podría llevar a un rendimiento más eficaz de un corredor de bolsa en una firma de corretaje, donde el tipo de trabajo demanda una toma de decisión rápida. En el otro extremo, una voluntad a tomar riesgos sería un mayor obstáculo para un contador que realizara actividades de auditoría. Este último puesto sería mejor ocupado por alguien con una propensión baja al riesgo.

personalidad tipo A

Involucramiento agresivo en una lucha crónica, incesante por lograr más y más en menos y menos tiempo y, si es necesario, contra los esfuerzos de otras cosas u otras personas.

PERSONALIDAD TIPO A ¿Conoce usted alguna persona que sea excesivamente competitiva y parezca siempre estar experimentando un sentimiento crónico de la urgencia del tiempo? Si es así, es bueno apostar que esta persona tiene una personalidad del tipo A. Un individuo con una **personalidad tipo A** está "*agresivamente* involucrado en una lucha *crónica* e *incesante* por lograr más y más en menos y menos tiempo, y si se requiere hacerlo, contra los esfuerzos de otras cosas u otras personas".[60] En la cultura estadounidense, tales características tienden a ser altamente apreciadas y positivamente asociadas con la ambición y la adquisición exitosa de bienes materiales.

PERSONAS DEL TIPO A

1. están siempre moviéndose, caminando y comiendo rápidamente;
2. se sienten impacientes con la velocidad a la cual muchos eventos toman lugar;
3. tratan de pensar en dos o más cosas a la vez;
4. no están de acuerdo con el tiempo libre;
5. están obsesionados con los números, miden su éxito en términos de cuánto adquieren de cada cosa.

INCREMENTE EL CONOCIMIENTO SOBRE USTED MISMO: ¿ES DEL TIPO A?

Instrucciones: encierre el número de la escala de abajo que mejor caracterice su comportamiento para cada característica.

	1	2	3	4	5	6	7	8	
1. Informal en las citas	1	2	3	4	5	6	7	(8)	Nunca tarde
2. No competitivo	1	2	3	4	5	6	(7)	8	Muy competitivo
3. Nunca se siente apresurado	1	2	3	4	5	6	(7)	8	Siempre se siente apresurado
4. Toma las cosas una a la vez	1	2	3	4	5	6	(7)	8	Trata muchas cosas a la vez
5. Lento al hacer cosas	1	2	3	4	5	(6)	7	8	Rápido (comer, caminar, etc.)
6. Expresa sus sentimientos	1	2	3	(4)	5	6	7	8	Reprime sus sentimientos
7. Muchos intereses	1	(2)	3	4	5	6	7	8	Pocos intereses fuera del trabajo

Fuente: adaptado de R. W. Bortner, "Short Rating Scale as a Potencial Measure of Pattern A Behavior", *Journal of Chronic Diseases*, junio de 1969, pp. 87-91. Reproducido con permiso.

Clave de calificación: sume su calificación total sobre las siete preguntas. Ahora multiplique el total por 3. Un total de 120 o más indica que usted es un tipo A central. Las calificaciones debajo de 90 indican que usted es tipo B central. Las siguientes calificaciones le dan más especificaciones:

Puntos	Tipo de personalidad
120 o más	(A+)
106–119	A
100–105	A–
90–99	B+
Menos de 90	B

En contraste con el tipo de personalidad A, está el B, que es exactamente lo opuesto. Los tipos B están "raramente apresurados por el deseo de obtener un salvaje número de cosas o participar en una serie eternamente creciente de eventos en una cantidad de tiempo siempre decreciente".[61]

PERSONAS DEL TIPO B

1. nunca sufren de sentido de la urgencia del tiempo con su acompañante impaciencia;

2. no sienten la necesidad de mostrar o discutir ya sea sus logros o éxitos a menos que tal exposición sea demandada por la situación;

3. juegan por diversión, más que por exhibir su superioridad a cualquier costo;

4. pueden relajarse sin culpa.

Los tipo A operan bajo niveles tensión que van de moderados a altos. Se sujetan ellos mismos a una presión de tiempo más o menos continua, se crean una vida de fechas límite. Estas características provocan algunos comportamientos específicos. Por ejemplo, los tipo A son trabajadores rápidos, ya que enfatizan la cantidad sobre la calidad. En puestos gerenciales, los tipo A demuestran su competitividad trabajando largas jornadas y, frecuentemente, toman decisiones ni brillantes ni mediocres, ya que las toman demasiado rápido; rara vez son creativos. Debido a su preocupación por la cantidad y la velocidad, se apoyan en experiencias pasadas cuando enfrentan problemas. No dedican el tiempo necesario a desarrollar soluciones particulares para nuevos problemas. Casi nunca varían sus respuestas a retos específicos en sus condiciones; además, su comportamiento es más fácil de predecir que el de los tipo B.

¿Son los tipos A o B más exitosos en las organizaciones? A pesar del duro trabajo del A, los tipo B son los que parecen llegar hasta arriba. Los grandes agentes de ventas son casi siempre tipo A; los ejecutivos *senior* son usualmente tipo B. ¿Por qué? La respuesta yace en la tendencia de los tipo A a negociar la calidad del esfuerzo por cantidad. Los ascensos en las organizaciones corporativas y profesionales se conceden "preferentemente a aquellos que son sabios en lugar de a los que son simplemente impetuosos; a aquellos que son discretos en lugar de a los que son hostiles, y a aquellos que son creativos en lugar de a los que son simplemente ágiles en la contienda".[62]

Personalidad y cultura nacional

Ciertamente no existen tipos de personalidad común para una nación dada. Usted puede, por ejemplo, encontrar altos y bajos tomadores de riesgos en casi cualquier cultura. Sin embargo, la cultura de un país debería influir en las características dominantes de la personalidad de su población. Construyamos este caso observando dos atributos de la personalidad —el *locus* de control y la personalidad tipo A.

Existe evidencia de que las culturas difieren en términos de la relación de la gente con su ambiente.[63] En algunas culturas, como aquéllas en América del Norte, la gente cree que puede dominar su ambiente. Las personas de otras sociedades, como la de los países del Medio Oriente, creen que la vida está esencialmente predestinada. Nótese el cercano paralelo en el *locus* de control interno y externo. Deberíamos esperar una proporción más grande de internos en la fuerza laboral estadounidense y canadiense que en la fuera laboral saudita o iraní.

La prevalencia de las personalidades del tipo A serán influenciadas de alguna manera por la cultura en la cual la persona crece. Existen tipos A en todo país, pero habrá más en los países capitalistas, donde el logro y el éxito material están altamente valorados. Por ejemplo, se ha estimado que cerca de 50% de la población de Estados Unidos es tipo A.[64] Este porcentaje no debería ser demasiado sorprendente. Tanto Estados Unidos como Canadá dan un gran énfasis a la administración del tiempo y a la eficiencia. Ambos países tienen culturas que acentúan los logros y la adquisición de dinero y bienes materiales. En culturas como la sueca y la francesa, donde el materialismo es menos respetado, pudiéramos predecir una proporción menor de personalidades tipo A.

Acoplamiento entre las personalidades y los trabajos

teoría de la compatibilidad entre la personalidad y el trabajo
Identifica seis tipos de personalidad y propone que el ajuste entre el tipo de personalidad y el ambiente ocupacional determina la satisfacción y la rotación.

En la discusión sobre los atributos de la personalidad, nuestras conclusiones a menudo se calificaron para reconocer que los requerimientos del trabajo moderaban la relación entre la posesión de la característica de personalidad y el desempeño en el trabajo. Esta preocupación en el acoplamiento entre los requerimientos de trabajo y las características de la personalidad está mejor articulada en la **teoría de la compatibilidad entre la personalidad y el trabajo** de John Holland.[65] La teoría se basa en la noción del ajuste entre las características de la personalidad individual y su ambiente ocupacional. Holland identifica seis tipos de personalidad y propone que la satisfacción y la propensión a abandonar el trabajo depende del grado en el cual los individuos acoplan exitosamente su personalidad al ambiente ocupacional.

Ilustración 2-5 Tipología de Holland de la personalidad y ocupaciones congruentes

Tipo	Características de la personalidad	Ocupaciones congruentes
Realista: prefiere las actividades físicas que requieren de habilidad, fortaleza y coordinación	Tímido, genuino, persistente, estable, apegado, práctico	Mecánico, operador de una perforadora a presión, trabajador de una línea de ensamble, granjero
Investigador: prefiere actividades que involucren el pensar, el organizar y el entender	Analítico, original, curioso, independiente	Biólogo, economista, matemático, reportero
Social: prefiere las actividades que involucran ayudar y desarrollar a otros	Sociable, amistoso, cooperativo, comprensivo	Trabajador social, maestro, consejero, psicólogo clínico
Convencional: prefiere actividades reguladas por reglas, ordenadas y sin ambigüedades	Apegado, eficiente, práctico, sin imaginación, inflexible	Contador, gerente corporativo, cajero, oficinista
Emprendedor: prefiere actividades verbales donde existan oportunidades que influyen en otros y logren poder	Seguro de sí mismo, ambicioso, enérgico, dominante	Abogado, agente de bienes raíces, especialista de relaciones públicas, gerente de pequeños negocios
Artista: prefieren actividades ambiguas y no sistemáticas que permitan la expresión creativa	Imaginativo, desordenado, idealista, emocional, impráctico	Pintor, músico, escritor, decorador de interiores

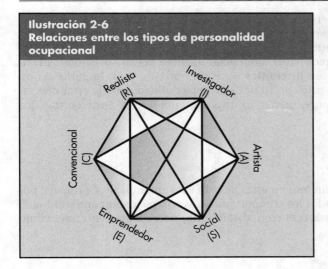

Ilustración 2-6
Relaciones entre los tipos de personalidad ocupacional

Realista (R) — Investigador (I) — Artista (A) — Social (S) — Emprendedor (E) — Convencional (C)

Fuente: reimpreso con permiso especial del editor, Psychological Assessment Resources, Inc., de *Making Vocational Choices*, Copyright 1973, 1985, 1992 por Psychological Assessment Resources, Inc. Todos los derechos reservados.

Cada uno de los seis tipos de personalidad tiene un ambiente ocupacional congruente. La ilustración 2-5 describe los seis tipos y sus características de personalidad y da ejemplos de ocupaciones congruentes.

Holland ha desarrollado un cuestionario de inventario de preferencia vocacional que contiene 160 títulos ocupacionales. Quienes los contestan indican cuáles de estas ocupaciones les gustan o les disgustan, y sus respuestas se utilizan para formar perfiles de personalidad. Usando este procedimiento, la investigación apoya fuertemente el diagrama hexagonal en la ilustración 2-6.[66] Esta figura muestra que entre más cercanos u orientados estén dos campos, más compatibles son. Las categorías adyacentes son un tanto similares, mientras que los opuestos en forma diagonal son altamente desiguales.

¿Qué significa todo esto? La teoría sostiene que la satisfacción es más alta y la rotación más baja cuando la personalidad y la ocupación están en acuerdo. Los individuos sociables deberían estar en trabajos sociales, la gente convencional en trabajos convencionales y así sucesivamente.

La compañía Southwest Airlines utiliza la teoría de la compatibilidad entre la personalidad y el trabajo al contratar a sus empleados. Contrata tipos de personalidad sociable —amantes de la diversión, gente amigable que disfruta ayudando y entreteniendo a los clientes— como sobrecargos. Ocurrencias como una sobrecargo que aparece en el compartimento de carga, complacen a los clientes e incrementan la satisfacción del empleado en el trabajo, lo cual ayuda a hacer a Southwest la línea aérea de más ganancias de Estados Unidos.

Una persona realista en un trabajo realista está en una situación más congruente que alguien realista en un trabajo de investigación. Una persona realista en un trabajo social es la situación más incongruente posible. Los puntos clave de este modelo son que: (1) parece haber diferencias intrínsecas en la personalidad entre los individuos; (2) existen diferentes tipos de trabajos, y (3) la gente en un ambiente de trabajo congruente con su tipos de personalidad debería estar más satisfecha y menos propensa a renunciar voluntariamente que la gente en trabajos incongruentes.

Aprendizaje

El último tema que introduciremos en este capítulo es el aprendizaje. Se incluye por la razón obvia de que casi todos los comportamientos complejos son aprendidos. Si queremos explicar y pronosticar el comportamiento, necesitamos entender cómo aprende la gente.

Una definición del aprendizaje

aprendizaje
Cualquier cambio relativamente permanente en el comportamiento que ocurre como resultado de la experiencia.

¿Qué es **aprendizaje**? La definición de un psicólogo es considerablemente más amplia que el punto de vista común de: "es lo que hicimos cuando fuimos a la escuela". En realidad cada uno de nosotros está continuamente asistiendo a "la escuela". El aprendizaje ocurre todo el tiempo. Una definición generalmente aceptada del aprendizaje es, por tanto, *cualquier cambio relativamente permanente en el comportamiento que ocurre como resultado de la experiencia*. Irónicamente, podemos decir que los cambios en el comportamiento indican que se ha llevado a cabo un aprendizaje y que el aprendizaje es un cambio en el comportamiento.

Obviamente, la definición sugiere que nunca veremos "aprender" a alguien. Podemos ver los cambios que tienen lugar pero no el aprendizaje en sí mismo. El concepto es teórico y, en consecuencia, no se observa en forma directa:

Usted ha visto gente en el proceso de aprendizaje, que se comporta de formas particulares como resultado del aprendizaje y algunos de ustedes (de hecho, supongo que la mayoría) han "aprendido" en algún momento de su vida. En otras palabras, inferimos que el aprendizaje ha tomado lugar si un individuo se comporta, reacciona, responde como resultado de la experiencia de una manera diferente de aquélla en la que él se comportaba.[67]

Nuestra definición tiene varios componentes que merecen clarificación. Primero el aprendizaje involucra el cambio. El cambio podría ser bueno o malo desde un punto de vista organizacional. La gente puede aprender comportamientos tanto desfavorables —mantener prejuicios o restringir su producción, por ejemplo— como favorables. Segundo, el cambio debe ser relativamente permanente. Los cambios temporales podrían ser sólo reflexivos y fracasar al representar cualquier aprendizaje. Por tanto, el requerimiento de que el aprendizaje debe ser relativamente permanente controla los cambios conductuales causados por la fatiga o las adaptaciones temporales. Tercero, nuestra definición está relacionada con el comportamiento. El aprendizaje ocurre cuando existe un cambio en las acciones. Un cambio en el proceso de pensamiento del individuo o actitudes, si no se acompaña por algún cambio en el comportamiento, no sería

◆ El aprendizaje involucra cambio.

aprendizaje. Finalmente, se necesita alguna forma de experiencia para aprender. La experiencia podría adquirirse directamente a través de la observación o la práctica, o podría adquirirse en forma indirecta, a través de la lectura. El examen crucial todavía permanece: ¿esta experiencia dio como resultado un cambio relativamente permanente en el comportamiento? Si la respuesta es sí, podemos decir que el aprendizaje ha ocurrido.

Teorías sobre el aprendizaje

¿Cómo podemos aprender? Se han formulado tres teorías para explicar el proceso por el cual adquirimos patrones de comportamiento. Éstos son el condicionamiento clásico, el condicionamiento operante y el aprendizaje social.

CONDICIONAMIENTO CLÁSICO El **condicionamiento clásico** se desarrolló con experimentos a principios del siglo, por el psicólogo Iván Pavlov, para enseñar a perros a salivar en respuesta al sonido de una campana.[68] Un procedimiento quirúrgico simple permitió a Pavlov medir con cuidado la cantidad de saliva secretada por un perro. Cuando Pavlov le presentaba al perro una pieza de carne, el perro mostraba un incremento en la salivación. Cuando Pavlov sostenía la carne y simplemente sonaba la campana, el perro no salivaba. Entonces Pavlov procedió a unir la carne y el sonido de la campana. Después de escuchar repetidamente la campana antes de recibir la comida, el perro empezó a salivar tan pronto como la campana sonaba. Después de un tiempo, el perro salivaría simplemente al sonido de la campana, aun cuando no se ofreciera comida. En efecto, el perro había aprendido a responder —esto es, a salivar— a la campana. Revisemos este experimento para introducir los conceptos clave del condicionamiento clásico.

La carne fue un *estímulo incondicionado*; invariablemente causaba que el perro reaccionara de manera específica. La reacción que tuvo lugar siempre que el estímulo incondicionado ocurriera se llamó *respuesta incondicionada* (o el notable incremento en la salivación, en este caso). Aunque fue originalmente neutral, después de que la campana fue relacionada con la carne (un estímulo incondicionado), con el tiempo produjo una respuesta al presentarla por sí sola. El último concepto clave es la *res-*

condicionamiento clásico
Un tipo de condicionamiento en el cual un individuo responde a ciertos estímulos que ordinariamente no producirían tal respuesta.

Ilustración 2-7

puesta condicionada. Ésta describe el comportamiento del perro; salivaba en reacción a la campana sola.

Usando estos conceptos, podemos resumir el condicionamiento clásico. En esencia, el aprender una respuesta condicionada involucra construir una asociación entre un estímulo condicionado y un estímulo incondicionado. Cuando ese estímulo, uno de influencia y el otro neutral, se une, el neutral se convierte en un estímulo condicionado y, por tanto, toma las propiedades del estímulo incondicionado.

El condicionamiento clásico puede usarse para explicar por qué los villancicos navideños a menudo traen recuerdos agradables de la niñez; las canciones están asociadas con el espíritu festivo de Navidad y evocan recuerdos afectuosos y sentimientos de euforia. En una organización, también vemos operar el condicionamiento clásico. Por ejemplo, en una planta de manufactura, cada vez que los más importantes ejecutivos de la oficina matriz programaban hacer una visita a la planta, la gerencia ordenaba limpiar las oficinas administrativas y lavar los vidrios. Esto se realizó durante años. Con el tiempo, los empleados mejorarían su comportamiento y se mirarían limpios y propios siempre que las ventanas estuvieran limpias —aun en aquellas ocasiones cuando la limpieza no estuviera ligada con la visita de los altos oficiales. La gente había aprendido a asociar la limpieza de las ventanas con una visita de la oficina matriz.

El condicionamiento clásico es pasivo. Algo pasa y reaccionamos de una manera específica. Se evoca en respuesta un evento específico, identificable. Como tal, puede explicar los comportamientos reflejos simples. Pero la mayoría del comportamiento —en particular el comportamiento complejo de los individuos en las organizaciones— es emitido más que evocado. Es voluntario más que reflejo. Por ejemplo, los empleados escogen llegar a tiempo al trabajo, le piden a sus jefes que los ayuden en problemas o "flojean" cuando nadie está mirando. El aprendizaje de sus comportamientos se entiende mejor al observar el condicionamiento operante.

condicionamiento operante
Un tipo de condicionamiento en el cual un comportamiento deseado lleva a la recompensa o a la prevención del castigo.

CONDICIONAMIENTO OPERANTE El **condicionamiento operante** sostiene que el comportamiento es una función de sus consecuencias. La gente aprende a comportarse para conseguir algo que quiere o evitar algo que no desea. El comportamiento operante es voluntario o aprendido en contraste con el reflejo o no aprendido. La tendencia a repetir tal comportamiento está influenciada por el refuerzo o la carencia de refuerzo, traídos por las consecuencias del comportamiento. El refuerzo, por tanto, fortalece un comportamiento e incrementa la probabilidad de que se repita.

Lo que Pavlov hizo para el condicionamiento clásico, el psicólogo de Harvard, B. F. Skinner, lo hizo para el condicionamiento operante.[69] Tomando como base el trabajo anterior en el campo, la investigación de Skinner expandió extensivamente nuestro conocimiento del condicionamiento operante. Aun sus críticos más duros, que representan un grupo considerable, admiten que sus conceptos operantes funcionan.

Se asume que el comportamiento está determinado desde fuera —esto es, aprendido más que desde dentro —reflejo o no aprendido. Skinner sostuvo que crear consecuencias placenteras para seguir formas específicas de comportamiento incrementaría la frecuencia de ese comportamiento. La gente se comprometería probablemente más en comportamientos deseables si se les reforzaba positivamente al hacerlo. Las recompensas son más efectivas si siguen inmediatamente a la respuesta deseada. Además, el comportamiento que no es recompensado, o que es castigado, es menos probable que se repita.

Usted ve ilustraciones de condicionamiento operante en todo lugar. Por ejemplo, cualquier situación en la cual se anuncia en forma explícita o se sugiera de manera implícita que los refuerzos son contingentes respecto de alguna acción de su parte involucran el uso del aprendizaje operante. Su profesor afirma que si usted quie-

◆ El refuerzo fortalece un comportamiento e incrementa la probabilidad de que sea repetido.

re una calificación alta en el curso, debe contestar correctamente el examen. Un agente de ventas por comisión que quiera ganar un gran ingreso encuentra que hacerlo es contingente respecto de generar ventas altas en su territorio. Por supuesto, la unión también puede funcionar para enseñar al individuo a comprometerse en comportamientos que vayan contra los mejores intereses de la organización. Suponga que su jefe le dice que si usted trabaja tiempo extra durante la siguiente temporada alta de tres semanas, será compensado por ello en su siguiente evaluación de rendimiento. Sin embargo, cuando el tiempo de su evaluación llega, encuentra que no se le da un refuerzo positivo por su trabajo de tiempo extra. La siguiente vez que su jefe le pida que trabaje tiempo extra, ¿qué hará usted? ¡Lo más seguro es que no lo haga! Su comportamiento puede ser explicado por el condicionamiento operante: si un comportamiento no se refuerza positivamente, decrecerá la probabilidad de que se repita.

APRENDIZAJE SOCIAL Los individuos también aprenden al observar lo que pasa con otra gente y al escuchar acerca de algo, así como también por experiencias directas. Así, por ejemplo, mucho de lo que hemos aprendido proviene de los modelos de observación —padres, maestros, compañeros, actores de cine y televisión, jefes y otros. Este enfoque que hemos aprendido a través tanto de la observación y experiencia directa se ha llamado **teoría del aprendizaje social**.[70]

Aunque la teoría del aprendizaje social es una extensión del condicionamiento operante —esto es, asume que el comportamiento es una función de las consecuencias— también admite la existencia del aprendizaje por observación y la importancia de la percepción en el aprendizaje. La gente responde la manera en que ellos perciben y definen las consecuencias no a las consecuencias objetivas en sí mismas.

La influencia de los modelos es central para el punto de vista del aprendizaje social. Cuatro procesos se han encontrado al determinar la influencia que un modelo tendrá sobre un individuo. Como mostraremos más tarde en este capítulo, la inclusión de los siguientes procesos por parte de la gerencia, cuando se establecen programas de entrenamiento para el empleado, mejorarán en forma significativa la posibilidad de que los programas sean exitosos:

> **teoría del aprendizaje social**
> La gente aprende a través de la observación y de la experiencia directa.

1. *Procesos de atención*. Las personas aprenden de un modelo solamente cuando reconocen y ponen atención a sus características críticas. Tendemos a estar más influidos por modelos que son atractivos, repetidamente disponibles, importantes para nosotros o similares a nosotros en nuestra estimación.

2. *Procesos de retención*. La influencia de modelo dependerá de lo bien que el individuo recuerde la acción del modelo, después de que éste ya no esté disponible.

3. *Procesos de reproducción motora*. Después de que una persona ha visto un nuevo comportamiento al observar el modelo, el observar debe convertirse en el hacer. Este proceso entonces demuestra que el individuo puede desempeñar las actividades moldeadas.

4. *Procesos de reforzamiento*. Los individuos estarán motivados a mostrar el comportamiento moldeado si se proporcionan incentivos positivos o recompensas. Los comportamientos que son reforzados positivamente recibirán más atención, tendrán mejor aprendizaje y se realizarán más a menudo.

Moldeamiento: una herramienta gerencial

Ya que el aprendizaje tiene lugar en el trabajo, como también antes de él, los gerentes estarán interesados en cómo pueden enseñar a sus empleados a comportarse en

moldeamiento de la conducta o el comportamiento
Reforzar sistemáticamente cada paso sucesivo que lleva a un individuo más cerca de la respuesta deseada.

formas que beneficien más a la organización. Cuando tratamos de moldear a los individuos guiando su aprendizaje en pasos graduales, estamos **moldeando la conducta o el comportamiento.**

Considere la situación en la cual el comportamiento de un empleado es significativamente distinto del que busca la gerencia. Si la gerencia recompensa al individuo solamente cuando muestra respuestas deseables, podrá haber muy poco reforzamiento. En tal caso, el moldeamiento ofrece un método lógico para lograr el comportamiento deseado.

Moldeamos el comportamiento al reforzar en forma sistemática cada paso sucesivo que acerca más al individuo a la respuesta deseada. Si un empleado que a lo largo de cierto tiempo ha llegado media hora tarde al trabajo, comienza a llegar sólo 20 minutos tarde, podemos reforzar ese progreso. El reforzamiento incrementaría en la medida en que las respuestas se aproximaran al comportamiento deseado.

MÉTODOS DE MOLDEAMIENTO DEL COMPORTAMIENTO Existen cuatro formas en las cuales se moldea el comportamiento: el reforzamiento positivo y negativo, el castigo y la extinción.

Hacer seguir una respuesta con algo placentero se llama *reforzamiento positivo*. Esto describiría, por ejemplo, al jefe que premia a un empleado por un trabajo bien hecho. Seguir una respuesta con la terminación o el retiro de algo no placentero se llama *reforzamiento negativo*. Suponga que su profesor hace una pregunta y usted no sabe la respuesta, si busca en sus notas de clase, es probable que no mencione su nombre. Éste es un reforzamiento negativo ya que ha aprendido que buscar con afán en sus notas previene que el instructor le pregunte. El *castigo* está causando una condición no placentera en un intento por eliminar un comportamiento no deseable. Dar a un empleado una suspensión de dos días del trabajo sin paga por asistir en estado de ebriedad, es un ejemplo de castigo. Eliminar cualquier reforzamiento que mantiene un comportamiento se llama *extinción*. Cuando el comportamiento no es reforzado, tiende gradualmente a extinguirse. Los instructores del colegio que desean desalentar a los estudiantes a hacer preguntas en la clase pueden eliminar este comportamiento en sus estudiantes ignorando a los que levantan la mano. El levantar la mano se volverá extinto cuando invariablemente se encuentre con la ausencia del reforzamiento.

Tanto el reforzamiento positivo como el negativo dan como resultado un aprendizaje. Fortalecen una respuesta e incrementan la probabilidad de la repetición. En las ilustraciones anteriores, fortalecen la exaltación e incrementan el comportamiento de hacer un buen trabajo ya que se desea la exaltación. El comportamiento de "parecer ocupado" es de igual manera fortalecido e incrementado al terminar la consecuencia no deseada de ser llamado por el maestro. Tanto el castigo como la extinción, sin embargo, debilitan el comportamiento y tienden a disminuir la subsecuente frecuencia.

El reforzamiento, ya sea positivo o negativo, tiene una marca impresionante como herramienta de moldeamiento. Nuestro interés, por tanto, es un reforzamiento más que un castigo o extinción. Una revisión de los hallazgos de la investigación sobre el impacto del reforzamiento en el comportamiento en las organizaciones concluyó que:

1. Algún tipo de reforzamiento es necesario para producir un cambio en el comportamiento.

2. Algunos tipos de recompensas son más eficaces que otras en las organizaciones.

3. La velocidad con la cual el aprendizaje tiene lugar y la permanencia de sus efectos será determinada por el tiempo de reforzamiento.[71]

El punto 3 es extremadamente importante y merece una considerable explicación.

PROGRAMAS DE REFORZAMIENTO Los dos principales tipos de programas de reforzamiento son los *continuos* y los *intermitentes*. Un programa de **reforzamiento continuo** refuerza el comportamiento deseado cada vez que se muestra. Tome, por ejemplo, el caso de que alguien históricamente ha tenido problema para llegar a tiempo al trabajo. Cada vez que llegue a tiempo su jefe podría hacer un cumplido sobre su comportamiento deseable. En un programa intermitente, por el otro lado, no todo momento de comportamiento deseable es reforzado, pero se da el reforzamiento con la frecuencia suficiente para hacer que valga la pena que se repita. Éste último programa puede compararse con los trabajos de una máquina tragamonedas, en la cual la gente continúa jugando aun cuando sabe que está ajustada para darle ingresos considerados a la casa de juego. Los pagos intermitentes ocurren lo suficientemente seguido para reforzar el comportamiento de introducir monedas y jalar la palanca. La evidencia indica que la forma de reforzamiento intermitente o variada tiende a oponer más resistencia a la extinción de la que se encuentra en la forma continua.[72]

Un **reforzamiento intermitente** puede ser el cociente o un tipo de intervalo. Los *programas de cociente* dependen del número de respuestas que dé el sujeto. El individuo es reforzado después de dar cierto número de tipos específicos de comportamiento. Los *programas de intervalo* dependen del tiempo que ha pasado desde la última vez del reforzamiento. Con programas de intervalo, el individuo es reforzado sobre el primer comportamiento apropiado, después de que ha transcurrido un tiempo en particular. Un reforzamiento también puede ser clasificado como fijo o variable. Las técnicas intermitentes de administrar las recompensas pueden, por tanto, colocarse en cuatro categorías, como se muestra en la ilustración 2-8.

Cuando las recompensas están espaciadas en intervalos de tiempo uniformes, el programa de reforzamiento es del tipo de **intervalo fijo.** La variable crítica es el tiempo y se mantiene constante. Éste es el programa predominante para casi todos los trabajadores asalariados de Estados Unidos. Cuando usted tiene su cheque de paga sobre una base semanal, quincenal, mensual u otra base de tiempo, usted es recompensado basado según un programa de reforzamiento de intervalo fijo.

Si las recompensas se distribuyen en el tiempo de tal forma que los reforzamientos son impredecibles, el programa es del tipo de **intervalo variable.** Cuando un profesor avisa a su grupo que habrá exámenes sorpresa cortos durante el periodo (el número exacto es desconocido para los estudiantes) y que contarán para 20% de la calificación del periodo, está usando un programa de intervalo variable. De igual manera, una serie de visitas aleatorias no anunciadas a las oficinas de la compañía por parte del personal de auditoría de la corporación es un ejemplo de un programa de intervalo variable.

En un programa de **cociente fijo,** después de un número fijo o constante de respuestas dadas, se inicia la recompensa. Por ejemplo, un plan de incentivos de razón de piezas es un programa de cociente fijo; el empleado recibe una recompensa basada en el número de piezas de trabajo generadas. Si la razón de piezas para un colocador de cierres en una fábrica de vestidos es de $5.00 la docena, el reforzamiento (dinero, en este caso) está fijo al número de cierres cocidos en la ropa. Por cada docena cosida, el colocador gana otros $5.00.

reforzamiento continuo
Un comportamiento deseado es reforzado cada vez que se muestre.

reforzamiento intermitente
Un comportamiento deseado es reforzado con la suficiente frecuencia para hacer que valga la pena que se repita pero no siempre que se exhiba.

programa de intervalo fijo
Las recompensas son espaciadas a intervalos de tiempo uniformes.

programa de intervalo variable
Las recompensas se distribuyen en el tiempo así que los reforzamientos no son predecibles.

programa de cociente fijo
Las recompensas se inician después de un número fijo o constante de respuestas.

Ilustración 2-8
Programas de reforzamiento

	Intervalo	Cociente
Fijo	Intervalo fijo	Cociente fijo
Variable	Intervalo variable	Cociente variable

programa de cociente variable
La recompensa varía con relación
al comportamiento del individuo.

Cuando la recompensa varía en relación con el comportamiento del individuo, se dice que él está reforzado con un programa de **cociente variable.** Los vendedores por comisión son ejemplos de individuos en tal programa de reforzamiento. En algunas ocasiones, ellos podrán hacer la venta después de sólo dos llamadas a un cliente potencial. En otras ocasiones, necesitarán hacer 20 o más llamadas para asegurar la venta. La recompensa, entonces, es variable con relación al número de llamadas exitosas que la gente de ventas hace. La ilustración 2-9 muestra las cuatro categorías de los programas intermitentes.

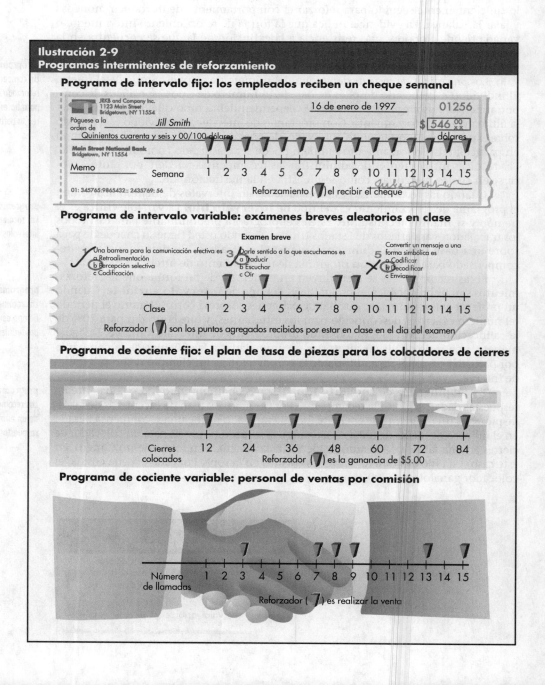

Ilustración 2-9
Programas intermitentes de reforzamiento

Programa de intervalo fijo: los empleados reciben un cheque semanal

Programa de intervalo variable: exámenes breves aleatorios en clase

Programa de cociente fijo: el plan de tasa de piezas para los colocadores de cierres

Programa de cociente variable: personal de ventas por comisión

LOS PROGRAMAS DE REFORZAMIENTO Y EL COMPORTAMIENTO Los programas de reforzamiento continuo pueden llevar a la satisfacción total temprana y en este programa, el comportamiento tiende a debilitarse rápidamente cuando los reforzadores se restringen. Sin embargo, los reforzadores continuos son apropiados para las respuestas de reciente emisión, inestables o de frecuencia baja. En contraste, los reforzadores intermitentes imposibilitan la temprana satisfacción total ya que no siguen a cada respuesta. Son apropiados para respuestas estables o de frecuencia alta.

En general, los programas de variables tienden a llevar a un rendimiento mayor que los programas fijos. Por ejemplo, como se notó antes, la mayoría de los empleados en las organizaciones recibe su paga de acuerdo con programas de intervalo fijo. Pero tal programa no une claramente el rendimiento y las recompensas. La recompensa se da por el tiempo que se pasó en el trabajo, más que por una respuesta específica (rendimiento). En contraste, los programas de intervalo variable generan altas tasas de respuesta y un comportamiento más estable y consistente, debido a una alta correlación entre el rendimiento y la recompensa, y a la incertidumbre involucrada —el empleado tiende a estar más alerta, ya que existe un factor sorpresa.

Algunas aplicaciones organizacionales específicas

Hemos aludido a un número de situaciones en las cuales la teoría del aprendizaje podría ser de ayuda para los gerentes. En esta sección, observaremos brevemente seis aplicaciones específicas: usar loterías para reducir el ausentismo, sustituir la paga de enfermedad por la paga de bienestar, disciplinar empleados problemáticos, desarrollar programas eficaces de entrenamiento para el empleado, crear programas de tutoría para los nuevos empleados y aplicar la teoría del aprendizaje a la dirección de uno mismo.

USO DE LOTERÍAS PARA REDUCIR EL AUSENTISMO La gerencia puede usar la teoría del aprendizaje para diseñar programas que reduzcan el ausentismo. Por ejemplo, New York Life Insurance Co. (una compañía de seguros) creó una lotería para recompensar a los empleados por su asistencia.[73] Cada cuatrimestre, los nombres de todos los empleados de la oficina central que no han tenido ausencias se colocan dentro de un cilindro. En un cuatrimestre típico, cerca de 4,000 de los 7,500 empleados de la compañía tienen sus nombres en el cilindro. Los primeros 10 nombres que se sacan ganan un bono de $200, los siguientes 20 ganan un bono de $100 y 70 más reciben un día libre pagado. Al final del año, se organiza otra lotería para aquellos con una asistencia perfecta de 12 meses. Se entregan 12 premios; dos empleados reciben bonos de $1,000 y 10 más ganan cinco días libres con paga.

Esta lotería sigue un programa de cociente variable. Una marca de asistencia buena incrementa la probabilidad del empleado de ganar, sin embargo tener una asistencia perfecta no asegura que un empleado sea recompensado ganando uno de los premios. Consistente con la investigación sobre los programas de reforzamiento, esta lotería dio como resultado tasas bajas de ausencia. En sus primeros diez meses de operación, por ejemplo, el ausentismo fue 21% más bajo que en el periodo comparable del año anterior.

PAGA POR BIENESTAR *VERSUS* PAGA POR ENFERMEDAD La mayoría de las organizaciones proporciona a sus empleados asalariados ausencia pagada por enfermedad como parte del programa de prestaciones del empleado. Pero, irónicamente, las organizaciones con programas de ausencia por enfermedad con paga experimentan casi el doble de ausentismo que las organizaciones sin tales programas.[74]

◆ Los programas de ausencia por enfermedad refuerzan un comportamiento equivocado.

La realidad es que los programas de ausencia por enfermedad refuerzan el comportamiento equivocado: factor al trabajo. Cuando los empleados reciben 10 días pagados al año por enfermedad, es raro el empleado que no se asegura de usarlos todos, sin importar si está o no está enfermo. Las organizaciones deberían recompensar la asistencia, no la inasistencia.

Como caso de análisis, una organización del Medio Oeste implementó un programa de pago por bienestar que da a los empleados que no tienen ausencias en cualquier periodo de cuatro semanas, y paga la ausencia por enfermedad sólo después de las ocho horas de inasistencia.[75] La evaluación del programa de paga por bienestar encontró que éste produjo mayores ahorros a la organización, redujo el ausentismo, incrementó la productividad y mejoró la satisfacción del empleado.

La revista *Forbes* usó el mismo método para reducir sus costos de cuidado de salud.[76] Recompensó a los empleados que estuvieron saludables y que no presentaron reclamaciones médicas pagándoles la diferencia entre $500 y sus reclamos médicos, luego dobló la cantidad. Así, si alguien no hacía reclamaciones en un año dado, recibiría $1,000 ($500 × 2). Al recompensar a los empleados por una buena salud, *Forbes* redujo sus reclamaciones de gastos médicos mayores y dentales en más de 30 por ciento.

DISCIPLINA AL EMPLEADO Todo gerente tendrá, alguna vez, que tratar con un empleado que bebe alcohol en el trabajo, es insubordinado, roba propiedad de la compañía, llega constantemente tarde al trabajo o se involucra en comportamientos problemáticos similares. Los gerentes responderán con acciones disciplinarias como reprimendas orales, advertencias escritas y suspensiones temporales. Pero nuestro conocimiento acerca del efecto del castigo sobre el comportamiento indica que el uso de la disciplina contiene costos. Podrá proporcionar sólo una solución de corto plazo y tendrá efectos laterales serios.

El disciplinar a los empleados por comportamientos indeseables sólo les dice lo que *no* deben hacer. No les comunica los comportamientos alternativos que se prefieren. El resultado es que esta forma de castigo lleva frecuentemente a una supresión de corto plazo del comportamiento indeseable en lugar de su eliminación. El uso continuo del castigo, más que un reforzamiento positivo, también tiende a producir un temor hacia el gerente. Como agente de castigo, el gerente llega a asociarse en la mente del empleado, con las consecuencias adversas. Los empleados responden escondiéndose de sus jefes. En consecuencia, el uso del castigo puede minar las relaciones gerente-empleado.

La disciplina tiene un lugar en las organizaciones. En la práctica, tiende a ser popular debido a su habilidad de producir rápidos resultados en el corto plazo. Además, los gerentes son reforzados al usar la disciplina ya que produce un cambio inmediato en la conducta del empleado. Las sugerencias ofrecidas en el recuadro cajón "De los conceptos a las habilidades" pueden ayudarle a implementar más efectivamente una acción disciplinaria.

DESARROLLO DE PROGRAMAS DE ENTRENAMIENTO La mayoría de las organizaciones tiene algún tipo de programa sistemático de entrenamiento. Más específicamente, las corporaciones estadounidenses con 100 o más empleados gastaron $52.2 mil millones en un año reciente en entrenamiento formal para 47.3 millones de trabajadores.[77] ¿Pueden estas organizaciones inferir algo de nuestra discusión del aprendizaje para mejorar la eficacia de sus programas de entrenamiento? Ciertamente.

La teoría del aprendizaje social ofrece tal guía. Nos dice que el entrenamiento debería ofrecer un modelo para atraer la atención del aprendiz; proporcionar propiedades motivacionales; ayudar al aprendiz a alejar un poco lo que ha aprendido para usarlo después; proporcionar oportunidades para practicar nuevos comportamientos; ofrecer recompensas positivas por los logros; y, si el entrenamiento ha tenido lugar fuera del trabajo, permitir al aprendiz alguna oportunidad de transferir al trabajo lo que ha aprendido.

De los conceptos a las habilidades

Habilidades para disciplinar eficazmente

La esencia de la disciplina eficaz puede resumirse mediante los siguientes ocho comportamientos.[78]

1. *Responder inmediatamente.* Mientras más rápida una acción disciplinaria siga a una ofensa, más probable es que el empleado asocie la disciplina con la ofensa, más que con usted como el administrador de la acción disciplinaria. Es mejor empezar el proceso de disciplina tan pronto como sea posible después de que se detecte la violación.

2. *Hacer una advertencia.* Usted tiene la obligación de advertir antes de iniciar una acción disciplinaria. Esto significa que el empleado debe estar consciente de las reglas de la organización y aceptar sus estándares de comportamiento. La acción disciplinaria es probable que sea interpretada por los empleados como justa cuando ellos hayan recibido una clara advertencia de que una violación determinada llevará a la acción disciplinaria y cuando sepan cuál será ésta.

3. *Enunciar específicamente el problema.* Dé la fecha, la hora, el lugar, los individuos involucrados y cualesquiera circunstancias mitigadoras que circunscriban la violación. Esté seguro de definir la violación en términos exactos en lugar de sólo recitar las regulaciones de la compañía o los términos de un contrato sindical. No es la violación de las reglas *per se* lo que usted quiere como tema de interés. Es el efecto que la violación de la regla tiene en el rendimiento de la unidad de trabajo. Explique por qué el comportamiento no puede continuar, mostrando cómo afecta el rendimiento del trabajo del empleado, la eficacia de la unidad y la de los colegas.

4. *Permitir que el empleado explique su punto de vista.* Sin importar qué hechos haya descubierto usted, el proceso demanda que dé al empleado una oportunidad de explicar su parecer. Desde la perspectiva del trabajador, ¿qué pasó? ¿Por qué pasó? ¿Cuál fue su percepción de las reglas, normas y circunstancias?

5. *Mantener la discusión impersonal.* Las penalidades deberían estar conectadas con una violación determinada, no con la personalidad del infractor individual. Esto es, la disciplina debería estar dirigida a lo que el empleado ha hecho, no al empleado.

6. *Ser consistente.* Un trato justo de los empleados demanda que la acción disciplinaria sea consistente. Si usted penaliza las violaciones de la regla de una manera inconsistente, las reglas perderán su impacto, la moral declinará y los empleados probablemente cuestionarán su competencia. La consistencia, sin embargo, no necesita tener como resultado un trato igualitario para todos; hacerlo, ignoraría las circunstancias mitigadoras. Pero es suya la responsabilidad de justificar claramente las acciones disciplinarias que podrían parecer inconsistentes a los empleados.

7. *Tomar una acción progresiva.* Escoja un castigo que sea apropiado al delito. Los castigos deberían ser progresivamente fuertes si, o cuando, una ofensa se repite. Típicamente, la acción disciplinaria progresiva empieza con una advertencia verbal y luego procede una reprimenda escrita, una suspensión, una democión o reducción de salario y por último, en los casos más serios, el despido.

8. *Obtener un acuerdo sobre el cambio.* La disciplina debería incluir la guía y dirección para corregir el problema. Permita al empleado enunciar lo que planea hacer en el futuro para asegurar que la violación no se repita.

CREACIÓN DE PROGRAMAS DE MENTORÍA Es raro el gerente *senior* que, a inicios de su carrera, no haya tenido un mentor mayor que él, más experimentado, de alto nivel en la organización. Este mentor tomó al protegido bajo su ala y le proporcionó consejo y guía sobre cómo sobrevivir y salir adelante en la organización. La mentoría, claro, no está limitada a los rangos gerenciales.

3M utiliza la teoría del aprendizaje en el diseño de programas de entrenamiento fuera del trabajo. Los empleados de la planta de productos médicos y quirúrgicos de 3M visitan las salas de operaciones de los hospitales locales para observar cómo los doctores y las enfermeras usan las cintas quirúrgicas, preparan soluciones y otros productos que los empleados fabrican. De esta interacción con los clientes, los empleados aprenden cuán importante es su trabajo en la entrega de productos de alta calidad que satisfagan por completo a sus clientes.

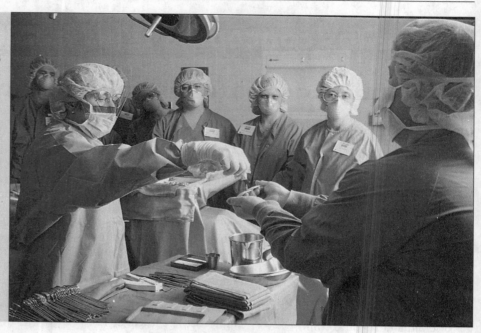

Los programas sindicales de aprendices, por ejemplo, hacen lo mismo al preparar a los individuos para que avancen del grado de aprendiz sin habilidad a maestro calificado. Un joven aprendiz de electricidad trabaja con un electricista experimentado durante varios años para desarrollar una gama completa de habilidades necesarias para ejecutar con eficacia su trabajo.

Un programa eficaz de mentoría se construye con base en conceptos de modelamiento tomados de la teoría del aprendizaje social. En otras palabras, el impacto del mentor proviene no sólo de lo que él o ella explícitamente le dice a su protegido. Los mentores son modelos a seguir. Los protegidos aprenden a transmitir las actitudes y los comportamientos que la organización desea, emulando las características y acciones de sus mentores. Observan y luego imitan. Los gerentes de alto nivel que están interesados en el desarrollo de empleados que se ajusten dentro de la organización y en la preparación de talento joven gerencial para grandes responsabilidades, deberían poner especial atención a quienes toman el papel de mentores. La creación de programas formales de mentoría —en los cuales los individuos jóvenes son oficialmente asignados a un mentor— permite a los ejecutivos *senior* dirigir el proceso e incrementar la probabilidad de que los protegidos serán moldeados de la forma que la alta gerencia.

AUTODIRECCIÓN Las aplicaciones organizacionales de los conceptos de aprendizaje no están restringidos a dirigir el comportamiento de otros. Estos conceptos también se usan para permitir a los individuos dirigir su propio comportamiento y, al hacerlo, reducir la necesidad de control gerencial. A esto se llama **autodirección**.[79]

La autodirección requiere un individuo que manipule en forma deliberada el estímulo, los procesos internos y las respuestas para lograr resultados personales de comportamiento. Los procesos básicos implican observar el comportamiento de uno mismo, compararlo con un estándar y recompensarse así mismo si el comportamiento satisface el estándar.

Así, pues ¿cómo podría aplicarse la autodirección? Aquí hay una ilustración. Un grupo de obreros del gobierno recibió ocho horas de entrenamiento, en el cual

autodirección
Técnicas de aprendizaje que permiten a los individuos dirigir su propio comportamiento, de tal modo que es menos necesario el control de la gerencia externa.

aprendieron habilidades de autodirección.[80] Luego vieron cómo las habilidades podrían usarse para mejorar la asistencia al trabajo. Se les instruyó sobre cómo establecer metas específicas para la asistencia al trabajo, tanto de corto como de largo plazos. Aprendieron a hacer un contrato con ellos mismos e identificar los reforzamientos autoescogidos. Finalmente, aprendieron la importancia del automonitoreo del comportamiento relativo a la asistencia y a la administración de incentivos cuando alcanzaban sus metas. El resultado neto para estos participantes fue un mejoramiento significativo en la asistencia al trabajo.

Resumen e implicaciones para los gerentes

Este capítulo atendió cuatro variables individuales: características biográficas, habilidad, personalidad y aprendizaje. Ahora tratemos de resumir lo que encontramos y consideremos su importancia para el gerente que está tratando de entender el comportamiento organizacional.

CARACTERÍSTICAS BIOGRÁFICAS Las características biográficas están disponibles para los gerentes. En su mayor parte, incluyen información contenida en casi todo archivo del empleado en el área de personal. Las conclusiones más importantes que podemos sacar, después de nuestra revisión de la evidencia, son que la edad parece no tener relación con la productividad; que los trabajadores más viejos y aquéllos con mayor experiencia son menos proclives a renunciar; y que los empleados casados tienen pocas ausencias, menos rotación, y reportan más satisfacción en el trabajo que los empleados solteros. ¿Pero qué valor puede tener esta información para los gerentes? La respuesta obvia es que ayuda a elegir opciones entre los solicitantes a un trabajo.

HABILIDAD La habilidad influye directamente en el nivel del rendimiento y la satisfacción del empleado a través de la habilidad de adaptarse a un trabajo. Dado el deseo de la gerencia de conseguir un ajuste compatible, ¿qué puede hacerse?

Primero, un proceso de selección efectiva mejorará la compatibilidad o el ajuste. Un análisis del trabajo proporcionará información acerca de los trabajos que se llevan actualmente y las habilidades que los individuos necesitan para realizarlos en forma adecuada. Los solicitantes, entonces, pueden ser examinados, entrevistados y evaluados sobre el grado en el que ellos poseen las habilidades necesarias.

Segundo, las decisiones de promoción y transferencia que afectan a individuos que ya están al servicio de la organización deberían reflejar las habilidades de los candidatos. Así como con los nuevos empleados, debería tenerse cuidado al evaluar habilidades críticas que los beneficiarios necesitarán en el trabajo y acoplarán con los recursos humanos de la organización.

Tercero, el equilibrio se logra mediante el ajuste fino del trabajo para acoplar mejor las habilidades del interesado. A menudo las modificaciones pueden hacerse en el trabajo que, mientras no tiene un impacto significativo en las actividades básicas del trabajo, se adapta mejor a los talentos específicos de cierto empleado. Los ejemplos cambiarían una parte del equipo utilizado o reorganizarían las tareas dentro de un grupo de empleados.

Una alternativa final es proporcionar entrenamiento a los empleados. Esto es aplicable tanto para los nuevos trabajadores como para los ocupantes presentes de los puestos. El entrenamiento mantiene actualizadas las habilidades de los empleados; o bien proporciona nuevas habilidades conforme el tiempo y las condiciones cambian.

PERSONALIDAD Una revisión de la bibliografía sobre la personalidad ofrece guías generales que llevan a un desempeño eficaz en el trabajo. Como tal, puede mejorar las decisiones de contratación, transferencias y ascensos. Ya que las características de la personalidad crean los parámetros para el comportamiento de la gente, constituye un marco pronosticador del comportamiento. Por ejemplo, los individuos que son tímidos, introvertidos y que se sienten a disgusto en situaciones sociales, probablemente estarían mal acomodados como representantes de ventas. Los individuos que son sumisos y adaptables no serian eficaces como "creativos" de publicidad.

¿Podemos pronosticar qué tipo de gente tendrá un alto desempeño en ventas, en investigación o en una línea de ensamble con base sólo en las características de su personalidad? La respuesta es no. Pero un conocimiento de la personalidad del individuo ayuda a mejorar el ajuste al puesto; el cual, a cambio, lleva a disminuir la rotación y a incrementar la satisfacción en el trabajo.

Podemos observar ciertas características de la personalidad que tienden a estar relacionadas con el éxito en el trabajo, examinarlas, y usar la información para hacer una selección más efectiva. Una persona que acepta las reglas, la adaptabilidad y la dependencia y califica alto en autoritarismo, probablemente se sienta más a gusto en, digamos, un trabajo estructurado de la línea de ensamble, siendo un oficinista de admisión en un hospital o siendo un administrador en una gran agencia pública, que siendo un investigador o un empleado cuyo trabajo requiera un alto grado de creatividad.

APRENDIZAJE Cualquier cambio observable en el comportamiento es una evidencia auténtica de que se ha llevado a cabo el aprendizaje. Lo que queremos hacer, por supuesto, es descubrir si los conceptos del aprendizaje nos proporcionan cualquier conocimiento que nos permitirá explicar y predecir el comportamiento.

El reforzamiento positivo es una herramienta poderosa para modificar el comportamiento. Al identificar y recompensar los comportamientos que incrementan el rendimiento, la gerencia aumenta la probabilidad de que se repitan.

Nuestro conocimiento acerca del aprendizaje sugiere que el reforzamiento es una herramienta más efectiva que el castigo. Aunque el castigo elimina el comportamiento no deseado más rápidamente que el reforzamiento negativo, el comportamiento castigado tiende a ser suprimido temporalmente más que cambiado en forma permanente. Y el castigo podría producir efectos no placenteros laterales como una moral baja y un alto ausentismo o rotación. Además, los que reciben el castigo tienden a volverse resentidos con el que lo aplica. Por tanto, se aconseja a los gerentes usar el reforzamiento más que el castigo.

Por último, los gerentes deberían esperar que los empleados los vieran como modelos. Los gerentes que llegan tarde al trabajo en forma constante, o que toman dos horas para comer o que se adueñan de los suministros de oficina de la compañía para su uso personal, deberían esperar que los empleados captarán el mensaje que están enviando y modelen, en concordancia, su comportamiento.

Para revisión

1. ¿Qué características biológicas pronostican mejor la productividad? ¿El ausentismo? ¿La rotación? ¿La satisfacción?

2. Describa los pasos específicos que usted seguiría a fin de asegurarse de que un individuo tenga las habilidades apropiadas para hacer satisfactoriamente un trabajo dado.

3. ¿Qué restringe el poder de las características de la personalidad para pronosticar con precisión el comportamiento?

4. ¿Qué predicciones del comportamiento podría usted hacer si supiese que un empleado tuviera (a) un *locus* de control externo? (b) ¿una calificación baja en maquiavelismo? (c) ¿una autoestima baja? (d) ¿una personalidad tipo A?

5. ¿Qué es el indicador de tipo Myers-Briggs?

6. ¿Cuáles fueron los seis tipos de personalidad identificados por Holland?

7. ¿Cómo podrían los empleados aprender realmente un comportamiento antiético en sus trabajos?

8. Contraste el condicionamiento clásico, el operante y el aprendizaje social.

9. Describa los cuatro tipos de reforzamientos intermitentes.

10. Si tuviera que tomar una acción disciplinaria contra un empleado, específicamente ¿cómo lo haría?

Para discusión

1. "La herencia determina la personalidad." (a) Elabore una argumentación que apoye este enunciado. (b) Construya una serie de argumentos contra esta afirmación.

2. "El tipo de trabajo que un empleado hace modera la relación entre la personalidad y la productividad en el trabajo." ¿Está usted de acuerdo o en desacuerdo con esta afirmación? Discútalo.

3. Un día su jefe llega a la oficina nervioso, irritable y con ganas de discutir. Al siguiente día, está calmado y relajado. ¿Este comportamiento sugiere que las características de la personalidad no son consistentes día a día?

4. La teoría del aprendizaje se usa para explicar y controlar el comportamiento. ¿Puede usted distinguir entre los dos objetivos? Puede dar algunos argumentos éticos o morales del porqué los gerentes no deberían buscar el control del comportamiento de los demás? ¿Cuán válidos considera que son estos argumentos?

5. ¿Qué sabe acerca del "aprendizaje" que pudiera ayudarle a explicar el comportamiento de los estudiantes en un salón de clase si: (a) ¿el profesor aplica sólo un examen al final del curso? (b) ¿El profesor aplica cuatro exámenes durante el periodo, todos los cuales se anuncian desde el primer día de clases? (c) ¿La calificación del estudiante se basa en los resultados de numerosos exámenes, ninguno de los cuales está anunciado por el instructor con anticipación?

El valor de las características al explicar las actitudes y el comportamiento

La esencia de los métodos de las características en el CO es que los empleados poseen rasgos estables de personalidad —como la dependencia, la ansiedad y la sociabilidad— que influyen de manera significativa sus actitudes, y las reacciones del comportamiento hacia los ambientes organizacionales. La gente con características particulares tiende a ser relativamente consistente en sus actitudes y comportamientos con el tiempo y a lo largo de las situaciones.

Claro, los teóricos de la característica reconocen que no todas las características son igualmente poderosas. Las *características cardinales* están definidas como tan fuertes y generalizadas que influyen en cada acto que realiza una persona. Por ejemplo, una persona que posee el dominio como una característica cardinal domina en casi todas sus acciones. La evidencia indica que las características cardinales son relativamente raras. Más típicas son las *características primarias*. Éstas son, en general, influencias consistentes en el comportamiento, pero que no aparecen en todas las situaciones. Así, una persona podría ser generalmente sociable pero no mostrar esa característica, digamos, en reuniones largas. Por último, las características secundarias son atributos que no forman una parte vital de la personalidad pero llegan a intervenir sólo en situaciones particulares. De otra forma, una persona asertiva podría ser sumisa, por ejemplo, cuando se confrontara con su jefe. En su mayor parte, las teorías de las características se han enfocado en el poder de las características primarias para predecir las actitudes del empleado y el comportamiento.

Las teorías sobre las características de la personalidad hacen un buen trabajo al reunir el examen de validación de cara a una persona promedio. Esto es, parecen ser una manera precisa de describir a la gente. Piense en los amigos, parientes y conocidos que ha frecuentado durante varios años. ¿Tienen características que han permanecido esencialmente estables con el tiempo? La mayoría de nosotros contestaría esa pregunta en forma afirmativa. Si la prima Ana era tímida y nerviosa cuando la vimos la última vez, hace 10 años, nos sorprenderíamos si la encontráramos ahora extrovertida y relajada.

En un contexto organizacional, los investigadores han encontrado que la satisfacción laboral de una persona en un determinado año fue un pronosticador significativo de su trabajo, cinco años más tarde; aun cuando los cambios en el rango, salario, ocupación y patrón fueran controlados.* Este hallazgo llevó a los investigadores a concluir que los individuos poseen una predisposición hacia la felicidad, lo cual afecta en forma significativa su satisfacción en el trabajo, en todos los tipos de trabajos y organizaciones.

He aquí un punto final concerniente a la función de las características en la organización: los gerentes deben tener una fuerte creencia en el poder de las características para predecir el comportamiento. De otra manera, no se molestarían en examinar y entrevistar prospectos de empleados. Si los gerentes creen que las situaciones determinan el comportamiento, contratarían gente casi en forma aleatoria y estructurarían la situación de manera adecuada. Pero el proceso de selección de personal en muchas organizaciones del mundo industrializado pone un gran énfasis en cómo los solicitantes se desarrollan en las entrevistas y en los exámenes. Asuma que usted es un entrevistador y se pregunta: ¿qué estoy buscando en los candidatos al trabajo? Si usted respondió con términos tales como: que sea honesto, trabajador arduo, ambicioso, que tenga confianza en sí mismo, que sea confidente, independiente y confiable. ¡Usted es un teórico de las características de la personalidad!

Algunos de los puntos de este argumento son del R. J. House, S. A. Shane y D. M. Herold, "Rumors of the Death of Dispositional Research Are Vastly Exaggerated", *Academy of Management Review*, enero de 1996, pp. 203-224.

*B. M. Staw y J. Ross, "Stability in the Midst of Change: A Dispositional Approach to Job Attitudes", *Journal of Applied Psychology*, agosto de 1985, pp. 469-480.

Contrapunto

El poder limitado de las características en las organizaciones

Poca gente disputaría sobre el punto de que existen algunos atributos individuales estables que afectan la experiencia y las reacciones en el lugar de trabajo. Pero los teóricos de las características de la personalidad van más allá de lo general y sostienen que las consistencias del comportamiento individual son dispersadas y contabilizadas en muchas de las diferencias de comportamiento entre la gente.

Existen dos problemas importantes que usan las características de la personalidad para explicar una gran proporción del comportamiento en las organizaciones. Primero, un número significativo de evidencias muestra que los ambientes organizacionales son fuertes situaciones que tienen un gran impacto en las actitudes y en el comportamiento del empleado. Segundo, un cuerpo creciente de investigaciones indica que los individuos están altamente adaptados y que las características de personalidad cambian en respuesta a las situaciones organizacionales. Acerquémonos más a cada uno de estos problemas.

Durante algún tiempo fue bien sabido que los efectos de las características probablemente eran más fuertes en situaciones de relativa debilidad y débiles en situaciones relativamente fuertes. Los ambientes organizacionales tienden a ser situaciones fuertes. ¿Por qué? Primero, tienen estructuras formales con normas, reglamentaciones, políticas y sistemas de recompensa que definen un comportamiento aceptable y castigan los comportamientos inaceptables. Segundo, tienen normas que dictan los comportamientos apropiados. Estas restricciones formales e informales llevan a los empleados a adoptar actitudes y comportamientos que son consistentes con sus papeles organizacionales; por tanto, minimizan los efectos de las características de la personalidad.

Al sostener que los empleados poseen características estables que llevan a la coherencia intersituacional en sus actitudes y comportamientos, los teóricos de las características de la personalidad están expresando en forma indirecta que los individuos no se adaptan en realidad a las situaciones diferentes. Pero existe suficiente evidencia de que las características del individuo cambian mediante las organizaciones en las cuales participan los individuos. Por tanto, en lugar de permanecer estable con el tiempo, la personalidad de un individuo es modificada por todas las organizaciones en las cuales ha tomado parte. Si la personalidad de un individuo cambia como resultado de la exposición al ambiente organizacional, ¿en qué sentido puede decirse que el individuo tiene características que persistente y consistentemente afectan sus reacciones en aquel ambiente? Además, la gente demuestra su flexibilidad situacional cuando cambia los papeles mientras participa en diferentes organizaciones. Los empleados a menudo pertenecen a muchas organizaciones. Bob es un ejecutivo de una corporación durante el día, preside las reuniones de una iglesia dos noches a la semana y entrena al equipo de fútbol sóccer de su hija, los fines de semana. La mayoría de nosotros es como Bob; pertenece a múltiples organizaciones que a menudo incluyen muchas clases de miembros. Nos adaptamos a esas situaciones diferentes. En lugar de ser prisioneros de un marco rígido y estable de personalidad, como proponen los teóricos de las características personales, por lo regular ajustamos nuestro comportamiento y nuestras actitudes para reflejar los requerimientos de varias situaciones.

Basado en A. Davis-Blake y J. Pfeffer, "Just a Mirage: The Search for Dispositional Effects in Organizational Research", *Academy of Management Review*, julio de 1989, pp. 385-400.

Ejercicio de aprendizaje sobre usted mismo

¿Cuál es su estilo de aprendizaje?

En cada uno de los siguientes enunciados, encierre el número que sea más verdadero para usted.

1. Cuando estudio un tema, primero me gusta aprender la teoría, y luego trabajar sobre aplicaciones concretas; o bien, ¿primero prefiere trabajar en aplicaciones concretas y luego aprender la teoría que explica lo que ha hecho?

1	2	3	4	5
Primero teoría				Primero aplicaciones

2. Cuando aprendo un tema, me gusta tener el "panorama completo" primero, y luego aprender detalles específicos; me gusta relacionar lo que aprendo con lo que he aprendido; o bien ¿prefiere aprender los detalles primero y luego ver cómo están relacionados con el material que ya conoce o ha aprendido?

1	2	3	4	5
Primero el panorama completo				Primero los detalles

3. Espero estudiar en grupo para dedicar el tiempo a: (1) enseñar a los otros el "meollo del asunto" y revisar los problemas; (2) hacer a cada uno preguntas para preparar el examen; (3) hacer todo lo que es necesario.

1	2	3

4. Al hacer las conclusiones acerca de un problema o caso, primero busco los hechos y la información antes de llegar a la conclusión; o bien, ¿llega a una conclusión y luego busca los hechos que apoyen su idea?

1	2	3	4	5
Información; luego conclusiones			Conclusiones; luego información	

5. Al hacer conclusiones acerca de un problema o caso, prefiero buscar opciones adicionales y posponer la toma de decisiones tanto como sea posible; o bien ¿prefiere buscar cerrar temprano y tomar una decisión?

1	2	3	4	5
Buscar opciones adicionales			Buscar un cierre temprano	

6. Cuando aprendo un tema, me siento satisfecho con saber el *qué* del tema; o bien, ¿también quiere saber el *porqué* de las cosas?

1	2	3	4	5
Solamente el qué			El qué y el porqué	

7. Cuando me enfrento a una tarea difícil, estoy dispuesto a gastar el tiempo que sea necesario para comprenderla; o ¿establece sus límites de tiempo, y si no se ha convertido en un maestro de la materia busca otro tema?

1	2	3	4	5
El tiempo que sea necesario			Establecer límites de tiempo	

8. A fin de saber un tema debo tener experiencia.

1	2	3	4	5
Debo tener experiencia			Experiencia no necesaria	

9. Cuando aprendo un tema, prefiero que el profesor entregue el material de una forma lógica; o bien, ¿prefiere que no se le diga todo a fin de que tenga la oportunidad de descubrir las ideas por usted mismo?

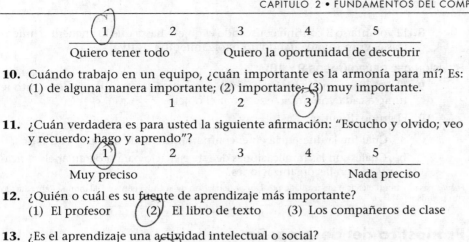

1	2	3	4	5

Quiero tener todo   Quiero la oportunidad de descubrir

10. Cuándo trabajo en un equipo, ¿cuán importante es la armonía para mí? Es: (1) de alguna manera importante; (2) importante; (3) muy importante.

1	2	3

11. ¿Cuán verdadera es para usted la siguiente afirmación: "Escucho y olvido; veo y recuerdo; hago y aprendo"?

1	2	3	4	5

Muy preciso   Nada preciso

12. ¿Quién o cuál es su fuente de aprendizaje más importante?

(1) El profesor   (2) El libro de texto   (3) Los compañeros de clase

13. ¿Es el aprendizaje una actividad intelectual o social?

1	2	3

Intelectual   Social

Pase a la página A-25 para las instrucciones de calificación y la clave.

Fuente: este ejercicio está adaptado de W. A. Kahn, "An Exercise of Authority", *Organizational Behavior Teaching Review*, vol. XIV, núm. 2, 1989-1990, pp. 28-42. Reimpreso con permiso.

Ejercicio de trabajo en grupo

Reforzamiento positivo y negativo

Este ejercicio de 10 pasos toma aproximadamente 20 minutos.

REVISIÓN DEL EJERCICIO (PASOS 1 AL 4)

1. Se seleccionan dos voluntarios para recibir reforzamiento de la clase mientras desarrollan una tarea en particular. Los voluntarios salen del salón.

2. El profesor identifica un objeto que los voluntarios deberán localizar cuando regresen al salón. (El objeto deberá estar libre de obstáculos y claramente visible para el grupo. Los ejemplos que han funcionado bien incluyen un pedazo de papel en forma de triángulo, dejada al arrancar un anuncio del pizarrón de avisos del salón, una mancha de gis y una astilla en el yeso de la pared del salón.)

3. El profesor especifica las contingencias del reforzamiento que estarán en efecto cuando los voluntarios regresen al salón. Para un reforzamiento negativo, los estudiantes silbarán y abuchearán cuando el primer voluntario esté lejos del objeto. Para un reforzamiento positivo, deberán aplaudir y echar hurras cuando el segundo voluntario se acerque al objeto.

4. El instructor deberá asignar un estudiante para que cuente el tiempo que le toma a cada uno de los voluntarios localizar el objeto.

VOLUNTARIO 1 (PASOS 5 Y 6)

5. El voluntario 1 regresa al salón de clase y alguien le dice: "Tu tarea es encontrar y tocar un objeto en particular en el salón y el grupo está de acuerdo en ayudarte. No puedes usar palabras ni hacer preguntas. Empieza."

6. El voluntario 1 continúa buscando el objeto hasta que lo encuentra, mientras el grupo ayuda dando un reforzamiento negativo.

VOLUNTARIO 2 (PASOS 7 Y 8)

7. Se trae al voluntario 2 al salón de clase y alguien le dice: "Tu tarea es encontrar y tocar un objeto en particular en el salón y el grupo está de acuerdo en ayudarte. No puedes usar palabras ni hacer preguntas. Empieza."

8. El voluntario 2 continúa buscando el objeto hasta que lo encuentra, mientras el grupo ayuda dando un reforzamiento positivo.

REVISIÓN DEL GRUPO (PASOS 9 Y 10)

9. El estudiante que tomó el tiempo presentará los resultados de cuánto le tomó a cada voluntario encontrar el objeto.

10. El grupo discutirá:

a. ¿Cuál fue la diferencia en el comportamiento de los dos voluntarios?

b. ¿Cuáles son las implicaciones de este ejercicio para programar el reforzamiento en las organizaciones?

Fuente: basado en un ejercicio desarrollado por Larry Michaelson de la University of Oklahoma. Reproducido con permiso.

Pronóstico del desempeño

Alix Maher es la nueva directora de admisiones de una pequeña universidad, altamente selectiva, de Nueva Inglaterra. Tiene una licenciatura en educación y una maestría reciente en administración educativa. Pero no posee experiencia en admisiones universitarias.

El predecesor de Alix, en conjunto con el Comité de Admisiones de la Universidad (formado por cinco miembros del profesorado), han dado las siguientes ponderaciones a los criterios de selección del estudiante: calificaciones de preparatoria (40%); calificación del examen de aptitud escolar (SAT) (40%); actividades extracurriculares y logros (10%); así como también, la calidad y la creatividad de los temas escritos entregados junto con la aplicación (30 por ciento).

Alix tiene serias reservas acerca de usar las calificaciones del SAT. En su defensa, reconoce que la calidad de las escuelas preparatorias varía enormemente, así que el nivel de desempeño de los estudiantes que recibe una A en Historia en una escuela podría recibir una C en una escuela mucho más exigente. Alix también sabe que la gente que diseña el SAT, el Educational Testing Service (Servicio de examinación educativa), sostiene de manera enfática que las calificaciones del examen son pronosticadores válidos de lo bien que una persona se desempeñará en la universidad. Sin embargo, Alix tiene varias preocupaciones:

1. La presión del examen SAT es muy grande y muchos estudiantes sufren ansiedad a causa del examen. Los resultados, por tanto, no reflejarán con certeza lo que un estudiante sabe.

2. Existe la evidencia de que la tutoría mejora las calificaciones entre 40 y 150 puntos. Las calificaciones del examen, en consecuencia, podrán afectar de manera adversa las oportunidades de aceptación de los estudiantes que no pueden pagar los cursos de tutoría para el examen de $500 o $600.

3. ¿Los SAT son válidos, o discriminan a las minorías, los pobres y a quienes han tenido un acceso limitado a experiencias de desarrollo cultural?

Mientras Alix pondera si recomienda cambiar el criterio de selección los porcentajes para entrar a la universidad, recuerda una conversación reciente que tuvo con un amigo que es psicólogo industrial en una compañía de las Fortune 100 (las 100 compañías más importantes). Él le dijo que su empresa regularmente usa los exámenes de inteligencia como ayuda en la selección de los solicitantes al trabajo. Por ejemplo, después de que los reclutadores de la compañía entrevistan a graduados en los campos de la universidad e identifican los posibles candidatos a contratación, aplican a los solicitantes un examen de inteligencia estandarizado. Aquellos que reprueban con menos del octagésimo percentil son eliminados del grupo de solicitantes.

Alix piensa que si los exámenes de inteligencia son usados por las corporaciones de millones de dólares para filtrar a los solicitantes al trabajo, ¿por qué habrían de utilizarlos las universidades? Además, ya que uno de los objetivos de la universidad debería ser el conseguir colocar a sus egresados en buenos trabajos, probablemente las calificaciones del SAT deberían tener un peso mayor que 40% en la decisión de selección. Después de todo, si el SAT mide la inteligencia y los patrones quieren solicitantes inteligentes para sus puestos, ¿por qué no tomar la decisión de selección de la universidad predominantemente con base en las calificaciones del SAT? O en su universidad, ¿debería reemplazarse el SAT con un examen de inteligencia pura como la Escala de Inteligencia Adulta Wechsler?

Preguntas

1. Desde su punto de vista, ¿qué es lo que mide el SAT: aptitud, habilidad innata, potencial de logro, inteligencia, habilidad para hacer exámenes o algo parecido?

2. Si el mejor pronosticador del comportamiento futuro es el comportamiento pasado, ¿qué deberían usar los directores de admisiones para identificar a los solicitantes mejor calificados?

3. Si usted fuera Alix, ¿qué haría? ¿Por qué?

Inteligencia emocional

Hemos sabido desde hace tiempo el valor de la inteligencia académica para el éxito en la vida. Sin embargo, aquélla no es un pronosticador perfecto. Muchos de los alumnos con las notas más altas y de los oradores de las ceremonias de clausura nunca viven en concordancia con su potencial. Daniel Goleman, un psicólogo, cree que el elemento que falta en la explicación es algo llamado *inteligencia emocional*.

"Un examen de IQ es en realidad una medida única de su fluidez verbal", dice Goleman. "Es cuán bien hace los razonamientos matemático y lógico." Pero un pronosticador más poderoso de cómo se desempeñará la gente en la vida es una medida de su IQ emocional, el cual mide sus habilidades emocionales y sociales.

De acuerdo con Goleman, existen cuatro tipos básicos de habilidades interpersonales que todos necesitan manejar. Primero, está la habilidad de controlar la ira. Cuando usted se siente enojado, ¿sabe qué hacer? Segundo, ¿puede calmarse usted mismo cuando se siente nervioso? La gente con altos IQ emocionales pueden controlar sus emociones. Tercero, la gente necesita ser capaz de leer los sentimientos de otros, a partir de claves no verbales. Es valioso tener la capacidad de leer los sentimientos de otros de manera que se pueda llevar mejor con los demás. Finalmente, es importante ser capaz de postergar la gratificación. "Si usted no puede posponer la gratificación", sostiene Goleman, "es la clase de persona que no será capaz de conseguir sus metas, que no persistirá cuando las cosas se pongan difíciles, que no será capaz de estudiar y aprender al mismo tiempo".

Los investigadores examinaron niños para ver su habilidad de controlar su impulsividad y luego siguieron su progreso durante un periodo de 25 años. Los investigadores encontraron que, en promedio, aquellos que supieron esperar se realizaron mejor en la vida. Goleman dice: "Hemos seguido a los niños impulsivos a través de la vida y hemos visto que son niños que tienen más probabilidad de ir a la cárcel; esto con los niños. Si son niñas, será más probable que se embaracen."

Goleman describe las características que poseen los ingenieros de los laboratorios Bell que son catalogados como estrellas por sus homólogos. Los científicos fueron considerados estrellas por ser mejores en relacionarse con otros. La diferencia depende de su IQ emocional, no de su IQ académico.

Preguntas

1. ¿Piensa usted que existe algo en la organización que pudiera mejorar el IQ emocional, una vez que la persona haya sido contratada?

2. ¿Cómo podría un conocimiento del IQ emocional ayudar a los gerentes a ser más eficaces?

Fuente: basado en "Emotional I.Q.", *20/20, ABC News*; pasado al aire el 20 de octubre de 1995.

R E S E Ñ A
D E   C A S O

ABCNEWS

PERCEPCIÓN Y TOMA INDIVIDUAL DE DECISIONES

PERFIL DEL CAPÍTULO

¿Qué es la percepción y por qué es importante?
Factores que influyen en la percepción
La percepción personal: hacer juicios sobre los demás
La unión entre la percepción y la toma individual de decisiones
¿Cómo deberían tomarse las decisiones?
¿Cómo se toman realmente las decisiones en las organizaciones?
¿Qué hay acerca de la ética en la toma de decisiones?

Primer árbitro:
"Algunas bolas y
algunos batazos y yo
los nombro como lo
que son."
Segundo árbitro:
"Algunas bolas y
algunos batazos y yo
los nombro como
los veo."
Tercer árbitro:
"Algunas bolas y
algunos batazos
pero no son nada
hasta que los
nombro."
— H. Cantril

OBJETIVOS DE APRENDIZAJE

Después de estudiar este capítulo, usted será capaz de:

1 Explicar cómo dos personas pueden ver la misma cosa e interpretarla de manera diferente

2 Listar los tres factores determinantes de la atribución

3 Describir cómo los atajos pueden ayudar o distorsionar nuestro juicio sobre los demás

4 Explicar cómo la percepción afecta el proceso de toma de decisiones

5 Perfilar los seis pasos en el modelo racional de toma de decisiones

6 Describir las acciones de quien toma las decisiones dentro de los límites racionales

7 Identificar las condiciones en las cuales los individuos probablemente usen la intuición en la toma de decisiones

8 Describir cuatro estilos de toma de decisiones

9 Definir la heurística y explicar las decisiones prejuiciadas

10 Explicar los factores que influyen en el comportamiento ético en la toma de decisiones

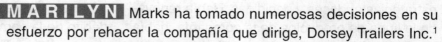

MARILYN Marks ha tomado numerosas decisiones en su esfuerzo por rehacer la compañía que dirige, Dorsey Trailers Inc.[1]

Marks se preparó como contadora. Pero, en 1987, a la edad de 34 años, ella y un pequeño grupo de socios pidieron prestado cerca de 25 millones de dólares para comprar Dorsey Trailers en una compra apalancada. En ese tiempo, no existían demasiadas personas interesadas en comprar Dorsey. Aunque había ganado $11 millones en 1984, había perdido $2.4 millones, en 1986. Y el futuro no se veía muy promisorio para este fabricante de *trailers* especializados en refrigeración, basura y paquetería.

Marks observó algo que los demás no vieron. Se imaginó que la compañía podía ganar dinero otra vez si reducía sus costos. Así, que cuando se hizo cargo de la compañía, fue ahí donde empezó. Por ejemplo, Marks les planteó la opción a los 500 trabajadores de la planta de la compañía en Edgerton, Wisconsin, y a su sindicato, de: aceptar sus condiciones de salario y trabajo, o de lo contrario ella cerraría la planta. El sindicato dijo no. "Pensaron que sólo estabamos fanfarroneando", dice Marks. Pero no era así. A los dos años, todo el equipo de la planta había sido enviado a una compañía en operación en Alabama.

En la primavera de 1990, el desastre golpeó a Marks y a su compañía. ¡8 pulgadas de lluvia habían incrementado el río Pea de Alabama, el dique se había fracturado, y la compañía de Elba, Alabama, fue destruida por completo. Por desgracia, el seguro de inundación de Dorsey era inadecuado para hacer que la compañía trabajara de nuevo, combinado con las pérdidas financieras de $4.4 millones en 1988 y $9 millones en 1989. Marks se vio forzada a reunirse con los abogados y considerar la bancarrota para Dorsey. En el último minuto, ella escuchó un programa de apoyo especial ofrecido por la Small Business Administration (Administración de Pequeños Negocios) para empresas que empleaban un gran porcentaje de la fuerza laboral del área. La operación de Elba cumplía con los requerimientos. La SBA rápidamente aprobó un préstamo para Dorsey por $25 millones y la planta reabrió cuatro meses después de la inundación.

Marks parece haber tenido que padecer más de la cuenta los desastres, desde que tomó posesión de Dorsey. Además de los constantes problemas laborales, la inundación y las pérdidas financieras, ella había tenido que enfrentar también mayores incrementos en el precio del aluminio (principal materia prima en su negocio) y un descenso en sus mercados tradicionales. Pero Marks continuó con estrategias audaces y decididas. Había renovado la línea de productos de la compañía, había eliminado diversos modelos y se había enfocado en *trailers* especiales. También comenzó a vender directamente a las grandes firmas de camiones, además de a los distribuidores locales. Este movimiento le ha dado flexibilidad de precios al reducir la distribución y ganar diversos clientes grandes, como Tyson Foods y United Parcel Service.

En julio de 1994, Marks decidió hacer pública la compañía. Vendió 41% de las acciones en $22 millones. Ella y sus socios ganaron $5 millones, y el resto fue utilizado para reducir el débito de la compañía. El resultado ha sido un mejoramiento. En 1995, la compañía ganó $5 millones en ventas de $230 millones. Mientras tanto, Marks continúa su búsqueda de reducir costos y mejorar las ganancias en Dorsey. En noviembre de 1993, cuando el sindicato de trabajadores de la pequeña planta de Dorsey en Pennsylvania había estado en huelga casi seis meses, compró una fábrica no sindicalizada en Georgia. Luego cerró la planta de Pennsylvania y transfirió todo el trabajo al nuevo lugar en Georgia. ◆

L as acciones de Marilyn Marks en Dorsey Trailers ilustran dos realidades con frecuencia pasadas por alto en la toma de decisiones. Primero, lo que con frecuencia parece una decisión aislada es casi siempre parte de una *corriente de decisiones* mucho más grande. La historia remota y los precedentes dan nueva forma a las acciones actuales y futuras. Como resultado, cualquier decisión específica es más precisa en la acumulación de decisiones previas —restringida y dirigida por las decisiones que la precedieron. Las decisiones que Marilyn Marks toma hoy en día en Dorsey Trailers reflejan oportunidades previamente identificadas y crisis localizadas. Segundo, las decisiones reflejan los estilos de decisión de quienes se encargan de tomarlas. La voluntad de Marks de hacer movimientos valientes y creativos ha propiciado, en gran medida, la situación actual de la compañía. Otro ejecutivo, con competencias similares pero con un método más conservador para las decisiones, habría conducido a Dorsey Trailers por una dirección muy diferente.

En este capítulo, describiremos cómo se toman las decisiones en las organizaciones. Pero primero discutiremos los procesos de la percepción y mostraremos como éstos están unidos a la toma individual de decisiones.

◆ El mundo como es percibido es el que importa para el comportamiento.

¿Qué es la percepción y por qué es importante?

La **percepción** puede definirse como un proceso por el cual los individuos organizan e interpretan sus impresiones sensoriales a fin de darle un significado a su ambiente. Sin embargo, lo que uno percibe puede ser sustancialmente diferente de la realidad objetiva. Aunque no necesariamente, con frecuencia hay un desacuerdo. Por ejemplo, es posible que todos los empleados de una empresa vean a ésta como un gran lugar para trabajar —condiciones de trabajo favorables, tareas interesantes de trabajo, buen salario, una gerencia comprensiva y responsable— pero, como la mayoría de nosotros sabe, es muy raro encontrar tal acuerdo.

¿Por qué es importante la percepción en el estudio del CO? Simplemente porque el comportamiento de la gente está basado en la percepción de lo que es la realidad, no en la realidad en sí misma. *El mundo en la forma en que es percibido es lo que importa para el comportamiento.*

Factores que influyen en la percepción

¿Cómo explicamos que los individuos podrían ver la misma cosa y, sin embargo, percibirla diferente? Varios factores operan para dar forma y a veces distorsionar la percepción. Estos factores pueden residir en el *perceptor*, en el objeto u *objetivo* que se está percibiendo o en el contexto de la *situación* en el cual la percepción se realiza.

El perceptor

Cuando un individuo ve un objetivo y trata de interpretar lo que ve, su interpretación está influida en gran medida por sus características personales. ¿Alguna vez ha comprado un automóvil nuevo y de repente ha notado un gran número de automóviles como el de usted en el camino? Es improbable que el número de tales carros aumentara de repente. En su lugar, su propia compra ha influido en su percepción, así que es más probable que los note. Esto es un ejemplo de cómo los factores del perceptor están relacionados con lo que percibe. Entre las características personales más relevantes que afectan la percepción están las actitudes, las motivaciones, los intereses, las experiencias pasadas y las expectativas.

A Teri le gustan los grupos pequeños que disfrutan haciendo muchas preguntas a sus maestros. Scott, por el otro lado, prefiere grupos grandes. Él rara vez hace preguntas y le gusta el anonimato que da el perderse en un mar de cuerpos. En el primer día de clases de este periodo, Teri y Scott se encontraron caminando hacia el auditorio de la universidad, a su curso de introducción a la psicología. Ambos reconocen que estarán entre 800 estudiantes en esta clase. Pero dadas las diferentes actitudes de Teri y Scott, no debería sorprenderle que interpretarán lo que ven de manera diferente. Teri se pone de mal humor, mientras que la sonrisa de Scott hace muy poco para esconder su descanso al ser capaz de mezclarse sin notarse dentro de la gran multitud. Ambos ven la misma cosa, pero la interpretan de manera diferente. Una gran razón es que tienen *actitudes* divergentes concernientes a los grupos grandes.

Las necesidades no satisfechas o *motivaciones* estimulan a los individuos y podrían ejercer una fuerte influencia en sus percepciones. Este hecho fue dramáticamente demostrado en una investigación sobre el hambre.[2] Los individuos en el estudio no habían comido durante varias horas. Algunos habían comido una hora antes; otros habían estado sin comer 16 horas. A estos sujetos se les mostraron fotografías borrosas y los resultados indicaron que la intensidad de hambre influyó en la interpretación de las fotos borrosas. Aquellos que no habían comido durante 16 horas percibieron las imágenes como fotografías de comida con más frecuencia que aquellos sujetos que sí habían comido.

El mismo fenómeno tiene aplicación también en el contexto organizacional. No sería de sorprender, por ejemplo, encontrar que un jefe inseguro perciba los esfuerzos que sus subordinados efectúan por hacer un excelente trabajo como una amenaza a su propia posición. La inseguridad personal puede ser transferida a la percepción de que los demás están tratando de "conseguir mi trabajo", sin importar la intención de los subordinados. De la misma manera, la gente que está prejuiciada está dispuesta a ver a los demás también como prejuiciados.

No debería sorprender que es más probable que un cirujano plástico note una nariz imperfecta que un plomero. El supervisor que acaba de ser reprendido por su jefe debido al alto nivel de retardos entre su personal, tiene más probabilidades de notar al día siguiente la tardanza de un empleado más de lo que lo notó la semana pasada. Si usted está preocupado por un problema personal, podría serle difícil poner atención a la clase. Estos ejemplos ilustran que el enfoque de nuestra atención parece estar influido por nuestros *intereses*. Ya que nuestros intereses difieren de manera considerable, lo que una persona nota en una situación puede diferir de lo que otras perciban.

Como nuestros intereses determinan el enfoque de uno, así lo hacen las *experiencias pasadas*. Usted percibe aquellas cosas que puede relacionarlas. Sin embargo, en muchas instancias, sus experiencias pasadas actuarán nulificando el interés de un objeto.

Los objetos o eventos que nunca se han experimentado son más notables que aquellos que ya se han percibido. Es más probable que note una máquina que nunca había visto que un gabinete común para archivar, exactamente igual a cientos que usted ya ha visto. De igual manera, es más probable que note las operaciones a lo largo de una línea de ensamble si es la primera vez que usted ve una línea semejante. A finales de la década de los sesenta y a principios de los setenta, las mujeres y las minorías en puestos gerenciales eran mucho muy visibles, ya que, históricamente esas posiciones habían sido territorio de los hombres blancos. Hoy en día, las mujeres y las minorías están más ampliamente representados en los rangos gerenciales, así probablemente nosotros notemos menos si un puesto de gerente está ocupado por una mujer, un afroestadounidense, un asiaticoestadounidense o un latino.

Finalmente, las *expectativas* pueden distorsionar sus percepciones de lo que verá en lo que espera ver. Si espera ver que los oficiales de policía sean autoritarios, que los jóvenes no tengan ambiciones, que a los directores de personal "les agrade la gente", o que los individuos que desempeñan un cargo público sean inescrupulosos, usted los percibirá como tales sin importar sus características reales.

El objetivo

Las características del objetivo que se está observando pueden afectar lo que la gente percibe. Es más probable que, en un grupo, las personas gritonas sean más notables que las silenciosas. Así, también, lo son los individuos extremadamente atractivos o desagradables. Los movimientos, los sonidos, el tamaño y otros atributos de un objetivo moldean la forma en que lo vemos.

Ya que los objetivos no se observan en aislamiento, la relación de un objetivo con su pasado influencia la percepción, como lo hace nuestra tendencia a agrupar las cosas iguales y las similares.

El defensor de la diversidad, Ernest Drew, director general ejecutivo de Hoechst Celanese, estableció la meta de tener cuando menos 34% de la representación de las mujeres y minorías en todos los niveles de su compañía para el año 2001. Para influir en las percepciones de los gerentes acerca de las mujeres y las minorías, Drew requiere que sus 26 funcionarios de alto rango se unan a dos organizaciones en las cuales ellos sean una minoría. Drew puso en marcha esta política para ayudar a los gerentes a romper sus zonas de seguridad y experimentar lo que es ser una minoría, de tal manera que aprenden "que toda la gente es similar". Drew es miembro del Consejo de la Hampton University para negros y de SER-Jobs for Progress, una asociación hispana. Se muestra aquí visitando a los estudiantes de Hampton.

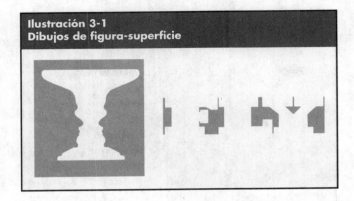

Ilustración 3-1
Dibujos de figura-superficie

Lo que vemos depende de cómo separamos la figura de su fondo general. Por ejemplo, lo que está viendo al leer esta oración son letras negras sobre una página en blanco. Usted no ve parches de formas caprichosas en blanco y negro, ya que reconoce estas formas y organiza las formas negras contra el fondo blanco. La ilustración 3-1 dramatiza este efecto. El objeto de la izquierda podrá primero parecer una copa en tono claro. Sin embargo, si el tono claro se toma como fondo, usted ve dos perfiles en tono oscuro. En una primera observación, el grupo de objetos de la derecha parecen ser formas modulares oscuras contra un fondo claro. Una inspección más de cerca revelará la palabra en inglés *FLY*, una vez que el fondo se define como oscuro.

Los objetos que están cercanos entre ellos tenderán a ser percibidos juntos más que separados. Como resultado de la proximidad física o del tiempo, a menudo ponemos juntos objetos o eventos que no están relacionados. Los empleados en un departamento particular son vistos como un grupo. Si dos personas de un departamento de cuatro empleados renuncian de repente, tendemos a asumir que sus renuncias estuvieron relacionadas cuando, de hecho, no pueden estar relacionadas completamente. El tiempo podría implicar dependencia cuando, por ejemplo, a un nuevo gerente de ventas se le asigna un territorio y, después, las ventas en esta zona se elevan por los cielos. La asignación del nuevo gerente de ventas y el incremento en las ventas podrían no estar relacionados —el incremento podría deberse a la introducción de una línea nueva de producto o a una de muchas otras razones— pero existe una tendencia a percibir como relacionadas las dos situaciones.

Las personas, los objetos o los eventos que son similares entre ellos también tienden a ser agrupados. Mientras más grande sea la similitud, más grande será la probabilidad de que tendamos a percibirlas como un grupo común. Las mujeres, los negros, o los miembros de cualquier otro grupo que tengan características claramente distinguibles en términos de rasgos físicos o de color tenderán a ser percibidos como similares, incluso en características sin relación.

La situación

El contexto en el cual vemos los objetos o eventos es importante. Los elementos alrededor del ambiente influyen en nuestras percepciones. Probablemente no distinga a una muchacha de 25 años con un vestido de cóctel y muy maquillada en un club nocturno, el sábado por la noche. Sin embargo, la misma mujer ataviada de la misma forma en mi clase de administración, el lunes por la mañana, ciertamente atraería mi atención (y también la del resto del grupo). Ni el perceptor ni el objetivo cambiaron entre la noche del sábado y el lunes por la mañana, pero la situación es diferente.

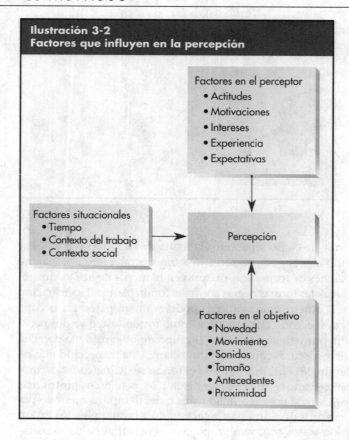

Ilustración 3-2
Factores que influyen en la percepción

Factores en el perceptor
- Actitudes
- Motivaciones
- Intereses
- Experiencia
- Expectativas

Factores situacionales
- Tiempo
- Contexto del trabajo
- Contexto social

Percepción

Factores en el objetivo
- Novedad
- Movimiento
- Sonidos
- Tamaño
- Antecedentes
- Proximidad

De igual manera, probablemente usted note que sus subordinados están perdiendo el tiempo si su jefe de la oficina central está en la ciudad. Otra vez, la situación afecta su percepción. El tiempo en el cual un objeto o un evento se percibe puede influir en la atención, como lo hace el lugar, la luz, el calor o cualquier factor situacional. La ilustración 3-2 resume los factores que influyen en la percepción.

La percepción personal: hacer juicios sobre los demás

Ahora veamos la aplicación más relevante de los conceptos de la percepción en el CO. Éste es el tema de la *percepción personal*.

Teoría de la atribución

Nuestras percepciones sobre la gente difieren de aquéllas sobre los objetos inanimados como escritorios, máquinas o edificios, ya que hacemos inferencias acerca de las acciones de las personas, pero que no hacemos acerca de los objetos inanimados. Los objetos sin vida están sujetos a las leyes de la naturaleza, pero no tienen creencias, motivaciones ni intenciones. La gente sí. El resultado es que cuando observamos a la gente, tratamos de desarrollar explicaciones del porqué se comportan de ciertas formas. Nuestra percepción y juicio de las acciones de la gente, por tanto, estarán significativamente influidas por la suposición que hacemos acerca del estado interno de la persona.

La **teoría de la atribución** ha sido propuesta para desarrollar explicaciones acerca de las formas en las cuales juzgamos de manera diferente a la gente, dependiendo, de qué significado atribuyamos a un comportamiento dado.[3] Básicamente, la teoría sugiere que cuando observamos el comportamiento de un individuo, tratamos de determinar si fue causado interna o externamente. Esa determinación, sin embargo, depende en gran medida de tres factores: (1) distinción, (2) consenso, y (3) consistencia. Primero clarifiquemos las diferencias entre la causa interna y la externa, y luego elaboremos sobre cada una los tres factores determinantes.

Los comportamientos causados *internamente* son aquellos que se cree que están bajo el control del individuo. El comportamiento causado en forma *externa* es visto como el resultado de causas externas; esto es, la persona es vista como si hubiera sido forzada al comportamiento por la situación. Si uno de sus empleados llega tarde al trabajo, usted podría atribuir esa tardanza a que no durmió hasta tempranas horas de la mañana y al exceso de sueño. Esto sería una atribución interna. Pero si usted atribuye su tardanza a un accidente automovilístico grave que hubiera bloqueado el tráfico en el camino que el empleado regularmente utiliza, entonces estaría haciendo una atribución externa.

La *distinción* se refiere a si un individuo muestra diferentes comportamientos en distintas situaciones. El empleado que llega tarde hoy, ¿es también la fuente de quejas de los compañeros por ser un "flojo"? Lo que queremos saber es si el comportamiento es inusual. Si lo es, el observador probablemente le dará al comportamiento una atribución externa. Si esta acción no es inusual, probablemente será juzgada como interna.

Si todo mundo que se enfrenta con una situación similar responde en la misma forma, podemos decir que el comportamiento muestra un *consenso*. El comportamiento de llegar tarde de nuestro empleado reuniría este criterio si todos los empleados que toman la misma ruta para llegar al trabajo también llegaran tarde. Desde la perspectiva de la atribución, si el consenso es alto, usted esperaría dar una atribución externa a la tardanza del empleado, mientras que si los otros empleados que toman la misma ruta llegan a tiempo, su conclusión de la causa sería interna.

Por último, un observador busca la *consistencia* en las acciones de una persona. ¿La persona responde de la misma manera con el tiempo? Llegar diez minutos tarde al trabajo no se percibe de la misma manera en el caso de una empleada para quien llegar tarde es inusual (ella no ha llegado tarde durante varios meses), que en el de una empleada para quien llegar tarde es parte de su patrón rutinario (ella llega tarde regularmente dos o tres veces a la semana). Mientras más consistente sea el comportamiento, el observador está más inclinado a atribuirlo a causas internas.

La ilustración 3-3 de la página 96 resume los elementos clave de la teoría de la atribución. Nos diría, por ejemplo, que si su empleada —Kim Randolph— se desempeña al mismo nivel en otras tareas relacionadas como lo hace en su tarea actual (distinción baja), si otros empleados a menudo se desempeñan en forma diferente —mejor o peor— de la de Kim en la tarea actual (consenso bajo) y si el rendimiento de Kim en su tarea actual es consistente con el tiempo (consistencia alta), usted o cualquiera que juzgue el trabajo de Kim, es muy probable que la haga principalmente responsable de su desempeño de la tarea (atribución interna).

Uno de los hallazgos más interesantes de la teoría de la atribución es que existen errores o prejuicios que distorsionan las atribuciones. Por ejemplo, existe evidencia sustancial de que cuando hacemos juicios acerca del comportamiento de otra gente, tenemos una tendencia a desestimar la influencia de los factores externos y sobrestimar la influencia de los factores internos o personales.[4]

teoría de la atribución
Cuando los individuos observan un comportamiento, deben tratar de determinar si es causado interna o externamente.

◆ Existe una tendencia de los individuos a atribuir su propio éxito a factores internos como la habilidad o el esfuerzo, y a echar la culpa del fracaso a los factores externos como la suerte.

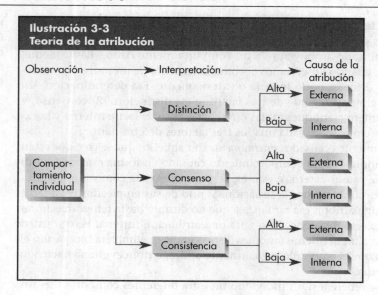

Ilustración 3-3
Teoría de la atribución

Observación ⟶ Interpretación ⟶ Causa de la atribución

Comportamiento individual → Distinción → Alta → Externa / Baja → Interna

Consenso → Alta → Externa / Baja → Interna

Consistencia → Alta → Externa / Baja → Interna

atribución fundamental del error
La tendencia a desestimar la influencia de factores externos y sobrestimar la influencia de los factores internos cuando se realizan juicios acerca del comportamiento de otros.

tendencia egocéntrica
La tendencia de los individuos a atribuir sus propios éxitos a los factores internos y a echar la culpa de las fallas a los factores externos.

Esto se denomina **atribución fundamental del error** y explica por qué el gerente de ventas tiende a atribuir un rendimiento pobre de sus agentes a la flojera en lugar de a la línea de productos innovadora introducida por un competidor.

También existe una tendencia en los individuos a atribuir su propio éxito a los factores internos, como la habilidad o el esfuerzo, y a echar la culpa del fracaso a los factores externos, como la suerte. Esto se denomina **tendencia egocéntrica** y sugiere que la retroalimentación proporcionada a los empleados en evaluaciones de desempeño se distorsionará por los receptores, dependiendo de si es positivo o negativo.

¿Son estos errores o prejuicios los que distorsionan las atribuciones universales en las diferentes culturas? No podemos contestar esa pregunta en forma definitiva, pero existe una evidencia preliminar que indica las diferencias culturales. Por ejemplo, un estudio sobre los gerentes coreanos encontró que, contrario a la tendencia egocéntrica, ellos tienden a aceptar el fracaso del grupo: "ya que no fui capaz de dirigir", en lugar de atribuirlo a los miembros del grupo.[5] La teoría de la atribución fue desarrollada en gran medida en Estados Unidos con base en experimentos con estadounidenses. Pero el estudio coreano sugiere precaución al hacer pronósticos con la teoría de la atribución fuera de Estados Unidos, especialmente en países con fuertes tradiciones colectivas.

Atajos frecuentemente usados al juzgar a otros

Usamos numerosos atajos cuando juzgamos a otros. Percibir e interpretar lo que otros hacen es una carga. Como resultado, los individuos desarrollan técnicas para hacer la tarea más manejable. Estas técnicas son valiosas generalmente —nos permiten hacer rápido percepciones precisas y proporcionan información válida al hacer pronósticos. Sin embargo, no son a prueba de tontos. Pueden y logran meternos en problemas. Un entendimiento de estos atajos puede ser de gran ayuda para reconocer cuándo pueden ocasionar distorsiones significativas.

PERCEPCIÓN SELECTIVA Cualquier característica que hace visible a una persona, un objeto o un evento incrementará la probabilidad de que sea percibida. ¿Por qué? Porque es imposible para nosotros asimilar todo lo que vemos —sólo ciertos estímu-

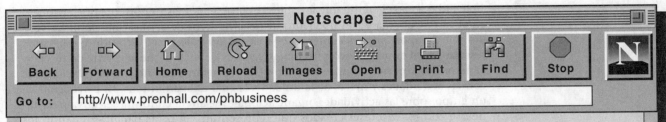

Netscape

| Back | Forward | Home | Reload | Images | Open | Print | Find | Stop | N |

Go to: `http//www.prenhall.com/phbusiness`

El CO en las noticias

Los gerentes explican qué los ha ayudado y qué ha obstruido su avance

La revista *Industry Week* encuestó a 1,300 gerentes medios de compañías de tamaño mediano y grande, con cuando menos 500 empleados, sobre varios temas. Dos preguntas fueron particularmente relevantes ya que mencionan los temas de la atribución: ¿a qué atribuye su éxito hasta la fecha? y, ¿qué cree que haya obstaculizado más su avance a mayores niveles en su compañía?

La mayoría de los gerentes atribuye su avance a su conocimiento y a sus logros en el trabajo. Más de 80% de estos gerentes medios clasificaron éstos como los factores más importantes en su promoción dentro de la gerencia.

Cuando se les preguntó qué obstaculizó más su avance a mayores niveles de la gerencia, 56% de los gerentes dijo que fue que no habían construido relaciones con la gente "adecuada". Este grupo fue seguido por un 23% que dijo que fueron obstaculizados más por una educación, una inteligencia o un conocimiento insuficientes en su área.

Estos resultados son exactamente lo que usted esperaría sobre la teoría de la atribución. Específicamente, consistente con la tendencia egocéntrica, Éstos gerentes atribuyeron su éxito a los factores internos (su conocimiento y sus logros en el trabajo) y echaron la culpa de sus fallas a los factores externos (las políticas implícitas al conocer a la gente adecuada).

Fuente: basado en Altany, D. R. "Torn between Halo y Horns", *Industry Week*, 15 de marzo de 1993, p. 19.

¡Conéctese a la red!

Lo invitamos a que visite la página de Robbins en el sitio de Prentice Hall en la Web:

http://www.prenhall.com/robbinsorgbeh

para el ejercicio de la World Wide Web de este capítulo.

---

los se toman. Esta tendencia explica por qué, como apuntamos antes, usted probablemente note automóviles como el suyo o por qué la gente podrá ser regañada por su jefe al hacer algo, cuando si lo hace otro empleado ese algo pasaría desapercibido. Ya que no podemos observar todo lo que nos pasa, utilizamos la **percepción selectiva.** Un ejemplo clásico muestra cómo los intereses creados pueden influenciar en forma significativa los problemas que vemos.

Dearborn y Simon desarrollaron un estudio perceptual en el cual 23 ejecutivos de negocios leyeron un caso completo que describía la organización y las actividades de una compañía de acero.[6] Seis de los 23 ejecutivos estuvieron en la función de ventas, cinco en producción, cuatro en contabilidad y ocho en funciones diversas.

percepción selectiva
La gente interpreta selectivamente lo que ve con base en sus intereses, historia, experiencia y actitudes.

Se le pidió a cada gerente que escribiera el problema más importante que encontró en el caso. Ochenta y tres porciento de los ejecutivos de ventas calificaron las ventas como importantes; solamente 29% de los otros lo hizo. Esto, junto con otros resultados del estudio, llevó a los investigadores a concluir que los participantes percibieron los aspectos de una situación que estuvieran específicamente relacionados con las actividades y metas de la unidad a la cual estaban unidos. La percepción de un grupo sobre las actividades organizacionales se altera en forma selectiva para alinearse con los intereses creados que representan. En otras palabras, cuando los estímulos son ambiguos, como en el caso de la compañía de acero, la percepción tiende a estar influenciada más por la base individual de la interpretación (esto es, actitudes, intereses y experiencia) que por el estímulo en sí mismo.

¿Pero de qué manera la selectividad funciona como atajo al juzgar otras personas? Ya que no podemos asimilar todo lo que observamos, tomamos porciones y fragmentos. Pero éstos no se escogen al azar; al contrario se eligen de acuerdo con nuestros intereses, circunstancia, experiencia y actitudes. La percepción selectiva nos permite "leer rápido" a los demás, no sin el riesgo de dibujar una pintura imprecisa. Ya que vemos lo que queremos ver, podemos dibujar conclusiones no garantizadas de una situación ambigua. Si en la oficina existe el rumor de que las ventas de su compañía están bajas y que podrían acontecer grandes despidos, una visita rutinaria del ejecutivo *senior* de la oficina matriz podría interpretarse como el primer paso para que la gerencia identifique a la gente que va a ser despedida, cuando en realidad tal acción podría estar muy lejos de la mente del ejecutivo.

EFECTO DE HALO Cuando inferimos una impresión general acerca de un individuo con base en una característica única, como la inteligencia, la sociabilidad o la aceptación, opera un **efecto de halo.** Este fenómeno ocurre con frecuencia cuando los estudiantes califican a su instructor de clase. Los estudiantes podrían dar prominencia a una sola característica como el entusiasmo y permitir que su evaluación entera esté entintada por la forma en que juzgan al profesor con base en esa única característica. Por tanto, a un maestro que fuera callado, seguro, con conocimiento y altamente calificado, pero cuyo estilo careciera de entusiasmo, aquellos estudiantes probablemente le darían una baja calificación.

La realidad del efecto de Halo se confirmó en un estudio clásico, en el cual a unos sujetos se les dio una lista de características como inteligente, hábil, práctico, diligente, determinado y cálido, y se les pidió evaluar la persona para quien esas características aplicaban.[7] Cuando esas características fueron utilizadas, la persona fue juzgada como sabia, con humor, popular e imaginativa. Cuando la misma lista fue modificada —frío fue sustituido por cálido—, se obtuvo un grupo completamente diferente de percepciones. Claramente, los sujetos estaban permitiendo que una característica única influenciara la impresión total de la persona que estaba siendo juzgada.

La propensión a operar con el efecto de halo no es aleatoria. La investigación sugiere que es probablemente más extrema cuando las características se perciben como ambiguas en términos de comportamiento, cuando las características tienen implicaciones morales y cuando el perceptor está juzgando las características con las cuales él o ella tiene poca experiencia.[8]

EFECTOS DE CONTRASTE Existe un viejo adagio entre los comediantes que actúan en espectáculos de variedad: "Nunca actúes después de un espectáculo con niños o animales." ¿Por qué? La creencia común es que el público ama a los niños y a los animales tanto que usted se verá mal en comparación con ellos. En forma similar, recuerdo que cuando estaba en primer año de la universidad tuve que dar una presentación en una clase de oratoria. Estaba programado para ser el tercero esa mañana.

efecto de halo
Dibujar una impresión general acerca de un individuo con base en una característica única.

Después de que los primeros dos oradores tartamudearon, se equivocaron y olvidaron sus líneas, de repente me sentí muy seguro ya que había resuelto que aun cuando mi dicción podría ser no muy buena, probablemente tendría una buena calificación. Contaba con obtener una buena evaluación después de contrastar mi oratoria con los anteriores. Estos dos ejemplos demuestran cómo los **efectos de contraste** pueden distorsionar las percepciones. Nosotros no evaluamos a la persona en aislamiento. Nuestra reacción ante alguien a menudo está influenciada por otras personas que hemos encontrado recientemente.

efectos de contraste
Las evaluaciones de las características de una persona son afectadas mediante comparaciones con otra gente recientemente confrontada que calificó más alto o más bajo en la misma característica.

Una ilustración de cómo los efectos de contraste operan es una situación de entrevista, en la cual uno ve a un grupo de solicitantes al trabajo. Las distorsiones de las evaluaciones de cualquier candidato pueden ocurrir como resultado de su lugar en el horario de la entrevista. Es probable que el candidato reciba una evaluación más favorable si es precedido por solicitantes mediocres, y que obtenga una calificación menos favorable si es precedido por solicitantes fuertes.

PROYECCIÓN Es fácil juzgar a los demás si asumimos que son similares a nosotros. Si usted quiere el reto y la responsabilidad en su trabajo, usted tiene que asumir que los demás quieren lo mismo. O bien, si usted es honesto y de confianza, tendrá por cierto que la demás gente es igualmente honesta y digna de confianza. Esta tendencia a atribuir las características propias de uno al resto de la gente —llamada **proyección**— puede distorsionar las percepciones que hacemos de los demás.

proyección
Atribución de las características propias a la demás gente.

La gente que se involucra en la proyección tiende a percibir a los demás de acuerdo con lo que ellos mismos son y no de acuerdo con lo que realmente es la persona que está siendo observada. Cuando observan a otros que realmente son como ellos, estos observadores son poco precisos —no porque sean perceptivos sino porque siempre juzgan a la gente como si fueran similares a ellos mismos. Así que cuando finalmente encuentran a alguien que es como ellos, están en lo correcto. Cuando los gerentes se involucran en la proyección, comprometen su habilidad de responder a las diferencias individuales. Tienden a ver a la gente más homogénea de lo que es en realidad.

◆ La gente que se compromete con la proyección tiende a percibir a los demás de acuerdo con lo que ella misma es, más que de acuerdo con lo que realmente es la persona observada.

ESTEREOTIPO Cuando juzgamos a alguien con base en nuestra percepción del grupo al cual pertenece, estamos usando el atajo denominado **estereotipo.** F. Scott Fitzgerald cayó en estereotipar en su conversación con Ernest Hemingway cuando dijo: "Los muy ricos son diferentes de usted y yo." La contestación de Hemingway fue: "Sí, ellos tienen más dinero", indicando con ello que él negaba las características generales acerca de la gente con base en su riqueza.

estereotipo
Juicio de otra persona con base en la percepción personal del grupo al cual pertenece esa persona.

La generalización, claro, no tiene ventajas. Es un medio de simplificar un mundo complejo y nos permite mantener la consistencia. Es menos difícil tratar con un número inmanejable de estímulos si usamos los estereotipos. Como ejemplo, asuma que usted es un gerente de ventas que busca cubrir un puesto de ventas en su territorio. Quiere contratar a alguien que sea ambicioso y trabajador y que maneje bien la adversidad. Ha tenido éxito en el pasado al contratar individuos que han participado en atletismo en la universidad. Al hacer esto, usted ha reducido de manera considerable el tiempo de búsqueda. Además, en la medida en que los atletas *sean* ambiciosos, trabajadores y capaces de tratar con la adversidad, el uso de este estereotipo puede mejorar su toma de decisiones. El problema, claro, surge cuando estereotipamos en forma indadecuada.[9] Todos los atletas de la universidad *no son necesariamente* ambiciosos, trabajadores o buenos al tratar con la adversidad; como todos los contadores no son necesariamente callados e introvertidos.

Ilustración 3-4

Dibujo por William Steig; © 1987 The New Yorker Magazine. Reimpreso con permiso.

"No te odio. Tú lo proyectas."

En las organizaciones, frecuentemente escuchamos comentarios que representan estereotipos basados en el género, la edad, la raza y aun el peso:[10] "Las mujeres no se mudan por un ascenso"; "Los hombres no están interesados en el cuidado de los niños"; "Los trabajadores veteranos no pueden aprender nuevas habilidades"; "Los inmigrantes asiáticos son trabajadores y concienzudos"; "La gente con sobrepeso carece de disciplina". Desde un punto de vista perceptual, si la gente espera ver estos estereotipos, esto es lo que percibe, sean precisos o no.

Obviamente, uno de los problemas de los estereotipos es que están diseminados, a pesar del hecho de que podrían contener sólo una pieza verdadera o que podrían ser irrelevantes. El que estén dispersos podría significar solamente que mucha gente está haciendo la misma percepción equivocada con base en una premisa falsa acerca del grupo.

Aplicaciones específicas en las organizaciones

En las organizaciones, las personas siempre están juzgándose entre ellas. Los gerentes deben evaluar los rendimientos de sus subordinados. Nosotros evaluamos cuánto esfuerzo están poniendo nuestros compañeros de trabajo en sus tareas. Cuando una nueva persona se une al equipo de trabajo, él o ella es "valorada" de inmediato por los otros miembros del equipo. En muchos casos estos juicios tienen importantes consecuencias para la organización. Observemos brevemente sólo unas de las aplicaciones más obvias.

ENTREVISTA DE TRABAJO Un factor muy importante para contratar y rechazar solicitantes en cualquier organización es la entrevista de trabajo. Es justo decir que pocas personas son contratadas sin una entrevista. Sin embargo, la evidencia indica que los entrevistadores hacen juicios perceptuales que con frecuencia están equivocados. Además, el acuerdo entre los entrevistadores también es escaso; esto es, diferentes entrevistadores ven diferentes cosas en el mismo candidato y por tanto llegan a conclusiones distintas sobre el solicitante.

Los entrevistadores por lo general sacan impresiones tempranas que muy rápidamente se vuelven permanentes. Si una información negativa es expuesta al principio de la entrevista, tiende a ser valorada más que si la misma información se expone al final.[11] Los estudios indican que la mayoría de las decisiones de los entrevistadores cambia muy poco después de los primeros cuatro o cinco minutos de la entrevista. Como resultado, la información obtenida al principio de la entrevista conlleva un mayor peso que la obtenida después, y un "buen solicitante" está caracterizado probablemente más por la ausencia de características no favorables que por la presencia de características favorables.

Es importante que quien usted piensa que es un buen candidato y quien yo pienso que es podría diferir sobremanera. Ya que las entrevistas usualmente tienen poca estructura consistente y los entrevistadores varían en términos de lo que ellos están buscando en un candidato, los juicios sobre el mismo solicitante pueden variar con amplitud. Si la entrevista de trabajo es un importante factor en la decisión de contratación —y usualmente lo es— usted debería reconocer que los factores perceptuales influyen en quien es contratado y, en última instancia, en la calidad de la fuerza laboral de una organización.

EXPECTATIVAS DE RENDIMIENTO Existe una cantidad impresionante de evidencia que demuestra que la gente tratará de validar sus percepciones sobre la realidad, aun cuando esas percepciones sean defectuosas.[12] Esta característica es particularmente relevante cuando consideramos las expectativas de rendimiento en el trabajo.

Los términos de la **profecía que se cumple** o *efecto pigmalión* han evolucionado para caracterizar el hecho de que las expectativas de la gente determinan su comportamiento. En otras palabras, si un gerente espera grandes cosas de su gente, probablemente no lo defraudarán. De igual manera, si un gerente espera que las personas se desempeñen al mínimo, tenderán a comportarse así para cumplir aquellas expectativas bajas. El resultado, entonces, es que las expectativas se convierten en realidad.

profecía que se cumple
Cuando una persona percibe en forma equivocada a una segunda persona y las expectativas resultantes causan que la segunda persona se comporte en formas consistentes con la percepción original.

Mary Tjosvold (al centro), directora general ejecutiva de Mary T. Inc., cree en las profecías que se cumplen. Espera grandes cosas de sus empleados y ellos satisfacen sus altas expectativas de desempeño. Mary T. proporciona servicios sociales residenciales para gente con discapacidades. Tjosvold da a los equipos de empleados la responsabilidad de la toma de decisiones al servir a los clientes. Ella confía en sus empleados para planear y poner en práctica programas que reúnan los altos estándares de Mary T., y sus empleados responden al aceptar la responsabilidad y ejercer la autodirección.

Una ilustración interesante de la profecía de autocumplimiento es el estudio llevado a cabo con 105 soldados de las fuerzas de defensa israelitas, quienes estuvieron tomando un curso de combate de 15 semanas.[13] A los cuatro instructores del curso se les dijo que un tercio de los reclutas en específico tenían un alto potencial, un tercio tenía un potencial normal y el potencial del resto era desconocido. En realidad, los reclutas fueron colocados aleatoriamente en esas categorías por los investigadores. Los resultados confirmaron la existencia de la profecía de autocumplimiento. Aquellos reclutas a cuyos instructores se les dijo que tenían un alto potencial obtuvieron calificaciones significativamente más altas en los exámenes de logro de objetivos, mostraron actitudes más positivas y tuvieron a sus líderes en más alta estima que los otros dos grupos. Los instructores de los reclutas supuestamente de alto potencial tuvieron mejores resultados de ellos ¡porque los instructores así lo esperaban!

EVALUACIÓN DEL DESEMPEÑO Aunque el impacto de la evaluación de desempeño sobre el comportamiento se discutirá en detalle en el capítulo 15, debería señalarse aquí que la evaluación del desempeño de un empleado depende mucho del proceso perceptual.[14] El futuro de un empleado está estrechamente unido a su evaluación —los ascensos, los incrementos de salario y la conservación del empleo están dentro de los resultados más obvios. La apreciación del desempeño representa una evaluación del trabajo del empleado. Aunque la apreciación puede ser objetiva (por ejemplo, cuando una agente de ventas se evalúa en función de las ventas en dólares que ella genera en su territorio), muchos trabajos se evalúan en términos subjetivos. Las mediciones subjetivas son más fáciles de poner en práctica, proporcionan a los gerentes mayor discreción; y en muchas partes no están listos para prestarse a mediciones objetivas. Las mediciones subjetivas son, por definición, juiciosas. El evaluador se forma una impresión general del trabajo de un empleado. En el grado en que los gerentes usan mediciones subjetivas al evaluar a los empleados, lo que el evaluador percibe ser buenas o malas características o comportamientos del empleado influirán de manera significativa el resultado de la evaluación.

ESFUERZO DEL EMPLEADO El futuro de un individuo en una organización usualmente no depende sólo del desempeño. En muchas organizaciones, se da mucha importancia al nivel de esfuerzo de un empleado. Así como los maestros frecuentemente consideran qué tan duro ha estudiado usted en un curso, junto con su desempeño en los exámenes, así también lo hacen los gerentes. Una cantidad del esfuerzo individual es susceptible de juicio subjetivo para las distorsiones perceptuales y prejuicios. Si es verdad, como algunos sostienen, que "se despiden más trabajadores por actitudes pobres y carencia de disciplina que por carencia de habilidad",[15] entonces la evaluación del esfuerzo de un empleado podrá ser una influencia primaria de su futuro en la organización.

LEALTAD DEL EMPLEADO Otro juicio importante que los gerentes hacen acerca de sus empleados es si son leales o no a la organización. A pesar del descenso general en la lealtad del empleado mencionada en el capítulo 1, pocas organizaciones la aprecian, cuando los empleados, en especial aquéllos en rangos gerenciales, abiertamente menosprecian la organización. Además, en algunas organizaciones, si se corre la voz de que un empleado está buscando otras oportunidades de trabajo fuera de la empresa, el empleado podrá ser etiquetado como desleal, y así cortársele todas las oportunidades futuras de mejoramiento. La cuestión no es si las organizaciones están en lo correcto al demandar la lealtad. La cuestión es que muchas lo hacen y que el nivel de lealtad o compromiso de un empleado es altamente juzgable. Lo que se percibe como lealtad por alguien que debe decidir podría ser visto como conformismo excesivo por otra persona. Un empleado que cuestiona las decisiones de la gerencia de mayor grado podría ser visto como desleal por alguien; sin embargo, los demás podrían considerarlo como interesado y preocupado. Como el caso señala, los **delatores** —individuos que reportan prácticas antiéticas de sus patrones a los externos— típicamente actúan fuera de la lealtad para con su organización y son percibidos por la gerencia como buscadores de problemas.[16]

delatores
Individuos que reportan prácticas antiéticas de sus patrones a los externos.

La unión entre la percepción y la toma individual de decisiones

Los individuos en las organizaciones toman **decisiones.** Esto es, toman opciones entre dos o más alternativas. Los gerentes de alto nivel como Marilyn Marks de Dorsey Trailers, por ejemplo, determinan las metas de su organización, qué productos o servicios ofrece, cómo financiar mejor las operaciones o dónde ubicar una nueva planta de fabricación. Los gerentes medios y bajos determinan los programas de producción, seleccionan nuevos empleados y deciden cómo se distribuirán los incrementos de salario. Claro, la toma de decisiones no es terreno exclusivo de los gerentes. Los empleados no gerenciales también toman decisiones que afectan su trabajo y a la organización para la que trabajan. Las más obvias de estas decisiones podrían incluir el ir o no a trabajar en un día dado, cuánto esfuerzo poner en el trabajo y cumplir o no con la petición del jefe. Además, un número creciente de organizaciones en años recientes ha estado facultando a sus empleados no gerenciales con autoridad de toma de decisiones relacionadas con el puesto, las cuales habían sido reservadas históricamente sólo a los gerentes. La toma individual de decisiones, por tanto, es una parte importante del comportamiento organizacional. Pero al igual que los individuos en las organizaciones toman decisiones, la calidad de sus elecciones finales se ven influidas, en gran medida, por sus percepciones.

decisiones
Las opciones tomadas entre dos o más alternativas.

La toma de decisiones ocurre como una reacción a un **problema.** Esto es, existe una discrepancia entre algún estado *actual* y algún estado *deseado*, que requiere consideración sobre los cursos alternativos de acción. De esta manera si su automóvil se descompone y usted depende de él para ir a la universidad, usted tiene un problema que requiere una decisión de su parte. Desafortunadamente, la mayoría de los problemas no viene empacada con claridad con la etiqueta "problema". El *problema* de una persona es el *estado satisfactorio* de otra persona. Un gerente podría ver el descenso de 2% de su división en las ventas del cuatrimestre como un problema serio que requiere de una acción inmediata de su parte. En contraste, su contraparte de otra división de la misma compañía, que también tuvo un descenso de 2% en las ventas, podría considerar el porcentaje un tanto satisfactorio. Así, el conocimiento de que el problema existe y de que se necesita tomar una decisión es una cuestión perceptual.

problema
Una discrepancia entre el estado actual de las relaciones y algún estado deseado.

◆ Los individuos que toman decisiones, así como la calidad de éstas son influenciados en gran medida por sus percepciones.

Además, cada decisión requiere de la interpretación y evaluación de la información. Los datos se reciben típicamente de múltiples fuentes y necesitan ser filtrados, procesados e interpretados. ¿Qué información, por ejemplo, es relevante para la decisión y cuál no? Las percepciones de quien toma la decisión responderán esa pregunta. Las alternativas se desarrollarán y las fortalezas y debilidades de cada una necesitarán ser evaluadas. Otra vez, debido a que las alternativas no vienen con "banderas rojas" que las identifiquen como tales o con sus fortalezas o debilidades muy bien marcadas, el proceso perceptual individual de quien toma la decisión tendrá un gran peso en el resultado final.

¿Cómo deberían tomarse las decisiones?

Empecemos por describir cómo los individuos deberían comportarse a fin de maximizar u optimar un cierto resultado. Llamamos a esto *proceso racional de la toma de decisiones*.

El proceso racional de la toma de decisiones

racional
Se refiere a las opciones que son consistentes y de valor máximo.

toma racional de decisiones
Un modelo de toma de decisiones que describe cómo los individuos deberían comportarse a fin de maximizar algún resultado.

La optimación de quien toma las decisiones es **racional.** Esto es, él o ella toma el contenido, valora y maximiza las opciones dentro de restricciones especificadas.[17] Estas opciones se toman siguiendo seis pasos del **modelo racional de la toma de decisiones.**[18] Además, las premisas específicas fundamentan este modelo.

EL MODELO RACIONAL Los seis pasos en el modelo racional de toma de decisiones se listan en la ilustración 3-5.

El modelo empieza por *definir el problema*. Como se notó anteriormente, un problema existe cuando hay una discrepancia entre el estado existente y el deseado.[19] Si usted calcula sus gastos mensuales y encuentra que está gastando $ 50 más de lo que presupuestó, tiene un problema definido. Muchas decisiones pobres se trazan pasando por alto el problema o definiéndolo de manera equivocada.

Una vez que el responsable de tomar la decisión ha definido el problema, él o ella necesita *identificar los criterios de decisión* que serán importantes para solucionar el problema. Este paso trae los intereses, valores y preferencias personales similares del tomador de decisiones al proceso. Identificar los criterios es importante ya que lo que una persona piensa que es relevante, para otra persona no lo es. También mantenga en mente que cualquier factor no identificado en este paso es considerado irrelevante por quien toma la decisión.

Los criterios identificados son raramente iguales en importancia. Así, el tercer paso requiere que el tomador de decisiones *sopese los criterios previamente identificados* a fin de darles la correcta prioridad en la decisión.

El cuarto paso requiere que quien toma la decisión *genere las alternativas posibles* que pudieran resolver con éxito el problema. En este paso no se hacen intentos de evaluar estas opciones, sólo se listan.

Una vez que las alternativas se han generado, el tomador de la decisión debe analizar críticamente y evaluar cada una. Esto se realiza al *calificar cada alternativa o cada criterio*. Las fortalezas y las debilidades de cada alternativa se vuelven evidentes conforme se comparan con los criterios y pesos establecidos en los pasos segundo y tercero.

Ilustración 3-5 Pasos en el modelo racional de toma de decisiones

1. Definir el problema.
2. Identificar los criterios de decisión.
3. Distribuir los pesos a los criterios.
4. Desarrollar las alternativas.
5. Evaluar las alternativas.
6. Seleccionar la mejor alternativa.

El paso final en este modelo requiere *calcular la decisión final*. Esto se realiza evaluando cada alternativa contra el criterio ponderado y seleccionando la alternativa con la calificación más alta.

PREMISA DEL MODELO El modelo de toma racional de decisiones que acabamos de describir contiene numerosas premisas.[20] Hagamos una lista breve.

1. *Claridad del problema*. El problema es claro y sin ambigüedades. Se asume que quien toma la decisión tiene información completa concerniente a la situación de la decisión.
2. *Opciones conocidas*. Se asume que el tomador de decisiones identifica todos los criterios relevantes y lista todas las alternativas viables. Además, está consciente de todas las posibles consecuencias de cada alternativa.
3. *Preferencias claras*. Racionalmente asume que los criterios y alternativas pueden calificarse y ponderarse para reflejar su importancia.
4. *Preferencias constantes*. Se asume que los criterios específicos de decisión son constantes y que los pesos que les son asignados son estables con el tiempo.
5. *Sin límites de tiempo o costo*. El tomador racional de decisiones puede obtener información completa acerca de los criterios y alternativas, ya que se supone que no existen límites de tiempo o costo.
6. *Paga máxima*. El tomador racional de decisiones escogerá la alternativa que produzca el valor más alto percibido.

Mejoramiento de la creatividad en la toma de decisiones

El tomador racional de decisiones necesita la **creatividad,** que es, la habilidad de combinar ideas en una forma única o hacer asociaciones inusuales entre las ideas.[21] ¿Por qué? La creatividad permite al tomador de decisiones apreciar más y entender el problema, incluyendo ver los problemas que otros no ven. Sin embargo, el valor más obvio de la creatividad es ayudar al tomador de decisiones a identificar todas las alternativas viables.

creatividad
La habilidad de combinar ideas en una forma única o hacer asociaciones inusuales entre las ideas.

POTENCIAL CREATIVO La mayoría de la gente tiene potencial creativo que puede utilizar cuando se enfrenta con un problema de toma de decisiones. Pero para desatar ese potencial, tiene que salir de las raíces sociológicas en las que la mayoría de nosotros está y aprender a pensar acerca de un problema de diferentes maneras.

Podemos empezar con lo obvio. La gente difiere en su creatividad inherente. Einstein, Edison, Picasso y Mozart fueron individuos de una creatividad excepcional. No es de sorprender, que la creatividad excepcional sea escasa. Un estudio de la creatividad durante el tiempo de vida de 461 hombres y mujeres encontró que menos de 1% fue excepcionalmente creativo.[22] Pero 10% fue altamente creativo y cerca de 60% fue creativo de alguna manera. Esto sugiere que la mayoría de nosotros tiene un potencial creativo, si aprende a liberarlo.

MÉTODOS PARA ESTIMULAR LA CREATIVIDAD INDIVIDUAL A veces la acción más simple puede ser muy poderosa. Esto parece ser cierto en la estimulación de la creatividad. La evidencia indica que la simple acción de instruir a alguien para que "sea creativo" y evite los métodos obvios en un problema da como resultado más ideas particulares.[23] El método de la *instrucción directa* se basa en la evidencia de que la gente tiende a aceptar las soluciones obvias y esta tendencia las previene de desempeñarse

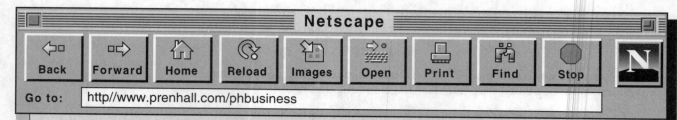

El CO en las noticias

Asesinos de la creatividad

Teresa Amabile ha pasado 20 años investigando y consultando sobre la creatividad en las organizaciones de negocios. Algunos de sus clientes incluyen AT&T, Du Pont, Dow, Exxon, General Motors y J. C. Penney. Lo que ha encontrado proporciona conocimientos importantes para entender cómo estimular o bloquear la creatividad individual en las organizaciones.

Aunque ciertas características de la personalidad parecen estar en gente excepcionalmente creativa, la doctora Amabile afirma que: "el ambiente social en que la gente trabaja tiene un impacto en su creatividad, sin importar si se da cuenta o no del potencial, cualquiera que éste sea, que tiene para hacer un trabajo creativo".

Ella ha identificado cinco factores que actúan para bloquear la creatividad de los gerentes o empleados:

1. *Evaluación esperada*. Enfocarse en cómo su trabajo va a ser evaluado.

2. *Vigilancia*. Ser observado mientras usted trabaja.

3. *Motivadores externos*. Enfatizar las recompensas externas y tangibles.

4. *Competencia*. Enfrentar una situación de ganar-perder con otra gente.

5. *Opción restringida*. Poner limitaciones a su manera de trabajar.

Dado que los factores anteriores tienden a reprimir la creatividad, la doctora Amabile ofrece las siguientes sugerencias para estimular la creatividad en cualquier individuo:

1. Enseñar la habilidad de dominar el esfuerzo por medio de entrenamiento especial, educación o desarrollo del talento.

2. Usar habilidades de raciocinio relevantes con la creatividad, tales como la tormenta de ideas o las técnicas de la metáfora y la analogía, que permiten que un individuo tenga nuevas ideas y nuevas perspectivas.

3. Nutrir la motivación, indicar una dirección interna o impulso hacia el reto.

Basado en T. Stevens, "Creativity Killers", *Industry Week*, 23 de enero de 1995, p. 63.

¡Conéctese a la red!

Lo invitamos a que visite la página de Robbins en el sitio de Prentice Hall en la Web:

http://www.prenhall.com/robbinsorgbeh

para el ejercicio de la World Wide Web de este capítulo.

---

con toda su capacidad. Así, el simple enunciado de que se buscan las alternativas únicas y creativas actúa para alentar tales ideas. O decirse a usted mismo abiertamente que va a buscar opciones creativas debería propiciar a un incremento en alternativas únicas.

Otra técnica es la *lista de atribución*.[24] En una lista de atribución, el tomador de decisiones se aísla de las principales características de las alternativas tradicionales. Cada atributo principal de la alternativa es entonces considerada en turno y se cambia en cada forma concebible. Ninguna idea es rechazada, sin importar cuán ridícula podría parecer. Una vez que esta lista extensiva se termina, se imponen las restricciones del problema a fin de eliminar todas excepto las alternativas viables.

La creatividad también se estimula practicando el zig-zag o *pensamiento lateral*.[25] Esto es el reemplazo del pensamiento vertical más tradicional, donde cada paso en el proceso sigue a uno previo en una secuencia irrompible. El pensamiento vertical con frecuencia se considera como racional porque debe ser correcto en cada paso y trata solamente con lo que es relevante. Con el pensamiento lateral, los individuos enfatizan el pensamiento a los lados: no desarrollar, sino reestructurar un patrón. No es secuencial. Por ejemplo, usted podría derribar un problema desde el fin de la solución en lugar del principio. Y regresar a varias etapas del comienzo. El pensamiento lateral no tiene que ser correcto a cada paso. De hecho, en algunos casos, sería necesario pasar a través de un área "equivocada", a fin de alcanzar una posición desde la cual un camino correcto podría ser visible. Finalmente, el pensamiento lateral no está restringido a la información relevante. Deliberadamente usa la información aleatoria o irrelevante para tener una nueva manera de observar el problema.

Una sugerencia final: la *sinética* utiliza las analogías y la razón invertida para hacer lo extraño familiar y lo familiar, extraño.[26] Opera sobre la premisa de que los problemas, en su mayoría, no son nuevos. El reto es ver el problema de una nueva forma. Así que tiene que tratar de abandonar las formas rutinarias o familiares de observar las cosas. Por ejemplo, la mayoría de nosotros piensa en las gallinas como las ponedoras de huevos. Pero, ¿cuántos de nosotros hemos considerado que una gallina es la única manera de que un huevo haga otro huevo? Uno de los ejemplos más famosos en los cuales la analogía dio como resultado un avance creativo, es la observación de Alexander Graham Bell, relativa a que sería posible retomar los conceptos que operan en el oído y aplicarlos a su "caja parlante". Él notó que los huesos del oído son operados por una delgada membrana muy delicada. Se preguntó por qué, entonces, una pieza más gruesa y fuerte no sería capaz de mover una pieza de metal. De esta analogía, se inventó el teléfono.

¿Cómo se toman realmente las decisiones en las organizaciones?

¿Son racionales los tomadores de decisiones en las organizaciones? ¿Evalúan con cuidado los problemas, identifican los criterios relevantes, usan su creatividad para identificar todas las alternativas viables y evalúan meticulosamente cada alternativa para encontrar la opción óptima? Cuando los tomadores de decisiones se enfrentan con un problema simple que tenga pocos cursos alternativos de acción o cuando el costo de buscar y evaluar las alternativas es bajo, el modelo racional proporciona una descripción moderadamente precisa del proceso de decisión.[27] Pero tales situaciones son la excepción. La mayoría de las decisiones en el mundo real no sigue el modelo racional. Por ejemplo, la gente por lo común se contenta con encontrar una solución aceptable o razonable a su problema, más que la solución óptima. Así pues, los tomadores de decisiones en general hacen un uso limitado de su creatividad. Las opciones tienden a confinarse al terreno de la sintomatología del problema y al de la alternativa actual. Como un experto en la toma de decisiones recientemente concluyó: "La mayoría de las decisiones significativas se realiza mediante el juicio, más que por un modelo prescriptivo definido."[28]

La siguiente es una revisión de un gran cuerpo de evidencia que proporcionará una descripción más precisa de cómo se toma en realidad la mayoría de las decisiones en las organizaciones.

Racionalidad limitada

¿Cuando usted consideró a qué universidad asistir, observó *todas* las alternativas viables? ¿Identificó con cuidado todos los criterios que eran importantes en su decisión? ¿Evaluó cada alternativa contra los criterios a fin de encontrar la universidad óptima? Yo espero que las respuestas a estas preguntas probablemente sean "no". Bien, no se sienta mal, poca gente toma la elección de su universidad de esta manera. En lugar de optimar, usted probablemente satisfizo.

Cuando se enfrenta con un problema complejo, la mayoría de la gente responde reduciendo el problema a un nivel al cual pueda ser entendido. Esto se debe a que la limitada capacidad de procesamiento de información de los seres humanos hace imposible asimilar y entender toda la información necesaria para optimar. Así que la gente *satisface*; esto es, busca soluciones que son satisfactorias y suficientes.

Ya que la capacidad de la mente humana para formular y resolver problemas complejos es mucho muy pequeña para reunir los requerimientos de la racionalidad completa, los individuos operan dentro de los confines de la **racionalidad limitada.** Construyen modelos simplificados para extraer las características esenciales de los problemas sin capturar toda su complejidad.[29] Los individuos pueden entonces comportarse racionalmente dentro de los límites del modelo simple.

¿Cómo funciona la racionalidad limitada en un individuo típico? Una vez que el problema se ha identificado, comienza la búsqueda de los criterios y alternativas. Pero la lista de criterios está formada por opciones más conspicuas. Éstas son las alternativas que son fáciles de encontrar y que tienden a ser altamente visibles. En la mayoría de los casos representa criterios familiares y soluciones previamente ensayadas y aprobadas. Una vez que este grupo limitado de alternativas se ha identificado, el tomador de decisiones empezará a revisarlo. Pero la revisión no será total —no todas las alternativas se evalúan con cuidado. En su lugar, el responsable de tomar la decisión comenzará con las alternativas que difieren sólo en un pequeño grado de la opción actualmente en efecto. Siguiendo a lo largo de los caminos familiares y bien gastados, el tomador de decisiones procede a revisar las alternativas sólo hasta que él o ella identifica una alternativa que sea "lo suficientemente buena" —aquella que reúna un nivel aceptable de rendimiento. Esta primera alternativa que satisface el criterio de "suficientemente buena" finaliza la búsqueda. Así que la solución final representa una opción satisfactoria más que la óptima.

Uno de los aspectos más interesantes de la racionalidad limitada es que el orden en el cual se consideran las alternativas es crucial para determinar cuál alternativa se selecciona. Recuerde, en el modelo de la toma de decisiones completamente racional, todas las alternativas se listan por último en una jerarquía de orden de preferencia. Ya que se consideran todas las alternativas, el orden inicial es irrelevante.

Cada solución potencial conseguiría una evaluación total y completa. Pero éste no es el caso de la racionalidad limitada. Asumiendo que un problema tiene más de una solución potencial, la opción satisfactoria será la primera *aceptable* que el tomador de decisiones encuentre. Ya que quienes toman las decisiones usan modelos simples y limitados, típicamente empiezan identificando las alternativas que son obvias, aquéllas con las cuales están familiarizados y que no están muy lejos del *statu quo*. Las soluciones que se alejan menos del *statu quo* y que reúnen los criterios de decisión tienen mayor

racionalidad limitada
Los individuos toman decisiones mediante la construcción de modelos simplificados que extraen las características esenciales de los problemas sin capturar toda su complejidad.

◆ El tomador de decisiones que sólo satisface se queda con la primera solución que sea lo "suficientemente buena".

probabilidad de ser seleccionadas. Una alternativa única y creativa podría presentar la solución óptima para el problema; sin embargo, no es probable que se escoja ya que una solución aceptable se identificará mucho antes de que el decisor requiera buscar muy lejos del *statu quo*.

Intuición

Joe García acaba de comprometer su corporación en un gasto de más de $ 40 millones para construir una nueva planta en Atlanta, donde se fabricarán componentes electrónicos para equipo de comunicación satelital. Como vicepresidente de operaciones de su empresa, Joe tuvo ante él un análisis extensivo de las cinco posibles localizaciones para su planta, desarrolladas por una firma consultora que había contratado. Este informe calificaba la localidad de Atlanta en tercer lugar entre las cinco alternativas. Después de una cuidadosa lectura del reporte y sus conclusiones, Joe decidió en contra de la recomendación del consultor. Cuando se le pidió que explicara su decisión, Joe dijo: "Miré el informe con sumo cuidado. Pero pese a la recomendación, sentí que los números no decían toda la historia. Intuitivamente, sólo sentí que Atlanta probaría ser la mejor opción a largo plazo."

La toma intuitiva de decisiones, como la utilizada por Joe García, recientemente salió del armario y con cierta respetabilidad. Los expertos ya no asumen que usar la intuición para tomar decisiones sea irracional o ineficaz.[30] Existe el reconocimiento creciente de que se ha puesto excesivo énfasis en el análisis racional y que, en ciertas instancias, apoyarse en la intuición mejora la toma de decisiones.

¿Qué queremos decir con toma intuitiva de decisiones? Existen numerosas formas de conceptualizar la intuición.[31] Por ejemplo, algunos la consideran como una forma de poder extrasensorial o un sexto sentido; algunos más creen que es una característica de la personalidad con la que nace un número limitado de personas. Para nuestros propósitos, definimos la **toma intuitiva de decisiones** como un proceso inconsciente creado de la experiencia destilada. No necesariamente opera en forma independiente del análisis racional; en su lugar, ambos se complementan.

toma intuitiva de decisiones
Un proceso inconsciente creado de la experiencia destilada.

La investigación sobre el juego de ajedrez proporciona un excelente ejemplo de cómo funciona la intuición.[32] Se mostró a jugadores novatos de ajedrez y grandes maestros un juego de ajedrez real, aunque no familiar, de 25 piezas sobre el tablero. Después de cinco o diez segundos, se retiraron las piezas y se pidió a cada participante que reconstruyera la posición de las piezas. En promedio, los grandes maestros pusieron 23 o 24 piezas en los lugares correctos, mientras que los novatos fueron capaces de poner sólo seis. Entonces se cambió el ejercicio. Esta vez las piezas se colocaron al azar en el tablero. Otra vez, los novatos sólo obtuvieron 6 aciertos, ¡pero también los grandes maestros! El segundo ejercicio demostró que el gran maestro no tenía una mejor memoria que el novato. Lo que poseía era la habilidad, basada en la experiencia de haber jugado miles de juegos de ajedrez, de reconocer patrones y grupos de piezas que ocurren en los tableros de ajedrez en el curso de los juegos. Estudios más profundos muestran que los profesionales del ajedrez pueden jugar 50 o más juegos en forma simultánea, en los que las decisiones a menudo se toman en unos cuantos segundos y muestran sólo un nivel moderadamente más bajo de habilidad cuando juegan en condiciones de torneo, donde las decisiones toman media hora o más. La experiencia del experto le permite reconocer una situación e inferir sobre la información previamente aprendida, asociada con la situación, para llegar rápidamente a una opción de decisión. El resultado es que el tomador intuitivo de decisiones puede decidir rápidamente con lo que parece ser una información muy limitada.

◆ La intuición no es independiente del análisis racional. Ambos se complementan.

¿Cuándo es más probable que la gente use la toma intuitiva de decisiones? Se han identificado ocho condiciones: (1) cuando existe un alto nivel de incertidumbre; (2) cuando se cuentan con pocos precedentes sobre los cuales inferir; (3) cuando las variables son menos predecibles científicamente; (4) cuando los hechos son limitados; (5) cuando los hechos no señalan con claridad el camino a seguir; (6) cuando los datos analíticos son de muy poco uso; (7) cuando existen diversas soluciones plausibles entre las cuales escoger, con buenos argumentos para cada una; y (8) cuando el tiempo es limitado y existe la presión de llegar a la decisión correcta.[33]

Aunque la toma intuitiva de decisiones ha ganado respeto desde principios de la década de los ochenta, no espere que la gente —en especial en Estados Unidos, Gran Bretaña y otras culturas donde el análisis racional es la manera aprobada de tomar decisiones— admita que la está usando. Las personas con fuertes habilidades intuitivas por lo común no dicen a sus colegas cómo llegaron a sus conclusiones. Ya que el análisis racional es considerado socialmente más deseable, la habilidad intuitiva a menudo se disfraza o se esconde. Como un alto ejecutivo comentó: "A veces uno debe poner a una decisión visceral un 'vestido de datos' para hacerla más aceptable o permisible, pero este ajuste fino acontece casi siempre después de que se ha efectuado la decisión."[34]

Identificación del problema

Los problemas no vienen con luces de neón intermitentes para identificarse. Y el *problema* de una persona es el *statu quo aceptable* de otra. Así que, ¿cómo identifican y seleccionan los problemas los tomadores de decisiones?

Los problemas visibles tienden a tener una probabilidad más alta de ser seleccionados que los importantes. Es más probable que capten la atención del tomador de decisiones. Esto explica por qué los políticos probablemente hablan más del "problema de la criminalidad" que del "problema del analfabetismo". Segundo, recuerde que estamos interesados en la toma de decisiones en las organizaciones. Quienes toman las decisiones quieren parecer competentes y "por encima de los problemas". Esto los motiva a enfocar la atención en problemas que son visibles a los demás.

No ignore el propio interés de tomador de la decisión. Si éste se ve en el conflicto de seleccionar entre un problema que es importante para la organización y uno que es importante para él, el interés propio tiende a ganar.[36] Esto también se conecta con el tema de la visibilidad. Entre los principales intereses de quien toma las decisiones, están los problemas de alto perfil. Esto transmite a los demás que las cosas están bajo control. Además, cuando más tarde se evalúa el desempeño del tomador de decisiones, es probable que el evaluador dé una más alta calificación a alguien que ha estado agresivamente atacando los problemas visibles que a alguien cuyas acciones han sido menos obvias.

Desarrollo alternativo

Ya que los tomadores de las decisiones rara vez buscan una solución óptima, más bien una satisfactoria, deberíamos esperar encontrar un uso mínimo de la creatividad en la búsqueda de opciones. Y esa expectativa está generalmente en la mira.

Se realizarán esfuerzos para tratar de mantener simple el proceso de búsqueda. Éste tenderá a confinarse en el terreno de la alternativa actual. Un comportamiento de búsqueda más complejo, que incluya el desarrollo de alternativas creativas, se aplicará sólo cuando una búsqueda simple no descubra una alternativa satisfactoria.

En lugar de formular nuevas y particulares definiciones y alternativas del problema, con viajes frecuentes al territorio desconocido, la evidencia indica que la toma de decisiones es incremental en lugar de total.[37] Esto significa que quienes toman las decisiones evitan la difícil tarea de considerar todos los factores importantes, ponderar sus méritos y desventajas relativos y calcular el valor de cada alternativa. En su lugar, hacen comparaciones sucesivas limitadas. Esta rama del método simplifica las opciones de decisión al comparar sólo aquellas alternativas que difieren relativamente en grado menor de la opción actual en efecto. Este método también hace innecesario para el decisor examinar por completo una alternativa y sus consecuencias; uno necesita investigar nada más esos aspectos en los cuales la alternativa propuesta y sus consecuencias difieren del *statu quo*.

Lo que resulta de lo anterior es un tomador de decisiones que da pequeños pasos hacia su objetivo. Al admitir la naturaleza parcial de la selección de la opción, los tomadores de decisiones realizan sucesivas comparaciones, ya que las decisiones nunca son para siempre ni están escritas en piedra; lejos de eso, las decisiones se toman y se vuelven a tomar al infinito en pequeñas comparaciones entre un abanico estrecho de opciones.

Elección de opciones

A fin de evitar la sobrecarga de información, los tomadores de decisiones se fundamentan en la **heurística** o atajos de juicios en la toma de decisiones.[38] Existen dos categorías comunes de heurística: disponibilidad y representatividad. Cada una crea prejuicios. Otro prejuicio que los tomadores de decisiones a menudo tienen es la tendencia a intensificar o escalar el compromiso hacia un curso fallido de acción.

heurística
Atajos de juicio en la toma de decisiones.

HEURÍSTICA DE LA DISPONIBILIDAD Mucho más gente sufre del temor de volar que el de manejar un auto. La razón es que muchas personas piensan que volar es más peligroso. Por supuesto que no lo es. Con disculpas por adelantado por este ejemplo gráfico, si volar en una línea comercial fuera tan peligroso como manejar, el equivalente de dos aviones 747 ocupados a toda su capacidad tendrían que estrellarse cada semana, y morir todos los de abordo, para igualar el riesgo de morir en un accidente de automóvil. Pero como los medios dan mucho más atención a los accidentes de aviación, tendemos a sobreestimar el riesgo de volar y subestimar el de manejar.

Esto ilustra un ejemplo de la **heurística de la disponibilidad,** la cual es la tendencia de la gente a basar sus juicios en la información que tiene disponible. Los eventos que evocan emociones, que son particularmente vívidas o que han ocurrido más recientemente tienden más a estar disponibles en nuestra memoria. Como resultado, tendemos a estar dispuestos a sobreestimar eventos improbables como un accidente de avión. La heurística de la disponibilidad puede también explicar por qué los gerentes, cuando hacen evaluaciones de desempeño anuales, tienden a dar más peso a los comportamientos recientes de un empleado que a aquéllos de hace seis o nueve meses.

heurística de la disponibilidad
La tendencia de la gente a basar sus juicios en la información que tiene disponible.

HEURÍSTICA DE LA REPRESENTACIÓN Literalmente, millones de niños afroestadounidenses de los suburbios hablan acerca de la meta de jugar básquetbol en la NBA. En realidad, tienen más oportunidad de convertirse en doctores que de jugar en la NBA, pero estos muchachos están sufriendo una **heurística de la representación.** Tienden a evaluar la probabilidad de ocurrencia tratando de igualarla a una categoría previamente existente. Escuchan acerca del muchacho de su vecindario que hace diez años logró jugar básquetbol en el ámbito profesional. O ven los juegos de la NBA por televisión y piensan que esos jugadores son como ellos. Todos somos culpables de usar esta heurística todo el tiempo. Los gerentes, por ejemplo, predicen frecuen-

heurística de la representación
Evaluar la probabilidad de ocurrencia al inferir analogías y ver situaciones idénticas donde no existen.

temente el desempeño de un nuevo producto relacionándolo con su éxito anterior. O si tres egresados de la misma universidad fueran contratados y resultaran tener un rendimiento pobre, los gerentes podrían predecir que un candidato actual para el trabajo de la misma universidad no sería un buen empleado.

escalamiento del compromiso
Un compromiso cada vez mayor a una decisión previa a pesar de una información negativa.

ESCALAMIENTO DEL COMPROMISO Otro prejuicio dentro de las decisiones en la práctica es la tendencia a intensificar el compromiso cuando una corriente de decisiones representa una serie de decisiones.[39] El **escalamiento del compromiso** es un compromiso mayor con respecto a una decisión previa, a pesar de la información negativa. Por ejemplo, un amigo mío había estado saliendo con una mujer durante cuatro años. Aunque admitía que las cosas no estaban tan bien en la relación, me dijo que se casaría con ella. Un poco sorprendido por su decisión, le pregunté por qué. Él respondió: "¡He invertido mucho en la relación!" De igual forma, otra amiga me explicaba por qué estaba haciendo un doctorado en educación, a pesar de que le disgustaba enseñar y no quería continuar su carrera en esa área. Me dijo que ella quería ser programadora de software, pero entonces me sorprendió su explicación sobre su escalamiento del compromiso: "Ya tengo una maestría en educación y tendría que regresar y cursar algunas asignaturas si quisiera obtener un grado en programación de software ahora."

Se ha documentado bien que los individuos intensifican el compromiso hacia un curso de acción fallido cuando se ven como responsables del fracaso. Esto es, "arrojan dinero bueno al malo" para demostrar que su decisión inicial no estaba equivocada y, así, no admitir que cometieron un error. El escalamiento del compromiso también es congruente con la evidencia de que la gente trata de parecer consistente en lo que dice y hace. El compromiso creciente con acciones previas transmite consistencia.

El escalamiento del compromiso tiene implicaciones obvias para las decisiones gerenciales. Muchas organizaciones han sufrido grandes pérdidas debido a que el gerente estaba determinado a probar que su decisión original era correcta, por lo que continúo comprometiendo recursos en lo que era una causa perdida desde el principio. Además, la consistencia es una característica que a menudo se asocia con los líderes eficaces. Así, los gerentes, en un esfuerzo por parecer eficaces, podrán sentirse motivados a ser consistentes cuando el ajuste a otro curso de acción podría ser

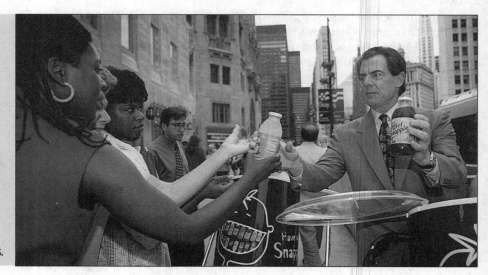

El director general ejecutivo de Quaker Oats, William Smithburg, tiene un gran problema. Decidió comprar Snapple Beverage Corporation en 1994, pagando un precio de $1.7 mil millones precio que, según los analistas financieros, fue de $1 mil millones de más. En 1995, Snapple perdió $75 millones. El interés de Smithburg de impulsar las ventas es enorme. Está atacando el problema gastando más dinero en publicidad, introduciendo nuevos productos, como Snapple de dieta, y, promoviéndolo personalmente mediante el reparto de muestras gratis.

preferible. En realidad, los gerentes eficaces son aquellos capaces de diferenciar entre las situaciones en las cuales la persistencia obtendrá una ganancia, y las situaciones en las cuales no lo hará.

Diferencias individuales: estilos de toma de decisiones

Ponga a Chad y a Sean en la misma situación de decisión y verá que Chad casi siempre parece tomar más tiempo para llegar a una solución. Las decisiones finales de Chad no necesariamente son mejores que las de Sean, él es sólo más lento al procesar la información. Además, si existe una dimensión obvia del riesgo en la decisión, Sean parece preferir consistentemente una opción más riesgosa que Chad. Lo que esto ilustra es que todos nosotros imponemos nuestro estilo individual a las decisiones que tomamos.

La investigación sobre los estilos de decisión ha identificado cuatro métodos diferentes individuales para tomar decisiones.[40] Este modelo fue diseñado para uso de gerentes y aspirantes a gerentes, pero el marco general es útil para cualquier tomador individual de decisiones.

El fundamento básico del modelo es el reconocimiento de que la gente difiere a lo largo de dos dimensiones. La primera es la forma de *pensar*. Algunas personas son lógicas y racionales. Procesan la información por partes. En contraste, algunos individuos son intuitivos y creativos. Perciben las cosas como un todo. Nótese que estas diferencias están por arriba y más allá de las limitaciones generales humanas, como las describimos en referencia a la racionalidad limitada. La otra dimensión dirige la *tolerancia de una persona hacia la ambigüedad*. Algunas personas tienen una alta necesidad de estructurar la información en formas que minimizan la ambigüedad, mientras otras son capaces de procesar muchos pensamientos al mismo tiempo. Cuando se diagraman estas dos dimensiones, forman cuatro estilos de toma de decisiones (ilustración 3-6). Éstos son: directivo, analítico, conceptual y de comportamiento.

La gente que utiliza el estilo *directivo* tiene poca tolerancia hacia la ambigüedad y busca la racionalidad. Es eficiente y lógica, pero su eficiencia da como resultado una toma de decisiones con información mínima y con pocas alternativas evaluadas. Los tipos directivos toman decisiones rápidamente y se enfocan en el corto plazo.

El tipo *analítico* tiene mucho mayor tolerancia a la ambigüedad que el directivo. Dirige hacia más información y desea considerar más alternativas que los del tipo directivo.

Los individuos con un estilo *conceptual* tienden a ser muy amplios en su búsqueda y consideran muchas alternativas. Su enfoque es a largo plazo y son muy buenos en encontrar soluciones creativas a los problemas.

La categoría final —el estilo del *comportamiento*— caracteriza a los tomadores de decisiones que trabajan bien con otros. Están interesados en el logro de los compañeros y subordinados y son receptivos a sugerencias de otros, se apoyan en gran medida en reuniones para comunicarse. Este tipo de gerente trata de evitar el conflicto y busca la aceptación.

Aunque estas cuatro categorías son distintivas, la mayoría de los gerentes tiene características que caen en más de una. Probablemente es mejor pensar en términos de un estilo dominante de un gerente y sus estilos de ayuda. Algunos gerentes se apoyan casi exclusivamente en su estilo dominante, sin embargo, los gerentes más flexibles pueden hacer cambios dependiendo de la situación.

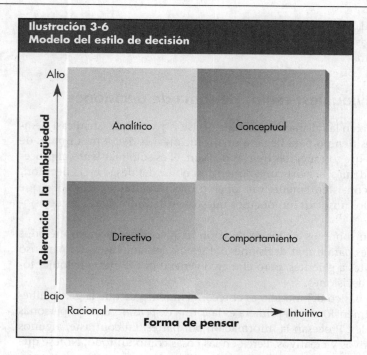

Ilustración 3-6
Modelo del estilo de decisión

Fuente: Rowe, A. J. y J. D.
Boulgarides, *Managerial Decisión
Making,* © 1992 Prentice Hall, Upper
Saddle River, NJ, p. 29.

Los estudiantes de negocios, gerentes de bajo nivel y ejecutivos de alto nivel tienden a calificar alto en el estilo analítico. Esto no es de sorprender dado el énfasis que la educación formal, en particular la educación en negocios, da al desarrollo del pensamiento racional. Por ejemplo, los cursos de contabilidad, estadística y finanzas acentúan, todos, el análisis racional.

Además de proporcionar el marco para observar las diferencias individuales, enfocarse en los estilos de decisión puede ser útil para ayudarle a entender cómo dos personas igualmente inteligentes, con acceso a la misma información, pueden diferir en las formas en las que se aproximan a las decisiones y a las opciones finales que toman.

Restricciones organizacionales

La organización en sí misma restringe a los tomadores de decisiones. Los gerentes, por ejemplo, dan forma a sus decisiones para reflejar la evaluación del desempeño y el sistema de recompensas de la organización, para cumplir con las regulaciones formales de ésta y con las restricciones de tiempo impuestas por la organización. Las decisiones organizacionales previas también actúan como precedentes para restringir las decisiones actuales.

EVALUACIÓN DEL DESEMPEÑO Los gerentes están influenciados fuertemente en su toma de decisiones por los criterios mediante los cuales son evaluados. Si un gerente de división cree que las plantas de manufactura bajo su responsabilidad están operando mejor cuando no escucha nada negativo, no debería sorprendernos encontrar que sus gerentes de planta gastan buena parte de su tiempo asegurándose de que la información negativa no llegue al jefe de la división. De igual forma, si el decano de la universidad cree que un profesor no debería reprobar más de 10% de los estudiantes —el reprobar más reflejaría la falta de habilidad del instructor de enseñar—, deberíamos esperar que los nuevos profesores, que deseen recibir evaluaciones favorables, decidirán no reprobar demasiados estudiantes.

SISTEMAS DE RECOMPENSA El sistema de recompensa de la organización influencia a los tomadores de decisiones, en el sentido de que les sugiere qué opciones son preferibles en términos de paga personal. Por ejemplo, si la organización recompensa la aversión al riesgo, es más probable que los gerentes tomen decisiones conservadoras. Desde la década de los treinta hasta la de los ochenta, General Motors dio consistentemente ascensos y bonos a aquellos gerentes que mantenían un perfil bajo, evitaban la controversia y eran buenos jugadores de equipo. El resultado fue que los gerentes de GM se volvieron muy adeptos a evitar temas fuertes y a pasar las decisiones controvertidas a los comités.

RUTINAS PROGRAMADAS David González, gerente de turno de un restaurante en San Antonio, Texas, describe las restricciones que enfrenta en su trabajo: "Tengo normas y reglamentos que abarcan todas las decisiones que tomo —desde cómo hacer un burrito hasta qué tan seguido necesito limpiar los sanitarios. Mi trabajo no tiene mucha libertad de elección."

La situación de David no es particular. Todas, a excepción de las pequeñas organizaciones, crean reglas, políticas, procedimientos y otras regulaciones formalizadas a fin de estandarizar el comportamiento de sus miembros. Al programar las decisiones, las organizaciones son capaces de hacer que los individuos logren altos niveles de desempeño sin pagar por los años de experiencia que serían necesarios en ausencia de las reglamentaciones. David González, por ejemplo, gana cerca de $ 21,000 al año, pero él solamente tiene 20 años de edad y no ha asistido a la universidad. Para conseguir la misma calidad en las decisiones de alguien en el puesto de David, sin proporcionarle los extensos manuales de operaciones a seguir, Taco Bell necesitaría contratar gerentes con una experiencia laboral y un entrenamiento mayores —y probablemente tendría que pagar $35,000 anuales o más.

RESTRICCIONES DE TIEMPO IMPUESTAS POR EL SISTEMA Las organizaciones imponen fechas límite en las decisiones. Por ejemplo, los presupuestos de departamento necesitan ser terminados para el siguiente viernes. O el reporte sobre el desarrollo del nuevo producto tiene que estar listo para que el comité ejecutivo lo revise el primero de cada mes. Una multitud de decisiones están aparejadas a fechas límite explícitas. Estas condiciones crean presiones de tiempo sobre los tomadores de decisiones y con frecuencia hacen difícil, si no es que imposible, reunir toda la información que desearían tener antes de tomar la decisión final. El modelo racional ignora la realidad de que, en las organizaciones, las decisiones tienen restricciones de tiempo.

PRECEDENTES HISTÓRICOS La toma racional de decisiones adopta una perspectiva irreal y aislada. Ve las decisiones como eventos independientes y discretos. Pero, ¡el mundo real! no es de esta manera. Las decisiones no se toman con una aspiradora. Tienen un contexto. De hecho, como se notó al principio de este capítulo, las decisiones individuales se caracterizan con más precisión como puntos en una corriente de decisiones.

Las decisiones tomadas en el pasado son fantasmas que aparecen en forma continua en las selecciones actuales. Por ejemplo, los compromisos hechos en el pasado restringen las opciones actuales. Para usar una situación social como ejemplo, la decisión que usted tomaría después de conocer al hombre o a la mujer de sus sueños

Los fabricantes de automóviles imponen límites de tiempo a sus equipos de diseño para desarrollar nuevos modelos, mediante fechas límite específicas. Los miembros del equipo de diseño de Honda Civic mostrados aquí celebran la terminación exitosa de un proyecto que comenzaron en 1992 para rediseñar el automóvil cuyo lanzamiento se planeó para 1996. El automóvil japonés, el cual se fabrica en la planta de Honda de Estados Unidos, representa un esfuerzo de equipo que conjuntó ideas de reducción de costos de los diseñadores y proveedores de ambos países.

sería más complicada si usted fuera casado(a) que si estuviera soltero(a). Antes del compromiso —en este caso, haber escogido el matrimonio— restringe sus opciones. En el contexto del negocio, Eastman Kodak es un buen ejemplo de una empresa que ha tenido que vivir con sus errores del pasado.[41]

Todo comenzó a principios de la década de los setenta, la gerencia de Kodak concluyó que los días de la fotografía de haluro de plata estaban contados. Pronosticaron que otras tecnologías, como la fotografía electrónica, pronto la reemplazarían. Pero en lugar de aproximarse al problema en forma deliberada, la gerencia de Kodak dejó que el pánico se apoderara de ella. Despegó en todas direcciones, y hoy en día, virtualmente todos los problemas de Kodak pueden rastrearse hasta las decisiones tomadas y no tomadas desde entonces. Las decisiones del presupuesto gubernamental también ofrecen una ilustración de nuestro punto. Es de dominio común que el principal factor que determina el tamaño del presupuesto de un año dado es el presupuesto del año pasado.[42] Las opciones tomadas hoy, por tanto, son en gran medida el resultado de opciones tomadas durante años.

Diferencias culturales

El modelo racional no reconoce las diferencias culturales. Pero los árabes, por ejemplo, no necesariamente toman decisiones de la misma forma que los canadienses. Por tanto, necesitamos reconocer que la experiencia cultural del tomador de decisiones tiene una influencia significativa en su selección de los problemas, la profundidad de análisis, la importancia dada a la lógica y la racionalidad o si las decisiones organizacionales deberían tomarse en forma autocrática por un solo gerente o de manera colectiva, en grupos.[43]

Las culturas, por ejemplo, difieren en términos de su orientación al tiempo, la importancia de la racionalidad, su creencia en la habilidad de la gente para solucionar problemas y la preferencia por la toma colectiva de decisiones. Las diferencias, en cuanto a la orientación al tiempo, nos ayudan a entender por qué los gerentes en Egipto tomarán decisiones a un paso mucho más lento y más deliberado que sus contrapartes en Estados Unidos. Aunque la racionalidad es valorada en Estados Unidos, no sucede así en todo el mundo. Un gerente estadounidense podría tomar decisiones en forma intuitiva, pero sabe que es importante hacer parecer que procedió en forma racional. Esto es porque la racionalidad es altamente valorada en Occidente. En países como Irán, donde no se admira la racionalidad, no son necesarios los esfuerzos por aparentar ser racional.

Algunas culturas enfatizan la solución de problemas, mientras otras se enfocan en aceptar las situaciones como son. Estados Unidos cabe en la primera categoría, mientras que Tailandia e Indonesia son ejemplos de culturas que pertenecen a la segunda. Ya que los gerentes solucionadores de problemas creen que pueden y deberían cambiar las situaciones para su beneficio, los gerentes americanos podrían identificar un problema mucho antes de que los tailandeses o indonesios decidieran reconocerlo como tal.

La toma de decisiones por los gerentes japoneses está mucho más orientada al grupo que en Estados Unidos. El japonés valora la conformidad y la cooperación. Así, antes de que los directores generales ejecutivos (CEO) japoneses tomen una decisión importante, recopilan una gran cantidad de información, la cual se estudia en grupos de decisión para llegar a un consenso.

¿Qué hay acerca de la ética en la toma de decisiones?

Ninguna discusión contemporánea acerca de la toma de decisiones estaría completa sin incluir la ética, ya que las consideraciones de este tipo deberían ser un criterio importante en la toma organizacional de decisiones. En esta sección final, presentamos tres maneras diferentes de enmarcar, desde el punto de vista ético, las decisiones y observar los factores que moldean el comportamiento en la toma ética de decisiones de un individuo.

Tres criterios de decisión ética

Un individuo puede aplicar tres criterios diferentes en la toma de decisiones éticas.[44] El primero es el criterio del *utilitarismo*, en el cual las decisiones son tomadas solamente con base en sus resultados o consecuencias. La meta del **utilitarismo** es proporcionar el mayor bien para la mayoría. Esta posición tiende a dominar la toma de decisiones en los negocios. Es consistente con las metas como la eficiencia, la productividad y las grandes ganancias. Al maximizar las ganancias, por ejemplo, un ejecutivo de un negocio puede sostener que está asegurando un gran bienestar para una gran mayoría —mientras distribuye las noticias de despido a 15% de sus empleados.

utilitarismo
Las decisiones se toman para proporcionar el mayor bienestar a la mayoría.

◆ El utilitarismo domina la toma de decisiones en los negocios.

Otro criterio ético es enfocarse en los *derechos*. Esto hace que los individuos tomen decisiones consistentes con las libertades fundamentales y los privilegios manifiestos en documentos como la ley de derechos. Un énfasis en el derecho en la toma de decisiones significa respetar y proteger los derechos básicos de los individuos, como el derecho a la intimidad, a la libertad de palabra y a un proceso legal. Por ejemplo, utilizar este criterio protegería a los delatores que reportan prácticas antiéticas o ilegales de la organización a la prensa o a las agencias del gobierno, con base en su derecho de libertad de palabra.

Un tercer criterio es el enfoque en la *justicia*. Esto requiere que los individuos impongan y cumplan las reglas justa e imparcialmente para que exista una distribución equitativa de los beneficios y los costos. Los miembros de los sindicatos típicamente favorecen esta posición. Justifican el pagar a la gente el mismo salario por un trabajo dado, sin importar las diferencias de desempeño, y utilizan la antigüedad como la determinación primaria al tomar las decisiones de despido.

Robert Holland, ex director general ejecutivo de Ben & Jerry's Homemade Inc., decidió, con base en el principio fundamental de la compañía, equilibrar las ganancias y la responsabilidad social. Cuando una compañía japonesa le ofreció distribuir el helado de Ben & Jerry's en Japón, Holland rechazó la lucrativa oferta ya que la firma no tenía una fama de respaldar causas sociales. Holland dijo que la única razón para aprovechar la oportunidad era ganar dinero, una decisión que pudo haberse justificado en términos del utilitarismo pero que no hubiese sido compatible con el interés de la compañía en la justicia social.

Cada uno de estos tres criterios tiene sus ventajas y sus desventajas. Un enfoque en el utilitarismo promueve la eficiencia y la productividad, pero puede ignorar los derechos de algunos individuos, en particular, de aquéllos con representación minoritaria en la organización. El uso de los derechos como criterio protege a los individuos del perjuicio y es consistente con la libertad y la intimidad, pero puede crear un ambiente de trabajo demasiado legal que obstruya la productividad y la eficiencia. Un enfoque en la justicia protege los intereses de los de menor representación y poder, pero puede alentar un sentido de la distinción que reduce la asunción de riesgos, la innovación y la productividad.

Los tomadores de decisiones, en particular en las organizaciones lucrativas, tienden a sentirse seguros y a gusto cuando usan el utilitarismo. Muchas acciones cuestionables pueden justificarse cuando se enmarcan como pertenecientes a los mejores intereses de "la organización" y los accionistas. Pero muchos críticos de los tomadores de decisiones en los negocios sostienen que esta perspectiva necesita cambiar.[45] Un interés cada vez mayor en la sociedad acerca de los derechos del individuo y de la justicia social sugiere la necesidad de que los gerentes desarrollen estándares éticos basados en criterios no utilitaristas. Esto representa un fuerte reto para los gerentes de hoy en día, ya que tomar decisiones de acuerdo con criterios como los derechos del individuo y la justicia social, involucra mucho más ambigüedades que los criterios utilitaristas como son los efectos sobre la eficiencia y las ganancias. Esto ayuda a explicar por qué los gerentes son cada vez más criticados por sus acciones. Elevar los precios, vender productos con efectos cuestionables en la salud del consumidor, cerrar plantas, despedir una gran cantidad de empleados, transferir la producción a otros países para reducir costos y otras decisiones similares se justifican en términos del utilitarismo. Pero éste podría ya no ser el único criterio con el cual debieran juzgarse las buenas decisiones.

Factores que influyen en el comportamiento ético de la toma de decisiones

¿Qué constituye un comportamiento antiético en las organizaciones? ¿Son inmorales los individuos o los ambientes de trabajo que promueven la actividad antiética?

¡La respuesta es *ambos*! La evidencia señala que las acciones éticas o antiéticas están en función tanto de las características individuales como del ambiente en el cual uno trabaja.[46]

La ilustración 3-7 presenta un modelo para explicar los comportamientos ético o antiético. Los **estados del desarrollo moral** evalúan la capacidad de una persona para juzgar lo que es moralmente correcto.[47] Mientras más alto sea el desarrollo moral de uno, menos dependiente será de las influencias externas y, por tanto, más predispuesto estará a comportarse con ética. Por ejemplo, la mayoría de los adultos están a su nivel medio de desarrollo moral —están influenciados fuertemente por sus compañeros y seguirán las reglas y los procedimientos de aquéllos. Los individuos que han progresado a niveles más altos dan un valor cada vez mayor a los derechos de otros, a pesar de la opinión de la mayoría, y es probable que reten las prácticas organizacionales que, en lo personal, creen que están equivocadas.

Estudiamos el *locus de control* en el capítulo 2. Se trata de una característica de la personalidad que mide la magnitud en la cual la gente cree que es responsable de los acontecimientos de su vida. La investigación indica que la gente con un *locus de control externo* (que, por ejemplo, considera que lo que le ocurre en su vida se debe a la suerte o a la oportunidad) es menos probable que asuma la responsabilidad de las consecuencias de su comportamiento y es más probable que se apoye en influencias externas. En el otro extremo, es más probable que los internos se apoyen en sus propios estándares de lo correcto y lo incorrecto para guiar su comportamiento.

El *ambiente organizacional* se refiere a la percepción de un empleado acerca de las expectativas organizacionales. ¿La organización alienta y apoya el comportamiento ético mediante la recompensa, o desalienta el comportamiento antiético con el castigo? Los códigos de ética escritos, el comportamiento de la alta moral por parte de la gerencia *senior*, las expectativas realistas de desempeño, las evaluaciones de desempeño que toman en cuenta tanto el fin como los medios, el reconocimiento notorio y los ascensos de los individuos que muestran un comportamiento moral alto, así como el castigo visible para aquellos que actúan inmoralmente, son algunos ejemplos del ambiente organizacional en el que es muy probable que se nutra la toma de decisiones con un alto sentido de la ética.

En resumen, es mucho menos probable que los individuos que carecen de un sólo sentido de la moral tomen decisiones inmorales, si están constreñidos en un ambiente organizacional que desaprueba tales comportamientos. A la inversa, los individuos de acrisolada moralidad pueden corromperse en un ambiente organizacional que permite o alienta prácticas inmorales.

estados de desarrollo moral
Una evaluación de la capacidad que tiene una persona para juzgar lo que es moralmente correcto.

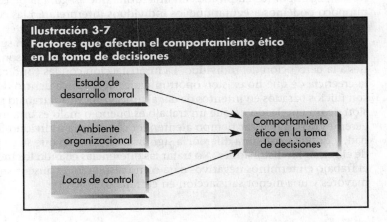

Ilustración 3-7
Factores que afectan el comportamiento ético en la toma de decisiones

Estado de desarrollo moral

Ambiente organizacional

Locus de control

→ Comportamiento ético en la toma de decisiones

Papel de la cultura nacional

Lo que se ve como una decisión ética en China podría no apreciarse como tal en Canadá. La razón es que no existen estándares éticos globales. Los contrastes entre Asia y Occidente proporcionan una ilustración.[48] Ya que el soborno es común en países como China, un trabajador canadiense en China podría enfrentar este dilema: ¿Debería pagar un soborno para asegurar un negocio, si esto se acepta en la cultura del país donde se lleva a cabo dicho negocio?

Mientras los estándares éticos podrían parecer ambiguos en Occidente, los criterios que definen lo correcto y lo incorrecto son mucho más claros en Occidente que en Asia. Pocos temas están en blanco y negro ahí; la mayoría es gris. La necesidad de una organización global que establezca principios éticos para los tomadores de decisiones en países como India y China, podría ser crítica si se soportan altos estándares y si las prácticas consistentes se van a lograr.

Resumen e implicaciones para los gerentes

Percepción

Los individuos se comportan de una manera determinada, la cual no se basa en cómo es en realidad su ambiente externo, sino en lo que ven o creen que es. Una organización podría gastar millones de dólares para crear un ambiente de trabajo placentero para sus empleados. Sin embargo, a pesar de estos gastos, si un empleado cree que su trabajo es ruidoso, el empleado se comportará de acuerdo con esto. Es la percepción que tiene un empleado acerca de una situación lo que se convierte en la base de su comportamiento. El empleado que percibe a su supervisor como un eliminador de obstáculos que lo ayuda a hacer mejor su trabajo, y el empleado que ve al mismo supervisor como el "hermano mayor, que observa de cerca cada movimiento, para asegurarse que se está trabajando", diferirán en sus respuestas de comportamiento hacia su supervisor. La diferencia no tiene nada que ver con la realidad de las acciones del supervisor; la diferencia en el comportamiento del empleado se debe a percepciones distintas.

La evidencia sugiere que lo que los individuos *perciben* desde su situación en el trabajo influirá en su productividad más de lo que hará la situación en sí misma. Si un trabajo es o no es realmente interesante o si está lleno de retos, es irrelevante. Si un gerente planea y organiza con éxito el trabajo de sus subordinados y realmente los ayuda a estructurar su trabajo de manera más eficiente y eficaz, es mucho menos importante que cómo los subordinados perciben los esfuerzos del gerente. De igual manera, los temas como la justa remuneración por un trabajo realizado, la validación de las evaluaciones del rendimiento y la adecuación de las condiciones de trabajo no se juzgan por los empleados en una forma que asegura la percepción común, ni tampoco podemos asegurar que los individuos interpretarán las condiciones de sus trabajos de manera favorable. Por tanto, para ser capaz de influir en la productividad, es necesario evaluar la manera en que los trabajadores perciben sus trabajos.

El ausentismo, la rotación y la satisfacción en el trabajo son también reacciones a la percepción del individuo. La insatisfacción con las condiciones de trabajo o la creencia de que no existen oportunidades de ascenso dentro de la organización, son juicios basados en intentos de dar algún significado al trabajo propio. La conclusión de un empleado de que un trabajo es bueno o malo es una interpretación. Los gerentes deben dedicar tiempo a entender cómo cada individuo interpreta la realidad, y donde existe una diferencia significativa entre lo que se ve y lo que es, tratar de eliminar las distorsiones. No tratar las diferencias cuando los individuos perciben el trabajo en términos negativos dará como resultado un ausentismo y una rotación mayores y una menor satisfacción en el trabajo.

La toma individual de decisiones

Los individuos piensan y razonan antes de actuar. Por esto entender cómo toma decisiones la gente es útil para explicar y pronosticar su comportamiento.

Bajo algunas situaciones de decisión, la gente sigue el modelo racional de toma de decisiones. Pero para la mayoría de la gente y en la mayoría de las decisiones no rutinarias, esto es probablemente más la excepción que la regla. Pocas decisiones importantes son lo suficientemente simples o carentes de ambigüedad para que las suposiciones del modelo racional se apliquen. De este modo, encontramos individuos que buscan soluciones que satisfagan en lugar de que optimen, inyectando parcialidades y prejuicios al proceso de decisión y apoyándose en la intuición.

Dada la evidencia que hemos descrito sobre cómo se toman en realidad las decisiones, en las organizaciones, ¿qué pueden hacer los gerentes para mejorar su toma de decisiones? Nosotros ofrecemos cinco sugerencias.

Primero, analice la situación. Ajuste su estilo de toma de decisiones a la cultura nacional en la cual usted opera y a los criterios que evalúa y premia su organización. Por ejemplo, si usted está en un país que no valora la racionalidad, no se sienta forzado a seguir el modelo racional de toma de decisiones o aun a tratar de hacer que sus decisiones parezcan racionales. De igual manera, las organizaciones difieren en términos de la importancia que ellos dan al riesgo, el uso de grupos y similares. Ajuste su estilo de decisión y asegurarse de que es compatible con la cultura de la organización.

Segundo, esté consciente de los prejuicios. Todos imprimimos prejuicios a las decisiones que tomamos. Si usted entiende la influencia de aquéllos en su juicio, usted puede empezar a cambiar la forma en que toma las decisiones para reducir esos prejuicios.

Tercero, combine el análisis racional con la intuición. Éstos no son métodos que entren en conflicto con la toma de decisiones. Usando ambos, usted puede realmente mejorar la eficacia de la toma de decisiones. Conforme usted obtenga experiencia gerencial, usted deberá sentirse cada vez más seguro en imponer su proceso intuitivo por encima de su análisis racional.

Cuarto, no asuma que su estilo específico de decisión es apropiado para cada puesto. Así como las organizaciones difieren, así también lo hacen los puestos dentro de éstas. Y su eficacia como decisor se incrementará si usted compagina el estilo de decisiones con los requerimientos del puesto. Por ejemplo, si su estilo de toma de decisiones es directivo, usted será más eficaz trabajando con gente cuyos trabajos requieren acción rápida. Este estilo se acoplaría bien con la administración de corredores de bolsa. Un estilo analítico, por el otro lado, trabajaría bien administrando contadores, investigadores de mercado o analistas financieros.

Finalmente, utilice las técnicas de la estimulación de la creatividad. Usted puede mejorar su eficacia total en la toma de decisiones buscando nuevas y novedosas soluciones a los problemas. Esto puede ser tan elemental como decirse a sí mismo que piense con creatividad y observe específicamente las alternativas particulares. Además, practique las técnicas de lista de atributos y el pensamiento lateral descritas en este capítulo.

¿Qué podemos concluir con respecto a la ética? Con los individuos que ya son empleados, los gerentes pueden influir sólo en el ambiente de trabajo. Así, los gerentes deberían tratar de comunicar en forma abierta altos estándares éticos a los empleados, por acciones que tomen como gerentes. Por medio de lo que los gerentes dicen, hacen, premian, castigan y supervisan, establecen el tono ético para sus empleados. Cuando contratan nuevos empleados, los gerentes tienen la oportunidad de eliminar todos los candidatos no deseables desde el punto de vista ético. El proceso de selección —por ejemplo, las entrevistas, los exámenes y las investigaciones laborales— deberían verse como una oportunidad de aprender acerca del nivel individual del desarrollo moral y del *locus* de control. Esto, entonces, puede utilizarse para identificar a los individuos cuyos estándares éticos podrían estar en conflicto con los de la organización, o a quienes son particularmente vulnerables a influencias negativas externas.

Para revisión

1. Defina *percepción*.

2. ¿Qué es la teoría de la atribución? ¿Cuáles son sus implicaciones al explicar el comportamiento organizacional?

3. ¿Qué factores piensa que podrían crear el error fundamental de la atribución?

4. ¿De qué manera la selectividad afecta a la percepción? Piense en un ejemplo de cómo la selectividad puede crear una distorsión perceptual.

5. ¿Qué es estereotipar? Dé un ejemplo de cómo el estereotipar puede crear una distorsión perceptual.

6. Mencione algunos resultados positivos de usar atajos al juzgar a los demás.

7. ¿Qué es el modelo racional de toma de decisiones? ¿En qué condiciones se aplica?

8. Describa los factores organizacionales que podrían restringir a los tomadores de decisiones.

9. ¿Qué papel juega la intuición en la toma de decisiones eficaz?

10. Describa los tres criterios que los individuos pueden usar al tomar decisiones éticas.

Para discusión

1. "El que usted y yo estemos de acuerdo en lo que vemos sugiere que tenemos formación y experiencias similares." ¿Está usted de acuerdo o no? Discútalo.

2. ¿En qué situaciones relacionadas con el trabajo, piensa usted que es importante ser capaz de determinar si el comportamiento de los demás tiene origen principalmente en las causas internas o externas?

3. "En su mayor parte, la toma individual de decisiones en las organizaciones es un proceso irracional." ¿Está usted de acuerdo o en desacuerdo? Discuta.

4. ¿Qué factores piensa usted que diferencian a los buenos tomadores de decisiones de los malos? Relacione su respuesta con el modelo racional de los seis pasos.

5. ¿Alguna vez ha intensificado —escalado— su compromiso con un curso de acción fracasado? Si es así, analice las acciones que requieran para incrementar su compromiso y explique por qué se comportó como lo hizo.

Cuando contrate empleados: enfatice lo positivo

La contratación de nuevos empleados requiere que los gerentes se conviertan en agentes de ventas. Tienen que enfatizar lo positivo, aun si esto significa errar al mencionar los aspectos negativos del trabajo. Mientras exista un riesgo real de establecer expectativas irreales acerca de la organización y acerca del trabajo específico, los gerentes no podrán eludirlo. De la misma forma que trata con cualquier agente de ventas, es responsabilidad del candidato al trabajo seguir la máxima: *sin advertencias* —¡permita que el comprador conozca!

¿Por qué los gerentes deben enfatizar lo positivo cuando discuten un trabajo con un prospecto de candidato? ¡No tienen opción! Primero, existe una disminución de provisión de candidatos para muchas de las vacantes de trabajo; y, segundo, este método es necesario para conocer la competencia.

La reestructuración masiva y el adelgazamiento de las organizaciones que empezó a finales de la década de los ochenta ha capturado la atención de los despidos corporativos. Lo que a menudo se pasa por alto en este proceso es la creciente escasez de solicitantes calificados para, literalmente, millones de trabajos. En el porvenir, los gerentes encontrarán cada vez más difícil conseguir gente calificada que pueda cubrir los puestos como se-cretaria jurídica, enfermera, contador, agente de ventas, mecánico en mantenimiento, especialista en reparación de computadoras, programador de software, trabajador social, terapeuta físico, ingeniero ambiental, especialista en telecomunicaciones y piloto de línea aérea. Pero los gerentes también encontrarán difícil conseguir gente para los puestos de nivel de salario mínimo. Probablemente no exista una escasez de cuerpos físicos, pero encontrar individuos que puedan leer, escribir, realizar cálculos básicos matemáticos y que tengan hábitos de trabajo adecuados para desempeñar con eficacia estos trabajos, no es fácil. Existe una brecha cada vez más grande entre las habilidades que los trabajadores tienen y las habilidades que los trabajadores requieren. Así que los gerentes necesitan *vender* los trabajos al grupo limitado de candidatos. Y esto significa presentar el trabajo y la organización de la forma más favorable posible.

Otra razón del porqué la gerencia está forzada a enfatizar lo positivo con los candidatos al trabajo, es que la competencia está haciendo esto. Otros empleados también enfrentan un grupo limitado de candidatos. Como resultado, para conseguir gente que se una a sus organizaciones, son forzados a dar un "giro" positivo a sus descripciones de las organizaciones y a los puestos que ellos buscan ocupar. Es este ambiente competitivo, cualquier patrón que presente los trabajos en forma realista a los candidatos —esto es, que proporcione de manera abierta los aspectos negativos de un trabajo junto con los positivos— se arriesga a perder la mayoría o todos los candidatos más deseables.

▪ **Contrapunto** ▪

Cuando contrate empleados: equilibre lo positivo con lo negativo

A pesar del cambio en el mercado laboral, los gerentes que tratan de reclutar y contratar candidatos como si debiesen venderles el trabajo exponiendo solamente a los aspectos positivos se crean ellos mismos una fuerza de trabajo insatisfecha e inclinada a una rotación alta.

Cada solicitante adquiere, durante el proceso de selección, un grupo de expectativas acerca de la organización y del trabajo específico que espera que se ofrezcan. Cuando la información que recibe un candidato es excesivamente inflada, suceden numerosos eventos con efectos negativos potenciales en la organización. Primero, los solicitantes incompatibles, que probablemente se vuelvan más insatisfechos con el trabajo y renuncien pronto tienen menor probabilidad de ser desincorporados del proceso de búsqueda. Segundo, la ausencia de información negativa construye expectativas irreales. Si se contrata un nuevo empleado es probable que se decepcione rápidamente. Y una percepción imprecisa llevará a renuncias prematuras. Tercero, los nuevos contratados tienden a desilusionarse y a comprometerse menos con la organización cuando se enfrentan cara a cara con lo negativo del trabajo. Los empleados que se sienten engañados y manipulados durante el proceso de contratación muy probablemente no serán trabajadores satisfechos.

Para incrementar la satisfacción en el trabajo entre los empleados y reducir la rotación, los candidatos deberían recibir un antecedente realista del trabajo, con información tanto favorable como desfavorable, antes de que se hiciera una oferta. Por ejemplo, además de los comentarios positivos, se le podría decir al candidato que existen oportunidades limitadas para hablar con los compañeros durante las horas de trabajo o que las fluctuaciones erráticas de cargas de trabajo crean una tensión considerable en los empleados, durante los periodos pico.

La investigación indica que los candidatos que han recibido un antecedente realista del trabajo mantienen expectativas más bajas y más realistas acerca del empleo que estarán desempeñando y están mejor preparados para vencer las dificultades del puesto y sus elementos frustrantes. El resultado son menos renuncias inesperadas de los nuevos empleados. En un mercado laboral estrecho, retener a la gente es tan crucial como contratarla. Presentar sólo los aspectos positivos de un trabajo para un recluta podría motivarlo a unirse a la organización, pero sería una unión de la que ambas partes se arrepentirían rápidamente.

La información sobre este punto de vista proviene de Breaugh, J. A., "Realistic Job Previews: A critical Appraisal and Future Research Directions", *Academy of Management Review*, octubre de 1983, pp. 612-619; Premack S. L. y J. P. Wanous, "A Meta-Analisis of Realistic Job Preview Experiments", *Journal of Applied Psychology*, noviembre de 1985, pp. 706-720; Maglino, B. M., A. S. DeNisi, S. A. Youngblood y K. J. Williams, "Effects for Realistic Job Previews: A Comparison Using an Enhancement and a Reduction Preview, *Journal of Applied Psychology*, mayo de 1988, pp. 259-266; y Vandenberg, R. J. y V. Scarpello, "Underlying Realistic Job Previews", *Journal of Applied Psychology*, febrero de 1990, pp. 60-67.

Ejercicio de aprendizaje sobre usted mismo

Cuestionario sobre el estilo de toma de decisiones

PARTE I

Encierre la respuesta que se acerca más a la manera en que usualmente se siente usted o actúa. No existen respuestas correctas ni incorrectas para estos enunciados.

1. Me importan más
   a. los sentimientos de las personas   **b.** sus derechos
2. Usualmente me llevo mejor con
   a. gente imaginativa   **b.** gente realista
3. Es un alto cumplido ser llamado
   a. una persona de sentimientos reales   **b.** una persona consistente
   mente razonable
4. Al hacer algo con otras personas, prefiero más
   a. hacerlo de la forma aceptada   b. inventar una forma propia
5. Me molesto más con
   a. teorías elaboradas   b. gente que no le gustan las teorías
6. Es de mayor respeto llamar a alguien
   a. una persona con visión   b. una persona con sentido común
7. Permito más a menudo que
   a. mi corazón gobierne mi cabeza   **b.** mi cabeza gobierne mi corazón
8. Pienso que es una horrible falta
   a. mostrar mucha calidez   **b.** ser antipático
9. Si fuera profesor, preferiría impartir
   a. cursos teóricos   **b.** cursos prácticos

PARTE II

¿Cuál palabra de cada uno de los siguientes pares le atrae más? Encierre *a* o *b*.

10. **a.** Compasión   **b.** Inteligencia
11. **a.** Justicia   **b.** Misericordia
12. **a.** Producción   **b.** Diseño
13. **a.** Gentil   **b.** Firme
14. **a.** Imperceptible   **b.** Crítico
15. **a.** Literal   **b.** Figurado
16. **a.** Imaginario   **b.** Cuestión de hecho

Pase a la página A-26 para las instrucciones de calificación y la clave.

Fuente: basado en una escala de la personalidad desarrollado por Hellriegel, D., J. Slocum y R. W. Woodman, *Organizational Behavior*, 3a ed. (St. Paul, MN: West Publishing, 1983), pp. 127-141 y reproducido en Ivancevich, J. M. y M. T. Matteson, *Organizational Behavior and Management*, 2a ed. (Homewood, IL: BPI/Irwin, 1990), pp. 538-539.

Ejercicio de trabajo en grupo

Evaluación de su percepción interpersonal

1. En una hoja aparte, escriba cómo se describiría en las siguientes dimensiones:
   a. Amistad
   b. Temperamento
   c. Sentido del humor
   d. Motivación por la carrera
   e. Habilidades interpersonales
   f. Deseo de ser aceptado por los otros
   g. Independencia

2. Ahora forme grupos de tres a cinco miembros. Evalúe cada uno de los *otros miembros* en su grupo (como mejor pueda) sobre las mismas siete dimensiones.

3. Vaya con cada miembro del grupo para que cada uno participe, descríbale a cada uno lo que ha escrito acerca del miembro A. Después de haber proporcionado todas sus percepciones, el miembro A compartirá sus propias percepciones. Luego haga lo mismo con el miembro B, y así sucesivamente, hasta que todos los miembros del grupo hayan recibido la retroalimentación y hayan compartido sus propias impresiones.

4. El ejercicio concluye cuando cada miembro ha analizado las similitudes y diferencias entre sus percepciones de sí mismo en las siete dimensiones y cómo percibió las de los otros miembros de su grupo.

Ejercicio sobre un dilema ético

Cinco decisiones éticas: ¿qué haría usted?

Suponga que es un gerente medio en una compañía con cerca de mil empleados. ¿Cómo respondería a cada una de las siguientes situaciones?

1. Suponga que está negociando un contrato con un cliente potencial muy grande cuyo representante le ha indicado que usted podría estar casi seguro de conseguir el negocio si le diera a él y a su esposa un crucero por el Caribe con todos los gastos pagados. Sabe que el patrón del representante no aprobaría tal "pago", pero usted tiene la discreción de autorizar tal gasto. ¿Qué haría usted?

2. Usted tiene la oportunidad de robar $100,000 de su compañía, con la absoluta seguridad de que no sería detectado o atrapado. ¿Lo haría?

3. La política de su compañía sobre reembolsos de comidas en viajes de negocios dicta que ésta le pagará gastos hasta de $ 50 por día. Usted no necesita recibos o notas para justificar estos gastos —la compañía creerá en su palabra. Cuando viaja, usted tiende a comer en lugares de comida rápida y rara vez gasta más de $15 por día. La mayoría de sus colegas llenan solicitudes de reembolso en un rango de 40 a $45 por día sin importar por cuánto fueron los gastos reales. ¿Cuánto pediría por los reembolsos de sus comidas?

4. Usted quiere retroalimentación de la gente que está usando uno de los productos de su competidor. Cree que conseguiría respuestas más honestas de esta gente si disfrazara la identidad de su compañía. Su jefe sugiere que contacte a los posibles participantes usando el nombre ficticio de Consumer Marketing Research Corporation. ¿Qué haría usted?

5. Ha descubierto que uno de sus amigos cercanos en el trabajo ha robado una gran cantidad de dinero de la compañía. ¿Usted qué haría? ¿Nada? ¿Iría directamente con el ejecutivo para reportar el incidente antes de hablar de ello con el ofensor? ¿Confrontaría al individuo antes de hacer alguna acción? ¿Haría contacto con el individuo con la meta de persuadirlo para que regrese el dinero?

Varias de estas situaciones están basadas en Altany, D. R., "Torn between Halo and Horns", *Industry Week*, 15 de marzo de 1993, pp. 15-20.

Ben & Jerry's reevalúa su agenda social

C A S O
INCIDENTE

La gerencia *senior* de Ben & Jerry's Homemade Inc. tiene un dilema. ¿La compañía tiene que abstenerse de las ganancias y atenerse a lo que le dicta su conciencia?

Ben & Jerry's nació como una compañía de responsabilidad social. Todavía lo es. Uno de los fundadores y presidente, Ben Cohen, quien con el otro fundador, Jerry Greenfiel, posee 42% de las acciones con derecho a votación, continúa en favor de disminuir el crecimiento que no dañe las relaciones con los empleados o con las comunidades de la pequeña población de Vermont, donde opera. Cohen sostiene que su compañía no debería perseguir oportunidades de negocio a menos que exista un propósito más allá de ganar dinero. El presidente de la compañía y director general ejecutivo (CEO), Robert Holland, Jr.,* está de acuerdo con esta filosofía pero le preocupa lo que podría estar impidiendo el crecimiento.

Los estadounidenses conscientes de la salud están dejando el helado de crema superpremium. El resultado se resume en menos ventas y ganancias menores para Ben & Jerry's en Estados Unidos. Mientras tanto, los japoneses están devorando como locos el helado premium. En 1995, Haagen-Dazs vendió 300 millones de dólares en producto ahí. Sin embargo, cuando un alto abastecedor japonés ofreció la distribución a Holland de Ben & Jerry's en Japón, él no aceptó. ¿Por qué? El abastecedor japonés no tenía la reputación de respaldar causas sociales. "La única razón clara para tomar la oportunidad", dice Holland, "era ganar dinero".

Holland y otros ejecutivos de alto nivel, quienes provienen de otras compañías como American Express y The Limited, creen que Ben & Jerry's debe expandir su marca más decididamente. Esto crea un conflicto con Cohen y muchos empleados con cierta antigüedad, que se identifican con la posición de la compañía sobre la responsabilidad social.

La visión de Cohen de los "valores guía" del capitalismo, en la que regresar algo a los consumidores, los empleados y la comunidad es tan importante como el resultado final. Por ejemplo, Ben & Jerry's dona 7.5% de sus ganancias antes de impuestos a causas sociales. También utiliza su superioridad de compra para respaldar sus valores: compra leche y crema de las granjas familiares de Vermont, aun si eso significa pagar un precio significativamente más alto que el de mercado.

Un ejemplo reciente del problema de Ben & Jerry's fue el introducirse al mercado de los sorbetes en gran escala. La compañía llegó al mercado con un año de retraso con respecto a Haagen-Dazs, debido principalmente a discusiones internas. Los sorbetes no tenían una relación clara con la misión social de la compañía. Las ganancias —y una buena oportunidad de extender la marca— no eran suficientes. Los "sorbetes no estaban al principio de la agenda de Ben", dice un director. La solución fue usar fruta orgánica.

Más recientemente, cuando la compañía planeó introducirse en el mercado francés, Cohen peleó en favor de que se mantuvieran al margen, a menos que los anuncios tomaran una posición contra la política francesa de pruebas nucleares en el sur del Pacífico. Holland discutió contra Cohen y, después de un largo debate, tuvo éxito.

Preguntas

1. ¿Qué criterios de toma de decisiones ha estado usando Ben & Jerry's?
2. ¿Cómo se comparan estos criterios con la mayoría de las compañías?
3. Puede Ben & Jerry's competir en una economía global apoyándose en su perspectiva pasada de los valores guiados del capitalismo? Defina su posición.
4. Analice este caso en términos de: (a) estilos de toma de decisiones, (b) estados del desarrollo moral y (c) diferencias culturales.

Basado en Judge, P. C., "Is It Rainforest Crunch Time?", *Business Week*, 15 de julio de 1996, pp. 70-71.
*Holland dejó la compañía el otoño de 1996.

RESEÑA
DE CASO

ABCNEWS

Toma de decisiones, estilo investigador

Ellos pertenecen al escuadrón de los casos congelados: dos detectives rudos, obstinados, de homicidios, que nunca se dan por vencidos, del departamento de policía de Boston. Desde que empezaron a trabajar en 1991, han cerrado los casos de 29 homicidios, muchos de los cuales eran de hacía buen tiempo. Gran parte de su éxito se debe a su habilidad en la toma de decisiones.

¿Qué es un "caso congelado"? Es un viejo caso de homicidio que nunca se solucionó. Éstos son los casos que ningún otro detective de la policía quiere tocar, ya que, en muchos casos, la pista que lleva al asesino se ha "enfriado". La mayoría de nosotros asumiríamos que los casos fríos son solamente irresolubles y que el o los asesinos se han salido con la suya. Pero los dos miembros del escuadrón de los casos congelados consideran el tiempo como su aliado. Existe una "regla de oro" entre los detectives de homicidios, según la cual, a decir por la experiencia, si un homicidio no se resuelve dentro de las primeras 48 o 72 horas, las probabilidades de solucionarlo alguna vez caen drásticamente. Incluso así, los casos congelados van en contra de lo convencional: "Un cierto número de estos casos, se vuelve mejor con el tiempo", dice un detective, "ya que mientras las relaciones se deterioran, la gente está dispuesta a hablar acerca de una persona de la que, en su momento, no hubieran dicho ni una palabra, sólo porque los años han pasado".

Y estos detectives escuchan sus corazonadas —sus instintos acerca de cada caso. Aunque "trabajar sobre una corazonada" es una de las habilidades básicas de cualquier buen detective, el escuadrón va más lejos. Su creatividad para rastrear asesinos sospechosos y encontrar una pista que conduzca a estos individuos, no deja de asombrar. Por ejemplo, juegan con numerosas variaciones del nombre de unos sospechosos para ver si esa pista lleva algún lado. Podrían sustituir el segundo nombre o el apellido de soltera de la madre o al apodo del sospechoso y probar varias combinaciones de éstas para ver si sale algo. En una ocasión, los detectives tuvieron un caso sin archivo, sin huellas digitales, ni fotografías. Todo lo que tenían era una pequeña pieza de papel que decía "HAW Rebecca". Un día, mientras iban en el automóvil, surgió un súbito pensamiento: HAW podría ser "marido y mujer", por las iniciales de las palabras en inglés: Husband and Wife. Continuaron con una tormenta de ideas, hasta encontrar suficiente evidencia para sentenciar al asesino.

Un detective del escuadrón de los casos congelados pasa sus horas libres jugando ajedrez en Harvard Square. Él compara el juego de ajedrez con la solución de las investigaciones de asesinato, asignada a dicho escuadrón. De acuerdo con él, el ser exitoso en el ajedrez significa pensar acerca de lo que tu oponente va a hacer y por qué lo está haciendo. Usted trata de reflexionar sobre el último movimiento y los movimientos anteriores para ver qué podría hacer en el futuro. Y es la misma técnica que el escuadrón de los casos congelados utiliza cuando investiga e intenta solucionar estos casos de asesinato, difíciles de resolver.

Preguntas

1. ¿Cuáles técnicas de creatividad podrían ayudar al escuadrón de los casos congelados?

2. ¿Qué podría aprender del escuadrón de los casos congelados, que sea relevante para una toma eficaz de decisiones?

Fuente: basado en "The Cold Case Squad", *ABC News Primetime*; pasado al aire el 14 de julio de 1994.

CAPÍTULO

4

VALORES, ACTITUDES Y SATISFACCIÓN EN EL TRABAJO

PERFIL DEL CAPÍTULO
Valores
Actitudes
Satisfacción en el trabajo

Cuando me prohibes
hacer algo que
quiero hacer, eso es
persecución; pero
cuando te prohíbo
hacer algo que
quieres hacer, es la
ley, el orden y los
principios morales.
—G. B. Shaw

OBJETIVOS DE APRENDIZAJE

Después de estudiar este capítulo, usted será capaz de:

1 Explicar la fuente del sistema de valores de un individuo

2 Listar los valores dominantes en la fuerza laboral de hoy en día

3 Describir las tres actitudes primarias relacionadas con el trabajo

4 Resumir la relación entre las actitudes y el comportamiento

5 Identificar el papel de la consistencia en las actitudes

6 Esclarecer cómo los individuos reconcilian las inconsistencias

7 Explicar qué determina la satisfacción en el trabajo

8 Enunciar la relación entre la satisfacción en el trabajo y el comportamiento

9 Describir el nivel actual de satisfacción en el trabajo entre los estadounidenses en el lugar de trabajo

10 Identificar cuatro respuestas del empleado hacia la insatisfacción

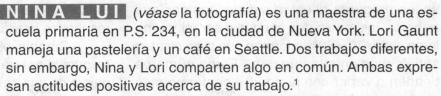

NINA LUI (*véase* la fotografía) es una maestra de una escuela primaria en P.S. 234, en la ciudad de Nueva York. Lori Gaunt maneja una pastelería y un café en Seattle. Dos trabajos diferentes, sin embargo, Nina y Lori comparten algo en común. Ambas expresan actitudes positivas acerca de su trabajo.[1]

"Trabajo en una escuela increíble", dice Nina. "Se alienta la colaboración y se nos da tiempo para sentarnos juntos y explayar ideas entre nosotros —somos un semillero de ideas. Existe mucho debate y un sentido del aliento y apoyo." Los comentarios de Lori Gaunt suenan muy similares: "Siento como si mis opiniones contaran mucho y he sido instrumento de cambios. No es que la propietaria esté totalmente ajena, sino que le gusta lo que hago y me dice que lo dirija así. Es increíble tener tanta libertad."

¿Las actitudes de Nina y Lori hacia el trabajo son inusuales hoy en día? En un mundo donde los despidos son una forma de vida y donde leemos regularmente acerca de la tensión cada vez mayor en el lugar de trabajo, ¿son excepciones Nina y Lori? ¿O es que la mayoría de los trabajadores es positiva acerca de su trabajo? Le sorprenderían las respuestas.

En una reciente encuesta Gallup consideró a los estadounidenses de diversas partes de la nación para conocer sus actitudes hacia sus trabajos y sus lugares de trabajo.[2] A pesar de todas las historias negativas que usted ha leído en los medios, en una escala del 1 al 5, en la que 5 representa "extremadamente satisfecho", 71% de los encuestados calificaron su nivel de satisfacción con su lugar de empleo con 4 o 5, mientras sólo 9% lo calificó con 1 o 2. Un análisis más de cerca de los hallazgos indicaron que una gran parte de estos hallazgos positivos pudo explicarse por el hecho de que los trabajos satisfacían las necesidades primarias de los trabajadores. Consideraron los siguientes factores críticos para su satisfacción y desempeño en el trabajo: la oportunidad de hacer lo que ellos hacen mejor; lograr que sus opiniones cuenten; y conseguir la oportunidad de aprender y crecer. Sesenta y dos de los que respondieron indicaron que en los siete días anteriores habían recibido el reconocimiento o la aprobación por un buen trabajo; 84% dijo que había tenido la oportunidad de trabajar para aprender y crecer durante el año anterior.

Estas actitudes positivas hacia el trabajo no son una aberración. Los estudios consistentemente muestran que los trabajadores están satisfechos con sus trabajos. Esto es aplicable a lo largo del tiempo como también a lo largo de las fronteras nacionales. Sin importar los estudios que desee observar, cuando a los trabajadores se les pregunta si están satisfechos con sus trabajos, los resultados tienden a ser muy similares: entre 70 y 80% informan que sí se sienten satisfechos en sus puestos.[3] Estos números tienden a variar con la edad —conforme más maduros son los trabajadores, más alta es la satisfacción. Pero aun la gente joven —menores de 25 años— informan niveles de satisfacción excesiva de 70%.[4]

Aunque a finales de la década de los setenta hubo poca preocupación en Estados Unidos acerca de que la satisfacción estaba disminuyendo en todos los grupos ocupacionales,[5] recientes reinterpretaciones de estos datos y estudios longitudinales adicionales mantienen que la satisfacción en el trabajo se ha mantenido constante durante décadas —a través tanto de recesiones económicas como de épocas prósperas.[6] Además, estos resultados son generalmente aplicables a otros países desarrollados. Por ejemplo, estudios comparables entre trabajadores en Canadá, Gran Bretaña, Suiza, Alemania, Francia y México indican más resultados positivos que negativos.[7]

¿Cómo explica uno estos hallazgos? Una respuesta es que sea lo que sea lo que su gente quiera de sus trabajos, parecen estar obteniéndolo. Pero dos puntos adicionales deberían agregarse.

Primero, la gente no selecciona los trabajos en forma aleatoria. Tienden a gravitar hacia los trabajos que son compatibles con sus intereses, valores y habilidades.[8] Ya es probable que la gente busque trabajos que proporcionen un buen acoplamiento de la persona con el trabajo, los informes de alta satisfacción no deberían ser del todo sorprendentes. Segundo, con base en nuestro conocimiento de la teoría de la disonancia cognoscitiva, podríamos esperar que los empleados resuelvan inconsistencias entre la insatisfacción en sus empleos y su estadía en éstos al no informar la insatisfacción. Así que los hallazgos podrían estar coloreados por los esfuerzos encaminados a reducir la disonancia. ◆

◆ ¿La pena capital es buena o mala? ¿El que a una persona le guste el poder, es bueno o malo? Las respuestas a estas preguntas están cargadas de valor.

En este capítulo, observaremos más cuidadosamente el concepto de satisfacción en el trabajo y lo que los gerentes pueden hacer para incrementarla entre los trabajadores. Primero, sin embargo, consideraremos cómo los valores influencian el comportamiento del empleado.

Valores

¿La pena capital es buena o mala? ¿El que a una persona le guste el poder, es bueno o malo? Las respuestas a estas preguntas están cargadas de valor. Algunos podrían argüir, por ejemplo, que la pena capital es buena ya que es una retribución apropiada para los delitos como el asesinato y la traición. Sin embargo, otros podrían argumentar, con gran fuerza, que ningún gobierno tiene derecho de quitar la vida.

Los **valores** representan convicciones básicas de que "un modo específico de conducta o una finalidad de existencia es personal o socialmente preferible a un modo de conducta opuesto o a una finalidad de existencia conversa".[9] Contienen un elemento de juicio en el que transmiten las ideas de un individuo como lo que es correcto, bueno o deseable. Los valores tienen tanto atributos de contenido como de intensidad. El atributo del contenido dice que un modo de conducta o estado final de existencia es *importante*. El atributo de la intensidad especifica *cuán importante* es.

valores
Las convicciones básicas de que un modo específico de conducta o una finalidad de existencia es personal o socialmente preferible a un modo de conducta opuesto o a una finalidad de existencia conversa.

Cuando calificamos los valores individuales en términos de su intensidad, obtenemos el **sistema de valores** de una persona. Todos nosotros tenemos una jerarquía de valores que forma nuestro sistema de valores. Este sistema se identifica por la importancia relativa que asignamos a los valores como libertad, placer, respeto, honestidad, obediencia e igualdad.

sistema de valores
La jerarquía basada en una calificación de los valores individuales en términos de su intensidad.

Importancia de los valores

Los valores son importantes para el estudio del comportamiento organizacional, ya que constituyen las bases para el entendimiento de las actitudes y motivaciones y porque influencian nuestras percepciones. Los individuos entran a una organización con nociones preconcebidas de lo que "debe" hacerse y lo que "no debe" hacerse. Claro, estas nociones no están libres de valor. Al contrario, contienen interpretaciones de correcto e incorrecto. Además, implican que ciertos comportamientos o resultados se prefieren sobre otros. Como resultado, los valores cubren la objetividad y la racionalidad.

Los valores generalmente influyen en las actitudes y el comportamiento.[10] Suponga que usted entra a una organización con la visión de distribuir el salario con base en el desempeño correcto, y que considera que la distribución del salario con base en la antigüedad está equivocada o es inferior. ¿Cómo va a reaccionar usted si se da cuenta de que en la organización en que acaba de entrar se recompensa la antigüedad y no el desempeño? Probablemente usted se decepcione —y esto puede llevarlo a una insatisfacción en el trabajo y a la decisión de no ejercer un alto nivel de esfuerzo, ya que de todas formas "es probable que no le lleve a obtener más dinero". ¿Serían sus actitudes diferentes si sus valores se alinearan con las políticas de paga de la organización? Es lo más probable.

Fuentes de nuestros sistemas de valores

¿De dónde vienen nuestros sistemas de valores? Una porción significativa es generalmente determinada. El resto es atribuible a factores como la cultura nacional, las enseñanzas de los padres, maestros, amigos e influencias similares ambientales.

Los estudios de gemelos crecidos por separado demuestran que cerca de 40% de la variación en los valores laborales se explica por la genética.[11] Así que los valores de sus padres biológicos juegan una parte importante al explicar cuáles serán sus valores. Todavía la mayoría de la variación en los valores se debe a factores ambientales.

Cuando fuimos niños, ¿por qué muchas mamás decían que "debíamos lavar los trastos de la cena? ¿Por qué esto, cuando menos tradicionalmente en Estados Unidos, es un logro que se ha considerado bueno y el ser flojo se ha considerado malo? La respuesta es que, en toda cultura, ciertos valores han ido desarrollándose con el tiempo y continuamente son reforzados. El logro (la realización personal), la paz, la cooperación, la equidad y la democracia son valores sociales que se consideran deseables en Estados Unidos. Estos valores no son fijos, pero cuando cambian, lo hacen muy lentamente.

Una porción significativa de los valores que tenemos se establecen en nuestros primeros años —por parte de nuestros padres, maestros, amigos y otros. Muchas de sus ideas tempranas de lo que es correcto e incorrecto probablemente fueron formuladas desde puntos de vista expresados por sus padres. Piense en el pasado, en sus primeros puntos de vista acerca de temas como la educación, el sexo y la política. En su mayoría, fueron los mismos que los expresados por sus padres. Mientras crecía y se exponía a todos los sistemas de valores, usted pudo haber alterado muchos de sus valores. Por ejemplo, en preparatoria, si deseaba ser miembro de un club social cuyos valores incluyeran la convicción de que "toda persona debería cargar un arma", existe una gran probabilidad de que usted cambiara su sistema de valores para alinearlos con los miembros del club, aun si esto significaba rechazar el valor de sus padres de que "sólo los miembros de las bandas cargan armas y los miembros de las bandas son malos".

Es interesante que los valores sean relativamente estables y duraderos.[12] Esto se ha explicado como resultado tanto del componente genético como de la forma en la cual se aprenden.[13] Concerniente e este segundo punto, se nos dijo de niños que ciertos comportamientos o resultados eran siempre deseables o siempre indeseables. No existen áreas grises. Se le dijo, por ejemplo, que usted debería ser honesto y responsable. Esto es absoluto o un aprendizaje en "blanco y negro" de valores, cuando se combinan con una porción significativa de impresión genética, que más o menos asegura su estabilidad y perseverancia.

El proceso de cuestionar nuestros valores, por supuesto, podría dar como resultado un cambio. Podríamos decidir que estas convicciones fundamentales ya no son aceptables. Más a menudo, nuestro cuestionamiento actúa para reforzar aquellos valores que sostenemos.

Ilustración 4-1 Valores terminales e instrumentales en la encuesta Rokeach del valor

Valores terminales	Valor instrumental
Una vida confortable (una vida próspera)	Ambición (trabajador, aspiración)
Una vida emocionante (una vida estimulante, activa)	Mente abierta (mente de amplio criterio)
Un sentido del logro (contribución duradera)	Capaz (competente, eficaz)
Un mundo en paz (libre de guerra y conflicto)	Agradable (sin preocupaciones, placentero)
Un mundo de belleza (bello en la naturaleza y las artes)	Limpio (ordenado, aseado)
Igualdad (hermandad, oportunidad igual para todos)	Valor (mantener sus creencias)
Seguridad en la familia (cuidar de los que se ama)	Perdonar (dispuesto a perdonar a otros)
Libertad (independencia, libertad de elección)	Ayudar (trabajar por el bienestar de otros)
Felicidad (satisfacción)	Honesto (sincero, verdadero)
Armonía interna (ausencia de un conflicto interno)	Imaginativo (atrevido, creativo)
Amor maduro (intimidad sexual y espiritual)	Independiente (autoconfianza, autosuficiente)
Seguridad nacional (protección de un ataque)	Intelectual (inteligente, reflexivo)
Placer (una vida de placer, tiempo libre)	Lógico (consistente, racional)
Salvación (salvado, vida eterna)	Amoroso (afectuoso, tierno)
Respeto a uno mismo (autoestima)	Obediente (cumplidor, respetuoso)
Reconocimiento social (respeto, admiración)	Amable (cortés, de buenas maneras)
Amistad verdadera (compañía cercana)	Responsable (confiable, seguro)
Sabiduría (un entendimiento maduro de la vida)	Autocontrolado (restringido, autodisciplinado)

Fuente: Rokeach, M., *The Nature of Human Values* (Nueva York: The Free Press, 1973).

Ilustración 4-2 Calificación media de los valores de ejecutivos, miembros de sindicato y activistas (los 5 más altos solamente)

Ejecutivos		Miembros de sindicato		Activistas	
Terminal	Instrumental	Terminal	Instrumental	Terminal	Instrumental
1. Respeto a uno mismo	1. Honestidad	1. Seguridad de la familia	1. Responsable	1. Igualdad	1. Honestidad
2. Seguridad de la familia	2. Responsable	2. Libertad	2. Honesto	2. Un mundo en paz	2. Ayuda
3. Libertad	3. Capaz	3. Felicidad	3. Valiente	3. Seguridad de la familia	3. Valor
4. Un sentido del logro	4. Ambicioso	4. Autorrespetado	4. Independiente	4. Respeto a uno mismo	4. Responsable
5. Felicidad	5. Independiente	5. Amor maduro	5. Capaz	5. Libertad	5. Capaz

Fuente: basado en Frederick, W. C. y J. Weber, "The values of Corporate Managers and Their Critics: An Empirical Description and Normative Implications", en Frederick, W. C. y L. E. Preston (eds.), *Business Ethics: Research Issues and Empirical Estudies* (Greenwich, CT: JAI Press, 1990), pp. 123-144.

Tipos de valores

¿Podemos clasificar los valores? La respuesta es: ¡sí! En esta sección, revisaremos dos métodos para desarrollar las tipologías de los valores.

ENCUESTA ROKEACH DEL VALOR Milton Rokeach creó la encuesta Rokeach del valor (RVS, por sus siglas en inglés).[14] La RVS consiste en dos series de valores, cada una contiene 18 conceptos de valor individual. Un grupo, llamado **valores terminales,** se refiere a las finalidades deseables de existencia. Éstos son las metas que a una persona le gustaría lograr durante su vida. El otro grupo, llamado **valores instrumentales,** se refiere a los modos preferentes de comportamiento o medios de lograr los valores terminales. La ilustración 4-1 da ejemplos comunes para cada uno de estos grupos.

Diversos estudios confirman que los valores de la RVS varían entre diferentes grupos.[15] La gente con la misma ocupación o categoría (por ejemplo: los gerentes corporativos, los miembros de sindicatos, los padres, los estudiantes) tienden a tener valores similares. Por ejemplo, un estudio comparó a ejecutivos corporativos, miembros del sindicato de trabajadores del acero y miembros de un grupo activista comunitario. Aunque gran parte de la superposición se encontró entre estos tres grupos,[16] hubo diferencias significativas (véase la ilustración 4-2). Los activistas tuvieron preferencias del valor que fueron bastante diferentes de aquéllas de los otros dos grupos. Colocaron la "igualdad" como su valor terminal más importante; los ejecutivos y los miembros del sindicato asignaron a este valor 14 y 13, respectivamente. Los activistas pusieron la "asistencia social como su segundo valor instrumental más alto. Los otros dos grupos la colocaron ambos en el 14. Estas diferencias son importantes, ya que los ejecutivos, miembros de sindicatos y activistas, todos, tienen un interés establecido en lo que hacen las corporaciones. "Cuando las corporaciones y los grupos de interés críticos como estos (otros) dos se reúnen para negociar o competir el uno con el otro sobre asuntos políticos económicos y sociales, probablemente empezarán con estas diferencias interconstruidas en preferencias de valores personales... Alcanzar un acuerdo sobre cualquier tema en específico o en política donde se implican estos valores personales de manera importante podría probar ser algo difícil."[17]

COHORTES CONTEMPORÁNEAS DE TRABAJO Su autor ha integrado numerosos análisis recientes de valores laborales en un modelo de cuatro etapas que trata de capturar

valores terminales
Finalidades deseables de existencia; las metas que a una persona le gustaría lograr durante su vida.

valores instrumentales
Modos preferentes de comportamiento o medios de lograr los valores terminales de uno.

los valores únicos de diferentes legiones o generaciones en la fuerza de trabajo estadounidense.[18] (Ninguna suposición se ha hecho sobre que este marco aplique universalmente en todas las culturas.)[19] La ilustración 4-3 propone que los empleados pueden conjuntarse en segmentos, de acuerdo con la era en la cual entraron a la fuerza laboral. Ya que la mayoría de la gente comienza a trabajar a las edades entre 18 y 23 años, las eras también se correlacionan de manera estrecha con la edad cronológica de los empleados.

Los trabajadores que crecieron influenciados por la Gran Depresión, la Segunda Guerra Mundial, el liderazgo de Estados Unidos en la manufactura mundial, las hermanas Andrews y el aislamiento del muro de Berlín, entraron a la fuerza laboral desde la mitad de la década de los cuarenta hasta finales de los cincuenta creyendo en la ética protestante del trabajo. Una vez contratados, tendieron a ser leales a su patrón. En términos de los valores terminales de la RVS, estos empleados probablemente dieron una gran importancia a la vida confortable y a la seguridad de la familia.

Los empleados que entraron a la fuerza laboral durante la década de los sesenta hasta mediados de los setenta estuvieron influenciados en gran medida por John F. Kennedy, el movimiento de derechos civiles, los Beatles, la guerra de Vietnam, y la competencia de los *babyboomers* (los niños cuyos padres murieron en la segunda guerra). Trajeron consigo una gran medida de la "ética hippie" y la filosofía existencial. Están más interesados en la calidad de su vida que en la cantidad de dinero y las posesiones que pudieran acumular. Su deseo de la autonomía ha dirigido su lealtad hacia ellos mismos en lugar de hacia la organización que los emplea. En términos de la RVS, la libertad y la igualdad califican igual.

Los individuos que entraron a la fuerza laboral en la mitad de la década de los setenta y hasta finales de los ochenta reflejan el regreso de la sociedad a los valores tradicionales, pero con un énfasis mucho mayor en el logro y en el éxito material. Como generación, están fuertemente influenciados por el conservadurismo de Reagan, el aumento de la defensa, de parejas con carrera profesional y doble sustento y hombres y mujeres que formaban un hogar con $150,000. Nacidos hacia el fin del periodo de los *babyboomers*, estos trabajadores son pragmáticos que creen que el fin puede justificar los medios. Ven a las organizaciones que los emplean simplemente como vehículos para sus carreras. Los valores terminales como el sentido del logro y el reconocimiento social califican alto con ellos.

Ilustración 4-3 Valores dominantes en la fuerza laboral de hoy en día

Estado	Entrada a la fuerza laboral	Edad aproximada actual	Valores dominantes del trabajo
I. Ética protestante en el trabajo	Mitad de la década de los cuarenta a finales de los cincuenta	55–75	Trabajo duro, conservador; lealtad a la organización
II. Existencial	De la década de los sesenta a la mitad de los setenta	40–55	Calidad de vida, no conformista, búsqueda de la autonomía, lealtad a uno mismo
III. Pragmático	Mitad de la década de los setenta a finales de la década de los ochenta	30–40	Éxito, logro, ambición, trabajo duro; lealtad a la carrera
IV. Generación X	De 1990 a la fecha	Menos de 30	Flexibilidad, satisfacción en el trabajo, tiempo libre; lealtad a las relaciones

Nuestra categoría final encierra lo que se conoce como la generación X. La vida de los miembros de esta generación se ha moldeado por la globalización, el estancamiento económico, la caída del comunismo, el MTV, el SIDA y las computadoras. Ellos valoran la flexibilidad, las opciones de la vida y el logro de la satisfacción en el trabajo. La familia y las relaciones son muy importantes para esta legión. El dinero es importante como un indicador del desempeño de la carrera, pero están dispuestos a cambiar los incrementos salariales, los títulos, la seguridad y los ascensos por un incremento del tiempo libre y opciones de estilo de vida relajados. En la búsqueda del equilibrio en su vida, estos seres de más reciente ingreso a la fuerza laboral están menos dispuestos a hacer sacrificios personales por el bienestar del patrón que las generaciones anteriores. En la RVS, califican alto en la amistad verdadera, la felicidad y el placer.

> ◆ La vida de los miembros de la generación X se ha moldeado por la globalización, el estancamiento económico, la caída del comunismo, el MTV, el SIDA y las computadoras.

Entender que los valores de los individuos difieren pero que tienden a reflejar los valores de la sociedad del periodo en el cual crecieron, puede ser una ayuda valiosa para explicar y pronosticar el comportamiento. Los empleados en sus 30 y 60, por ejemplo, probablemente sean más conservadores y acepten más la autoridad que sus compañeros de trabajo existenciales en sus 40. Y los trabajadores de menos de 30 años tienen mayor probabilidad que otros grupos de rehusarse a trabajar los fines de semana y están más dispuestos a dejar un trabajo a mitad de la carrera para perseguir otro que proporcione más tiempo libre.

Valores, lealtad y comportamiento ético

¿Se estableció un descenso en la ética en los negocios a finales de la década de los setenta? Este tema es debatible.[20] Sin embargo, mucha gente piensa esto. Si hubiera habido un descenso en los estándares éticos, probablemente deberíamos buscar en nuestro modelo de los cuatro estados de los valores de las legiones de trabajo (véase la ilustración 4-3), una posible explicación. Después de todo, los gerentes informan en forma consistente que las acciones de sus jefes son el factor más importante que influye en el comportamiento ético en sus organizaciones.[21] Dado este hecho, los valores de aquéllos en las gerencias media y superior deberían tener una carga significativa en el clima ético de la organización.

Hacia la mitad de la década de los setenta, los rangos gerenciales fueron dominados por los tipos de ética protestante sobre el trabajo (etapa I), cuya lealtad era hacia su patrón. Cuando se enfrentaban con dilemas éticos, sus decisiones eran todas en términos de lo que era mejor para su organización. A principios de la segunda mitad de la década de los setenta, los individuos con valores existenciales empezaron a elevarse a los niveles superiores de la gerencia. Pronto fueron seguidos por los tipos pragmáticos. Para finales de los ochenta, una gran porción de las posiciones medias y altas de la gerencia en organizaciones de negocios estaban ocupados por gente de las etapas II y III.

La lealtad de los existencialistas y pragmáticos se dirige a ellos mismos y a sus carreras, respectivamente. Se enfocan al interior y su preocupación principal es "la autoadmiración". Tales valores centrados en uno serían consistentes con el descenso de los estándares éticos. ¿Podría esto ayudar a explicar el polémico descenso de la ética en los negocios a principios del final de la década de los setenta?

El potencial de buenas noticias en este análisis es que quienes recién ingresan a la fuerza laboral y los futuros gerentes, parecen estar menos centrados en ellos mismos. Ya que su lealtad es hacia las relaciones, tienden más a considerar las implicaciones éticas de sus acciones sobre los demás alrededor de ellos. ¿El resultado? Podríamos observar más adelante un incremento en los estándares éticos en los negocios durante la siguiente década o las dos que vienen, simplemente como un resultado de los cambios en los valores dentro de los rangos gerenciales.

Los valores a través de las culturas

En el capítulo 1, describimos la nueva villa global y dijimos que: "los gerentes tienen que volverse capaces de trabajar con personas de culturas diferentes". Ya que los valores difieren a través de las culturas, entender estas diferencias ayudaría a explicar y predecir el comportamiento de los empleados de diferentes países. Una comparación entre las culturas estadounidense y japonesa es útil, a manera de ilustración de este punto.[22]

A los niños estadounidenses se les enseña desde temprana edad los valores de la individualidad y la singularidad. En contraste, los niños japoneses son adoctrinados para ser "jugadores de un equipo", para trabajar dentro del grupo y a adaptarse. Una parte significativa de la educación del estudiante estadounidense es aprender a pensar, analizar y cuestionar. Sus homólogos japoneses son premiados por contar nuevamente los hechos. Estas diferentes prácticas de socialización reflejan las distintas culturas y, no es de sorprender, originan tipos diferentes de empleados. El trabajador promedio estadounidense es más competitivo y enfocado a sí mismo que el japonés. Los pronósticos sobre el comportamiento de un empleado, basados en los trabajadores estadounidenses, son probablemente irrelevantes cuando se aplican a una población de empleados —como los japoneses— que prefieren y se desempeñan mejor en tareas estandarizadas, como parte de un equipo de trabajo, con decisiones y premios basados en equipo.

UN MARCO PARA EVALUAR LAS CULTURAS   Uno de los métodos más ampliamente utilizados para analizar las variaciones entre las culturas ha sido el desarrollado por Geert Hofstede.[23] Él llevó a cabo una encuesta con más de 116,000 empleados de IBM en 40 países acerca de los valores relacionados con el trabajo. Encontró que los gerentes y empleados varían en cinco dimensiones de valores de la cultura nacional. Éstas se listan y se definen a continuación:

◆ **Distancia del poder.** La medida en la que la gente en un país acepta que el poder en las instituciones y organizaciones se distribuya desigualmente. Varía desde relativamente igual (baja distancia de poder) hasta extremadamente desigual (alta distancia del poder).

◆ **Individualismo** *versus* **colectivismo.** El individualismo es el grado en el cual las personas en un país prefieren actuar como individuos más que como miembros de grupos. El colectivismo es equivalente a un bajo individualismo.

◆ **Materialismo** *versus* **calidad de vida.** El materialismo es el grado en el cual prevalecen los valores como la asertividad, la adquisición de dinero y de bienes materiales y la competencia. La calidad de vida es el grado en el cual la gente valora las relaciones y muestra sensibilidad y preocupación por el bienestar de los demás.[24]

◆ **Anulación de la incertidumbre.** El grado en el cual la gente en un país prefiere las situaciones estructuradas sobre las no estructuradas. En países que califican alto en anulación de la incertidumbre, la gente tiene un nivel mayor de ansiedad, lo cual se manifiesta en nerviosismo, tensión y agresividad mayores.

◆ **Orientación a largo plazo** *versus* **a corto plazo.** La gente en culturas con orientación a largo plazo ven al futuro y valoran el progreso y la persistencia. Una orientación a corto plazo valora el pasado y el presente, y enfatiza el respeto por la tradición y el cumplimiento de las obligaciones sociales.

La ilustración 4-4 de la página 140 proporciona un resumen de cómo numerosos países califican en estas cinco dimensiones. Por ejemplo, no es de sorprender que la

distancia del poder
Un atributo de la cultura nacional que describe la magnitud a la cual una sociedad acepta que el poder en las instituciones y organizaciones se distribuya desigualmente.

individualismo
Un atributo de la cultura nacional que describe un marco social poco formal en el cual la gente enfatiza solamente la importancia de ellos mismos y de su familia inmediata.

colectivismo
Un atributo de la cultura nacional que describe un marco social firme, en el cual la gente espera que los demás miembros de los grupos, de los cuales forma parte, vea por ellos y los proteja.

materialismo
Un atributo de la cultura nacional que describe la medida en la que los valores sociales se caracterizan por la asertividad y los aspectos materiales.

calidad de vida
Un atributo de la cultura nacional que enfatiza las relaciones y el interés por los demás.

anulación de la incertidumbre
Un atributo de la cultura nacional que describe la medida en la que una sociedad se siente amenazada por las situaciones inciertas y ambiguas y trata de evitarlas.

orientación a largo plazo
Un atributo de la cultura nacional que enfatiza el futuro, la prosperidad y la persistencia.

orientación a corto plazo
Un atributo de la cultura nacional que enfatiza el pasado y el presente, el respeto por la tradición y el cumplimiento de la obligación social.

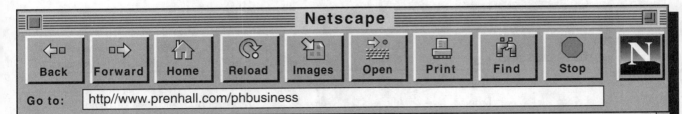

El CO en las noticias

Ford utiliza "grupos de valores" generacionales para ayudar a desarrollar automóviles

James C. Bulin, un diseñador de nivel medio de Ford Motor Co., ha tenido una idea que está cambiando radicalmente la manera en que Ford diseña sus vehículos. Divide a los compradores potenciales en grupos de valores generacionales, luego utiliza esta información para confeccionar el diseño y la mercadotecnia de un vehículo en específico para un mercado meta específico.

Bulin ha identificado seis generaciones distintivas, cada una con características y gustos divididos que influencian los hábitos de compra de su vehículo. Sus seis categorías son:

Muchachos de la depresión (nacidos entre 1920-1934). Siempre planean como para un día lluvioso. Son también buscadores del rango, prefieren autos que sean largos, bajos, anchos y más coloridos. Creen que los camiones pertenecen a una granja o a un sitio de construcción.

Generación silenciosa (1935-1945). Los miembros de esta generación prefieren automóviles personalizados, en contraste con los de apariencia estándar. No gustan de los camiones, excepto para ciertas adaptaciones.

Baby boomers (1946-1964). Buscan la gratificación instantánea y quieren que los otros piensen que toman decisiones de compra inteligentes, les encantan las minivans y los vehículos deportivos que al mismo tiempo sean prácticos.

Generación perdida (1965-1969). Los miembros de este grupo se sienten privados de ciertos privilegios ya que crecieron a la sombra de los *baby boomers*. Esperan una vida mejor y no son ricos. Manejan vehículos pequeños, deportivos y prácticos y automóviles excéntricos.

Nacimiento en la escasez (1970-1977). Estos individuos crecieron en la década rica de los ochenta y adquirieron un gusto por la excelencia, la cual no sostienen sus trabajos. Manejan vehículos deportivos y sedanes prácticos.

Baby boomlet (1978-actualidad). Aunque tienen un fuerte deseo de la riqueza de la generación de sus padres, es improbable que lleguen a tener tanto dinero.

Sus opciones de automóvil todavía están en formación.

Usando estos grupos de valores, Bulin establece un objetivo de preferencias de los *baby boomers*. Por ejemplo, los *boomers* equiparan la fortaleza con ser bien parecido y estar en forma. Así que Ford hizo que el F-150 luciera delgado y muscular, estrechando 2 pulgadas la cabina y alargando el vehículo 5 pulgadas. Luego se le agregó una tercera puerta abatible hacia atrás detrás de la puerta del pasajero frontal para facilitar la entrada y salida de los *boomers* con hijos adolescentes.

Este método ha sido sumamente eficaz. Mientras que los viejos modelos de pickup debieron dos tercios de las ventas a gente mayor de 50 años, se espera que 80% de los nuevos modelos sean comprados por los *boomers*. Las ventas para la nueva F-150 rediseñadas son 18% superiores a los del modelo viejo.

Fuente: basado en Naughton, K., "How Fords F-150 Lapped the Competition", *Business Week*, 29 de julio de 1996, pp. 74-76.

¡Conéctese a la red!

Lo invitamos a que visite la página de Robbins en el sitio de Prentice Hall en la Web:

http://www.prenhall.com/robbinsorgbeh

para el ejercicio de la World Wide Web de este capítulo.

Ilustración 4-4 Ejemplos de dimensiones culturales

País	Distancia de poder	Individualismo*	Materia-lismo**	Evitar la incertidumbre	Orientación a largo plazo***
China	Alto	Bajo	Moderado	Moderado	Alto
Francia	Alto	Alto	Moderado	Alto	Bajo
Alemania	Bajo	Alto	Alto	Moderado	Moderado
Hong Kong	Alto	Bajo	Alto	Bajo	Alto
Indonesia	Alto	Bajo	Moderado	Bajo	Bajo
Japón	Moderado	Moderado	Alto	Moderado	Moderado
Países bajos	Bajo	Alto	Bajo	Moderado	Moderado
Rusia	Alto	Moderado	Bajo	Alto	Bajo
Estados Unidos	Bajo	Alto	Alto	Bajo	Bajo
Oeste de África	Alto	Bajo	Moderado	Moderado	Bajo

*Una calificación baja es sinónimo de colectivismo. **Una calificación baja es sinónimo de alta calidad de vida. ***Una calificación baja es sinónimo de orientación al corto plazo.
Fuente: adaptado de Hofstede, G., "Cultural Constraints in Management Theories", *Academy of Management Executive,* febrero de 1993, p. 91

mayoría de los países asiáticos sea más colectivista que individualista. Por el otro lado, Estados Unidos calificó como el país más alto en individualismo, entre todos los encuestados.

IMPLICACIONES PARA EL CO La mayoría de los conceptos que actualmente conforman el conocimiento que llamamos *comportamiento organizacional* se ha desarrollado en Estados Unidos con base en sujetos estadounidenses dentro del contexto de ese país. Un estudio amplio, por ejemplo, de más de 11,000 artículos publicados en 24 diarios sobre gerencia y comportamiento organizacional, durante un periodo de 10 años, reveló que aproximadamente 80% de los estudios se realizó en Estados Unidos y se condujeron por estadounidenses.[25] Estudios de seguimiento continúan confirmando la carencia de consideraciones interculturales en la investigación de la gerencia y del CO.[26] Lo que esto significa es que (1) no todas las teorías y los conceptos del CO son aplicables universalmente para dirigir gente, especialmente en países donde los valores del trabajo son considerablemente diferentes de los de Estados Unidos; y (2) usted debería tomar en consideración los valores culturales cuando trate de entender el comportamiento de la gente en diferentes países.

Actitudes

actitudes
Enunciados o juicios de evaluación respecto de los objetos, la gente o los eventos.

componente cognoscitivo de una actitud
El segmento de opinión o de creencia que tiene una actitud.

componente afectivo de una actitud
El segmento emocional o sentimental de una actitud.

Las **actitudes** son enunciados de evaluación —ya sean favorables o desfavorables— con respecto a los objetos, a la gente o a los eventos. Reflejan cómo se siente uno acerca de algo. Cuando digo "me gusta mi trabajo", estoy expresando mi actitud acerca del trabajo.

Las actitudes no son las mismas que los valores, pero ambos están interrelacionados. Puede verlo al observar los tres componentes de una actitud: cognición, afecto y comportamiento.[27]

La creencia de que la "discriminación es mala" es un enunciado de valor. Tal opinión es el **componente cognoscitivo** de una actitud. Establece la base para la parte más crítica de una actitud —su **componente afectivo.** El afecto es el segmen

Desde sus primeros años, los niños japoneses aprenden el valor de trabajar juntos. Esta práctica de la socialización se extiende al lugar de trabajo, donde los empleados laboran bien como un equipo. El equipo de trabajadores mostrado aquí en Yokogawa Electric de Japón, un fabricante de equipo industrial de pruebas y mediciones, es capaz de tomar decisiones acerca del rediseño de productos en poco tiempo para cumplir con las metas de reducción de costos de la compañía.

to emocional o sentimental de una actitud y se refleja en el enunciado "no me cae bien John porque discrimina a las minorías".

Finalmente, como lo discutiremos con bastante detenimiento en esta sección, el afecto puede llevar a resultados de comportamiento. El **componente del comportamiento** de una actitud se refiere a la intención de comportarse de cierta manera hacia alguien o hacia algo. Así, para continuar con nuestro ejemplo, yo podría escoger evitar a John debido a mi sentimiento hacia él.

Ver las actitudes como la conjunción de tres componentes —cognición, afecto y comportamiento— ayuda a entender su complejidad y la relación potencial entre las actitudes y el comportamiento. Pero por el bien de la claridad, mantenga en mente que el término *actitud* se refiere, en esencia, a la parte afectiva de los tres componentes.

componente del comportamiento de una actitud
La intención de comportarse de cierta manera hacia alguien o hacia algo.

Fuentes de las actitudes

Las actitudes, como los valores, se adquieren de los padres, maestros y grupos de compañeros. Nacemos con ciertas predisposiciones genéticas.[28] Después, en nuestros primeros años, empezamos a moldear nuestras actitudes de acuerdo con aquellos que admiramos, respetamos o tal vez hasta tememos. Observamos la forma en que la familia y los amigos se comportan y moldeamos nuestras actitudes y comportamiento para alinearlos con los de ellos. La gente también imita las actitudes de individuos populares y de aquellos que admiran y respetan. Si lo "correcto" es comer en McDonald's, probablemente usted tenga esa actitud.

En contraste con los valores, sus actitudes son menos estables. Los mensajes de publicidad, por ejemplo, tratan de alterar sus actitudes hacia cierto producto o servicio: si la gente de Ford puede hacer que usted tenga un sentimiento favorable hacia sus autos, esa actitud podría llevarlo a un comportamiento deseable (para ellos) que implique que compre un producto Ford.

En las organizaciones, las actitudes son importantes ya que afectan el comportamiento en el trabajo. Si los trabajadores creen, por ejemplo, que los supervisores, auditores, jefes e ingenieros de tiempos y movimientos están todos en conspiración para hacer trabajar a los empleados más fuerte por el mismo dinero o por menos, entonces tiene sentido tratar de entender cómo se concibieron estas actitudes, su relación con el comportamiento actual en el trabajo y cómo podrían cambiarse.

Tipos de actitudes

Una persona puede tener miles de actitudes, pero el CO enfoca nuestra atención en un número limitado de actitudes relacionadas con el trabajo. Éstas capturan las evaluaciones positivas o negativas que los empleados mantienen acerca de los aspectos de su ambiente de trabajo. La mayor parte de la investigación sobre el CO se ha interesado en tres actitudes: satisfacción en el trabajo, compromiso con éste y compromiso organizacional.[29]

◆ La mayor parte de la investigación sobre CO se ha interesado en tres actitudes: satisfacción en el trabajo, compromiso con éste, y compromiso organizacional.

SATISFACCIÓN EN EL TRABAJO El término *satisfacción en el trabajo* se refiere a la actitud general de un individuo hacia su empleo. Una persona con un alto nivel de satisfacción mantiene actitudes positivas hacia el trabajo, mientras que una persona insatisfecha mantiene actitudes contrarias. Cuando la gente habla de las actitudes del empleado, a menudo a lo que se refiere es a la satisfacción en el trabajo. De hecho, las dos son frecuentemente intercambiadas. Debido a la gran importancia que los investigadores del CO han dado a la satisfacción en el trabajo, revisaremos esta actitud con mayor detalle en este capítulo.

COMPROMISO CON EL TRABAJO Este término es el de más reciente adquisición en la bibliografía sobre el CO.[30] Mientras no exista un acuerdo completo sobre lo que el término significa, una definición manejable establece que el **compromiso con el trabajo** mide el grado en el cual una persona se identifica sociológicamente con su trabajo y considera que su nivel de desempeño percibido es importante para valorarse a sí mismo.[31] Los empleados con un alto nivel de compromiso con el trabajo se identifican sobremanera con el trabajo y en realidad les importa la clase de trabajo que hacen.

Se ha encontrado que altos niveles de compromiso están relacionados con pocas ausencias y bajas tasas de renuncia.[32] Sin embargo, parece más consistente predecir la rotación que el ausentismo, pues la primera corresponde a 16% de la varianza.[33]

compromiso con el trabajo
El grado en el cual una persona se identifica con su trabajo, participa activamente en él y considera su desempeño importante para la valoración propia.

COMPROMISO ORGANIZACIONAL La tercera actitud hacia el trabajo que discutiremos es el **compromiso organizacional,** el cual se define como un estado en el cual un empleado se identifica con una organización en particular y con sus metas, y desea mantenerse en ella como uno de sus miembros.[34] Así, un alto *compromiso con el trabajo* significa identificarse con el trabajo específico de uno, mientras que un *alto compromiso organizacional* significa identificarse con el servicio personal a la organización.

Como con el compromiso con el trabajo, la evidencia de la investigación demuestra relaciones negativas entre el compromiso organizacional y tanto el ausentismo como la rotación.[35] De hecho, los estudios demuestran que el nivel del compromiso organizacional de un individuo es, en gran medida, un mejor indicador de la rotación que el utilizado a menudo como pronóstico de la satisfacción en el trabajo, pues explica cuando mucho 34% de la varianza.[36] El compromiso organizacional es probablemente un mejor pronosticador, ya que es una respuesta más global y duradera

compromiso organizacional
El grado en el cual un empleado se identifica con una organización en particular y con sus metas, y desea mantenerse en ella como uno de sus miembros.

para la organización como un todo, que la satisfacción en el trabajo.[37] Un empleado podría estar insatisfecho con su trabajo en particular y considerarlo como una condición temporal y, sin embargo, no estar insatisfecho con la organización como un todo. Pero cuando la insatisfacción se esparce a la organización en sí misma, es más probable que los individuos consideren renunciar.

Actitudes y consistencia

¿Notó alguna vez cómo la gente cambia lo que dice para no contradecirse con lo que hace? Probablemente uno de sus amigos ha sostenido de manera consistente que la calidad de los automóviles estadounidenses no está por encima de los importados y que él nunca poseería un automóvil a menos que fuera importado. Pero su papi le da un carro último modelo estadounidense y de repente aquéllos ya no son tan malos. O, cuando al tomar una iniciación para una hermandad, una novata cree que las hermandades son buenas y que suplicar por entrar a ella es importante. Si no logra entrar, sin embargo, ella podría decir: "¡Reconozco que la vida de una hermandad no es todo lo grandioso que se supone que es, de cualquier manera!"

La investigación ha concluido que en general la gente busca la consistencia entre sus actitudes y su comportamiento. Esto significa que los individuos buscan reconciliar las actitudes divergentes y alinear sus actitudes y comportamientos para que parezcan racionales y consistentes. Cuando existe una inconsistencia, se activan fuerzas para hacer regresar al individuo a un estado de equilibrio donde las actitudes y el comportamiento son otra vez consistentes. Esto puede realizarse alterando ya sea las actitudes o el comportamiento, o bien, racionalizando la discrepancia.

Por ejemplo, un reclutador de la ABC Company, cuyo trabajo es visitar campos universitarios, identificar candidatos de trabajo calificados y venderles las ventajas de ABC como un buen lugar para trabajar, estaría en conflicto si él personalmente creyera que ABC Company tiene condiciones pobres de trabajo y pocas oportunida-

El entusiasmo de estos empleados de Pep Boys demuestra una actitud que se ajusta a la filosofía de la compañía de dar a los clientes un extraordinario "servicio estandarizado". El alto compromiso organizacional significa que los empleados trabajan duro para asegurase de que los clientes se vayan manejando felices con sus productos de mantenimiento y reparación automotriz y con su servicio. Los empleados comprometidos son importantes para Pep Boys, dado que la reputación de la compañía de ofrecer excelente servicio facilita la apertura de nuevas tiendas y centros de servicio a lo largo de Estados Unidos.

des para los nuevos egresados de la universidad. Este reclutador podría, con el tiempo, hacer que sus actitudes hacia la ABC Company se hicieran más positivas. Probablemente, en efecto, se lave el cerebro a sí mismo para continuamente articular los méritos de trabajar en ABC. Otra alternativa sería que el reclutador se volviera abiertamente hostil acerca de ABC y de las oportunidades dentro de la firma para los candidatos. El entusiasmo original que el reclutador pudiera mostrar decrecería, y reemplazarlo tal vez por un cinismo abierto hacia la compañía. A la larga, el reclutador admitiría que ABC es un lugar indeseable para trabajar, pero pensaría que, como reclutador profesional, su obligación sería presentar el lado positivo de trabajar en la compañía. Podría racionalizar que ningún lugar de trabajo es perfecto; por tanto, su trabajo no es presentar ambos lados del tema, sino presentar una pintura rosa de la compañía.

Teoría de la disonancia cognoscitiva

¿Podemos inferir también de este principio de consistencia que el comportamiento de un individuo puede pronosticarse siempre que se conozca su actitud sobre el tema? Si el señor Jones percibe que el nivel de paga de la compañía es muy bajo, ¿un incremento sustancial en su salario cambiará su comportamiento, esto es, lo hará trabajar más duro? La respuesta a esta pregunta es, desafortunadamente, más compleja que simplemente "Sí" o "No".

Leon Festinger, a finales de la década de los cincuenta, propuso la teoría de la **disonancia cognoscitiva**.[38] Con ella buscó explicar la unión entre las actitudes y el comportamiento. La disonancia significa una inconsistencia. La disonancia cognoscitiva se refiere a cualquier incompatibilidad que un individuo pudiera recibir entre dos o más de sus actitudes o entre su comportamiento y sus actitudes. Festinger sostuvo que cualquier forma de inconsistencia era incómoda y que los individuos tratarían de reducir la disonancia y, por tanto, la incomodidad. En consecuencia, los individuos buscarían un estado estable donde existiera un mínimo de disonancia.

Claro, ningún individuo puede evitar completamente la disonancia. Usted sabe que hacer trampa en su declaración de impuestos está mal, pero "manipula" los números un poco cada año, y espera no ser auditado. O les dice a sus hijos que se cepillen los dientes después de cada alimento, pero *usted* no lo hace. ¿Así es como la gente supera las dificultades? Festinger propondría que el deseo de reducir la disonancia estaría determinada por la *importancia* de los elementos que la crean, el grado de la *influencia* que el individuo cree que tiene sobre los elementos y los *premios* que podrían implicarse en la disonancia.

Si los elementos que crean la disonancia tienen relativamente poca importancia, la presión de corregir este desequilibrio será baja. Sin embargo, digamos que una gerenta (no se sorprenda por el femenino, por favor) corporativa —la señora Smith— cree con firmeza que ninguna compañía debería contaminar el aire o el agua. Por desgracia, la señora Smith, debido a los requerimientos de su trabajo, es colocada en la posición de tomar las decisiones que intercambien la lucratividad de su compañía en contra de sus actitudes sobre la contaminación. Ella sabe que tirar la suciedad de la compañía al río local (lo cual asumiremos que es legal) es uno de los mayores intereses económicos de su firma. ¿Qué hará ella? Claramente, la señora Smith está experimentando un alto grado de disonancia cognoscitiva. Debido a la importancia de los elementos en este ejemplo, no podemos esperar que la señora Smith ignore la inconsistencia. Hay diversos caminos que puede seguir para tratar su dilema. Puede cambiar su comportamiento (hacia la contaminación del río). O bien, puede reducir la disonancia al concluir que el comportamiento disonante no es tan importante después de todo (Tengo que ganarme la vida y en mi papel como tomadora de decisiones de la corporación, a menudo tengo que poner lo bueno de mi compañía por encima del ambiente o de la sociedad"). Una tercera alternativa sería que la señora Smith cam-

disonancia cognoscitiva
Cualquier incompatibilidad entre dos o más actitudes o entre comportamientos y actitudes.

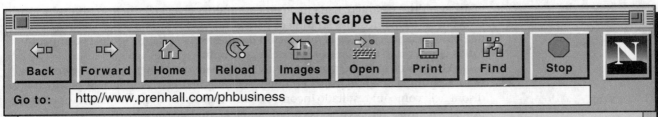

Go to: http//www.prenhall.com/phbusiness

El CO en las noticias

"¿Cómo viven los ejecutivos del tabaco con ellos mismos?"

¿Cómo explican los ejecutivos del tabaco su responsabilidad por un producto que mata más de 420,000 estadounidenses al año? ¿Cómo rechazan la sobrecogedora evidencia que asocia el fumar con el cáncer de pulmón y de laringe, el enfisema y las enfermedades del corazón? ¿Insistiendo en que la causa directa no ha sido probada? Estos ejecutivos son rápidos para responder a los críticos que su producto es legal, que no alientan a los no fumadores a fumar y que lo que están realmente promoviendo es la libertad de elección.

Lo siguiente es parte de una entrevista con Steven C. Parrish, de 44 años de edad, consejero general y vicepresidente *senior* de relaciones externas de Phillip Morris, Estados Unidos. Él y su esposa tienen una hija de 11 años y un hijo de cuatro. Como aclaración, él fuma cigarrillos.

Después de egresar de la universidad de Missouri, Parish se unió a una firma de abogados de Kansas City y representó a Philip Morris. Luego la compañía le pidió que trabajara para ellos tiempo completo.

"Philip Morris es una gran compañía en términos de su éxito en los negocios, su reputación y toda esa clase de cosas. La gente en realidad me impresionó. Y en verdad me gusta representar a los trabajadores del tabaco, a aquellos que operan la maquinaria y hacen los cigarrillos. Gente realmente buena —la clase de personas que pensé que representaría cuando fuera grande [mientras crecía en un pequeño pueblo de Missouri]... Yo no tenía ningún temor de incorporarme a una compañía tabacalera."

"Hace un año o dos, mi hija llegó a casa de la escuela y dijo: 'tengo una tarea y necesito que me ayudes. Mañana vamos a hablar acerca de las drogas como la mariguana, la cocaína y el alcohol. También vamos a hablar acerca de los cigarrillos y si son o no adictivos. Quiero saber qué piensas acerca de los cigarrillos'. Yo le dije que muchas personas creen que el fumar cigarros es una adicción pero que yo no lo creía. Y le dije que el secretario de salud decía que cerca de 40 millones de personas habían dejado de fumar por su cuenta. Pero si ella me hubiera preguntado acerca de las consecuencias para la salud, le hubiera dicho que ciertamente no creo que sea seguro fumar. Es un factor de riesgo del cáncer del pulmón, de ataques al corazón. Pero es una elección. Nos encontramos confrontados con opciones al mismo tiempo. Aun así, tenía que decirle que podría ser una mala idea. No lo sé. Pero podría ser."

"Usted pudiera decir que debemos hacer todo lo razonablemente posible para asegurarnos de que nadie fume otro cigarrillo. Pero usted no podría decir que la gente que trabaja en las compañías tabacaleras no pueden mirarse al espejo por ser, de alguna manera, menos seres humanos que quienes trabajan en una compañía farmacéutica o de acero."

Fuente: basado en *The New York Times Magazine*, Rosenblatt, R., 20 de marzo de 1994, pp. 34-41.

¡Conéctese a la red!

Lo invitamos a que visite la página de Robbins en el sitio de Prentice Hall en la Web:

http://www.prenhall.com/robbinsorgbeh

para el ejercicio de la World Wide Web de este capítulo.

biara su actitud ("No hay nada malo en contaminar el agua"). Incluso otra solución sería buscar elementos más armónicos para ponderar los disonantes ("Los beneficios que obtiene la sociedad de la fabricación de nuestros productos son más compensatorios que el costo social resultante de la contaminación del agua").

El grado de influencia que los individuos crean que tienen sobre los elementos tendrá un impacto en la forma en que reaccionarán a la disonancia. Si perciben la disonancia como un resultado incontrolable —algo sobre lo que no tienen opción— probablemente serán menos receptivos a una actitud de cambio. Si, por ejemplo, se requiere un comportamiento que produzca la disonancia como resultado de la directiva del jefe, la presión para reducir la disonancia sería menor que si el comportamiento fuera realizado de manera voluntaria. Mientras exista la disonancia, puede racionalizarse y justificarse.

Los premios también influyen en el grado en el cual los individuos se sienten motivados a reducir la disonancia. Las grandes recompensas que acompañan una alta disonancia tienden a reducir la tensión inherente a esta última. El premio actúa en la reducción de la disonancia incrementando la columna de la consistencia en la hoja de balance del individuo.

Estos factores moderadores sugieren que no sólo porque los individuos experimenten la disonancia necesariamente irán directo hacia la consistencia, es decir, hacia la eliminación de esta disonancia. Si los temas que fundamentan la disonancia son de importancia mínima, si un individuo percibe que la disonancia es impuesta externamente y que puede controlarla de manera sustancial, o si las recompensas son los suficientemente significativas para compensar la disonancia, el individuo no estará bajo una gran tensión de reducir el desacuerdo.

¿Cuáles son las implicaciones organizacionales de la teoría de la disonancia cognoscitiva? Ésta puede ayudar a predecir la propensión a comprometerse en una actitud y un cambio de comportamiento. Si se requiere que los individuos, por ejemplo, por necesidades de su trabajo digan o hagan cosas que contradigan su actitud personal, tenderán a modificar su actitud a fin de hacerla compatible con la cognición de lo que han dicho o han hecho. A todo esto, mientras más grande sea la disonancia —después de que ha sido moderada por la importancia, la opción y los factores de recompensa— más grandes serán las presiones para reducirla.

Medición de la relación A–B

Hemos mantenido a lo largo de este capítulo que las actitudes afectan el comportamiento. El trabajo de investigación inicial sobre las actitudes asumió que estaban causalmente con el comportamiento; esto es, las actitudes que la gente adopta determina lo que hace. El sentido común, también, sugiere una relación. ¿No es lógico que las personas miren un programa de televisión que dicen que les gusta o que sus empleados traten de evitar tareas que encuentran de mal gusto?

Sin embargo, a finales de la década de los sesenta, esta supuesta relación entre las actitudes y el comportamiento (A–B) fue puesta en tela de juicio por una revisión de la investigación.[39] Basado en una evaluación sobre numerosos estudios que investigaron la relación A–B, el revisor concluyó que las actitudes no estaban relacionadas con el comportamiento o, cuando mucho, estaban sólo ligeramente relacionadas.[40] La investigación más reciente ha demostrado que la relación A–B puede mejorarse tomando en cuenta las variables moderadoras de contingencia.

VARIABLES MODERADORAS Algo que mejora nuestras posibilidades de encontrar relaciones significativas A–B es el uso tanto de actitudes específicas como de comportamientos específicos.[41] Una cosa es hablar acerca de la actitud de una persona hacia la "preservación del ambiente" y otra es hablar de su actitud hacia el "reciclaje". Mientras más específica sea la actitud que estemos midiendo y más específicos seamos en identificar un comportamiento relacionado, más grande será la probabilidad de que podamos mostrar una relación entre A y B. Si hoy en día usted le pregunta a la gente si está interesada en la preservación del ambiente, la mayoría diría "Sí". Esto no significa, sin embargo, que separe los artículos reciclables de su basura. La correlación entre la pregunta sobre el interés de proteger el ambiente y reciclar podrá ser solamente +.20 o algo aproximado. Pero si usted hace una pregunta más específica —al preguntar, por ejemplo, acerca del grado de obligación personal que uno siente para separar los artículos reciclables— es probable que la relación A–B alcance un +.50 o más.

Otro moderador son las restricciones sociales en el comportamiento. Las discrepancias entre las actitudes y el comportamiento podrían ocurrir ya que las presiones sociales sobre el individuo para que se comporte de cierta manera podrán tener un poder excepcional.[42] Las presiones de grupo, por ejemplo, podrían explicar por qué un empleado que tiene fuertes actitudes antisindicalistas asiste a las reuniones de organización prosindicalización.

Otra variable de moderación es la experiencia con la actitud en cuestión.[43] La relación A–B es probable que sea mucho más fuerte si la actitud a ser evaluada se refiere a algo con lo cual el individuo tiene experiencia. Por ejemplo, la mayoría de nosotros respondería a un cuestionario sobre cualquier tema. ¿Pero mi actitud hacia la extinción de cierto pez en el Amazonas es una indicación de que donaré dinero al fondo para salvar esta especie? ¡Probablemente no! Obtener las consideraciones de los estudiantes universitarios, sin experiencia laboral, sobre los satisfactores en el trabajo que serían importantes para determinar si se quedarían o no en un trabajo, es un ejemplo de una respuesta a una actitud que no revelaría mucho sobre el comportamiento real de rotación.

TEORÍA DE LA AUTOPERCEPCIÓN Aunque la mayoría de los estudios A–B da resultados positivos —de que las actitudes sí influyen en el comportamiento—, la relación tiende a ser débil antes de que se hagan ajustes para moderar las variables. Pero requerir especificidad, una ausencia de las restricciones sociales, y experiencia a fin de conseguir una correlación significativa impone severas limitaciones al hacer generalizaciones acerca de la relación A–B. Esto ha incitado a algunos investigadores a tomar otra dirección —para observar si el comportamiento influye o no en las actitudes. Esta posición, llamada **teoría de la autopercepción,** ha generado algunos hallazgos alentadores. Revisemos brevemente esta teoría.[45]

teoría de la autopercepción
Las actitudes se utilizan después del hecho para dar sentido a una acción que ya ha ocurrido.

Cuando a algunos individuos se les preguntó acerca de una actitud hacia algún objeto, los individuos recordaron su comportamiento relevante hacia ese objeto y entonces inferían su actitud de su comportamiento pasado. Así, si se le preguntaba a una empleada acerca de sus sentimientos sobre ser una especialista de entrenamiento en U.S. West, ella probablemente pensaría: "He tenido el mismo trabajo en U.S. West como entrenadora durante diez años, ¡así qué debe gustarme!" La teoría de la autopercepción, por tanto, sostiene que las actitudes son utilizadas, *después del hecho*, para darle un sentido a la acción que ya ha ocurrido en lugar de que los hechos precedentes guíen la acción.

La teoría de la autopercepción se ha fundamentado bien.[46] Aunque la relación tradicional actitud-comportamiento es generalmente positiva, también es débil. En contraste, la relación comportamiento-actitud es un poco fuerte. ¿Así pues, qué podemos concluir? Parece que somos muy buenos para encontrar razones para lo que hacemos, pero no tan buenos para hacer aquello para lo que encontramos razones.[47]

◆ Parece que somos muy buenos para encontrar razones para lo que hacemos, pero no tan buenos para hacer aquello para lo que encontramos razones.

Una aplicación: encuestas de actitud

La revisión anterior no debería desalentarnos de utilizar las actitudes para predecir el comportamiento. En un contexto organizacional, la mayoría de las actitudes de la gerencia buscaría inquirir acerca de cuáles son aquéllas en que los empleados tienen alguna experiencia. Si las actitudes en cuestión se enuncian de manera específica, la gerencia debería obtener información que pudiera ser valiosa para guiar sus decisiones relativas a estos empleados. Pero ¿de qué manera la gerencia obtiene información que pueda ser valiosa para guiar sus decisiones relativas a estos empleados? El método más popular son las **encuestas de actitud.**[48]

La ilustración 4-5 muestra un ejemplo de una encuesta de actitud. Típicamente, las encuestas de actitud presentan al empleado un grupo de enunciados o preguntas. Idealmente, los conceptos se diseñan para obtener la información específica que la gerencia desea. La calificación de la actitud se obtiene sumando todas las respuestas de conceptos de un cuestionario individual. Estas calificaciones pueden promediarse para los grupos de trabajo, los departamentos, las divisiones, o bien para la organización como un todo.

Los resultados de las encuestas de actitud con frecuencia sorprenden a la gerencia. Por ejemplo, Michael Gilliland posee y opera una cadena de 12 mercados de comida.[49] Él y su equipo de gerencia elaboraron un cuestionario de diez conceptos sobre la satisfacción en el trabajo, el cual se aplica a todos los empleados dos veces por año. Recientemente Gilliland se sorprendió al descubrir que las peores quejas provenían de empleados que trabajaban en la tienda con las mejores condiciones de trabajo y los mayores beneficios. Un cuidadoso análisis de los resultados descubrió que, aunque el gerente de la tienda era maravilloso, los empleados se sentían frustrados porque había pospuesto las evaluaciones de desempeño y era incapaz de

encuestas de actitud
Obtener respuestas de los empleados por medio de cuestionarios acerca de cómo se sienten acerca de su empleo, su grupo de trabajo, su supervisor y su organización.

Ilustración 4-5 Muestra de una encuesta de actitud

Por favor, responda cada uno de los siguientes enunciados usando la siguiente escala:

5 = En gran medida de acuerdo
4 = De acuerdo
3 = Indeciso
2 = En desacuerdo
1 = En gran medida en desacuerdo

Enunciado	Calificación
1. Esta compañía es un lugar bastante bueno para trabajar.	____
2. Puedo salir adelante en esta compañía si me esfuerzo.	____
3. Los salarios de esta compañía son competitivos con los de otras empresas.	____
4. Las decisiones de ascenso de los empleados se manejan con justicia.	____
5. Entiendo los diversos beneficios que la compañía ofrece.	____
6. Mi trabajo utiliza lo mejor de mis habilidades.	____
7. La cantidad de trabajo que tengo es desafiante, pero no es una carga.	____
8. Tengo confianza y puedo hablar con mi jefe.	____
9. Me siento libre de decirle a mi jefe lo que pienso.	____
10. Sé lo que mi jefe espera de mí.	____

despedir a un empleado particularmente improductivo. Como uno de los asociados de Gilliland dijo: "Habíamos supuesto que sería la tienda más feliz, pero no lo era."

Una encuesta de actitud en toda la compañía BP Exploration reveló que los empleados estaban insatisfechos por la manera en que sus superiores directos los dirigían.[50] En respuesta, la gerencia introdujo un sistema de evaluación formal hacia arriba, el cual permitió a los 12,000 empleados de la compañía evaluar el desempeño gerencial de sus jefes. Ahora los gerentes ponen mucho más atención a las necesidades de sus empleados ya que las opiniones de sus subordinados juegan una parte importante para determinar el futuro del gerente en la organización.

El uso regular de las encuestas de actitud proporciona a los gerentes retroalimentación valiosa de cómo los empleados perciben sus condiciones de trabajo. Consistente con nuestra discusión sobre las percepciones en el capítulo anterior, las políticas y prácticas que la gerencia juzga como objetivas y justas podrían ser vistas como desiguales por los empleados en general o por ciertos grupos de empleados. El hecho de que estas percepciones distorsionadas hayan llevado a actitudes negativas acerca del trabajo y de la organización, debería ser importante para la gerencia. Esto se debe a que los comportamientos del empleado se basan en percepciones, no en la realidad. Recuerde, la empleada que renuncia porque cree que se le está pagando poco —aun cuando, en realidad, la gerencia tiene información objetiva de que su salario es altamente competitivo— es como si se fuera porque en realidad ella estuviese mal pagada. El uso de las encuestas de actitud regularmente puede alertar a la gerencia sobre problemas potenciales e intenciones iniciales de los empleados, a fin de actuar para prevenir las repercusiones.[51]

Las actitudes y la diversidad de la fuerza laboral

Los gerentes están cada vez más interesados en las actitudes cambiantes del empleado para reflejar las perspectivas de ajuste sobre temas raciales, de género y otros diversos. Un comentario de un compañero de trabajo del sexo opuesto, que hace 15 años pudiera haber sido tomado como un cumplido, hoy en día puede volverse un episodio que limite su carrera.[53] Como tal, las organizaciones están invirtiendo en entrenamiento para ayudar a moldear nuevamente las actitudes de los empleados.

El entrenamiento sobre la diversidad que se lleva a cabo en Harvard Pilgrim Health Care, enfatiza el conflicto práctico de la gerencia. La organización asistencial utiliza estudios de casos de la vida real sobre situaciones que el empleado enfrenta diariamente. El entrenamiento incluye talleres de actuación de papeles para enseñar a los empleados a responder con sensibilidad y respeto ante las diferencias entre la gente. Harvard Pilgrim atiende un creciente número de clientes de minorías raciales y étnicas, así como también una gran población de homosexuales y lesbianas. Su entrenamiento sobre la diversidad ayuda a los empleados a dar importancia a los diversos clientes que demandan que los trabajadores del cuidado de la salud no sean prejuiciosos.

De los conceptos a las habilidades

Cambio de actitudes

¿Puede cambiar las actitudes desfavorables de un empleado? ¡A veces! Depende de quién sea usted, la fortaleza de la actitud del empleado, la magnitud del cambio y la técnica que escoja para tratar de cambiar la actitud.[52]

Los empleados son más susceptibles de responder a los esfuerzos de cambios realizados por alguien que les simpatiza, que tiene credibilidad y que es convincente. Si usted le cae bien a las personas, probablemente estén más aptas para identificar y adaptar su mensaje. La credibilidad implica confianza, experiencia y objetividad, así que es más probable que usted cambie la actitud de un empleado si él lo ve como una persona creíble, con conocimiento acerca de lo que usted habla y sin prejuicios en su presentación. Finalmente, una actitud de cambio exitosa es magnificada cuando usted presenta sus argumentos en forma clara y persuasiva.

Es más fácil cambiar la actitud del empleado si no está comprometido fuertemente. Al contrario, mientras más fuerte sea la creencia acerca de la actitud, más difícil será cambiarla. Además, las actitudes que se han expresado en público son más difíciles de cambiar ya que ello requiere que uno admita que ha cometido un error.

Es más fácil modificar las actitudes cuando el cambio no es muy significativo. Conseguir que un empleado acepte una nueva actitud que varía en gran medida de su actual posición requiere mayor esfuerzo. También podría ser una amenaza para otras actitudes profundamente adoptadas y crear una disonancia elevada.

Las técnicas de cambio de actitud no son igualmente eficaces en todas las situaciones. Las técnicas de persuasión oral son más eficaces cuando usa un tono calmado, con tacto; presenta evidencia contundente para apoyar su posición; elabora su argumento para el escucha; usa la lógica, y fundamenta su evidencia apelando a los temores, las frustraciones y otras emociones del empleado. Pero es más probable que la gente acepte el cambio cuando pueda experimentarlo. Establecer sesiones de entrenamiento, donde los empleados compartan y personalicen experiencias, al mismo tiempo que practican nuevos comportamientos, puede ser un poderoso estimulante del cambio. En consistencia con la teoría de la autopercepción, los cambios en el comportamiento pueden llevar a cambios en las actitudes.

Una encuesta reciente en organizaciones estadounidenses con 100 o más empleados encontró que 47% de ellas apoyaban alguna clase de entrenamiento sobre la diversidad.[54] Éstos son algunos ejemplos: los oficiales de policía en Escondido, California, cada año reciben 36 horas de entrenamiento sobre la diversidad. Pacific Gas & Electric Co. requiere un mínimo de cuatro horas de entrenamiento para sus 12,000 empleados. La Federal Aviation Administration apoya un seminario obligatorio de ocho horas sobre la diversidad, dirigido a los empleados de la región del Pacífico occidental.

¿En qué se parecen estos programas de diversidad y cómo se dirigen al cambio de actitud?[55] Casi todos incluyen una fase de autoevaluación. Se empuja a la gente a examinarse a sí misma y a confrontar los estereotipos étnicos y culturales que podrían tener. Entonces los participantes toman parte en discusiones de grupo o paneles con representantes de diversos grupos. Así, por ejemplo, un hombre de Hmong (pueblo de las regiones montañosas del sur de China) podría describir la vida de su familia en el sureste de Asia y explicar por qué se mudó a California; o una lesbiana podría describir cómo descubrió su identidad sexual y la reacción de sus amigos y su familia cuando la dio a conocer.

Otras actividades adicionales diseñadas para cambiar actitudes incluyen preparar a la gente para que haga trabajo voluntario en la comunidad o en centros de servicio social, a fin de conocer cara a cara a individuos y grupos de diversas formaciones, y utilizar ejercicios que permitan a los participantes sentir lo que es ser diferente. Por ejemplo, cuando los participantes ven la película *Eye of the beholder* (El ojo del espectador), donde la gente está segregada y estereotipada de acuerdo con el color de los ojos, los participantes ven lo que es ser juzgado por algo sobre lo cual no se tiene control.

Satisfacción en el trabajo

Ya hemos discutido brevemente la satisfacción en el trabajo —tanto al principio de este capítulo como en el capítulo 1. En esta sección, queremos hacer la disección del concepto más cuidadosamente. ¿Cómo medimos la satisfacción en el trabajo? ¿Qué la determina? ¿Cuál es su efecto sobre la productividad de un empleado, el ausentismo y las tasas de rotación? Responderemos cada una de estas preguntas en esta sección.

Medición de la satisfacción en el trabajo

Previamente definimos la satisfacción en el trabajo como una actitud general del individuo hacia su trabajo. Esta definición es a todas luces demasiado amplia.[56] Sin embargo, esto es inherente al concepto. Recuerde, el trabajo de una persona es mucho más que las actividades obvias de ordenar documentos, esperar clientes o manejar un camión. Los trabajos requieren la interacción con los colegas y los jefes, seguir las reglas y las políticas organizacionales, cumplir los estándares de desempeño, vivir con condiciones de trabajo que a menudo son inferiores a lo ideal, y otras cosas similares.[57] Esto significa que la evaluación de un empleado de cuán satisfecho o insatisfecho está con su trabajo es una suma compleja de un número de elementos discretos de trabajo. ¿Cómo, entonces, medimos el concepto?

Los dos métodos más ampliamente utilizados son la *escala global única* y la *calificación de la suma* formada por numerosas facetas del trabajo. El primer método consiste en nada más pedir a los individuos que respondan una pregunta semejante a ésta: "Considerando todo, ¿cuán satisfecho estás con tu trabajo?" Entonces los participantes contestan encerrando un número entre uno y cinco, que corresponden a las respuestas desde "altamente satisfecho" hasta "altamente insatisfecho". El otro método —la suma de las facetas del trabajo— es más complejo. Éste identifica los elementos clave en un trabajo y pregunta a los empleados acerca de sus sentimientos sobre cada uno. Los factores típicos que estarían incluidos son la naturaleza del trabajo, la supervisión, el salario actual, las oportunidades de ascenso y las relaciones con los compañeros de trabajo.[58] Estos factores se estiman sobre una escala estandarizada y luego se suman para crear una calificación total sobre la satisfacción en el trabajo.

¿Es uno de los métodos anteriores mejor que el otro? Intuitivamente, parecería que sumando las respuestas de numerosos factores del trabajo se lograría una evaluación más precisa de la satisfacción en el trabajo. Esta investigación, sin embargo, no apoya la intuición.[59] Éste es uno de esos raros momentos en los cuales la simplicidad le gana a la complejidad. Las comparaciones de la escala global única con el método más lento de la sumatoria de los factores del trabajo, indican que la primera es más válida. La mejor explicación de este resultado es que el concepto de satisfacción en el trabajo es inherentemente tan amplio que una sola pregunta se vuelve en realidad una medición más completa.

¿Qué determina la satisfacción en el trabajo?

Ahora cambiaremos la pregunta: ¿qué variables relacionadas con el trabajo determinan la satisfacción en el trabajo? Una revisión extensa de la bibliografía indica que los factores más importantes que contribuyen a la satisfacción en el trabajo son el reto del trabajo, los premios equiparables, las condiciones de trabajo favorables y colegas que gusten apoyar.[60] A esta lista, también deberíamos agregar la importancia de una buena personalidad —la compatibilidad con el trabajo y la disposición genética del individuo (algunas personas son casi inherentemente optimistas y positivas en todo, incluyendo en su trabajo).

TRABAJO MENTALMENTE DESAFIANTE Los empleados tienden a preferir trabajos que les den oportunidad de usar sus habilidades y que ofrezcan una variedad de tareas, libertad y retroalimentación de cómo se están desempeñando. Estas características hacen que un puesto sea mentalmente desafiante. Los trabajos que tienen muy poco desafío provocan aburrimiento pero un reto demasiado grande crea frustración y sensación de fracaso. En condiciones de reto moderado, la mayoría de los empleados experimentará placer y satisfacción.[61]

RECOMPENSAS JUSTAS Los empleados quieren sistemas de salario y políticas de ascensos justos, sin ambigüedades y acordes con sus expectativas. Cuando el salario se ve como justo con base en las demandas de trabajo, el nivel de habilidad del individuo y los estándares de salario de la comunidad, se favorece la satisfacción. Claro, no todo mundo busca el dinero. Mucha gente acepta con gusto menos dinero a cambio de trabajar en un área preferida, o en un trabajo menos demandante, o de tener mayor discreción en su puesto o de trabajar menos horas. Pero la clave en el enlace del salario con la satisfacción no es la cantidad absoluta que uno recibe, sino la percepción de justicia. De igual manera, los empleados buscan políticas y prácticas justas de ascenso. Las promociones proporcionan oportunidades para el crecimiento personal, más responsabilidades y ascenso en el estatus social. Los individuos que perciben que las decisiones de ascenso se realizan con rectitud y justicia, probablemente experimenten satisfacción en sus trabajos.

CONDICIONES FAVORABLES DE TRABAJO Los empleados se interesan en su ambiente de trabajo tanto para el bienestar personal como para facilitar el hacer un buen trabajo. Los estudios demuestran que los empleados prefieren ambientes físicos que no sean peligrosos o incómodos. La temperatura, la luz, el ruido y otros factores ambientales no deberían estar tampoco en el extremo —por ejemplo, tener demasiado calor o muy poca luz. Además, la mayoría de los empleados prefiere trabajar relativamente cerca de casa, en instalaciones limpias y más o menos modernas, con herramientas y equipo adecuado.

COLEGAS QUE BRINDEN APOYO La gente obtiene del trabajo mucho más que simplemente dinero o logros tangibles. Para la mayoría de los empleados, el trabajo también cubre la necesidad de interacción social. No es de sorprender, por tanto, que tener compañeros amigables que brinden apoyo lleve a una mayor satisfacción en el trabajo. El comportamiento del jefe de uno es uno de los principales determinantes de la satisfacción. Los estudios en general encuentran que la satisfacción del empleado se incrementa cuando el supervisor inmediato es comprensivo y amigable, ofrece halagos por el buen desempeño, escucha las opiniones de sus empleados y muestra un interés personal en ellos.

◆   Tener compañeros de trabajo amigables que brinden apoyo lleva a una satisfacción mayor en el trabajo.

Colegas cooperativos hicieron a Ronna Adams, una tenedora de libros, sentirse como "la reina por un día" cuando ella celebró su vigésimo aniversario en Walgreen's. Sus compañeros de trabajo le honraron con una fiesta sorpresa gigante. La investigación indica que los colegas cooperativos como los de Ronna llevan a un incremento en la satisfacción en el trabajo. En una industria connotada por la alta rotación, los colegas cooperativos contribuyen a mantener las renuncias de Walgreen's en un nivel bajo.

¡**NO OLVIDE COMPATIBILIDAD ENTRE LA PERSONALIDAD Y EL PUESTO!** En el capítulo 2, presentamos la teoría del ajuste de la personalidad al trabajo, propuesta por Holland. Como recuerda, una de las conclusiones de este pensador era que el alto acuerdo entre la personalidad del empleado y la ocupación da como resultado un individuo más satisfecho. Su lógica fue esencialmente ésta: la gente con tipos de personalidad congruentes con sus vocaciones escogidas poseerían talentos adecuados y habilidades para cumplir con las demandas de sus trabajos. Por tanto, es probable que sean más exitosos en esos trabajos y, debido a este éxito, tengan una mayor probabilidad de lograr una alta satisfacción en su trabajo. Los estudios que replican las conclusiones de Holland se han fundamentado casi universalmente.[63] Es importante, por tanto, agregar esto a nuestra lista de factores que determinan la satisfacción en el trabajo.

ES CUESTIÓN DE GENES Cuando mucho 30% de la satisfacción de un individuo puede explicarse por la herencia.[64] Un análisis de los datos relativos a la satisfacción de una muestra de individuos, llevado a cabo durante un periodo de más de 50 años, encontró que los resultados individuales eran estables con el tiempo, aun cuando estas personas cambiaban de empresa y de ocupación. Ésta y otras investigaciones sugieren que una porción significativa de la satisfacción de algunas personas se determina genéticamente. Esto es, la disposición del individuo hacia la vida —positiva o negativa— se establece por su composición genética, se mantiene con el tiempo y se transporta sobre su disposición hacia el trabajo. Dada esta evidencia, podría ser que, cuando menos para algunos empleados, no existan muchos gerentes que puedan influir en su satisfacción. Manipular las características del trabajo, las condiciones laborales, los premios, y el ajuste al trabajo podría tener muy poco efecto. Esto sugiere que los gerentes deberían enfocar su atención en la selección del empleado: si usted quiere trabajadores satisfechos, asegúrese de filtrar a los negativos, los inadaptados, los buscadores de problemas, los frustrados, quienes encontrarían poca satisfacción en cualquier aspecto de su trabajo.[65]

El efecto de la satisfacción en el trabajo sobre el desempeño del empleado

El interés de los gerentes en la satisfacción en el trabajo tiende a centrarse en sus efectos sobre el desempeño del empleado. Los investigadores han reconocido este interés, así que concentramos un gran número de estudios que se han designado para evaluar el impacto de la satisfacción en el trabajo sobre la productividad del empleado, el ausentismo y la rotación. Veamos el estado actual de nuestros conocimientos.

SATISFACCIÓN Y PRODUCTIVIDAD Fueron numerosas las revisiones que se realizaron en las décadas de los cincuenta y sesenta; docenas de estudios buscaron establecer la relación entre la satisfacción y la productividad.[66] Estas revisiones podían encontrar que no había alguna relación consistente. En la década de los noventa, a pesar de que los estudios están muy cerca de la ambigüedad, podemos dar algún sentido a la evidencia.

Las primeras opiniones sobre la relación entre la satisfacción y el desempeño pueden resumirse esencialmente en el enunciado: "un trabajador feliz es un trabajador productivo". Mucho del paternalismo mostrado por los gerentes en las décadas de los treinta, los cuarenta y los cincuenta —formación de equipos de boliche de la compañía, uniones de crédito, organización de días de campo de la empresa, servicios de asesoría a empleados, capacitación de los supervisores para que fueran sensibles a los intereses de los subordinados— se realizaron con el fin de que los trabajadores se sintieran contentos. Pero la creencia en la tesis de un trabajador feliz estaba basada más en un razonamiento deseado que en una evidencia contundente. Una revisión cuidadosa de la investigación indicó que sí existe una relación positiva entre la satisfacción y la productividad, las correlaciones son consistentemente bajas —cercanas a +0.14.[67] Esto significa que no más de 2% de la varianza en la producción puede tomarse en cuenta para la satisfacción del empleado. Sin embargo, la introducción de variables modernas ha mejorado la relación.[68] Por ejemplo, la relación es más fuerte cuando el comportamiento del empleado no está restringido o controlado por factores externos. La productividad de un empleado en trabajos acompasados con maquinaria, por ejemplo, va a estar mucho más influenciada por la velocidad de la máquina que por su nivel de satisfacción. De igual manera, la productividad de un corredor de bolsa está restringida en gran medida por el movimiento general del mercado de valores. Cuando el mercado está yendo a la alza y el volumen es alto, tanto los corredores satisfechos como los insatisfechos están haciendo sonar la caja registradora con muchas comisiones. Contrariamente, cuando el mercado está deprimido, la satisfacción del empleado es probable que no signifique mucho. El nivel de trabajo también parece ser una variable moderadora importante. Las correlaciones entre la satisfacción y el desempeño son más fuertes para los empleados con niveles más altos. Por tanto, podríamos esperar que la relación sea más relevante para individuos en posiciones profesionales, de supervisión y de gerencia.

Otro punto de interés en el tema de la satisfacción-productividad es la dirección de la flecha causal. La mayoría de los estudios sobre la relación utilizó diseños de investigación que no pudieron probar una relación de causa y efecto. Los estudios que han controlado esta posibilidad indican que la conclusión más válida es que la productividad lleva a la satisfacción, y no al contrario.[69] Si usted hace un buen trabajo, se siente intrínsecamente bien. Además, asumiendo que la organización premia la productividad, su alta productividad debería incrementar el reconocimiento verbal, su nivel de salario y sus probabilidades de ascenso. Estos premios, en cambio, incrementan su nivel de satisfacción con el trabajo.

La investigación más reciente proporciona un soporte renovado para la relación original satisfacción-desempeño.[70] Cuando los datos sobre la satisfacción y la productividad se reúnen para la organización como un todo, más que a nivel individual, encontramos que las organizaciones con empleados más satisfechos tienden a ser más eficaces que las organizaciones con empleados menos satisfechos. Si esta conclusión puede reproducirse en estudios adicionales, bien puede ser que la razón por la que no hayamos obtenido un fuerte apoyo para la tesis de que la *satisfacción estimula la productividad,* es que los estudios se han enfocado en los individuos más que en la organización y que las mediciones de la productividad a nivel individual no toman en consideración todas las interacciones y complejidades del proceso de trabajo.

SATISFACCIÓN Y AUSENTISMO Encontramos una consistente relación negativa entre la satisfacción y el ausentismo, pero la correlación es moderada —por lo común, menos de 0.40.[71] Mientras que ciertamente tiene sentido que los empleados insatisfechos tal vez falten más al trabajo, otros factores tienen un impacto en la relación y reducen el coeficiente de correlación. Por ejemplo, recuerde nuestra discusión del capítulo 2 sobre la paga por enfermedad *versus* la paga por bienestar. Las organizaciones que proporcionan beneficios ilimitados en ausencias causadas por enfermedad alientan a todos sus empleados —incluyendo aquellos que están altamente satisfechos— a tomar días libres. Suponga que usted tiene un número razonable de intereses variados, puede considerar que el empleo es satisfactorio, si le permite faltar al trabajo para irse de "fin de semana de tres días", broncearse en un día caluroso de verano u observar la serie mundial por televisión si esos días son libres sin castigo. También, como con la productividad, los factores externos pueden actuar para reducir la correlación.

Una excelente ilustración de cómo la satisfacción conduce directamente a la asistencia, cuando existe un mínimo impacto de otros factores, es un estudio realizado en Sears Roebuck.[72] Los datos de satisfacción sobre los empleados estuvieron disponibles en las oficinas generales de Sears en Chicago y Nueva York. Además, es importante hacer notar que la política de Sears era no permitir ausencias por razones evitables sin castigo. La ocurrencia anormal de la tormenta de nieve del 2 de abril en Chicago creó la oportunidad de comparar la asistencia del empleado de la oficina de Chicago con la de Nueva York, donde el tiempo era bastante agradable. La dimensión interesante en este estudio es que la tormenta de nieve dio a los empleados de Chicago la excusa para no asistir al trabajo. La tormenta paralizó el transporte de la ciudad y los individuos sabían que ese día podían faltar al trabajo sin castigo. Este experimento natural permitió la comparación de los registros de los empleados satisfechos e insatisfechos en dos lugares —uno donde se esperaba que se estuviera en el trabajo (con las presiones normales de asistencia) y el otro donde se era libre de escoger sin que hubiera una penalidad de por medio. Si la satisfacción lleva a la asistencia —sin importar si existen factores externos—, entonces los trabajadores satisfechos de Chicago debieron haber ido a trabajar, mientras que los insatisfechos debieron haberse quedado en casa. El estudio reveló que en este 2 de abril particular las tasas en Nueva York fueron tan altas para los grupos satisfechos de trabajadores como para los insatisfechos. Pero en Chicago, los trabajadores con altos grados de satisfacción tuvieron una asistencia mucho mayor que aquellos con niveles bajos de satisfacción. Estos hallazgos son exactamente lo que podíamos haber esperado si la satisfacción estuviera correlacionada negativamente con el ausentismo.

SATISFACCIÓN Y ROTACIÓN La satisfacción está también relacionada negativamente con la rotación, pero la correlación es más fuerte que la que encontramos para el ausentismo.[73] Sin embargo, otra vez, otros factores como las condiciones del mercado laboral, las expectativas de oportunidades opcionales de trabajo, y la antigüedad en la organización son restricciones importantes con la decisión real de dejar el trabajo actual.[74] La evidencia indica que un moderador importante de la relación satisfacción-rotación es el nivel de desempeño del empleado.[75] Específicamente, el nivel de satisfacción es menos importante en la predicción de la rotación para quienes tienen un desempeño superior. ¿Por qué? La organización típicamente hace esfuerzos con-

La rotación de empleados es tan alta en el negocio de salones de peinado que se dice que los estilistas pasan a través de los salones como si fueran puertas giratorias. Pero Kay Hirai, propietaria de los salones Studio 904 encontró la manera de mantener felices a sus empleados. Debido a que, en la mayoría de los salones, a los estilistas se les paga por comisiones y propinas, éstos tienden a conservar a sus clientes. Hirai tiene a sus estilistas trabajando en equipos y les paga un salario más prestaciones como un seguro de gastos médicos y dentales, vacaciones pagadas y días por enfermedad. Ella publica los resultados financieros, diaria, semanal y mensualmente y distribuye 25% de sus ganancias entre los empleados, a manera de bono, cada dos semanas. Los estilistas de Hirai están felices, ya que no están en competencia con sus compañeros y los salones se benefician con una base de clientes siempre en crecimiento.

siderables para mantener a estas personas. Obtienen incrementos de salario, grandes elogios, reconocimientos, oportunidades de ascensos mayores y otros. Lo opuesto tiende a aplicar para quienes tienen un desempeño pobre. Pocos intentos se hacen por parte de la organización para retenerlos. Incluso podría haber presiones sutiles para alentarlos a renunciar. Esperaríamos, por tanto, que la satisfacción en el trabajo, constituyera una influencia más importante para los empleados de pobre desempeño que para los de desempeño superior. Sin importar el nivel de satisfacción, es más probable que los últimos permanezcan en la organización, ya que al recibir el reconocimiento, la admiración y otros premios, tienen más razones para quedarse.

En consistencia con nuestra discusión anterior, no debería sorprendernos encontrar que la disposición general de una persona hacia la vida también modere la relación satisfacción-rotación.[76] Específicamente, algunos individuos en general se quejan más que otros, y tales individuos, cuando están insatisfechos con su trabajo, muestran menor probabilidad de renunciar que aquellos que tienen una disposición más positiva hacia la vida. Así, si dos trabajadores reportan el mismo nivel de insatisfacción en el trabajo, el que tiene más probabilidad de renunciar es aquél con la mayor predisposición a sentirse feliz o satisfecho en general.

¿De qué manera los empleados expresan la insatisfacción?

Un punto final antes de dejar el tema de la satisfacción en el trabajo: la insatisfacción del empleado se expresa de diversas formas.[77] Por ejemplo, en lugar de que renuncien, los empleados pueden quejarse, ser insubordinados, robar propiedad de la organización o aminorar sus responsabilidades de trabajo. La ilustración 4-6 ofrece cuatro respuestas que difieren una de la otra a lo largo de dos dimensiones: construcción/destrucción y actividad/pasividad. Éstas se definen como sigue:[78]

◆ **Salida.** Insatisfacción dirigida hacia el abandono de la organización, incluye el buscar una nueva posición, así como también la renuncia.

salida
Insatisfacción expresada por medio del comportamiento directo de dejar la organización.

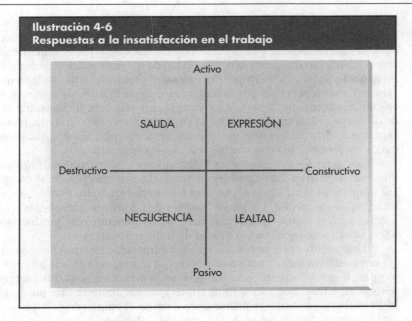

Ilustración 4-6
Respuestas a la insatisfacción en el trabajo

Fuente: Rusbult, C. y D. Lowery, "When Bureaucrats Get the Blues", *Journal of Applied Social Psychology*, vol. 15, núm. 1 (1985), p. 83. Con permiso.

◆ **Expresión.** Tratar activa y constructivamente de mejorar las condiciones, incluyendo la sugerencia de mejoras, la discusión de los problemas con superiores y algunas formas de actividad sindical.

◆ **Lealtad.** Esperar de manera pasiva pero con optimismo a que mejoren las condiciones, incluye hablar en favor de la organización en respuesta de la crítica externa y confiar en que la organización y su administración "hacen lo correcto".

◆ **Negligencia.** Esperar pasivamente que empeoren las condiciones, incluyendo el ausentismo crónico o la impuntualidad, el esfuerzo reducido y una tasa mayor de error.

Los comportamientos de salida y negligencia rodean nuestras variables de desempeño —productividad, ausentismo y rotación. Pero este modelo expande la respuesta del empleado para incluir la expresión y la lealtad —los comportamientos constructivos que permiten que los individuos toleren situaciones no placenteras o restablecer condiciones de trabajo satisfactorios. Esto nos ayuda a entender situaciones, tales como aquéllas encontradas a veces entre los trabajadores no sindicalizados, donde la satisfacción baja en el trabajo está unida a una rotación baja.[79] Los miembros de sindicato a menudo expresan su insatisfacción mediante el proceso de descontento o a través de negociaciones formales del contrato. Estos mecanismos de expresión permiten a los miembros del sindicato continuar en sus trabajos mientras se convencen de que actúan para mejorar la situación.

expresión
Insatisfacción expresada por medio de intentos activos y constructivos de mejorar las condiciones.

lealtad
Insatisfacción expresada mediante la espera pasiva de que mejoren las condiciones.

negligencia
Insatisfacción que se expresa permitiendo que empeoren las condiciones.

Resumen e implicaciones para los gerentes

¿Por qué es importante conocer los valores de un individuo? Aunque no tienen un impacto directo sobre el comportamiento, los valores influencian fuertemente las actitudes de una persona. Así, pues, conocer el sistema de valores de un individuo puede dar idea de sus actitudes.

Dado que los valores de las personas difieren, los gerentes pueden usar la encuesta Rokeach del valor para evaluar el potencial de los empleados y determinar si sus valores se alinean con los valores dominantes de la organización. El desempeño de un empleado y su satisfacción es probable que sean altas si sus valores ajustan bien con la organización. Por ejemplo, la persona que da gran importancia a la imaginación, la independencia y la libertad es probable que esté pobremente acoplada con una organización que busca la conformidad de sus empleados. Es más probable que los gerentes aprecien, evalúen positivamente y den los premios a los empleados que "ajusten a la empresa", y que los empleados estén más satisfechos si perciben que se ajustan a la compañía. Esto sostiene que la gerencia debe luchar durante la selección de nuevos empleados para encontrar candidatos que no sólo tengan la habilidad, la experiencia y la motivación para desempeñarse, sino también que posean un sistema de valores que sea compatible con el de la organización.

Los gerentes deberían estar interesados en las actitudes de sus empleados ya que éstas advierten sobre problemas potenciales e influyen en el comportamiento. Los empleados satisfechos y comprometidos, por ejemplo, tienen tasas más bajas de rotación y ausentismo. Dado que los gerentes desean mantener las renuncias y ausencias a nivel bajo —en especial entre sus empleados más productivos— querrán hacer aquello que generará actitudes de trabajo positivas.

Los gerentes deberían saber que los empleados tratarán de reducir la disonancia cognoscitiva. Más importante es que la disonancia puede administrarse. Si se requiere que los empleados se comprometan en actividades que parezcan inconsistentes con ellos o que son incompatibles con sus actitudes, las presiones de reducir la disonancia resultante se disminuyen cuando el empleado percibe que la disonancia se impone de manera externa y está más allá de su control, o si las recompensas son lo suficientemente significativas para balancear la disonancia.

Para revisión

1. Contraste las tipologías de la ética del trabajo protestante, la existencial, la pragmática y la generación X con los valores terminales identificados en la encuesta Rokeach del valor.
2. Contraste los componentes cognoscitivos y afectivos de una actitud.
3. ¿Qué es la disonancia cognoscitiva y cuál es su relación con las actitudes?
4. ¿Cuál es la teoría de la autopercepción? ¿Cómo incrementa nuestra habilidad para pronosticar el comportamiento?
5. ¿Cuáles factores contingentes pueden mejorar la relación estadística entre las actitudes y el comportamiento?
6. ¿Qué papel juega la genética en la determinación de la satisfacción individual en el trabajo?
7. ¿Los empleados felices también son empleados productivos?
8. ¿Cuál es la relación de la satisfacción en el trabajo con el ausentismo? ¿Con la rotación? ¿Cuál es la relación más fuerte?
9. ¿Cómo pueden los gerentes lograr que los empleados acepten trabajar más prontamente con colegas que son diferentes de ellos?
10. Compare la salida, la expresión, la lealtad y la negligencia como respuestas del empleado a la insatisfacción en el trabajo.

Para discusión

1. "Hace 35 años, los empleados jóvenes que contratábamos eran ambiciosos, concienzudos, trabajadores empeñosos y honestos. Hoy en día los jóvenes trabajadores no tienen los mismos valores." ¿Está usted de acuer-

do o en desacuerdo con estos comentarios que hace un gerente? Fundamente su posición.

2. ¿Piensa que podría existir alguna relación positiva y significativa entre la posesión de ciertos valores personales y el progreso exitoso en la carrera en organizaciones como Merrill Lynch, AFL-CIO y el departamento de policía de Cleveland? Discútalo.

3. "Los gerentes deberían hacer todo lo que pudieran para incrementar la satisfacción de sus empleados." ¿Está de acuerdo o en desacuerdo? Fundamente su posición.

4. Discuta las ventajas y las desventajas de aplicar regularmente encuestas de actitud para monitorear la satisfacción del empleado en el trabajo.

5. Cuando se les pregunta a los empleados si escogerían de nuevo el mismo trabajo o si querrían que sus hijos siguieran sus pasos, típicamente menos de la mitad de las respuestas es afirmativa. ¿Qué piensa que esto pudiera implicar en cuanto a la satisfacción del empleado en el trabajo?

La importancia de una alta satisfacción en el trabajo

La importancia de la satisfacción en el trabajo es obvia. Los gerentes deberían interesarse en el nivel de satisfacción en el trabajo en sus organizaciones por, al menos, cuatro razones: (1) Existe una clara evidencia de que los empleados insatisfechos faltan al trabajo más frecuentemente y es más probable que renuncien; (2) es más probable que los trabajadores insatisfechos se involucren en comportamientos destructivos; (3) se ha demostrado que los empleados satisfechos tienen mejor salud y viven más; y (4) la satisfacción en el trabajo se transmina a la vida del empleado fuera del trabajo.

En este capítulo, revisamos la evidencia sobre la relación entre la satisfacción y los comportamientos de salida. La evidencia fue clara. Los trabajadores satisfechos tienen menores tasas tanto de rotación como de ausentismo. Si consideramos los dos comportamientos de salida por separado, sin embargo, tenemos mayor confianza acerca de la influencia de la satisfacción en la rotación. Específicamente, la satisfacción está fuerte y consistentemente relacionada negativa con la decisión de unos empleados de abandonar la organización. Aunque la satisfacción y el ausentismo también están relacionados de manera negativa, las conclusiones con respecto a la relación deberán ser más reservadas.

La insatisfacción a menudo se asocia con el alto nivel de quejas e injusticias. Los empleados altamente insatisfechos tienen mayor probabilidad de recurrir al sabotaje o a la agresión pasiva, para quienes renunciarían si pudieran, estas formas de acciones destructivas fungen como aplicaciones extremas de la negligencia.

Con frecuencia se pasa por alto una dimensión de la satisfacción en el trabajo: la relación de ésta con la salud del empleado. Diversos estudios han mostrado que los empleados que están insatisfechos con sus trabajos tienen deterioros de la salud que van desde los dolores de cabeza hasta las enfermedades del corazón. Algunas investigaciones incluso indican que la satisfacción en el trabajo es un mejor pronosticador de la duración de vida que la condición física o el uso del tabaco. Estos estudios sugieren que la insatisfacción es únicamente un fenómeno sociológico. La tensión que resulta de la insatisfacción incrementa en apariencia la susceptibilidad del individuo a los ataques al corazón y similares. Para los gerentes, esto significa que aun si la satisfacción no llevara a un nivel más bajo de rotación voluntaria y ausencia, la meta de una fuerza de trabajo satisfecha podría ser justificable ya que reduciría los gastos médicos y las pérdidas prematuras de empleados valiosos, a causa de enfermedades del corazón o ataques cerebrales.

Nuestro punto final que fundamenta la importancia de la satisfacción en el trabajo es el efecto que la satisfacción en el trabajo tiene en la sociedad como un todo. Cuando los empleados están felices con su trabajo, mejora su vida fuera del trabajo. En contraste, el empleado insatisfecho lleva una actitud negativa a casa. En países ricos como Estados Unidos, Canadá, Gran Bretaña, Australia o Japón, ¿no tiene la gerencia la responsabilidad de proporcionar trabajos en los cuales los empleados obtengan una satisfacción alta? Algunos de sus beneficios atañen a todos los ciudadanos de una sociedad. Es más probable que los empleados satisfechos sean ciudadanos satisfechos. Esta gente mantendrá una actitud más positiva hacia la vida en general y hará una sociedad psicológicamente más saludable.

La evidencia es impresionante. La satisfacción en el trabajo es importante. Para la gerencia, una fuerza de trabajo satisfecha se traduce en una mayor productividad debido a pocos obstáculos causados por el ausentismo o la renuncia de buenos empleados, pocos incidentes de comportamiento destructivo, como también menores gastos médicos y de seguro de vida.

Además, existen beneficios para la sociedad en general. La satisfacción en el trabajo se transmina a las horas libres del empleado. Así que la meta de una alta satisfacción en el trabajo para los empleados se sustenta en términos tanto de dólares y centavos como de responsabilidad social.

⇒ Contrapunto ⇐

La satisfacción en el trabajo se ha enfatizado en forma excesiva

Pocos temas se han explotado tan desproporcionadamente como la importancia de la satisfacción en el trabajo.* Observemos de cerca la evidencia.

No existe una relación consistente que indique que la satisfacción lleve a la productividad. Y, después de todo, ¿no es la productividad el nombre del juego? Las organizaciones no son instituciones altruistas. La obligación de la gerencia es usar con eficiencia los recursos que tiene disponibles. No está obligada a crear una fuerza de trabajo satisfecha si los gastos exceden los beneficios. Como un ejecutivo lo expresó: "¡No me importa si mi gente está feliz o no lo está! ¿Produce?"

Sería ingenuo asumir que la satisfacción por sí sola pudiera tener un impacto importante en el comportamiento del empleado. Como un caso de la defensa señala, consideremos el tema de la rotación. Ciertamente existen otros factores que tienen un impacto igual o mayor en el hecho de si el empleado decide permanecer en una organización o trabajar en otro lado —antigüedad, situación financiera y disponibilidad de otros trabajos, para nombrar los más obvios. Si tengo 55 años, y he trabajado en mi compañía 25, percibo pocas oportunidades en el mercado de trabajo y no tengo otra fuente de ingresos además de mi trabajo, ¿mi infelicidad tiene gran impacto en mi decisión de quedarme con la organización? ¡No!

¿Ha notado alguna vez quiénes parecen ser los más interesados en mejorar la satisfacción del empleado en el trabajo? ¡Usualmente los profesores e investigadores de universidades! Han escogido carreras que les proporcionan considerables libertad y oportunidad de crecimiento personal. Dan un gran valor a la satisfac-

ción en el trabajo. El problema es que ellos imponen sus valores a los demás. Ya que la satisfacción en el trabajo es importante para ellos, suponen que lo es para todo mundo. Para mucha gente, el trabajo es simplemente el medio de obtener el dinero que necesitan para hacer cosas que desean durante sus horas libres. Asuma que usted trabaja 40 horas a la semana y duerme 8 horas durante la noche, todavía tiene 70 horas o más a la semana para lograr la realización y la satisfacción en actividades fuera de la oficina. Así que la importancia de la satisfacción en el trabajo pudiera estar sobrevaluada cuando se reconoce que existen otras fuentes —fuera del trabajo— donde el empleado insatisfecho puede encontrar satisfacción.

Un punto final contra la excesivamente enfatizada satisfacción en el trabajo: considere el tema en un marco de contingencia. Aun si la satisfacción estuviera significativamente relacionada con el desempeño, es improbable que la relación se mantuviera de manera consistente a lo largo de todos los segmentos de la fuerza laboral. De hecho, la evidencia demuestra que la gente difiere en términos de la importancia que el trabajo juega en su vida. Para algunos, el trabajo es su interés principal en la vida. Pero para la mayoría, sus intereses primarios están fuera del empleo. La gente que no está orientada al trabajo tiende a no estar emocionalmente involucrada con él. Esta indiferencia relativa le permite aceptar condiciones laborales frustrantes con más voluntad. Es importante señalar que la mayoría de la fuerza laboral permanece a la categoría que no está orientada al trabajo. Así que mientras la satisfacción en éste pudiera ser importante para los abogados, cirujanos y otros profesionistas, podría ser irrelevante para el empleado promedio, debido a que es generalmente apático acerca de los elementos frustrantes del trabajo.

Véase, por ejemplo, Bassett, G., "The Case Against Job Satisfaction", *Business Horizons*, mayo-junio de 1994, pp. 61-68.

161

Ejercicio de aprendizaje sobre usted mismo

¿Qué valora usted?

A continuación están 16 conceptos. Califique cuán importante es cada uno de ellos para usted, en una escala de 0 (sin importancia) a 100 (muy importante). Escriba el número 0–100 sobre una línea a la izquierda de cada concepto.

Sin importancia	De cierta importancia							Muy importante	
0	10	20	30	40	50	60	70	80	90	100

__90__ **1.** Un trabajo placentero, satisfactorio.

__80__ **2.** Un trabajo altamente remunerado.

__90__ **3.** Un buen matrimonio.

__70__ **4.** Conocer más gente, eventos sociales.

__10__ **5.** Comprometerse en actividades comunitarias.

__0__ **6.** Mi religión.

__70__ **7.** El ejercicio, jugar deportes.

__100__ **8.** Desarrollo intelectual.

__100__ **9.** Una carrera con oportunidades de desafío.

__70__ **10.** Autos atractivos, ropa elegante, casa bonita y así sucesivamente.

__40__ **11.** Pasar el tiempo con la familia.

__60__ **12.** Tener diversos amigos cercanos.

__0__ **13.** Trabajo voluntario para organizaciones no lucrativas, como la sociedad de lucha contra el cáncer.

__30__ **14.** Meditación, tiempo de tranquilidad para pensar, rezar y similares.

__30__ **15.** Una dieta saludable, balanceada.

__50__ **16.** Lectura educacional, televisión, programas de superación personal y similares.

Pase a la página A-26 para las instrucciones de calificación y la clave.

Fuente: Lussier, R. N., *Human Relations in Organizations: A Skill Building Approach,* 2a ed. (Homewood, IL: Richard D. Irwin, 1993.) Usado con permiso.

Ejercicio de trabajo en grupo

Evaluación de las actitudes de trabajo

Objetivo
Comparar las actitudes acerca de la fuerza laboral.

Tiempo
30 minutos aproximadamente.

Procedimiento
Escoja las mejores respuestas de las cinco siguientes preguntas.

1. *Generalmente*, los trabajadores estadounidenses o los de su país

   _____**a.** están altamente motivados y son trabajadores arduos

   _____**b.** tratan de hacer un esfuerzo justo por día

   _____**c.** tratarán de hacer un esfuerzo si usted hace que valga la pena

   _____**d.** tratan de conseguir su objetivo con un bajo nivel de esfuerzo

   _____**e.** son flojos o están motivados pobremente

2. Las personas *con quienes he trabajado*

   _____**a.** están altamente motivadas y son trabajadores arduos

   _____**b.** tratan de dar un esfuerzo justo por día

   _____**c.** tratarán de hacer un esfuerzo si usted hace que valga la pena

   _____**d.** tratan de conseguir su objetivo con un bajo nivel de esfuerzo

   _____**e.** son flojos o están motivados pobremente

3. *En comparación con los trabajadores extranjeros*, los trabajadores estadounidenses o los de su país son

   _____**a.** más productivos

   _____**b.** igualmente productivos

   _____**c.** menos productivos

4. *Durante los últimos 20 años*, los trabajadores estadounidenses o los de su país han (escoja una)

   _____**a.** mejorado la calidad total del desempeño en el trabajo

   _____**b.** Permanecieron con la misma calidad en el desempeño en el trabajo

   _____**c.** deterioraron la calidad en el desempeño en el trabajo

5. Si usted tiene una opinión negativa de la fuerza de trabajo estadounidense, o la de su país dé un paso (o acción) que pudiera tomarse y que llevará a un mejoramiento importante.

DISCUSIÓN DE GRUPO

a. Divida el grupo en equipos de tres o cinco miembros cada uno. Compare sus respuestas de las cinco preguntas.

b. Por cada pregunta donde uno o más están en desacuerdo, discuta *por qué* cada miembro escogió su respuesta.

c. Después de esta discusión, los miembros son libres de cambiar su respuesta original. ¿Alguien en su grupo lo hizo?

d. Su profesor le proporcionará información acerca de las respuestas de actitud de otros estudiante a estas preguntas, hará que el grupo discuta sobre las implicaciones o la precisión de estas actitudes.

Fuente: basado en Brown, D. R., en "Dealing with Student Conceptions and Misconceptions About Worker Attitudes and Productivity", *Journal of Management Education*, mayo de 1991, pp. 259-264.

Binney & Smith (Canadá)

C A S O
INCIDENTE

Binney & Smith (B&S) opera una planta en Lindsay, Ontario, que produce crayones. Su marca Crayola es familiar para casi cualquier niño en edad preescolar y de escuela primaria en Estados Unidos.

En 1992, las metas de producción para la planta de Lindsay se doblaron, a 4 millones de cajas de 16 crayones de colores. Poco más de un año antes, la planta produce cerca de un cuarto de ese volumen. Quizá un tanto sorprendentemente, los empleados habían sido muy receptivos a estas metas de producción más altas. Estos empleados, la mayoría de los cuales ha estado con la compañía cuando menos diez años, afirman que se sienten emocionados por sus trabajos y están mucho más satisfechos que nunca con su vida laboral.

Los trabajadores de B&S tradicionalmente conocían bien sus propios trabajos y muchos de éstos eran repetitivos y no implicaban ningún reto. Por ejemplo, un trabajo era operar una máquina que pegaba las etiquetas a las barras de crayón: 172 etiquetas por minuto. El operador de la máquina era un experto en su trabajo pero sabía muy poco acerca de otros trabajos en la planta. Para elevar la producción, la administración rediseñó el trabajo del operador de la máquina de pegado de etiquetas y casi el de todos los demás.

Los trabajadores de la planta de Lindsay ahora hacen su trabajo en equipo y se les alienta a aprender las labores de los demás integrantes de su grupo. Los miembros del equipo rotan regularmente sus trabajos, así incrementan sus habilidades y reducen el aburrimiento. Estos equipos también comparten en la responsabilidad de solucionar sus problemas de trabajo. Los empleados de la planta ahora también tienen que hacerse cargo de rastrear la producción, cambiar la distribución física de la planta como sea necesario para resolver problemas de calidad y concebir e implementar ideas de reducción de costos, como el reciclaje de desperdicios.

Los empleados no reciben premios financieros ni materiales por aceptar estos nuevos cambios. Lo que obtienen es un reconocimiento mayor, la oportunidad de aprender nuevas tareas y un mayor control sobre su trabajo. Los resultados han sido extremadamente alentadores tanto para los empleados como para la gerencia. Los empleados han aumentado la satisfacción en el trabajo y su autoestima y la planta ha incrementado más del doble sus ganancias en el primer año de estos nuevos cambios. Además, los empleados de Lindsay ahora tienen una mayor seguridad en el trabajo, ya que la planta ha eliminado de 15 a 20% de la desventaja en costo que prevalecía anteriormente, en comparación con las plantas hermanas de la compañía en Estados Unidos.

Preguntas

1. ¿En qué se compara la experiencia de B&S en la planta de Lindsay con la evidencia sobre la relación de la satisfacción-productividad descrita en este capítulo? Explique por qué confirmaría o contradeciría la investigación.

2. La tasa de rotación histórica en B&S ha sido muy baja. ¿Por qué piensa usted que es así? ¿No debería una planta con trabajos aburridos y repetitivos, como pegar 172 etiquetas por minuto sobre barras de crayola, tener un alto ausentismo y rotación?

3. Explique por qué, a pesar de las metas nuevas de producción, los empleados de B&S parecen estar más satisfechos que nunca con sus trabajos.

Fuente: basado en Wells, J., "Winning Colours", en *Report Bussines Magazine,* julio de 1992; citado en Robbins, P., D. A. DeCenzo y R. Stuart-Kotze, *Fundamental of Management: Canadian Edition* (Scarborough, Ontario: Prentice Hall Canadá, 1996), p. 246.

RESEÑA
DE CASO

ABCNEWS

La edad y las actitudes

Las leyes federales estadounidenses consideran a cualquier persona de 40 años o más un trabajador maduro. Esto significa que ninguna organización tiene el derecho de discriminar a estos individuos debido a su edad. Sin embargo, mientras más y más organizaciones se adelgazan y millones de trabajadores de edad media buscan trabajo desesperadamente, los ejemplos de discriminación por edad ocurren a diario en cualquier profesión. Las estadísticas, por ejemplo, muestran que los trabajadores maduros se tardan 64% más que los jóvenes en encontrar trabajo. Aun cuando la discriminación por edad sea ilegal, parece estar tan engranada en nuestra cultura que no podríamos reconocerla, aun si nosotros estuviéramos discriminando.

Cuando usted habla con la gente que contrata, ellos le dicen que no discriminan. Entonces listan "ciertas realidades" a enfrentar con los trabajadores maduros: se enferman más a menudo, no se quedan en la compañía tanto como los trabajadores jóvenes y no pueden trabajar tan duro. Claro, estas realidades son falsas, sin embargo, influencian las decisiones de contratación.

El desempeño real de los trabajadores maduros es impresionante. Por ejemplo, Days Inn reclutó deliberadamente trabajadores maduros para ver cómo se desempeñaban. Encontró que estos trabajadores se quedan con la compañía por más tiempo, toman menos días por enfermedad y son tan productivos como sus contrapartes jóvenes.

Las actitudes negativas hacia los trabajadores maduros tienen mínimas influencias en la manera en que los percibimos y nos comportamos con ellos. Por ejemplo, en entrevistas de trabajo, las diferencias se ven en el trato hacia los candidatos jóvenes y los maduros. En diversas entrevistas arregladas con parejas de candidatas —una madura y la otra joven— la joven fue mejor recibida por el entrevistador. La mujer madura fue desalentada. De hecho, en un tercio de esas 24 entrevistas arregladas, se observó una alarmante diferencia en el trato que recibían las candidatas maduras y jóvenes. En otras situaciones de entrevista arreglada, un individuo se arregló para parecer joven en una ocasión y maduro en otra. Encontró que una firma de corretaje le ofreció a su "versión joven" una posición de trabajo, aunque esta "persona" tenía menos experiencia de trabajo y no hizo seguimiento de la entrevista con una carta o una llamada telefónica. Aunque los entrevistadores no parecían discriminar a propósito (después de todo, *es* ilegal) a los candidatos maduros, la forma en que actuaron y las preguntas que hicieron, ponen de manifiesto las diferencias de actitud.

Preguntas

1. Describa tres componentes de una actitud y relaciónelos con las posiciones que a menudo se sustentan acerca de los trabajadores maduros.

2. ¿La acción y el efecto de estereotipar forma parte del problema de las actitudes acerca de la edad? Explique.

3. ¿Cuáles son las implicaciones de este caso para la construcción de una fuerza laboral diversa?

4. ¿Qué pueden hacer las organizaciones para sacar a flote las actitudes negativas que los gerentes y los empleados pudieran sostener hacia los trabajadores maduros?

Fuente: basado en "Age and Attitudes", en *ABC News Primetime*, pasado al aire el 9 de junio de 1994.

CONCEPTOS BÁSICOS DE LA MOTIVACIÓN

PERFIL DEL CAPÍTULO

OBJETIVOS DE APRENDIZAJE

Después de estudiar este capítulo, usted será capaz de:

1 Enmarcar el proceso de motivación

2 Describir la jerarquía de necesidades de Maslow

3 Contrastar la teoría X y la teoría Y

4 Diferenciar los motivadores a partir de los factores de la higiene

5 Listar las características que los grandes realizadores prefieren en el trabajo

6 Resumir los tipos de metas que incrementan el desempeño

7 Enunciar el impacto de no recompensar a los empleados

8 Clarificar las relaciones clave en la teoría de la expectativa

9 Explicar por qué las teorías contemporáneas sobre motivación se complementan entre sí

Cuando alguien dice: "No es el dinero, es el principio", ¡es el dinero!

—Anónimo

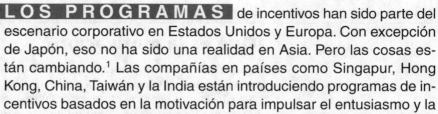

LOS PROGRAMAS de incentivos han sido parte del escenario corporativo en Estados Unidos y Europa. Con excepción de Japón, eso no ha sido una realidad en Asia. Pero las cosas están cambiando.[1] Las compañías en países como Singapur, Hong Kong, China, Taiwán y la India están introduciendo programas de incentivos basados en la motivación para impulsar el entusiasmo y la productividad del empleado. DHL Ltd. de Hong Kong proporciona un ejemplo ilustrativo.

DHL estaba buscando la manera de incrementar la productividad de su personal de ventas. Empezó, en septiembre de 1995, estableciendo objetivos específicos para cada vendedor. Entonces, para motivar a la gente a lograr sus metas la gerencia de DHL creó un programa de dinero en efectivo y viajes. "El viaje [como las vacaciones con todos los gastos pagados en Tailandia] tiene todos los ingredientes para motivar y alentar", dice Michael Thibouville, director regional de recursos humanos (*véase* la fotografía). Cada agente de ventas tenía que llenar un modelo de contenedor de carga aérea. Los individuos que excedían sus objetivos de ventas mensuales recibían pequeños bloques para llenar sus contenedores. Estos contenedores estaban en los escritorios de los empleados como un recordatorio visible de cómo se estaban desempeñando.

El personal de ventas de DHL tenía una opción de cambiar los bloques por efectivo o ir por el premio del viaje. "La belleza de nuestro esquema de incentivos radicaba en que no era competitivo", dice Thibouville. "Encontramos que la gente de ventas que tenía problemas con un negocio en particular se acercaba a aquellos que ya habían llenado los suyos [los contenedores] por ayuda. Con el esquema, ahora somos capaces de compartir las mejores prácticas de ventas demostradas mientras se desarrolla un estilo consultor de habilidad de ventas entre el personal."

Las ventas de DHL han excedido sus objetivos desde la introducción del programa de incentivo. En cuatro meses, 26 de sus 36 agentes de ventas rebasaron sus metas en 40%, dos en 35 y uno en 30 por ciento.

La administración de DHL Ltd. está viendo algunos resultados positivos que pueden incrementarse con un sistema de motivación bien diseñado. Desafortunadamente, muchos gerentes todavía no entienden la importancia de la motivación y la creación de un ambiente de trabajo motivador. En este capítulo y en el siguiente explicaremos las bases de la motivación y le mostraremos cómo diseñar programas eficaces de motivación. ◆

¿Qué es la motivación?

Probablemente debemos comenzar diciendo lo que no es motivación. Mucha gente la percibe como una característica personal —esto es, algunos la tienen, otros no. En la práctica, algunos gerentes etiquetan a los empleados que parecen carecer de motivación, como los perezosos. Tal etiqueta hace suponer que un individuo es siempre flojo o que carece de motivación. Nuestro conocimiento sobre la motivación nos dice que esto no es verdad. Lo que sabemos es que la motivación es el resultado de las interacciones del individuo y la situación. Ciertamente, los individuos difieren en su dirección básica motivacional. Pero el mismo empleado que se aburre rápidamente cuando jala una palanca sobre su prensa de perforación podría jalar la palanca de una máquina tragamonedas en Las Vegas por horas sin la mínima señal de aburrimiento. Usted podría leer una novela de una sentada, y sin embargo encontrar difícil leer un libro de texto más de 20 minutos. No necesariamente es usted —es la situación. Así que mientras analizamos el concepto de motivación, mantenga en mente que el nivel de motivación varía tanto de un individuo a otro, como en el mismo individuo, dependiendo del momento que se trate.

motivación
La voluntad de ejercer altos niveles de esfuerzo hacia las metas organizacionales, condicionadas por la habilidad del esfuerzo de satisfacer alguna necesidad individual.

Nosotros definiremos la **motivación** como la voluntad de ejercer altos niveles de esfuerzo hacia las metas organizacionales, condicionadas por la habilidad del esfuerzo de satisfacer alguna necesidad individual. Como la motivación general concierne al esfuerzo hacia *cualquier* meta, estrecharemos el enfoque hacia las metas *organizacionales* a fin de reflejar nuestro interés singular en el comportamiento relacionado con el trabajo. Los tres elementos clave en nuestra definición son el esfuerzo, las metas organizacionales y las necesidades.

El elemento esfuerzo es una medida de la intensidad. Cuando alguien está motivado, él o ella se dedica con ahínco a su meta. Pero con altos niveles de motivación es improbable obtener resultados favorables de desempeño de trabajo a menos que el esfuerzo sea canalizado en la dirección que beneficia a la organización.[2] Por tanto, debemos considerar la calidad del esfuerzo como también la intensidad. El tipo de esfuerzo dirigido hacia las metas de la organización y que es consistente con éstas, es el que deberíamos buscar. Finalmente, trataremos la motivación como un proceso de satisfacción de la necesidad. Esto se muestra en la ilustración 5-1.

necesidad
Algún estado interno que hace que ciertos resultados parezcan atractivos.

Una **necesidad,** en nuestra terminología, significa algún estado interno que hace que ciertos resultados parezcan atractivos. Una necesidad insatisfecha crea tensión que estimula el impulso dentro del individuo. Tres impulsos generan un comportamiento de búsqueda para encontrar metas particulares que, si se logran, satisfarán la necesidad y favorecerán la reducción de la tensión.

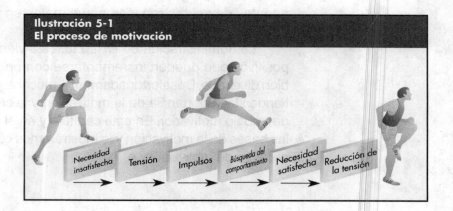

Ilustración 5-1
El proceso de motivación

Necesidad insatisfecha → Tensión → Impulsos → Búsqueda del comportamiento → Necesidad satisfecha → Reducción de la tensión

Por tanto, podemos decir que los empleados motivados están en un estado de tensión. Para aliviar esta tensión, ejercen un esfuerzo. Mientras más grande sea la primera, más grande será el nivel de esfuerzo. Si el esfuerzo conduce a la satisfacción de la necesidad, la tensión se reduce. Pero ya que estamos interesados en el comportamiento en el trabajo, esta reducción de la tensión del esfuerzo debe también ser dirigida hacia las metas organizacionales. Por tanto, es inherente a nuestra definición de la motivación el requerimiento de que las necesidades individuales deben ser compatibles y consistentes con las metas de la organización. Cuando esto no ocurre, es posible que se tengan individuos que ejerzan altos niveles de esfuerzo pero que en realidad operen contra los intereses de la organización. Esto, incidentalmente, no es tan inusual. Por ejemplo, algunos empleados por lo regular pasan mucho tiempo hablando con amigos en el trabajo a fin de satisfacer sus necesidades sociales. Existe un alto nivel de esfuerzo, sólo que está dirigido en forma improductiva.

Primeras teorías de la motivación

La década de los cincuenta fue un periodo fructífero en el desarrollo de los conceptos motivacionales. Tres teorías específicas se formularon durante este periodo, las cuales, aunque duramente atacadas y ahora cuestionables en términos de validación, son todavía probablemente las explicaciones mejor conocidas de la motivación del individuo. Éstas son la teoría de la jerarquía de las necesidades, las teorías X y Y y la teoría de la motivación-higiene. Como veremos más adelante en este capítulo, desde entonces hemos desarrollado explicaciones más válidas de la motivación, pero debería conocer estas primeras teorías al menos por dos razones: (1) representan la base sobre la cual se han desarrollado las teorías contemporáneas y (2) en la práctica, los gerentes por lo regular utilizan estas teorías y su terminología para explicar la motivación del empleado.

◆ Probablemente la teoría de la motivación más conocida es la jerarquía de las necesidades de Maslow.

Teoría de la jerarquía de las necesidades

Probablemente la teoría de la motivación más conocida es la **jerarquía de las necesidades** de Abraham Maslow.[3] Él formuló la hipótesis de que dentro del ser humano existe una jerarquía de cinco necesidades. Éstas son:

1. *Fisiológica*. Incluye el hambre, la sed, el refugio, el sexo y otras necesidades físicas.
2. *Seguridad*. Incluye la seguridad y la protección del daño físico y emocional.
3. *Social*. Incluye el afecto, la pertenencia, la aceptación y la amistad.
4. *Estima*. Incluye los factores de estima interna como el respeto a uno mismo, la autonomía y el logro, así como también los factores externos de estima como el estatus, el reconocimiento y la atención.
5. **Autorrealización.** El impulso de convertirse en lo que es uno capaz de volverse; incluye el crecimiento, el lograr el potencial individual, el hacer eficaz la satisfacción plena con uno mismo.

teoría de la jerarquía de necesidades
Existe una jerarquía de cinco necesidades —fisiológica, seguridad, social, estima y autorrealización— y conforme se satisface sustancialmente cada una de éstas, la siguiente necesidad se vuelve dominante.

autorrealización
El impulso de convertirse en lo que uno es capaz de volverse.

Conforme cada una de estas necesidades se satisface sustancialmente, la siguiente se vuelve dominante. De acuerdo con la ilustración 5-2, el individuo avanza hacia arriba por los escalones de la jerarquía. Desde el punto de vista de la motivación, la teoría diría que aunque ninguna necesidad se satisface por completo, una necesidad sustancialmente satisfecha ya no motiva. Así que, de acuerdo con Maslow, si quiere

Ilustración 5-2
Jerarquía de las necesidades de Maslow

(pirámide)
- Auto-rrealización
- Estima
- Social
- Seguridad
- Fisiológica

necesidades de orden bajo
Las necesidades que se satisfacen de manera externa; las necesidades fisiológicas y de seguridad.

necesidades de orden alto
Las necesidades que son satisfechas internamente; las necesidades sociales, de estima y de autorrealización.

motivar a alguien, usted necesita entender en qué nivel de la jerarquía está actualmente esta persona, y enfocarse en satisfacer aquellas necesidades del nivel que esté inmediatamente arriba.

Maslow separó estas cinco necesidades en órdenes altos y bajos. Las necesidades fisiológicas y de seguridad se describieron como de **orden bajo,** y la social, la estima y la autorrealización, como **necesidades de orden alto.** La diferenciación entre los dos órdenes se hizo según la premisa de que las necesidades de nivel alto se satisfacen internamente (dentro de la persona), y las necesidades de bajo orden se satisfacen de manera externa (por cosas como salario, contratos sindicales y antigüedad). De hecho, la conclusión natural que puede sacarse de la clasificación de Maslow es que en tiempos de abundancia económica, casi todos los empleados en forma permanente tienen sus necesidades de nivel bajo sustancialmente satisfechas.

La teoría de las necesidades de Maslow ha recibido un amplio reconocimiento, en particular entre los gerentes en servicio. Esto puede atribuirse a la lógica intuitiva de la teoría y al fácil entendimiento. Por desgracia, sin embargo, la investigación no valida generalmente la teoría. Maslow no proporcionó evidencia empírica y diversos estudios que buscaron validar la teoría no encontraron fundamento en su favor.[4]

Las viejas teorías, sobre todo aquellas que son lógicas intuitivamente, en apariencia son difíciles de desterrar. Un investigador revisó la evidencia y concluyó que: "a pesar de su gran aceptación, por parte de la sociedad, la jerarquía de las necesidades como teoría aún cuenta con un soporte empírico insuficiente".[5] Además, el investigador enunció que: "la investigación debería generar ciertamente una renuncia a aceptar en forma incondicional la implicación de la jerarquía de Maslow".[6] Otra revisión llega a la misma conclusión.[7] Poco fundamento se ha encontrado para la predicción de que las estructuras de las necesidades están organizadas a lo largo de las dimensiones propuestas por Maslow, de que las necesidades insatisfechas motivan o de que la necesidad satisfecha active el movimiento hacia un nivel nuevo de necesidad.

Teoría X y teoría Y

teoría X
La suposición de que a los empleados no les gusta trabajar, son flojos, les disgusta la responsabilidad y deben ser obligados a rendir.

teoría Y
La suposición de que a los empleados les gusta trabajar, son creativos, buscan la responsabilidad y pueden ejercer la autodirección.

Douglas McGregor propuso dos posiciones distintas de los seres humanos: una básicamente negativa, nombrada **teoría X** y otra básicamente positiva, nombrada **teoría Y.**[8] Después de ver la manera en la cual los gerentes trataban con sus empleados, McGregor concluyó que la visión del gerente acerca de la naturaleza de los seres humanos está basada en ciertas suposiciones de grupo y que él tiende a moldear su comportamiento hacia los subordinados de acuerdo con estas suposiciones.

De acuerdo con la teoría X, las cuatro premisas adoptadas por los gerentes son:

1. A los empleados inherentemente les disgusta trabajar y, siempre que sea posible, tratarán de evitarlo.

2. Ya que les disgusta trabajar, deben ser reprimidos, controlados o amenazados con castigos para lograr las metas.

3. Los empleados evitarán responsabilidades y buscarán dirección formal siempre que sea posible.

4. La mayoría de los trabajadores coloca la seguridad por encima de todos los demás factores asociados con el trabajo y mostrarán muy poca ambición.

En contraste con estas percepciones negativas acerca de la naturaleza de los seres humanos, McGregor listó las cuatro suposiciones positivas que llamó teoría Y:

1. Los empleados pueden percibir el trabajo tan natural como descansar o jugar.

2. La gente ejercitará la autodirección y el autocontrol si están comprometidos con sus objetivos.

3. La persona promedio puede aprender a aceptar, aun buscar, la responsabilidad.

4. La habilidad de tomar decisiones innovadoras se halla ampliamente dispersa en toda la población y no necesariamente es propiedad exclusiva de aquellos que tienen puestos gerenciales.

¿Cuáles son las implicaciones motivacionales de aceptar el análisis de McGregor? La respuesta se expresa mejor en el marco presentado por Maslow. La teoría X asume que las necesidades de nivel bajo dominan a los individuos. La teoría Y supone que las necesidades de nivel alto dominan a los individuos. McGregor mismo mantiene la creencia de que las premisas de la teoría Y fueron más válidas que las de la teoría X. Por tanto, propuso tales ideas —como la toma participativa de decisiones, los trabajos desafiantes y de responsabilidad y las buenas relaciones de grupo— como métodos que podrían maximizar la motivación de un empleado.

Por desgracia, no existe evidencia que confirme cualquier grupo de suposiciones como válido, o de que aceptar las premisas de la teoría Y y alterar las acciones propias en concordancia con aquél llevarán a tener más trabajadores motivados. Como será evidente más adelante en este capítulo, tanto las premisas de la teoría X como las de la teoría Y pueden ser apropiadas en situaciones particulares.

Teoría de la motivación-higiene

El psicólogo Frederick Herzberg propuso la **teoría de la motivación-higiene.**[9] En la creencia de que la relación de un individuo con su trabajo es básica y que su actitud hacia su trabajo bien puede determinar el éxito o el fracaso del individuo, Herzberg investigó la pregunta: "¿Qué quiere la gente de sus trabajos?" Él pidió a la gente que describiera, en detalle, situaciones en las que se sentía excepcionalmente *bien* y *mal* acerca de sus trabajos. Estas respuestas se tabularon y se separaron por categorías. Los factores que afectan las actitudes hacia el trabajo, como se reportó en 12 investigaciones conducidas por Herzberg, se representan en la ilustración 5-3 de la página 172.

De las respuestas separadas por categorías, Herzberg concluyó que las respuestas que la gente dio cuando se sentía bien en su trabajo eran muy diferentes de las contestaciones dadas cuando se sentía mal. Como se ve en la ilustración 5-3, ciertas características tienden a estar consistentemente relacionadas con la satisfacción en el trabajo (los factores del lado derecho de la figura), y otros con la insatisfacción en el trabajo (el lado izquierdo de la figura). Los factores intrínsecos, como el logro, el re-

teoría de la motivación-higiene
Los factores intrínsecos se relacionan con la satisfacción en el trabajo, mientras que los extrínsecos se asocian a la insatisfacción.

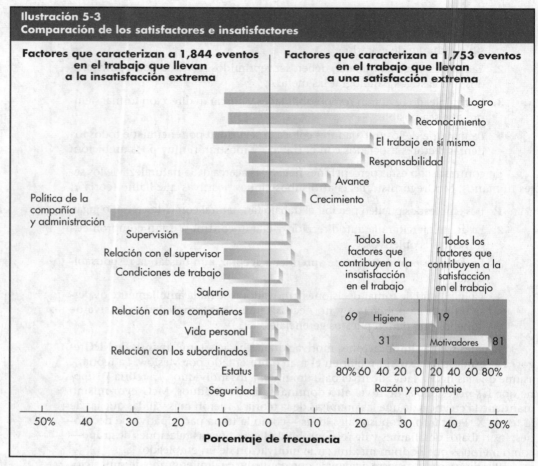

Ilustración 5-3
Comparación de los satisfactores e insatisfactores

Factores que caracterizan a 1,844 eventos en el trabajo que llevan a la insatisfacción extrema

Factores que caracterizan a 1,753 eventos en el trabajo que llevan a una satisfacción extrema

Logro
Reconocimiento
El trabajo en sí mismo
Responsabilidad
Avance
Crecimiento

Política de la compañía y administración
Supervisión
Relación con el supervisor
Condiciones de trabajo
Salario
Relación con los compañeros
Vida personal
Relación con los subordinados
Estatus
Seguridad

Todos los factores que contribuyen a la insatisfacción en el trabajo

Todos los factores que contribuyen a la satisfacción en el trabajo

69	Higiene	19
31	Motivadores	81

80% 60 40 20 0 20 40 60 80%
Razón y porcentaje

50% 40 30 20 10 0 10 20 30 40 50%
Porcentaje de frecuencia

conocimiento, el trabajo en sí mismo, la responsabilidad y el crecimiento parecen estar relacionados con la satisfacción en el trabajo. Cuando aquellos interrogados se sentían bien acerca de su trabajo, tendían a atribuir estas características a ellos mismos. Por otro lado, cuando estaban insatisfechos, tendían a citar factores extrínsecos, como la política de la compañía y la administración, la supervisión, las relaciones interpersonales y las condiciones de trabajo.

Los datos sugieren, dice Herzberg, que lo opuesto de la satisfacción no es la insatisfacción, como tradicionalmente se había creído. Eliminar las características de insatisfacción de un trabajo no lo hace necesariamente satisfactorio. Como se muestra en la ilustración 5-4, Herzberg propone que estos hallazgos indican la existencia de un *continuum* dual: lo opuesto de la "satisfacción" es "no satisfacción" y lo opuesto de "insatisfacción" es "no insatisfacción".

De acuerdo con Herzberg, los factores que conducen a la satisfacción en el trabajo están separados y son distintos de aquellos que llevan a la insatisfacción en el trabajo. Por tanto, los gerentes que buscan eliminar los factores que crean la insatisfacción en el trabajo podrán traer más paz, pero no necesariamente motivación. Estarán apaciguando a su fuerza de trabajo, pero no motivándola. Como resultado, tales características, como la política de la compañía y la gerencia, la supervisión, las

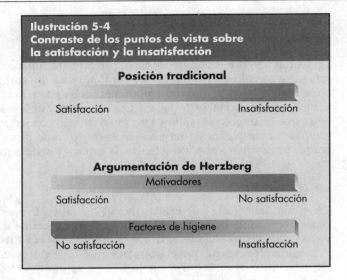

Ilustración 5-4
Contraste de los puntos de vista sobre la satisfacción y la insatisfacción

Posición tradicional

Satisfacción   Insatisfacción

Argumentación de Herzberg

Motivadores

Satisfacción   No satisfacción

Factores de higiene

No satisfacción   Insatisfacción

relaciones interpersonales, las condiciones de trabajo y el salario, se caracterizaron por Herzberg como **factores de higiene.** Cuando éstos son adecuados, la gente no estará insatisfecha; sin embargo, tampoco estará satisfecha. Si queremos motivar a la gente en su trabajo, Herzberg sugiere enfatizar el logro, el reconocimiento, el trabajo en sí mismo, la responsabilidad y el crecimiento. Éstas son las características que la gente encuentra intrínsecamente recompensantes.

La teoría de la motivación-higiene no existe sin sus detractores. Las críticas de la teoría incluyen lo siguiente:

1. El procedimiento que Herzberg usó está limitado por su metodología. Cuando las cosas están yendo bien, la gente tiende a darse el crédito a ellos mismos. En caso contrario, culpa del fracaso al ambiente externo.

2. La confiabilidad de la metodología de Herzberg se ha cuestionado. Ya que los clasificadores tienen que hacer interpretaciones, es posible que contaminen los hallazgos al interpretar una respuesta de una manera y tratar otra respuesta similar de forma diferente.

3. La teoría, en la medida en que es válida, proporciona una explicación de la satisfacción en el trabajo. No es en realidad una teoría de la motivación.

4. Ninguna medida total de la satisfacción se utilizó. En otras palabras, a una persona podría disgustarle parte de su trabajo, y a pesar de eso todavía pensar que el trabajo es aceptable.

5. La teoría es inconsistente con la investigación previa. La teoría de la motivación-higiene ignora las variables situacionales.

6. Herzberg asume que existe una relación entre la satisfacción y la productividad. Pero la metodología de investigación que usó buscó sólo la satisfacción, no la productividad. Para hacer tal investigación relevante, uno debe asumir una alta relación entre la satisfacción y la productividad.[10]

A pesar de las críticas, la teoría de Herzberg ha sido ampliamente leída y pocos gerentes no están familiarizados con sus recomendaciones. La popularidad, durante los últimos 30 años, de trabajos que se expanden verticalmente para permitir a los empleados una mayor responsabilidad en planear y controlar su trabajo, en gran medida se atribuye a los hallazgos y recomendaciones de Herzberg.

factores de higiene
Aquellos elementos —como la política de la compañía y la administración, la supervisión y el salario— que, cuando son adecuados en un trabajo, apaciguan a los trabajadores. Cuando estos factores son adecuados, la gente no estará insatisfecha.

Teorías contemporáneas acerca de la motivación

Las teorías anteriores se conocen bien, pero, desafortunadamente, no se sustentan lo suficiente cuando se les examina con profundidad. Sin embargo, no todo está perdido.[11] Existen varias teorías contemporáneas que tienen una cosa en común: cada una tiene un grado razonable de documentación válida que la sustenta. Claro, esto no significa que las teorías que vamos a ver estén sin duda correctas. Nosotros las llamamos "teorías contemporáneas" no necesariamente a causa de su desarrollo reciente, sino porque representan el estado actual en la explicación de la motivación del empleado.

La teoría ERG

teoría ERG
Existen tres grupos de necesidades centrales: existencia, relación y crecimiento.

Clayton Alderfer de la Universidad de Yale ha trabajado nuevamente con la jerarquía de las necesidades de Maslow para alinearla más cerca de la investigación empírica. Su jerarquía de necesidades revisada se nombró **teoría ERG.**[12]

Alderfer sostiene que existen tres grupos de necesidades centrales —existencia, relación y crecimiento—, a ello se debe su nombre: ERG (*existence, relatedness, growth*). El grupo *existencia* se refiere a proporcionar nuestros requerimientos básicos de existencia material; éstos incluyen los conceptos que Maslow consideró como las necesidades fisiológicas y de seguridad. El segundo grupo de necesidades está formado por aquellas de *relación* —el deseo que tenemos de mantener relaciones interpersonales importantes. Los deseos sociales y de estatus requieren interacción con los demás para ser satisfechos y se alinean con la necesidad social y el componente externo de la clasificación de la estima de Maslow, respectivamente. Por último, Alderfer aísla las necesidades de *crecimiento* —un deseo intrínseco de desarrollo personal. Esto incluye el componente intrínseco de la categoría de la estima y las características incluidas en la autorrealización.

Además de sustituir cinco necesidades por tres, ¿en qué difiere la teoría ERG de Alderfer de la de Maslow? En contraste con la teoría de las necesidades, la ERG demuestra que: (1) más de una necesidad puede operar al mismo tiempo y (2) si se reprime la gratificación de una necesidad de alto nivel, el deseo de satisfacer una necesidad de bajo nivel se incrementa.

Los empleados de Honeywell tienen muchas oportunidades de satisfacer sus necesidades de relación. Pueden construir relaciones interpersonales importantes participando en varios consejos sobre la diversidad que Honeywell ha formado para lograr acomodar su diversa fuerza de trabajo global, que representa 47 culturas y 90 antecedentes étnicos. Los empleados pueden interactuar con otros al participar en una diversidad de consejos como sobre el trabajo y la familia, el de las mujeres, la liga de trabajadores maduros, la red de empleados negros, el consejo hispano, el de indios americanos y el de empleados con discapacidades.

La jerarquía de necesidades de Maslow sigue una progresión rígida, tipo escala. La teoría ERG no asume que exista una jerarquía rígida donde una necesidad baja deba ser sustancialmente satisfecha antes de poderse mover hacia adelante. Una persona puede, por ejemplo, trabajar en el crecimiento aun cuando las necesidades de existencia o de relación estén insatisfechas; o las tres categorías podrían estar operando al mismo tiempo.

La teoría ERG también contiene una dimensión de la frustración-regresión. Maslow —como usted sabe— sostuvo que un individuo se quedaría en cierto nivel de necesidad hasta que ésta fuera satisfecha. La teoría ERG se contrapone al considerar que cuando se frustra un nivel de necesidad mayor, surge en el individuo el deseo de incrementar una necesidad de menor nivel. La incapacidad de satisfacer una necesidad de interacción social, por ejemplo, podría incrementar el deseo de más dinero o de mejores condiciones de trabajo. Así, la frustración puede llevar a una regresión hacia una necesidad menor.

En resumen, la teoría ERG sostiene, como Maslow, que las necesidades de nivel bajo llevan al deseo de satisfacer necesidades de nivel alto; pero las necesidades múltiples pueden operar al mismo tiempo como motivadores y la frustración al tratar de satisfacer una necesidad de nivel más alto podría dar como resultado una regresión a una necesidad de nivel bajo.

La teoría ERG es más consistente con nuestro conocimiento de las diferencias entre las personas. Las variables como la educación, los antecedentes familiares y el ambiente cultural pueden alterar la importancia o la fuerza de impulso que un grupo de necesidades tiene para un individuo en particular. La evidencia que demuestra que la gente de otras culturas califican las categorías de necesidades de manera diferente —por ejemplo, los nativos de España y Japón colocan las necesidades sociales antes de sus requerimientos fisiológicos[13]— sería consistente con la teoría ERG. Diversos estudios han apoyado la teoría ERG,[14] pero existe también evidencia de que no funciona en algunas organizaciones.[15] En conjunto, sin embargo, la teoría ERG representa una versión mucho más válida de la jerarquía de necesidades.

Teoría de las necesidades de McClelland

Imagine que participa en un juego de "tire y acierte", usted consiguió una pelota y existen tres objetivos frente a usted. Cada uno se encuentra progresivamente más lejos y por tanto, es más difícil pegarle. El objetivo A es seguro. Se localiza casi dentro del alcance del brazo de usted. Si le pega obtiene 2 dólares. El objetivo B está un poco más lejos, pero cerca de 80% de la gente que prueba puede pegarle. El premio es de $4. El objetivo C paga $8, y aproximadamente de la mitad de la gente que lo intenta le pega. Pocas personas pueden golpear el objetivo D, pero el premio es $16, si lo logra. Por último, el objetivo E es de $32, pero es casi imposible lograrlo. ¿A qué objetivo trataría de darle? Si selecciona C, es probable que usted sea una persona con una alta necesidad de logro. ¿Por qué? Continúe leyendo.

La **teoría sobre las necesidades de McClelland** fue desarrollada por David McClelland y sus asociados.[16] La teoría se enfoca en tres necesidades: logro, poder y afiliación. Se definen de este modo:

◆ **Necesidad de logro:** el impulso de sobresalir, el logro en relación con un grupo de estándares, la lucha por el éxito.

◆ **Necesidad de poder:** la necesidad de hacer que otros se comporten en una forma en que no se comportarían.

◆ **Necesidad de afiliación:** el deseo de relaciones interpersonales amistosas y cercanas.

Algunas personas tienen una fuerza impulsora para tener éxito. Luchan por el logro personal y no tanto por las recompensas del éxito. Tienen un deseo de hacer

teoría sobre las necesidades de McClelland
El logro, el poder y la afiliación son las tres necesidades importantes que ayudan a explicar la motivación.

necesidad de logro
El impulso de sobresalir, el logro en relación con un grupo de estándares, la lucha por el éxito.

necesidad de poder
El deseo de hacer que otros se comporten en una forma en que no se comportarían.

necesidad de afiliación
El deseo de relaciones interpersonales amistosas y cercanas.

algo mejor o más eficientemente que lo que se ha hecho antes. Este impulso es la necesidad de logro (*nAch*). En la investigación sobre la necesidad de logro, McClelland encontró que los grandes realizadores se diferencian de otros por su deseo de hacer mejor las cosas.[17] Buscan situaciones en las que tengan la responsabilidad personal de dar soluciones a problemas, situaciones en las que pueden recibir una rápida retroalimentación sobre su desempeño a fin de saber fácilmente si están mejorando o no, y situaciones en las que puedan establecer metas desafiantes. Los grandes realizadores son jugadores; les disgusta tener éxito por la suerte. Prefieren el reto de trabajar en un problema y aceptar la responsabilidad personal del éxito o del fracaso, en lugar de dejar el resultado al azar o las acciones de otros. De manera muy especial, evitan lo que perciben ser tareas muy fáciles o muy difíciles. Quieren superar obstáculos, pero quieren sentir que su éxito (o fracaso) se debe a sus propias acciones. Esto significa que les gustan las tareas de dificultad intermedia.

Los grandes realizadores se desempeñan mejor cuando perciben su probabilidad de éxito es 0.5, esto es, estiman que tienen una oportunidad de éxito de 50%. Les disgusta apostar con las probabilidades altas, ya que no logran la satisfacción de logro de la circunstancia del éxito. En forma similar, no les gustan las posibilidades bajas (alta probabilidad de éxito), pues no existe reto para sus habilidades. Les gusta establecer metas que requieran que ellos mismos se esfuercen más. Cuando hay una oportunidad en la que la posibilidad de éxito es igual a la del fracaso, existe una ocasión óptima de experimentar sentimientos de logro y satisfacción de sus esfuerzos.

La necesidad de poder (*nPow*) es el deseo de tener impacto, de ser influyente y controlar a los demás. Los individuos altos en *nPow* disfrutan el estar "a cargo", luchan por influenciar a los demás, prefieren ser colocados en situaciones competitivas y orientadas al estatus, y tienden a estar más interesados en el prestigio y la obtención de influencia en los demás que en el desempeño eficaz.

Los grandes realizadores se manejan bien como gerentes de Enterprise Rent-a-Car. Enterprise contrata gente competitiva que asume la responsabilidad personal de sus acciones, lucha por el éxito y tiene una fuerza impulsora hacia la excelencia. El salario de los empleados está ligado a las ganancias de su sucursal. Los empleados reciben resultados financieros de cada sucursal y de cada región, en los cuales se ve la competencia intensa intramuros. Los empleados de alto logro han ayudado a hacer de Enterprise la compañía número uno de la renta de automóviles en América.

La tercera necesidad que aisló por McClelland es la afiliación (*nAff*). Esta necesidad ha recibido atención mínima de los investigadores. La afiliación puede estar ligada a las metas de Dale Carnegie: el deseo de gustar y ser aceptado por los demás. Los individuos con un motivo de alta afiliación luchan por la amistad, prefieren las situaciones cooperativas en lugar de las competitivas y desean relaciones que involucran un alto grado de entendimiento mutuo.

¿Cómo sabe si alguien es, por ejemplo, un alto realizador? Existen cuestionarios que buscan este motivo,[18] pero gran parte de la investigación usa una prueba proyectiva en la cual los sujetos responden sobre fotografía.[19] Cada foto se muestra brevemente al sujeto y entonces él o ella escribe una historia basada en la fotografía. Por ejemplo, una fotografía que muestre un hombre sentado ante un escritorio con una actitud pensativa, y dos niños sentados a una esquina del escritorio. Se le pide al sujeto que escriba una historia en la cual describa lo que está pasando, lo que precedió a esta situación, lo que pasará en el futuro y cosas similares. Las historias se vuelven, en efecto, pruebas proyectivas que miden las motivaciones inconscientes. Se califica cada historia y se obtiene la escala de cada una de las tres motivaciones.

Apoyándose en una extensa cantidad de investigación, algunas predicciones razonablemente bien sustentadas pueden realizarse con base en la relación entre la necesidad del logro y el desempeño en el trabajo. Aunque menos investigación se ha realizado sobre las necesidades de poder y afiliación, en este terreno también existen hallazgos consistentes.

Primero, como se muestra en la ilustración 5-5, los individuos con una alta necesidad de logro prefieren situaciones de trabajo con responsabilidad personal, retroalimentación y un grado intermedio de riesgo. Cuando estas características prevalecen, los logradores altos estarán fuertemente motivados. La evidencia demuestra consistentemente, por ejemplo, que los altos logradores son exitosos en actividades empresariales como dirigir su propio negocio o administrar una unidad autosuficiente dentro de una gran organización.[20]

Segundo, una necesidad alta de logro no necesariamente lleva a ser un buen gerente, sobre todo en las grandes organizaciones. La gente con una alta necesidad de logro está interesada en qué tan bien se desempeña personalmente y no en influenciar a todos para que hagan bien su trabajo. Los vendedores con alta calificación en *nAch* no necesariamente son buenos gerentes de ventas y el buen gerente general en una gran organización típicamente no tiene una alta necesidad de logro.[21]

Tercero, las necesidades de afiliación y poder tienden a estar estrechamente relacionadas con el éxito gerencial. Los mejores gerentes tienen una alta necesidad de poder y una baja necesidad de afiliación.[22] De hecho, una alta motivación de poder podría ser un requisito de la eficacia gerencial.[23] Claro, la causa y el efecto son materia de discusión. Se ha estado sugiriendo que una alta necesidad de poder podría

Ilustración 5-5
Acoplamiento de los que califican alto en logro y los empleos

Los trabajadores prefieren con alta necesidad de logro trabajos que ofrezcan

→ responsabilidad personal
→ retroalimentación
→ riesgos moderados

ocurrir simplemente como una función del nivel de uno en una organización jerárquica.[24] El último argumento propone que mientras más alto sea el nivel de un individuo en la organización, más grande será la motivación de poder del sujeto. Como resultado, las posiciones poderosas serían el estímulo para una alta motivación.

Finalmente, los empleados se han entrenado exitosamente para estimular su necesidad de logro. Los entrenadores han sido eficaces en enseñar a los individuos a pensar en términos de lograr, ganar y tener éxito, y luego en ayudarlos a aprender a *actuar* en una forma de alto logro al preferir situaciones donde tengan responsabilidad personal, retroalimentación y riesgos moderados. Así, si el trabajo requiere un gran lograr, la gerencia puede seleccionar una persona con alto *nAch* o desarrollar su propio candidato a través del entrenamiento del logro.[25]

Teoría de la evaluación cognoscitiva

A finales de la década de los sesenta, un investigador propuso que la introducción de recompensas extrínsecas, como el salario, por el esfuerzo en el trabajo que ya se ha recompensado en forma intrínseca debido al placer asociado con el contenido del trabajo en sí mismo, tendería a disminuir el nivel general de motivación.[26] Esta propuesta —la cual se ha dado en llamar **teoría de la evaluación cognoscitiva**— se ha investigado extensivamente y se ha sustentado un gran número de estudios.[27] Como mostraremos, las principales implicaciones de esta teoría se relacionan con la forma en la cual se paga a la gente en las organizaciones.

Históricamente, los teóricos de la motivación han asumido en general que las motivaciones intrínsecas como el logro, la responsabilidad y la competencia son independientes de los motivadores extrínsecos como un salario alto, ascensos, buenas relaciones con el supervisor y condiciones placenteras de trabajo. Esto es, la estimulación de una motivación intrínseca no afectaría una motivación extrínseca o víceversa. Pero la teoría de la evaluación cognoscitiva sugiere otra cosa. Sostiene que cuando las organizaciones usan los premios extrínsecos como pagos por desempeño superior, se reducen las recompensas intrínsecas, las cuales se derivan del hecho de que los individuos hacen lo que les gusta. En otras palabras, cuando las recompensas extrínsecas se dan por desempeñar una tarea interesante, se causa que descienda el interés intrínseco en la tarea en sí misma.

¿Por qué ocurre tal resultado? La explicación popular es que el individuo experimenta una pérdida del control sobre su propio comportamiento, así que decrece la motivación previa intrínseca. Además, la eliminación de premios extrínsecos puede producir un cambio —desde una explicación externa a una interna— en la percepción del individuo de las causas del porqué él trabaja en una tarea. Si usted lee una novela a la semana porque su profesor de literatura le pide que lo haga, puede atribuir su comportamiento de lectura a una fuente externa. Sin embargo, después de que el curso termine, si se encuentra leyendo una novela a la semana, su inclinación natural es afirmar: "¡yo creo que disfruto la lectura de novelas ya que continúo leyendo una a la semana!"

Si la teoría de la evaluación cognoscitiva es válida, debería tener mayores implicaciones para las prácticas gerenciales. Durante años ha sido un axioma entre los especialistas de la compensación que para que el salario u otras recompensas extrínsecas sean motivadores eficaces, deberían estar de acuerdo con el desempeño individual. Pero, los teóricos de la evaluación cognoscitiva sostendrían que esto sólo tiende a disminuir la satisfacción interna que el individuo recibe de hacer el trabajo. Hemos sustituido un estímulo interno por uno externo. De hecho, si la teoría de la evaluación cognoscitiva es correcta, tendría sentido hacer que la paga del individuo no vaya de acuerdo con su desempeño a fin de evitar una disminución de la motivación intrínseca.

teoría de la evaluación cognoscitiva
Distribuir recompensas extrínsecas por comportamientos que ya se han recompensado de manera intrínseca tiende a disminuir el nivel total de motivación.

Dijimos al principio que la teoría de la evaluación cognoscitiva ha recibido apoyo de diversos estudios. Sin embargo, también ha sido centro de ataques, específicamente por la metodología utilizada en estos estudios[28] y la interpretación de los hallazgos.[29] ¿Pero cómo se encuentra esta teoría hoy en día? ¿Podemos decir que cuando las organizaciones usaron los motivadores extrínsecos, como el salario y los ascensos, para estimular el desempeño de los trabajadores, lo hicieron a expensas de reducir el interés intrínseco y la motivación en el trabajo que se realizaba? La respuesta no es un simple "sí" o un "no".

Aunque se necesita investigar más para clarificar algunas de las ambigüedades, la evidencia nos lleva a concluir que la interdependencia de las recompensas extrínsecas e intrínsecas es un fenómeno real.[30] Sin embargo, su impacto en la motivación del empleado en el trabajo, en contraste con la motivación en general, puede ser considerablemente menor de lo que originalmente se pensó. Primero, muchos de los estudios que prueban la teoría se realizaron con estudiantes, no con empleados pagados por organizaciones. Los investigadores observaron lo que ocurre en el comportamiento del estudiante cuando se suspende una recompensa. Esto es interesante, pero no representa la situación típica de trabajo. En el mundo real, cuando se suspenden los premios extrínsecos, usualmente significa que el individuo ya no es parte de la organización. Segundo, la evidencia indica que los niveles muy altos de motivación intrínseca son resistentes a los impactos dañinos de las recompensas.[31] Aun cuando un trabajo es interesante en sí mismo, existe todavía una poderosa norma para el pago extrínseco.[32] En el otro extremo, las recompensas extrínsecas por tareas insípidas parecen incrementar la motivación intrínseca.[33] Por tanto, la teoría podría tener una aplicación limitada al trabajo en las organizaciones, ya que la mayoría de los trabajos de nivel bajo no es suficientemente satisfactoria para nutrir el alto interés intrínseco y muchos puestos gerenciales y profesionales ofrecen recompensas intrínsecas. La teoría de la evaluación cognoscitiva podría ser relevante para el conjunto de trabajos organizacionales que ni son extremadamente insípidos, ni extremadamente interesantes.

THE WALL STREET JOURNAL

"¿Qué *quieres decir* con eso de que el dinero
no lo es todo? ¡Esto es un banco!"

Ilustración 5-6
Fuente: De *The Wall Street Journal*, 8 de febrero de 1995. Con permiso de Cartoon Features Syndicate.

Teoría del establecimiento de las metas

Gene Broadwater, instructor del equipo de campo traviesa de la escuela preparatoria de Hamilton, dirigió a su equipo estas últimas palabras antes de que se acercara a las marcas de salida en la carrera por el campeonato de la liga: "Cada uno de ustedes está listo físicamente. Ahora salgan y den lo mejor de ustedes. Nunca se les pedirá más que eso."

Usted mismo ha escuchado la frase varias veces: "Sólo dé lo mejor de usted. Es todo lo que cualquiera puede pedir." Pero, ¿qué significa "dé lo mejor"? ¿Alguna vez hemos sabido si hemos logrado esa meta tan vaga? ¿Los corredores de campo traviesa habrían logrado tiempos más rápidos si el instructor Broadwater hubiera dado a cada uno una meta específica a la cual dirigirse? ¿Podría usted haber sido mejor en su clase de inglés de preparatoria si sus padres le hubieran dicho: "debes luchar por lo menos por 85% de la calificación más alta en la escala, en todos tus trabajos de inglés" en lugar de decirle "haz tu mejor esfuerzo"? La investigación sobre la **teoría del establecimiento de las metas** atiende estos temas, y los hallazgos, como verá, son impresionantes en términos del efecto que la especificación de la meta, el reto y la retroalimentación tienen en el desempeño.

A finales de la década de los sesenta, Edwin Locke propuso que las intenciones de trabajar hacia una meta son una fuente importante de motivación en el trabajo.[34] Esto es, las metas le dicen al empleado lo que necesita realizar y cuánto esfuerzo tendrá que hacer.[35] La evidencia apoya fuertemente el valor de las metas. En concreto, podemos decir que las metas específicas incrementan el desempeño; que las metas difíciles, cuando se aceptan, dan como resultado un desempeño más alto que las metas fáciles, y que la retroalimentación conduce a un mejor desempeño que el logrado en su ausencia.[36]

Las metas específicas muy difíciles producen un nivel más alto de resultados que lo obtenido con la meta generalizada de "haz tu mejor esfuerzo". La especificación de la meta en sí misma actúa como un estímulo interno. Por ejemplo, cuando un camionero se compromete a realizar 12 viajes redondos entre Toronto y Buffalo, cada semana, esta intención le da el objetivo específico de tratar de lograrlo. Podemos decir que, en condiciones iguales, el camionero con una meta específica sobrepasará a su contraparte que opera sin metas o con la meta generalizada de "hacer el mejor esfuerzo".

teoría del establecimiento de las metas
Sostiene que las metas específicas y difíciles llevan a un alto desempeño.

General Mills utiliza la teoría del establecimiento de las metas para motivar a sus empleados. Cuando ellos alcanzan sus metas, la compañía les da una gran recompensa. Cada miembro del equipo de gerentes de yogur Yoplait que aquí se muestra ganó un bono hasta de $50,000, además de su salario, por exceder su meta de desempeño en 250 por ciento.

Si los factores como la habilidad y la aceptación de las metas se mantienen constantes, podemos también establecer que mientras más difícil sea la meta, más alto será el nivel de desempeño. Sin embargo, es lógico asumir que las metas fáciles tienen más probabilidad de que sean aceptadas. Pero una vez que un empleado acepta una tarea difícil, ejercerá un alto nivel de esfuerzo hasta lograrla, reducirla o abandonarla.

La gente se comporta mejor cuando obtiene retroalimentación de qué tan bien está progresando hacia sus metas, ya que aquélla les ayuda a identificar las discrepancias entre lo que han hecho y lo que quieren hacer; es decir, la retroalimentación actúa como un comportamiento guía. Pero no todas las retroalimentaciones son igualmente potentes. La retroalimentación autogenerada —donde el empleado es capaz de monitorear su propio progreso— ha estado mostrando ser un motivador más poderoso que la retroalimentación generada en forma externa.[37]

Si los empleados tienen la oportunidad de participar en el establecimiento de sus propias metas, ¿tratarán de lograr sus metas con más ahínco? La evidencia está mezclada en cuanto a la superioridad de lo participativo sobre las metas asignadas.[38] En algunos casos, las metas establecidas en forma participativa propician un desempeño superior: en otros, los individuos se desempeñan mejor cuando las metas son asignadas por sus jefes. Pero una ventaja importante de la participación podría ser incrementar la aceptación de la meta en sí misma como un objetivo hacia el cual trabajar.[39] Como lo hicimos, la resistencia es mayor cuando las metas son difíciles. Si la gente participa en el establecimiento de la meta, es más probable que acepte inclusive un objetivo difícil que si su jefe le asigna arbitrariamente una meta. La razón es que los individuos se sienten más comprometidos con las opciones en las cuales han intervenido. Así pues, aunque las metas participativas podrían carecer de superioridad respecto de las metas asignadas cuando la aceptación se da por hecho, la participación sí incrementa la probabilidad de que se acepten más metas difíciles y que se actúe para conseguirlas.

¿Existen algunas contingencias en la teoría del establecimiento de las metas o podemos tomar como una verdad universal que la dificultad y las metas específicas llevarán siempre a un desempeño más alto? Además de la retroalimentación, otros tres factores influencian la relación entre las metas y el desempeño. Nos referimos al compromiso, la adecuada autoeficacia y la cultura nacional. La teoría del establecimiento de las metas presupone que un individuo está *comprometido* con la meta, esto es, que está determinado a no disminuirla ni abandonarla. Es más probable que esto ocurra cuando las metas se fijan en público, cuando el individuo tiene un *locus* de control interno y cuando las metas se establecen por el individuo que tiene que lograrlas, que si alguien más las asigna.[40] La **autoeficacia** se refiere a la creencia individual de que se es capaz de realizar la tarea.[41] Mientras más alta sea su autoeficacia, más seguridad tendrá en su habilidad de alcanzar el éxito en la tarea. Así, en situaciones difíciles, encontramos que es más probable que gente con una autoeficacia baja relaje su esfuerzo o que se dé por vencida, mientras que aquéllos con una autoeficacia alta tratarán más duro de controlar el desafío.[42] Además, los individuos altos en autoeficacia parecen responder a la retroalimentación negativa con un esfuerzo y motivación mucho mayores, donde aquellos con una autoeficacia baja probablemente relajen su esfuerzo cuando reciban retroalimentación negativa.[43] Finalmente, la teoría del establecimiento de las metas está ligada a la cultura. Está bien adaptada en países como Estados Unidos y Canadá, ya que sus elementos clave se alinean razonablemente bien con las culturas norteamericanas. Asume que los subordinados serán razonablemente independientes (no demasiado altos de calificación en distancia de poder), que los gerentes y los subordinados buscarán metas desafiantes (bajos en eludir la incertidumbre) y que ambos consideran que el desempeño es importante (altos en materialismo). Así que no espere que el establecimiento de las metas lleve necesariamente a un mayor desempeño del empleado en países como Portugal o Chile, donde existen condiciones opuestas.

autoeficacia
La creencia del individuo de que es capaz de desempeñar una tarea.

Nuestra conclusión general es que tales intenciones —como las articuladas en términos de metas difíciles y específicas— son una fuerza motivadora potente. En condiciones adecuadas, pueden llevar a un mayor desempeño. Sin embargo, no existe evidencia de que tales metas estén asociadas a una mayor satisfacción en el trabajo.[44]

Teoría del reforzamiento

teoría del reforzamiento
El comportamiento está en función de las consecuencias conductuales.

En contraste con la teoría del establecimiento de las metas está la **teoría del reforzamiento.** La primera es un enfoque cognoscitivo, propone que los propósitos del individuo dirigen su acción. En la teoría del reforzamiento, tenemos un enfoque conductual, el cual sostiene que el reforzamiento condiciona el comportamiento. Los dos están filosóficamente empatados. Los teóricos del reforzamiento ven el comportamiento como causado por el ambiente. Usted no necesita estar interesado, sostendrían, en los eventos cognoscitivos internos; lo que controla su comportamiento son los reforzadores —cualquier consecuencia que de inmediato siga una respuesta e incrementa la probabilidad de que se repita la conducta.

La teoría del reforzamiento ignora el estado interno del individuo y se concentra únicamente en lo que le ocurre a la persona cuando realiza alguna acción. Ya que no tiene relación en sí mismo con aquello que induce el comportamiento, no es, en sentido estricto, una teoría sobre la motivación. No obstante ello, proporciona un medio poderoso de análisis de lo que controla el comportamiento y es por esta razón que se considera típicamente en las discusiones sobre motivación.[45]

Estudiamos el proceso de reforzamiento en detalle en el capítulo 2. Mostramos cómo usar los reforzadores para que la conducta condicionada nos dé la explicación de cómo aprende la gente. Sin embargo, no podemos ignorar el hecho de que el reforzamiento tiene una amplia aplicación como un instrumento motivacional. En su forma pura, sin embargo, la teoría del reforzamiento ignora sentimientos, actitudes, expectativas y otras variables cognoscitivas que, se sabe, impactan el comportamiento. De hecho, algunos investigadores toman en cuenta los mismos experimentos que los teóricos del reforzamiento usan para apoyar su posición, e interpretan los hallazgos en un marco cognoscitivo.[46]

El reforzamiento es, sin duda, una influencia importante en el comportamiento, pero investigadores académicos están preparados para sostener que es la única influencia. Los comportamientos en los que usted se compromete en el trabajo y la cantidad de esfuerzo que distribuye a cada tarea son afectados por las consecuencias que siguen de su comportamiento. Si usted es reprimido en forma consistente por sobrepasar la producción de sus colegas, probablemente reducirá su productividad. Pero una productividad menor también podría explicarse en términos de metas, desigualdad o expectativas.

Teoría de la equidad

Jane Pearson egresó el año pasado de la universidad estatal, de la licenciatura en contaduría. Después de entrevistas con numerosas organizaciones en la universidad, aceptó un puesto en una de las empresas de contabilidad más grandes de la nación y fue asignada a la oficina de Boston. Jane estaba muy contenta con la oferta que recibió: un trabajo desafiante en una firma de prestigio, una excelente oportunidad de obtener experiencia valiosa y el salario más alto que el recibido por cualquier contador del estado el año pasado: $2,950 al mes. Pero Jane era la estudiante número 1 de su clase; era ambiciosa, sabía comunicarse bien y esperaba recibir un salario proporcional.

Doce meses han pasado desde que Jane empezó a laborar con su patrón. El trabajo ha probado ser tan desafiante como ella había esperado. Su patrón está extremadamente contento con su desempeño; de hecho, hace poco ella recibió un incremento de $200 mensuales. Sin embargo el nivel motivacional de Jane ha caído en forma drástica en las últimas semanas. ¿Por qué? Su patrón ha contratado un recién egresado de la universidad estatal, que carece del año de experiencia que ahora tiene Jane, por $3,200 al mes —¡$50 más de lo que Jane gana ahora! Sería imposible describir a Jane en otras palabras que no fueran "extremadamente irritada". Incluso Jane está considerando buscar otro trabajo.

La situación de Jane ilustra el papel que la equidad juega en la motivación. Los empleados hacen comparaciones sobre sus aportaciones individuales al trabajo y los beneficios que obtienen en relación con los demás. Percibimos lo que obtenemos de una situación de trabajo (beneficios) en relación con lo que ponemos en él (aportaciones), y luego comparamos nuestro cociente beneficios-aportaciones con la razón beneficios-aportaciones de los demás. Esto se muestra en la ilustración 5-7. Si percibimos que nuestra razón es igual a la de aquellos con quienes nos comparamos, se dice que existe un estado de equidad; percibimos nuestra situación como justa —la justicia prevalece. Cuando vemos que la razón es desigual, experimentamos tensión de equidad. J. Stacy Adams ha propuesto que este estado de tensión negativa proporciona la motivación para hacer algo que la corrija.[47]

El referente que un empleado selecciona agrega complejidad a la **teoría de la equidad.** La evidencia indica que el referente escogido es una variable importante en la teoría de la equidad.[48] Existen cuatro referentes de comparación que un empleado puede usar:

1. *Interno propio.* Las experiencias de un empleado en una posición diferente dentro de su organización actual.
2. *Externo propio.* Las experiencias de un empleado en una situación o posición fuera de su organización actual.
3. *Interno de otro.* Otro individuo o grupo de individuos dentro de la organización del empleado.
4. *Externo de otro.* Otro individuo o grupo de individuos fuera de la organización del empleado.

Los empleados podrían compararse con amigos, vecinos, compañeros de trabajo, colegas en otras organizaciones o con empleos pasados que ellos mismos han tenido. El referente que escoja un empleado estará influenciado tanto por la información que éste tenga acerca de los referentes como también por lo atractivo de la referencia. Ésta ha llevado a enfocar nuestras cuatro variables de moderación —género, antigüedad en el puesto, nivel en la organización y la cantidad de educación o nivel profesional.[49] La investigación muestra que tanto el hombre como la mujer prefieren comparaciones con el mismo sexo. La investigación también demuestra que las mujeres reciben menos paga que los hombres en trabajos semejantes y tienen menores expectativas de salario que ellos por el mismo trabajo. Así que una mujer que toma a otra mujer como referente tiende a resultar en un estándar de comparación más bajo. Esto nos lleva a concluir que los empleados cuyos trabajos no son segregados por el sexo harán más comparaciones entre los sexos que aquellos cuyos puestos están dominados, ya sea por hombres o mujeres. Esto también sugiere que

teoría de la equidad
Los individuos comparan sus aportaciones individuales y los beneficios que reciben con los de otros y responden eliminando cualquier desigualdad.

Ilustración 5-7 Teoría de la equidad

Razones de comparación*	Percepción
$O/I_A < O/I_B$	Desigualdad debida a ser subcompensado
$O/I_A = O/I_B$	Equidad
$O/I_A > O/I_B$	Desigualdad debida a ser compensado en exceso

*Donde O/I_A representa al empleado; y O/I_B representa a los demás relevantes.

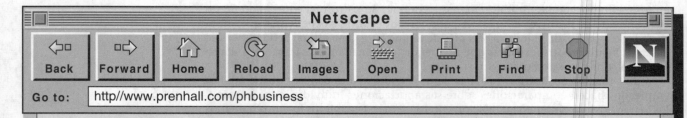

Netscape

Back | Forward | Home | Reload | Images | Open | Print | Find | Stop

Go to: http//www.prenhall.com/phbusiness

El CO en las noticias

Compensación en la NBA

Suponga que usted gana 3 millones de dólares al año. ¿Mucho dinero? Sí. Pero imagine que es uno de los mejores en su campo y que tardó diez años en conseguir este nivel de salario. Entonces descubre que uno de sus compañeros, cuyos datos estadísticos son mucho menos impresionantes que los suyos, gana más que usted. Peor aún, la compañía quiere pagarle a una persona que aún no ha probado su competencia cinco veces lo que usted gana. Furioso usted exige renegociar su contrato. ¡Bienvenido a la NBA de los noventa!

Con la escala de los salarios en la National Basketball Association, los jugadores han padecido lo que el ex entrenador de la NBA, Hubie Brown, llama "celos menores". Pueden tener lugar dentro del equipo entre los equipos. "Cuando Shawn Kemp de Seattle obtiene un enorme pago de $ 20 millones, los tipos

como Cliff Robertson, Kevin Willis y Charles Oakley sienten que son tan valiosos para sus equipos como Kemp lo es para los Sonics", dice Brown. "Así que se preguntan: '¿dónde está mi gigantesco pago?'"

El tema de la equidad se volvió prominente a principios de la década de los noventa cuando los equipos empezaron a dar contratos astronómicos en la primera ronda de reclutamiento. En 1994, por ejemplo, Milwaukee dio a Glenn Robinson, el número uno de todos sus seleccionados, un trato de $100 millones. Dallas dio a su mayor seleccionado, el guardia Jason Kidd, un contrato de $54 millones por nueve años —más dinero que el establecido y ganado por los guardias de la NBA John Stockton y Mark Price.

El tema de la equidad otra vez fue centro de atención en 1996, cuando docenas de juga-

dores de la NBA se convirtieron en agentes libres. Shaquille O'Neal obtuvo un fajo de $120 millones con los Lakers de Los Ángeles. Michael Jordan firmó nuevamente por un año con los Chicago Bulls por $30 millones, mientras el guardia de los Sonics All Star, Gary Payton, aceptó un contrato de $87.5 millones para quedarse con Seattle. El agente libre de los Bulls, Dennis Rodman, quien estaba ganando $2.5 millones al año en 1996, rápidamente rechazó la oferta inicial de $6 millones que le hizo Chicago para la temporada de 1997. "Me retiraré antes de aceptar esa oferta", dijo Rodman. Finalmente firmó por un poco más de $9 millones.

Basado en Moore J., "Managing Millionaires", en *Seatle Post-Intelligencer*, 3 de noviembre de 1994, p. C1; y Spencer, S. "Kemp Ready to Play Ball", en *Seattle Post-Intelligencer*, 23 de octubre de 1996, p. D1.

¡Conéctese a la red!

Lo invitamos a que visite la página de Robbins en el sitio de Prentice Hall en la Web:

http://www.prenhall.com/robbinsorgbeh

para el ejercicio de la World Wide Web de este capítulo.

si las mujeres toleran al salario bajo, probablemente se deba al estándar de comparación que usan.

Los empleados que llevan poco tiempo en sus organizaciones tienden a tener poca información acerca de los demás que están en la organización, así que se apoyan en sus propias experiencias personales. Por el otro lado, los trabajadores con larga antigüedad se apoyan más en sus compañeros para hacer comparaciones. Los empleados de nivel superior, aquellos de las clasificaciones profesionales y con mayores niveles de educación tienden a ser más cosmopolitas y a tener mejor información acerca de la gente de otras organizaciones. Por tanto, estos tipos de empleados harán más otras comparaciones externas.

De acuerdo con la teoría de la equidad, cuando los empleados perciben una desigualdad, puede pronosticarse que tomarán una de estas seis opciones:[50]

1. Cambiar sus aportaciones (por ejemplo, no ejercer mucho esfuerzo).

2. Cambiar sus productos (por ejemplo, los individuos que reciben una paga con base en el número de piezas realizadas pueden incrementar su salario al producir una mayor cantidad de unidades de menor calidad).

3. Distorsionar las percepciones sobre uno mismo (por ejemplo, "solía pensar que trabajaba a un ritmo moderado pero ahora me doy cuenta de que trabajo mucho más duro que los demás").

4. Distorsionar las percepciones sobre los demás (por ejemplo, "el trabajo de Mike no es tan bueno como pensaba").

5. Escoger una referencia diferente (por ejemplo, "tal vez no gane tanto como mi cuñado, pero gano mucho más de lo que mi papá ganaba cuando tenía mi edad").

6. Retirarse del campo (por ejemplo, renunciar al trabajo).

La teoría de la equidad reconoce que a los individuos les interesa no sólo la cantidad absoluta de premios que reciben por sus esfuerzos, sino también la relación de esta cantidad con la que reciben los demás. Elaboran juicios sobre la relación entre lo que ellos aportan y reciben y lo que otros colaboran y obtienen. Con base en las aportaciones de uno —tales como el esfuerzo, la experiencia, la educación y la competencia—, uno compara los beneficios como nivel de salario, ascensos, reconocimiento y otros factores. Cuando la gente percibe un desbalance en su razón beneficios-aportaciones con relación a los demás, se crea una tensión. Esta tensión proporciona las bases para la motivación, para que la gente luche por aquello en lo que percibe que hay igualdad y justicia.

Específicamente, la teoría establece cuatro proposiciones que se relacionan con la paga desigual:

1. *Dado el pago por tiempo, los empleados recompensados en exceso producirán más que los empleados pagados equitativamente.* Los empleados por hora y los asalariados generarán gran cantidad o calidad de producción a fin de incrementar el lado de las aportaciones al trabajo (beneficios) y favorecer la equidad.

2. *Dado el pago por cantidad de producción, los empleados compensados en exceso producirán pocas unidades, aunque de mayor calidad, que los empleados que reciben igual pago.* Los individuos que reciben su paga con base en las piezas realizadas incrementarán sus esfuerzos de lograr la equidad, la cual dará como resultado mayor calidad o cantidad. Sin embargo, los incrementos en la cantidad sólo aumentarán la desigualdad, ya que cada unidad producida generará un mayor sobrepago. Por tanto, el esfuerzo se dirige hacia aumentar la calidad en lugar de incrementar la cantidad.

◆ La teoría de la equidad reconoce que a los individuos les interesa no sólo la cantidad absoluta de las recompensas por sus esfuerzos sino también la relación existente entre esta cantidad y la que reciben los demás.

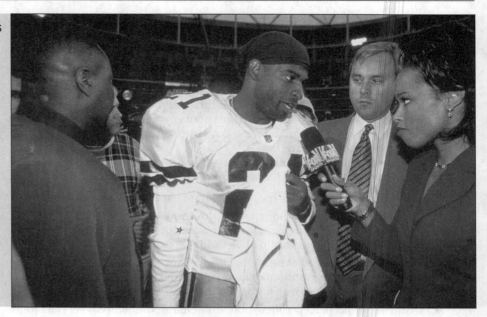

El apoyador defensivo Deion Sanders percibió una desigualdad debido a que estaba subrecompensado. Sanders ganaba más de 1 millón de dólares al año con los 49s de San Francisco. Pero insatisfecho con su salario en relación con los apoyadores defensivos, Sanders se unió a los Vaqueros de Dallas por más de $5 millones al año. En consistencia con la teoría de la equidad, Sanders buscó un paquete salarial que él percibía que se acoplaba correctamente con su desempeño en el terreno de juego y su estatus de estrella fuera del campo.

3. *Dado el salario por tiempo, los empleados que no están lo suficientemente recompensados producirán menos u ofrecerán una calidad inferior.* Se disminuirá el esfuerzo, el cual traerá una menor productividad o una producción de calidad más pobre que los sujetos pagados equitativamente.

4. *Dado el pago por cantidad de producción, los empleados no recompensados producirán grandes cantidades de unidades de baja calidad en comparación con los empleados pagados equitativamente.* Los empleados con planes de pago con base en el número de piezas elaboradas pueden dar cabida a la equidad ya que negociar la calidad de lo que se produce por la cantidad dará como resultado un incremento en las recompensas con muy poco incremento, o ninguno, en las contribuciones.

Estas proposiciones generalmente se han apoyado en pocos datos significativos.[51] Primero, las desigualdades creadas por el sobrepago o pago excesivo no parecen tener un impacto muy significativo en el comportamiento de la mayoría de las situaciones de trabajo. Aparentemente, la gente tiene una mayor tolerancia ante las desigualdades por pago excesivo que ante las desigualdades por un pago inferior al percibido como justo o, al menos, es más capaz de racionalizarlas. Segundo, no toda la gente es igualmente sensible. Por ejemplo, existe una pequeña parte de la población que trabaja que en realidad prefiere que su cociente beneficios-aportaciones sea menor que el del referente de la comparación. Los pronósticos de la teoría de la equidad probablemente no sean muy precisos con estos "tipos benevolentes".

También es importante hacer notar que mientras la mayor parte de la investigación sobre la teoría de la equidad se ha enfocado en el salario, los empleados parecen buscar la equidad en la distribución de otras recompensas organizacionales. Por ejemplo, se ha demostrado que el uso de títulos de estatus alto como también las oficinas grandes y lujosas para algunos empleados podrían funcionar como beneficios en su ecuación de equidad.[52]

Finalmente, la investigación reciente se ha dirigido a profundizar en lo que se denomina equidad o justicia.[53] Históricamente, la teoría de la equidad se ha enfocado en la **justicia distributiva** o la imparcialidad percibida sobre la *cantidad* y la *distribución* de las recompensas entre los individuos. Pero la equidad debería considerar también la **justicia del procedimiento** —la imparcialidad percibida sobre el

justicia distributiva
La justicia percibida sobre la cantidad y la distribución de las recompensas entre los individuos.

justicia de procedimiento
La justicia percibida en el proceso utilizado para determinar la distribución de los premios.

proceso utilizado para determinar la distribución de las recompensas. La evidencia indica que la justicia distributiva tiene una influencia mucho mayor en la satisfacción del empleado que la justicia del procedimiento, mientras que ésta tiende a afectar el compromiso del empleado con la organización, la confianza en su jefe y la intención de renunciar.[54] Así que los gerentes deberían considerar abiertamente compartir información sobre cómo se toman las decisiones de distribución, seguir procedimientos consistentes y sin prejuicios y comprometerse en prácticas similares para incrementar la percepción de la justicia del procedimiento. Al incrementar la percepción de la imparcialidad del procedimiento, los empleados probablemente perciban a sus jefes y a la organización como positivos, incluso si están insatisfechos con el salario, los ascensos y otros resultados personales.

En conclusión, la teoría de la equidad demuestra que, para la mayoría de los empleados, la motivación está influenciada significativamente tanto por las recompensas relativas como por las recompensas absolutas, pero algunos elementos clave todavía no están claros.[55] Por ejemplo, ¿cómo pueden los empleados manejar las señales de conflicto de equidad, como cuando los sindicatos señalan a otros grupos de empleados que están sustancialmente *mejor*, mientras que la gerencia sostiene cuánto han *mejorado* las cosas? ¿Cómo definen los empleados las aportaciones y los beneficios? ¿Cómo combinan el peso de sus aportaciones y beneficios para llegar a los totales? ¿Cuándo y cómo los factores cambian con el tiempo? Sin embargo, a pesar de estos problemas, la teoría de la equidad continúa ofreciéndonos algunos conocimientos importantes para la motivación del empleado.

Teoría de las expectativas

En la actualidad, una de las explicaciones más ampliamente aceptadas acerca de la motivación es la **teoría de las expectativas** de Victor Vroom.[56] aunque tiene sus críticos,[57] la mayor parte de la evidencia de la investigación apoya la teoría.[58]

La teoría de las expectativas sostiene que la fortaleza de una tendencia a actuar de cierta manera depende de la fortaleza de la expectativa de que el acto sea seguido de una respuesta dada y de lo atractivo del resultado para el individuo. En términos más prácticos, la teoría de las expectativas dice que un empleado estará motivado para ejercer un alto nivel de esfuerzo cuando crea que éste llevará a una buena apreciación del desempeño; que una buena apreciación conducirá a recompensas organizacionales como un bono, un incremento salarial o un ascenso; y que las recompensas satisfarán las metas personales del empleado. La teoría, por tanto, se enfoca en tres relaciones (*véase* la ilustración 5-8).

1. *Relación esfuerzo-desempeño*. La probabilidad percibida por el individuo de que ejercer una cantidad dada de esfuerzo conducirá a un desempeño.

2. *Relación recompensa-desempeño*. El grado en el cual el individuo cree que el desempeño de un nivel particular llevará al logro o al resultado deseado.

3. *Relación recompensas-metas personales*. El grado en el cual la organización premia las metas personales del individuo o sus necesidades y lo atractivo que esas recompensas potenciales son para el individuo.[59]

La teoría de las expectativas ayuda a explicar por qué muchos empleados no están motivados en sus trabajos y simplemente hacen lo mínimo necesario para mantenerse. Esto es evidente cuando observamos la teoría de las tres relaciones con un poco más de detalle. Nosotros las presentamos como preguntas que los empleados necesitan responder de manera afirmativa para maximizar su motivación.

Primero, *¿si yo doy un esfuerzo máximo, será reconocido en mi evaluación de desempeño?* Para muchos empleados la respuesta es "no". ¿Por qué? Su nivel de habilidad podrá ser deficiente, lo que significa

teoría de las expectativas
La fortaleza de una tendencia a actuar de cierta manera depende de la fortaleza de una expectativa de que el acto será seguido por una respuesta dada y de lo atractivo que ese resultado sea para el individuo.

◆ La teoría de las expectativas ayuda a explicar por qué muchos empleados no están motivados en sus trabajos y simplemente hacen lo mínimo necesario para mantenerse.

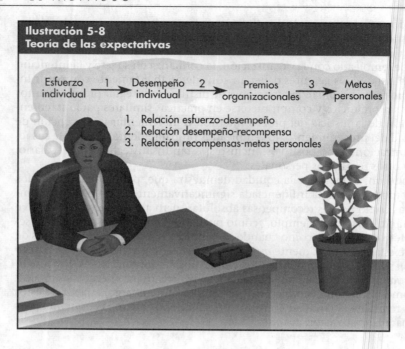

Ilustración 5-8
Teoría de las expectativas

Esfuerzo individual → 1 → Desempeño individual → 2 → Premios organizacionales → 3 → Metas personales

1. Relación esfuerzo-desempeño
2. Relación desempeño-recompensa
3. Relación recompensas-metas personales

que sin importar cuán duro se esfuercen, probablemente no tendrán un alto desempeño. El sistema de evaluación del desempeño en la organización podría diseñarse para evaluar factores que no involucran el desempeño como la lealtad, la iniciativa o el valor, lo cual significa que un mayor esfuerzo no necesariamente tendrá como resultado una evaluación más alta. Todavía otra posibilidad es que el empleado, con razón o sin razón, perciba que no le cae bien a su jefe. Como resultado, espera obtener una evaluación pobre a pesar de su nivel de esfuerzo. Estos ejemplos sugieren que una posible fuente de la baja motivación del empleado es la creencia, por parte del empleado, de que sin importar cuán duro trabaje él, la probabilidad de conseguir una buena evaluación de desempeño es baja.

Segundo, *¿si consigo una buena evaluación de desempeño, ello me llevará a recompensas organizacionales?* Muchos empleados ven la relación desempeño-recompensa en su trabajo como débil. La razón, mientras llegamos al siguiente capítulo, es que la organización recompensa muchas cosas además del desempeño. Por ejemplo, cuando el salario se distribuye a los empleados con base en factores como la antigüedad, el ser cooperativo o el "alabar" al jefe, es probable que los empleados vean la relación desempeño-recompensa como débil y desmotivadora.

Finalmente, *¿si soy recompensado, son los premios personalmente atractivos?* El empleado que trabaja duro con la esperanza de obtener un ascenso pero obtiene un incremento de salario en su lugar; el empleado que quiere un trabajo más interesante y de mayor desafío pero recibe sólo unas palabras de aprecio; el empleado que pone un esfuerzo extra para ser reubicado en la oficina de la compañía en París, pero en su lugar es transferido a Singapur. Estos ejemplos ilustran la importancia de que las recompensas se diseñen de acuerdo con las necesidades individuales del empleado. Desafortunadamente, muchos gerentes están limitados en las recompensas que pueden distribuir, asumen por error que todos los empleados quieren lo mismo, en consecuencia, pasan por alto los efectos de la diferencia de las recompensas en la motivación. En cualquier caso, se mengua la motivación del empleado.

En resumen, la clave de la teoría de las expectativas es el entendimiento de las metas individuales y la unión entre el esfuerzo y el desempeño, entre el desempeño y las recompensas y, finalmente, entre las recompensas y la meta de satisfacción individual. Como modelo de contingencia, la teoría de las expectativas reconoce que no existe principio universal para una explicación de las motivaciones de todo mundo. Además, sólo porque entendemos las necesidades que una persona busca satisfacer no podemos asegurar que el individuo perciba un alto desempeño como el camino necesario para la satisfacción de estas necesidades.

¿Funciona la teoría de las expectativas? Intentos de validar la teoría se han complicado por la metodología, los criterios y los problemas de medición. Como resultado, muchos estudios publicados que tienen la intención de apoyar o negar la teoría deben interpretarse con cuidado. La mayoría de los estudios ha fracasado en replicar la metodología que fue originalmente propuesta. Por ejemplo, la teoría propone explicar diferentes niveles de esfuerzo de la misma persona en diferentes circunstancias, pero casi todos los estudios de reproducción han observado gente diferente. La corrección de este error ha mejorado en gran medida el apoyo de la validez de la teoría de las expectativas.[60] Algunos críticos sugieren que la teoría tiene un uso limitado, sostienen que tiende a ser más válida para predecir situaciones donde las uniones entre esfuerzo-desempeño y desempeño-recompensa se perciben con claridad.[61] Ya que algunos individuos perciben una alta correlación entre el desempeño y las recompensas en sus trabajos, la teoría tiende a ser idealista. Si las organizaciones en realidad recompensan a los individuos por el desempeño y no de acuerdo con criterios como la antigüedad, el esfuerzo, el nivel de habilidad y la dificultad del trabajo, entonces la validez de la teoría podría ser considerablemente mayor. Sin embargo, en lugar de invalidar la teoría de las expectativas, esta crítica puede utilizarse para apoyarla, ya que explica por qué un segmento significativo de la fuerza laboral ejerce niveles bajos de esfuerzo al llevar a cabo responsabilidades de trabajo.

No olvide la habilidad y la oportunidad

Robin y Chris egresaron de la universidad hace unos años y obtuvieron sus certificados en educación primaria. Ambos entraron a trabajar como maestros de primer grado, pero en escuelas de distritos diferentes. Robin confrontó inmediatamente numerosos obstáculos en el trabajo: un grupo grande (42 estudiantes), un salón pequeño y oscuro y suministros inadecuados. La situación de Chris no pudo haber sido más diferente. Tenía sólo 15 estudiantes en su grupo, contaba con un ayudante 15 horas cada semana, tenía un salón moderno y bien iluminado, un gabinete bien surtido, seis computadoras Macintosh para uso de los estudiantes y un director sumamente comprensivo. No es de sorprender que al final del primer año de escuela, Chris hubiese sido mucho más eficaz como maestro que Robin.

El episodio anterior ilustra un hecho obvio pero a menudo pasado por alto. El éxito en un trabajo se facilita u obstaculiza con la existencia o ausencia de recursos de apoyo.

Una forma muy acudida, aunque de argumento simplista, de pensar acerca del desempeño del empleado es una función de la interacción de la habilidad y la motivación; esto es, el desempeño = $f(\text{H} \times \text{M})$. Si es inadecuado, el desempeño será afectado en forma negativa. Esto ayuda a explicar, por ejemplo, el duro trabajo de un atleta o de un estudiante con habilidades modestas que consistentemente sobrepasa a su más dotado, pero flojo, rival. Así, como lo hicimos notar en el capítulo 2, la inteligencia y las habilidades de un individuo (sumadas bajo la etiqueta de *habilidad*) deben considerarse aparte de la motivación, a fin de explicar y predecir con precisión el desempeño de un empleado. Pero, falta todavía una pieza del rompecabezas. Necesitamos agregar a nuestra ecuación la **oportunidad de desempeño** —desempeño = $f(\text{H} \times \text{M} \times \text{O})$.[62] Aun cuando un individuo estuviera dispuesto y fue-

oportunidad de desempeño
Los altos niveles de desempeño parcialmente están en función de la ausencia de obstáculos que restrinjan al empleado.

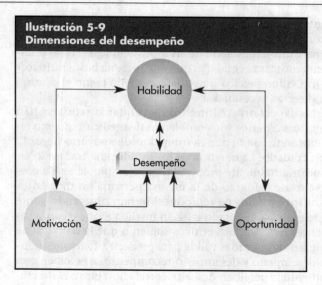

Ilustración 5-9
Dimensiones del desempeño

Habilidad

Desempeño

Motivación

Oportunidad

Fuente: adaptado de Blumberg M. y C.D. Pringle, "The Missing Opportunity in Organizational Research: Some Implications for a Theory of Work Performance", *Academy of Management Review* (octubre de 1982), p. 565.

ra capaz, probablemente existen obstáculos que restringen el desempeño. Esto se muestra en la ilustración 5-9.

Cuando usted trata de evaluar por qué un empleado podrá no desempeñarse al nivel que usted cree que él o ella es capaz, eche un vistazo para cerciorarse si es propicio el ambiente de trabajo. ¿El empleado tiene las herramientas, el equipo, los materiales y los suministros de trabajo adecuados? ¿Tiene condiciones de trabajo favorables, compañeros que gustan de apoyar, reglas de trabajo y procedimiento de apoyo, información suficiente para tomar decisiones relacionadas con el trabajo, tiempo adecuado para hacer un buen trabajo y similares? Si no, el desempeño resultará afectado.

Integración de las teorías contemporáneas de la motivación

Hemos visto varias teorías acerca de la motivación en este capítulo. El hecho de que muchas de estas teorías hayan sido apoyadas sólo complica el problema. Cuán simple hubiera sido si, después de presentar varias teorías, se encontrara que sólo una es válida. ¡Pero no todas estas teorías están en competencia entre ellas! si una es válida no invalida automáticamente a las demás. De hecho, muchas de las teorías presentadas en este capítulo son complementarias. El reto es ahora cómo unirlas para ayudarlo a entender sus interrelaciones.[63]

La ilustración 5-10 presenta un modelo que integra mucho de lo que sabemos acerca de la motivación. Su fundamento básico es el modelo de las expectativas mostrado en la ilustración 5-8. Trabajemos siguiendo la ilustración 5-10.

Empecemos por reconocer explícitamente que las oportunidades pueden facilitar u obstaculizar el esfuerzo individual. El cuadro del esfuerzo individual tiene también otra flecha que se dirige hacia él. Esta flecha viene de las metas personales. Consistente con la teoría del establecimiento de las metas, este circuito metas-esfuerzo nos recuerda que las metas dirigen el comportamiento.

La teoría de las expectativas predice que un empleado ejercerá un alto nivel de esfuerzo si percibe que existe una fuerte relación entre el esfuerzo, el desempeño y las recompensas y la satisfacción de las metas personales.

Ilustración 5-10
Integración de las teorías contemporáneas de la motivación

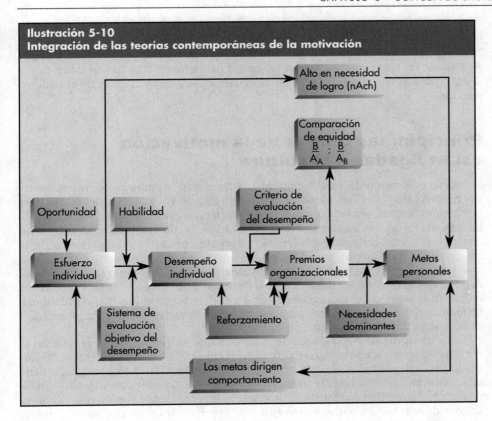

Cada una de estas relaciones, a su vez, está influenciada por ciertos factores. Para que el esfuerzo lleve a un buen desempeño, el individuo debe tener la habilidad indispensable de desempeñar, y el sistema de evaluación del desempeño del individuo debe ser percibido como justo y objetivo. La relación desempeño-recompensa será fuerte si el individuo percibe que es el desempeño (y no la antigüedad, los favores personales u otros criterios) lo que se recompensa. Si la teoría de la evaluación cognoscitiva fuera totalmente válida en el lugar de trabajo real, pronosticaríamos que basando las recompensas en el desempeño disminuiría la motivación intrínseca del individuo. El nexo final en la teoría de las expectativas es la relación recompensas-metas. La teoría ERG entraría en juego en este punto. La motivación sería tan alta al grado de que los premios que un individuo haya recibido por su alto desempeño satisfarían las necesidades dominantes consistentes con sus metas individuales.

Un análisis más detallado de la ilustración 5-10 también revelará que el modelo considera la necesidad de logro y las teorías del reforzamiento y la igualdad. Quien tiene alta necesidad de logro se siente motivado por la evaluación de su desempeño que tendrá la organización, ni por recompensas organizacionales, de ahí el salto del esfuerzo hacia las metas personales para aquellos con un alto *nAch*. Recuerde, aquellos con una alta necesidad de logro se dirigen internamente mientras los trabajos que estén desempeñado les proporcionen responsabilidad personal, retroalimentación y riegos moderados. No están interesados en las relaciones esfuerzo-desempeño, desempeño-recompensas o recompensas-metas.

La teoría del reforzamiento entra en nuestro modelo por el reconocimiento que las recompensas de la organización refuerzan el desempeño del individuo. Si la gerencia tiene un sistema de recompensas que es visto por los empleados como que "paga" por el buen desempeño, las recompensas reforzarán y alentarán la continuación de un buen desempeño. Las recompensas también juegan una parte clave en la teoría de la equidad. Los individuos compararán las recompensas (beneficios) que reciben de las aportaciones que hacen con la razón beneficios-aportaciones de los demás que son relevantes $\frac{B}{A_A} : \frac{B}{A_B}$ y las desigualdades podrían influenciar el esfuerzo ejercido.

Principio: las teorías de la motivación están ligadas a la cultura

En nuestra discusión del establecimiento de las metas, dijimos que es necesario tener cuidado al aplicar esta teoría ya que asume características culturales que no son universales. Esto es verdad para muchas de las teorías presentadas en este capítulo. La mayoría de las teorías actuales de la motivación fue desarrollada en Estados Unidos por y acerca de estadounidenses.[64] Probablemente lo más ofensivo de la característica proestadounidense inherente en estas teorías es el fuerte énfasis en lo que definimos en el capítulo 4 como individualismo y materialismo (cantidad de vida). Por ejemplo, tanto el establecimiento de metas como la teoría de las expectativas enfatizan el logro de la meta como también el pensamiento racional e individual. Echemos un vistazo a cómo este prejuicio ha afectado varias teorías de la motivación de las que se ha hablado en este capítulo.

La jerarquía de necesidades de Maslow sostiene que la gente empieza en el nivel fisiológico y luego se mueve progresivamente en la jerarquía en este orden: fisiológico, de seguridad, social, de estima y de autorrealización. Esta jerarquía, si tiene una aplicación, se alinea con la cultura estadounidense. En países como Japón, Grecia y México, donde las características de evitar la incertidumbre son fuertes, las necesidades de seguridad estarían hasta arriba de la jerarquía de necesidades. En países que califican alto en características de calidad de vida —Dinamarca, Suecia, Noruega, Países Bajos y Finlandia— serían las necesidades sociales las que estarían hasta arriba.[65]

Aunque algunos rasgos culturales no son universales, parece que los realizadores tienen demanda en cualquier país. Nestlé, la compañía siuza de alimentos más grande del mundo, los contrata para vender sus productos. Pese a las diferencias culturales, sus vendedores, como los de la Fuerza de ventas para los clientes más importantes en Tailandia mostrados aquí, se sienten motivados por el crecimiento, la responsabilidad y el reconocimiento. Ellos distribuyen productos a los supermercados y a las nuevas tiendas de las naciones en desarrollo. Nestlé tiene ese grupo para incrementar las ganancias y su participación de mercado a pesar de la creciente competencia.

Nosotros pronosticaríamos, por ejemplo, que el grupo de trabajo motivará más a los empleados cuando las clasificaciones de la cultura del país califican alto en el criterio de calidad.

Otro concepto de motivación que claramente tiene un prejuicio estadounidense es la necesidad de logro. La percepción de que una alta necesidad por el logro actúa como un motivador interno presupone dos características culturales —una voluntad a aceptar un grado moderado de riesgo (lo cual excluye países con características de una fuerte elusión del riesgo) y un interés con el desempeño (lo cual aplica a casi todo país con características fuertes de materialismo). Esta combinación se encuentra en países angloamericanos como Estados Unidos, Canadá y Gran Bretaña.[66] Por el otro lado, estas características están relativamente ausentes en países como Chile y Portugal.

Pero no asuma que no existe ninguna consistencia intercultural. Por ejemplo, el deseo de un trabajo interesante parece ser importante para casi todos los trabajadores, sin importar su cultura nacional. En un estudio de siete países, los empleados de Bélgica, Gran Bretaña, Israel y Estados Unidos calificaron al "trabajo interesante" como la número 1 entre otras metas de trabajo. Y este factor fue calificado ya sea segundo o tercero en Japón, Países Bajos y Alemania.[67] De igual manera, en un estudio que compara los resultados de preferencia de trabajo entre estudiantes egresados de Estados Unidos, Canadá, Australia y Singapur, el crecimiento, el logro y la responsabilidad fueron calificadas entre las tres principales preferencias y tuvieron puntajes idénticos.[68] Ambos estudios sugieren cierta universalidad de la importancia de los factores intrínsecos en la teoría de la motivación-higiene.

Resumen e implicaciones para los gerentes

Las teorías que hemos discutido en este capítulo no se dirigen todas a nuestras cuatro variables dependientes. Algunas, por ejemplo, pretenden explicar la rotación, mientras otras enfatizan la productividad. Las teorías también difieren en su fortaleza para pronosticar. En esta sección, (1) revisamos las teorías clave de la motivación para determinar su relevancia al explicar nuestras cuatro variables dependientes y (2) evaluar la capacidad de pronóstico de cada una.[69]

TEORÍAS DE LA NECESIDAD Introdujimos cuatro teorías que se enfocan en las necesidades. Éstas fueron la teoría de la jerarquía de Maslow, la teoría de la motivación-higiene, la teoría ERG y la teoría de las necesidades de McClelland. La más fuerte de éstas es probablemente la última, en particular con respecto a la relación entre el logro y la productividad. Si las otras tienen algún valor, éste se relaciona con explicar y predecir la satisfacción en el trabajo.

TEORÍA DEL ESTABLECIMIENTO DE LAS METAS Existe muy poco desacuerdo acerca de que las metas claras y difíciles llevan a niveles más altos de productividad. Esta evidencia nos lleva a concluir que la teoría del establecimiento de las metas proporciona una de las más poderosas explicaciones acerca de esta variable dependiente. La teoría, sin embargo, no contempla el ausentismo, la rotación ni la satisfacción.

TEORÍA DEL REFORZAMIENTO Esta teoría tiene una marca impresionante al predecir factores como la calidad y la cantidad de trabajo, la persistencia del esfuerzo, el ausentismo, la impuntualidad y las tasas de accidentes. No ofrece mucho conocimiento sobre la satisfacción del empleado o la decisión de renunciar.

Ilustración 5-11 Poder de las teorías de motivación[a]

		TEORÍAS			
Variable	Necesidad	Establecimiento de la meta	Reforzamiento	Equidad	Expectativa
Productividad	3[b]	5	3	3	4[c]
Ausentismo			4	4	4
Rotación				4	5
Satisfacción	2			2	

[a] Las teorías están calificadas en una escala del 1 al 5, siendo 5 el más alto.
[b] Aplica a los individuos con una alta necesidad de logro.
[c] Valor limitado en trabajos donde los empleados tienen poca opinión discrecional.

Fuente: basado en Landy f.J. y W.S. Becker, "Motivation Theory Reconsidered" (Teoría reconsiderada de la motivación), en Commings L.L. y B.M. Staw (eds.), *Research in Organizational Behavior*, vol. 9 (Greenwich, CT: JAI Press, 1987), p. 33.

TEORÍA DE LA EQUIDAD La teoría de la equidad se ocupa de las cuatro variables dependientes. Sin embargo, es fuerte cuando predice los comportamientos de ausencia y rotación, y débil cuando predice las deferencias en la productividad del empleado.

TEORÍA DE LAS EXPECTATIVAS Nuestra teoría final está enfocada en las variables de desempeño; ha probado ofrecer una explicación poderosa sobre la producción, el ausentismo y la rotación del empleado. Pero esta teoría asume que los empleados tienen algunas restricciones sobre su decisión discreta. Realiza muchas de las mismas suposiciones que el modelo racional hace acerca de la toma individual de decisiones (*véase* el capítulo 3). Actúa para restringir su aplicación.

En decisiones importantes, como aceptar o renunciar a un trabajo, la teoría de la expectativas funciona bien ya que la gente no se apresura al tomar decisiones de esta naturaleza. Tiende más a darse tiempo para considerar con cuidado los costos y beneficios de todas las opciones. Sin embargo, la teoría de las expectativas no es una muy buena explicación para los demás tipos típicos de comportamiento en el trabajo, en especial para individuos en puestos de nivel inferior, ya que tales trabajos vienen con considerables limitaciones impuestas por métodos de trabajo, supervisores y políticas de la compañía. Concluiremos, por tanto, que la capacidad de la teoría de las expectativas al explicar la productividad del empleado se incrementa si los trabajos que se están desempeñando son más complejos y altos en la organización (donde la discreción es mayor).

UNA GUÍA A TRAVÉS DEL LABERINTO La ilustración 5-11 resume lo que sabemos del poder de las teorías más conocidas acerca de la motivación para explicar y pronosticar nuestras cuatro variables dependientes. Pese a que su base es la riqueza de la investigación, también incluye algunos juicios subjetivos. No obstante, proporciona una guía razonable a través del laberinto de la teoría de la motivación.

Para revisión

1. ¿La motivación está dentro de la persona o es el resultado de la situación? Explique.

2. ¿Cuáles son las implicaciones de las teorías X y Y para las prácticas de la motivación?

3. Compare y contraste la teoría de la jerarquía de necesidades de Maslow con (a) la teoría ERG de Alderfer y (b) la teoría de la motivación-higiene de Herzberg.

4. Describa las tres necesidades aisladas por McClelland. ¿Cómo están relacionadas con el comportamiento del trabajador?

5. Explique la teoría de la evaluación cognoscitiva. ¿Cuán aplicable es a la práctica gerencial?

6. ¿Cuál es el papel de la autoeficacia en el establecimiento de las metas?

7. Contraste la justicia distributiva y la justicia del procedimiento.

8. Identifique las variables en la teoría de las expectativas.

9. Explique la fórmula: desempeño = f $(H \times M \times O)$ y dé un ejemplo.

10. ¿Qué consistencias entre los conceptos de motivación, si las hay, aplican interculturalmente?

Para discusión

1. "La teoría de la evaluación cognoscitiva contradice las teorías del reforzamiento y de las expectativas." ¿Está de acuerdo o en desacuerdo con esta afirmación? Explique.

2. "El establecimiento de la meta es parte tanto de la teoría del reforzamiento como de las expectativas." ¿Está de acuerdo o en desacuerdo con este enunciado? Explique.

3. Analice la aplicación de las teorías de Maslow y Herzberg a las naciones africanas o caribeñas, donde más de un cuarto de la población está desempleada.

4. ¿Puede un individuo estar demasiado motivado, como para que su desempeño decaiga como resultado del esfuerzo excesivo? Discuta.

5. Identifique tres actividades que realmente disfruta usted (por ejemplo, jugar tenis, leer una novela, ir de compras). A continuación, identifique tres actividades que realmente le disgusten (por ejemplo, ir al dentista, limpiar la casa, estar a dieta restringida de calorías). Utilice el modelo de las expectativas, analice cada una de sus respuestas para evaluar por qué algunas actividades estimulan su esfuerzo mientras otras no lo estimulan.

¡El dinero motiva!

La importancia del dinero como un motivador ha sido consistentemente degradada por la mayoría de los científicos. Ellos prefieren señalar el valor de los trabajos de reto, las metas, la participación en la toma de decisiones, la retroalimentación, los equipos cohesivos de trabajo y otros factores no monetarios como estímulos para la motivación del empleado. Nosotros argumentamos lo contrario aquí: el dinero es *el* incentivo crucial para la motivación en el trabajo. Como medio de intercambio, es un vehículo por el cual los empleados pueden comprar numerosos bienes que ellos desean y que satisfacen sus necesidades. Además, el dinero también realiza la función de un marcador, mediante el cual los empleados evalúan el valor que la organización le da a sus servicios y por el cual los empleados pueden comparar el valor de otros.*

El valor del dinero como medio de intercambio es obvio. La gente probablemente no trabaje sólo por dinero, pero quite el dinero y ¿cuánta gente vendría a trabajar? Un estudio reciente de cerca de 2,500 empleados encontró que mientras estas personas estaban en desacuerdo sobre lo que era su motivador número uno, unánimemente colocaron al dinero como el número dos.** El estudio reafirma que para la inmensa mayoría de la fuerza laboral, un cheque de pago regular es absolutamente necesario a fin de satisfacer sus necesidades básicas fisiológicas y de seguridad.

La teoría de la equidad sugiere, que el dinero tiene un valor simbólico, además de su valor de intercambio. Utilizamos la paga como el primer resultado contra el cual comparamos nuestras contribuciones para determinar si estamos siendo tratados en forma equitativa. El que una organización pague a un ejecutivo $80,000 al año y a otro $95,000 significa más que $15,000 anuales para el segundo. Es un mensaje, de la organización a ambos empleados, de cuánto valora la contribución de cada uno.

Además de la teoría de la equidad, las teorías del reforzamiento y de las expectativas corroboran el valor del dinero como un motivador. En la primera, si la paga está de acuerdo con el desempeño, alentará a los trabajadores a generar altos niveles de esfuerzo. Consistente con la teoría de las expectativas, el dinero motivará en la medida en que es visto como capaz de satisfacer las metas personales del individuo y percibido como dependiente de los criterios de desempeño.

El mejor caso para el dinero como un motivador es una revisión de los estudios realizados por Ed Locke de la Universidad de Maryland.*** Locke observó cuatro métodos de motivar el desempeño del empleado: dinero, establecimiento de las metas, participación en la toma de decisiones y el rediseño de trabajos que diera a los trabajadores un mayor desafío y responsabilidad. Él encontró que el mejoramiento promedio con el dinero fue de 30%; el incremento del desempeño con el establecimiento de metas de 16%; la participación mejoró el desempeño por menos de 1%; y el rediseño del trabajo impactó el desempeño en promedio 17%. Además, cada estudio que Locke revisó, en que se utilizó dinero como un método de comparación dio como resultado algún mejoramiento en el desempeño del empleado. ¡Tal evidencia demuestra que el dinero probablemente no sea el *único* motivador, pero es difícil argüir que *no* motiva!

*K. O. Doyle, "Introduction: Money and the Behavioral Sciences", en *Americans Behavioal scientist,* julio de 1992, pp. 641-57.

**S. Caudron, "Motivation? Money's Only No. 2", en *Industry Week*, 15 de noviembre de 1993, p. 33.

***E. A. Locke, *et al.*, "The Relative Effectiveness of Four Methods of Motivating Employee Performance", en *Changes in Working Life,* Duncan, K. D., M. M. Gruneberg y D. Wallis (eds.), (Londres: John Wiley, Ltd., 1980), pp. 363-83.

▣ ⮕ **Contrapunto** ⬅ ▣

¡El dinero no motiva a la mayoría de los empleados hoy en día!

El dinero puede motivar a *algunas* personas en *algunas* condiciones, así que el tema no es realmente si el dinero puede o no puede motivar. La respuesta a esta cuestión es: "¡sí puede!" La pregunta más relevante es: ¿el dinero motiva a la mayoría de los empleados en la fuerza laboral hoy en día para que tengan un desempeño más alto? La respuesta a esta pregunta es, sostendremos, "no".

Para que el dinero motive el desempeño de un individuo, ciertas condiciones deben reunirse. Primero, el dinero debe ser importante para el individuo. Segundo, el dinero debe ser percibido por el individuo como una recompensa directa del desempeño. Tercero, la cantidad marginal de dinero ofrecida por el desempeño debe ser percibida por el individuo como significativa. Finalmente, la gerencia debe tener la discreción de recompensar con más dinero a quienes demuestran alto desempeño. Demos un vistazo a cada una de estas condiciones.

El dinero no es importante para todos los empleados. Quienes tienen alta necesidad de logro, por ejemplo, se motivan intrínsecamente. El dinero debería tener muy poco impacto en estas personas. De igual manera, el dinero es relevante para aquellos individuos con fuertes necesidades de nivel inferior; pero para la mayoría de la fuerza laboral, las necesidades de orden inferior están sustancialmente satisfechas.

El dinero motivaría si los empleados percibieran un fuerte enlace entre el desempeño y las recompensas en las organizaciones. Desafortunadamente, los incrementos de salario, con más frecuencia, se determinan por los niveles de habilidades y la experiencia, los estándares de la comunidad, el índice del costo de vida nacional y los proyectos financieros actuales y futuros, y no tanto por el nivel de desempeño de cada individuo.

Para que el dinero motive, la diferencia marginal en incrementos de salario entre quien tiene un alto desempeño y quien tiene un desempeño promedio debe ser significativa. En la práctica, es raro. Por ejemplo, en Estados Unidos, un empleado, de alto desempeño que actualmente gane $35,000 al año, tendría un aumento de $200 al mes. Después de impuestos, esa cantidad está cerca de $35 por semana. Pero para el compañero de trabajo, que tiene un desempeño promedio, rara vez es pasado por alto en la temporada de incrementos. En lugar de obtener 8% de incremento, es probable que consiga la mitad de eso. La diferencia neta en sus cheques semanales es probablemente menos de $20 por semana. ¿Cuánta motivación más hay aquí, al saber que si usted trabaja realmente duro va a acabar con sólo $20 más a la semana que alguien que sólo hace lo suficiente para mantenerse? ¡Para un gran número de personas, no mucha! La investigación indica que los incrementos por mérito deben ser cuando menos 7% sobre la base salarial para que los empleados los perciban como motivadores. Desafortunadamente, encuestas recientes encuentran empleados no gerenciales con incrementos por mérito, en promedio, de sólo 4.9 por ciento.*

Nuestro último punto se relaciona con el grado de discreción que los gerentes tienen cuando pueden recompensar a quienes tienen un alto desempeño. Donde existen sindicatos, esa discreción es casi cero. El salario se determina por la negociación colectiva y se distribuye por el nombre del puesto y la antigüedad, no por el nivel de desempeño. En ambientes no sindicalizados, las políticas de compensación organizacional restringirán la discreción gerencial. Típicamente cada puesto tiene un grado salarial. Por tanto, un analista de sistemas III puede ganar, por ejemplo, entre $3,825 y $4,540 al mes. No importa cuán bueno sea el trabajo del analista, su jefe no puede pagarle más de $4,540 al mes. De igual manera, no importa cuán mal se desempeñe alguien en su trabajo, ganará cuando menos $3,825 al mes. En la mayoría de las organizaciones, los gerentes tienen un margen muy pequeño de discreción dentro del cual puedan recompensar a los empleados de alto desempeño. Así que, en teoría, el dinero podría ser capaz de motivar a los empleados a niveles altos de desempeño, pero la mayoría de los gerentes no tienen la suficiente flexibilidad para hacer mucho al respecto.

Para más acerca de este argumento, *véase* Filipczak, B., "Can't Buy Me Love", *Training*, enero de 1996, pp. 29-34.

*Véase A. Miltra, N. Gupta y G. D. Jenkins, Jr., "The Case of the Invisible Merit Raise: How People See Their Pay Raises", en *Compensation & Benefits Review*, mayo-junio de 1995, pp. 71-76.

Ejercicio de aprendizaje sobre usted mismo

¿Qué lo motiva a usted?

Encierre en un círculo lo que más de acuerdo esté con la forma en la que usted se siente. Considere sus respuestas en el contexto de su trabajo actual o de su experiencia.

	Absolutamente de acuerdo				Absolutamente en desacuerdo
1. Trato con ahínco de superar mi desempeño pasado en el trabajo.	1	2	3	4	5
2. Disfruto competir y ganar.	1	2	3	4	5
3. A menudo hablo con los que me rodean acerca de asuntos no laborales.	1	2	3	4	5
4. Disfruto un reto difícil.	1	2	3	4	5
5. Disfruto estar a cargo.	1	2	3	4	5
6. Quiero agradar a los demás.	1	2	3	4	5
7. Quiero saber cómo voy progresando mientras hago las tareas.	1	2	3	4	5
8. Confronto a la gente que hace cosas con las que no estoy de acuerdo.	1	2	3	4	5
9. Tiendo a construir relaciones estrechas con compañeros de trabajo.	1	2	3	4	5
10. Disfruto establecer y lograr metas realistas.	1	2	3	4	5
11. Gozo influenciar a otras personas para que sigan mi camino.	1	2	3	4	5
12. Me gusta pertenecer a grupos y organizaciones.	1	2	3	4	5
13. Me agrada la satisfacción de terminar una tarea difícil.	1	2	3	4	5
14. Con frecuencia trabajo para obtener más control sobre los eventos a mi alrededor.	1	2	3	4	5
15. Disfruto trabajar con otros más que trabajar solo.	1	2	3	4	5

Pase a la página A-27 para instrucciones de calificación y la clave.

Fuente: basado en Steers, R. y D. Braunstein, "A Behaviorally Based Measure of Manifest Needs in Work Setting", en *Journal of Vocational Behavior,* octubre de 1976, p. 254; y Lussier, R. N., *Human Relations in Organizations: a Skill Building Approach* (Homewood, IL: Richard D. Irwin, 1990), p. 120.

Ejercicio de trabajo en grupo

¿Qué quiere la gente de sus trabajos?

Cada miembro de la clase empieza por completar el siguiente cuestionario:

Califique los siguientes 12 factores del trabajo de acuerdo con la importancia que cada uno tenga para usted. Coloque un número del 1 al 5 en la línea anterior a cada factor.

Muy importante		Importante		Sin importancia
5	4	3	2	1

_____ **1.** Un trabajo interesante

_____ **2.** Un buen jefe

_____ **3.** Reconocimiento y aprecio del trabajo que hago

_____ **4.** La oportunidad de logro

_____ **5.** Una vida personal satisfactoria

_____ **6.** Un trabajo prestigioso o de estatus

_____ **7.** Responsabilidad de trabajo

_____ **8.** Buenas condiciones laborales

_____ **9.** Normas, regulaciones, procedimiento y políticas sensibles de la compañía

_____ **10.** La oportunidad de crecer por medio del aprendizaje de nuevas cosas

_____ **11.** Un trabajo que pueda hacer bien y en el cual tenga éxito

_____ **12.** Seguridad en el trabajo

Este cuestionario mide las dos dimensiones de la teoría de la motivación-higiene de Herzberg. Para determinar si los factores de la higiene o motivación son importantes para usted, coloque a continuación los números del 1 al 5 que representen sus respuestas.

Clasificaciones de factores de higiene	Calificaciones de factores motivacionales
2. _____	1. _____
5. _____	3. _____
6. _____	4. _____
8. _____	7. _____
9. _____	10. _____
12. _____	11. _____
Total de puntos _____	Total de puntos _____

Sume cada columna. ¿Seleccionó los factores de higiene o de motivación como los más importantes para usted?

Ahora divídanse en grupos de cinco o seis y compare los resultados de su cuestionario. (a) ¿Qué tan similares son sus resultados? (b) ¿Qué tan cercanos estuvieron los resultados de su grupo a aquéllos encontrados por Herzberg? (c) ¿A qué implicaciones motivacionales llegó su grupo con base en su análisis?

El ejercicio está basado en Lussier, R. N., *Human Relations in Organizations: A Skill Building Approach,* 2a. ed. Homewood, IL: Richard D. Irwin, 1993. Reproducido con permiso.

Lincoln Electric

C A S O
INCIDENTE

Una encuesta reciente acerca de las grandes compañías americanas encontró que cerca de la mitad había modificado sus prácticas de compensación para unir el salario al desempeño. Muchas de estas compañías, de hecho, habían visitado la compañía establecida en Cleveland, Lincoln Electric Co. para observar su "modelo" de sistema de salario por desempeño.

Lincoln emplea cerca de 3,400 personas y genera 90% de sus ventas de la fabricación del equipo de soldadura por arco y abastecimientos. Fundada en 1895, el sistema de incentivos legendario de reparto de ganancias de la compañía y la marca de productividad habían recibido mucha atención de gente que diseñaba programas de motivación.

Los trabajadores de la fábrica recibían salarios con base en el número de piezas sin un salario garantizado mínimo por hora. Después de trabajar dos años en la empresa, los empleados empezaban a participar en un plan de bono al final del año. Determinado por la fórmula que considera las ganancias brutas de la compañía, la razón por pieza de los empleados y la calificación por mérito, ha sido uno de los sistemas de bono más lucrativo para los trabajadores de las fábricas estadounidenses. ¡El tamaño promedio de los bonos durante los pasados 55 años ha sido 95.5% los salarios base!

La compañía tiene una política de empleo garantizado, la cual puso en operación en 1958. Desde entonces, no ha despedido a un solo trabajador. A cambio de la seguridad del trabajo, sin embargo, los empleados están de acuerdo con varias condiciones. Durante los tiempos de recesión, aceptarán periodos reducidos de trabajo. También concuerdan en aceptar transferencias de puesto, aun a trabajos de menor paga, si eso es necesario para mantener un mínimo de 30 horas de trabajo por semana.

Usted pensaría que el sistema de Lincoln Electric atraería gente de calidad, y es cierto. Por ejemplo, la compañía recientemente contrató cuatro egresados de la maestría en administración de empresas de Harvard para ocupar sus puestos futuros de gerencia. Pero, consistente con la tradición de la compañía, empezaron desde abajo, como todo mundo, haciendo trabajo en la línea de ensamble.

Históricamente, el sistema de incentivos de Lincoln Electric ha proporcionado beneficios positivos a la compañía, como también a sus empleados. A principios de la década de los noventa, un ejecutivo estimó que la producción total de Lincoln era cerca del doble de sus competidores domésticos. Hasta ese punto, la compañía había obtenido ganancias todos los años desde la depresión de los años treinta y nunca había dejado de otorgar un dividendo cuatrimestralmente. Lincoln también había tenido una de las tasas más bajas de rotación de empleados en la industria de Estados Unidos.

Pero algo interesante ha ocurrido recientemente en Lincoln Electric. La compañía está modernizando su sistema de salario. Bajo la presión de los accionistas institucionales y de los miembros independientes de la junta, la gerencia ha estado buscando formas de mejorar las ganancias. ¿La razón? El crecimiento rápido y la competencia global provocaron pérdidas para la compañía en 1992 y 1993, de manera que los bonos de los empleados bajaron. En 1995, por ejemplo, los bonos promediaron 56% —el porcentaje más bajo en años recientes. El resultado: los empleados están a disgusto. La gerencia decidió modificar su sistema de salarios para hacerla más fluida. Un objetivo es reducir las enormes variaciones en el salario del trabajador —desde 32,000 hasta más de 100,000 dólares.

A principios de 1996, para renovar el esquema de pago sin crear resentimientos, la gerencia estableció un comité para estudiar el programa de bonos. Se ha dicho a los empleados que la nueva fórmula está en el trabajo. Se quiere que los empleados hagan sus aportaciones al trabajo enfocándose más en sus ganancias totales, no sólo en el porcentaje del bono que reciben. Por ejemplo, la gerencia *senior* quiere empezar a elevar la base salarial y simultáneamente comenzar a disminuir los bonos anuales.

Preguntas

1. Use la teoría de las expectativas para explicar el éxito pasado del sistema de pago de Lincoln.

2. Usando dos o más teorías motivacionales, explique los problemas con el sistema histórico.

3. ¿Qué problemas, si los hay, piensa que la gerencia debería esperar como resultado de sus cambios anunciados en el sistema de pago?

Basado en Modic, S. J., "Fine-Tuning a Classic", en *Industry Week*, 6 de marzo de 1989, pp. 15-18; Wiley, C., "Incetive Plan Pushes Production", *Personnel Journal*, agosto de 1993, pp. 86-87; y Schiller, Z., "A model incentive Plan Gets Cought in A Vise", en *Bussiness Week*, 22 de enero de 1996, pp. 89-92.

El sueño de la clase media: ¿a dónde se fue?

"Trabajamos más horas, necesitamos dos ingresos y ya no sólo uno. Definitivamente se requiere más para hacer realidad el sueño americano." "Trabajo en dos lugares, no sólo durante la semana, sino también los fines de semana." Estos comentarios captan un sentimiento creciente entre la gente de clase media de Estados Unidos y de otros países. Los estadounidenses de clase media están perdiendo su esperanza y optimismo acerca del futuro y están trabajando más duro para mantener su estatus de clase media.

En 1986, 74% de los trabajadores esperaba que sus hijos estuvieran mejor de lo que ellos estuvieron. En 1991, ese porcentaje cayó a 66%. Ahora es 54%. Existe una pérdida bien definida de la fe en el sueño americano. Un número cada vez mayor de personas de clase media —aquellos que ganan entre $20,000 y $50,000 al año —no esperan que sus hijos estén mejor que ellos. Los trabajadores de hoy creen cada vez más que no les va lo suficientemente bien como a sus padres. Aun la gente a la que le va tan bien como a sus padres dice que está trabajando más duro para mantener el estándar de vida.

¿Qué ha causado esta caída en el optimismo? Numerosos factores: la necesidad de dos ingresos para mantenerse a flote; menos tiempo libre para disfrutar con la familia; poco o ningún ahorro o dinero para vacaciones familiares; altos impuestos; los gastos por cuidado de los niños; el temor de que un miembro de la familia pierda su trabajo; el estrés provocado por tratar de mantener el estatus de clase media en tiempos de salarios inertes, y el hacer comparaciones con familias de los años cincuenta y sesenta, que parecieron vivir mejor, con sólo un ingreso y con menos tensión.

En los 30 años posteriores al fin de la Segunda Guerra Mundial, el estadounidense promedio disfrutó una forma de vida sin precedente en la historia —un *continuum*, de crecimiento real, rápido ingreso y progreso hacia la clase media. Los trabajadores no calificados y calificados por igual llegaron a esperar la seguridad del trabajo y crecimiento del ingreso. Los últimos 20 años, sin embargo, han sido una historia diferente. Para la mayoría de los estadounidenses, desde la década de los setenta ha habido realmente un estancamiento en los salarios y un fracaso en los estándares de vida para progresar. La mayoría de las familias necesita ahora dos ingresos para hacer lo que sus padres hicieron con uno.

Por ejemplo, poseer una casa. Después de la Segunda Guerra Mundial, el bajo costo de comprar casa provocaba que se construyera en todos lados. Y una familia joven con unos cuantos cientos de dólares podía comprar un pedazo del sueño americano: una casa de su propiedad. Hoy en día una casa típica cuesta cerca de $100,000 y pocas parejas jóvenes tienen el 20% necesario para el tradicional enganche. Entre esos que ven una casa en su futuro cercano, ésta no es por mucho como las casas de sus padres o abuelos. En lugar de dos recámaras pequeñas y un baño, para empezar, la familia de hoy en día quiere tres o cuatro recámaras con múltiples baños, una cocina moderna, y una cochera para dos autos. Y pocos en la clase media pueden imaginarse pagar tal casa con el ingreso de un solo miembro de la pareja.

¿Está Estados Unidos al borde de volverse una nación tercermundista? ¿La clase media continuará encogiéndose, mientras los ricos seguirán enriqueciéndose y los pobres convirtiéndose en la nueva clase dominante?

Preguntas

1. ¿Cómo podrían influir las restricciones financieras y personales que se analizaron en el caso, en la motivación y el comportamiento del empleado?

2. Contraste las implicaciones para motivar a los empleados con los ingresos de la clase media *versus* los profesionistas altamente pagados.

3. ¿Qué, si existe algo, puede hacer un individuo en las organizaciones para aligerar los problemas citados en el caso?

Fuente: basado en "Middle Class —The Family Dream", en *ABC Nightline*, pasado al aire el 6 de enero de 1995.

MOTIVACIÓN: DE LOS CONCEPTOS A LAS APLICACIONES

PERFIL DEL CAPÍTULO

La administración por objetivos
Programas de reconocimiento del empleado
Programas de participación del empleado
Programas de paga variables
Planes de pago por habilidades
Prestaciones flexibles
Temas especiales sobre motivación

Pónme a hacer algo
como una tarea y es
inconcebible el
deseo que tengo de
hacer otra cosa.
—G. B. Shaw

OBJETIVOS DE APRENDIZAJE

Después de estudiar este capítulo, usted será capaz de:

1 Identificar los cuatro ingredientes comunes de los programas APO

2 Explicar por qué los gerentes podrían querer usar los programas de participación del empleado

3 Contrastar la gerencia participativa con la participación del empleado

4 Definir qué son los círculos de calidad

5 Explicar cómo los PPAE pueden incrementar la motivación del empleado

6 Contrastar reparto de ganancias y reparto de utilidades

7 Describir la relación entre los planes de salario basados en la habilidad y las teorías de la motivación

8 Explicar cómo las prestaciones flexibles transforman las prestaciones en motivadores

9 Contrastar los retos de motivar empleados profesionales *versus* empleados con pocas habilidades

10 Contrastar los retos de motivar empleados profesionales con trabajadores temporales

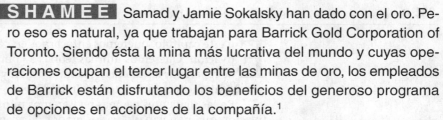

SHAMEE Samad y Jamie Sokalsky han dado con el oro. Pero eso es natural, ya que trabajan para Barrick Gold Corporation of Toronto. Siendo ésta la mina más lucrativa del mundo y cuyas operaciones ocupan el tercer lugar entre las minas de oro, los empleados de Barrick están disfrutando los beneficios del generoso programa de opciones en acciones de la compañía.[1]

En 1984 Barrick introdujo la idea de complementar los cheques de salario con acciones. En ese tiempo, la compañía estaba necesitada de efectivo, así que la gerencia decidió usar opciones en acciones como una manera de atraer y motivar a sus empleados. Pero, en contraste con la mayoría de los planes de opciones en acciones, el plan de Barrick cubre a todos los 5,000 empleados, no sólo a los gerentes de nivel superior. Parece ser que hasta el momento, el programa ha tenido éxito tanto para los empleados como para la compañía.

La señora Samad, por ejemplo, ha sido empleada del departamento de cuentas por pagar en la compañía durante 10 años —ella entró a Barrick cuando tenía 19 años, directamente después de salir de la preparatoria. En su primer año con la compañía, ganó opciones en acciones por valor de 11,000 dólares, además de su salario de $24,000. Durante el decenio que ha estado con Barrick, Samad ha convertido en efectivo $51,000 de las opciones que ha obtenido y todavía tiene otras con valor de $64,000. El señor Sokalsky ha estado en la compañía apenas desde hace dos años. Como tesorero corporativo, sin embargo, ya ha acumulado $320,000 en opciones. No está mal considerando que su salario anual es de aproximadamente 100,000 dólares.

¿Las opciones en acciones motivan a la gente? La señora Samad piensa que sí. "Si tengo que venir temprano o quedarme tarde, lo hago. Sin hacer preguntas." Y la compañía ha recorrido un largo camino desde los días en que estaba necesitada de dinero. Una acción de Barrick comprada en 1983 al precio inicial de $1.75 ahora vale más de $42. La compañía ha sobrepasado a otros productores de oro durante los años de escasez en el negocio del oro. Una caída en los precios del oro durante tres años en 1989, por ejemplo, apenas si les hizo mella, pues las ganancias de Barrick estaban por arriba 21% y su precio por acción se incrementó 94%. El siguiente año, las ganancias subieron 73% y las acciones subieron otro 38%, aun a pesar de que el índice del mercado de valores de Toronto del oro y la plata declinaba en más de 20 por ciento. ◆

En este capítulo, queremos enfocarnos en cómo aplicar los conceptos sobre motivación. Queremos unir las teorías a la práctica, ya que una cosa es ser capaz de repercutir las teorías de la motivación y otra muy diferente es ver, como gerente, la manera en que usted podría usarlas.

En las siguientes páginas revisaremos numerosas técnicas y programas de motivación que han ganado varios grados de aceptación en la práctica. Por ejemplo, analizaremos los planes de salario variable tales como el programa de opciones de acciones usado por Barrick. Y en cada una de las técnicas y programas que revisemos, nos concentraremos en la manera en que cada una de ellas se basa en una o más de las teorías estudiadas en el capítulo anterior.

La administración por objetivos

La teoría del establecimiento de las metas tiene una base impresionante de investigación de apoyo. Pero como gerente, ¿cómo se logra hacer operacional el establecimiento de metas? La mejor respuesta es: instalando un programa de administración por objetivos (APO).

¿Qué es la APO?

administración por objetivos (APO)
Un programa que abarca metas específicas, establecidas de manera participativa, por un periodo explícito de tiempo, con retroalimentación sobre el progreso hacia la meta.

La **administración por objetivos** enfatiza metas tangibles, verificables y medibles que se establecen de manera participativa. Esto no es una nueva idea. De hecho, fue propuesta originalmente por Peter Drucker hace más de 40 años como una forma de utilizar las metas para motivar a la gente en lugar de controlarla.[2] Hoy en día, ninguna introducción a los conceptos básicos de la administración estaría completa sin un análisis de la APO.

Lo atractivo de la APO indudablemente yace en su énfasis en convertir todos los objetivos organizacionales en objetivos específicos para las unidades organizacionales y los miembros individuales. La APO hace operativo el concepto de los objetivos mediante la planeación de un proceso por el cual los objetivos se pasan a través de la organización. Como se muestra en la ilustración 6-1, los objetivos globales de la organización se traducen en objetivos específicos para cada nivel subsiguiente (esto es, divisional, departamental, individual). Pero ya que los gerentes de las unidades más bajas participan en conjunto en establecer sus propias metas, la APO funciona de "abajo hacia arriba" como también "de arriba hacia abajo". El resultado es una jerarquía de objetivos que une los objetivos de un nivel con los del siguiente. Y para el empleado individual, la APO proporciona objetivos específicos de desempeño personal.

◆ Ninguna introducción a los conceptos básicos de la gerencia estaría completa sin un análisis de la APO.

Existen cuatro ingredientes comunes a los programas APO. Éstos son la especificidad de las metas, la toma participativa de decisiones, un periodo explícito y retroalimentación del desempeño.[3]

Los objetivos en la APO deberían ser enunciados concisos sobre los logros esperados. No es adecuado, por ejemplo, anunciar simplemente el deseo de reducir los costos, mejorar el servicio o incrementar la calidad. Tales deseos tienen que ser convertidos en objetivos tangibles que puedan ser medidos y evaluados. Reducir costos departamentales *en 7%*, mejorar el servicio al asegurar que toda orden telefónica sea procesada *dentro de las 24 horas de recepción* o incrementar la calidad al mantener las devoluciones en *menos de 1% de las ventas* son ejemplos de objetivos específicos.

Los objetivos en la APO no son establecidos unilateralmente por el jefe y luego asignados a los subordinados. La APO remplaza las metas impuestas con metas

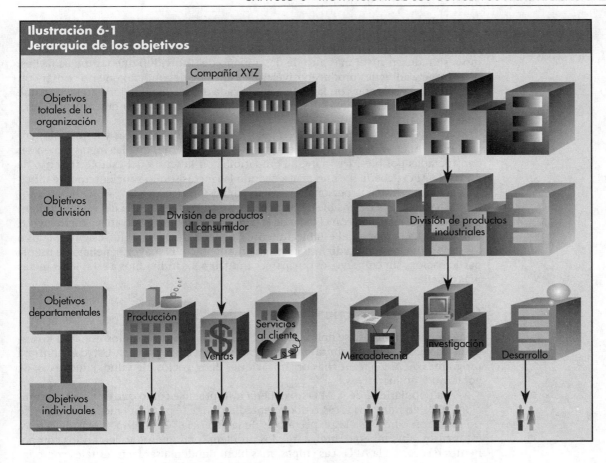

Ilustración 6-1
Jerarquía de los objetivos

Compañía XYZ

Objetivos totales de la organización

Objetivos de división

División de productos al consumidor

División de productos industriales

Objetivos departamentales

Producción

Ventas

Servicios al cliente

Mercadotecnia

Investigación

Desarrollo

Objetivos individuales

determinadas de manera participativa. El superior y el subordinado escogen en conjunto las metas y quedan de acuerdo en la forma en que serán medidas.

Cada objetivo tiene un periodo específico en el cual debe ser terminado. Típicamente este periodo es de tres meses, seis meses o un año. De este modo, los gerentes y los subordinados tienen objetivos específicos y estipulan periodos en los cuales los llevarán a cabo.

El ingrediente final en un programa de APO es la retroalimentación sobre el desempeño. La APO busca dar una retroalimentación continua sobre el progreso hacia las metas. Idealmente, esto se logra al dar una retroalimentación continua a los individuos de manera que puedan monitorear y corregir sus propias acciones. Esto es complementado por evaluaciones gerenciales periódicas, donde se revisa el progreso. Esto se aplica tanto en la parte alta como en la parte baja de la organización. El vicepresidente de ventas, por ejemplo, tiene objetivos para las ventas totales y para cada uno de sus principales productos. Él monitoreará los reportes continuos de ventas para determinar el progreso hacia los objetivos de ventas de la división. De igual manera, los gerentes de ventas de distrito tienen objetivos, así como cada agente de ventas en el campo. La retroalimentación en términos de ventas y datos de desempeño, es proporcionada para permitir a esta gente que sepa cómo se está desempeñando. También tienen lugar reuniones formales de evaluación en las cuales los superiores y los subordinados pueden revisar el progreso hacia las metas y se puede proporcionar más retroalimentación.

Enlazar la APO con la teoría del establecimiento de las metas

La teoría del establecimiento de las metas demuestra que las metas difíciles dan como resultado un nivel más alto de desempeño del individuo que las metas fáciles, que las metas difíciles producen niveles más altos de desempeño que no contar con ninguna meta o contar con la meta generalizada de "hacer el mejor esfuerzo", y que la retroalimentación sobre el desempeño de uno lleva a un mayor desempeño. Compare estos hallazgos con la APO.

La APO habla directamente en favor de las metas específicas y la retroalimentación. La APO implica, más que enunciar explícitamente, que las metas deben ser consideradas posibles. De manera compatible con la teoría del establecimiento de metas, la APO debería ser más eficaz cuando las metas son lo suficientemente difíciles para requerir que la persona haga algo para esforzarse.

La única área de posible desacuerdo entre la APO y la teoría del establecimiento de metas se relaciona con el tema de la participación —la APO lo apoya fuertemente, mientras que la teoría del establecimiento de metas demuestra que asignar metas a los subordinados a menudo funciona igualmente bien. El mayor beneficio de usar la participación, sin embargo, es que parece inducir a los individuos a establecer metas más difíciles.

La APO en la práctica

¿Qué tan ampliamente se aplica la APO? Las revisiones de estudios que han buscado la respuesta a esta pregunta sugieren que es una técnica popular. Usted encontrará programas de APO en muchas organizaciones de negocios, de salud, educativas, de gobierno y no lucrativas.[4]

La popularidad de la APO no debería interpretarse como que ésta siempre funciona. Existen numerosos casos documentados donde se puso en práctica la APO pero no pudieron cumplirse las expectativas de la gerencia.[5] Una mirada más de cerca a estos casos, sin embargo, indica que los problemas raramente yacen en los componentes básicos de la APO. Las culpas, más bien, tienden a ser factores tales como las expectativas irreales en relación con los resultados, la falta de compromiso de la alta gerencia y la poca habilidad o no voluntad de la gerencia de distribuir las recompensas con base en el logro de la meta. Sin embargo, la APO proporciona a los gerentes el vehículo para llevar a cabo la teoría del establecimiento de metas.

Programas de reconocimiento del empleado

Laura Schendell sólo gana 5.50 dólares por hora en su trabajo de comida rápida en Pensacola, Florida, y el trabajo no constituye mucho desafío o reto. Sin embargo, Laura habla de manera entusiasta acerca del mismo, de su jefe y de la compañía que la emplea. "Lo que me gusta es el hecho de que Guy (su supervisor) aprecia el esfuerzo que hago. Me felicita con regularidad enfrente de las demás personas de mi turno y he sido elegida 'empleada del mes' dos veces en los últimos seis meses. ¿Vio mi foto en la placa de la pared?"

Las organizaciones están reconociendo cada vez más lo que Laura está expresando: el reconocimiento puede ser un potente motivador.

¿Qué son los programas de reconocimiento del empleado?

Los programas de reconocimiento del empleado pueden tomar numerosas formas. Las mejores usan múltiples fuentes y reconocen tanto los logros del individuo como los del grupo. Convex Computer Corporation, un fabricante de supercomputadoras establecido en Texas que emplea a 1,200 personas, proporciona un excelente ejemplo de un programa amplio de reconocimiento.[6]

Estos gerentes de la compañía de seguros USF&G están emocionados por ser reconocidos por sus logros de trabajo. USF&G honra a los empleados sobresalientes con la entrega de un premio prestigioso de la compañía por mostrar cualidades de liderazgo. Los ganadores de los premios "Seven C's of Leadership" (Las siete ces del liderazgo) son reconocidos por su comunicación excelente, confianza en ellos mismos, carácter, comprensión, convicción, coraje (determinación) y competencia.

Cada trimestre, el vicepresidente de operaciones de Convex reconoce a individuos que han sido nominados por sus gerentes "por haber ido por encima y más allá del deber". Anualmente, los individuos pueden nominar a sus compañeros al Customer Service Award (premio de servicio al cliente), el cual reconoce tales categorías como asunción de riesgos, innovación, reducción de costos y servicio total al cliente. Y a nivel de departamento, el reconocimiento toma la forma de camisetas, tazas para café, banderines o fotografías de equipo o de departamento. Los supervisores han hecho uso de boletos para el cine, reuniones los viernes en la tarde para ir al boliche, tiempo libre y recompensas en efectivo para reconocer logros tales como ensambles sin defectos durante tres meses, cinco años de asistencia perfecta y la terminación de un proyecto antes de tiempo.

Unir los programas de reconocimiento y la teoría del reforzamiento

Hace algunos años, se encuestó a 1,500 empleados de toda una variedad de ambientes de trabajo para saber lo que consideraban que era el motivador más poderoso de su lugar de trabajo. ¿Su respuesta? ¡Reconocimiento, reconocimiento y más reconocimiento![7]

En concordancia con la teoría del reforzamiento, recompensar un comportamiento con reconocimiento inmediatamente después de dicho comportamiento, probablemente provoque que éste se repita. El reconocimiento puede adoptar muchas formas. Usted puede felicitar en privado a un empleado por un buen trabajo. Puede enviar una nota escrita a mano o por correo electrónico reconociendo algo positivo que el empleado ha hecho. Con los empleados con una fuerte necesidad de aceptación social, usted puede reconocer públicamente los logros. Y para incrementar la cohesión del grupo y la motivación, puede celebrar los éxitos de equipo. Puede aprovechar las reuniones para dar reconocimiento a las contribuciones y logros de los equipos exitosos de trabajo.

Los programas de reconocimiento del empleado en la práctica

En la economía global altamente competitiva de hoy en día, la mayoría de las organizaciones se encuentran bajo severas presiones de costos. Esto hace que los programas de reconocimiento sean particularmente atractivos. En comparación con otros motivadores, el reconocer el desempeño superior de un empleado cuesta poco o nada. Probablemente es por eso que en una reciente encuesta a 3,000 patrones, se encontró que dos tercios dan o planean dar premios especiales de reconocimiento.[8]

Uno de los métodos de reconocimiento más conocido y empleado es el de sistema de sugerencias. Los empleados ofrecen sugerencias para mejorar los procesos o reducir los costos y son reconocidos con pequeños premios en efectivo. Los japoneses han sido especialmente eficaces para hacer sugerencias en los sistemas de trabajo. Por ejemplo, una planta típica de alto desempeño en el negocio de partes para automóviles genera 47 sugerencias por empleado al año y paga aproximadamente el equivalente a 35 dólares por sugerencia. Por el contrario, una fábrica de Occidente genera cerca de una sugerencia por empleado al año, pero paga cerca de 90 dólares por sugerencia.[9]

Programas de participación del empleado

La corporación Donnelly, un gran abastecedor de productos de vidrio para los fabricantes de automóviles, usa los comités de representantes electos para tomar todas las decisiones clave que afecten a sus empleados.[10] En una planta de iluminación de General Electric en Ohio, los equipos de trabajo desempeñan muchas tareas y asumen muchas de las responsabilidades que una vez fueron manejadas por sus supervisores. De hecho, cuando la planta se enfrentó con un descenso reciente en la demanda de los tubos que produce, los trabajadores decidieron primero disminuir la producción y finalmente despedirse a ellos mismos. La gente de mercadotecnia de USAA, una gran compañía de seguros, se reúne en un salón de conferencias por una hora cada semana para discutir formas en las cuales pueden mejorar la calidad de su trabajo e incrementar la productividad. La gerencia ha adoptado muchas de sus sugerencias. Childress Buick, un distribuidor de autos de Phoenix, permite a su gente de ventas negociar y finalizar el trato con los clientes sin ninguna aprobación por parte de la gerencia. Las leyes de Alemania, Francia, Dinamarca, Suecia y Austria requieren que las compañías tengan representantes electos por sus grupos de empleados como miembros en sus juntas de directores.[11]

El tema común en cada uno de los ejemplos anteriores es que todos ellos ilustran programas de participación del empleado. En esta sección aclararemos lo que queremos decir con participación del empleado, describiremos algunas de las diversas formas que adopta, consideraremos las implicaciones motivacionales de estos programas y mostraremos algunas aplicaciones.

¿Qué es la participación del empleado?

La participación del empleado se ha convertido en un término conveniente para describir una variedad de técnicas.[12] Por ejemplo, encierra ideas populares tales como la gerencia participativa, la democracia en el lugar de trabajo, la facultación y la propiedad del empleado. Nuestra posición es que, aunque cada una de estas ideas tiene algunas características únicas, todas tienen un eje común, que es el involucramiento del empleado.

¿Qué queremos decir específicamente con **involucramiento del empleado**? Lo definimos como un proceso participativo que usa la capacidad total de los empleados y está diseñada para alentar un compromiso cada vez mayor para el éxito de la organización.[13] La lógica detrás de esto es que al involucrar a los empleados en aquellas decisiones que los afectan y al incrementar su autonomía y control sobre sus vidas laborales, los empleados se sentirán más motivados, más comprometidos con la organización, serán más productivos y estarán más satisfechos con sus trabajos.[14]

involucramiento del empleado
Un proceso participativo que usa la capacidad de los empleados y está diseñada para alentar un compromiso cada vez mayor para el éxito de la organización.

¿Esto significa que la participación y el involucramiento del empleado son sinónimos? No. La participación es un término más limitado. Es un subgrupo dentro del marco mucho mayor del involucramiento del empleado. Todos los programas de involucramiento del empleado que describimos incluyen alguna forma de participación, pero el término *participación*, en sí mismo, es muy estrecho y está muy limitado.

Ejemplos de programas de involucramiento del empleado

En esta sección revisamos cuatro formas de involucramiento del empleado: gerencia participativa, participación representativa, círculos de calidad y planes de propiedad de acciones.

GERENCIA PARTICIPATIVA La característica distintiva común a todos los programas de **gerencia participativa** es la toma conjunta de decisiones. Esto es, los subordinados comparten realmente con sus superiores inmediatos un grado significativo de poder en la toma de decisiones.

La gerencia participativa ha sido promovida, algunas veces, como una panacea para mejorar el clima deteriorado y la baja productividad. Un autor incluso ha afirmado que la gerencia participativa es un imperativo ético.[15] Sin embargo, la gerencia participativa no es apropiada para toda organización o toda unidad de trabajo. Para que funcione, debe haber un tiempo adecuado para participar, los temas en los cuales los empleados se involucran deben ser relevantes para sus intereses, los empleados deben tener la capacidad (inteligencia, conocimiento técnico, habilidades de comunicación) para participar y la cultura de la organización debe apoyar la participación del empleado.[16]

¿Por qué la gerencia querría compartir su poder de toma de decisiones con los subordinados? Existen varias buenas razones. A medida que los trabajos se vuelven más complejos, los gerentes a menudo no saben todo lo que hacen sus empleados. Por tanto la participación permite que contribuyan los que saben más. El resultado puede consistir en mejores decisiones. La interdependencia en las tareas que los em

> **gerencia participativa**
> Un proceso donde los subordinados comparten con sus superiores inmediatos un grado significativo de poder en la toma de decisiones.

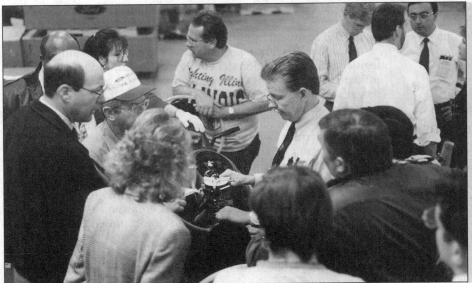

A través del programa de participación del empleado, Ford Motor Company faculta a sus empleados para tomar las mejores decisiones para clientes y accionistas. Ford desea que sus empleados continúen aprendiendo, y puedan ser facultados para que tomen decisiones al nivel más cercano a la acción. La participación en la toma de decisiones incrementa el compromiso de los empleados con las metas de Ford, relacionadas con avances en el diseño y la ingeniería, de productos, reducciones de costo, mejoramiento de la calidad, eficiencia en la fabricación y en la productividad en general.

pleados hacen a menudo hoy en día también requiere de la consulta con gente de otros departamentos y unidades de trabajo. Esto incrementa la necesidad de equipos, comités y reuniones de grupo para resolver temas que los afectan en conjunto. La participación incrementa adicionalmente el compromiso con las decisiones. Es menos probable que la gente mine una decisión en el momento en que se pone en práctica si ha compartido la toma de esa decisión. Finalmente, la participación proporciona recompensas intrínsecas para los empleados. Puede hacer que sus trabajos sean más interesantes y que tengan más significado.

Se han llevado a cabo docenas de estudios sobre la relación participación-desempeño. Los hallazgos, sin embargo, son confusos.[17] Cuando se revisa con cuidado la investigación, parece que la participación tiene típicamente sólo una influencia modesta en variables como la productividad del empleado, la motivación y la satisfacción en el trabajo. Por supuesto, eso no significa que el uso de la gerencia participativa no pueda ser benéfico en las condiciones adecuadas. Lo que implica, sin embargo, es que el uso de la participación no es un medio seguro para mejorar el desempeño del empleado.

PARTICIPACIÓN REPRESENTATIVA Casi todo país de Europa Occidental tiene algún tipo de legislación que requiere que las compañías practiquen la **participación representativa**. Esto es, en lugar de participar directamente en las decisiones, los trabajadores están representados por un pequeño grupo de empleados que son quienes participan realmente. La participación representativa ha sido llamada "la forma más ampliamente legislada de participación del empleado en el mundo".[18]

La meta de la participación representativa es redistribuir el poder dentro de una organización, colocando la fuerza laboral sobre bases más equitativas con los intereses de la gerencia y de los accionistas.

Las dos formas más comunes que adopta la participación representativa son los consejos de trabajo y las juntas de representantes.[19] Los **consejos de trabajo** enlazan a los empleados con la gerencia. Son grupos de empleados nominados o electos que deben ser consultados cuando la gerencia toma decisiones que involucren al personal. Por ejemplo, en los Países Bajos, si una compañía holandesa es comprada por otra, el consejo de trabajo de la primera debe ser informada desde el principio y, si el consejo objeta, tiene 30 días para buscar una prohibición de la corte que detenga la compra.[20] Las **juntas de representantes** están formadas por empleados que asisten a las juntas de directores de la compañía y representan los intereses de los empleados de la firma. En algunos países, las grandes compañías podrían ser legalmente requeridas para asegurarse de que los representantes de los empleados tengan el mismo número de lugares que los representantes de los accionistas.

La participación representativa es la forma más ampliamente legislada de participación del empleado en el mundo. En general la influencia de la participación representativa sobre los empleados parece ser mínima.[21] Por ejemplo, la evidencia sugiere que los consejos de trabajo están dominados por la gerencia y tienen muy poco impacto en los empleados o en la organización. Y mientras esta forma del involucramiento del empleado podría incrementar la motivación y la satisfacción de aquellos individuos que están asumiendo la representación, existe muy poca evidencia de que esto fluya hasta los empleados operativos a quienes representan. En suma, "el mayor valor de la participación representativa es simbólico. Si uno está interesado en cambiar las actitudes del empleado o mejorar el desempeño organizacional, la participación representativa será una opción pobre".[22]

CÍRCULOS DE CALIDAD "Probablemente el estilo formal de involucramiento del empleado más ampliamente discutido y llevado a cabo es el círculo de cali-

participación representativa
Los trabajadores participan en la toma organizacional de decisiones por medio de pequeños grupos de empleados representativos.

consejo de trabajo
Grupo de empleados nominados o electos que deben ser consultados cuando la gerencia toma decisiones que involucran al personal.

junta de representantes
Forma de participación representativa; los empleados asisten a las juntas de directores de la compañía y representan los intereses de los empleados de la firma.

◆ Un grupo de trabajo de empleados que se reúnen regularmente para analizar problemas de calidad, investigar las causas, recomendar soluciones y llevar a cabo acciones correctivas.

dad."[23] El concepto de círculo de calidad se menciona a menudo como una de las técnicas utilizadas por las firmas japonesas que ha permitido hacer productos de alta calidad a bajos costos. Surgido originalmente en Estados Unidos y exportado a Japón en la década de los cincuenta, el círculo de calidad se volvió muy popular en Estados Unidos y Europa durante la década de los ochenta.[24]

CÍRCULO DE CALIDAD ¿Qué es un **círculo de calidad**? Es un grupo de trabajo de 8 a 10 empleados y supervisores que tienen un área compartida de responsabilidad. Se reúnen por lo general una vez a la semana, en tiempo de la compañía y en las instalaciones de la misma para analizar sus problemas de calidad, investigar las causas de los problemas, recomendar soluciones y llevar a cabo acciones correctivas. Asumen la responsabilidad de resolver los problemas de calidad y generan y evalúan su propia retroalimentación. Pero la gerencia comúnmente retiene el control sobre la decisión final en relación con la puesta en práctica de las soluciones recomendadas. Claro, no se da por hecho que los empleados tengan de manera inherente esta capacidad para analizar y solucionar problemas relacionados con la calidad. Por tanto, parte del concepto de círculo de calidad incluye enseñar a los empleados participantes habilidades de comunicación en grupo, varias estrategias de calidad y técnicas de medición y análisis de problemas. La ilustración 6-2 describe un proceso típico de círculo de calidad.

¿Los círculos de calidad mejoran la productividad y la satisfacción del empleado? Una revisión de la evidencia muestra que es mucho más probable que afecten positivamente la productividad. Tienden a mostrar poco o ningún efecto en la satisfacción del empleado, y si bien muchos estudios reportan resultados positivos de los círculos de calidad sobre la productividad, estos resultados no están de ninguna forma garantizados.[25] El fracaso de muchos programas de círculos de calidad para producir beneficios mensurables también ha llevado a que gran número de ellos sea discontinuado.

círculo de calidad
Un grupo de trabajo formado por empleados que se reúnen regularmente para analizar sus problemas de calidad, investigar las causas, recomendar soluciones y llevar a cabo acciones correctivas.

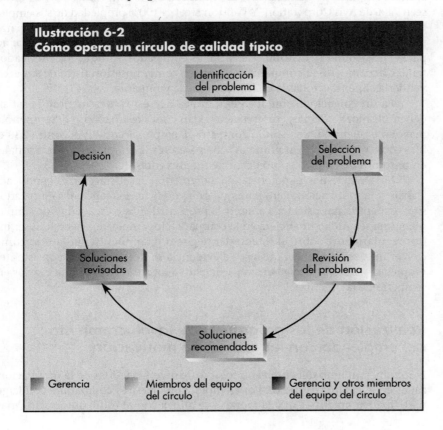

Ilustración 6-2
Cómo opera un círculo de calidad típico

Identificación del problema → Selección del problema → Revisión del problema → Soluciones recomendadas → Soluciones revisadas → Decisión

■ Gerencia   ■ Miembros del equipo del círculo   ■ Gerencia y otros miembros del equipo del círculo

Un autor ha ido mucho más lejos al señalar que si bien los círculos de calidad fueron la moda administrativa de la década de los ochenta, se han "convertido en un fracaso".[26] Ofrece dos posibles explicaciones de sus decepcionantes resultados. La primera es el poco tiempo que realmente se otorgó a la participación del empleado. "Cuando mucho, estos programas operaron por sólo una hora a la semana, sin cambio en las 39 restantes. ¿Por qué deberían tener un impacto importante cambios realizados a 2.5% del trabajo de una persona?"[27] En segundo lugar, la facilidad para poner en práctica los círculos de calidad a menudo funcionó en contra de éstos. Eran vistos como un proceso simple que podía ser agregado a la organización con pocos cambios requeridos fuera del programa mismo. En muchos casos, el único involucramiento significativo por parte de la gerencia fue otorgar los fondos para el programa. Así que los círculos de calidad se volvieron una manera fácil para que la gerencia hiciera suya la idea de la participación del empleado. Y, por desgracia, la falta de planeación y compromiso por parte de la alta gerencia a menudo contribuyó al fracaso de los círculos de calidad.

plan de propiedad de acciones para el empleado (PPAE)
Plan de prestaciones establecidos por las empresas en los cuales los empleados adquieren acciones de sus compañías.

PLAN DE PROPIEDAD DE ACCIONES PARA EL EMPLEADO El método final de involucramiento del empleado que analizaremos es el **plan de propiedad de acciones para el empleado (PPAE).**[28]

La propiedad del empleado puede tener múltiples significados, desde la posesión de algunas acciones en la compañía donde trabaja hasta individuos que trabajan en una compañía propia y en la cual operan personalmente. Los planes de propiedad de acciones del empleado son planes establecidos por las empresas en los cuales el empleado adquiere acciones como parte de sus prestaciones. Aproximadamente 20% de Polaroid, por ejemplo, es propiedad de sus empleados. En el caso de la compañía Spruce Falls, Inc., de Canadá, 40% es propiedad de sus empleados. Los empleados poseen 71% de Avis Corporation. Y Weirton Steel es 100% propiedad de sus empleados.[29]

En el PPAE típico, se crea un fideicomiso de propiedad de acciones para el empleado. La compañía contribuye ya sea con acciones o efectivo para comprar acciones para el fideicomiso y distribuirlas entre los empleados. Aunque los empleados mantengan acciones de su compañía, no pueden tomar posesión física de sus acciones o venderlas mientras todavía estén dentro de la compañía.

La investigación sobre los PPAE indica que éstos incrementan la satisfacción del empleado.[30] Además, con frecuencia dan como resultado un desempeño mucho mayor. Por ejemplo, un estudio comparó 45 empresas con PPAE contra 238 compañías convencionales.[31] Las primeras sobrepasaron a las empresas convencionales tanto en términos de empleo como de aumento en ventas.

Los PPAE tienen el potencial de incrementar la satisfacción del empleado en el trabajo y la motivación. Pero para que este potencial se realice, los empleados necesitan experimentar psicológicamente la propiedad.[32] Esto es, además de simplemente tener una seguridad financiera en la compañía, los empleados necesitan ser informados regularmente sobre el estado del negocio y también tener la oportunidad de ejercer influencia sobre el mismo. La evidencia indica de manera consistente que la propiedad *y* un estilo de gerencia participativa logran mejoras significativas en el desempeño de la organización.[33]

Realización de los programas de involucramiento del empleado con las teorías de motivación

El involucramiento del empleado se sirve de diversas teorías de la motivación analizadas en el capítulo anterior. Por ejemplo, la teoría Y es compatible con la gerencia participativa, mientras que la teoría X se alínea con el estilo autocrático más tradi-

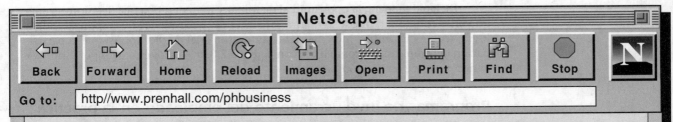

El CO en las noticias

La propiedad del empleado funciona en United Airlines

En julio de 1994, los empleados de United Airlines compraron su compañía por 5 mil millones de dólares. En los primeros 18 meses después de la compra, la evidencia indica que este PPAE está funcionando. Siendo la línea aérea más grande en Estados Unidos, United está sobrepasando a la mayoría de sus rivales: está ganando participación de mercado de la línea estadounidense número dos, American Airlines, y de la número tres, Delta Air Lines, y colocando márgenes operativos más grandes y mayores ganancias por acción. Por ejemplo, las acciones de United han subido 120% desde la compra, en comparación con 46% de ganancia del promedio de la industria de las aerolíneas indicado por Standard & Poor (la cual incluye American, Delta, Southwest y USAir).

A nivel del empleado, United ha visto resultados positivos similares. La productividad de los 83,000 empleados de la compañía se ha elevado y las quejas han descendido. Adicionalmente, los empleados han disfrutado un marcado incremento en su valor neto a medida que el precio de sus acciones se ha ido incrementando a más del doble.

Una buena parte del crédito de este éxito pertenece a Gerald Greenwald, un ex ejecutivo de Chrysler, quien fue contratado por los empleados de United para ocupar la alta gerencia. La compañía que Greenwald heredó sufrió una larga historia de gerencia autocrática. Él inmediatamente empezó a cambiar eso incrementando el involucramiento del empleado en todos los aspectos de la compañía. Por ejemplo, creó media docena de equipos de tareas con los empleados para examinar cada aspecto de la empresa, desde reducir el tiempo de enfermedad de los trabajadores hasta mejorar el manejo del efectivo.

Probablemente su acción más visible fue el esfuerzo que realizó por integrar a los empleados en la decisión de comprar o no comprar USAir. En lugar del usual secreto alrededor de las pláticas de fusión, Greenwald buscó activamente las opiniones de los líderes del sindicato. Ellos refirieron nuevamente la marca desastrosa de las fusiones de la mayoría de las aerolíneas, casi todas un fracaso debido a la dificultad de combinar las listas de antigüedad de los sindicatos. Greenwald escuchó atentamente, y descartó el ofrecimiento.

Basado en Chandler, S., "United We Own", en *Business Week*, 18 de marzo de 1996, pp. 96-100.

¡Conéctese a la red!

Lo invitamos a que visite la página de Robbins en el sitio de Prentice Hall en la Web:

http://www.prenhall.com/robbinsorgbeh

para el ejercicio de la World Wide Web de este capítulo.

---

cional de administrar gente. En términos de la teoría de la motivación-higiene, los programas de involucramiento del empleado podrían proporcionar a los empleados una motivación intrínseca al incrementar sus oportunidades de crecimiento, la responsabilidad y el involucramiento en el trabajo mismo.

De igual manera, la oportunidad de tomar y poner en práctica decisiones y luego verlas funcionar, puede ayudar a satisfacer las necesidades de responsabilidad, logro, reconocimiento e incrementar la autoestima del empleado. Así que la participación del empleado es compatible con la teoría ERG y con los esfuerzos por estimular la necesidad de realización personal.

Programas de involucramiento del empleado en la práctica

Alemania, Francia, Holanda y los países escandinavos han establecido firmemente el principio de la democracia industrial en Europa, y algunas otras naciones, incluyendo Japón e Israel, han practicado tradicionalmente alguna forma de participación representativa durante décadas. La gerencia participativa y la participación representativa tardaron más en ganar terreno en las organizaciones estadounidenses. Hoy en día, los programas de involucramiento del empleado que acentúan la participación se han convertido en la norma. Mientras que algunos gerentes continúan resistiéndose a compartir el poder de la toma de decisiones, se ejerce presión en otros para que abandonen su estilo de decisión autocrático en favor de un papel más participativo, de apoyo y capacitación.

¿Qué hay acerca de los círculos de calidad? ¿Cuán populares son en la práctica? Los nombres de las compañías que han usado los círculos de calidad constituyen el *quién es quién en las corporaciones estadounidenses*: Hewlett-Packard, Digital Equipment, Westinghouse, General Electric, Texas Instruments, Inland Steel, Xerox, Eastman Kodak, Polaroid, Procter & Gamble, Control Data, General Motors, Ford, IBM, Motorola, American Airlines y TRW.[34] Pero, como ya mencionamos, el éxito de los círculos de calidad ha estado lejos de ser arrollador. Fueron populares en la década de los ochenta, en gran medida debido a que eran fáciles de poner en práctica. En años más recientes, muchas organizaciones han eliminado sus círculos de calidad y los han remplazado con estructuras más amplias basadas en equipos (lo cual analizaremos en el capítulo 8).

¿Qué hay acerca de los PPAE? Se han convertido en la forma más popular de propiedad del empleado. Han crecido desde sólo unos cuantos hasta cerca de 10,000 hoy en día, cubriendo aproximadamente a 10 millones de empleados. Muchas compañías de renombre, incluyendo Anheuser-Busch, Procter & Gamble y Polaroid han aplicado los PPAE.[35] Pero también lo han hecho muchas empresas no tan conocidas. El Phelps County Bank de Rolla, Missouri, por ejemplo, emplea a solamente 55 personas. Puesto que el PPAE del banco ha estado operando por 13 años, el balance de la propiedad del empleado promedio excede los 70,000 dólares. Connie Beddoe, una cajera que anualmente gana menos de $20,000, se las ha arreglado para ahorrar casi tres veces la cantidad a través de su PPAE después de siete años en el banco.[36]

Programas de paga variables

Allied-Signal ha cambiado recientemente su programa de compensación para los trabajadores de su planta de bujías para auto de Forstoria, Ohio.[37] La compañía redujo el tradicional incremento anual de 3 a 2%, pero creó la oportunidad para los empleados de ganar más si pueden incrementar la productividad. Específicamente, los 1,200 empleados de la planta conseguirían su 3% de incremento si elevaran la productividad 6% al año. Si la impulsan a un 9% consiguen un 6% de incremento.

Dana Murray encontró una sorpresa en su cheque de pago más reciente. Su patrón, Bookman's Used Books de Arizona, había establecido un sistema de bonos vinculado a los incrementos en las ganancias de la compañía. Como gerente de mercadotecnia de la empresa, ella sabía que el negocio había sido bueno pero no tenía acceso a los detalles financieros. Ella sólo esperaba recibir unos mil dólares extra o algo así como parte de su bono semestral. Para su sorpresa, su cheque de bonificación fue de más de 6,000 dólares, casi 20% de su salario base.

Los corredores del Bayerische Vereinsbank, el cuarto banco más grande de Alemania, ganan 75,000 marcos (cerca de 55,000 dólares) al año en su sueldo base. También pueden ganar tanto como 50,000 marcos en bonos si cumplen sus metas de desempeño individuales.[38]

Charles Sanford, director general de Bankers Trust, redujo 57% su salario y bonos en 1994.[39] Esto debido a que su paquete salarial está ligado estrechamente al desempeño de la compañía y la ganancia por acción de Bankers Trust se redujo a la mitad en 1994.

El lazo común en cada uno de los ejemplos previos es que todos ellos ilustran programas de paga variables.

¿Qué son los programas de paga variable?

Los planes de paga por pieza, de incentivos salariales, de reparto de ganancias, de bonos y de reparto de utilidades son todos formas de **programas de paga variable.** Lo que diferencia estas formas de compensación de los programas más tradicionales es que en lugar de pagar a una persona sólo por el tiempo en el trabajo o por su antigüedad, una porción del salario del empleado está basado en alguna medida individual u organizacional de desempeño. A diferencia de los programas de base salarial, la paga variable no es una anualidad. No existe garantía de que sólo porque usted ganó 60,000 dólares el año pasado, vaya a ganar la misma cantidad este año. Con una paga variable, las ganancias fluctúan de arriba a abajo con la medición del desempeño.[40]

Es precisamente la fluctuación en la paga variable lo que hace a estos programas atractivos para la gerencia. Transforma los costos fijos laborales en costos variables, por tanto reduce los gastos cuando el desempeño desciende. Adicionalmente, al tratar de retribuir el desempeño, las ganancias reconocen la contribución en lugar de ser un simple derecho. Las personas con un bajo desempeño encuentran, con el tiempo, que sus salarios se estancan, mientras que aquellos con alto desempeño disfrutan incrementos en el salario en la medida de su contribución.

Cuatro de los programas más ampliamente utilizados son el salario de razón por pieza, los bonos, el reparto de ganancias y el reparto de utilidades.

Los planes de paga por pieza han existido por cerca de un siglo. Han sido muy populares como un medio para compensar a los trabajadores de la producción. En los **planes de paga por pieza,** a los trabajadores se les paga una suma fija de dinero por cada unidad de producción terminada. Cuando un empleado no consigue un salario base y recibe su paga solamente por lo que él o ella produce, esto es un plan puro de razón por pieza. La gente que trabaja en los estadios de béisbol vendiendo cacahuates (maní) y bebidas a menudo recibe su paga de esta manera. Pueden llegar a ganar hasta 0.25 centavos de dólar por cada bolsa de cacahuates que vendan. Si venden 200 bolsas durante el juego ganan 50 dólares. Si sólo venden 40 bolsas, obtienen únicamente $10. Mientras más duro trabajen y más cacahuates vendan, más ganarán. Muchas organizaciones usan un plan modificado de paga por pieza, donde los empleados ganan un salario base por hora más un diferencial de paga por pieza. De este modo una mecanógrafa legal podría ganar 6 dólares la hora más 0.20 centavos por página. Tales planes modificados proporcionan una base para las ganancias del empleado, al tiempo que ofrecen todavía un incentivo de productividad.

Los bonos pueden pagarse exclusivamente a ejecutivos o bien a todos los empleados. Por ejemplo, los bonos anuales en millones de dólares no son raros en las corporaciones estadounidenses. Robert A. Watson, por ejemplo, recibió un bono de incentivo por 10 millones de dólares en 1993 por su éxito en desmantelar la operación financiera de Westinghouse.[41] Cada vez con mayor frecuencia, los planes de bonos van ampliando la red dentro de las organizaciones para incluir a los emplea-

programa de paga variable
Una porción de la paga del individuo basada en alguna medida individual u organizacional del desempeño.

plan de paga por pieza
A los trabajadores se les paga una cantidad fija por cada unidad de producción terminada.

dos de nivel inferior. Uno de los sistemas de bonos más ambicioso ha sido puesto en marcha por Levi Strauss.[42] Si la compañía alcanza un flujo acumulativo de efectivo de 7.6 mil millones de dólares en los siguientes seis años, cada uno de los 37,500 empleados de la compañía en 60 países, sin importar su puesto, recibirá un año completo de salario como bono. Levi Strauss estima que el costo potencial de este bono para la compañía será de cerca de 750 millones de dólares.

reparto de utilidades
Programas de toda la organización en que se distribuye una compensación con base en alguna fórmula establecida, diseñada en torno de la productividad de la compañía.

Los planes de **reparto de utilidades** son programas de toda la organización que distribuyen la compensación con base en alguna fórmula establecida diseñada alrededor de la productividad de la compañía. Esto puede adoptar la forma de desembolsos directos de efectivo o, particularmente en el caso de los altos gerentes, de una distribución de opciones de acciones. Cuando uno lee acerca de ejecutivos como Michael Eisner, el director general de Disney, que ganan 200 millones de dólares en un año, casi todo esto proviene de hacer eficaces sus opciones de acciones previamente otorgadas con base en el desempeño de las ganancias de la compañía.

participación en las ganancias
Plan de incentivos de grupo donde las mejoras en la productividad del grupo determinan la cantidad total de dinero que es distribuida.

El programa de paga variable que ha obtenido mucha atención en años recientes es indudablemente el de **participación en las ganancias**.[43] Éste es un plan basado en una fórmula de incentivo de grupo. Las mejoras en la productividad del grupo —de un periodo a otro— determinan la cantidad total de dinero que será distribuida. La división de los ahorros en la productividad pueden fraccionarse entre la compañía y los empleados en diversas formas, pero 50-50 es lo usual.

¿No es lo mismo la participación en las ganancias que el reparto de utilidades? Son similares pero no son la misma cosa. Al enfocarse en las ganancias de productividad en vez de las utilidades, la participación en las ganancias, recompensa comportamientos específicos que están menos influenciados por los factores externos. Los empleados que están en un plan de participación en las ganancias pueden recibir premios de incentivos incluso si la organización no está siendo lucrativa.

¿Funcionan los programas de paga variable? ¿Incrementan la motivación y la productividad? La respuesta es un "sí" rotundo. La participación en las ganancias, por ejemplo, ha mejorado la productividad en la mayoría de los casos y con frecuencia tiene un impacto positivo sobre las actitudes del empleado. Un estudio de la Asociación Administrativa Estadounidense sobre 83 compañías que usaban la participación en las ganancias demostró que, en promedio, las quejas cayeron 83%, las ausencias disminuyeron 84 y las pérdidas en tiempo por accidentes disminuyeron 69%.[44] La desventaja de la paga variable, desde el punto de vista del empleado, es que es impredecible. Con un salario base, los empleados saben lo que estarán ganando.

En la compañía Geon, productora de resinas de cloruro de polivinilo, la participación en las ganancias mantiene a los empleados enfocados en una mejora continua para que así la compañía mantenga su ventaja competitiva como un productor de bajo costo. Cada planta de Geon tiene un programa específico de participación en las ganancias que está ligado al mejoramiento en la productividad, en la calidad y en la manufactura. En años recientes, el plan pagó en promedio 11% de los salarios en bonos.

Al agregar los méritos y los incrementos por el costo de la vida, pueden realizar pronósticos razonablemente precisos acerca de lo que estarán ganando el siguiente año y los años subsecuentes. Pueden financiar autos y casas basados en suposiciones razonablemente sólidas. Esto es más difícil de llevar a cabo con un pago variable. El desempeño de su grupo podría caer este año o una recesión podría minar las utilidades de la compañía. Dependiendo de cómo esté determinada su paga variable, lo anterior puede reducir su ingreso. Además, la gente empieza por dar por un hecho que los bonos de desempeño se repartirán cada año. Un 15 a 20% de los bonos, recibidos tres años seguidos, empiezan a ser esperados en el cuarto año. Si no se materializan, la gerencia se encuentra con algunos empleados descontentos en sus filas.

Relación de los programas de paga variable con la teoría de las expectativas

La paga variable es probablemente más compatible con los pronósticos de la teoría de las expectativas. Específicamente, los individuos deberían percibir una fuerte relación entre su desempeño y los premios que reciben si es que la motivación va a ser maximizada. Si las recompensas son distribuidas completamente con base en factores que no son el desempeño —tales como la antigüedad o el título del puesto— entonces los empleados probablemente reduzcan sus esfuerzos.

La evidencia apoya la importancia de esta unión, especialmente para empleados operativos que trabajan en sistemas de pago por pieza. Por ejemplo, un estudio sobre 400 empresas manufactureras encontró que aquellas compañías con planes de incentivo salariales lograron de 43 a 64% mayor productividad que aquellos sin tales planes.[45]

Los incentivos de grupo y de la organización total refuerzan y estimulan al empleado a sublimar las metas personales por los mejores intereses de su departamento u organización. Los incentivos basados en el desempeño del grupo son también una extensión natural para aquellas organizaciones que están tratando de fomentar una fuerte ética de equipo. Al ligar las recompensas al desempeño del equipo, los empleados son alentados a hacer esfuerzos extra para ayudar a su equipo a tener éxito.

Programas de paga variable en la práctica

La paga variable es un concepto que está remplazando rápidamente el incremento anual por el costo de la vida. "Existe una explosión verdadera en los planes de paga variable", señala un consultor.[46] Una razón de ello, como se citó anteriormente, es el poder motivacional —pero no hay que ignorar el costo de las implicaciones. Los bonos, el reparto de ganancias y otros programas de recompensas variables evitan el gasto fijo de los aumentos permanentes del salario.

La paga por desempeño ha estado "de moda" durante más de una década como compensación para los gerentes. La nueva tendencia ha sido expander esta práctica a los empleados no gerenciales. Hughes Electronics, IBM, Wal-Mart, Pizza Hut y John Deere son sólo algunos ejemplos de compañías que usan la paga variable con el grueso de los empleados. En 1995, cerca de 50% de todas las compañías estadounidenses tenían alguna clase de plan de paga variable para los no ejecutivos —cerca del doble de compañías que apenas cuatro años antes. Un 26% adicional dijo que estaban considerando dichos planes.[48]

Los planes de paga variable que utilizan bonos también se están volviendo cada vez más populares en Canadá.[49] En 1992, un típico ejecutivo *senior* en Canadá podía esperar bonos por un 9.7% de sus salarios. En 1996, esto se incrementó a 18.5%. Y el crecimiento en los bonos fue aun mucho mayor entre los empleados que trabajan por hora. El bono promedio para un trabajador por hora durante el mismo periodo

◆ La paga variable está remplazando rápidamente el incremento anual por el costo de la vida.

subió de 1.1% del salario base a 5.8%. Cerca de 35% de las compañías canadienses tienen ahora planes de incentivos de paga variable.

La popularidad de la participación en las ganancias parece estar estrechamente enfocada entre las grandes compañías sindicalizadas de manufactura.[50] Está siendo utilizado en cerca de 2,000 compañías, incluyendo las principales firmas como Bell & Howell, American Safety Razor, Champion Spark Plug, Cincinnati Milacron, Eaton, Firestone Tire, Hooker Chemical y Mead Paper.[51]

Entre las firmas que no han introducido programas de compensación basados en el desempeño, tienden a surgir ciertas preocupaciones.[52] Los gerentes están preocupados acerca de lo que debería constituir un desempeño y cómo debería ser medido. Tienen que superar la unión histórica de los ajustes del costo de la vida, y con la creencia de que tienen la obligación de mantener el sueldo de los empleados al paso de la inflación. Otras barreras incluyen las escalas salariales ajustadas a lo que la competencia está pagando, los sistemas tradicionales de compensación que se fundamentan fuertemente en grados específicos de salario y en rangos relativamente estrechos de salario y las prácticas de evaluación del desempeño que producen evaluaciones infladas y expectativas de recompensas completas. Claro, desde el punto de vista de los empleados la mayor preocupación es una caída potencial en las ganancias. La paga por desempeño significa que el empleado tiene que compartir los riesgos así como las recompensas del negocio de su patrón.

Planes de pago por habilidades

Las organizaciones contratan gente por sus habilidades, luego los colocan en trabajos y les pagan basándose en sus títulos de puesto o su rango. Por ejemplo, el director de ventas corporativas gana 120,000 dólares al año, los gerentes regionales ganan $75,000 y los gerentes de distrito $60,000. Pero si las organizaciones contratan gente debido a sus aptitudes, ¿por qué no les pagan precisamente por esas aptitudes? Algunas organizaciones sí lo hacen.

Los trabajadores de American Steel & Wire pueden elevar sus sueldos anuales hasta $12,480 si adquieren hasta 10 habilidades. En el centro de servicio de AT&T Universal Card en Jacksonville, Florida, los representantes de servicio a clientes mejor pagados han rotado de cuatro a seis proyectos de solución de problemas durante dos o tres años, y se han vuelto expertos para solucionar cualquier problema de facturación, de tarjetas perdidas u otros problemas que un tarjetahabiente pueda enfrentar. Los nuevos empleados de la planta de comida para animales de Quaker Oats en Topeka, Kansas, comienzan ganando $8.75 por hora, pero pueden alcanzar la tarifa máxima de $14.50 cuando manejan entre 10 y 12 habilidades como operación de montacargas y controles de computadora de la fábrica. Salomon Brothers, una importante empresa de corretaje, está usando un sistema de pago por habilidades para convertir a los especialistas independientes y entrenados en una sola área en expertos en distintas áreas, además de alentarlos a ser participantes de equipo. Frito-Lay Corporation une su compensación para los gerentes con los progresos que hagan para desarrollar sus habilidades de liderazgo, facilitación de proceso de grupo y comunicaciones.[53]

¿Qué son los planes de pago por habilidades?

pago por habilidades
Los niveles de sueldo se basan en cuántas habilidades tienen los empleados o cuántas tareas puedan hacer.

Un salario basado en la habilidad es una alternativa al salario basado en el puesto. En lugar de que el título de puesto de un individuo determine la categoría del salario, el **pago por habilidades** es (llamado también algunas veces *pago por competencias*) establece niveles de salario con base en la cantidad de habilidades que tengan los empleados o en el número de tareas puedan hacer.[54] Por ejemplo, en Polaroid Corporation, el sueldo más alto que uno puede ganar como operador de una máquina es de 14 dólares por hora. Sin embargo, debido a que la compañía tiene un plan de pago por habilidades, si los operadores de la máquina amplían sus aptitudes para incluir habilidades adicionales como contabilidad de material, mantenimiento de equipo e inspección de calidad, pueden ganar primas de hasta 10% más. Si pueden aprender algo de las habilidades de sus supervisores pueden ganar todavía más.[55]

¿Qué es lo atractivo de los planes basados en la habilidad? Desde la perspectiva de la gerencia; la flexibilidad. Llenar las necesidades de personal es fácil cuando las habilidades del empleado son intercambiables. Esto es particularmente cierto hoy en día, cuando muchas organizaciones reducen el tamaño de su fuerza laboral. El adelgazamiento requiere más personal con conocimientos generales y menos especialistas. Si bien el pago por habilidades alienta a los empleados a adquirir un rango más amplio de habilidades, existen también otros beneficios. Facilita la comunicación a lo largo de la organización, ya que la gente obtiene una mejor comprensión del trabajo de los demás. Disminuye el comportamiento disfuncional de "protección del territorio". Donde existe el pago por habilidades, es menos probable escuchar la frase: "¡Eso no es mi trabajo!" El pago por habilidades ayuda adicionalmente a cumplir con las necesidades de empleados ambiciosos que se enfrentan con mínimas oportunidades de proceso. Esta gente puede incrementar sus ganancias y conocimientos sin una promoción en el título de su puesto. Finalmente, el pago por habilidades parece llevar a mejoras en el desempeño. Una encuesta extensa realizada a empresas de *Fortune* 1000 encontró que 60% de aquellos con planes de pago por habilidades calificaron sus planes como exitosos o muy exitosos para incrementar el desempeño organizacional, mientras que sólo 6% los consideraron un fracaso o un fracaso extremo.[56]

¿Cuál es la desventaja del pago por habilidades? La gente puede "llegar a la cúspide" (aprender todas las habilidades que el programa les pide que aprendan). Esto puede frustrar a los empleados después de que se enfrentan con un ambiente de aprendizaje, crecimiento e incrementos salariales continuos. Las habilidades se pueden volver obsoletas. Cuando esto ocurre, ¿qué debería hacer la gerencia? ¿Reducir el salario del empleado o continuar pagando por habilidades que ya no son relevantes? Existe también el problema que se crea al pagar a la gente más dinero aun cuando hubiera muy poco uso inmediato de sus nuevas habilidades. Esto ocurrió en IDS Financial Services (Servicios financieros IDS).[57] La compañía se encontró a sí misma pagando más salarios aun cuando había poco uso inmediato de las nuevas habilidades de sus empleados. IDS retiró sus planes de pago por habilidades y los remplazó con uno que equilibraba equitativamente la contribución individual con las ganancias en la productividad del equipo de trabajo. Por último, los planes basados en la habilidad no se dirigen al nivel de desempeño. Tratan solamente con el tema de si alguien puede realizar o no la habilidad. Para algunas habilidades, tales como verificar la calidad o dirigir un equipo, el nivel de desempeño podría ser equívoco. Si bien es posible evaluar cuánto pueden desempeñar los empleados cada una de las habilidades y combinar este elemento con un plan basado en la habilidad, esto no es inherente al pago por habilidades.

Relación de los planes de pago por habilidades con las teorías de la motivación

Los planes de pago basados en las habilidades son compatibles con diversas teorías de la motivación. Puesto que alientan a los empleados a aprender, expandir sus habilidades y crecer, son compatibles con la teoría ERC. Entre los empleados cuyas necesidades de orden más bajo son sustancialmente satisfechas, la oportunidad de experimentar el crecimiento puede ser una motivación.

Pagarle a la gente para expandir sus niveles de habilidad es también consistente con la investigación sobre la necesidad de logro. Las personas con gran necesidad de logro sienten un fuerte impulso para hacer las cosas mejor o con más eficiencia. Al aprender nuevas habilidades o mejorar las que ya tienen, estas personas encuentran mayor desafío en sus trabajos.

Existe también una relación entre la teoría del reforzamiento y el pago por habilidades. El pago por habilidades alienta a los empleados a desarrollar su flexibilidad, para continuar aprendiendo, para entrenarse, para ser generalistas en lugar de especialistas y para trabajar en cooperación con otros en la organización. En la medida en que la gerencia desee que los empleados demuestren tales comportamientos, el pago basado en habilidades debería actuar como un reforzador.

El salario por habilidades adicionalmente tiene implicaciones de equidad. Cuando los empleados hacen sus comparaciones contribución-resultado, las habilidades pueden proporcionar criterios más justos para determinar el sueldo que factores como la antigüedad o la educación. En la medida en que los empleados perciban las habilidades como la variable crítica en el desempeño dentro del trabajo, el uso del pago por habilidades podría incrementar la percepción de la equidad y ayudar a desarrollar la motivación del empleado.

El pago por habilidades en la práctica

Numerosos estudios han investigado el uso y la eficacia del pago por habilidades. La conclusión total, basados en estos estudios, es que el pago por habilidades está expandiéndose y que la generalidad lleva a un desempeño y satisfacción más altos del empleado.

Por ejemplo, entre 1987 y 1993, el porcentaje de 1000 de las empresas *Fortune* que usaron alguna forma de pago por habilidades se incrementó de 40 a 60 por ciento.[58]

Una encuesta realizada entre 27 compañías que pagaban a los empleados por aprender habilidades extra encontró que 70 a 88% reportó satisfacción en el trabajo, calidad del producto o productividad más altos. De 70 a 75% citaron menores costos de operación o menor rotación.[59]

Una investigación adicional ha descubierto algunas otras tendencias interesantes. El uso cada vez mayor de las habilidades como una base para el salario parece ser particularmente fuerte entre algunas organizaciones que enfrentan competencia extranjera agresiva y aquellas compañías con productos de vida corta e interés por "acelerar el mercado".[60] Asimismo, el pago por habilidades está generalizándose, desde la planta productiva hasta el personal de oficina, y a veces llega tan lejos como hasta la suite del ejecutivo.[61]

◆ El pago por habilidades está generalizándose, desde la planta productiva hasta el personal de oficina.

El pago por habilidades parece ser una idea cuyo momento ha llegado. Como señaló un experto: "Lentamente, pero con seguridad, nos estamos volviendo una sociedad basada en la habilidad, donde el valor de usted en el mercado está ligado a lo que puede hacer y a lo que es su conjunto de habilidades. En este nuevo mundo donde las habilidades y el conocimiento son lo que realmente cuenta, no tiene sentido tratar a la gente como poseedores de un puesto. Tiene sentido tratarla como gente con habilidades específicas y pagarle de acuerdo con esas habilidades."[62]

Prestaciones flexibles

Tanto Todd Evans como Allison Murphy trabajan en PepsiCo, pero ambos tienen necesidades muy distintas en términos de beneficios complementarios. Todd es casado, tiene tres niños pequeños y una esposa que está en casa tiempo completo. Allison también es casada, pero su esposo tiene un trabajo de alta remuneración en el gobierno federal y no tienen niños. Todd está interesado en obtener un buen plan médico y un seguro de vida suficiente para apoyar a su familia si él faltara. En contraste, el marido de Allison ya tiene sus necesidades médicas cubiertas en su plan y el seguro de vida tiene poca prioridad tanto para ella como para su marido. Allison está más interesada en tiempo extra de vacaciones y prestaciones financieras a largo plazo, como un plan diferido de impuestos.

¿Cuáles son las prestaciones flexibles?

Las **prestaciones flexibles** permiten a los empleados escoger entre un menú de opciones de prestaciones. La idea es permitir a cada empleado escoger un paquete de prestaciones que esté hecho a la medida de sus propias necesidades y situación. Reemplaza a los programas tradicionales de "un plan de prestaciones que sirve para todos", que han dominado las organizaciones por más de 50 años.[63]

La organización promedio proporciona prestaciones salariales con valor de 40% aproximadamente del salario de un empleado. Los programas tradicionales de prestaciones fueron diseñados para el empleado típico de la década de los cincuenta: un hombre con una esposa y dos niños en casa. Hoy en día menos de 10% de los empleados se ajustan a este estereotipo. Mientras que 25% de los empleados de la actualidad son solteros, una tercera parte son familias con dos ingresos y sin niños. Como tales, estos programas tradicionales no satisfacen las necesidades de la fuerza laboral más diversa de hoy en día. Las prestaciones flexibles, sin embargo, sí satisfacen esas necesidades diversas. Una organización establece una cuenta de gastos flexible para cada empleado, por lo general basada en algún porcentaje de su salario, y entonces a cada prestación se le etiqueta con un precio. Las opciones podrían incluir planes médicos baratos con altos deducibles; planes médicos caros con bajos deducibles o sin ellos; cobertura auditiva, dental y ocular; opciones de vacaciones; incapacidad prolongada; una variedad de planes de ahorro y pensión; seguros de vida; planes de rembolsos por colegiatura de la universidad, y tiempo adicional de vacaciones. Los empleados entonces seleccionan las opciones de prestaciones hasta que ellos hayan gastado la cantidad de dólares de su cuenta.

prestaciones flexibles
Los empleados confeccionan sus programas de prestaciones para cumplir con sus necesidades personales al escoger de un menú de opciones de prestaciones.

Las opciones de vacaciones son parte de las prestaciones flexibles de Xerox Corporation. La compañía tiene un programa sabático que permite a los empleados tomar ausencias pagadas y trabajar para organizaciones de caridad. William Lankford, empleado de Xerox e ingeniero de servicios al cliente, tomó 10 meses sabáticos para construir casas para Habitat for Humanity (Techo para la humanidad) en los bosques del sureste de Maryland. Xerox cree que el programa sabático ayuda a retener y atraer mejores empleados.

Relación de las prestaciones flexibles con la teoría de las expectativas

El dar a todos los empleados las mismas prestaciones implica dar por sentado que todos los empleados tienen las mismas necesidades. Por supuesto, sabemos que esta suposición es falsa. Por tanto, las prestaciones flexibles transforman los gastos que éstas originan en un motivador.

En concordancia con la teoría de las expectativas de que las recompensas organizacionales deberían estar ligadas a las metas de cada individuo, las prestaciones flexibles individualizan las recompensas al permitir a cada empleado escoger el paquete de compensación que mejor satisfaga sus necesidades actuales. El hecho de que las prestaciones flexibles puedan transformar el programa tradicional de prestaciones en un motivador fue demostrado en una compañía cuando 80% de los empleados de la organización cambiaron sus paquetes de prestaciones en el mismo momento en que fue puesto en operación un plan flexible.[64]

Las prestaciones flexibles en la práctica

A principios de la década de los noventa, cerca de 38% de las grandes compañías tenía programas de prestaciones flexibles.[65] Las prestaciones flexibles también parecían estar cada vez más disponibles en compañías con menos de 50 empleados.[66]

Ahora, veamos sus ventajas y desventajas. Para los empleados la flexibilidad es atractiva, ya que pueden diseñar sus prestaciones y niveles de cobertura de acuerdo con sus propias necesidades. La mayor desventaja, desde el punto de vista del empleado, es que los costos de las prestaciones individuales a menudo suben, así que muy pocas de las prestaciones totales pueden ser compradas.[67] Por ejemplo, los empleados de bajo riesgo mantienen el costo de los planes médicos para todo mundo. Conforme se les permite salirse, la población de alto riesgo ocupa un segmento mayor y los costos médicos se elevan. Desde el punto de vista de la organización, la buena noticia es que las prestaciones flexibles a menudo producen ahorros. Muchas organizaciones usan la introducción de las prestaciones flexibles para elevar los deducibles y las primas. Además, una vez en marcha, los costosos incrementos en cosas tales como las primas de seguros de salud tienen que ser absorbidos sustancialmente por el empleado. La mala noticia para la organización es que estos planes son más problemáticos para que la gerencia los supervise, y su administración es a menudo muy cara.

Temas especiales sobre motivación

Varios grupos proporcionan retos específicos en términos de motivación. En esta sección echamos un vistazo a algunos de los problemas únicos a que se enfrenta quien trata de motivar a los empleados profesionales, trabajadores eventuales, fuerza laboral diversificada, trabajadores de servicio con habilidad baja y gente que hace tareas altamente repetitivas.

La labor de motivar a los profesionales

En comparación con la generación pasada es más probable que, el empleado típico sea un profesional altamente entrenado con un título universitario que un obrero de una fábrica. Estos profesionales reciben una enorme satisfacción intrínseca por su trabajo. Tienden a estar bien pagados. De modo que, ¿cuáles son los intereses en especial que debería usted tomar en consideración si tratara de motivar a un equipo de ingenieros de Intel, un diseñador de Microsoft o un grupo de CPA (contadores públicos certificados, por sus siglas en inglés) de Price Waterhouse?

El gigante francés de servicios de computación, CAP Gemini Sogeti motiva a sus 17,000 ingenieros y técnicos de software proporcionándoles las herramientas que necesitan para enfrentar y solucionar problemas de reto. La intranet de la compañía llamada Galaxy, pone recursos y experiencia vitales al alcance de cada empleado, manteniendo la fuerza laboral global actualizada sobre lo último en tecnologías. CAP Gemini incluso instaló un café Internet en sus oficinas generales de París, mostrado aquí, para que los empleados pudieran navegar por la red durante sus descansos.

Típicamente, los profesionales son diferentes de los no profesionales.[68] Tienen un compromiso fuerte y de largo plazo con su campo de trabajo. Su lealtad se dirige más a menudo a su profesión que a su patrón. Para mantenerse actualizados en su campo, necesitan actualizar regularmente sus conocimientos, y su compromiso hacia su profesión significa que raramente definen su semana laboral en términos de 8:00 a.m. a 5:00 p.m., cinco días a la semana.

¿Qué motiva a los profesionales? El dinero y los ascensos están bajos en su lista de prioridades. ¿Por qué? Tienden a estar bien pagados y disfrutan lo que hacen. En contraste, el reto del trabajo tiende a ser clasificado alto. Les gusta enfrentar problemas y encontrar soluciones. La principal recompensa en su trabajo es el trabajo en sí mismo. Los profesionales también valoran el apoyo. Quieren que los demás piensen que lo que están haciendo es importante. Aunque esto también podría ser cierto para todos los empleados, ya que los profesionales tienden a estar más enfocados en su trabajo como su interés central en la vida, mientras que los no profesionales típicamente tienen otros intereses fuera del trabajo que pueden compensar las necesidades que no encuentran en él.

La descripción anterior implica algunas pautas que conviene tener en mente si usted está tratando de motivar a profesionales. Proporcióneles proyectos que constituyan un reto continuo. Déles la autonomía de seguir sus intereses y permítales estructurar su trabajo en formas que ellos encuentren productivas. Recompénselos con oportunidades de educación —capacitación, talleres de trabajo, conferencias— que les permitan mantenerse actualizados en su campo. Prémielos también con reconocimiento, y pregunte y comprométase en otras acciones que les demuestren que usted está sinceramente interesado en lo que están haciendo.

Un número cada vez mayor de compañías está creando carreras alternativas para su gente profesional/técnica, permitiendo a los empleados que ganen más dinero y estatus, sin asumir responsabilidades gerenciales. En Merck & Co., IBM y AT&T, los mejores científicos, ingenieros e investigadores ganan títulos como camarada y jefe de científicos. Su salario y su prestigio son comparables con los de los gerentes pero sin la autoridad o responsabilidad correspondientes.[69]

La labor de motivar a trabajadores eventuales

En el capítulo 1 señalamos que uno de los cambios más amplios que está ocurriendo en las organizaciones es la adición de empleados temporales o eventuales. Mientras que el adelgazamiento ha eliminado millones de trabajos "permanentes", un número cada vez mayor de nuevos puestos recaen en los trabajadores de tiempo parcial, por contrato y otras formas de trabajo temporal. Por ejemplo, en 1995, aproximadamente 6 millones de estadounidenses o 4.9% de aquellos con trabajo, se consideraban parte de la fuerza laboral eventual.[70] Estos empleados eventuales no tienen la seguridad o la estabilidad que los empleados permanentes poseen. De este modo, no se identifican con la organización o muestran el compromiso que otros empleados. A los trabajadores temporales por lo general no se les proporciona ningún cuidado de salud, pensión ni prestaciones similares.[71]

No existe una solución simple para motivar a los empleados temporales, porque para ese pequeño grupo que prefiere la libertad de su estatus temporal —algunos estudiantes, madres que trabajan, personas de edad avanzada—, la carencia de estabilidad podría no ser una preocupación. Además, la temporalidad podría ser preferida por aquellos doctores, ingenieros, contadores y planeadores financieros altamente compensados que no desean las exigencias de un trabajo estable. Pero éstas son las excepciones. En su mayoría, los empleados temporales lo son de manera involuntaria.

¿Qué motivará a los empleados temporales? Una respuesta obvia es la oportunidad de obtener un estatus permanente. En aquellos casos donde los empleados permanentes son seleccionados de un grupo de trabajadores temporales, los temporales a menudo trabajarán duro con la esperanza de volverse permanentes. Una respuesta menos obvia es la oportunidad de capacitación. La capacidad de un empleado temporal para encontrar un nuevo trabajo depende en gran medida de sus habilidades. Si el empleado ve que el trabajo que él o ella está haciendo puede ayudarle a desarrollar habilidades que pueden venderse, esta motivación se incrementa. Desde el punto de vista del capital social, usted también debería considerar las repercusiones de mezclar a trabajadores permanentes y temporales cuando los diferenciales de salario son significativos. Cuando los temporales trabajan codo con codo con empleados permanentes que ganan más y también consiguen prestaciones, por hacer el mismo trabajo, el desempeño de los temporales probablemente se verá afectado. Separar a tales empleados o integrarlos a todos en un plan de paga variable o en un plan basado en la habilidad podría ayudar a disminuir este problema.

La labor de motivar a la fuerza laboral diversa

No todo el mundo se siente motivado por el dinero. No todos desean un trabajo desafiante. Las necesidades de las mujeres, de los solteros, de los inmigrantes, de los discapacitados, de los ciudadanos maduros y las de diversos grupos no son iguales a los de un hombre estadounidense blanco con tres personas que dependen de él. Un par de ejemplos harán más claro este punto. Los empleados que están asistiendo a la universidad por lo general dan un alto valor a los horarios de trabajo flexibles. Tales individuos podrían ser atraídos a organizaciones que ofrecen horas flexibles de trabajo, trabajo compartido o tareas temporales. Un padre podría preferir trabajar el turno de medianoche a 8:00 a.m. a fin de pasar más tiempo con sus hijos durante el día, cuando su esposa está en el trabajo.

Si usted va a maximizar la motivación de los empleados, tiene que entender y responder a esta diversidad. ¿Cómo? La palabra clave para guiarlo debe ser flexibilidad. Esté listo para diseñar horarios de trabajo flexibles, planes de compensación, prestaciones, ambientes físicos de trabajo y cosas similares que reflejen las variadas necesidades de sus trabajadores. Esto podría incluir ofrecer cuidados para niños y ancianos, horas flexibles de trabajo y empleados con responsabilidades de familiares que compartirán el trabajo. Podría también incluir políticas de ausencia flexibles para inmigrantes que ocasionalmente desean realizar viajes extensos a sus lugares de origen o la creación de equipos de trabajo para empleados que vienen de países con una fuerte orientación colectiva, o bien permitir a los empleados que están asistiendo a la escuela variar sus horarios de trabajo de un semestre a otro.

La labor de motivar a trabajadores de servicio poco capacitados

Uno de los problemas de motivación de mayor reto en industrias tales como la de ventas al menudeo y comida rápida es: ¿cómo motivar a los individuos que están ganando salarios muy bajos y tienen pocas oportunidades de incrementar significativamente su salario, ya sea en sus trabajos actuales o a través de ascensos? Estos puestos son ocupados típicamente con gente que tiene educación y habilidades limitadas y los niveles de salario están un poco por arriba del salario mínimo.

Los métodos tradicionales para motivar a esta gente se han enfocado en proporcionar horarios más flexibles de trabajo, y ocupar estos puestos con adolescentes y jubilados cuyas necesidades financieras son pocas. Esto ha producido resultados poco satisfactorios. Por ejemplo, las tasas de rotación de 200% o más no son raras para negocios como McDonald's. Taco Bell, la cadena de restaurantes de comida mexicana de PepsiCo, ha tratado de hacer algunos de sus trabajos de servicio más interesantes y desafiantes, pero sus resultados han sido limitados.[72] Ha experimentado con pago con incentivo y opciones en acciones para cajeros y cocineros. Estos empleados también han recibido una mayor responsabilidad por inventariar, programar y contratar. Pero durante un periodo de cuatro años, este experimento solamente ha reducido la rotación de 223 a 160 por ciento.

¿Qué opciones faltan? A menos que el salario y las prestaciones se incrementen significativamente, en estos trabajos tiene que esperarse una alta rotación. Esto puede compensarse de alguna manera ampliando la red de reclutamiento, hacer estos trabajos más atractivos y elevar los niveles salariales. Usted podría tratar también algunos métodos no tradicionales. Como ilustración, Judy Wicks encontró que celebrar los intereses externos de los empleados ha reducido drásticamente la rotación entre los meseros de su restaurante White Dog Café en Filadelfia.[73] Por ejemplo, para ayudar a crear un clima de trabajo íntimo y familiar, Wicks dispone una noche al año donde los empleados muestran su arte, leen su poesía, explican sus trabajos como voluntarios y presentan a sus hijos recién nacidos.

La labor de motivar a la gente que hace tareas repetitivas

Nuestra categoría final considera a los empleados que hacen trabajos estandarizados y repetitivos. Por ejemplo, trabajar en una línea de ensamble o transcribir reportes judiciales son puestos que los trabajadores a menudo encuentran aburridos y aun llenos de tensión.

Motivar a los individuos en estos puestos puede ser fácil por medio de una selección cuidadosa. La gente varía en su tolerancia a la ambigüedad. Muchos individuos prefieren trabajos que requieren una cantidad mínima de decisión y variedad. Tales individuos obviamente se adaptan mejor a los trabajos estandarizados que los individuos con fuertes necesidades de crecimiento y autonomía. Los trabajos estandarizados también deberían ser los primeros en considerarse para ser automatizados.

Muchos trabajos estandarizados, especialmente en el sector de la manufactura, están bien remunerados. Esto facilita relativamente el llenar las vacantes. Mientras que la paga elevada puede facilitar los problemas de reclutamiento y reducir la rotación, no necesariamente lleva a una alta motivación de los trabajadores. Y de manera realista, existen trabajos que no se prestan a ser de mayor desafío e interesantes o a ser rediseñados. Algunas tareas, por ejemplo, se realizan de manera más eficiente en líneas de ensamble que en equipos. Esto deja opciones limitadas. Usted podría no ser capaz de hacer mucho más que tratar de hacer tolerable una situación al crear un clima placentero de trabajo. Esto podría incluir proporcionar un paisaje limpio y atractivo de trabajo, amplios descansos durante el trabajo, la oportunidad de socializar con los colegas durante los descansos y supervisores comprensivos.

Resumen e implicaciones para los gerentes

Hemos presentado numerosas teorías y aplicaciones sobre la motivación en este capítulo y en el anterior. Si bien siempre resulta peligroso resumir un gran número de ideas complejas en unos cuantos renglones, las siguientes sugerencias captan la esencia de lo que conocemos acerca de motivar a los empleados en las organizaciones.

RECONOCER LAS DIFERENCIAS INDIVIDUALES Los empleados tienen diferentes necesidades. No los trate a todos por igual. Además, ocupe el tiempo necesario para entender lo que es importante para cada empleado. Esto le permitirá individualizar las metas, el nivel de involucramiento y las recompensas para mantenerse en línea con las necesidades individuales.

UTILIZAR LAS METAS Y LA RETROALIMENTACIÓN Los empleados deberían tener metas específicas, determinadas, así como retroalimentación acerca del progreso que están realizando para lograr esas metas.

PERMITIR QUE LOS EMPLEADOS PARTICIPEN EN LAS DECISIONES QUE LOS AFECTAN Los empleados pueden contribuir en numerosas decisiones que les afectan: establecer las metas de trabajo, escoger sus propios paquetes de prestaciones, solucionar los problemas de productividad y calidad y temas similares. Esto puede incrementar la productividad, el compromiso para perseguir las metas, la motivación y la satisfacción en el trabajo.

RELACIONAR LAS RECOMPENSAS CON EL DESEMPEÑO Las recompensas deberían depender del desempeño. Es importante que los empleados perciban una relación clara, independientemente de cuán estrechamente están ligadas las recompensas a los criterios de desempeño, si los individuos perciben que esta relación es baja, los resultados serán un desempeño bajo, una disminución en la satisfacción en el trabajo y un incremento en las estadísticas de la rotación y el ausentismo.

VERIFICAR EL SISTEMA PARA LA EQUIDAD Las recompensas también deberían ser percibidas por los empleados como equivalentes a las contribuciones que ellos proporcionan en el trabajo. En un nivel simplista, esto debería significar que la experiencia, las habilidades, el esfuerzo y otras contribuciones obvias deberían explicar las diferencias en el desempeño y, por tanto, en el salario, asignaciones de trabajo y otras recompensas obvias.

Para revisión

1. Relacione la teoría del establecimiento de metas y el proceso APO. ¿En qué son similares? ¿En qué son diferentes?

2. ¿Qué es un PPAE? ¿Cómo podría influir positivamente en la motivación de los empleados?

3. Explique los papeles de los empleados y la gerencia en los círculos de calidad.

4. ¿Cuáles son las ventajas de los programas de paga variable desde el punto de vista del empleado?

5. Contraste el salario basado en el puesto y el salario por habilidades.

6. ¿Qué es la participación en las ganancias? ¿Qué explica su reciente popularidad?

7. ¿Qué motiva a los empleados profesionales?

8. ¿Qué motiva a los empleados eventuales?

9. ¿Es posible motivar a los trabajadores de servicio con poca habilidad? Discuta el punto.

10. ¿Qué puede hacer, como gerente, para incrementar la probabilidad de que sus empleados ejerzan un alto nivel de esfuerzo?

Para discusión

1. Identifique cinco criterios diferentes por medio de los cuales las organizaciones pueden compensar a los empleados. Basado en su conocimiento y experiencia, ¿piensa usted que el desempeño es el criterio más utilizado en la práctica? Discuta el punto.

2. "El reconocimiento podría ser motivacional en el momento, pero no tiene ningún poder permanente. Es un reforzador vacío. ¿Por qué? ¡Porque no dan reconocimiento alguno en Safeway o Sears!" ¿Está usted de acuerdo o en desacuerdo? Discuta el punto.

3. "El desempeño no puede ser medido, así que cualquier esfuerzo de enlazar el salario con el desempeño es una fantasía. Las diferencias en el desempeño son a menudo causadas por el sistema, lo cual significa que la organización termina recompensando las circunstancias. Es lo mismo que recompensar al meteorólogo por un día placentero." ¿Está usted de acuerdo o en desacuerdo con esta afirmación? Fundamente su postura.

4. ¿Qué desventajas, si las hay, ve usted en adoptar las prestaciones flexibles? (Considere esta pregunta desde la perspectiva tanto de la organización como la del empleado.)

5. Su discurso sostiene el reconocimiento de las diferencias individuales. También sugiere prestar atención a los miembros de diversos grupos. ¿Es esto contradictorio? Discútalo.

La defensa del secreto sobre el salario

"Ah, y un último punto", dijo el director de recursos humanos al nuevo empleado. "Tratamos la información salarial como un asunto privado aquí. Lo que usted gane es su asunto y de nadie más. Consideramos causa de despido si usted le dice a alguien lo que gana."

Esta política sobre la confidencialidad del salario es la norma en la mayoría de las organizaciones; sin embargo, en la mayoría de los casos, es comunicada informalmente. El mensaje se esparce hacia abajo y los nuevos empleados aprenden rápidamente de sus jefes y compañeros que no deben preguntar lo que otras personas ganan o decir abiertamente su propio salario. Sin embargo, en algunas compañías, el secreto sobre el salario es una política formal. Por ejemplo, en Electronic Data Systems Corporation, los empleados firman una forma de aceptación de varias políticas, una de las cuales establece que a los empleados se les permite declarar sus salarios abiertamente, pero si tal declaración lleva a un desorden, pueden ser despedidos. No se necesita ser un genio para pronosticar que esta política suprime las discusiones sobre salarios en EDS.

Para aquellos que crecieron en sociedades democráticas, podría ser tentador conjeturar que existe algo inherentemente negativo en la confidencialidad del salario. Por otro lado, si está mal, ¿por qué la mayoría de las corporaciones exitosas en países democráticos siguen esta práctica? Existen diversas razones lógicas de por qué las organizaciones practican la confidencialidad del salario y por qué es probable que continúen haciéndolo.

Primero, el salario es una información privilegiada tanto para la organización como para el empleado. Las organizaciones consideran privilegiadas muchas cosas —procesos de manufactura, fórmulas del producto, nueva investigación de producto, estrategias de mercadotecnia— y las cortes estadounidenses han apoyado generalmente el argumento de que el salario pertenece a esta categoría. La información sobre el salario ha sido considerada confidencial y como propiedad de la gerencia. Los empleados que revelan tal información pueden ser despedidos por mala conducta voluntaria. Además, la mayoría de los empleados desean mantener en secreto su salario. El ego de muchas personas está atado a sus cheques. Se sienten tan a gusto discutiendo sobre sus salarios específicos como lo estarían si proporcionaran detalles de su vida sexual a los desconocidos. Los empleados tienen el derecho a la intimidad, y esto incluye asegurarse de que su salario se mantiene en secreto.

Segundo, la confidencialidad del salario disminuye la oportunidad de hacer comparaciones entre los empleados y la relación de desigualdades percibidas. Ningún sistema salarial será considerado como justo por parte de todos. El "mérito" de una persona para otra es "favoritismo". El saber lo que otros empleados están ganando solamente resalta las desigualdades percibidas y causa desórdenes.

Tercero, las diferencias salariales a menudo están perfectamente justificadas, pero sólo mediante razones sutiles, complicadas o difíciles de explicar. Por ejemplo, personas que hacen trabajos similares fueron contratadas bajo condiciones de mercado diferentes. O dos gerentes tienen títulos similares, aunque uno supervise 10 personas mientras que el otro supervisa a 20. O una persona gana más el día de hoy que uno de sus compañeros de trabajo debido a responsabilidades asumidas o contribuciones hechas a la organización en un trabajo diferente hace varios años.

Cuarto, la confidencialidad del salario protege de la pena a los empleados de nivel salarial bajo y de bajo desempeño. Por definición, la mitad de la fuerza de trabajo de una organización va a estar por debajo del promedio. ¿Qué clase de organización sería tan fría e insensible como para exponer públicamente a quienes forman la mitad inferior de la distribución del desempeño?

Finalmente, la confidencialidad del salario da a los gerentes más libertad para administrar el salario ya que cada diferencial en el salario no tiene que ser explicado. Una política de apertura alienta a los gerentes a minimizar las diferencias y repartir el salario en forma más equitativa. Puesto que el desempeño del empleado en una organización tiende a seguir una distribución normal, solamente a través de la confidencialidad del salario los gerentes pueden sentirse más a gusto dando grandes recompensas a los trabajadores de alto desempeño y poca o ninguna recompensa a quienes muestran un desempeño bajo.

Basado en Solomon, J., "Hush Money", en *The Wall Street Journal*, 18 de abril de 1990, pp. R22-R24; y Tracy, K., M. Renard y G. Young, "Pay Secrecy: The Effects of Open and Secret Pay Policies on Satisfaction and Performance", en Head, A. y W. P. Ferris (comps.), *Proceedings of the 28th Annual Meeting of the Eastern Academy of Management*, Hartford, CT, mayo de 1991, pp. 248-251.

▣➡ **Contrapunto** ⬅▣

¡Pongamos la información sobre los salarios a disposición de todos!

Las políticas de salario abierto tienen sentido. Éstas ya existen para los empleados de la mayoría de las instituciones públicas y para ejecutivos de alto nivel en todas las compañías públicas. Unas pocas del sector privado también han visto los beneficios que pueden acumularse por hacer del conocimiento público el salario de todos los empleados. Por ejemplo, el fabricante de software NeXT Inc. (comprado recientemente por Apple Computer) tiene listas de todos los salarios de sus empleados colgando en las oficinas de la compañía para que cualquiera las consulte.

¿Por qué tienen sentido las políticas de sueldo abierto? Podemos mencionar cuando menos cinco razones.

Primero, tales políticas abren la comunicación y fomentan la confianza. Como señaló un ejecutivo de NeXT. "Cualquier cosa por debajo de la apertura no establece el mismo nivel de confianza." Si la organización puede mostrarse abierta acerca de un tema tan delicado como es el salario, esto provoca que el empleado sienta que se puede confiar en la gerencia en relación con otros asuntos que no son tan delicados. Además, si el sistema de sueldos de una organización es justo y equitativo, los empleados reportan una gran satisfacción por su salario y por diferenciales de salario donde éste es abierto.

Segundo, el derecho de un empleado a la intimidad se equilibra con su derecho a saber. Las leyes que protegen el derecho de un empleado a saber se han vuelto cada vez más populares en años recientes, especialmente en el área de las condiciones peligrosas de trabajo. Se puede defender la postura de que el derecho a un libre flujo de información incluye el derecho a saber lo que otros ganan en una organización.

Tercero, la confidencialidad a menudo es apoyada por organizaciones no para prevenir la vergüenza del empleado sino para prevenir la vergüenza de la gerencia. La apertura del salario amenaza exponer las desigualdades causadas por un sistema pobremente desarrollado y administrado. Un sistema de salario abierto no sólo les

dice a los empleados que la gerencia siente que sus políticas salariales son justas, sino que constituye en sí mismo un mecanismo para incrementar la justicia. Cuando las verdaderas desigualdades se mueven dentro de un sistema de salario abierto, es mucho más probable que se identifiquen y se corrijan rápido que cuando ocurren en sistemas de salario cerrado. Los empleados proporcionarán las comparaciones y balance sobre la gerencia.

Cuarto, lo que la gerencia llama "libertad" en la administración del salario es en realidad un eufemismo para "controlar". La confidencialidad del salario permite a la gerencia sustituir el criterio de desempeño por el de favoritismo al distribuir el salario. En la medida en que creamos que la organización debería recompensar el buen desempeño en lugar de las buenas habilidades en relaciones públicas, las políticas de sueldo abierto quitarían el poder y el control a los gerentes. Cuando los niveles de salario y los cambios son de conocimiento público, es menos probable que surjan a la superficie las políticas organizacionales.

Por último, y probablemente lo más importante, la confidencialidad del salario oscurece la conexión entre la remuneración y el desempeño. Tanto la teoría de la equidad como la de las expectativas enfatizan el deseo de enlazar las recompensas al desempeño. Para maximizar la motivación, los empleados deberían saber cómo define y mide el desempeño, la organización así como las recompensas unidas a los diferentes niveles de desempeño. Desafortunadamente, cuando la información del salario se mantiene en secreto, los empleados hacen suposiciones incorrectas. Y lo que es aún más desafortunado, aquellas imprecisiones tienden a funcionar en contra de una mayor motivación. Específicamente, la investigación ha encontrado que la gente sobrestima el salario de sus compañeros y subordinados y desestima el sueldo de sus superiores. Así que, cuando el salario se mantiene en secreto, las diferencias reales tienden a descontarse, lo cual reduce los beneficios motivacionales de ligar el salario al desempeño.

Basado en Lawler III, E. E., "Secrecy About Management Compensation: Are There Hidden Costs?", *Organizational Behavior and Human Performance*, mayo de 1967, pp. 182-189; Solomon, J., "Hush Money", en *Wall Street Journal*, 18 de abril de 1990, pp. R22-R24; y Tracy, K., M. Renard y G. Young, "Pay Secrecy: The Effects of Open and Secret Pay Policies on Satisfaction and Performance", en Head, A. y W. P. Ferris (comps.), *Proceedings of the 28th Annual Meeting of the Eastern Academy of Management*, Hartford, CT, mayo de 1991, pp. 248-251.

Ejercicio de aprendizaje sobre usted mismo

¿Cuán sensible es a la equidad?

Las siguientes preguntas señalan lo que a usted le gustaría que fuera su relación con cualquier organización para la cual pudiera trabajar. Para cada pregunta, divida 10 puntos entre las dos respuestas (a y b) otorgando la mayoría de los puntos a la respuesta que lo describe mejor y la menor cantidad de puntos a la respuesta que no lo describe mejor. Usted puede, si quiere, dar el mismo número de puntos a ambas respuestas. Si gusta, puede dejar en ceros su respuesta. Sólo asegúrese de usar los 10 puntos para cada pregunta. Coloque los puntos en el espacio anterior a cada letra.

En cualquier organización donde yo pudiera trabajar,

1. Sería más importante para mí:
   _____ a. Obtener algo de la organización
   _____ b. Dar algo a la organización

2. Sería más importante para mí:
   _____ a. Ayudar a los demás
   _____ b. Ver por mi propio bienestar

3. Estaría más interesado en:
   _____ a. Lo que recibo de la organización
   _____ b. Lo que proporciono a la organización

4. El trabajo duro que yo haría debería:
   _____ a. Beneficiar a la organización
   _____ b. Beneficiarme a mí

5. Mi filosofía personal al tratar con la organización sería:
   _____ a. Si tú no ves por ti mismo, nadie más lo hará
   _____ b. Es mejor dar que recibir

Pase a la página A-27 para instrucciones sobre la calificación y la clave.

Fuente: cortesía del profesor Edward W. Miles, Georgia State University, y Dean Richard C. Huseman, University of Central Florida. Utilizado con autorización.

Ejercicio de trabajo en grupo

La tarea de establecer las metas

Propósito Este ejercicio le ayudaría aprender cómo escribir metas tangibles, verificables, mensurables y relevantes, tales como las que podrían evolucionar un programa de APO.

Tiempo Aproximadamente de 20 a 30 minutos.

Instrucciones 1. Divídase el grupo en conjuntos de tres a cinco personas.

2. Pasen unos minutos discutiendo el trabajo de su profesor. ¿Qué es lo que él o ella hace? ¿Qué define un buen desempeño? ¿Qué comportamientos llevarán a un buen desempeño?

3. Cada grupo va a desarrollar una lista de cinco metas que, aunque no estén establecidas en participación con su profesor, usted cree que pueden ser desarrolladas en un programa de APO en su universidad. Trate de seleccionar las metas que parezcan más importantes para el desempeño eficaz del trabajo de su profesor.

4. Cada grupo seleccionará un líder que compartirá las metas de su grupo con todo el grupo. Para las metas de cada equipo, la discusión de la clase deberá enfocarse en su: (a) especificidad, (b) facilidad de medición, (c) importancia y (d) propiedades motivacionales.

Ejercicio sobre un dilema ético

¿Se les paga demasiado a los directores generales de Estados Unidos?

Los críticos han descrito los astronómicos paquetes salariales que reciben los directores estadounidenses como "desenfrenados". Hacen notar que durante la década de los ochenta, la compensación de estos directores saltó 212%, mientras que los trabajadores de las fábricas vieron incrementar su salario solamente en 53%. Durante la misma década, las ganancias promedio por acción de las 500 compañías del Standard & Poor crecieron sólo 78%. ¡En años recientes, el salario promedio y los bonos para un ejecutivo en jefe de una gran corporación estadounidense han aumentado aproximadamente 150 veces el promedio del salario de un trabajador de una fábrica!

Los altos niveles de las compensaciones de los ejecutivos parece haberse extendido en Estados Unidos. En 1994, por ejemplo, Stephen C. Hilbert, de Conseco, se llevó a casa 39.6 millones de dólares; Ruben Mark, de Colgate-Palmolive, recibió $13.4 millones, y Roberto Goizueta, de Coca-Cola, ganó $12.2 millones. Una encuesta reciente examinó la compensación de los dos ejecutivos con mayor sueldo en 361 grandes corporaciones. Un número récord, 501 de estos 722 ejecutivos ganaba más de 1 millón de dólares.

¿Cómo se explican estos paquetes salariales astronómicos? Algunos dicen que esto representa una respuesta clásica económica a una situación en la cual la demanda por altos ejecutivos talentosos es mucho muy grande y la oferta es baja. Otros argumentos en favor de pagar a los ejecutivos 1 millón de dólares al año o más son: la necesidad de compensar a la gente por las tremendas responsabilidades y tensión que acompañan a tales puestos, el potencial motivador que un ingreso anual de siete y ocho cifras proporciona a los altos ejecutivos y a aquellos quienes aspiran a serlo, y la influencia de los altos ejecutivos en los resultados netos de la compañía.

El salario del ejecutivo es considerablemente más alto en Estados Unidos que en la mayoría de los demás países. Los directores generales de este país ganan dos o tres veces más que los directores en Canadá, Europa y Asia. En 1994, por ejemplo, los directores europeos ganaron el 47% de lo que ganaron sus homólogos estadounidenses. Los ingresos de millones de dólares para los ejecutivos todavía logran grandes encabezados en los diarios de Canadá.

Los críticos de las prácticas salariales en Estados Unidos sostienen que los directores generales escogen a los miembros de la junta con los cuales pueden contar para apoyar un salario en constante aumento para la alta gerencia. Si los miembros de la junta dejan de "jugar su juego", se arriesgan a perder sus puestos, sus comisiones y el prestigio y poder inherentes a pertenecer a la junta.

¿La alta compensación de los ejecutivos estadounidenses es un problema? Si es así, ¿la culpa del problema recae en los ejecutivos o en los accionistas y juntas de

consejo que, sabiéndolo, permiten esta práctica? ¿Son codiciosos los ejecutivos estadounidenses? ¿Están actuando de manera inmoral? ¿Qué piensa usted?

Fuente: Pennings, J. M., "Executive Reward Systems: A Cross National Comparison", en *Journal of Management Studies*, marzo de 1993, pp. 261-280; Hardy, E. S., "America's Highest-Paid Bosses", en *Forbes*, 22 de mayo de 1995, pp. 180-182; McGugan, I., "A Crapshoot Called Compensation", en *Canadian Business*, julio de 1995, pp. 67-70; y Flynn, J., "Continental Divide Over Executive Pay", en *Business Week*, 3 de julio de 1995, pp. 40 y 41.

C A S O
INCIDENTE

"¿Qué voy hacer con Stella McCarthy?"

Jim Murray había trabajado como contador de costos en Todd Brothers Chevrolet durante casi tres años. Cuando Ross Todd, presidente de la compañía y su jefe, se retiró en la primavera de 1997, le pidió a Jim que se hiciera cargo del departamento de contabilidad. Como contralor de la compañía, Jim supervisa a cuatro personas: Stella McCarthy, Judy Lawless, Tina Rothschild y Mike Sohal.

Seis meses han pasado desde que Jim se hizo cargo de su nuevo puesto. Como él esperaba, ha sido fácil trabajar con Judy, Tina y Mike. Todos han estado en sus puestos cuando menos cuatro años. Ellos conocen sus puestos al revés y al derecho y requieren muy poco del tiempo de Jim.

Con Stella McCarthy, desafortunadamente, es una historia por completo dife-
rente. Stella fue contratada unos tres meses antes de que Jim obtuviera su ascenso. Su edad y educación no son significativamente diferentes de las de los otros tres empleados: ella frisa la primera mitad de sus 30 años y posee un título de contabilidad. Pero en las semanas recientes se ha convertido en su principal dolor de cabeza.

El trabajo de Stella consiste en manejar los registros generales de contabilidad. También actúa como el enlace entre contabilidad y el departamento de servicio. Stella proporciona asesoría y apoyo al departamento de servicio sobre todo lo relacionado con el crédito, el control de costos, el sistema de computadoras y cosas similares.

El primer signo de problemas empezó hace tres semanas. Stella llamó para re-
portarse enferma el lunes y el martes. Cuando apareció en el trabajo nuevamente el miércoles por la mañana, parecía como si no hubiera dormido en días. Jim la llamó a su oficina y, de una manera informal, trató de saber qué había pasado. Stella fue abierta. Admitió que no había estado enferma. Ella se declaró enferma ya que no tuvo la fortaleza emocional para ir al trabajo. Espontáneamente dijo que su matrimonio estaba en problemas. Su marido tenía un conflicto serio con el alcohol pero no que-
ría buscar ayuda. Había perdido su tercer trabajo en muchos meses el pasado viernes. A ella le preocupaban sus hijos y sus asuntos financieros. Stella tenía un hijo de sie-
te años de un matrimonio anterior y dos gemelas de tres años de edad. Jim trató de consolar a Stella. La alentó a mantener su espíritu en alto y le recordó que el plan de salud de la compañía proporcionaba seis sesiones gratis de asesoramiento. Le sugirió que considerara usarlas.

Desde el encuentro inicial poco parece haber cambiado con Stella. Ha utiliza-
do hasta tres días más por enfermedad. Cuando llega a la oficina, queda claro que su mente está en otra parte. Pasa una cantidad poco común de tiempo en el teléfono y Jim sospecha que todo está relacionado con asuntos personales. Dos veces durante la semana pasada, Jim notó que Stella lloraba en su escritorio.

Ayer fue el tercer día de trabajo del mes que apenas iniciaba y Stella debería ha-
ber terminado ya el cierre de los libros del mes pasado. Ésa es una parte importante del trabajo de Stella. Esta mañana, después de que Stella llegó, Jim le pidió los números del cierre. Stella se puso de pie y, con lágrimas en los ojos, fue al tocador de mujeres. Jim vio los libros del mes pasado sobre el escritorio de Stella. Los abrió. Estaban incompletos. Stella se había pasado de su fecha límite y Jim no podía saber cuándo tendría los números finales para dárselos a Ross Todd.

Preguntas

1. ¿Cree que existan algunas técnicas de motivación relevantes para ayudar a Jim a manejar a Stella? Si es así, ¿cuáles son?

2. Desde el punto de vista ético, ¿qué tan lejos piensa que debería ir Jim al tratar con los problemas personales de Stella?

3. Si usted fuera Jim, ¿qué haría?

¿Qué motiva a Elizabeth Dole?

RESEÑA DE CASO

ABCNEWS

En noviembre de 1996, su marido no pudo ganar la presidencia. Irónicamente, sin embargo, ella tal vez termine en la Casa Blanca —pero en la Oficina Oval en lugar de ser la primera dama. La persona de quien estamos hablando es Elizabeth Hanford Dole. Ella posee uno de los currículos más impresionantes en Washington.

Elizabeth Hanford creció en el seno de una familia próspera y prominente que la educó con el encanto sureño. Asistió a la Universidad de Duke, donde fue presidenta de su generación. Luego recibió dos títulos en Harvard, incluyendo el de derecho. En la escuela de derecho, fue una de las 23 mujeres de una generación de 539 alumnos. Después de Harvard, fue a Washington. Como demócrata registrada, trabajó para Lyndon Johnson como defensora de los consumidores. Cuando se casó con Bob Dole, cambió de partido y se volvió republicana. Luego fue ascendiendo por el escalafón de diversos gobiernos republicanos. Se convirtió en jefa de la Federal Trade Commission (Comisión Federal de Comercio), asistente del presidente para relaciones públicas, secretaria del transporte durante el gobierno de Reagan, luego secretaria del trabajo con George Bush. En la actualidad ha sido presidenta de la Cruz Roja estadounidense.

La gente la compara en general con Hillary Rodham Clinton. Las comparaciones son impresionantes. Ambas son altamente inteligentes y poseen cualidades de oratoria. Ambas fueron presidentas en la universidad. Ambas fueron a las escuelas Ivy League de derecho (conferencia de ocho escuelas de derecho de los Estados Unidos) y las dos tienen una historia de independencia en su vida política, profesional y personal. Pero por algunas razones, los mismos críticos que han sido duros con Hillary Rodham Clinton, han sido generalmente suaves con la señora Dole. ¿Por qué? La respuesta no es clara. Elizabeth Dole es tan ambiciosa o más que la señora Clinton. Pero ella ha tenido más éxito al ocultar sus ambiciones. Mientras que la señora Clinton es considerada a menudo demasiado fuerte, demasiado inteligente y demasiado impulsiva, la señora Dole parece menos amenazadora. Ella se parece más al tipo tradicional de esposa. Sin embargo, nunca ha pensado que debería sacrificar su carrera por la de su marido. Al contrario. Aunque la señora Clinton dejó de practicar la lucrativa abogacía cuando su marido se convirtió en presidente, la señora Dole puso en claro desde el principio que, aunque fuera electo presidente su marido, ella planeaba continuar tiempo completo como directora de la Cruz Roja. Fue Elizabeth Dole, no Hillary Clinton, quien escogió no ser madre.

Preguntas

1. ¿Qué impulsa a Elizabeth Dole?

2. ¿Compare sus motivaciones con las de Hillary Rodham Clinton. ¿En qué son similares? ¿En qué son diferentes?

3. ¿Cómo han moldeado las expectativas sociales el comportamiento de Elizabeth Dole?

4. ¿Por qué es permisible para Bob Dole o Bill Clinton mostrar una ambición abierta, pero tales acciones son observadas con desaprobación cuando se muestran en mujeres tan calificadas como las señoras Dole y Clinton?

Fuente: basado en "The Other Half", en *ABC News Nightline*, pasado al aire el 17 de abril de 1996.

ROB PANCO:
DIRECCIÓN
DE PERSONAL

Antes de que usted pueda entender a los demás, tiene que entenderse usted mismo. Con esto en mente, se pidió a Rob Panco que describiera sus fortalezas y debilidades. "En el lado positivo, capto y soy bueno explotando las oportunidades. Soy una persona positiva. Soy realista. De mente abierta. Puedo tratar con diferentes opiniones y cambiar de parecer cuando así lo necesito. Estoy también enfocado al éxito." Cuando se le pidió que identificara lo que él pensaba que podían ser sus fallas, Rob dijo: "Asumo gran parte de la responsabilidad del desempeño y la felicidad de las demás personas. Cuando fui gerente de tiempo completo, quise proporcionarle a mi gente redes de seguridad. Algunas veces la gente se desempeña mejor si no cuenta con una red de seguridad debajo de ella. Alimentar es bueno, pero excederse no lo es. Esta tendencia creó problemas cuando delegaba tareas. Por un lado, a veces no proporcionaba las instrucciones suficientes al ceder la autoridad. Esto fue particularmente un problema con los líderes jóvenes de proyecto. Por el otro lado, por lo general me sentía paranoico cuando delegaba algo. Tenía miedo de que saliera mal. Me preocupaba demasiado. Pienso que esto refleja el hecho de que no siempre estoy 100% seguro de mí mismo. Cruzo a través de fases de inseguridad. Me siento demasiado responsable de la gente. Mis amigos me describen como seguro de mí mismo y sin arrogancia. Pero cuando fui gerente general en Aslett, tenía mucha responsabilidad y me preocupaba demasiado acerca de los errores de la gente y de echar a perder las cosas."

La discusión con Rob entonces se dirigió a sus experiencias en Aslett y los temas sobre la selección de nuevos empleados, su estilo de toma de decisiones, sus percepciones sobre la motivación, la importancia que da a medir las actitudes del empleado y los dilemas éticos que pudiera haber enfrentado.

"En 1993 y 1994, los negocios iban muy bien. Las ventas se estaban incrementando y necesitábamos expandir nuestro personal. Para encontrar al candidato ideal a un trabajo, comenzaba siempre por buscar el trabajo específico a realizarse. Esencialmente, dividía los puestos entre una de dos categorías. Para puestos de primer ingreso, buscaba gente que pareciera prometedora y que fuera entrenable. Podía luego moldearlos en el tipo de empleado que yo deseaba. En el caso de trabajadores experimentados y gerentes, estaba más interesado con el ajuste entre ellos y nosotros. Sus actitudes y maneras de hacer las cosas estaban ya establecidas, así que necesitaba estar seguro de que ellos se amoldarían bien a nuestra organización. Por ejemplo, había estado entrevistando candidatos para ocupar el puesto de gerente de producción. Estaba buscando cuatro cosas en este puesto. Primero, tenían que ser capaces de hacer la tarea funcional. Segundo, necesitaban de un talento potencial. Con esto quiero decir que tenían que mostrarme evidencia de que podían aplicar exitosamente su capacidad. Tercero, quería alguna evidencia de ambición profesional. Y cuarto, buscaba sus dinámicas personales. ¿Se ajustarían a nuestra cultura? En términos de su personalidad, la clase de persona que yo quería eran aquellos entusiastas, capaces de pertenecer a un equipo —no quería ningún héroe— e individuos comprometidos con el crecimiento."

"Claro, como todo mundo, cometí algunos errores al hacer las contrataciones", admitió Rob. "Por ejemplo, tuve que despedir a una persona. Llegaba tarde muchas veces. Carecía de la motivación. Había contratado a Dan recién salido de la preparatoria y pensé que podría moldearlo para que fuera un buen empleado. Él estuvo bien durante seis meses. Entonces empezaron los problemas. Quería irse exactamente a las 5:00 p.m. para estar con sus amigos. Se resistía a las nuevas tecnologías. Lo animé a aprovechar nuestras oportunidades de capacitación, pero no estaba interesado.

Hablé con él acerca de estos problemas durante un mes. También hablé con Hank, a quien Dan buscaba imitar. Hank me contó que a Dan le faltaba motivación y que esto dañaba el clima de la compañía. Esto me confirmó que Dan no se ajustaba. Así que lo despedí. En otro ejemplo, contraté como mi asistente financiero a una mujer que se desempeñó de maravilla durante la entrevista, tenía buenas referencias y justo la experiencia que yo estaba buscando. Pero Anne era sencillamente apática. Era lenta, imprecisa y su productividad era poco satisfactoria. Tuve que despedirla. Con interés, regresé al archivo original de Anne y revisé su solicitud, sus referencias y mis notas de la entrevista. Nada me sugería que ella no pudiera ser una trabajadora de alto rendimiento. ¡A veces no puede predecirse cómo va a resultar un empleado!"

"Esta discusión sobre contratación es una buena transición hacia el tema de la toma de decisiones. Me considero a mí mismo muy racional. Tomo las decisiones basado en los hechos. Pienso que dos cosas caracterizan mi toma de decisiones. Primero, soy flexible. Escucho a los demás. Posiblemente no esté de acuerdo con usted, pero estoy abierto a permitirle venderme su punto de vista. Creo en que los demás me ofrecen contribuciones. Pero no creo en las decisiones por comité. Segundo, sigo lo que yo llamo mi 'regla de 12 horas'. Nunca me apresuro en las grandes decisiones que tienen un impacto duradero. Si la gente me preguntara justo después de una propuesta qué es lo que voy hacer, diría 'no lo sé todavía'. Me gusta dormir antes de tomar las decisiones y luego hacer un compromiso."

Motivar a los empleados es el tema clave de la mayoría de los gerentes y Rob no fue la excepción. "Podría estar equivocado, pero pienso que en los noventa el dinero es un factor menos importante que lo que fue en los ochenta. Ahora la calidad de la vida laboral es el principal motivador. En Aslett, nadie ganaba menos de 25,000 dólares al año. Así que todo mundo tenía satisfechas sus necesidades financieras básicas. Déjenme caracterizar mi comentario anterior. Para la gente en el rango de los 25,000 a los 35,000 dólares, el dinero importa. Sin embargo, es menos importante para la gente que gana más de $35,000. Y hoy en día, con tantas parejas en que ambos miembros tienen una carrera, la gente sencillamente no se va a preocupar por tratar de conseguir unos 1,000 o 2,000 dólares extra de incremento salarial. También tenga en mente que los tiempos han cambiado. El incremento de 10% en el costo de la vida se está extinguiendo. En Aslett, dependíamos más de los bonos anuales basados en el desempeño personal y de la compañía. En 1994, por ejemplo, los bonos estuvieron en el rango de 1 a 10% del salario de una persona. Adicionalmente, busqué maneras creativas de motivar a la gente. Como ejemplo, di dos días libres con salario a una persona como recompensa por su sobresaliente trabajo. La mayoría de la gente aprecia el reconocimiento, así que lo usé. Una empleada consiguió aparecer en un periódico local por su éxito en la recolección de fondos para caridad. Yo puse el artículo en la pared del comedor. También traté de modificar los horarios de trabajo para reflejar las diferencias individuales. Trabajé con los padres solteros para proporcionarles ausencias y horarios que los ayudaran a cumplir sus necesidades personales. ¡Oh, sí!, y les dimos a todos los empleados 10 días de vacaciones al año. Solamente seis de ellos fueron tomados de manera global por todo mundo. Los otros cuatro fueron días flotantes. Los individuos podían escoger cuáles días feriados querrían tomar. Algunos tomaron el día de Martin Luther King como su día libre. Un ex militar tomó el día de los veteranos. Varios de nuestros empleados judíos tomaron el Rosh Hashanah (año nuevo) y/o el Yom Kippur (día del perdón)."

Se le preguntó a Rob si la desaceleración del negocio que Aslett enfrentó en 1995 influyó en la motivación. Las ventas se volvieron horizontales y las ganancias se convirtieron en pérdidas. En diciembre de 1994, Aslett empleaba 16 personas de tiempo completo. Dos años después ese número se redujo a nueve. "Me sorprendió cómo la gente se adaptó al descenso en el negocio", dijo Rob. "La mayoría de las reducciones en el personal vinieron a través de acción voluntaria. Aquellos que no podían manejar las cargas de trabajo mayores, la inseguridad y la ambigüedad, renunciaron. Un tipo, por ejemplo, se fue a un trabajo corporativo más tradicional. A finales de 1995, cuando el negocio se recuperó, gran cantidad de empleados se quejó porque no contratamos a nadie nuevo. Yo les expliqué que el nuevo equipo que habíamos instalado nos permitiría incrementar la productividad. Pero la gente no pareció entender que, si bien estaban produciendo más, esto se debió a la tecnología en lugar del trabajo más duro de ellos."

"Uno de los problemas que más recuerdo fue con Nick", continuó Rob. "La línea de producto en la que Nick trabajaba sería obsoleta en un año más o menos. Se lo aclaré a Nick y le dije que necesitaba reentrenarse. Él se resistió una y otra vez. Pero no lo amenacé. Lo traté como a un adulto. Sólo le dije 'Nick, probablemente no tengas un trabajo aquí si tu línea de producto desaparece. El que te entrenes de nuevo o no para manejar el nuevo equipo, es cosa tuya'. Este método funcionó. Se capacitó él mismo de manera informal llevándose varias de las nuevas máquinas a casa los fines de semana y aprendiendo a usarlas."

M. E. Aslett no utilizó encuestas de actitud. Rob habló acerca de tres medios por los cuales él sigue la pista a las actitudes de los empleados. "Extraía las actitudes de los empleados informalmente. Había dos personas que regularmente venían a mi oficina, hablaban conmigo y me retroalimentaban sobre lo que la gente estaba pensando y diciendo. Esta gente fue muy abierta conmigo. Decían lo que pensaban. Y eran bastante precisos al referirse a los estados de ánimo." Rob obtuvo retroalimentación formal sobre las actitudes a través de interrogatorios de proyectos y revisiones de desempeño. La mayoría de los proyectos de Aslett fueron realizados en equipos. Al término de un proyecto, él interrogaba al grupo. "Tengo que admitir que no obtenía mucho de esos interrogatorios", dice Rob, "pero fue una buena herramienta de motivación. Le di a la gente el sentimiento de contribución". Finalmente, Rob utilizaba la retroalimentación de las revisiones de desempeño y evaluaciones para monitorear cómo se sentían los empleados acerca de factores como la supervisión, sus trabajos y la organización misma.

Cuando se le pidió a Rob que identificara los dilemas éticos a que se enfrentó, mencionó dos. Un editor quería que publicara un libro que él consideraba obviamente pasado de moda. Ya que él sería el editor del registro, no quiso ser asociado con tal proyecto. El segundo tenía que ver con despedir a un empleado de tiempo completo y contratar a alguien más para ocupar la vacante sobre una base temporal. Él no estaba seguro de que tal decisión, la cual tenía sentido económicamente hablando, era apropiada, desde el punto de vista ético.

Preguntas

1. ¿En qué medida piensa que Rob debería haberse sentido responsable por el desempeño y la felicidad de sus empleados?

2. ¿Qué piensa acerca de los cuatro criterios que Rob utilizó en la selección de un gerente de producción? ¿Qué características de personalidad, si hay alguna, piensa usted que estarían relacionadas con el éxito en ese trabajo?

3. ¿Qué tan bien manejó Rob sus problemas con Dan?

4. ¿Qué ventajas podría proporcionar la "regla de las 12 horas"? ¿Qué hay de las desventajas?

5. ¿Qué teorías podrían ayudar a explicar las prácticas de motivación de Rob?

6. ¿Qué piensa usted de los medios por los cuales Rob mantiene vigiladas las actitudes de los empleados?

7. ¿Es poco ético despedir a un empleado de tiempo completo para remplazarlo con uno temporal? ¿Qué obligaciones, si las hay, tiene un patrón con un empleado permanente?

Tercera parte   El grupo

FUNDAMENTOS DEL COMPORTAMIENTO DE GRUPO

PERFIL DEL CAPÍTULO

Definición y clasificación de los grupos
Etapas del desarrollo de grupo
Sociometría: análisis de la interacción del grupo
Hacia la explicación del comportamiento del grupo de trabajo
Las condiciones externas impuestas sobre el grupo
Recursos de los miembros del grupo
Estructura del grupo
Procesos del grupo
Tareas del grupo
Toma de decisiones en grupo

OBJETIVOS DE APRENDIZAJE

Después de estudiar este capítulo, usted será capaz de:

1 Diferenciar entre los grupos formales e informales

2 Comparar dos modelos del desarrollo de grupo

3 Explicar cómo analizar la interacción del grupo

4 Identificar los factores clave para explicar el comportamiento de grupo

5 Explicar cómo los requerimientos del equipo cambian en situaciones diferentes

6 Describir la manera en que las normas ejercen una influencia en el comportamiento de un individuo

7 Definir la holgazanería social y sus efectos en el desempeño del grupo

8 Identificar los beneficios y las desventajas de los grupos cohesivos

9 Listar las fortalezas y las debilidades de la toma de decisiones en grupo

10 Contrastar la eficacia de las reuniones interactivas, de tormenta de ideas, virtuales y electrónicas de los grupos

Una de las cosas realmente grandiosas acerca de los grupos de trabajo es que pueden hacer que 2 + 2 = 5. Claro, también tienen la capacidad de hacer que 2 + 2 = 3.

— S.P.R.

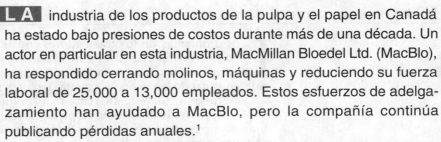

LA industria de los productos de la pulpa y el papel en Canadá ha estado bajo presiones de costos durante más de una década. Un actor en particular en esta industria, MacMillan Bloedel Ltd. (MacBlo), ha respondido cerrando molinos, máquinas y reduciendo su fuerza laboral de 25,000 a 13,000 empleados. Estos esfuerzos de adelgazamiento han ayudado a MacBlo, pero la compañía continúa publicando pérdidas anuales.[1]

Si piensa que estos recortes en MacBlo no han sido del agrado de los sindicatos de la compañía, está en lo correcto. De hecho la compañía y sus sindicatos han tenido una larga historia de antagonismo. Tres veces durante la década de los ochenta, los sindicatos locales golpearon a la compañía con huelgas no autorizadas. En cada ocasión la compañía demandó al ofensor local y ganó compensaciones en efectivo y concesiones de trabajo. El vicepresidente regional de un sindicato —el sindicato de comunicaciones, energía y fabricantes de papel de Canadá— dice: "Aquí no existe una gran relación de confianza."

La gerencia de MacBlo dirigida por el director general ejecutivo, Robert Findlay (*véase* la fotografía), está tratando de cambiar el clima de las relaciones laborales involucrando más a los trabajadores en la toma de decisiones de la compañía. Sus gerentes de bosques y de molinos ahora comparten información financiera detallada y planes de producción en reuniones regulares con los trabajadores. Se han creado comités conjuntos de sindicato-gerencia con el objeto de hacer sugerencias para mejorar la productividad. Algunos gerentes de división están aun llevando a los representantes de los sindicatos a los viajes de ventas para que vean, de primera mano, las condiciones de competitividad en la industria.

Los esfuerzos de la gerencia para mejorar las relaciones con los miembros del sindicato no han tenido un gran éxito. Los líderes del sindicato cuestionan abiertamente los motivos de la gerencia. Sostienen que los comités conjuntos sólo engañan a los miembros del sindicato para que éstos hagan sugerencias para incrementar la productividad a costa de los puestos. También usan ejemplos como el plan de suspender el servicio de autobús a una de las fábricas —que precipitó una huelga no autorizada de un día, en que intervinieron 725 leñadores—, para poner en evidencia que a la compañía no le importaban sus empleados. ◆

Los problemas de los trabajadores con los gerentes en MacMillan Bloedel ilustran la importancia de entender a los grupos en el lugar de trabajo. El comportamiento de los individuos en los grupos es algo más que la suma total de cada uno cuando actúa por su cuenta. En otras palabras, cuando los individuos están en grupos, actúan de diferente manera que cuando están solos. Así pues, el empleado que individualmente aceptaría el cambio y cooperaría con la gerencia podría volverse beligerante y tratar de obstaculizar ese cambio si es miembro del sindicato y éste busca mantener el *statu quo*.

Los miembros del sindicato son sólo un ejemplo de un grupo de trabajo. Como mostraremos en este capítulo, las organizaciones están formadas por numerosos grupos formales e informales. Y entender a estos grupos es crucial para explicar el comportamiento organizacional.

Definición y clasificación de los grupos

Un **grupo** se define como dos o más individuos que interactúan y son interdependientes y que se han juntado para lograr objetivos particulares. Los grupos pueden ser formales o informales. Con **grupos formales,** nos referimos a aquellos definidos por la estructura organizacional, con unas asignaciones de trabajo diseñadas que establecen tareas. En estos grupos, los comportamientos en los que uno debería comprometerse están estipulados por y dirigidos hacia las metas organizacionales. Los seis miembros que forman una tripulación de vuelo son un ejemplo de un grupo formal. En contraste, los **grupos informales** son alianzas que no están estructuradas formalmente ni determinadas por la organización. Estos grupos son formaciones naturales en el ambiente de trabajo que aparecen en respuesta a la necesidad de un contacto social. Tres empleados de departamentos diferentes que casi siempre comen juntos son un ejemplo de un grupo informal.

Es posible subclasificar a los grupos como grupos de mando, de tarea, de interés o de amistad.[2] Los grupos de mando y de tarea están dictados por la organización formal, mientras que los grupos de interés y amistad son alianzas informales.

Un **grupo de mando** se determina por el organigrama de la organización. Está compuesto de subordinados que reportan directamente a un gerente dado. Un director de una escuela primaria y sus 12 maestros forman un grupo de mando, como el director de auditorías postales y sus cinco inspectores.

Los **grupos de tarea,** están determinados por la organización, representan aquellos trabajadores encargados de una tarea laboral determinada. Sin embargo, las fronteras del grupo de tarea están limitadas a su superior inmediato en la jerarquía. Puede cruzar las relaciones de mando. Por ejemplo, si un estudiante de un colegio es acusado de un crimen en el campus de la universidad, podría requerir de comunicación y coordinación entre el director de asuntos académicos, el director administrativo de los estudiantes, el jefe de servicios escolares, el director de seguridad y el consejero del estudiante. Tal formación constituiría un grupo de tarea. Es de notarse que todos los grupos de mando son también grupos de tarea, pero debido a que estos últimos pueden cruzar a lo largo de la organización, lo contrario no necesariamente es verdad.

La gente que pudiera estar o no estar alineada con grupos de mando común o de tarea podría afiliarse para lograr un objetivo específico con el cual esté interesado. Esto es un **grupo de interés.** Los empleados que se unen para alterar sus horarios de vacaciones, para apoyar a un compañero que ha sido despedido o para buscar mejores condiciones de trabajo representan la formación de una unión para favorecer su interés común.

Los grupos con frecuencia se desarrollan debido a que los miembros individuales tienen una o más características en común. Llamamos a estas formaciones **grupos**

grupo
Dos o más individuos que interactúan y son interdependientes, y que se han juntado para lograr objetivos particulares.

grupo formal
Un grupo de trabajo definido por la estructura de la organización.

grupo informal
Un grupo que no está estructurado formalmente ni está determinado por la organización, aparece en respuesta a la necesidad de contacto social.

grupo de mando
Un gerente y sus subordinados inmediatos.

grupo de tarea
Aquellos individuos que trabajan juntos para llevar a cabo una tarea de trabajo.

grupo de interés
Aquellos que trabajan juntos para lograr una meta específica en la cual cada uno está interesado.

grupo de amistad
Aquellos que se forman debido a que comparten una o más características comunes.

Ya que la velocidad y la flexibilidad son importantes para el éxito de MagneTek en el suministro de productos eléctricos para el creciente mercado mundial, la compañía ha formado grupos de tarea para encargarse de las órdenes del cliente. Los grupos de tarea mostrados aquí trabajan como equipos que se adaptan rápidamente a los cambios en tamaño, horario y complejidad de las órdenes de los clientes.

de amistad. Las alianzas sociales, las cuales se extienden frecuentemente fuera de la situación de trabajo, pueden basarse en edad similar o en herencia étnica: en el apoyo al equipo de fútbol de Notre Dame o en sostener puntos de vista políticos similares, por mencionar sólo algunas características.

Los grupos informales proporcionan un servicio muy importante al satisfacer las necesidades sociales de los miembros. Debido a las interacciones que resultan de la cercanía de las estaciones de trabajo o interacciones en las tareas, encontramos trabajadores que juegan golf juntos, llegan y se van del trabajo juntos, comen y pasan sus descansos alrededor del despachador de agua juntos. Debemos reconocer que estos tipos de interacciones entre los individuos, aun cuando informales, afectan profundamente su comportamiento y desempeño.

No existe una razón única del porqué los individuos se unen en grupos. Ya que la mayoría de la gente pertenece a varios grupos, es obvio que diferentes grupos proporcionan diferentes beneficios a sus miembros. La ilustración 7-1 resume las razones más populares que la gente tiene para unirse a los grupos.

Etapas del desarrollo de grupo

Durante 30 años o más, pensamos que la mayoría de los grupos seguían una secuencia específica en su evolución y pensamos que sabíamos cuál era esa secuencia. Pero estábamos equivocados. La investigación reciente indica que no existe un patrón estándar en el desarrollo de grupo. En esta sección, revisaremos el modelo mejor conocido de las cinco etapas del desarrollo del grupo, y luego el más recientemente descubierto modelo de pasos en equilibrio.

El modelo de las cinco etapas

Desde mediados de la década de los sesenta, se creyó que los grupos pasaban a través de una secuencia estandarizada de cinco etapas.[3] Como se muestra en la ilustración 7-2, estas cinco etapas han sido llamadas: formación, tormenta, normatividad, desempeño y movimiento.

Ilustración 7-1   Razones de que la gente forme grupos

Seguridad

Al unirse a un grupo, los individuos pueden reducir la inseguridad de "ser uno solo". La gente se siente más fuerte, tiene pocas dudas de sí mismo y son más resistentes a las amenazas cuando son parte de un grupo.

Estatus

Inclusión en un grupo que es visto como importante por los demás, proporciona reconocimiento y estatus a sus miembros.

Autoestima

Los grupos pueden proporcionar a la gente sentimientos de autovaloración. Esto es, además de transmitir el estatus a aquellos fuera del grupo, la membresía también da sentimientos mayores de valor a los mismos miembros del grupo.

Afiliación

Los grupos pueden satisfacer las necesidades sociales. La gente disfruta la interacción regular que viene con la pertenencia al grupo. Para mucha gente, estas interacciones en el trabajo son la fuente principal por cubrir sus necesidades de afiliación.

Poder

Lo que no puede lograrse individualmente a menudo se vuelve posible por medio de la acción del grupo. Hay poder en el número.

Logro de la meta

Hay ocasiones en que se necesita más de una persona para lograr una tarea en particular; es decir, existe una necesidad de agrupar los talentos, el conocimiento o el poder a fin de determinar un trabajo. En tales instancias, la gerencia se apoyará en el uso del grupo formal.

formación
La primera etapa en el desarrollo del grupo se caracteriza por mucha incertidumbre.

La primera etapa, **formación**, está caracterizada por una gran incertidumbre acerca del propósito, la estructura y el liderazgo del grupo. Los miembros están "probando el terreno" para determinar qué tipos de comportamiento son aceptables. Este estado se termina cuando los miembros empiezan a pensar en ellos mismos como parte del grupo.

tormenta
La segunda etapa en el desarrollo del grupo se caracteriza por el conflicto dentro de éste.

La etapa de la **tormenta** es una fase de conflicto dentro del grupo. Los miembros aceptan la existencia del grupo, pero hay resistencia a las restricciones que éste impone a la individualidad. Además, existe un conflicto sobre quién controlará al grupo. Cuando se termina esta etapa, existe una jerarquía relativamente clara del liderazgo dentro del grupo.

normatividad
La tercera etapa en el desarrollo del grupo se caracteriza por la relación estrecha y la cohesión.

La tercera etapa es aquélla en la cual se desarrollan las relaciones estrechas y el grupo demuestra una cohesión. Existe ahora un fuerte sentido de la identidad de grupo y camaradería. Este estado de **normatividad** concluye cuando la estructura del

Ilustración 7-2
Etapas del desarrollo del grupo

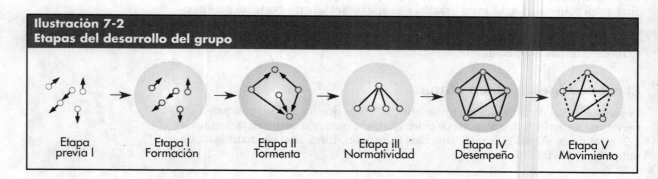

| Etapa previa I | Etapa I Formación | Etapa II Tormenta | Etapa III Normatividad | Etapa IV Desempeño | Etapa V Movimiento |

grupo se solidifica y éste ha asimilado un conjunto común de expectativas de aquello que define un comportamiento adecuado del miembro.

La cuarta etapa es el **desempeño.** La estructura en este punto es totalmente funcional y aceptada. La energía del grupo ha dejado de buscar conocimiento y entender a cada uno para desempeñar la tarea principal del grupo.

Para los grupos permanentes de trabajo, el desempeño es el último estado en su desarrollo. Sin embargo, para los comités temporales, los equipos y las fuerzas de tareas y grupos similares que tienen una tarea limitada a realizar, existe una etapa de **movimiento.** En esta etapa, el grupo se prepara para su desmembramiento. El alto desempeño de la tarea deja de ser la principal prioridad del grupo. En su lugar la atención se dirige hacia la conclusión de las actividades. Las respuestas de los miembros varían en este estado. Algunos se muestran optimistas por los logros del grupo; otros, deprimidos por la pérdida de la camaradería y la amistad obtenida durante la vida del grupo.

Muchos intérpretes del modelo de las cinco etapas han asumido que el grupo se vuelve más eficaz mientras progresa a través de las primeras cuatro etapas. Aunque esta premisa en general podría ser verdadera, lo que hace que un grupo sea eficaz es más complejo de lo que este modelo admite. En ciertas condiciones, los altos niveles de conflicto conducen a un desempeño alto de grupo. Así que podríamos esperar encontrar situaciones donde los grupos de la etapa II sobrepasen aquéllos en las etapas III o IV. De manera similar, los grupos no siempre proceden con claridad de una etapa a la siguiente. Algunas veces, de hecho, varias etapas están al mismo tiempo, como cuando los grupos están en la tormenta o en el desempeño al mismo tiempo. Los grupos, aun ocasionalmente, regresan a las etapas anteriores. Por tanto, aun los defensores más reacios de este modelo no asumen que todos los grupos sigan con precisión el proceso de las cinco etapas o que la etapa IV sea siempre la preferida.

Otro problema con el modelo de las cinco etapas, en términos del entendimiento del comportamiento relacionado con el grupo, es que ignora el contexto organizacional.[4] Por ejemplo, un estudio de la tripulación de una línea aérea encontró que, en 10 minutos, tres extraños asignados para volar juntos por primera vez, se volvieron un grupo de alto desempeño. Lo que permitió la rapidez del desarrollo del grupo fue el fuerte contexto organizacional que rodeaba las tareas de la tripulación. Este contexto proporcionó las reglas, las definiciones de las tareas, la información y los recursos necesarios para que se desempeñara el grupo. No necesitaron desarrollar planes, asignar papeles, determinar y distribuir los recursos, resolver conflictos ni establecer normas de la manera en que el modelo de las cinco etapas predice. Debido a que mucho del comportamiento del grupo en la organización toma lugar dentro del contexto organizacional, parecería que el desarrollo del modelo de las cinco etapas podría estar limitado a la aplicación de nuestra búsqueda para entender los grupos de trabajo.

El modelo de pasos en equilibrio

Más de una docena de estudios de campo y laboratorio sobre grupos confirmaron que los grupos no se desarrollan en una secuencia universal de etapas.[5] Pero el lapso entre la formación del grupo y el cambio en la manera en que trabajan es altamente consistente. Específicamente, se ha encontrado que (1) la primera reunión establece la dirección del grupo; (2) la primera fase de la actividad del grupo es de inercia; (3) una transición toma lugar al final de la primera fase, lo cual ocurre exactamente cuando el grupo ha usado la mitad de su tiempo; (4) la transición inicia los mayores cambios; (5) una segunda fase de la inercia sigue a la transición y (6) la última reunión del grupo está caracterizada por una aceleración marcada. Estos hallazgos se muestran en la ilustración 7-3 en la página 244.

desempeño
La cuarta etapa en el desarrollo del grupo es cuando el grupo es totalmente funcional.

movimiento
La etapa final en el desarrollo de los grupos temporales se caracteriza por el interés de concluir las actividades, más que de desempeñar la tarea.

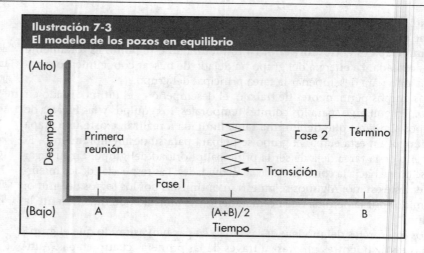

Ilustración 7-3
El modelo de los pozos en equilibrio

La primera reunión establece la dirección del grupo. Un marco de los patrones y suposiciones del comportamiento a través de los cuales el grupo se aproximará a su proyecto, emerge en su primera reunión. Estos patrones duraderos pueden aparecer tan al principio como en los primeros segundos de la vida del grupo.

Una vez establecido el grupo, su dirección se transforma en "escritura en piedra" y es improbable que se vuelva a examinar durante la primera mitad de su vida. Éste es un periodo de inercia —esto es, el grupo tiende a mantenerse o a cerrarse en un curso fijo de acción. Aun si obtiene nuevos conocimientos que desafíen los patrones iniciales y suposiciones, el grupo es incapaz de actuar con base en aquéllos en la fase 1.

Uno de los descubrimientos más interesantes hechos en estos estudios fue que cada grupo experimentó su transición al mismo punto en su calendario —precisamente a la mitad entre su primera reunión y la fecha límite oficial—, a pesar del hecho de que algunos grupos pasaban muy poco tiempo, como una hora, en su proyecto mientras otros pasaban seis meses. El punto medio parece funcionar como una alarma de reloj, incrementando el conocimiento de los miembros de que su tiempo está limitado y que necesitan "moverse".

Esta transición finaliza la fase 1 y se caracteriza por un impulso concentrado en los cambios, el decaimiento de los patrones viejos y la adopción de nuevas perspectivas. La transición establece una dirección revisada para la fase 2.

La fase 2 es un nuevo equilibrio o periodo de inercia. En esta fase, el grupo ejecuta el plan creado durante el periodo de transición.

La última reunión del grupo se caracteriza por un impulso final de la actividad para terminar el trabajo.

Podemos utilizar este modelo para describir algunas de sus experiencias con equipos de estudiantes creados para hacer proyectos por equipo del semestre. En la primera reunión, se establece un horario. Los miembros se juzgan unos a otros. Están de acuerdo sobre las semanas que tienen para hacer su proyecto, por ejemplo, nueve. Los requerimientos del profesor se discuten y se debaten. A partir de este punto, el grupo se reúne regularmente para llevar a cabo sus actividades. Sin embargo, después de cuatro o cinco semanas del proyecto, se confrontan los problemas. Las críticas empiezan a tomarse en serio. La discusión se vuelve más abierta. El grupo revalora qué ha hecho y actúa de manera decidida y audaz para hacer los cambios necesarios. Si se realizan las modificaciones adecuadas, en las siguientes cuatro o cinco semanas el grupo se encontrará desarrollando el proyecto a un ritmo acelerado. La última reunión del grupo, la cual ocurrirá posiblemente justo antes de la entrega del trabajo, dura más que las otras. En ésta, todos los temas finales se discuten y se resuelven los detalles.

En resumen, el modelo de pasos en equilibrio provoca que los grupos se caractericen por largos periodos de inercia distribuida a intervalos con breves cambios revolucionarios disparados, principalmente por el interés de los miembros en el tiempo y por las fechas límite. O, para usar la terminología del modelo del desarrollo de grupo de las cinco etapas, el grupo empieza por combinar las etapas de formación y normatividad, luego pasa por un periodo de bajo desempeño, seguido por una tormenta, luego atraviesa por un periodo de alto desempeño y finalmente, llega al movimiento.

Sociometría: análisis de la interacción del grupo

Shirley Goldman conoció los grupos formales de trabajo en la sucursal que ella administraba. Los cajeros formaban un grupo, los procesadores de los préstamos, otro; el personal de apoyo administrativo, otro, y la fuerza de tarea que ella había creado para sugerir maneras de mejorar el servicio al cliente era un cuarto grupo. Con lo que no se sentía a gusto eran los grupos informales en su sucursal. ¿Quién estaba en estos grupos? ¿Quiénes eran sus líderes informales? ¿Cómo podrían estar afectando estos grupos la comunicación en el banco o estar creando conflictos potenciales? Para conseguir las respuestas a estas preguntas, Shirley decidió usar una técnica que aprendió en la escuela de negocios. Se conoce como **sociometría** y es una herramienta analítica para estudiar las interacciones de grupo.[6]

La sociometría busca descubrir qué gente le gusta o le disgusta y con quién le gustaría trabajar o no quisiera hacerlo. ¿Cómo consigue usted esta información? A través del uso de entrevistas o cuestionarios. Por ejemplo, a los empleados se les podría preguntar: (1) ¿Con quién de su organización le gustaría asociarse para llevar a cabo su trabajo? o (2) Nombre diversos miembros en la organización con los que le gustaría pasar algo de su tiempo libre.

Esta información puede entonces usarse para crear un **sociograma.** Es decir, un diagrama que gráficamente muestra las interacciones sociales obtenidas en las entrevistas o cuestionarios. Antes de que trabajemos realmente mediante un ejemplo definamos algunos términos clave que necesitará saber cuando discuta y analice el sociograma:[7]

- ◆ **Redes sociales.** Un grupo específico de uniones entre un grupo definido de individuos.
- ◆ **Agrupaciones.** Grupos que existen dentro de las redes sociales.
- ◆ **Agrupaciones direccionales.** Grupos formales como departamentos, equipos de trabajo y fuerzas de tareas o comités.
- ◆ **Agrupaciones emergentes.** Grupos informales, no oficiales.
- ◆ **Coaliciones.** Una agrupación de individuos que se reúnen temporalmente para lograr un propósito en específico.
- ◆ **Camarillas.** Grupos informales relativamente permanentes que involucran la amistad.
- ◆ **Estrellas.** Individuos con el mayor número de conexiones en una red.
- ◆ **Vínculos.** Individuos en una red social con quienes se conectan dos o más agrupaciones pero que no son miembros de ninguna agrupación.
- ◆ **Puentes.** Individuos en una red social que sirven como eslabones al pertenecer a dos o más agrupaciones.
- ◆ **Aislantes.** Individuos que no están conectados a una red social.

sociometría
Una técnica analítica para estudiar las interacciones de grupo.

sociograma
Un diagrama que gráficamente muestra las interacciones sociales preferidas obtenidas de las entrevistas o cuestionarios.

red social
Un grupo específico de uniones entre un grupo definido de individuos.

agrupación
Las grupos que existen dentro de las redes sociales.

agrupación direccional
Los grupos formales como departamentos, equipos de trabajo y fuerzas de tareas o comités.

agrupación emergente
Los grupos informales, no oficiales.

coalición
Una agrupación de individuos que se reúnen temporalmente para lograr un propósito en específico.

camarilla
Los grupos informales relativamente permanentes que involucran la amistad.

estrella
Los individuos con el mayor número de conexiones en una red.

vínculo
Los individuos en una red social con quienes se conectan dos o más agrupaciones pero que no son miembros de ninguna agrupación.

puente
Los individuos en una red social que sirven como eslabones al pertenecer a dos o más agrupaciones.

aislante
Los individuos que no están conectados a una red social.

Shirley Goldman terminó recientemente la encuesta sociométrica de 11 personas que trabajan en su sucursal del Bank of America en Sacramento, California. Ha hecho que cada empleado llene un cuestionario identificando con quién les gustaría pasar más tiempo. Ahora ha traducido esas preferencias a un sociograma simplificado mostrado en la ilustración 7-4. Cada empleado se muestra como un círculo. La flecha de B a A significa que B escoge a A. Las flechas de dos cabezas que conectan a A con D significan que ambos se escogieron.

¿Qué información deduce de este sociograma? A es la estrella. F es un aislante. D es un puente. Parece no haber ningún vínculo. Además de las cuatro agrupaciones directrices, parecen existir dos agrupaciones emergentes. Y sin más información, Shirley no puede decir si estas agrupaciones emergentes son coaliciones o camarillas.

Así que, si es que hay algo, ¿qué puede hacer Shirley con esta información? Puede ayudarle a pronosticar patrones de comunicación. Por ejemplo, D es probable que actúe como un conducto de información entre los cajeros y el grupo de apoyo administrativo. De igual forma, no debería sorprenderle que F esté fuera del círculo del chisme y tienda a apoyarse casi exclusivamente en la comunicación formal para saber qué está pasando en la sucursal, una buena opción sería A, ya que esta persona parece caer bien.

Cuando ocurren los conflictos entre los cajeros y el grupo de apoyo administrativo, un puente como D podría ser la mejor persona para ayudar a resolver el problema.

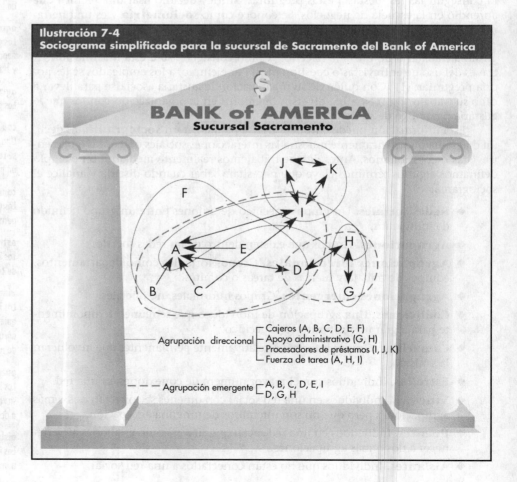

Ilustración 7-4
Sociograma simplificado para la sucursal de Sacramento del Bank of America

BANK of AMERICA
Sucursal Sacramento

Agrupación direccional
— Cajeros (A, B, C, D, E, F)
— Apoyo administrativo (G, H)
— Procesadores de préstamos (I, J, K)
— Fuerza de tarea (A, H, I)

Agrupación emergente
— A, B, C, D, E, I
— D, G, H

Antes de dejar el tema de la sociometría, debería mencionarse alguna investigación relativa a la rotación, al conflicto y a la diversidad, aunque sea brevemente. Primero, la rotación es probable que esté unida a las agrupaciones emergentes.[8] Los empleados que se perciben a sí mismos como miembros de agrupaciones comunes tienden a actuar en concierto —es probable que se queden o renuncien como grupo. Segundo, las relaciones interpersonales fuertes entre los miembros tienden a estar asociadas con bajos niveles de conflicto.[9] Así que, ya que los miembros de las agrupaciones emergentes tienden a interactuar más entre ellos, debería haber menos conflicto entre estos miembros. Finalmente, las mujeres y las minorías tienden a formar coaliciones y camarillas, y es menos probable que sus contrapartes masculinas blancas se vuelvan vínculos o puentes.[10]

Hacia la explicación del comportamiento del grupo de trabajo

¿Por qué algunos de los esfuerzos de grupo son más exitosos que otros? La respuesta a esta pregunta es compleja, pero incluye variables como la habilidad de los miembros y el tamaño del grupo, el nivel de conflicto y las presiones internas sobre los integrantes para conformar las normas del grupo. La ilustración 7-5 presenta los mayores componentes que determinan el desempeño y la satisfacción del grupo,[11] y puede ayudarle a ordenar las variables clave y sus interrelaciones.

Los grupos de trabajo no existen en el aislamiento. Son parte de una gran organización. Un equipo de investigación en la división de productos plásticos de Dow, por ejemplo, debe vivir dentro de las reglas y políticas dictadas desde los cuarteles generales y las oficinas corporativas de Dow. Así que cada grupo de trabajo en sí mismo tiene un grupo distintivo de recursos determinados por su membresía. Esto incluye cosas como inteligencia y motivación de los miembros. Estos factores —los recursos de los miembros del grupo y la estructura— determinan los patrones de interacción y otros procesos dentro del grupo. Finalmente, la relación del proceso de desempeño/satisfacción del grupo es moderada por el tipo de tarea en la cual el grupo está trabajando. En las siguientes páginas, estudiaremos cada uno de los cuadros identificados en la ilustración 7-5.

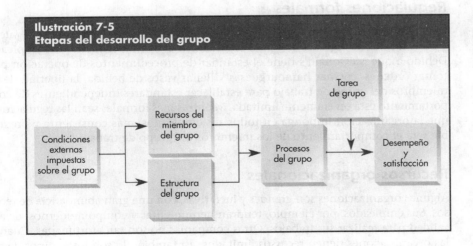

Ilustración 7-5
Etapas del desarrollo del grupo

Las condiciones externas impuestas sobre el grupo

Para empezar a entender el comportamiento de un grupo de trabajo, usted necesita verlo como un subsistema encajado en un sistema más grande.[12] Esto es, cuando nos damos cuenta de que los grupos son un subgrupo de un sistema de una gran organización, podemos extraer parte de la explicación del comportamiento de grupo a partir del entendimiento de lo que es la organización a la cual pertenece.

Estrategia de la organización

◆ **Los grupos son un subconjunto de un sistema de organización más grande.**

La estrategia completa de la organización, entra en juego mediante la alta gerencia, la descripción general de las metas de la organización y los medios para lograr esas metas. Podría, por ejemplo, dirigir la organización hacia la reducción de costos, mejorar la calidad, expandir la participación de mercado o disminuir el tamaño de todas sus operaciones. La estrategia que una organización persigue, en determinado momento, influenciará el poder de varios grupos de trabajo, los cuales, a cambio, determinarán los recursos que la alta gerencia de la organización está dispuesta a distribuirle para realizar sus tareas. Para ilustrar esto, una organización que se está reduciendo a través de la venta o el cierre de las principales partes de su negocio va a tener grupos de trabajo con una base de recursos reducida, una ansiedad mayor de los miembros y el potencial para elevar el conflicto dentro del grupo.[13]

Estructuras de autoridad

Las organizaciones tienen estructuras de autoridad que definen quién informa a quién, quién toma las decisiones y qué decisiones los individuos o grupos están facultados para tomar. Esta estructura típicamente determina dónde colocar un grupo de trabajo dado en la jerarquía de la organización, el líder formal del grupo y las relaciones formales entre los grupos. Así que mientras un grupo de trabajo podría ser dirigido por alguien que emerge de manera informal dentro del grupo, el líder formalmente designado —elegido por la gerencia— tiene la autoridad de la que carecen los demás del grupo.

Regulaciones formales

Las organizaciones crean reglas, procedimientos, políticas, descripciones de puesto y otras formas de regulaciones para estandarizar el comportamiento del empleado. Debido a que McDonald's tiene el estándar de procedimientos de operación para tomar órdenes, cocinar hamburguesas y llenar vasos de bebida, la libertad de los miembros del grupo de trabajo para establecer estándares independientes de comportamiento está severamente limitada. Mientras más formales sean las regulaciones que la organización imponga en todos sus empleados, más consistente y predecible será el comportamiento de los miembros del grupo de trabajo.

Recursos organizacionales

Algunas organizaciones son grandes y lucrativas, con una gran abundancia de recursos. Sus empleados, por ejemplo, tendrán herramientas y equipo modernos, de alta calidad para realizar sus trabajos. Otras compañías no son tan afortunadas. Cuando las organizaciones tienen recursos limitados, así también lo son los equipos de trabajo. Lo que un grupo realmente logra está determinado, en gran medida, por lo que es capaz de hacer. La presencia o la ausencia de recursos como el dinero, el tiempo, las materias primas y el equipo —los cuales son distribuidos en el grupo por la organización— tiene una gran carga del comportamiento del grupo.

El proceso de selección de recursos humanos

Los integrantes de cualquier grupo de trabajo son, en primer lugar, miembros de la organización de la cual el grupo es parte. Los miembos de un equipo de tarea cuyo objetivo es reducir los costos en Boeing, primero tuvieron que ser contratados como empleados de la compañía. De manera que los criterios que una organización aplica en su proceso de selección determinará los tipos de personas que habrá en los grupos de trabajo.

La evaluación del desempeño y el sistema de recompensas

Otra variable de la organización que afecta a todos los empleados es la evaluación del desempeño y el sistema de recompensas.[14] ¿La organización proporciona a los empleados objetivos de desafío, de desempeño específico? ¿La organización recompensa el logro de los objetivos individuales o de grupo? Ya que los grupos de trabajo son parte de un gran sistema organizacional, el comportamiento de los miembros del grupo estará influenciado por el modo en que la organización evalúa el desempeño y los comportamientos que se recompensan.

La cultura organizacional

Cada organización tiene una cultura no escrita que define los estándares de comportamiento aceptable e inaceptable para los empleados. Después de unos meses, la mayoría de los empleados entienden la cultura de su organización. Saben, por ejemplo, cómo vestir para el trabajo, si las reglas se imponen con rigidez o no, qué clase de comportamientos cuestionables con seguridad les creará problemas y cuáles pro-

Malabares con paletas para servir, lanzamientos de cucharadas de helado cremoso entre los empleados del mostrador, bailes sobre los congeladores y el uso de pijamas para trabajar son comportamientos aceptables para los miembros de las tiendas de helado Amy's Ice Creams, en Austin y Houston, Texas. Estos absurdos son parte de la cultura organizacional dominante creada por el propietario Amy Miller. Miller diferencia sus tiendas de helado de primera de los competidores vendiendo entretenimiento y excelentes productos y servicio. La cultura corporativa de dar diversión a los clientes es la fuente del éxito de la compañía.

bablemente se pasen por alto, la importancia de la honestidad y la integridad y cosas similares. Si bien muchas organizaciones tienen subculturas —a menudo creadas alrededor de grupos de trabajo— con estándares adicionales o modificados, aun tienen una cultura dominante que transmite a todos los empleados aquellos valores que la organización valora más. Los miembros de los grupos de trabajo tienen que aceptar los estándares implicados en la cultura dominante de la organización, si es que desean ser valorados.

Ambiente del trabajo físico

Finalmente, proponemos que el ambiente del trabajo físico que los conjuntos externos imponen al grupo tiene un peso importante sobre el comportamiento del equipo de trabajo.[15] Los arquitectos, los ingenieros industriales y los diseñadores de oficinas toman sus decisiones en relación con la distribución física y el tamaño del espacio de trabajo de un empleado, la distribución del equipo, la intensidad de la iluminación y las necesidades acústicas para reducir las distracciones por ruido. Éstas crean tanto barreras como oportunidades para la interacción del grupo. Es mucho más fácil para los empleados hablar o "flojear" si sus estaciones de trabajo están cerca una de otra, no hay barreras físicas entre ellas y su supervisor está encerrado en su oficina a 45 metros.

Recursos de los miembros del grupo

El nivel de potencial del desempeño, depende en gran medida de los recursos que sus miembros aporten al grupo. En esta sección, queremos observar dos recursos que han recibido mucha atención: las habilidades y las características de la personalidad.

Habilidades

Parte del desempeño del grupo puede predecirse al evaluar la tarea relevante y las habilidades intelectuales de sus miembros. Es verdad que ocasionalmente leemos acerca de un equipo de atletismo compuesto por jugadores mediocres, quienes, debido a un excelente entrenamiento, determinación y precisión de equipo de trabajo, vencen por mucho a un grupo más talentoso de jugadores. Pero tales casos hacen noticia precisamente porque representan una aberración. Como dice un viejo refrán: "La carrera no siempre la gana el más veloz ni la batalla el más fuerte, pero ésa es la forma de apostar." El desempeño del grupo no es sólo la suma de las habilidades de cada uno de los integrantes. Sin embargo, estas habilidades establecen los parámetros de lo que los miembros pueden hacer y de qué tan eficazmente se desempeñarán en un grupo.

◆ Las habilidades establecen los parámetros de lo que los miembros pueden hacer y qué tan eficazmente se desempeñaran en un grupo.

¿Qué pronósticos podemos hacer con relación a la habilidad y al desempeño de grupo? Primero, la evidencia indica que los individuos que mantienen habilidades cruciales para lograr la tarea del grupo tienden a estar más involucrados en la actividad del conjunto, generalmente contribuyen más, tienen mayor probabilidad de surgir como líderes de grupo.[16] Y se sienten más satisfechos si el grupo utiliza sus talentos con eficacia. Segundo, se ha encontrado que tanto la habilidad intelectual como la relevante en la tarea, están relacionadas con el desempeño total del grupo.[17] Sin embargo, la correlación no es particularmente alta, sugiriendo que otros factores como el tamaño del grupo, el tipo de tareas por desempeñar, las acciones de su líder y el nivel de conflicto dentro del grupo también influencian el desempeño.

Los nueve vendedores mostrados aquí con su entrenadora (sentada) son parte del Top Producer Group 2 (El mayor productor del grupo 2), una división de la compañía de seguros The Mutual Life Insurance Company of New York. Son los agentes número uno de la compañía y comparten características de personalidad que hacen a su grupo el de mayor necesidad de logro de la compañía. Los miembros del grupo son energéticos, competitivos, orientados a la meta, sociables, valientes e independientes. Todas juntas, estas características influencian el desempeño del grupo.

Características de la personalidad

Se han realizado muchas investigaciones sobre la relación entre las características de la personalidad y las actitudes y comportamiento del grupo. La conclusión general es que los atributos que tienden a tener una connotación positiva en nuestra cultura tienden a estar relacionados en forma positiva con la productividad del grupo, el clima y la cohesión. Éstos incluyen características como la sociabilidad, la valentía y la independencia. En comparación, las características con una evaluación negativa, como el autoritarismo, la dominación y el oposicionismo, tienden a estar negativamente relacionadas con las variables dependientes.[18] Esas características de la personalidad afectan el desempeño del grupo influyendo fuertemente la manera en que el individuo interactuará con los otros miembros del grupo.

¿Es alguna característica de la personalidad un buen pronosticador del comportamiento? La respuesta es "no". La magnitud del efecto de cualquier característica *única* es pequeña, pero al tomar las características en *conjunto,* las consecuencias para el comportamiento del grupo adquieren mayor significado.

Estructura del grupo

Los grupos de trabajo no son mafias sin organización. Tienen una estructura que da forma al comportamiento de los miembros y hace posible explicar y predecir gran parte del comportamiento individual, como también del desempeño del grupo mismo. ¿Cuáles son algunas de estas variables estructurales? Éstas incluyen el liderazgo formal, los papeles, las normas, el estatus, el tamaño y la composición del grupo, así como su grado de cohesión.

Liderazgo formal

Casi todo grupo de trabajo tiene un líder formal. Él o ella están identificados casi siempre con títulos como gerente de departamento o unidad, supervisor, capataz, líder de proyecto, líder de la fuerza de la tarea o presidente del comité. Este líder puede jugar una parte importante en el éxito del grupo —tanto así, de hecho, que dedicamos un capítulo entero al tema sobre el liderazgo. En el capítulo 10, revisamos la investigación del liderazgo y el efecto que los líderes tienen en el individuo y en las variables de desempeño del grupo.

Papeles

Shakespeare dijo: "El mundo es un escenario, y los hombres y las mujeres simplemente son actores." Usando la misma metáfora, todos los miembros del grupo son actores, cada uno hace un **papel.** Con este término, queremos decir un conjunto de patrones de comportamiento deseables atribuidos a alguien que ocupa una posición dada en una unidad social. Entender el comportamiento del papel se simplificaría drásticamente si cada uno de nosotros escogiera un papel y "lo actuara" regular y consistentemente. Por desgracia, somos requeridos para desempeñar un número diverso de papeles, tanto dentro como fuera de nuestros trabajos. Como veremos, una de las tareas de entender el comportamiento es tener conciencia del papel que una persona está desempeñando en realidad.

Por ejemplo, Bill Patterson es un gerente de planta de Electrical Industries, un gran fabricante de equipo eléctrico en Phoenix. Tiene numerosos papeles que cumplir en su trabajo —por ejemplo, empleado de Electrical Industries, miembro de la gerencia media, ingeniero eléctrico y el principal vocero de la compañía en la comunidad. Fuera del trabajo, Bill Patterson tiene muchos más papeles: marido, padre, católico, rotario, jugador de tenis, miembro del Club Country Thunderbird y presidente de la asociación de propietarios de casas. Muchos de estos papeles son compatibles; algunos crean conflictos. Por ejemplo, ¿cómo la práctica de su religión influencia sus decisiones gerenciales en relación con los despidos, la cuenta de gastos inflada y el suministro de la información precisa a las agencias del gobierno? Un ofrecimiento reciente de ascenso requiere que Bill se mude: sin embargo, su familia quiere quedarse en Phoenix. ¿Pueden las demandas de su papel de empleado reconciliarse con las demandas de su papel de esposo y padre?

El tema debería ser claro, al igual que Bill Patterson, a todos se nos requiere actuar diversos papeles y nuestro comportamiento variará con el papel que estamos actuando. El comportamiento que Bill guarda en la iglesia el domingo por la mañana, es diferente del que muestra en el campo de golf, más tarde el mismo día. Así, los diferentes grupos imponen diferentes requerimientos de papeles en los individuos.

IDENTIDAD DEL PAPEL Hay ciertas actitudes y comportamientos reales consistentes con un papel, y que crean la **identidad del papel.** La gente tiene la habilidad de cambiar papeles rápidamente cuando reconoce que la situación y sus demandas claramente requieren mayores cambios. Por ejemplo, cuando los sobrecargos sindicalizados tuvieron ascensos a puestos de supervisión, se encontró que sus actitudes cambiaron de prosindicalistas a progerenciales unos cuantos meses después de su promoción. Cuando estos ascensos más tarde tuvieron que terminarse, debido a dificultades económicas en la empresa, se encontró que los supervisores revocados adoptaron nuevamente actitudes prosindicalistas.[19]

PERCEPCIÓN DEL PAPEL La visión de cómo debe actuar un individuo en una situación dada es la **percepción del papel.** Basados en la interpretación de cómo creemos que debemos comportarnos, nos comprometemos en ciertos tipos de comportamiento.

¿De dónde obtenemos estas percepciones? Las obtenemos de todos los estímulos alrededor de nosotros —amigos, libros, películas, televisión. Muchos de los oficiales actuales de la ley aprendieron sus papeles de leer las novelas de Joseph Wambaugh o al ver películas de Harry el sucio. Los abogados de mañana seguramente estarán influenciados por las acciones de los abogados en el juicio a O. J. Simpson por doble

---

papel
Un grupo de patrones de comportamiento deseables atribuidos a alguien que ocupa una posición dada en una unidad social.

identidad del papel
Ciertas actitudes y comportamientos consistentes con un papel.

percepción del papel
La visión del individuo de cómo se supone que él debe actuar en una situación dada.

asesinato. Claro, la primera razón para que existan los programas de aprendices en muchos negocios y profesiones es que permiten que los que comienzan observando a un "experto", aprendan a actuar como se supone que deben hacerlo.

EXPECTATIVAS DEL PAPEL Las **expectativas del papel** se definen como la manera en que los otros creen que usted debería actuar en una situación dada. El modo en que usted se comporte está determinado en gran media por el papel definido en el contexto en el cual está actuando. El papel de un senador estadounidense es percibido como con propiedad y dignidad, en tanto que un entrenador de fútbol es visto como audaz, dinámico e inspirador para sus jugadores. En el mismo contexto, podría sorprendernos saber que el sacerdote del vecindario trabaja por la noche como cantinero, debido a que nuestras expectativas del papel tienden a ser considerablemente diferentes. Cuando las expectativas del papel se concentran en categorías generalizadas, tenemos papeles estereotipados.

En el lugar de trabajo, puede ser de ayuda observar el tema de las expectativas del papel desde la perspectiva del **contrato psicológico.** Hay un acuerdo no escrito entre los empleados y su patrón. Este contrato psicológico establece las expectativas mutuas —lo que la gerencia espera de los trabajadores y viceversa.[20] En efecto, este contrato define las expectativas del comportamiento que van con cada papel. Se espera que la gerencia trate a los empleados con justicia, proporcione condiciones aceptables de trabajo, comunique con claridad lo que es un día justo de trabajo y dé retroalimentación sobre lo bien que el empleado se está desempeñando. Se espera que los empleados respondan demostrando una buena actitud, siguiendo las instrucciones y mostrando lealtad a la organización.

¿Qué ocurre cuando las expectativas del papel implícitas en el contrato psicológico no se cumplen? Si la gerencia es negligente en mantener su parte de la negociación, podemos esperar repercusiones negativas en el desempeño del empleado y la satisfacción. Cuando los empleados no logran cumplir sus expectativas, el resultado es usualmente alguna forma de acción disciplinaria, incluido el despido.

El contrato psicológico debería ser reconocido como un "poderoso determinante del comportamiento en las organizaciones".[21] Señala la importancia de comunicar precisamente las expectativas del papel. En el capítulo 16, analizaremos cómo las organizaciones socializan a los empleados a fin de conseguir que ellos actúen sus papeles de la manera que la gerencia desea.

CONFLICTO DEL PAPEL Cuando un individuo se confronta con las expectativas divergentes del papel, se obtiene como resultado el **conflicto del papel.** Éste existe cuando un individuo encuentra que cumplir con un requerimiento del papel podrá ser más difícil que cumplir con otro.[22] En el extremo, incluiría situaciones en las cuales dos o más expectativas del papel son mutuamente contradictorias.

Nuestra discusión anterior de los muchos papeles de Bill Patterson tuvieron que ver con diversos conflictos del papel —por ejemplo, el intento de Bill por reconciliar las expectativas puestas en él como esposo y padre, con aquellas colocadas en él como un ejecutivo de Electrical Industries. El primero, como usted recordará, enfatiza la estabilidad y el interés por el deseo de su esposa e hijos de permanecer en Phoenix. Electrical Industries, por el otro lado, espera que sus empleados respondan a las necesidades y requerimientos de la compañía. Aunque pudiera ser del interés financiero y de la carrera de Bill el aceptar mudarse, el conflicto está al escoger entre las expectativas del papel de la familia y las de la carrera.

Todos nosotros hemos enfrentado, y continuaremos haciéndolo, conflictos del papel. El tema crítico, desde nuestro punto de vista, es cómo los conflictos impuestos por las expectativas divergentes dentro de la organización imponen el comportamiento. Ciertamente, incrementan la tensión interna y la frustración. Existen numerosas respuestas de comportamiento en las que uno se comprometería. Por ejemplo, uno

expectativa del papel
La manera en que los demás creen que una persona debería actuar en una situación dada.

contrato psicológico
Un acuerdo no escrito que establece lo que la gerencia espera del empleado y viceversa.

conflicto del papel
Una situación en la cual un individuo se confronta con expectativas del papel divergentes.

puede dar una respuesta burocrática formalizada. El conflicto, entonces, se resuelve al apoyarse en las reglas, regulaciones y procedimientos que gobiernan las actividades organizacionales. Por ejemplo, un trabajador se enfrenta con los requerimientos en conflicto impuestos por la oficina del contralor corporativo y los de su gerente de planta y decide en favor de su jefe inmediato —el gerente de la planta. Otras respuestas de comportamiento podrían incluir el retiro, el paro, la negociación o, como encontramos en nuestra discusión sobre la disonancia en el capítulo 4, la redefinición de los hechos o la situación para hacerla parecer más congruente.

UN EXPERIMENTO: LA PRISIÓN SIMULADA DE ZIMBARDO Uno de los más ilustrativos experimentos de los papeles fue realizado por el psicólogo Philip Zimbardo de la Universidad de Stanford y sus asociados.[23] Ellos crearon una "prisión" en el sótano del edificio de psicología de Stanford; contrataron dos docenas de estudiantes estables, físicamente saludables, respetuosos, obedientes de la ley, a $15 el día, que obtuvieron una calificación "promedio normal" en exámenes extensivos sobre personalidad; aleatoriamente les asignaron el papel de "guardia" o el de "prisionero"; y establecieron algunas reglas básicas. Luego los experimentadores se retiraron para ver qué ocurría.

Al principio de la simulación planeada de dos semanas, no hubo diferencias mensurables entre los individuos asignados como guardias y aquellos escogidos como prisioneros. Además, los guardias no recibieron algún entrenamiento especial sobre cómo ser guardias de una prisión. Se les dijo únicamente que "mantuvieran la ley y el orden" en la prisión, y que no permitieran ningún comportamiento absurdo de los prisioneros: la violencia física estaba prohibida. Para estimular aún más la realidad de la vida en prisión, se permitieron las visitas de parientes y amigos. Aunque los guardias trabajaban en turnos de ocho horas, a los prisioneros se les mantuvo en sus celdas las 24 horas y se les permitió salir solamente para comer, hacer ejercicio, gozar de los privilegios del baño, para las líneas de conteo y detalles de trabajo.

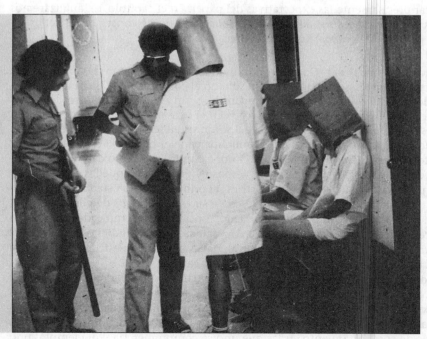

Los estudiantes de la Universidad de Stanford actúan los papeles de "guardias" y "prisioneros", en un experimento de prisión simulada, que demostró lo rápido que los individuos aprenden nuevos papeles diferentes de sus personalidades y sin ningún entrenamiento especial.

Les tomó poco tiempo a los "prisioneros" aceptar las posiciones de autoridad de los guardias, o a los guardias ajustarse a sus nuevos papeles de autoridad. Después de que los guardias aplastaron un intento de rebelión en el segundo día, los prisioneros se volvieron cada vez más pasivos. Cualquier cosa que los guardias "quisieran dar", lo tomaban. Los prisioneros ficticios empezaron a creer y a actuar como si en verdad lo fueran, mientras los guardias constantemente les recordaban, su inferioridad y falta de poder. Y todo guardia en algún punto de la simulación, adoptó un comportamiento abusivo, autoritario. Por ejemplo, un guardia dijo: "Estoy sorprendido de mí mismo... les puse apodos y los hice limpiar los sanitarios con sus propias manos. Prácticamente consideré a los prisioneros como ganado y pensaba: 'tengo que vigilarlos por si intentan algo'." Otro guardia agregó: "Estaba cansado de ver a los prisioneros en sus ropas y de percibir los fuertes olores de sus cuerpos que salían de las celdas. Los observé llorar por las órdenes que dábamos. Ellos no lo vieron como un experimento. Fue real y estaban luchando por mantener su identidad. Pero nosotros estabamos siempre ahí para mostrarles quién era el jefe."

La simulación en realidad probó ser un éxito al demostrar que los individuos aprenden rápidamente nuevos papeles. Los investigadores tuvieron que parar el experimento después de sólo seis días debido a las reacciones patológicas que los participantes estaban mostrando. Y recuerde, que estos individuos se escogieron precisamente por su normalidad y estabilidad emocionales.

¿Qué concluiría de la simulación de la prisión? Los participantes de este experimento, como el resto de nosotros, habían aprendido conceptos estereotipados de los papeles del guardia y el prisionero de los medios masivos y de sus propias experiencias personales de relaciones de poder e impotencia vividas en casa (padre-hijo), en la escuela (maestro-estudiante), y en otras situaciones. Esto, entonces, les permitió asumir fácil y rápidamente papeles que fueron muy diferentes de sus propias personalidades inherentes. En este caso, vimos que la gente sin patología previa de personalidad y sin entrenamiento en su papel podría ejecutar formas extremas de comportamiento, consistentes con los papeles que estaban actuando.

Normas

¿Ha notado alguna vez que los jugadores de golf no hablan mientras sus compañeros están en el green o que los empleados no critican en público a sus jefes? ¿Por qué? La respuesta es ¡"normas"!

Todos los grupos tienen **normas** establecidas, esto es, estándares aceptables de comportamiento que son compartidos por los miembros del grupo. Las normas dicen a los miembros lo que deben y lo que no deben hacer en ciertas circunstancias. Desde el punto de vista del individuo, dicen lo que se espera de usted en ciertas situaciones. Cuando está de acuerdo con ellos y el grupo las acepta, las normas actúan como medios de influenciar el comportamiento de los miembros del grupo, con un mínimo de controles externos. Las normas difieren entre los grupos, comunidades y sociedades, pero todos éstos las tienen.[24]

Las normas formalizadas están escritas en manuales organizacionales estableciendo reglas y procedimientos que los empleados deben seguir. La gran mayoría de las normas en las organizaciones son informales. Usted no necesita que alguien le diga que lanzar aviones de papel o participar en sesiones prolongadas de chismes en el despachador de agua son comportamientos inaceptables cuando el "gran jefe de Nueva York" está de visita en la oficina. De manera similar, todos sabemos que cuando estamos en una entrevista de trabajo hablando sobre lo que no nos gustó acerca de nuestro trabajo anterior, existen ciertas cosas que no deberíamos mencionar (la dificultad para llevarnos bien con nuestros compañeros de trabajo o nuestro supervisor), mientras es muy apropiado hablar acerca de otras cosas (falta de oportunidades

normas
Estándar aceptable de comportamiento dentro de un grupo que es compartido por los miembros del grupo.

de progresar o un trabajo sin importancia o insignificante). La evidencia sugiere que aun los estudiantes de preparatoria reconocen que en tales entrevistas ciertas respuestas son socialmente más deseables que otras.[25]

CLASES COMUNES DE NORMAS El conjunto de normas de un grupo de trabajo es como las huellas digitales de un individuo, cada uno es único. Sin embargo, todavía existen algunas clases comunes de normas que aparecen en la mayoría de los grupos de trabajo.[26]

Probablemente la clase de normas más común sean las *normas de desempeño*. Los grupos de trabajo típicamente proporcionan a sus miembros pistas explícitas de qué tan duro deberían trabajar, cómo deben realizar el trabajo, cuál es el nivel de producción, cuáles son los niveles apropiados de retraso y similares.[27] Estas normas son extremadamente poderosas al afectar el desempeño individual del empleado —son capaces de modificar de manera significativa el pronóstico del desempeño que estaba basado tan sólo en la habilidad del empleado y el nivel de motivación personal.

Una segunda categoría se refiere a las *normas de apariencia*. Esto incluye factores como el vestido apropiado, la lealtad al grupo de trabajo o la organización, cuándo aparentar estar ocupado y cuándo es aceptable flojear. Algunas organizaciones tienen códigos formales de vestido. Sin embargo, aun en su ausencia, las normas a menudo se desarrollan para dictar la clase de vestido que debería usarse para trabajar. Presentar la apariencia de lealtad es importante en muchos grupos de trabajo y organizaciones; especialmente entre los empleados profesionales y aquellos en rangos ejecutivos, se considera inapropiado buscar otro trabajo abiertamente.

Otra categoría tiene que ver con la instauración *arreglo de las normas*. Estas normas vienen de los grupos informales de trabajo y regulan principalmente las interacciones sociales dentro del grupo. Con quien almuerzan los miembros de un grupo, las amistades dentro y fuera del trabajo, los juegos sociales y similares son influenciados por estas normas.

Una categoría final se relaciona con las *normas para la distribución de los recursos*. Éstas pueden originarse en el grupo o en la organización y abarcar elementos como el salario, la asignación de trabajos difíciles y la distribución de nuevas herramientas y equipo.

EL "CÓMO" Y EL "PORQUÉ" DE LAS NORMAS ¿*Cómo* se desarrollan las normas? ¿*Por qué* se hacen cumplir? Una revisión de nuestra investigación nos permite responder estas preguntas.[28]

Las normas se desarrollan en forma gradual mientras los miembros del grupo aprenden qué comportamientos son necesarios para que el grupo funcione con eficacia. Claro, los eventos críticos en el grupo podrían hacer cortocircuito en el proceso y actuar rápidamente para hacer sólidas las normas nuevas. La mayoría de las normas se desarrollan en una o más de las siguientes cuatro formas: (1) *Enunciados explícitos realizados por un miembro del grupo* —con frecuencia el supervisor del grupo o un miembro poderoso. El líder del grupo podría, por ejemplo, decir específicamente que no se permiten llamadas personales durante las horas de trabajo o que los descansos deben ser de 10 minutos. (2) *Eventos críticos en la historia del grupo.* Éstos establecen precedentes importantes. Un espectador resultó herido mientras estaba parado cerca de una máquina, y desde esa ocasión, nadie que no sea el operador está dentro de un área de 5 pies de cualquier máquina. (3) *Primacía.* El primer patrón de comportamiento que surge en un grupo con frecuencia establece las expectativas del grupo. Los grupos de amigos de estudiantes a menudo apartan lugares juntos el primer día de clases y se perturban si alguien externo toma "sus" asientos en la clase siguiente. (4) *Comportamientos resultado de situaciones pasadas.* Los miembros del grupo traen expectativas con ellos de otros grupos de los cuales han sido miembros. Esto puede explicar el porqué los grupos de trabajo típicamente prefieran agregar miembros nuevos que son similares a los actuales en conocimientos y experiencia. Es probable que esto incremente la probabilidad de que las expectativas que traigan sean consistentes con aquellas que ya se mantienen en el grupo.

Pero los grupos no establecen o hacen valer las normas en cada situación concebible. La normas que un grupo hará valer tenderán a ser aquellas que son importantes. ¿Pero qué hace que una norma sea importante? (1) *El hecho de que facilite la supervivencia del grupo.* A los grupos no les gusta fracasar, así que buscan hacer valer aquellas normas que incrementan sus posibilidades de éxito. Esto significa que ellos tratarán de protegerse a ellos mismos de la interferencia de otros grupos o individuos. (2) *El hecho de que incremente la productividad de los comportamientos de los miembros.* Las normas que incrementan el pronóstico permiten a los miembros del grupo anticiparse a las acciones de los demás y preparar las respuestas apropiadas. (3) *El hecho de que reduzca los problemas vergonzosos interpersonales de los miembros de un grupo.* Las normas son importantes si aseguran la satisfacción de sus miembros y previene la incomodidad tanto como sea posible. (4) *El hecho de que permita a los miembros expresar los valores centrales del grupo y clarificar lo que es distintivo acerca de la identidad del grupo.* Las normas que alientan la expresión de los valores del grupo y la identidad distintiva para ayudar a consolidar y a mantener el grupo.

CONFORMIDAD Como miembro de un grupo, usted desea la aceptación de los demás elementos. Debido a ello, es susceptible de estar conforme con las normas del grupo o adecuarse a ellas. Existe una evidencia considerable de que los grupos pueden poner grandes presiones a los miembros para que cambien sus actitudes y comportamientos de conformidad con el estándar del grupo.[29]

¿Los individuos entran en conformidad debido a las presiones de todos los grupos a los cuales pertenecen? Obviamente no, debido a que la gente pertenece a muchos grupos y a que sus normas varían, en algunos casos, podrían tener normas contradictorias. ¿Así, pues, qué hace la gente? Están en conformidad con los grupos importantes a los cuales pertenecen o esperan pertenecer. Se ha aludido a los grupos importantes como **grupos de referencia** y están caracterizados como aquéllos donde la persona se define a sí misma como un miembro, o como alguien a quien le gustaría ser un integrante; y la persona siente que otros elementos son significativos para ella.[30] La implicación, entonces, es que no *todos* los grupos imponen las mismas presiones de conformidad sobre sus miembros.

El impacto que las presiones de grupo por estar en **conformidad** pueden tener sobre los juicios y actitudes de un miembro se demostró en los, ahora clásicos, estudios de Solomon Asch.[31] Asch formó grupos de siete a ocho personas, a quienes sentó en un salón de clases y pidió que compararan dos tarjetas que sostenía el experimentador. Una de éstas tenía una línea; la otra, tenía tres líneas de longitud variada. Como se muestra en la ilustración 7-6, una de las líneas de la segunda tarjeta era idéntica a la

grupo de referencia
Grupos importantes a los cuales los individuos pertenecen y cuyas normas están dispuestos a aceptar.

conformidad
Ajustar el comportamiento de uno para alinearlo con las normas del grupo.

Ilustración 7-6 Ejemplos de las tarjetas usadas en el estudio de Asch línea de la primera. Se muestra también que la diferencia en la longitud de la línea era bastante obvia; bajo condiciones ordinarias los sujetos tuvieron errores menores a 1 por ciento.

El objetivo era decir en voz alta cuál de las tres líneas era igual a la línea única. ¿Pero qué ocurría si los miembros del grupo empezaban a dar respuestas incorrectas? ¿Las presiones para conformarse tendrían como resultado que un sujeto no suspicaz (SNS) alterara su respuesta para alinearla a la de los demás? Esto fue lo que Asch quiso saber. Así que arregló el grupo para que solamente el SNS no tuviera conocimiento de que el experimento estaba "arreglado". El modo de sentarse estuvo acordado: se colocó el lugar del SNS para que fuera el último en comunicar su decisión.

El experimento empezó con varias series de ejercicios de relación. Todos los sujetos dieron las respuestas correctas. En el tercer grupo, sin embargo, el primer sujeto dio una respuesta obviamente incorrecta —por ejemplo, decir "C" en la ilustración 7-6. El siguiente sujeto dio la misma respuesta equivocada y así lo hicieron los demás hasta que tocó el turno al sujeto que ignoraba lo que sucedía. Él sabía que "B" era igual que "X"; sin embargo, todos habían dicho "C". La decisión que el SNS confrontaba era: ¿Públicamente enunciaría una percepción que difiriera de una posición ya anunciada por los demás integrantes de su grupo? En otras palabras, usted ¿daría una respuesta que pensara que con seguridad es incorrecta a fin de que su contestación estuviera de acuerdo con la de los demás miembros del grupo?

Los resultados obtenidos por Asch demostraron que en muchos de los experimentos los sujetos se sometían de conformidad en cerca de 35%; esto es, los sujetos daban respuestas que sabían que eran incorrectas pero que eran consistentes con las de los demás elementos.

¿Qué concluimos de este estudio? Los resultados sugieren que existen normas de grupo que nos presionan hacia la conformidad. Deseamos ser uno del grupo y evitamos ser visiblemente diferentes. Podemos generalizar aún más y decir que cuando la opinión de los individuos sobre información objetiva difiere de manera significativa de los demás en el grupo, es probable que aquéllos se sientan demasiado presionados para alinear sus opiniones a fin de conformarse con los demás.

Estatus

Mientras impartía un curso universitario sobre adolescencia, el profesor pidió al grupo que listara las cosas que daban estatus cuando estuvieron en la preparatoria. La lista era larga e incluía el ser un atleta o ser una animadora y ser capaz de no asistir a clase sin ser descubierto. Luego el profesor pidió a los estudiantes que listaran las cosas que no contribuían al estatus. Otra vez, fue fácil para los estudiantes crear una larga lista: obtener puros dieces o puras notas máximas, el que su madre lo llevara a la escuela y cosas similares. Por último, se pidió a los estudiantes que desarrollaran una tercera lista —aquellas cosas que no tenían importancia de manera alguna. Hubo un enorme silencio. Finalmente un estudiante de la última fila se atrevió a decir: "en la preparatoria, no hay cosas que no importen".[32]

estatus
Una posición o rango definidos socialmente dado a los grupos o miembros de éstos por los demás.

El **estatus** —esto es, una posición o rango definido socialmente dado a los grupos o miembros de éstos por los demás— permea la sociedad mucho más lejos de los muros de la preparatoria. No sería descabellado parafrasear la afirmación anterior y leerla así: "en el estatus de la jerarquía de la vida, todo importa". Vivimos en una sociedad estructurada por clases. A pesar de todos los intentos de hacerla más igualitaria, hemos logrado muy poco progreso hacia una sociedad sin clases. Aun el grupo más pequeño desarrollará papeles, derechos y rituales para diferenciar a sus miembros. El estatus es un factor importante en el entendimiento del comportamiento humano, ya que es un motivador significativo y tiene mayores consecuencias en el comportamiento cuando los individuos perciben una disparidad entre lo que ellos creen que es su estatus y lo que los demás perciben.

En su estudio clásico del restaurante, William F. Whyte demostró la importancia del estatus.[33] Whyte propuso que la gente trabaja con los demás con mayor tranquilidad si el personal de estatus más alto origina regularmente la acción hacia el personal de estatus más bajo. Él encontró numerosas instancias en las cuales el inicio de la acción por la gente de estatus creaba un conflicto entre los sistemas de estatus formal e informal. En una ocasión, citó: los meseros pasaban las órdenes de los clientes directamente a los hombres de la barra —lo cual significaba que los sirvientes de menor estatus estaban iniciando la acción para los cocineros de estatus mayor. Mediante la simple adición de un gancho giratorio de aluminio al cual la orden podía ser enganchada, se creó un parachoques entre los meseros de estatus inferior y los cocineros de estatus alto, permitiendo a los últimos iniciar la acción sobre las órdenes cuando se sentían listos.

Whyte también notó que, en la cocina, los encargados de los suministros aseguraban las dotaciones de comida de los chefs. Esto fue, en efecto, un caso de empleados de habilidades pobres que tenían la iniciativa de desarrollarse como empleados altamente capacitados. El conflicto fue estimulado cuando los empleados de abastecimiento, ya sea explícita o implícitamente, urgían a los chefs a "avanzar su trabajo". Sin embargo, Whyte observó que un hombre de abastecimiento tenía pocos problemas con los chefs, ya que él daba la orden y pedía que el chef lo llamara cuando estuviera listo, por tanto revertía el proceso de iniciación. En su análisis, Whyte sugirió diversos cambios en los procedimientos que alineaban las interacciones más estrechamente con la jerarquía de estatus aceptada y dio como resultado mejoramientos sustanciales en las relaciones y eficacia del trabajador.

ESTATUS Y NORMAS El estatus ha demostrado tener algunos efectos interesantes sobre el poder de las normas y las presiones para estar en conformidad. Por ejemplo, los miembros de los grupos de estatus alto a menudo tienen más libertad para diferenciarse respecto de las normas que tienen otros miembros del grupo.[34] La gente de estatus alto también es más capaz de resistir las presiones de someterse a un acuerdo que los compañeros de menor estatus. Un individuo al que el grupo tiene en alta estima pero que no necesita mucho o no le importan las recompensas sociales que el grupo proporciona es particularmente capaz de poner mínima atención a las normas de conformidad.[35]

Los hallazgos anteriores explican por qué muchos atletas estrellas, actores famosos, gente de ventas de alto desempeño y académicos sobresalientes parecen haber olvidado actuar conforme a las normas sociales que restringen a sus compañeros. Como individuos de estatus alto, se les da un rango más amplio de discreción. Pero esto es verdad mientras las actividades de las personas de alto estatus no vayan en detrimento de la consecución de las metas del grupo.[36]

ESTATUS DE EQUIDAD Es importante para los miembros del grupo creer que el estatus jerárquico es equitativo. Cuando se percibe la desigualdad, se crea un desequilibrio que origina varios tipos de comportamientos correctivos.[37]

El concepto de equidad presentado en el capítulo 5 se aplica al estatus. La gente espera que las recompensas sean proporcionales a los costos incurridos. Si Dana y Anne son dos finalistas para la posición de directora de enfermería en un hospital y es claro que Dana tiene más antigüedad y mejor preparación para asumir la promoción, Anne verá el que seleccionen a Dana como un hecho equitativo. Sin embargo, si se elige a Anne debido a que es la nuera del director del hospital, Dana creerá que se comete una injusticia.

Las prebendas que van con las posiciones formales también son elementos importantes para mantener la equidad. Cuando creemos que existe una desigualdad entre el rango percibido de un individuo y las prestaciones que la persona recibe de la organización, experimentamos una incongruencia de estatus. Los ejemplos de esta clase de incongruencia son las caracterísiticas más deseables de la oficina que tiene un individuo de rango menor y el pago de la membresía del club proporcionado por la compañía para los gerentes de la división, pero no para los vicepresidentes. La incongruencia en el salario ha sido un problema de mucho tiempo en la industria de los seguros, donde los principales agentes de seguros con frecuencia ganan de dos a cinco veces más que los ejecutivos corporativos *senior*. El resultado es que es muy difícil para las compañías de seguros atraer a los agentes exitosos a las posiciones gerenciales. En nuestra opinión, los empleados esperan que las cosas que un individuo tiene y recibe sean congruentes con su estatus.

Los grupos en general están de acuerdo con sus criterios de estatus y, además, existe por lo común una alta coincidencia en los rangos de grupo de los integrantes. Sin embargo, los individuos pueden llegar a encontrarse en una situación de conflicto cuando se mueven entre grupos cuyos criterios son diferentes o cuando se unen a grupos cuyos miembros tienen pasados heterogéneos. Por ejemplo, los ejecutivos de negocios podrían tomar el ingreso personal o la tasa de crecimiento de sus compañías como determinantes del estatus. Los burócratas del gobierno podrían tomar como referencia el tamaño de sus presupuestos. Los empleados profesionales podrían fijarse en el grado de autonomía que viene con su actividad laboral. Los obreros podrían centrarse en los años de antigüedad o experiencia. En los grupos formados por individuos heterogéneos o cuando los grupos heterogéneos son forzados a ser interdependientes, las diferencias de estatus podrían iniciar un conflicto mientras el grupo trata de reconciliar y alinear las diferentes jerarquías. Como veremos en el siguiente capítulo, esto puede ser un problema sobre todo cuando la gerencia crea equipos formados de empleados de variadas funciones dentro de la organización.

Tamaño

¿El tamaño de un grupo afecta el comportamiento total del grupo? La repuesta a esta pregunta es un "sí" definitivo, pero el efecto depende de las variables dependientes que esté considerando.[38]

La evidencia indica, por ejemplo, que los grupos pequeños terminan más rápido sus tareas que los grandes. Sin embargo, si el grupo se compromete en una solución de problema, los grandes grupos consistentemente tienen mejores marcas que sus contrapartes más pequeñas. Traducir estos resultados a números específicos es un poco mas difícil, pero podemos ofrecer algunos parámetros. Los grandes grupos —con una docena o más de miembros— son buenos para obtener aportaciones diversas. Así, si la meta del grupo es encontrar el hecho, los grandes grupos deberían ser más eficaces. Por el otro lado, los grupos pequeños son mejores para hacer algo productivo con esa contribución. Los grupos de aproximadamente siete miembros, por tanto, tienden a ser más eficaces para emprender una acción.

holgazanería social
La tendencia de los individuos a hacer menos esfuerzo cuando se trabaja de manera colectiva que cuando se trabaja en forma individual.

Uno de los hallazgos más importantes relacionados con el tamaño de un grupo ha sido llamado **holgazanería social.** Ésta es la tendencia de los individuos a intervenir con menos esfuerzo cuando se trabaja en forma colectiva que cuando se trabaja individualmente.[39] Desafía directamente la lógica de que la productividad del grupo como un todo debería ser cuando menos igual a la suma de la productividad de cada individuo en el grupo.

◆ Los grandes grupos son buenos para obtener aportaciones diversas pero los grupos pequeños son mejores para hacer algo productivo con esas contribuciones.

Un estereotipo común acerca de los grupos es que el sentido del espíritu de equipo estimula el esfuerzo individual e incrementa la productividad total del grupo. A finales de la década de los veinte, un psicólogo alemán llamado Ringelmann comparó los resultados del desempeño individual y de grupo sobre una tarea de jalar una soga.[40] Él esperaba que el esfuerzo del grupo fuera igual a la suma de los esfuerzos de los individuos dentro del grupo. Esto es, tres personas que jalaban al mismo tiempo deberían ejercer tres veces el esfuerzo de una persona. Los resultados de Ringelmann, sin embargo, no confirmaron sus expectativas. Los grupos de tres gentes ejercieron una fuerza de solamente dos y media veces el promedio del desempeño de un individuo. Los grupos de ocho lograron colectivamente menos de cuatro veces la tasa de uno solo.

Repeticiones de la investigación de Rengelmann con tareas similares han apoyado generalmente sus hallazgos.[41] Los incrementos en el tamaño del grupo están inversamente relacionados con el desempeño del individuo. Mas podrían ser mejores si la productividad total de un grupo de cuatro fuera mayor que la de una o dos personas, pero la productividad individual de cada miembro del grupo desciende.

¿Qué causa el efecto denominado holgazanería social? Podría deberse a la creencia de que los demás del grupo no están cumpliendo su parte. Si usted ve que los demás son flojos o ineptos, puede restablecer la equidad al reducir su esfuerzo. Otra explicación es la dispersión de la responsabilidad. Debido a que los resultados del grupo no pueden ser atribuidos a una persona en específico, la relación entre la contribución individual y la producción del grupo es oscura. En tales situaciones, los individuos podrían tratar de volverse "polizontes" y deslizarse sobre los esfuerzos del grupo. En otras palabras, puede haber una reducción en la eficiencia si los individuos piensan que sus contribuciones no son medibles.

Las implicaciones para el CO de este efecto sobre los grupos de trabajo son significativas. Cuando los gerentes utilizan las situaciones colectivas de trabajo para incrementar el ánimo y el trabajo de equipo, también deben proporcionar los medios por los cuales se identifican los esfuerzos del individuo. Si esto no se realiza, la gerencia debe sopesar las pérdidas potenciales en la productividad al usar grupos *versus* las ganancias posibles en la satisfacción del trabajador.[42] Sin embargo, esta conclusión tiene un prejuicio occidental. Es consistente con las culturas individualistas, como Estados Unidos y Canadá, que están dominadas por el interés propio. No es consistente con sociedades colectivas donde los individuos son motivados por las metas de grupo. Por ejemplo, en estudios que comparan a los empleados de Estados Unidos con los de la República Popular de China e Israel (ambas sociedades colectivas), los chinos y los israelíes no mostraron propensión alguna a caer en la holgazanería social. De hecho, los chinos e israelíes en realidad se desempeñan mejor en grupos que trabajando solos.[43]

La investigación sobre el tamaño del grupo nos lleva a dos conclusiones adicionales: (1) Los grupos con un número impar de miembros tienden a ser preferibles a aquellos de número par; y (2) los grupos formados por cinco o siete miembros hacen un buen trabajo al conjuntar los mejores elementos tanto de los grupos pequeños como de los grandes.[44] Tener un número impar de elementos elimina la posibilidad de empates cuando se hacen votaciones. Y los grupos formados por cinco o siete miembros son lo suficientemente grandes para evitar resultados negativos a menudo asociados con grandes grupos, como la dominación mediante pocos miembros, el desarrollo de subgrupos, la participación inhibida de algunos miembros y el tiempo excesivo tomado para alcanzar una decisión.

Composición

La mayoría de las actividades de grupo requieren una variedad de habilidades y conocimientos. Dado este requerimiento, sería razonable concluir que los grupos heterogéneos —aquellos compuestos de individuos disímiles— tendrían mayor probabilidad de tener habilidades e información diversas y deberían ser más eficaces. Los estudios de investigación en general sostienen esta conclusión.[45]

Cuando un grupo es heterogéneo en términos del género, personalidades, opiniones, habilidades y perspectivas, existe una probabilidad cada vez mayor de que el grupo posea las características necesarias para llevar a cabo sus tareas eficazmente.[46]

El grupo podría volverse más conflictivo y menos expedito mientras se introducen y se asimilan las posiciones, pero la evidencia en general apoya la conclusión de que los grupos heterogéneos se desempeñan más eficazmente que los homogéneos.

¿Pero qué hay acerca de la diversidad creada por las diferencias raciales o nacionales? La evidencia indica que estos elementos de diversidad interfieren con los procesos del grupo, al menos en el corto plazo.[47] La diversidad cultural parece ser un activo en tareas que buscan la variedad en los puntos de vista. Pero los miembros de los grupos culturalmente heterogéneos tienen más dificultad en aprender a trabajar entre ellos y solucionar problemas. Las buenas noticias son que estas dificultades parecen disiparse con el tiempo. Un tiempo los grupos nuevos formados por elementos de diversas culturas se desempeñan por debajo de los grupos nuevos culturalmente homogéneos, pero las diferencias desaparecen después de cerca de tres meses. La razón es que a los grupos diversos les toma tiempo aprender a trabajar con los desacuerdos y los diferentes métodos para solucionar problemas.

Una rama del tema de la composición ha recibido recientemente una gran atención por un grupo de investigadores. Ésta es el grado en el cual los miembros de un grupo comparten un atributo demográfico común, tal como la edad, el sexo, la raza, el nivel educacional o el tiempo de servicio en la organización y el impacto de este atributo sobre la rotación. Nosotros llamamos a esta variable **demografía de grupo.**

Discutimos los factores demográficos individuales en el capítulo 2. Aquí consideramos el mismo tipo de factores, pero en un contexto de grupo. En otras palabras, no es si una persona es hombre o mujer, o si ha estado empleada en la organización un año y diez años lo que nos concierne ahora, sino el atributo del individuo en relación con los atributos de los demás con quienes él trabaja. Trabajemos por medio de la lógica de la demografía de grupo, revisemos la evidencia y hasta entonces consideremos las implicaciones.

Los grupos y organizaciones se componen de **cohortes,** las cuales definimos como los individuos que mantienen un atributo común. Por ejemplo, todos los nacidos en 1960 son de la misma edad. Esto significa que también comparten experiencias comunes. La gente nacida en 1970 ha experimentado la revolución de la información, pero no el conflicto coreano. La gente nacida en 1945, en Estados Unidos, compartió la guerra de Vietnam, pero no la Gran Depresión. Las mujeres en las organizaciones estadounidenses que nacieron antes de 1945, llegaron a la madurez antes del movimiento de las mujeres y han tenido experiencias sustancialmente diferentes de las mujeres nacidas después de 1960. La demografía de grupo, por tanto, sugiere que ta-

demografía de grupo
Grado en el cual los miembros de un grupo comparten un atributo demográfico común, tal como la edad, el sexo, la raza, el nivel educacional, o el tiempo de servicio en la organización y el impacto de este atributo sobre la rotación.

cohorte
Individuos que, como parte de un grupo, mantienen atributos comunes.

Los miembros del equipo de mercadotecnia de Pepsi-Cola International de Gran Bretaña comparten atributos demográficos comunes: todos son jóvenes. Para ejecutar su plan de incrementar las ventas internacionales de la bebida, Pepsi tiene la seguridad de que las cohortes jóvenes que poseen la pasión por el cambio, aceptan el riesgo, actúan con rapidez, innovan constantemente y no tienen miedo de romper las reglas del mercado de las bebidas gaseosas.

les atributos como la edad o la fecha en que uno se une a un grupo específico de trabajo u organización debería ayudarnos a predecir la rotación. Esencialmente, la lógica es así: la rotación será grande entre aquéllos con experiencias que no son similares debido a que la comunicación es más difícil. El conflicto y las luchas de poder son más probables y más severas cuando ocurren. El conflicto cada vez más grande hace menos atractiva la membresía del grupo, así que los empleados tienen mayor probabilidad de renunciar. De igual manera, los perdedores en una batalla por el poder están más aptos para irse voluntariamente o para ser forzados a salir.

Diversos estudios han buscado probar esta tesis y la evidencia es un tanto alentadora.[48] Por ejemplo, en los departamentos o grupos separados de trabajo donde una gran porción de miembros entró al mismo tiempo, existe una considerable rotación cada vez más grande entre aquellos fuera de esta cohorte. También, cuando existen grandes aperturas entre las cohortes, la rotación es mayor. Las personas que entran juntas a un grupo o a una organización o aproximadamente al mismo tiempo, es más probable que se asocien entre ellas, tengan una perspectiva similar sobre el grupo o la organización y, por tanto, sea más probable que se queden. Por el otro lado, las discontinuidades o ventajas en la distribución de la fecha de entrada al grupo tal vez tenga como resultado una tasa de rotación mayor dentro de ese grupo.

La implicación de esta línea de cuestionamiento es que la composición de un grupo podría ser un pronosticador importante. Es posible que las diferencias por sí solas no pronostiquen la rotación. Pero las grandes diferencias dentro de un solo grupo llevarán a la rotación. Si todo mundo es moderadamente disimilar de todos los demás en un grupo, los sentimientos de ser un externo se reducen. Así, es el grado de dispersión sobre un atributo, y no el nivel, lo que más importa.

Podemos especular que la varianza dentro de un grupo con respecto a otros atributos en lugar de la fecha de entrada, como la formación y la cultura social, las diferencias de género y los niveles de educación, creen similarmente discontinuidades o ventajas en la contribución que alentarán a algunos miembros a irse. Para llevar más lejos esta idea, el hecho de que un miembro del grupo sea una mujer podría, en sí mismo, significar poco para predecir la rotación. De hecho, si el grupo de trabajo está formado por nueve mujeres y un hombre, nosotros estaríamos más dispuestos a predecir que el hombre se iría. En los rangos ejecutivos de las organizaciones, sin embargo, donde las mujeres son la minoría, pronosticaríamos que este estatus de minoría incrementaría la probabilidad de que las mujeres gerentes renunciaran.

Cohesión

Los grupos difieren en su **cohesión,** esto es, en el grado en el cual los miembros se atraen el uno al otro y están motivados para quedarse en el grupo.[49] Por ejemplo, algunos grupos de trabajo son cohesivos ya que sus miembros han pasado gran parte del tiempo juntos, el tamaño pequeño del grupo facilita una alta interacción, o el grupo ha experimentado amenazas externas que han hecho que se estrechen los lazos. La cohesión es importante ya que se ha encontrado que está relacionada con la productividad del grupo.[50]

Los estudios muestran consistentemente que la relación de la cohesión y la productividad dependen de las normas relacionadas con el desempeño establecidas por el grupo. Si éstas son altas (por ejemplo, una producción alta, la calidad del trabajo, la cooperación con los individuos fuera del grupo), un grupo cohesivo será más productivo que un grupo no tan cohesivo. Pero si la cohesión es alta y las normas de desempeño son bajas, la producción será baja. Si la cohesión es baja y las normas de desempeño son altas, la productividad se incrementa, aunque menos que en la situación de alta cohesión y normas altas. Cuando la cohesión y las normas relacionadas con el desempeño son bajas, la productividad tenderá a caer en el rango de bajo a moderado. Estas conclusiones se resumen en la ilustración 7-7 de la página 265.

cohesión
El grado en el cual los miembros se atraen el uno al otro y están motivados para quedarse en el grupo.

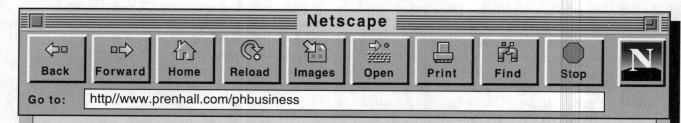

Go to: http//www.prenhall.com/phbusiness

El CO en las noticias

La diversidad de la fuerza laboral y las camarillas

Leslie Meltzer Aronzon, un corredor de inversiones, recuerda bastante bien el incidente. Fue justo después de que ella y cuatro de sus colegas habían estado en una intensa sesión de negociación con un cliente importante. Mientras ellos caminaban juntos discutiendo las repercusiones potenciales, la conversación se convirtió en silencio. Todos los asociados de Aronzon se habían desviado y se habían dirigido a los sanitarios de hombres. Cuando los hombres salieron, "ya habían decidido lo que haríamos". El incidente de nuevo le recordó que ella era una mujer en una profesión de hombres.

"Muchos de los muchachos en mi oficina salen los fines de semana y comparten información. Y aun se comunican entre ellos sugerencias o recomendaciones", dice Aronzon. "No me discriminan de manera consciente, pero lo hacen."

Paul Muniz, un procesador de reclamos para una firma de seguros de Los Ángeles, nota cómo la gente con experiencia similar tiende a congregarse junta en el trabajo. "Mis mejores amigos en el trabajo tienden a ser otros mexicanos. Usted ve agruparse a los latinos, a los vietnamitas y a los negros". Muniz dice que él y sus otros amigos hablan español entre ellos ya que "sentimos que podemos expresarnos mejor en español. Pero trato de no hacerlo demasiado, ya que algunas veces la gente que no habla español piensa que estamos diciendo algo importante que debería saber".

Las camarillas en el lugar de trabajo son perfectamente naturales y por lo común entendibles pero por naturaleza son exclusivas y, a pesar del énfasis de hoy en día sobre el conocimiento de la diversidad, son un fenómeno que las cor-poraciones estadounidenses no pueden controlar.

Puede ser como en la preparatoria otra vez, excepto que en el trabajo, la gente se divide en camarillas de acuerdo con la edad, el estado marital, el género, la raza y la posición en lugar de la habilidad atlética y la popularidad con el sexo opuesto.

Todavía, las camarillas pueden afectarle profundamente en el lugar de trabajo como lo hicieron en la preparatoria, y determinar no sólo la gente con quien almuerce y el acceso que tenga a los rumores, sino los asuntos críticos como tareas, ascensos y salario. A diferencia de las camarillas de la preparatoria, las cuales, gracias a Dios, se desintegraban en la graduación, los grupos de la oficina no tienen esos fines tan claros y convenientes.

Basado en Christian, S., "Out of the 'In' Crowd", *Los Angeles Times*, 16 de mayo de 1994, p. II-7.

¡Conéctese a la red!

Lo invitamos a que visite la página de Robbins en el sitio de Prentice Hall en la Web:

http://www.prenhall.com/robbinsorgbeh

para el ejercicio de la World Wide Web de este capítulo.

Ilustración 7-7 Relaciones entre la cohesión del grupo, las normas de desempeño y la productividad

		Cohesión	
		Alto	Bajo
Normas de desempeño	Alto	Alta productividad	Productividad moderada
	Bajo	Baja productividad	Productividad moderada a baja

¿Qué puede hacer para alentar la cohesión del grupo? Podría intentar una o más de las siguientes sugerencias: (1) Reduzca el grupo. (2) Aliente el acuerdo con las metas. (3) Incremente el tiempo que pasan los miembros juntos. (4) Incremente el estatus del grupo y la percepción de la dificultad de lograr ser miembro del grupo. (5) Estimule la competencia con otros grupos. (6) Dé recompensas al grupo en lugar de a los miembros. (7) Aísle físicamente al grupo.[51]

Procesos del grupo

El siguiente componente de nuestro modelo del comportamiento de grupo considera el proceso que está dentro del grupo —los patrones de comunicación usados por los miembros para intercambiar información, los procesos de toma de decisiones, el comportamiento de líder, las dinámicas de poder, las interacciones de conflicto y similares. En los capítulos 9 al 12 se estudian muchos de estos procesos.

¿Por qué los procesos son importantes para entender el comportamiento del grupo de trabajo? Una forma de responder esta pregunta es regresar al tema de la holgazanería social. Encontramos que $1 + 1 + 1$ no necesariamente suma 3. En las tareas de grupo donde cada contribución del miembro no es claramente visible, existe una tendencia de los individuos a disminuir sus esfuerzos. La holgazanería social, en otras palabras, ilustra una pérdida del proceso como un resultado de utilizar los grupos. Pero los procesos de grupos también producen resultados positivos; es decir, los grupos pueden crear resultados mayores que la suma de sus contribuciones. La ilustración 7-8 muestra cómo los procesos del grupo pueden impactar la eficacia real del grupo.[52]

La **sinergia** es un término utilizado en biología que se refiere a la acción de dos o más sustancias en un efecto que es diferente de la suma individual de las sustancias. Utilicemos el concepto para entender mejor el proceso de grupo.

sinergia
Una acción de dos o más sustancias que provocan un efecto que es diferente de la suma individual de las sustancias.

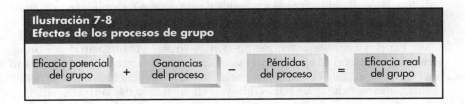

Ilustración 7-8
Efectos de los procesos de grupo

Eficacia potencial del grupo **+** Ganancias del proceso **–** Pérdidas del proceso **=** Eficacia real del grupo

La holgazanería social, por ejemplo, representa la sinergia negativa. El todo es menos que la suma de sus partes. Por el otro lado, los equipos a menudo se utilizan en los laboratorios de investigación ya que pueden atraer las habilidades diversas de varios individuos para producir una investigación con mayor significado que como un grupo generado por todos los investigadores que trabajarán en forma independiente. Esto es, los equipos producen una sinergia positiva. El proceso de ganancias excede sus procesos de pérdidas.

Otra línea de investigación que nos ayuda a entender mejor los procesos del grupo es el efecto de la facilitación social. ¿Ha notado alguna vez que el desarrollar una tarea enfrente de otros puede tener un efecto positivo o negativo en su desempeño? Por ejemplo, usted practica en privado un clavado complejo de trampolín, en la alberca de su casa, durante semanas. Entonces realiza el clavado enfrente de un grupo de amigos y lo hace mejor que nunca. O bien practica un discurso en privado y finalmente lo consigue hacer perfectamente, pero usted "se magnifica" cuando tiene que darlo en público.

efecto de facilitación social
Tendencia a que el desempeño mejore o empeore en respuesta a la presencia de los demás.

El **efecto de la facilitación social** se refiere a la tendencia a que el desempeño mejore o empeore en respuesta a la presencia de los demás. Mientras que este efecto no es un fenómeno completamente de grupo —la gente puede trabajar en la presencia de otros integrantes y no miembros de un grupo, es probable que la situación del grupo proporcione las condiciones de una facilitación social para que ocurra. La investigación sobre la facilitación social nos dice que el desempeño de las tareas simples o rutinarias tiende a ser acelerado y más preciso en presencia de otros. Si el trabajo es más complejo o requiere de una atención más estrecha, es probable que la presencia de los demás tenga un efecto negativo en el desempeño.[54] ¿Así que cuáles son las implicaciones de esta investigación, en términos de ganancias y pérdidas del proceso de administración? Las implicaciones se relacionan con el aprendizaje y el entrenamiento. La gente parece desempeñarse mejor en una tarea en presencia de los demás si la tarea está muy bien aprendida, pero si esto último no ocurre, su desempeño será pobre. Las ganancias del proceso se maximizarán con el entrenamiento de la gente en la ejecución de tareas simples en grupo; en tanto que, en el caso de las tareas complejas, el entrenamiento es mejor en sesiones de prácticas privadas.

◆ La gente se desempeña mejor en una tarea en presencia de otros, si la tarea se aprende muy bien.

Tareas del grupo

Imagine que hay dos grupos en una gran compañía petrolera. El trabajo del primero es considerar los sitios posibles para la nueva refinería. La decisión va a afectar a la gente de muchas áreas de la compañía —producción, ingeniería, mercadotecnia, distribución, compras, desarrollo de bienes raíces y similares— así que la gente clave de cada una de estas áreas necesitará contribuir en la decisión. El trabajo del segundo grupo es coordinar la construcción de la refinería después de que se haya seleccionado el lugar, se haya finalizado el diseño y se hayan concluido los arreglos financieros. La investigación sobre la eficacia del grupo aconseja que la gerencia use un grupo mucho más grande para la primera tarea que para la segunda.[55] La razón es que los grandes grupos facilitan obtener la información. La adición de una perspectiva diversa al comité de solución del problema, típicamente origina una ganancia en el proceso. Pero cuando la tarea de un grupo es coordinar y poner en práctica una decisión, el proceso de pérdida creado por la presencia de cada uno de los miembros adicionales probablemente sea mayor que el proceso de ganancia que aporte cada uno de ellos. Así que la relación entre el tamaño y el rendimiento está moderada por los requerimientos de la tarea del grupo.

Las conclusiones anteriores pueden extenderse: el impacto de los procesos del grupo en el desempeño de éste y la satisfacción del integrante también está moderada por las tareas que el grupo está haciendo. La evidencia indica que la complejidad e interdependencia de las tareas influyen en la eficacia del grupo.[56]

Las tareas pueden generalizarse ya sea como simples o complejas. Las segundas son las que tienden a ser nuevas o no rutinarias. Las simples son las rutinarias y estandarizadas. Podríamos plantear la hipótesis de que mientras más compleja sea la tarea, el grupo tenderá más a beneficiarse de la discusión entre los integrantes sobre los métodos alternativos de trabajo. Si la tarea es simple, los miembros del grupo no necesitan discutir tales opciones. Se pueden apoyar en los procedimientos de operación estandarizados para hacer el trabajo. En forma similar, si existe un alto grado de interdependencia entre las tareas que los miembros del grupo deben desarrollar, necesitarán interactuar más. La comunicación eficaz y los niveles mínimos de conflicto, por tanto, deberían ser más relevantes para el desempeño del grupo cuando las tareas son interdependientes.

Estas conclusiones son consistentes con lo que sabemos acerca de la capacidad de procesamiento de la información y la incertidumbre.[57] Las tareas que tienen una incertidumbre alta —aquellas que son complejas e interdependientes— requieren mayor procesamiento de la información. Esto es, en la secuencia adecuada, pone más importancia a los procesos del grupo. Así que debido a que el grupo se caracteriza por una comunicación y un liderazgo pobres, altos niveles de conflicto y similares, no necesariamente significa que tendrá un desempeño pobre. Si las tareas del grupo son simples y requieren poca interdependencia entre los miembros, el grupo todavía podría ser eficaz.

Toma de decisiones en grupo

La creencia —caracterizada por los jurados— de que dos cabezas son mejor que una, ha sido largamente aceptada como un componente básico de los sistemas legales de Estados Unidos y de otros países. Esta creencia se ha expandido hasta el punto en que, hoy en día, muchas decisiones se toman en grupos, equipos o comités. En esta sección, queremos revisar la toma de decisiones en grupo.

Grupos o individuos

Los grupos formados para tomar decisiones se usan ampliamente en las organizaciones, pero ¿ello implica que la toma de decisiones en grupo sea preferible a aquella hecha por un solo individuo? Comencemos viendo las fortalezas y las debilidades de los grupos.[58]

FORTALEZAS DE LA TOMA DE DECISIONES EN GRUPO Los grupos generan *información y conocimientos más completos*. Al agregar los recursos de diversos individuos, los grupos contribuyen más al proceso de decisión. Ofrecen una *incrementada diversidad de puntos de vista*. Esto representa mayor oportunidad de considerar más métodos y alternativas. La evidencia indica que un grupo siempre sobrepasará al mejor individuo. De esta forma los grupos generan *decisiones de alta calidad*. Finalmente, los grupos conllevan una *aceptación mucho mayor de una solución*. Muchas decisiones fracasan después de que se toma la opción final debido a que la gente no acepta la solución. Los miembros del grupo que participan en la toma de decisiones probablemente apoyen con entusiasmo la decisión y alienten a los demás a aceptarla.

DEBILIDADES DE LA TOMA DE DECISIONES EN GRUPO A pesar de las ventajas acotadas, las decisiones de grupo tienen sus desventajas. *Consumen tiempo*. Típicamente se requiere más tiempo para llegar a una solución en grupo de lo que tomaría si un solo individuo decidiera por sí mismo. En los grupos, hay *presiones para entrar a la conformidad*. El deseo de los miembros del grupo de ser aceptados y considerados como un activo para el equipo favorece la superación de cualquier desacuerdo abierto.

La discusión del grupo puede ser *dominada por uno o pocos miembros*. Si la coalición que domina se compone de miembros de habilidad baja y media, sufrirá la eficacia total del grupo. Por último, las decisiones de grupo adolecen de la *responsabilidad ambigua*. En la decisión individual, es claro quién es responsable de la decisión final. En la decisión en grupo, la responsabilidad de cualquier individuo desaparece.

EFICACIA Y EFICIENCIA El grado de eficacia de los grupos depende de los criterios que usted use para definir ésta. En cuanto a la precisión, las decisiones en grupo tienden a ser las más acertadas. La evidencia indica que, en promedio, los grupos toman decisiones de mejor calidad que los individuos.[59] Sin embargo, si la eficacia de la decisión se define en términos de *velocidad*, los individuos son superiores. Si la *creatividad* es importante, los grupos tienden a ser más eficaces que los individuos. Y si la eficacia significa el grado de *aceptación* de la solución final, la aceptación está del lado del grupo otra vez.[60]

Pero la eficacia no puede ser considerada sin evaluar también la eficiencia. En términos de esta última, los grupos casi siempre quedan en segundo lugar en la toma de decisiones con respecto al decisor individual. Con algunas excepciones, la toma de decisiones de grupo consume más horas de trabajo que si un individuo atacara el mismo problema por sí solo. Las excepciones tienden a ser aquellas instancias donde, para lograr cantidades comparables de contribución diversa, el tomador individual de decisiones debe pasar gran parte del tiempo revisando archivos y hablando con la gente. Debido a que los grupos pueden incluir a los miembros de diversas áreas, el tiempo que se pasa buscando información puede reducirse. Sin embargo, como ya notamos, estas ventajas en la eficiencia tienden a ser la excepción. Los grupos son generalmente menos eficientes que los individuos. Decidir si se usan grupos o no, entonces, debería determinarse con la evaluación de si los incrementos en la eficacia son más que suficientes para compensar las pérdidas en la eficiencia.

En resumen, los grupos constituyen un excelente vehículo para desempeñar muchos pasos en el proceso de toma de decisiones. Son una fuente tanto de amplitud como de profundidad en la participación para la reunión de la información. Si el grupo se compone de individuos con diversos antecedentes, las alternativas generadas deberían ser más extensivas y el análisis más crítico. Cuando se está de acuerdo en la solución final, hay más gente que la apoye y la ponga en práctica. Estos valores agregados, sin embargo, pueden ser más que un balance del tiempo consumido por las decisiones del grupo, los conflictos internos que crean y las presiones que generan hacia la conformidad.

Pensamiento de grupo y ajuste de grupo

Dos productos de la toma de decisiones en grupo han recibido una considerable atención por parte de los investigadores del CO. Como mostraremos, estos dos fenómenos tienen el potencial de afectar la habilidad del grupo para evaluar las alternativas objetivamente y llegar a decisiones de calidad.

pensamiento de grupo
Fenómeno en el cual la norma por el consenso domina la evaluación realista de los cursos alternativos de acción.

ajuste de grupo
Un cambio en el riesgo de la decisión entre la decisión del grupo y la decisión individual que cada integrante tomaría, puede ser ya sea hacia un nivel de riesgo más conservador o más alto.

El primer fenómeno, llamado **pensamiento de grupo**, se relaciona con las normas. Describe situaciones en las cuales las presiones de grupo hacia la conformidad desalientan a los integrantes de la inusual apreciación crítica, la minoría, o las posiciones impopulares. El pensamiento de grupo es una enfermedad que ataca a muchos grupos y que puede obstaculizar drásticamente su desempeño. El segundo fenómeno que revisaremos es llamado **ajuste de grupo.** Indica que al discutir un conjunto dado de alternativas y llegar a una solución, los miembros del grupo tienden a exagerar las posiciones iniciales que ellos mantienen. En algunas situaciones, la precaución domina, existe un ajuste conservador. Más a menudo, sin embargo, la evidencia indica que los grupos tienden a ajustarse hacia el riesgo. Observemos cada uno de estos fenómenos con más detalle.

PENSAMIENTO DE GRUPO Hace varios años tuve una experiencia particular. Durante una reunión de profesores, se realizó una propuesta estipulando las responsabilidades de cada uno de los miembros del profesorado en referencia a la asesoría a estudiantes. La moción fue secundada y se dio paso a las preguntas. No hubo ninguna. Después de 15 segundos de silencio, el presidente de la junta preguntó si él podía "hacer la llamada" (terminología agraciada para pedir permiso para votar). No se escucharon objeciones. Cuando el presidente preguntó cuántos estaban en favor, una gran mayoría de los 32 miembros del profesorado levantaron la mano. La moción fue aprobada, y el presidente prosiguió con el siguiente asunto de la agenda.

Nada en el proceso pareció inusual, pero la historia no ha terminado. Después de 20 minutos de terminada la reunión, un profesor entró gruñendo a mi oficina con una petición. La petición decía que la moción sobre la asesoría a los estudiantes había sido forzada y pidió al presidente que pusiera la moción en la agenda para discusión y votación. Cuando le pregunté a este profesor por qué no había hablado en la hora anterior, me miró frustradamente. Entonces procedió a decirme que hablando con la gente después de la reunión, se dio cuenta de que había una considerable oposición a la moción. Él no habló, dijo, porque pensó que era el único que no estaba de acuerdo. Conclusión: la reunión de los profesores a la que habíamos asistido había sido atacada por la "enfermedad" mortal del pensamiento de grupo.

¿Alguna vez ha sentido deseos de hablar en una reunión, salón de clase o grupo informal, pero ha decidido no hacerlo? Una razón podría haber sido la timidez. Por el otro lado, pudo haber sido víctima del pensamiento de grupo, el fenómeno que ocurre cuando los miembros del grupo se sienten atraídos por la búsqueda de la concurrencia, que la norma del consenso prevalece sobre la evaluación realista de los cursos alternativos de acción y la expresión completa de las posiciones opuestas, de la minoría o impopulares. Describe el deterioro de la eficiencia mental del individuo, en el examen de la realidad y en el juicio moral como resultado de las presiones del grupo.[61]

Todos hemos visto los síntomas del fenómeno de pensamiento de grupo:

◆ Cuando ocurre un pensamiento de grupo, la gente se mantienen callada acerca de las sospechas y el silencio se ve como aceptación.

1. Los miembros del grupo racionalizan cualquier resistencia a las suposiciones que han hecho. No importa cuán fuerte la evidencia pudiera contradecir sus suposiciones básicas, los miembros se comportan de un modo tal que refuerzan continuamente aquellas suposiciones.

2. Los miembros aplican presiones directas sobre aquellos que momentáneamente expresan dudas acerca de cualesquiera de los puntos de vista compartidos en el grupo o que cuestione la validez de los argumentos que soporten la alternativa favorecida por la mayoría.

3. Aquellos miembros que tienen dudas o mantienen diferentes puntos de vista evitan diferir de lo que parece ser el consenso de grupo, y mantienen en silencio sus dudas, e incluso minimizan ante ellos mismos la importancia de sus cuestionamientos.

4. Parece ser una ilusión de unanimidad. Si alguien no habla, se asume que él o ella está completamente de acuerdo. En otras palabras, el abstencionismo se vuelve un voto de "sí".

En estudios sobre la historia de las decisiones de política exterior estadounidense, se encontró que estos síntomas prevalecieron cuando los grupos del gobierno de política exterior fracasaron —la falta de preparación de Pearl Harbor en 1941, la invasión de Estados Unidos a Corea del Norte, el fiasco de la Bahía de Cochinos y la intensificación de la guerra de Vietnam. Es importante hacer notar que estas cuatro características del pensamiento de grupo no se encontraron cuando las decisiones de política de grupo tuvieron éxito —la crisis de los misiles cubanos y la formulación del plan Marshall.[63]

El pensamiento de grupo parece estar estrechamente alineado con las conclusiones que Asch obtuvo en sus experimentos con un discordante solitario. Los individuos que mantienen una posición que es diferente de la mayoría dominante están bajo presión de suprimir, retener o modificar sus sentimientos verdaderos y creencias. Como miembros de un grupo, encontramos más placentero estar de acuerdo —ser una parte positiva del grupo— que ser una fuerza de desorden, aun si éste es necesario para mejorar la eficacia de las decisiones del grupo.

¿Son todos los grupos vulnerables al pensamiento de grupo? La evidencia sugiere que no. Los investigadores se han enfocado en tres variables moderadoras: la cohesión del grupo, el comportamiento del líder y el aislamiento del grupo, pero los hallazgos no han sido consistentes.[64] Hasta este punto, las conclusiones más válidas que podemos hacer son: (1) los grupos altamente cohesivos favorecen mucho más la discusión y traen más información, pero no es claro si tales grupos desalientan o motivan el disentimiento; (2) los grupos con líderes imparciales que alientan la contribución de los miembros generan y discuten más soluciones posibles; (3) los líderes deberían evitar expresar la solución preferida al principio de la discusión del grupo ya que ello tiende a limitar el análisis crítico e incrementar de manera significativa la probabilidad de que el grupo adopte esta solución como opción final; y (4) el aislamiento del grupo conduce a que se generen y se evalúen pocas alternativas.

AJUSTE DE GRUPO Al comparar las decisiones en grupo con las decisiones individuales de los miembros del grupo, la evidencia sugiere que hay diferencias.[65] En algunos casos, las decisiones de grupo son más conservadoras que las individuales. Más a menudo, el ajuste se hace hacia un mayor riesgo.[66]

Lo que parece ocurrir en los grupos es que la discusión lleva a un ajuste significativo en las posiciones de los miembros hacia una posición más extrema en la dirección en la cual ya se estaban dirigiendo antes de la discusión. Así que los tipos conservadores se vuelven más cautelosos y los tipos más audaces asumen un riesgo mayor. La discusión del grupo lleva a exagerar la posición inicial del grupo.

El ajuste del grupo puede percibirse en realidad como un caso especial del pensamiento de grupo. Las decisiones del grupo reflejan la norma dominante de la toma de decisiones que se desarrolla durante la discusión del grupo. El hecho de que el ajuste en la decisión del grupo se realice hacia una mayor precaución o hacia un mayor riesgo depende de la discusión previa de la norma dominante.

Una mayor ocurrencia del ajuste hacia el riesgo ha generado diversas explicaciones del fenómeno.[67] Se ha sostenido, por ejemplo, que la discusión crea la familiaridad entre los miembros. Conforme éstos se sienten más cómodos entre ellos, se vuelven menos temerosos y más atrevidos. Otro argumento es que nuestra sociedad valora el riesgo, que admiramos a los individuos que están dispuestos a tomar riesgos y que la discusión del grupo motiva a los miembros a mostrar que ellos están, cuando menos, tan dispuestos como sus compañeros a tomar riesgos. La explicación más plausible del ajuste hacia el riesgo, sin embargo, parece ser que el grupo disemina la responsabilidad. Las decisiones de grupo liberan a cualquier miembro de la responsabilidad de la opción final del grupo. Puede tomarse un mayor riesgo, ya que aun si la decisión fracasa, ningún miembro puede ser señalado como responsable de todo.

¿Así que cómo utilizaría los hallazgos sobre el ajuste de grupo? Usted reconocería que las decisiones de grupo exageran la posición inicial de los miembros por

Ilustración 7-9
Fuente: S. Adams, *Build a Better Life by Stealing Office Supplies* (Kansas City, MO, Andrews & McMeal, 1991), p. 31. DILBERT reimpreso con permiso de United Feature Syndicate, Inc.

separado, que el ajuste se ha mostrado con más frecuencia hacia un mayor riesgo y el que un grupo se ajuste o no a un mayor riesgo o precaución está en función de las inclinaciones de los miembros, previas a la discusión.

Técnicas de toma de decisiones en grupo

La forma más común de la toma de decisiones en grupo tiene lugar en los **grupos de interacción.** En éstos, los miembros se reúnen cara a cara y se apoyan tanto en la interacción verbal como en la no verbal para comunicarse entre ellas. Pero como nuestro análisis del pensamiento de grupo demostró, los grupos de interacción a menudo se censuran a ellos mismos y presionan a los miembros individuales hacia la conformidad de la opinión. La tormenta de ideas, la técnica nominal del grupo y las reuniones electrónicas han sido propuestas como formas de reducir los problemas inherentes en el grupo de interacción tradicional.

La **tormenta de ideas** trata de superar las presiones hacia la conformidad, en los grupos de interacción, que retardan el desarrollo de alternativas creativas.[68] Esto lo hace utilizando un proceso de generación de ideas que específicamente alienta cualquiera y todas las posibilidades, mientras que restringe cualquier crítica de esas alternativas.

grupo de interacción
Grupos típicos, donde los miembros interactúan cara a cara.

tormenta de ideas
Un proceso de generación de ideas que específicamente alienta cualesquiera y todas las posibilidades, mientras se restringe cualquier crítica de esas alternativas.

En una sesión típica de tormenta de ideas, de seis a doce personas se sientan ante una mesa redonda. El líder del grupo enuncia el problema de manera clara, de modo tal que sea entendido por todos los participantes. Entonces los miembros "liberan" tantas alternativas como puedan dar en un tiempo dado. Ninguna crítica se permite y todas las opciones se archivan para una discusión y un análisis posteriores. La idea solitaria que estimula otras y los juicios de las sugerencias más extrañas se mantienen hasta que se impulsa después a los miembros del grupo a "pensar lo inusual". La tormenta de ideas, sin embargo, es simplemente un proceso para generar ideas. Las siguientes dos técnicas van más allá y ofrecen métodos de llegar en realidad a una solución preferida.[69]

técnica del grupo nominal
Un método de toma de decisiones de grupo en el cual los miembros individuales se reúnen cara a cara para agrupar sus juicios de una manera sistemática pero independiente.

La **técnica del grupo nominal** restringe la discusión o la comunicación interpersonal durante el proceso de toma de decisiones; a ello se debe el término *nominal*. Todos los integrantes están físicamente presentes, como en una reunión de comité tradicional, pero operan en forma independiente. Específicamente, se presenta un problema y entonces tienen lugar los siguientes pasos:

1. Los miembros se reúnen como un grupo pero, antes de que se efectúe cualquier discusión, cada integrante de manera independiente escribe sus ideas sobre el problema.

2. Después de este periodo de silencio, cada miembro presenta una idea al grupo. Cada miembro toma su turno, presentando una idea única hasta que todas las ideas se han presentado y se han grabado. Ninguna discusión se realiza hasta que todas las ideas se hayan grabado.

3. Posteriormente, el grupo discute las ideas para aclararlas y las evalúa.

4. Cada miembro del grupo en silencio y de manera independiente ordena las ideas según su importancia. La idea con la calificación más alta determina la decisión final.

La ventaja primordial de la técnica del grupo nominal es que permite que éste se reúna formalmente pero no restringe el pensamiento independiente como lo hace la interacción de grupo.

El método más reciente en la toma de decisiones de grupo es el que mezcla la técnica del grupo nominal con la tecnología computacional compleja.[70] Se denomina **reunión electrónica.** Una vez que la tecnología está operando, el concepto es simple. Hasta 50 personas sentadas ante una mesa en forma de herradura, vacía, excepto por una serie de terminales de computadora. Se presentan los temas a los participantes, quienes teclean sus respuestas en la pantalla de su computadora. Los comentarios individuales, como también los votos, se despliegan en una pantalla de proyección en el cuarto.

reunión electrónica
Una reunión donde los miembros interactúan por computadora, permitiendo el anonimato de los comentarios y la reunión de los votos.

Las mayores ventajas de las reuniones electrónicas son el anonimato, la honestidad y la velocidad. Los participantes pueden teclear de manera anónima cualquier mensaje que quieran y éste parpadeará en la pantalla para que todos lo vean al pulsar una tecla del teclado del participante. Permite también a la gente ser descomunalmente honesta sin ninguna penalidad. Es rápido por que se elimina el "comadreo", las discusiones no se desvían y muchos participantes pueden "hablar" al mismo tiempo sin callar a los demás. El futuro de las reuniones de grupo sin duda incluirán el uso extensivo de esta tecnología.

◆ Las reuniones electrónicas ofrecen el anonimato, la honestidad y la velocidad.

Cada una de estas cuatro técnicas de decisión de grupo tiene sus fortalezas y sus debilidades. La opción de una técnica en lugar de otra dependerá del criterio que usted quiera enfatizar y del costo-beneficio del intercambio. Por ejemplo, como se indica en la ilustración 7-10, la interacción de grupo es buena para la construcción de la cohesión del grupo, la tormenta de ideas mantiene las presiones al mínimo, las técnicas de grupo nominal son una manera barata de generar un número grande de ideas y las reuniones electrónicas procesan las ideas con rapidez.

Ilustración 7-10 Evaluación de la eficacia del grupo

Criterios de eficacia	Tipo de grupo			
	Interacción	Tormenta de ideas	Nominal	Electrónico
Número de ideas	Bajo	Moderado	Alto	Alto
Calidad de las ideas	Bajo	Moderado	Alto	Alto
Presión social	Alto	Bajo	Moderado	Bajo
Costos monetarios	Bajo	Bajo	Bajo	Alto
Velocidad	Moderado	Moderado	Moderado	Alto
Orientación a la tarea	Bajo	Alto	Alto	Alto
Potencial de un conflicto interpersonal	Alto	Bajo	Moderado	Bajo
Sentimientos de logro	Alto a bajo	Alto	Alto	Alto
Compromiso con la solución	Alto	No aplicable	Moderado	Moderado
Desarrollo de cohesión de grupo	Alto	Alto	Moderado	Bajo

Fuente: basado en Murnighan, J. K., "Group Decision Making: What Strategies Should You Use?", en *Management Review*, febrero de 1981, p. 61.

Resumen e implicaciones para los gerentes

Hemos explorado mucho territorio en este capítulo. Puesto que esencialmente organizamos nuestra discusión alrededor del modelo del comportamiento de grupo, en la ilustración 7-5, usemos este mismo modelo para resumir nuestros hallazgos con respecto al desempeño y la satisfacción.

Desempeño

Cualquier pronóstico acerca del desempeño del grupo debe empezar por reconocer que los grupos de trabajo son parte de una organización mayor y que otros factores, como la estrategia de la organización, la estructura de la autoridad, los procedimientos de selección y los sistemas de recompensas, pueden proporcionar un clima favorable o desfavorable para que el grupo opere dentro de ella. Por ejemplo, si una organización se caracteriza por la desconfianza entre la gerencia y los trabajadores, es más probable que los grupos de trabajo en la organización desarrollen normas que restrinjan el esfuerzo y la producción que en los grupos de trabajo en una organización donde el nivel de confianza es alto. Así que los gerentes no deberían observar cualquier grupo en aislamiento. En lugar de ello, deberían empezar por evaluar el grado en que las condiciones externas apoyan al grupo. Obviamente, es mucho más fácil para cualquier grupo de trabajo ser productivo cuando la organización de la cual forma parte está creciendo y tiene tanto el apoyo de la gerencia como recursos abundantes. De forma similar, es más probable que un grupo sea productivo cuando sus miembros tienen las habilidades necesarias para hacer las tareas del equipo y las características de la personalidad que facilitan el trabajar bien juntos.

Numerosos factores estructurales muestran una relación con el desempeño. Entre los más prominentes están la percepción del papel, las normas, las desigualdades del estatus, el tamaño del grupo, su formación demográfica, la tarea del grupo y la cohesión.

De los conceptos a las habilidades

Conducción de una reunión de grupo

Las reuniones de grupo tienen la reputación de ser eficientes. Por ejemplo, un connotado economista, John Kenneth Galbraith, ha dicho: "las reuniones son indispensables cuando usted no quiere hacer algo".

Cuando usted es responsable de la conducción de una reunión, ¿qué puede hacer para hacerla más eficiente y eficaz? Siga estos 12 pasos:[71]

1. *Prepare una agenda para la reunión*. Una agenda define qué espera lograr en la reunión. Debería enunciar el propósito de la junta; quién asistirá, qué preparación, de ser el caso, se requiere para cada participante; una lista detallada de los asuntos que se tratarán, el lugar y la hora específicas de la reunión, así como el tiempo específico que durará la junta.

2. *Distribuya la agenda con anterioridad*. Los participantes deberían tener la agenda con suficiente tiempo de anticipación para que puedan prepararse de manera adecuada para la reunión.

3. *Consulte con los participantes antes de la reunión*. Un participante no preparado no puede contribuir con todo su potencial. Es su responsabilidad asegurarse de que los miembros estén preparados, así que verifíquelo con bastante tiempo antes de la junta.

4. *Consiga que los participantes se ciñan a la agenda*. Lo primero que debe hacerse en la reunión es que los participantes revisen la agenda, hagan algunos cambios, luego aprueben la agenda definitiva.

5. *Establezca los parámetros específicos de tiempo*. Las reuniones deben empezar a tiempo y tener un tiempo específico para terminar. Es su responsabilidad especificar estos parámetros y mantenerlos.

6. *Mantenga enfocada la discusión*. Es su responsabilidad dar la dirección a la discusión, mantenerla enfocada en los temas y minimizar las interrupciones, el desorden y los comentarios no relevantes.

7. *Aliente y apoye la participación de todos los miembros*. Para maximizar la eficacia de las reuniones orientadas a los problemas, cada participante deberá ser alentado a contribuir. Las personalidades calladas o reservadas necesitan ser involucradas para que sus ideas se oigan.

8. *Mantenga un estilo equilibrado*. El líder eficaz de grupo impulsa cuando es necesario y es pasivo cuando debe serlo.

9. *Aliente las ideas contradictorias*. Usted necesita alentar los diferentes puntos de vista, el pensamiento crítico y el desacuerdo constructivo.

10. *Desaliente la fricción de personalidades*. Una reunión eficaz se caracteriza por la evaluación crítica de las ideas, no por los ataques a la gente. Cuando dirija una reunión, debe interceder rápidamente para detener los ataques personales y otras formas de insulto verbal.

11. *Sea un escucha eficaz*. Usted necesita escuchar con intensidad, empatía, objetividad, y hacer lo que sea necesario para conseguir el significado completo de cada uno de los comentarios de los participantes.

12. *Concluya con propiedad*. Usted debería cerrar una reunión con el resumen de las metas del grupo, clarificar las acciones, si las hay, que necesitan efectuarse después de la reunión; y distribuir las tareas de seguimiento. Si se toman algunas decisiones, usted también debe determinar quién será responsable de comunicarlas y ponerlas en práctica.

Existe una relación positiva entre la percepción del papel y la evaluación del desempeño del empleado.[72] El grado de congruencia que existe entre un empleado y su jefe, en la percepción del trabajo del primero influye en el grado en el cual el empleado será juzgado como un realizador eficaz por el jefe. En el grado en que la percepción del papel del empleado cumple con las expectativas que tiene el jefe respecto del papel, el empleado recibirá una alta evaluación de desempeño.

Las normas controlan el comportamiento del miembro del grupo al establecer estándares de lo correcto y lo incorrecto. Si los gerentes conocen las normas de un grupo dado, puede ayudar a explicar los comportamientos de sus miembros. Cuando las normas favorecen una alta contribución, los gerentes pueden esperar que el desempeño del individuo sea mucho más alto que cuando las normas del grupo se dirigen a restringir la contribución. De forma similar, los estándares aceptables de ausentismo serán dictados por las normas del grupo.

Las desigualdades en el estatus crean frustración y pueden influir de manera adversa la productividad y la voluntad de permanecer en la organización. Entre aquellos individuos que son sensibles a la equidad, la incongruencia es probable que lleve a una motivación menor y a una búsqueda mayor de formas para traer la justicia (ejemplo, tomar otro trabajo).

El impacto del tamaño sobre el desempeño del grupo depende del tipo de tarea con la cual el grupo esté comprometido. Los grupos grandes son más eficaces en actividades de búsqueda de hechos. Los grupos pequeños son más eficaces en tareas de desarrollo de la acción. Nuestro conocimiento de la holgazanería social sugiere que si la gerencia usa grupos grandes, los esfuerzos deberían encaminarse a proporcionar una medida del desempeño individual dentro del grupo.

Encontramos que la composición demográfica del grupo es una clave determinante de la rotación del individuo. Específicamente, la evidencia indica que los miembros del grupo que tienen edad o fecha de ingreso comunes a un grupo de trabajo tienden menos a renunciar.

También vimos que la cohesión juega una función importante al influir en el nivel de la productividad del grupo. Sin importar que dependa o no dependa de las normas del grupo relacionadas con el desempeño.

La primera variable de contingencia moderadora de la relación entre los procesos del grupo y el desempeño es la tarea del grupo. Mientras más complejas e interdependientes sean las tareas, más serán los procesos ineficientes que llevarán a un desempeño reducido del grupo.

Satisfacción

Al igual que con el papel de la relación percepción-desempeño, la alta congruencia entre un jefe y un empleado, como la percepción del trabajo del empleado, muestra una asociación significativa con la alta satisfacción del trabajador.[73] De manera similar, el conflicto del papel está asociado con la tensión inducida y la insatisfacción en el trabajo.[74]

La mayoría de la gente prefiere comunicarse con otros de su propio nivel de estatus o más alto en lugar de aquellos que están por abajo de su nivel.[75] Como resultado, deberíamos esperar que la satisfacción fuera mucho mayor entre los empleados cuyos trabajos minimizan la interacción con los individuos que están más abajo en estatus que ellos mismos.

La relación tamaño-satisfacción del grupo es lo que uno intuitivamente esperaría: los grandes grupos están asociados con la satisfacción baja.[76] Al tiempo que el tamaño se incrementa, las oportunidades para la participación y la interacción social disminuyen, como también la habilidad de los miembros de identificarse con los logros del grupo. Al mismo tiempo, tener más integrantes también promueve el desacuerdo, el conflicto y la formación de subgrupos los cuales todos actuarán para hacer del grupo una entidad menos placentera de la cual ser parte.

Para revisión

1. Compare y contraste los grupos de mando, de tarea, de interés y de amistad.
2. ¿Qué podría motivarle a usted a unirse a un grupo?
3. Defina la *sociometría* y explique su valor para los gerentes.
4. ¿Cuál es la relación entre el trabajo de grupo y la organización de la cual es parte?
5. ¿Cuáles son las implicaciones del experimento de la prisión de Zimbardo para el CO?
6. Explique las implicaciones de los experimentos de Asch.
7. ¿Cuáles son las implicaciones del estudio del restaurante de Whyte para el CO?
8. ¿Cómo se relacionan el estatus y las normas?
9. ¿Cómo puede ayudarle la demografía del grupo a pronosticar la rotación?
10. ¿Qué es el pensamiento de grupo? ¿Cuál es su efecto en la cualidad de la toma de decisiones?

Para discusión

1. ¿Cómo usaría el modelo de los pasos en equilibrio para entender mejor el comportamiento del grupo?
2. Identifique cinco papeles que usted actúa. ¿Qué comportamientos requieren? ¿Está alguno de estos papeles en conflicto con otro? Si es así, ¿de qué forma? ¿Cómo resolvería estos conflictos?
3. La "alta cohesión en un equipo lleva a una productividad más alta de grupo". ¿Está usted de acuerdo o en desacuerdo? Explique.
4. ¿Qué efecto, si lo hay, espera usted que la diversidad de la fuerza laboral tenga sobre el desempeño y la satisfacción del grupo?
5. Si las decisiones del grupo logran consistentemente resultados de mejor calidad que aquellos obtenidos por los individuos por separado, ¿cómo es que la frase: "un camello es un caballo diseñado por un comité" se ha vuelto tan popular y engranada en la cultura?

Punto

Diseño de trabajos alrededor de grupos

Es tiempo de tomar con seriedad a los pequeños grupos, esto es, usar los grupos, en lugar de los individuos, como los bloques de construcción básicos para una organización. Propongo que deberíamos diseñar organizaciones a partir de la nada alrededor de grupos en lugar de, como lo hemos hecho tradicionalmente, alrededor de individuos.

¿Por qué la gerencia querría hacer tal cosa? Cuando menos siete razones se identifican. Primero, los grupos pequeños parecen ser buenos para la gente. Satisfacen importantes necesidades de pertenencia. Proporcionan un rango moderadamente amplio de actividades para los miembros individuales. Proporcionan apoyo en tiempos de tensión y crisis. Son ambientes en los cuales la gente puede aprender no sólo cognoscitiva sino empíricamente a confiar en los demás y a ayudarse el uno al otro de manera razonable. Segundo, los grupos parecen ser útiles en promover la innovación y la creatividad. Tercero, en una amplia variedad de situaciones de decisión, los grupos toman mejores decisiones que los individuos. Cuarto, son grandes herramientas para la puesta en práctica. Los grupos obtienen el compromiso de sus miembros así es muy probable que las decisiones en grupo se lleven a cabo en forma voluntaria. Quinto, controlan y disciplinan a los miembros individuales en formas que con frecuencia son extremadamente difíciles, por medio de los sistemas disciplinarios *cuasi* legales. Sexto, mientras las organizaciones se hacen más grandes, los grupos pequeños parecen ser mecanismos útiles para repeler muchos de los efectos negativos del gran tamaño. Ayudan a prevenir que las líneas de comunica-ción crezcan demasiado, que la jerarquía sea muy pronunciada y que el individuo se pierda en la multitud. Existe también la séptima clase de argumento aunque por completo diferente, para tomar en serio a los grupos. Éstos son un fenómeno natural y se forman a partir de la vida organizacional. Pueden ser creados, pero su desarrollo espontáneo no puede prevenirse.

Operacionalmente, ¿cómo podría hacer que funcione una organización que en verdad fue diseñada alrededor de los grupos? Una de las respuestas a esta pregunta es simplemente tomar las cosas que hacen las organizaciones con los individuos y aplicarlas a los grupos. La idea sería elevar el nivel desde lo atómico a lo molecular y seleccionar grupos en lugar de individuos, entrenar grupos en lugar de individuos, ascender grupos en lugar de a los individuos, despedir grupos en lugar de a los individuos, y así sucesivamente a lo largo de la lista de actividades que las organizaciones han llevado a cabo tradicionalmente, a fin de emplear a los seres humanos en sus organizaciones.

En el pasado, el grupo se ha usado principalmente para restaurar y remendar las organizaciones que fueron construidas alrededor del individuo. Ha llegado el tiempo de que la gerencia deseche la noción de que los individuos son los bloques básicos de la construcción de las organizaciones y rediseñe éstas alrededor de grupos. Es de hacer notar que un número de organizaciones parece estar moviéndose en esta dirección. Cientos de compañías grandes, incluyendo Saturn Corp., Federal Express y Microsoft, han diseñado esencialmente sus operaciones actuales alrededor de pequeños grupos.

Basado en Leavitt, H. J., "Suppose We Took Groups Seriously", en Cass, E. L. y F. G. Zimmer (eds.), *Man and Work in Society* (Nueva York: Van Nostrand Reinhold, 1975), pp. 67-77.

Los trabajos deberían diseñarse alrededor de individuos

El argumento acerca de que las organizaciones pueden y deberían diseñarse alrededor de grupos podría mantenerse en una sociedad socialista, pero no en países capitalistas como Estados Unidos, Canadá, Australia, Alemania y el Reino Unido. La siguiente respuesta se relaciona directamente con Estados Unidos y los trabajadores de este país, aunque probablemente son generalizables a otros países capitalistas económicamente avanzados. De hecho, dados los cambios políticos en el este de Europa y el incremento de la aceptación de los negocios motivados por la ganancia, el caso para una organización orientada al individuo podría aplicarse en todo el mundo.

Estados Unidos se construyó sobre la ética del individuo. Esta ética se ha inculcado en los estadounidenses desde el nacimiento. El resultado es que está profundamente adherida a la psique de cada oriundo de ese país. Los estadounidenses valoran sobremanera el logro individual. Valoran la competencia. Aun en equipos deportivos, quieren identificar a los individuos para el reconocimiento. Por supuesto que disfrutan la interacción del grupo. Les gusta ser parte de un equipo, sobre todo un equipo ganador. Pero una cosa es ser un miembro de un equipo de trabajo manteniendo una fuerte identidad individual y otra supeditar la identidad de uno a la del grupo. Lo segundo es inconsistente con los valores de la vida estadounidense.

Al trabajador de Estados Unidos le gusta un claro enlace entre su esfuerzo individual y el resultado visible. No es una casualidad que dicho país, como nación, tenga una proporción bastante considerable de altos realizadores de los que existen en todo el mundo. Estados Unidos alimenta a los realizadores y éstos buscan la responsabilidad personal. Se frustrarían en situaciones de trabajo donde su contribución se mezclara y se homogeneizara con las contribuciones de otros.

Los estadounidenses quieren ser contratados por sus talentos individuales. Desean ser evaluados por sus esfuerzos individuales. Quieren también ser recompensados con incrementos salariales y ascensos basados en sus desempeños individuales. Creen en la autoridad y en el estatus de la jerarquía. Aceptan un sistema donde hay jefes y subordinados. Probablemente no acepten decisiones de grupo en temas como asignaciones de trabajo e incrementos salariales. Es difícil imaginar que estarían a gusto en un sistema donde la base única para la promoción o la terminación fuera el desempeño del grupo.

Uno de los mejores ejemplos de cuánto la ética individual ha permeado la psique estadounidense es la carencia general del entusiasmo que los estudiantes universitarios muestran hacia los ensayos en equipo. Por años he ofrecido a los estudiantes la opción de escribir ensayos semestrales individualmente o en equipos pequeños. Los estudiantes pueden hacer el trabajo ellos solos, en cuyo caso espero una cantidad de 20 a 25 páginas de longitud. O pueden hacer un ensayo en equipo, pero entonces la extensión del documento se expande conmensurablemente. La única cualidad que enuncio es que no es posible hacer ambos. El grupo tiene que decidir si quiere hacer los ensayos de manera individual o en equipo y cada estudiante tiene que ser tolerante ante la decisión. ¡Les puedo decir a ustedes que nunca he tenido un equipo en que la mayoría voluntariamente escoja la opción del ensayo en equipo! Pero no me sorprende. ¿No es consistente con el estereotipo del estadounidense individualista, motivado por su propio interés? ¿No es propio de alguien que quiere elevarse o caerse basado en su propio desempeño del trabajo? ¡Sí! ¿Es éste el futuro empleado de tiempo completo que estaría satisfecho, y alcanzaría su completa capacidad productiva, en una organización centrada en el grupo? ¡No lo creo!

Ejercicio de aprendizaje sobre usted mismo

¿Se siente atraído por el grupo?

La mayoría de nosotros ha escrito un ensayo como trabajo final del periodo escolar. A veces se ha tratado de tareas individuales. Esto es, el profesor espera que cada estudiante entregue una ensayo por separado y la calificación se determina únicamente por el propio esfuerzo y contribución de cada alumno. Pero a veces los instructores asignan ensayos semestrales en grupo, donde los estudiantes deben trabajar juntos en el proyecto y compartir la calificación.

Recuerde una experiencia reciente al hacer un trabajo en equipo. Ahora imagínese a la mitad de la tarea de grupo. Usando su mente establecida en este punto, responda las siguientes 20 preguntas. Este cuestionario mide sus sentimientos acerca del trabajo en grupo.*

	DE ACUERDO			EN DESACUERDO
1. Quiero permanecer como miembro de este grupo.	1 2 3	4 5 6	7 8 9
2. Me gusta mi equipo.	1 2 3	4 5 6	7 8 9
3. Estoy ansioso de pertenecer al grupo.	1 2 3	4 5 6	7 8 9
4. No me importa lo que pase en este grupo.	1 2 3	4 5 6	7 8 9
5. Me siento involucrado con lo que está pasando en mi grupo.	1 2 3	4 5 6	7 8 9
6. Si pudiera salirme del grupo ahora, lo haría.	1 2 3	4 5 6	7 8 9
7. Me aterroriza venir a este grupo.	1 2 3	4 5 6	7 8 9
8. Desearía que, si fuera posible, el grupo terminara ahora.	1 2 3	4 5 6	7 8 9
9. Estoy insatisfecho con el grupo.	1 2 3	4 5 6	7 8 9
10. Si fuera posible cambiarme a otro grupo en este momento, lo haría.	1 2 3	4 5 6	7 8 9
11. Me siento parte del grupo.	1 2 3	4 5 6	7 8 9
12. A pesar de las diferencias individuales, existe un sentimiento de unidad en mi grupo.	1 2 3	4 5 6	7 8 9
13. Comparado con otros grupos, siento que el mío es mejor que la mayoría.	1 2 3	4 5 6	7 8 9
14. No me siento parte de las actividades del grupo.	1 2 3	4 5 6	7 8 9
15. Siento que habría una diferencia en el grupo si yo no estuviera aquí.	1 2 3	4 5 6	7 8 9
16. Si me dijeran que el grupo no se reuniría hoy, me sentiría mal.	1 2 3	4 5 6	7 8 9
17. Me siento distante del grupo.	1 2 3	4 5 6	7 8 9
18. Me importan mucho los resultados que obtenga este grupo.	1 2 3	4 5 6	7 8 9
19. Siento que mi ausencia no sería importante para el grupo.	1 2 3	4 5 6	7 8 9
20. No me sentiría mal si tuviera que faltar a una reunión de este grupo.	1 2 3	4 5 6	7 8 9

Pase a la página A-27 para las instrucciones de calificación y la clave.

*Reproducido de Evans, N. J. y P. A. Jarvis, "The Group Attitude Scale: A Measure of Attraction to Group", en *Small Group Behavior,* mayo de 1986, pp. 203-216. Reimpreso con permiso de Sage Publications, Inc.

Ejercicio de trabajo en grupo

Evaluar el estatus organizacional

Califique las siguientes 20 ocupaciones desde la más prestigiosa (1) hasta la menos prestigiosa (20):

_____Contabilidad

_____Controlador de tráfico aéreo

_____Instructor del equipo de fútbol de la universidad

_____Consultor financiero independiente

_____Abogado

_____Instructor del equipo de básquetbol femenino de la universidad

_____Ingeniero eléctrico

_____Científico del ambiente

_____Doctor

_____Plomero

_____Gerente de un fabricante de ropa británico   _____Agente de ventas de bienes raíces

_____Gerente de una planta de automóviles   _____Agente deportivo

_____Alcalde de una gran ciudad   _____Maestro de una escuela de enseñanza elemental

_____Ministro   _____Coronel del ejército

_____Farmaceuta   _____Agente de ventas de automóviles usados

Ahora forme grupos de tres a cinco estudiantes cada uno. Responda las siguientes preguntas:

a. ¿Cuán cerca se ajustaron sus cinco primeras opciones (1-5)?

b. ¿Cuán cercanas quedaron sus cinco últimas opciones (16-20)?

c. ¿Qué ocupaciones fueron más fáciles de calificar? ¿Cuáles más difíciles? ¿Por qué?

d. ¿Qué le dice este ejercicio acerca de los criterios para evaluar el estatus?

e. ¿Qué le dice este ejercicio acerca de los estereotipos?

CASO
INCIDENTE

Los despachos jurídicos de Dickinson, Stilwell y Gardner (DSG)

James Dickinson y Richard Stilwell abrieron su despacho jurídico en El Paso, Texas, en 1963. Desde entonces éste ha crecido hasta emplear dos docenas de personas. Dickinson murió y Stilwell está semijubilado. El socio de la compañía de mayor antigüedad es ahora Charles Gardner. Gardner ha estado en la compañía más de 20 años.

Hoy en día, el despacho jurídico de DSG tiene cinco socios y 12 asociados de tiempo completo. Además, la compañía emplea un gerente administrativo (Linda Mendoza) y un asistente administrativo del gerente, una recepcionista, cuatro secretarias y dos pasantes que trabajan 20 horas a la semana haciendo investigación.

El Paso es una comunidad primordialmente hispana. Debido a diversas razones, históricamente DSG no había hecho un muy buen trabajo al contratar y mantener a los empleados hispanos. Hasta hace muy poco, ninguno de los socios había sido hispano y solamente dos asociados lo eran. Hace cinco meses, la compañía atrajo a un prominente abogado hispano, Francisco Jáuregui, de un competidor. Jáuregui fue traído como socio, con un salario más alto que los otros empleados de DSG, con excepción de Charles Gardner.

La contratación de Jáuregui ha creado numerosos temas interpersonales en DSG. Muchos de los asociados están insatisfechos. Sienten que la compañía contrató a Jáuregui solamente porque él era uno de los pocos abogados hispanos renombrados en El Paso y que podía abrirle las puertas de la comunidad hispana a la compañía. Los asociados también estaban preocupados de que la contratación de un nuevo socio redujera la posibilidad de que ellos se convirtieran en socios.

Era claro que se estaba formando un pequeño grupo dentro de la empresa. Estaba formado por Jáuregui, la señora Mendoza, los dos asociados hispanos y una de las secretarias (todos descendientes de hispanos). La moral ha decaído en los meses recientes. En privado, varios empleados han hecho llegar quejas a Gardner como: "Linda da un tratamiento especial a Francisco y a los asociados hispanos"; "los asociados hispanos de pronto están trabajando en los casos más visibles e importantes dentro de la compañía"; "No hay futuro aquí si no eres hispano".

Preguntas

1. Analice este caso usando las técnicas sociométricas.

2. ¿Qué piensa que puede aprender de este caso acerca de la diversidad y el comportamiento de grupo?

3. ¿Qué debería hacer Gardner para tratar este dilema?

Las presiones de grupo dentro de la FAA

Gregory May fue un hombre influyente. Tuvo un contrato por $1.5 millones para desarrollar un entrenamiento sobre diversidad para la Federal Aviation Administration (FAA, Administración Federal de Aviación). Aproximadamente 4,000 personas, incluyendo cientos de los rangos gerenciales, habían tomado su curso. Él era percibido como muy cercano a los gerentes *senior* de la FAA y se creía que compartía información personal con aquellos gerentes acerca de los empleados de la FAA. Más importante era el hecho de que hacer bien el programa de entrenamiento de May era requisito para continuar en la FAA. Si usted no conseguía la aprobación del señor May para terminar el curso con buena calificación, su carrera podría descarrilarse, y si usted objetaba algunas de las cosas del curso del señor May, podía conseguir que lo despidieran.

Dada la importancia de este curso para los empleados de la FAA, usted pensaría que el curso sería bien impartido y conducido profesionalmente. ¡Bueno, usted está equivocado! Los controladores de tráfico, por ejemplo, estuvieron sujetos a sesiones extrañas donde fueron forzados a revelar sus secretos sexuales más internos. Se esperaba que la gente compartiera detalles de experiencias dolorosas de su juventud, a menudo hasta el punto de estallar en lágrimas. Tenían que pasar por rituales raros. Por ejemplo, el señor May "ladraría" órdenes como "siéntese", "párese", "siéntese" durante horas hasta el final. Él quería total obediencia de los participantes. En otro ejercicio, el ataría a los individuos del mismo sexo juntos y les haría ir al baño y bañarse juntos. Cuando alguno se quejaba de que el ejercicio le avergonzaba, May lo hacía a un lado y decía "aprendan de eso". Más todavía, en otro ejercicio, May hizo que los controladores de tráfico aéreo usaran un guante de una mujer que había jugado con las partes privadas de los hombres. Todo esto fue realizado en el nombre de la enseñanza de la diversidad.

¿Se quejó la gente? Unos lo hicieron. ¿Desobedecieron? No muchos. Un ex empleado de la FAA dijo: "Yo era un padre soltero con dos niños pequeños y ellos dependían 100% de mí y de mi ingreso. Así que no había manera de abandonar mis 12 años de carrera en la FAA." De modo que la gente hizo lo que le dijeron por miedo a perder su trabajo.

May ya no realiza entrenamiento sobre diversidad para la FAA. Se ha estado llevando a cabo una investigación a nivel de gobierno para saber qué fue lo que pasó y asegurarse de que no pase otra vez. Pero, mientras tanto, miles de empleados de la FAA pasaron varios años atormentados por el señor May bajo el disfraz de sensibilizar a los trabajadores sobre los temas de la diversidad.

Preguntas

1. ¿Puede usted hacer algún argumento en favor de este tipo de entrenamiento de la diversidad?

2. ¿Cuáles son las implicaciones éticas en este caso?

3. ¿Qué dice este caso acerca de las presiones de grupo hacia la conformidad?

4. ¿Qué, si hay algo, dice este caso acerca de la influencia de grupo sobre la eficacia del entrenamiento?

5. ¿Qué, de ser el caso, pudo haber hecho el gerente *senior* para prevenir el abuso contra los empleados y proteger los derechos de éstos de la gente como May?

Fuente: basado en "A Cult and Its Influence within the FAA", *ABC News Nightline*, pasado al aire el 21 de febrero de 1996.

COMPRENSIÓN DE LOS EQUIPOS DE TRABAJO

PERFIL DEL CAPÍTULO

¿Por qué los equipos se han vuelto tan populares?

Equipos *versus* grupos: ¿cuál es la diferencia?

Tipos de equipos

Relacionar a los equipos con los conceptos de grupo: hacia la creación de equipos de alto rendimiento

Transformación de los individuos en elementos de equipo

Temas actuales sobre la administración de los equipos

OBJETIVOS DE APRENDIZAJE

Después de estudiar este capítulo, usted será capaz de:

1 Explicar la creciente popularidad de los equipos en las organizaciones

2 Comparar los equipos con los grupos

3 Identificar los tres tipos de equipos

4 Demostrar la relación entre los conceptos de grupo y los equipos de alto rendimiento

5 Identificar las formas en que los gerentes pueden fomentar la confianza entre los miembros del equipo

6 Explicar cómo las organizaciones pueden crear participantes de equipo

7 Describir las ventajas y desventajas de la diversidad en los equipos de trabajo

8 Explicar cómo puede evitar la gerencia que los equipos se vuelvan estacionarios y rígidos

¿Es cierto que la responsabilidad de todo mundo es, en realidad la responsabilidad de nadie?

—Anónimo

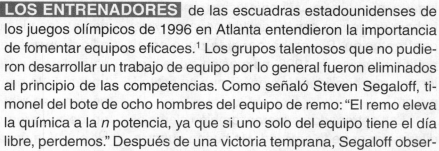

LOS ENTRENADORES de las escuadras estadounidenses de los juegos olímpicos de 1996 en Atlanta entendieron la importancia de fomentar equipos eficaces.[1] Los grupos talentosos que no pudieron desarrollar un trabajo de equipo por lo general fueron eliminados al principio de las competencias. Como señaló Steven Segaloff, timonel del bote de ocho hombres del equipo de remo: "El remo eleva la química a la *n* potencia, ya que si uno solo del equipo tiene el día libre, perdemos." Después de una victoria temprana, Segaloff observó: "Nos calmamos el uno al otro, nos mantenemos enfocados mutuamente y trabajamos casi en perfecta armonía."

Muchos de los entrenadores empezaron a formar sus equipos mucho antes de que llegaran a Atlanta. Por ejemplo, el equipo femenil de vólibol (*véase* la foto) fue a Hawai unos meses antes para asistir a un curso de montañismo con cuerda para fomentar la unión del equipo. El equipo de gimnasia de mujeres tuvo "fiestas de pizzas" y de "calcetines saltadores".

El reto que enfrentaron los instructores fue encontrar el balance correcto entre permitir a los individuos mostrar sus talentos únicos al mismo tiempo que minimizaran las envidias, los grandes egos, los conflictos de personalidad y los malentendidos. Los equipos más fuertes equilibraron exitosamente el "yo" y el "nosotros". "Los elementos que pierden su individualidad dentro del equipo se convierten en un punto débil, ya que no tienen conciencia de su papel único", dice un psicólogo deportivo. "Esto significa que tienden a dudar y a no imponerse cuando se requiere de sus habilidades particulares." La entrenadora de básquetbol femenil, Tar VanDerveer, se reunió personalmente con cada miembro del equipo de manera regular antes de los juegos para hablar acerca de las aspiraciones de las jugadoras. "Es mejor mantener todo ventilado, para que así sepamos de dónde procede cada quien y que no hay agendas ocultas", explica. Los entrenadores del equipo de hockey femenil sobre pasto aconsejaban a cada jugadora para que entendieran qué papel en particular sería el suyo, y qué papel no siempre era atlético. Un elemento podría ser invaluable como el tipo gracioso del equipo que proporciona la jovialidad en las situaciones de tensión o el confidente del equipo que puede ofrecer buenos consejos.

Las actitudes individuales también son críticas para el éxito del equipo. El entrenador del equipo de fútbol de mujeres, Tony DiCicco, dijo que en 1995 dio un puesto de reserva a quien sería la mejor opción en el equipo nacional porque, a pesar de que ella no había jugado mucho, aún así podía echar a perder el trabajo en equipo con su actitud negativa y de confrontación. Sin embargo, él la puso en el equipo olímpico de 1996, no gracias a que mejoraron sus habilidades, sino porque su actitud mejoró.

Los entrenadores fueron también claros al diferenciar entre la amistad y la buena química del equipo. No querían formar pandillas de grandes camaradas. Tales camarillas pueden minar

el desempeño, porque las personas que se agradan a menudo aceptan las ideas locas del otro a fin de mantener las relaciones amigables. "La verdadera química es la capacidad de cruzar a través de lo bueno, lo malo y lo horroroso sin perder el equilibrio", dijo la entrenadora del equipo de mujeres de hockey sobre pasto, Pam Hixon. "Y la única manera de hacerlo es airear todos los conflictos y resolverlos tan pronto como sea posible." ◆

Los entrenadores de los equipos de atletismo han entendido desde hace mucho la importancia de fomentar el trabajo en equipo. Sin embargo, esto no ha sido necesariamente verdad para las empresas. Una razón, por supuesto, es que las organizaciones de negocios han sido desarrolladas tradicionalmente en torno a los individuos. Esto ya no es así. Cada vez con mayor frecuencia los equipos están volviéndose los medios principales para organizar el trabajo en las compañías actuales.

¿Por qué los equipos se han vuelto tan populares?

Hace 20 años, cuando compañías como Volvo, Toyota y General Foods introdujeron los equipos a sus procesos de producción, esto fue noticia ya que nadie más lo estaba haciendo. Hoy en día, es totalmente lo opuesto (*véase* la ilustración 8-1). Es la organización que *no* utiliza equipos la que se ha vuelto tema para las noticias. Lea casi cualquier periódico de negocios hoy en día y verá cómo los equipos se han vuelto una parte esencial de la forma en que se están haciendo los negocios en compa ías como General Electric, AT&T, Hewlett-Packard, Motorola, Apple Computer, Shiseido, Federal Express, Chrysler, Saab, 3M Co., John Deere, Texas Instruments, Australian

Ilustración 8-1   Los equipos en la práctica

	Todos los tamaños	Número de empleados				
		100– 499	500– 999	1,000– 2,499	2,500– 9,900	10,000 O más
Porcentaje de organizaciones estadounidenses en las cuales algunos empleados son miembros de un grupo de trabajo identificado como un equipo	78	77	84	82	83	83
En organizaciones que tienen equipos, el porcentaje promedio de empleados que son miembros	61	65	48	40	49	52

Basado en una sección de 1,800 compañías estadounidenses con 100 o más empleados.

Fuente: reimpreso con autorización del número de octubre de 1995 de la revista *TRAINING.* ©1995, Lakewood Publications, Minneapolis, MN. Todos los derechos reservados.

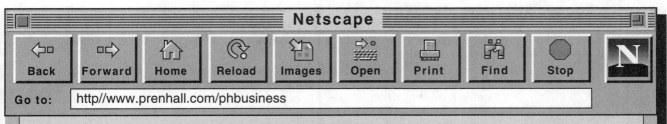

El CO en las noticias

El trabajo en equipo en los campos petroleros

En 1992, Texaco Inc. nombró a Stephen J. Hadden como asistente de la gerencia en su gastado campo petrolero de cien años de antigüedad, Kern River (California). Su tarea consistía en inyectarle nueva vida a sus operaciones.

El cambio empezó con un experimento que Hadden condujo en 1992 y principios de 1993. Creó un grupo de 25 ingenieros, geólogos y técnicos, los puso a trabajar en una sesión de lluvia de ideas de nueve meses. El objetivo: proponer formas para mejorar las operaciones. Quedó impresionado con el número y la calidad de las sugerencias. En 1994, cuando Hadden fue ascendido a gerente general del campo petrolero, decidió que su gente era capaz de operar bajo un sistema de equipo. Así que abolió los viejos niveles jerárquicos de autoridad de las operaciones.

Dijo a los trabajadores y a los gerentes por igual que compartir ideas, no proteger el territorio propio, debería volverse la prioridad número uno. Él creó 62 equipos de nueve

miembros cada uno, incluyendo al capataz y a los ingenieros de producción, técnicos geólogos, trabajadores del campo e incluso contratistas externos.

Muchos fueron asignados a dos o más grupos. Cada grupo era responsable de cierto número de pozos. Los equipos empezaron por reunirse cada mañana para discutir problemas y nuevas ideas para solucionarlos. En el trabajo, a los empleados se les otorgó nuevas facultades para actuar por su propia cuenta y la libertad de comunicarse con otros departamentos sin requerir la aprobación de la gerencia. Hadden también dio a los equipos un irrestricto acceso a la nueva computadora central, que guardaba información sobre todos los aspectos de las operaciones.

"Es un desafío a la forma en que se te había enseñado todo", dice el asistente del gerente de división. "La pregunta que se formuló repetidamente fue: '¿Hemos agotado todas las oportunidades?'"

El sistema del equipo ha dado como resultado un pequeño

milagro. La producción, la cual había descendido a 80,000 barriles por día a principios de la década de los noventa, se incrementó a 91,000 para 1995 y estaba en camino de sobrepasar los 100,000 para 1998. Kern River ha incrementado su tasa de recuperación de 50 a un 66% de todo el petróleo, y espera impulsarse hasta 80%. Los funcionarios dicen que están extrayendo petróleo que se había perdido en esfuerzos anteriores de extracción. En tres años, la producción por trabajador se ha elevado de 150 a 250 barriles por día. Y Texaco ha incrementado su recuperación de petróleo de Kern River en 66 millones de barriles, dándole al campo petrolero otra década para producir.

"Estamos obteniendo petróleo que nunca pensamos que estuviera ahí", dice el presidente de Texaco Exploration and Production. "Se convirtió en una oportunidad de crecimiento. Es difícil de creer."

Basado en Salpukas, A., "New Ideas for U.S. Oil", *New York Times*, 16 de noviembre de 1995, p. C1.

¡Conéctese a la red!

Lo invitamos a que visite la página de Robbins en el sitio de Prentice Hall en la Web:

http://www.prenhall.com/robbinsorgbeh

para el ejercicio de la World Wide Web de este capítulo.

Airlines, Johnson & Johnson, Dayton Hudson, Shenandoah Life Insurance Co., Florida Power & Light y Emerson Electric. Incluso el mundialmente famoso zoológico de San Diego, ha reestructurado sus viejas zonas de hábits en torno a equipos interdepartamentales.

¿Cómo se explica la popularidad actual de los equipos? La evidencia sugiere que los equipos típicamente sobrepasan a los individuos cuando las tareas a realizarse requieren múltiples habilidades, juicio y experiencia.[2] A medida que las organizaciones han ido reestructurándose para competir de manera más eficaz y eficiente, han hecho de los equipos la mejor forma de utilizar los talentos de los empleados. La gerencia ha encontrado que los equipos son más flexibles y responden mejor a los eventos cambiantes que los departamentos tradicionales u otras formas de agrupación permanente. Los equipos tienen la capacidad de armarse, desplegarse, reenfocarse y dispersarse rápidamente.

Pero no hay que pasar por alto las propiedades motivacionales de los equipos. En concordancia con nuestro análisis en el capítulo 6 sobre el papel de participación del empleado como un motivador, los equipos facilitan la participación del empleado en decisiones operativas. Por ejemplo, algunos trabajadores de la línea de ensamble de John Deere son parte de los equipos de ventas que cooperan con los clientes.[3] Estos trabajadores conocen los productos mejor que cualquier vendedor tradicional; y al viajar y hablar con los granjeros, estos trabajadores por hora desarrollan nuevas habilidades y se involucran más en sus trabajos. Así que otra explicación de la popularidad de los equipos es que son los medios eficaces de la gerencia para democratizar sus organizaciones e incrementar la motivación del empleado.

Equipos *versus* grupos: ¿cuál es la diferencia?

Los grupos y los equipos no son la misma cosa. En esta sección, queremos definir y poner en claro la diferencia entre un grupo de trabajo y un equipo de trabajo.[4]

En el capítulo anterior, definimos un *grupo* como dos o más individuos, que interactúan y son interdependientes, quienes se han reunido para lograr objetivos en particular. Un **grupo de trabajo** es un grupo que interactúa principalmente para compartir información y tomar decisiones que ayuden a cada miembro a desempeñarse dentro de su área de responsabilidad.

Los grupos de trabajo no tienen necesidad u oportunidad de comprometerse en el trabajo colectivo que requiere del esfuerzo conjunto. Así que su desempeño es simplemente la suma de la contribución individual de cada miembro del grupo. No hay una sinergia positiva que pudiera crear un nivel total de desempeño mayor que la suma de las contribuciones.

Un **equipo de trabajo** genera una sinergia positiva a través del esfuerzo coordinado. El resultado de sus esfuerzos individuales es un nivel de desempeño mayor que la suma de aquellas contribuciones individuales. La ilustración 8-2 subraya las diferencias entre los grupos de trabajo y los equipos de trabajo.

Estas definiciones ayudan a aclarar por qué tantas organizaciones han reestructurado recientemente los procesos en torno a equipos. La gerencia busca esa sinergia positiva que permitirá a sus organizaciones incrementar el desempeño. El uso extensivo de los equipos crea el *potencial* para que una organización genere mayores resultados sin un incremento en las contribuciones. Observe, sin embargo, que dijimos "potencial". No hay nada mágico inherente a la creación de equipos que asegure el logro de esta sinergia positiva. El simple hecho de llamar *equipo* a un *grupo* no incrementa automáticamente su desempeño. Como mostraremos más adelante en este capítulo, los equipos exitosos o de alto desempeño comparten ciertas características comunes. Si la gerencia espera obtener incrementos en el desempeño organizacional mediante el uso de los equipos, necesitará asegurarse de que sus equipos posean estas características.

grupo de trabajo
Conjunto de personas que interactúan primordialmente para compartir información y tomar decisiones para ayudarse mutuamente en su desempeño dentro de su área de responsabilidad.

equipo de trabajo
Conjunto de personas cuyos esfuerzos individuales dan como resultado un desempeño mayor que la suma de aquellas contribuciones individuales.

◆ Un equipo de trabajo genera una sinergia positiva a través del esfuerzo coordinado.

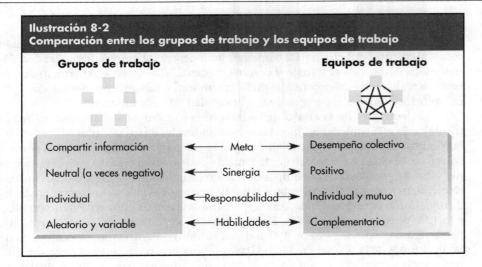

Ilustración 8-2
Comparación entre los grupos de trabajo y los equipos de trabajo

Grupos de trabajo   **Equipos de trabajo**

Grupos de trabajo		Equipos de trabajo
Compartir información	← Meta →	Desempeño colectivo
Neutral (a veces negativo)	← Sinergia →	Positivo
Individual	← Responsabilidad →	Individual y mutuo
Aleatorio y variable	← Habilidades →	Complementario

Tipos de equipos

Los equipos pueden ser clasificados con base en sus objetivos. Las tres formas más comunes de equipo que usted probablemente encuentre en una organización son los *equipos de solución de problemas*, los *equipos autodirigidos* y los *equipos interfuncionales* (*véase* la ilustración 8-3).

Equipos de solución de problemas

Si miramos 15 años o más hacia atrás, los equipos estaban empezando a crecer en popularidad y la mayoría de éstos adoptaban una forma similar. Estaban compuestos típicamente por 5 a 12 empleados, de paga por hora y del mismo departamento que se reunían unas horas cada semana para discutir formas de mejorar la calidad, la eficiencia y el ambiente de trabajo.[5] Llamamos a éstos **equipos de solución de problemas.**

En los equipos de solución de problemas, los miembros comparten ideas u ofrecen sugerencias sobre la forma de mejorar los procesos y los métodos de trabajo. Pocas veces, sin embargo, tienen la autoridad para poner en práctica unilateralmente cualquiera de sus acciones sugeridas.

Una de las aplicaciones más ampliamente practicadas de los equipos de solución de problemas durante la década de los ochenta fue los círculos de calidad.[6] Como se mencionó en el capítulo 6, éstos son equipos de trabajo de ocho a 10 empleados y supervisores que han compartido el área de responsabilidad y se reúnen regularmente para discutir sus problemas de calidad, investigar las causas de esos problemas, recomendar soluciones y realizar acciones correctivas.

equipos de solución de problemas
Grupos de 5 a 12 empleados del mismo departamento que se reúnen unas horas a la semana para discutir formas de mejorar la calidad, la eficiencia y el ambiente de trabajo.

Ilustración 8-3
Tres tipos de equipos

De solución de problemas   **Autodirigidos**   **Interfuncional**

Los equipos autodirigidos

Los equipos de solución de problemas estuvieron en el camino correcto pero no iban lo suficientemente lejos como para conseguir involucrar a los empleados en las decisiones relacionadas con el trabajo y con los procesos. Esto llevó a experimentar con equipos realmente autónomos que pudieran no sólo solucionar problemas sino aplicar soluciones y asumir completa responsabilidad de los resultados.

equipos de trabajo autodirigidos
Grupos de 10 a 15 personas que asumen las responsabilidades de sus antiguos supervisores.

Los **equipos de trabajo autodirigidos** son grupos de empleados (típicamente de 10 a 15) quienes asumen las responsabilidades de sus antiguos supervisores.[7] Por lo general, esto incluye la planeación y la programación del trabajo, el control colectivo sobre el ritmo de trabajo, la toma de decisiones operativas y ejecutar acciones sobre los problemas. Los equipos de trabajo completamente autodirigidos incluso seleccionan a sus propios miembros y hacen que éstos evalúen el desempeño de cada uno. Como resultado de ello, los cargos de supervisión disminuyen en importancia e incluso pueden ser eliminados. En la planta de locomotoras de GE en Grove City, Pennsylvania, existen cerca de 100 equipos autodirigidos que toman la mayoría de las decisiones de la planta. Preparan el mantenimiento, programan el trabajo y rutinariamente autorizan las compras de equipo. Un equipo gastó dos millones de dólares y el gerente de la planta nunca vaciló. En L-S Electrogalvanizing Co. en Cleveland, toda la planta está dirigida por equipos autodirigidos. Realizan su propia programación, alternan sus trabajos, determinan metas de producción, establecen escalas salariales que están ligadas a las habilidades, despiden a los compañeros y hacen las contrataciones. "No conozco un empleado hasta su primer día de trabajo", dice el gerente general de la planta.[8]

Xerox, General Motors, Coors Brewing, PepsiCo, Hewlett-Packard, Honeywell, M&M/Mars y Aetna Life son sólo algunos nombres familiares que han adoptado equipos de trabajo autodirigidos. Aproximadamente uno de cada cinco patrones es-

Cuando el zoológico de San Diego reorganizó sus exhibiciones en zonas bioclimáticas que integraban a los animales y las plantas en áreas sin jaulas que imitaran a su hábitat natural, también cambió la manera de trabajar de los empleados. En lugar de trabajar de la manera tradicional, donde los guardianes atendían a los animales y los jardineros las plantas, el zoológico formó equipos autodirigidos que son responsables de la operación y el mantenimiento de sus exhibiciones. El equipo del Tigre del Río mostrado aquí incluye a especialistas en mamíferos y aves, horticultores y trabajadores de mantenimiento y construcción. Los equipos autodirigidos están ayudando al zoológico a lograr dos de sus metas clave: enriquecer la experiencia del visitante y mejorar la calidad de vida laboral de los empleados.

tadounidenses utiliza ahora esta forma de equipos, y los expertos pronostican que de 40 a 50% de todos los trabajadores de Estados Unidos podrían estarse administrando a sí mismos a través de tales equipos para el final de la década.[9]

Las revistas de negocios han estado llenas de artículos que describen las aplicaciones de los equipos autodirigidos. El grupo de defensa de Texas Instruments da a los equipos autodirigidos el crédito por ayudarle a ganar el Malcolm Baldrige National Quality Award (Premio Nacional de Calidad Malcolm Baldrige) y por permitirle lograr el mismo nivel de ventas con 25% menos empleados.[10] La Aid Association for Lutherans, una de las compañías de seguros y servicios financieros más grandes de Estados Unidos, sostiene que los equipos autodirigidos fueron particularmente responsables de ayudar a incrementar la satisfacción del empleado y permitir a la compañía incrementar el volumen de negocios en 50% durante un periodo de cuatro años, al tiempo que reducía el personal en 15%.[11] La planta de Edy's Grand Ice Cream en Fort Wayne, Indiana, introdujo los equipos autodirigidos en 1990, y les atribuye la reducción de 39% en costos y el incremento de 57% en productividad.[12]

A pesar de estas historias impresionantes, convienen unas palabras de precaución. Algunas organizaciones se han mostrado desilusionadas con los resultados de estos equipos. Por ejemplo, los empleados de la Douglas Aircraft Co. (parte de la McDonnell Douglas), la cual ha estado sufriendo grandes despidos, se han opuesto a los equipos autodirigidos. Han concluido que la cooperación con el concepto de equipo es un ejercicio de asistencia al verdugo de uno mismo.[13] La investigación total sobre la eficacia de los equipos autodirigidos no ha sido uniformemente positiva.[14] Por ejemplo, los individuos en estos equipos tienden a reportar altos niveles de satisfacción en el trabajo. Sin embargo, contrario a la sabiduría convencional, los empleados en los equipos autodirigidos parecen tener mayores tasas de ausentismo y rotación que los que trabajan en estructuras laborales tradicionales. Las razones específicas de estos hallazgos no son claras, lo cual implica la necesidad de una investigación adicional.

Equipos interfuncionales

La compañía Boeing usó la más moderna aplicación del concepto de equipo para desarrollar su jet 777. Esta aplicación se llama **equipos interfuncionales.** Éstos son equipos formados por empleados del mismo nivel jerárquico, pero de diferentes áreas de trabajo, que se reúnen para llevar a cabo una tarea.[15]

Muchas organizaciones han usado los grupos horizontales y sin fronteras, durante años. Por ejemplo, IBM creó una gran fuerza de tarea en la década de los sesenta —formada por empleados de diferentes departamentos de la compañía— para desarrollar el altamente exitoso Sistema 360. Y la **fuerza de tarea** no es otra cosa que un equipo interfuncional temporal. De forma similar, los **comités** compuestos por miembros de líneas interdepartamentales son otro ejemplo de equipos interfuncionales.

Pero la popularidad de los equipos de trabajo interdisciplinarios estalló a finales de la década de los ochenta. Todos los principales fabricantes de automóviles —incluyendo Toyota, Honda, Nissan, BMW, GM, Ford y Chrysler— han cambiado hacia estas formas de equipos a fin de coordinar proyectos complejos. Por ejemplo, el Neón, el subcompacto innovador de Chrysler, fue desarrollado completamente por un equipo interfuncional. El nuevo modelo fue entregado en un plazo tan corto como 42 meses y a una fracción del costo de cualquier otro fabricante.[16]

El proyecto Iridium de Motorola muestra por qué muchas compañías han dirigido la atención a los equipos interfuncionales.[17] Este proyecto está desarrollando una enorme red que contará con 66 satélites. "Desde el principio nos dimos cuenta de que no había manera de que pudiéramos manejar un proyecto de este tamaño y complejidad a la manera tradicional y tenerlo listo a tiempo", dice el gerente general del proyecto. Durante el primer año y medio del proyecto, un equipo interfuncional

equipos interfuncionales
Empleados del mismo nivel jerárquico, pero de diferentes áreas de trabajo, que se reúnen para llevar a cabo una tarea.

fuerza de tarea
Un equipo interfuncional temporal.

comités
Grupos formados por miembros de líneas interdepartamentales.

de 20 personas de Motorola se reunió cada mañana. Esto ha ido expandiéndose para incluir la experiencia diversa de gente de docenas de otras compañías, como McDonnell Douglas, Raytheon, Russia's Khrunichev Enterprise, Lockheed Martin, Scientific-Atlanta y General Electric.

En resumen, los equipos interfuncionales son un medio eficaz para permitir a la gente de diversas áreas dentro de una organización (o incluso entre organizaciones) intercambiar información, desarrollar nuevas ideas y solucionar problemas y así como coordinar proyectos complejos. Claro, manejar equipos interfuncionales no es un día de campo.[18] En sus etapas iniciales de desarrollo a menudo consumen mucho tiempo mientras los miembros aprenden a trabajar con la diversidad y la complejidad. Toma tiempo generar la confianza y trabajo en equipo, especialmente entre gente con diferentes antecedentes, diferentes experiencias y perspectivas. Más adelante, en este capítulo, analizaremos formas en que los gerentes pueden ayudar a facilitar y fomentar la confianza entre los miembros del equipo.

Relacionar a los equipos con los conceptos de grupo: hacia la creación de equipos de alto rendimiento

En el capítulo anterior, ofrecimos varios conceptos básicos de grupo. Ahora utilicemos esa introducción como base y veamos cómo nuestro conocimiento de los procesos de grupo nos puede ayudar a crear equipos más eficaces o de alto rendimiento.[19]

Tamaño de los equipos de trabajo

Los mejores equipos de trabajo tienden a ser pequeños. Cuando tienen más de 10 a 12 miembros, se vuelve difícil llevar a cabo el trabajo. Los miembros del grupo tienen problemas al interactuar constructivamente y ponerse de acuerdo en múltiples asuntos. Los grandes grupos de gente por lo general no pueden desarrollar la cohesión, el compromiso ni la responsabilidad mutua necesarios para lograr un alto desempeño. Así que, al diseñar equipos eficaces, los gerentes deben mantenerlos por debajo de la docena de personas. Si una unidad de trabajo natural es grande y usted requiere de un esfuerzo de equipo, considere dividir al grupo en subequipos.

◆ Los mejores equipos de trabajo tienden a ser pequeños.

Habilidades de los miembros

Para desempeñarse eficazmente, un equipo requiere tres tipos diferentes de habilidades. Primero, necesita gente con la *experiencia técnica*. Segundo, necesita gente con las *habilidades de solución de problemas y de toma de decisiones* suficientes para ser capaces de identificar problemas, generar alternativas, evaluar esas alternativas y elegir opciones competentes. Finalmente, los equipos necesitan gente que sepa escuchar, que ofrezca retroalimentación, que busque la solución de conflictos y posea otras *habilidades interpersonales*.[20]

Ningún equipo puede lograr su potencial de desempeño sin desarrollar estos tres tipos de habilidades. Su mezcla correcta es crucial. Demasiado de una a expensas de las demás dará como resultado un desempeño menor en el rendimiento. Pero los equipos no necesitan tener funcionando todas las habilidades complementarias desde el principio. Es común que uno o más miembros asuma la responsabilidad de aprender las habilidades en las cuales el grupo es deficiente, con lo que se favorece que el equipo alcance todo su potencial

Distribución de papeles y promoción de la diversidad

Los equipos tienen diferentes necesidades. La gente debería ser seleccionada para formar parte de un equipo con base en la personalidad y preferencias de cada individuo. Los equipos de alto desempeño hacen que la gente se ajuste adecuadamente a varios papeles. Por ejemplo, los entrenadores de básquetbol que triunfan continuamente durante un largo periodo han aprendido a evaluar a los posibles elementos, identificar sus fortalezas y debilidades y luego asignarlos a las posiciones que mejor se ajusten con sus habilidades, además de permitirles contribuir más con el desempeño general del equipo. Los entrenadores reconocen que los equipos ganadores necesitan una variedad de habilidades: por ejemplo, quienes manejan bien el balón, grandes anotadores, tiradores de tres puntos, especialistas en defensa y bloqueadores de tiros.

Podemos identificar nueve papeles potenciales en el equipo (*véase* la ilustración 8-4). Los equipos exitosos tienen gente para cada uno de esos papeles, personas que se han seleccionado para que desempeñen esos papeles con base en sus habilidades y preferencias.[21] (En muchos equipos, los individuos desempeñarían múltiples papeles.) Los gerentes necesitan entender las fortalezas individuales que cada persona puede proporcionar al equipo, seleccionar a los miembros teniendo sus fortalezas en mente y distribuir las tareas que se ajusten a los estilos preferidos de los individuos. Al casar las preferencias individuales con las demandas de los papeles del equipo, los gerentes incrementan la probabilidad de que los miembros del equipo trabajen bien juntos.

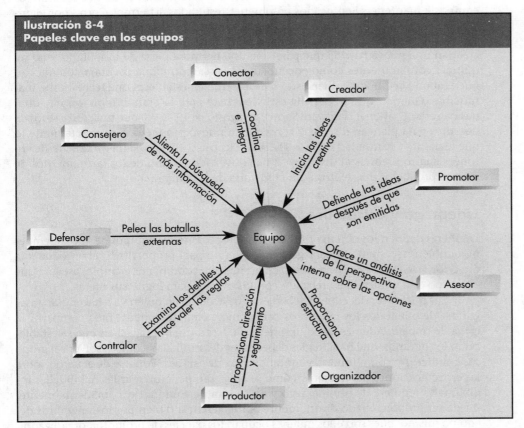

Ilustración 8-4
Papeles clave en los equipos

Conector — Coordina e integra

Creador — Inicia las ideas creativas

Consejero — Alienta la búsqueda de más información

Promotor — Defiende las ideas después de que son emitidas

Defensor — Pelea las batallas externas

Equipo

Asesor — Ofrece un análisis de la perspectiva interna sobre las opciones

Contralor — Examina los detalles y hace valer las reglas

Productor — Proporciona dirección y seguimiento

Organizador — Proporciona estructura

Basado en Margerison, C. y D. McCann, *Team Management: Practical New Approaches* (Londres: Mercury Books, 1990).

El compromiso con un propósito común

¿Tiene el equipo un propósito significativo al cual todos los miembros aspiran? Este propósito es una visión. Es más amplio que las metas específicas. Los equipos eficaces tienen un propósito común y significativo que proporciona la dirección, el impulso y el compromiso a los miembros.

El equipo de desarrollo de Apple Computer que diseñó la Macintosh, por ejemplo, estaba comprometido casi religiosamente a crear una máquina fácil de usar para el usuario, que revolucionara la forma en que la gente usaba las computadoras. Los equipos de producción de Saturn Corp. están impulsados y unidos por el propósito común de construir un automóvil estadounidense que pueda competir exitosamente en términos de calidad y precio con los mejores automóviles japoneses.

Los miembros de los equipos exitosos invierten una cantidad enorme de tiempo y esfuerzo en la discusión, formación y acuerdo sobre un propósito que les pertenece tanto colectiva como individualmente. Este propósito común, cuando es aceptado por el equipo, se vuelve el equivalente de lo que la navegación celeste es para un capitán de un barco: proporciona la dirección y la guía bajo cualquier tipo de condiciones.

Establecimiento de metas específicas

Los equipos exitosos traducen su propósito común en metas específicas, mensurables y realistas. Como demostramos en el capítulo 5, las metas conducen a los individuos a un desempeño más alto, también dan energía a los equipos. Estas metas específicas facilitan una clara comunicación y, al mismo tiempo, ayudan a los equipos a mantenerse enfocados en obtener resultados. Thermos Corp., por ejemplo, creó un equipo interfuncional en el otoño de 1990 con la tarea específica de diseñar y construir una innovadora parrilla para asar.[22] Estuvieron de acuerdo en que crearían una nueva parrilla que pareciera una hermosa pieza de mobiliario y no requiriera contaminantes como encendedores de carbón y que cocinara comida con buen sabor. El equipo también estuvo de acuerdo en establecer una fecha límite inamovible. Querían que su parrilla estuviera lista para la gran exhibición nacional de accesorios (National Hardware Show), en agosto de 1992. Así que tuvieron menos de dos años para planear, diseñar y construir su nuevo producto. Y es exactamente lo que hicieron. Crearon la Thermos Thermal Electric Grill, la cual ha ganado desde entonces cuatro premios al diseño y se ha convertido en uno de los lanzamientos de nuevos productos más exitosos en la historia de la compañía.

Liderazgo y estructura

Las metas definen los objetivos finales del equipo. Pero los equipos de alto desempeño también necesitan el liderazgo y la estructura para proporcionar el enfoque y la dirección. Definir y estar de acuerdo en un método común, por ejemplo, asegura que el equipo está unificado en relación con los medios para lograr sus metas.

Los miembros del equipo deben estar de acuerdo en quién va a hacer qué y asegurarse de que todos los miembros contribuyan equitativamente para compartir la carga de trabajo. Además, el equipo necesita determinar la forma en que se establecerán los horarios, qué habilidades deberán ser desarrolladas, cómo resolverá el grupo sus conflictos y cómo tomará y modificará las decisiones. Ponerse de acuerdo sobre las especificaciones del trabajo y cómo se ajustarán para integrar las habilidades individuales requiere de un liderazgo y estructura de equipo. Esto, incidentalmente, puede ser proporcionado directamente por la gerencia o bien por los miembros del equipo mismo, pues son ellos quienes ocupan los papeles de promotor, organizador, productor, de mantenimiento y de enlace (consulte nuevamente la ilustración 8-4).

Las metas de desempeño dieron energía a este equipo de diseñadores de juguetes de Mattel. Tuvieron solamente cinco meses para diseñar y desarrollar un nuevo automóvil para la línea Hot Wheels que pudiera exhibirse en la Feria del Juguete de Nueva York. Mientras que toma 18 meses perfeccionar la mayoría de los vehículos de juguete, este equipo de artistas, diseñadores y expertos en computadora desarrolló el nuevo modelo Top Speed a tiempo para presentarlo a los 20,000 compradores que asistieron a la exhibición del juguete.

La holgazanería social y la responsabilidad

Aprendimos en el capítulo anterior que los individuos pueden esconderse dentro de un grupo. Pueden incurrir en la holgazanería social y aprovechar el esfuerzo del grupo ya que así sus contribuciones individuales no pueden ser identificadas. Los equipos de alto desempeño debilitan esta tendencia al hacerse responsables ellos mismos tanto a nivel individual como a nivel de equipo.

Los equipos exitosos hacen a los miembros, individualmente y en conjunto, responsables del propósito, las metas y los métodos del equipo. Tienen claro de qué son responsables individualmente y de qué son responsables en conjunto.

Evaluación del desempeño y los sistemas de recompensa adecuados

¿Cómo conseguir que los miembros de un equipo sean responsables tanto individualmente como en conjunto? La evaluación y el sistema de recompensas tradicionales, orientados al individuo, deben ser modificados para reflejar el desempeño del equipo.[23]

Las evaluaciones de desempeño individual, salarios por hora fijos, los incentivos individuales y cosas similares no son compatibles con el desarrollo de equipos de alto desempeño. Así que, además de evaluar y recompensar a los empleados por sus contribuciones individuales, la gerencia debería considerar las evaluaciones basadas en el grupo, la participación en las ganancias, el reparto de utilidades, los incentivos a grupos pequeños y otras modificaciones a los sistemas que reforzarán el esfuerzo y el compromiso del grupo.

Desarrollo de una gran confianza mutua

Los equipos de alto rendimiento se caracterizan por poseer una gran **confianza** mutua entre los miembros. Esto es, los miembros creen en la integridad, el carácter y la capacidad de cada uno. Pero como usted sabe, en las relaciones personales la confianza es frágil. Toma bastante tiempo construirla, puede ser fácilmente destruida y es difícil volverla a obtener.[24] También, ya que la confianza produce confianza y la desconfianza crea desconfianza, mantener la confianza requiere de una atención cuidadosa por parte de la gerencia.

confianza
Una característica de los equipos de alto rendimiento, donde los miembros creen en la integridad, el carácter y la capacidad de cada uno y de los demás miembros.

Ilustración 8-5
Dimensiones de la confianza

Integridad

Apertura   Competencia

Confianza

Lealtad   Consistencia

Una investigación reciente ha identificado cinco dimensiones que fundamentan el concepto de confianza (*véase* la ilustración 8-5):[25]

- ◆ **integridad.** Honestidad y confianza absolutas.
- ◆ **competencia.** Conocimiento y habilidades técnicas e interpersonales.
- ◆ **Consistencia.** Confiabilidad, pronosticabilidad y buen juicio en el manejo de las situaciones.
- ◆ **Lealtad.** Voluntad para proteger y dar la cara por una persona.
- ◆ **Apertura.** Voluntad de compartir ideas e información libremente.

En términos de la confianza entre los miembros del equipo, se ha encontrado que la importancia de estas cinco dimensiones es relativamente constante: integridad > competencia > lealtad > consistencia > apertura.[26] Además, la integridad y la competencia son las características más importantes que un individuo busca al determinar la confiabilidad del otro. La integridad parece estar calificada muy alto ya que "sin una percepción del 'carácter moral' y la 'honestidad básica' del otro, el resto de las dimensiones de la confianza carecerían de significado".[27] La alta calificación de la competencia se debe probablemente a la necesidad de los miembros del equipo de interactuar con los compañeros a fin de cumplir exitosamente con sus responsabilidades de trabajo.

Transformación de los individuos en elementos de equipo

Hasta este punto, hemos hecho una fuerte defensa del valor y de la creciente popularidad de los equipos. Pero muchas personas no son inherentemente miembros de equipos. Son solitarios o bien son personas que quieren ser reconocidas por sus logros individuales. También hay muchas organizaciones que históricamente han fomentado los logros individuales. Han creado ambientes competitivos de trabajo donde sólo el más fuerte sobrevive. Si estas organizaciones adoptan la idea de los equipos, ¿qué harán con los empleados egoístas estilo "tengo que ver por mí" que han creado? Por último, como analizamos en el capítulo 4, los países difieren en términos de cómo califican en relación con el individualismo y el colectivismo. Los equipos encajan bien en países que califican alto en colectivismo. ¿Pero qué pasa si una organización quiere introducir equipos en una población de trabajo que está formada mayoritariamente por individuos nacidos y educados en una sociedad altamente individualista? Como un escritor lo señaló apropiadamente, al describir el papel de los

De los conceptos a las habilidades

Fomento de la confianza

Los gerentes y los líderes de equipo tienen un impacto significativo en el clima de confianza del equipo. Como resultado, los gerentes y los líderes del equipo necesitan generar la confianza entre ellos mismos y los miembros del equipo. A continuación se resumen las formas en que usted puede fomentar la confianza.[28]

Demuestre que usted está trabajando por los intereses de los demás así como también por los suyos propios. A cada uno de nosotros le preocupa su propio interés, pero si los demás consideran que usted los utiliza, o usa su trabajo o a la organización para alcanzar sus metas personales excluyendo los intereses de su equipo, de su departamento y de su organización, su credibilidad se verá dañada.

Sea un miembro del equipo. Apoye a su equipo de trabajo tanto por medio de palabras como de acciones. Defienda al equipo y a los miembros del equipo cuando sean atacados por personas externas. Esto demostrará su lealtad hacia su grupo de trabajo.

Practique la apertura. La desconfianza proviene tanto de lo que la gente no sabe como de lo que sabe. La apertura lleva a la comunicación y a la confianza. Así que mantenga a la gente informada, explique sus decisiones, sea imparcial acerca de los problemas y revele toda la información relevante.

Sea justo. Antes de tomar decisiones o realizar acciones, considere cómo las percibirán los demás en términos de objetividad y justicia. Dé crédito a quien lo merezca, sea objetivo e imparcial en las evaluaciones de desempeño y ponga atención a las percepciones de equidad al distribuir las recompensas.

Hable de sus sentimientos. Los gerentes y líderes que transmiten únicamente los hechos crudos son percibidos como fríos y distantes. Al compartir sus sentimientos, otros lo verán como real y humano. Sabrán quién es y esto incrementará su respeto hacia usted.

Muestre consistencia en los valores básicos que determinan su toma de decisiones. La desconfianza aparece cuando no se sabe qué esperar. Dése el tiempo para pensar acerca de sus valores y creencias. Luego permita que guíen consistentemente sus decisiones. Cuando usted conoce su propósito central, sus acciones aparecerán en consecuencia y usted proyectará una consistencia que produce la confianza.

Mantenga las confidencias. Usted confía en aquellos a quienes puede hacer confidencias y con quienes puede contar. Así si las personas le dicen algo en confidencia, necesitan sentirse seguros de que usted no lo comentará con otros o traicionará esa confianza. Si la gente lo percibe como alguien a quien se "le escapan" las confidencias personales o alguien con quien no se puede contar, no se le considerará digno de confianza.

Demuestre su competencia. Desarrolle la admiración y el respeto de los demás demostrando capacidad técnica y profesional así como un buen sentido de los negocios. Ponga particular atención en desarrollar y desplegar sus habilidades de comunicación, integración de equipo y otras habilidades interpersonales.

equipos en Estados Unidos: "Los estadounidenses no crecemos aprendiendo cómo funcionan los equipos. En la escuela nunca recibimos una boleta de calificaciones en equipo o aprendemos los nombres de los marinos que viajaron con Colón a América."[29] Esta limitación sería igualmente cierta para los canadienses, británicos, australianos y otros miembros de sociedades altamente individualistas.

El reto

Los puntos anteriores sirven para evidenciar que una barrera sustancial contra el uso de los equipos de trabajo, es la resistencia individual. El éxito de un empleado ya no se define en términos del desempeño individual. Para desempeñarse bien como miembros de un equipo, los individuos deben ser capaces de comunicarse abierta y honestamente, de confrontar las diferencias y resolver conflictos y sublimar las metas personales por el bien del equipo. Para muchos empleados, ésta es una tarea difícil —a veces imposible. El reto de crear miembros de equipo sería mayor donde (1) la cultura nacional es altamente individualista y (2) los equipos están siendo introducidos dentro de una organización establecida que históricamente ha valorado el logro individual. Esto describe, por ejemplo, lo que enfrentaron los gerentes de AT&T, Ford, Motorola y otras grandes compañías establecidas en Estados Unidos. Estas empresas prosperaron gracias a que contrataban y recompensaban estrellas corporativas, y producían un clima de competencia que alentaba el logro y el reconocimiento individuales. Los empleados en estos tipos de compañías pueden sentirse decepcionados por este cambio repentino en la importancia que tiene el equipo.[30] Un empleado veterano de una gran compañía, quien se había desempeñado bien trabajando solo, describió la experiencia de unirse a un equipo: "Estoy aprendiendo mi lección. Acabo de tener mi primera evaluación negativa de desempeño en 20 años."[31]

Por el otro lado, el reto de la gerencia es menos demandante cuando los equipos son introducidos donde los empleados tienen fuertes valores de colectividad —como Japón o México— o en las nuevas organizaciones que usan los equipos como su forma inicial de estructurar el trabajo. Saturn Corp., por ejemplo, es una organización estadounidense, propiedad de General Motors. La compañía fue diseñada en torno a equipos desde su mismo origen. Todo el mundo en Saturn fue contratado con el conocimiento de que trabajarían en equipos. La capacidad de ser un buen miembro de equipo fue un requisito básico de contratación que todos los nuevos empleados tuvieron que cumplir.

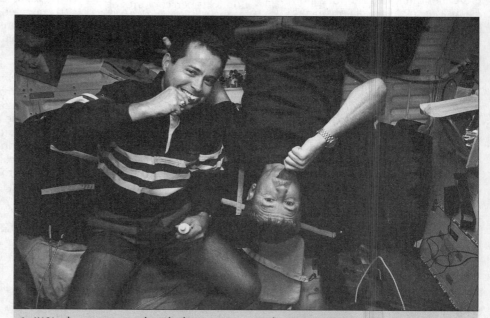

La NASA sabe que convertir a los individuos en participantes de equipo toma tiempo y entrenamiento. Los astronautas son individuos de alto desempeño que pasan un proceso extremadamente competitivo de selección para ser lo que son. Pero cuando se vuelven parte de la tripulación de un transbordador, deben trabajar armoniosamente con los otros miembros de la tripulación para lograr la meta de su misión. La NASA moldea a los astronautas para convertirlos en miembros del equipo entrenándolos para que trabajen juntos —incluso cepillarse los dientes juntos— todos los días durante un año o dos antes de la misión del transbordador. Al enfatizar que el éxito de la misión depende del trabajo en equipo, la NASA enseña a los astronautas a comprometerse y tomar decisiones que beneficien a todo el equipo.

Formación de los miembros del equipo

A continuación se resumen las opciones primarias que los gerentes tienen para tratar de transformar a los individuos en miembros del equipo.

SELECCIÓN Algunas personas ya poseen las habilidades interpersonales para ser miembros eficaces de equipo. Cuando se contrata a los miembros del equipo, además de las habilidades técnicas requeridas para el trabajo, se debe tener cuidado de asegurar que los candidatos pueden cumplir sus papeles de equipo así como los requerimientos técnicos.

Muchos candidatos al puesto no tienen habilidades de equipo. Esto es especialmente cierto para aquellos que socializan en torno a las contribuciones individuales. Cuando se enfrentan con tales candidatos, los gerentes tienen básicamente tres opciones. Estos candidatos pueden pasar por el entrenamiento para "volverse miembros de equipo". Si esto no es posible o no funciona, las otras dos opciones son la transferencia del individuo a otra unidad dentro de la organización, sin equipos (si esa posibilidad existe); o no contratar al candidato. En las organizaciones establecidas que deciden rediseñar los trabajos en torno a equipos, debe esperarse que algunos empleados se resistan a participar en equipos y probablemente no puedan ser entrenados. Por desgracia, este tipo de personas típicamente se convierte en víctimas del enfoque de los equipos.

ENTRENAMIENTO En un tono más optimista, una gran proporción de gente que se educó dentro de la importancia del logro individual puede ser entrenada para volverse miembro de un equipo. Los especialistas del entrenamiento conducen ejercicios que permiten a los empleados experimentar la satisfacción que el trabajo en equipo proporciona. Generalmente ofrecen talleres para ayudar a los empleados a mejorar sus habilidades de solución de problemas, de comunicación, de negociación, de manejo de conflictos y de capacitación. Los empleados también aprenden el modelo de desarrollo de grupo en cinco etapas, descrito en el capítulo 7. En Bell Atlantic, por ejemplo, los entrenadores se enfocan en cómo un equipo pasa por varias etapas antes de que finalmente pueda consolidarse. Y a los empleados se les recuerda la importancia de la paciencia —debido a que en los equipos toma más tiempo tomar decisiones que cuando los empleados actúan individualmente.[32]

La división especializada en motores de Emerson Electric en Missouri, por ejemplo, ha logrado un éxito sobresaliente al conseguir que los 650 miembros de su fuerza laboral no sólo acepten, sino den la bienvenida al entrenamiento de equipo.[33] Se tra-

Playfair, Inc., de Berkeley, California, es una compañía de entrenamiento que se especializa en desarrollar ejercicios que ayudan a los empleados a disfrutar la satisfacción que el trabajo en equipo puede proporcionar. En esta foto, el fundador de Playfair, Matt Weinstein (derecha) y los miembros de su personal se están divirtiendo haciendo un ejercicio que ellos mismos desarrollaron. Implica utilizar materiales de decoración para diseñar una escultura que represente la visión de una compañía.

jo a consultores externos que proporcionaran a los trabajadores habilidades prácticas para trabajar en equipos. Después de menos de un año, los empleados han aceptado de manera entusiasta el valor del trabajo en equipo.

RECOMPENSAS El sistema de recompensas necesita ser desarrollado nuevamente para alentar los esfuerzos cooperativos en lugar de los competitivos. Por ejemplo, Hallmark Cards, Inc., agregó a su sistema de incentivo individual básico un bono anual basado en el logro de las metas del equipo. Trigon Blue Cross Blue Shield cambió su sistema para premiar una división pareja entre las metas individuales y los comportamientos de equipo.[34]

Los ascensos, los incrementos de salario y otras formas de reconocimiento deberían dárseles a los individuos en relación con su eficacia como miembros colaboradores del equipo. Esto no significa que se pase por alto la contribución individual; más bien es equilibrada con las contribuciones desinteresadas al equipo. Los ejemplos de comportamientos que pudieran ser recompensados incluyen el entrenamiento de nuevos colegas, compartir información con los compañeros del equipo, ayudar a resolver conflictos en el equipo y dominar nuevas habilidades que el equipo necesita pero en las cuales no se es eficiente.

Por último, no olvide las recompensas intrínsecas que los empleados pueden recibir del trabajo en equipo. Los equipos proporcionan camaradería. Es emocionante y satisfactorio ser una parte integral de un equipo exitoso. La oportunidad de comprometerse en el desarrollo personal y ayudar a los miembros del equipo a crecer puede ser muy satisfactoria y una experiencia gratificante para los empleados.

Temas actuales sobre la administración de los equipos

En esta sección, trataremos tres temas relacionados con la administración de los equipos: (1) ¿Cómo facilitan los equipos la adopción de la administración de la calidad total? (2) ¿Cuáles son las implicaciones de la diversidad de la fuerza laboral en el desempeño del equipo?, y (3) ¿Cómo revigoriza la gerencia a los equipos estancados?

Los equipos y la administración de la calidad total

Una de las características centrales de la administración de la calidad total (ACT) es el uso de equipos. Pero, ¿por qué los equipos son una parte esencial de la ACT?

La esencia de la ACT es la mejora de los procesos, y la participación del empleado es la pieza clave de mejoramiento de los procesos. En otras palabras, la ACT requiere que la gerencia dé a los empleados el aliento para compartir las ideas y actuar de acuerdo con lo que sugieren. Como señaló un autor: "Ninguno de los diversos procesos y técnicas de la ACT será entendido o aplicado excepto en los equipos de trabajo. Tales técnicas y procesos requieren de altos niveles de comunicación y contacto, respuesta y adaptación, coordinación y secuencia. Requieren, en suma, de un ambiente que sólo puede ser suministrado por equipos de trabajo superiores."[35]

Los equipos proporcionan el vehículo natural para que los empleados compartan las ideas y apliquen las mejoras. Como señaló Gil Mosard, un especialista en ACT de McDonnell Douglas: "Cuando su sistema de medición le dice que sus procesos están fuera de control, usted necesita un equipo de trabajo para la solución estructurada del problema. No todo mundo necesita saber cómo hacer toda clase de gráficas de control para monitorear el desempeño, pero todo mundo necesita saber en qué etapa se encuentran sus procesos para poder juzgar si se están mejorando."[36] Los ejemplos de la Ford Motor Co. y de Amana Refrigeration, Inc., ilustran el empleo de los equipos de trabajo en los programas de ACT.[37]

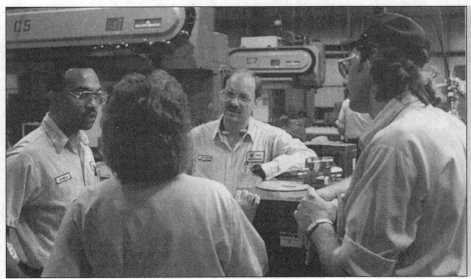

Wainwright Industries es una compañía orientada a los equipos, y los suyos jugaron un papel vital en la compañía al ganar el Malcolm Baldrige National Quality Award (Premio Nacional de Calidad Malcolm Baldrige). Los equipos de Wainwright son pequeños, con cerca de seis miembros más un líder, así que los integrantes pueden fácilmente compartir ideas y aplicar mejoras. Los propietarios de la compañía creen que los equipos ayudan a crear un ambiente en el cual los empleados adquieren mayor compromiso mutuo y con la compañía.

Ford inició sus esfuerzos de ACT a principios de la década de los ochenta con equipos como el proceso primario de organización. "Debido a que este negocio es muy complejo, no puede tener un impacto en él sin un enfoque de equipo", observó un gerente de Ford. Al diseñar sus equipos de solución de problemas de calidad, la gerencia de Ford identificó cinco metas. Los equipos deberían (1) ser los suficientemente pequeños como para ser eficientes y eficaces; (2) estar entrenados adecuadamente en las habilidades que sus miembros necesitan; (3) tener suficiente tiempo para trabajar en problemas a los que planean dirigirse; (4) recibir la autoridad para resolver los problemas y llevar a cabo acciones correctivas; y (5) tener cada uno un "guía" designado cuyo trabajo fuera ayudar al equipo a resolver las dificultades que surgieran.

En Amana, las fuerzas de tarea interfuncionales formadas con personas de diferentes niveles dentro de la compañía se usan para manejar problemas de calidad que atraviesan las líneas departamentales. Cada una de las diversas fuerzas de tarea tiene un área única de responsabilidad sobre la solución del problema. Por ejemplo, una maneja los productos en la planta; otra, los elementos que deben salir de las instalaciones de producción y una más enfoca su atención específicamente en los problemas de los suministros. Amana sostiene que el uso de esos equipos ha mejorado la comunicación vertical y horizontal dentro de la compañía y redujo sustancialmente el número de unidades que no cumplen con las especificaciones de la compañía y el número de problemas de servicio en el campo.

Los equipos y la diversidad de la fuerza laboral

Administrar la diversidad en los equipos es un acto de equilibrio (véase la ilustración 8-6). La diversidad proporciona típicamente perspectivas frescas sobre algunos temas pero hace más difícil unificar al equipo y lograr acuerdos.

La defensa más fuerte en favor de la diversidad en los equipos de trabajo ocurre cuando éstos están involucrados en tareas de solución de problemas y toma de decisiones.[38] Los equipos heterogéneos proporcionan múltiples perspectivas a la discusión, por tanto incrementan la probabilidad de que un equipo identifique soluciones creativas o únicas. Además, la carencia de una perspectiva común por lo general significa que los equipos diversos pasan más tiempo discutiendo temas, lo cual dis-

Ventajas	Desventajas
Múltiples perspectivas	Ambigüedad
Mayor apertura a nuevas ideas	Complejidad
Múltiples interpretaciones	Confusión
Una creatividad mayor	Mala comunicación
Una mayor flexibilidad	Dificultad para alcanzar un solo acuerdo
Mayores habilidades para la solución de problemas	Dificultad para estar de acuerdo con acciones específicas

Fuente: tomado de *International Dimensions of Organizational Behavior,* 2a. ed., por Adler., Nancy J., Derechos reservados © 1991. Con permiso de la editora del South-Western College, una división de International Thomson Publishing, Inc., Cincinnati, Ohio 45227.

minuye las posibilidades de que se elija una alternativa débil. Sin embargo, debe tenerse en mente que la contribución positiva que la diversidad proporciona a los equipos de toma de decisiones indudablemente declina con el tiempo. Como señalamos en el capítulo anterior, los grupos diversos tienen más dificultades para trabajar juntos y solucionar problemas, *pero esto se disipa con el tiempo.* Se puede esperar que el componente del valor agregado de los equipos diversos se incremente a medida que aumenta la familiaridad entre los miembros y el equipo se vuelve más cohesivo.

Los estudios nos señalan que los miembros de los equipos cohesivos muestran una mayor satisfacción, un menor ausentismo y menor fricción en el grupo.[39] Sin embargo, es probable que la cohesión sea menor en los equipos con diversidad de miembros.[40] Así, aquí hay un potencial negativo de la diversidad: funciona en detrimento de la cohesión del grupo. Pero una vez más, en referencia al capítulo anterior, encontramos que la relación entre la cohesión y la productividad del grupo se vio moderada por las normas relacionadas con el desempeño. Una sugerencia sería que, si las normas del equipo apoyan la diversidad, entonces el equipo puede maximizar el valor de la heterogeneidad mientras que, al mismo tiempo, obtiene los beneficios de una alta cohesión.[41] Esto constituye una buena razón para que los miembros del equipo participen en el entrenamiento sobre la diversidad.

Revigorización de los equipos maduros

Sólo porque un equipo está desempeñándose bien en un punto dado en el tiempo no garantiza que continuará haciéndolo.[42] Los equipos eficaces puede volverse estacionarios. El entusiasmo inicial puede dar lugar a la apatía. El tiempo puede disminuir el valor positivo de las diversas perspectivas mientras la cohesión se incrementa.

En términos del modelo de desarrollo en cinco etapas presentado en el capítulo anterior, los equipos no se quedan automáticamente en el "estado de desempeño". La familiaridad engendra apatía. El éxito puede llevar a la complacencia. Y la madurez trae menos apertura hacia las ideas novedosas y la innovación.

Los equipos maduros son particularmente propensos a sufrir del pensamiento de grupo. Los miembros empiezan a creer que pueden leer la mente de todos los demás, de modo que suponen saber los que todo mundo está pensando. Como resultado, los miembros del equipo se vuelven renuentes a expresar sus pensamientos y es menos probable que se reten.

Otra fuente de problemas para los equipos maduros es que sus éxitos iniciales se deben a menudo a que han asumido las tareas fáciles. Es normal para los equipos nuevos empezar por tomar aquellos temas y problemas que pueden manejar más fácilmente. Pero a medida que pasa el tiempo, los problemas fáciles se solucionan y el equipo tiene que empezar a enfrentarse con temas más difíciles. En este punto, el equipo típicamente ha desarrollado procesos y rutinas arraigadas y los miembros están renuentes a cambiar el sistema "perfecto" con el que ya han trabajado: los resultados pueden ser a menudo desastrosos. Los procesos internos del equipo ya no funcionan con ligereza. La comunicación se obstaculiza y se hace más lenta. Los conflictos se incrementan ya que es menos probable que los problemas tengan soluciones obvias. Y el desempeño del equipo puede caer drásticamente.

¿Qué podemos hacer para vigorizar nuevamente a los equipos maduros? Podemos ofrecer cuatro sugerencias: (1) *Prepare a los miembros para que traten con los problemas de la madurez.* Recuerde a los miembros del equipo que ellos no son únicos: todos los equipos exitosos tienen que enfrentar los temas de la madurez. No deberían sentirse defraudados o perder su confianza en el concepto de equipo cuando la euforia inicial disminuye y los conflictos salen a la superficie. (2) *Ofrezca reentrenamiento fresco.* Cuando los equipos caen en la rutina, podría ayudar proporcionarles reentrenamiento acerca de comunicación, solución de conflictos, procesos de equipo y habilidades similares. Esto puede ayudar a los miembros a ganar nuevamente la credibilidad y la confianza entre ellos. (3) *Ofrezca entrenamiento avanzado.* Las habilidades que funcionaron con los problemas fáciles podrían ser insuficientes para los más difíciles. Así que los equipos maduros a menudo pueden beneficiarse con el entrenamiento avanzado para ayudar a los miembros a desarrollar habilidades más eficaces de solución de problemas, interpersonales y técnicas. (4) *Aliente a los equipos a tratar su desarrollo como una constante de la experiencia del aprendizaje.* Al igual que con la ACT, los equipos deberían considerar su propio desarrollo como parte de la búsqueda de la mejora continua. Deberían buscar formas de mejorar, para confrontar los temores y frustraciones de los miembros y usar el conflicto como una oportunidad de aprendizaje.

> ◆ Los equipos deberían considerar su propio desarrollo como parte de la búsqueda de la mejora continua.

Resumen e implicaciones para los gerentes

Pocas tendencias han influido en los puestos del empleado tanto como el movimiento masivo para introducir los equipos al lugar de trabajo. El cambio que va de trabajar solo a trabajar en equipos requiere que los empleados cooperen con los demás, compartan información, confronten diferencias y sublimen los intereses personales por el bien mayor del equipo.

En los equipos de alto desempeño se ha encontrado que hay características comunes. Tienden a ser pequeños. Contienen gente con tres tipos diferentes de habilidades: técnicas, de solución de problemas y de toma de decisiones, e interpersonales. Ajustan adecuadamente a la gente con varios papeles. Estos equipos tienen el compromiso de un propósito común, de establecer metas específicas y de tener el liderazgo y la estructura para proporcionar un objetivo y una dirección. También se hacen responsables ellos mismos tanto a nivel individual como de equipo mediante la instauración de evaluaciones y sistemas de recompensas bien diseñados. Finalmente, los equipos de alto desempeño están caracterizados por una gran confianza mutua entre sus miembros.

Debido a que las organizaciones y sociedades individualistas atraen y recompensan el logro individual, es más difícil crear miembros de equipo en estos ambientes.

Para realizar la conversión, la gerencia debería tratar de seleccionar a los individuos con las habilidades interpersonales necesarias para ser miembros eficaces de equipo, proporcionar el entrenamiento para desarrollar habilidades de trabajo en equipo y recompensar a los individuos por sus esfuerzos cooperativos.

El trabajo de la gerencia no termina una vez que los equipos son maduros y se desempeñan eficazmente. Esto se debe a que los equipos maduros pueden volverse estacionarios y complacientes. Los gerentes necesitan apoyar a los equipos maduros con asesoría, guía y entrenamiento si se desea que los equipos continúen mejorando.

Para revisión

1. ¿Cómo pueden incrementar la motivación del empleado los equipos?
2. Compare los equipos *autodirigidos* con los *interfuncionales*.
3. Enumere y describa nueve papeles de equipo.
4. ¿Cómo minimizan los equipos de alto desempeño la holgazanería social?
5. ¿Cómo minimizan los equipos de alto desempeño el pensamiento de grupo?
6. ¿Cuáles son las cinco dimensiones que subyacen en el concepto de la confianza?
7. ¿En qué condiciones será más grande el reto de crear miembros de equipo?
8. ¿Qué papel desempeñan los equipos en la ACT?
9. Compare los pros y los contras de tener equipos diversos.
10. ¿Cómo puede la gerencia vigorizar nuevamente a los equipos estacionarios?

Para discusión

1. ¿No crean los equipos el conflicto? ¿No es malo el conflicto? ¿Por qué, entonces, la gerencia apoyaría el concepto de equipos?
2. ¿Existen factores en la sociedad japonesa que hacen que los equipos sean más aceptables en el ámbito laboral que en Estados Unidos o Canadá? Explique su respuesta.
3. ¿Qué problemas podrían surgir en los equipos en cada una de las cinco etapas del modelo de desarrollo del grupo?
4. ¿Cómo piensa que las expectativas de los miembros podrían afectar el desempeño del equipo?
5. ¿Preferiría trabajar solo o como parte de un equipo? ¿Por qué? ¿Cómo piensa que su respuesta se compara con otras en su clase?

→ Punto ←

El valor de los equipos

El valor de los equipos ahora se conoce muy bien. Resumamos los beneficios principales que los expertos están de acuerdo en señalar como resultado de introducir los equipos de trabajo.

Una mayor motivación del empleado. Los equipos de trabajo incrementan el involucramiento del empleado. Típicamente hacen más interesantes los trabajos. Ayudan a los empleados a satisfacer sus necesidades sociales. También crean presiones sociales para que los perezosos desarrollen altos niveles de esfuerzo con el fin de permanecer en buenos términos con el equipo. En concordancia con la investigación sobre la facilitación social, es más probable que los individuos se desempeñen mejor cuando estén en presencia de otra gente.

Niveles más altos de productividad. Los equipos tienen el potencial de crear una sinergia positiva. En años recientes, la introducción de equipos en la mayoría de las organizaciones ha estado asociada con recortes en el personal. Lo que la gerencia ha hecho es utilizar la sinergia positiva para conseguir los mismos o mayores resultados con menos gente. Esto se traduce en mayores niveles de productividad.

Una mayor satisfacción del empleado. Los empleados tienen una necesidad de afiliación. Trabajar en equipos puede ayudar a satisfacer esta necesidad al incrementar las interacciones de los trabajadores y fomentar la camaradería entre los miembros del equipo. Además, la gente que forma parte de un clima satisfactorio de equipo enfrenta mejor la tensión y disfruta más de sus trabajos.

Compromiso común hacia las metas. Los equipos alientan a los individuos a sublimar las metas individuales por las del grupo. El proceso de desarrollar un propósito común, comprometerse con ese propósito y estar de acuerdo en las metas específicas —en combinación con las presiones sociales ejercidas por el equipo— dan como resultado una alta unidad de compromiso hacia las metas del equipo.

Mejor comunicación. Los equipos autodirigidos crean dependencias interpersonales que requieren que los miembros interactúen considerablemente más que cuando trabajan por su cuenta. De igual manera, los equipos interfuncionales crean dependencias interfuncionales e incrementan la comunicación a lo largo de toda la organización.

Habilidades de trabajo múltiple. La puesta en práctica de los equipos casi siempre implica un entrenamiento mayor sobre el trabajo. A través de este entrenamiento, los empleados desarrollan sus habilidades técnicas, de toma de decisiones e interpersonales.

Flexibilidad organizacional. Los equipos se enfocan en los procesos en lugar de en las funciones. Alientan el interentrenamiento, de modo que los miembros pueden hacer los trabajos de los demás e incrementar sus habilidades. No es raro que la compensación de los equipos esté basada en el número de habilidades que un miembro ha adquirido. Esta expansión de las habilidades incrementa la flexibilidad organizacional. El trabajo puede ser reconocido y los trabajadores distribuidos como sea necesario, para enfrentar las condiciones cambiantes.

¿La introducción de equipos *siempre* logra estos beneficios? ¡No! Por ejemplo, un estudio de Ernst & Young demostró que formar equipos para investigar y mejorar los productos y procesos llevó a una mejora mensurable tan sólo en organizaciones que estaban desempeñándose pobremente en sus mercados en términos de ganancias, productividad y calidad.* En compañías de desempeño medio, el estudio señaló, que los resultados netos no cambiaron por las actividades de los equipos. En compañías de alto desempeño, la introducción de sistemas de trabajo basados en nuevos equipos en realidad disminuyó el desempeño.

Obviamente hay factores de contingencia que influyen en la aceptación y el éxito de los equipos. Algunos ejemplos podrían ser: las tareas que proporcionan beneficios al combinar múltiples habilidades; cuando el mercado pagará un premio por una calidad mejorada o bien por la innovación; con los empleados que valoran el aprendizaje continuo y disfrutan de tareas complejas; y donde las relaciones gerencia-empleado ya tienen una base fuerte de confianza mutua. Sin embargo, no podemos ignorar la realidad acerca de que actualmente el movimiento de los equipos tiene un impulso tremendo y refleja la creencia de la gerencia de que los equipos pueden ser exitosos en una amplia gama de ambientes.

*Citado en Zemke, R., "Rethinking the Rush to Team Up", *Training*, noviembre de 1993, p. 56.

Contrapunto

La tiranía de la ideología del equipo

Las creencias acerca de los beneficios de los equipos han logrado un lugar incuestionable en el estudio de las organizaciones. Pero los equipos no son la panacea. Echemos un vistazo crítico a las cuatro suposiciones que parecen fundamentar esta ideología de los equipos.

Los equipos maduros están orientados a las tareas y han minimizado exitosamente las influencias negativas de otras fuerzas de grupo. Los equipos orientados a las tareas todavía experimentan un comportamiento contra las tareas, y en realidad tienen mucho en común con otros tipos de grupos. Por ejemplo, con frecuencia sufren desacuerdos internos acerca de las tareas y resultados de las decisiones, de tasas bajas de participación y de apatía de grupo.

Las metas individuales, de grupo y organizacionales pueden ser todas integradas en las metas comunes del equipo. En contra de lo que los defensores de los equipos suponen, la gente no está motivada simplemente por la sociabilidad y autorrealización que supuestamente ofrecen los equipos de trabajo. Éstos sufren a causa de la competitividad, el conflicto y la hostilidad. Y es raro que los miembros del equipo se apoyen y ayuden mutuamente cuando se trata de ideas y temas difíciles... Además, en contra de la noción de que los equipos incrementan la satisfacción en el trabajo, la evidencia sugiere que los individuos experimentan tensión sustancial y continua como miembros del equipo. La experiencia de equipo rara vez es satisfactoria. Además, ciertos tipos de trabajadores y ciertos tipos de puestos se adaptan mejor en situaciones de trabajo solitarias y los individuos con estilos particulares de trabajo nunca se desempeñarán bien en un equipo. Para la persona tenaz, competitiva, que se nutre del logro individual, el culto al miembro del equipo probablemente producirá tan sólo frustración y tensión.

El liderazgo participativo o compartido es siempre eficaz. La ideología del equipo simplifica en exceso el requerimiento del liderazgo. Minimiza la importancia del liderazgo al sugerir que los equipos de alto rendimiento pueden dispensar o ignorar los asuntos del liderazgo.

Supone que el compromiso del equipo con una meta común une toda la acción del equipo y lo tanto reduce la necesidad del liderazgo. Los teóricos de los procesos de grupo se muestran de acuerdo en que los grupos experimentarán fases de identificación, rechazo y manejo de las relaciones con la autoridad. Este proceso no puede excluirse simplemente eliminando a los líderes de los grupos. La abdicación del liderazgo puede, en efecto, paralizar a los equipos.

El ambiente de equipo expulsa las fuerzas subversivas de la política, el poder y el conflicto que apartan a los grupos de hacer eficientemente su trabajo. Las recetas para equipos eficaces califican a éstos de acuerdo con la calidad de la toma de decisiones, la comunicación, la cohesión, la claridad y la aceptación de las metas, la aceptación de puntos de vista de las minorías y otros criterios. Tales recetas traicionan el hecho de que los equipos están formados por gente con intereses propios que están preparadas para negociar, recompensar a los favoritos, castigar a los enemigos e involucrarse en comportamientos similares para favorecer aquellos intereses. El resultado es que los equipos resultan entidades políticas, donde los miembros participan en juegos de poder y se involucran en conflictos. Ni el entrenamiento ni las aciones organizacionales alterarán la naturaleza política intrínseca de los equipos.

El argumento aquí ha sido que la ideología del equipo, con la bandera de beneficios para todos, ignora el hecho de que los equipos son utilizados a menudo para camuflar la coerción bajo la pretensión de mantener la cohesión; esconder el conflicto bajo la máscara del consenso; transformar la conformidad en algo semejante a la creatividad; demorar la acción en el supuesto interés de la consulta; legitimar la carencia de liderazgo, y disfrazar los argumentos oportunos y las agendas personales. Los equipos no necesariamente proporcionan la satisfacción de las necesidades del individuo, ni contribuyen con el desempeño o la eficacia organizacional. Al contrario, es probable que el deslumbramiento con los equipos y con hacer al empleado parte de un equipo dé como resultado que las organizaciones no obtengan el mejor desempeño de muchos de sus miembros.

Basado en Sinclair, A., "The Tyranny of a Team Ideology", *Organization Studies*, vol. 13, núm. 4 (1992), pp. 611-626.

Ejercicio de aprendizaje sobre usted mismo

¿Los demás me consideran digno de confianza?

Para obtener algún conocimiento sobre la forma en que los demás podrían considerar su confiabilidad, llene este cuestionario. Antes, sin embargo, identifique a la persona que le estará evaluando (por ejemplo, un colega de la universidad, un amigo, un supervisor, el líder del equipo).

Utilice la siguiente escala para calificar cada pregunta:

Fuertemente en desacuerdo	1 2 3 4 5 6 7 8 9 10	Fuertemente de acuerdo

Calificación

1. Los demás pueden esperar de mí que sea justo. _____

2. Usted puede confiar en mí y saber que respetaré las confidencias que se me hagan. _____

3. Se puede contar conmigo para decir la verdad. _____

4. Nunca daría intencionalmente un punto de vista equivocado a los demás. _____

5. Si prometo hacer un favor, se puede contar con que cumpliré mi promesa. _____

6. Si tengo una cita con alguien, se puede esperar que estaré a tiempo. _____

7. Si se me presta dinero, se puede contar con que lo pagaré tan pronto como me sea posible. _____

Pase a la página A-28 para conocer las instrucciones de calificación y la clave.

Fuente: basado en Johnson-George, C. y W. C. Swap, "Measurement of Specific Interpersonal Trust: Construction and Validation of a Scale to Assess Trust in a Specific Other", *Journal of Personality and Social Psychology*, diciembre de 1982, pp. 1306-1317.

Ejercicio de trabajo en grupo

Cómo integrar equipos eficaces de trabajo

Objetivo
Este ejercicio está diseñado para permitir a los miembros del grupo (a) conocer la experiencia de trabajar juntos como un equipo en una tarea específica y (b) analizar esta experiencia.

Tiempo
Los equipos tendrán 90 minutos para involucrarse en los pasos 2 y 3. Otro lapso de 45 a 60 minutos se destinará para criticar y evaluar el ejercicio en la clase.

Procedimiento
1. Los miembros de la clase son asignados a equipos de cerca de seis personas.
2. A cada equipo se le pide que
   a. Determine el nombre del equipo   b. Componga una canción de equipo

3. Cada equipo tratará de encontrar los siguientes artículos en su búsqueda de tesoros:
   a. La fotografía de un equipo
   b. Un artículo periodístico acerca de un grupo o equipo
   c. Una pieza de ropa con el nombre de la universidad o su logotipo
   d. Un par de palillos chinos
   e. Una bola de algodón
   f. Una pieza de papelería de un departamento de la universidad
   g. Una botella de Liquid Paper
   h. Un disco flexible
   i. Una taza de McDonald's
   j. Una correa para perro
   k. Una cuenta de gas o electricidad
   l. Un calendario del año pasado
   m. Un libro de Ernest Hemingway
   n. Un folleto de algún producto Ford
   o. Un tubo de ensayo
   p. Un paquete de goma de mascar
   q. Una mazorca de maíz
   r. Un casete o disco compacto de Garth Brooks (o de algún grupo musical de su localidad, previamente designado)

4. Después de 90 minutos, todos los equipos tienen que estar de regreso en el salón de clases. (Se impondrá un castigo, determinado por el profesor, a los equipos que lleguen tarde.) El equipo con el mayor número de artículos de la lista será declarado el ganador. El grupo y el instructor determinarán si los artículos cumplen o no con los requerimientos del ejercicio.

5. El desarrollo del ejercicio empezará por hacer que cada equipo se autoevalúe. Específicamente, deberá responder lo siguiente:
   a. ¿Cuál fue la estrategia del equipo?
   b. ¿Qué papeles desempeñaron los individuos?
   c. ¿Qué tan eficaz fue el equipo?
   d. ¿Qué pudo haber hecho el equipo para ser más eficaz?

6. La discusión de todo el grupo se enfocará en temas como:
   a. ¿Qué diferenció a los equipos más eficaces de los menos eficaces?
   b. ¿Qué aprendió usted de esta experiencia que sea relevante en el diseño de equipos eficaces?

Fuente: adaptado de Manning M. R. y P. J. Schmidt, "Building Effective Work Teams: A Quick Exercise Base on a Scavenger Hunt", *Journal of Management Education*, agosto de 1995, pp. 392-398. Utilizado con autorización.

XEL Communications

XEL Communications es un pez pequeño en una gran pecera. La compañía emplea a 180 personas y fabrica circuitos integrados a la medida. Compite contra sus contrapartes de Northern Telecom y AT&T.

Bill Sanko y sus socios compraron la compañía a GTE Corp. GTE es su mayor cliente, pero Bill quiere reducir su dependencia de GTE. Necesita vender más a las pequeñas compañías telefónicas y a los grandes clientes industriales que operan sus propios de sistemas de telefonía.

El problema de Bill es que para competir con éxito en nuevos negocios, tiene que mejorar drásticamente la agilidad de XEL. Él busca una circulación relámpago de órdenes, que sea más rápida de lo que ninguna compañía pudiera manejar. Quiere una rápida respuesta a las necesidades de los clientes. Todo esto realizado con una cuidadosa atención a los costos. Desafortunadamente, XEL no está diseñada para la velocidad o la flexibilidad. Sus costos son muy altos para darle a la compañía una ventaja competitiva.

Por ejemplo, en la planta de ensamble, le toma a XEL ocho semanas conseguir un producto a través del ciclo de producción, desde el inicio hasta el producto terminado. Esto retiene demasiado dinero en el inventario y frustra a los clientes que desean una entrega rápida. Sanko cree que los equipos de alto rendimiento podrían reducir esto a cuatro días o menos. La estructura de la compañía es también una carga. Los trabajadores de la línea rinden cuentas de sus labores a los supervisores, quienes reciben instrucciones de los gerentes de la unidad o del departamento, quienes a su vez deben informar a Sanko y a su tripulación de altos ejecutivos. Esta estructura altamente vertical retrasa la toma de decisiones e incrementa los gastos. "Si un ingeniero de hardware necesita un software de ayuda, tiene que ir con su gerente", dice Sanko. "El gerente dice: 'redacta tu petición'. Luego el gerente de hardware lleva al gerente de software a almorzar y hablan de ello."

Sanko ha decidido reorganizar su compañía en torno a equipos autodirigidos. Él piensa que una estructura de equipo bien diseñada puede ayudar a satisfacer mejor a sus clientes al reducir el ciclo de ocho semanas a cuatro días, mejorar significativamente la calidad, reducir los costos de ensamble en 25% y disminuir los costos de inventario en 50%. ¿Metas ambiciosas? ¡Puede apostar a que sí! Pero Sanko piensa que es posible. Además, el lograr estas metas puede llegar a ser necesario si la compañía desea sobrevivir.

Preguntas

1. Describa, en detalle, los pasos que piensa que deberían tomarse al planear y poner en práctica los equipos autodirigidos.

2. ¿Qué problemas debería esperar Sanko?

Fuente: basado en Case, J., "What the Experts Forgot to Mention", *INC.*, septiembre de 1993, pp. 66-78.

Los equipos de una línea de ensamble en Square D

Square D es un fabricante de equipo eléctrico. Su planta de Lexington, Kentucky, introdujo los equipos en 1988 a fin de mejorar la calidad, acelerar las órdenes e incrementar la productividad.

Cada día comienza con una reunión de equipo en la planta de Lexington. Los 800 empleados están divididos en equipos autodirigidos de 20 a 30 personas. Cada equipo es como su propia fábrica pequeña dentro de la fábrica. Los miembros de los equipos controlan su propio trabajo y toman decisiones sin verificarlas con la gerencia. Los equipos son totalmente responsables de sus productos desde el principio hasta el final.

La decisión de introducir equipos en 1988 no fue tomada en el vacío. La gerencia reconoció que los empleados necesitarían entrenamiento a fin de pasar eficazmente de un sistema donde la gente hacía tareas simples y especializadas en una línea de ensamble pero nunca veía el producto terminado. El entrenamiento ha incluido ejercicios para ayudar a los empleados a aprender a trabajar como parte de un equipo, solucionar problemas, manejar nueva tecnología y servir mejor a los clientes. La planta continúa gastando 4% de su nómina en entrenamiento.

Los resultados en Lexington son impresionantes. Los empleados ya no tienen que esperar al personal de mantenimiento cuando la maquinaria se descompone. Ellos pueden arreglar sus propias máquinas. Los empleados muestran un orgullo recién descubierto en su trabajo y un mayor compromiso de hacerlo bien. La gerencia está contenta con la reducción en 75% en la tasa de rechazos y con la capacidad de procesar las órdenes en un promedio de tres días contra las seis semanas que tomaba hacerlo con el viejo sistema.

Preguntas

1. No todos los esfuerzos por introducir equipos son exitosos. ¿Hay algo en el caso de Square D que sugiera por qué este programa está funcionando tan bien?

2. ¿Qué hay acerca de los procesos de equipo que pueden explicar cómo los equipos autodirigidos podrían reducir espectacularmente las tasas de rechazo y el tiempo de proceso en relación con lo que había existido con la alta especialización anterior?

Fuente: basado en "Assembly Line Teams Are Better Trained and More Efficient", *ABC World News Tonight*, pasado al aire el 24 de febrero de 1993.

COMUNICACIÓN

PERFIL DEL CAPÍTULO

Funciones de la comunicación

El proceso de comunicación

Bases de la comunicación

En la práctica: las comunicaciones eficaces del empleado en compañías
    líderes sufren cambios drásticos

Temas actuales sobre comunicación

OBJETIVOS DE APRENDIZAJE

Después de estudiar este capítulo, usted será capaz de:

1 Definir la *comunicación*

2 Identificar los factores que afectan el uso de los rumores

3 Listar las barreras comunes para una comunicación eficaz

4 Describir un programa eficaz de comunicación en una organización que sufre cambios drásticos

5 Perfilar los comportamientos relacionados con la escucha activa eficaz

6 Contrastar las conversaciones significativas de los hombres *versus* las mujeres

7 Describir los problemas potenciales en la comunicación intercultural

8 Analizar cómo la tecnología está cambiando la comunicación organizacional

No dije que no dije
lo que dije. Quiero
que quede claro.
    —G. Romney

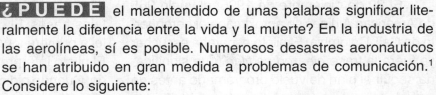

¿PUEDE el malentendido de unas palabras significar literalmente la diferencia entre la vida y la muerte? En la industria de las aerolíneas, sí es posible. Numerosos desastres aeronáuticos se han atribuido en gran medida a problemas de comunicación.[1] Considere lo siguiente:

El peor desastre de la aviación de la historia ocurrió en 1977 en la nublada Tenerife, una de las Islas Canarias. El capitán del vuelo de la KLM pensó que el controlador de tráfico aéreo le había permitido despegar. Pero el controlador pensó sólo dar instrucciones de salir. Aunque el lenguaje hablado entre el capitán de la línea alemana KLM y el controlador español era el inglés, la confusión se creó por los acentos y la terminología inadecuada. En la pista de aterrizaje, el boeing 747 de la KLM golpeó al 747 de Pan Am con todo el empuje, y murieron 583 personas.

En 1980, otro controlador español de Tenerife quiso referirse a un patrón continuo de aterrizaje al vuelo de Dan Air que provenía de Manchester, Inglaterra. Pero el controlador dijo "vire a la izquierda" (*turn to the left*) cuando debió haber dicho "vueltas a la izquierda" (*turns to the left*) —haciendo círculos en lugar de dar una sola vuelta. El jet se estrelló contra una montaña, lo que provocó la muerte de 146 personas.

En 1990, los pilotos colombianos de Avianca —después de haber seguido diversos patrones de espera, a causa del mal tiempo— le dijeron a los controladores, mientras se aproximaban al aeropuerto Kennedy de Nueva York, que a su Boeing 707 se le estaba "acabando el combustible". Los controladores escucharon esas palabras todo el tiempo, así que no tomaron una acción especial. Aunque los pilotos sabían que había un problema serio, no dijeron las palabras clave —*fuel emergency* (emergencia de combustible)— lo cual hubiera obligado a los controladores a dirigir el vuelo de Avianca antes que los demás y a hacer campo en tierra tan pronto como fuera posible. La gente del aeropuerto de Kennedy nunca entendió la verdadera naturaleza del problema de los pilotos. El jet se quedó sin combustible y se estrelló a 16 millas del aeropuerto de Kennedy. Se perdió la vida de 73 personas.

En 1993, los pilotos chinos que volaban un MD-80 de fabricación estadounidense trataron de aterrizar con niebla en Urumqi, al noroeste de China. Estaban confundidos por una alarma de audio del sistema de advertencia sobre la proximidad de la tierra. La grabación de la cabina recogió las últimas palabras del piloto: "¿Qué significa 'pull up' (elevarse)?" El avión golpeó unas líneas de alta tensión y se estrelló. Murieron 12 personas.

El 20 de diciembre de 1995, el vuelo 965 de American Airlines se aproximaba al aeropuerto de Cali, Colombia. El piloto esperaba escuchar ya fuera la frase *cleared as filed* (que significaría seguir el plan de vuelo programado antes de salir de Miami) o *cleared direct* (que significaría dirigirse directamente desde donde se encuentre a Cali, siguiendo una ruta diferente del plan de vuelo). Pero el piloto no escuchó ninguna de tales frases. El controlador trató de comunicarle la primera intrucción pero dijo *cleared to Cali*. El piloto interpretó eso como un vuelo despejado. Cuando pidió la confirmación, el controlador dijo *affirmative* (afirmativo). Obviamente los dos estaban confundidos. El avión se estrelló, y murieron 160 personas. ◆

Los ejemplos anteriores ilustran trágicamente cómo la carencia de una adecuada comunicación puede tener consecuencias mortales. En este capítulo, mostraremos (por supuesto no de una manera tan dramática) que la buena comunicación es esencial para la eficacia de cualquier grupo u organización.

La investigación indica que la mala comunicación tal vez es la fuente de conflictos personales más frecuentemente citada.[2] Debido a que los individuos pasan cerca de 70% de sus horas de vigilia comunicándose —escribiendo, leyendo, hablando, escuchando— parece razonable concluir que una de las fuerzas que restringen el exitoso desempeño del grupo es la falta de una comunicación eficaz. (Véase la ilustración 9-1.)

Ningún grupo puede existir sin la comunicación: la transferencia de significados entre sus miembros. Sólo mediante la transmisión de significados de una persona a otra pueden difundirse la información y las ideas. La comunicación, sin embargo, es más que simplemente un significado compartido. También debe ser entendido. En un grupo donde un miembro sólo habla alemán y los demás no saben alemán, dicho individuo no será entendido. Por tanto, la **comunicación** debe incluir tanto la *transferencia como el entendimiento del significado.*

comunicación
La transferencia y el entendimiento del significado.

Una idea, no importa cuán grandiosa sea, no sirve hasta que es transmitida y entendida por los demás. La comunicación perfecta, si es que hay tal cosa, existirá cuando un pensamiento o una idea se transmita de tal forma que la fotografía mental que perciba el receptor sea exactamente la misma que la imaginada por el emisor. Aunque en teoría es fundamental, la comunicación perfecta nunca se logra en la práctica, por razones que explicaremos más tarde.

Antes de hacer demasiadas generalizaciones con respecto a la comunicación y a los problemas de comunicación eficaz, necesitamos revisar con brevedad las funciones que desempeña la comunicación y describir el proceso de comunicación.

◆ Una idea, no importa cuán grandiosa sea, no sirve hasta que es transmitida y entendida por los demás.

Funciones de la comunicación

La comunicación sirve a cuatro funciones principales dentro de un grupo u organización: el control, la motivación, la expresión emocional y la información.[3]

La comunicación actúa para *controlar* el comportamiento individual de diversas maneras. Las organizaciones tienen jerarquías de autoridad y guías formales a las cuales deben atenerse los empleados. Por ejemplo, cuando se pide a los subordinados que comuniquen primero a su jefe inmediato cualquier irregularidad relacionada con el trabajo, con el propósito de seguir la descripción de su puesto o de cumplir con las políticas de la compañía, la comunicación funge como una función de control. Pero la comunicación informal también controla el comportamiento. Cuando los grupos de trabajo molestan o acosan a unos miembros que producen más que los demás (y hacen que el resto del grupo se vea mal), informalmente se lo comunican y controlan su comportamiento.

Ilustración 9-1

Fuente: Business Week, 16 de mayo de 1994, p. 8. Reimpreso con permiso especial. Derechos reservados ©1994 por McGraw-Hill, Inc.

La comunicación favorece la *motivación* al aclarar a los empleados lo que se ha hecho, si se están desempeñando bien y lo que puede hacerse para mejorar el rendimiento, si es que está por debajo del promedio. Vimos esta operación en el repaso que hicimos sobre las teorías del establecimiento de la meta y el reforzamiento, en el capítulo 5. El establecimiento de metas específicas, la retroalimentación sobre el progreso hacia las metas y el reforzamiento de un comportamiento deseado estimulan la motivación y requieren de la comunicación.

Para muchos empleados, su grupo de trabajo es la fuente principal de interacción social. La comunicación que tiene lugar dentro del grupo es el mecanismo fundamental por el cual los miembros muestran sus frustraciones y su satisfacción. La comunicación, por tanto, proporciona un alivio a la *expresión emocional* de los sentimientos y el cumplimiento de las necesidades sociales.

La función final que la comunicación desarrolla se relaciona con su papel de facilitador de la toma de decisiones. Proporciona la *información* que los individuos y grupos necesitan para tomar decisiones al transmitir la información para identificar y evaluar las opciones alternativas.

Ninguna de estas cuatro funciones debería considerarse más importante que las otras. Para que los grupos se desempeñen eficazmente, necesitan mantener alguna forma de control sobre los miembros, estimular el rendimiento, proporcionar un medio de expresión emocional y tomar las decisiones. Casi en todas las interacciones de comunicación dentro de un grupo u organización se desarrolla una o más de estas cuatro funciones.

El proceso de comunicación

La comunicación puede entenderse como un proceso o un flujo. Los problemas de comunicación ocurren cuando existen desviaciones u obstáculos en el flujo. En esta sección describimos el proceso en términos de un modelo de comunicación, analizamos cómo las distorsiones interrumpen el proceso e introducimos el concepto de la aprensión en la comunicación como otra posible interrupción.

Un modelo de comunicación

Para que la comunicación tenga lugar, es necesario un propósito, expresado como un mensaje a transmitir. Éste pasa a través de una fuente (el transmisor) y un receptor. El mensaje es codificado (convertido en una forma simbólica) y luego enviado mediante algún medio (canal) al receptor, quien traduce nuevamente (decodifica) el

La comunicación en Home Depot está diseñada para dar información a los empleados, elevar su ánimo y proporcionar un alivio a la expresión emocional de sus sentimientos. Los fundadores de la compañía, Bernard Marcus y Arthur Blank, pasan 40% de su tiempo en las tiendas hablando con los empleados, quienes son alentados a expresar sus opiniones sin temor de ser despedidos o descendidos de rango. Durante un programa de circuito cerrado de televisión llamado "desayuno con Bernie y Art", Marcus (mostrado aquí) y Blank hablan a sus empleados desde una de las tiendas, los actualizan sobre las noticias corporativas, comparten los resultados de las ventas y las ganancias y responden preguntas.

proceso de comunicación
Los pasos entre la fuente y un receptor que dan como resultado la transferencia y el entendimiento del significado.

codificar
Conversión de un mensaje de comunicación en una forma simbólica.

mensaje originado por la fuente. El resultado es una transferencia de significado de una persona a otra.[4]

La ilustración 9-2 muestra el **proceso de comunicación.** Este modelo está formado por siete partes: (1) la fuente de comunicación, (2) la codificación, (3) el mensaje, (4) el canal, (5) la decodificación, (6) el receptor y (7) la retroalimentación.

La fuente inicia el mensaje al **codificar** un pensamiento. Se han descrito cuatro condiciones que afectan la codificación del mensaje: la habilidad, la actitud, los conocimientos y el sistema sociocultural.

Mi éxito en la comunicación con usted depende de mis habilidades de escritor; si los autores de los libros de texto no tienen las habilidades necesarias para escribir, sus mensajes no llegarán a los estudiantes en la forma deseada. El éxito total de cada persona se determina también por las habilidades de hablar, leer, escuchar y razonar. Como analizamos en el capítulo 4, nuestras actitudes influyen en nuestro comportamiento. Tenemos ideas preconcebidas sobre temas diversos y esas actitu-

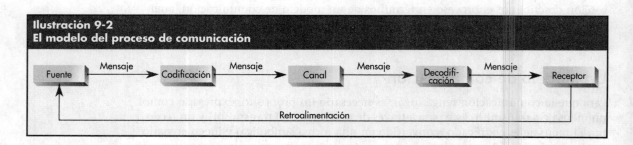

Ilustración 9-2
El modelo del proceso de comunicación

Fuente → Mensaje → Codificación → Mensaje → Canal → Mensaje → Decodificación → Mensaje → Receptor

Retroalimentación

des afectan nuestras comunicaciones. Además, estamos restringidos en nuestra actividad de comunicación, lo que limita nuestro conocimiento sobre un tema en particular. No podemos comunicar lo que no sabemos y aunque nuestro conocimiento fuera demasiado amplio, es posible que nuestro receptor no entendiera nuestro mensaje. Es claro que la cantidad de conocimientos que la fuente tenga acerca de un tema afectará el mensaje que desea transmitir. Y, por último, así como las actitudes influyen en nuestro comportamiento, así también lo hace la posición que ocupamos en el sistema sociocultural en el cual existimos. Las creencias y los valores del emisor, como parte de su cultura, actúan como influencias en tanto que es fuente comunicadora.

El **mensaje** es el producto físico real de la fuente codificadora. "Cuando hablamos, el habla es el mensaje. Cuando escribimos, la escritura es el mensaje. Cuando pintamos, la pintura es el mensaje. Cuando gesticulamos, los movimientos de los brazos, las expresiones de la cara, etc., son el mensaje."[5] El código o el grupo de símbolos que usamos para transferir el significado, el contenido del mensaje mismo y las decisiones que tomamos al seleccionar y arreglar tanto la codificación como el contenido, afectan nuestro mensaje.

El **canal** es el medio a través del cual viaja el mensaje. A la fuente le corresponde seleccionarlo y determinar cuál canal es formal y cuál es informal. Los canales formales están establecidos por la organización y transmiten los mensajes que atañen a las actividades relacionadas con el trabajo de los miembros. Tradicionalmente siguen la red de autoridad dentro de la organización. Otras formas de mensajes, como los personales o sociales, siguen los canales informales en la organización.

El receptor es el objeto a quien se dirige el mensaje. Pero antes de que el mensaje pueda recibirse, sus símbolos deben traducirse a una forma que pueda entender el receptor. Esto es la **decodificación** del mensaje. Así como el codificador estuvo limitado por sus habilidades, sus actitudes, sus conocimientos y su sistema sociocultural, el receptor está igualmente restringido. Del mismo modo en que la fuente debe tener la habilidad de escribir o hablar, el receptor debe tener la habilidad de leer o escuchar, y ambos deben ser capaces de razonar. El conocimiento, las actitudes y la experiencia cultural influyen tanto en la habilidad de recibir como en la de enviar.

El último eslabón en el proceso de la comunicación es el **circuito de retroalimentación.** "Si una fuente de comunicación decodifica el mensaje que codificó, si el mensaje se pone de nuevo en el sistema, surge la retroalimentación."[6] La retroalimentación consiste en verificar si tuvimos éxito al transferir nuestros mensajes como intentamos transferirlos desde el principio. Determina si el entendimiento se ha logrado o no.

mensaje
Aquello que se comunica.

canal
El medio a través del cual viaja un mensaje de comunicación.

decodificación
Traducir el mensaje de la comunicación de la fuente.

circuito de retroalimentación
El último eslabón en el proceso de comunicación; en él se coloca el mensaje de regreso en el sistema para verificar que no haya malos entendidos.

Fuentes de distorsión

Desafortunadamente la mayoría de los siete componentes en el modelo del proceso tienen el potencial de crear distorsión y, por tanto, chocar con la meta de comunicar perfectamente. Estas fuentes de distorsión explican por qué el mensaje decodificado por el receptor rara vez es el mensaje exacto que el emisor intentó comunicar.

Si la codificación se realizó con descuido, el emisor distorsionará la decodificación. El mensaje en sí mismo puede causar también distorsión. La selección limitada de los símbolos y la confusión en el contexto del mensaje son áreas frecuentes de problemas. Claro, si se selecciona un canal equivocado, o si el nivel de ruido es alto puede distorsionarse la comunicación. El receptor representa la fuente potencial final de distorsión. Sus prejuicios, sus conocimientos, sus habilidades de percepción, la atención y el cuidado que ponga en la decodificación son factores que pueden provocar que el mensaje se interprete de manera diferente de la imaginada por el emisor (véase la ilustración 9-3).

Aprensión en la comunicación

aprensión en la comunicación
Excesiva tensión y ansiedad por la comunicación oral, la comunicación escrita o por ambas.

Otro obstáculo para una comunicación eficaz es que algunas personas —se estima que de 5 a 20% de la población[7]— sufren de **aprensión en la comunicación** o ansiedad. Aunque mucha gente tiene pavor a hablar frente a un grupo, la aprensión comunicativa es un problema más serio ya que afecta a toda una categoría de las técnicas de comunicación. Las personas que la padecen experimentan tensión y aprensión mientras se expresan oralmente, por escrito o por ambas formas.[8] La aprensión oral dificulta con seriedad el hablar con otros cara a cara o provoca una ansiedad extrema cuando se tiene que usar el teléfono, por ejemplo. Como resultado, las personas con este problema podrían recurrir a memorandos o cartas para transmitir mensajes, cuando una llamada suele ser no sólo más rápido sino también más apropiado.

Los estudios demuestran que la aprensión comunicativa oral evade situaciones que requieren compromisos en una comunicación verbal. Deberíamos esperar encontrar alguna autoselección en los puestos para que los individuos no se interesen en los trabajos —por ejemplo, de maestros—, en que la comunicación oral es un requerimiento dominante.[10] Pero casi todos los empleos requieren de alguna comunicación oral. De mayor interés es la evidencia de que la alta aprensión en la comunicación oral distorsiona las demandas de comunicación en sus trabajos a fin de minimizar la necesidad de la comunicación.[11] De manera que necesitamos estar conscientes de que existe un grupo de personas en las organizaciones que limitan severamente su comunicación oral y racionalizan su práctica al decirse a ellas mismas que no se necesitan tanta comunicación para que hagan su trabajo con eficacia.

Ilustración 9-3 Las palabras vacías que crean distorsiones

Mucha gente joven hoy en día utiliza un vocabulario de "vocablos filtro" que contribuyen a la imprecisión del lenguaje. Las siguientes palabras y frases distorsionan la comunicación ya que son confusas y ambiguas para muchos escuchas:

Como tú sabes
Ves
Así que
Está bien, bueno
Cómo, ¡oh, Dios mío!
Lo que quiero decir es
Básicamente
Y todo eso
Y como eso
Lo que tú digas
'n' cosas

El siguiente diálogo capta el problema:

"Como tú sabes, estaba demasiado fuera. Yo fui todo, como, ¡uhmmm! Quiero decir, como ¡oh Dios! Bueno, así que dije básicamente ¿qué era lo que pasaba? Bien, así que le dije a él que estaría ahí y todo eso, tú sabes y él no está absolutamente seguro de ninguna de las 'n' cosas. Fue toda una experiencia."

Bases de la comunicación

Un conocimiento de la comunicación requiere un entendimiento básico de algunos conceptos fundamentales. En esta sección, revisamos esos conceptos. Específicamente, estudiamos los patrones de flujo de la comunicación, comparamos las redes de comunicación formal e informal, describimos la importancia de la comunicación no verbal, consideramos la manera en que los individuos seleccionan los canales de comunicación y se resumen las principales barreras para una comunicación eficaz.

Dirección de la comunicación

La comunicación puede fluir vertical u horizontalmente. La dimensión vertical puede ser dividida además en dirección ascendente o descendente.[12]

DESCENDENTE La comunicación que fluye de un nivel del grupo u organización a un nivel más bajo es una comunicación descendente.

Cuando pensamos en los gerentes que se comunican con sus subordinados, el patrón descendente es aquel en quien usualmente pensamos. Es utilizado por los líderes de grupo y los gerentes para asignar metas, proporcionar instrucciones, informar a los subordinados acerca de las políticas y procedimientos, señalar problemas que necesitan atención y ofrecer retroalimentación acerca del desempeño. Pero la comunicación descendente no tiene que ser oral o cara a cara. Cuando la gerencia envía cartas a los hogares de los empleados para avisarles sobre la nueva política de ausencia por enfermedad, está utilizando la comunicación descendente.

ASCENDENTE La comunicación ascendente fluye hacia un nivel superior en el grupo u organización. Se utiliza para proporcionar retroalimentación a los de arriba, informarles acerca del progreso hacia las metas y darles a conocer problemas actuales. La comunicación ascendente mantiene a los gerentes informados sobre cómo se sienten los empleados en sus puestos, con sus compañeros de trabajo y en la organización en general. Los gerentes también dependen de la comunicación ascendente para captar ideas sobre cómo pueden mejorarse las cosas.

Lee Kun Hee, presidente del conglomerado sudcoreano Samsung, utiliza la comunicación descendente para entregar lo que él llama "terapia de shock" a sus 180,000 empleados. Para corregir las quejas de los clientes acerca de los productos defectuosos, diseños inadecuados y servicio deficiente después de la venta, Lee preparó 300 horas de videocintas y 50 horas de audiocasetes para decir a sus empleados lo que deben hacer para mejorar la calidad de los productos de Samsung. Lee, mostrado aquí en la pantalla, les dijo a sus empleados: "cambien todo excepto a sus esposas e hijos".

Algunos ejemplos organizacionales de comunicación ascendente son los informes de desempeño preparados por la gerencia de nivel bajo para revisión de la gerencia media y alta, los buzones de sugerencias, las encuestas de actitud de los empleados, los procedimientos para expresar quejas, las discusiones entre un superior y un subordinado, las sesiones informales de "queja", donde los empleados tienen la oportunidad de identificar y discutir problemas con su jefe o con representantes de la alta gerencia.

Por ejemplo, Federal Express se enorgullece de su programa ascendente computarizado.[13] Sus 68,000 empleados contestan encuestas y revisiones de la gerencia. Este programa se citó como una fuente de recursos humanos clave por los examinadores de la Malcom Baldrige National Quality Award, cuando Federal Express ganó dichos honores.

LATERAL Cuando la comunicación tiene lugar entre los miembros del mismo grupo, entre los miembros de grupos de trabajo al mismo nivel, entre los gerentes del mismo nivel o entre personal equivalente horizontal, las describimos como lateral.

¿Por qué existiría la necesidad de comunicaciones horizontales si las comunicaciones verticales de un grupo o una organización son eficaces? La respuesta es que las primeras con frecuencia se necesitan para ahorrar tiempo y facilitar la coordinación. En algunos casos, estas relaciones laterales son estimuladas formalmente. A menudo, se crean de manera informal para impedir la jerarquía vertical y acelerar la acción. Así que las comunicaciones laterales pueden, desde el punto de vista de la gerencia, ser buenas o malas. Ya que la estricta adherencia a la estructura vertical formal para todas las comunicaciones puede impedir la transferencia eficiente y precisa de información, las comunicaciones laterales pueden ser benéficas. En tales casos, ocurren con el conocimiento y el apoyo de los superiores. Pero pueden crear conflictos disfuncionales cuando los canales formales verticales se rompen, cuando los miembros van por arriba o alrededor de sus superiores para conseguir que se hagan las cosas o cuando los jefes encuentran que se han hecho acciones o se han tomado decisiones sin su conocimiento.

Las redes formales e informales

redes de comunicación
Canales por los cuales fluye
la información.

redes formales
Comunicaciones relacionadas con la tarea
que sigue la cadena de autoridad.

red informal
La comunicación mediante el rumor o
chisme.

Las **redes de comunicación** definen los canales por los cuales fluye la información. Estos canales son una de dos variedades: formal o informal. Las **redes formales** son típicamente verticales, siguen la cadena de autoridad, y están limitadas a las comunicaciones relacionadas con la tarea. En contraste, la **red informal** —usualmente conocida como chisme— es libre de moverse en cualquier dirección, saltar niveles de autoridad y probablemente satisface las necesidades sociales de los miembros de un grupo para facilitar sus logros de tarea.

LAS REDES FORMALES DE PEQUEÑOS GRUPOS La ilustración 9-4 muestra tres redes comunes del grupo pequeño. Éstas son: la cadena, la rueda y todo el canal. La cadena sigue rígidamente la cadena formal de mando. La rueda se apoya en el líder para actuar como un conducto central para todas las comunicaciones del grupo. Toda la red del canal permite que todos los miembros del grupo se comuniquen en forma activa el uno con el otro.

Como la ilustración 9-5 demuestra, la eficacia de cada red depende de la variable dependiente en la cual usted esté interesado. Por ejemplo, la estructura de la rueda facilita el surgimiento de un líder, la red de todo el canal es mejor si usted se interesa en tener una mayor satisfacción, y la cadena es mejor si la precisión es más

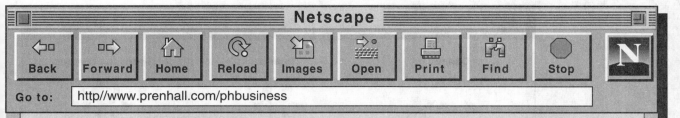

El CO en las noticias

Facultación a los empleados abriendo la comunicación

En 1980, una larga huelga casi había forzado a cerrar la planta establecida en Missouri de Springfield ReManufacturing Co. (SRC), una subsidiaria de la entonces International Harvester. Para reducir sus pérdidas, Harvester vendió SRC, la cual ensambla máquinas diesel, a un grupo de inversionistas. La nueva gerencia necesitó cambiar radicalmente la compañía para sobrevivir. Ese cambio radical adquiere la forma de lo que se ha conocido como *gerencia de libro abierto*. La meta fue conseguir que cada empleado pensara como un propietario. Para lograr este fin, la gerencia entrenó a los trabajadores para entender las finanzas de la compañía, compartir esos números de manera rutinaria con la fuerza laboral y proporcionar los bonos e incentivos salariales basados en el mejoramiento de la ganancia. Por ejemplo, cada semana, SRC apaga sus máquinas durante 30 minutos mientras sus 800 empleados se dividen en pequeños grupos y estudian los últimos balances financieros. Cada empleado de SRC puede ahora interpretar los estados de pérdidas y ganancias como la mayoría de los contadores.

Los resultados de la gerencia de libro abierto han sido sensacionales. En 1981, la compañía perdió 61,000 dólares en ventas de $16 millones; en 1994, $6 millones en ventas de $100 millones.

La gerencia de libro abierto está atrayendo la atención de otras compañías que están tratando de facultar a sus empleados. "Es el siguiente paso lógico después de que ha dado a los equipos autodirigidos el poder de tomar decisiones que una vez tuvieron los propietarios", dice Donald Robb, un gerente de división de R. R. Donelley & Sons Co. "Integra todas las otras cosas que hemos estado haciendo y le da el mismo enfoque."

Docenas de compañías, desde Allstate Insurance hasta el fabricante de ropa deportiva Patagonia, han puesto en práctica la gerencia de libro abierto. El grupo de negocios de seguros de Allstate, por ejemplo, usó la gerencia de libro abierto para impulsar el rendimiento sobre la inversión de 2.9 a 16.5% en sólo tres años. Los 3,500 empleados de la unidad fueron entrenados para entender la importancia de las medidas financieras clave; después se les proporcionó la información de manera regular. "Se consiguió involucrar y comprometer a los empleados, y ello les dio algo de posesión", dice el presidente de la unidad. "Entendieron que tenían un impacto en el resultado final".

Basado en Fierman, J., "Winning Ideas from Maverick Managers", *Fortune*, 6 de febrero de 1995, pp. 66-80; y J. A. Byrne, "Management Meccas", *Business Week*, 18 de septiembre de 1995, pp. 126-128.

¡Conéctese a la red!

Lo invitamos a que visite la página de Robbins en el sitio de Prentice Hall en la Web:

http://www.prenhall.com/robbinsorgbeh

para el ejercicio de la World Wide Web de este capítulo.

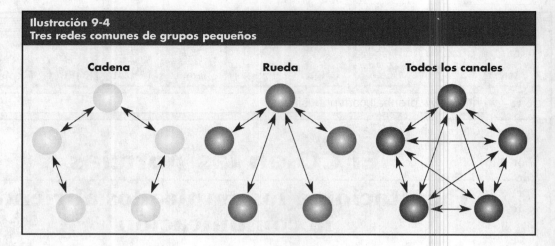

Ilustración 9-4
Tres redes comunes de grupos pequeños

Cadena   Rueda   Todos los canales

importante. La ilustración 9-5 nos lleva a la conclusión de que ninguna red será mejor para toda ocasión.

LA RED INFORMAL   La discusión anterior sobre las redes enfatizó los patrones formales de comunicación, pero éstos no sólo son el sistema de comunicación en un grupo entre grupos. Ahora pongamos nuestra atención en los sistemas informales, donde la información fluye a lo largo del muy conocido chisme y pueden florecer los rumores.

El chisme tiene tres características principales.[14] Primero, no está controlado por la gerencia. Segundo, es percibido por la mayoría de los empleados como más creíble y confiable que las comunicaciones formales emitidas por la alta gerencia superior. Tercero, se utiliza enormemente para servir a los propios intereses de las personas dentro de él.

Uno de los estudios más famoso sobre el chisme investigó el patrón de comunicación entre 67 empleados de la gerencia en una pequeña empresa de fabricación.[15] El método básico utilizado consistió en comprender de cada uno de los receptores de la comunicación cómo recibía cierta información y luego seguirle la pista hasta su fuente. Se encontró que, mientras el chisme fue una fuente importante de información, sólo 10% de los ejecutivos actuaron como canal de comunicación, esto es, pasó la información a por lo menos una persona. Por ejemplo, cuando un ejecutivo decidió renunciar para entrar al negocio de los seguros, 81% de los ejecutivos supo acerca de eso, pero solamente 11% transmitió esta información a los demás.

Ilustración 9-5 Redes de grupos pequeños
y criterios
de la eficacia

Criterios	Redes		
	Cadena	Rueda	Todos los canales
Velocidad	Moderado	Rápido	Rápido
Precisión	Alto	Alto	Moderado
Emergencia de un líder	Moderado	Alto	Ninguno
Satisfacción del integrante	Moderado	Bajo	Alto

Las otras dos conclusiones de este estudio no tienen valor. La información sobre los eventos de interés general tienden a fluir entre los mayores grupos funcionales (esto es, producción, ventas), en lugar de dentro de ellos. Tampoco se encontró prueba de que los miembros de cualquier grupo en particular actuaron como elementos comunicativos.

Un intento de duplicar este estudio entre empleados en una oficina pequeña de gobierno encontró que sólo un menor porcentaje (10%) actúa como individuos de conexión.[16] Es interesante que la duplicación contuvo un espectro más amplio de empleados —incluyendo personal de tropa y de la gerencia. Sin embargo, el flujo de la información en la oficina gubernamental tomó lugar dentro, en lugar de entre los grupos funcionales. Se propuso que esta discrepancia podría deberse a comparar una muestra de sólo ejecutivos contra una que también incluyera trabajadores de tropa. Los gerentes, por ejemplo, podrían haber sentido una mayor presión para estar informados y por tanto cultivar a los demás fuera de su grupo inmediato funcional. También, en contraste con los hallazgos del estudio original, la duplicación encontró que un grupo consistente de individuos actuó como conector al transmitir información en la oficina de gobierno.

¿Es precisa la información que fluye a lo largo del chisme? La evidencia indica que cerca de 75% de lo que se transmite es preciso.[17] ¿Pero qué condiciones nutren la actividad de difundir chismes? ¿Qué hace que el rumor continúe?

Se asume con frecuencia que los rumores empiezan porque excitan el chismorreo. Esto es un caso raro. Los rumores tienen cuando menos cuatro propósitos: estructurar y reducir la aprensión; darle un sentido a la información limitada o fragmentada; servir como un vehículo para organizar a los miembros del grupo, posiblemente externos, en coaliciones; y señalar el estado de emisor ("soy un interno y, con respecto a este rumor, tú eres un externo"), o poder ("tengo el poder de hacerte un interno").[18] La investigación indica que los rumores emergen como una respuesta a las situaciones que son importantes para nosotros, donde existe la ambigüedad y en condiciones que crean aprensión.[19] Las situaciones de trabajo contienen estos tres elementos, los cuales explican por qué los rumores florecen en las organizaciones. El secreto y la competencia que típicamente prevalecen en las grandes organizaciones —alrededor de temas como la designación de nuevos jefes, la reubicación de las oficinas y la nueva alineación de las asignaciones de trabajo— crean condiciones que alientan y mantienen los rumores en el chisme. Un rumor persistirá ya sea hasta que se satisfagan los deseos y expectativas creadores de la incertidumbre que fundamentan el rumor; o bien, hasta que la aprensión se reduzca.

> ◆ La evidencia indica que 75% de lo que se transmite en el chisme es preciso.

¿Qué podemos concluir de este análisis? Ciertamente el chisme es una parte importante de la red de comunicación de cualquier grupo u organización y vale la pena entenderlo.[20] Les muestra a los gerentes aquellos temas que los empleados consideran importantes y provocadores de ansiedad. Actúa, por ende, tanto como filtro o mecanismo de retroalimentación, recogiendo los temas que los empleados consideran relevantes. Al parecer, es más importante, otra vez desde el punto de vista gerencial, analizar la información del chisme y predecir su flujo, dado que sólo un pequeño grupo de individuos (alrededor de 10%) pasa la información a más de una persona. Al evaluar cuáles individuos considerarán como relevante cierta información, podemos mejorar nuestra habilidad para explicar y pronosticar el patrón del chisme.

¿Puede la gerencia eliminar por completo los rumores? ¡No! Lo que la gerencia podría hacer, sin embargo, es minimizar las consecuencias negativas de los rumores

Ilustración 9-6 Sugerencias para reducir las consecuencias negativas de los rumores

1. Anuncie los programas de tiempo para tomar las decisiones importantes.
2. Explique las decisiones y los comportamientos que podrían parecer inconsistentes o secretos.
3. Enfatice las desventajas, como también las ventajas, de las decisiones actuales y los planes futuros.
4. Discuta abiertamente las posibilidades en el peor de los casos —casi nunca constituye una provocación de ansiedad ni una fantasía no hablada.

Fuente: adaptado de Hirschhorn, L., "Managing Rumors", en L. Hirschhorn (ed.), *Cutting Back* (San Francisco: Jossey-Bass, 1983), pp. 54-56. Usado con permiso.

al limitar su rango e impacto. La ilustración 9-6 ofrece algunas sugerencias para limitar aquellas consecuencias negativas.

Comunicaciones no verbales

Cualquiera que haya visitado un bar para solteros o un club nocturno sabe que la comunicación no necesita ser verbal a fin de transmitir un mensaje. Una mirada, una mirada fija, una sonrisa, un ceño fruncido, un movimiento provocativo del cuerpo —todos transmiten un significado. Este ejemplo ilustra que ninguna discusión sobre la comunicación estaría completa sin considerar las **comunicaciones no verbales.** Esto incluye los movimientos del cuerpo, las entonaciones o el énfasis que damos a las palabras, las expresiones faciales y la distancia física entre el emisor y el receptor.

El estudio académico de los movimientos del cuerpo ha sido llamado **kinestesia.** Se refiere a los gestos, las configuraciones faciales y otros movimientos del cuerpo. Es un campo relativamente nuevo y ha estado sujeto en buena parte a la conjetura y a la popularidad, más que a los hallazgos de investigación que lo apoyen. Por tanto, mientras admitimos que el movimiento del cuerpo es un segmento importante del estudio de la comunicación y el comportamiento, las conclusiones deben ser necesariamente reservadas. Reconocer esta dualidad, no impide considerar con brevedad las formas en las cuales los movimientos del cuerpo transmiten un significado.

Se ha sostenido que cada movimiento del cuerpo tiene un significado y que ningún movimiento es accidental.[21] Por ejemplo, a través del lenguaje corporal,

> Decimos: "Ayúdame, me siento solo. Llévame, estoy disponible. Déjame solo, estoy deprimido." Y raramente enviamos mensajes en forma consciente. Actuamos con autenticidad imprevista con el lenguaje corporal no verbal. Levantamos una ceja para la incredulidad. Frotamos las narices como signo de perplejidad. Cruzamos los brazos para aislarnos o protegernos. Encogemos nuestros hombros para mostrar indiferencia, guiñamos un ojo para denotar intimidad, hacemos ruido con nuestros dedos para expresar impaciencia y golpeamos nuestra frente como muestra de olvido.[22]

Si bien es posible que exista desacuerdo en el significado específico de estos movimientos, el lenguaje del cuerpo agrega y a menudo complica la comunicación verbal. La posición del cuerpo y el movimiento no tienen un significado preciso o universal, pero cuando se unen al lenguaje hablado, dan un significado mayor al mensaje del emisor.

Si lee al pie de la letra las minutas de una reunión, no podría obtener el impacto de lo que se dijo como si usted hubiera estado ahí o hubiera visto la reunión en video. ¿Por qué? No existe una grabación de la comunicación no verbal. Las *entonaciones* o el énfasis dados a las palabras o frases se pierden.

comunicaciones no verbales
Mensajes transmitidos a través de los movimientos del cuerpo, las entonaciones o el énfasis que damos a las palabras, las expresiones faciales y la distancia física entre el emisor y el receptor.

kinestesia
El estudio de los movimientos del cuerpo.

La *expresión facial* del profesor también le transmitirá un significado. Una cara gruñona le dirá algo diferente de una sonrisa. Las expresiones faciales, junto con las entonaciones, pueden mostrar arrogancia, agresividad, temor, timidez y otras características que nunca serían comunicadas si usted leyera la transcripción de lo que se ha dicho.

La manera en que los individuos se alejan entre ellos mismos, en términos de la *distancia física,* también tiene un significado. Lo que se considera como distancia adecuada depende de las normas culturales. Por ejemplo, lo que es una distancia de negocios en algunos países europeos sería visto como íntimo en muchas partes del norte de América. Si alguien se para cerca de usted más de lo que usted considera apropiado, podría indicar agresividad o interés sexual. Si alguien se para más alejado de lo usual, pudiese significar un desinterés o desagrado respecto de lo que se está diciendo.

Es importante para el receptor estar alerta ante estos aspectos no verbales de la comunicación. Usted debería observar las pistas no verbales como también escuchar el significado literal de las palabras del emisor. En particular, debería enterarse de las contradicciones entre los mensajes. El jefe podría decir a alguien que es libre de hablar acerca del incremento que ha estado buscando, pero podrían verse las señales no verbales que sugieren que no es el momento adecuado para discutir el tema. A pesar de lo que diga, un individuo que mira con insistencia su reloj de pulsera está transmitiendo el mensaje de que preferiría terminar la conversación. Nosotros damos información errada a los demás cuando expresamos una emoción verbalmente, como una verdad, pero comunicamos de manera no verbal un mensaje contradictorio que se lee como: "no tengo confianza en ti". Estas contradicciones con frecuencia sugieren que "las acciones dicen más (y con mayor precisión) que las palabras".

◆ **Las acciones dicen más (y con mayor precisión) que las palabras.**

Elegir el canal de comunicación

La Universidad de Bucknell, un campus de 3,600 estudiantes en el centro de Pennsylvania, regularmente utiliza el correo electrónico para transmitir anuncios a los estudiantes de la bolsa de trabajo, del departamento de atletismo y de interés general. Pero la administración fue muy criticada recientemente por la insensibilidad al utilizar este canal de comunicación para transmitir las noticias de un estudiante que al parecer se había suicidado. "Disfrutamos de una estrecha unión, de una atmósfera familiar en Bucknell y todo mundo se siente herido cuando ocurre una tragedia", dijo el editor del periódico en una editorial. "En esas situaciones, sólo un método amigable para transmitir la información puede suavizar el golpe de las malas noticias."[23] La administración de la escuela erró al seleccionar el canal adecuado para este mensaje.

¿Por qué la gente escoge un canal de comunicación y no otro —por ejemplo, una llamada telefónica en lugar de una charla cara a cara? Una respuesta podría ser: ¡aprensión! Como usted recordará, algunas personas son aprensivas acerca de ciertas clases de comunicación. ¿Qué hay del 80 al 95% de la población que no sufren de este problema? ¿Existe un conocimiento general que pudiéramos proporcionar en relación con la opción del canal de comunicación? La respuesta es un "sí" definitivo. Un modelo de la riqueza de los medios se ha desarrollado para explicar la selección del canal entre los gerentes.[24]

La investigación reciente ha encontrado que los canales difieren en su capacidad de transmitir información. Algunos son tan ricos que tienen la habilidad de: (1) manejar múltiples sugerencias en forma simultánea, (2) facilitar una rápida retroalimentación y (3) ser muy personales. Otros se apoyan en que califican bajo en esos tres factores. Como la ilustración 9-7 muestra, la charla cara a cara califica alto

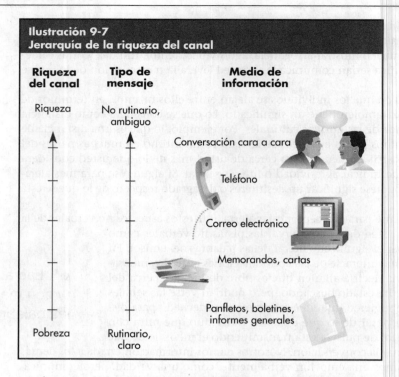

Ilustración 9-7
Jerarquía de la riqueza del canal

Riqueza del canal	Tipo de mensaje	Medio de información
Riqueza	No rutinario, ambiguo	Conversación cara a cara
		Teléfono
		Correo electrónico
		Memorandos, cartas
		Panfletos, boletines, informes generales
Pobreza	Rutinario, claro	

riqueza del canal
La cantidad de información que puede transmitirse durante un episodio de la comunicación.

en términos de la **riqueza del canal** y proporciona la máxima cantidad de información que se transmite durante un episodio de la comunicación. Esto es, ofrece múltiples sugerencias de información (palabras, posturas, expresiones faciales, gestos, entonaciones), retroalimentación inmediata (tanto verbal como no verbal) y el toque personal de "estar ahí". Los medios impersonales escritos como boletines y reportes generales califican bajo en riqueza.

La preferencia de un canal sobre el otro depende de si el mensaje es rutinario o no rutinario. El primer tipo de mensajes tiende a ser directo y tiene un mínimo de ambigüedad. Es probable que los segundos sean complicados y tengan el potencial de confundir. Los gerentes pueden comunicar los mensajes rutinarios con eficiencia a través de los canales que no poseen mucha riqueza. Sin embargo, pueden comunicar mensajes no rutinarios eficientemente sólo al seleccionar canales ricos. Regrese a nuestro ejemplo inicial sobre la Universidad de Bucknell, parece que el problema de la administración fue utilizar un canal relativamente bajo en riqueza (correo electrónico) para transportar un mensaje que, debido a su naturaleza no rutinaria y a la complejidad, debería haber sido transmitido usando un medio rico de comunicación.

La evidencia indica que los gerentes de alto rendimiento tienden a ser más sensibles a los medios que los gerentes de bajo desempeño.[25] Esto es, son más capaces de igualar la riqueza apropiada del medio con la ambigüedad involucrada en la comunicación.

El modelo de la riqueza del medio es consistente con las tendencias organizacionales y prácticas durante la década pasada. No es sólo coincidencia que más y más gerentes *senior* hayan estado utilizando reuniones para facilitar la comunicación y dejar el santuario aislado de sus oficinas ejecutivas para dirigir caminando por su alrededor. Esos ejecutivos se están apoyando en los canales ricos de la comunicación para transmitir los mensajes más ambiguos que necesitan comunicar. La década pasada se ha caracterizado por organizaciones que cierran instalaciones, imponen grandes despidos, reestructuran, fusionan, hacen consolidaciones e introducen nuevos productos y servicios a un paso acelerado —todos los mensajes no rutinarios con gran ambigüedad y que requieren del uso de los canales que transmiten una gran cantidad de información. No es de sorprender, por tanto, ver que la mayoría de los gerentes más eficaces hacen un uso extensivo de los canales ricos.

Barreras para la comunicación eficaz

Concluimos nuestro análisis de los fundamentos de la comunicación revisando algunas de las más prominentes barreras de la comunicación eficaz que usted debería conocer.

FILTRACIÓN La **filtración** se refiere a la manipulación de la información para que de esta manera sea vista de manera más favorable por el receptor. Por ejemplo, cuando un gerente le dice a su jefe lo que él cree que su jefe quiere oír, está filtrando la información. ¿Ocurre mucho en las organizaciones? ¡Por supuesto! Al tiempo que la información se pasa a los ejecutivos *senior*, tiene que ser condensada y sintetizada por los subordinados para que los que están en la cima no se sobrecarguen de información. Los intereses personales y las percepciones de lo que es importante de aquellos que resumen están presentes en el resultado de la filtración. Como un ex vicepresidente del grupo General Motors lo describió, la filtración de la comunicaciones a través de los niveles de GM hacían imposible que los gerentes *senior* consiguieran información objetiva, ya que "los especialistas de bajo nivel proporcionaban información de tal forma que conseguían la respuesta que querían. Yo lo sé. Solía estar en los niveles inferiores y aún lo hago".[26]

El mejor determinante de la filtración es el número de niveles en la estructura de una organización. Mientras más verticales sean los niveles en la jerarquía de la organización, más oportunidades hay para la filtración.

filtración
La manipulación de la información del emisor para que sea vista más favorablemente por el receptor.

PERCEPCIÓN SELECTIVA Hemos mencionado la percepción selectiva con anterioridad en este libro. Aparece otra vez debido a que los receptores en el proceso de comunicación ven en forma selectiva y escuchan basados en sus necesidades, motivaciones, experiencia, antecedentes y otras características personales. Los receptores también proyectan sus intereses y expectativas en las comunicaciones al tiempo que las decodifican. El entrevistador que espera que una solicitante de empleo ponga a su familia por encima de su carrera es probable que vea eso en las solicitantes, sin importar si ellas se sienten de esa manera o no. Como dijimos en el capítulo 3, no vemos la realidad; en su lugar, interpretamos lo que vemos y lo llamamos realidad.

DEFENSA Cuando la gente se siente amenazada, tiende a reaccionar en formas que reducen su habilidad para lograr el entendimiento mutuo. Esto es, se vuelve defensiva —se compromete en comportamientos como atacar verbalmente a otros, hacer comentarios sarcásticos, ser excesivamente juiciosa y cuestionar los motivos de los demás. Así, cuando los individuos interpretan el mensaje de los demás como amenaza, responden en formas que retardan la comunicación eficaz.

LENGUAJE Las palabras significan diferentes cosas para diferentes personas. "El significado de las palabras no está en las palabras; está en nosotros."[27] La edad, la educación y los antecedentes culturales son tres de las variables más obvias que influencian el lenguaje que una persona usa, así como también las definiciones que da a las palabras. El artista de rap Snoop Doggy Dogg y el analista político y autor William F. Buckley, Jr. hablan inglés. Pero el lenguaje que cada uno usa es bastante diferente el uno del otro. De hecho, la típica "persona de la calle" podría tener dificultad para entender el vocabulario de cualquiera de estos individuos.

◆ El significado de las palabras no está en las palabras; está en nosotros.

De los conceptos a las habilidades

Escucha eficaz

Mucha gente toma las habilidades de escucha por otorgadas.[28] Confunden el oír con el escuchar. ¿Cuál es la diferencia? Oír es simplemente atrapar las vibraciones de sonido. Escuchar es darle un sentido a lo que se oye. Esto es, escuchar requiere poner atención, interpretar y recordar el estímulo del sonido.

La persona promedio normalmente habla una tasa de 125 a 200 palabras por minuto. Sin embargo, el escucha promedio puede comprender hasta 400 palabras por minuto. Esto deja mucho tiempo para que la mente divague mientras se oye. Para la mayoría de la gente, también significa que han adquirido numerosos hábitos de mala escucha para llenar el "tiempo en reposo".

Los siguientes ocho comportamientos están asociados con habilidades eficaces de escuchar. Si usted quiere mejorar en este aspecto, observe estos comportamientos como guías:

1. *Haga contacto visual.* ¿Cómo se siente cuando alguien no lo mira mientras usted está hablando? Si usted es como la mayoría de la gente, probablemente interprete esto como un alejamiento o desinterés. Podríamos escuchar con nuestros oídos, pero los demás tienden a juzgar si en realidad estamos escuchando al observar nuestros ojos.

2. *Muestre movimientos afirmativos de cabeza y expresiones faciales apropiadas.* El escucha eficaz muestra interés en lo que se le está diciendo. ¿Cómo? por medio de los signos no verbales. Los asentimientos afirmativos con la cabeza y las expresiones faciales apropiadas, cuando se agregan a un buen contacto visual, transmiten al hablante que usted está escuchando.

3. *Evite acciones o gestos que distraigan.* Al mismo tiempo que demuestre interés, debe evitar acciones que sugieran que su mente está en otra parte. Cuando escuche, no mire su reloj, no barajee papeles, no juegue con su lápiz ni se permita distracciones similares. Éstas hacen que el hablante sienta que usted está aburrido o desinteresado. Tal vez, y esto es más importante, indiquen que usted no está del todo atento y pudiera perder una parte del mensaje que el hablante quiere transmitir.

4. *Haga preguntas.* El escucha crítico analiza lo que oye y hace preguntas. Este comportamiento proporciona el esclarecimiento, confirma el entendimiento y asegura al hablante que usted está escuchando.

5. *Parafrasee.* Parafrasear significa enunciar nuevamente lo que el hablante ha dicho, en sus propias palabras. El escucha eficaz usa frases como: "Lo que estoy oyendo que tú estás diciendo es..." o "¿Quieres decir que...?" ¿Por qué parafrasear lo que se ha dicho? ¡Por dos razones! Primero, es un control excelente para verificar si usted está escuchando con cuidado. Usted no puede parafrasear si su mente está divagando o si usted está pensando acerca de lo que va a decir a continuación. Segundo, es un control de la precisión. Al parafrasear lo que el hablante ha dicho en sus propias palabras y retroalimentarlo, usted verifica la precisión de su entendimiento.

6. *Evite interrumpir al hablante.* Permita que el emisor termine su pensamiento antes de que usted trate de responder. No trate de adivinar a dónde se dirigen los pensamientos del orador. ¡Cuando el orador termine, usted lo sabrá!

7. *No hable mucho.* La mayoría de nosotros hablaría sobre nuestras propias ideas en lugar de escuchar lo que alguien dice. Muchos de nosotros escuchamos sólo porque es el precio que tenemos que pagar para conseguir que la gente nos hable. Aunque el hablar podría ser más divertido y el silencio incómodo, usted no puede hablar y escuchar al mismo tiempo. El buen escucha reconoce el hecho y no habla demasiado.

8. *Realice transiciones suaves entre los papeles de orador y escucha.* Usted, es como un estudiante en el salón

(continúa)

de clase, encuentra relativamente fácil conseguir un marco de escucha adecuado. ¿Por qué? Debido a que la comunicación es esencialmente en una dirección: el maestro habla y usted escucha. Pero la bivalencia maestro-alumno es atípica. En la mayoría de las situaciones de trabajo, usted está continuamente cambiando de ida y de regreso los papeles de emisor y escucha. El escucha eficaz, por tanto, hace transiciones suaves del emisor al escucha y de regreso al emisor. Desde una perspectiva del escucha, esto significa concentrarse en lo que el emisor tiene que decir y practicar no pensar en lo que usted dirá tan pronto tenga oportunidad.

En una organización, los empleados usualmente llegan con diversos antecedentes y, por tanto, tienen diferentes patrones de habla. Además, al agrupar a los empleados en departamentos, se crean especialistas que desarrollan su propia jerga o lenguaje técnico. En grandes organizaciones, los miembros a menudo también se dispersan geográficamente —aun para operar en diferentes países— y los individuos de cada lugar utilizarán los términos y frases que son únicos en su área. La existencia de niveles verticales también causa problemas de lenguaje. El lenguaje de los altos ejecutivos, por ejemplo, puede ser místico para los empleados operativos que no están familiarizados con la jerga gerencial.

El punto es que mientras usted y yo hablamos un lenguaje común —español— nuestro uso del lenguaje está lejos de ser uniforme. Si conociéramos cómo cada uno de nosotros modificará el lenguaje, las dificultades en la comunicación se minimizarían. El problema es que los miembros en una organización usualmente no saben cómo aquellos con quien interactúan han modificado el lenguaje. Los emisores tienden a asumir que las palabras y los términos que emplean significan lo mismo para el receptor y para ellos. Esto, por supuesto, a menudo es incorrecto, por tanto crea dificultades en la comunicación.

En la práctica: las comunicaciones eficaces del empleado en compañías líderes sufren cambios drásticos

Como hemos notado a lo largo de este libro, las organizaciones en todo el mundo se están reestructurando a fin de reducir costos y mejorar la competitividad. Casi 100 compañías de *Fortune*, por ejemplo, han reducido el tamaño de su fuerza laboral en los últimos 12 años mediante la jubilación y los despidos.

Un estudio reciente observó los programas de comunicación del empleado en diez compañías líderes que habían llevado a cabo exitosamente programas amplios de reestructuración.[29] Las compañías se escogieron ya que habían desarrollado la reputación de tener excelentes programas internos de comunicación. Los autores estuvieron interesados en ver si había algunos factores comunes que determinaron la eficacia de las comunicación del empleado en esas empresas. Los autores escogieron específicamente compañías que habían sufrido la reestructuración y la reorganización, ya que creyeron que el examen verdadero de la eficacia de la comunicación de una compañía era qué tan bien trabajaban en momentos del mayor cambio organizacional.

Los autores encontraron ocho factores que estaban relacionados con la eficacia de las comunicaciones del empleado en estas diez compañías. Debido a que las compañías estudiadas provenían de una variedad de industrias y ambientes organizacionales, los autores propusieron que estas ocho características eran aplicables para muchos tipos de organizaciones.

Echemos un vistazo a estos ocho factores ya que proporcionan una guía basada en la investigación a los gerentes y les ayudan a decidir cómo comunicarse mejor con los empleados.

El presidente ejecutivo debe involucrarse en la importancia de la comunicación

El factor más significativo para un programa exitoso de comunicación con los empleados, es el liderazgo del presidente ejecutivo. Él debe comprometerse en la filosofía y el comportamiento, con la noción de que comunicarse con los empleados es esencial para el logro de las metas de la organización. Si el presidente ejecutivo está comprometido por medio de sus palabras y acciones, entonces "fluye" al resto de la organización.

Además de la lealtad al compromiso filosófico en las comunicaciones con el empleado, el presidente ejecutivo debe ser un modelo habilidoso y visible en el papel de las comunicaciones y estar predispuesto a entregar mensajes clave en persona. Los presidentes ejecutivos en este estudio pasaron gran parte de su tiempo hablando con los empleados, respondiendo preguntas, escuchando sus preocupaciones y transmitiendo su visión de la compañía. Es sobresaliente que tendieran a hacer esto "en persona". No delegaron esta tarea a otros gerentes. Al dirigir personalmente la causa de la buena comunicación, disminuyeron los temores del empleado acerca de los cambios que se estaban poniendo en práctica y sentaron el precedente para que otros gerentes los siguieran.

Los gerentes asocian las acciones y las palabras

Estrechamente relacionada con el apoyo del presidente ejecutivo y el compromiso, está la acción gerencial. Como ya se hizo notar, las acciones hablan más fuerte que las palabras. Cuando los mensajes implícitos que los gerentes envían contradicen los mensajes oficiales en la forma en que se transmiten las comunicaciones formales, los gerentes pierden credibilidad con los empleados. Los empleados escucharán lo que la gerencia tiene que decir con respecto a los cambios realizados y al lugar donde la compañía se dirige, pero estas palabras deben respaldarse con las acciones correspondientes.

Ed Clark, director general ejecutivo y presidente de consejo de administración de Canada Trust, muestra su compromiso con la comunicación al visitar personalmente las 400 sucursales de CT. Su filosofía es que usted no puede sentarse en una oficina y decirle a la gente qué hacer. Él sostiene sesiones de pizza y refrescos con los empleados. El estilo de Clark y la habilidad de explicar temas complejos sin menospreciar a sus escuchas le han ganado la lealtad de los empleados.

Compromiso con la comunicación de dos vías

Los programas ineficaces están dominados por la comunicación descendente. Los programas exitosos balancean la comunicación descendente y ascendente.

¿Cómo promueve una compañía la comunicación ascendente y estimula el diálogo con el empleado? La compañía que mostró el mayor compromiso en la comunicación de dos vías utilizó transmisiones interactivas de televisión que permitieron a los empleados hacer preguntas y conseguir respuestas de la alta gerencia. Las publicaciones de la compañía tuvieron columnas de interrogantes y respuestas y los empleados fueron alentados a hacer preguntas. La compañía desarrolló un procedimiento de quejas que procesaba las reclamaciones rápidamente. Los gerentes se entrenaron en técnicas de retroalimentación y fueron recompensados por usarlas.

General Electric y Hallmark son dos compañías que han perfeccionado la comunicación de dos vías. GE, por ejemplo, lanzó un esfuerzo de reunión en toda la compañía a finales de la década de los ochenta. Los gerentes dan crédito a estas reuniones para "descubrir toda clase de cosas locas que estábamos realizando".[30] Y Hallmark regularmente selecciona de 50 a 100 empleados no gerenciales al azar para una discusión cara a cara con el presidente ejecutivo de la compañía.[31]

Énfasis en la comunicación cara a cara

En tiempos de incertidumbre y cambio —las cuales caracterizan los mayores esfuerzos de reestructuración— los empleados tienen muchos temores y preocupaciones. ¿Está en juego su trabajo? ¿Tendrán que aprender nuevas habilidades? ¿Su grupo va a desaparecer? En consistencia con nuestro análisis previo de la riqueza del canal, estos mensajes son excepcionales y ambiguos. La cantidad máxima de información puede transmitirse a través de una conversación cara a cara. Debido a que las firmas en este estudio sufrieron cambios significativos, sus altos ejecutivos salieron y personalmente transmitieron sus mensajes a los empleados operativos. La comunicación imparcial, abierta, cara a cara de igual manera con los empleados presenta a los ejecutivos como gente viviente, que respira, que entiende las necesidades y preocupaciones de los trabajadores.

Responsabilidad compartida por las comunicaciones con los empleados

La alta gerencia proporciona el gran escenario —hacia dónde se dirige la compañía. Los supervisores vinculan el escenario con su grupo de trabajo y con los empleados en particular. Cada gerente tiene cierta responsabilidad de asegurar que los empleados estén bien informados y de que las implicaciones de los cambios se vuelvan más específicas según como fluyan hacia abajo en la jerarquía de la organización.

La gente prefiere enterarse por su jefe acerca de los cambios que podrían afectarlos, no de sus compañeros o de chismes. Esto requiere que la gerencia mantenga a los gerentes de nivel medio e inferior evaluando los cambios planeados. Y esto significa que los gerentes medios e inferiores deberán compartir rápidamente su información con su grupo de trabajo a fin de minimizar la ambigüedad.

El manejo de las malas noticias

Las organizaciones con una comunicación eficaz con los empleados no tienen miedo de enfrentar las malas noticias. De hecho, suelen tener un alto porcentaje de malas noticias en relación con las buenas noticias. Esto no significa que estas compañías tengan más problemas; lo que sucede es que no penalizan al que trae las malas noticias.

Cada vez más corporaciones están usando las publicaciones de la compañía para mantener actualizados a los empleados sobre noticias tanto pesimistas como optimistas. La revista *Horizons* de Allied-Signal, por ejemplo, publicó un artículo reciente del presidente de la compañía sobre la pérdida del ofrecimiento de Northrop.[32]

Todas las organizaciones tendrán, en momentos, fracasos en el producto, retrasos en la entrega, quejas de los clientes o problemas similares. La cuestión es si la gente se siente bien al comunicar esos problemas. Cuando las malas noticias se informan de manera parcial, se crea un clima en el cual la gente no teme ser honesta y las buenas noticias adquieren credibilidad.

El mensaje se moldea para los receptores

Diferentes personas en la organización tienen distintas necesidades de información. Lo que es importante para los supervisores podría no serlo para los gerentes medios. De manera similar, lo que es una información interesante para alguien en la planeación de producto podría ser irrelevante para una persona de contabilidad.

¿Qué información quieren saber los individuos y los grupos? ¿Cuándo necesitan saberla? ¿Qué forma (en casa, por carta, por correo electrónico, mediante una reunión de equipo) es la mejor para que la reciban? Los empleados varían en el tipo de información que necesitan y la manera más eficaz para recibirla. Los gerentes necesitan reconocer esto y diseñar el programa de comunicación de acuerdo con ello.

Tratar la comunicación como un proceso continuo

Estas compañías líderes vieron las comunicaciones con el empleado como un proceso crítico de la gerencia. Esto se ilustra mediante las cinco actividades comunes en las cuales estas compañías se embarcaron.

LOS GERENTES TRANSMITEN LOS FUNDAMENTOS DE LAS DECISIONES Cuando el cambio ocurre con más frecuencia y su futuro se vuelve más incierto, los empleados quieren cada vez más saber la razón que fundamenta las decisiones y los cambios que se realizan. *¿Por qué* está ocurriendo esto? *¿En qué* me afectará?

Conforme el contrato social histórico que negociaba la lealtad del empleado por la seguridad del trabajo se ha ido erosionado, los empleados van teniendo nuevas expectativas de la gerencia. En tiempos del empleo permanente, las explicaciones extensas de la gerencia no eran tan determinantes para los empleados porque a pesar de los cambios, sus trabajos estaban relativamente seguros. Pero en la nueva alianza, en que los empleados asumen mucho mayor responsabilidad de sus propias carreras, sienten la necesidad de más información para tomar decisiones inteligentes en su carrera. Los empleados esperan que la gerencia compense la diferencia entre lo que solían tener garantizado y lo que tienen ahora. Parte de ello es la información.

EL MOMENTO OPORTUNO ES VITAL Es importante que los gerentes comuniquen lo que saben, cuando lo sepan. Los empleados no quieren ser tratados como niños, recibiendo la información por partes o que se les prive de ésta por temor de que se malinterprete. Dar a conocer los hechos tan pronto estén disponibles, disminuye el poder del chismorreo e incrementa la credibilidad de la gerencia. El costo de no comunicar de manera oportuna es la pérdida de la lealtad, el enojo y la destrucción de la confianza.

La gerencia de las operaciones europeas de Arco Chemical presenta esta foto para ilustrar la importancia de compartir rápidamente la información con los empleados. La comunicación rápida es la clave para la excelencia del servicio al cliente a través de Arco Chemical, donde los equipos de múltiples departamentos comparten la retroalimentación de las encuestas a clientes y visitan las instalaciones de éstos.

Las nuevas tecnologías hacen posible la agilización de las comunicaciones. Federal Express, por mencionar un caso, ha construido una red interna de televisión con un valor de 10 millones de dólares para comunicarse rápidamente con los empleados. Cuando FedEx compró los Flying Tigers en 1989, el director ejecutivo de la compañía transmitió la noticia sólo unos minutos después de que el anuncio había aparecido en los cables financieros.[33]

COMUNICACIÓN CONTINUA La comunicación debería ser continua, en particular durante los periodos de cambio o crisis. Cuando los empleados necesitan información y ésta no está llegando, regresan a los canales informales para llenar el vacío, aun si esos canales proporcionan sólo rumores sin fundamento. En aquellas organizaciones donde la gerencia lucha por que la información fluya en forma continua, los empleados tienden más a perdonar los errores u omisiones ocasionales.

VÍNCULO DEL GRAN ESCENARIO CON EL DETALLE La comunicación verdaderamente eficaz no ocurre hasta que los empleados entienden cómo el gran escenario los afecta a ellos y a sus trabajos. Los cambios en la economía, entre los competidores de la industria o en la organización como un todo deben traducirse a las implicaciones de cada localidad, departamento y trabajadores. Esta responsabilidad recae directamente en los supervisores directos de los empleados.

NO SE DICTA LA FORMA EN QUE LA GENTE DEBE SENTIRSE ACERCA DE LAS NOTICIAS Los empleados no quieren que se les diga cómo deben interpretar y sentirse acerca del cambio. La confianza y la apertura no se incrementan con declaraciones como "¡Estos nuevos cambios son realmente emocionantes!" o " ¡A usted le va a encantar la forma en que el departamento se está reestructurando!" Más a menudo, que no siempre, estos intentos de cambiar la opinión sólo provocan respuestas antagónicas.

Es más eficaz comunicar, "quién, qué, cuándo, dónde, por qué y cómo" y dejar que los empleados obtengan sus propias conclusiones.

Temas actuales sobre comunicación

Cerramos este capítulo atendiendo cuatro temas actuales: ¿por qué los hombres y las mujeres a menudo tienen dificultad para comunicarse los unos con los otros? ¿Cuáles son las implicaciones del movimiento "políticamente correcto" en la comunicación de las organizaciones? ¿Cómo pueden los individuos mejorar sus comunicaciones interculturales? ¿Y cómo la electrónica está cambiando la forma en que la gente se comunica en las organizaciones?

Las barreras de la comunicación entre las mujeres y los hombres

La investigación de Deborah Tannen ahonda en el conocimiento de las diferencias entre los hombres y las mujeres en términos de sus estilos de conversación.[34] En particular, ella ha sido capaz de explicar por qué el género a menudo crea barreras en la comunicación oral.

La esencia de la investigación de Tannen es que los hombres usan la comunicación para enfatizar el estatus, mientras que las mujeres la emplean para crear una conexión. Tannen sostiene que la comunicación es un acto continuo de balance; para manejar el conflicto se necesita la privacía y la independencia. La privacía enfatiza la cercanía y los atributos. La independencia resalta la separación y las diferencias. Pero aquí está el truco: las mujeres hablan y escuchan un lenguaje de conexión e intimidad; los hombres hablan y escuchan un lenguaje de estatus e independencia. Así, para muchos hombres, las conversaciones son principalmente un medio de preservar la independencia y mantener el estatus en el orden social jerárquico. Para muchas mujeres, las conversaciones son negociaciones de cercanía en las cuales la gente trata de buscar y dar confirmación y apoyo. Unos ejemplos ilustrarán la tesis de Tannen:

◆ **Los hombres se valen de la comunicación para enfatizar el estatus, mientras que para las mujeres constituye un medio para crear una conexión.**

Los hombres se quejan con frecuencia de que las mujeres hablan y hablan acerca de sus problemas. Las mujeres critican a los hombres por no escuchar. Lo que sucede es que cuando los hombres escuchan un problema, con frecuencia afirman su deseo de independencia y control al ofrecer soluciones. Muchas mujeres, por otro lado, consideran que contar un problema es un medio para favorecer la cercanía. La mujer presenta el problema para obtener apoyo y conexión, no para obtener el consejo del hombre. El entendimiento mutuo es simétrico. Pero dar un consejo es asimétrico —hace ver al que da el consejo como con mayor conocimiento, más razonable y que tiene más control. Esto contribuye al distanciamiento del hombre y la mujer en sus esfuerzos de comunicarse.

Los hombres son con frecuencia más directos en las conversaciones que las mujeres. Mientras que un hombre diría: "pienso que está equivocado en ese punto", una mujer expresaría: "¿ya observó el informe de la investigación del departamento de mercadotecnia en ese punto?" (hay una implicación de que el informe mostrará el error). No es raro que los hombres crean que la tendencia de las mujeres a digredir las haga parecer "secretas" o "furtivas", pero las mujeres no están tan interesadas como los hombres en el estatus y la superioridad que a menudo crea el ser directo.

Por último, los hombres critican a las mujeres por dar la impresión de disculparse todo el tiempo. Los hombres tienden a ver la frase "lo siento" como una debilidad, ya que la interpretan como si la mujer estuviera aceptando la culpa, cuando ellos saben que ella no es la culpable. Las mujeres también saben que no son las culpables. El problema es que las mujeres usan el "lo siento" para expresar arrepentimiento: "Sé que tú debes sentirte mal por esto; yo también."

La comunicación "políticamente correcta"

¿Qué palabras usa usted para describir a un colega en silla de ruedas? ¿Qué términos utiliza para dirigirse a una cliente? ¿Cómo se comunica con un nuevo cliente que no es como usted? Las respuestas adecuadas pueden significar la diferencia entre perder un cliente, un empleado, una demanda, una reclamación de acoso sexual o un trabajo.[35]

La mayoría de nosotros está consciente de cómo nuestro vocabulario se ha modificado para reflejar la adaptabilidad política. Por ejemplo, la mayoría de nosotros ha desterrado de su vocabulario las palabras: *paralítico, ciego* y *viejo* —y las ha reemplazado con términos como *discapacitado, impedido visualmente* y *anciano* o *mayor*. El periódico *Los Angeles Times*, por ejemplo, permite a sus periodistas usar *ancianidad* pero con la salvedad de que ésta varía de "persona a persona"; de este modo, en un grupo de personas de 75 años no todas necesariamente son ancianas.[36]

Debemos ser sensibles a los sentimientos de los demás. Ciertas palabras pueden ser o son estereotipos, intimidan e insultan a los individuos. En una fuerza de trabajo diversa, debemos ser sensibles a la manera en que nuestras palabras podrían ofender a los demás. Pero existe una desventaja en la adaptabilidad política: está reduciendo nuestro vocabulario y se está haciendo más difícil la comunicación entre la gente. Para ilustrar lo anterior, usted probablemente sepa qué significan estos cuatro términos: *muerte, cuotas educativas, enanos* y *mujeres*. Pero se ha encontrado también que cada una de estas palabras ofende a uno o más grupos. Éstas se han reemplazado con términos como *resultado negativo del cuidado del paciente, igualdad de oportunidades en la educación, gente pequeña* y *personas de sexo femenino*. El problema es que este último grupo de términos es mucho menos probable que transmita un mensaje uniforme, tal como lo hacían las palabras que reemplazaron. Usted sabe lo que la muerte significa; yo sé lo que la muerte significa; ¿pero puede estar seguro de que "resulta-

Ilustración 9-8

do negativo del cuidado del paciente" siempre será definido como sinónimo de muerte? ¡No! Por ejemplo, la frase también pudiera significar una estancia mayor que la esperada en el hospital o la notificación de que su compañía de seguros no pagará la cuenta del hospital.

Algunos críticos, con sentido del humor, han llevado al extremo lo políticamente correcto. Aun quienes carecemos de cabellera, y que no nos emociona mucho que nos llamen "pelones", tenemos que reírnos como estúpidos cuando se refieren a nosotros como "fólicamente impedidos". Pero nuestra preocupación aquí es cómo el lenguaje políticamente correcto contribuye a la creación de una barrera para la comunicación eficaz.

Las palabras son los principales medios por los cuales la gente se comunica. Cuando eliminamos su uso debido a que son políticamente incorrectas, reducimos nuestras opciones para transmitir mensajes de la forma más clara y más precisa. En la mayoría de los casos, mientras más grande sea el vocabulario utilizado por el emisor y el receptor, más grande será la posibilidad de transmitir con precisión los mensajes. Al suprimir ciertas palabras de nuestro vocabulario, hacemos más difícil una comunicación precisa. Cuando reemplazamos estas palabras con nuevos vocablos cuyos significados se entienden menos, reducimos la probabilidad de que nuestros mensajes se reciban como queríamos.

Debemos ser sensibles a la manera como nuestra elección de las palabras podría ofender a los demás, pero también debemos tener cuidado de no satanizar nuestro lenguaje hasta el punto de restringir la claridad de la comunicación. No existe una solución simple para este dilema. Sin embargo, usted debería estar consciente de lo que puede perderse al concebir los vocablos y de la necesidad de encontrar un equilibrio adecuado.

Comunicación intercultural

La comunicación eficaz es difícil incluso en las mejores condiciones. Los factores interculturales tienen el potencial de incrementar los problemas en la comunicación. Esto se ejemplifica en la ilustración 9-9. Un gesto que se entiende bastante bien y es aceptable en una cultura puede carecer de significado o ser obsceno en otra.[37]

Un autor ha identificado cuatro problemas específicos relacionados con las dificultades del lenguaje en las comunicaciones interculturales.[38]

Primero, hay *barreras causadas por la semántica*. Como ya lo hicimos notar, las palabras significan diferentes cosas para distintas personas. Esto es particularmente cierto para gente con culturas nacionales diferentes. Algunas palabras, por ejemplo, no se traducen entre las culturas. Entender la palabra *sisu* le ayudaría en la comunicación con la gente de Finlandia, pero esta palabra no se puede traducir al inglés, por ejemplo. Significa algo parecido a "agallas" o "persistencia de perro". De igual forma, los nuevos capitalistas en Rusia podrían tener dificultad al comunicarse con sus homólogos británicos o canadienses ya que los términos ingleses como *eficiencia*, *mercado libre* y *regulación* no son traducibles directamente al ruso.

Segundo, hay *barreras causadas por las connotaciones de la palabra*. Las palabras implican diferentes cosas en distintos idiomas. Las negociaciones entre los ejecutivos estadounidenses y japoneses, por ejemplo, son más difíciles ya que estos últimos traducen la palabra *hai* como sí, pero su connotación podría ser "sí, estoy escuchando", en lugar de "sí, estoy de acuerdo".

Tercero, *hay barreras causadas por las diferencias de tono*. En algunas culturas, el lenguaje es formal: en otras, informal. En algunas culturas, el tono cambia dependiendo del contexto: la gente habla diferente en casa, en situaciones sociales y en el trabajo. Usar un estilo personal, informal en una situación donde se espera que se emplee un estilo formal puede ser vergonzoso y desconcertante.

Cuarto, *hay barreras causadas por las diferencias entre las percepciones*. La gente que habla diferentes idiomas en realidad ve el mundo de diferentes formas. Los es-

Ilustración 9-9
Las señas con la mano significan distintas cosas en diferentes países

El signo de OK, de acuerdo

En Estados Unidos, esto es un signo amistoso para expresar que "todo está bien" o "todo va bien". En Australia y los países islámicos, es el equivalente de una seña obscena.

El signo de los "cuernos"

Este signo alienta a los atletas de la Universidad de Texas y es un gesto de buena suerte en Brasil y Venezuela. En partes de África es una maldición. En Italia, es decirle a otro: "tu esposa te está siendo infiel".

La "V" como signo de la victoria

En muchas partes del mundo, esto significa "victoria" o "paz". En Inglaterra, si la palma y los dedos están hacia dentro, significa "¡Arriba ustedes!", especialmente si se ejecuta con un tirón ascendente de los dedos.

El signo de llamada con el dedo

Este signo significa "ven aquí" en Estados Unidos. En Malasia, se utiliza sólo para llamar animales. En Indonesia y Australia, se emplea para llamar a las "damas de la noche".

Fuente: "What's A-O.K. in the U.S.A. Is Lewd and Worthless Beyon", *New York Times,* 18 de agosto de1996, p. E7. Tomado de Roger E. Axtell, GESTURES: The Do's and Taboos of Body Language Around the World. Copyright © 1991. Este material se usa con permiso de John Wiley & Sons, Inc.

quimales (quienes prefieren llamarse *inuits*) perciben la nieve de forma diferente ya que tienen muchas palabras para ella. Los tailandeses "no" la perciben diferente de los estadounidenses ya que los primeros no tiene tal palabra en su vocabulario.

Al comunicarse con gente de una cultura diferente, ¿qué puede hacer usted para reducir los malos entendidos, las interpretaciones erróneas y las evaluaciones equivocadas? Seguir estas cuatro reglas puede ser de utilidad:[39]

1. *Asuma que hay diferencias hasta que se comprueben las similitudes.* La mayoría de nosotros supone que los demás son más similares a nosotros de lo que son en realidad. Pero la gente de distintos países con frecuencia es muy diferente de nosotros. Así que tal vez esté más lejos de cometer un error suponiendo que los otros son diferentes de usted en lugar de asumir que hay similitud hasta que la diferencia se compruebe.

2. *Enfatice la descripción en lugar de la interpretación o la evaluación.* La interpretación o evaluación de lo que alguien ha dicho o hecho, en comparación con la descripción, se basa más en la cultura del observador y en la experiencia que en la situación que se observa. Como resultado, no elabore juicios hasta que haya tenido suficiente tiempo para observar e interpretar la situación desde las diferentes perspectivas de todas las culturas involucradas.

3. *Practique la empatía*. Antes de enviar un mensaje, póngase en el lugar del receptor. ¿Cuáles son sus valores, experiencias y marcos de referencia? ¿Qué sabe acerca de su educación, crecimiento y antecedentes que puedan darle un mayor conocimiento? Trate de ver a la otra persona como realmente es.

4. *Trate sus interpretaciones como hipótesis de trabajo*. Una vez que usted haya desarrollado una explicación de una situación nueva o piense que tiene empatía con alguien de una cultura extranjera, trate su interpretación como una hipótesis que necesita mayor examen en lugar de una certidumbre. Evalúe con cuidado la retroalimentación provista por los receptores para ver si confirma su hipótesis. En decisiones o comunicados importantes, verifique con otros colegas extranjeros y del país para estar seguro de que sus interpretaciones son correctas.

Comunicaciones electrónicas

Hasta hace unos 15 o 20 años, había muy pocos adelantos tecnológicos que afectaban de manera significativa las comunicaciones organizacionales. A principios de este siglo, el teléfono redujo en forma drástica la comunicación personal, cara a cara. La popularización de la máquina fotocopiadora a finales de la década de los sesenta anunció la muerte del papel carbón e hizo que el copiado de los documentos fuera más rápido y fácil. Pero a principios de la década de los ochenta, hemos sido sujetos de un ataque masivo de las nuevas tecnologías electrónicas que están dando forma en gran medida a la manera en que nos comunicamos en las organizaciones.[40] Entre aquéllas se incluyen los radiolocalizadores, los faxes, la conferencia por video, las reuniones electrónicas, el correo electrónico, los teléfonos celulares, el correo de voz y los comunicadores personales del tamaño de la palma de la mano.

Las comunicaciones electrónicas ya no hacen necesario que usted esté disponible en su estación de trabajo o escritorio. Los radiolocalizadores, los teléfonos celulares y los comunicadores personales permiten que usted sea localizado cuando esté en una reunión, en su almuerzo, mientras visita la oficina de un cliente al otro lado de la ciudad o durante el juego de golf, el sábado por la mañana. La línea entre el trabajo del empleado y su vida fuera del trabajo ya no es muy clara. En la era electrónica, todos los empleados pueden estar teóricamente "disponibles" las 24 horas al día.

Las barreras organizacionales se vuelven menos relevantes como resultado de las comunicaciones electrónicas. ¿Por qué? Porque las computadoras conectadas en red —aquellas que están encadenadas para intercomunicarse— permiten a los empleados saltar los niveles verticales dentro de la organización, trabajar tiempo completo en casa o en algún otro lugar diferente de las instalaciones de la organización. El investigador de mercados que quiere discutir un tema con el vicepresidente de mercadotecnia (quien está a tres niveles arriba en la jerarquía), puede hacer un puente para atravesar al personal que se encuentra en medio y enviarle un mensaje electrónico directamente. Y al hacerlo, el estatus jerárquico tradicional, determinado en gran medida por el nivel y el acceso, se niega en su esencia. O el mismo investigador de mercados podría escoger vivir en las islas Caimán y trabajar en casa vía teleconmutación, en lugar de hacer su trabajo en la oficina de Chicago de la compañía. Y cuando la computadora del empleado está conectada a las computadoras de los proveedores y clientes, las barreras que separan a las organizaciones se vuelven todavía más borrosas. Cientos de proveedores, por ejemplo, están conectados a las computadoras de Wal-Mart. Esto permite a la gente de las compañías como Levi

◆ **Las barreras organizacionales se vuelven cada vez menos relevantes como resultado de las comunicaciones electrónicas.**

El banco de inversiones Morgan Stanley distribuye datos e información a los empleados de sus 37 oficinas en todo el mundo en la intranet de la compañía, una web corporativa interna. Por ejemplo, la red global permite que los corredores de Japón reciban información al último minuto sobre las transacciones de acciones que efectúan sus colegas de Nueva York. Morgan Stanley también ha conectado su sistema de mensaje de voz mundial "aullido y queja" en su intranet, con lo que permite a los vendedores recibir mensajes de los voceros de sus estaciones de trabajo en el piso de negociación.

Strauss monitorear el inventario de los pantalones vaqueros de Wal-Mart y reemplazar la mercancía conforme sea necesario, opacando la distinción entre empleados de Levi y de Wal-Mart.

Aunque el teléfono permitió que la gente transmitiera mensajes verbales en forma instantánea, hasta hace poco esta misma velocidad no estaba disponible para la palabra escrita. A mediados de la década de los sesenta, las organizaciones dependían por completo de los memorandos para mensajes internos *in sitio,* y de los servicios de cable y de correo para mensajes externos. Luego llegaron la entrega al día siguiente y los faxes. Hoy en día, casi todas las organizaciones que han introducido el correo electrónico y un número cada vez mayor proporciona a sus empleados acceso a Internet, de modo que las comunicaciones escritas se transmiten con la misma velocidad del teléfono.

Las comunicaciones electrónicas han revolucionado tanto la capacidad de tener acceso a otras personas como de conseguirlas casi al instante. Por desgracia, tal acceso y tal velocidad tienen sus desventajas. El correo electrónico, por ejemplo, no proporciona el componente no verbal de la comunicación que tiene la reunión cara a cara. Tampoco transmite las emociones y expresiones que pasan a través de las entonaciones verbales en las conversaciones telefónicas. De igual manera, se ha notado que las reuniones han servido tradicionalmente para dos propósitos diferentes —satisfacer la necesidad de afiliación de grupo y servir como foro para terminar una tarea.[41] Las videoconferencias y las reuniones electrónicas funcionan bien como apoyo a las tareas pero no satisfacen las necesidades de afiliación. Para la gente con una alta necesidad de contacto social, un uso amplio de las comunicaciones electrónicas probablemente conduzca a una satisfacción menor en el trabajo.

Resumen e implicaciones para los gerentes

Una cuidadosa revisión de este capítulo destaca un tema común con respecto a la relación entre la comunicación y la satisfacción del empleado: a menor incertidumbre, mayor será la satisfacción. Las distorsiones, las ambigüedades y las incongruencias incrementan la incertidumbre y, por tanto, tienen un impacto negativo en la satisfacción.[42]

Mientras menos distorsión haya en la comunicación, más metas, retroalimentación y otros mensajes que la gerencia dirija a los empleados se recibirán como se planearon.[43] Esto, a su vez, debe reducir las ambigüedades y clarificar la tarea del grupo. El uso extenso de los canales vertical, lateral e informal incrementará el flujo de la comunicación, reducirá la incertidumbre y mejorará el desempeño y la satisfacción del grupo. Debemos esperar que las incongruencias entre las comunicaciones verbales y no verbales incrementen la incertidumbre y reduzcan la satisfacción.

Las conclusiones de este capítulo sugieren además que la meta de una comunicación perfecta es inalcanzable. Sin embargo, existe evidencia que demuestra una relación positiva entre la comunicación eficaz (la cual incluye factores como la confianza y la precisión percibidas, el deseo de la interacción, la receptividad de la alta gerencia y los requisitos de la información ascendente) y la productividad del trabajador.[44] Escoger el canal adecuado, ser un escucha eficaz y utilizar la retroalimentación, por tanto, hace más eficaz la comunicación, pero el factor humano genera distorsiones que nunca se eliminarán por completo. El proceso de comunicación representa un intercambio de mensajes, pero el resultado es un significado que podría o no aproximarse a la intención del emisor. Cualesquiera que sean las expectativas del emisor, el mensaje decodificado en la mente del receptor representa su realidad. Y es esta "realidad" la que determina el desempeño, junto con el nivel de motivación del individuo y su grado de satisfacción. El tema de la motivación es crucial, así que brevemente repasemos cómo la comunicación es central al determinar el grado de motivación de un individuo.

Usted recordará, por la teoría de las expectativas, que el grado de esfuerzo que un individuo ejerce depende de sus percepciones de las relaciones esfuerzo-desempeño, desempeño-recompensa y recompensa-satisfacción de la meta. Si a los individuos no se les dan los datos necesarios para hacer que perciban una alta probabilidad entre estas relaciones, la motivación se verá afectada. Si las recompensas no son claras, si los criterios para determinar y medir el desempeño son ambiguos o si los individuos no están relativamente seguros de que su esfuerzo llevará a un desempeño satisfactorio, el esfuerzo se reducirá. Así, pues, la comunicación tiene un papel significativo en la determinación del nivel de motivación del empleado.

Una última implicación de la bibliografía sobre la comunicación se relaciona con la predicción de la rotación. Hacer presentaciones de trabajo realistas funge como una herramienta de comunicación para clarificar las expectativas del papel (véase el "contrapunto" del capítulo 3). Los empleados que tuvieron una presentación realista de un puesto tienen información más precisa acerca de ese empleo. Si comparamos las tasas de rotación entre organizaciones que usan este método contra otras que no lo usan o que se limitan a la presentación de la información positiva del trabajo, vemos que las segundas tienen en promedio casi 29% más rotación.[45] Esto constituye una fuerte razón para que los gerentes transmitan con honestidad y precisión información acerca del trabajo a los solicitantes, durante el proceso de reclutamiento y selección.

Para revisión

1. Describa las funciones que la comunicación proporciona dentro de un grupo u organización. Dé un ejemplo de cada uno.

2. Contraste la codificación y la decodificación.

3. Describa el proceso de comunicación e identifique sus componentes escenciales. Dé un ejemplo de cómo este proceso opera con los mensajes tanto orales como escritos.

4. Identifique las tres redes comunes de grupo pequeño y mencione las ventajas de cada una.

5. ¿Qué es la kinestesia? ¿Por qué es importante?

6. ¿Qué caracteriza a una comunicación rica en su capacidad para transmitir información?

7. ¿Qué condiciones estimulan el surgimiento de rumores?

8. Describa cómo lo políticamente correcto puede obstaculizar la comunicación eficaz.

9. Liste cuatro problemas específicos relacionados con las dificultades del lenguaje en la comunicación intercultural.

10. ¿Cuáles son las consecuencias gerenciales que son resultado de la investigación que contrasta los estilos de comunicación masculino y femenino?

Para discusión

1. "La comunicación ineficaz es culpa del emisor." ¿Está usted de acuerdo o en desacuerdo? Analícelo.

2. ¿Qué puede hacer para incrementar la probabilidad de que sus comunicados se reciban y se entiendan como era su intención?

3. ¿Cómo pueden los gerentes usar el rumor en su beneficio?

4. Utilizando el concepto de los canales ricos, dé ejemplos de mensajes que se transmiten mejor por correo electrónico, por comunicación cara a cara y por el boletín de la compañía.

5. ¿Por qué cree usted que mucha gente no sabe escuchar?

Hacia un entendimiento mutuo: la ventana Johari

La ventana de Johari (llamada así por los nombres de sus creadores Joseph Luft y Harry Ingram) es un modelo popular utilizado por especialistas en capacitación, para evaluar los estilos de comunicación. La esencia del modelo es la creencia de que el entendimiento mutuo mejora la precisión de la percepción y la comunicación.

El modelo clasifica las tendencias de un individuo para facilitar u obstaculizar las comunicaciones interpersonales en dos dimensiones: exposición y retroalimentación. La exposición se define como el grado en que un individuo divulga abierta y francamente sus sentimientos, experiencias e información cuando trata de comunicarse. La retroalimentación es el grado en que una persona hace surgir la exposición de los otros. Como se muestra en la ilustración 9-A, estas dimensiones se traducen en cuatro "ventanas": abierta, ciega, oculta y desconocida. La ventana *abierta* es la información que usted y los demás conocen. La ventana *ciega* transmite ciertas cosas acerca de usted que son evidentes para los demás pero no para usted. Éste es el resultado de que nadie se las haya dicho o de que usted las haya dejado fuera como medida defensiva. La ventana *escondida* es la información conocida para usted y desconocida para los demás. Encierra aquellos sentimientos de los que estamos conscientes pero que no compartimos con los demás por temor a que piensen mal de nosotros o a que tal vez usen la información en contra nuestra. La ventana *desconocida* incluye sentimientos, experiencias e información de los que ni usted ni los demás tienen conocimiento.

Aunque no hay un cuerpo sustancial de investigación que apoye la siguiente conclusión, el modelo de la ventana de Johari argumenta en favor de una comunicación más abierta, con base en la suposición de que la gente se entiende mejor cuando se incrementa la cantidad de información en el área abierta. De aceptar esta conclusión, ¿cómo incrementaría usted el área abierta? De acuerdo con Luft e Ingram, esto se lleva a cabo a través del descubrimiento y la retroalimentación. Al incrementar el área del autodescubrimiento, usted revela sus sentimientos internos y sus experiencias. Además, la evidencia sugiere que el autodescubrimiento alienta a otro a ser igualmente disponible y abierto. Así que el descubrimiento alienta más descubrimiento. Cuando las demás personas proporcionan retroalimentación de sus puntos de vista respecto del comportamiento de uno, usted reduce la ventana ciega.

Aunque los defensores de la ventana Johari alientan un clima de apertura, donde los individuos se autodescubran libremente unos a otros, reconocen que hay condiciones en que conviene mantener ciertas reservas a la comunicación. Entre tales condiciones se cuentan las relaciones transitorias, aquellas en que una parte ha violado la confianza de la otra en el pasado, situaciones de competencia o cuando la cultura de la organización no apoya la apertura. Aunque los críticos podrían sostener que una o más de esas condiciones abarcan gran parte de las situaciones de comunicación en las organizaciones, los partidarios de la ventana de Johari son más optimistas. Consideran que la apertura, la autenticidad y la honestidad son cualidades valiosas en las relaciones interpersonales. Y aunque no lo digan de manera directa, dan a entender que atañe interés propio de cada individuo ampliar la ventana abierta incrementando el autodescubrimiento y estando dispuesto a escuchar la retroalimentación de los demás, aun si ésta no es muy favorable.

Ilustración 9-A
La ventana de Johari

Basado en Luft, J., *Group Processes*, 3a ed. (Palo Alto CA: Mayfield Publishing, 1984). pp. 11-20; y Hall, J., "Communication Revisited", *California Management Review*, otoño de 1973, pp. 56-67.

En favor de la comunicación ambigua

El argumento en favor del entendimiento y la apertura mutuos, aunque honorable, es increíblemente ingenuo. Asume que los comunicadores en realidad quieren lograr la comprensión mutua y que la apertura es el medio preferido para alcanzar ese fin. Por desgracia, ese argumento pasa por alto un hecho básico: con frecuencia la ambigüedad de la comunicación conviene a los mejores intereses del emisor o el receptor.

"La falta de comunicación" se ha vuelto la explicación a cualquier problema en una organización. Si la recién "facultada" fuerza laboral está desmotivada, es un problema de comunicación. Si el programa de mejoramiento de la calidad no obtiene los beneficios prometidos, es un problema de comunicación. Si los empleados ignoran o abusan de los clientes a pesar del entrenamiento que los instruye de otra manera, es un problema de comunicación.

Estamos escuchando en forma continua que los problemas se irían si tan sólo pudiéramos "comunicarnos mejor". Algunas de las suposiciones básicas que fundamenten esta visión necesitan estudiarse con cuidado.

Una suposición es que una mejor comunicación necesariamente reduce la discordia y el conflicto. Pero la definición de cada individuo de una mejor comunicación, como la de una conducta virtuosa, se traduce en que la otra parte acepte sus puntos de vista, lo que reduce el conflicto a expensas de esa parte. Un mejor entendimiento de la situación podría servir sólo para subrayar las diferencias en lugar de resolverlas. En verdad, muchas de las técnicas que se consideran como generadoras de una mala comunicación, al parecer se desarrollaron con el objetivo de pasar por alto o evitar la confrontación.

Otra premisa que surge de este punto de vista es que cuando un conflicto ha existido durante mucho tiempo y muestra signos de continuar, se debe a la falta de comunicación. Por lo común, si se examina la situación con más cuidado, se encontrará que hay mucha comunicación; el problema, otra vez, consiste en equiparar la comunicación con el acuerdo.

Una tercera suposición es que siempre una de las partes, o ambas, tienen interés en interactuar y lograr la máxima claridad, medida ésta con algún estándar más o menos objetivo. A parte de la dificultad de establecer éste —¿de quién es el estándar?, y ¿no le da el control de la situación a su poseedor?—, hay algunas secuencias, probablemente muchas, en las cuales, el interés de ambas partes es dejar la situación tan confusa e indefinida como sea posible. Esto es cierto sobre todo en áreas que son delicadas o existen tabúes por razones culturales o personales que involucran prejuicios, concepciones previas, etc., pero también es aplicable en situaciones nuevas que podrían distorsionarse seriamente al utilizar definiciones y soluciones viejas.

Muy a menudo olvidamos que mantener confusa la comunicación reduce las preguntas, permite tomar decisiones más rápido, minimiza las objeciones, reduce la oposición, facilita negar las declaraciones anteriores de uno, conserva la libertad de cambiar de opinión, crea un ambiente místico y oculta las inseguridades, permite a uno decir varias cosas al mismo tiempo, hace posible decir "no" en forma diplomática y ayuda a evitar enfrentamientos y la ansiedad.

Si usted quiere ver de cerca el arte fino de la comunicación ambigua, todo lo que tiene que hacer es observar una entrevista por televisión de algún político que esté postulándose para un cargo. El entrevistador trata de conseguir información específica, mientras el político intenta manejar múltiples interpretaciones posibles. Tales comunicaciones ambiguas permiten al político aproximarse a su imagen ideal de ser "todas las cosas para toda la gente".

Basado en Kursh, C. O., "The Benefits of Poor Communications", *The Psychoanalytic Review*, verano-otoño de 1971, pp. 189-208; Eisenberg, E. M. y M. G. Witten, "Reconsidering Openness in Organizational Communication", *Academy of Management Review*, julio de 1987, pp. 418-426; y Fillipczak, B., "Obfuscation Resounding", en *Training*, julio de 1995, pp. 29-36.

Ejercicio de aprendizaje sobre usted mismo

Autoinventario de escucha

Lea dos veces cada una de las siguientes 15 preguntas. La primera vez, marque con una X en el renglón de sí o no junto a cada pregunta. Márquela tan verazmente como sea posible a la luz de su comportamiento en reuniones o asambleas recientes a las que haya asistido. La segunda vez, ponga un signo de más (+) al lado de su respuesta si está satisfecho con su respuesta, o un signo de menos (–) si desearía haber contestado de diferente forma.

		Sí	No	+ o –
1.	Frecuentemente trato de escuchar varias conversaciones al mismo tiempo.	____	____	____
2.	Me gusta que la gente me dé sólo los hechos y luego me deje hacer mis propias interpretaciones.	____	____	____
3.	A veces finjo que pongo atención a la gente.	____	____	____
4.	Me considero un buen juez de las comunicaciones no verbales.	____	____	____
5.	Por lo general sé lo que la otra persona va a decir antes de que lo diga.	____	____	____
6.	Suelo terminar las conversaciones que no me interesan desviando mi atención del orador.	____	____	____
7.	Con frecuencia asiento con la cabeza, frunzo el ceño o hago alguna otra cosa para hacerle saber al orador cómo me siento acerca de lo que está diciendo.	____	____	____
8.	Casi siempre respondo de inmediato cuando alguien ha terminado de hablar.	____	____	____
9.	Evalúo lo que se está diciendo mientras se dice.	____	____	____
10.	Es común que formule una respuesta mientras la otra persona continúa hablando.	____	____	____
11.	El estilo del orador a menudo me distrae de escuchar el contendido.	____	____	____
12.	Suelo pedir a la gente que aclare lo que ha dicho en lugar de adivinar el significado.	____	____	____
13.	Hago un esfuerzo para entender el punto de vista de la otra persona.	____	____	____
14.	A menudo escucho lo que espero oír en lugar de lo que se dice.	____	____	____
15.	La mayoría de las personas siente que he entendido sus puntos de vista, a pesar de que hayamos estado en desacuerdo.	____	____	____

Pase a la página A-28 para las instrucciones de calificación y la clave.

Fuente: Glenn, E. C. y E. A. Pood, "Listening Self-Inventory", en *Supervisory Management*, enero de 1989, pp. 12-15. Usado con permiso.

Ejercicio de trabajo en grupo

Una ausencia de la comunicación no verbal

Este ejercicio le ayudará a ver el valor de la comunicación no verbal en las relaciones interpersonales.

1. El grupo se dividirá en dos partes (A y B).

2. La parte A seleccionará un tema de la siguiente lista:

   a. Dirigir en el Medio Oriente es significativamente diferente de dirigir en los Estados Unidos.

   b. La rotación de empleados en una organización puede ser funcional.

   c. Algunos conflictos en la organización son convenientes.

   d. Los delatores hacen más daño que bien a la organización.

   e. Es frustrante trabajar en las burocracias.

   f. Un patrón tiene una responsabilidad de proporcionar a cada empleado un trabajo interesante y de reto.

   g. Todo el mundo debe empadronarse para votar.

   h. Las organizaciones deberían requerir que todos los empleados pasaran por exámenes periódicos para detectar el SIDA.

   i. Las organizaciones deberían requerir que todos sus empleados se sometieran a pruebas para detectar el uso de drogas.

   j. Los individuos egresados de las carreras de administración de empresas o economía son mejores empleados que aquellos egresados de historia o inglés.

   k. El lugar donde usted obtenga su certificado universitario es más importante en la determinación del éxito de la carrera que lo que ahí se aprenda.

   l. Los gerentes eficaces a menudo tienen que mentir como parte de su trabajo.

   m. Es antiético que un gerente distorsione a propósito las comunicaciones para conseguir un resultado favorable.

3. La parte B escogerá su posición en este tema (por ejemplo, declararse en contra de la afirmación de que "algunos conflictos en la organización son convenientes"). La parte A deberá defender la otra posición.

4. Las dos partes tienen 10 minutos en los cuales debatirán sobre el tema. La cuestión es que los individuos sólo pueden comunicarse en forma verbal. No pueden usar gestos, expresiones faciales, movimientos del cuerpo o cualquier otra forma de comunicación no verbal. Podría ser útil que cada parte se siente sobre sus manos para tener presentes sus restricciones, además de mantener una mirada sin expresión.

5. Después de que el debate termine, el grupo debe discutir lo siguiente:

   a. ¿Qué tan eficaz fue la comunicación en estos debates?

   b. ¿Qué barreras existieron en la comunicación?

   c. ¿A qué propósitos sirve la comunicación no verbal?

   d. Relacione las lecciones aprendidas en este ejercicio con los problemas que pudieran ocurrir al comunicarse por teléfono o correo electrónico.

CASO INCIDENTE

¿Tenemos un problema de comunicación aquí?

"No quiero escuchar sus excusas. Sólo ponga esos aviones en el aire", decía a gritos Jim Tuchman a su gerente de tráfico de pasajeros. Como jefe de las operaciones de American Airlines en el aeropuerto de la ciudad de México, Tuchman se había sentido frustrado continuamente por la actitud mostrada por sus empleados mexicanos. Transferido desde Dallas a la ciudad de México hacía solamente tres meses, Tuchman tenía dificultad para ajustarse al estilo de trabajo de México. "¿Que critico mucho a esta gente? ¡Puede apostar a que lo hago! No escuchan cuando hablo. Piensan que las cosas están bien y cuestionan cada cambio que sugiero. No aprecian la importancia de mantenerse dentro del programa."

La actitud negativa de Tuchman hacia su personal de la ciudad de México es recíproca. A nadie le simpatiza. Éstos son comentarios anónimos sobre él como jefe: "Es totalmente insensible a nuestras necesidades." "Piensa que si grita y grita, mejorarán la cosas. Nosotros no pensamos así." "He trabajado aquí durante cuatro años. Antes de que él viniera, éste era un buen lugar para trabajar. Estoy en constante temor de ser reprendida severamente. Todo el tiempo estoy en tensión, aun en casa. Mi esposo ha comenzado a comentarlo mucho."

Tuchman llegó específicamente para ajustar las operaciones de la ciudad de México. En los primeros renglones de su lista de metas está mejorar el registro de puntualidad de American en este lugar, incrementar la productividad y mejorar el servicio al cliente. Cuando se le preguntó a Tuchman si pensaba que tenía algún problema con su personal, respondió: "Sí, al parecer simplemente no nos comunicamos."

Preguntas

1. ¿Tiene un problema de comunicación Jim Tuchman? Explique.
2. ¿Qué sugerencias, si tiene algunas, le haría a Jim para ayudarlo a mejorar su eficacia gerencial?

RESEÑA DE CASO

ABCNEWS

¿El estilo de comunicación femenino obstaculiza a las mujeres en los negocios?

Deborah Tannen dice que hay una diferencia distintiva entre los sexos en cuanto a la forma de comunicarse. Ella los llama rituales masculinos y femeninos y asegura que pueden encaminarse a lograr las metas relacionadas con el trabajo.

Una de las conclusiones de Tannen se relaciona con la calidad de ser directo. Tannen dice que las mujeres con frecuencia tienden a evitar lo directo y actúan opacándose ellas mismas. Esto se aprecia en la siguiente conversación entre dos escritores de la revista *Money*, Lesley Alderman y Gary Belsky.

Gary: Bueno, ¿tienes algo que quieras poner a consideración?
Lesley: Aquí hay cosas que nosotros... que nosotros... sobre las que estábamos pensando. Sólo estoy hablando de cosas.
Gary: Continúa.
Lesley: Así que está bien, existe ésta que está realmente fuera, pero tú sabes, hay como este todo como de clase espiritual de impulso. Verás... como tú dices, "oh, no". Todavía no sé todavía si ése es el ángulo, exactamente, no estoy segura si ese es el ángulo. Todo lo que estoy diciendo es... estoy de alguna manera diciendo ideas sobre...
Gary: OK.
Lesley: Tal vez haya algo en eso, está un poco desviado, posiblemente.

Otro ritual relacionado con el género es la disculpa. Las mujeres tienden a disculparse cuando no han hecho nada malo. ¿Por qué? Lo utilizan como una forma de ritual para conseguir interactuar. Los hombres, por el otro lado, parecen disculparse sólo cuando es absolutamente necesario.

Tannen dice que las mujeres usan un estilo de comunicación que les permite a los demás cubrirse. Evitan lo directo y prefieren lo sutil. Esto puede crear problemas grandes en las organizaciones. Las gerentas podrían parecer faltas de seguridad. También podría parecer que son tentativas cuando dan órdenes. De acuerdo con Tannen, estos rituales de conversación pueden ser la base para subestimar la capacidad de la mujer. Ésta puede parecer incompetente, cuando ella cree que está siendo considerada. Puede parecer carente de seguridad, cuando simplemente esté siendo una buena persona al no exhibir su autoridad de manera ostentosa.

Las mujeres podrían estar en una situación en la cual es imposible ganar. Si tratan de ser consideradas por medio de lo indirecto, podrían recibir evaluaciones de desempeño pobre. Sus jefes podrían asumir que no son audaces o lo suficientemente seguras para manejar sus trabajos. Pero si hablan demasiado como los hombres, sus jefes y subordinados las ven como demasiado audaces.

Preguntas

1. ¿Considera usted que los estereotipos sexuales sobre los estilos de comunicación pueden generalizarse a toda la fuerza laboral?

2. ¿Piensa usted que la cultura nacional influye en estos estilos de género?

3. ¿ Cree usted que los adultos puedan olvidar estilos específicos de comunicación relacionados con el género? Sustente su punto de vista.

4. ¿Qué sugerencias haría para que las mujeres pudieran comunicarse más eficazmente en el trabajo?

5. ¿Qué sugerencias les haría a los hombres?

Fuente: basado en "He Says She Says", *20/20, ABC News*; pasado al aire el 21 de octubre de 1994.

LIDERAZGO

PERFIL DEL CAPÍTULO

¡Dirige, sigue a los demás o quitate del camino!

—Anónimo

OBJETIVOS DE APRENDIZAJE

Después de estudiar este capítulo, usted será capaz de:

1 Describir la naturaleza del liderazgo

2 Resumir las conclusiones de las teorías de las características

3 Identificar las limitaciones de las teorías del comportamiento

4 Describir el modelo de la contingencia de Fiedler

5 Resumir la teoría del camino a la meta

6 Enunciar la teoría del liderazgo situacional

7 Explicar la teoría de intercambio líder-miembro

8 Describir el modelo de la participación del líder

9 Explicar por qué ningún estilo de liderazgo es ideal en todas las situaciones

10 Diferenciar entre los líderes transaccionales y los transformacionales

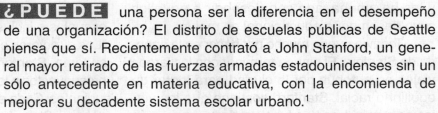

¿PUEDE una persona ser la diferencia en el desempeño de una organización? El distrito de escuelas públicas de Seattle piensa que sí. Recientemente contrató a John Stanford, un general mayor retirado de las fuerzas armadas estadounidenses sin un sólo antecedente en materia educativa, con la encomienda de mejorar su decadente sistema escolar urbano.[1]

Comenzando como piloto, Stanford ascendió los peldaños de las fuerzas armadas de Estados Unidos. Luego sirvió como ejecutivo de condado en Fulton County, Georgia, donde redujo la ineficiencia burocrática, disminuyó los impuestos y atrajo nuevos negocios. Cuando la junta de escuelas de Seattle lo entrevistó, les dijo: "Dénme una misión y yo la cumpliré." La junta hizo a un lado candidatos más convencionales y escogió a Stanford, de 58 años. Él no los ha decepcionado.

Se hizo cargo de un distrito escolar donde las calificaciones de los exámenes habían estado atascadas en el nivel del promedio nacional durante cinco años. Esto a pesar de que el gasto por alumno se había elevado casi 12% durante ese periodo y se habían dado incrementos salariales de 22% a los profesores. Enmedio de una enorme burocracia y un sindicato agresivo de maestros, poco del dinero extra había encontrado su camino hacia los salones de clase de Seattle. Durante un periodo de 30 años, la matrícula de la escuela pública de Seattle había caído de 100,000 estudiantes a poco menos de 50,000. Además, un tercio de los padres de Seattle estaban enviando a sus hijos a escuelas privadas, en comparación con sólo 13% a nivel nacional.

En su primer año en el puesto, Stanford fue la diferencia. Su enfoque inicial ha sido transmitir una única misión a las escuelas: educar a los niños, no proporcionar trabajos cómodos para burócratas. Consciente de su naturaleza simbólica de líder, inició su nuevo puesto visitando cada una de las 97 escuelas del sistema (se reunió con niños, maestros y padres para transmitir su misión). Alentó a los padres a hacer leer a sus niños durante 30 minutos al día y se dirigió a los negocios de la comunidad para que donaran libros y dinero, en lo cual tuvo éxito. También ha aprendido a usar su puesto como un modelo a seguir. Él dice a los niños: "Yo gano $175,000 al año y también ustedes lo lograrán si leen, leen, leen."

Además, Stanford realizó numerosos cambios de importancia en la organización en su primer año en el puesto. Anteriormente, los directores eran evaluados de acuerdo con el número de expulsiones que tenían sus escuelas. Esto llevó a la mayoría de ellos a ser indulgentes con los muchachos problemáticos. Stanford cambió las reglas. También ha transferido a un tercio de los directores a nuevas tareas y los ha amenazado con despedir a aquellos cuyo desempeño educacional no mejore.

Todavía queda mucho por hacer en la agenda de Stanford. Él planea terminar con los largos viajes en autobús por la ciudad para lograr un equilibrio racial. Stanford sostiene que los viajes en autobús no han funcionado: la proporción de niños blancos en escuelas públicas ha caído a 40% debido a que los blancos se han mudado a los suburbios o envían a sus hijos a escuelas privadas. Él quiere reducir la centralización e introducir la competencia. Quiere que los directores compitan por los maestros y escojan su propio personal. Ellos son responsables de la seguridad y el mantenimiento de sus escuelas e incluso de la comida en la cafetería. "Los directores como presidentes ejecutivos" es su lema. Stanford también planea distribuir los presupuestos a los directores con base en los estudiantes. Cada estudiante valdrá cerca de 4,600 dólares. Sin estudiantes, no hay dinero. Más estudiantes, más dinero.

Stanford se da cuenta de que enfrenta una seria oposición a algunas de sus ideas, especialmente por parte de los maestros y su sindicato. Pero, siempre optimista, asegura que no está preocupado. "La gente responderá al liderazgo." ◆

Como John Stanford está demostrando en Seattle, los líderes pueden ser la diferencia. En este capítulo, queremos echar un vistazo a varios estudios acerca del liderazgo para determinar qué hace a un líder eficaz y qué diferencia a los líderes de los que no lo son. Pero primero pongamos en claro qué queremos decir con el término *liderazgo*.

¿Qué es el liderazgo?

Pocos términos del CO inspiran menos acuerdo en la definición que el de *liderazgo*. Como señaló un experto, "hay casi tantas definiciones como personas que han tratado de definir el concepto".[2]

Aunque casi todo mundo parece estar de acuerdo en que el liderazgo involucra un proceso de influencia, las diferencias tienden a centrarse alrededor de si el liderazgo debe ser o no ser coercitivo (en oposición a usar la autoridad, las recompensas y los castigos para ejercer influencia sobre los seguidores) y si es distintivo de la gerencia.[3] El último tema ha sido particularmente candente en el debate en años recientes, en el cual la mayoría de los expertos ha defendido la idea de que el liderazgo y la gerencia son diferentes.

Por ejemplo, Abraham Zaleznik, de la Escuela de Negocios de Harvard (Harvard Business School), sostiene que los líderes y los gerentes son dos tipos muy diferentes de personas.[4] Difieren en la motivación, en su historia personal y en cómo piensan y actúan. Zaleznik dice que los gerentes tienden a adoptar una actitud impersonal, si no es que pasiva, hacia las metas, mientras que los líderes asumen una actitud personal y activa. Los gerentes tienden a ver el trabajo como un proceso capacitante que involucra alguna combinación de gente e ideas que interactúan para establecer estrategias y tomar decisiones. Los líderes trabajan desde posiciones de alto riesgo (de hecho, a menudo están dispuestos temperamentalmente a buscar el riesgo y el peligro, especialmente cuando la oportunidad y la recompensa parecen altas). Los gerentes prefieren trabajar con gente; evitan la actividad solitaria ya que los pone nerviosos. Se relacionan con gente de acuerdo con el papel que juegan en una secuencia de eventos o en un proceso de toma de decisiones. Los líderes, a quienes preocupan las ideas, se relacionan con la gente en formas más intuitivas y de más empatía.

John Kotter, un colega de Zaleznik en Harvard, también sostiene que el liderazgo es diferente a la gerencia, pero por otras razones.[5] La gerencia, propone, tiene que ver con la superación de la complejidad. La buena gerencia trae el orden y la consistencia al determinar planes formales, diseñar estructuras organizacionales rígidas y monitorear los resultados contra los planes. El liderazgo, en cambio, tiene que ver con el cambio. Los líderes establecen la dirección al desarrollar una visión del futuro; luego alinean a la gente al comunicar esta visión y la inspiran a superar los obstáculos. Kotter considera que tanto el liderazgo fuerte como la gerencia sólida son necesarios para una eficacia organizacional óptima. Pero él cree que la mayoría de las organizaciones tienen liderazgo pobre y una excesiva gerencia. Sostiene que necesitamos enfocarnos más en el desarrollo del liderazgo en las organizaciones debido a que la gente a cargo hoy en día está demasiado interesada en mantener las cosas a tiempo y dentro del presupuesto, y en hacer lo mismo que se hizo ayer, sólo que un 5% mejor.

      ¿Así que dónde estamos parados? Utilizaremos una definición amplia de liderazgo, una que pueda relacionar todos los métodos actuales con el tema. Por tanto, definimos **liderazgo** como la capacidad de influir en un grupo para que se logren las metas. La fuente de esta influencia podría ser formal, tal como la proporcionada por la posesión de un rango gerencial en una organización. Ya que las posiciones gerenciales vienen con algún grado de autoridad designada formalmente, una persona podría asumir un papel de liderazgo simplemente a causa del puesto que él o ella tiene en la organización. Pero no todos los líderes son gerentes; ni, para el caso, todos los gerentes son líderes. Sólo porque una organización proporciona a sus gerentes algunos derechos no significa que sean capaces de ejercer el liderazgo con eficacia. Encontramos que el liderazgo no formal —esto es, la capacidad de influir que surge fuera de la estructura formal de la organización— es con frecuencia tan importante o más que la influencia formal. En otras palabras, los líderes pueden emerger dentro de un grupo como también por la designación formal para dirigir al grupo.

liderazgo
La capacidad de influir en el grupo para que logre las metas.

◆ No todos los líderes son gerentes ni todos los gerentes son líderes.

Transición en las teorías del liderazgo

La literatura del liderazgo es voluminosa, y mucho de ella es confusa y contradictoria. A fin de facilitar nuestro camino a través de este "bosque", consideraremos diversos métodos para explicar lo que hace que un líder sea eficaz. Empezamos con la búsqueda de las características personales universales que los líderes podrían tener en algún grado mayor que los no líderes. Un segundo enfoque trataría de explicar el liderazgo en términos del comportamiento que una persona observa. Ambos métodos se han descrito como "salidas falsas", basados en su concepción errónea y en extremo simplificada del liderazgo.[6] Un tercero observa los modelos de la contingencia para explicar lo inadecuado de las teorías anteriores del liderazgo para reconciliar y juntar la diversidad de los hallazgos de la investigación. En este capítulo, presentamos las contribuciones y limitaciones de los enfoques de las características, el comportamiento y los modelos de contingencia del liderazgo, presentamos algunos de los avances más recientes en liderazgo, revisamos numerosos temas contemporáneos relacionados con la aplicación de los conceptos del liderazgo y concluimos considerando el valor de la literatura sobre liderazgo para los gerentes en activo.

Teorías de las características

Cuando Margaret Thatcher era primer ministro de la Gran Bretaña, se le reconocía a menudo por su liderazgo. Se le describía con términos como segura, resuelta, determinada y decidida. Estos términos son características y, ya fuera que los defensores y críticos de Thatcher lo reconocieran o no en el momento, cuando ellos la describían en tales términos se convertían en defensores de la teoría de las características.

teorías de las características del liderazgo
Teorías que buscan las características de personalidad, sociales, físicas o intelectuales que diferencian a los líderes de los seguidores.

Durante mucho tiempo los medios han sido creyentes de las **teorías de las características del liderazgo.** Identifican a gente como Margaret Thatcher, Ronald Reagan, Nelson Mandela, Ted Turner y Colin Powell como líderes, para luego describirlos en términos tales como *carismáticos*, *entusiastas* y *valientes*. Pues bien, los medios no están solos. La búsqueda de los atributos de la personalidad, sociales, físicos o intelectuales que describirían a los líderes y los diferenciarían de los no líderes se remonta hasta los años treinta y las investigaciones realizadas por psicólogos.

Los esfuerzos en la investigación por aislar las características del liderazgo dieron como resultado varios callejones sin salida. Por ejemplo, una revisión de 20 estudios diferentes identificaron cerca de 80 características de la personalidad, pero solamente cinco de estas características fueron comunes a cuatro o más de las investigaciones.[7] Si la búsqueda se hizo con la intención de identificar una serie de características que diferenciara siempre a los líderes de los seguidores y los líderes eficaces de los no eficaces, la búsqueda fracasó. Probablemente, era un poco optimista creer que hubiera características consistentes y únicas que se aplicaran universalmente a todos los líderes eficaces, sin importar que éstos estuvieran a cargo de las escuelas públicas de Seattle, el coro del tabernáculo mormón, General Electric, la tienda de surf de Ted en Malibu, la selección brasileña de fútbol o la Universidad de Oxford.

Sin embargo, si la búsqueda se hizo con la intención de identificar características que estuvieran asociadas consistentemente con el liderazgo, los resultados pueden ser interpretados de una manera más impresionante. Por ejemplo, las seis características en las cuales los líderes tienden a diferir de los no líderes son la ambición y la energía, el deseo de dirigir, la honestidad e integridad, la seguridad en uno mismo, la inteligencia y el conocimiento relevante sobre el trabajo.[8] Adicionalmente, la investigación reciente proporciona una sólida evidencia de que las personas que tienen alta calificación en introspección —esto es, que son altamente flexibles para ajustar su comportamiento ante diferentes situaciones— tienen mucho más probabilidades de emerger como líderes en grupos que en automonitoreo.[9] En suma, los descubri-

Randy Jones califica alto en características asociadas con el liderazgo. Su ambición, energía, deseo de dirigir, seguridad, inteligencia y conocimiento sobre publicidad incrementan sus posibilidades de éxito como líder al establecer *Worth* como una nueva revista de administración financiera. Jones también tiene un alto automonitoreo, y toma el liderazgo en la promoción de su nuevo producto, ya sea participando en eventos de mercadotecnia (como se muestra aquí), cenando con políticos influyentes y con personas de los medios o trabajando con sus representantes de ventas en presentaciones para obtener anunciantes.

mientos acumulados de más de medio siglo de investigación nos llevan a concluir que algunas características incrementan la probabilidad de triunfar como líder, pero ninguna de estas características *garantiza* el éxito.[10]

¿Por qué el modelo de las características no ha probado ser mejor para explicar el liderazgo? Podemos sugerir al menos cuatro razones. Pasa por alto las necesidades de los seguidores, generalmente no puede poner en claro la importancia relativa de varias características, no separa la causa del efecto (por ejemplo, ¿son los líderes seguros de sí mismos o el éxito como líder fomenta la seguridad en uno mismo?) e ignora los factores situacionales. Estas limitaciones han llevado a los investigadores a mirar en otras direcciones. Aunque ha habido algún resurgimiento del interés en las características durante la década pasada,[11] un gran movimiento de alejamiento de éstas dio inicio a principios de la década de los cuarenta. La investigación sobre liderazgo que va de finales de la década de los cuarenta hasta mitad de la década de los sesenta enfatizó los estilos preferidos de comportamiento que demostraban los líderes.

Teorías del comportamiento

La incapacidad de encontrar "oro" en las "minas" de las características llevó a los investigadores a observar los comportamientos que exhibían los líderes. Se preguntaron si había algo único en la forma en que los líderes eficaces se comportaban. Por ejemplo, Robert Crandall, presidente de American Airlines y Paul B. Kazarian, ex presidente de Sunbeam-Oster, han tenido mucho éxito en conducir a sus compañías durante tiempos difíciles.[12] Y ambos se han apoyado en un estilo común de liderazgo (tienen conversación difícil, son intensos y autocráticos. ¿Esto sugiere que el comportamiento autocrático es un estilo preferido para *todos* los líderes? En esta sección, observamos cuatro diferentes **teorías del comportamiento del liderazgo** a fin de contestar esa pregunta. Primero, sin embargo, consideremos las implicaciones prácticas del enfoque del comportamiento.

teorías del comportamiento del liderazgo
Teorías que proponen qué comportamientos específicos diferencian a los líderes de los que no lo son.

Si el enfoque del comportamiento sobre el liderazgo fuera exitoso, tendría implicaciones bastante diferentes de las del enfoque de las características. Si la investigación de las características hubiera tenido éxito, habría proporcionado una base para *seleccionar* a las personas "adecuadas" para asumir las posiciones formales en grupos y organizaciones que requirieran de liderazgo. En contraste, si los estudios del comportamiento hubieran sido determinantes críticos del liderazgo, podríamos *entrenar* personas para que fueran líderes. La diferencia entre las teorías de las características y las del comportamiento, en términos de la aplicación, yace en las suposiciones que las sustentan. Si las teorías de las características fueran válidas, entonces el liderazgo básicamente se posee desde el nacimiento: usted lo tiene o no lo tiene. Por otro lado, si hubiera comportamientos específicos que identificaran a los líderes, entonces podríamos enseñar a ser líderes: podríamos diseñar programas que implantaran esos patrones de comportamiento en individuos que desearan ser líderes eficaces. Ésta fue seguramente una línea más excitante, porque significa que la provisión de líderes podría ser expandida. Si el entrenamiento funcionara, podríamos tener un abasto infinito de líderes eficaces.

Los estudios de la Universidad Estatal de Ohio

La más amplia y repetida de estas teorías del comportamiento provino de una investigación que empezó en la Universidad Estatal de Ohio (Ohio State University) a finales de la década de los cuarenta.[13] Los investigadores buscaron identificar las dimensiones independientes del comportamiento del líder. Empezando con más de

Aaron Feuerstein, propietario de Malden Mills, califica alto en el comportamiento de consideración. Después de que un incendio destruyó uno de los molinos de la compañía, Feuerstein trató de minimizar el sufrimiento humano de sus empleados al continuar pagando unos 15 millones de dólares en salarios y prestaciones aunque ya no tuvieran un lugar para trabajar. También prometió reconstruir la fábrica para que los empleados pudieran regresar a sus trabajos. Debido a sus esfuerzos humanitarios, Feuerstein fue honrado por el presidente Clinton y apreciado con gratitud por los empleados. En esta foto, una empleada agradecida le da a Feuerstein un abrazo y un beso en reconocimiento por la generosidad de su patrón.

estructura de inicio
La medida en la cual es probable que un líder defina y estructure su papel y los de sus subordinados en la búsqueda del logro de la meta.

consideración
La medida en la cual es probable que un líder tenga relaciones de trabajo caracterizadas por la confianza mutua, el respeto por las ideas de sus subordinados y el interés por sus sentimientos.

mil dimensiones, eventualmente redujeron la lista a dos categorías que explicaban sustancialmente la mayoría de los comportamientos de liderazgo descrito por los subordinados. Los investigadores llamaron a estas dos dimensiones *estructura de inicio* y *consideración*.

La **estructura de inicio** se refiere a la medida por la cual el líder puede definir y estructurar su papel y los de sus subordinados en la búsqueda del logro de la meta. Incluye el comportamiento que trata de organizar el trabajo, las relaciones de trabajo y las metas. El líder que se califica alto en estructura de inicio podría ser descrito como alguien que "asigna tareas particulares a los miembros de un grupo", "espera que los trabajadores mantengan estándares definitivos de desempeño" y enfatiza el "cumplimiento de las fechas límite". Robert Crandall y Paul Kazarian muestran un comportamiento alto en estructura de inicio.

La **consideración** se describe como la medida en la cual es probable que una persona tenga relaciones de trabajo caracterizadas por la confianza mutua, el respeto por las ideas de los subordinados y el interés por sus sentimientos. El grado en que muestra interés por la comodidad, el bienestar, el estatus y la satisfacción de los seguidores. Un líder con alta consideración podría ser descrito como una persona que ayuda a los subordinados en sus problemas personales, es amistoso y uno puede acercarse a él, y trata a todos los subordinados como sus iguales. El presidente actual de Southwest Airlines, Herb Kelleher, califica alto en comportamiento de consideración. Su estilo de liderazgo está muy orientado a la gente, enfatiza la amistad y faculta a sus empleados.

La extensa investigación, basada en estas definiciones, encontró que los líderes con altos índices de estructura de inicio y consideración (un líder "alto-alto") tienden a lograr un gran desempeño y satisfacción del subordinado con más frecuencia que aquellos que califican bajo ya sea en consideración, estructura de inicio o en ambas dimensiones. Sin embargo el estilo "alto-alto" no siempre da como resultado consecuencias positivas. Por ejemplo, el comportamiento del líder caracterizado como alto en estructura de inicio lleva a grandes tasas de injusticias, ausentismo y rotación y bajos niveles de satisfacción en el trabajo a los trabajadores que desarrollan tareas rutinarias. Otros estudios demostraron que la alta consideración estaba relacionada negativamente con las calificaciones de desempeño del líder por parte de su superior. En conclusión, los estudios de Ohio State sugirieron que el estilo "alto-alto" generalmente produjo resultados positivos, pero se encontraron suficientes excepciones para indicar que los factores situacionales necesitaban ser integrados a la teoría.

Los estudios de la Universidad de Michigan

Los estudios sobre liderazgo llevados a cabo en el Centro de Investigación de Encuestas de la Universidad de Michigan (University of Michigan) al mismo tiempo que aquellos realizados en la Universidad de Ohio, tenían objetivos de investigación similares: ubicar las características del comportamiento de los líderes que parecieran estar relacionadas con las mediciones de eficacia en el desempeño.

El grupo de Michigan encontró dos dimensiones del comportamiento que nombraron **orientación al empleado** y **orientación a la producción**.[14] Los líderes que estaban orientados al empleado eran descritos como personas que enfatizaban las relaciones interpersonales; mostraban un interés personal en las necesidades de sus subordinados y aceptaban las diferencias individuales entre los miembros. Los líderes orientados a la producción, en cambio, tendían a enfatizar los aspectos técnicos o laborales del trabajo —su preocupación principal era el logro de las tareas del grupo y los miembros del grupo eran considerados medios para tal fin.

Las conclusiones a que llegaron los investigadores favorecían fuertemente a los líderes cuyo comportamiento estaba orientado al empleado. Los líderes orientados al empleado se vieron asociados con una alta productividad de grupo y una alta satisfacción en el trabajo. Los líderes orientados a la producción tendieron a estar asociados con la baja productividad del grupo y con una satisfacción menor en el trabajo.

líder orientado al empleado
Aquel que enfatiza las relaciones interpersonales.

líder orientado a la producción
Aquel que enfatiza los aspectos técnicos o laborales del trabajo.

La matriz gerencial

Blake y Mouton desarrollaron una representación gráfica de una vista bidimensional del estilo de liderazgo.[15] Ellos propusieron una **matriz gerencial** basada en los estilos de "interés por la gente" y de "interés por la producción", la cual representa esencialmente las dimensiones de la Ohio State sobre la consideración y la estructura de inicio o las dimensiones de Michigan sobre la orientación al empleado o la orientación a la producción.

La matriz mostrada en la ilustración 10-1 de la página 352, tiene nueve posiciones a lo largo de cada eje, lo cual crea 81 posiciones diferentes en las cuales podría caer el estilo del líder. El qrid no muestra los resultados sino, más bien, los factores dominantes en el pensamiento del líder con respecto a obtener resultados.

Con base en los descubrimientos de Blake y Mouton, se encontró que los gerentes se desempeñan mejor en un estilo 9,9, en contraste, por ejemplo, con uno 9,1 (tipo autoritario) o un etilo 1,9 (tipo *country club*).[16] Desafortunadamente, la matriz ofrece un mejor marco para conceptualizar el estilo del liderazgo que para presentar cualquier nueva información tangible que aclare el predicamento del liderazgo, ya que hay muy poca evidencia sustancial para adoptar la conclusión de que el estilo 9,9 es más eficaz en todas las situaciones.[17]

matriz gerencial
Una rejilla de nueve por nueve que describe 81 estilos diferentes de liderazgo.

Los estudios escandinavos

Los tres métodos del comportamiento que acabamos de revisar fueron desarrollados esencialmente entre finales de la década de los cuarenta y principios de la década de los sesenta. Estos métodos evolucionaron durante una época en que el mundo fue un lugar mucho más estable y predecible. En la creencia de que estos estudios no podían captar las realidades más dinámicas de hoy en día, investigadores de Finlandia y Suiza han estado reevaluando la posibilidad de que haya solamente dos dimensiones que capturen la esencia del comportamiento de liderazgo.[18] Su premisa básica es que en un mundo cambiante, los líderes deberían mostrar un comportamiento **orientado al desarrollo.** Éstos son los líderes que valoran la experimentación, buscan nuevas ideas y generan y ponen en práctica el cambio.

líder orientado al desarrollo
Aquel que valora la experimentación, busca nuevas ideas y genera y pone en práctica el cambio.

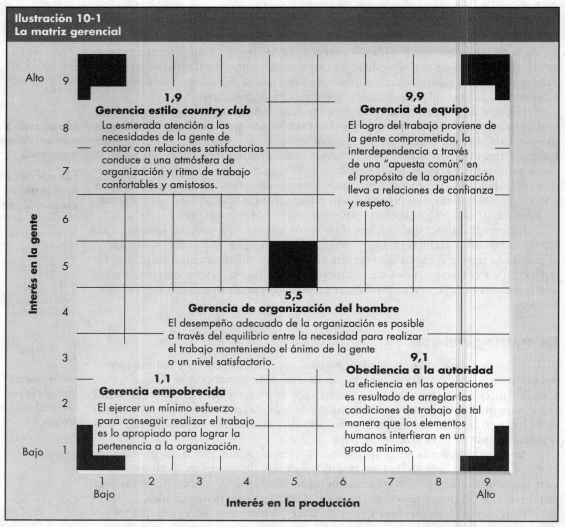

Ilustración 10-1
La matriz gerencial

1,9
Gerencia estilo *country club*
La esmerada atención a las necesidades de la gente de contar con relaciones satisfactorias conduce a una atmósfera de organización y ritmo de trabajo confortables y amistosos.

9,9
Gerencia de equipo
El logro del trabajo proviene de la gente comprometida, la interdependencia a través de una "apuesta común" en el propósito de la organización lleva a relaciones de confianza y respeto.

5,5
Gerencia de organización del hombre
El desempeño adecuado de la organización es posible a través del equilibrio entre la necesidad para realizar el trabajo manteniendo el ánimo de la gente o un nivel satisfactorio.

1,1
Gerencia empobrecida
El ejercer un mínimo esfuerzo para conseguir realizar el trabajo es lo apropiado para lograr la pertenencia a la organización.

9,1
Obediencia a la autoridad
La eficiencia en las operaciones es resultado de arreglar las condiciones de trabajo de tal manera que los elementos humanos interfieran en un grado mínimo.

Interés en la gente (Alto 9 ... Bajo 1)

Interés en la producción (1 Bajo ... 9 Alto)

Fuente: reimpreso con autorización de *Harvard Business Review:* y exhibido en "Breakthrough in Organization Development" por R.R. Blake, J.S. Mouton, L.B. Barnes y L.E. Greiner (noviembre-diciembre de 1964). Derechos reservados © 1964 por el presidente y sus seguidores de la Universidad de Harvard. Todos los derechos reservados.

Por ejemplo, estos investigadores escandinavos revisaron la información original de la Universidad Estatal de Ohio. Encontraron que los empleados incluyeron conceptos del desarrollo como "impulsar nuevas formas de hacer las cosas", "originar nuevos enfoques de los problemas" y "alentar a los miembros a comenzar nuevas actividades". Pero estos conceptos, en el momento, no explicaban mucho sobre el liderazgo eficaz. Los investigadores escandinavos propusieron que tal vez esto se debía a que el desarrollo de nuevas ideas y la implementación del cambio no eran importantes *en aquellos días*. En el ambiente dinámico de hoy en día, esto podría ya no ser verdad. Así que los investigadores escandinavos han estado conduciendo nuevos estudios buscando descubrir si hay una tercera dimensión —orientación al desarrollo— que esté relacionada con la eficacia del líder.

La primera evidencia es positiva. Usando muestras de líderes de Finlandia y Suiza, los investigadores han encontrado un fuerte apoyo para el comportamiento del líder orientado al desarrollo como una dimensión separada e independiente. Esto es, los modelos del comportamiento anteriores que se enfocaban en sólo dos comportamientos podrían no captar adecuadamente el liderazgo en la década de los noventa. Además, mientras las conclusiones iniciales deben ser guardadas hasta encontrar más evidencia que las confirme, parece también que los líderes que demuestran un comportamiento orientado al desarrollo tienen más subordinados satisfechos y son considerados más competentes por sus subordinados.

Resumen de las teorías del comportamiento

Hemos descrito los intentos más importantes de explicar el liderazgo en términos del comportamiento mostrado por el líder. En general, han tenido un éxito modesto para identificar relaciones consistentes entre los patrones de comportamiento del liderazgo y el desempeño del grupo. Lo que parece faltar es la consideración de los factores *situacionales* que influyen en el éxito o el fracaso. Por ejemplo, Robert Crandall y Herb Kelleher han sido líderes eficaces de líneas aéreas y, sin embargo, sus estilos son diametralmente opuestos. ¿Cómo puede ser? La respuesta radica en que American y Southwest son compañías muy diferentes, que operan en diferentes mercados con fuerzas laborales muy distintas. Las teorías del comportamiento no toman esto en consideración. Jesse Jackson es sin duda un líder eficaz de las causas negras en la década de los *noventa*; pero, ¿su estilo hubiera sido igualmente eficaz en los *noventa del siglo pasado*? ¡Probablemente no! Las situaciones cambian y los estilos de liderazgo necesitan cambiar con ellos. Por desgracia, los enfoques del comportamiento no reconocen los cambios en las situaciones.

Teorías de las contingencias

Bob Knight, el entrenador de baloncesto varonil de la Universidad de Indiana aplica consistentemente un intenso estilo de liderazgo orientado a la tarea que intimida a los jugadores, los funcionarios, los medios y los administradores de la universidad.

Bob Knight, el altamente exitoso entrenador del equipo de baloncesto de la Universidad de Indiana, en general confirma la creencia de Fiedler de que el estilo de liderazgo de una persona es fijo. El estilo intenso y orientado a la tarea de Knight parece no variar. Regularmente discute con los árbitros e incluso ha llegado a arrojar sillas al piso para protestar por una falta. En una temporada sentó a todos sus abridores durante un juego clave de la conferencia porque no habían practicado lo suficiente. Incluso expulsó del equipo a su propio hijo por violaciones a las reglas.

Sin embargo su estilo funciona con los equipos que recluta en Indiana. Knight tiene una de las marcas de victorias-derrotas más impresionantes que cualquier instructor de baloncesto universitario haya tenido; sin embargo, ¿este mismo estilo funcionaría si Bob Knight fuera un consejero general de las Naciones Unidas o un gerente de proyecto de un grupo de diseñadores de software de Microsoft con doctorado? ¡Probablemente no! Observaciones como ésta han propiciado que los investigadores consideren enfoques más adaptables del liderazgo.

Para aquellos que estudiaban el fenómeno del liderazgo era cada vez más claro que predecir el éxito del liderazgo era más complejo que aislar algunas características o comportamientos preferidos. La imposibilidad de obtener resultados consistentes llevó a enfocarse en influencias situacionales. La relación entre el estilo de liderazgo y la eficacia sugirió que bajo la condición *a*, el estilo *x* sería apropiado, mientras que el estilo *y* sería más adecuado para una condición *b*, y el estilo *z* para la condición *c*. Pero, ¿cuáles fueron las condiciones *a*, *b*, *c* y así sucesivamente? Una cosa era señalar que la eficacia del liderazgo dependía de la situación y otra muy diferente ser capaz de aislar aquellas condiciones situacionales.

No han sido pocos los estudios que traten de aislar los factores situacionales críticos que afectan la eficacia del liderazgo. Por ejemplo, las variables moderadoras populares utilizadas en el desarrollo de las teorías de la contingencia incluyen el grado de estructura de la tarea que se está realizando, la calidad de las relaciones líder-miembro, la posición de poder del líder, la claridad del papel de los subordinados, las normas del grupo, la información disponible, la aceptación por parte del subordinado de las decisiones del líder y la madurez del subordinado.[19]

Varios planteamiento para aislar las variables situacionales clave han probado ser más exitosos que otros y, como resultado de ello, han obtenido mayor reconocimiento. Aquí consideraremos cinco de ellos: el modelo de Fiedler, la teoría situacional de Hersey y Blanchard, la teoría del intercambio de miembro a líder y los modelos de ruta-meta y de participación del líder.

El modelo de Fiedler

El primer modelo amplio de contingencia para el liderazgo fue desarrollado por Fred Fiedler.[20] El **modelo de la contingencia de Fiedler** propone que el desempeño eficaz de grupo depende del ajuste adecuado entre el estilo de interacción del líder con sus subordinados y la medida en la cual la situación le da control e influencia al líder. Fiedler desarrolló un instrumento, el cual llamó **cuestionario del compañero de trabajo menos preferido (CTMP)**, que se propone medir si una persona es orientada a la tarea o a las relaciones. Además, aisló tres criterios situacionales —las relaciones líder-miembro, la estructura de la tarea y la posición de poder— que él considera pueden ser manipuladas para crear el ajuste adecuado con la orientación al comportamiento del líder. En un sentido, el modelo de Fiedler es resultado de la teoría de las características, ya que el cuestionario CTMP es un examen psicológico simple. Sin embargo, Fiedler va significativamente más allá de las características y de los enfoques del comportamiento al tratar de aislar situaciones, relacionando su medición de la personalidad con su clasificación situacional y prediciendo de este modo la eficacia del liderazgo como una función de ambas.

Esta descripción del modelo de Fiedler es un tanto abstracta. Ahora observemos el modelo más de cerca.

IDENTIFICACIÓN DEL ESTILO DE LIDERAZGO Fiedler cree que un factor clave en el éxito del liderazgo es el estilo de liderazgo básico del individuo. Por tanto, él empieza por tratar de encontrar qué estilo básico es. Fiedler creó el cuestionario CTMP para este propósito. Contiene 16 adjetivos contrastantes (como placentero-no placente-

modelo de la contingencia de Fiedler
La teoría de que los grupos eficaces dependen del ajuste adecuado entre el estilo del líder para interactuar con los subordinados y la medida en la cual la situación da el control y la influencia al líder.

cuestionario del compañero de trabajo menos preferido (CTMP)
Un instrumento que se propone medir si una persona es orientada a la tarea o a las relaciones.

ro, eficiente-ineficiente, abierto-retraído, apoyador-hostil). El cuestionario pide entonces a quienes responden que piensen en todos los compañeros de trabajo que hayan tenido y describan a una persona con la que hayan *disfrutado menos* trabajando, calificándola en una escala de 1 a 8 para cada uno de los 16 grupos de adjetivos contrarios. Fiedler cree que basándose en las contestaciones a este cuestionario, él puede determinar los estilos básicos de liderazgo de quienes responden. Si el compañero de trabajo menos preferido es descrito en términos relativamente positivos (una alta calificación CTMP), entonces la persona que responde está interesada primeramente en las buenas relaciones personales con este compañero de trabajo. Es decir, si usted describe esencialmente en términos favorables a la persona con la que está menos dispuesta a trabajar, Fiedler lo etiquetaría como *orientado a las relaciones*. En contraste, si el compañero de trabajo menos preferido es visto en términos relativamente desfavorables (una baja calificación CTMP), el que responde está interesado primordialmente en la productividad y por tanto será etiquetado como *orientado a la tarea*. Cerca de 16% de las personas que respondieron se ubicaron en el rango medio.[21] Tales individuos no pueden ser clasificados como orientados a las relaciones u orientados a la tarea y, por tanto, caen fuera de las predicciones de la teoría. El resto de nuestro análisis, en consecuencia, se relaciona con el 84% que se clasifica ya sea alto o bajo en el CTMP.

Fiedler asume que el estilo individual de liderazgo es fijo. Como mostraremos en un momento, esto es importante, pues significa que si una situación requiere de un líder orientado a la tarea y la persona en el puesto de liderazgo está orientada a las relaciones, tiene que modificarse la situación o se tiene que quitar al individuo y reemplazarlo si se quiere lograr la eficacia óptima. Fiedler sostiene que el estilo de liderazgo es innato en la persona: ¡usted *no puede* cambiar su estilo para ajustarse a las situaciones cambiantes!

◆ Fiedler asume que el estilo de liderazgo de un individuo es fijo.

DEFINICIÓN DE LA SITUACIÓN Después de que el estilo de liderazgo básico del individuo ha sido evaluado a través del CTMP, es necesario ajustar al líder con la situación. Fiedler ha identificado tres dimensiones de contingencia que, afirma, definen los factores situacionales que determinan la eficacia del liderazgo. Éstas son las **relaciones líder-miembro,** la **estructura de la tarea** y la **posición de poder.** Éstas se definen como sigue:

1. *Relaciones líder-miembro*. El grado de credibilidad, confianza y respeto que los subordinados tienen con su líder.
2. *Estructura de la tarea*. El grado en el cual la tarea del puesto implica procedimientos (esto es, son estructuradas o no estructuradas).
3. *Posición de poder*. El grado de influencia que un líder tiene sobre las variables de poder como las contrataciones, los despidos, la disciplina, los ascensos y los incrementos de salario.

relaciones líder-miembro
El grado de credibilidad, confianza y respeto que los subordinados tienen con su líder.

estructura de la tarea
El grado en el cual la tarea implica procedimientos.

posición de poder
Influencia derivada de la posición que ocupa el líder en la estructura formal de la organización; incluye el poder de contratar, despedir, disciplinar, otorgar ascensos y dar incrementos salariales.

El siguiente paso en el modelo de Fiedler consiste en evaluar la situación en términos de estas tres variables de contingencia. Las relaciones líder-miembro pueden ser buenas o malas, la estructura de la tarea puede ser alta o baja y la posición de poder puede ser fuerte o débil.

Fiedler sostiene que mientras mejores sean las relaciones líder-miembro, más altamente estructurado será el trabajo y más fuerte será la posición de poder, más control o influencia tendrá el líder. Por ejemplo, una situación muy favorable (donde el líder tendría una gran cantidad de control) podría involucrar a una gerente de nómina que sea respetada y cuyos subordinados tengan confianza en ella (buenas relaciones líder-miembro), cuyas actividades a ser realizadas —tales como el cálculo de los salarios, la firma de cheques y la elaboración de informes— sean específicas y claras (alta estructura de la tarea) y cuyo trabajo proporcione una considerable libertad para recompensar y castigar a sus subordinados (fuerte posición de poder). Por otro lado, una situación desfavorable podría ser un jefe desagradable de un equipo de recaudación de fondos de United Way. En este trabajo, el líder posee muy poco control. En conjunto, al mezclar las tres variables de contingencia, existen potencialmente ocho diferentes situaciones o categorías en las cuales podrían encontrarse los líderes.

AJUSTE DE LOS LÍDERES A LAS SITUACIONES Con el conocimiento del CTMP de un individuo y la evaluación de las tres variables de contingencia, el modelo Fiedler propone ajustarlas para lograr la eficacia máxima del liderazgo.[22] Basado en su propio estudio de más de 1,200 grupos, en los cuales comparó los estilos de liderazgo orientado a las relaciones *versus* orientado a la tarea en cada una de las ocho categorías situacionales, Fiedler concluyó que los líderes orientados a la tarea tienden a desempeñarse mejor en situaciones que sean *muy favorables* para ellos y en situaciones que sean *muy desfavorables* (véase la ilustración 10-2). Así, Fiedler pronosticaría que cuando se enfrentan con categorías situacionales I, II, III, VII u VIII, los líderes orientados a la tarea se desempeñan mejor. Los líderes orientados a la relación, se desempeñan mejor en situaciones moderadamente favorables (categorías IV a VI).

Dados los descubrimientos de Fiedler, ¿cómo los aplicaría usted? Tal vez buscaría ajustar los líderes a las situaciones. Las calificaciones CTMP de los individuos determinarían el tipo de situación para la cual están mejor calificados. Esa "situación" podría ser definida evaluando los tres factores de contingencia de las relaciones líder-miembro, la estructura de la tarea y la posición de poder. Pero recuerde que Fiedler considera fijo el estilo de liderazgo individual. Por tanto, en realidad existen sólo dos formas en las cuales se puede mejorar la eficacia del líder.

Primero, usted puede cambiar de líder para ajustarse a la situación (como en un juego de béisbol, el entrenador puede ir al *bullpen* y poner ya sea un *pitcher* derecho o uno zurdo, dependiendo de las características situacionales del bateador). Por ejemplo, si una situación de grupo califica como altamente desfavorable pero actualmente está dirigida por un gerente orientado a las relaciones, el desempeño del grupo podría mejorarse reemplazando a ese gerente con uno que sea orientado a la tarea. La segunda alternativa sería cambiar la situación para ajustarla al líder. Esto podría llevarse a cabo reestructurando las tareas o bien incrementando o disminuyendo el

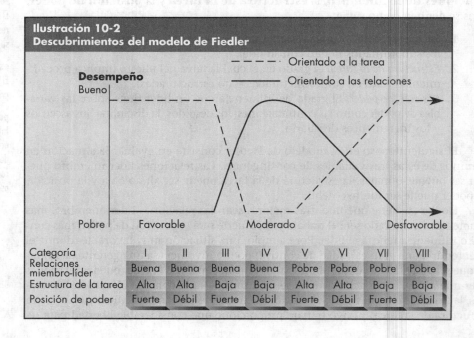

Ilustración 10-2
Descubrimientos del modelo de Fiedler

Categoría	I	II	III	IV	V	VI	VII	VIII
Relaciones miembro-líder	Buena	Buena	Buena	Buena	Pobre	Pobre	Pobre	Pobre
Estructura de la tarea	Alta	Alta	Baja	Baja	Alta	Alta	Baja	Baja
Posición de poder	Fuerte	Débil	Fuerte	Débil	Fuerte	Débil	Fuerte	Débil

poder que el líder tiene para controlar factores como los incrementos de salario, los ascensos y las acciones disciplinarias. Para ilustrar lo anterior, suponga que un líder orientado a la tarea está en una categoría de situación IV. Si este líder pudiera incrementar su posición de poder, entonces estaría operando en la categoría III el ajuste del líder a la situación sería compatible para un alto desempeño de grupo.

EVALUACIÓN En resumen, las revisiones de los principales estudios que probaron la validez global del modelo de Fiedler condujeron generalmente a una conclusión positiva. Es decir, hay una evidencia considerable que apoya cuando menos partes sustanciales del modelo.[23] Pero se necesitan variables adicionales si un modelo mejorado va a llenar los huecos que quedan. Además, hay problemas con el CTMP y con el uso práctico del modelo que necesitan ser atendidos. Por ejemplo, la lógica que sustenta el CTMP no está bien entendida y los estudios han mostrado que las calificaciones de quienes contestan el CTMP no son estables.[24] Asimismo, las variables de contingencia son complejas y difíciles de evaluar por parte de los profesionales. En la práctica, a menudo es difícil determinar qué tan buenas son las relaciones líder-miembro, qué tan estructurada es la tarea y cuánta posición de poder tiene el líder.[25]

TEORÍA DEL RECURSO COGNOSCITIVO: UNA ACTUALIZACIÓN DEL MODELO DE LA CONTINGENCIA DE FIEDLER Recientemente, Fiedler y un asociado, Joe García, conceptualizaron nuevamente la teoría original del primero,[26] para analizar "algunos errores serios que necesitan ser atendidos".[27] Específicamente, están interesados en tratar de explicar el proceso por el cual el líder obtiene un desempeño eficaz de grupo. Ellos llaman a esta conceptualización la **teoría del recurso cognoscitivo.**

Empiezan por hacer dos suposiciones. Primero, los líderes inteligentes y competentes formulan planes, decisiones y estrategias de acción más eficaces que los menos inteligentes y competentes. Segundo, los líderes comunican sus planes, decisiones y estrategias a través del comportamiento directivo. Fiedler y García muestran después cómo la tensión y los recursos cognoscitivos como la experiencia, la posesión y la inteligencia actúan como influencias importantes en la eficacia del liderazgo.

La esencia de la nueva teoría puede ser reducida a tres pronósticos: (1) el comportamiento directivo da como resultado un buen desempeño sólo si se une con gran inteligencia a un ambiente de liderazgo, apoyador y sin tensiones; (2) en situaciones de gran tensión existe una relación positiva entre la experiencia de trabajo y el desempeño; y (3) las habilidades intelectuales de los líderes se correlacionan con el desempeño del grupo en situaciones que el líder percibe como libres de tensión.

Fiedler y García admiten que la información que sustenta la teoría del recurso cognoscitivo está lejos de ser abrumadora; y el limitado número de estudios para probar esta teoría, hasta la fecha, ha generado resultados ambiguos.[28] Es claro que, se necesita más investigación. Sin embargo, dado el impacto que el modelo original de la contingencia de Fiedler del liderazgo tuvo sobre el comportamiento organizacional, la unión de la nueva teoría con el modelo anterior y la introducción de la nueva teoría de las capacidades cognoscitivas del líder como una influencia importante en la eficacia del liderazgo, no debería desecharse la teoría del recurso cognoscitivo.

La teoría situacional de Hersey y Blanchard

Paul Hersey y Ken Blanchard han desarrollado un modelo de liderazgo que ha obtenido gran cantidad de partidarios entre los especialistas del desarrollo gerencial.[29] Este modelo —llamado **teoría del liderazgo situacional**— se ha utilizado como un instrumento eficaz de entrenamiento en compañías como las mencionadas en

teoría del recurso cognoscitivo
Una teoría del liderazgo según la cual el líder obtiene un desempeño eficaz de grupo primero desarrollando planes, decisiones y estrategias eficaces, y comunicándolas después por medio del comportamiento directivo.

teoría del liderazgo situacional
Una teoría de la contingencia que se enfoca en la disponibilidad de los seguidores.

Fortune 500: BankAmerica, Caterpillar, IBM, Mobil Oil y Xerox; también ha sido ampliamente aceptado en todos los servicios militares.[30] Aunque la teoría ha pasado por una evaluación limitada para probar su validez, la incluimos aquí debido a su amplia aceptación y a su fuerte atracción intuitiva.

El liderazgo situacional es una teoría de la contingencia que se enfoca en los seguidores. El liderazgo exitoso se logra al seleccionar el estilo adecuado de liderazgo, el cual, sostienen Hersey y Blanchard, es contingente en el nivel de la disponibilidad de los seguidores. Antes de que continuemos, deberíamos aclarar dos puntos: ¿por qué enfocarnos en los seguidores? ¿Qué significa el término *disponibilidad*?

El énfasis en los seguidores en relación con la eficacia del liderazgo refleja la realidad que constituye el que los seguidores acepten o rechacen al líder. A pesar de lo que el líder haga, la eficacia depende de las acciones de sus seguidores. Ésta es una dimensión importante que ha sido pasada por alto o menospreciada en la mayoría de las teorías del liderazgo. El término *disponibilidad*, según lo definen Hersey y Blanchard, se refiere a la medida en la cual la gente tiene la capacidad y la voluntad de llevar a cabo tareas específicas.

◆ **El liderazgo situacional es una teoría de la contingencia que se enfoca en los seguidores.**

El liderazgo situacional utiliza las mismas dos dimensiones del liderazgo que Fiedler identificó: comportamientos de tarea y de relaciones. Sin embargo, Hersey y Blanchard van un paso más adelante al considerar cada una ya sea como alta o baja, y combinarlas en cuatro comportamientos específicos de líder: comunicar, vender, participar y delegar. Éstas se describen a continuación:

Comunicar (tarea alta-relación baja). El líder define los papeles y señala a la gente qué, cómo, cuándo y dónde hacer varias tareas. Enfatiza el comportamiento directivo.

Vender (tarea alta-relación alta). El líder proporciona tanto comportamiento directivo como comportamiento de apoyo.

Participar (tarea baja-relación alta). El líder y el seguidor comparten la toma de decisiones, siendo el principal papel del líder facilitar y comunicar.

Delegar (tarea baja-relación baja). El líder proporciona poca dirección o apoyo.

El componente final de la teoría de Hersey y Blanchard es definir cuatro etapas de la disponibilidad del seguidor:

R1. La gente es incapaz y además no está dispuesta o es demasiado insegura para asumir la responsabilidad de hacer algo. No es competente ni segura.

R2. La gente es incapaz pero está dispuesta a hacer las tareas necesarias de trabajo. Está motivada pero carece actualmente de las habilidades apropiadas.

R3. La gente es capaz pero no está dispuesta o es demasiado aprensiva para hacer lo que el líder quiere.

R4. La gente es capaz y está dispuesta a hacer lo que se le pide.

La ilustración 10-3 integra los diversos componentes en un modelo de liderazgo situacional. Mientras los seguidores alcanzan niveles altos de disponibilidad, el líder responde no sólo continuando la disminución del control sobre las actividades, sino también al continuar reduciendo el comportamiento de relaciones. En la etapa R1, los seguidores necesitan direcciones claras y específicas. En la etapa R2, se necesita tanto comportamiento alto en tareas como alto en relaciones. El comportamiento de tarea alta compensa la falta de capacidad de los seguidores, y el comportamiento de alta relación trata de hacer que los seguidores "compren" psicológicamente los deseos de los líderes. R3 representa los problemas motivacionales que son soluciona-

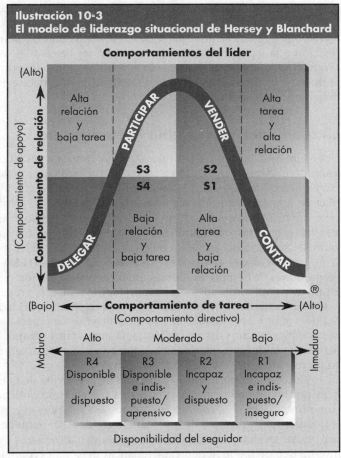

Ilustración 10-3
El modelo de liderazgo situacional de Hersey y Blanchard

Reimpreso con permiso del Center for Leadership Studies (Centro de Estudios del Liderazgo). Situational Leadership ® es una marca registrada del Center for Leadership Studies, Escondido, California. Todos los derechos reservados.

dos de mejor manera por el estilo de apoyo, no directivo y participativo. Finalmente, en la etapa R4, el líder no tiene mucho que hacer ya que los seguidores están dispuestos y son capaces de asumir la responsabilidad.

El lector astuto podría haber notado la gran similitud entre los cuatro estilos de liderazgo de Hersey y Blanchard y las cuatro "esquinas" extremas de la matriz gerencial. El estilo *comunicar* es igual al líder 9,1; el *vender* es igual al 9,9; el *participar* es equivalente al 1,9; y *delegar* es lo mismo que el líder 1,1. ¿Es el liderazgo situacional, entonces, simplemente la matriz gerencial con una gran diferencia: el reemplazo de la disputa del 9,9 ("un estilo para todas las ocasiones") con la recomendación de que el estilo "correcto" debería alinearse con la disponibilidad de los seguidores? Hersey y Blanchard dicen "¡no!"[31] Ellos sostienen que la matriz enfatiza el *interés* en la producción y la gente, las cuales son dimensiones de la actitud. El liderazgo situacional, en cambio, enfatiza la tarea y el *comportamiento* de la relación. A pesar del argumento de Hersey y Blanchard, ésta es una diferenciación mínima. La comprensión de la teoría del liderazgo situacional probablemente se vea incrementada al considerarla como una adaptación bastante directa del marco el qrid para que refleje las cuatro etapas de la disponibilidad de los seguidores.

Por último, llegamos a la pregunta crítica: ¿existe evidencia científica que apoye la teoría del liderazgo situacional? Como se mencionó anteriormente, la teoría ha recibido poca atención por parte de los investigadores,[32] pero con base en la investigación a la fecha, las conclusiones deben ser reservadas. Algunos investigadores proporcionan apoyo parcial para la teoría,[33] en tanto que otros no encuentran sustento para sus suposiciones.[34] Como resultado de esto, debe evitarse cualquier respaldo demasiado entusiasta.

La teoría del intercambio líder-miembro

Generalmente, las teorías del liderazgo que hemos estudiado hasta este punto han asumido que los líderes tratan a todos sus subordinados de la misma manera. Pero, piense acerca de sus experiencias en grupos. ¿Observó que los líderes a menudo actúan de manera distinta hacia diferentes subordinados? ¿Notó que el líder tendía a tener favoritos, los cuales formaban su "grupo interno"? Si usted respondió "sí" a ambas preguntas, está admitiendo lo que George Graen y sus asociados han observado, lo cual crea la base de su teoría del intercambio líder-miembro.[35]

La **teoría del intercambio líder-miembro (ILM)** sostiene que debido a las presiones de tiempo, los líderes establecen una relación especial con un pequeño grupo de sus subordinados. Estos individuos forman el grupo interno o de internos —son de confianza, obtienen una desproporcionada cantidad de atención por parte del líder y es más probable que reciban privilegios especiales. Otros subordinados caen dentro del grupo externo. Ellos obtienen menos tiempo del líder, menos recompensas preferidas que éste controla y tienen relaciones superior-subordinado basadas en las interacciones de la autoridad formal.

La teoría propone que al principio de la historia de la interacción entre un líder y un subordinado específico, el primero categoriza implícitamente al subordinado como un "interno" o un "externo" y que esa relación es relativamente estable con el tiempo.[36] No está claro de qué manera el líder escoge quién cae en cada categoría, pero existe evidencia de que los líderes tienden a escoger a los miembros del grupo interno debido a que tienen características personales (por ejemplo, edad, sexo, actitudes) que son similares a las de él, un nivel de competencia mayor que el de los miembros del grupo externo y/o una personalidad extrovertida.[37] (Véase la ilustra-

teoría del intercambio líder-miembro (ILM)
Los líderes crean grupos internos y grupos externos, y los subordinados con el estatus de grupo interno tendrán calificaciones más altas de desempeño, menos rotación y mayor satisfacción con sus superiores.

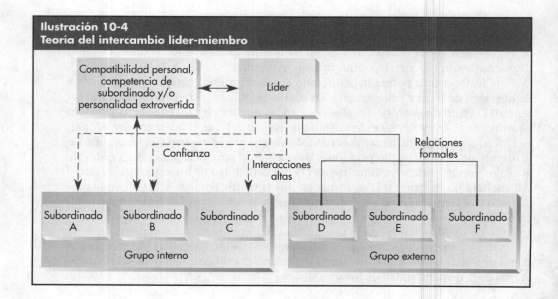

Ilustración 10-4
Teoría del intercambio líder-miembro

ción 10-4). La teoría ILM predice que los subordinados con el estatus de grupo interno tienen calificaciones más altas de desempeño, menos rotación y mayor satisfacción con sus superiores.

La investigación para probar la teoría ILM ha sido generalmente de apoyo.[38] Más específicamente, la teoría y la investigación que la rodean proporcionan evidencia sustancial de que los líderes hacen diferencias entre los subordinados, que estas disparidades están lejos de ser aleatorias y que los estatus de grupo interno y de grupo externo están relacionados con el desempeño del empleado y su satisfacción.[39]

Teoría del camino a la meta

Actualmente, uno de los enfoques más respetados del liderazgo es la teoría del camino a la meta. Desarrollada por Robert House, esta teoría es un modelo de contingencia del liderazgo que extrae los elementos clave de la investigación del liderazgo realizada por la Universidad Estatal de Ohio sobre la estructura inicial y la consideración y la teoría motivacional de las expectativas.[40]

La esencia de la teoría es que la función del líder no consiste en asistir a los seguidores en el logro de sus metas y proporcionarles la dirección y/o apoyo para asegurar que sus metas sean compatibles con los objetivos globales del grupo o de la organización. El término *camino a la meta* se deriva de la creencia en que los líderes eficaces aclaran el camino para ayudar a sus seguidores a avanzar desde donde están hacia el logro de sus metas de trabajo y hacer más fácil el viaje a lo largo de esta trayectoria reduciendo los obstáculos y peligros.

De acuerdo con la **teoría del camino a la meta,** el comportamiento de un líder es *aceptable* para los subordinados a tal grado que es visto por ellos como una fuente inmediata de satisfacción o como un medio de satisfacción futura. El comportamiento de un líder es *motivacional* en la medida en que (1) haga que el subordinado necesite una satisfacción contingente al desempeño eficaz y (2) proporcione la instrucción, la guía, el apoyo y las recompensas que son necesarios para el desempeño eficaz. Para probar estos enunciados, House identificó cuatro comportamientos de liderazgo. El *líder directivo* permite a los subordinados saber lo que se espera de ellos, programa el trabajo a realizarse y da guías específicas de cómo lograr las tareas. Esto es paralelo a la dimensión de la Estatal de Ohio sobre la estructura de inicio. El *líder que apoya* es amistoso y muestra interés por las necesidades de sus subordinados. Esto es esencialmente sinónimo de la dimensión de la consideración de la Estatal de Ohio. El *líder participativo* consulta con los subordinados y utiliza sus sugerencias antes de tomar una decisión. El *líder orientado al logro* establece metas de desafío y espera que los subordinados se desempeñen a su nivel más alto. En contraste con el punto de vista de Fiedler sobre el comportamiento del líder, House supone que los líderes son flexibles. La teoría del camino a la meta implica que el mismo líder puede mostrar cualquiera o todos estos comportamientos dependiendo de la situación.

Como muestra la ilustración 10-5 de la página 362, la teoría del camino a la meta propone dos clases de variables situacionales o de contingencia que moderan la relación entre el comportamiento del liderazgo y el resultado, aquellas en el ambiente que están fuera del control del subordinado (estructura de la tarea, el sistema formal de autoridad y el trabajo en grupo) y las que son parte de las características personales del subordinado (*locus* de control, experiencia y capacidad percibida). Los factores ambientales determinan el tipo de comportamiento del líder requerido como un complemento si los resultados del subordinado van a ser maximizados, mientras que las características personales del subordinado determinan la forma en que el ambiente y el comportamiento del líder serán interpretados. De esta forma, la teoría propone que el comportamiento del líder no será eficaz cuando resulte redundante con las fuentes de la estructura ambiental o incongruente con las características del subordinado.

teoría del camino a la meta
La teoría acerca de que el comportamiento del líder es aceptable en tanto los subordinados lo vean como una fuente de satisfacción inmediata o satisfacción futura.

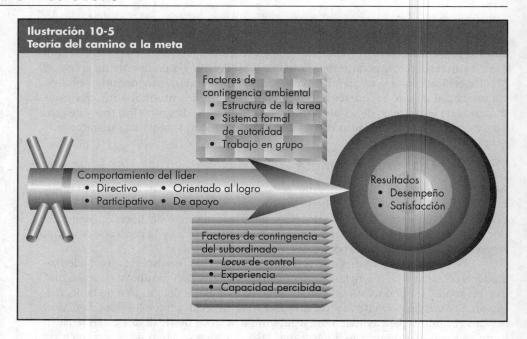

Ilustración 10-5
Teoría del camino a la meta

Los siguientes son algunos ejemplos de las hipótesis que han evolucionado a partir de la teoría del camino a la meta:

◆ El liderazgo directivo conduce a una mayor satisfacción cuando las tareas son ambiguas o de tensión que cuando son altamente estructuradas y bien diseñadas.

◆ El liderazgo de apoyo da como resultado niveles altos de desempeño y satisfacción del empleado cuando los subordinados realizan tareas estructuradas.

◆ El liderazgo directivo quizás sea percibido como redundante entre los subordinados con alta capacidad a todas luces o con experiencia considerable.

◆ Mientras más claras y burocráticas sean las relaciones de autoridad formal, los líderes deberán mostrar comportamientos más tendientes al apoyo y dejar de enfatizar el comportamiento directivo.

◆ El liderazgo directivo conducirá a una satisfacción más alta del empleado cuando exista un conflicto sustancial dentro del grupo de trabajo.

◆ Los subordinados con un *locus* de control interno (aquellos que creen que controlan su propio destino) estarán más satisfechos con un estilo participativo.

◆ Los subordinados con un *locus* de control externo estarán más satisfechos con un estilo directivo.

◆ El liderazgo orientado al logro incrementará las expectativas de los subordinados de que el esfuerzo conducirá a un alto desempeño cuando las tareas están estructuradas ambiguamente.

La investigación para validar hipótesis como éstas en general es alentadora.[41] La evidencia apoya la lógica que subyace en la teoría. Esto es, el desempeño y la satisfacción del empleado probablemente son influenciados positivamente cuando el líder compensa las cosas que faltan en el empleado o en el ambiente de trabajo. Sin embargo, el líder que gasta el tiempo explicando tareas cuando éstas son ya claras o cuando el empleado tiene la capacidad y la experiencia para manejarlas sin interferencia, quizás resulte poco eficaz, ya que el trabajador verá este tipo de comportamiento directivo como redundante o incluso insultante.

¿Qué le depara el futuro a la teoría del camino a la meta? Se ha examinado su marco y parece tener un soporte empírico que va de moderado a alto. Podemos, sin embargo, esperar ver más investigación enfocada a definir y ampliar nuevamente la teoría incorporando variables moderadoras adicionales.[42]

Modelo de la participación del líder

Allá por 1973, Victor Vroom y Phillip Yetton desarrollaron un **modelo de la participación del líder** que relacionaba el comportamiento y la participación del liderazgo en la toma de decisiones.[43] Reconociendo que la estructura de la tarea tiene exigencias variadas para actividades rutinarias y no rutinarias, estos investigadores sostenían que el comportamiento del líder debía ser ajustado para que reflejara la estructura de la tarea. El modelo de Vroom y Yetton era normativo: proporcionaba una serie secuencial de reglas que debían respetarse para determinar la cantidad de participación deseable en la toma de decisiones, según era dictada por diferentes tipos de situaciones. El modelo era un árbol complejo de decisiones que incorporaba siete contingencias (cuya relevancia podía ser identificada mediante opciones "sí" o "no") y cinco estilos alternativos de liderazgo.

En fecha más reciente, el trabajo de Vroom y Arthur Jago ha dado como resultado la revisión de este modelo.[44] El nuevo modelo conserva los mismos cinco estilos alternativos de liderazgo, pero expande las variables de contingencia a 12, 10 de las cuales son contestadas a lo largo de una escala de cinco puntos. La ilustración 10-6 de la página 364 enumera las 12 variables.

El modelo supone que cualquiera de los cinco comportamientos podría ser posible en una situación dada: Autocrático I (AI), Autocrático II (AII), Consultivo I (CI), Consultivo II (CII) y de Grupo II (GII):

- ◆ AI. Usted mismo soluciona el problema o toma una decisión usando cualesquiera hechos que tenga a la mano.
- ◆ AII. Usted obtiene la información necesaria de los subordinados y entonces decide la solución al problema. Podría o no decirles acerca de la naturaleza de la situación que enfrenta. Usted busca de ellos únicamente los hechos relevantes no su opinión o consejo.
- ◆ CI. Usted comparte cara a cara el problema con los subordinados relevantes, obtiene sus ideas y sugerencias. Sin embargo la decisión final es suya solamente.
- ◆ CII. Usted comparte el problema con sus subordinados como un grupo, obteniendo colectivamente sus ideas y sugerencias. Entonces usted toma la decisión que podría o no reflejar la influencia de sus subordinados.
- ◆ GII. Usted comparte el problema con sus subordinados como grupo. Su meta es ayudarlos a coincidir en una decisión. Sus ideas no tienen un peso mayor que las de los demás.

Vroom y Jago han desarrollado un programa de computadora que corta a través de la complejidad del nuevo modelo. Pero los gerentes aún pueden usar los árboles de decisión para seleccionar su estilo de liderazgo si no encuentran matices finos (es decir, cuando el estatus de una variable es lo suficientemente claro como para que una respuesta como "sí" o "no" sea precisa), no hay restricciones críticas severas de tiempo y los subordinados no están geográficamente dispersos. La ilustración 10-7 de la página 365 muestra uno de estos árboles de decisión.

Las pruebas de la investigación sobre el modelo original de la participación del líder fueron muy alentadoras.[45] Debido a que el modelo revisado es nuevo, su validez todavía necesita ser evaluada. Pero el nuevo modelo es una extensión directa de la versión de 1973 y también es compatible con nuestro conocimiento actual de los beneficios y costos de la participación. Por tanto, en este momento, tenemos mu-

modelo de la participación del líder
Una teoría del liderazgo que proporciona una serie de reglas para determinar la forma y la cantidad de la toma de decisiones participativa en diferentes situaciones.

Ilustración 10-6 Variables de contingencia en el modelo revisado de la participación del liderazgo

RQ: Requerimiento de la calidad
¿Qué tan importante es la calidad técnica de esta decisión?

1	2	3	4	5
Sin importancia	Baja importancia	Importancia promedio	Alta importancia	Importancia crítica

RC: Requerimiento del compromiso
¿Qué tan importante es el compromiso del subordinado con la decisión?

1	2	3	4	5
Sin importancia	Baja importancia	Importancia promedio	Alta importancia	Importancia crítica

IL: Información del líder
¿Tiene suficiente información para tomar una decisión de alta calidad?

1	2	3	4	5
No	Probablemente no	Quizá	Probablemente sí	Sí

EP: Estructura del problema
¿Está bien estructurado el problema?

1	2	3	4	5
No	Probablemente no	Quizá	Probablemente sí	Sí

PC: Probabilidad del compromiso
Si fuera a tomar la decisión por usted mismo, ¿es razonablemente seguro que sus subordinados estarían comprometidos con la decisión?

1	2	3	4	5
No	Probablemente no	Quizá	Probablemente sí	Sí

CM: Congruencia de la meta
¿Los subordinados comparten las metas organizacionales a ser logradas con la solución de este problema?

1	2	3	4	5
No	Probablemente no	Quizá	Probablemente sí	Sí

CS: Conflicto del subordinado
¿Hay conflicto entre los subordinados sobre las posibles soluciones?

1	2	3	4	5
No	Probablemente no	Quizá	Probablemente sí	Sí

IS: Información del subordinado
¿Los subordinados tienen información suficiente para tomar decisiones de alta calidad?

1	2	3	4	5
No	Probablemente no	Quizá	Probablemente sí	Sí

RT: Restricción de tiempo
¿Una restricción severa de tiempo limita su capacidad para involucrar a los subordinados?

1	5
No	Sí

DG: Dispersión geográfica
¿Los costos involucrados en reunir a los subordinados geográficamente dispersos son prohibitivos?

1	5
No	Sí

MT: Motivación-Tiempo
¿Qué tan importante es para usted maximizar las oportunidades para el desarrollo de los subordinados?

1	2	3	4	5
Sin importancia	Baja importancia	Iportancia promedio	Alta importancia	Importancia crítica

MD: Motivación-Desarrollo
¿Qué tan importante es para usted maximizar las oportunidades para el desarrollo de los subordinados?

1	2	3	4	5
Sin importancia	Baja importancia	Importancia promedio	Alta importancia	Importancia crítica

Fuente: Vroom V. H. y A. G. Jago (eds.), *THE NEW LEADERSHIP: Managing Participation in Organizations,* ©1988. Reimpreso con autorización de Prentice Hall, Inc., Upper Saddle River, NJ.

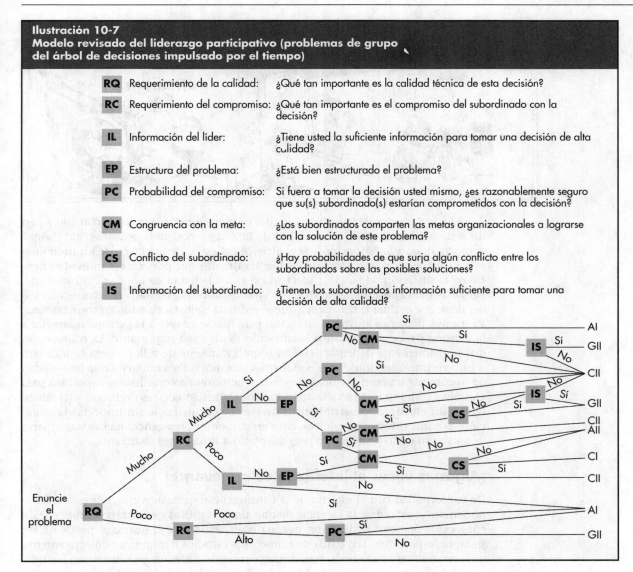

Ilustración 10-7
Modelo revisado del liderazgo participativo (problemas de grupo del árbol de decisiones impulsado por el tiempo)

RQ	Requerimiento de la calidad:	¿Qué tan importante es la calidad técnica de esta decisión?
RC	Requerimiento del compromiso:	¿Qué tan importante es el compromiso del subordinado con la decisión?
IL	Información del líder:	¿Tiene usted la suficiente información para tomar una decisión de alta calidad?
EP	Estructura del problema:	¿Está bien estructurado el problema?
PC	Probabilidad del compromiso:	Si fuera a tomar la decisión usted mismo, ¿es razonablemente seguro que su(s) subordinado(s) estarían comprometidos con la decisión?
CM	Congruencia con la meta:	¿Los subordinados comparten las metas organizacionales a lograrse con la solución de este problema?
CS	Conflicto del subordinado:	¿Hay probabilidades de que surja algún conflicto entre los subordinados sobre las posibles soluciones?
IS	Información del subordinado:	¿Tienen los subordinados información suficiente para tomar una decisión de alta calidad?

chas razones para creer que el modelo revisado proporciona una guía excelente para ayudar a los gerentes a escoger el estilo de liderazgo más apropiado en diferentes situaciones.

Dos últimos puntos antes de que continuemos. Primero, el modelo revisado de la participación del líder es muy sofisticado y complejo, lo cual hace imposible describirlo en detalle en un libro de texto básico del CO. Pero las variables identificadas en la ilustración 10-6 proporcionan algunos conocimientos sólidos acerca de las variables de contingencia que usted necesita considerar cuando elija un estilo de liderazgo.

Segundo, el modelo de la participación del líder confirma que la investigación sobre el liderazgo debería ser dirigida a la situación en lugar de a la persona. Probablemente tenga más sentido hablar de *situaciones* autocráticas y participativas que de *líderes* autocráticos y participativos. Como lo hizo House en su teoría del camino a la meta, Vroom, Yetton y Jago se oponen a la noción de que el comportamiento del líder es inflexible. El modelo de la participación del líder asume que el líder puede ajustar su estilo a diferentes situaciones.

Ilustración 10-8

Fuente: Parker B. y J. Hart, *Let There Be Reign* (Greenwich, CT: Fawcett Books, 1972). Con permiso de Johnny Hart y Creators Syndicate, Inc.

La tira cómica de la ilustración 10-8 propone ajustar el individuo al abrigo, en lugar de hacerlo al revés. En términos de liderazgo, podemos pensar en el "abrigo" como análogo a la "situación". Si el alcance del estilo de liderazgo de un individuo es muy estrecho, como propone Fiedler, tendremos que poner a ese individuo dentro de la situación de tamaño adecuado si él o ella habrá de liderear exitosamente. Pero existe otra posibilidad: si House y Vroom-Yetton-Jago están en lo correcto, el líder tiene que evaluar la situación a que se enfrenta y ajustar su estilo en consecuencia. Ya sea que debamos ajustar la situación para que se adapte a la persona o arreglar a la persona para que se ajuste a la situación es un tema importante. La respuesta es que probablemente dependa del líder (específicamente de si la persona califica alto o bajo en introspección).[46] Como sabemos, los individuos difieren en la flexibilidad de su comportamiento. Algunas personas muestran una considerable capacidad para ajustar su comportamiento a factores externos, situacionales; es decir, son adaptables. Otras, sin embargo, muestran altos niveles de consistencia sin importar la situación. Los individuos que califican altos en automonitoreo generalmente son capaces de ajustar su estilo de liderazgo para adaptarlo a situaciones cambiantes.

¡Algunas veces el liderazgo es irrelevante!

De conformidad con el espíritu de la contingencia, queremos concluir esta sección presentando esta idea: la creencia de que algunos estilos de liderazgo *siempre serán* eficaces *sin importar* la situación puede no ser verdadera. El liderazgo puede no ser siempre importante. Los datos de numerosos estudios demuestran colectivamente que, en muchas situaciones, cualesquiera comportamientos que muestren los líderes son irrelevantes. Ciertas variables del individuo, del trabajo y de las organizaciones pueden actuar como *sustitutos* para el liderazgo o *neutralizar* el efecto del líder para influir en sus subordinados.[47]

Los neutralizadores hacen imposible que el comportamiento del líder marque alguna diferencia en los resultados del subordinado. Niegan la influencia del líder. Los sustitutos, por otro lado, hacen la influencia no sólo imposible sino también innecesaria. Actúan como un reemplazo de la influencia del líder. Por ejemplo, características de los subordinados tales como su experiencia, entrenamiento, orientación "profesional" o indiferencia hacia las recompensas organizacionales pueden sustituir, o neutralizar, el efecto del liderazgo. La experiencia y el entrenamiento, por ejemplo, pueden reemplazar la necesidad del apoyo o la capacidad del líder para generar estructura y reducir la ambigüedad de la tarea. Los puestos que no son inherentemente ambiguos ni rutinarios o que son intrínsecamente satisfactorios podrían imponer pocas exigencias a la variable del liderazgo. Las características organizacionales como las metas explícitas formalizadas, las reglas rígidas y los procedimientos y grupos cohesivos de trabajo pueden reemplazar el liderazgo formal (véase la ilustración 10-9).

Ilustración 10-9 Sustitutos y neutralizadores del liderazgo

Características de definición	Liderazgo orientado a las relaciones	Liderazgo orientado a las tareas
Individual		
Experiencia/entrenamiento	Sin efecto	Sustituto
Profesionalismo	Sustituto	Sustituto
Indiferencia a las recompensas	Neutralizador	Neutralizador
Trabajo		
Tarea altamente estructurada	Sin efecto	Sustituto
Proporciona su propia retroalimentación	Sin efecto	Sustituto
Intrínsecamente satisfactorio	Sustituto	Sin efecto
Organización		
Metas explícitamente formalizadas	Sin efecto	Sustituto
Reglas y procedimientos rígidos	Sin efecto	Sustituto
Grupos cohesivos de trabajo	Sustituto	Sustituto

Fuente: basado en Kerr, S. y J. M. Jermier, "Substitutes for Leadership: Their Meaning and Measurement", *Organizational Behavior and Human Performance*, diciembre de 1978, p. 378.

Este reconocimiento reciente de que los líderes no siempre tiene un impacto en los resultados de los subordinados no debería sorprendernos. Después de todo, hemos introducido numerosas variables —actitudes, personalidad, capacidad y normas de grupo, por nombrar sólo unas cuantas— que, según se ha documentado, tienen un efecto en el desempeño y la satisfacción del empleado. Sin embargo, quienes apoyan el concepto del liderazgo tienden a dar un peso excesivo en esta variable para explicar y pronosticar el comportamiento. Es demasiado simplista considerar que los subordinados buscan el logro de las metas únicamente gracias al comportamiento de su líder. Es importante, por tanto, reconocer de manera explícita que el liderazgo es tan sólo otra variable independiente en nuestro modelo global del CO. En algunas situaciones, podría contribuir enormemente a explicar la productividad, el ausentismo, la rotación y la satisfacción del empleado; pero en otras, pudiera no ser muy útil con este fin.

Búsqueda de un fundamento común: ¿qué significa lo anterior?

El tema del liderazgo ciertamente no carece de teorías. Pero desde una perspectiva de revisión, ¿qué significa todo esto? Tratemos de identificar las similitudes que existen entre las diversas teorías del liderazgo e intentemos determinar qué valor práctico tienen las teorías para su aplicación en las organizaciones.

Un examen más cuidadoso revela que los conceptos de "tarea" y "gente" —con frecuencia expresados en términos más elaborados que tienen sustancialmente el mismo significado— permean la mayoría de las teorías.[48] La dimensión de la tarea recibe este nombre de Fiedler, pero para el grupo de la Estatal de Ohio su nombre es "estructura de inicio"; "liderazgo directivo" para quienes apoyan el camino a la meta; "orientación a la producción" para los investigadores de Michigan, e "interés en la producción" para Blake y Mouton. La dimensión de la gente recibe un trato similar, pasando por alias como liderazgo "de consideración", "orientado al empleado", de "apoyo" u "orientado a las relaciones". Con la excepción obvia planteada por los estudios escandinavos, el comportamiento del liderazgo tiende a verse reducido a dos dimensiones —tarea y gente—, pero los investigadores continúan estando en desacuerdo sobre si las orientaciones son dos fines de un continuo único (usted podría calificar alto en uno u otro pero no en ambos) o dos dimensiones independientes (usted podría calificar alto o bajo en ambos).

Aunque un estudioso bien conocido sostiene que virtualmente toda teoría también ha "luchado con la pregunta de qué tanto debería compartir el poder un líder con sus subordinados en la toma de decisiones",[49] hay mucho menos apoyo a esta controversia. La teoría del liderazgo situacional y el modelo de la participación del líder se enfrenta con este tema, pero la dicotomía tarea-gente parece abarcar mucho más.

Los teóricos del liderazgo no están de acuerdo en el tema de si el estilo del líder es fijo o es flexible. Por ejemplo, Fiedler asume la primera postura, mientras que Vroom, Yetton y Jago sostienen la segunda. Como se mencionó previamente, nuestra postura es que ambas son probablemente correctas: dependen de la personalidad del líder. Los altos en automonitoreo tienen más probabilidades de ajustar su estilo de liderazgo a situaciones de cambio que los bajos en automonitoreo.[50] De modo que la necesidad de ajustar la situación al líder a fin de mejorar la relación líder-situación parece ser necesaria únicamente con los individuos de baja introspección.

¿Cómo deberíamos interpretar los descubrimientos presentados hasta ahora en este capítulo? Con el tiempo, algunas características han probado ser pronosticadores modestos de la eficacia del liderazgo. Pero saber que un gerente posee la inteligencia, la ambición, la seguridad en sí mismo o características similares por ningún medio se aseguraría que sus subordinados podrían ser empleados productivos y satisfechos. La capacidad de estas características para pronosticar el éxito del liderazgo no es tan fuerte.

Los enfoques tarea-gente anteriores (como las teorías de la Estatal de Ohio, Michigan y de la matriz gerencial) también nos ofrecen poca sustancia. La aseveración más audaz que uno puede hacer basado en estas teorías es que los líderes que califican alto en orientación a la gente deberían terminar con empleados satisfechos. La investigación está demasiado mezclada para hacer pronósticos con respecto a la productividad del empleado o el efecto que la orientación a la tarea tiene sobre la productividad y la satisfacción.

La contribución más importante del modelo de Fiedler podría muy bien ser que dio inicio a una investigación más rigurosa para identificar las variables de contingencia en el liderazgo. Si bien este modelo ya no está a la vanguardia de las teorías del liderazgo, diversas variables situacionales que Fiedler identificó originalmente, continúan surgiendo en teorías de la contingencia más recientes.

La teoría del liderazgo situacional de Hersey y Blanchard es directa, intuitiva, atractiva e importante por su reconocimiento explícito de que la capacidad y la motivación de los subordinados son vitales para el éxito del líder. Sin embargo, a pesar de su amplia aceptación por parte de los profesionales, el sustento empírico mezclado deja a la teoría, cuando menos en este momento, en una situación más especulativa que sustantiva.

La teoría del intercambio líder-miembro considera el liderazgo desde un ángulo diferente. Se enfoca en los grupos internos y externos. Dada la impresionante evidencia de que los empleados del grupo interno tienen un desempeño y una satisfacción más altos que los miembros del grupo externo, la teoría proporciona un conocimiento valioso para predecir el efecto del líder siempre y cuando sepamos si un empleado es un "interno" o un "externo".

Los estudios que pusieron a prueba la versión original de Vroom-Yetton del modelo de la participación del líder fueron de apoyo. Dado que la versión revisada de Vroom-Jago es una extensión sofisticada del modelo original, deberíamos esperar que fuera aún mejor. Pero la complejidad del modelo es una limitación importante para

Rhonda Fryman es una líder de equipo en la planta de Toyota Motor Manufacturing en Georgetown, Kentucky. Ella ejemplifica la filosofía de Toyota de luchar por crear una atmósfera agradable y de interés con un alto grado de respeto hacia los individuos, lo cual conduce a sus altos niveles de motivación y productividad. En concordancia con los modelos de contingencia, Fryman es una líder eficaz ya que ayuda a su equipo a cumplir sus metas diarias de producción y proporciona dirección y apoyo para lograr las metas de calidad de Toyota.

su uso. Con cinco estilos y 12 variables de contingencia, es difícil de usar como una guía cotidiana para gerentes en funciones. Con todo, el liderazgo y la toma de decisiones son temas complejos que requieren procesos complejos. Esperar la aparición de algún modelo fácil pero válido puede ser tan sólo una esperanza. La conclusión importante aquí parece ser que donde encontremos líderes que sigan el modelo, también podríamos esperar encontrar empleados productivos y satisfechos.[51]

Finalmente, el modelo del camino a la meta proporciona un marco que explica y predice la eficacia del liderazgo, el cual ha desarrollado una base empírica sólida. Reconoce que el éxito de un líder depende de ajustar su estilo al ambiente en el cual esté colocado, así como a las características de sus seguidores. En una forma limitada, la teoría del camino a la meta valida las variables de contingencia en otras teorías del liderazgo. Por ejemplo, su énfasis en la estructura de la tarea es compatible con el modelo de la contingencia de Fiedler y el modelo de la participación del líder de Vroom y Jago (recuerde su pregunta: ¿está bien estructurado el problema?). El reconocimiento de la teoría del camino a la meta de las características individuales también es compatible con el enfoque de Hersey y Blanchard sobre la experiencia y capacidad de los seguidores.

Los planteamientos más recientes del liderazgo

Concluimos nuestra revisión de las teorías del liderazgo presentando cuatro planteamientos más recientes del tema. Éstos son una teoría de la atribución del liderazgo, el liderazgo carismático, el liderazgo transaccional *versus* el transformacional y el liderazgo visionario. Si existe un tema en relación con los planteamientos de esta sección, es que todos ellos dejan de enfatizar la complejidad teórica y observan el liderazgo más como la "persona de la calle" ve el tema.

Teoría de la atribución del liderazgo

En el capítulo 3, analizamos la teoría de la atribución en relación con la percepción. La teoría de la atribución ha sido utilizada también para ayudar a explicar la percepción del liderazgo.

La teoría de la atribución, como usted recordará, versa sobre la gente que trata de darle un sentido a las relaciones causa-efecto. Cuando algo ocurre, quieren atribuirlo a algo. En el contexto del liderazgo, la teoría de la atribución señala que el liderazgo simplemente es una atribución que la gente asume acerca de otros individuos.[52] Usando el marco de la atribución, los investigadores han encontrado que la gente caracteriza a los líderes como poseedores de características como inteligencia, personalidad desenvuelta, habilidades verbales vehementes, audacia y determinación, comprensión e industriosidad.[53] De igual manera se ha encontrado que, el líder alto-alto (alto tanto en estructura de inicio como en consideración) es consistente con las atribuciones que describen a un buen líder.[54] Esto es, a pesar de la situación, un estilo de liderazgo alto-alto tiende a ser percibido como lo mejor. A nivel organizacional, el marco de la atribución da razón de las condiciones bajo las cuales la gente usa el liderazgo para explicar los resultados organizacionales. Esas condiciones son extremos en el desempeño organizacional. Cuando una organización tiene un desempeño ya sea extremadamente negativo o extremadamente positivo, la gente está dispuesta a establecer atribuciones del liderazgo para explicar el desempeño.[55] Esto ayuda a explicar la vulnerabilidad de los directores generales cuando sus organizaciones sufren un severo revés financiero, a pesar de que ellos no tuvieran nada que ver con ello. También explica por qué estos directores tienden a obtener el crédito por los resultados financieros extremadamente positivos, una vez más, a pesar de que no hayan contribuido, a ello en absoluto.

Uno de los temas más interesantes en la bibliografía de la **teoría de la atribución del liderazgo** es la percepción de que los líderes eficaces son considerados en general como consistentes o inflexibles en sus decisiones.[56] Esto es, una de las explicaciones de por qué Ronald Reagan (durante su primer periodo como presidente) fue percibido como un líder era que él estaba completamente comprometido, resuelto y firme con las decisiones que tomó y las metas que estableció. También puede ayudar a explicar algunas de las críticas dirigidas al presidente Bill Clinton. Muchos lo consideran falto de carácter en los asuntos y como alguien que continuamente cambia de idea.

Teoría del liderazgo carismático

La **teoría del liderazgo carismático** es una extensión de la teoría de la atribución. Señala que los seguidores hacen atribuciones de habilidades de liderazgo heroicas o extraordinarias cuando observan ciertos comportamientos.[57] Los estudios sobre el liderazgo carismático se han dirigido, en su mayor parte, a identificar aquellos comportamientos que diferencian a los líderes carismáticos de sus contrapartes no carismáticas. Algunos ejemplos de individuos frecuentemente citados como líderes carismáticos incluyen a John F. Kennedy, Martin Luther King, Jr., Walt Disney, Mary Kay Ash (fundadora de Mary Kay Cosmetics), Ross Perot, Steve Jobs (cofundador de Apple Computer), Ted Turner, Lee Iacocca (ex presidente de Chrysler), Jan Carlzon (presidente de SAS Airlines) y el general Norman Schwarzkopf.

Diversos autores han tratado de identificar las características personales del líder carismático. Robert House (conocido por el camino a la meta) identificó tres: extremadamente seguro de sí mismo, dominante y con una fuerte convicción en sus creencias.[58] Warren Bennis, después de estudiar a 90 de los líderes más eficaces y exitosos de Estados Unidos, encontró que ellos poseían cuatro aptitudes en común: tenían una visión o sentido del propósito apremiante; podían comunicar esa visión en términos claros que sus seguidores pudieran identificar rápidamente; demostraban consistencia y enfoque en la realización de su visión, y conocían sus propias fortalezas y las capitalizaban.[59] El análisis más amplio, sin embargo, ha sido el realizado por Conger y Kanungo de la Universidad McGill (McGill University).[60] Entre sus conclusiones, ellos proponen que los líderes carismáticos tienen una meta idea-

◆ **Los líderes eficaces son considerados generalmente consistentes o inflexibles en sus decisiones.**

teoría de la atribución del liderazgo
Propone que el liderazgo es simplemente una atribución que la gente hace acerca de otros individuos.

teoría del liderazgo carismático
Los seguidores hacen atribuciones de capacidades de liderazgo heroicas o extraordinarias cuando observan ciertos comportamientos.

Ilustración 10-10 Características clave de los líderes carismáticos

1. *Confianza en ellos mismos*. Tienen una seguridad completa en su juicio y capacidad.

2. *Una visión*. Esto es una meta idealizada que propone un futuro mejor que el *statu quo*. Mientras más grande sea la disparidad entre esta meta idealizada y el *statu quo*, más probable será que los seguidores atribuyan una visión extraordinaria al líder.

3. *Capacidad para articular la visión*. Son capaces de poner en claro y establecer la visión en términos que sean inteligibles para los demás. Esta articulación demuestra una comprensión de las necesidades de los seguidores y, por tanto, funciona como una fuerza motivadora.

4. *Fuertes convicciones acerca de la visión*. Los líderes carismáticos se ven a ellos mismos como fuertemente comprometidos y dispuestos a asumir un riesgo personal alto, incurrir en altos costos y comprometerse en el autosacrificio para lograr su visión.

5. *Comportamiento que está fuera de lo ordinario*. Aquellos con carisma se comprometen en un comportamiento que es percibido como nuevo, no convencional y en contra de las normas. Cuando tienen éxito, estos comportamientos evocan la sorpresa y la admiración en los seguidores.

6. *Percibidos como un agente de cambio*. Los líderes carismáticos son percibidos como agentes del cambio radical en lugar de cuidadores del *statu quo*.

7. *Sensibles al ambiente*. Estos líderes son capaces de realizar evaluaciones realistas de las restricciones del ambiente y de los recursos necesarios para producir el cambio.

Fuente: basado en Conger J. A. y R. N. Kanungo, "Behavioral Dimensions of Charismatic Leadership", en J. A. Conger y R. N. Kanungo, *Charismatic Leadership* (San Francisco: Jossey-Bass, 1988), p. 91.

lizada que quieren lograr, un fuerte compromiso personal hacia su meta, son percibidos como poco convencionales, son asertivos y seguros de sí mismos, y son tenidos como agentes del cambio radical más que como administradores del *statu quo*. La ilustración 10-10 resume las características clave que parecen diferenciar a los líderes carismáticos de los no carismáticos.

Recientemente la atención ha sido enfocada a tratar de determinar cómo los líderes carismáticos en realidad influyen en los seguidores. El proceso empieza con el líder articulando una visión interesante. Esta visión proporciona un sentido de continuidad a los seguidores al unir el presente con un mejor futuro para la organización. El líder comunica entonces altas expectativas de desempeño y expresa la seguridad de que los seguidores podrán lograrlas. Esto incrementa la autoestima y la seguridad en sí mismo del seguidor. A continuación, el líder transmite, mediante palabras y acciones, un nuevo conjunto de valores y, por su comportamiento, establece un ejemplo para que los seguidores lo imiten. Finalmente, el líder carismático hace autosacrificios y se compromete en comportamientos no convencionales para demostrar coraje y convicciones acerca de la visión.[61]

¿Qué podemos decir acerca del efecto del líder carismático sobre sus seguidores? Existe un conjunto cada vez más grande de investigaciones que muestra correlaciones impresionantes entre el liderazgo carismático y el alto desempeño y satisfacción entre los seguidores.[62] La gente que trabaja para líderes carismáticos se muestra motivada a hacer un esfuerzo extra, y debido a que les agrada su líder, expresan una mayor satisfacción.

Si el carisma es deseable, ¿pueden aprender las personas a ser líderes carismáticos? ¿O los líderes carismáticos nacen con sus cualidades? Mientras una pequeña minoría todavía piensa que el carisma no puede ser aprendido, la mayoría de los expertos cree que los individuos pueden ser entrenados para mostrar comportamientos carismáticos y pueden por tanto disfrutar de los beneficios que se obtienen al ser reconocidos como "líderes carismáticos".[63] Por ejemplo, un grupo de autores propone que una persona puede aprender a ser carismática si sigue un proceso de tres pasos.[64] Primero, un individuo necesita desarrollar el aura de carisma manteniendo una visión optimista; debe usar la pasión como un catalizador para generar entusiasmo; y comunicar con todo el cuerpo, no sólo con palabras. Segundo, un individuo atrae a otros creando una unión que inspire a los demás a seguirlo. Y tercero, el individuo desarrolla el potencial de los seguidores llegando a sus emociones. Este enfoque parece funcionar como lo evidencian los investigadores que han tenido éxito en lograr realmente que los estudiantes universitarios de negocios "actúen" carismáticamente.[65] Se enseñó a los estudiantes a articular una meta, comunicar altas expectativas de desempeño, mostrar seguridad en la capacidad de los subordinados para cumplir con esas expectativas, y a mostrar empatía con las necesidades de sus subordinados; aprendieron a proyectar una presencia poderosa, segura y dinámica; y practicaron usar un tono de voz cautivador y atractivo. Para capturar aún más las dinámicas y la energía del carisma, se entrenó a los líderes para que evocaran características carismáticas no verbales. Alternaron entre caminar y sentarse en los filos de los escritorios, inclinarse hacia el subordinado, mantener el contacto visual, mostrar posturas relajadas y expresiones faciales animadas. Los investigadores encontraron que estos estudiantes pudieron aprender cómo proyectar el carisma. Además, los subordinados de estos líderes tuvieron un desempeño más alto de la tarea, del ajuste al puesto y de ajuste con el líder y el grupo que los subordinados que trabajaron bajo grupos dirigidos por líderes no carismáticos.

Una última palabra sobre este tema: el liderazgo carismático podría no siempre ser necesario para lograr altos niveles de desempeño del empleado. Sería más apropiado cuando la tarea del seguidor tuviera un componente ideológico.[66] Esto podría explicar por qué, cuando los líderes carismáticos emergen, es más probable que se den en política, religión, en tiempos de guerra o cuando una compañía está introduciendo un producto radicalmente nuevo o enfrentando una crisis que amenaza su existencia. Tales condiciones tienden a involucrar intereses ideológicos. Franklin D. Roosevelt ofreció la visión de sacar a los estadounidenses de la gran depresión. Steve Jobs logró una lealtad y un compromiso resueltos de su personal técnico que supervisó en Apple Computer durante finales de la década de los setenta y principios de los ochenta al articular una visión de computadoras personales que cambiarían drásticamente la manera en que la gente vivía. El estilo descortés y apasionado, la absoluta confianza en sus tropas y una visión de la victoria total sobre Iraq del general "Stormin Norman" (Norman el Tormentoso) Schwarzkopf hicieron de él un héroe del mundo libre después de la Operación Tormenta del Desierto en 1991. Los líderes carismáticos, de hecho, podrían volverse una desventaja para una organización una vez que la crisis y la necesidad del cambio drástico se reducen.[67] ¿Por qué? Debido a que entonces la abrumadora seguridad en sí mismo del líder carismático a menudo se vuelve una desventaja. Él o ella es incapaz de escuchar a otros, no está a gusto cuando es desafiado por subordinados agresivos y comienza a desarrollar una creencia injustificable de su "certeza" en los temas. El estilo carismático de Philippe Kahn, por ejemplo, fue un activo durante los años de rápido crecimiento de la compañía de software-base de datos Borland International. Pero el director general se volvió un pasivo a medida que la compañía maduraba. Su estilo dictatorial, arrogancia e imprudencia al tomar decisiones puso el futuro de la compañía en riesgo.[68]

El liderazgo transaccional *versus* el transformacional

La corriente final de investigación que tocaremos es de interés reciente para diferenciar a los líderes transformacionales de los transaccionales.[69] Como usted verá, debido a que los líderes transformacionales también son carismáticos, hay un traslape entre este tema y nuestro análisis anterior sobre el liderazgo carismático.

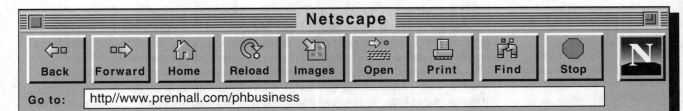

El CO en las noticias

Herb Kelleher: el carismático líder de Southwest Airlines

Southwest Airlines ha crecido de 198 empleados en 1971 a 13,000 empleados y más de 2 mil millones de dólares en ganancias. Ha sido productiva durante 23 años consecutivos y tiene el menor costo por pasajero-milla que cualquier otra aerolínea grande. Una gran parte del éxito de Southwest pertenece a su director, presidente ejecutivo y fundador, Herb Kelleher (él pide a todo mundo que lo llame Herb).

No confunda a Herb Kelleher con cualquiera de esos ejecutivos serios que dirigen American, Delta y otras aerolíneas grandes. ¡No, él es único en su clase! Él es el alborotador, el bromista y el animador de la compañía, todo en uno. Déle la oportunidad y él departirá con los empleados a tempranas horas de la mañana, se vestirá como Elvis o el conejo de pascua o encabezará a los empleados en los momentos de alegría de la compañía. Su estilo no ortodoxo, unido a su compromiso incondicional hacia sus empleados, ha creado un "sentimiento de familia" entre la fuerza laboral de Southwest que se traduce en empleados que están dispuestos a contribuir en lo que sea necesario, para caminar —o volar— la milla extra. Los pilotos a veces ayudan en la puerta de salida si las cosas están lentas; los vendedores de boletos cargan voluntariamente el equipaje si esto ayuda a poner más rápido en el aire los aviones. Y Herb lucha por mantener la misma atmósfera familiar que tenía la compañía cuando él conocía a cada empleado por su primer nombre. Las paredes de las oficinas generales están llenas de fotos de la compañía y de los empleados, así como de objetos históricos valiosos para la empresa. "Si usted está enfermo, pierde a un pariente, se casa o tiene un bebé, usted sabrá de nosotros", dice Herb. Southwest también tiene fiestas de Navidad en diferentes fechas en sus cuatro mayores emplazamientos para que así los empleados de cada ciudad puedan platicar con los ejecutivos corporativos.

El estilo "me importa" de Herb consistentemente gana puntos con los empleados. Como señala un ejecutivo de Northwest Airlines: "De alguna manera Herb se las ha arreglado para unir a la gente e identificarse personalmente con su compañía." El siguiente incidente capta el estilo único de Kelleher en las relaciones laborales. Un analista de Wall Street comenta sobre un día en que almorzaba en la cafetería de la empresa. Kelleher, sentado a la mesa al otro lado del salón con varias empleadas, de repente se puso de pie, besó a una de las mujeres con gusto y encabezó a toda la multitud en una serie de hurras. Cuando el analista preguntó qué estaba pasando, uno de los ejecutivos de su mesa explicó que Kelleher había negociado en ese momento un nuevo contrato con las aeromozas de Southwest.

Basado en Labich, K. "Is Herb Kelleher American Best CEO?", *Fortune*, 2 de mayo de 1994, pp. 44-52; y M. A. Verespej, "Flying His Own Course", *Industry Week*, 20 de noviembre de 1995, pp. 22-24.

¡Conéctese a la red!

Lo invitamos a que visite la página de Robbins en el sitio de Prentice Hall en la Web:

http://www.prenhall.com/robbinsorgbeh

para el ejercicio de la World Wide Web de este capítulo.

líderes transaccionales
Individuos que guían o motivan a sus seguidores en la dirección de las metas establecidas aclarando los papeles y los requerimientos de la tarea.

líderes transformacionales
Individuos que proporcionan consideración individualizada y estimulación intelectual, y además poseen carisma.

La mayoría de las teorías del liderazgo presentadas en este capítulo —por ejemplo, los estudios de la Universidad Estatal de Ohio, el modelo de Fiedler, la teoría del camino a la meta y el modelo de la participación del líder— se refieren a los **líderes transaccionales.** Esta clase de líder guía o motiva a sus seguidores en la dirección de las metas establecidas al aclarar los papeles y los requerimientos de la tarea. También hay otro tipo de líder que inspira a sus seguidores a trascender sus propios intereses por el bien de la organización, quien es capaz de tener un profundo y extraordinario efecto en sus seguidores. Éstos son **líderes transformacionales** como Leslie Wexner, de la cadena al menudeo The Limited y Jack Welch, de General Electric. Ellos ponen atención a los intereses y necesidades de desarrollo de sus seguidores: cambian la conciencia de los seguidores sobre los temas ayudándolos a ver los viejos problemas de nuevas formas; y son capaces de emocionar, despertar e inspirar a los seguidores para poner un esfuerzo extra para lograr las metas del grupo. La ilustración 10-11 identifica y define brevemente las cuatro características que distinguen a este tipo de líderes.

El liderazgo transaccional y el transformacional no deberían, sin embargo, ser vistos como métodos opuestos para lograr que se hagan las cosas.[70] El liderazgo transformacional se desarrolla *por encima* del liderazgo transaccional: produce niveles de esfuerzo y desempeño subordinados que van más allá de lo que ocurriría con un enfoque transaccional solamente. Por otra parte, el liderazgo transformacional es más que carisma. "El [líder] puramente carismático podría querer que los seguidores adoptaran la visión del mundo carismático y no ir más allá; el líder transformacional tratará de mezclar en los seguidores la capacidad de cuestionar no sólo los puntos de vista ya establecidos sino de vez en cuando aquellos establecidos por el líder."[71]

La evidencia que sustenta la superioridad del liderazgo transformacional sobre la variedad transaccional es abrumadoramente impresionante. Por ejemplo, numerosos estudios con oficiales estadounidenses, canadienses y alemanes mostraron, en todo nivel, que los líderes transformacionales fueron evaluados como más eficaces que sus contrapartes transaccionales.[72] Y los gerentes de Federal Express quienes se-

Ilustración 10-11 Características de los líderes transaccionales y transformacionales

Líder transaccional

Recompensa contingente. Contrata el intercambio de esfuerzo por recompensas, promete recompensas por el buen desempeño, reconoce los logros.
Gerencia por excepción (activo). Observa y busca las desviaciones de las reglas y los estándares, realiza acciones correctivas.
Gerencia por excepción (pasiva). Interviene solamente si no se cumplen los estándares.
Laissez-Faire: Renuncia a las responsabilidades, evita tomar decisiones.

Líder transformacional

Carisma. Proporciona visión y sentido de la misión, involucra el orgullo, obtiene respeto y confianza.
Inspiración. Comunica altas expectativas, utiliza símbolos para enfocar los esfuerzos, expresa propósitos importantes de manera simple.
Estimulación intelectual. Promueve la inteligencia, la racionalidad y la cuidadosa solución de problemas.
Consideración individualizada. Proporciona atención personalizada, trata a cada empleado individualmente, instruye, aconseja.

Fuente: B. M. Bass, "From Transactional to Transformational Leadership: Learning to Share the Vision", *Organizational Dynamics*, invierno de 1990, p. 22. Reimpreso con permiso del editor. American Management Association, Nueva York. Todos los derechos reservados.

gún sus seguidores, exhibían más liderazgo transformacional fueron evaluados por sus supervisores inmediatos como altos realizadores y con mayores posibilidades de ascenso.[73] En resumen, la evidencia total indica que el liderazgo transformacional está más fuertemente correlacionado con tasas menores de rotación, alta productividad y más alta satisfacción del empleado que el liderazgo transaccional.[74]

Liderazgo visionario

El término *visión* fue recurrente a lo largo de nuestro análisis del liderazgo carismático, pero el liderazgo visionario va más allá del carisma. En esta sección, revisaremos recientes revelaciones acerca de la importancia del liderazgo visionario.

El **liderazgo visionario** se sustenta en la capacidad de crear y articular una visión realista, creíble y atractiva del futuro para una organización o unidad organizacional que traspone las fronteras del presente y lo mejora.[75] Esta visión, si es adecuadamente seleccionada y puesta en práctica, posee tanta energía que "en efecto enciende el futuro al poner en juego las habilidades, talentos y recursos para que ocurra".[76]

Una revisión de varias definiciones encuentra que una visión difiere de otras formas de dirección de diferentes maneras: "Una visión contiene imágenes claras y precisas que ofrecen una forma innovadora de mejorar, que reconoce y toma como base las tradiciones y se conecta con las acciones que la gente puede realizar para llevar a cabo el cambio. La visión llega hasta las emociones y la energía de la gente. Articulada de manera apropiada, una visión crea el entusiasmo que la gente tiene para los eventos deportivos y otras actividades de recreación, trayendo la energía y el compromiso al lugar de trabajo."[77]

La defensa en favor del liderazgo visionario ha sido realizada por muchos escritores. Por ejemplo: "La organización del siglo XXI demanda virtualmente el liderazgo visionario. No puede funcionar sin él, pues una organización dominada por el cambio tecnológico acelerado, con un personal diverso, una mezcla multicultural de los trabajadores altamente inteligentes, que enfrenta la complejidad global, un vasto caleidoscopio de necesidades de clientes individuales y las incesantes demandas de múltiples constituyentes, simplemente se autodestruiría si no contara con un sentido común de la dirección."[78] Otro escritor sostiene que la visión es "el pegamento que une a los individuos en un grupo con una meta común... cuando es compartida por los empleados, puede mantener a una compañía completa moviéndose hacia adelante de cara a las dificultades, capacitando e inspirando a líderes y empleados por igual".[79]

Una encuesta de 1,500 líderes veteranos, 870 de ellos directores generales de 20 diferentes países, dan fe adicionalmente de la importancia creciente del liderazgo visionario.[80] Se pidió a estos líderes que describieran las características clave o los talentos deseables para un director general del año 2000. La característica dominante más frecuentemente mencionada fue que el director debía transmitir un "fuerte sentido de la visión". En total, 98% de ellos calificaron esta característica como "la más importante". Otro estudio contrastó 18 compañías visionarias con 18 compañías comparables no visionarias durante un periodo de 65 años.[81] Se encontró que las compañías visionarias habían sobrepasado al grupo comparado seis veces de acuerdo con los criterios financieros estándar y sus acciones sobrepasaron el mercado general 15 veces.

Las propiedades clave de una visión parecen ser posibilidades inspiradoras que están centradas en el valor, son realizables y poseen imágenes y articulación superiores.[82] Las visiones deben ser capaces de crear posibilidades que sean inspiradoras, únicas y que ofrezcan un nuevo orden que pueda producir un distintivo organizacional. Una visión puede fracasar si no ofrece una visión perspectiva del futuro que sea clara y demostrablemente mejor para la organización y sus miembros. Las visiones deseables ajustan los tiempos con las circunstancias y reflejan la singularidad de

liderazgo visionario
La capacidad de crear y articular una visión realista, creíble y atractiva del futuro para una organización o unidad organizacional que traspone las fronteras del presente y lo mejora.

la organización. La gente en la organización también debe creer que la visión se puede lograr. La visión debe ser percibida como desafiante y sin embargo posible. Las
visiones que tienen una clara articulación e imágenes poderosas son más fácilmente abrazadas y aceptadas.

¿Cómo son las visiones? Por lo general es más fácil hablar de ellas que realmente crearlas, pero aquí hay algunos ejemplos: "Ser la única fuente proveedora de
software para la industria de servicios financieros." "Ser la compañía líder de capital afroamericano en relaciones promocionales y públicas en Estados Unidos." "Ser
el productor con mayor respuesta para el cliente en acondicionamiento de interio-
res para automóviles en Norteamérica."[83] Aquí hay algunos ejemplos adicionales
específicos a las organizaciones.[84] Walt Disney reinventó él sólo la idea de un parque de diversiones cuando describió su visión de Disneylandia a principios de la
década de los cincuenta. Rupert Murdoch fue una de las primeras personas en ver el
futuro de la industria de la comunicación al combinar el entretenimiento con los
medios de difusión. A través de su corporación de noticias, Murdoch ha integrado
exitosamente una red de transmisión, estaciones de televisión, estudios de cine, publicidad y distribución global por satélite. La visión de Mary Kay Ash de mujeres
empresarias que venden productos para mejorar su propia imagen dio gran impulso a su compañía de cosméticos. El director general de Scandinavian Airlines, Jan
Carlzon, utilizó la noción de "50,000 momentos diarios de la verdad" para mostrar
el énfasis que se daba al servicio al cliente. Carlzon quería que todo empleado se ase-
gurara de que cada "momento de la verdad" —aquellos cuando los clientes están en
contacto con los empleados— fuera una experiencia positiva para los clientes de SAS.
H. Wayne Huizenga, quien empezó recolectando basura con un camión viejo des-
tartalado, vio el potencial que había en los desechos y creó Waste Management (ahora
WMX). Luego Huizenga compró una pequeña cadena de tiendas de video de Dallas,
vio que el futuro estaba en las grandes tiendas y transformó la pequeña cadena en
Blockbuster Video (ahora parte de Viacom). Steve Jobs creó una visión para Apple
Computer, la cual dio energía a los empleados en torno a la idea de construir no sólo computadoras, sino cambiar drásticamente el mundo. Actualmente Charles Schwab
está tratando de redefinir los servicios financieros combinando precios de descuento con amplias ofertas.

¿Qué habilidades muestran los líderes visionarios? Una vez que la visión es
identificada, estos líderes parecen tener tres cualidades que están relacionadas con la
eficacia en sus papeles de visionarios.[85]

La primera es la capacidad para explicar la visión a los otros. El líder necesita
poner en claro la visión en términos de las acciones y objetivos requeridos mediante una clara comunicación oral y escrita. La mejor visión probablemente será poco
eficaz si el líder no es un fuerte comunicador. Ronald Reagan —llamado "el gran comunicador"— utilizó sus años de experiencia en la actuación para ayudarse a articular
una simple visión de su presidencia: un regreso a tiempos más felices y más próspe-
ros a través de menos gobierno, menos impuestos y un ejército más fuerte.

La segunda habilidad necesaria consiste en ser capaz de expresar la visión no
sólo verbalmente sino a través del comportamiento del líder. Esto requiere comportarse en formas que continuamente transmitan y refuercen la visión. Herb Kelleher, de
Southwest Airlines, vive y respira su compromiso de servicio al cliente. Es famoso
dentro de la compañía por auxiliar, cuando es necesario, al ingreso de los pasajeros,
cargar el equipaje, sustituir a las azafatas o hacer cualquier otra cosa para que la
experiencia del cliente sea más placentera.

La tercera habilidad es ser capaz de extender la visión a diferentes contextos de
liderazgo. Ésta es la capacidad de secuenciar las actividades para que la visión pueda
ser aplicada en una variedad de situaciones. Por ejemplo, la visión tiene que ser tan

Herb Kelleher, ejecutivo en jefe de Southwest Airlines, posee las tres cualidades que hacen eficaz a un líder visionario. Primero, como un fuerte comunicador, él articula su visión dando a los clientes un servicio excelente incitando a los empleados a que ayuden siempre y en cualquier lugar que se les necesite. Segundo, como se muestra aquí, él refuerza su visión al cooperar en la ayuda. Y tercero, él es capaz de extender su visión a todos los empleados, ya sea que se trate de un piloto, una azafata, un maletero o un vendedor de boletos.

significativa para la gente de contabilidad como para aquellos de mercadotecnia, y tanto para los empleados de Praga como para los de Pittsburgh.

Temas contemporáneos sobre liderazgo

¿Las mujeres y los hombres utilizan estilos diferentes de liderazgo? Si es así, ¿es un estilo inherentemente superior al otro? ¿Qué demandas particulares hacen los equipos a los líderes? ¿De qué manera está afectando la actual popularidad de *facultar* a la forma en que los gerentes dirigen? Puesto que los líderes no son líderes a menos que tengan seguidores, ¿qué pueden hacer los gerentes para hacer que los empleados sean seguidores más eficaces? ¿Cómo afecta la cultura nacional a la elección del estilo de liderazgo? ¿Hay una base biológica del liderazgo? ¿Hay una dimensión moral del liderazgo?

En esta sección, atenderemos brevemente estos siete temas de actualidad sobre liderazgo.

Sexo: ¿dirigen los hombres y las mujeres de forma diferente?

Una extensa revisión de la bibliografía sugiere dos conclusiones en relación con el sexo y el liderazgo.[86] Primero, las similitudes entre los hombres y las mujeres tienden a ser más que las diferencias. Segundo, las diferencias parecen ser que las mujeres prefieren un estilo de liderazgo más democrático, mientras los hombres se sienten más a gusto con un estilo directivo.

Las similitudes entre los líderes hombres y mujeres no deberían resultar sorprendentes. Casi todos los estudios que versan sobre este tema han considerado los puestos gerenciales como sinónimo del liderazgo. Así, las diferencias obvias de sexo entre la población en general tienden a no ser evidentes debido a la elección individual de la carrera y a la selección de las organizaciones. Así como las personas que escogieron carreras en la ejecución de la ley o en la ingeniería civil tienen mucho en común, los individuos que escogen carreras gerenciales también tienden a tener características comunes. Las personas con características asociadas con el liderazgo —como inteligencia, seguridad y sociabilidad— tienen más probabilidades de ser consideradas como líderes y alentadas a seguir carreras donde puedan ejercer el liderazgo. Esto es verdad a pesar de su sexo. De igual manera, las organizaciones tienden a reclutar y promover personas dentro de posiciones de liderazgo que proyecten atributos de liderazgo. El resultado es que, a pesar de su sexo, aquellos que logran posiciones de liderazgo formal en las organizaciones tienden a ser más parecidos que diferentes.

A pesar de la conclusión previa, los estudios indican algunas diferencias en los estilos inherentes de liderazgo entre las mujeres y los hombres. Las mujeres tienden a adoptar un estilo de liderazgo más democrático. Alientan la participación, comparten el poder y la información y tratan de incrementar el valor propio de sus seguidores. Prefieren dirigir mediante la inclusión y apoyarse en su carisma, experiencia, contactos y habilidades interpersonales para influir en los demás. Por otro lado, es más probable que los hombres usen un estilo directivo de órdenes y control. Confían en la autoridad formal de su posición para su base de influencia. Sin embargo, en concordancia con nuestra primera conclusión, estos hallazgos, necesitan ser calificados. La tendencia de los líderes femeninos a ser más democráticos que los masculinos disminuye cuando las mujeres están en puestos dominados por los hombres. Aparentemente, las normas de grupo y los estereotipos masculinos de los líderes prevalecen sobre las preferencias personales, de modo que la mujer abandona su estilo femenino en tales puestos y actúa de manera más autocrática.

Dado que históricamente los hombres han tenido la gran mayoría de posiciones de liderazgo en las organizaciones, resulta tentador suponer que la existencia de las diferencias mencionadas entre hombres y mujeres funcionaría automáticamente en favor de los hombres. No es así. En las organizaciones de hoy en día, la flexibilidad, el trabajo de equipo, la confianza y el compartir la información está reemplazando las estructuras rígidas, el individualismo competitivo, el control y el secreto. Los mejores gerentes escuchan, motivan y proporcionan apoyo a su gente. Y muchas mujeres parecen hacer esas cosas mejor que los hombres. Como un ejemplo específico, el uso extendido de los equipos interfuncionales en las organizaciones significa que los gerentes eficaces deben volverse diestros negociadores. Los estilos de liderazgo que por lo general usan las mujeres las hacen mejores negociadoras, pues resulta menos probable que enfoquen su atención en las ganancias, las pérdidas y la competencia, como hacen los hombres. Tienden a tratar las negociaciones en el contexto de una relación continua: ponen un gran esfuerzo tratando de que la otra parte sea un ganador a sus propios ojos y a los de los demás.

Proporcionar el liderazgo al equipo

El liderazgo está ocupando un lugar cada vez más importante dentro del contexto del equipo. A medida que los equipos crecen en popularidad, el papel del líder al guiar a los miembros del equipo adquiere una mayor importancia.[87] Y el papel del líder de equipo es diferente del papel tradicional de liderazgo realizado por supervisores de primera línea. J. D. Bryant, un supervisor de la planta de Texas Instruments en Forest Lane, Dallas, se dio cuenta de ello.[88] Un día se encontraba supervisando felizmente un personal de 15 ensambladores de circuitos integrados. El siguiente día se le informó que la compañía estaba incorporando el sistema de los equipos y que él se volvería un "facilitador". "Se supone que debo enseñar a los equipos todo lo que sé y luego debo permitirles tomar sus propias decisiones", dijo. Confundido acerca de su nuevo papel, admitió: "No había ningún plan claro sobre lo que se suponía que debía hacer." En esta sección, consideramos el reto de ser un líder de equipo, revisamos los nuevos papeles que asumen los líderes de equipo y ofrecemos algunos consejos de cómo incrementar la probabilidad de que usted se desarrolle eficazmente en este puesto.

A muchos líderes no se les prepara para manejar el cambio hacia los equipos. Como un prominente consultor señaló: "Aun el más capaz de los gerentes tiene pro blemas al hacer la transición debido a que todas las cosas tipo órdenes y control que se les estimuló a hacer antes, ahora ya no son apropiadas. No hay razón para tener alguna habilidad o sentido de esto."[89] Este mismo consultor estimó que "probablemente 15% de los gerentes son líderes naturales de equipo; otro 15% podría nunca dirigir a un equipo porque va contra su personalidad. [Son incapaces de sacrificar su estilo dominante por el bien del equipo.] Después viene ese enorme grupo que está a la mitad: el liderazgo no les es natural, pero pueden aprenderlo".[90]

Entonces el reto para la mayoría de los gerentes es aprender cómo volverse líderes eficaces de equipo. Tienen que aprender habilidades como la paciencia para compartir información, confiar en los demás, delegar autoridad y saber cuándo intervenir. Los líderes eficaces han dominado el difícil acto de equilibrio de saber cuándo dejar solos a sus equipos y cuándo intervenir. Los nuevos líderes de equipo podrían tratar de retener demasiado control en un momento en que los miembros del equipo necesitan mas autonomía, o bien podrían abandonar a sus equipos en momentos en que los equipos necesitarían más apoyo y ayuda.[91]

Un estudio reciente de 20 empresas que se habían reorganizado a sí mismas en torno a equipos encontró ciertas responsabilidades comunes que los líderes tenían que asumir. Éstas incluían la instrucción, la facilitación, el manejo de problemas de disciplina, la revisión del desempeño de equipo/individual, el entrenamiento y la comunicación.[92] Muchas de estas responsabilidades se aplican a los gerentes en general. Una manera más significativa de describir el trabajo de los líderes de equipo es concentrarse en dos prioridades: manejar las fronteras externas del equipo y facilitar el proceso de equipo.[93] Hemos dividido estas prioridades en cuatro papeles específicos.

Primero, los líderes de equipo son un *medio de comunicación con los constituyentes externos*. Esto incluye a la alta dirección, otros equipos internos, clientes y proveedores. El líder representa al equipo ante otros constituyentes, asegura los recursos necesarios, pone en claro las expectativas que tienen los demás respecto al equipo, reúne información del exterior y comparte ésta con los miembros del equipo.

Segundo, los líderes del equipo son *solucionadores de problemas*. Cuando los equipos enfrentan problemas y solicitan ayuda, los líderes organizan reuniones y tratan de ayudar a resolverlos. Esto raramente se relaciona con temas técnicos o de operación, ya que típicamente los miembros del equipo saben más acerca de las tareas a realizarse que el líder del equipo. La manera como el líder puede contribuir más es haciendo preguntas penetrantes, ayudando al equipo a hablar sobre los problemas y consiguiendo los recursos necesarios de los constituyentes externos. Por ejemplo, cuando un equipo de una compañía aerospacial experimentó la falta de mano de obra, su líder asumió la responsabilidad de conseguir más personal. Presentó el caso del equipo ante la alta dirección y consiguió la aprobación por medio del departamento de recursos humanos de la compañía.

Tercero, los líderes de equipo son *administradores de conflictos*. Cuando surgen desacuerdos, ellos ayudan a procesar el conflicto. ¿Cuál es la fuente del conflicto? ¿Quién está involucrado? ¿Cuáles son los puntos? ¿Qué soluciones están disponibles? ¿Cuáles son las ventajas y desventajas de cada una? Al hacer que los miembros del equipo enfrenten preguntas como éstas, el líder minimiza los aspectos problemáticos de los conflictos internos del equipo.

Finalmente, los líderes de equipo son *instructores*. Ponen en claro las expectativas y los papeles, enseñan, ofrecen apoyo, alientan y hacen lo que sea necesario para ayudar a los miembros del equipo a mejorar su desempeño en el trabajo.

Dirigir a través de la facultación

Durante la década pasada se ha ido desarrollando una tendencia importante que tiene implicaciones inmensas para el liderazgo. Esta tendencia consiste en que los gerentes adopten la **facultación.** De manera más específica, a los gerentes se les ha

facultación
Poner a los empleados a cargo de lo que hacen.

De los conceptos a las habilidades

Instrucción

Los líderes eficaces son descritos cada vez más como *instructores* que como *jefes*. Se espera que proporcionen instrucción, guía, asesoría y aliento para ayudar a los empleados a mejorar su desempeño en el trabajo. Si un gerente quiere transformarse en un instructor, ¿qué necesita hacer? Más específicamente, ¿qué acciones caracterizan la instrucción eficaz?

Hay tres habilidades generales que los gerentes deben mostrar si van a ayudar a sus empleados a generar adelantos en el desempeño.[94] A continuación se ofrece una revisión de estas habilidades generales y los comportamientos específicos asociados con cada una de ellas.

1. *Capacidad de analizar formas para mejorar el desempeño y las capacidades de un empleado.* Un instructor busca la oportunidad de que un empleado expanda sus capacidades y mejore su desempeño.
   a. Observe el comportamiento cotidiano del empleado.
   b. Haga preguntas al empleado: ¿por qué hace la tarea de esta manera? ¿Puede mejorarse esta forma? ¿Qué otros enfoques podrían utilizarse?
   c. Muestre un interés genuino en la persona como un individuo, no simplemente como un empleado. Respete su individualidad. Más importante que cualquier experiencia técnica que usted pudiera proporcionar acerca de mejorar el desempeño en un trabajo es el conocimiento que usted tiene sobre la singularidad del empleado.
   d. Escuche al empleado. Usted no puede entender el mundo desde la perspectiva de un empleado a menos que lo escuche.

2. *Capacidad de crear un clima de apoyo.* Es responsabilidad del instructor reducir las barreras para el desarrollo y facilitar un clima que aliente la mejora del desempeño.
   a. Genere un clima que contribuya a un intercambio libre y abierto de ideas.
   b. Ofrezca ayuda y asistencia. Dé guía y consejo cuando se le pida.
   c. Aliente a sus empleados. Sea positivo y optimista. No use amenazas.
   d. Enfóquese en los errores como oportunidades de aprendizaje. El cambio implica riesgo y los empleados no deben sentir que los errores serán castigados. Cuando ocurra una falla, pregunte: "¿Qué aprendimos que pueda ayudarnos en el futuro?"
   e. Reduzca los obstáculos. ¿Qué factores controla usted que, si fueran eliminados, ayudarían al empleado a mejorar su desempeño en el trabajo?

   f. Exprese al empleado el valor de su contribución a las metas de la unidad.
   g. Asuma una responsabilidad personal por el resultado, pero no arrebate a los empleados toda su responsabilidad. Valide los esfuerzos de los empleados cuando tengan éxito y señale los errores cuando fracasen. Nunca culpe a los empleados de resultados pobres.

3. *Capacidad de influir en los empleados para cambiar su comportamiento.* El último examen de la eficacia de la instrucción es confirmar si el desempeño del empleado mejora o no. Sin embargo, esto no es un concepto estático. Estamos interesados en el crecimiento y en el desempeño.
   a. Aliente el mejoramiento continuo. Reconozca y recompense las pequeñas mejoras y de acuerdo con la Administración de la Calidad Total (ACT), considere la instrucción como una ayuda para que los empleados trabajen continuamente en favor de hacer mejor las cosas. No hay límites superiores absolutos para el desempeño en el trabajo por parte del empleado.
   b. Utilice un estilo de colaboración. Los empleados se mostrarán más dispuestos a aceptar el cambio si participan

(continúa)

en la identificación y la elección de las ideas de mejoramiento.

c. Divida las tareas difíciles en tareas más simples. Al dividir los trabajos más complejos en una serie de tareas de dificultad cada vez mayor, los empleados desalentados

tienen más probabilidades de experimentar el éxito. Lograr el éxito en tareas simples los impulsa a asumir tareas más difíciles.

d. Modele las cualidades que espera de sus empleados. Si usted quiere apertura,

dedicación, compromiso y responsabilidad de parte de ellos, debe mostrar esa cualidades usted mismo. Sus empleados lo verán como un papel modelo, así que asegúrese de que sus acciones sean un reflejo de sus palabras.

señalado que los líderes eficaces comparten el poder y la responsabilidad con sus empleados.[95] El papel de facultar que tiene el líder consiste en mostrar confianza, proporcionar una visión, remover barreras que bloqueen el desempeño, ofrecer aliento, motivar e instruir a los empleados. La lista de compañías que han saltado a la "carreta de la facultación" incluye corporaciones mundiales tan famosas como General Electric, Intel, Ford, Saturn, Scandinavian Airline Systems, Harley-Davidson, Goodyear y Conrail. Muchas han introducido la facultación como parte de sus esfuerzos corporativos para poner en práctica la Administración de la Calidad Total.[96]

¿Le parece un poco extraño esta adopción del liderazgo compartido, dada la atención que se ha otorgado a los métodos de contingencia para el liderazgo? Si no es así, debería extrañarle. ¿Por qué? Debido a que los defensores de la facultación están apoyando esencialmente un método no contingente del liderazgo. El liderazgo directivo, autoritario y orientado a la tarea, quedó fuera y la facultación está adentro.

El problema con el actual movimiento de la facultación es que se ignora la medida en la cual el liderazgo puede ser compartido y las condiciones que facilitan el éxito del liderazgo compartido. Debido a factores como el adelgazamiento, mayores habilidades del empleado, el compromiso de las organizaciones con el entrenamiento continuo, la puesta en práctica de programas de ACT y a la introducción de equipos autodirigidos, parece no haber ninguna duda de que un número cada vez mayor de situaciones exige un enfoque que incluya cada vez más facultación hacia el liderazgo. ¡Pero no son *todas* las situaciones! La aceptación generalizada de la facultación, o de *cualquier* método universal hacia el liderazgo, es incompatible con la mejor y más actual evidencia que tenemos sobre el tema.[97]

> ◆ El problema con el actual movimiento de la facultación es que se ignora la medida en la cual el liderazgo puede ser compartido y las condiciones que facilitan el éxito del liderazgo compartido.

¿Qué hay acerca de los seguidores?

Alguna vez se le preguntó a alguien qué se requería para ser un gran líder, y respondió: ¡grandes seguidores! Si bien esta respuesta pudo haber parecido sarcástica, tiene algo de verdad. Es bien sabido, desde hace algún tiempo, que muchos gerentes no podrían meter un caballo al agua. Pero, de igual manera, muchos subordinados no pueden seguir el desfile.

Sólo hasta hace poco hemos empezado a reconocer que, además de contar con líderes que puedan dirigir, las organizaciones exitosas necesitan seguidores que los puedan seguir.[98] De hecho, es probablemente justo decir que todas las organizaciones tienen muchos más seguidores que líderes, así que los seguidores ineficaces podrían ser más una desventaja para una organización que los líderes ineficaces.

Ilustración 10-12

¿Qué cualidades tienen los seguidores eficaces? Un escritor se enfoca en cuatro de ellas.[99]

1. *Se administran bien a sí mismos.* Son capaces de pensar por sí mismos. Pueden trabajar independientemente y sin una supervisión estrecha.

2. *Están comprometidos con un propósito externo a ellos.* Los seguidores eficaces están comprometidos con algo —una causa, un producto, un equipo de trabajo, una organización, una idea— además del cuidado de sus propias vidas. A la mayoría de las personas le gusta trabajar con colegas que están tanto emocional como físicamente comprometidos con su trabajo.

3. *Crean su competencia y enfocan sus esfuerzos para conseguir un máximo de impacto.* Los seguidores eficaces dominan las habilidades que serán útiles para sus organizaciones y mantienen estándares más altos de desempeño que los que requiere su trabajo o su grupo de trabajo.

4. *Son valientes, honestos y dignos de crédito.* Los seguidores eficaces se establecen como pensadores independientes y críticos en cuyo conocimiento y juicio puede confiarse. Mantienen estándares éticos altos, dan crédito a todo lo que merezca y no temen aceptar sus propios errores.

La cultura nacional como una variable de contingencia agregada

Una conclusión general que emerge de nuestro análisis del liderazgo es que los líderes eficaces no usan ningún estilo único. Ajustan su estilo a la situación. Si bien no se menciona de manera explícita en ninguna de las teorías que presentamos, ciertamente la cultura nacional es un factor situacional importante para determinar cuál estilo de liderazgo será más eficaz.[100] Nosotros proponemos que se considere como una variable de contingencia más. Puede ayudar a explicar, por ejemplo, por qué los ejecutivos de la altamente exitosa tienda departamental Asia Department Store en China Central presumen tan ruidosamente acerca de practicar la gerencia "insensible": exigen que los nuevos empleados pasen de dos a cuatro semanas de entrenamiento militar con unidades del Ejército de Liberación Popular a fin de incrementar su obediencia y conducen sesiones de entrenamiento dentro de las instalaciones de la tienda en un lugar público donde los empleados pueden llegar a sufrir abiertamente la vergüenza por sus errores.[101]

La cultura nacional afecta el estilo de liderazgo a causa de los subordinados. Los líderes no pueden escoger sus estilos a voluntad. Están restringidos por las condiciones culturales que sus subordinados han llegado a esperar. Por ejemplo, un estilo manipulador o autocrático es compatible con una distancia grande de poder, y encontramos situaciones de distancia grande de poder en Arabia, el Lejano Oriente y países latinoamericanos. Las escalas de la distancia de poder deberían ser también buenos indicadores de la voluntad del empleado a aceptar un liderazgo participativo. La participación puede ser más eficaz en culturas de distancia corta de poder como las que existen en Noruega, Finlandia, Dinamarca y Suecia. No es incidental que esto pueda explicar (a) por qué varias teorías del liderazgo (las más obvias son los estudios del comportamiento de la Universidad de Michigan y el modelo de la participación del líder) favorecen implícitamente el uso de un estilo participativo u orientado a la gente; (b) el surgimiento de un comportamiento del líder orientado al desarrollo encontrado por los investigadores escandinavos; y (c) el reciente entusiasmo en Estados Unidos con la facultación. Recuerde que la mayoría de las teorías del liderazgo fueron desarrolladas por estadounidenses, usando sujetos de su mismo país; y Estados Unidos, Canadá, y los países escandinavos todos calificaron por debajo del promedio en distancia de poder.

¿Hay una base biológica para el liderazgo?

¿Es posible que el comportamiento del líder yazga en las hormonas del cuerpo y en los neurotransmisores del cerebro? Mientras que esto podría llevar el estudio del liderazgo fuera del laboratorio del comportamiento y dentro del laboratorio de química, hay una evidencia cada vez mayor que indica que el liderazgo tiene raíces biológicas.[102]

Un creciente conjunto de investigaciones sugiere que los mejores líderes no son necesariamente los más listos, fuertes o más agresivos de un grupo, sino aquellos que son más eficientes para manejar las interacciones sociales. Ese descubrimiento no es particularmente sorprendente. Sin embargo, los investigadores han encontrado que los líderes eficaces poseen una mezcla bioquímica única de hormonas y una química cerebral que los ayuda a generar alianzas sociales y a enfrentar la tensión.

> ◆ Hay una evidencia cada vez mayor que indica que el liderazgo tiene raíces biológicas.

Dos sustancias químicas —serotonina y testosterona— han recibido la mayor atención. Niveles mayores de la primera parecen mejorar la sociabilidad y el control de la agresión. Los altos niveles de la segunda sustancia incrementan el impulso de competir.

Estudios realizados con monos demostraron que (1) los monos dominantes —los líderes (ya sean macho o hembra)— tienen un mayor nivel de serotonina que los subordinados; y (2) cuando el líder es removido del grupo, el nuevo líder que toma el cargo muestra un marcado incremento en los niveles de serotonina. Los investigadores creen que los niveles altos de serotonina promueven el liderazgo al controlar los impulsos agresivos y antisociales, así como también al reducir la reacción exagerada a tensiones menores o irrelevantes. La razón de ello, sin embargo, no es clara: altos niveles de serotonina podrían estimular el liderazgo y/o el liderazgo podría dar como resultado un incremento en la serotonina.

La testosterona también parece jugar un papel importante en el liderazgo. Los estudios con mandriles muestran que los líderes experimentan un incremento repentino en los niveles de testosterona cuando surgen amenazas legítimas. En los subordinados, el nivel de testosterona se reduce durante las crisis.

Pero... ¡basta de monos! ¿Qué hay acerca de los humanos? Un estudio realizado en la fraternidad de una universidad encontró que los varones en las posiciones más altas de liderazgo tenían un alto nivel de serotonina. Los investigadores también encontraron que los niveles de testosterona se incrementan en jugadores de tenis antes de los encuentros. Los altos niveles parecen hacer a los jugadores más asertivos y motivarlos más a ganar. Se ha encontrado que la testosterona también se incrementa *después* de lograr incrementos en el estatus, tales como ganar un ascenso u obtener un título y las mujeres en trabajos profesionales tienen mayores niveles de esta hormona.

El paso del laboratorio al lugar de trabajo no está tan lejos como usted pudiera pensar. Por ejemplo, el antidepresivo altamente popular Prozac (sus ventas exceden ahora los $2 mil millones al año y su fabricante estima que más de 21 millones de personas en el mundo lo han utilizado) pertenece a la nueva clase de drogas llamadas inhibidores de reingestión de serotoninas. Se dirige hacia un neurotransmisor, la serotonina, levantando el ánimo y disminuyendo la ansiedad al mantener la provisión del químico disponible en el cerebro para que las células nerviosas lo usen y reutilicen. El Prozac incrementa la serotonina y mejora la sociabilidad de sus usuarios. Además, parches —similares a aquellos utilizados por la gente que trata de dejar de fumar— están ahora disponibles para ayudarles a incrementar los niveles de testosterona. Aunque ciertamente no estamos sugiriendo que los individuos deban recurrir a las píldoras o parches como un medio para incrementar sus oportunidades de liderazgo, las posibilidades son, sin embargo, un pensamiento provocador.

¿Hay una dimensión moral para el liderazgo?

El tema del liderazgo y la ética ha recibido sorprendentemente poca atención. Sólo hasta fecha muy reciente los investigadores de la ética y el liderazgo han empezado a considerar las implicaciones éticas en el liderazgo.[103] ¿Por qué ahora? Una razón podría ser el interés general creciente en la ética en todo el campo de la gerencia. Otra razón podría ser el descubrimiento por parte de biógrafos inquisitivos de que muchos de nuestros líderes del pasado —tales como Martin Luther King, Jr., John F. Kennedy y Franklin D. Roosevelt— sufrían de deficiencias éticas. A pesar de todo, ningún análisis actual sobre el liderazgo está completo si no enfrenta su dimensión ética.

La ética toca el liderazgo en numerosos puntos. Los líderes transformacionales por ejemplo, han sido descritos por una autoridad como un estímulo a la virtud moral por tratar de cambiar las actitudes y comportamientos de los seguidores.[104] El carisma también tiene un componente ético. Los líderes no éticos probablemente usen su carisma para incrementar *su poder sobre* los seguidores, y lo dirijan hacia fines propios. Los líderes éticos se considera que usan su carisma de manera socialmente constructiva para *servir* a los demás.[105] Existe también el tema del abuso del poder por parte de los líderes, por ejemplo, cuando se otorgan a sí mismos grandes salarios y bonos mientras que, al mismo tiempo, buscan reducir los costos despidiendo a los empleados con más antigüedad. Y, por supuesto, el tema de la confianza tiene que ver de manera explícita con la honestidad y la integridad en el liderazgo.

La eficacia del liderazgo necesita dirigirse a los *medios* que un líder utiliza para tratar de lograr sus metas así como también al contender por las mismas. Jack Welch, de GE, por ejemplo, es descrito consistentemente como un líder altamente eficaz debido a que ha tenido éxito en lograr rendimientos para los accionistas. Pero Welch es también considerado ampliamente como uno de las gerentes más duros del mundo. Él aparece con regularidad en la lista de los ejecutivos más odiados y vituperados que cada año publica *Fortune*. De igual manera, el éxito de Bill Gates para conducir Microsoft hacia el dominio del negocio mundial de software ha sido logrado por medio de una cultura de trabajo extremadamente demandante. La cultura de Microsoft exige largas jornadas de trabajo a sus empleados y es intolerante con individuos que quieren equilibrar el trabajo y su vida personal.

Además, el liderazgo ético debe confrontar el contenido de las metas de un líder. ¿Los cambios que el líder busca para la organización son moralmente aceptables? ¿El líder de un negocio es eficaz si él o ella basa el éxito de la organización en la venta de productos que dañan la salud de los usuarios? Esta pregunta podría hacérsele a los ejecutivos del tabaco. ¿O es un líder militar exitoso por ganar una guerra que no debió haberse peleado en primer lugar?

El liderazgo no está libre de valores. Antes de juzgar la eficacia de cualquier líder, deberíamos considerar tanto los medios utilizados por éste para lograr sus metas como el contenido moral de dichas metas.

Resumen e implicaciones para los gerentes

El liderazgo juega una parte central en la comprensión del comportamiento de grupo, ya que es el líder quien usualmente proporciona la dirección hacia el logro de la meta. Por tanto, una capacidad predictiva más precisa debería ser valiosa para mejorar el desempeño del grupo.

En este capítulo describimos una transición en los enfoques para el estudio del liderazgo —desde la simple orientación de las características hasta modelos transaccionales cada vez más complejos y sofisticados, como la ruta y la participación del líder. Con el incremento en la complejidad también viene un incremento en nuestra capacidad para explicar y predecir el comportamiento.

Un importante avance en nuestro entendimiento del liderazgo llegó cuando reconocimos la necesidad de incluir factores situacionales. Los recientes esfuerzos han ido más allá del simple reconocimiento hacia intentos específicos por aislar esas variables situacionales. Podemos esperar que se hagan mayores progresos con los modelos del liderazgo, pero, ya en la década pasada, hemos dado grandes pasos —tan largos que ahora podemos hacer pronósticos moderadamente eficaces de quién puede dirigir mejor un grupo y explicar en qué condiciones un enfoque dado (como la orientación a la tarea o la orientación a la gente) puede conducir a un alto desempeño y satisfacción del empleado.

Además, el estudio del liderazgo se ha expandido para incluir métodos más heroicos y visionarios para el liderazgo. A medida que aprendamos más acerca de las características personales que los seguidores atribuyen a los líderes carismáticos y transformacionales, y acerca de las condiciones que facilitan su surgimiento, seremos más capaces de predecir cuándo los seguidores mostrarán un compromiso y lealtad extraordinarios hacia sus líderes y las metas de esos líderes.

Finalmente, dirigimos nuestra atención a varios temas contemporáneos del liderazgo. Aprendimos, por ejemplo, que los estilos de liderazgo de los hombres y mujeres tienden a ser más parecidos que diferentes, pero la propensión de la mujer a apoyarse en un liderazgo compartido está más en la línea con las necesidades organizacionales de la década de los noventa que el estilo directivo más preferido por los hombres. Se encontró que los líderes de equipos eficaces desempeñan cuatro papeles: actúan como medios de comunicación con los constituyentes externos, solucionan problemas, manejan los conflictos e instruyen a los miembros del equipo. El liderazgo facultativo demostró ser cada vez más popular, pero los gerentes no deberían suponer que facultar a los empleados es el estilo ideal de liderazgo para todas las ocasiones. También, de acuerdo con el enfoque de las contingencias, los gerentes deberían asegurarse de considerar la cultura nacional como una variable importante al escoger un estilo de liderazgo. En un tono más controvertido, la evidencia reciente sobre la relación entre la biología y el liderazgo sugiere que el sujeto del liderazgo no es terreno exclusivo de psicólogos y sociólogos. En el futuro, una mayor comprensión del fenómeno del liderazgo podría provenir cada vez más de los químicos o los farmacólogos. Finalmente, proponemos que el liderazgo no está libre de valores. Así, deberemos observar el contenido moral de las metas del líder y los medios que él o ella utiliza para lograr dichas metas.

Para revisión

1. Rastree el desarrollo de la investigación del liderazgo.

2. Describa las fortalezas y las debilidades del enfoque de las características en el liderazgo.

3. ¿Qué es la matriz gerencial? Compare su planteamiento del liderazgo con los enfoques de la Universidad Estatal de Ohio y los grupos de Michigan.

4. ¿Cuál fue la contribución de los estudios escandinavos a las teorías del comportamiento?

5. ¿Cómo definen Hersey y Blanchard la *disponibilidad*? ¿Esta variable de contingencia está incluida en alguna otra teoría de contingencia del liderazgo?

6. ¿Cuándo podrían ser irrelevantes los líderes?

7. ¿Por qué piensa que los gerentes femeninos y masculinos eficaces a menudo muestran características y comportamientos similares?

8. ¿Qué características definen a un seguidor eficaz?

9. Explique las bases biológicas para la eficacia en el liderazgo.

10. ¿Qué es el liderazgo moral?

Para discusión

1. Desarrolle un ejemplo donde haga operacional la modelo de Fiedler.

2. Compare la teoría del liderazgo situacional con la matriz gerencial.

3. Desarrolle un ejemplo donde haga operacional la teoría del camino a la meta.

4. Reconcilie la teoría del liderazgo situacional de Hersey y Blanchard, la teoría del camino a la meta y los sustitutos del liderazgo.

5. ¿Qué clase de actividades podría seguir un estudiante universitario de tiempo completo que pudieran favorecer la percepción de que él o ella es un líder carismático? Al desarrollar esas actividades, ¿qué podría hacer el estudiante para incrementar su percepción de ser carismático?

¡Los líderes hacen una diferencia real!

No hay duda de que el éxito de una organización, o el de cualquier grupo dentro de la organización, depende en gran medida de la calidad de su liderazgo. Ya sea en los negocios, el gobierno, la educación, la medicina o la religión, la calidad del liderazgo de una organización determina la calidad de la organización misma. Los líderes exitosos anticipan el cambio, explotan vigorosamente las oportunidades, motivan a sus seguidores a llegar a altos niveles de productividad, corrigen el desempeño pobre y conducen a las organizaciones hacia sus objetivos.

La importancia otorgada a la función del liderazgo es bien conocida. Es raro que pase una semana sin que escuchemos o leamos acerca de algún tema sobre el liderazgo: "¡El presidente no pudo proporcionar el liderazgo que Estados Unidos necesita!" "¡El Partido Republicano busca un nuevo liderazgo!" "¡Eisner dirige el cambio de Disney!" Una revisión de la bibliografía sobre el liderazgo llevó a dos académicos a concluir que la investigación muestra que "un efecto consistente del liderazgo explica de 20 a 45% de la variación en los resultados de organizaciones relevantes".*

¿Por qué el liderazgo es tan importante para el éxito de una organización? La respuesta está en la necesidad de coordinar y controlar. Las organizaciones existen para lograr objetivos que son imposibles o extremadamente difíciles de lograr si son individuos que actúan por su cuenta quienes pretenden obtenerlos. La organización en sí misma es un mecanismo de coordinación y control. Las reglas, las políticas, las descripciones de puestos y las jerarquías de autoridad son ejemplos de instrumentos creados para facilitar la coordinación y el control.

Pero el liderazgo, además, contribuye a la integración de varias actividades laborales, la coordinación de la comunicación entre las subunidades organizacionales, el monitoreo de las actividades y el control de las desviaciones del estándar. Ninguna cantidad de normas y regulaciones pueden reemplazar al líder experimentado que puede tomar decisiones rápidas e importantes.

La importancia del liderazgo no está perdida en aquellos que conforman el personal de las organizaciones. Las corporaciones, agencias de gobierno, sistemas escolares e instituciones de todos tamaños y formas gastan miles de millones de dólares cada año para reclutar, seleccionar, evaluar y entrenar individuos para posiciones de liderazgo. La mejor evidencia, sin embargo, de la importancia que las organizaciones dan a los papeles de liderazgo se muestra en los programas salariales. A los líderes se les paga rutinariamente 10, 20 o más veces el salario de aquellos que no ocupan puestos de liderazgo. El director de General Motors gana más de $1.5 millones anualmente. El trabajador más habilidoso de la industria automovilística, en contraste, gana por debajo de los $50,000 al año. El presidente del sindicato de esta fábrica gana más de $100,000 al año. Los oficiales de policía por lo general ganan de $30,000 a $45,000 al año. Su jefe probablemente gane 25% más y el jefe de su jefe otro 25%. El patrón está bien establecido. Mientras más responsabilidad tenga un líder, como lo evidencia su nivel en la organización, más ganará él o ella. ¿Las organizaciones pagarían voluntariamente a sus líderes mucho más que a sus no líderes si no creyeran firmemente que los líderes hacen una diferencia real?

---

*D. V. Day y R. G. Lord, "Executive Leadership and Organizational Performance: Suggestions for a New Theory and Methodology", *Journal of Management*, otoño de 1988, pp. 453-464.

◼ ▶ Contrapunto ◀ ◼

¡Los líderes no hacen la diferencia!

Dados los recursos que han sido gastados en estudiar, seleccionar y entrenar líderes, uno podría esperar que hubiera una abrumadora evidencia que apoyara el efecto positivo del liderazgo en el desempeño organizacional. ¡Pero ése no es el caso!

Actualmente, dos de los planteamientos más populares del liderazgo son los modelos de la contingencia y el estudio del carisma. En su mayor parte, ambos operan bajo la ingenua suposición de que, a través de la selección y/o entrenamiento, los líderes pueden aprender cómo mostrar ciertos comportamientos que, cuando se ajustan adecuadamente a la situación, producirán un mejor desempeño organizacional del empleado. Hay numerosos errores en esta suposición.

Primero, los líderes existen en un sistema social que restringe su comportamiento. Tienen que vivir con un papel de las expectativas que define las conductas que son aceptables y las que son inaceptables. Las presiones para conformarse a las expectativas de los compañeros, subordinados y superiores limitan en conjunto el rango de comportamientos que el líder puede mostrar.

Segundo, las reglas, procedimientos, políticas y precedentes históricos de la organización actúan para limitar un control unilateral del líder sobre las decisiones y recursos. Las decisiones de contratación por ejemplo, deben tomarse de acuerdo con los procedimientos. Y las distribuciones de presupuesto se ven altamente influidas por los antecedentes del presupuesto.

Tercero, hay factores fuera de la organización que los líderes no pueden controlar pero que tienen un gran peso sobre el desempeño organizacional. Por ejemplo, considere a un ejecutivo de una firma de construcción de casas. Los costos están determinados en gran medida por las operaciones de los mercados de los insumos y mano de obra y la demanda depende grandemente de las tasas de interés, la disponibilidad de dinero para hipotecas y condiciones económicas que se ven afectadas por las políticas del gobierno sobre las cuales el ejecuti-

vo tiene muy poco control. O considere el caso de los superintendentes escolares. Ellos tienen muy poco control sobre las tasas de natalidad y el desarrollo económico, los cuales afectan profundamente los presupuestos del sistema escolar. Si bien un líder podría reaccionar a los problemas en el momento en que surgen o tratar de predecir y anticipar los cambios externos, él o ella tiene poca influencia sobre el ambiente. Por el contrario, típicamente el ambiente impone límites y restricciones significativos sobre el líder.

Finalmente, la tendencia en años recientes promueve que los líderes jueguen un papel cada vez menos importante en las actividades organizacionales. Las decisiones importantes son tomadas cada vez más por comités, no por individuos. Además, la amplia popularidad de los programas de participación del empleado, el movimiento de facultación y los equipos de trabajo autodirigidos ha contribuido a reducir la influencia específica del líder.

Hay mitos básicos asociados con el liderazgo. Creemos en la atribución: cuando una cosa ocurre, creemos que algo lo ha *causado*. Los líderes juegan ese papel en las organizaciones, y el hecho de que ganen salarios más altos que los no líderes es un gesto simbólico que las organizaciones han creado para aumentar la impresión de que los líderes hacen una diferencia. De modo que, si bien los líderes podrían realmente no importar, la *creencia* en el liderazgo sí importa. Aunque los líderes se arroguen el crédito por los éxitos y la culpa por los fracasos, una conclusión más realista podría ser que, excepto en momentos de rápido crecimiento, cambio o crisis, los líderes no hacen mucha diferencia en el desempeño real de la organización. Pero la gente quiere creer que el liderazgo es la causa de los cambios en el desempeño, particularmente en los extremos.

Las ideas de este argumento provienen de J. Pfeffer, "The Ambiguity of Leadership", *Academy of Management Review,* enero de 1977, pp. 104-111; A. B. Thomas, "Does Leadership Make a Deference to Organizational Performance?", *Administrative Science Quarterly,* septiembre de 1988, pp. 388-400; C. C. Manz y H. P. Sims, Jr., "SuperLeadership: Beyond the Myth of Heroic Leadership", *Organizational Dynamics*, primavera de 1991, pp. 18-35; y G. Gemmill y J. Oakley, "Leadership: An Alienating Social Myth?", *Human Relations*, febrero de 1992, pp. 113-129.

Ejercicio de aprendizaje sobre usted mismo

¿Cuál es su estilo básico de liderazgo?

Todos tenemos un estilo básico de liderazgo al cual estamos ya predispuestos. Este ejercicio le ayudará a conocer su estilo inherente o preferido de liderazgo.

A continuación se describen ocho situaciones hipotéticas en las cuales tiene que tomar una decisión que le afectará a usted mismo y a los miembros de su grupo de trabajo. Para cada una, indique cuál de las cuatro acciones es más probable que realice usted, escribiendo la letra correspondiente a esa acción en el espacio proporcionado.

A. Permite que los miembros del grupo decidan ellos mismos qué hacer.

B. Pregunta a los miembros del grupo qué hacer, pero usted toma la decisión final.

C. Toma usted mismo la decisión, pero explica sus razones.

D. Toma usted mismo la decisión, y le dice al grupo qué hacer exactamente.

_____ **1.** De frente a presiones financieras, usted se ve forzado a hacer reducciones en el presupuesto para su unidad. ¿Dónde las hará?

_____ **2.** Para cumplir con una fecha límite que está a punto de vencerse, alguien en su grupo tendrá que trabajar tarde una noche para terminar el borrador de un importante informe. ¿Quién será?

_____ **3.** Como instructor del equipo de softbol de la compañía, se le pide que reduzca su escuadra a 25 jugadores de 30 actualmente en la lista. ¿Quién se va?

_____ **4.** Los empleados de su departamento tienen que programar sus vacaciones de verano para mantener la oficina con el personal apropiado. ¿Quién decide primero?

_____ **5.** Como presidente de un comité social, usted es responsable de determinar el tema para la fiesta anual de la compañía. ¿Cómo lo hará?

_____ **6.** Usted tiene la oportunidad de comprar o rentar una importante pieza de equipo para su compañía. Después de reunir toda la información, ¿cómo tomará la decisión?

_____ **7.** La oficina está siendo redecorada. ¿Cómo decidirá el color?

_____ **8.** Junto con sus asociados, usted debe llevar a cenar a una persona importante. ¿Cómo decide usted a cuál restaurante ir?

Pase a la página A-28 para instrucciones sobre la calificación y la clave.

Fuente: adaptado de J. Greenberg, _Managing Behavior in Organizations_ (Upper Saddle River, NJ: Prentice Hall, 1996), pp. 228-229. Utilizado con autorización.

Ejercicio de trabajo en grupo

Práctica para ser carismático

Las personas que son carismáticas adoptan los siguientes comportamientos:

1. *Proyectan una presencia poderosa segura, y dinámica*. Esto tiene tanto componentes verbales como no verbales. Utilizan un tono de voz cautivador y atrayente. Transmiten seguridad. También hablan directamente a sus interlocutores, mantienen un contacto visual y mantienen una postura corporal que dice que están seguros de ellos mismos. Hablan claramente, evitan el tartamudeo y no mezclan sus oraciones con frases sin contenido como "ahhh", "eh" y "tú sabes".

2. *Articulan una meta alcanzable*. Tienen una visión del futuro, formas no convencionales de lograr esa visión y la capacidad de comunicarla a los demás.

   La visión es un enunciado claro de adónde quieren ir y cómo van a llegar ahí. Son capaces de persuadir a otros de que lograr esta visión es el interés propio de los demás.

   Buscan métodos frescos y radicalmente diferentes a los problemas. El camino para lograr su visión es nuevo pero también apropiado para el contexto.

   No sólo tienen una visión sino que son capaces de hacer que los demás la compartan. El poder real de Martin Luther King, Jr. no fue que él tuvo un sueño, sino que pudo articularlo en términos que lo hicieron accesible a millones.

3. *Comunicar expectativas de alto desempeño y seguridad con base en la capacidad de los demás para cumplir con estas expectativas*. Demuestran su confianza en la gente al establecer metas ambiciosas para ellos tanto individualmente como en grupo. Transmiten una creencia absoluta en que ellos lograrán sus expectativas.

4. *Son sensibles a las necesidades de sus seguidores*. Los líderes carismáticos consiguen conocer a cada uno de sus seguidores. Entienden sus necesidades individuales y son capaces de desarrollar relaciones interpersonales intensas con cada uno. Consiguen esto estimulando a los seguidores a expresar sus puntos de vista, siendo accesibles, escuchando genuinamente y preocupándose por los intereses de sus seguidores, y al hacer preguntas para que puedan aprender qué es lo que realmente importa para ellos.

Ahora que usted sabe lo que los líderes carismáticos hacen, tiene la oportunidad de practicar cómo proyectar el carisma.

a. La clase deberá dividirse en parejas.

b. La tarea del estudiante A es "dirigir" al estudiante B a través de una orientación para estudiantes nuevos en su universidad. La orientación deberá durar de 10 a 15 minutos. Asuma que el estudiante B es nuevo en su universidad y no está familiarizado con el campus. Recuerde, el estudiante A deberá tratar de proyectarse a sí mismo como carismático.

c. Ahora los papeles se invertirán y la tarea del estudiante B será "dirigir" al estudiante A en un programa de 10 a 15 minutos sobre cómo estudiar más eficazmente para los exámenes en la universidad. Tome unos minutos para pensar acerca de lo que ha funcionado bien para usted y asuma que el estudiante B es un estudiante nuevo interesado en mejorar sus hábitos de estudio. Recuerde nuevamente que el estudiante B debe tratar de proyectarse a sí mismo como carismático.

d. Cuando hayan terminado los dos papeles, cada pareja deberá evaluar qué tan bien proyectaron el carisma y cómo podrían mejorarlo.

Fuente: este ejercicio esta basado en J. M. Howell y P. J. Frost, "A Laboratory Study of Charismatic Leadership", *Organizational Behavior and Human Decision Processes*, abril de 1989, pp. 243-269.

En contra de la visión

Robert J. Eaton tenía ante sí un enorme hueco que llenar. Asumió el puesto de presidente de Chrysler Corp. que había sido ocupado previamente por el "Sr. Carisma", Lee Iacocca. Iacocca había asumido el puesto más importante de Chrysler en 1980, cuando la compañía estaba al borde de la bancarrota. En sólo unos cuantos años, Iacocca había transformado a Chrysler en una máquina de hacer dinero.

El estilo de Iacocca era valiente y visionario. Él desarrolló diversas estrategias para Chrysler. Para hacer inmediatamente lucrativa la compañía, creó un modelo básico compacto —el automóvil K— y utilizó su plataforma para crear un grupo de nuevos automóviles incluyendo la increíblemente exitosa miniván. Para satisfacer la necesidad de subcompactos, empezó e importar automóviles de Japón y les puso placas con el nombre de Chrysler Corp.

Pero eso fue entonces y esto es ahora. Robert Eaton se ha unido a un grupo impresionante de ejecutivos visionarios que ya no se tragan la noción de que los líderes necesitan proporcionar grandes visiones o estrategias de largo plazo para sus compañías. En lugar de eso, ellos están enfatizando los resultados en el corto plazo.

"Internamente, no usamos la palabra *visión*", dice Eaton. "Creo en los resultados cuantificables a corto plazo —cosas con las que todos nos podemos relacionar— en vez de alguna cosa esotérica que nadie puede cuantificar."

Esa visión también está siendo articulada por los presidentes ejecutivos de Apple Computer, IBM, Aetna Life & Casualty y General Motors. Cuando se le preguntó por su receta para el regreso de IBM, el recién nombrado presidente, Louis V. Gerstner, dijo: "lo último que necesita IBM ahora es una visión".

Parece que, cuando menos entre algunos líderes, las grandes visiones están pasadas de moda. Están concentrándose en el componente básico de dirigir sus negocios.

Preguntas

1. ¿No es este enfoque de corto plazo un probable daño a largo plazo para las compañías?

2. ¿Cuál es el propósito de una gran visión? ¿Qué ocupará su lugar si el líder de una compañía no la proporciona?

3. ¿No necesitan las organizaciones nuevas y radicales ideas para ganar en el mercado?

4. Eaton dice que su meta para Chrysler es "ser un poco mejores cada día". ¿Es una meta viable de un "líder" verdadero?

Fuente: basado en D. Lavin, "Robert Eaton Thinks 'Vision' Is Overrated and He's Not Alone", *The Wall Street Journal*, 4 de octubre de 1993, p. A1.

El liderazgo y Bill Gates

Es literalmente imposible que pase un mes sin que usted vea a Bill Gates en la portada de una o más publicaciones de negocios. Como cofundador y presidente de Microsoft, él parece ser la elección de todo mundo como uno de los primeros líderes corporativos de Estados Unidos. Primero hablemos un poco sobre el pasado de Gates, y luego tomemos algunos comentarios de una reciente entrevista.

Gates creció en Seattle, Washington. Su padre era un prominente abogado y su madre apoyaba las actividades culturales y educacionales de su comunidad. Asistió a una prestigiosa escuela privada, luego a la Universidad de Harvard, pero se salió para comenzar un pequeño negocio. Él y su amigo de la preparatoria, Paul Allen, empezaron un negocio de escritura de software para las primeras computadoras personales. Si bien los ejecutivos de las grandes compañías de computadoras como IBM, Digital y Control Data no vieron ningún futuro en las PC, Gates y Allen no estaban de acuerdo. Ellos imaginaban un mundo donde toda la gente poseía una o más computadoras personales. Y como parte de la visión de Gates, él vio su compañía, Microsoft, proporcionando el software básico de operación y programación para estas nuevas máquinas.

Claro, la historia le ha dado la razón a Gates. Las PC se volvieron la opción de computadoras tanto para los negocios como para los individuos. Mientras tanto, casi todas esas PC tienen software de Microsoft. Microsoft se ha vuelto una compañía más valorada que General Motors. Como accionista mayoritario de Microsoft, la fortuna de Gates se estima en $20 mil millones.

En 1995, Gates publicó su primer libro, *The Road Ahead*. Inmediatamente fue un *best seller*. No siendo una biografía, el libro describe esencialmente la interpretación de Gates de lo que ha ocurrido, hasta ahora, en la revolución de la comunicación y su visión de lo que depara el futuro. Varios capítulos describen cómo él y Allen vieron el potencial de las PC mucho antes que las grandes compañías de computadoras. Gates explica cómo creyó que no tenía otra opción que salirse de Harvard (a pesar de que amaba la universidad, resolvió que el tiempo era esencial). Si él y Allen no se hubieran movido rápidamente a empezar a escribir software para las PC, la oportunidad hubiera sido de alguien más. Irónicamente, ese interés por moverse rápidamente para atrapar las oportunidades continúa hoy en día. La compañía Microsoft refleja la ambición, la audacia, la determinación y la paranoia de su cofundador y presidente. Nunca satisfecha con descansar sobre sus logros, Microsoft se comporta como una compañía que lucha por la supervivencia. Y mientras lo hace, hace que la vida de sus competidores sea miserable.

Uno de los temas más interesantes del libro de Gates es su descripción de lo que él piensa que la mayoría de nosotros cargará consigo dentro de pocos años: una computadora de bolsillo. Este "artículo" hará casi todo por usted. Le permitirá verificar su balance en el banco, el precio de una acción, acceso a su correo electrónico, hablar con amigos o socios de negocios, enviar mensajes, hacer reservaciones de vuelo, verificar los patrones de tráfico de la autopista o buscar compras de oportunidad en el Internet. Incluso le proporcionará su moneda digital. Usted no tendrá que cargar dinero ya que su PC de bolsillo será su fuente de dinero. Y este instrumento le permitirá transferir fondos de su cuenta bancaria a la PC de bolsillo cuando esta última esté baja de fondos.

Los críticos de Gates temen el poder que está amasando en Microsoft. Algunos incluso piensan que quiere dirigir el mundo. Él se ríe de este argumento, pero uno no puede ignorar el poder que proviene de controlar los sistemas operativos de 80 a 90% de las computadoras y tener la riqueza suficiente para comprar prácticamente todo o a cualquiera. Cuando se le pregunta por qué tanta gente está temerosa de él y de Microsoft, él comenta que es debido al enfoque en la revolución de la información y el cambio que está provocando. "Todo tiene que ver con el cambio, y el cambio causa problemas. La gente le teme al cambio. Usted sabe, el *statu quo*, aunque usted se queje de él, a usted le gustan muchas de las cosas que ocurren cotidianamente. Y así Microsoft, casi como un icono, representa este ritmo de cambio y el hacer nuevas cosas, y la gente imagina que realmente sabemos cómo se van a desarrollar, lo que ciertamente no es el caso."

Preguntas

1. Bill Gates está a la cabeza en las listas de todos los líderes corporativos. ¿Por qué?

2. ¿Qué características hacen de Gates un líder transformacional?

3. ¿Usted piensa que si Bill Gates hubiera terminado la Universidad en Harvard, hubiera obtenido un título en administración y hubiera entrado a trabajar a IBM, hubiera ascendido rápidamente en los niveles de esta empresa? ¿Piensa usted que hubiera sido visto como un líder en IBM? Explique su respuesta.

Fuente: basado en "The World According to Gates", *ABC News Nightline*; pasado al aire el 23 de noviembre de 1995.

CAPÍTULO 11

PODER Y POLÍTICA

PERFIL DEL CAPÍTULO

> Usted puede lograr mucho más con una palabra amable y una pistola que con una palabra amable solamente.
> —A. Capone

OBJETIVOS DE APRENDIZAJE

Después de estudiar este capítulo, usted será capaz de:

1 Contrastar el *liderazgo* y el *poder*

2 Definir las cuatro bases del poder

3 Aclarar qué crea la dependencia en las relaciones de poder

4 Mencionar las siete tácticas y sus contingencias

5 Explicar cómo el acoso sexual se relaciona con el abuso del poder

6 Describir la importancia de la perspectiva política

7 Listar aquellos factores individuales y organizacionales que estimulan el comportamiento individual

8 Identificar siete técnicas para manejar la imagen que proyectamos a los demás

9 Explicar cómo los comportamientos defensivos pueden proteger el interés propio del individuo

10 Listar las tres preguntas que pueden ayudar a determinar si una acción política es ética

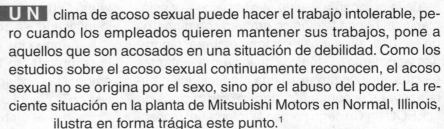

UN clima de acoso sexual puede hacer el trabajo intolerable, pero cuando los empleados quieren mantener sus trabajos, pone a aquellos que son acosados en una situación de debilidad. Como los estudios sobre el acoso sexual continuamente reconocen, el acoso sexual no se origina por el sexo, sino por el abuso del poder. La reciente situación en la planta de Mitsubishi Motors en Normal, Illinois, ilustra en forma trágica este punto.[1]

Inaugurada en 1987, las empleadas de la planta de Mitsubishi se habían estado quejando acerca del mal comportamiento en el piso de la planta desde 1992, pero esas quejas fueron esencialmente ignoradas por la gerencia. En diciembre de 1994, 29 empleadas decidieron no tolerar más abusos. Querían mantener sus trabajos —cuyos ingresos con el tiempo extra y un salario de premio por el turno podía ascender a $60,000 al año— pero también querían que la persistente discriminación, el acoso y el abuso sexuales de sus colegas y supervisores tuvieran fin. Llevaron sus acusaciones ante el Equal Employment Opportunity Comission (Comisión para la Igualdad de Oportunidades en el Empleo, EEOC, por sus siglas en inglés). Una investigación confirmó las acusaciones de las mujeres. Había suficiente evidencia de "la presencia del acoso sexual del que la gerencia tenía conocimiento" pero que hizo muy poco para controlar. Entre los ejemplos figuraban: dibujos obscenos y burdos de órganos genitales y actos sexuales, así como apodos de trabajadoras rallados en los autos sin pintar que se movían a lo largo de la línea de ensamble. A las mujeres se les llamaba perras y rameras y eran objeto de manoseos, juegos sexuales forzados y de críticas lascivas. Había dibujos sexuales explícitos en el área de descanso y en las paredes de los baños. Un supervisor de línea fue muy claro al afirmar: "No quiero a ninguna perra en mi línea. La planta no es lugar para mujeres."

En mayo de 1996, la EEOC presentó una demanda en contra de Mitsubishi. Si las cortes fallaban en favor de EEOC, Mitsubishi hubiera podido ser declarada responsable por daños compensatorios y punitivos por más de 150 millones de dólares. Además, la compañía habría tenido que enfrentar una demanda de acción de clase en beneficio de las 29 mujeres.

En seguida de la demanda de EEOC, usted pensaría que la gerencia corporativa se hubiera movido rápidamente para corregir el ambiente sexista y calmar a las empleadas. No lo hizo. Todo lo opuesto. Escogió pelear. Urgió a los empleados a hablar en defensa de la compañía —y de sus trabajos— y estableció un banco telefónico gratuito con números de los noticieros locales y los nombres, biografías y números telefónicos de los representantes electos. Incluso organizó una manifestación para apoyar a la compañía fuera de las oficinas de la EEOC en Chicago (véase la fotografía) y coaccionó a empleados al darles la "opción" de: firmar hasta tres veces por un viaje redondo gratis al *rally* de protesta en Chicago, en uno de los 50 autobuses rentados por Mitsubishi, obtener una caja de almuerzo y ganar la aprobación de sus jefes. O bien presentarse en la planta parada, identificándose con claridad como desleales.

Aunque los ejecutivos de los cuarteles de la compañía en Tokio sostuvieron que habían empezado acciones para mejorar las condiciones en la planta de Norma, un incidente reciente indica que el ambiente hostil y abusivo continúa. Al abrir su gabinete para empezar su turno de las 5:30 a.m., Terry Paz, una de las 29 quejosas, encontró una nota escrita a mano que decía: "Muere, perra, te arrepentirás." Dejó la planta temiendo por su vida. ◆

El poder se ha descrito como la última palabra sucia. Es más fácil para la mayoría de nosotros hablar acerca del dinero que sobre el poder. La gente que lo tiene lo niega, la gente que lo quiere trata de no parecer que lo busca y aquellos que llegan a obtenerlo guardan el secreto de cómo lo obtuvieron.[2] Los investigadores del CO han aprendido mucho en años recientes acerca de cómo la gente obtiene y utiliza el poder en las organizaciones. En este capítulo, le presentamos sus hallazgos.

El tema más importante de este capítulo es que el poder es un proceso natural en cualquier grupo u organización. Como tal, usted necesita saber cómo se adquiere y se ejerce para entender por completo el comportamiento organizacional. Aunque usted probablemente halla escuchado el dicho: "el poder corrompe y el poder absoluto corrompe absolutamente", el poder no siempre es malo. Como un autor ha hecho notar, la mayoría de las medicinas pueden provocar la muerte si se tomaran en una cantidad equivocada y miles de personas mueren cada año en accidentes automovilísticos, pero no se dejan de usar los químicos o los automóviles por los peligros asociados con ellos. En su lugar, consideramos el peligro como un incentivo para obtener el entrenamiento y la información que nos ayudará a emplear esas fuerzas en forma productiva.[3] Lo mismo es válido para el *poder*. Es una realidad de la vida organizacional que no desaparecerá. Además, al aprender cómo funciona el poder en las organizaciones, usted será más capaz de aplicar su conocimiento para ser un gerente más eficaz.

> ◆ El poder se ha descrito como la última palabra sucia.

Una definición de poder

poder
La capacidad que A tiene de influir en el comportamiento de B, de modo que B actúe de acuerdo con los deseos de A.

El **poder** se refiere a la capacidad que A tiene de influir en el comportamiento de B, de modo que B actúe de acuerdo con los deseos de A.[4] Esta definición implica un *potencial* que no necesita realizarse para ser eficaz y una relación de *dependencia*.

El poder puede existir, aunque sin ser ejercido. Es, por tanto, una capacidad o potencial. Uno puede tener poder pero no imponerlo.

Probablemente el aspecto más importante del poder es que es una función de **dependencia**. Mientras más grande sea la dependencia de B respecto de A, más grande es el poder de A en la relación. La dependencia, a su vez, se basa en las alternativas que B percibe y la importancia que B da a la(s) alternativa(s) que A controla. Una persona puede tener poder sobre usted sólo si controla algo que desea. Si desea un certificado universitario, tiene que aprobar cierto curso para obtenerlo y su profesor actual es el único miembro del cuerpo docente de la universidad que enseña ese curso, él tiene poder sobre usted. Sus alternativas están altamente limitadas y us-

dependencia
La relación de B respecto de A cuando A posee algo que B requiere.

ted le da un alto grado de importancia al obtener una calificación aprobatoria. De modo similar, si asiste a la universidad con fondos proporcionados totalmente por sus padres, tal vez reconozca el poder que ellos tienen sobre usted. Depende de ellos por su apoyo financiero. Pero una vez que salga de la escuela, tenga un trabajo y gane un buen sueldo fijo, el poder de sus padres se reducirá de manera significativa. ¿Quién entre nosotros, sin embargo, no ha sabido o ha escuchado del pariente rico que es capaz de controlar un gran número de miembros de la familia simplemente con la amenaza implícita o explícita de "borrarlos de su testamento"?

El contraste entre el liderazgo y el poder

Una comparación detallada de nuestra descripción del poder con aquella del liderazgo presentada en el capítulo anterior revela que ambos conceptos están estrechamente unidos. Los líderes usan el poder como un medio de lograr las metas del grupo. Los líderes logran las metas y el poder es un medio de facilitar su alcance.

¿Qué diferencias hay entre los dos términos? Una se relaciona con la compatibilidad de metas. El poder no necesita la compatibilidad de metas, tan sólo la dependencia. El liderazgo, por el otro lado, requiere cierta congruencia entre las metas del líder y las de aquellos que éste dirige. Una segunda diferencia se relaciona con la dirección de la influencia. El liderazgo se enfoca en la influencia descendente sobre los propios subordinados. Minimiza la importancia de los patrones de influencia lateral y ascendente. El poder no lo hace. Otra diferencia más tiene que ver con el énfasis en la investigación. La investigación sobre el liderazgo, en su mayor parte, enfatiza el estilo. Busca respuestas a preguntas como: ¿hasta qué grado debe apoyar un líder? ¿Cuántas decisiones deben tomarse junto con los subordinados? En contraste, la investigación sobre el poder ha tendido a abarcar un área más amplia y a enfocarse en las tácticas encaminadas a obtener la dependencia. Ha ido más allá del individuo como ejecutor, ya que tanto los grupos como los individuos ejercen el poder para controlar a otros individuos o grupos.

◆ **Los líderes logran las metas y el poder es un medio para facilitar el alcance de éstas.**

Bases del poder

¿De dónde proviene el poder? ¿Qué es lo que le da a un individuo o grupo la influencia sobre los demás? La respuesta a estas preguntas es un esquema de clasificación de cinco categorías identificado por French y Raven.[5] Ellos proponen cinco tipos de poder de acuerdo con sus bases o fuentes: coercitivo, de recompensa, legítimo, experto y de referencia (véase la ilustración 11-1).

Poder coercitivo

French y Raven definen la base del **poder coercitivo** como dependiente del temor. Uno reacciona a este poder por temor a los resultados negativos que podrían ocurrir si uno no cumpliera. Descansa en la aplicación, o en la amenaza de la aplicación, de sanciones físicas como la imposición de castigos, la generación de frustración, mediante la restricción de movimientos o el control por la fuerza de las necesidades básicas psicológicas o de seguridad.

poder coercitivo
Poder que se basa en el temor.

De todas las bases de poder que están disponibles para el hombre, el poder de herir a los demás posiblemente es el más utilizado, el más condenado y el

Ilustración 11-1 Medición de las bases del poder

¿La persona en cuestión tiene una o más bases de poder? Las respuestas afirmativas a las siguientes interrogantes pueden responder esta pregunta:

◆ La persona puede dificultar las cosas y usted quiere evitar que él se enoje. [poder coercitivo]

◆ La persona es capaz de dar beneficios o recompensas especiales a la gente y usted considera que es conveniente intercambiar favores con ella. [poder de recompensa]

◆ La persona tiene el derecho, considerando su puesto y las responsabilidades de su trabajo, de esperar que usted cumpla con sus peticiones legítimas. [poder legítimo]

◆ La persona tiene la experiencia y los conocimientos para ganarse su respeto y usted somete a su opinión algunos asuntos. [poder experto]

◆ A usted le agrada la persona y disfruta hacer cosas para ella. [poder de referencia]

Fuente: G. Yukl y C. M. Falbe, "Importance of Different Power Sources in Downward and Lateral Relations", *Journal of Applied Psychology*, junio de 1991, p. 41. Usado con permiso.

más difícil de controlar... el Estado se apoya en sus recursos militares y legales para intimidar a las naciones o incluso a sus propios ciudadanos. Los negocios confían en el control de los recursos económicos. Las escuelas y universidades se apoyan en sus derechos de negar a los estudiantes la educación formal, mientras la Iglesia amenaza a los individuos con la pérdida de la gracia. A nivel personal, los individuos ejercen el poder coercitivo mediante la fortaleza física, la facilidad de palabra o la habilidad de otorgar o retener el apoyo emocional a los demás. Estas bases proporcionan al individuo los medios para dañar físicamente, intimidar, humillar o negar amor a los demás.[6]

A nivel organizacional, A tiene poder coercitivo sobre B si A puede despedir, suspender o degradar a B, asumiendo que B valora su trabajo. De manera semejante, si A puede asignar a B actividades de trabajo que para B son desagradables o trata a B de tal forma que éste se sienta avergonzado, A posee un poder coercitivo sobre B.

Poder de recompensa

poder de recompensa
Obediencia lograda con base en la habilidad de distribuir recompensas que otros consideran valiosas.

Lo opuesto al poder coercitivo es el **poder de recompensa.** La gente cumple con los deseos o direcciones de otros porque ello produce beneficios positivos; por tanto, el que puede distribuir las recompensas que los otros conciben como valiosas tendrá poder sobre ellos. Estas recompensas pueden ser cualquier cosa que la otra persona valore. En el contexto organizacional, pensamos en dinero, evaluaciones de desempeño favorables, ascensos, asignación de tareas interesantes, colegas amistosos, información importante y turnos de trabajo o territorios de ventas preferidos.

El poder coercitivo y el de recompensa en realidad son contrapartes uno del otro. Si usted puede quitarle a una persona algo de valor positivo para ella o imponerle algo de valor negativo, usted posee un poder coercitivo. Si puede dar algo de valor positivo o eliminar algo de valor negativo a un individuo, usted tiene un poder de recompensa sobre él. Otra vez, como ocurre con el poder coercitivo, no es necesario ser gerente para ser capaz de ejercer la influencia por medio de retribuciones. Las recompensas como la amistad, la aceptación y los elogios están disponibles para todos en la organización. El grado en que un individuo busque tales recompensas, la capacidad que tenga usted de darlas o mantenerlas le da el poder sobre la otra persona.

Poder legítimo

En los grupos formales y en las organizaciones, probablemente el acceso más frecuente a una o más de las bases de poder es la posición que no ocupa en la estructura jerárquica. Esto se llama **poder legítimo.** Representa el poder que una persona recibe como resultado de su puesto en la jerarquía formal de una organización.

      Los puestos de la autoridad incluyen los poderes coercitivos y de recompensa. El poder legítimo, sin embargo, es más amplio que el poder de coerción y de recompensa. Para ser específicos, incluye la aceptación de la autoridad de un puesto por parte de los miembros de una organización. Cuando hablan los directores de escuela, los presidentes de bancos o los oficiales de un ejército (asumiendo que las directrices que expresan están revestidas con la autoridad que les da sus posiciones), los maestros, los cajeros y los tenientes escuchan y de ordinario cumplen.

poder legítimo
El poder que una persona recibe como resultado de su puesto en la jerarquía formal de una organización.

Poder de expertos

El **poder de expertos** es la influencia que se tiene como resultado de la experiencia, las habilidades especiales o el conocimiento. La experiencia se ha vuelto una de las fuentes más poderosas de influencia, a medida que el mundo se orienta más hacia la tecnología. Conforme los trabajos se hacen más y más especializados, somos más dependientes de los expertos para lograr las metas. Del mismo modo que se reconoce que los médicos tienen la experiencia y por tanto el poder de expertos —la mayoría de nosotros seguimos el consejo que nos da nuestro doctor— debería reconocerse también que los especialistas en computadoras, los contadores fiscales, los ingenieros sociales, los psicólogos industriales y otros especialistas son capaces de ejercer el poder como resultado de su experiencia.

poder de expertos
La influencia basada en habilidades especiales o conocimientos.

Ilustración 11-2
Fuente: dibujos de Leo Cullum en *The New Yorker.* Copyright © 1986 The New Yorker Magazine. Reimpreso con permiso.

"Iba a decir: 'bueno, yo no hago las reglas'.
Pero, claro, yo sí hago las reglas."

El presidente de Microsoft, William Gates, ha legitimado su poder como cofundador y presidente de Microsoft. Su poder de experto se basa en su experiencia en el desarrollo de software. Gates también tiene poder de referencia debido a que sus empleados tratan de imitarlo y admiran sus increíbles logros.

Poder de referencia

poder de referencia
Influencia basada en la posesión de recursos por parte de un individuo o características personales deseables.

La última categoría de influencia que French y Raven identifican es el **poder de referencia.** Su base es la identificación con una persona que tiene recursos o características personales deseables. Si yo admiro al lector y me identifico con él, éste puede ejercer un poder sobre mí ya que quiero complacerlo.

El poder de referencia se desarrolla a partir de nuestra admiración por otro individuo y un deseo de ser como él. En cierto sentido es como el carisma. Si usted admira a alguien hasta el punto de modelar su comportamiento y a sus actitudes para que concuerden con los de aquella persona, ésta tiene poder de referencia sobre usted. Este tipo de poder explica por qué se les paga millones de dólares a las celebridades para que apoyen diversos productos comerciales. La investigación de mercados muestra que la gente como Bill Cosby, Elizabeth Taylor y Michael Jordan tienen el poder de influir en la selección de procesadores fotográficos, perfumes y zapatos de atletismo. Con un poco de práctica, usted y yo probablemente pudiéramos desarrollar las mismas dotes de convicción que estas celebridades. En las organizaciones, si usted se apega al reglamento, se muestra dominante, es físicamente imponente o carismático, posee características que podrían explotarse para hacer que otros hicieran lo que usted quisiera.

Dependencia: la clave del poder

A principios de este capítulo se dijo que tal vez el aspecto más importante del poder es ser una función de dependencia. En esta sección, mostramos cómo el entender la dependencia es determinante para incrementar su conocimiento sobre el poder en sí.

El postulado general de dependencia

Empecemos con un postulado general: *a mayor dependencia de B respecto de A, mayor es el poder que A tiene sobre B*. Cuando usted posee algo que los demás necesitan pero que sólo usted controla, esto hace que ellos dependan de usted y, por tanto, obtiene poder sobre de ellos.[7] La dependencia, entonces, es inversamente proporcional a las fuentes alternativas de oferta. Si algo es abundante, su posesión no incrementa el poder. Si todo mundo es inteligente, la posesión de la inteligencia no constituye una ventaja especial. Del mismo modo, entre los archimillonarios, el dinero no significa poder. Como el viejo dicho afirma: "¡En el país de los ciegos, el tuerto es el rey!" Si usted puede crear un monopolio para controlar la información, el prestigio o cualquier cosa que los otros deseen, éstos se vuelven dependientes de usted. A la inversa, mientras más abierto sea su abanico de opciones, menos poder pondrá en manos de los otros. Esto explica, por ejemplo, por qué la mayoría de las organizaciones tienen negocios con múltiples proveedores en lugar de con uno solo. También entiende con ello por qué tantos de nosotros aspiramos a la independencia financiera. Ésta reduce el poder que otros tienen sobre nosotros.

Steven Appleton proporciona un ejemplo del papel que la dependencia desempeña en un grupo de trabajo u organización.[8] A la edad de 34 años, Appleton se convirtió en presidente de consejo de Micron Technology, fabricante de chips, cuya base estaba en Boise. Después de varias discusiones con la sobrecargada junta de directores de la compañía, la cual se componía de seis agronegocios, Appleton fue abruptamente despedido en enero de 1996. Pero la junta pronto se dio cuenta de que necesitaban que Appleton regresara cuando su sucesor renunció, después de un par de días. Para empeorar las cosas, más de 20 ejecutivos se enfrentaron a la junta y amenazaron con renunciar si no se recontrataba a Appleton. Mientras tanto, Appleton no se había quedado sentado a lamentarse por su pérdida. Había volado a Los Ángeles, había empezado a desarrollar un plantío de perones y había comenzado a planear un viaje a Australia en un bimotor. La junta le pidió a Appleton que regresara. Él lo hizo, pero con sus condiciones. Sus ocho días de "retiro" terminaron cuando la junta estuvo de acuerdo en sus demandas —incluyendo el fin de las intromisiones de la junta, la renuncia a la junta de su principal protagonista y unos atractivos paquetes de separación para proteger a los gerentes que habían gritado sus frustraciones.

¿Qué crea dependencia?

La dependencia se incrementa cuando el recurso que usted controla es importante, escaso e insustituible.[9]

IMPORTANCIA Si nadie quiere lo que usted tiene, no creará dependencia. Para generarla, por tanto, las cosas que uno controla deben percibirse como importantes. Se ha encontrado, por ejemplo, que las organizaciones buscan activamente evitar la incertidumbre.[10] En consecuencia, debemos esperar que se considere a aquellos individuos o grupos que pueden absorber la incertidumbre de una organización como controladores de un recurso importante. Por ejemplo, un estudio de organizaciones industriales descubrió que los departamentos de mercadotecnia de esas empresas eran tenidos como los más poderosos.[11] El investigador concluyó que la incertidumbre más severa que enfrentaban estas firmas era la de sus productos. Esto podría sugerir que, en una huelga laboral, los representantes que negocian con el sindicato por parte de la organización tienen mayor poder; o bien, que los ingenieros, como grupo, son más poderosos en Intel que en Procter & Gamble. Al parecer, esas inferencias en general son válidas. Los negociadores laborales en realidad se vuelven más poderosos dentro del área de personal y de la organización como un todo durante los periodos de conflictos laborales. Una organización como Intel, la cual está altamente orientada a la tecnología, depende sobremanera de sus ingenieros para mantener las ventajas técnicas y la calidad de sus productos. Y es evidente que en Intel los ingenieros son un grupo poderoso. En Procter & Gamble, la mercadotecnia es el nombre del juego y los mercadólogos constituyen el grupo ocupacional más poderoso. Estos

◆ La dependencia se incrementa cuando el recurso que usted controla es importante, escaso y no sustituible.

ejemplos apoyan no sólo el punto de vista de que la capacidad para reducir la incertidumbre incrementa la importancia del grupo y, por tanto, su poder, sino también que lo que es importante es situacional. Varía entre organizaciones y sin duda también varía a lo largo del tiempo dentro de una organización determinada.

ESCASEZ Como ya se hizo notar, si hay abundancia de algo, la posesión de ese algo no incrementa el poder. Para que un recurso cree discrepancia, es necesario que se perciba como escaso.

Esto puede ayudar a explicar por qué, en una empresa, los miembros de bajo rango que tienen conocimientos importantes no dominados por los miembros de alto rango obtienen poder sobre estos últimos. La posesión de un recurso escaso —en este caso, los conocimientos importantes— hace que el miembro de alta jerarquía dependa del miembro de baja jerarquía. Esto también ayuda a explicar comportamientos de los miembros de bajo rango que de otra manera parecerían ilógicos, como destruir manuales de procedimiento en que se describe cómo se hace un trabajo, rehusarse a entrenar nuevos empleados en sus trabajos o aun mostrar a los demás con exactitud lo que hacen, crear un lenguaje especializado y terminología que inhiban en los demás el deseo de conocer sus trabajos; o bien, operar en secreto para que así una actividad parezca más compleja y más difícil de lo que es en realidad.

Además la relación escasez-dependencia puede verse aun en el poder de las categorías ocupacionales. Los individuos con ocupaciones en las cuales la oferta de personal es baja en relación con la demanda, pueden negociar paquetes de compensaciones y prestaciones mucho más atractivos que aquellos con ocupaciones en las cuales hay abundancia de candidatos. Los administradores universitarios no tienen problema hoy en día para encontrar maestros de inglés. En contraste, el mercado para los maestros de finanzas corporativas es extremadamente reducido, con una demanda alta y una oferta limitada. Como resultado, el poder de negociación del profesorado de finanzas permite negociar salarios altos, aligerar las cargas de enseñanza y otros beneficios.

INSUSTITUBILIDAD Cuanto menos sustitutos viables tenga un recurso, más poder tendrán los que lo controlan. La educación superior de nuevo proporciona un ejemplo excelente. En universidades donde hay fuertes presiones para que el profesorado publique, el poder del director del departamento sobre un miembro del profesorado está inversamente relacionado con el número de publicaciones de ese miembro. Mientras más reconocimiento reciba el profesor por medio de la publicación, más posibilidades de movimiento tendrá él. Esto es, ya que otras universidades quieren profesores que sean altamente notables y reconocidos por sus publicaciones, hay una demanda cada vez mayor de sus servicios. Aunque el concepto de posesión actúa alterando la relación al restringir las alternativas del director del departamento, aquellos miembros del profesorado que tengan pocas publicaciones o que no hayan publicado tienen menos movilidad y son sujetos de una gran influencia de sus superiores.

Identificación de dónde está el poder

Mike Cisco obtuvo un trabajo de verano, entre su tercero y cuarto años de la universidad, en el laboratorio del Phoenix Lutheran Hospital. Como especialista en química, Mike nunca tomó ningún curso en gerencia o comportamiento organizacional, pero ya había visto algunos organigramas. En su primer día de trabajo, el asistente del departamento de recursos humanos orientó a Mike y le mostró dónde entraba el laboratorio en el organigrama de la organización. Mike se sintió bastante bien. El laboratorio se situaba en un lugar muy alto en el organigrama.

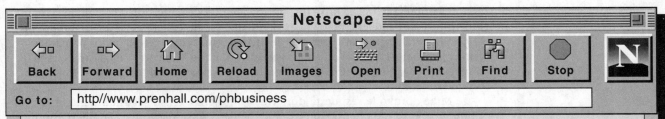

El CO en las noticias

El poder de los subordinados

¡Cuidado con los de abajo! Los jefes no son los únicos con poder en las organizaciones. Los subordinados también tienen poder. Pueden minar la eficacia y la credibilidad que usted tenga con acciones sutiles como la de criticarlo delante de los clientes, compañeros o jefes, o excluirlo de decisiones importantes.

Se contrató a un ejecutivo de publicidad de Nueva York para administrar una cuenta grande de productos de consumo. Se le escogió en lugar de la señora Drew, una candidata interna, que había desarrollado la estrategia de la marca de esa cuenta.

El nuevo ejecutivo supuso ingenuamente que la señora Drew, quien ahora era una de sus subordinadas, lo apoyaría durante su primera gran reunión con un cliente. Estaba equivocado. En la reunión, él recomendó no crear una extensión de la marca. Para su sorpresa, la señora Drew literalmente se dejó caer en su silla, minando en forma abierta sus esfuerzos. Sus acciones para socavarlo no terminaron ahí. Ella continuó desafiando al ejecutivo y dañó su habilidad de desempeño usando sus sólidas relaciones con la demás gente de la agencia, cuyo apoyo él necesitaba. Un director creativo, por ejemplo, no asistió a una reunión crucial con uno de los clientes más grandes, y la agencia perdió la cuenta. Incapaz de obtener credibilidad con sus colegas y clientes, pronto el ejecutivo fue desplazado a otro proyecto. Él renunció un año después. ¿Y la señora Drew? ¡Ella consiguió su ascenso!

Este incidente ilustra el hecho de que cuando un gerente toma un nuevo puesto o encargo, necesita identificar con prontitud a los subordinados subversivos y dar los pasos necesarios para ganar su buena voluntad. Entre los individuos que en particular tienen mayor probabilidad de convertirse en subversivos se incluyen los subordinados que han buscado en forma insatisfactoria el puesto de gerente y los aliados de la persona que ocupaba el puesto. También mantenga en mente que puede ser más fácil para los gerentes ganarse a los subversivos que despedirlos. Estos traidores a menudo han desarrollado relaciones amistosas sólidas con altos ejecutivos, quienes los protegerán en un "tiroteo a muerte". Además, estos nexos con los altos ejecutivos pueden ser utilizados para transmitir información negativa acerca de la forma en que el gerente se desempeña en el puesto.

Basado en J. E. Rigdon, "Look Out Below for Deadly Hits on Your Career", *The Wall Street Journal*, 25 de mayo de 1994, p. B1.

¡Conéctese a la red!

Lo invitamos a que visite la página de Robbins en el sitio de Prentice Hall en la Web:

http://www.prenhall.com/robbinsorgbeh

para el ejercicio de la World Wide Web de este capítulo.

Después de más o menos una semana en el hospital, Mike notó que el gerente del laboratorio no parecía tener la misma autoridad que los gerentes de mercadotecnia y finanzas. Y lo que le extrañaba a Mike era que los tres gerentes estaban al mismo nivel en el organigrama de la organización del hospital.

La primera teoría de Mike fue que los gerentes de mercadotecnia y finanzas eran individuos más audaces, pero era evidente que ése no era el caso. Para casi todos en el hospital era obvio que el gerente de Mike era más inteligente, mejor preparado y tenía más energía que los otros dos gerentes. Así que Mike no sabía dónde estaba la respuesta a por qué los otros dos gerentes parecían ser considerados más importantes que su jefe.

Mike obtuvo la respuesta durante el almuerzo, en su segunda semana. Traci Chou, una empleada temporal de la oficina de admisiones, quien también estudiaba la maestría en administración de empresas, se lo aclaró. "El organigrama es engañoso. No te dice dónde está el poder", dijo Traci. "Hace diez años, tal vez el laboratorio era igual o más importante que finanzas o mercadotecnia, pero ya no. Como la competencia se ha incrementado en la industria del cuidado de la salud, los hospitales han tenido que aprender a reducir costos, hacer más con menos y desarrollar nuevas fuentes de ingresos. Esto ha dado como resultado la expansión del poder de departamentos como finanzas y mercadotecnia en este hospital."

¿Cómo determinaría usted dónde está el poder en una organización en determinado momento? Podemos responder esa pregunta tanto a niveles departamentales como de gerente individual.

A nivel departamental, las respuestas a las siguientes preguntas le darán una buena idea de lo poderoso que es el departamento: ¿Qué proporción de gerentes de alto nivel de la organización proviene del departamento? ¿Está el departamento representado en equipos y comités interdepartamentales importantes? ¿Cómo se compara el salario del gerente principal del departamento con el de los demás de su nivel? ¿Está ubicado el departamento en el edificio de las oficinas generales? ¿Cuál es el tamaño promedio de las oficinas de la gente que trabaja en el departamento, en comparación con las oficinas de otros departamentos? ¿Ha crecido el departamento en número de empleados en relación con otros departamentos? ¿Cuál es el porcentaje de ascensos del personal del departamento en comparación con otras unidades? ¿Se ha incrementado la asignación del presupuesto del departamento en relación con los otros?[12]

Al nivel de gerente individual, hay ciertos símbolos que sugieren que un gerente tiene poder.[13] Aquéllos incluyen la habilidad de interceder en forma favorable en beneficio de alguien que está en problemas en la organización: obtener la aprobación de gastos que rebasan el presupuesto; poner asuntos en la agenda de las reuniones importantes y conseguir un acceso directo a quienes toman las decisiones en la organización.

Los ingenieros de software de Oracle Corporation son importantes y poderosos. Su experiencia técnica e inventiva son cruciales para el éxito futuro de Oracle, así que la compañía les proporciona todos los recursos para facilitar su trabajo. Oracle, la segunda compañía de software más grande del mundo, planea convertirse en un actor importante en la supercarretera de la información y confía en que sus ingenieros desarrollen el software que permitirá que las comunicaciones y los sistemas de computadora trabajen juntos. El equipo de ingenieros que se observa en la fotografía construyó el exitoso Video Server, un programa que proporciona diferentes filmes digitalizados a diferentes localidades y momentos.

Tácticas de poder

Esta sección es una continuación lógica de nuestra discusión previa. Ya revisamos de dónde viene el poder, ahora abordemos el tema de las **tácticas de poder** para aprender cómo los empleados traducen sus bases de poder en acciones específicas. La investigación reciente indica que hay formas estandarizadas por las cuales los que tienen el poder tratan de conseguir lo que quieren.[14]

tácticas de poder
Formas en que los individuos traducen las bases de poder a acciones específicas.

Cuando se pidió a 165 gerentes que elaboraran ensayos donde describieran un incidente que hubiera influido en sus jefes, compañeros de trabajo o subordinados, se obtuvieron 370 tácticas de poder agrupadas en 14 categorías. Se resumieron estas respuestas, se reescribieron en un cuestionario de 58 reactivos, el cual se aplicó a 750 empleados. A estas personas se les preguntó no sólo que hacían para influenciar a otros en el trabajo, sino también las razones posibles para influir en la persona que era su objetivo. Los resultados, que se resumen aquí, nos dan un conocimiento considerable sobre las tácticas de poder —cómo los gerentes influyen en otros y las condiciones en las cuales una táctica se escoge entre otras.[15]

Las conclusiones identificaron siete dimensiones tácticas o estrategias:

◆ *Razón*. Tomar los hechos y los datos para hacer una presentación lógica o racional de ideas.

◆ *Amistad*. Basarse en la adulación, el fomento de la buena voluntad, una actitud humilde y amistosa antes de hacer una petición.

◆ *Coalición*. Obtener el apoyo de otras personas en la organización para apoyar la petición.

◆ *Asertividad*. Utilizar un método directo y demandante como exigir el cumplimiento de las solicitudes, hacer repetidos recordatorios, ordenar a los individuos que cumplan con lo que se les pide y señalarles que las reglas exigen cumplimiento.

◆ *Autoridad superior*. Obtener el apoyo de niveles superiores en la organización para respaldar las peticiones.

◆ *Sanciones*: Utilizar las recompensas y sanciones derivadas de la organización como negar o prometer un incremento salarial, amenazar con dar una evaluación insatisfactoria de desempeño o retener un ascenso.

Los investigadores encontraron que los empleados no confían de igual manera en las siete tácticas. Sin embargo, como se muestra en la ilustración 11-3, la estrategia más popular fue el uso del razonamiento, sin importar si la influencia era ascendente o descendente. Además, los investigadores descubrieron cuatro variables de contingencia que afectaron la selección de la táctica de poder: el poder relativo del gerente, los objetivos que el gerente persigue con la influencia, las expectativas del gerente sobre la voluntad que la persona objetivo tiene que cumplir y la cultura de la organización.

El poder relativo de un gerente afecta la selección de las tácticas de dos maneras. Primero, los gerentes que controlan recursos que son valiosos para otras personas o quienes son percibidos en posiciones de dominio, utilizan mayor variedad de tácticas que aquellos con menos poder. Segundo, los gerentes con poder utilizan la asertividad con más frecuencia que aquellos que tienen menos poder. En principio, podemos esperar que la mayoría de los gerentes traten de utilizar peticiones y razonamientos simples. La asertividad es una estrategia de apoyo, utilizada cuando el blanco de la influencia se rehúsa o parece renuente a cumplir con la petición. La resistencia origina que los gerentes utilicen estrategias más directivas. Por lo común, pasan de hacer las peticiones simples a insistir en que sus demandas se cumplan. Pero el gerente con poder relativamente pequeño es más probable que desista de influenciar a otros cuando encuentre resistencia, ya que percibe que los costos asociados con la asertividad son inaceptables.

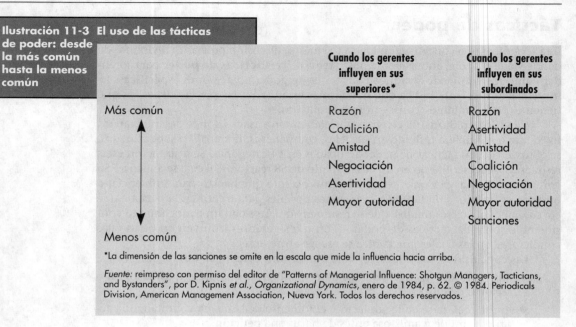

Ilustración 11-3 El uso de las tácticas de poder: desde la más común hasta la menos común

	Cuando los gerentes influyen en sus superiores*	Cuando los gerentes influyen en sus subordinados
Más común	Razón	Razón
↑	Coalición	Asertividad
	Amistad	Amistad
	Negociación	Coalición
	Asertividad	Negociación
↓	Mayor autoridad	Mayor autoridad
Menos común		Sanciones

*La dimensión de las sanciones se omite en la escala que mide la influencia hacia arriba.

Fuente: reimpreso con permiso del editor de "Patterns of Managerial Influence: Shotgun Managers, Tacticians, and Bystanders", por D. Kipnis *et al.*, *Organizational Dynamics*, enero de 1984, p. 62. © 1984. Periodicals Division, American Management Association, Nueva York. Todos los derechos reservados.

Los gerentes varían sus tácticas de poder en relación con sus objetivos. Cuando los gerentes buscan beneficios de un superior, tienden a apoyarse en palabras amables y la promoción de relaciones placenteras; esto es, usan la amistad. En comparación, los gerentes que tratan de persuadir a sus superiores a aceptar nuevas ideas usualmente se apoyan en la razón. Este ajuste de tácticas respecto de los objetivos también es válido para la influencia descendente. Un ejemplo son los gerentes que usan la razón para vender ideas a los subordinados y la amistad para obtener favores.

Las expectativas de éxito de los gerentes guían su elección de tácticas. Cuando la experiencia indica una alta probabilidad de éxito, los gerentes utilizan peticiones sencillas para obtener el cumplimiento. Cuando el éxito es menos predecible, los gerentes están más tentados a recurrir a la asertividad y las sanciones para lograr sus objetivos.

Por último, sabemos que las culturas dentro de las organizaciones difieren en gran medida —por ejemplo, algunas son cálidas, relajadas y apoyadoras; otras son formales y conservadoras. La cultura organizacional en la cual trabaja el gerente, por tanto, tendrá una relación significativa sobre la definición de las tácticas que se consideran apropiadas. Algunas culturas alientan el uso de la amistad; algunas otras estimulan el uso de la razón, otras más se apoyan en las sanciones y la asertividad. Así, la organización en sí misma influirá en el subgrupo de tácticas de poder que los gerentes califiquen como aceptable.

El poder en los grupos: coaliciones

Aquellos que están "fuera del poder" y que procuran estar "dentro", tratarán primero de incrementar su poder individualmente. ¿Por qué compartir los trofeos si uno no tiene que hacerlo? Pero si esto resulta ineficaz, la alternativa es formar una coalición. Hay poder en el número.

Ellen Wessel (derecha) es fundadora y presidenta de Moving Comfort, un fabricante de artículos deportivos para mujeres. Ella ha creado una cultura corporativa que alienta el uso de palabras amables y amistosas. El ambiente en Moving Comfort es cálido y relajado ya que Wessel respalda a sus empleados facultándolos para tomar decisiones. Ella ve a los trabajadores como embajadores de buena voluntad en su compañía y atribuye su rápido crecimiento a la libertad que da a los empleados de hacer las cosas.

La forma natural de obtener influencia es convertirse en un detentador de poder. Por tanto, aquellos que lo desean tratarán de construir una base de poder. Pero, en muchos casos, esto podría ser difícil, arriesgado, costoso o imposible. En tales casos, se harán esfuerzos para formar una coalición de dos o más "fuerzas externas" que, al unirse, pueden combinar sus recursos para incrementar sus respectivas recompensas.[16]

Históricamente, los trabajadores y obreros que no tenían éxito al negociar con sus patrones recurrían a los sindicatos para que negociaran por ellos. En años recientes, los empleados ejecutivos y profesionistas han acudido cada vez más a los sindicatos después de cobrar conciencia de que es difícil ejercer un poder individual para lograr mejores sueldos y una mayor seguridad en el trabajo.

¿Qué pronósticos podemos hacer acerca de la formación de la coalición?[17] Primero, las coaliciones en las organizaciones a menudo buscan maximizar su tamaño. En la teoría de la ciencia política, las coaliciones se mueven en dirección opuesta: —tratan de minimizar su tamaño. Tienden a ser lo suficientemente grandes para ejercer el poder necesario para lograr sus objetivos. Pero las legislaturas son diferentes de las organizaciones. Específicamente, la toma de decisiones en las organizaciones no se limita sólo a la selección de entre un grupo de alternativas. También la decisión debe implantarse. En las organizaciones, la puesta en práctica de la decisión y el compromiso con ésta son cuando menos tan importantes como la misma decisión. Es necesario, por tanto, que las coaliciones en las organizaciones procuren una base amplia que apoye sus objetivos. Esto significa extender la coalición para abarcar tantos intereses como sea posible. Por supuesto, esta expansión de la coalición para facilitar la integración de un consenso, es más probable que ocurra en culturas organizacionales donde la cooperación, el compromiso y la toma compartida de decisiones son de gran valor. Es menos probable que se pretenda maximizar el tamaño de la coalición en las organizaciones controladas autocrática y jerárquicamente.

Otro pronóstico acerca de las coaliciones se relaciona con el grado de interdependencia dentro de la organización. Es más probable que se creen coaliciones donde hay una gran cantidad de tareas e interdependencia de recursos. En contraste, habrá

En Estados Unidos los individuos han tenido poco éxito en tratar de influir la legislación local, estatal y federal para proteger los derechos de aquellos que sufren de SIDA. Sin embargo, las coaliciones como la ACTUP han incrementado con éxito la conciencia pública al respecto y negociado en favor de una mayor protección de los derechos.

menos interdependencia entre las subunidades, y menos actividad de formación de coaliciones donde las subunidades son en gran medida autosuficientes o los recursos son abundantes.

Por último, la formación de coaliciones se verá influida por las tareas reales que hagan los trabajadores. Mientras más rutinaria sea la tarea de un grupo, mayor es la probabilidad de que se formen coaliciones. Cuanto más rutinario sea el trabajo que realice una persona, más grande es la posibilidad de sustituirla y, por tanto, mayor es su dependencia. Para equilibrar esta dependencia, esa persona puede esperar recurrir a una coalición. Vemos, en consecuencia, que los sindicatos tienen mayor atracción para los obreros no calificados y para los no profesionistas que para los calificados y profesionistas. Claro, cuando la oferta de empleados calificados y profesionistas es relativamente alta con respecto a la demanda, o cuando las organizaciones tienen puestos no rutinarios tradicionalmente estandarizados, podríamos esperar que sus ocupantes encuentren atractiva la sindicalización.

El acoso sexual: poder desigual en el lugar de trabajo

El tema del acoso sexual obtuvo una atención mayúscula por las corporaciones y los medios de comunicación masiva en la década de los ochenta, debido al aumento de empleados, sobre todo en ambientes de trabajo no tradicionales. Pero fue en las audiencias del Congreso estadounidense del otoño de 1991, cuando una profesora de leyes, Anita Hill, acusó directamente de acoso sexual al candidato a la Suprema Corte, Clarence Thomas, y desafió a las organizaciones a replantear sus políticas y prácticas contra el hostigamiento sexual.[18]

acoso sexual
Atenciones que no son bien recibidas, peticiones de favores sexuales y otras conductas verbales o físicas de naturaleza sexual.

Legalmente, el **acoso sexual** se define como aquellas acciones indeseables, solicitudes de favores sexuales y otras conductas verbales o físicas de naturaleza sexual. En 1993 una decisión de la Suprema Corte de Estados Unidos ayudó a aclarar esta definición al agregar que la prueba clave para determinar si el acoso sexual había ocurrido, consistía en los comentarios o comportamientos en un ambiente de trabajo que "razonablemente se percibirían y son percibidos, como hostiles o abusivos".[19] Pero continúa habiendo un desacuerdo en lo que *específicamente* constituye un acoso sexual. Las organizaciones en general han hecho progresos considerables en los últimos años hacia la delimitación de formas abiertas de acoso sexual contra las empleadas (¡una excepción obvia es la planta de Mitsubishi, descrita al principio de este capítulo!). Esto incluye caricias físicas no solicitadas ni aceptadas, peticiones recurrentes para salir cuando es evidente que la mujer no está interesada y amenazas coercitivas de que una empleada puede perder su trabajo si rehúsa una proposición sexual. Los problemas, hoy en día, probablemente surjan alrededor de formas más sutiles de acoso sexual —miradas o comentarios indeseados; chistes de color subido; elementos sexuales como calendarios de personas desnudas en el lugar de trabajo, o una mala interpretación de dónde termina el "ser amistoso" y empieza el "acoso".

La mayoría de los estudios confirman que el concepto de poder es central para entender el acoso sexual.[20] Esto parece ser verdad sin importar que el acoso venga de un supervisor, un compañero de trabajo o un subordinado.

La pareja supervisor-empleada caracteriza mejor una relación de poder desigual, donde el poder del puesto le da al supervisor la capacidad de recompensar y coaccionar. Los supervisores dan a los subordinados sus tareas, evalúan su desempeño, hacen recomendaciones para incrementos salariales y ascensos e incluso deciden si una empleada conserva o no su trabajo. Estas decisiones le dan poder al supervisor. Ya que los subordinados quieren evaluaciones de desempeño favorables, incrementos de sueldo y cosas similares, es claro que los supervisores controlan los recursos que la mayoría de los subordinados consideran importantes y escasos. Es importante observar también que los individuos que ocupan papeles de estatus alto (como puestos gerenciales) a veces creen que acosar sexualmente a sus subordinadas es simplemente una extensión de su derecho a exigir a los individuos de estatus inferior. Debido a las desigualdades de poder, el acoso sexual por parte del jefe es el que suele crear las mayores dificultades para aquellas personas que están siendo hostigadas. Si no hay testigos, es la palabra de la subordinada contra la del jefe. ¿Hay otras personas a quienes este jefe ha acosado, y si así es, rendirán testimonio? Debido al control que el supervisor ejerce sobre los recursos, muchas de las personas que han sido hostigadas tienen miedo de hablar por temor a la venganza del supervisor.

◆ En los últimos años, las organizaciones han realizado progresos considerables, tendientes a limitar las formas abiertas de acoso sexual contra las empleadas.

Aunque los compañeros de trabajo no tienen posición de poder, pueden tener influencia y usarla para acosar sexualmente a sus compañeros. De hecho, aunque los compañeros parecen emplear formas menos severas de acoso que los supervisores, son ellos quienes más frecuentemente perpetran el acoso sexual en las organizaciones. ¿Cómo ejercen el poder los colegas? Lo más común es proporcionando o reteniendo información, cooperación y apoyo. Por ejemplo, el desempeño eficaz de la mayoría de los trabajos requiere de la interacción y el apoyo de los compañeros. Esto es especialmente cierto hoy en día cuando el trabajo se asigna a equipos. Al amenazar con retener o retrasar la información que es necesaria para alcanzar con éxito las metas de su trabajo, los compañeros pueden ejercer poder sobre usted.

Aunque no recibe la misma atención que la dedicada al acoso de un supervisor, las mujeres que tienen puestos de poder también pueden ser sujetos de hostigamiento sexual por parte de hombres que ocupan posiciones menos poderosas dentro de la organización. Esto se logra en general con la devaluación de la mujer que hace el subordinado, cuando le aplica los estereotipos tradicionales del sexo femenino (como debilidad, pasividad, falta de compromiso con la carrera) que se reflejan en forma negativa en la mujer que tiene un puesto de poder. Un subordinado podría comprometerse en tales prácticas para tratar de obtener cierto poder sobre la mujer de mayor rango o para minimizar la diferencia de poder.

El tema del acoso sexual se relaciona con el poder. Se refiere a controlar o amenazar a otro individuo. Está mal y, además, es ilegal. Pero puede entenderse cómo el acoso sexual surge en las organizaciones si se le analiza desde el punto de vista de la posesión de poder.

La política: poder en acción

Cuando la gente se reúne en grupos, se ejercerá poder. La gente quiere ampliar un nicho desde el cual ejercer influencia, ganar premios y progresar en sus carreras.[21] Cuando los empleados en las organizaciones convierten su poder en acción, los describimos como que están comprometidos en la política. Aquellos con buenas habilidades políticas tienen la habilidad de usar sus bases de poder con eficacia.[22]

Definición

Abundan definiciones de la política en las organizaciones. Sin embargo, en esencia, éstas se han enfocado en el uso del poder para afectar la toma de decisiones o en el comportamiento de los miembros que tienen un objetivo egoísta y que no está permitido por la organización.[23] Para nuestros propósitos, definiremos el **comportamiento político** en las organizaciones como *aquellas actividades que no se requieren como parte del papel formal de uno en la organización, pero que influyen, o tratan de influir, en la distribución de los beneficios y los perjuicios dentro de la organización.*[24]

Esta definición abarca elementos clave de lo que la mayoría de la gente quiere decir cuando habla acerca de las políticas organizacionales. El comportamiento político está *fuera* de los requerimientos específicos del trabajo propio. El comportamiento exige algún intento de usar las bases de *poder* propio. Además, nuestra definición incluye los esfuerzos para influir en las metas, criterios o procesos empleados para la *toma de decisiones* cuando enunciamos que las políticas tienen que ver con "la distribución de los beneficios y los perjuicios dentro de la organización". Nuestra definición es lo suficientemente amplia como para abarcar comportamientos políticos diversos como retener información clave por parte de los tomadores de decisiones, delatar, esparcir rumores, filtrar información confidencial acerca de las actividades organizacionales a los medios de comunicación, intercambiar favores con otros en la organización en beneficio mutuo y cabildear en beneficio o en contra de un individuo en particular o alternativa de decisión específicos. La ilustración 11-4 proporciona una medición rápida para ayudar a evaluar qué tan político es su lugar de trabajo.

Un comentario final se relaciona con lo que se ha denominado la dimensión de lo "legítimo-ilegítimo" en el comportamiento político.[25] El **comportamiento político legítimo** se refiere a la política normal cotidiana —quejarse con su supervisor, pasar por alto la línea de mando, formar coaliciones, obstruir las políticas organizacionales mediante la inactividad o el apego excesivo a las reglas y desarrollar contactos fuera de la organización por medio de las actividades profesionales propias. Por el otro lado, también están los **comportamientos políticos ilegítimos** que violan las reglas implícitas del juego. Aquellos que realizan tales actividades extremas se designan como individuos que "juegan duro". Son actividades ilegítimas el sabotaje, la delación y las protestas simbólicas como el uso de ropa no ortodoxa o de botones de protesta y el hecho de que grupos de empleados se reporten enfermos simultáneamente.

La vasta mayoría de las acciones políticas organizacionales son de carácter legítimo. Las razones son pragmáticas: las formas ilegítimas extremas de comportamiento político conllevan el riesgo real de perder la pertenencia a la organización o de sufrir sanciones extremas para aquellos que la ponen en práctica, sin tener el suficiente poder para asegurarse de que funcionen.

comportamiento político
Aquellas actividades que no se requieren como parte del papel formal de uno en la organización, pero que influyen, o tratan de influir, en la distribución de beneficios y perjuicios dentro de la organización.

comportamiento político legítimo
Política diaria normal.

comportamiento político ilegítimo
Comportamiento político extremo que viola las reglas implícitas del juego.

Ilustración 11-4 Una forma rápida de medir cuán político es su lugar de trabajo

¿Qué tan político es su lugar de trabajo? Conteste estas 12 preguntas usando la siguiente escala:

FD = Fuertemente en desacuerdo

D = Desacuerdo

I = Inseguro

A = De acuerdo

FA = Fuertemente de acuerdo

1. Los gerentes a menudo usan el sistema de selección para contratar sólo a la gente cuando que puede ayudarle en el futuro. _____

2. Las reglas y políticas concernientes a los excesos y al salario son justas; es la manera en que los supervisores aplican tales políticas supervisores lo que es injusto y convenenciero. _____

3. Las calificaciones de desempeño que la gente recibe de sus supervisores reflejan más la "agenda personal" de los supervisores que el desempeño actual del empleado. _____

4. Aunque mucho de lo que mi supervisor haga aquí parece estar dirigido a ayudar a los empleados, su intención real es protegerse él mismo. _____

5. Hay camarillas o "grupos internos" que obstaculizan la eficiencia aquí. _____

6. Mis compañeros sólo se preocupan por ellos mismos, no ayudan a los demás. _____

7. He visto gente que en forma deliberada distorsiona la información que otros solicitan, ya sea restringiéndola o informándola de manera selectiva con el propósito de obtener algún beneficio personal. _____

8. Cuando mis compañeros me ofrecen alguna ayuda, esperan conseguir algo. _____

9. El favoritismo, y no el mérito, es lo que determina quién sobresale en esta empresa. _____

10. Usted consigue lo que desea si sabe cuál es la persona adecuada a quien pedirlo. _____

11. Todas, las reglas y políticas concernientes a la promoción y salario son específicas y están bien definidas. _____

12. Las políticas salariales y de ascenso casi siempre se comunican con claridad en esta organización. _____

Este cuestionario propone las tres dimensiones notables que están relacionadas con la política: comportamiento del supervisor; el comportamiento de los compañeros de trabajo y las políticas y prácticas organizacionales. Para calcular la calificación de las preguntas 1 al 10, asigne 1 punto por cada FD; 2 puntos por una D; y así sucesivamente (hasta 5 puntos para fuertemente de acuerdo). Para las preguntas 11 y 12, invierta la calificación (por ejemplo, 1 punto para fuertemente de acuerdo, etc.). Sume el total: entre más alta sea la calificación total, mayor será el grado de la política organizacional percibida.

Fuente: G. R. Ferris, D. D. Frink, D. P. S. Bhawuk, J. Zhou y D. C. Gilmore, "Reactions for Diverse Groups to Politics in Workplace", *Journal of Management*, vol. 22, núm. 1, 1996, pp. 32-33.

La realidad de la política

La política es un hecho de la vida en las organizaciones. La gente que no lo toma en cuenta lo hace bajo su propio riesgo. ¿Pero uno podría preguntarse por qué debe existir la política? ¿No es posible para una organización estar libre de política? Es *posible*, pero muy improbable.

Las organizaciones están formadas por individuos y grupos de diferentes valores, metas e intereses.[26] Esto propicia el potencial para que surja un conflicto sobre los recursos. Los presupuestos departamentales, la distribución de espacios, las responsabilidades de proyecto y los ajustes de salario son sólo algunos ejemplos de los recursos sobre los cuales los miembros de una organización estarán en desacuerdo.

Los recursos en las organizaciones también están limitados, lo cual a menudo hace que el conflicto potencial se convierta en real. Si los recursos fueran abundantes, entonces todos los diversos grupos dentro de la organización podrían satisfacer sus metas. Pero debido a que están limitados, no todos los intereses pueden satisfacerse. Además, ya sea cierto o no, las ganancias de un individuo o grupo a menudo se *perciben* como logros a expensas de los demás. Estas fuerzas crean la competencia entre los miembros por los recursos limitados de la organización.

◆ **La política es un hecho de la vida en las organizaciones.**

Quizá el factor más importante que favorece la política dentro de las organizaciones es saber que la mayoría de los "hechos" que sirven de base para distribuir los recursos limitados están abiertos a la interpretación. ¿Qué es, por ejemplo, un *buen* desempeño? ¿Qué es un mejoramiento *adecuado*? ¿Qué constituye un trabajo *no satisfactorio*? Una persona puede considerar que determinado acto es un "esfuerzo desinteresado en beneficio de la organización"; pero el mismo acto puede parecer un "intento evidente de favorecer un interés propio".[27] El entrenador de cualquier liga mayor de béisbol sabe que un bateador de .400 tiene un alto desempeño y que un bateador de .15 tiene un desempeño pobre. Usted no necesita ser un genio del béisbol para saber que debería jugar con su bateador de .400 y regresar al de .125 a las ligas menores. ¿Pero qué pasa si tiene que escoger entre jugadores con puntajes de .280 y .290? Entonces otros factores —menos objetivos— entran en juego; la experiencia en el campo, la actitud, el potencial, la habilidad para desempeñarse en la recepción, la lealtad al equipo, etc. Las decisiones gerenciales se parecen más a escoger entre un bateador de .280 y uno de .290 que entre uno de .125 y otro de .400. Es en este terreno extenso y ambiguo de la vida organizacional —donde los hechos no hablan por ellos mismos— donde florece la política (véase la ilustración 11-5).

Por último, debido a que la mayoría de las decisiones tienen que tomarse en un clima de ambigüedad —donde los hechos rara vez son objetivos y, por tanto, abiertos a la interpretación— la gente dentro de las organizaciones echarán mano de cualquier influencia a su alcance para teñir los hechos, de tal modo que sirvan de apoyo a sus metas e intereses. Esto, por supuesto, da pie a las actividades que conocemos como *politiquilla* o *politiquería*.

En consecuencia, la respuesta a la pregunta anterior sobre si es o no es posible que una organización esté libre de política, podría ser: "sí", si todos los miembros de esa organización tienen las mismas metas e intereses; si los recursos organizacionales no son escasos, y si los resultados del desempeño son claros y objetivos. ¡Pero eso no es lo que caracteriza al mundo organizacional en que vive la mayoría de nosotros!

Factores que contribuyen al comportamiento político

No todos los grupos u organizaciones son igualmente políticos. En algunas organizaciones, por ejemplo, la politiquería es abierta y rampante, mientras que en otras desempeña un papel menor en la influencia de los resultados. ¿Por qué existe esta variación? Las investigaciones recientes han identificado algunos factores que parecen contribuir al comportamiento político. Algunos son características individuales,

Ilustración 11-5 La política está en los ojos del observador

Un comportamiento que una persona reconoce como "política organizacional" es muy probable que sea caracterizado por otra como un ejemplo de "gerencia eficaz". El hecho no es que la gerencia eficaz sea necesariamente política, aunque en algunos casos sí pudiera serlo. Más bien, el punto de referencia de una persona determina lo que califique como política organizacional. Eche una mirada a las siguientes etiquetas utilizadas para describir el mismo fenómeno. Éstas sugieren que la política, como la belleza, está en los ojos del observador.

Etiqueta "política"	Etiqueta del gerente "efectivo"
1. Culpar a los demás	1. Determinar la responsabilidad
2. "Acariciar"	2. Fomentar las relaciones de trabajo
3. Adular	3. Demostrar lealtad
4. Pasar el muerto (evadir la responsabilidad)	4. Delegar autoridad
5. Cubrirse las espaldas	5. Documentar las decisiones
6. Crear conflictos	6. Alentar el cambio y la innovación
7. Formar coaliciones	7. Facilitar el trabajo en equipo
8. Delatar	8. Mejorar la eficiencia
9. Conspirar	9. Planear
10. Mostrar alta necesidad de logro	10. Competente y capaz
11. Ser ambicioso	11. Orientado a su carrera
12. Ser oportunista	12. Astuto
13. Ser mañoso	13. De mente práctica
14. Ser arrogante	14. Seguro de sí mismo
15. Ser perfeccionista	15. Atento al detalle

Esta ilustración está basada en T. C. Krell, M. E. Mendenhall y J. Sendry, "Doing Research in the Conceptual Morass of Organizational Politics", ensayo presentado en la Western Academy of Management Conference, Hollywood, CA, abril de 1987.

derivadas de las cualidades específicas de la gente que trabaja en las organizaciones; otros son resultado de la cultura organizacional o el ambiente interno.

La figura 11-6 ilustra cómo los factores tanto individuales como organizacionales pueden incrementar el comportamiento político y proporcionar resultados favorables (recompensas incrementadas y evasión de las sanciones), tanto para individuos como para grupos en las organizaciones.

FACTORES INDIVIDUALES A nivel individual, los investigadores han identificado ciertas características de la personalidad, necesidades y otros factores que probablemente estén relacionados con el comportamiento político. En términos de rasgos personales, encontramos que los empleados que califican alto en introspección, poseen un *locus* de control interno y una gran necesidad de poder, tienen mayor probabilidad de adoptar un comportamiento político.[28]

El que califica alto en introspección es más sensible a las señales sociales, muestra niveles más altos de conformidad social y es más probable que sea más hábil en el comportamiento político que el introspectivo bajo. Los individuos con un *locus* de control interno, debido a que creen que pueden controlar su ambiente, están más dispuestos a tomar una actitud más proactiva y tratar de manipular las situaciones en su favor. No es de sorprender que la personalidad maquiavélica —la cual se caracteriza por la voluntad de manipular y el deseo de poder— se sienta cómoda usando la política como un medio para promover sus propios intereses.

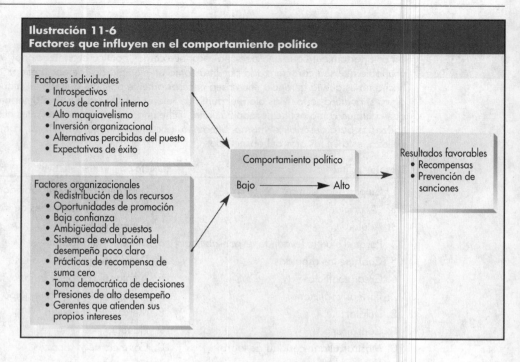

Ilustración 11-6
Factores que influyen en el comportamiento político

Factores individuales
• Introspectivos
• *Locus* de control interno
• Alto maquiavelismo
• Inversión organizacional
• Alternativas percibidas del puesto
• Expectativas de éxito

Factores organizacionales
• Redistribución de los recursos
• Oportunidades de promoción
• Baja confianza
• Ambigüedad de puestos
• Sistema de evaluación del desempeño poco claro
• Prácticas de recompensa de suma cero
• Toma democrática de decisiones
• Presiones de alto desempeño
• Gerentes que atienden sus propios intereses

Comportamiento político
Bajo ⟶ Alto

Resultados favorables
• Recompensas
• Prevención de sanciones

Además, la inversión de un individuo en la organización, las alternativas que percibe y las expectativas del éxito influirán en el grado en el cual pondrá en práctica medios ilegítimos de acción política.[29] Mientras más una persona haya invertido en la organización en términos de expectativas de mayores beneficios futuros, más tiene que perder si se le fuerza a salir y menos probabilidad hay de que utilice medios ilegítimos. Mientras más oportunidades o alternativas de trabajo tenga un individuo —debido a un mercado favorable o a la posesión de habilidades o conocimientos difíciles de encontrar, una reputación prominente o contactos influyentes externos a la organización— es más probable que se arriesgue con acciones políticas ilegítimas. Finalmente, si un individuo tiene pocas expectativas de éxito al utilizar medios ilegítimos, es improbable que trate de emplearlos. Es más probable que las grandes expectativas de éxito mediante el uso de medios ilegítimos atañan tanto a individuos experimentados y poderosos con habilidades políticas pulidas, como a empleados sin experiencia e ingenuos que calculan mal sus riesgos.

FACTORES ORGANIZACIONALES La actividad política tal vez es más una función de las características de la organización que de las diferentes variables individuales. ¿Por qué? Debido a que muchas organizaciones tienen un gran número de empleados con las características individuales aquí listadas; sin embargo, la magnitud del comportamiento político varía ampliamente.

Aunque admitimos el papel que las diferencias individuales pueden jugar en el fomento de la politiquería, la evidencia apoya con más fuerza que ciertas situaciones y culturas promueven la política. De modo más específico, cuando los recursos de una organización están disminuyendo, cuando el patrón existente de recursos está cambiando y cuando hay oportunidad de ascensos, es más probable que surja la política.[30] Además, las culturas que se caracterizan por la escasa confianza, la ambigüedad en los puestos, los sistemas oscuros de evaluación del desempeño, las prácticas de distribución de recompensas de suma cero, la toma democrática de decisiones, las fuertes presiones hacia un buen desempeño y los altos gerentes que velan por sus propios intereses crean las condiciones idóneas para la politiquería.[31]

Cuando las organizaciones se adelgazan para mejorar la eficiencia, se hacen reducciones en los recursos. Al sentirse amenazadas con la pérdida de recursos, las personas podrían comprometerse en acciones políticas para salvaguardar lo que tienen. Pero cualquier cambio, en especial aquellos que implican una reasignación significativa de los recursos dentro de la organización, tiende a estimular el conflicto e incrementar la politiquería.

Se ha encontrado que las decisiones de ascensos consistentemente son uno de los elementos más políticos en las organizaciones. La oportunidad de ascensos o progreso alienta a la gente a competir por un recurso limitado y a tratar de influenciar en forma positiva en el resultado de la decisión.

Mientras menos confianza haya dentro de la organización, más alto será el nivel de comportamiento político y más probable es que sea de una clase ilegítima. Así que la confianza absoluta debería suprimir el nivel del comportamiento político en general e inhibir las acciones ilegítimas en particular.

La ambigüedad en los puestos significa que los comportamientos prescritos para el empleado no son claros. Hay menos límites, por tanto, en el alcance y las funciones para las acciones políticas del empleado. Ya que las actividades políticas se definen como aquellas que no se requieren como parte del papel laboral formal, mientras más grande sea la ambigüedad del puesto, uno puede comprometerse más en la actividad política con poca oportunidad de que se haga notoria.

La práctica de la evaluación del desempeño está lejos de ser una ciencia perfecta. Mientras más usen las organizaciones criterios subjetivos en la evaluación, enfaticen una sola medida de resultados o permitan que transcurra tiempo significativo entre la ejecución de una acción y su evaluación, más grande es la probabilidad de que un empleado pueda dedicarse a la politiquería. Los criterios subjetivos de desempeño crean ambigüedad. El uso de una medición única de resultados alienta a los individuos a hacer lo que sea necesario para "verse bien" en esa medición, pero con frecuencia a expensas de desempeñarse bien en otros aspectos importantes del trabajo que no se están evaluando. La cantidad de tiempo que pasa entre una acción y su evaluación también es un factor relevante. Mientras más largo sea el periodo, menos probable es que se responsabilice al empleado de su comportamiento político.

Mientras más enfatice la cultura de una organización el método de la suma-cero o ganar-perder para distribuir las recompensas, más motivados estarán los empleados a involucrarse en la politiquería. El método de la suma-cero trata el pastel de las recompensas como si fuera fijo, así que cualquier ganancia que obtenga una persona o un grupo tiene que ser a expensas de otra persona o grupo. ¡Si yo gano, usted debe perder! Si se distribuirán $10,000 en incrementos anuales entre cinco empleados, entonces cualquier empleado que consiga más de $2,000 le quitará dinero a uno o más de los otros empleados. Tal práctica alienta a hacer que los demás se vean mal y a incrementar la notoriedad de lo que usted hace.

En los últimos 25 años ha habido un movimiento general en Estados Unidos y en muchas de las naciones desarrolladas tendiente a lograr que las organizaciones sean menos autocráticas. Se pide a los gerentes de estas organizaciones que se comporten de manera democrática. Se les dice que deberían permitir a los subordinados que les den consejos en decisiones y que deberían apoyarse en gran medida en la contribución del grupo al proceso de toma de decisiones. Tales movimientos en favor de la democracia, sin embargo, no necesariamente han sido bien acogidos por los gerentes individualistas. Muchos de éstos buscaron llegar a sus posiciones a fin de tener un poder legítimo y así poder tomar decisiones unilaterales. Lucharon muy duro y con frecuencia pagaron altos costos personales para alcanzar sus puestos influyentes. Compartir el poder con los demás va contra sus deseos. El resultado es que los gerentes, en especial aquellos que empezaron su carrera en las décadas de los cincuenta y sesenta, podrían utilizar los comités, las conferencias o reuniones de grupo que se requieran en una forma superficial, como terreno de juego para maniobrar y manipular.

General Electric quiere que sus gerentes compartan el poder con los empleados. GE está derribando las barreras autocráticas entre los trabajadores y la gerencia que "acalambran a la gente, inhiben la creatividad, sofocan los sueños y, por encima de todo, alentan las cosas". GE espera que los gerentes se comporten más democráticamente fomentando el trabajo en equipo y recompensando a los empleados que sugieren ideas para mejorar. Esta fotografía ilustra el movimiento de GE hacia la democracia: un gerente de la planta de la compañía en Louisville, Kentucky, y un empleado trabajan juntos para mejorar la rentabilidad de la planta.

Entre más presión sientan los empleados para desempeñarse bien, es más probable que se comprometan en actitudes de politiquería. Cuando la gente es estrictamente responsable de los resultados, tiene gran presión de "verse bien". Si una persona percibe que toda su carrera depende de las cifras de venta del siguiente cuatrimestre o del informe de productividad de la planta del siguiente mes, hay motivación para hacer lo que sea necesario a fin de asegurarse de que los números serán favorables.

Por último, cuando los empleados ven que la gente de niveles superiores se involucra en comportamientos políticos, en especial cuando tienen éxito y reciben recompensas por eso, se crea un clima que fomenta la politiquería. Las actividades de este tipo por parte de la alta gerencia, en cierto sentido, dan el permiso a aquellos que están abajo en la jerarquía de la organización de jugar a la política, al implicar que tal comportamiento es aceptable.

Manejo de la imagen

Sabemos que la gente tiene un interés continuo en la medida en que los demás los perciben y evalúan. Por ejemplo, los estadounidenses gastan miles de millones de dólares en dietas, membresías de clubes de salud, cosméticos y cirugías plásticas —todo con la intención de hacerse más atractivos para los demás.[32] Ser percibido de manera positiva por los demás debe tener beneficios en el ámbito organizacional. Por ejemplo, en principio, podría ayudarnos a obtener el trabajo que desea en una organización y, una vez contratado, conseguir evaluaciones favorables, mayores incrementos de salario y ascensos más rápidos. En un contexto político, podría ayudar a inclinar la balanza de la distribución de las ventajas en su favor.

El proceso mediante el cual los individuos tratan de controlar la impresión que los demás tienen de ellos se denomina **manejo de la imagen.**[34] Es un tema que sólo recientemente ha recibido la atención de los investigadores del CO.[35]

¿Está todo el mundo interesado en el manejo de la imagen (MI)? ¡No! Entonces, ¿de quién, podría predecirse que hará un buen papel en el MI? ¡Aquí no hay

manejo de la imagen
Proceso mediante el cual los individuos tratan de controlar la impresión que los demás tienen de ellos.

De los conceptos a las habilidades

La politiquería

Olvide, por un momento, la ética de la politiquería y cualquier impresión negativa que pudiera tener usted de la gente que participa en la política organizacional. Si quiere saber más sobre la política de su organización, ¿qué podría hacer? Es probable que las siguientes ocho sugerencias le ayuden a mejorar su eficacia política.[35]

1. *Enmarque los argumentos en términos de las metas organizacionales.* La politiquería eficaz requiere camuflajear sus intereses propios. No importa que su objetivo sea en su propio beneficio; todos los argumentos que presente deben enmarcarse en función de los beneficios que obtendrá la organización. La gente cuyas acciones persigan descaradamente sus propios intereses a expensas de los de la organización será casi universalmente denunciada, es probable que pierdan influencia y a menudo sufren la penalidad definitiva de ser expulsados de la organización.

2. *Desarrolle la imagen adecuada.* Si usted conoce la cultura de su organización, usted entiende lo que la organización quiere y valora de sus empleados —en términos de vestido, personas con quienes deben cultivarse o evitarse las relaciones; si se debe presentar como alguien que

corre riesgos o que los evade, el estilo preferido de liderazgo, la importancia que se da a llevarse bien con los demás, etc.—, entonces estará equipado para proyectar la imagen apropiada. Debido a que la evaluación de su desempeño no es un proceso completamente objetivo, deben atenderse tanto el estilo como la sustancia.

3. *Obtener el control de los recursos de la organización.* El control de los recursos organizacionales que son escasos e importantes es una fuente de poder. El conocimiento y la experiencia son recursos particularmente eficaces que hay que controlar. Lo hacen a usted más valioso para la organización y, por tanto, es más probable que obtenga seguridad, progreso y buena recepción de sus ideas.

4. *Parezca indispensable.* Debido a que estamos tratando con apariencias y no con hechos objetivos, usted puede incrementar su poder si parece indispensable. Esto es, usted no tiene realmente que ser indispensable mientras la gente clave de la organización crea que lo es. Si los tomadores de las decisiones de la organización creen que no hay un sustituto listo para aportar a la organización lo que usted está dando, es probable que le den grandes concesiones para asegurarse

de que sus deseos son satisfechos.

5. *Sea visible.* Debido a que la evaluación del desempeño tiene un componente subjetivo sustancial, es importante que su jefe y aquellos que detentan el poder en la reorganización conozcan su contribución. Si usted es lo suficientemente afortunado como para tener un puesto que ponga sus logros ante la atención de los demás, no sería necesario tomar medidas directas para incrementar su visibilidad. Pero su trabajo podría requerir que usted manejara las actividades que no son notorias, o cuya constitución específica no sea definible debido a que usted es parte de una empresa de equipo. En tales casos —*sin que parezca que usted toca su propio son o fanfarronea*— querrá llamar la atención sobre sus logros sobresaltando sus éxitos en reportes rutinarios, haciendo que los clientes satisfechos comuniquen su agradecimiento con los altos ejecutivos de su organización, dejándose ver en actos sociales, participando activamente en sus asociaciones profesionales, desarrollando alianzas con individuos poderosos que hablen positivamente de sus logros y tácticas similares. Claro, el político hábil negocia en forma activa y con éxito para conseguir aquellos proyectos que incrementarán su visibilidad.

(continúa)

6. *Desarrolle aliados poderosos.* Le ayuda tener gente poderosa de su lado. Cultive los contactos con gente potencialmente influyente por encima de usted, a su propio nivel y en los rangos inferiores. Pueden proporcionarle información importante que pudiera no estar disponible a través de los canales normales. Además, habrá ocasiones cuando las decisiones sean tomadas en favor de aquellos que tengan el mayor apoyo. Tener aliados poderosos puede proporcionarle una coalición de apoyo cuando la necesite.

7. *Evite a los miembros "contaminados".* En casi toda organización, hay miembros marginales cuyo estatus es cuestionable. Su desempeño y/o lealtad están bajo sospecha. Mantenga su distancia de tales individuos. Dada la realidad de que la eficacia tiene un gran componente subjetivo, su propia eficacia podría cuestionarse si se le percibe como demasiado cercano a los miembros contaminados.

8. *Apoye a su jefe.* Su futuro inmediato está en las manos de su actual jefe. Ya que él evalúa su desempeño, en general usted querrá hacer lo que sea necesario para tener a su jefe de su lado. Debe realizar todos los esfuerzos posibles para ayudar a su jefe a tener éxito, hágalo verse bien, apóyelo si está bajo un ataque y dedique tiempo a encontrar qué criterios usará para evaluar su eficacia. No menosprecie la posición de su jefe. Y no hable negativamente de él con los demás.

sorpresas! Es nuestro viejo amigo, el alto introspectivo.[36] Quienes califican bajo en introspección tienden a presentar imágenes de ellos mismos que son consistentes con sus personalidad, a pesar de los efectos benéficos o adversos que conlleven. En contraste, los introspectivos altos son buenos para reconocer las situaciones y moldear su apariencia y comportamiento a fin de ajustarse a cada situación.

Si quisiera controlar la impresión que otros tienen de usted, ¿qué técnicas podría utilizar La ilustración 11-7 resume algunas de las técnicas de MI más populares y proporciona un ejemplo de cada una.

Tenga en cuenta que el MI no sólo implica que las impresiones que la gente transmite son necesariamente falsas (aunque, por supuesto, a veces lo son).[37] Las excusas y las aclamaciones, por ejemplo, podrían ofrecerse con sinceridad. En referencia a los ejemplos de la ilustración 11-7, uno puede creer *realmente* que los anuncios contribuyen poco a las ventas en su región o que uno mismo es la clave en la triplicación de ventas de su división. Pero los juicios erróneos pueden tener un alto costo. Si la imagen sostenida es falsa, usted puede ser desacreditado.[38] Si usted grita "ahí viene el lobo" muy a menudo, es probable que nadie le crea cuando el lobo realmente venga. Así que el manejo de la imagen debe hacerse con cautela para que no sea percibido como una mentira o manipulación.[39]

¿Hay situaciones donde los individuos tienen más probabilidad de que se les represente en forma equivocada o de que se salgan con la suya? Sí —situaciones que se caracterizan por la alta incertidumbre o ambigüedad.[40] Estas situaciones proporcionan relativamente poca información como para cuestionar un argumento fraudulento y reducir los riesgos asociados con una falsa representación.

Sólo un número limitado de estudios se han llevado a cabo para probar la eficacia de las técnicas de MI, y aquéllos se han limitado sobre todo a determinar si un comportamiento de MI está relacionado o no con el éxito de la entrevista para conseguir trabajo. Lo anterior hace particularmente relevante a esta área de estudio ya que es evidente que los solicitantes tratan de proyectar imágenes positivas de ellos mismos y hay medidas relativamente objetivas de los resultados (evaluaciones por escrito y casi siempre la recomendación de contratar o no a los candidatos).

La evidencia es que sí funciona el comportamiento del MI.[41] En un estudio, por ejemplo, los entrevistadores sentían que aquellos solicitantes a un puesto de representante de servicio al cliente que usaban técnicas de MI se desempeñaban mejor en las entrevistas y los entrevistadores de alguna manera parecían inclinarse más a con-

Ilustración 11-7 Técnicas de manejo de la imagen (MI)

Conformidad

Estar de acuerdo con la opinión de alguien a fin de ganar su aprobación.

Ejemplo: un gerente le dice a su jefe: "Tu plan de regularización para la oficina regional del oeste es absolutamente correcto. No podría estar más de acuerdo contigo."

Excusas

Explicaciones sobre un evento que ha provocado un problema, dirigidas a disminuir la aparente seriedad del caso.

Ejemplo: el gerente de ventas le comenta al jefe: "No pudimos publicar el anuncio a tiempo, pero de todas formas nadie responde a esos anuncios."

Disculpas

Admitir la responsabilidad de un evento no deseado y buscar simultáneamente conseguir el perdón por dicha acción.

Ejemplo: el empleado le dice a su jefe: "Siento haber cometido ese error en el informe. Por favor, perdóname."

Aclamación

Explicación de un hecho favorable para maximizar las implicaciones que uno desearía.

Ejemplo: el agente de ventas informa a un compañero: "Las ventas en nuestra división casi se han triplicado desde que me contrataron."

Adulación

Halagar a los demás exaltando de sus virtudes en un intento de parecer perceptivo y agradable.

Ejemplo: el recién contratado cuenta a un compañero: "¡Manejaste con mucho tacto la queja de ese cliente! Yo nunca lo hubiera podido manejar tan bien como tú."

Favores

Hacer algo en favor de alguien para ganarse su aprobación.

Ejemplo: el agente de ventas le dice al cliente potencial: "Tengo dos boletos para la función de teatro de esta noche y no los puedo usar. Tómelos. Considérelos un agradecimiento por el tiempo que me dedicó."

Asociación

Favorecer o proteger la imagen propia manejando la información acerca de la gente y las cosas con las cuales se le asocia a uno.

Ejemplo: un solicitante de trabajo le dice al entrevistador: "¡Qué coincidencia!, su jefe y yo fuimos compañeros de habitación en la universidad."

Fuente: basado en B. R. Schlenker, *Impression Management* (Monterey, CA: Brooks/Cole, 1980); W. L. Gardner y M. J. Martinko, "Impression Management in Organizations", *Journal of Management*, junio de 1988, p. 332; y R. B. Cialdini, "Indirect Tactics of Image Management: Beyond Basking", en R. A. Giacalone y P. Rosenfeld (eds.), *Impression Management in the Organization* (Hillsdale, NJ: Lawrence Erbaum Associates, 1989), pp. 45-71.

tratar esas personas.[42] Además, cuando los investigadores consideraron el respaldo académico y la experiencia de los solicitantes, concluyeron que fueron sólo las técnicas de MI lo que influyó en los entrevistadores.

Es decir, no pareció importar que los solicitantes estuvieran muy bien o pobremente calificados. Si ellos aplicaban las técnicas de MI, se desempeñaban mejor en la entrevista. Otro estudio sobre las entrevistas de empleo se enfocó en descubrir si ciertas técnicas de MI trabajaban mejor que otras.[43] Los investigadores compararon a los solicitantes que empleaban técnicas de MI que se enfocaban en la conversación sobre ellos mismos (llamado *estilo controlador*) con los solicitantes que aplicaban técnicas que se enfocaban en el entrevistador (conocido como *estilo sumiso*). La hipótesis de

◆ **Los solicitantes del trabajo que usaron técnicas de manejo de la imagen se desempeñaron mejor en las entrevistas.**

los investigadores era que los solicitantes que usaban el estilo controlador serían más eficaces debido a las expectativas implícitas inherentes en las entrevistas de trabajo. Tendemos a esperar que los solicitantes al trabajo destaquen sus logros y cualidades, se autopromuevan y empleen otras técnicas activas de control en una entrevista ya que reflejan la confianza en ellos mismos e iniciativa. Los investigadores pronosticaron que estas técnicas de control activas funcionarían mejor para solicitantes que las tácticas de sumisión como adecuar sus opiniones a las del entrevistador y ofrecer favores al entrevistador. Los resultados confirmaron los pronósticos de los investigadores. Aquellos solicitantes que usaron el estilo controlador obtuvieron altas calificaciones por parte de los entrevistadores sobre factores como la motivación, el entusiasmo, y aun habilidades técnicas —y recibieron más ofertas de trabajo. Un estudio más reciente confirmó el valor del estilo controlador sobre el sumiso.[44] Específicamente, los recién egresados de la universidad que usaron más las tácticas de autopromoción consiguieron mejores evaluaciones por parte de los entrevistadores y más visitas de seguimiento al lugar de trabajo, aun después de ajustarse al promedio, al género y al tipo de trabajo.

Comportamientos defensivos

La política organizacional incluye la protección del interés propio así como los ascensos. Los individuos a menudo muestran comportamientos reaccionarios y protectores "defensivos" para evitar la acción, la culpa o el cambio.[45] En esta sección se discute sobre variedades de **comportamientos defensivos,** clasificados por su objetivo.

comportamiento defensivo
Comportamiento reactivo y proteccionista para evitar la acción, la culpa o el cambio.

EVASIÓN DE LA ACCIÓN   A veces la mejor estrategia política es evitar la acción. Esto es, ¡la mejor acción es ninguna acción! Sin embargo, las expectativas del papel que se desempeña dictan que al menos se dé la impresión de hacer algo. Aquí hay seis maneras populares de evitar la acción:

1. *Acatamiento excesivo*. Se interpreta estrictamente su responsabilidad al decir cosas como: "las reglas claramente dicen..." o "Ésta es la forma en que siempre lo hemos hecho". El estricto apego a las reglas, políticas y precedentes evita la necesidad de considerar las variaciones de un caso en particular.

2. *Pasar el muerto*. Se transfiere la responsabilidad de la ejecución de una tarea o decisión a alguien más.

3. *Hacerse el tonto*. Ésta es una forma de incompetencia estratégica. Usted evita una tarea que no quiere al alegar ignorancia o inhabilidad.

4. *Despersonalización*. Usted trata a la demás gente como objetos o números: con ello se distancia de los problemas y evita tener que considerar la idiosincrasia de la gente en particular o el impacto que los eventos tengan sobre ellos. Los médicos de los hospitales a menudo se refieren a sus pacientes por el número de cuarto o enfermedad, a fin de evitar involucrarse personalmente con ellos.

5. *Alargamiento y aplanamiento*. Alargar se refiere a prolongar una tarea para que usted parezca ocupado. Por ejemplo, convertir una tarea de dos semanas en un trabajo de cuatro meses. Aplanamiento se refiere a cubrir las fluctuaciones en el esfuerzo o producción. Ambas prácticas están diseñadas para hacerlo parecer continuamente ocupado y productivo.

6. *Estancamiento*. Esta táctica de "arrastrar los pies" requiere que, en público, usted parezca que más o menos apoya, mientras, en privado, hace poco o nada.

EVASIÓN DE RESPONSABILIDAD   ¿Qué puede hacer usted para evitar la culpa de los resultados negativos reales o anticipados? Puede intentar poner en práctica una de las siguientes tácticas:

1. *Amortiguamiento*. Ésta es una manera elegante para referirse a la acción de "cubrirse las espaldas". Describe la práctica de documentar rigurosamente la actividad para proyectar una imagen de competencia y escrupulosidad. "No puedo proporcionar esa información a menos que obtenga una requisición escrita formal de usted", es un ejemplo.

2. *Jugar a lo seguro*. Encierra las tácticas diseñadas para evadir situaciones que podrían reflejarse en forma desfavorable sobre usted. Incluye aceptar sólo proyectos que tengan una alta probabilidad de éxito, tomar decisiones riesgosas sólo si son aprobadas por los superiores, calificar expresiones de juicio y tomar una posición neutral en los conflictos.

3. *Justificar*. Esta táctica incluye desarrollar explicaciones que disminuyan su responsabilidad de un resultado negativo y/o disculparse para mostrar remordimiento.

4. *Chivo expiatorio*. Éste es el clásico esfuerzo de echar indebidamente la culpa de un resultado negativo a factores externos. "Hubiera tenido el documento a tiempo pero se descompuso mi computadora —y perdí todo—, justamente el día anterior a la fecha límite."

5. *Representación incorrecta*. Esta táctica involucra la manipulación de la información al distorsionar, embellecer, engañar, presentar selectivamente u ofuscar.

6. *Escalamiento del compromiso*. Una manera de defender una mala decisión desde el principio y un curso de acción que está fracasando es escalar el apoyo de la decisión. Al intensificar más el compromiso de los recursos al curso previo de acción, no indica que la decisión inicial no estaba equivocada. Cuando usted "tira dinero bueno al malo", usted demuestra seguridad en las acciones pasadas y consistencia con el tiempo.

EVASIÓN DEL CAMBIO Finalmente, hay dos formas de defensa que la gente pone en práctica a menudo, cuando se siente personalmente amenazada por el cambio:

1. *Resistencia al cambio*. Éste es un nombre que abarca toda una variedad de comportamientos, incluyendo algunas formas de acatamiento excesivo, o de retrasar, jugar a lo seguro y representar incorrectamente.

2. *Protección del campo*. Consiste en defender el territorio personal de la usurpación de los demás. Como un ejecutivo de compras comentó: "Dígale a los de producción que es trabajo nuestro hablar con los vendedores, no de ellos."

LOS EFECTOS DEL COMPORTAMIENTO DEFENSIVO A corto plazo, el uso amplio de acciones defensivas podría promover el interés personal de un individuo. Pero a largo plazo, es más frecuente que se conviertan en una responsabilidad. Esto se debe al hecho de que el comportamiento defensivo a menudo se vuelve crónico o hasta patológico con el tiempo. La gente que constantemente se apoya en la defensa descubre que, con el tiempo, es la única forma en que saben comportarse. En ese punto, pierden la confianza y el apoyo de sus compañeros, de sus jefes, de los subordinados y de los clientes. Con moderación, sin embargo, el comportamiento defensivo puede ser un dispositivo eficaz para sobrevivir y progresar en una organización, debido a que deliberada o inconscientemente la gerencia lo estimula.

En términos de la organización, el comportamiento defensivo tiende a reducir la eficacia. A corto plazo, el comportamiento defensivo retrasa las decisiones, incrementa las tensiones interpersonales e intergrupales, reduce la toma de riesgos, hace atribuciones y evaluaciones no confiables, y restringe los esfuerzos de cambio. A largo plazo, el recurso de acciones defensivas lleva a la rigidez organizacional y el estancamiento, la separación del ambiente de la organización, una cultura organizacional altamente politizada y un clima deteriorado en los empleados.

La ética de comportarse políticamente

Concluiremos nuestra discusión sobre la política proporcionando una guía para el comportamiento político. Mientras no haya maneras claras de diferenciar la politiquería ética de la antiética, hay algunos asuntos que debe considerar.

En la ilustración 11-8 se observa un árbol de decisiones para guiar la toma de decisiones ética.[46] La primera pregunta que usted necesita responder se refiere a los "intereses propios" *versus* las metas organizacionales. Las acciones éticas son consistentes con las metas organizacionales. Esparcir los rumores falsos acerca de la seguridad de un nuevo producto introducido por su compañía, a fin de hacer quedar mal al equipo que lo diseñó, es antiético. Sin embargo, podría haber nada de antiético si el director de un departamento intercambia favores con el gerente de la división de compras a fin de conseguir que se procese rápido un contrato crucial.

El segundo asunto tiene que ver con los derechos de otras partes. Si el director del departamento descrito en el párrafo anterior fuera a la sala de correo durante su hora de almuerzo y leyera la correspondencia del gerente de compras —con la intención de "obtener algo en contra de él" para que él le facilite el contrato— podría estar actuando amoralmente. Habría violado el derecho del gerente de compras a la intimidad.

La última cuestión se relaciona con el hecho de si la actividad política se ajusta a los estándares de equidad y justicia. El director de departamento que infla la evaluación del desempeño de un empleado favorecido y desinfla la evaluación de un empleado no favorecido —y a continuación usa estas evaluaciones para justificar el dar al primero un gran aumento y nada al último— trata con injusticia al empleado desfavorecido.

Desafortunadamente, las respuestas a las preguntas de la ilustración 11-8 con frecuencia se debaten de formas que hacen que las prácticas amorales parezcan éticas. La gente poderosa, por ejemplo, puede volverse muy buena en explicar los comportamientos en beneficio propio en términos de los mejores intereses de la organización. De igual manera, puede debatir que las acciones injustas en realidad son neutrales y justas. Nuestra opinión es que la gente inmoral puede justificar casi todo comportamiento. Aquellos que son poderosos, organizados y persuasivos son los más vulnerables, ya que probablemente sean capaces de salirse con la suya con prácticas amorales. Cuando se enfrente con un dilema ético concerniente a las políticas organizacionales, trate de responder con veracidad las preguntas de la ilustración 11-8. Si usted tiene una fuerte base de poder, reconozca la capacidad que éste tiene para co-

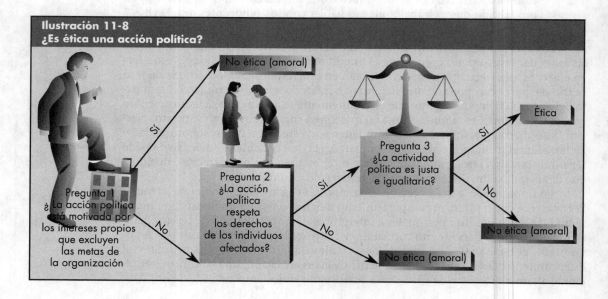

Ilustración 11-8
¿Es ética una acción política?

Pregunta 1 ¿La acción política está motivada por los intereses propios que excluyen las metas de la organización

Sí → No ética (amoral)

No →

Pregunta 2 ¿La acción política respeta los derechos de los individuos afectados?

Sí →

No → No ética (amoral)

Pregunta 3 ¿La actividad política es justa e igualitaria?

Sí → Ética

No → No ética (amoral)

rromper. Recuerde, es mucho más fácil que los carentes de poder actúen en forma ética, simple y llanamente porque tienen muy poca discreción política que explotar.

Resumen e implicaciones para los gerentes

Si usted quiere que se hagan las cosas en un grupo u organización, le será de utilidad tener poder. Como gerente que quiere maximizar su poder, querrá incrementar la dependencia de los demás respecto de usted. Puede, por ejemplo, incrementar su poder en relación con su jefe desarrollando los conocimientos o la habilidad que él necesita y para los cuales él percibe que no hay un sustituto disponible. Pero el poder es una calle de doble sentido. Usted no estará solo al tratar de construir sus bases de poder. Otros, particularmente sus subordinados, estarán buscando que usted dependa de ellos. El resultado es una continua batalla. Al mismo tiempo que se busca maximizar la dependencia de los demás hacia uno mismo, se intenta minimizar la dependencia de uno respecto de los demás. Y, claro, los otros con los cuales usted trabaja estarán intentando lo mismo.

Pocos empleados gustan de no tener poder en su trabajo y en la organización. Se ha afirmado, por ejemplo, que cuando las personas son difíciles, peleoneras y temperamentales, se debe a que están en posiciones sin poder, donde las expectativas de desempeño que se colocan en ellos exceden sus recursos y capacidades.[47]

Hay evidencia de que la gente responde de diferente manera a varias bases de poder.[48] El poder experto y el de referencia se derivan de las cualidades individuales. En contraste, los poderes de coerción, de recompensa y el legítimo se derivan esencialmente de la organización. Ya que es más probable que la gente acepte y se comprometa con entusiasmo con un individuo a quien admira o cuyos conocimientos respeta (en lugar de alguien que se apoya en su posición para recompensar o coartar), el uso eficaz del poder experto y de referencia debe llevar a un desempeño más alto, a un mayor compromiso y a una satisfacción del empleado más grande. La evidencia indica, por ejemplo, que es menos probable que los empleados que trabajan con gerentes que ejercen el poder coercitivo estén comprometidos con la organización y más probable que se resistan a los intentos de influencia de los gerentes.[49] En contraste, se ha encontrado que el poder de expertos está más fuerte y consistentemente relacionado con el desempeño eficaz del empleado.[50] Por ejemplo, en un estudio de cinco organizaciones, los conocimientos fueron la base más eficaz para conseguir que otros individuos se desempeñaran como se deseaba.[51] La competencia parece tener una amplia atracción y su uso como base del poder favorece en un alto desempeño de los miembros del grupo. El mensaje aquí para los gerentes parece ser: ¡Desarrolle y use su base de poder como experto!

El poder de su jefe también podría jugar un papel al determinar su satisfacción en el trabajo. "Una de las razones por las que a muchos de nosotros nos gusta trabajar con gente poderosa es que en general son más placenteros —no porque sea una disposición natural, sino porque la reputación y la realidad de ser poderoso le permite mayor discreción y más habilidad de delegar a los demás."[52]

El gerente eficaz acepta la naturaleza política de las organizaciones. Al evaluar el comportamiento en un marco político, usted puede predecir mejor las acciones de los demás y utilizar esta información para formular estrategias políticas que le harán obtener ventajas para usted y su unidad de trabajo.

Por ahora sólo especulamos si la política organizacional está relacionada o no con el desempeño *real*. Sin embargo, parece haber amplia evidencia de que las buenas habilidades políticas se relacionan positivamente con las evaluaciones de alto desempeño y, por tanto, con incrementos de sueldo y ascensos. Podemos comentar con más conocimiento de causa sobre la relación entre la política y la satisfacción del empleado. Mientras más política sea una organización, y así lo perciban los empleados, menor será su satisfacción.[53] Sin embargo, esta conclusión necesita moderarse para que refleje el nivel de los empleados en la organización.[54] Los empleados de rango menor, que carecen de base de poder y de los medios de influencia necesarios para beneficiarse del juego político, perciben la política organizacional como una fuente de frustración y presentan una satisfacción menor. Pero los empleados de alto rango, que están en una posición mejor para manejar el comportamiento político y beneficiarse de él, no tienden a mostrar estas actitudes negativas.

Un pensamiento final sobre la política organizacional: a pesar del nivel que tengan en una organización, algunas personas sólo son significativamente más "astutas desde el punto de vista político" que otras. Aunque hay poca evidencia que apoye o niegue la siguiente conclusión, parece razonable que quien es políticamente ingenuo o inepto tal vez muestre una satisfacción en el trabajo menor que sus contrapartes astutas. Las personas ingenuas e ineptas en la política tienden a sentirse continuamente impotentes para influir en aquellas decisiones que más los afectan. Observan las acciones a su alrededor con perplejidad porque regularmente sus colegas, sus jefes y "el sistema" los "tratan mal".

Para revisión

1. ¿Qué es el poder? ¿Cómo se obtiene?
2. Contraste las tácticas con las bases de poder. ¿Cuáles son algunas de las variables esenciales de contingencia que determinan cuál táctica probablemente use el poseedor del poder?
3. ¿Cuáles de las cinco bases del poder descansan en el individuo? ¿Cuáles se derivan de la organización?
4. Establezca el postulado de la dependencia general. ¿Qué significa?
5. ¿Qué crea la dependencia? Dé un ejemplo aplicado.
6. ¿Qué es una coalición? ¿Cuándo es probable que se desarrolle?
7. ¿Cómo se relaciona el poder con la política?
8. Defina el comportamiento político. ¿Por qué la política es un hecho de la vida de las organizaciones?
9. ¿Qué factores contribuyen a la actividad política?
10. Defina el acoso sexual. ¿Quién es más probable que acose a las empleadas: su jefe, un compañero o un subordinado?

Para discusión

1. Con base en la información presentada en este capítulo, ¿qué haría usted para maximizar su poder y acelerar su progreso en su carrera si fuera un recién egresado de la universidad que entra a un nuevo trabajo?
2. "Los gerentes más poderosos son buenos para la organización. Es el indefenso, no el poderoso, quien es el gerente ineficaz." ¿Está de acuerdo o en desacuerdo con este enunciado? Analícelo.
3. Usted es un representante de ventas de una compañía internacional de software. Después de cuatro años excelentes, las ventas de su territorio disminuyeron 30% este año. Describa tres respuestas defensivas que podría usar para reducir las consecuencias potenciales negativas de este descenso en las ventas.
4. "El acoso sexual no debería ser tolerado en el lugar de trabajo." "Los romances en el lugar de trabajo son parte del acontecer natural en las organizaciones." ¿Son ambos enunciados verdaderos? ¿Pueden conciliarse?
5. ¿Que técnicas del manejo de la imagen ha utilizado? ¿Qué implicaciones éticas tiene el uso del control de la imagen?

¡La realidad es una selva política!

Nick es un talentoso operador de cámara de televisión. Ha trabajado en diversos programas populares de la televisión estadounidense, entre los que se incluyen *Designing Women*, *Murphy Brown* y *NYPD Blue*, durante diez años. Pero él ha tenido problemas para mantenerse en esos trabajos. Mientras que la mayoría de los camarógrafos y empleados de producción son recontratados de una temporada a otra, parece que a Nick nunca lo llaman nuevamente para un segundo año. No es que sea incompetente. Al contrario. Su conocimiento técnico y su educación formal suelen ser más impresionantes que los directores para los cuales trabaja. El problema de Nick es que con frecuencia está en desacuerdo con los ángulos de cámara que los directores desean que él tome y no tiene reparos en expresar su descontento. También siente la necesidad de ofrecer sugerencias no solicitadas a los directores y productores sobre cómo poner la cámara y como mejorar las tomas.

Roy también es un camarógrafo. Como Nick, Roy ve a los directores y productores que toman decisiones con las que él no siempre está de acuerdo. Pero Roy sujeta su lengua y hace lo que se le dice. Recientemente terminó su sexto año consecutivo como camarógrafo principal en una de las comedias más exitosas de la televisión.

Roy entiende la situación; Nick no. No reconoce la realidad de que las organizaciones son sistemas políticos. Y mientras Roy está seguro en su trabajo, la carrera de Nick continúa en detrimento debido a su ingenuidad política.

Sería agradable que todas las organizaciones o grupos formales dentro de las organizaciones pudieran describirse como apoyadores, armoniosos, objetivos, confiables, colaboradores o cooperativos. Una perspectiva ajena a la política puede llevar a uno a creer que los empleados se comportarán siempre en formas consistentes con los intereses de la organización y que la competencia y el alto desempeño será siempre recompensado. En contraste, una posición política puede explicar mucho de lo que parece ser un comportamiento irracional en la organización. Puede ayudar a entender por ejemplo, por qué los empleados retienen información, restringen la producción, tratan de "construir imperios", publican sus éxitos, esconden sus fracasos, distorsionan las cifras de desempeño para crearse una mejor apariencia y realizan actividades similares que parecen ser extrañas al deseo de la organización de la eficacia y la eficiencia.

Para aquellos que quieren evidencia tangible de que "¡La realidad es una selva política!", veamos dos estudios. En el primero se analizó lo que se necesita para lograr un ascenso rápido. En el segundo se atendió al proceso de evaluación del desempeño.

Como ya se describió en el capítulo 1, Luthans y sus asociados* estudiaron a más de 450 gerentes. Encontraron que éstos se ocupaban de cuatro actividades gerenciales: gerencia tradicional (toma de decisiones, planeación y control), comunicaciones (intercambio de información rutinaria y procesamiento de la documentación), administración de recursos humanos (motivación, disciplina, manejo de conflictos, contratación y capacitación de personal), e integración de conexiones (socialización, politiquería e interacción con individuos externos a la organización). Aquellos gerentes que consiguieron promoverse rápidamente pasaron 48% de su tiempo en conexiones. Los gerentes promedio dedicaron sus esfuerzos más significativos a la gerencia tradicional y a las actividades de comunicación, y sólo 19% de su tiempo a integración de conexiones. Sugerimos que esto proporciona evidencia contundente de la importancia que tienen las habilidades sociales y políticas para progresar dentro de las organizaciones.

Longenecker y sus asociados** sostuvieron entrevistas a detalle con 60 ejecutivos de nivel superior para encontrar lo que contaba en las calificaciones de desempeño. Lo que encontraron fue que los ejecutivos admitieron francamente que manipulaban en forma deliberada las evaluaciones formales para fines políticos. La precisión no fue un interés primordial para esos ejecutivos. En su lugar, manipularon los resultados de evaluación de manera intencional y sistemática para conseguir los resultados que querían.

*F. Luthans, R. M. Hodgetts y S. A. Rosenkrantz, *Real Managers* (Cambridge, MA: Ballinger, 1988).
**C.O. Longenecker, D. A. Gioia y H. P. Sims, Jr., "Behind the Mask: The Politics of Employee Appraisal", *Academy of Management Executive*, agosto de 1987, pp. 183-194.

Contrapunto

¡Política corporativa: lo que ve es lo que obtiene!

El comportamiento organizacional parece que actualmente está pasando por un periodo de fascinación con la política en el lugar de trabajo. Los proponentes de esta idea sostienen que la política es inevitable en las organizaciones —que las batallas por el poder, la formación de alianzas, las maniobras estratégicas y las "decapitaciones" son tan endémicas en la vida organizacional como los programas de trabajo y las reuniones. ¿Pero es inevitable la política en la organización? Probablemente no. La existencia de la política podría ser una interpretación de la percepción.*

Un estudio reciente sugiere que la política es más un mito y una interpretación que una realidad.** En este estudio de 180 gerentes experimentados, 92 hombres y 88 mujeres contestaron cuestionarios. Analizaron una serie de decisiones e indicaron el grado en el cual pensaron que las decisiones estaban influidas por la política. También terminaron una medición que evaluaba la inevitabilidad de la política. Se incluían ideas como "la política es una parte normal de cualquier proceso de toma de decisiones" y "la política puede tener resultados tanto benéficos como dañinos para la organización". Además, el cuestionario pidió a los que contestaban que expresaran sus creencias acerca del poder y el control en el mundo en general. Finalmente, los encuestados proporcionaron información sobre sus ingresos, sus responsabilidades de trabajo y sus años de experiencia gerencial.

El estudio encontró que las creencias acerca de la política afectaban la forma en que quienes contestaban percibían los eventos organizacionales. Estos gerentes que mantenían fuertes creencias en lo inevitable de la política tendieron a ver a su propia organización y las situaciones de decisión en el cuestionario en términos altamente políticos. Además, hubo evidencia que sugería que estas creencias abarcaban no sólo las creencias acerca de la política, sino también acerca del poder y el control en el mundo en general. Los gerentes que veían un mundo con problemas difíciles y complejos y regido por la suerte también tendieron a percibir los eventos como muy politizados. En otras palabras consideraban

que las organizaciones eran parte de un mundo desordenado e impredecible donde la política era inevitable.

Es interesante que no *todos* los gerentes hayan visto a las organizaciones como selvas políticas. Típicamente fueron los gerentes sin experiencia, con bajos ingresos y con responsabilidades más limitadas, quienes compartieron esta visón. Los investigadores concluyeron que, debido a que los gerentes inexpertos a menudo carecen de un claro entendimiento de cómo trabajan en realidad las organizaciones, tienden a interpretar los eventos como irracionales. Es a través de sus intentos de darle sentido a sus situaciones que estos gerentes inexpertos pueden llegar a la formulación de las atribuciones políticas.

Este estudio trató de determinar si la selva corporativa política era un mito, una realidad o un asunto de interpretación. La prensa popular a menudo presenta la selva política como la realidad corporativa dominante donde la habilidad en el juego y la manipulación son cruciales para la supervivencia. Sin embargo, los hallazgos de este estudio sugieren que la naturaleza de realidad política del gerente es de alguna manera mítica, estructurada parcialmente a través de sus creencias acerca de la inevitabilidad de la política y acerca del poder y el control en el mundo. Más específicamente, son los gerentes inexpertos —aquellos que probablemente tienen las interpretaciones menos precisas de los eventos organizacionales— quienes perciben que es mayor el alcance de la política organizacional.

Así, si hay una selva política corporativa, parece más bien estar en la mente de los jóvenes e inexpertos. Debido a que tienden a comprender menos los procesos organizacionales y a tener menos poder para influir en los resultados, es más probable que vean las organizaciones a través del cristal de la política. Por el otro lado, los gerentes más experimentados y de más alto rango más probablemente considerarán que la selva política corporativa es un mito.

*Véase, por ejemplo, C. P. Parker, R. L. Dipboye y S. L. Jackson, "Perceptions of Organizational Politics: An Investigation of Antecedents and Consequences", *Journal of Management*, vol. 21, núm. 5, 1995. pp. 891-912; y G. R, Ferris, D. D. Frink, M. C. Galang, J. Zhou, K. M. Kacmar y J. L. Howard, "Perceptions of Organizational Politics: Prediction, Stress-Related Implications, And Outcomes", *Human Relations*, febrero de 1996, pp. 233-266.
**Citado en C. Kirchmeyer, "The Corporate Political Jungle: Myth, Reality, or a Matter of Interpretation", en C. Harris y C. C. Lundberg (eds.), *Proceedings of the 29th Annual Eastern Academy of Management* (Baltimore, 1992), pp. 161-164.

Ejercicio de aprendizaje sobre usted mismo

¿Cuán político es usted?

Para determinar sus tendencias políticas, por favor conteste las siguientes preguntas. Marque la repuesta que mejor represente su comportamiento o creencia, aun si el comportamiento en particular o creencia no está presente todo el tiempo

	Verdadero	Falso
1. Usted debería hacer que los demás se sintieran importantes mediante la apreciación franca de sus ideas y su trabajo.	_____	_____
2. Debido a que la gente tiende a juzgarlo cuando lo ven por primera vez, siempre trata de dar una buena impresión.	_____	_____
3. Trata de permitir que los demás hagan la plática, es considerado con sus problemas y se resiste a decirle a la gente que está totalmente equivocada.	_____	_____
4. Aprecia las buenas características de las personas que conoce y siempre les da la oportunidad de enmendarse si están equivocadas o cometen un error.	_____	_____
5. Difundir falsos rumores, sembrar información engañosa y dar puñaladas por la espalda son métodos necesarios, aunque un tanto desagradables al tratar con sus enemigos.	_____	_____
6. Algunas veces es necesario hacer promesas que usted sabe que no cumplirá o que no podrá cumplir.	_____	_____
7. Es importante llevarse bien con todos, aun con aquellos que en general se les reconoce como charlatanes, incisivos o que se quejan de todo.	_____	_____
8. Es vital hacer favores a los demás para que así usted pueda recibir otros a cambio, en el momento en que más los necesite.	_____	_____
9. Está dispuesto a comprometerse, en particular con asuntos que son menores para usted, pero de gran importancia para los demás.	_____	_____
10. En los temas polémicos, es importante que retrase o evite su involucramiento, de ser posible.	_____	_____

Pase a la página A-28 para instrucciones de la calificación y la clave.

Fuente: J. f. Byrnes, "The Political Behavior Inventory". Usado con permiso.

Ejercicio de trabajo en grupo

La comprensión de la dinámica del poder

1. La creación de grupos

   Los estudiantes entregarán un billete de un dólar (o el de menor denominación en su moneda) al profesor. El grupo se dividirá en tres equipos con base en el criterio dado por el profesor, se asignan los lugares de trabajo y se le instruye para que lea las siguientes reglas y tareas. El dinero se divide en tercios, se dan dos tercios al grupo superior y un tercio al grupo intermedio y nada al grupo inferior.

2. Conducción del ejercicio

Los grupos van a sus lugares de trabajo asignados y tienen 30 minutos para terminar su tarea.

a. Los miembros del grupo superior son libres de entrar al espacio de los otros grupos y comunicar lo que deseen, cuando quieran hacerlo. Los miembros del grupo intermedio pueden entrar al espacio del grupo inferior cuando lo deseen, pero deben pedir permiso para entrar al espacio del grupo superior (el cual puede rehusarse). Los miembros del grupo inferior no podrán molestar al grupo superior de ninguna manera, a menos que sean invitados por éste. El grupo inferior tiene derecho a tocar la puerta del grupo intermedio y pedir permiso para comunicarse con sus miembros (el cual también puede negarse).

b. Los miembros del grupo superior tienen autoridad para hacer cualquier cambio en las reglas, en cualquier momento, con aviso o sin él.

Tareas

a. Grupo superior. Es responsable de la eficiencia global y del aprendizaje del ejercicio, además decide en qué emplear el dinero.

b. Grupo intermedio. Asiste al grupo superior en las tareas de proporcionar el bienestar de la organización y decidir cómo usar su dinero.

c. Grupo inferior. Identifica sus recursos y decide cuál es la mejor manera de fomentar el aprendizaje y la eficacia global de la organización.

3. Sesión de información

Cada uno de los tres grupos escoge a dos representantes para que pasen al frente del grupo y respondan las siguientes preguntas:

a. Resuma lo que ocurrió dentro de cada grupo y entre ellos.

b. ¿Cuáles son algunas diferencias entre estar en el grupo superior y estar en el grupo inferior?

c. ¿Qué podemos aprender acerca del poder a partir de esta experiencia?

d. ¿Cuán preciso piensa usted que es este ejercicio en comparación con la realidad de las decisiones sobre la distribución de recursos en las grandes organizaciones?

Fuente: este ejercicio está adaptado de L. Bolman y T. E. Deal, *Exchange*, vol. 3, núm. 4, 1979, pp. 38-42. Reimpreso con permiso de Sage Publications, Inc.

Condenada si lo hace; condenada si no lo hace

Fran Gilson ha trabajado 15 años en Thompson Grocery Company.* Comenzó como cajera de tiempo parcial mientras estudiaba en la universidad. Ha escalado los rangos de esta cadena de 50 tiendas de abarrotes. Hoy en día, a los 34 años, es gerente regional, supervisa siete tiendas y gana cerca de $80,000 al año. Fran También piensa que está lista para aceptar más responsabilidades. Hace como cinco semanas, un reclutador en busca de ejecutivos se puso en contacto con ella y le preguntó si le interesaría el puesto de vicepresidenta y gerenta regional de una cadena nacional de farmacias. Ella sería responsable de más de 100 tiendas en cinco estados. Fran acordó reunirse con el reclutador. Esto la llevó a dos reuniones con ejecutivos de alto nivel de la cadena de farmacias. El reclutador llamó a Fran hace dos días para decirle que ella era una de las dos finalistas para el trabajo.

La única persona en Thompson que sabía que Fran estaba buscando otro trabajo era su buen amigo y colega, Ken Hamilton. Ken es el director de finanzas de la cadena de abarrotes. "Es un trabajo maravilloso", le dijo Fran a Ken. "Implica una gran responsabilidad y es una buena compañía en la cual trabajar. La oficina regional está a sólo 20 millas de aquí, así que no tendré que mudarme y el salario es de primera clase. Con el bono de desempeño, podría ganar cerca de $200,000 al año. Pero lo mejor de todo es que el trabajo me haría muy visible. Sería la única vicepresidenta. El punto me permitirá ser un modelo más visible para las mujeres jóvenes y me daría más fuerza para buscar mejores oportunidades para las mujeres y las minorías étnicas en la gerencia de las tiendas al menudeo."

Ya que Fran consideraba que Ken era un amigo cercano y que podría mantener en secreto el hecho de que ella estaba buscando otro trabajo, le preguntó a Ken la semana pasada si podía dar su nombre como referencia. Ken dijo: "Desde luego, haré una gran recomendación de ti. No nos gustará perderte, pero tienes mucho talento. Tendrán mucha suerte al tener a alguien con tu experiencia y energía." Fran dio el nombre de Ken al reclutador ejecutivo como su única referencia de Thompson. Ella fue muy clara con el reclutador al decirle que Ken era la única persona en la empresa que sabía que ella estaba considerando otro trabajo. La alta gerencia de Thompson está moldeada a la antigua y da un gran valor a la lealtad. Si alguien supiera que ella está en comunicación con otra compañía, podrían ponerse en grave riesgo sus oportunidades de ascenso. Pero ella confió por completo en Ken. Contra estos antecedentes el incidente de esta mañana se convirtió en algo más que una sola cuestión de acoso sexual. Se volvió un problema ético y político de grandes dimensiones para Fran.

Jennifer Chung ha trabajado como analista financiera en el departamento de Ken desde hace cinco meses. Fran conoció a Jeniffer por medio de Ken. Los tres han platicado en varias ocasiones en el salón de café. La impresión que Fran tiene de Jennifer es muy positiva. De muchas maneras, a Fran le parece que es como ella era hace diez años. Esta mañana, Fran llegó a trabajar aproximadamente a las 6:30 A.M., como es su costumbre. Ello le ha permitido avanzar mucho en su trabajo, antes de que llegue el personal, a las 8 A.M. A las 6:45, Jennifer entró a la oficina de Fran. Era evidente que algo estaba mal. Jennifer estaba muy nerviosa e inconsolable, lo cual era algo fuera de lo normal. Cuando le preguntó a Fran si podían hablar, Fran se sentó y escuchó su historia.

Lo que Fran escuchó era difícil de creer, pero no tenía ninguna razón para pensar que Jennifer estuviera mintiendo. Jennifer dijo que Ken había comenzado a hacerle comentarios subidos de tono cuando se quedaban solos, justo un mes después de que Jennifer entró a Thompson. De ahí en adelante se volvió cada vez peor. Ken la miraba con malicia. Le pasaba el brazo sobre sus hombros cuando revisaban los informes. Le acariciaba el trasero. Cada vez que sucedía uno de estos hechos, Jennifer le pedía que la dejara tranquila y que no lo volviera a hacer, pero él hacía oídos sordos. Ayer, Ken le recordó a Jennifer que se acercaba la revisión de sus seis meses de contrato a prueba. "Me dijo que si no dormía con él, no esperara una evaluación favorable." Ella le comentó a Fran que lo único que hizo fue ir al baño de mujeres y llorar.

Jennifer dijo que se había acercado a Fran porque no sabía qué hacer o a quién recurrir. "Vine contigo Fran, porque eres amiga de Ken y la mujer de mayor rango aquí. ¿Me ayudarás?" Fran nunca había escuchado algo como esto acerca de Ken. Todo lo que ella sabía con respecto a la vida personal de él era que estaba a finales de sus treinta, que era soltero y que sostenía una relación duradera.

Preguntas

1. Analice la situación de Fran desde un punto de vista puramente legal. Tal vez usted desee hablar con amigos o parientes que sean gerentes o abogados para que lo aconsejen o lo asesoren en este análisis.

2. Analice el dilema de Fran en términos políticos.

3. Analice la situación de Fran desde el punto de vista ético. ¿Qué es lo *éticamente* correcto que ella debe hacer? ¿Es también lo *políticamente* correcto?

4. ¿Si usted fuera Fran, qué *haría*?

*La identidad de esta organización y las personas de las que se habla en este caso se cambiaron, por razones obvias.

El poder, el acoso sexual y la CIA

Para cuando "Janet" terminó su entrenamiento en la Agencia Central de Inteligencia de Estados Unidos (CIA) en Virginia, ella parecía la espía perfecta. Sociable y amigable, se deslizaba fácilmente en las culturas extranjeras —un legado de haber crecido en el extranjero. En la universidad, en Tokio, Janet aprendió a hablar con fluidez el japonés. Ahora, hábil en eliminar candados y revelar películas, la espía de 26 años esperaba con impaciencia su primera tarea en el extranjero. Pero los viejos muchachos de la CIA no estaban ansiosos de tener a Janet entre sus filas. Las mujeres espías nunca han sido completamente aceptadas en el círculo de los grandes bebedores en el mundo de los machos del servicio clandestino de la agencia, conocido como la dirección de operaciones o DO. Janet renunció a la agencia en 1988, a causa de su frustración.

Hoy en día, las mujeres de la CIA se rehúsan a renunciar. Descontentas con el clima dominado por los hombres y la desigualdad en los ascensos y las labores, las espías de la CIA están exigiendo cambios. Tales reformas constituyen uno de muchos retos que enfrenta el nuevo director de la CIA, John Deutch.

Para muchos, el tema va más allá del dinero o la justicia. La mentalidad de los viejos muchachos de la agencia desperdicia algunos de sus miembros más talentosos e impide la misión básica de la CIA, aseguran muchas mujeres que trabajan en la institución. "Ellos realmente se protegen", dice Lynne Larkin, una veterana que llevaba siete años allí y que hace poco renunció por la discriminación que se da en el trabajo. La red de los viejos muchachos, dice Larkin, contribuye a una atmósfera en la cual la gente siente que puede romper las reglas sin repercusiones. "Tiene la idea de que no será hecha responsable, dice Larkin. "El abuso no sólo continúa, sino que tiende a empeorar."

Para Janet, la discriminación era evidente. Su primer trabajo en Tokio se volvió la broma de la estación de la CIA. Fue asignada como "comunicador de puerto", un oficial encargado de reclutar marineros, por lo común de barcos del tercer mundo, para fotografiar puertos chinos y barcos de Corea del Norte que naveguen en "áreas prohibidas" —lugares a los que los espías estadounidenses no tienen acceso. Por costumbre, el puesto de "comunicador de puesto" se reserva para machos fanfarrones, no para oficiales de 1.67 m y 56.7 kg. El jefe de la estación le puso una restricción a Janet: le prohibió ir a los bares o beber cuando reclutara a los marinos. El trabajo era una guía de instrucciones para fracasar. "Era obvio que creyó que si me trataba mal el tiempo suficiente, probablemente no volverían a enviar a otra mujer", dice. Sin embargo Janet no sería superada. Con un poco de ingenio, desarrolló un esquema para telefonear a un radiooperador del barco cuando éste estuviese atracado.

Luego fingiendo trabajar en una compañía pública, invitó a los marinos a la orilla. Cara a cara, Janet los persuadió de tomar fotos por un salario. Al año, Janet se volvió el principal reclutador de la estación. Pero sus jefes no apreciaron sus esfuerzos. Después de perder otro puesto en el extranjero, Janet reclamó porque su jefe de estación había alterado su informe de desempeño, violando la política de la CIA. Hoy en día, cerca de 300 mujeres han amenazado con presentar una demanda común en contra de la CIA, citando prácticas discriminatorias similares.

El acoso sexual ha sido un problema más grande todavía en la CIA. Cerca de 50% de las mujeres blancas han informado que han sido sexualmente acosadas. Como si se tratara de un retroceso a la década de los cincuenta, hay una fijación por las fotografías de mujeres desnudas y chistes sexuales de mal gusto entre algunos oficiales. Las mujeres se quejan del ambiente hostil de trabajo que prevalece, donde abundan los comentarios, los chistes, las señas y los carteles humillantes y deshonestos.

Las mujeres tratan de luchar contra los viejos muchachos a través de los canales oficiales y a menudo encuentran un feroz antagonismo. Hay una fuerte percepción dentro del DO de que aquellas que se quejan no reciben ayuda, o peor aún, ponen en riesgo su carrera. "Jennifer", quien de otra forma habría tenido una carrera estelar en el DO, encontró que su trayectoria de ascensos estaba bloqueada después de que ella se quejó oficialmente de que un jefe, en una reunión de personal había utilizado esta referencia discriminatoria: "las minorías, las mujeres y otros animales de dos cabezas...". "Si usted se queja, usted es visto como traidor del sistema", dice ella.

Preguntas

1. Describa el ambiente hostil contra las mujeres en la CIA.

2. ¿De qué manera este caso demuestra que el acoso sexual está estrechamente unido al poder?

3. ¿Si usted fuera John Deutch, qué acciones tomaría para resolver los problemas de discriminación o de acoso sexual en la CIA?

Fuente: basado en "Women of the CIA Come Forward", *ABC News Nightline,* pasado al aire el 7 de junio de 1995.

12

CONFLICTO, NEGOCIACIÓN Y COMPORTAMIENTO ENTRE GRUPOS

PERFIL DEL CAPÍTULO
Una definición de conflicto
Transiciones en las ideas sobre el conflicto
El conflicto funcional *versus* el disfuncional
El proceso del conflicto
Negociación
Relaciones intergrupales

OBJETIVOS DE APRENDIZAJE

Después de estudiar este capítulo, usted será capaz de:

1 Definir *conflicto*

2 Diferenciar entre los puntos de vista tradicional, de las relaciones humanas e interaccionistas sobre el conflicto

3 Bosquejar el proceso del conflicto

4 Describir las cinco intenciones del manejo del conflicto

5 Contrastar la negociación distributiva con la integrativa

6 Describir los cinco pasos en el proceso de negociación

7 Explicar los factores que afectan las relaciones intergrupales

8 Identificar los métodos para manejar las relaciones entre grupos

> Cuando dos personas en los negocios están siempre de acuerdo, uno de ellos está de más.
> —W. Wrigley, Jr.

SHEA & Gould era una de las firmas de abogados mejor conocidas de Nueva York.[1] Fue fundada a mediados de la década de los sesenta por el hombre por quien el Estadio Shea (casa de los Mets de Nueva York) fue bautizado: William A. Shea, confidente de gobernadores, alcaldes y directores hasta su muerte en 1991; y Milton H. Gould. Entre los clientes más prestigiosos de la firma estaban

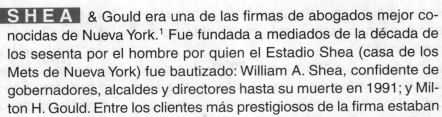

los Mets, los Yanquis de Nueva York, Apple Computer, Marine Midland Bank y Toys "Я" Us. A principios de 1994, Shea & Gould tenía 80 socios, 200 abogados y oficinas en Nueva York, Los Ángeles, Washington y Miami.

Los señores Shea y Gould tenían talentos complementarios. Shea era conocido más por sus habilidades de liderazgo que por sus hazañas legales, mientras que Gould era notablemente talentoso como abogado. Juntos formaban un equipo formidable. Su firma creció y prosperó en las décadas de los setenta y ochenta. En su momento de mayor apogeo, Shea & Gould tuvo 350 abogados y tenía un papel líder en la política, la banca, los bienes raíces y los deportes de Nueva York.

Varias firmas de abogados de tamaño grande y mediano habían cerrado sus puertas en la década pasada mientras la competencia se había incrementado y los mayores clientes se habían perdido. No es del todo sorprendente entonces saber que los socios de Shea & Gould votaron para disolver la firma en enero de 1994. Lo que sorprende de esta disolución es que nada tuvo que ver con las finanzas de la firma. Los ingresos en 1993 fueron de $85 millones, un incremento con respecto a los $83 millones del año anterior. La firma, de hecho, todavía era altamente lucrativa para sus socios. ¡Lo que originó la disolución de Shea & Gould fue que estos socios no podían llevarse entre sí!

Los problemas en Shea & Gould empezaron a mitad de la década de los ochenta cuando los socios fundadores empezaron a ceder el control a los abogados jóvenes. Algunos socios, acostumbrados durante años al fuerte liderazgo de Shea y Gould, retaron la nueva estructura de poder. Se formaron camarillas y facciones en torno de las disciplinas legales, así como también alrededor de grupos de edad y clientes. Los abogados especializados en litigios de acciones cabildearon por sus intereses, mientras que los abogados que trabajaban en asuntos legales para las Big Six (seis grandes) compañías de contabilidad pelearon por los suyos. Los socios más jóvenes se unían en contra de los viejos y ningún grupo o alianza era lo suficientemente fuerte como para obtener el control de toda la firma. Mientras el conflicto aumentaba en diciembre de 1993, cinco socios renunciaron. Se rumoró que varios estaban buscando activamente oportunidades en otras firmas.

En enero de 1994, los socios se dieron por vencidos y votaron a favor de disolver la compañía. Un consultor muy conocido de la profesión legal concluyó que: "Ésta fue una compañía que tuvo diferencias en sus bases y principios entre los socios que fueron básicamente irreconciliables." El mismo consultor también se dirigió a los socios en su última reunión: "Ustedes no tienen un problema económico", dijo. "Ustedes tienen un problema de personalidades. ¡Se odian el uno al otro!" ◆

◆ No todos los conflictos son malos. El conflicto tiene tanto un lado positivo como uno negativo.

El conflicto puede ser un problema serio en *cualquier* organización. Podría no traer la disolución de una compañía —como ocurrió con Shea & Gould— pero ciertamente puede dañar el desempeño de la organización y llevar a la pérdida de muchos buenos empleados. Sin embargo, como veremos en este capítulo, no todos los conflictos son malos. El conflicto tiene tanto un lado positivo como uno negativo. Explicaremos las diferencias y proporcionaremos otros dos temas en este capítulo, ambos estrechamente relacionados con el conflicto: la negociación y las relaciones entre grupos. Pero empecemos por aclarar lo que entendemos por conflicto.

Una definición de conflicto

No ha habido pocas definiciones de conflicto.[2] A pesar de los divergentes significados que el término ha adquirido, diversos temas comunes yacen bajo la mayoría de las definiciones. El conflicto debe ser *percibido* por los socios como tal; ya sea que un conflicto exista o no, es un asunto de percepción. Si nadie está consciente de un conflicto, entonces se está de acuerdo en que no existe un conflicto. Los puntos comunes en las definiciones son la oposición o incompatibilidad y alguna forma de interacción.[3] Estos factores establecen las condiciones que determinan el punto de inicio del proceso de conflicto.

conflicto
Un proceso que empieza cuando una parte percibe que otra parte ha afectado, o está por afectar negativamente, algo que le importa a la primera parte.

Podemos definir el **conflicto,** entonces, como un proceso que empieza cuando una parte percibe que otra parte ha afectado, o está por afectar negativamente, algo que le importa a la primera parte.[4]

Esta definición es amplia a propósito. Describe ese punto en cualquier actividad en desarrollo cuando una interacción se "cruza" para convertirse en un conflicto entre las partes. Abarca una amplia gama de conflictos que la gente experimenta en las organizaciones: incompatibilidad de las metas, diferencias entre las interpretaciones de los hechos, desacuerdos basados en las expectativas de comportamientos, y muchos más. Por último, nuestra definición es lo suficientemente flexible para cubrir un amplio rango de niveles de conflicto, desde los actos violentos abiertos hasta las formas sutiles de desacuerdo.

Transiciones en las ideas sobre el conflicto

Es enteramente apropiado decir que ha habido un "conflicto" en torno al papel del conflicto en los grupos y las organizaciones. Una escuela de pensamiento ha sostenido que el conflicto debe evitarse, pues indica un mal funcionamiento dentro del grupo. Llamamos a esto la visión *tradicional*. Otra escuela de pensamiento, la postura de las *relaciones humanas*, sostiene que el conflicto es un resultado natural e inevitable en cualquier grupo y que no necesariamente es malo, sino que tiene el potencial de convertirse en una fuerza positiva para determinar el desempeño del grupo. La tercera y más reciente perspectiva propone no sólo que el conflicto *puede* ser una fuerza positiva en el grupo, sino que sostiene en forma explícita que algunos conflictos son *absolutamente necesarios* para que un grupo se desempeñe de manera eficaz. Llamamos a esta tercera escuela el enfoque *interaccionista*. Veamos de cerca cada una de estas posturas.

El punto de vista tradicional

El antiguo enfoque del conflicto suponía que todo conflicto era malo. El conflicto era visto negativamente y era utilizado como sinónimo de términos como *violencia*, *destrucción* e *irracionalidad* para reforzar su connotación negativa. El conflicto, por definición, era dañino y debía ser evitado.

El punto de vista **tradicional sobre el conflicto** era compatible con las actitudes que prevalecían acerca del comportamiento de grupo en las décadas de los treinta y cuarenta. El conflicto era visto como un efecto disfuncional resultado de una comunicación pobre, una falta de apertura y confianza entre la gente y el fracaso de los gerentes de responder a las necesidades y aspiraciones de sus empleados.

La visión de que todo conflicto es malo ciertamente ofrece un enfoque simple para observar el comportamiento de la gente que genera el conflicto. Puesto que todo conflicto debe evitarse, necesitamos simplemente dirigir nuestra atención a sus causas y corregir esos desperfectos a fin de mejorar el desempeño del grupo y de la organización. Aunque los estudios de investigación proporcionan hoy fuertes evidencias para refutar que este enfoque del conflicto produce un alto desempeño del grupo, muchos de nosotros todavía evaluamos las situaciones de conflicto utilizando este estándar fuera de moda. Así, también, lo hacen muchas juntas de directores.

La junta de Sumbean-Oster siguió el enfoque tradicional cuando despidió al presidente de la compañía, Paul Kazarian, en 1993.[5] Tres años antes, Kazarian se había hecho cargo de la compañía cuando se declaró en bancarrota. Él vendió los negocios que perdían dinero, reestructuró las operaciones restantes de artículos para el hogar y convirtió una pérdida de $40 millones en 1990 en una ganancia de $47 millones en 1991. Unos días antes de ser despedido, la compañía reportó un salto de 40% en las ganancias del trimestre. Pero el "crimen" de Kazarian fue que irritó a mucha gente en la compañía. Se confrontaba agresivamente con los gerentes, empleados y proveedores. La gente se quejó de que su estilo era ríspido. Kazarian, sin embargo, defendió sus actos como necesarios: "No se puede cambiar una compañía en bancarrota sin hacer unas cuantas olas. Yo no estaba ahí para ser un gerente agradable. Estaba ahí para crear valor para los accionistas."

El punto de vista de las relaciones humanas

El punto de vista de las **relaciones humanas sobre el conflicto** sostenía que éste era una consecuencia natural en todos los grupos y organizaciones. Puesto que el conflicto era inevitable, la escuela de las relaciones humanas apoyó la aceptación del conflicto. Los proponentes racionalizaron su existencia: no puede ser eliminado e incluso hay veces en que el conflicto podría beneficiar el desempeño del grupo. El enfoque de las relaciones humanas dominó la teoría del conflicto desde finales de la década de los cuarenta hasta mediados de los setenta.

El punto de vista interaccionista

Si bien el enfoque de las relaciones humanas aceptaba el conflicto, el **punto de vista interaccionista** lo alienta con base en que un grupo armonioso, pacífico, tranquilo y cooperativo está inclinado a volverse estático, apático y no responsivo a las necesidades de cambio e innovación. La mayor contribución del enfoque interaccio-

punto de vista tradicional sobre el conflicto
La creencia de que todo conflicto es dañino y debe evitarse.

punto de vista de las relaciones humanas sobre el conflicto
La creencia de que el conflicto es consecuencia natural e inevitable en cualquier grupo.

punto de vista interaccionista sobre el conflicto
La creencia de que el conflicto no es solamente una fuerza positiva en un grupo sino que es absolutamente necesaria para que un grupo se desempeñe con eficacia.

Estos empleados de ME International, fabricante de bolas de metal para trituración, ilustra la postura interaccionista en el conflicto. El presidente de ME retó a sus trabajadores a desarrollar la declaración de los valores corporativos. Contrató al consultor Rob Lebow (parado al centro) para mantener un nivel continuo mínimo de conflicto durante el proceso al alentar a los empleados a expresar sus creencias y opiniones personales y cuestionar abiertamente y mostrar su desacuerdo con las ideas de los demás. Tal conflicto mantuvo a los empleados autocríticos y creativos, mejorando su desempeño para determinar un conjunto de valores compartidos y para escoger las palabras que mejor reflejan esos valores.

nista, por tanto, consiste en alentar a los líderes de grupo a mantener un nivel continuo mínimo de conflicto —lo suficiente para mantener al grupo viable, autocrítico y creativo.

Desde el punto de vista interaccionista —y que es el que tomaremos en este capítulo—, resulta evidente que decir que el conflicto es todo bueno o todo malo es inapropiado e ingenuo. El que un conflicto sea bueno o malo depende del tipo de conflicto. Específicamente, es necesario diferenciar entre los conflictos funcionales y los disfuncionales.

El conflicto funcional *versus* el disfuncional

El punto de vista interaccionista no propone que *todos* los conflictos son buenos. Más bien, algunos conflictos sustentan las metas del grupo y mejoran su desempeño; éstas son formas constructivas y **funcionales,** del conflicto. Además, hay conflictos que obstruyen el desempeño del grupo; éstas son formas **disfuncionales** o destructivas del conflicto. El conflicto entre los socios de la firma de abogados de Shea & Gould fue claramente de categoría disfuncional.

Claro, una cosa es sostener que el conflicto puede ser valioso para el grupo y otra cosa es decir si un conflicto es funcional o disfuncional.[6] La demarcación entre lo funcional y lo disfuncional no es clara ni precisa. Ningún nivel de conflicto puede ser adoptado como aceptable o inaceptable en todas las condiciones. El tipo y nivel de conflicto que crea una participación saludable y positiva hacia las metas del grupo el día de hoy podría, en otro grupo o en el mismo grupo en otro momento, ser considerado como altamente disfuncional.

conflicto funcional
El conflicto que sustenta las metas del grupo y mejora su desempeño.

conflicto disfuncional
El conflicto que obstaculiza el desempeño del grupo.

El criterio que diferencia el conflicto funcional del disfuncional es el desempeño del grupo. Puesto que los grupos existen para lograr una o varias metas, es el impacto que el conflicto tiene en el grupo, más que en cualquier miembro individual, lo que determina la funcionalidad. Claro, el impacto del conflicto en el individuo y en el grupo rara vez son mutuamente excluyentes, de modo que las formas en que los individuos perciben el conflicto pudieran tener una influencia importante en su efecto en el grupo. Sin embargo, éste no tiene que ser el caso, y cuando no lo es, nuestro enfoque será en el grupo. De modo que si un miembro del grupo percibe un conflicto dado como personalmente perturbador o positivo es irrelevante. Por ejemplo, un integrante del grupo podría percibir una acción como disfuncional porque su resultado es personalmente no satisfactorio para él o ella. Sin embargo, para nuestro análisis, la acción sería funcional si hace progresar los objetivos del grupo. En este sentido, mientras que mucha gente en Sunbeam-Oster pensó que los conflictos creados por Paul Kazarian eran disfuncionales, Kazarian mismo estaba convencido de que eran funcionales debido a que mejoraron el desempeño de Sunbeam.

El proceso del conflicto

Se puede considerar que el **proceso del conflicto** consta de cinco etapas: oposición o incompatibilidad potencial, cognición y personalización, intenciones, comportamiento y resultados. El proceso está diagramado en la ilustración 12-1.

proceso del conflicto
Cinco etapas: oposición o incompatibilidad potencial, cognición y personalización, intenciones, comportamiento y resultados.

Etapa I: oposición o incompatibilidad potencial

El primer paso en el proceso del conflicto es la presencia de condiciones que generen oportunidades para que surja el conflicto. *No necesitan* llevar directamente al conflicto, pero al menos una de estas condiciones es necesaria si el conflicto va a emerger. Por simplicidad, estas condiciones (las cuales también pudieran ser consideradas como causas o fuentes de conflicto) han sido condensadas en tres categorías generales: comunicación, estructura y variables personales.[7]

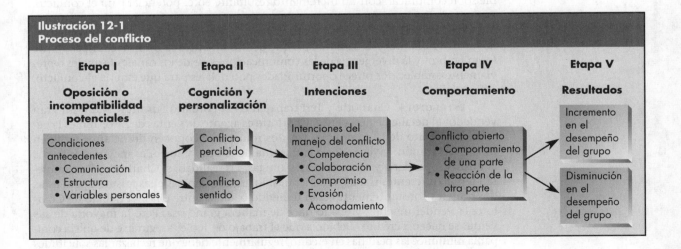

Ilustración 12-1
Proceso del conflicto

Etapa I	Etapa II	Etapa III	Etapa IV	Etapa V
Oposición o incompatibilidad potenciales	**Cognición y personalización**	**Intenciones**	**Comportamiento**	**Resultados**
Condiciones antecedentes • Comunicación • Estructura • Variables personales	Conflicto percibido / Conflicto sentido	Intenciones del manejo del conflicto • Competencia • Colaboración • Compromiso • Evasión • Acomodamiento	Conflicto abierto • Comportamiento de una parte • Reacción de la otra parte	Incremento en el desempeño del grupo / Disminución en el desempeño del grupo

COMUNICACIÓN Susan había trabajado en compras en Bristol-Myers Squibb durante tres años. Ella disfrutaba su trabajo en gran parte debido a que su jefe, Tim McGuire, era una gran persona con quien daba gusto trabajar. Entonces Tim fue ascendido hace seis meses y Chuck Benson tomó su lugar. Susan dice que su trabajo es mucho más frustrante ahora. "Tim y yo estábamos en la misma frecuencia. Pero ya no es así con Chuck. Él me dice algo y yo lo hago. Luego me dice que lo hice mal. Pienso que él quiere decir una cosa pero dice otra. Esto ha sido así desde el día que llegó. Creo que no pasa un día sin que él esté gritándome por algo. Tú sabes, hay algunas personas con las cuales se te facilita la comunicación. ¡Bueno, Chuck no es de ésas!"

Los comentarios de Susan ilustran que la comunicación puede ser una fuente de conflicto. Representa aquellas fuerzas en oposición que emergen de dificultades semánticas, malentendidos y "ruido" en los canales de comunicación. Mucho de este análisis puede relacionarse con nuestros comentarios sobre la comunicación del capítulo 9.

Uno de los grandes mitos que la mayoría de nosotros arrastra es que la mala comunicación es la razón de los conflictos: "Si sólo pudiéramos comunicarnos el uno con el otro, podríamos eliminar nuestras diferencias." Tal conclusión no está fuera de razón, dada la cantidad de tiempo que cada uno de nosotros pasa comunicándose. Pero, por supuesto, la falta de comunicación no es ciertamente la fuente de todos los conflictos, aunque, existe una evidencia considerable que sugiere que los problemas en el proceso de comunicación actúan para retardar la colaboración y estimular las tergiversaciones.

> ◆ Uno de los grandes mitos que la mayoría de nosotros arrastra es que la falta de comunicación es la razón de los conflictos.

Una revisión de las investigaciones sugiere que las dificultades en la semántica, el intercambio insuficiente de información y el ruido en el canal de comunicación son barreras para la comunicación y antecedentes de condiciones potenciales para el conflicto. Específicamente, la evidencia demuestra que las dificultades en la semántica surgen como resultado de diferencias en el entrenamiento, la percepción selectiva y la información inadecuada sobre los demás. La investigación ha demostrado, además, un hallazgo sorprendente: el potencial para el conflicto se incrementa cuando existe muy poca o demasiada comunicación. Aparentemente, un incremento en la comunicación es funcional hasta cierto punto, por lo que es posible sobrecomunicar, con un incremento resultante en el potencial para el conflicto. Demasiada información tanto como muy poca puede crear las bases para el conflicto. Además, el canal escogido para comunicar puede tener una influencia para estimular la oposición. El proceso de filtración que ocurre mientras la información pasa entre los miembros y la divergencia de las comunicaciones desde los canales formales o previamente establecidos ofrece oportunidades potenciales para que emerja el conflicto.

ESTRUCTURA Charlotte y Teri trabajan en el Portland Furniture Mart, un gran vendedor al detalle de descuento. Charlotte es agente de ventas de piso; Teri es la gerenta de crédito de la compañía. Las dos mujeres se conocen desde años y tienen mucho en común: viven a dos cuadras una de la otra, y sus hijas mayores asisten a la misma secundaria y son excelentes amigas. En realidad, si Charlotte y Teri hubieran tenido diferentes trabajos hubieran sido grandes amigas ellas mismas, pero estas dos mujeres constantemente están teniendo batallas entre ellas. El trabajo de Charlotte es vender muebles y ella lo hace de manera grandiosa. Pero la mayoría de sus ventas se hacen a crédito. Debido a que el trabajo de Teri es asegurarse de que la compañía minimice las pérdidas en crédito, regularmente tiene que rechazar las solicitudes de crédito de un cliente con el cual Charlotte acaba de cerrar una venta. No hay nada personal entre Charlotte y Teri: los requerimientos de sus trabajos simplemente las llevan al conflicto.

Los conflictos entre Charlotte y Teri son de naturaleza estructural. El término *estructura* es usado, en este contexto, para incluir variables como el tamaño, grado de especialización de las tareas asignadas a los miembros del grupo, claridad jurisdiccional, compatibilidad del miembro con la meta, estilos de liderazgo, sistemas de recompensa y grado de dependencia entre los grupos.

La investigación indica que el tamaño y la especialización actúan como fuerzas para estimular el conflicto. Mientras más grande sea el grupo y más especializadas sean las actividades, más grande será la probabilidad del conflicto. Se ha encontrado que el estatus y el conflicto están inversamente relacionados. El potencial para el conflicto tiende a ser mayor donde los miembros del grupo son más jóvenes y donde la rotación es alta.

Mientras más grande sea la ambigüedad para definir de manera precisa dónde yace la responsabilidad de las acciones, más grande será el potencial de que el conflicto emerja. Tales ambigüedades jurisdiccionales incrementan las luchas intergrupales por el control de los recursos y el territorio.

Los grupos dentro de las organizaciones tienen diversas metas. Por ejemplo, al departamento de compras le interesa adquirir a tiempo los insumos a bajos precios; las metas del de mercadotecnia se concentran en disponer de la producción e incrementar los ingresos; la atención del departamento de control de calidad está enfocada en mejorar la calidad y asegurarse de que los productos de la organización cumplan con los estándares, y las unidades de producción buscan la eficiencia de las operaciones al mantener firme el flujo de producción. Esta diversidad de metas entre los grupos es la mayor fuente de conflicto. Cuando los grupos dentro de una organización buscan diversos fines, algunos de los cuales—las de ventas y crédito en Portland Furniture Mart— son inherentemente contrarios al azar, hay un incremento en las oportunidades para el conflicto.

Hay algunos indicios de que un estilo cerrado de liderazgo —observación estrecha y continua con un control general sobre los comportamientos de los demás— incrementa el potencial del conflicto, pero la evidencia no es particularmente fuerte. Demasiada dependencia en la participación también podría estimular el conflicto. La investigación tiende a confirmar que la participación y el conflicto están altamente correlacionados, al parecer debido a que la participación alienta la promoción de las diferencias. Asimismo, se encontró que los sistemas de recompensas crean conflictos cuando la ganancia de un miembro significa la pérdida de otro. Por último, si un grupo depende de otro (en contraste con los dos grupos mutuamente independientes) o si la interdependencia permite a un grupo ganar a costa del otro, las fuerzas opuestas se ven estimuladas.

VARIABLES PERSONALES ¿Ha conocido a alguien que le haya disgustado de inmediato? Con la mayoría de las opiniones que expresaba esa persona, usted estaba en desacuerdo. Aun características insignificantes —el sonido de su voz, la sonrisa forzada, su personalidad— le molestaban. Todos hemos conocido gente como ésa. Cuando usted tiene que trabajar con tales individuos, con frecuencia existe la posibilidad de un conflicto.

Nuestra última categoría de fuentes potenciales del conflicto son las variables personales. Como se indicó, incluyen los sistemas de valores individuales que cada persona tiene y las características de la personalidad que cuentan para las idiosincrasias y las diferencias individuales.

La evidencia indica que ciertos tipos de personalidad —por ejemplo, los individuos que son altamente autoritarios y dogmáticos, y los que demuestran una baja autoestima— conducen al conflicto potencial. Más importante, aunque probablemente la más pasada por alto en el estudio del conflicto social, es la variable de los sistemas de valores divergentes. Las diferencias de valores, por ejemplo, constituyen la mejor explicación para temas diversos como los prejuicios, el desacuerdo sobre la contribución que uno hace al grupo y las recompensas que uno merece, así como las evaluaciones sobre si este libro en particular es bueno o malo. El que a John no le gusten los afroestadounidenses y que Dana crea que la posición de John indica su ignorancia; el que un empleado piense que él vale 45,000 dólares al año pero su jefe cree que vale $40,000, y el que Ann piense que este libro es interesante mientras que Jennifer lo ve como basura, son todos juicios de valor. Y las diferencias en los sistemas de valor son fuentes importantes para crear conflictos potenciales.

Etapa II: cognición y personalización

Si las condiciones citadas en la etapa I afectan algo que a una parte le importa, entonces el potencial para la oposición o incompetencia se actualiza en la segunda etapa. Las condiciones anteriores sólo pueden llevar al conflicto cuando una o más de las partes son afectadas por, y están conscientes del conflicto.

Como señalamos en nuestra definición del conflicto, se requiere de la percepción. Por tanto, una o más de las partes debe tener conocimiento de la existencia de condiciones antecedentes. Sin embargo, el hecho de que el conflicto sea **percibido** no significa que está personalizado. En otras palabras, "A podría estar consciente de que B y A están en un serio desacuerdo... pero eso no significa que A esté tenso o ansioso, y puede no tener ningún efecto sobre el aprecio que A tiene por B".[8] Es a nivel

conflicto percibido
Conocimiento de una o más partes de la existencia de condiciones que crean oportunidades para que surja el conflicto.

Las emociones positivas desempeñaron un papel clave en moldear las percepciones cuando un nuevo miembro se unió al mundialmente famoso Cuarteto de Cuerdas de Tokio. La química entre los miembros originales, todos músicos japoneses, era increíblemente fuerte, pues ellos habían practicado y actuado juntos durante decenios. Cuando uno de los violinistas originales dejó el grupo, un canadiense entró en su lugar y, con la perspectiva de un extraño, empezó a cuestionar todo lo que el grupo hacía, desde las selecciones musicales hasta los destinos de la gira. En lugar de percibir las nuevas ideas del violinista de forma negativa, los otros miembros enmarcaron el conflicto como una situación de ganar-ganar. Adoptaron un enfoque positivo y consideraron la situación como una oportunidad de verse más objetivamente y como un reto para hacer que el grupo fuera más creativo e innovador.

del **sentimiento** cuando los individuos se involucran emocionalmente, que las partes experimentan ansiedad, tensión, frustración u hostilidad.

Tenga en mente dos puntos. Primero, la etapa II es importante porque es donde los temas problemáticos tienden a definirse. Éste es el momento en el proceso cuando las partes deciden de qué se trata el conflicto.[9] Y, a su vez, este "buscar el sentido" es crítico ya que la manera en que se define un conflicto tiene gran relevancia al establecer el tipo de resultados que pudieran arreglarlo. Por ejemplo, si yo defino nuestro desacuerdo salarial como una situación de suma-cero —esto es, si usted obtiene el incremento en salario que quiere, ese incremento se restará de mi salario—, voy a estar menos dispuesto a comprometerme que si enmarco el conflicto como una situación potencial de ganar-ganar (por ejemplo, los dólares en el fondo salarial podrían incrementarse para que ambos pudiéramos conseguir el salario agregado que queremos). De modo que la definición de un conflicto es importante, porque generalmente delinea una serie de posibles arreglos. Nuestro segundo punto es que las emociones juegan un papel importante al moldear las percepciones.[10] Por ejemplo, se ha encontrado que las emociones negativas producen una simplificación excesiva de los temas, una reducción de la confianza, e interpretaciones negativas de los comportamientos de la otra parte.[11] En contraste, los sentimientos positivos incrementan la tendencia a ver las relaciones potenciales entre los elementos de un problema, a adoptar una visión más amplia de la situación y a desarrollar soluciones más innovadoras.[12]

Etapa III: intenciones

Las **intenciones** intervienen entre las percepciones y las emociones de la gente y en su comportamiento abierto. Estas intenciones son decisiones para actuar de una forma dada.[13]

¿Por qué están las intenciones separadas como una etapa distinta? Usted tiene que inferir las intenciones de los demás a fin de saber cómo responder a su comportamiento. Muchos de los conflictos se acentúan simplemente porque una parte atribuye intenciones equivocadas a la otra parte. Además, casi siempre hay una relación resbaladiza entre las intenciones y el comportamiento, así que éste no siempre refleja con precisión las intenciones de una persona.

La ilustración 12-2 representa el esfuerzo de un autor de identificar las intenciones primarias del manejo del conflicto. Usando dos dimensiones —*cooperatividad* (el grado al cual una parte trata de satisfacer los intereses de la otra parte) y *asertividad* (el grado al cual una parte trata de satisfacer sus propios intereses)— pueden identificarse cinco intenciones del manejo del conflicto: *competencia* (asertiva y no cooperativa), *colaboración* (asertiva y cooperativa), *evasión* (ni asertiva ni cooperativa), *complacencia* (no asertiva y cooperativa), y *compromiso* (rango medio tanto en asertividad como en cooperatividad).[14]

COMPETENCIA Cuando una persona busca satisfacer sus propios intereses, a pesar del impacto en las demás partes en el conflicto, está **compitiendo.** Los ejemplos incluyen intentar lograr su meta sacrificando la meta del otro, tratar de convencer a otros de que su conclusión es correcta y la del otro está equivocada y tratar de hacer que alguien más acepte la culpa de un problema.

COLABORACIÓN Cuando cada una de las partes en conflicto desea satisfacer completamente los intereses de todas las partes, tenemos cooperación y la búsqueda de un resultado mutuamente benéfico. En la **colaboración,** la intención de todas las partes es solucionar el problema aclarando las diferencias en lugar de reconciliar varios puntos de vista. Los ejemplos incluyen tratar de encontrar una solución ga-

conflicto de sentimiento
Involucramiento emocional en un conflicto que crea ansiedad, tensión, frustración y hostilidad.

intenciones
Decisiones para actuar de una forma dada en un episodio de conflicto.

competencia
Un deseo de satisfacer los intereses propios a pesar del impacto en la otra parte en conflicto.

colaboración
Una situación donde cada una de las partes en un conflicto desea satisfacer completamente los intereses de todas las partes.

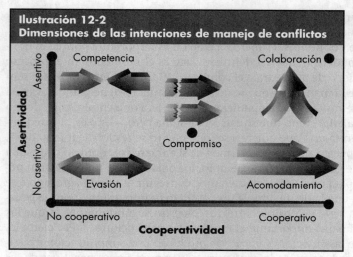

Ilustración 12-2
Dimensiones de las intenciones de manejo de conflictos

Fuente: K. Thomas, "Conflict and Negotiation Processes in Organizations", en M. D. Dunnette y L. M. Hough (eds.), *Handbook of Industrial and Organizational Psychology*, 2a ed., vol. 3 (Palo Alto, CA: Consulting Psychologists Press, 1992), p. 668. Utilizado con autorización.

nar-ganar que permita que las metas de ambas partes se logren por completo y buscar una conclusión que incorpore los razonamientos válidos de ambas partes.

EVASIÓN Una persona podría reconocer que un conflicto existe y quiere retirarse de él o suprimirlo. Los ejemplos de **evasión** incluyen tratar de ignorar un conflicto y evitar a otros con los cuales se está en desacuerdo.

COMPLACENCIA Cuando una parte busca pacificar al oponente, esa parte pudiese estar dispuesta a colocar los intereses del oponente por encima de los suyos propios. En otras palabras, a fin de que la relación se mantenga, una parte está dispuesta a sacrificarse. Aludimos a esta intención como **complacencia.** Los ejemplos son la voluntad de sacrificar la meta propia para que la meta de la otra parte pueda lograrse, apoyar la opinión de alguien más a pesar de las reservas que se tengan acerca de ella y perdonar a alguien por una infracción y permitirle que las repita.

COMPROMISO Cuando cada parte en el conflicto busca dar algo, ocurre el fenómeno de compartir, dando como consecuencia un resultado comprometido. En el **compromiso,** no hay un ganador o perdedor claro. En su lugar, hay una voluntad de racionalizar el objeto de conflicto y aceptar una solución que proporcione una satisfacción incompleta a los intereses de ambas partes. La característica que distingue el compromiso, por tanto, es que cada parte tiene el propósito de renunciar a algo. Los ejemplos podrían ser la voluntad de aceptar un incremento de $1 en lugar de $2 la hora, reconocer un acuerdo parcial con un punto de vista específico y asumir la culpa parcial por la infracción.

Las intenciones proporcionan pautas generales para las partes en una situación de conflicto. Definen el propósito de cada parte. No obstante, las intenciones de las personas no son fijas. Durante el transcurso de un conflicto, éstas pueden cambiar debido a la conceptualización o a causa de una reacción emocional hacia el comportamiento de la otra parte. Sin embargo, la investigación indica que la gente tiene una disposición interna para manejar los conflictos de ciertas maneras.[15] Específicamente, los individuos tienen preferencias entre las cinco intenciones de manejo de

evasión
El deseo de retirase de o suprimir el conflicto.

complacencia
La voluntad de una parte en conflicto de colocar los intereses del oponente por encima de los suyos.

compromiso
Una situación en la cual cada parte en un conflicto está dispuesta a renunciar a algo.

conflictos que acaban de describirse; tienden a confiar de manera consistente en estas preferencias, y las intenciones de una persona pueden ser pronosticadas con bastante precisión de una combinación de características intelectuales y de personalidad. Así que pudiera ser más apropiado ver las cinco intenciones del manejo del conflicto como relativamente fijas en lugar de considerarlas como una serie de opciones entre las cuales los individuos escogen una para que se ajuste a la situación adecuada. Esto es, cuando confrontan una situación de conflicto, algunas personas quieren ganar todo a cualquier costo; otras más desean encontrar la solución óptima; algunas quieren huir; otras prefieren condescender y aun otras desean "dividir la diferencia".

Etapa IV: comportamiento

Cuando la mayoría de la gente piensa en situaciones de conflicto, tienden a enfocarse en la etapa IV. ¿Por qué? Debido a que aquí es donde los conflictos se hacen visibles. La etapa de comportamiento incluye declaraciones, acciones y reacciones llevadas a cabo por las partes en conflicto.

Estos comportamientos usualmente son intentos abiertos de poner en práctica las intenciones de cada parte. Pero estas conductas tienen una calidad de estímulos que está separada de las intenciones. Como resultado de cálculos erróneos o estatutos torpes, los comportamientos abiertos a veces se desvían de las intenciones originales.[16]

Ayuda pensar que la etapa IV es una especie de proceso dinámico de interacción. Por ejemplo, usted me exige, yo respondo discutiendo, usted me amenaza, yo lo amenazo a usted; y así sucesivamente. La ilustración 12-3 proporciona una forma de visualizar el comportamiento de conflicto. Todos los conflictos encuentran su lugar en algún punto a lo largo de este continuo. En la parte inferior del continuo, tenemos conflictos caracterizados por formas sutiles, indirectas y altamente controladas de tensión. Un ejemplo podría ser un estudiante que cuestiona un punto que el profesor acaba de señalar. Las intensidades del conflicto se incrementan a medida

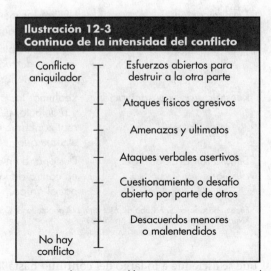

Ilustración 12-3
Continuo de la intensidad del conflicto

Conflicto aniquilador — Esfuerzos abiertos para destruir a la otra parte

— Ataques físicos agresivos

— Amenazas y ultimatos

— Ataques verbales asertivos

— Cuestionamiento o desafío abierto por parte de otros

— Desacuerdos menores o malentendidos

No hay conflicto

Fuente: Basado en S. P. Robbins, *Managing Organizational Conflict: A Nontraditional Approach* (Upper Saddle River, NJ: Prentice Hall, 1974), pp. 93-97; y F. Glasl, "The Process of Conflict Escalation and the Roles of Third Parties", en G. B. J. Bomers y R. Peterson (eds.), *Conflict Management and Industrial Relations* (Boston: Kluwer-Nijhoff, 1982), pp. 119-140.

Ilustración 12-4 Técnicas para el manejo del conflicto

Técnicas para resolver el conflicto

Solución del problema Reunión cara a cara de las partes en conflicto con el propósito de identificar el problema y resolverlo a través de la discusión abierta.

Metas de rango superior Crear una meta compartida que no pueda lograrse sin la cooperación de cada parte en el conflicto.

Expansión de los recursos Cuando un conflicto es causado por la escasez de recursos —digamos, dinero, oportunidades de ascenso, espacio de oficina— la expansión de recursos puede crear una solución de ganar-ganar.

Evasión Retirarse del conflicto o suprimirlo.

Aplanamiento Minimizar diferencias mientras se enfatizan intereses comunes entre las partes en conflicto.

Compromiso Cada parte en el conflicto renuncia a algo de valor.

Mando autoritario humano La gerencia utiliza su autoridad formal para resolver el conflicto y entonces comunica sus deseos a las partes involucradas.

Alteración de las variables humanas Utilizar las técnicas de cambio del comportamiento tales como el entrenamiento de relaciones humanas para alterar las actitudes y comportamientos que causan el conflicto.

Alteración de las variables estructurales Cambiar la estructura formal de la organización y los patrones de interacción de las partes en conflicto a través del rediseño del trabajo, transferencias, creación de puestos de coordinación y similares.

Técnicas de estimulación del conflicto

Comunicación Utilizar los mensajes ambiguos o amenazadores para incrementar los niveles de conflicto.

Traer externos Agregar empleados a un grupo cuyas experiencias, valores, actitudes o estilos gerenciales difieren de aquellos de los miembros actuales.

Reestructurar la organización Realinear los grupos de trabajo, alterar las normas y regulaciones, incrementar la interdependencia y realizar cambios estructurales similares para romper el *statu quo*.

Señalar un abogado del diablo Designar a un crítico para que argumente a propósito en contra de la mayoría de las posiciones sostenidas por el grupo.

Fuente: basado en S. P. Robbins, *Managing Organizational Conflict: A Nontraditional Approach* (Upper Saddle River, NJ: Prentice Hall), 1974, pp. 59-89.

que se asciende a lo largo del continuo hasta llegar a las altamente destructivas. Las huelgas, las revueltas y las guerras claramente caen en este rango superior. En su mayor parte, usted deberá asumir que los conflictos que alcanzan los rangos superiores del continuo son casi siempre disfuncionales. Por lo general, los conflictos funcionales están confinados al rango inferior del continuo.

Si un conflicto es disfuncional, ¿qué pueden hacer las partes para disminuir su intensidad? O, al contrario, ¿qué opciones existen si el conflicto es demasiado bajo y necesita ser incrementado? Esto nos lleva a las técnicas de **manejo de conflicto.** La ilustración 12-4 enumera las principales técnicas de solución y estimulación que permiten a los gerentes controlar los niveles de conflicto. Observe que varias de estas técnicas de solución fueron descritas anteriormente como intenciones de manejo de conflictos. Esto, por supuesto, no debería sorprendernos. Bajo condiciones ideales, las intenciones de una persona deberían traducirse en comportamientos comparables.

manejo del conflicto
El uso de las técnicas de solución y estimulación para lograr el nivel deseado de conflicto.

Etapa V: resultados

La interacción acción-reacción entre las partes en conflicto tiene consecuencias. Como nuestro modelo demuestra (véase la ilustración 12-1), estas consecuencias podrían ser funcionales en el sentido que el conflicto dé como resultado un incremento en el desempeño del grupo, o disfuncionales si obstaculiza el desempeño.

RESULTADOS FUNCIONALES ¿Cómo podría el conflicto actuar como una fuerza para incrementar el desempeño del grupo? Es difícil visualizar una situación donde una agresión abierta o violenta pudiera ser funcional. Pero existen numerosos ejemplos en los cuales es posible imaginar la forma en que los niveles bajos o moderados de conflicto podrían incrementar la eficacia de un grupo. Debido a que la gente a menudo encuentra difícil pensar en ejemplos donde el conflicto pueda ser constructivo, consideremos algunos ejemplos y entonces revisemos la evidencia de las investigaciones.

El conflicto es constructivo cuando mejora la calidad de las decisiones, estimula la creatividad y la innovación, alienta el interés y la curiosidad entre los miembros del grupo, proporciona el medio a través del cual pueden exponerse los problemas y liberarse las tensiones y nutre un ambiente de autoevaluación y cambio. La evidencia sugiere que el conflicto puede mejorar la calidad de la toma de decisiones al permitir que todos los puntos, particularmente los que son inusuales o defendidos por una minoría, puedan ser sopesados en decisiones importantes.[17] El conflicto es un antídoto contra el pensamiento de grupo. No permite al grupo "endosar" decisiones que podrían estar basadas en suposiciones débiles, consideraciones inadecuadas de alternativas relevantes u otras debilidades. El conflicto se enfrenta al *statu quo* y por tanto estimula la creación de nuevas ideas, promueve la reevaluación de las metas y las actividades del grupo e incrementa la probabilidad de que el grupo responda al cambio.

Para ejemplos de compañías que han sufrido debido a que han tenido muy poco conflicto funcional, basta mirar hacia Sears, Roebuck y General Motors.[18] Muchos de los problemas que atacaron a estas compañías en las décadas de los setenta y ochenta pueden rastrearse hasta llegar a la carencia de conflicto funcional. Contrataron y promovieron individuos que eran "hombres sí", leales a la organización hasta el punto de nunca cuestionar los actos de la compañía. Los gerentes eran, en su mayoría, hombres conservadores anglosajones educados en el medio oeste de Estados Unidos quienes se resistían al cambio: preferían recordar éxitos pasados que buscar nuevos retos. Es más, ambas firmas mantuvieron sus altos ejecutivos *senior* resguardados en sus respectivas oficinas generales de Chicago y Detroit, protegidos de escuchar cualquier cosa que no quisieran escuchar y "a un mundo de distancia" de los cambios que estaban alterando drásticamente las industrias de las ventas al detalle del automóvil.

Los estudios de investigación en diversos ambientes confirman la funcionalidad del conflicto. Considere los siguientes descubrimientos.

Raymond Floyd (derecha), gerente de planta de Exxon Chemical en Baytown, Texas, cree que la diversidad cultural genera una fuerza de trabajo más energizada y productiva. Floyd forma equipos de trabajo de alto desempeño entrenando a los empleados para que reconozcan y entiendan las diferencias inherentes en la cultura que influyen en lo que los individuos creen y en la forma en que se comportan. El entrenamiento ayuda a los empleados a valorar las diferencias y apreciar las contribuciones especiales de las diversas perspectivas culturales para mejorar los procesos del negocio. La planta, considerada como una de las mejores de Estados Unidos, se beneficia al recibir de los empleados unas 24,000 ideas para mejorar cada año.

La comparación de las seis decisiones más importantes tomadas durante los gobiernos de cuatro diferentes presidentes de Estados Unidos mostró que el conflicto redujo la posibilidad de que el pensamiento de grupo superara las decisiones de política. Las comparaciones demostraron que la conformidad entre los consejeros presidenciales estaba relacionada con decisiones pobres, mientras que una atmósfera de conflicto constructivo y pensamiento crítico rodearon las decisiones bien estructuradas.[19]

Hay evidencia que indica que el conflicto también puede estar relacionado positivamente con la productividad. Por ejemplo, se demostró que entre grupos establecidos, el desempeño tendió a mejorar más cuando había conflicto entre los miembros que cuando existía un acuerdo casi completo. Los investigadores observaron que cuando los grupos analizaban decisiones que habían sido tomadas por los miembros de ese grupo, el promedio de mejora entre los grupos de alto conflicto fue 73% mayor que aquel de los grupos caracterizados por condiciones de bajo conflicto.[20] Otros han obtenido resultados similares: los grupos compuestos por miembros con diferentes intereses tienden a producir soluciones de más alta calidad a una variedad de problemas que los grupos homogéneos.[21]

Lo anterior nos lleva a pronosticar que la diversidad cultural cada vez más grande en el lugar de trabajo debería proporcionar beneficios a las organizaciones. Y eso es lo que la evidencia indica. Las investigaciones demuestran que la heterogeneidad entre los miembros del grupo y de la organización puede incrementar la creatividad, mejorar la calidad de las decisiones y facilitar el cambio al incrementar la flexibilidad de los miembros.[22] Por ejemplo, los investigadores compararon la toma de decisiones de grupos compuestos en su totalidad por anglosajones con grupos que contenían miembros de grupos étnicos asiáticos, hispanos y negros. Los grupos con diversidad étnica produjeron ideas más eficaces y factibles y los pensamientos singulares que generaron tendieron a ser de mayor calidad que las ideas únicas producidas por el grupo de anglosajones.

De manera similar, estudios de profesionales —analistas de sistemas y científicos de investigación y desarrollo— apoyaron el valor constructivo del conflicto. En una investigación de 22 equipos de analistas de sistemas se encontró que mientras más incompatibles eran los grupos, más posibilidades tenían de ser más productivos.[23] Se ha encontrado que los científicos de investigación y desarrollo son más productivos donde hay una cierta cantidad de conflicto intelectual.[24]

El conflicto incluso puede ser constructivo en los equipos deportivos y en los sindicatos. Los estudios de equipos deportivos indican que niveles moderados de conflicto de grupo contribuyen a la eficacia del equipo y proporcionan un estímulo adicional para un logro alto.[25] Un examen de los sindicatos locales encontró que el conflicto entre miembros de la localidad estaba relacionado positivamente con el poder del sindicato y con la lealtad de los miembros así como con la participación en los asuntos del sindicato.[26] Estos hallazgos podrían sugerir que el conflicto dentro de un grupo indica fortaleza más que debilidad, como ocurre con el punto de vista tradicional.

RESULTADOS DISFUNCIONALES Las consecuencias destructivas del conflicto sobre el desempeño de un grupo u organización son generalmente bien conocidas. Un resumen razonable podría enunciar: la oposición no controlada alimenta el descontento, lo cual actúa para disolver lazos comunes y eventualmente lleva a la destrucción del grupo. Y, claro, hay un cuerpo sustancial de literatura para documentar cómo el conflicto —variedades disfuncionales— puede reducir la eficacia del grupo.[27] Entre las consecuencias menos deseables está un retraso de la comunicación, reducciones en la cohesión del grupo y la subordinación de las metas del grupo a la primacía de la lucha entre los miembros. En el extremo, el conflicto puede detener el funcionamiento de un grupo y amenazar potencialmente su supervivencia.

El análisis nos ha traído nuevamente al tema de lo que es funcional y lo que es disfuncional. La investigación todavía no ha identificado claramente aquellas situaciones donde el conflicto tiene más probabilidades de ser constructivo que destructivo. Sin embargo, hay una evidencia cada vez mayor de que el tipo de actividad del grupo es un factor significativo para determinar la funcionalidad.[28] Mientras menos rutinarias sean las tareas del grupo, más grande será la probabilidad de que el conflicto interno sea constructivo. Los grupos a los que se les pide que ataquen los problemas que demandan métodos novedosos —como en la investigación, la publicidad y otras actividades profesionales— se beneficiarán más del conflicto que aquellos grupos que desarrollan actividades altamente rutinarias; por ejemplo, los grupos de trabajo en una línea de ensamble automotriz.

CREAR CONFLICTO FUNCIONAL Brevemente mencionaremos la estimulación del conflicto como parte de la etapa IV del proceso de conflicto. Ya que el tema de la estimulación del conflicto es relativamente nuevo y de alguna manera controvertido, usted podría preguntarse: ¿si los gerentes aceptan el punto de vista interaccionista hacia el conflicto, ¿qué pueden hacer ellos para alentar el conflicto funcional en sus organizaciones?[29]

Parece haber un acuerdo general en que la creación de un conflicto funcional es un trabajo difícil, particularmente en las grandes corporaciones estadounidenses. Como un consultor lo señaló: "Una gran proporción de personas que llega hasta la cima prefiere evadir el conflicto. No le gusta escuchar negativas, no le gusta decir o pensar cosas negativas. A menudo ha subido los peldaños debido en parte a que no irritan a la gente en su camino hacia arriba." Otro sugiere que cuando menos siete de 10 personas callan cuando sus opiniones no concuerdan con las de sus superiores, permitiendo que sus jefes cometan errores aun cuando ellos sabían que eso ocurriría.

Tales culturas anticonflicto podrían haber sido toleradas en el pasado, pero no en la economía global fieramente competitiva de hoy. Aquellas organizaciones que no alientan y apoyan las discrepancias podrían no sobrevivir en el siglo XXI.

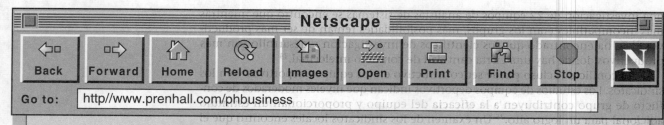

El CO en las noticias

Spectrum Associates genera a propósito el conflicto en su estructura

Spectrum Associates es una compañía de software pequeña pero de rápido crecimiento. En 1988, el primer año de operaciones de la compañía, los ingresos fueron de sólo $404,000. Cinco años más tarde los ingresos fueron de $25 millones.

Los fundadores de Spectrum atribuyen el éxito de su compañía en gran parte a la manera en que está estructurada. La firma está diseñada para crear conflicto. Todos los equipos de producto y grupos de apoyo compiten entre ellos mismos por los recursos internos y los mercados externos.

"Hemos mantenido el crecimiento de la compañía al asegurarnos que nadie esté a gusto", dice uno de los fundadores. La compañía estimula internamente lo que todas las compañías enfrentan de manera externa. Al entrenar grupos internos uno contra el otro, la compañía estimula "la presión de los precios, la presión de las entregas y la presión de crecimiento que encontramos en el mercado". El resultado es una fuerza laboral en estado perpetuo de disponibilidad. "Nos

mantiene sanos. Un poco de inseguridad puede ser muy saludable."

La compañía sólo contrata a quienes tienen iniciativa propia. A los nuevos empleados se les dice: "la compañía no es su padre. Es sólo una instalación donde pueden venir y disminuir significativamente sus riesgos debido a que tienen prestaciones y un salario base. Pero ustedes están por su cuenta". Los contratados son alentados a "hacer crecer su propio negocio" dentro de Spectrum. Si tiene éxito, participa de la riqueza. Si fracasa, lo intenta nuevamente.

La cultura competitiva de Spectrum es un impacto para algunos. Una empleada, por ejemplo, dijo que ella no estaba preparada para que sus propios colegas bloquearan sus tiros. "Me tomó un tiempo darme cuenta de que eso significaba convencer a la gente de ventas de que me dieran trabajo a mí en lugar de dárselo a alguien más en la organización (significaba exigir más decididamente para conseguir un trabajo)."

Pero "no es libertad para todos" dice un cofundador. "Sí,

la gente compite, pero lo hacen en grupos. Un individuo no está ahí tratando de hacérselo a otra persona." Los dos propietarios actúan como árbitros en las discusiones a medida que van surgiendo, pero se rehúsan a formalizar fronteras o establecer reglas. "Detrás de todo esto hay una cosa muy saludable, lo cual es la lucha por hacer lo que está bien para el cliente", sostiene uno de los fundadores. "Cuando yo hablo con los clientes, puedo decir: 'Bueno, ¿qué es lo que usted desea? La mejor calidad, el mejor precio y la mejor entrega. Ocurre que estamos organizados de tal manera que podemos garantizar todo eso.'"

Spectrum ha creado una gran cantidad de negocios diferentes compitiendo por los limitados recursos de la organización. En contraste con las compañías típicas cuya competencia es contra otras compañías, la gente de Spectrum tiene que competir contra productos creados por sus propios grupos internos.

Basado en A. Murphy, "The Enemy Within", *INC.*, marzo de 1994, pp. 58-69.

¡Conéctese a la red!

Lo invitamos a que visite la página de Robbins en el sitio de Prentice Hall en la Web:

http://www.prenhall.com/robbinsorgbeh

para el ejercicio de la World Wide Web de este capítulo.

Veamos algunos de los enfoques que las organizaciones están tomando para alentar a su gente a desafiar el sistema y desarrollar ideas frescas.

Hewlett-Packard recompensa a los que están en desacuerdo reconociendo a los tipos que cuestionan todo, o gente que conserva las ideas en las que cree aun cuando éstas sean rechazadas por la gerencia. Herman Miller Inc., un fabricante de muebles de oficina, tiene un sistema formal en el cual los empleados evalúan y critican a sus jefes. IBM también tiene un sistema formal que alienta el desacuerdo. Los empleados pueden cuestionar a sus jefes con impunidad. Si el desacuerdo no puede ser resuelto, el sistema proporciona a un tercero como asesor.

Royal Dutch Shell Group, General Electric y Anheuser-Busch crean abogados del diablo en sus procesos de decisión. Por ejemplo, cuando la política del comité de Anheuser-Busch considera un movimiento grande, como entrar o salir de un negocio o realizar un gasto importante de capital, a menudo asigna equipos para defender cada postura del asunto. Este proceso a menudo da como resultado decisiones y alternativas que no han sido consideradas previamente.

El gobernador de Maryland estimula el conflicto y fortalece su organización al requerir de los funcionarios del gabinete estatal que intercambien trabajos durante un mes cada año y escriban reportes y sugerencias basados en sus experiencias.

Un ingrediente común de las organizaciones que crean exitosamente el conflicto funcional es que recompensan el desacuerdo y castigan a quienes evitan el conflicto. El presidente de Innoyis Interactive Technologies, por ejemplo, despidió a un alto ejecutivo que se rehusó a disentir. Su explicación: "Él era el último de los hombres sí. En esta organización, no puedo darme el lujo de pagarle a alguien para escuchar mi propia opinión." Pero el verdadero reto para los gerentes es cuando escuchan noticias que no quieren escuchar. El tipo de noticias que hacen hervir su sangre o colapsar sus esperanzas, pero no deben demostrarlo. Tienen que aprender a aceptar las malas noticias sin vacilar.

Sin diatribas, sin sarcasmo silencioso, sin tener los ojos mirando hacia arriba, sin rechinar los dientes. En lugar de eso, los gerentes deben hacer preguntas calmadas, incluso moderadas: "¿Puede usted decirme más acerca de lo que pasó?" "¿Qué piensa de deberíamos hacer?" Un sincero "Gracias por llamarme la atención sobre esto" tal vez reducirá la probabilidad de que a los gerentes se les aísle de comunicaciones similares en el futuro.

◆ **Un ingrediente común de las organizaciones que crean exitosamente el conflicto funcional es que recompensan el desacuerdo y castigan a quienes evitan el conflicto.**

Negociación

La negociación permea las interacciones de casi todos los miembros en los grupos y en las organizaciones. Existe lo obvio: las negociaciones laborales con la gerencia. Existe lo no tan obvio: los gerentes negocian con subordinados, compañeros y jefes; los vendedores negocian con los clientes; los agentes de compras negocian con los proveedores. Y existe lo difícil de detectar: un trabajador está de acuerdo en responder el teléfono de un colega por unos minutos a cambio de algún beneficio pasado o futuro. En las organizaciones actuales basadas en los equipos, donde los miembros se encuentran cada vez más a sí mismos teniendo que trabajar con colegas sobre los que no tienen una autoridad directa y con quienes no podrían compartir ni siquiera un jefe común, las habilidades de negociación se vuelven vitales.

Definiremos la **negociación** como un proceso en el cual dos o más partes intercambian bienes o servicios y tratan de estar de acuerdo en la tasa de intercambio para ellas.[30] Observe que usaremos los términos *negociación* y *regateo* indistintamente.

En esta sección, compararemos dos estrategias de negociación, proporcionaremos un modelo del proceso de negociación, definiremos el papel de las características

negociación
Un proceso en el cual dos o más partes intercambian bienes o servicios y tratan de estar de acuerdo en la tasa de intercambio para ellas.

de la personalidad en la negociación, revisaremos las diferencias culturales en la negociación y echaremos un breve vistazo a las negociaciones de terceros.

Estrategias de negociación

Hay dos enfoques generales de la negociación: *negociación distributiva* y *negociación integrativa*.[31] Éstas se comparan en la ilustración 12-5.

negociación distributiva
Negociación que busca dividir una cantidad fija de recursos; una situación de ganar-perder.

NEGOCIACIÓN DISTRIBUTIVA Usted ve anunciado en el periódico un automóvil usado en venta. Parece ser justo lo que usted ha estado buscando. Va a ver el automóvil. Es perfecto y usted lo quiere. El propietario le dice el precio. Usted no quiere pagar tanto. Entonces ambos negocian sobre el precio. La estrategia de negociación en la que se están involucrando se llama **negociación distributiva.** Su característica distintiva es que opera bajo condiciones de suma-cero. Esto es, cualquier ganancia que yo obtenga es a costa de usted y viceversa. Refiriéndonos al automóvil usado del ejemplo, cada dólar que el vendedor acepta rebajar del precio del automóvil es un dólar que usted ahorra. Al contrario, cada dólar adicional que el vendedor pueda obtener es un gasto para usted. Así, la esencia de la negociación distributiva es negociar sobre quién obtiene qué porción de un pastel determinado.

Probablemente el ejemplo más ampliamente citado de la negociación distributiva ocurre en las negociaciones empleado-gerencia sobre los salarios. Típicamente los representantes laborales llegan a la mesa de negociaciones determinados a conseguir tanto dinero como sea posible de la gerencia. Puesto que cada centavo extra que los representantes negocien incrementa los gastos de la gerencia, cada parte negocia agresivamente y trata a la otra como a un oponente que debe ser vencido.

La esencia de la negociación distributiva se muestra en la ilustración 12-6. Las partes A y B representan a dos negociadores. Cada uno tiene un *punto objetivo* que define lo que él o ella quisiera lograr. Cada uno tiene también un *punto de resistencia*, el cual marca el menor resultado que es aceptable —el punto por debajo del cual romperían las negociaciones antes que aceptar un arreglo menos favorable. El área entre estos dos puntos forma la escala de aspiraciones de cada uno. Mientras haya algún traslape entre las escalas de aspiración de A y B, existe una escala de arreglos donde las aspiraciones de cada uno pueden cumplirse.

Cuando uno está envuelto en una negociación distributiva, las tácticas de uno se enfocan en tratar de conseguir que el oponente esté de acuerdo con el propio pun-

Ilustración 12-5 Negociación distributiva *versus* integrativa

Características de la negociación	Negociación distributiva	Negociación integrativa
Recursos disponibles	Cantidad fija de recursos para ser divididos	Cantidad variable de recursos para ser divididos
Motivaciones primarias	Yo gano, tú pierdes	Yo gano, tú ganas
Intereses primarios	Opuestos los unos a los otros	Convergentes o congruentes
Enfoque de las relaciones	Corto plazo	Largo plazo

Fuente: basado en R. J. Lewicki y J. A. Litterer, *Negotiation* (Homewood, IL: Irwin, 1985), p. 280.

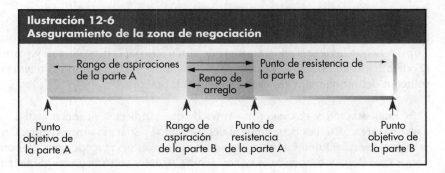

Ilustración 12-6
Aseguramiento de la zona de negociación

Rango de aspiraciones de la parte A

Rengo de arreglo

Punto de resistencia de la parte B

Punto objetivo de la parte A

Rango de aspiración de la parte B

Punto de resistencia de la parte A

Punto objetivo de la parte B

to objetivo o lograr acercarlo lo más posible a éste. Los ejemplos de tales tácticas son persuadir al oponente sobre la imposibilidad de conseguir su punto objetivo y la conveniencia de aceptar un arreglo cercano al propio; sostener que su objetivo es justo, mientras que el de su oponente no lo es; y tratar de lograr que su oponente se sienta emocionalmente generoso hacia usted y por tanto acepte un resultado cercano al punto objetivo que usted persigue.

NEGOCIACIÓN INTEGRATIVA Una representante de ventas de un fabricante de prendas deportivas para mujeres acaba de cerrar una orden de $15,000 con un pequeño vendedor al detalle. La representante de ventas envía esta orden al departamento de crédito de la compañía. Se le dice que la firma no puede aprobar el crédito a este cliente debido a su bajo registro de pagos en el pasado. Al día siguiente, el representante de ventas y el gerente de crédito de la compañía se reúnen para discutir el problema. La representante de ventas no quiere perder el negocio. Tampoco el gerente de crédito, pero él no quiere quedarse atascado con una deuda incobrable. Los dos revisan abiertamente sus opciones. Después de una considerable discusión, están de acuerdo en una solución que satisface las necesidades de ambos: el gerente de crédito aprobará la venta, pero el propietario de la tienda proporcionará una garantía bancaria para asegurar el pago si la cuenta no es pagada en los siguientes 60 días.

Esta negociación ventas-crédito es un ejemplo de una **negociación integrativa.** En contraste con la negociación distributiva, la solución de un problema integrativo opera bajo la suposición de que hay uno o más arreglos que pueden crear una solución de ganar-ganar.

Desde el punto de vista del comportamiento intraorganizacional, quedando todas las cosas igual, la negociación integrativa se prefiere a la negociación distributiva. ¿Por qué? Debido a que la primera genera relaciones a largo plazo y facilita trabajar juntos en el futuro. Une a los negociadores y permite a cada uno dejar la mesa de negociación sintiendo que él o ella ha logrado una victoria. La negociación distributiva, por otro lado, deja a una parte como perdedora. Tiende a fomentar animosidades y profundiza las divisiones cuando las personas tienen que trabajar juntas sobre una base continua.

¿Por qué, entonces, no vemos más negociaciones integrativas en las organizaciones? La respuesta yace en las condiciones que se necesitan para que este tipo de negociación tenga éxito. Esto incluye partes que se muestran abiertas a la información y francas acerca de sus intereses, la sensibilidad de ambas partes hacia las necesidades del otro, la capacidad de confiar el uno en el otro y la voluntad de ambas partes de mantener la flexibilidad.[32] Debido a que estas condiciones a menudo no existen en las organizaciones, no resulta sorprendente que las negociaciones a menudo asuman una dinámica de ganar a toda costa.

negociación integrativa
Negociación que busca uno o más arreglos que puedan crear una solución ganar-ganar.

Ilustración 12-7 El proceso de negociación

Preparación y planeación

↓

Definición de las reglas generales

↓

Aclaración y justificación

↓

Negociación y solución del problema

↓

Cierre y puesta en práctica

BATNA

La mejor alternativa para un acuerdo negociado; el valor mínimo aceptable para un individuo sobre un acuerdo negociado.

El proceso de negociación

La ilustración 12-7 proporciona un modelo simplificado del proceso de negociación. Considera que la negociación consiste de cinco pasos: (1) preparación y planeación; (2) definición de las reglas básicas; (3) aclaración y justificación; (4) negociación y solución del problema; y (5) cierre y puesta en práctica.[33]

PREPARACIÓN Y PLANEACIÓN Antes de que empiece a negociar, usted necesita hacer su tarea. ¿Cuál es la naturaleza del conflicto? ¿Cuál es la historia que lleva a esta negociación? ¿Quién está involucrado y cuáles son sus percepciones del conflicto?

¿Qué desea obtener de la negociación? ¿Cuáles son *sus* metas? Si usted es un gerente de compras de Dell Computer, por ejemplo, y su meta es conseguir de su proveedor de teclados una reducción significativa en los costos, asegúrese de que la meta esté siempre presente en su discusión y no se vea opacada por otros asuntos. A menudo ayuda poner sus metas por escrito y desarrollar una escala de resultados —desde los "más esperanzadores" hasta los "mínimos aceptables"— para mantener su atención enfocada.

Usted también querrá preparar una evaluación de lo que piensa que son las metas de la negociación de la otra parte. ¿Qué es probable que pidan? ¿Qué tan atrincherados podrán estar en su posición? ¿Qué intereses intangibles o escondidos podrían ser importantes para ellos? ¿Sobre qué estarían dispuestos a realizar acuerdos? Cuando usted pueda anticiparse a la posición de su oponente, estará mejor equipado para enfrentar sus argumentos con hechos y números que apoyen su postura.

Utilice la información que ha reunido para desarrollar una estrategia. En un juego de ajedrez, los expertos tienen una estrategia. Saben de antemano cómo responderán a una situación dada. Como parte de su estrategia, usted debería determinar la mejor alternativa suya y de la otra parte para negociar un acuerdo (*Best Alternative To a Negotiated Agreement*, **BATNA**).[34] Su BATNA determina el menor valor aceptable para usted en un acuerdo negociado. Cualquier oferta que usted reciba más alta que su BATNA es mejor que un callejón sin salida. Al contrario, usted no debería esperar el éxito en sus esfuerzos de negociación a menos que sea capaz de hacer una oferta a la otra parte que resulte más atractiva que su BATNA. Si usted llega a la negociación teniendo una buena idea de lo que es la BATNA de la otra parte, incluso si no fuera capaz de cumplir con éste, usted podrá ser capaz de hacer que lo cambien.

DEFINICIÓN DE LAS REGLAS BÁSICAS Una vez que usted ha realizado su planeación y ha desarrollado una estrategia, está listo para empezar a definir las reglas generales y procedimientos básicos con la otra parte acerca de la negociación misma. ¿Quién realizará la negociación? ¿Dónde se llevará a cabo? ¿Qué restricciones de tiempo, si las hay, se aplicarán? ¿A qué temas estará limitada la negociación? ¿Habrá un procedimiento específico a seguir si se llega a un callejón sin salida? Durante esta fase, las partes también intercambiarán sus propuestas o demandas iniciales.

ACLARACIÓN Y JUSTIFICACIÓN Cuando las posiciones iniciales han sido intercambiadas, tanto usted como la otra parte explicarán ampliarán, aclararán, apoyarán y justificarán sus demandas originales. Esto no tiene que ser una confrontación. Más bien, es una oportunidad para educar e informar a cada parte sobre los temas, por qué son importantes, y cómo llegó cada uno a sus demandas iniciales. Éste es el punto donde usted podría querer proporcionar a la otra parte cualquier documentación que le ayude a sustentar su postura.

De los conceptos a las habilidades

Negociar

Una vez que usted se ha tomado el tiempo de evaluar sus propias metas, ha considerado las metas e intereses de la otra parte y ha desarrollado una estrategia, usted está listo para empezar la verdadera negociación. Las siguientes sugerencias mejorarán sus habilidades para tal efecto.[35]

Haga una introducción positiva. Los estudios sobre la negociación muestran que las concesiones tienden a ser recíprocas y conducen a acuerdos. Como resultado, empiece negociando con una introducción abierta —posiblemente con una concesión pequeña— y entonces intercambie las concesiones de su oponente.

Diríjase a los problemas, no a las personalidades. Concéntrese en los temas de la negociación, no en las características personales de su oponente. Cuando las negociaciones se vuelvan difíciles, evite la tendencia a atacar a su oponente. Son las ideas o la postura de su oponente con lo que está en desacuerdo, no con él o ella personalmente. Separe a la persona del problema, y no personalice las diferencias.

Ponga poca atención a las ofertas iniciales. Trate cualquier oferta inicial como únicamente un punto de salida. Todos tienen una posición inicial. Estas ofertas iniciales tienden a ser extremas e idealistas. Trátelas como tales.

Enfatice soluciones de ganar-ganar. Los negociadores inexpertos a menudo dan por hecho que su ganancia debe producirse a costa de la otra parte. Como se mencionó con la negociación integrativa, éste no tiene que ser el caso. Con frecuencia hay soluciones de ganar-ganar. Pero asumir un juego de suma-cero significa perder oportunidades de intercambios que pudieron beneficiar a ambos lados. Así, si las condiciones lo apoyan, busque una solución integrativa. Enmarque las opciones en términos de los intereses de su oponente y busque soluciones que puedan permitirle a su oponente, tanto como a usted, declarar una victoria.

Cree un clima de apertura y confianza. Los negociadores hábiles son mejores escuchas, hacen más preguntas, se enfocan en sus argumentos más directamente, son menos defensivos y han aprendido a evitar palabras y frases que puedan irritar a su oponente (por ejemplo, "oferta generosa", "precio justo", "arreglo razonable"). En otras palabras, son mejores para crear un clima abierto y de confianza que para alcanzar un arreglo integrativo.

NEGOCIACIÓN Y SOLUCIÓN DEL PROBLEMA La esencia del proceso de negociación es el toma y daca real que ocurre al tratar de discutir a fondo un acuerdo. Las concesiones indudablemente tendrán que ser hechas por ambas partes. El recuadro "De los conceptos a las habilidades" sobre la negociación describe directamente algunas de las acciones que usted debería realizar para mejorar las probabilidades de lograr un buen acuerdo.

CIERRE Y PUESTA EN PRÁCTICA El paso final en el proceso de negociación consiste en formalizar el acuerdo sobre el que se ha trabajado y desarrollar cualquier procedimiento que sea necesario para la puesta en práctica y el monitoreo. En la mayoría de las negociaciones —las cuales abarcan todo, desde las negociaciones empleado-gerencia, negociar sobre los términos de arrendamiento, comprar una propiedad o negociar una oferta de trabajo para un puesto de alta gerencia—, se requerirá sacar a golpes las especificaciones en un contrato formal. En la mayoría de los casos, sin embargo, el proceso de cierre de la negociación no es más formal que un simple apretón de manos.

Temas sobre la negociación

Concluimos nuestro análisis de la negociación revisando cuatro temas contemporáneos en la negociación: el papel de las características de la personalidad, las diferencias de sexo en la negociación, el efecto de las diferencias culturales sobre los estilos de negociación y el uso de terceras partes para ayudar a resolver diferencias.

EL PAPEL DE LAS CARACTERÍSTICAS DE LA PERSONALIDAD EN LA NEGOCIACIÓN ¿Puede usted predecir las tácticas negociadoras en un oponente si sabe algo acerca de su personalidad? Es tentador responder "sí". Por ejemplo, usted podría asumir que quienes acostumbran asumir riesgos serían negociadores más agresivos que hacen pocas concesiones. Sorprendentemente, la evidencia no apoya esta intuición.[36]

Todas las evaluaciones de la relación personalidad-negociación demuestran que las características de la personalidad no tienen un efecto directo ya sea en el proceso de negociación o en los resultados de la misma. Esta conclusión es importante. Sugiere que usted debería concentrarse en los asuntos y factores situacionales de cada episodio de la negociación y no en la personalidad de su oponente.

DIFERENCIAS DE SEXO EN LAS NEGOCIACIONES ¿Los hombres y las mujeres negocian de manera diferente? La respuesta parece ser "no".[37]

Un estereotipo sostenido por muchos es que las mujeres son más cooperativas, agradables y orientadas a las relaciones en las negociaciones que los hombres. La evidencia no sustenta esta creencia. Las comparaciones entre gerentes experimentados (hombres y mujeres) encontró que las mujeres no eran ni peores ni mejores negociadoras, ni más cooperadoras o abiertas que los demás y ni más ni menos persuasivas o amenazadoras que los hombres.

La creencia de que las mujeres son "más agradables" que los hombres en las negociaciones se debe probablemente a que se confunde el sexo y la carencia de poder que han soportado típicamente las mujeres en las grandes organizaciones. La investigación indica que los gerentes con poco poder, a pesar del sexo, tratan de aplacar a sus oponentes y usar suaves tácticas persuasivas en lugar de la confrontación directa y las amenazas. Donde las mujeres y los hombres tienen bases similares de poder, no debería haber ninguna diferencia significativa en los estilos de negociación.

Mientras que los sexos podrían no ser relevantes en términos de los resultados de la negociación, las actitudes de las mujeres hacia la negociación y hacia ellas mismas como negociadoras parecen ser bastante diferentes de las de los hombres. Las gerentas demuestran menos seguridad en la anticipación de la negociación y están menos satisfechas con su desempeño después de que se termina el proceso, a pesar del hecho de que su desempeño y los resultados que logran son similares a los de los hombres.

Esta última conclusión sugiere que las mujeres podrían castigarse excesivamente ellas mismas evitando involucrarse en negociaciones a pesar de que tal acción sería en sus propios intereses.

DIFERENCIAS CULTURALES EN LAS NEGOCIACIONES Aunque parece no haber una relación directamente significativa entre la personalidad de un individuo y el estilo de negociación, los antecedentes culturales parecen ser relevantes. Los estilos de negociación claramente varían entre las culturas nacionales.[38]

A los franceses les gusta el conflicto. Generalmente obtienen reconocimiento y crean sus reputaciones al pensar y actuar en contra de otros. Como resultado de ello, los franceses tienden a gastar una gran cantidad de tiempo en negociar acuerdos y no se preocupan demasiado sobre si le gustan o le disgustan sus oponentes.[39] Los chinos también inducen a los demás a hablar libremente en las negociaciones, pero eso es porque creen que las negociaciones nunca terminan. Justo cuando usted piensa que ha asegurado cada detalle y alcanzado una solución final con un ejecutivo chino, ese ejecutivo podría sonreír y comenzar todo el proceso nuevamente. Como los japoneses, los chinos negocian para desarrollar una relación y un compromiso para trabajar juntos en vez de hacerlo para unir cada cabo suelto.[40] Los estadounidenses son conocidos en todo el mundo por su impaciencia y su deseo de agradar. Los negociadores astutos de otros países a menudo transforman estas características en su ventaja al extender las negociaciones y condicionar la amistad al arreglo final.

El contexto cultural de la negociación influye significativamente la cantidad y tipo de preparación para la negociación, el énfasis relativo en la tarea *versus* las relaciones interpersonales, las tácticas utilizadas e incluso el lugar donde las negociaciones deberían llevarse a cabo. Para ilustrar más algunas de estas diferencias, veamos dos estudios que comparan la influencia de la cultura en las negociaciones.

El primer estudio comparó a los estadounidenses, a los árabes y a los rusos.[41] Entre los factores que se observaron se incluyeron su estilo de negociar, cómo responden a los argumentos del oponente, su método para hacer concesiones y cómo manejan las fechas límite de la negociación. Los estadounidenses trataban de persuadir sustentándose en hechos y apelando a la lógica. Enfrentaban los argumentos del oponente con hechos objetivos. Realizaban pequeñas concesiones al principio de la negociación para establecer una relación y usualmente correspondían a las concesiones del oponente. Los estadounidenses trataban las fechas límite como algo muy importante. Los árabes trataban de persuadir apelando a la emoción. Enfrentaban los argumentos del oponente con sentimientos subjetivos. Realizaban concesiones durante todo el proceso de negociación y casi siempre correspondían a las concesiones de los oponentes. Los árabes trataban las fechas límite de manera muy informal. Los rusos basaban sus argumentos ideales declarados. Hacían muy pocas concesiones, si es que las hacían. Cualquier concesión ofrecida por un oponente era vista como una debilidad y casi nunca era correspondida. Finalmente, los rusos tendían a pasar por alto las fechas límite.

El segundo estudio consideró las tácticas verbales y no verbales mostradas por estadounidenses, japoneses y brasileños durante sesiones de negociación de media hora.[42] Algunas de las diferencias fueron particularmente interesantes. Por ejemplo, los brasileños dijeron "no" un promedio de 83 veces, comparado con cinco veces de los japoneses y nueve de los estadounidenses. Los japoneses mostraron más de cinco periodos de silencio de duración mayor a diez segundos durante las sesiones de 30 minutos. Los estadounidenses promediaron 3.5 de tales periodos; los brasileños no tuvieron ninguno. Los japoneses y estadounidenses interrumpieron a su oponente casi el mismo número de veces, pero los brasileños interrumpieron a su oponente 2.5 a 3 veces más que los estadounidenses y japoneses. Finalmente, mientras los japoneses y estadounidenses no tenían ningún contacto físico con su oponente durante las negociaciones excepto el saludo de mano, los brasileños se tocaron entre sí casi cinco veces cada media hora.

NEGOCIACIONES DE TERCERAS PARTES Hasta este punto, hemos discutido la negociación en términos de negociaciones directas. Ocasionalmente, sin embargo, los individuos o representantes de grupo llegan a un empate y son incapaces de resolver sus diferencias a través de las negociaciones directas. En tales casos, podrían acudir a una tercera parte para ayudarlos a encontrar una solución. Existen cuatro papeles básicos de una tercera parte: mediador, juez, conciliador y consultor.[43]

Un **mediador** es una tercera parte neutral que facilita una solución negociada utilizando el razonamiento, la persuasión y sugerencias sobre alternativas y similares. Los mediadores son ampliamente utilizados en las negociaciones laboral-gerencial y en disputas ante la corte civil.

mediador
Una tercera parte neutral que facilita una solución negociada utilizando el razonamiento, la persuasión y sugerencias sobre alternativas.

La eficacia total de las negociaciones mediadas es bastante impresionante. La tasa de acuerdo es de aproximadamente 60%, con una satisfacción del negociador de 75%. Pero la situación es la clave para que el mediador tenga éxito o no; las partes en conflicto deberán estar motivadas a negociar y a resolver su conflicto. Además, la intensidad del conflicto no puede ser demasiado alta; la mediación es más eficaz ante niveles moderados de conflicto. Por último, las percepciones del mediador son importantes; para ser eficaz, el mediador debe ser percibido como neutral y no coercitivo.

Un **juez** es una tercera parte que posee la autoridad para dictar un acuerdo. El juicio puede ser voluntario (solicitado) u obligatorio (forzado por la ley o por un contrato).

La autoridad del juez varía de acuerdo con las reglas establecidas por los negociadores. Por ejemplo, el juez podría estar limitado a escoger una de las últimas ofertas de los negociadores o sugerir un punto de acuerdo que no sea obligatorio, o libre de escoger y realizar cualquier juicio que él o ella desee.

La ventaja del juicio sobre la mediación es que siempre da como resultado un acuerdo. Ya sea que haya o no un lado negativo depende de qué "tan severo" parezca el juez. Si una parte termina sintiéndose totalmente derrotada, esa parte con toda seguridad quedará insatisfecha y es poco probable que acepte cortésmente la decisión del juez. Por tanto, el conflicto pudiera resurgir más tarde.

Un **conciliador** es una tercera parte confiable que proporciona un vínculo de comunicación informal entre el negociador y el oponente. Este papel fue hecho famoso por Robert Duval en la primera película *Godfather* (El padrino). Como hijo adoptivo de Don Corleone y abogado por entrenamiento, Duval actuó como intermediario entre la familia Corleone y las otras familias de la mafia.

La conciliación es utilizada ampliamente en las disputas internacionales, laborales, familiares y comunitarias. Comparar su eficacia con la mediación ha probado ser difícil ya que ambas se traslapan en gran medida. En la práctica, los conciliadores típicamente actúan más como simples conductos de comunicación. También se involucran en la búsqueda de hechos, la interpretación de mensajes y en la persuasión de los que disputan para que lleguen a algún acuerdo.

Un **consultor** es una tercera parte imparcial y hábil, que trata de facilitar una solución creativa del problema a través de la comunicación y el análisis, ayudado por su conocimiento de la administración de conflictos. En contraste con los papeles anteriores, el papel del consultor no consiste en arreglar los asuntos sino, más bien, en mejorar las relaciones entre las partes en conflicto para que puedan llegar a un arreglo ellas mismas. En lugar de indicar soluciones específicas, el consultor trata de ayudar a las partes a aprender a entenderse y a trabajar la una con la otra. Por tanto, este planteamiento tiene un enfoque de largo plazo: generar percepciones y actitudes nuevas y positivas entre las partes en conflicto.

juez
Una tercera parte en una negociación que tiene la autoridad para dictar un acuerdo.

conciliador
Una tercera parte confiable que proporciona un vínculo informal de comunicación entre el negociador y el oponente.

consultor como negociador
Una tercera parte imparcial, hábil en la administración de conflictos, quien trata de facilitar una solución creativa del problema a través de la comunicación y el análisis.

Relaciones intergrupales

En su mayor parte, los conceptos que hemos analizado del capítulo 7 han tratado de las actividades intergrupales. Por ejemplo, el material previo de este capítulo enfatizó el conflicto interpersonal e intergrupal así como las negociaciones interpersonales. Pero necesitamos entender las relaciones tanto entre los grupos como dentro de ellos.[44] En esta sección, nos concentraremos en las relaciones intergrupales. Éstas constituyen los puentes coordinados que unen a dos grupos organizacionales distintos.[45] Como mostraremos, la eficiencia y la calidad de estas relaciones pueden tener un peso significativo en el desempeño de uno o de ambos grupos, así como en la satisfacción de sus miembros.

Factores que afectan las relaciones intergrupales

El desempeño exitoso entre grupos está en función de numerosos factores. El concepto paraguas que anula estos factores es la *coordinación*. Cada uno de los siguientes elementos puede afectar los esfuerzos de coordinación.

INTERDEPENDENCIA La primera pregunta de anulación que debemos realizar es: ¿Los grupos realmente necesitan la coordinación? La respuesta a esta pregunta radica en determinar el grado de interdependencia que existe entre los grupos. Es decir, ¿los grupos dependen el uno del otro y si es así, qué tanto? Los tres tipos más frecuentemente identificados de interdependencia son grupal, secuencial y recíproca.[46] Cada una requiere un grado cada vez más grande de interacción de grupo (véase la ilustración 12-8).

Cuando dos grupos funcionan con relativa independencia, pero su resultado combinado contribuye con las metas totales de la organización, existe una **interdependencia grupal.** En una firma como Apple Computer, por ejemplo, esto describiría la relación entre el departamento de desarrollo del producto y el de embarque. Ambos son necesarios si Apple va a desarrollar nuevos productos y llevar esos productos a las manos de los consumidores, pero cada uno está esencialmente separado y es distinto del otro. Si todo lo demás permanece igual, los requerimientos de coordinación entre los grupos unidos por la interdependencia grupal son menores que con interdependencia secuencial o recíproca.

Los departamentos de compras y ensamble de partes de Apple son **secuencialmente interdependientes.** Un grupo —ensamble de partes— depende de otro —compras— para sus suministros, pero la dependencia es solamente en un sentido. Compras no es directamente dependiente del ensamblaje de partes para sus suministros. En la interdependencia secuencial, si el grupo que proporciona el suministro no realiza adecuadamente su trabajo, el grupo que es dependiente del primero se verá afectado de manera significativa. En nuestro ejemplo de Apple, si el departamento de compras olvida ordenar componentes importantes que vayan dentro del proceso de ensamble, entonces el de ensamble de partes pudiera tener que disminuir o cerrar temporalmente sus operaciones de ensamblaje.

interdependencia grupal
Donde dos grupos funcionan con relativa independencia pero su producción combinada contribuye con las metas de la organización.

interdependencia secuencial
Un grupo depende de otro en cuanto a sus suministros, pero la dependencia se da solamente en un sentido.

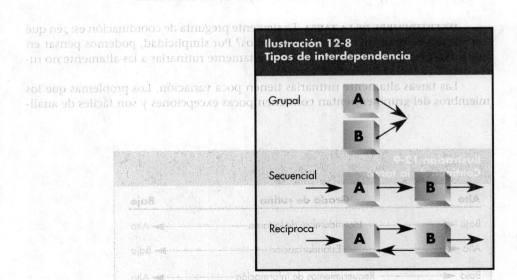

Ilustración 12-8
Tipos de interdependencia

Grupal

Secuencial

Recíproca

La coordinación entre el grupo es esencial para satisfacer las necesidades del cliente en Chadick & Kimball. La firma de diseño de Washington, D.C., se especializa en desarrollar programas de identidad corporativa. Los proyectos requieren de interdependencia recíproca entre los diseñadores y el personal de mercadotecnia. Los mercadólogos interactúan con los clientes para determinar sus necesidades e intercambiar esta información con los diseñadores que crean los programas.

interdependencia recíproca
Donde los grupos intercambian suministros y productos.

La forma más compleja de **interdependencia** es la **recíproca.** En estos ejemplos, los grupos intercambian suministros y productos. Por ejemplo, los grupos de ventas y desarrollo de productos de Apple son interdependientes recíprocamente. La gente de ventas, en contacto con los clientes, adquiere información acerca de sus necesidades futuras. Ventas pasa entonces esto de regreso a desarrollo de productos para que puedan crear nuevos productos de computadora. Las implicaciones a largo plazo son que si el desarrollo de productos no llega con nuevos productos que los clientes potenciales puedan encontrar deseables, el personal de ventas no va a conseguir órdenes. Así que hay una alta interdependencia: desarrollo de productos necesita la información de ventas sobre las necesidades del cliente para que así pueda crear exitosamente nuevos productos, y ventas depende del grupo de desarrollo de productos para poder vender exitosamente. Este alto grado de dependencia se traduce en una mayor interacción y una coordinación mayor de las demandas.

INCERTIDUMBRE DE LA TAREA La siguiente pregunta de coordinación es: ¿en qué tipo de tareas están involucrados los grupos? Por simplicidad, podemos pensar en que las tareas de un grupo van desde las altamente rutinarias a las altamente no rutinarias.[47] (Véase la ilustración 12-9.)

Las tareas altamente rutinarias tienen poca variación. Los problemas que los miembros del grupo enfrentan contienen pocas excepciones y son fáciles de anali-

---

**Ilustración 12-9
Continuo de la tarea**

Alto	Grado de rutina	Bajo
Bajo ◄————	Incertidumbre de la tarea ————►	Alto
Alto ◄————	Estandarización ————►	Bajo
Bajo ◄————	Requerimientos de información ————►	Alto

zar. Tales actividades se prestan para procedimientos de operación estandarizados. Por ejemplo, las tareas de manufactura en una fábrica de neumáticos están formadas por tareas altamente rutinarias. En el otro extremo están las tareas no rutinarias. Éstas son actividades no estructuradas, que tienen muchas excepciones y problemas que son difíciles de analizar. Muchas de las tareas llevadas a cabo por los grupos de investigación de mercados y desarrollo de productos son de esta variedad. Por supuesto, muchas de las tareas de grupo caen en algún lugar intermedio o combinan tanto las tareas rutinarias como las no rutinarias.

La clave de la **incertidumbre de la tarea** es que las tareas no rutinarias requieren considerablemente más procesamiento de la información. Las tareas con una incertidumbre baja tienden a estar estandarizadas. Además, los grupos que hacen tareas estandarizadas no tienen que interactuar mucho con otros grupos. En contraste, los grupos que llevan a cabo tareas que son altas en incertidumbre enfrentan problemas que requieren respuestas a la medida. Esto, a su vez, lleva a la necesidad de más y mejor información. Podríamos esperar que la gente del departamento de investigación de mercados de Goodyear Tire & Rubber interactúen mucho más con otros departamentos y públicos —mercadotecnia, ventas, diseño de productos, vendedores de neumáticos, agencias de publicidad y similares— que con la gente en el grupo de manufactura de Goodyear.

incertidumbre de la tarea
Mientras más grande sea la incertidumbre en una tarea, más hecha a la medida será la respuesta. Por el contrario, la baja incertidumbre abarca tareas rutinarias con actividades estandarizadas.

TIEMPO Y ORIENTACIÓN A LA META ¿Cuán diferentes son los grupos desde el punto de vista de la experiencia y pensamiento de sus miembros? Ésta es la tercera pregunta relevante respecto al grado de coordinación necesaria entre los grupos. La investigación demuestra que las percepciones del grupo de trabajo sobre lo que es importante pudieran diferir sobre la base del marco de tiempo que gobierna su trabajo y su orientación a la meta.[48] Esto puede dificultar que grupos con diferentes percepciones trabajen juntos.

Ilustración 12-10
Fuente: CATHY copyright Cathy Guisewite. Reimpreso con autorización de Universal Press Syndicate. Todos los derechos reservados.

¿Por qué podrían los grupos de trabajo tener diferentes orientaciones de tiempo y meta? Históricamente la alta dirección dividía el trabajo al poner las tareas comunes en grupos funcionales comunes y asignarle a estos grupos metas específicas. Entonces la gente era contratada con los antecedentes y habilidades apropiados para terminar las tareas y ayudar al grupo a lograr sus metas. Esta diferenciación de tareas y contratación de especialistas hizo fácil coordinar las actividades intergrupales, pero hizo cada vez más difícil coordinar la interacción entre grupos.

Para ilustrar cómo la orientación difiere entre los grupos de trabajo, el personal de manufactura tiene un enfoque de corto plazo. Les preocupa el programa de producción de hoy y la productividad de esta semana. En contraste, el enfoque de la gente de investigación y desarrollo es a largo plazo. Están interesados en desarrollar nuevos productos que no podrían ser fabricados en varios años. De igual manera, los grupos de trabajo a menudo tienen diferentes orientaciones a la meta. Como mencionamos antes en este capítulo, por lo general ventas quiere vender todo a todos. Las metas se centran en el volumen de ventas y en incrementar los ingresos y la participación de mercado. Aunque la capacidad de los clientes para pagar las ventas realizadas por el grupo de ventas no es de su incumbencia, la gente en el departamento de crédito quiere asegurarse de que las ventas son realizadas a clientes dignos de crédito. Estas diferencias en las metas a menudo hacen difícil que ventas y crédito se comuniquen. También hace difícil coordinar sus interacciones.

Métodos para manejar las relaciones entre grupos

¿Que métodos de coordinación están disponibles para manejar las relaciones entre grupos? Hay numerosas opciones; las siete más frecuentemente utilizadas se identifican en la ilustración 12-11. Estas siete se enumeran en un continuo, en orden de costo creciente.[49] Son también acumulativas en el sentido de que los métodos subsecuentes más altos en el continuo se agregan en lugar de ser sustituidos por los métodos inferiores. En la mayoría de las organizaciones, los métodos simples mostrados en el extremo inferior del continuo son utilizados junto con los métodos más complejos enumerados en los extremos superiores. Por ejemplo, si un gerente está

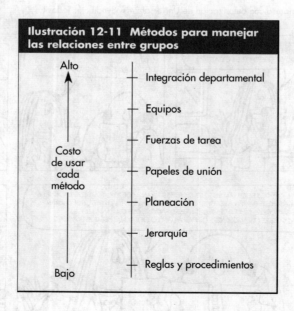

Ilustración 12-11 Métodos para manejar las relaciones entre grupos

Alto ↑

Costo de usar cada método

Bajo

- Integración departamental
- Equipos
- Fuerzas de tarea
- Papeles de unión
- Planeación
- Jerarquía
- Reglas y procedimientos

usando equipos para coordinar las relaciones intergrupales, ese gerente probablemente esté usando reglas y procedimientos.

REGLAS Y PROCEDIMIENTOS El método más simple y de menor costo para manejar las relaciones entre grupos es establecer, por adelantado, un conjunto de reglas y procedimientos formalizados que especificarán cómo los miembros del grupo interactuarán entre ellos. En las grandes organizaciones, por ejemplo, los procedimientos de operación estándar consisten en especificar que cuando un personal permanente adicional sea necesario en cualquier departamento, debe llenarse una forma de "requisición para nuevo personal" en el departamento de recursos humanos. Observe que tales reglas y procedimientos minimizan la necesidad de interacción y flujo de información entre los departamentos o grupos de trabajo. La mayor desventaja de este método es que funciona bien sólo cuando las actividades entre grupos pueden ser anticipadas y cuando ocurren lo suficientemente a menudo como para justificar establecer reglas y procedimientos para manejarlas. Bajo condiciones de alta incertidumbre y cambio, las reglas y los procedimientos por sí solos podrían no ser adecuados para garantizar una coordinación eficaz de las relaciones intergrupales.

> ◆ El método más simple y de menor costo para manejar las relaciones entre grupos es establecer reglas y procedimientos.

JERARQUÍA Si las reglas y procedimientos son inadecuados, el uso de la jerarquía de la organización se vuelve el método principal para monitorear las relaciones entre grupos. Lo que esto significa es que la coordinación se logra al referir los problemas a un superior común más alto en la organización. En una universidad, si los directores de los departamentos de inglés y oratoria no pueden estar de acuerdo sobre el lugar donde se enseñarán los nuevos cursos sobre debate, pueden llevar el tema al director de la universidad para una solución. La mayor limitación de este método es que incrementa las demandas de tiempo del superior común. Si todas las diferencias fueran resueltas por estos medios, el presidente ejecutivo de las organizaciones estaría abrumado con la solución de problemas entre grupos, teniendo poco tiempo para otros asuntos.

PLANEACIÓN El siguiente paso en el continuo es el uso de la planeación para facilitar la coordinación. Si cada grupo de trabajo tiene metas específicas por las cuales es responsable, entonces cada uno sabe lo que se supone que debe hacer. Las tareas problemáticas entre grupos se resuelven en términos de las metas y contribuciones de cada grupo. En una oficina estatal de vehículos, cada uno de los diversos grupos de trabajo —pruebas y exámenes, licencias de conducir, registro de vehículos, recepción de pagos, etc.— tienen una serie de metas que definen su área de responsabilidad y actúan para reducir los conflictos entre grupos. La planeación tiende a dividirse como un instrumento de coordinación cuando los grupos de trabajo no tienen claramente definidas las metas o cuando el volumen de contactos entre los grupos es alto.

PAPELES DE UNIÓN Los papeles de unión son aquéllos especializados y diseñados para facilitar la comunicación entre dos unidades interdependientes de trabajo. En una organización, donde los contadores e ingenieros han tenido un largo historial de conflicto, la gerencia contrató a un ingeniero con un título en administración y varios años de experiencia en contaduría pública. Esta persona podía hablar el lenguaje de ambos grupos y entender sus problemas. Después de que este nuevo papel de unión fue establecido, los conflictos que previamente habían hecho difícil la coor-

El gigante farmacéutico Merck & Co. creó una fuerza de tarea de recursos humanos después de que adquirió Medco Containment Services, una administradora de prestaciones farmacéuticas. Los miembros de esta fuerza laboral, incluyendo a Katherine Harrison de Merck (izquierda) y Cynthia Gilhooly de Medco, trabajaron en muchos asuntos relacionados con la integración cultural, administrativa y de negocios de la empresa. Los miembros del equipo temporal compartieron información acerca de compensaciones y prestaciones, relaciones de los empleados, desarrollo de los empleados, métodos gerenciales y ambientes de trabajo.

dinación de las actividades de los departamentos de ingeniería y contabilidad se redujeron de manera significativa. La mayor desventaja de este dispositivo de coordinación es que hay límites para cualquier capacidad de unión de una persona para que maneje el flujo de información entre grupos que interactúan, especialmente donde los grupos son grandes y las interacciones son frecuentes.

FUERZAS DE TAREA Una fuerza de tarea es un grupo temporal formado por representantes de diversos departamentos. Existe sólo el tiempo necesario para solucionar el problema para el cual fue creado. Después de que se ha alcanzado una solución, los participantes de la fuerza de tarea regresan a sus obligaciones normales.

Las fuerzas de tarea son un excelente instrumento para coordinar actividades cuando el número de grupos que interactúan es de más de dos o tres. Por ejemplo, cuando Audi empezó a recibir numerosas quejas acerca de la aceleración de sus automóviles al poner en reversa la transmisión, aun cuando los conductores juraban que su pie estaba firmemente en los frenos, la compañía creó una fuerza de tarea para evaluar el problema y desarrollar una solución. Se reunió a representantes de los departamentos de diseño, producción e ingeniería. Después de que se determinó una solución, se desmanteló la fuerza de tarea.

EQUIPOS A medida que las tareas se vuelven más complejas, los problemas adicionales se incrementan durante el acto de ejecución. Los instrumentos anteriores de coordinación ya no son adecuados. Si los retrasos en las decisiones se prolongan, las líneas de comunicación se agrandan y los gerentes superiores se ven forzados a pasar más tiempo en operaciones cotidianas, la siguiente respuesta es usar equipos permanentes. Por lo general se forman en torno a problemas que ocurren frecuentemente (pero con los miembros del equipo mantienen una responsabilidad tanto para su departamento funcional primario como para el equipo). Cuando el equipo ha terminado su tarea, cada miembro regresa de tiempo completo a su tarea funcional.

Boeing utiliza un equipo interfuncional para coordinar las investigaciones de accidentes aéreos. Cuando un avión de Boeing tiene un accidente, la compañía manda inmediatamente a un equipo formado por miembros de varios departamentos (incluyendo diseño, producción, jurídico y relaciones públicas). Los miembros designados del equipo de inmediato suspenden sus tareas departamentales actuales, van directamente al sitio del accidente y se unen a los otros miembros del equipo para empezar su investigación.

DEPARTAMENTOS DE INTEGRACIÓN Cuando las relaciones entre grupos se vuelven demasiado complejas para ser coordinadas a través de planes, fuerzas de tarea, equipos y similares, las organizaciones pueden crear departamentos de integración. Éstos son departamentos permanentes con miembros formalmente asignados a la tarea de integración entre dos o más grupos. Puesto que son permanentes y resulta caro mantenerlos, tienden a ser utilizados cuando una organización tiene varios grupos con metas en conflicto, problemas no rutinarios y decisiones entre grupos que tienen un impacto significativo en el total de las operaciones de la organización. Son también excelentes instrumentos para manejar conflictos entre grupos en organizaciones que enfrentan reducciones de largo plazo. Cuando las organizaciones son forzadas a disminuir su tamaño —como ha ocurrido recientemente en un amplio rango de industrias— los conflictos sobre cómo deben ser distribuidos los recortes y de qué manera se asignarán los recursos disminuidos se vuelven problemas mayores y continuos. El uso de departamentos de integración en tales casos puede ser un medio eficaz para manejar estas relaciones entre grupos.

Resumen

Podría ser de ayuda colocar este análisis en perspectiva considerando métodos para manejar relaciones entre grupos en términos de la eficacia.

Los investigadores sostienen que la eficacia de las relaciones entre grupos puede ser evaluadas en términos de eficiencia y calidad.[50] La eficiencia considera los costos para la organización de transformar un conflicto intergrupal en acciones acordadas por los grupos. La calidad se refiere al grado en el cual los efectos dan como resultado un acuerdo de intercambio bien definido duradero. Utilizando estas definiciones, los siete métodos en esta sección fueron presentados, en orden, desde el más eficiente hasta el menos eficiente. Es decir, ignorando los resultados por un momento, las reglas y los procedimientos son menos costosos al ponerlos en práctica que jerarquizar, jerarquizar es menos costoso que planear, y así sucesivamente. Pero, claro, mantener los costos bajos es sólo una consideración. El otro elemento de eficacia es la calidad, o qué tan bien el instrumento de coordinación funciona para facilitar la interacción y reducir los conflictos disfuncionales. Como hemos mostrado, la alternativa menos costosa podría no ser la adecuada. Así que los gerentes tienen varias opciones a su disposición para manejar las relaciones intergrupales. Sin embargo debido a que tienden a ser acumulativas, con los costos en aumento mientras usted se mueve a lo largo del continuo de la ilustración 12-11, el instrumento más eficaz de coordinación será el más bajo en el continuo que facilite un intercambio integrativo duradero.

Resumen e implicaciones para los gerentes

Mucha gente asume automáticamente que el conflicto está relacionado con un bajo desempeño organizacional y de grupo. Este capítulo ha demostrado que estas suposiciones son incorrectas con frecuencia. El conflicto puede ser constructivo o destructivo para el funcionamiento del grupo o unidad. Como se muestra en la ilustración

Ilustración 12-12
Conflicto y unidad de desempeño

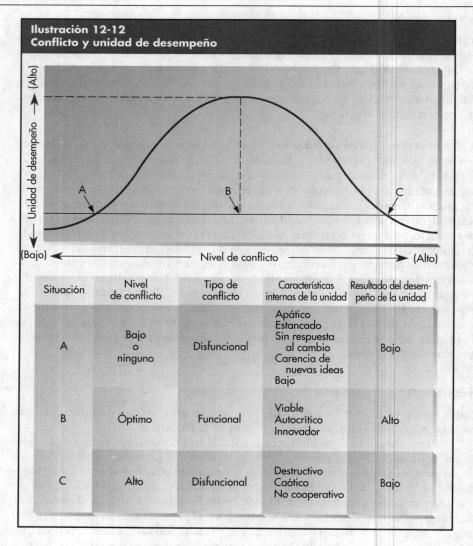

Situación	Nivel de conflicto	Tipo de conflicto	Características internas de la unidad	Resultado del desempeño de la unidad
A	Bajo o ninguno	Disfuncional	Apático Estancado Sin respuesta al cambio Carencia de nuevas ideas Bajo	Bajo
B	Óptimo	Funcional	Viable Autocrítico Innovador	Alto
C	Alto	Disfuncional	Destructivo Caótico No cooperativo	Bajo

12-12, los niveles de conflicto pueden ser demasiado altos o demasiado bajos. Cualquier extremo obstaculiza el desempeño. Un nivel óptimo es donde hay suficiente conflicto para prevenir el estancamiento, estimular la creatividad, permitir liberar las tensiones y echar las semillas del cambio, pero, no tanto que pueda interrumpir o disuadir sobre la coordinación de actividades.

Los niveles excesivos o inadecuados de conflicto pueden obstaculizar la efectividad de un grupo u organización, dando como resultado una satisfacción reducida de los miembros del grupo, un incremento en las ausencias y tasas de rotación y, eventualmente, una baja productividad. Por otro lado, cuando el conflicto está a un nivel óptimo, el acomodamiento o la complacencia y la apatía deberían ser minimizadas, la motivación debería ser incrementada a través de la creación de un ambiente de desafío y cuestionamiento con una vitalidad que haga el trabajo interesante y debería haber la cantidad de rotación necesaria para excluir de la organización de los inadaptados y de desempeño pobre.

¿Qué consejo puede dar a los gerentes que enfrentan un excesivo conflicto y necesitan reducirlo? ¡No suponga que hay una intención de manejo de conflictos que siempre sea la mejor! Usted debe seleccionar una intención adecuada para la situación. Lo siguiente proporciona algunas directrices:[51]

Utilice la *competencia* cuando una acción rápida y decisiva sea vital (en emergencias); en asuntos importantes, donde deben ponerse en práctica acciones impopulares (en reducción de costos, cumplir reglas impopulares, disciplina); en asuntos vitales para el bienestar de la organización en los cuales usted sabe que tiene razón; y contra gente que toma ventaja del comportamiento no competitivo.

Utilice la *colaboración* para encontrar una solución integradora cuando ambos grupos de interés son demasiado importantes para verse comprometidos; cuando su objetivo sea aprender; para mezclar los conocimientos de personas con diferentes perspectivas; para obtener compromiso incorporando sus preocupaciones al consenso; al trabajar con sentimientos que han interferido con una relación.

Use la *evasión* cuando el tema sea trivial, o cuando temas más importantes estén ejerciendo presión; cuando usted perciba que no existe oportunidad alguna de satisfacer sus intereses; cuando la ruptura potencial sobrepase los beneficios de la solución; para permitir que la gente se calme y obtenga la perspectiva nuevamente; cuando el reunir la información sustituya la decisión inmediata; cuando otros pueden resolver el conflicto más efectivamente y cuando los temas parecen tangenciales o sintomáticos de otros temas.

Utilice el *acomodamiento* cuando encuentre que usted está equivocado y para tener una mejor posición para escuchar, para aprender y para mostrar su buen juicio; cuando los temas sean más importantes para los demás que para usted mismo y para satisfacer a otros y mantener la cooperación; para generar crédito social para asuntos posteriores; para minimizar la pérdida cuando usted esté vencido y perdiendo; cuando la armonía y la estabilidad son especialmente importantes; y para permitir a los subordinados que se desarrollen aprendiendo de los errores.

Utilice el *compromiso* cuando las metas sean importantes pero que no valgan el esfuerzo de una ruptura potencial con métodos más asertivos; cuando los oponentes con igualdad de poder estén comprometidos con metas mutuamente excluyentes; para lograr arreglos temporales sobre asuntos complejos; para llegar a soluciones apropiadas bajo presiones de tiempo; y como soporte cuando la colaboración o la competencia no es exitosa.

La negociación mostró ser una actividad ya establecida en grupos y organizaciones. La negociación distributiva puede resolver las disputas pero con frecuencia afecta negativamente la satisfacción de uno o más negociadores debido a que está enfocada en el corto plazo y porque es de confrontación. La negociación integrativa, en contraste, tiende a proporcionar resultados que satisfacen a todas las partes y que fomentan relaciones duraderas.

Los conflictos entre grupos pueden también afectar el desempeño de la organización. El énfasis a este nivel, sin embargo, ha tendido a enfocarse en los conflictos disfuncionales y en los métodos para manejarlos. Donde el desempeño organizacional depende de las relaciones efectivas de grupo y donde hay una alta interdependencia intergrupal, la gerencia necesita asegurarse de que el instrumento integrativo adecuado sea puesto en el lugar. Sin embargo, de manera compatible con la perspectiva interaccionista en el conflicto, no hay razón para creer que todos los conflictos entre grupos son disfuncionales. Algunos niveles mínimos de conflicto pueden facilitar el pensamiento crítico entre los miembros del grupo, hacer que el grupo responda más a la necesidad de cambio y proporcione beneficios similares que puedan incrementar el desempeño organizacional y de grupo.

Para revisión

1. ¿Cuáles son las desventajas del conflicto? ¿Cuáles son sus ventajas?

2. ¿Cuál es la diferencia entre el conflicto funcional y el disfuncional? ¿Qué determina la funcionalidad?

3. ¿En qué condiciones el conflicto podría ser útil para un grupo?

4. ¿Cuáles son los componentes en el modelo del proceso del conflicto? Dé sus propias experiencias, dé un ejemplo de cómo el conflicto avanza a través de estas cinco etapas.

5. ¿Cómo podría un gerente estimular el conflicto en su departamento?

6. ¿Qué define el rango de arreglo en la negociación distributiva?

7. ¿Por qué la negociación integrativa no es más ampliamente practicada en las organizaciones?

8. ¿Cómo difieren hombres y mujeres, de cualquier manera, en sus métodos para negociar?

9. ¿Qué puede hacer usted para mejorar su efectividad negociadora?

10. ¿Cómo puede evaluar la efectividad de las relaciones entre grupos?

Para discusión

1. ¿Piensa que la competencia y el conflicto son diferentes? Explique su respuesta.

2. "La participación es un método excelente para identificar las diferencias y resolver los conflictos." ¿Está usted de acuerdo o no? Discuta el punto.

3. Suponga que un canadiense tiene que negociar un contrato con alguien de España. ¿Qué problemas podrían él o ella enfrentar? ¿Qué sugerencias le haría para ayudarle a facilitar un arreglo?

4. Hable de su propia experiencia. Describa una situación en la cual haya estado involucrado y en donde el conflicto haya sido disfuncional. Describa otro ejemplo, donde el conflicto haya sido funcional. Analice entonces cómo las otras partes en ambos conflictos podrían haber interpretado la situación en cuanto a si los conflictos fueron funcionales o disfuncionales.

5. Discuta los mecanismos para resolver conflictos intergrupales entre estudiantes y profesores de su universidad. ¿Son todos eficaces? ¿Cómo podrían mejorarse?

El conflicto es bueno para una organización

Hemos realizado un progreso considerable en los últimos 25 años hacia la superación de los estereotipos negativos dados al conflicto. La mayoría de los científicos del comportamiento y un número cada vez mayor de gerentes en funciones ahora aceptan que la meta de la gerencia efectiva no es eliminar el conflicto. Más bien, es crear la intensidad correcta de conflicto para cosechar sus beneficios funcionales.

Ya que el conflicto puede ser bueno para una organización, es lógico admitir que podría haber ocasiones en que los gerentes querrán incrementar a propósito su intensidad. Revisemos brevemente cómo el conflicto estimulante puede proporcionar beneficios a la organización.

◆ *El conflicto es un medio por el cual se produce el cambio radical.* Es un instrumento eficaz por el cual la gerencia puede cambiar drásticamente la estructura existente de poder, los patrones actuales de interacción y las actitudes arraigadas.

◆ *El conflicto facilita la cohesión del grupo.* Mientras que el conflicto incrementa la hostilidad entre los grupos, las amenazas externas tienden a provocar que todo el grupo jale como una unidad. Los conflictos entre grupos aumentan la magnitud en la cual los miembros se identifican con su propio grupo e incrementan los sentimientos de solidaridad, mientras que, al mismo tiempo, las diferencias e irritaciones internas se disuelven.

◆ *El conflicto mejora la efectividad del grupo y la organizacional.* La estimulación del conflicto inicia la búsqueda de nuevos medios y metas y aclara el camino para la innovación. La solución exitosa de un conflicto lleva a una mayor efectividad, a más confianza y apertura, a una mayor atracción entre los miembros, y a la despersonalización de los conflictos futuros. De hecho, se ha encontrado que mientras el número de desacuerdos menores se incrementa, el número de enfrentamientos mayores disminuye.

◆ *El conflicto conlleva un nivel ligeramente más alto y más constructivo de tensión.* Esto incrementa las posibilidades de solucionar los conflictos en una forma satisfactoria para todas las partes interesadas. Cuando el nivel de tensión es muy bajo, las partes no están los suficientemente motivadas para hacer algo acerca del conflicto.

Estos puntos claramente no son amplios. Como se mencionó en este capítulo, el conflicto proporciona diversos beneficios para una organización. Sin embargo, los grupos u organizaciones que carecen del conflicto quizás sufran de apatía, estancamiento, pensamiento de grupo y otros males debilitadores. De hecho, más organizaciones probablemente fracasen debido a que tienen *muy pocos* conflictos, no debido a que tengan muchos. Eche un vistazo a la lista de las grandes organizaciones que han fracasado o sufrido serios reveses financieros durante la pasada década o la anterior. Usted ve nombres como E. F. Hutton, General Motors, Western Union, Gimbel's, Kmart, Morrison Knudsen, Eastern Airlines, Greyhound y Digital Computer. La amenaza común en todas estas compañías es que se estancaron. Sus gerencias se volvieron complacientes e incapaces o indispuestas para facilitar el cambio. Estas organizaciones podrían haberse beneficiado de tener más conflictos (del tipo funcional).

Los puntos aquí presentados recibieron influencia de E. Van de Vliert, "Escalative Intervention in Small-Group Conflicts", *Journal of Applied Behavioral Science*, invierno de 1985, pp. 19-36.

¡Todos los conflictos son disfuncionales!

Pudiera ser verdad que el conflicto es una parte inherente de cualquier grupo u organización. Podría no ser posible eliminarlo completamente. Sin embargo, sólo porque el conflicto existe no es razón para deificarlo. Todos los conflictos son disfuncionales, y es una de las mayores responsabilidades de la gerencia mantener la intensidad del conflicto tan bajo como humanamente sea posible. Unos cuantos puntos apoyarán este argumento.

◆ *Las consecuencias negativas del conflicto pueden ser devastadoras.* La lista de elementos negativos asociados con el conflicto es asombrosa. Los más obvios son el incremento en la rotación, la disminución en la satisfacción del empleado, la ineficiencia entre las unidades de trabajo, el sabotaje, los problemas laborales y las huelgas, y la agresión física.

◆ *Los gerentes eficaces fomentan el trabajo en equipo.* Un buen gerente construye un equipo coordinado. El conflicto trabaja contra tal objetivo. Un grupo de trabajo exitoso es como un equipo deportivo: cada miembro sabe su papel y apoya a sus compañeros de equipo. Cuando un equipo funciona bien, el todo se vuelve más grande que la suma de sus partes. La gerencia crea un equipo de trabajo al minimizar los conflictos internos y facilitar la coordinación interna.

◆ *La competencia es buena para una organización, pero no el conflicto.* La competencia y el conflicto no deberían confundirse. El conflicto es un comportamiento dirigido en contra de la otra parte, mientras que la competencia es un comportamiento dirigido a la obtención de una meta sin la interferencia de otra parte. La competencia es saludable; es la fuente de la vitalidad organizacional. El conflicto, por otro lado, es destructivo.

◆ *Los gerentes que aceptan y estimulan el conflicto no sobreviven en las organizaciones.* El argumento completo sobre el valor del conflicto podría seguirse debatiendo mientras la mayoría de los altos ejecutivos en las organizaciones vean el conflicto de manera tradicional. Desde el punto de vista tradicional, cualquier conflicto será visto como malo. Ya que la evaluación del desempeño es llevada a cabo por ejecutivos de alto nivel, aquellos gerentes que no tengan éxito en eliminar los conflictos probablemente serán evaluados negativamente. Esto, a su vez, reducirá la oportunidad para el avance. Cualquier gerente que aspire a ascender en tal ambiente se mostrará sagaz si sigue la postura tradicional y elimina cualquier signo externo del conflicto. El hecho de no seguir este consejo podría dar como resultado una salida temprana del gerente.

Ejercicio de aprendizaje sobre usted mismo

¿Cuál es su primera intención en el manejo del conflicto?

Indique qué tan frecuentemente confía en cada una de las siguientes tácticas encerrando en un círculo el número que considere que es el más apropiado.

	Raramente				Siempre
1. Sostengo mi argumento con mis compañeros para mostrar los méritos de mi postura.	1	2	3	4	5
2. Negocio con mis compañeros para que se pueda alcanzar un compromiso.	1	2	3	4	5
3. Trato de satisfacer las expectativas de mis compañeros.	1	2	3	4	5
4. Trato de investigar un asunto con mis compañeros para encontrar una solución aceptable para nosotros.	1	2	3	4	5
5. Soy firme en defender mi opinión sobre el tema.	1	2	3	4	5
6. Trato de evitar ser señalado y evito que el conflicto con mis compañeros quede manifiesto.	1	2	3	4	5
7. Me mantengo firme en mi solución a un problema.	1	2	3	4	5
8. Utilizo el toma y daca para que se pueda llegar a un compromiso.	1	2	3	4	5
9. Intercambio información precisa con mis compañeros para solucionar un problema juntos.	1	2	3	4	5
10. Evito la discusión abierta de mis diferencias con mis compañeros.	1	2	3	4	5
11. Me amoldo a los deseos de mis compañeros.	1	2	3	4	5
12. Trato de airear todas nuestras diferencias, para que así los temas puedan ser resueltos de la mejor manera posible.	1	2	3	4	5
13. Yo propongo un punto medio para acabar con los callejones sin salida.	1	2	3	4	5
14. Yo coopero con las sugerencias de mis compañeros.	1	2	3	4	5
15. Trato de no expresar mis desacuerdos con mis compañeros a fin de no herir sentimientos.	1	2	3	4	5

Pase a la página A-28 para instrucciones sobre la calificación y la clave.

Fuente: esto es una versión abreviada de 35 conceptos descritos en M. A. Rahim, "A Measure of Styles of Handling Interpersonal Conflict", *Academy of Management Journal*, junio de 1983, pp. 368-376.

Ejercicio de trabajo en grupo

Una escenificación de negociaciones

Esta escenificación está diseñada para ayudarlo a desarrollar sus habilidades de negociación. La clase se dividirá en parejas. Una persona hará el papel de Terry, el supervisor de departamento. La otra persona hará el papel de Dale, el jefe de Terry.

La situación: Terry y Dale trabajan en Nike, en Portland, Oregon. Terry supervisa el laboratorio de investigación. Dale es el gerente de investigación y desarrollo. Terry y Dale son ex corredores universitarios que han trabajado para Nike por más de seis años. Dale ha sido el jefe de Terry durante dos años.

Una de las empleadas de Terry lo ha impresionado enormemente. Esta empleada es Lisa Roland. Lisa fue contratada hace 11 meses. Tiene 24 años y tiene una maestría en ingeniería mecánica. Su salario al empezar fue de $37,500 al año. Terry le dijo que, de acuerdo con la política de la corporación, ella recibiría una evaluación inicial de desempeño a los seis meses y una revisión más amplia al cabo de un año. Con base en su desempeño, se le dijo que ella podía esperar un ajuste de salario por las fechas en que ocurriera la evaluación de un año.

La evaluación de Terry sobre Lisa después de seis meses fue muy positiva. Terry comentó sobre las largas horas que Lisa dedicaba al trabajo, su espíritu cooperador, el hecho de que los demás del laboratorio disfrutaban trabajar con ella y que ella estaba logrando un impacto positivo inmediato en el proyecto al que había sido asignada. Ahora que el primer aniversario de Lisa está por llegar, Terry ha revisado su desempeño. Terry piensa que Lisa podría ser la mejor novata del grupo de R&D que haya sido contratada. Después de sólo un año, Terry la ha colocado como la trabajadora número tres en desempeño en un departamento de 11.

Los salarios en el departamento varían en gran medida. Terry, por ejemplo, tiene un salario básico de $67,000, más elegibilidad para un bono que podría añadir de $5,000 a $8,000 al año. El rango salarial de los 11 miembros del departamento es de $30,400 a $56,350. El salario más bajo lo recibe una contratación reciente con una licenciatura en física. Las dos personas que Terry ha calificado por encima de Lisa ganan salarios base de $52,700 y $56,350. Ambos tienen 27 años y han estado en Nike tres y cuatro años respectivamente. El salario promedio en el departamento de Terry es de $46,660.

Papel de Terry: Usted quiere darle un gran aumento a Lisa. Aunque ella es joven, ella ha probado ser una excelente adición al departamento. Usted no quiere perderla. Más aún, ella sabe en general lo que la otra persona está ganando en el departamento y piensa que no se le paga lo suficiente. La compañía típicamente da aumentos de 5% al año, aunque un 10% no es inusual y se han aprobado aumentos de 20 a 30% en ocasiones. A usted le gustaría que Terry consiguiera un aumento tan grande como Dale pudiera aprobar.

Papel de Dale: Todos sus supervisores por lo general tratan de exprimirlo para conseguir tanto dinero como puedan para su gente. Usted entiende esto porque hizo lo mismo cuando fue supervisor, pero su jefe quiere que mantenga un tope sobre los costos y que conserve los incrementos de los recién contratados generalmente en el rango de 5 a 8%. De hecho, él envió un memorando a todos los gerentes y supervisores señalando esto. Sin embargo, su jefe también está interesado en la equidad y en pagar a la gente lo que realmente vale. Usted se siente seguro de que él aprobará cualquier recomendación de salario que usted haga, siempre y cuando pueda ser justificada. Su meta, compatible con la reducción de los costos, es mantener los incrementos salariales tan bajos como sea posible.

La negociación: Terry tiene una reunión programada con Dale para discutir la revisión del desempeño de Lisa y el ajuste de salario. Tome un par de minutos para pensar sobre los hechos en este ejercicio y prepare una estrategia. Luego usted tiene hasta 15 minutos para conducir sus negociaciones. Cuando se termine su negociación, la clase comparará las diversas estrategias utilizadas y los resultados de ambos.

No es un ensueño trabajar en equipo

Mallory Murray no había tenido mucha experiencia trabajando como parte de un equipo. Como recién egresada de la Universidad de Alabama, su programa de negocios se había enfocado principalmente sobre proyectos individuales y logros. El poco contacto que había tenido con equipos había sido en sus cursos de comportamiento organizacional, investigación de mercados y formulación de estrategias. Cuando fue entrevistada por ThinkLink, una firma de software educativo de las afueras de Gainesville, Florida, ella no prestó mucha atención al hecho de que ThinkLink hacía uso extensivo de equipos interfuncionales. Durante las entrevistas, ella les dijo a los entrevistadores y gerentes por igual que había tenido una experiencia limitada en equipos. Pero les dijo que trabajaba bien en coordinación con otras personas y pensaba que podría ser una participante de equipo efectiva. Desafortunadamente, Mallory Murray estaba equivocada.

Mallory se unió a ThinkLink como asistente del gerente de mercadotecnia para los programas de preparatoria de la compañía. Éstos eran esencialmente programas de software diseñados para ayudar a los estudiantes a aprender álgebra y geometría. El jefe de Mallory es Lin Chen (gerente de mercadotecnia). Otros miembros del equipo en el cual ella está trabajando actualmente incluyen a Todd Schlotsky (jefe de programadores), Laura Willow (publicista), Sean Traynor (vicepresidente de mercadotecnia estratégica), Joyce Rothman (cofundadora de ThinkLink, quien ahora sólo trabaja tiempo parcial en la compañía; ex maestra de matemáticas de preparatoria; líder formal de este proyecto), y Harlow Gray (consultor educacional).

Después de su primera semana en el trabajo, Mallory estaba pensando seriamente en renunciar. "Nunca imaginé cuán difícil sería trabajar con gente obstinada y competitiva. Cada decisión pareciera ser un concurso de poder. Sean, Joyce y Harlow son particularmente problemáticos. Sean piensa que su rango le da derecho a la última palabra. Joyce piensa que sus opiniones podrían tener más peso debido a que ella fue vital para la creación de la compañía. Y Harlow piensa que todos tienen menos conocimientos de los que él tiene. Debido a que consulta a numerosas firmas de software y distritos escolares, Harlow es el "sabelotodo". Para empeorar las cosas, Lin es pasivo y callado. Rara vez habla en las juntas y parece querer evitar cualquier conflicto."

"Lo que hace particularmente difícil mi trabajo", continúa Mallory, "es que yo no tengo ninguna responsabilidad de trabajo específica. Parece que alguien más siempre está interfiriendo con lo que estoy haciendo o está diciéndome cómo hacerlo. Nuestro equipo tiene siete miembros: ¡seis jefes y yo!"

El equipo de proyectos en el que Mallory está trabajando tiene una fecha límite que cumplir que está a sólo seis semanas de distancia. Actualmente el equipo está retrasado cuando menos dos semanas. Todos están conscientes de que hay un problema pero nadie parece ser capaz de resolverlo. Lo que es específicamente frustrante para Mallory es que ni Lin Chen ni Joyce Rothman muestran ningún liderazgo. Lin está preocupado por otros proyectos diversos y Joyce parece no poder controlar las fuertes personalidades de Sean y Harlow.

Preguntas

1. Analice los equipos interfuncionales en términos de su propensión a crear conflicto.

2. ¿Qué técnicas o procedimientos podrían ayudar a reducir el conflicto en los equipos interfuncionales?

3. Si usted fuera Mallory, ¿hay algo que pudiera hacer para disminuir el conflicto sobre el proyecto principal? Elabore su respuesta.

RESEÑA DE CASO

ABCNEWS

Conflicto en los deportes profesionales

Los deportes profesionales ya no son lo que solían ser. Hace 20 años, los equipos eran leales a sus admiradores y a sus atletas. Hoy en día, los equipos se mudan si sus comunidades no construyen superestadios o proporcionan incentivos atractivos para mantenerlos, y los atletas saltan del barco para irse al equipo que les ofrece más dinero.

Este caso se enfoca en el creciente conflicto entre los propietarios de los equipos profesionales de deportes y los atletas que emplean. Esto incluye al béisbol profesional, al fútbol, al hockey y al baloncesto. Es un conflicto en torno al dinero y quién va a obtenerlo y, cada vez más, las negociaciones se dividen y las temporadas están siendo acortadas. En 1994, por ejemplo, la temporada de béisbol tuvo que acortarse y los *playoffs* y la serie mundial fueron cancelados debido a que los jugadores millonarios y los propietarios multimillonarios no pudieron llegar a un acuerdo. Los propietarios decían que no podían ganar suficiente dinero y culpaban a los jugadores codiciosos. Mientras tanto, los jugadores culpaban a los propietarios que estaban tratando de limitar la participación de los jugadores de una base creciente de ingresos.

Al Michaels, un comentador deportivo de la ABC, dice: "Hay demasiado dinero disponible ahora y la pregunta es: '¿Cómo vamos a dividirlo?' Yo pienso que si hay una palabra que resume todas las negociaciones laborales en los deportes en estos días, ésta es desconfianza o posiblemente incluso sospecha. Los jugadores piensan que los propietarios están haciendo mucho más dinero de lo que dicen que ganan, y los jugadores no quieren tener ninguna clase de restricción salarial. Por supuesto, estoy hablando de un techo salarial. A los propietarios, claro, les gustaría fijar sus costos, como los propietarios en cualquier negocio, pero los jugadores simplemente no lo aceptan y, la mayor parte, han ganado casi cada negociación laboral hasta este punto, así que sienten, cuando menos hasta el punto que ha alcanzado la huelga de peloteros, que ellos han tenido siempre la mejor mano."

Un tema es la participación de las ganancias. Otro es el techo salarial. Uno más son los agentes libres, y ahí entra el cambio en la estructura de propiedad. Los equipos están siendo comprados cada vez más por grandes conglomerados (como Disney) o individuos archimillonarios que tienen muy poca motivación para arreglar las negociaciones bajo cualquier cosa que no sean sus propios términos. Una misma persona, por ejemplo, posee franquicias de fútbol, béisbol y hockey en Florida. Esto está cambiando el balance de apalancamiento. Por ejemplo, los conglomerados de deportes verticalmente integrados poseen equipos, estadios y estaciones de televisión. El club de béisbol vende los derechos de TV a sus estaciones de TV a precios de ganga, lo cual transfiere al exterior las ganancias del parque de pelota, donde tendrían que ser compartidas con los jugadores. El equipo dice que no está recibiendo suficiente dinero y que las ganancias están yéndose realmente a la estación de TV, la cual es propiedad de la misma gente.

Preguntas

1. ¿Qué ha cambiado en la década pasada que ha incrementado el número de estancamientos en las negociaciones de los deportes profesionales?

2. Analice la huelga de béisbol de 1994 en términos del proceso del conflicto.

3. Si usted estuviera representando a jugadores en el béisbol profesional, ¿qué, podría hacer para mejorar la efectividad en las negociaciones?

4. ¿Qué cambios estructurales podrían hacerse a las negociaciones para que transcurriera de manera más suave entre los propietarios de los equipos profesionales y los atletas?

Fuente: basado en "The Sports Industry's Money Disease", *ABC News Nightline*; pasado al aire el 3 de octubre de 1994.

ROB PANCO:
DIRECCIÓN
DE GRUPOS
Y EQUIPOS

"Soy un gran admirador de los equipos", dice Rob Panco. "Cuando llegué a Aslett, las cosas no estaban organizadas tan bien como podrían haber estado. Claro, éramos bastante pequeños en ese entonces. Decidí usar los equipos como un instrumento de organización por tres razones. Primero, la especialización funcional hace que formar equipos resulte fácil. Pude tomar a los separadores o a la gente de publicaciones y agruparlos en equipos comunes muy fácilmente. Segundo, los equipos me permitieron mayor control, y tercero, los equipos eran buenos para la clase de trabajo que hicimos. Trabajamos en torno a proyectos. Pensé que, para nosotros los equipos interfuncionales serían una manera efectiva de cumplir nuestras metas de proyecto." Cuando se le preguntó si había tenido personas que no fueran participantes de equipo y, si así fue, cómo lo manejó. Rob dijo: "Heredé a un tipo, Nick, quien no podía trabajar bien con los demás. Nadie quería trabajar con él. Le dije que no tenía que ser un miembro de equipo pero que tenía la responsabilidad de respetar los otros proyectos. ¡Lo aislé como un equipo de un miembro! Nick era una persona a quien yo necesitaba conservar. Él tenía un talento que yo no podía igualar. Dañaba el ánimo cuando se encerraba en su actitud. Pero yo lo necesitaba y él era respetado por su competencia en el trabajo."

En el tema de la comunicación, Rob notó que él y su gente de Aslett hacían un uso cada vez mayor de la electrónica durante sus últimos años ahí. Los empleados utilizaban una red interna para mensajes de correo electrónico entre ellos. Rob trabajaba con un consultor en el Reino Unido y se comunicaba regularmente con él por fax, por correo electrónico y por teléfono. Pero Rob no es un defensor incondicional del correo electrónico. "En AT&T tenía tanto correo electrónico que no podía leerlo todo. Puede volverse una línea con mucho ruido. Desde mi punto de vista, pienso que el correo electrónico funciona bien como una herramienta de motivación. Podía utilizarlo los lunes, por ejemplo, para resumir el desempeño de la semana anterior y establecer las metas de la semana actual." El ejemplo del Reino Unido también le recordó a Rob los problemas de comunicación interna creados por empleados que provenían de diferentes culturas. Uno de estos empleados británicos en Aslett, por ejemplo, tenía dificultades con la soltura y la informalidad de sus compañeros estadounidenses. Él consideraba que se comportaban de manera "menos que apropiada".

Acerca del liderazgo, Rob había hecho algunas comparaciones entre sus papeles gerenciales en AT&T y Aslett. "En AT&T, tuve responsabilidad pero no autoridad debido a que administraba compañeros. Para ser eficaz, tuve que apoyarme mucho en la negociación. En Aslett tuve una autoridad real." Pero él tuvo algunos problemas para ajustarse a esta autoridad. "Soy amigable por naturaleza. Tuve problemas para mantener mi distancia con el personal. Esto aparentemente confundió a la gente. Ellos decían: 'un minuto Rob es mi camarada y al siguiente me pregunta dónde están las páginas o por qué no cumplí con la fecha límite'. Nunca supe muy bien cómo caminar por esta cuerda floja." Rob también utilizó el tema de liderazgo para explicar su filosofía sobre facultar a los empleados. "De manera realista, había algunas personas a las cuales no hubiera podido delegar funciones. Así que practiqué la facultación *selectiva*. Pero, en general, quería que mi gente tomara el balón y corriera con él porque vi que la facultación era necesaria si queríamos crecer. Vi la facultación como una alternativa para agregar otro nivel de gerencia."

Aunque Rob no se considera un animal político, entiende claramente la importancia de construir una base de poder. Por ejemplo, observó que haber sido seleccionado para el Programa de Continuidad de Liderazgo en AT&T le dio el impulso para conseguir las transferencias que deseaba cuando él lo quería. También le dio la capacidad de influir en los gerentes que estaban en un nivel superior al de él. Pero todo tenía un precio: sus compañeros estaban celosos y eso le creó conflictos con ellos. Cuando se le preguntó si hizo algo para incrementar su poder en AT&T,

rápidamente admitió haberse ofrecido como voluntario para los comités y tareas visibles. "Al principio de mi carrera en AT&T, un jefe me dijo que me ofreciera como voluntario para trabajar con los gerentes superiores. Pregunté por qué. Entonces él me dijo: 'Te ayudará para cuando llegue el tiempo de las evaluaciones de desempeño. La gente que te evaluará y clasificará en relación con los demás sabrá quién eres.'"

Rob explicó el contraste entre hacer política en Aslett y en AT&T. "Mira, la política ocurre en todos lados. Una cierta cantidad es apropiada. En AT&T, sin embargo, se orientaba al individuo. La gente besaba los pies a su jefe para mejorar su estatus personal (conseguir un ascenso o un incremento de salario). En Aslett, la política está más dirigida al equipo. Se acostumbra llamar la atención hacia un equipo para proteger el interés de éste." Cuando se le preguntó cómo el descenso en los negocios de Aslett en 1995 afectó la política interna, Rob contestó: "Esperaba mucho besuqueo para proteger los trabajos. Esperaba ver ejemplos abiertos de comportamiento egoísta. El crecimiento proporciona exceso de recursos. En el descenso, cuando ya no estuvieran esas reservas, pensé que la gente pelearía por obtener más de una fuente de recursos que constantemente era disminuida. Estaba equivocado. Experimentamos una *mayor* solidaridad. Durante seis o 10 semanas, tuvimos que hacer que nuestro personal de operaciones trabajara semanas de cuatro días y reducir su salario un 20%. No se quejaron. En lugar de hablar mal, las personas se unieron como un equipo. Se ayudaron la una a la otra y buscaron nuevas formas de ayudar a la gerencia. Crearon una red de apoyo interfuncional informal. La gente parecía deseosa de hacer concesiones para ayudar a la compañía a sobrevivir."

Sobre el tema de cómo Rob maneja el conflicto, hubo un enlace obvio con su estilo de toma de decisiones. "Cuando veo los conflictos burbujear, me siento y los analizo. No hago algo impetuoso. Me gusta pensar antes de actuar. Usted puede llegar a ser demasiado confrontante y provocar que empeore una situación. Busco conocer todos los hechos. Así que hablo en privado con cada individuo involucrado en el conflicto y le pregunto a él o ella: '¿Qué está pasando?' Entonces ratificó la información. Sólo en ese momento juntaría a las partes y trataría de hallar una solución."

Preguntas

1. Evalúe la solución de Rob al problema del empleado que no trabaja bien en equipos.

2. ¿Hay un conflicto entre ser "jefe" y ser amistoso con su personal? Discútalo.

3. ¿A qué cree que se refiera Rob cuando dice que la facultación puede ser una alternativa para agregar otro nivel de gerencia?

4. ¿Qué motivó a los empleados de Aslett a ser cooperadores cuando las ventas declinaron? ¿Cuáles son las implicaciones de su respuesta en cuanto al crecimiento y al ingreso de utilidades?

5. ¿Qué piensa acerca de la orientación de manejo del conflicto de Rob?

Cuarta parte   El sistema organizacional

BASES DE LA ESTRUCTURA DE LA ORGANIZACIÓN

PERFIL DEL CAPÍTULO
¿Qué es una estructura organizacional?
Diseños organizacionales más comunes
Nuevas opciones de diseño
¿Por qué difieren las estructuras?
Los diseños organizacionales y el comportamiento del empleado

OBJETIVOS DE APRENDIZAJE

Después de estudiar este capítulo, usted será capaz de:

1 Identificar los seis elementos clave que definen la estructura de una organización

2 Explicar las características de una burocracia

3 Describir una organización de matriz

4 Explicar las características de una organización "virtual"

5 Resumir las razones por las que los gerentes quieren crear organizaciones sin fronteras

6 Contrastar los modelos estructurales mecánicos y orgánicos

7 Listar los factores que favorecen las diferentes estructuras organizacionales

8 Explicar las implicaciones de diferentes diseños organizacionales en el comportamiento

> La lección más elocuente de los dinosaurios es que si bien es bueno ser grande, un tamaño excesivo no necesariamente es mejor.
> —E. A. Johnston

¿ **C Ó M O** serán las grandes organizaciones del mañana y qué clase de gente emplearán? Si usted quiere un prototipo, considere la estructura utilizada por el asombroso comité para los juegos olímpicos del verano de 1996 en Atlanta.[1]

El Comité de Atlanta para los Juegos Olímpicos (ACOG, por sus siglas en inglés) fue creado en 1990, poco tiempo después de que dicha ciudad ganó el concurso para los juegos. Dirigido por William Porter Payne (véase la fotografía), literalmente inició con media docena de personas. Sin embargo, creció hasta tener más de 88,000 miembros (incluyendo voluntarios), para que después, en cuestión de meses terminara y "saliera del negocio". Los empleados de tiempo completo eran 4,500 durante los juegos, en julio. Para el 30 de agosto, solamente quedaban 700. Y para enero de 1997, la ACOG empleó a menos de 100 personas. Un empleado describió la tarea como el equivalente a crear y desmantelar en un par de años una de las 500 compañías de *Fortune*.

La tarea de realizar las olimpiadas es monumental. En el caso de Atlanta, esto incluyó recabar fondos, encontrar patrocinadores, construir estadios, instalar sistemas de seguridad, crear planes de mercadotecnia, cotizar los boletos, contratar y capacitar traductores y supervisar cientos de miles de voluntarios. Para completar estas tareas, la ACOG creó un equipo de alta administración dirigido por 13 unidades que iba desde la construcción hasta la seguridad.

¿Qué clase de individuos se requieren para hacer trabajar una organización como ésta? ¡Gente que sea flexible! Que tenga la habilidad de tomar rápidas decisiones, adecuarse constantemente a situaciones de cambio y sentirse a gusto en un ambiente donde saben que sus días de trabajo están contados. Pero la flexibilidad no es algo que sea fácil de enseñar. "Usted no puede entrenar gente para que sea flexible", dijo Doris Issacs-Stallworth, el director de la administración de ACOG. "Usted tiene que contratar gente que sea tanto especialista en sus áreas de experiencia, tales como mercadotecnia o finanzas y además capaz de responder en cualquier actividad donde sea necesaria." Issacs-Stallworth contó en broma sus tres años con el comité olímpico en "años perro" —un año en ACOG es como siete años en otra organización.

Las grandes organizaciones futuras probablemente sean mucho más adaptables que otras con las cuales nos hemos familiarizado. Se parecerán más a la estructura de la ACOG que a la tradicional burocracia rígida y el tipo de gente que necesitarán serán como aquellos empleados de la ACOG: altamente flexibles. Desgraciadamente, la mayoría de las personas, probablemente tendrán problemas para ajustarse a esta necesidad de ser flexibles. ◆

◆ La estructura de la organización define la forma en que las tareas de los puestos se dividen, agrupan y coordinan formalmente.

El tema de este capítulo trata sobre las diferentes estructuras que tienen las organizaciones y cómo estas estructuras tienen relación con las actitudes y el comportamiento del empleado. Más específicamente, en las siguientes páginas, definiremos los componentes clave que forman la estructura de la organización, presentaremos media docena de opciones de diseño estructural entre las que pueden escoger los gerentes, identificaremos los factores de contingencia que hacen que unos diseños estructurales sean preferibles en varias situaciones y concluiremos con la consideración de los efectos que varios diseños organizacionales tienen sobre el comportamiento del empleado.

¿Qué es una estructura organizacional?

estructura organizacional
Cómo las tareas de trabajo son formalmente divididas, agrupadas y coordinadas.

Una **estructura organizacional** define cómo se dividen, agrupan y coordinan formalmente las tareas de trabajo. Existen seis elementos clave a los que necesitan enfocarse los gerentes cuando diseñan la estructura de su organización. Éstos son: especialización del trabajo, departamentalización, cadena de mando, tramo de control, centralización y descentralización y formalización.[2] La figura 13-1 presenta cada uno de estos elementos como respuestas importantes a cuestiones estructurales. En las siguientes secciones se describen estos elementos de la estructura.

Especialización del trabajo

Al principio en este siglo, Henry Ford se hizo rico y famoso al fabricar automóviles en una línea de ensamble. A cada trabajador de Ford se le asignó una tarea repetitiva. Por ejemplo, una persona solamente pondría la llanta derecha delantera y alguien más instalaría la puerta derecha delantera. Al dividir los trabajos en pequeñas tareas estandarizadas, las cuales se podían desarrollar una y otra vez, Ford pudo fabricar automóviles a una velocidad de uno cada diez segundos, mientras que usaba empleados que tenían habilidades relativamente limitadas.

especialización del trabajo
Grado en el cual las tareas en la organización se subdividen en puestos separados.

Ford demostró que el trabajo puede realizarse de manera más eficaz si se permite que se especialicen los empleados. En la actualidad usamos el término **especialización del trabajo** o *división del trabajo* para describir el grado en el cual están divididas las tareas en trabajos separados en la organización.

La esencia de la especialización del trabajo es que en lugar de que un individuo realice todo el trabajo, éste se divide en varios pasos, y cada elemento termina uno de los pasos por separado. En esencia, los trabajadores se especializan en hacer parte de una actividad en lugar de toda ella.

A finales de la década de los cuarenta, la mayoría de los trabajos de fabricación en los países industrializados se realizaban con una gran especialización en el trabajo. Los gerentes vieron esto como un medio para utilizar de manera más eficiente las habilidades de los empleados. En la mayoría de las organizaciones, algunas tareas requieren de habilidades altamente desarrolladas; otras pueden realizarse por personal no calificado. Si todos lo trabajadores estuviesen involucrados, digamos en cada paso del proceso de fabricación en una organización, todos tendrían necesidad de contar con las habilidades necesarias para realizar tanto los trabajos más exigentes como los

Ilustración 13-1 Seis preguntas clave que los gerentes necesitan responder al diseñar la estructura organizacional adecuada

Pregunta clave	La respuesta es proporcionada por
1. ¿En qué grado están subdivididas las tareas en trabajos separados?	*Especialización del trabajo*
2. ¿Con qué bases están agrupados los trabajos?	*Departamentalización*
3. ¿A quién informan los individuos y los grupos?	*Cadena de mando*
4. ¿A cuántos individuos puede dirigir un gerente con eficiencia y eficacia?	*Tramo de control*
5. ¿En dónde yace la toma de decisiones de la autoridad?	*Centralización y descentralización*
6. ¿En qué grado habrá normas y regulaciones que dirijan a los empleados y a los gerentes?	*Formalización*

menos exigentes. El resultado sería que, excepto cuando se realizaran las tareas más complejas o que requirieran de mayores habilidades, los empleados tendrían que trabajar por debajo de sus niveles de calificación. Y ya que a los trabajadores calificados se les paga más que a los no calificados y sus salarios tienden a reflejar su alto nivel de habilidad, pagar a los trabajadores con más destreza para hacer tareas fáciles representa un uso ineficaz de los recursos organizacionales.

Los gerentes también buscaron otras habilidades eficaces que pudieran obtenerse a través de la especialización en el trabajo. La habilidad del empleado para realizar una tarea exitosamente se incrementa por medio de la repetición. Se requiere menos tiempo en el cambio de tareas, en guardar las herramientas y el equipo que se utilizaron en un paso anterior del proceso de trabajo y en alistarse para el siguiente. De igual importancia, es que la capacitación para la especialización es más eficaz desde la perspectiva de la organización. Es más fácil y menos costoso encontrar y capacitar trabajadores que hagan tareas específicas y repetitivas. Esto es especialmente cierto en las operaciones muy avanzadas y complejas. Por ejemplo, ¿podría Cessna fabricar un jet Citation en un año si una sola persona tuviera que construir el avión? Finalmente, la especialización en el trabajo incrementa la eficacia y la productividad al alentar la creación de inventos y maquinaria especiales.

Durante gran parte de la primera mitad de este siglo, los gerentes vieron la especialización del trabajo como una fuente interminable de incremento en la producción. Y probablemente tuvieron la razón. Debido a que la especialización no se practicaba ampliamente, su introducción casi siempre generó una mayor productividad. Pero para la década de los sesenta, había cada vez mayores evidencias de que se puede abusar de una cosa buena. En algunos trabajos se había alcanzado un punto en que las disfuncionalidades humanas generadas por la especialización —como aburrimiento, fatiga, tensión, baja productividad, mala calidad, ausentismo y alta rotación de personal— contrarrestaban sus ventajas económicas (véase la ilustración 13-2). En tales casos, la productividad se puede incrementar ampliando, en lugar de reducir, el campo de acción de las actividades del puesto. Además, numerosas compañías encontraron que al dar a los empleados la oportunidad de realizar una variedad de actividades, permitirles hacer un trabajo en su totalidad y al ponerlos en equipos con habilidades intercambiables, a menudo lograban una producción significativamente más alta al mismo tiempo que una satisfacción como empleados.

La mayoría de los gerentes no consideran hoy en día que la especialización es un concepto obsoleto ni una fuente interminable de una productividad mayor. En su lugar, los gerentes reconocen las economías que aquélla proporciona en ciertos tipos de trabajos y también los problemas que crea cuando se lleva demasiado lejos.

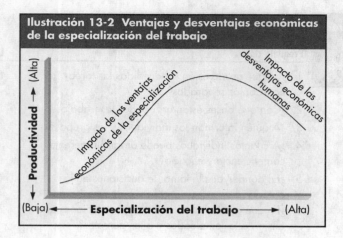

Ilustración 13-2 Ventajas y desventajas económicas de la especialización del trabajo

Por ejemplo, usted encontrará que McDonald's utiliza una alta especialización en el trabajo para hacer y vender hamburguesas y papas fritas, y lo mismo sucede entre los especialistas médicos en la mayoría de las organizaciones de salud. Por otro lado, compañías como Saturn Corporation han tenido éxito al ampliar el campo de acción de los puestos y al reducir la especialización.

Departamentalización

departamentalización
La base con la cual se agrupan los trabajos.

Una vez que usted ha dividido los puestos a través de la especialización del trabajo, necesita agruparlos para poder coordinar las tareas. La base que se utiliza para agrupar los puestos se llama **departamentalización.**

Una de las formas más populares de agrupar las actividades es por medio de *funciones* realizadas. Un gerente de manufactura podría organizar su plantilla de personal separando especialistas de ingeniería, contabilidad, producción, personal y compras en departamentos comunes. Desde luego se puede utilizar la departamentalización por función en todo tipo de organizaciones. Las funciones cambian sólo para reflejar los objetivos y actividades de la organización. Un hospital puede tener departamentos dedicados a la investigación, al cuidado del paciente, a la contabilidad y así sucesivamente. Una franquicia de fútbol profesional puede tener departamentos de jugadores, venta de boletos y viajes y hospedajes. La mayor ventaja para este tipo de agrupación es la obtención de eficacia al reunir especialistas en la misma área. La departamentalización funcional busca lograr economías de escala al colocar gente con habilidades y orientaciones comunes en unidades comunes.

Las tareas también se pueden departamentalizar por el tipo de *producto* que elabora la organización. Por ejemplo, en Sun Petroleum Products, se coloca a cada una de las tres principales áreas de productos en la corporación (combustibles, lubricantes y ceras y químicos) bajo la autoridad de un vicepresidente quien es un especialista en esa área, y responsable de todo lo que tiene que ver con su línea de productos. Por ejemplo, cada uno, tiene sus propios grupos de fabricación y mercadotecnia. La ventaja principal para este tipo de agrupamiento es una mayor responsabilidad por el desempeño del producto, ya que todas las actividades relacionadas con un producto específico están bajo la dirección de un solo gerente. Si las actividades de una organización están relacionadas con el servicio en lugar del producto, cada servicio estaría agrupado en forma autónoma. Por ejemplo, un despacho contable podría tener departamentos de impuestos, consultoría gerencial, auditoría, y así sucesivamente. Cada departamento ofrecería una gama común de servicios bajo la dirección de un gerente del producto o del servicio.

Las instalaciones para el cuidado de la salud a menudo utilizan la departamentalización funcional al agrupar las actividades de trabajo. Los departamentos pueden incluir archivos de los pacientes, servicio de comedor, admisiones, contabilidad, radiología, farmacia y cuidado del paciente. En River Hills West Healthcare Center en Pewaukee, Wisconsin, la tecnología de la información ayuda a coordinar actividades entre los departamentos. La enfermera que aquí vemos utiliza una notepad electrónica para escribir el nombre del paciente, la dosis y el horario para la toma de medicinas que se le prescribe al paciente. Esta información se almacena y se actualiza al instante para el departamento de archivo.

Otra forma de departamentalizar es con base en la *geografía* o territorio. Por ejemplo, la función de ventas, podría tener regiones al occidente, al sur, al medio oeste y al oriente. Cada una de estas regiones es, en efecto, un departamento organizado geográficamente. Si los clientes de una organización están esparcidos en una gran área geográfica y tienen necesidades similares basadas en su ubicación, entonces esta forma de departamentalización puede ser valiosa.

En una planta de tubos de aluminio de Reynolds Metals en el estado de Nueva York, la producción está organizada en cinco departamentos: fundido, prensado, tubos, terminado e inspección, empaque y embarque. Esto es un ejemplo de la departamentalización por *procesos* ya que cada departamento se especializa en una fase específica de la producción de tubo de aluminio. El metal es fundido en grandes hornos; se envía al departamento de prensado, donde se le da la forma de tubo de aluminio; se transfiere al molino de tubo, donde se alarga a diversos tamaños y formas de tubo; se pasa al de acabado, donde se le corta y limpia; y finalmente llega al departamento de inspección, empaque y embarque. Ya que cada proceso requiere de diferentes habilidades, este método ofrece una base para la categorización homogénea de las actividades.

Se puede utilizar la departamentalización por procesos para la atención tanto de clientes como para el procesamiento de productos. Si el lector ha estado alguna vez en una oficina estatal de vehículos automotores para obtener su licencia de conducir, probablemente pasó por varios departamentos antes de recibir su licencia. Por ejemplo, en algunas partes de Estados Unidos, los solicitantes deben pasar por tres etapas, cada una manejada por un departamento aparte: (1) validación, en la división de vehículos automotores; (2) procesamiento, en el departamento de licencias, y (3) pagos, en el departamento de tesorería.

Una categoría final de la departamentalización es utilizar el tipo específico de *cliente* al que trata de llegar la organización. Por ejemplo, las actividades de ventas en una empresa de venta de papelería, se pueden separar en tres departamentos para servicio a clientes minoristas, mayoristas y del gobierno. Un gran bufete de abogados puede dividir su personal con base en el servicio que proporcionen a clientes corporativos o individuales. El supuesto subyacente en la departamentalización por cliente es que los clientes en cada departamento tienen una serie común de problemas y necesidades, que pueden satisfacer mejor si se tienen especialistas para cada tipo de clientela.

Las grandes organizaciones pueden utilizar todas las formas de departamentalización que hemos descrito. Una gran empresa japonesa de electrónica, organiza cada una de sus divisiones a lo largo de líneas funcionales y a sus unidades industriales alrededor de procesos; departamentaliza las ventas para siete regiones geográficas y divide cada región de ventas en cuatro grupos de clientes. Sin embargo, existen dos tendencias que al parecer están marcando la pauta en la década de los noventa. Primero, la departamentalización por clientes está creciendo en popularidad. A fin de monitorear mejor las necesidades de los clientes y estar en condiciones de responder mejor a los cambios en esas necesidades, muchas organizaciones han dado mayor importancia a la departamentalización por clientes. Por ejemplo, Xerox ha eliminado su personal corporativo de mercadotecnia y ha colocado a los especialistas de esta rama.[3] Esto permite que la compañía comprenda mejor quiénes son sus clientes y responda más rápido a sus requerimientos. La segunda tendencia se refiere a que se está complementando la departamentalización funcional rígida con equipos que cruzan las líneas departamentales tradicionales. Como describimos en el capítulo 8, conforme las tareas se vuelven más complejas y se requieren habilidades más diversas, se vuelven más necesarias las habilidades para lograr esas tareas, la gerencia ha cambiado a los equipos transfuncionales.

Cadena de mando

Hace 20 años, el concepto de la cadena de mando era la piedra angular en el diseño de las organizaciones. Como usted verá, hoy en día tiene mucho menos importancia. Pero los gerentes contemporáneos todavía deben considerar sus implicaciones al decidir cómo estructurar mejor sus organizaciones.

La **cadena de mando** es una línea continua de autoridad que se extiende desde la cima de la organización hasta la última posición y define quién informa a quién. Contesta preguntas de los empleados como: "¿a quién acudo si tengo un problema?" y "¿ante quién soy responsable?"

No se puede analizar la cadena de mando sin incluir dos conceptos complementarios: la *autoridad* y la *unidad de mando*. La **autoridad** se refiere al derecho inherente en una posición gerencial para dar órdenes y esperar que se cumplan. Para facilitar la coordinación, a cada puesto gerencial se le da un lugar en la cadena de mando, y a cada gerente se le concede cierto grado de autoridad para que pueda cumplir con sus responsabilidades. El principio de **unidad de mando** ayuda a preservar el concepto de una línea continua de autoridad. Declara que una persona debe tener sólo un superior ante quien ser responsable directamente. Si se rompe la unidad de mando, un subordinado podría tener que atender demandas o prioridades conflictivas de varios superiores.

Los tiempos cambian y también los fundamentos básicos del diseño organizacional. Los conceptos de cadena de mando, autoridad y unidad de mando tienen sustancialmente menos relevancia hoy, debido a los avances en la tecnología de la computación y la tendencia a facultar a los empleados. El siguiente extracto de un artículo de publicación reciente del *Business Week,* muestra lo diferentes que son las cosas en la actualidad:

Confuso, un miércoles por la mañana a mediados de marzo, Charles Chaser estudió los informes de los inventarios de los centros de distribución de la compañía. De acuerdo con las impresiones por computadora, las existencias de esmalte para uñas Rose Awakening Cutex podían cumplir con una oferta de sólo tres días, muy por debajo de los inventarios disponibles para tres semanas y media que Chesebrough-Pond's Inc. trata de mantener. Pero Chaser supo que su planta de Jefferson City (Missouri) había embarcado 346 docenas de botellas de esmalte hacía sólo dos días. Pensó que Rose Awakening debía estar volando de los anaqueles de las tiendas. Así que Chaser fue a su terminal de computadora cerca de la línea de producción y dio instrucciones de producir 400 docenas más de botellas para el jueves por la mañana.

---

cadena de mando
La línea continua de autoridad que se extiende desde la parte superior de la organización hasta la última posición y aclara quién reporta a quién.

autoridad
Derechos inherentes en una posición de jefe para dar órdenes y esperar que se cumplan.

unidad de mando
Un subordinado debe tener sólo un jefe superior ante el cual es directamente responsable.

◆ Los conceptos de cadena de mando, autoridad y unidad de mando tienen considerablemente menos relevancia debido a los avances en la tecnología de la computación y la tendencia a facultar a los empleados.

¿Todo esto en un día de trabajo de un gerente de programación, verdad? Excepto por un detalle: Chaser no es el gerente. Él es un trabajador de línea —oficialmente, un "coordinador de línea"—, uno más de cientos que de manera rutinaria entran en la red de computadoras de la planta para hacer el seguimiento de los embarques, programar sus cargas de trabajo y desempeñar funciones que solían ser generalmente asuntos de la gerencia.[4]

Hoy en día, un empleado de bajo nivel puede tener acceso en segundos a la información que hace 20 años estaba disponible sólo para altos ejecutivos. De igual manera, la tecnología de las computadoras permite cada vez más que los empleados en cualquier parte de la organización se comuniquen con otra persona sin tener que ir a través de los canales formales de comunicación. Además, los conceptos de autoridad y mantenimiento de la cadena de mando son cada vez menos relevantes al delegarse a los empleados el poder de decidir y actuar para tomar decisiones que antes estaban reservadas para la gerencia. Agregue esto a la popularidad de los equipos autodirigidos e interfuncionales, y la creación de nuevos diseños estructurales que muchos jefes incluyen y el concepto de la unidad de mando adquiere menos relevancia. Por supuesto, muchas organizaciones todavía consideran que logran su máxima productividad si funcionan con la cadena de mando. Pero parece ser que hay menos de éstas hoy en día.

Tramo de control

¿Cuántos subordinados puede dirigir un gerente con eficiencia y eficacia? Es importante esta pregunta acerca del **tramo de control,** porque determina, en gran medida, el número de niveles y gerentes que tiene una organización. Si todas las demás cosas son iguales, mientras más ancho o más grande sea el tramo de control, más eficaz es la organización. Un ejemplo puede ilustrar la validez de esta afirmación.

Suponga que tenemos dos organizaciones, ambas tienen aproximadamente 4,100 empleados de nivel operativo. Como se ilustra en la figura 13-3, si una organización tiene un espacio de control uniforme de cuatro y la otra un tramo de ocho, el tramo más amplio significaría dos niveles menos y aproximadamente 800 gerentes menos. Si el gerente promedio gana 40,000 dólares al año, el tramo de control más amplio ahorraría 32 millones de dólares por año en salarios de gerentes. Obviamente, los tramos de control más amplios son más eficaces en términos de costos. Sin embargo, en algún punto los tramos de control más amplios reducen la eficacia. Esto es, cuando el tramo se vuelve demasiado grande, el desempeño de los empleados se ve afectado debido a que los supervisores ya no tienen el tiempo para proporcionar el liderazgo y el apoyo necesarios.

tramo de control
Número de subordinados que un gerente puede dirigir eficaz y eficientemente.

Owens-Corning, fabricante y proveedor de suministros para la construcción, está incrementando el tramo de control de sus gerentes de ventas, al equipar a sus representantes de ventas con computadoras que proporcionan información actualizada acerca de sus productos, clientes y tendencias del mercado. La información capacita a los vendedores para administrar sus propios territorios y tomar decisiones en el sitio bajo su responsabilidad. Charles Causey (a la izquierda), gerente regional de ventas, espera que el sistema de automatización de ventas incremente su espacio de control de 9 a 15 agentes.

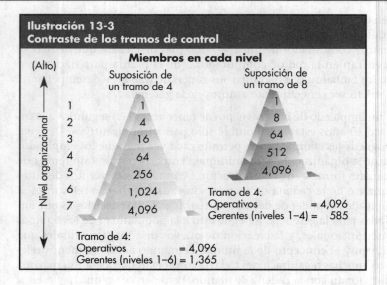

Ilustración 13-3
Contraste de los tramos de control

Miembros en cada nivel

(Alto)

Nivel organizacional

Suposición de un tramo de 4

1	1
2	4
3	16
4	64
5	256
6	1,024
7	4,096

Suposición de un tramo de 8

1	1
	8
	64
	512
	4,096

Tramo de 4:
Operativos = 4,096
Gerentes (niveles 1–4) = 585

Tramo de 4:
Operativos = 4,096
Gerentes (niveles 1–6) = 1,365

Los tramos reducidos de control tienen sus partidarios. Al mantener el tramo de control reducido a cinco o seis empleados, un gerente puede mantener un control estricto.[5] Pero los pequeños tramos de control tienen tres desventajas principales. Primera, como ya se ha descrito, son caros debido a que agregan niveles de gerencia. Segunda, hacen más compleja la comunicación vertical dentro de la organización. Los niveles agregados de la jerarquía disminuyen la toma de decisiones y tienden a aislar a la alta gerencia. Tercera, alientan una supervisión estrecha y desalientan la autonomía del empleado.

La tendencia en los años recientes ha sido hacia los grandes tramos de control. Por ejemplo, el control de los gerentes en compañías como General Electric y Reynold Metals se ha incrementado a 10 o 12 subordinados —el doble de hace 20 años.[6] Tom Smith, un gerente regional de Carboline Co., supervisa a 27 personas. Su contraparte de hace 20 años hubiera supervisado a 12 empleados.[7]

Los grandes tramos de control son consistentes con los esfuerzos recientes de las compañías para reducir gastos, reducir los costos de operación, acelerar la toma de decisiones, incrementar la flexibilidad, acercarse más a los clientes y facultar a los empleados. Sin embargo, para asegurar que el desempeño no sufre debido a estos tramos más grandes, las organizaciones han invertido enormemente en la capacitación de los empleados. Los gerentes reconocen que pueden manejar un tramo más grande si los empleados conocen perfectamente sus trabajos o si pueden acudir a sus compañeros cuando tiene dudas.

Centralización y descentralización

En algunas organizaciones, los altos ejecutivos toman las decisiones. Los gerentes de nivel inferior simplemente llevan a cabo las instrucciones de la alta gerencia. En el otro extremo, están las organizaciones donde la toma de decisiones se delega en aquellos gerentes que están más cerca de la acción. Las primeras organizaciones están altamente centralizadas, las segundas están descentralizadas.

El término **centralización** se refiere al grado en que la toma de decisiones se concentra en un solo punto en la organización. El concepto incluye sólo la autoridad formal, esto es, los derechos inherentes en un puesto. Suele decirse que si la alta gerencia toma las decisiones clave de la organización con poca o ninguna contribu-

centralización
Grado en que la toma de decisiones se concentra en un solo punto en la organización.

Ilustración 13-4

Fuente: S. Adams, Dogbert's Big Book of Business, DILBERT reimpreso con autorización del United Feature Syndicate, Inc.

ción del personal de bajo nivel, entonces la organización está centralizada. En contraste, mientras más aportaciones proporciona el personal de bajo nivel o se le da realmente la oportunidad de ejercer su discrecionalidad en la toma de decisiones, hay más **descentralización**.

Una organización caracterizada por la centralización tiene una estructura inherentemente diferente de aquella que es descentralizada. En esta última, es posible tomar acciones con más rapidez para solucionar problemas, más personas contribuyen con información para la toma de decisiones y es menos probable que los empleados se sientan alejados de aquellos que toman las decisiones que afectan su vida laboral.

De acuerdo con los esfuerzos recientes de la gerencia para hacer que las organizaciones sean más flexibles y responsables, ha habido una marcada tendencia hacia la descentralización de la toma de decisiones. En las grandes compañías, los gerentes de bajo nivel están más cerca de "la acción" y suelen tener más conocimientos detallados acerca de los problemas que los gerentes de alto nivel. Los grandes minoristas como Sears y JC Penney, han dado a los gerentes de las tiendas mucho más poder discrecional para escoger qué mercancía deben vender. Esto permite a estas tiendas competir más eficazmente frente los comerciantes locales. De igual forma, el Bank of Montreal agrupó a sus 1,164 sucursales canadienses en 236 "comunidades", esto es, un grupo de sucursales dentro de un área geográfica limitada.[8] Cada

descentralización
La toma de decisiones se delega a los empleados de bajo nivel.

comunidad es dirigida por un gerente de área, quien suele trabajar a una distancia de 20 minutos de las otras sucursales. Estos gerentes de área pueden responder con mayor rapidez e inteligencia a los problemas de sus comunidades que algunos altos ejecutivos en Montreal. El presidente del consejo de administración de IBM de Europa, Renato Riverso, de igual manera ha dividido el continente en 200 unidades comerciales autónomas, cada una con su propio plan de ganancias, incentivos para los empleados y orientación hacia los clientes. "Solíamos dirigir desde arriba, como un ejército", dijo Riverso. "Ahora, estamos tratando de crear entidades que se autodirijan."[9]

De los conceptos a las habilidades

Delegar la autoridad

¿Si usted fuera un gerente y quisiera delegar algo de su autoridad, cómo lo haría? Los siguientes puntos resumen los pasos básicos que necesita tomar en cuenta.

1. *Aclare la tarea.* El punto de inicio es determinar qué es lo que se va a delegar y a quién. Usted necesita identificar a la persona mejor capacitada para hacer la tarea, luego determinar si tiene el tiempo y la motivación para hacer el trabajo.

Suponiendo que usted tiene un subordinado dispuesto y capaz, es su responsabilidad proporcionarle información clara sobre lo que se va a delegar, los resultados que espera y cualquier expectativa en tiempo o desempeño que usted tenga. A menos que exista una necesidad más importante para adherirse a métodos específicos, usted debe delegar solamente los resultados finales. Esto es, acordar lo que se va a realizar y los resultados finales que se esperan, pero deje que el subordinado decida sobre los medios.

2. *Especifique el alcance de discrecionalidad que tiene el subordinado.* Cada acto de delegación implica restricciones. Usted va a delegar autoridad para actuar, pero no una autoridad *ilimitada.* Lo que se está delegando es la autoridad para actuar sobre ciertos asuntos y en relación con éstos, dentro de ciertos parámetros. Usted necesita especificar cuáles son esos parámetros para que los subordinados sepan en términos precisos, cuál es el ámbito de su discrecionalidad.

3. *Permita participar al subordinado.* Una de las mejores fuentes para determinar cuánta autoridad se necesitará para realizar una tarea es el subordinado que será responsable de la misma. Si usted permite que los empleados participen en la determinación de lo que se delega, la cantidad de autoridad necesaria para desempeñar el trabajo y las normas con las que será juzgado, se incrementa la motivación y satisfacción de aquéllos, así como también la responsabilidad en el desempeño.

4. *Informe a los demás que la delegación ha tenido lugar.*

La delegación no debe acontecer en el vacío. No sólo usted y el subordinado necesitan saber específicamente lo que ha sido delegado y cuánta autoridad se ha concedido, sino que es necesario informar también a cualquier otra persona que pudiera resultar afectada por la delegación.

5. *Establezca los controles de retroalimentación.* El establecimiento de controles para verificar el progreso del subordinado incrementa la probabilidad de que se identifiquen oportunamente problemas importantes y de que se termine a tiempo la tarea y con las especificaciones deseadas. Por ejemplo, acuerde un tiempo específico para la terminación de la tarea y luego fije fechas para que el subordinado informe su avance y sobre cualquier problema importante que haya surgido. Esto puede complementarse con verificaciones periódicas para asegurarse de que no se ha abusado de las directrices de autoridad, que se están siguiendo las políticas de la organización y que se satisfacen los procedimientos adecuados.

El puesto de cada uno de los empleados en los restaurantes McDonald's está muy formalizado. Para proporcionar a los clientes un producto de calidad y un servicio rápido, los trabajadores deben seguir los procedimientos establecidos para preparar la comida. Aprender estos procedimientos es una parte importante del centro de entrenamiento de la Universidad de la Hamburguesa McDonald's.

Formalización

La **formalización** se refiere al grado en que están estandarizados los puestos dentro de la organización. Si un puesto está muy formalizado, entonces su ocupante tiene una posibilidad mínima de ejercer su discrecionalidad sobre lo que debe hacerse, cuándo y cómo debe hacerse. Se espera que los empleados manejen siempre el mismo insumo exactamente en la misma forma, para tener como resultado una producción consistente y uniforme. En las organizaciones donde existe una gran formalización hay descripciones explícitas de puesto, muchas reglas organizacionales y procedimientos claramente definidos que abarcan el proceso de trabajo. Cuando la formalización es baja, el comportamiento en el puesto no está programado relativamente y los empleados tienen una gran libertad para ejercer su discrecionalidad en el trabajo. Puesto que la discrecionalidad de un individuo en el puesto está relacionada en la proporción inversa a la cantidad de comportamiento programado previamente en ese puesto por la organización, a mayor estandarización, menor sería la contribución que el empleado integrara a la forma como debe efectuarse su trabajo. La estandarización no sólo elimina la posibilidad de que los empleados se comporten en formas alternativas, sino que incluso suprime la necesidad de que los empleados consideren las alternativas.

El grado de formalización puede variar ampliamente entre las organizaciones y dentro de éstas. Por ejemplo, se sabe que ciertos puestos tienen poca formalización. Los promotores de libros universitarios —representantes de las editoriales que visitan a los profesores para informales de las nuevas publicaciones de su compañía— tienen mucha libertad en sus puestos. No poseen un recurso estandarizado para las ventas, y el alcance de las reglas y procedimientos que rigen su comportamiento puede ser sólo el presentar un informe semanal de ventas y algunas sugerencias para resaltar los títulos nuevos. Al otro extremo, están los puestos de oficina y de edición en las mismas empresas editoriales, donde se exige a los empleados que "chequen" su entrada en sus instalaciones de trabajo a las 8:00 A.M. o se les castigará descontándoles media hora de sueldo y, una vez en su lugar de trabajo, se les pide que sigan una serie de procedimientos precisos dictados por la gerencia.

formalización
Grado en que los puestos dentro de una organización se hallan estandarizados.

Diseños organizacionales más comunes

Ahora pasaremos a describir tres de los diseños organizacionales más comunes en uso: la *estructura simple*, la *burocracia* y la *estructura matricial*.

La estructura simple

¿Qué tienen en común una pequeña tienda al menudeo, una empresa electrónica manejada por un empresario de mucho empuje, una nueva oficina de planeación familiar y una línea aérea que se encuentra en medio de una huelga de toda la compañía? Es probable que todas utilicen la **estructura simple.**

Se dice que la estructura simple se caracteriza más por lo que no es en lugar de lo que es. La estructura simple no es elaborada.[10] Tiene un bajo grado de departamentalización, amplios tramos de control, la autoridad centralizada en una sola persona y poca formalización. La estructura simple es una organización "plana"; por lo general tiene sólo dos o tres niveles verticales, un cuerpo de empleados y un individuo en quien está centralizada la autoridad para la toma de decisiones.

La estructura simple se utiliza más ampliamente en pequeños negocios en los cuales el gerente y el dueño son una misma persona. Esto se ilustra en la figura 13-5, donde aparece un organigrama de una tienda minorista de ropa para caballeros. Jack Gold es el dueño y la administra. Aunque Jack Gold emplea cinco vendedores de tiempo completo, un cajero y personal extra para los fines de semana y días festivos, él "lo maneja todo".

La fortaleza de la estructura simple yace en su sencillez. Es rápida, flexible, poco costosa de mantener y es clara la asignación de responsabilidades. Una debilidad importante es que es difícil mantenerla cuando la organización deja de ser pequeña. Conforme una organización crece, se vuelve cada vez más inadecuada debido a que su poca formalización y alta centralización tienden a crear una sobrecarga de información en la cima. Conforme aumenta el tamaño, la toma de decisiones se vuelve lenta e incluso puede paralizarse cuando el ejecutivo único trata de continuar tomando todas las decisiones. A menudo esto resulta ser la ruina para muchos negocios pequeños. Cuando una organización empieza a emplear 50 o 100 personas, es muy difícil para el propietario-gerente tomar todas las decisiones. Si la estructura no cambia y se hace más elaborada, la compañía pierde impulso y con el tiempo puede fracasar. La otra debilidad de la estructura simple es que es muy riesgosa —todo depende de una persona. Un infarto al corazón puede destruir literalmente el centro de información y la toma de decisiones.

estructura simple
Una estructura caracterizada por un bajo grado de departamentalización, grandes tramos de control, autoridad centralizada en una sola persona y poca formalización.

Ilustración 13-5
Una estructura simple (la tienda para caballeros de Jack Gold)

La estructura simple no está limitada estrictamente a las pequeñas organizaciones, lo que sucede es que es más difícil hacerla trabajar con eficacia en las grandes compañías. Una compañía grande que parece haber tenido éxito con la estructura simple es Nucor Corp., una siderúrgica de $2.3 mil millones que opera pequeñas acererías en Indiana y Arkansas.[11] Sus oficinas generales están en Charlotte, Carolina del Norte, y emplea sólo 24 personas. Sólo hay tres niveles entre el presidente de la compañía y los obreros en la acerería. Esta magra estructura ha ayudado a Nucor a convertirse en la siderúrgica de mayores utilidades en Estados Unidos.

La burocracia

¡Estandarización! Ése es el concepto clave que fundamenta todas las burocracias. Eche un vistazo al banco donde usted tiene su cuenta de cheques, la tienda de departamentos donde compra su ropa o las oficinas de gobierno que le cobran impuestos, que ponen en vigor los reglamentos sanitarios o que proporcionan protección local contra incendios. Todas se apoyan en el proceso estandarizado del trabajo para su coordinación y control.

La **burocracia** se caracteriza por operaciones altamente rutinarias logradas a través de la especialización, reglas y reglamentos muy formalizados, tareas que se agrupan en departamentos funcionales, autoridad entrelazada, tramos de control estrechos y toma de decisiones que sigue la cadena de mando.

La fortaleza principal de la burocracia yace en su habilidad de desempeñar actividades estandarizadas de una manera muy eficaz. La ubicación de especialidades parecidas en departamentos funcionales genera economías de escala, mínima duplicación de personal y equipo y empleados que tienen la oportunidad de hablar "el mismo lenguaje" entre sus compañeros. Aún más, las burocracias pueden trabajar bien con gerentes con menos talento —y, por tanto, de menor costo— en los niveles medio e inferior. La saturación de normas y reglamentos sustituye la discrecionalidad gerencial. Las operaciones estandarizadas, unidas con una alta formalización, permiten la centralización de la toma de las decisiones. Por tanto, existe poca necesidad, de tomadores de decisiones innovadores y experimentados por debajo del nivel de los altos ejecutivos.

Una de las mayores debilidades de la burocracia se ilustra en el siguiente diálogo entre cuatro ejecutivos de una compañía: "Oye, nada pasa en este lugar hasta que nosotros *producimos* algo", dijo el ejecutivo de producción. "Te equivocas", comentó el gerente de investigación y desarrollo, "¡nada pasa hasta que nosotros *diseñamos* algo!" "¿De qué están hablando?", preguntó el ejecutivo de mercadotecnia. "¡Nada pasa aquí hasta que nosotros *vendemos* algo!" Finalmente, el exasperado gerente de contabilidad respondió, "no importa lo que ustedes produzcan, diseñen o vendan. ¡Nadie sabe lo que ocurre sino hasta que *nosotros registramos los resultados!*" Esta conversación señala el hecho de que la especialización crea conflictos entre las subunidades. Las metas de la unidad funcional pueden hacer a un lado las metas globales de la organización.

La otra debilidad importante de la burocracia es algo que todos hemos experimentado en algún momento, cuando tenemos que tratar con las personas que trabajan en estas organizaciones: un interés obsesivo por las reglas. Cuando surgen casos que no se ajustan precisamente a las reglas, no hay espacio para una modificación. La burocracia es eficiente sólo cuando los empleados confrontan problemas ya enfrentados previamente y para los que se han establecido reglas para la toma programada de decisiones.

La cima de la popularidad de la burocracia fue probablemente en la década de los cincuenta y sesenta. Por ejemplo, en ese momento, casi todas las principales cor-

burocracia
Una estructura con tareas operativas altamente rutinarias logradas a través de la especialización, normas y reglamentos muy formalizados, tareas que se agrupan en departamentos funcionales, autoridad centralizada, tramos de control estrechos y toma de decisiones que sigue la cadena de mando.

poraciones del mundo —compañías como IBM, General Electric, Volkswagen, Matsushita y Royal Dutch Shell— estaban organizadas como una burocracia. Aunque la burocracia está fuera de moda en la actualidad —los críticos sostienen que no puede responder rápidamente al cambio y que obstaculiza la iniciativa del empleado[12]—, la mayoría de las grandes organizaciones todavía tienen las características burocráticas básicas, particularmente la especialización y la alta formalización. Sin embargo, en general se han ampliado los tramos de control, la autoridad se ha descentralizado más y los departamentos funcionales se han visto complementados con un incremento en el empleo de equipos. Otra tendencia es la división de las burocracias en pequeñas, aunque todavía totalmente funcionales, miniburocracias.[13] Estas versiones pequeñas, con 150 a 250 personas, tienen cada una su propia misión y metas de utilidades. Se ha estimado que aproximadamente 15% de las grandes corporaciones han tomado esta dirección.[14] Por ejemplo Eastman Kodak ha transformado cerca de 100 unidades de producción en negocios separados. ABB Asea Brown Boveri, una corporación de 32 mil millones de dólares con 210,000 empleados, se ha dividido en 1,300 compañías disgregadas en casi 5,000 centros de ganancias que se localizan en 140 diferentes países.

La estructura matricial o de matriz

estructura matricial o de matriz
Una estructura que crea líneas duales de autoridad; combina la departamentalización funcional y la de producto.

Otra opción popular para el diseño organizacional es la **estructura matricial** o **de matriz.** Usted la encontrará en agencias de publicidad, empresas aerospaciales, laboratorios de investigación y desarrollo, compañías constructoras, hospitales, dependencias del gobierno, universidades, administración de firmas de consultoría y compañías de entretenimiento.[15] Esencialmente la matriz combina dos formas de departamentalización: funcional y de producto.

La fortaleza de la departamentalización funcional yace en poner juntos especialistas de la misma rama, lo que reduce al mínimo el número necesario de ellos, mientras que permite agrupar y compartir los recursos especializados a través de los productos. Su mayor desventaja es la dificultad de coordinar las tareas de diversos especialistas funcionales para que así se terminen sus actividades a tiempo y dentro del presupuesto. Por otro lado, la departamentalización por productos, tiene exactamente las ventajas y desventajas opuestos. Facilita la coordinación entre los especialistas para alcanzar la terminación a tiempo y cumplir con los objetivos presupuestales. Aún más, proporciona una clara responsabilidad para todas las actividades relacionadas con un producto, pero con la duplicación de actividades y costos. La matriz intenta aprovechar los puntos fuertes de cada uno, al mismo tiempo que evita sus puntos débiles.

La característica estructural más obvia de la matriz es que rompe el concepto de la unidad de mando. Los empleados en la estructura matricial tienen dos jefes —sus gerentes funcionales de departamento y sus gerentes de producto. Por tanto, la estructura de matriz tiene una cadena de doble mando.

◆ **La matriz tiene una cadena de doble mando.**

La ilustración 13-6 muestra la forma en que se utiliza la estructura matricial en una facultad de administración de empresas. Los departamentos académicos de contabilidad, economía, mercadotecnia, etc., son unidades funcionales. Además, existen sobrepuestos programas específicos (es decir, productos) sobre las funciones. De esta manera, los empleados de una estructura matricial tienen una responsabilidad doble —hacia su departamento funcional y a los grupos de producto. Por ejemplo, un profesor que enseña un curso de contabilidad en la universidad informa al director de los programas de licenciatura así como también al jefe del departamento de contabilidad.

El punto fuerte de la estructura de matriz yace en su habilidad de facilitar la coordinación cuando la organización tiene múltiples actividades complejas e inter-

Ilustración 13-6
Estructura de matriz para una facultad de administración de empresas

Programas Departamentos académicos	Licenciatura	Maestría	Docto-rado	Investiga-ción	Desarrollo ejecutivo	Servicios a la comunidad
Contabilidad						
Estudios administrativos						
Finanzas						
Ciencias de la infor-mación y decisión						
Mercadotecnia						
Comportamiento organizacional						
Métodos cuantitativos						

dependientes. Conforme se hace más grande la organización, se puede sobrecargar su capacidad para procesar la información. En una burocracia, la complejidad genera una mayor formulación. El contacto directo y frecuente entre las diferentes especialidades en la estructura matricial puede significar una mejor comunicación y más flexibilidad. La información permea a la organización y llega con mayor rapidez a aquellas personas que la necesitan. Además, la matriz reduce las patologías burocráticas. Las líneas dobles de autoridad reducen la tendencia de los miembros departamentales a ocuparse tanto de proteger sus pequeños feudos, que las metas globales de la organización se vuelven secundarias.

Hay todavía otra ventaja en la estructura de matriz: facilita la asignación eficaz de los especialistas. Cuando los individuos con habilidades altamente especializadas están ubicados en un departamento funcional o grupo de producto, se monopolizan y subutilizan los talentos. La estructura matricial logra ventajas de economías de escala al proporcionar a la organización tanto los mejores recursos como una forma de asegurar su utilización eficaz.

Las principales desventajas de la estructura de matriz radican en la confusión que crea, su propensión a fomentar luchas por el poder y la tensión que genera en los individuos.[16] Cuando desaparece el concepto de unidad de mando, se incrementa de manera significativa la ambigüedad y ésta con frecuencia lleva a conflictos. Por ejemplo, a menudo no está claro quién informa a quién y no es raro que los gerentes de producto se peleen por conseguir que se asignen los mejores especialistas a sus líneas. La confusión y la ambigüedad también siembran la semilla de la batalla por el poder. La burocracia reduce el potencial para echar mano del poder al definir las reglas del juego. Cuando esas reglas "facilitan esa apropiación", se generan luchas por el poder entre los gerentes funcionales y de producto. Para los individuos que desean seguridad y ausencia de ambigüedad, este clima de trabajo puede producir tensión. Rendir cuentas a más de un jefe introduce conflictos en los papeles y las expectativas poco claras dan pie a la ambigüedad. Está ausente la cómoda condición de predecir de la burocracia, que se ve reemplazada por la inseguridad y la tensión.

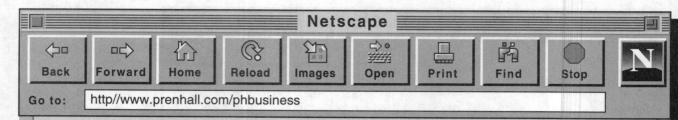

El CO en las noticias

Johnson & Johnson: ¡realmente son 160 compañías!

Johnson & Johnson (J&J) ha desarrollado una impresionante arca para la creación de nuevos productos. A pesar de su tamaño —sus ingresos anuales son de aproximadamente $21 mil millones— 36% de sus ventas actuales provienen de productos que fueron introducidos hace cinco años. ¿Cómo genera esta enorme compañía tal innovación y crecimiento? Al estructurase más bien como una pequeña compañía emprendedora.

"No nos vemos como una gran compañía", dice su presidente, Ralph Larsen. "Nos vemos como 160 pequeñas compañías."

Hace un par de decenios, J&J fue una compañía de productos para el consumidor. Fabricó bandas adhesivas, talco para bebé, champúes y Tylenol. Hoy en día todavía fabrica esos productos pero las dos terceras partes de sus ventas se deben a sus crecientes servicios farmacéuticos y profesionales. Son dos los antecedentes que ilustran cómo trabaja J&J.

La gerencia de J&J pensó que un gran negocio sería incursionar en el terreno de la cardiología. Para ello, J&J creó Interventional Systems. Empezó con un gerente general, muy poco personal y nada de ventas. Se les dijo que debían hacer un negocio. Buscando oportunidades, los gerentes de la nueva unidad descubrieron algunos médicos especialistas que habían inventado un pequeño soporte de acero inoxidable que podía insertarse en el interior de una arteria bloqueada usando un tubo. Este soporte permitiría que la sangre fluyera sin obstáculo. Después de muchas investigaciones, experimentos clínicos y de diseño y manufactura, el soporte fue aprobado en 1994 por la Federal Drug Administration de Estados Unidos. El año siguiente este dispositivo generó $520 millones en utilidades a J&J y ganancias netas estimadas de $200 millones.

A principios de la década de los ochenta, el mercado de lentes de contacto estaba dominado por Bausch & Lomb. J&J estuvo a punto de cerrar Vistakon, su división de lentes de contacto, cuando los gerentes decidieron que podían desarrollar una tecnología para fabricar lentes de contacto desechables. La idea pareció absurda en ese momento, ya que los lentes de contacto normales se estaban vendiendo por $150 el par. "Era una idea loca", dijo Larsen, "pero había gente en nuestra compañía que creyó que podíamos hacerlo". Los gerentes de Vistakon tardaron cinco años y se gastaron más de $200 millones en pruebas para desarrollar la idea. Finalmente se lanzaron al mercado en 1988, los lentes de contacto desechables fueron un éxito inmediato. La compañía ahora vende $560 millones al año, haciendo de J&J el fabricante de lentes de contacto líder en el mundo.

Basado en H. Rudnitsky, "One Hundred Sixty Companies for the Price of One", *Forbes*, 26 de febrero de 1996, pp. 56-62.

¡Conéctese a la red!

Lo invitamos a que visite la página de Robbins en el sitio de Prentice Hall en la Web:

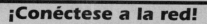

http://www.prenhall.com/robbinsorgbeh

para el ejercicio de la World Wide Web de este capítulo.

Nuevas opciones de diseño

Desde principios de los ochenta, la alta gerencia ha estado trabajando en muchas organizaciones para desarrollar nuevas opciones estructurales que puedan ayudar a que sus empresas compitan con mayor eficacia. En esta sección, describiremos tres de estos diseños estructurales: la *estructura de equipo,* la *organización virtual* y la *organización sin fronteras.*

La estructura de equipo

Como se describió en el capítulo 8, los equipos se han vuelto un medio extremadamente popular alrededor del cual se organizan las actividades de trabajo. Cuando la gerencia utiliza los equipos como su instrumento central de coordinación, se tiene una **estructura de equipo.** Las características principales de la estructura de equipo es que se rompen las barreras departamentales y descentraliza la toma de decisiones al nivel del equipo de trabajo. Las estructuras de equipo también requieren que los empleados sean tanto generalistas como especialistas.[17]

En las compañías más pequeñas, la estructura de equipo puede definir por completo la organización. Por ejemplo, Imedia, una compañía de mercadotecnia en Nueva Jersey que tiene 30 empleados, está organizada completamente alrededor de equipos, los cuales tienen toda la responsabilidad de la mayoría de los asuntos operativos y de servicios a clientes.[18]

Con más frecuencia, particularmente entre las grandes organizaciones, la estructura de equipo complementa lo que suele ser una burocracia. Esto permite a la organización lograr la eficacia de la estandarización de la burocracia, al mismo tiempo que gana la flexibilidad que proporcionan los equipos. Por ejemplo, para mejorar la productividad a nivel operativo, compañías como Chrysler, Saturn, Motorola y Xerox han trabajado en gran medida con equipos autodirigidos. Sin embargo, cuando compañías como Boeing o Hewlett-Packard necesitan diseñar nuevos productos o coordinar proyectos más grandes, estructuran las actividades alrededor de equipos interfuncionales.

estructura de equipo
Uso de los equipos como instrumento central para coordinar las actividades de trabajo.

La organización virtual

¿Por qué ser dueño cuando se puede rentar? Ésta es la esencia de la **organización virtual** (a veces también llamada *red* u organización *modular*), es una pequeña organización nuclear que contrata externamente la mayor parte de sus funciones comerciales.[19] En términos estructurales, la organización virtual es altamente centralizada, con poca o ninguna departamentalización.

El prototipo de una organización virtual es la actual fabricación de película. En la época dorada de Hollywood, las películas eran producidas por enormes corporaciones integradas en una sola línea.[20] Los estudios como MGM, Warner Brothers y 20th-Century Fox eran propietarios de grandes cantidades de películas y emplearon miles de especialistas de tiempo completo como directores de escena, camarógrafos, editores, directores y hasta actores. En la actualidad, la mayoría de las películas se realizan por un grupo de individuos y pequeñas compañías que se reúnen para hacer cada proyecto de películas. Esta forma estructural permite que cada proyecto lo realice el personal con el talento necesario, en lugar de tener que escoger sólo de la gente que el estudio contrataba. Reduce los costos burocráticos operativos ya que no hay una organización que mantener. Y disminuye los riesgos y sus costos a largo plazo ya que se elimina el grupo de trabajo —el equipo que se integra para un periodo finito y luego se disuelve.

Las compañías como Nike, Reebok, Liz Clairborne, Emerson Radio y Dell Computer son sólo algunas de las miles de compañías que han encontrado que pueden

organización virtual
Una pequeña organización central que contrata externamente sus principales funciones para la mayoría de las funciones de negocios.

El promotor RZO Productions utilizó la estructura de la organización virtual al programar la gira mundial Voodoo Lounge de los Rolling Stones. RZO contrató 250 empleados, como tramoyistas, técnicos de luz y sonido y chóferes sólo para esta gira. La organización se disolvió cuando terminó la gira.

realizar negocios por cientos de millones de dólares sin ser propietarios de instalaciones industriales. Por ejemplo, Dell Computer, no tiene plantas y simplemente ensambla computadoras de piezas fabricadas por fuentes externas a la empresa. National Steel Corp. contrata sus operaciones de manejo de correspondencia; AT&T renta su procesamiento de tarjeta de crédito, y Mobil Oil Corporation ha encomendado a otra compañía el mantenimiento de sus refinerías.

¿Qué pasa aquí? Una búsqueda de la máxima flexibilidad. Estas organizaciones virtuales han creado redes de relaciones que les permiten contratar funciones de fabricación, distribución, mercadotecnia o cualquiera otra del negocio, donde la gerencia crea que otros lo pueden hacer mejor o más barato.

La organización virtual contrasta fuertemente con la típica burocracia, ya que tiene muchos niveles verticales de administración, donde se busca el control a través de la propiedad. En tales organizaciones, la investigación y el desarrollo se realizan en grupo, la producción se lleva a cabo en plantas propiedad de la compañía y las ventas y la mercadotecnia están a cargo de los propios empleados de la compañía. Para apoyar todo esto, la gerencia tiene que emplear personal extra incluyendo contadores, especialistas en recursos humanos y abogados. Sin embargo, la organización virtual utiliza fuentes externas para muchas de estas funciones y se concentra en lo que hace mejor. Para la mayoría de las compañías estadounidenses, esto significa enfocarse en el diseño o mercadotecnia. Por ejemplo, Emerson Radio Corporation diseña y planea sus televisores, estéreos y otros productos electrónicos para el consumidor, pero contrata su fabricación con proveedores asiáticos.

La figura 13-7 muestra una organización virtual en la cual la gerencia utiliza fuentes externas para las funciones principales del negocio. El centro de la organización es un pequeño grupo de ejecutivos, cuyo trabajo es supervisar directamente cualquier actividad que se realiza en grupo y coordinar las relaciones con las organizaciones que fabrican, distribuyen y desarrollan otras funciones cruciales para la organización virtual. Las flechas en la figura 13-7 representan aquellas relaciones que suelen mantenerse por medio de contratos. En esencia, los gerentes en las estructuras virtuales pasan la mayor parte de su tiempo coordinando y controlando las relaciones externas, generalmente por medio de redes de computadora.

La ventaja principal de la organización virtual es su flexibilidad. Por ejemplo, permite que alguien con una idea innovadora y poco dinero, como Michael Dell y

Ilustración 13-7
Una organización virtual

Empresa independiente de consultoría en investigación y desarrollo

Agencia de publicidad

Grupo ejecutivo

Fábricas en Corea del Sur

Representantes de ventas a comisión

empresa Dell Computer, compitan exitosamente contra las grandes compañías como IBM. La desventaja principal de esta estructura es que reduce el control de la gerencia sobre partes clave de su negocio.

La organización sin fronteras

El presidente del consejo de administración de General Electric, Jack Welch, acuñó el término **organización sin fronteras** para describir su idea de lo que quería que fuera GE. Welch quería convertir su compañía en una "tienda de abarrotes familiar de $60 mil millones".[21] Esto es, a pesar de su monstruoso tamaño, deseaba eliminar los límites *verticales* y *horizontales* dentro de GE y derribar las barreras *externas* entre la compañía y sus clientes y proveedores. La organización sin barreras busca eliminar la cadena de mando, tener tramos ilimitados de control y reemplazar los departamentos con equipos facultados.

Aunque GE no ha logrado todavía el estado sin barreras —y probablemente nunca lo haga— ha avanzado de manera significativa hacia este fin. Esto también es cierto en compañías como Hewlett-Packard, AT&T y Motorola. Veamos lo que podría parecer una organización sin fronteras y lo que están haciendo algunas compañías para convertirlo en realidad.[22]

Al eliminar las fronteras *verticales*, la gerencia aplana la jerarquía. Se reduce al mínimo el estatus y el rango. Y la organización se parece más a un silo que a una pirámide, donde el grano de la cima no es diferente del grano del fondo. Los equipos interfuncionales (los cuales incluyen altos ejecutivos, gerentes de nivel medio, supervisores y empleados operativos), las prácticas participativas en la toma de decisiones y el uso de evaluaciones de desempeño de 360 grados (donde los compañeros y otras personas de arriba y por abajo del empleado evalúan su desempeño) son ejemplos de lo que GE está haciendo para destruir sus fronteras verticales.

Los departamentos funcionales crean barreras *horizontales*. La manera de reducir estas barreras es reemplazar los departamentos funcionales con equipos interfuncionales y organizar actividades en torno a procesos. Por ejemplo, Xerox desarrolla ahora nuevos productos por medio de equipos multidisciplinarios que trabajan en un sólo proceso en lugar de hacerlo en torno a tareas funcionales limitadas. De

organización sin fronteras
Organización que busca eliminar la cadena de mando, tiene tramos de control ilimitados y reemplaza los departamentos con equipos facultados.

Una red global de computadoras permite a Texas Instruments comunicarse a lo largo de sus fronteras intraorganizacionales al agilizar la introducción de nuevos productos al mercado. Una parte de la compañía llamada Tiris, que produce pequeños dispositivos de comunicaciones con fines de seguridad e identificación, se administra fuera de Bedford, Inglaterra. Los diseños de producto se desarrollan en los Países Bajos y Alemania y los productos se manufacturan y ensamblan en Japón y Malasia. Los empleados de todos estos lugares se envían textos, diagramas y diseños usando su red de computadoras TI. Aquí vemos a empleados de ensamblaje en Malasia.

igual manera, algunas unidades de AT&T están haciendo ahora presupuestos anuales basados no en las funciones o departamentos, sino en procesos como el mantenimiento de una red mundial de telecomunicaciones. Otra manera como la gerencia puede atravesar las barreras horizontales es mediante transferencias laterales y rotando a las personas dentro y fuera de diferentes áreas funcionales. Esto transforma a los especialistas en generalistas.

Cuando está operando completamente, la organización sin fronteras también rompe las barreras para sus constituyentes *externos* y las barreras creadas geográficamente. La globalización, las alianzas estratégicas, los vínculos proveedor-organización y cliente-organización y las telecomunicaciones son ejemplos de prácticas que reducen los límites externos. Por ejemplo, Coca-Cola, se ve como una corporación global, no como una compañía estadounidense o de Atlanta. Las compañías como NEC Corp., Boeing y Apple Computer tienen cada una alianzas estratégicas o sociedades conjuntas con docenas de compañías. Estas alianzas borran la distinción entre una organización y otra cuando los empleados trabajan en proyectos conjuntos. Muchas organizaciones también están desapareciendo la línea entre ellos mismos y sus proveedores. Por ejemplo, el presidente del consejo de administración de Merix Corp., una compañía de artículos electrónicos con 750 empleados dijo, "pensé que la gente que trabajaba aquí eran empleados de Merix. Tienen nuestro emblema y vienen todos los días, pero resultó que realmente estaban trabajando para nuestros proveedores". Las compañías como AT&T y Northwest Airlines están permitiendo que los clientes desempeñen funciones que antes correspondían a la gerencia. Por ejemplo, algunas unidades de AT&T están recibiendo bonificaciones basadas en las evaluaciones que los clientes hacen de los equipos que les proporcionan. Northwest da a sus viajeros asiduos diez certificados de $50 cada año y les dicen que los distribuyan a los empleados de Northwest cuando los ven que están haciendo algo excelente. Esta práctica, en la esencia, permite que los clientes de Northwest participen en la evaluación del empleado. Finalmente, sugerimos que la teleconmutación (teletrabajo) está borrando las barreras organizacionales. El analista de valores de Merril Lynch que realiza su trabajo desde su rancho en el estado de Montana, o un diseñador de software que trabaja para una compañía en San Francisco, pero realiza sus tareas en Boulder, Colorado, son sólo dos ejemplos de los millones de trabajadores que ahora están desarrollando sus trabajos fuera de los límites físicos de las instalaciones de sus patrones.

El hilo tecnológico común que hace posible las organizaciones sin fronteras son las computadoras conectadas a la red. Permiten que la gente se comunique a través de las fronteras intraorganizacionales e interorganizacionales.[23] Por ejemplo, el correo electrónico permite que cientos de empleados compartan información simultáneamente y que los trabajadores de menor categoría se comuniquen directamente con los altos ejecutivos. Y las redes interorganizacionales ahora hacen posible que los proveedores de Wal-Mart como Procter & Gamble y Levi Strauss, supervisen los niveles de inventario de jabón para lavar y ropa de mezclilla, respectivamente, debido a que los sistemas de P&G y Levi están conectados con el sistema de Wal-Mart.

¿Por qué difieren las estructuras?

En las secciones anteriores, describimos una variedad de diseños organizacionales que van desde la burocracia altamente estructurada y estandarizada hasta la organización holgada y amorfa sin fronteras. Los otros diseños que analizamos tienden a estar en un punto entre estos dos extremos.

La ilustración 13-8 conceptualiza los elementos anteriores al presentar dos modelos extremos de diseño organizacional. A un extremo le llamamos el **modelo mecánico.** Generalmente es sinónimo de la burocracia ya que tiene una gran departamentalización, mucha formalización, una red de información limitada (en su mayor parte comunicación descendente) y poca participación de los miembros de bajo nivel en la toma de decisiones. En el otro extremo está el **modelo orgánico.**

modelo mecánico
Estructura caracterizada por una departamentalización extensiva, alta formalización, red de información limitada y centralización.

Modelo orgánico
Estructura plana que utiliza equipos interfuncionales y transjerárquicos, tiene formalización baja, posee una red amplia de información y se apoya en la toma de decisiones participativa.

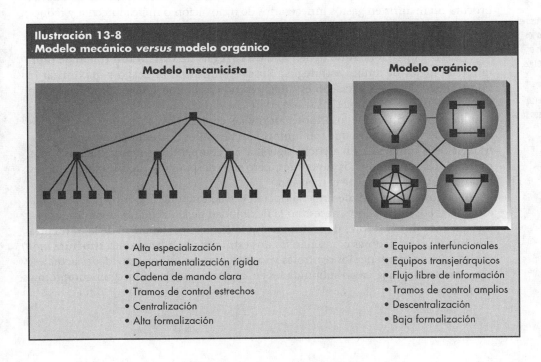

Ilustración 13-8
Modelo mecánico *versus* modelo orgánico

Modelo mecanicista

- Alta especialización
- Departamentalización rígida
- Cadena de mando clara
- Tramos de control estrechos
- Centralización
- Alta formalización

Modelo orgánico

- Equipos interfuncionales
- Equipos transjerárquicos
- Flujo libre de información
- Tramos de control amplios
- Descentralización
- Baja formalización

Este modelo se parece a la organización sin fronteras. Es plano, utiliza los equipos transjerárquicos y funcionales, tiene baja formalización, posee una red amplia de información (que utiliza la comunicación lateral y ascendente así como descendente) e involucra una alta participación en la toma de decisiones.[24]

Con estos dos modelos en mente, ahora estamos preparados para contestar esta pregunta: ¿por qué algunas organizaciones están estructuradas bajo líneas más mecánicas mientras que otras siguen características orgánicas? ¿Cuáles son las fuerzas que influyen en el diseño seleccionado? En las siguientes páginas, presentamos las fuerzas principales que se han identificado como causas o determinantes de la estructura de una organización.[25]

Estrategia

La estructura de la organización es un medio para ayudar a la gerencia a lograr sus objetivos. Ya que los objetivos se derivan de la estrategia global de la organización, es lógico que la estrategia y la estructura tengan una estrecha vinculación. Más específicamente, la estructura debe seguir a la estrategia. Si la gerencia hace un cambio significativo en la estrategia de su organización, la estructura necesitará modificarse para dar lugar y apoyo a este cambio.[26]

La mayoría de los marcos actuales de la estrategia se enfocan en tres opciones —innovación, minimización de costos e imitación— y el diseño estructural que funcione mejor con cada una.[27]

¿Hasta qué grado una organización ofrece productos o servicios nuevos? Una **estrategia de innovación** no significa simplemente una manera de realizar cambios sencillos o cosméticos de las ofertas previas sino una estrategia de innovaciones con significado y exclusivas. Es obvio que, no todas las compañías persiguen la innovación. Esta estrategia puede ser apropiada para caracterizar a 3M Co., pero ciertamente no es una estrategia que le interese a Reader's Digest.

Una organización que utiliza una **estrategia de minimización de costos** procura no incurrir en gastos innecesarios de innovación o mercadotecnia y reduce los costos de ventas de un producto básico. Esto describiría la estrategia de Wal-Mart o los vendedores de abarrotes en general.

Las organizaciones que siguen una **estrategia de imitación** tratan de capitalizar lo mejor de ambas estrategias. Buscan minimizar el riesgo y maximizar la oportunidad de la ganancia. Su estrategia es no entrar con nuevos productos o en nuevos mercados hasta que los innovadores hayan comprobado su viabilidad. Toman las ideas exitosas de los innovadores y las copian. Los fabricantes de artículos de moda de venta masiva que son imitaciones de estilos de diseñadores siguen la estrategia de la imitación. En esencia, siguen a sus competidores más pequeños y más innovadores con productos superiores, pero sólo después de que sus competidores han demostrado que existe el mercado.

La ilustración 13-9 describe la opción estructural que mejor conviene a cada estrategia. Los innovadores necesitan la flexibilidad de la estructura orgánica, mientras que los minimizadores de costos buscan la eficacia y estabilidad de la estructura mecánica. Los imitadores combinan las dos estructuras. Utilizan una estructura mecánica a fin de mantener los controles y los bajos costos en sus actividades actuales, al mismo tiempo que crean subunidades en las cuales puedan conseguir compromisos nuevos.

estrategia de innovación
Traza direccional que enfatiza la introducción de nuevos productos o servicios.

estrategia de minimización de costos
Traza direccional que enfatiza el uso de estrictos controles de costos, evita los gastos innecesarios de innovación o mercadotecnia y el recorte de precios.

estrategia de imitación
Traza direccional que busca moverse hacia nuevos productos o mercados sólo cuando se haya demostrado su viabilidad.

Ilustración 13-9 La tesis estrategia-estructura

Estrategia	Opción estructural
Innovación	**Orgánica:** una estructura holgada, baja especialización, baja formalización, descentralizada
Minimización de costos	**Mecanicista:** control estricto, profunda especialización del trabajo, alta formalización, alta centralización
Imitación	**Mecanicista y orgánica:** mezcla de propiedades holgadas y estrechas; controles rígidos sobre las actividades actuales y controles más relajados para nuevas empresas

Tamaño de la organización

Un rápido vistazo a las organizaciones con las que tratamos con regularidad en nuestras vidas llevaría a la mayoría de nosotros a concluir que el tamaño tiene algo que ver con la estructura de la organización. Por ejemplo, empleados del servicio postal de Estados Unidos que exceden de 800,000, no cabrían en un edificio ni en varios departamentos supervisados por un par de gerentes. Es difícil imaginar 800,000 personas organizadas en otra forma que no sea una que contenga una gran especialización, departamentalización, el uso de un gran número de procedimientos y reglamentos para asegurar prácticas uniformes y siga un alto grado de toma de decisiones descentralizadas. Un servicio local de mensajería que emplea 10 personas y genera menos de $300,000 al año en honorarios por servicio, probablemente no necesite la toma de decisiones descentralizadas o procedimientos y reglamentos formalizados.

Existe evidencia que apoya la idea de que el tamaño de una organización afecta significativamente su estructura.[28] Por ejemplo, las grandes organizaciones —aquellas que suelen emplear 2,000 personas o más— tienden a poseer más especialización, más departamentalización, más niveles verticales y más reglas y reglamentos que las organizaciones pequeñas. Sin embargo, la relación no es lineal. Más bien, el tamaño afecta la estructura a una tasa decreciente. El impacto del tamaño se vuelve menos importante a medida que se expande la organización. ¿A qué se debe esto? En esencia, una vez que una organización tiene alrededor de 2,000 empleados, ya está bastante mecanizada. Agregar 500 empleados no tendrá mucho impacto. Sin embargo, la integración de 500 empleados en una organización que tiene sólo 300 miembros probablemente genere un cambio en favor de una estructura más mecánica.

Tecnología

El término **tecnología** se refiere a la forma de cómo una organización transforma sus insumos en productos. Cada organización tiene cuando menos una tecnología para convertir los recursos financieros, humanos y físicos en productos o servicios. Por ejemplo, Ford Motor Co., usa predominantemente el proceso de línea de ensamble para fabricar sus productos. En contraste, las universidades pueden usar diversas tecnologías de instrucción —el siempre popular método de la cátedra formal, el de análisis de casos, el de ejercicios de experiencia, el de la enseñanza programada, y así sucesivamente. En esta sección mostraremos cómo las estructuras organizacionales se adaptan a su tecnología.

tecnología
Forma de cómo una organización transforma sus insumos en productos.

Se han desarrollada numerosos estudios sobre la relación tecnología-estructura.[29] Los detalles de esos estudios son bastante complejos, así que vayamos "al grano" y tratemos de resumir lo que sabemos.

El tema común que diferencia a las tecnologías es su *grado de rutina*. Por esto queremos decir que las tecnologías tienden hacia actividades rutinarias o no rutinarias. Las primeras se caracterizan por operaciones automatizadas y estandarizadas. Las actividades no rutinarias son condicionadas por las demandas de los clientes. Incluyen una gran variedad de operaciones como la restauración de muebles, fabricación de calzado a la medida e investigación genética.

> ◆ El tema común que diferencia a las tecnologías es su grado de rutina.

¿Qué relaciones se han encontrado entre la tecnología y la estructura? Aunque la relación no es muy fuerte, encontramos que las tareas rutinarias están asociadas con estructuras más altas y más departamentalizadas. Sin embargo, es más fuerte la relación entre la tecnología y la formalización. Los estudios muestran consistentemente que la rutina está asociada con la presencia de manuales de operación, descripciones de puestos y otros documentos formalizados. Finalmente, se ha encontrado una relación interesante entre la tecnología y la centralización. Parece lógico que las tecnologías rutinarias estén asociadas con una estructura centralizada, mientras las tecnologías no rutinarias, se basan muy fuertemente en el conocimiento de los especialistas, y se caracterizan por la delegación de la toma de decisiones. Esta posición ha encontrado cierto apoyo. Sin embargo, una conclusión más general es que la tecnología centralizada se ve moderada por el grado de formalización. Tanto los reglamentos formales como la toma de decisiones centralizadas son mecanismos de control y la gerencia puede sustituir una por otra. Las tecnologías de rutina deben estar asociadas con el control centralizado si existe un mínimo de reglas y reglamentos. Sin embargo, si hay mucha formalización, la tecnología rutinaria puede estar acompañada de la descentralización. Así, podríamos predecir que la tecnología rutinaria llevaría a la centralización, pero sólo si la formalización es baja.

Ambiente

ambiente
Aquellas instituciones o fuerzas fuera de la organización que afectan potencialmente el desempeño de la organización.

El **ambiente** de una organización está compuesto por aquellas instituciones o fuerzas fuera de ella que potencialmente afectan su desempeño. Éstas suelen incluir proveedores, clientes, competidores, dependencias gubernamentales reguladoras, grupos de presión públicos y otros similares.

¿Por qué el ambiente de una organización puede afectar la estructura de ésta? Por la incertidumbre ambiental. Algunas organizaciones enfrentan ambientes relativamente estáticos —pocas fuerzas cambian en su ambiente. Por ejemplo, no hay nuevos competidores, no hay nuevos avances tecnológicos introducidos por los competidores actuales o hay poca actividad realizada por los grupos de presión pública que influya en la organización. Otras organizaciones enfrentan ambientes muy dinámicos —reglamentos gubernamentales que cambian con rapidez y que afectan su negocio, nuevos competidores, dificultades en la adquisición de materias primas, continuos cambios en las preferencias de productos por parte de los clientes, etc. Los ambientes estáticos crean significativamente menos incertidumbre para los gerentes que los dinámicos. Y puesto que la incertidumbre es una amenaza para la eficacia de una organización, la gerencia tratará de reducirla al mínimo. Una manera de aminorar la incertidumbre ambiental es a través de ajustes en la estructura de la organización.[30]

La investigación reciente ha ayudado a precisar lo que significa incertidumbre ambiental. Se ha encontrado que hay tres dimensiones clave para cualquier ambiente de una organización: capacidad, volatilidad y complejidad.[31]

La *capacidad* de un ambiente se refiere al grado en que puede apoyar el creci- miento. Los ambientes ricos y crecientes generan un exceso de recursos que puede servir de amortiguador a la organización en momentos de relativa escasez. Por ejem- plo, la capacidad abundante da margen para que una organización cometa errores, no así la escasez de capacidad. En 1997, las firmas que operaban en el negocio de software para multimedia tuvieron ambientes relativamente generosos, mientras que las que estaban en el negocio de proporcionar servicios bursátiles totales no lo tenían.

El grado de inestabilidad de un ambiente se refleja en la dimensión de *volatili- dad*. Donde hay un alto grado de cambio impredecible, el ambiente es dinámico. Esto hace difícil que la gerencia pronostique con precisión las probabilidades asociadas con diversas opciones de decisión. En el otro extremo está un ambiente estable. Los cambios acelerados en Europa Oriental y la terminación de la Guerra Fría han teni- do efectos impresionantes en la industria de la defensa estadounidense a principios de la década de los noventa. Esto motivó el ambiente de los principales contratistas de defensa como McDonnell Douglas, Lockheed Martin, General Dynamics y North- rop de relativamente estable a dinámico.

Finalmente, se necesita evaluar el ambiente desde el punto de vista de la *com- plejidad*, esto es, el grado de heterogeneidad y concentración entre los elementos ambientales. Los ambientes simples son homogéneos y concentrados. Esto podría describir a la industria tabacalera, puesto que hay relativamente pocas empresas. Es fácil que las empresas en la industria cuiden de cerca a la competencia. En contras- te, a los ambientes caracterizados por la heterogeneidad y la dispersión se les denomina complejos. Éste es, en el fondo, el ambiente actual en el negocio de servicios de compu- tación en en el campo de la conexión a Internet. Parece que cada día hay otro "nuevo niño en la cuadra" con el que los proveedores de Internet tienen que tratar.

La ilustración 13-10 resume nuestra definición del ambiente a lo largo de sus tres dimensiones. Las flechas en esta figura indican el movimiento hacia una mayor incertidumbre. Así que las organizaciones que operan en ambientes caracterizados como escasos, dinámicos y complejos, enfrentan el mayor grado de incertidumbre. ¿Por qué? Porque hay poco margen de error, gran incertidumbre y un conjunto de elementos diversos en el ambiente que hay que controlar constantemente.

Dada esta definición tridimensional del ambiente, podemos ofrecer algunas conclusiones generales. Existe evidencia que relaciona los grados de incertidumbre ambiental con las diferentes disposiciones estructurales. Específicamente, mientras

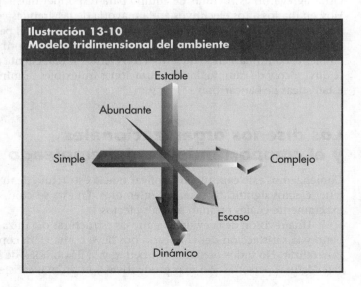

**Ilustración 13-10
Modelo tridimensional del ambiente**

Estable

Abundante

Simple

Complejo

Escaso

Dinámico

más escaso, dinámico y complejo sea el ambiente, más orgánica debe ser la estructura. La estructura mecánica se preferiría más en un ambiente de abundancia, estabilidad y sencillez.

Resumen

Hemos mostrado que cuatro variables —estrategia, tamaño, tecnología y ambiente— son las fuerzas principales que determinan si una organización es mecánica u orgánica. Ahora usemos nuestro análisis previo para explicar la evolución de los diseños estructurales a lo largo de este siglo.

La revolución industrial alentó las economías de escala y el surgimiento de la moderna y gran corporación. Conforme las compañías crecieron a partir de sus estructuras simples originales, tomaron las características mecánicas y se volvieron burócratas. El surgimiento de la burocracia para convertirse en la estructura dominante en las naciones industrializadas desde los años veinte hasta los años setenta puede explicarse con tres hechos. Primero, el ambiente fue relativamente estable y seguro durante este periodo. El monopolio de poder de las grandes corporaciones, aunado a la poca competencia internacional, mantuvo la incertidumbre ambiental a un mínimo. Segundo, las economías de escala y la mínima competencia permitieron que estas grandes corporaciones introdujeran tecnologías altamente rutinarias. Y, tercero, la mayoría de estas grandes corporaciones escogió buscar la minimización de costos de la estrategia de imitación, dejando las innovaciones o las compañías pequeñas. Combinaremos estas estrategias con ambientes de gran tamaño, las tecnologías rutinarias y los ambientes relativamente abundantes, estables y sencillos y tendremos una explicación razonablemente clara para el surgimiento y dominio de la burocracia.

Las cosas empezaron a cambiar en la década de los setenta, cuando el ambiente se volvió significativamente más incierto. Los precios del petróleo literalmente se cuadruplicaron de la noche a la mañana en 1973. La inflación explotó a dos dígitos, en 1978 y 1979. Los avances en la tecnología de la computación —especialmente la disponibilidad de sistemas cada vez más poderosos a precios que disminuían de manera drástica— comenzaron a disminuir la ventaja que se asociaba con el tamaño grande. Y, por supuesto, la competencia entró al escenario global. Para competir con eficacia, la alta gerencia respondió con la reestructuración de sus organizaciones. Algunas utilizaron la estructura de matriz para dar a sus compañías una mayor flexibilidad. Otras agregaron estructuras de equipo para responder más rápidamente al cambio. Hoy en día los altos ejecutivos en la mayoría de las grandes corporaciones las están desburocratizando —haciéndolas más orgánicas al reducir el personal, los niveles verticales, descentralizar la autoridad y cosas por el estilo— principalmente porque el ambiente continúa siendo incierto. Los gerentes se dan cuenta de que, en un ambiente dinámico y de cambio, las organizaciones inflexibles terminan siendo parte de las estadísticas de bancarrotas.

Los diseños organizacionales y el comportamiento del empleado

Comenzamos este capítulo al implicar que la estructura de una organización puede tener efectos significativos en sus miembros. En esta sección, evaluaremos directa y exactamente cuáles podrían ser esos efectos.

Una revisión de la evidencia une las estructuras organizacionales con el desempeño y la satisfacción del empleado nos lleva a una clara conclusión: ¡no se puede generalizar! No todos prefieren la libertad y la flexibilidad de las estructuras orgánicas. Algunas personas son más productivas y están más satisfechas cuando trabajan en tareas estandarizadas y donde la ambigüedad es mínima —esto es, cuando trabajan en estructuras mecanizadas. Así que cualquier discusión acerca del efecto que tiene el diseño organizacional sobre el comportamiento del empleado tiene que dirigirse a las diferencias individuales. Para ilustrar este punto, consideremos las preferencias del empleado con respecto a la especialización en el trabajo, el tramo de control y la centralización.[32]

La evidencia generalmente indica que la *especialización en el trabajo* contribuye a una mayor productividad del empleado, pero al precio de una menor satisfacción con el puesto. Sin embargo, esta conclusión pasa por alto las diferencias individuales y el tipo de tareas que efectúa la gente en el puesto. Como ya se hizo notar, la especialización en el trabajo no es una fuente interminable de productividad más alta.

Los problemas comienzan a surgir y la productividad empieza a sufrir, cuando las diseconomías humanas "que son resultado" de hacer tareas repetitivas y limitadas superan las economías de la especialización. Al estar la fuerza de trabajo más altamente preparada y deseosa de estar en los puestos que son intrínsecamente remuneradores, el punto donde la productividad empieza a declinar parece que se alcanza más rápidamente en las décadas pasadas.

Aunque la mayoría de la gente hoy en día indudablemente se siente más enajenada que sus padres o abuelos al desempeñar puestos demasiado especializados, sería ingenuo ignorar que la realidad es que todavía existe un segmento de la fuerza laboral que prefiere las tareas rutinarias y repetitivas de los puestos altamente especializados. Algunos individuos quieren trabajos que les planteen exigencias intelectuales mínimas y que les proporcione la seguridad de la rutina. Para estas personas, la gran especialización en el trabajo es una fuente de la satisfacción en el puesto. Desde luego la pregunta práctica es si esto representa 2% de la fuerza laboral o 52%. Dado que existe cierta autoselección operativa en la elección de la carrera, podríamos concluir que los resultados del comportamiento negativo derivados de la excesiva especialización probablemente surjan en los puestos profesionales ocupados por individuos que tienen mucha necesidad de crecimiento personal y de diversidad.

Una revisión de la investigación indica que probablemente no hay evidencia que apoye una relación entre el *tramo de control* y el desempeño del empleado. Aunque es intuitivamente atractivo sostener que los grandes tramos pueden llevar a un mayor desempeño de los empleados debido a que proporcionan una supervisión más distante y más oportunidades para la iniciativa personal, la investigación no apoya esta idea. En este punto es imposible decir que cualquier tramo de control particular es mejor para producir un alto desempeño o una gran satisfacción entre los subordinados. La razón es, probablemente, otra vez, las diferencias individuales. Esto es, a algunas personas les gusta que las dejen solas, mientras que otras prefieren la seguridad de un jefe que esté disponible en todo momento. De acuerdo con varias teorías de la contingencia del liderazgo que se analizan en el capítulo 10, podríamos esperar que factores como la experiencia y la habilidad de los empleados y el grado de estructura de sus tareas expliquen cuándo es probable que los tramos amplios o limitados de control contribuyan a su desempeño y satisfacción en el puesto. Sin embargo, cierta evidencia indica que la satisfacción en el puesto del *gerente* aumenta conforme se incrementa el número de subordinados que supervisa.

Encontramos bastante evidencia que vincula la *centralización* y la satisfacción con el puesto. En general, las organizaciones que son menos centralizadas tienen una mayor toma participativa de decisiones. Y la evidencia sugiere que la toma participativa de decisiones está relacionada positivamente con la satisfacción en el trabajo. Pero otra vez surgen las diferencias individuales. La relación centralización-satisfacción es fuerte con empleados que tienen una autoestima baja. Debido a que los individuos con baja autoestima tienen menos seguridad en sus habilidades, dan un gran valor en la toma participativa de decisiones, lo cual significa que ellos no son los únicos responsables de los resultados de las decisiones.

Nuestra conclusión es: para maximizar el desempeño y la satisfacción del empleado, se deben tener en cuenta las diferencias individuales, como la experiencia, la personalidad y el carácter del trabajo. En busca de la sencillez, podría ayudarnos el recordar que los individuos con un alto grado de orientación burocrática (véase el Ejercicio de aprendizaje sobre usted mismo, al final de este capítulo) tienden a confiar mucho en la autoridad principal, prefieren reglas formalizadas y específicas y relaciones formales con las otras personas en el trabajo. Parece que tales personas son más aptas para las estructuras mecánicas. Aquellos individuos con un bajo grado de orientación burocrática probablemente estén mejor en las estructuras orgánicas. Además, los antecedentes culturales influyen en la preferencia de una estructura. En las organizaciones que operan con personal proveniente de culturas en que la distancia de poder suele ser alta —como las de Grecia, Francia y la mayoría de los países latinoamericanos—, los empleados aceptan mucho más las estructuras mecánicas que en las organizaciones donde los empleados provienen de países de distancia de poder alta. De tal manera que usted necesita considerar las diferencias culturales e individuales cuando realice pronósticos de cómo la estructura afectará el desempeño y la satisfacción de los empleados.

Resumen e implicaciones para los gerentes

El argumento de este capítulo ha sido que la estructura interna de una organización contribuye a explicar y predecir el comportamiento. Es decir, además de los factores individuales y de grupo, la relación estructural donde trabaja la gente tiene un efecto importante en las actitudes y el comportamientos del empleado.

¿Cuál es la base para argumentar que la estructura tiene un impacto importante tanto en las actitudes como en el comportamiento? En la medida en que la estructura de una organización reduce la ambigüedad para los empleados y aclara teles preocupaciones como "¿qué se supone que debo hacer?", "¿cómo se supone que lo debo hacer?", "¿a quién debo informar?" y "a quién debo acudir cuando tengo un problema?" la estructura moldea sus actitudes, al mismo tiempo que facilita y motiva alcanzar mayores niveles de desempeño.

Por supuesto, la estructura también restringe a los empleados en la medida en que limita y controla lo que hacen. Por ejemplo, las organizaciones estructuradas alrededor de altos niveles de formalización y especialización, una estricta cadena de mando, una limitada delegación de autoridad, estrechos tramos de control dan a los empleados poca autonomía. Los controles de dichas organizaciones son estrictos y el comportamiento tiende a variar en un intervalo estrecho. En contraste, las organizaciones que están estructuradas alrededor de una especialización limitada, poca formalización, amplios tramos de control y cosas por el estilo proporcionan a los empleados mayor libertad y, por tanto, se caracterizarán por una mayor diversidad en el comportamiento.

La figura 13-11 resume de manera gráfica lo que hemos analizado en este capítulo. La estrategia, el tamaño, la tecnología y el ambiente determinan el tipo de estructura que tendrá una organización. En busca de sencillez, hemos clasificado los diseños estructurales en torno a uno de dos modelos: mecanicista u orgánico. El efecto específico de los diseños estructurales sobre el desempeño y la satisfacción se verán moderados por las preferencias individuales y las normas culturales de los empleados.

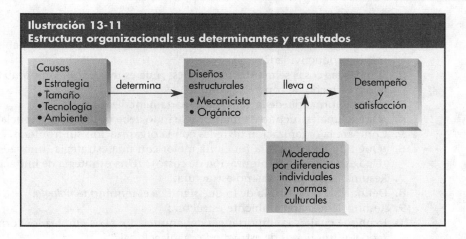

Ilustración 13-11
Estructura organizacional: sus determinantes y resultados

Un último punto: los gerentes necesitan recordar que las variables estructurales como la especialización en el trabajo, el tramo de control, la formalización y la centralización son características objetivas que los investigadores organizacionales pueden medir. Los resultados y conclusiones que ofrecemos en este capítulo, de hecho, son directamente un resultado del trabajo de estos investigadores. ¡Pero los empleados no miden objetivamente estas características estructurales! Observan las cosas a su alrededor de manera no científica y luego forman sus propios modelos implícitos de cómo es la estructura de la organización. ¿Con cuántas personas tuvieron que entrevistarse antes de que se les ofreciera su puesto? ¿Cuántas personas trabajan en su departamento y edificio? ¿Existe algún manual de política de la organización? Si así es, ¿está disponible fácilmente y lo acatan las personas? ¿Cómo describen los periódicos y las revistas la organización y su alta dirección? Las respuestas a estas preguntas, cuando se combinan con las experiencias pasadas y los comentarios del empleado formulados por sus compañeros, llevan a los miembros a formarse una imagen subjetiva de lo que es la estructura de su organización. Sin embargo, de ninguna manera esta imagen puede parecerse a las características estructurales objetivas que en realidad tiene la organización.

No se debe pasar por alto la importancia de estos **modelos implícitos de la estructura organizacional.** Como señalamos en el capítulo 3, la gente responde a sus percepciones en lugar de hacerlo a la realidad objetiva. Por ejemplo, la investigación, sobre la relación entre muchas variables estructurales y los niveles subsecuentes del desempeño o de la satisfacción con el puesto, están lejos de tener consistencia. Explicamos parte de esto como atribuible a las diferencias individuales. Sin embargo, una causa que contribuye adicionalmente a estos resultados inconsistentes pudieran ser las diversas percepciones de las características objetivas. Los investigadores suelen enfocarse en los niveles reales de los diversos componentes estructurales, pero éstos pueden ser irrelevantes si las personas interpretan en forma diferente componentes similares. Por tanto, lo último que podemos hacer, es comprender cómo los empleados interpretan la estructura de su organización. Eso debe proporcionar un pronóstico más significativo de su comportamiento que las características objetivas en sí mismas.

modelo implícito de la estructura organizacional
Percepciones que las personas tienen con respecto a las variables estructurales y que surgen de la observación de su entorno en una forma no científica.

Para revisión

1. ¿Por qué no es la especialización en el trabajo una fuente interminable de mayor productividad?
2. Si todas las cosas se mantienen iguales, ¿qué es más eficaz, un tramo amplio o estrecho de control? ¿Por qué?
3. ¿De qué forma puede la gerencia departamentalizar?
4. ¿Qué es una estructura de matriz? ¿Cuándo debe utilizarla la gerencia?
5. Compare la organización de redes con la organización sin fronteras.
6. ¿Qué tipo de estructura funciona mejor con una estrategia innovadora? ¿Una estrategia de minimización de costos? ¿Una estrategia de imitación?
7. Resuma la relación tamaño-estructura.
8. Defina y dé un ejemplo de lo que significa el término *tecnología*.
9. Resuma la relación ambiente-estructura.
10. Explique cuál es la importancia del enunciado: "Los empleados forman modelos implícitos de estructura organizacional."

Para discusión

1. ¿Cómo suelen estar organizadas las grandes corporaciones hoy en día en comparación de cómo estaban organizadas en la década de los sesenta?
2. ¿Piensa usted que la mayoría de los empleados prefiere una alta formalización? Defienda su posición.
3. Si usted estuviera empleado en una estructura de matriz, ¿qué beneficios cree que le proporcionaría la estructura? ¿y qué desventajas habría?
4. ¿Qué podría hacer la gerencia para lograr que una burocracia se parezca más a una organización sin fronteras?
5. ¿Qué pronósticos sobre el comportamiento haría usted acerca de personas que trabajan en una organización sin fronteras "pura" (si tal estructura existiera)?

Lo pequeño es hermoso

Los Davides están venciendo a los Goliats. Las grandes corporaciones están siguiendo el camino de los dinosaurios ya que son extremadamente rígidas, obsoletas tecnológicamente, y demasiado burocráticas. Están siendo reemplazadas por las compañías pequeñas y ágiles. Estas organizaciones pequeñas son innovadoras tecnológicas, capaces de responder rápidamente a las oportunidades de un mercado cambiante y se han vuelto fuentes primarias de empleo en casi todos los países desarrollados.

En casi todas las industrias principales, las empresas más pequeñas y más ágiles están desempeñándose mejor que sus grandes competidores. En las líneas aéreas, la encumbrada Southwest Air continuamente tiene un mejor desempeño que empresas como American y United. La red Fox ha obtenido resultados más impresionantes que ABC, CBS y NBC. En la industria siderúrgica, los operadores de pequeñas acererías como Nucor han probado ser por mucho más eficientes y responder mejor ante el cambio que los grandes productores como U.S. Steel. Y en la industria de la computación, los gigantes como Digital y Apple están luchando por subsistir contra cientos de pequeñas compañías con espíritu emprendedor.

¿Qué está pasando? ¡Se está aboliendo la ley de las economías de escala! Esta ley sostiene que las grandes operaciones desplazan a las más pequeñas debido a que el gran tamaño, viene con mayor eficiencia. Por ejemplo, los costos fijos podrían distribuirse entre más unidades. Las grandes compañías podían utilizar la estandarización y la producción en masa para fabricar productos con bajos costos. Pero esto ya no se aplica debido a la fragmentación del mercado, las alianzas estratégicas y la tecnología.

Los nichos de mercado han tomando las ventajas del tamaño grande. Southwest puede competir exitosamente con American y United debido a que no trata de igualar la estrategia de servicio completo de las grandes organizaciones. No utiliza centros de actividades, no transfiere equipaje, no compite en todos los mercados, no ofrece alimentos y no reserva asientos.

Las alianzas estratégicas ofrecen a las pequeñas compañías la oportunidad de compartir la experiencia y el desarrollo de los costos de otras empresas, permitiendo que las compañías pequeñas compitan con las grandes. Por ejemplo, muchas editoriales pequeñas no tienen el dinero para desarrollar operaciones de mercadotecnia y personal de ventas en Australia o Asia. Al unir fuerzas con los editores en esos países para vender sus libros, pueden comportarse como las grandes empresas.

La tecnología también está tomando muchas ventajas que solían ir con el tamaño. La conexión a redes de cómputo y satélite y los sistemas flexibles de fabricación son ejemplos de esta tecnología. Quick & Reilly pueden ejecutar órdenes tan eficazmente como Merrill Lynch a través de conexiones a redes de cómputo a los intercambios, aun cuando sean una fracción del tamaño de Merrill.

En el ambiente cada vez más dinámico, el tamaño grande se ha vuelto un serio obstáculo. Restringe la creatividad para desarrollar nuevos productos y servicios. También limita el crecimiento del empleo. Más específicamente, son las organizaciones pequeñas las que innovan y crean empleos. Por ejemplo, la agencia de censo estadounidense sostiene que las empresas pequeñas —aquellas con cuatro o menos empleados— crearon casi toda la red de empleos en Estados Unidos entre 1989 y 1991. Estas pequeñas compañías generaron 2.6 millones de nuevos empleos netos. En contraste, las compañías con 500 o más empleados crearon sólo 122,000 puestos. Las demás empresas perdieron empleos.

Las grandes compañías están entendiendo el mensaje. Están despidiendo cientos de miles de empleados. Están vendiendo negocios que no se ajustan a su competencia central. Y están reestructurándose para ser más ágiles y responsivas.

Este argumento está basado en J. Case, "The Disciples of David Birch", *INC.*, enero de 1989, pp. 39-45; T. Peters, "Rethinking Scale", *California Management Review*, otoño de 1992, pp. 7-28; y G. Gendron, "Small Is Beautiful! Big Is Best!" *INC.*, mayo de 1995, pp. 39-49.

¿Quién dice que "lo pequeño es hermoso"? ¡Es un mito!

Se ha convertido en "sabiduría convencional" admitir que las grandes organizaciones están en desventaja en el ambiente dinámico de hoy en día; que su gran tamaño limita su agilidad. Además, que las fuerzas competitivas y tecnologías se han unido para derribar las economías que fincaban su fortaleza en el tamaño. Bueno, ¡la sabiduría convencional está equivocada! La evidencia muestra que se ha exagerado mucho la importancia de los pequeños negocios como generadores de empleos y como motores del dinamismo tecnológico. Además, las grandes organizaciones han descubierto cómo volverse menos rígidas, más emprendedoras y menos jerárquicas al mismo tiempo que mantienen las ventas que obtienen con el tamaño grande.

Primero, está en un error la investigación que muestra que las pequeñas compañías han sido generadoras básicas de empleo en años recientes. Las primeras informaciones que se utilizaron exageraron la incidencia de arranques y abarcaron un pequeño periodo. Tampoco estableció nuevas categorías de compañías después de que crecieron o se achicaron, lo cual sistemáticamente infló la importancia relativa de las pequeñas compañías. Además, el estudio de la Agencia de Censos estadounidense clasificó a todas las empresas que se formaron después de 1989 en la clase de 0 a 4 empleados, a pesar del número de empleados que tuvo en 1991. Usando las definiciones más comunes sobre las compañías como aquellas que tienen menos de 100 empleados, la evidencia indica que la participación de empleos en las pequeñas compañías ha permanecido casi sin cambio desde la década de los sesenta. La vasta mayoría de empleos de nueva creación en el transcurso del tiempo se ha incrementado con la contribución de una pequeña fracción procedente de nuevas compañías. Entre los 245,000 negocios que comenzaron en Estados Unidos en 1985, 75% del incremento en empleo, tres años más tarde, fue realizado por 735 compañías (0.003%) del grupo, y cuando empezaron todas esas 735 compañías tuvieron más de 100 empleados. El mismo patrón —las compañías nuevas que tienen éxito empezaron siendo grandes— se mantiene en Reino Unido.

A la gente le gusta citar a la industria de las computadoras como una industria de alta tecnología dominada por pequeñas firmas innovadoras. Esto no es verdad. Sólo 5% de las compañías de computación en Estados Unidos emplean 500 trabajadores o más (lo que incluye compañías como Intel y Microsoft), sin embargo, este 5% cuenta por más de 90% tanto de empleos como de ventas en la industria. A propósito, en Japón, la computación siempre ha estado dominada por los gigantes como NEC, Toshiba y Fujitsu.

Es verdad que la organización típica está reduciendo su tamaño. El promedio de negocios estadounidenses establecidos se ha reducido en cuanto a personal drásticamente durante el último cuarto de siglo —de 1,100 empleados en 1967 a 630 en 1992. Pero lo que estos números no revelan es que estos establecimientos más pequeños se integran cada vez más como parte de grandes compañías ubicadas en muchos lugares con los recursos financieros y tecnológicos para competir en un mercado global. En otras palabras, estas organizaciones pequeñas forman parte, de hecho, de una compañía grande y esta práctica se está extendiendo en todo el mundo. Por ejemplo, un estudio encontró que las 32 compañías fabricantes alemanas más grandes tuvieron más de 1,000 subsidiarias legalmente independientes y el número creció casi 50% entre 1971 y 1983.

Segundo, la tecnología favorece a las grandes organizaciones. Los estudios muestran que las pequeñas compañías están sistemáticamente retrasados cuando se trata de tecnología. Por ejemplo, en cada continente, es mucho más probable que sean las grandes compañía las que inviertan en la automatización de fábricas controladas por computadoras, y no las pequeñas.

Tercero, todo el mundo está de acuerdo en que las grandes organizaciones están mejorando su flexibilidad al utilizar cada vez más las alianzas estratégicas, redes interorganizacionales y dispositivos similares. Por ejemplo, Siemens, la enorme multinacional alemana, tiene alianzas estratégicas con Fujitsu para fabricar robots, con GTE en telecomunicaciones, con Phillips para producir semiconductores y con Microsoft para desarrollar software. Esta tendencia mundial, acompañada de los esfuerzos para ampliar los tramos de control, descentralizar la toma de decisiones, recortar niveles verticales y vender o cerrar operaciones que no se ajustan con el propósito principal de la organización han hecho que las grandes compañías sean más ágiles y que respondan más rápidamente al cambio.

Este argumento está basado en B. Harrison, *Lean and Mean: The Changing Landscape of Corporate Power in the Age of Flexibility* (Nueva York: Basic-Books, 1994). Véase también M. J. Mandel, "Land of the Giants", *Business Week*, 11 de septiembre de 1995, pp. 34 y 35.

Ejercicio de aprendizaje sobre usted mismo

Examen de orientación burocrática

Instrucciones: Para cada enunciado, registre las respuestas (ya sea más de acuerdo o más en desacuerdo) que mejor represente sus opiniones.

	Más de acuerdo	Más en desacuerdo
1. Valoro la estabilidad en mi trabajo.	_____	_____
2. Me gustan las organizaciones predecibles.	_____	_____
3. El mejor trabajo para mí sería uno donde el futuro fuera incierto.	_____	_____
4. El gobierno federal sería un buen lugar de trabajo.	_____	_____
5. Las reglas, las políticas y los procedimientos tienden a frustrarme.	_____	_____
6. Disfrutaría trabajar en una compañía que empleara 85,000 personas en todo el mundo.	_____	_____
7. Estar autoempleado involucra más riesgos de los que estoy dispuesto a correr.	_____	_____
8. Antes de aceptar un puesto, me gustaría ver la descripción exacta de éste.	_____	_____
9. Preferiría un trabajo como pintor independiente de casas a uno como oficinista en el departamento de vehículos automotores.	_____	_____
10. La antigüedad debe ser tan importante como el desempeño para determinar los aumentos salariales y los ascensos.	_____	_____
11. Me sentiría orgulloso trabajando en una empresa que fuera la más grande y la más exitosa de su ramo.	_____	_____
12. Si me dieran a escoger, preferiría ganar 50,000 dólares al año trabajando como vicepresidente de una pequeña compañía, a 60,000 dólares como especialista en una gran compañía.	_____	_____
13. El hecho de llevar un botón de empleado con un número lo tomaría como una experiencia degradante.	_____	_____
14. Los espacios en el estacionamiento de la compañía deben asignarse con base en el nivel del puesto.	_____	_____
15. Si un contador trabaja para una gran organización, no puede ser un verdadero profesional.	_____	_____
16. Antes de aceptar un trabajo (dada la opción), me gustaría asegurarme de que la compañía tuviera un muy buen programa de prestaciones para los empleados.	_____	_____

17. Una compañía probablemente no tendría éxito
a menos que estableciera una serie de reglas
y procedimientos de trabajo.   _____ _____

18. Las horas regulares de trabajo y las vacaciones son
más importantes para mí que las emociones
que se encuentre en el trabajo.   _____ _____

19. Usted debe respetar a la gente por su rango.   _____ _____

20. Las reglas se hacen para romperse.   _____ _____

Pase a la página A-29 para las instrucciones y la clave de la calificación.

Fuente: adaptado de A. J. DuBrin, *Human Relations: A Job Oriented Approach,* 5a ed., © 1992. Reimpreso con permiso de Prentice Hall, Inc., Upper Saddle River, NJ.

Ejercicio de trabajo en grupo

Figuras de autoridad

Propósito: aprender acerca de las experiencias y sentimientos que uno tiene respecto de la autoridad.

Tiempo: aproximadamente 75 minutos.

Procedimiento:

1. Su profesor separará a los miembros del grupo en subgrupos con base en la fecha de su nacimiento. Se forman equipos consistentes de "sólo niños", "sólo adultos", "edad media" y "jóvenes" de acuerdo con el orden que los estudiantes tengan en su familia. Los grupos más grandes se dividirán en otros más pequeños, con cuatro o cinco miembros, para permitir una conversación más libre.

2. Cada miembro del grupo debe hablar de cómo "suele reaccionar a la autoridad de los demás". El enfoque debe hacerse en situaciones específicas que ofrezcan información general acerca de la forma como los individuos tratan con las figuras de autoridad (por ejemplo, jefes, maestros, padres o instructores). El grupo tiene 25 minutos para desarrollar una lista por escrito de la forma como el grupo suele tratar la autoridad de otros. Asegúrese de separar las tendencias que comparten los miembros del grupo de aquellas que no comparten.

3. Repita el paso 2, pero esta vez analice la forma como los miembros del grupo se comportan cuando "son figuras típicas de autoridad". Haga de nuevo una lista de las características compartidas.

4. Cada grupo compartirá sus conclusiones con toda la clase.

5. La discusión de la clase se centrará sobre preguntas como las siguientes:
   a. ¿Qué diferencias entre los patrones han surgido entre los grupos?
   b. ¿Cuál pudiera ser la razón de estas diferencias?
   c. ¿Qué hipótesis puede explicar la conexión entre la forma como los individuos reaccionan a la autoridad de otros y como actúan ellos mismos como autoridad?

Fuente: este ejercicio está adaptado de W. A. Kahn, "An Exercise of Authority", *Organizational Behavior Teaching Review,* vol. XIV, t. 2, 1989-90, pp. 28-42. Reimpreso con permiso.

Ejercicio sobre un dilema ético

Monitoreo del empleado: ¿cuán lejos es demasiado lejos?

¿Cuándo se convierten los esfuerzos de la gerencia por controlar las acciones de sus empleados en una invasión de su privacidad? Considere tres clases.[33]

Los empleados del centro de servicios al cliente de General Electric reciben llamadas telefónicas de los clientes todo el día. Estas conversaciones son grabadas por GE y revisadas ocasionalmente por la gerencia.

El grupo de auditoría interna del Internal Revenue Service (Servicio de Impuestos de Estados Unidos) controla con una bitácora de computadora el acceso de los empleados a las cuentas de los contribuyentes. Esta actividad de control permite a la gerencia comprobar y ver lo que los empleados hacen en sus computadoras.

El alcalde de Colorado Springs, Colorado, lee los mensajes de correo electrónico que los miembros del consejo se envían unos a otros desde sus casas.

¿Existe en alguno de estos casos —el control de las llamadas telefónicas o de las actividades en la computadora, la lectura del correo electrónico de otras personas— una invasión a la privacidad de los empleados? ¿Cuándo la gerencia sobrepasa los límites de la decencia y la privacidad al espiar de manera silenciosa (y hasta sigilosa) el comportamiento de sus empleados o socios?

Los gerentes en GE y de la oficina de recaudación de impuestos de Estados Unidos defienden sus prácticas en términos de asegurar la calidad, la productividad y el adecuado comportamiento de los empleados. GE puede señalar las estadísticas del gobierno de Estados Unidos que estiman que 10 millones de trabajadores están siendo controlados electrónicamente en sus puestos. Puede utilizarse un control silencioso de las llamadas telefónicas para ayudar a los empleados a hacer mejor su trabajo. Un auditor de IRS de las oficinas regionales del sureste de Estados Unidos encontró que 166 empleados veían sin autorización las declaraciones de impuestos de sus amigos, vecinos o celebridades. El alcalde de Colorado Springs defendió sus acciones al decir que se estaba asegurando que el correo electrónico no se utilizaba para evadir su ley de "reunión abierta", que requiere que la mayoría de los negocios de la alcaldía sean públicamente conducidos.

¿Cuándo la necesidad de información de la gerencia acerca del desempeño del empleado cruza la línea e interfiere con el derecho a la privacía del trabajador? Por ejemplo, ¿se debe notificar previamente a los empleados que serán controlados? ¿El derecho de la gerencia a proteger sus intereses se extiende al control electrónico de cada lugar donde pudiera estar un trabajador —baños, casilleros y vestidores?

La forma ABB

Si usted le pregunta a Benny Karl-Erik Olsson de qué país es, él le dirá que de México. Pero hace nueve meses él decía que era venezolano. Antes él dijo ser de Madrid y antes de eso, el ejecutivo de 44 años era de Barcelona. Realmente, Olsson es descendiente de suizos pero nacido en Sudáfrica.

La ascendencia múltiple de Olsson es simplemente el resultado de haber pasado 20 años en ABB Asea Brown Boveri AG, situada en Zurich. Hoy en día él es el gerente nacional de ABB en México, uno de los 500 misioneros corporativos que la constructora mundial de plantas de energía, fábricas industriales y proyectos de infraestructura cree que son esenciales para competir contra sus similares de Siemens,

General Electric y Alcatel-Alsthom. Estas personas —todas políglotas— cambian de operación a operación, moviéndose a lo largo de los 5,000 centros de negocios en 140 países. ¿Su trabajo? Reducir costos, mejorar la eficiencia y lograr negocios locales en la línea con la visión mundial de ABB.

Pocas organizaciones han sido tan exitosas en crear una clase de gerentes que consigan estrategias globales para trabajar con operaciones locales como ABB. "Nuestra fuerza radica en trabajar juntos", dice Percy Barnevik, presidente de la compañía y director magistral de la fusión en 1988 de la firma sueca y suiza que creó ABB. Él dice: "si usted logra hacer realmente bien este trabajo, entonces logrará una competencia que sobrepasa la organización lo cual es muy, muy difícil de copiar".

Barnevik está tratando de crear una compañía sin una base geográfica —una que tenga muchos mercados de casa y que pueda obtener experiencia de todo el mundo. Para mantener unida la compañía, ha capacitado a una serie de gerentes como Olsson que pueden adaptarse a culturas locales mientras ejecutan las estrategias globales de ABB.

La experiencia de Olsson en México ilustra algunas de las dificultades que se presentan al tratar de ejecutar este inusual arreglo estructural. ABB requiere unidades locales de negocios, como la fábrica de motores de México, que informan a Olsson y al gerente de área, quien establece la estrategia motriz de ABB en todo el mundo. Los objetivos de la fábrica local pueden contravenir las prioridades mundiales. Depende de los gerentes como Olsson ordenar los constantes conflictos.

Olsson dice que su predecesor en México demasiado a menudo tomó decisiones que favorecieron las operaciones mexicanas a expensas de los negocios mundiales de ABB. Por ejemplo, solicitó propuestas de más de una fábrica de ABB para fabricar equipo de generadores de potencia. Eso violó las reglas de distribución de ABB, las cuales dictan cuáles son las fábricas de ABB que pueden abastecer otras operaciones con componentes. La meta de Olsson es equilibrar mejor las necesidades de las operaciones mexicanas con las necesidades de toda la corporación.

Preguntas

1. ¿Cómo clasificaría la estructura de ABB? Defienda su opción.
2. ¿Cuáles son las ventajas para esta estructura?
3. ¿Cuáles son sus desventajas?
4. ¿Qué clase de habilidades, destrezas y características cree usted que son necesarias para realizar con éxito el tipo de trabajo que Olsson tiene?

Este caso está basado en J. Guyon, "ABB Fuses Units with One Set of Values", *The Wall Street Journal*, 2 de octubre de 1996, pp. A12.

RESEÑA DE CASO

ABCNEWS

El distrito escolar de Palm Beach

Monica Yulhorn, la superintendente del distrito escolar de Palm Beach, ¿es el chivo expiatorio de los problemas en su organización? ¿O es una gerente incompetente en una burocracia inflada, como sostienen sus críticos? La mayoría de la evidencia sugiere que la señora Yulhorn es inepta.

Palm Beach es el décimo sexto distrito escolar más grande en Estados Unidos. El distrito proyecta un déficit de $6 millones para este año y las calificaciones de los estudiantes son bajas. Sin embargo, el distrito gasta más que el promedio nacional por estudiante. Aquí hay una lista de algunas críticas dirigidas a la señora Yulhorn.

El distrito desperdicia $100 millones al año.

Yulhorn dice que ella tuvo que despedir 1,100 personas debido a que el distrito tiene poco presupuesto. Eso es cierto pero después ella contrató a esos mismos empleados más 2,600 llamando a algunos de ellos maestros, aun cuando su trabajo no fuera impartir clases.

El distrito paga más por ascensos en masa que lo que se obtiene en tiendas al menudeo.

Yulhorn está en un monopolio en formación. Ella quiere contratar al personal más caro y menos calificado de tiempo completo en lugar de utilizar contratistas externos.

Desperdicia dinero en consultores caros y en viajes que ella realiza. Por ejemplo, en un periodo de cinco meses, contrató a 215 consultores y les pagó $3.8 millones, y una reciente convención de cuatro días en Nueva Orleáns le costó al distrito $1,300.

Yulhorn no desconoce lo que ocurre en su distrito. Los problemas de comunicación se dan entre la oficina de Yulhorn, el área de superintendentes, los directores y los maestros.

Yulhorn rechaza los comentarios realizados por externos y por gente a quien ella ha despedido. Ella dice que sólo están enojados y tratan de quedar bien. Sin embargo, la crítica viene de más adentro del distrito escolar. En una encuesta reciente, 100% de los directores, 98% de los asistentes de los directores, 94% de los maestros y aun 84% de su propio personal administrativo dijeron que no tenían confianza en ella.

Preguntas

1. ¿Cuáles son los beneficios de la burocracia?
2. ¿Los empleados del distrito escolar de Palm Beach estarían mejor con una estructura menor? Explique.
3. ¿En este caso, de qué forma la estructura moldea el comportamiento de la señora Yulhorn?

Fuente: basado en "School Budget Freeze", *ABC News Primetime*; pasado al aire el 3 de mayo de 1995.

DISEÑO DEL TRABAJO

PERFIL DEL CAPÍTULO

Marcos conceptuales para analizar las tareas de trabajo
La tecnología y los nuevos diseños de trabajo
Condiciones físicas de trabajo y diseño del lugar de trabajo
Opciones para el rediseño del trabajo
Opciones de programación de horario

Un optimista dice:
"El vaso está medio
lleno." Un pesimista
expresa: "Está medio
vacío." Un consultor
en reingeniería
afirma: "Parece que
tenemos el doble
de vaso del que se
necesita."
—Anónimo

OBJETIVOS DE APRENDIZAJE

Después de estudiar este capítulo, usted será capaz de:

1 Explicar el modelo de las características del puesto

2 Contrastar el modelo del procesamiento social de la información con el modelo de las características del puesto

3 Describir el papel del ciclo PHVA en el mejoramiento continuo

4 Explicar la creciente popularidad de la reingeniería

5 Contrastar la reingeniería con la ACT

6 Describir las implicaciones de los sistemas flexibles de manufactura sobre la gente que trabaja dentro de ellos

7 Identificar quién resulta afectado por la obsolescencia del trabajador

8 Explicar la influencia del diseño del lugar de trabajo en el comportamiento del empleado

9 Describir cómo enriquecer un puesto de trabajo

10 Contrastar los beneficios y las desventajas de la teleconmutación (teletrabajo o teleenlace) desde el punto de vista del empleado

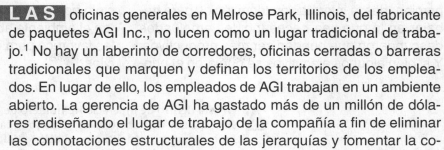

LAS oficinas generales en Melrose Park, Illinois, del fabricante de paquetes AGI Inc., no lucen como un lugar tradicional de trabajo.[1] No hay un laberinto de corredores, oficinas cerradas o barreras tradicionales que marquen y definan los territorios de los empleados. En lugar de ello, los empleados de AGI trabajan en un ambiente abierto. La gerencia de AGI ha gastado más de un millón de dólares rediseñando el lugar de trabajo de la compañía a fin de eliminar las connotaciones estructurales de las jerarquías y fomentar la colaboración. Se eliminaron muchos muros, puertas y oficinas privadas para instaurar un ambiente relativamente libre de barreras.

Las nuevas oficinas están en un cuadro con una pista en óvalo a la mitad. Afuera del óvalo hay un espacio abierto ocupado con muebles de oficina modulares. No hay paredes, y el área está bañada de luz solar procedente de los tragaluces. Dentro del perímetro del óvalo se ubican las oficinas ejecutivas con paredes de vidrio y sin puertas. Y en el centro hay una serie de salones de conferencias donde se reúnen los grupos y se realizan las tareas que requieren hacerse en privado. Para facilitar más la colaboración, sin importar dónde estén los empleados —en el escritorio de los compañeros o en el piso de la planta— tienen acceso a los archivos de su computadora desde 32 terminales en las instalaciones. Aquellos empleados que usan *laptops* pueden conectarlas a la red de la compañía en cualquiera de los 250 puertos de datos.

El director general ejecutivo (CEO) de AGI, Richard Block, planeó rediseñar el lugar de trabajo para alentar la solución más participativa de problemas y el trabajo en equipo. Él dice que está funcionando. Los empleados interactúan más a menudo porque hay menos barreras físicas. Y el espacio de trabajo abierto ha alentado a la creación de equipos especializados. Por ejemplo, cuando el ejecutivo de contabilidad de AGI en Atlanta supo durante una visita a las oficinas generales que un cliente se había decepcionado por la calidad del color de un paquete, sacó su PowerBook para filmar la producción y rápidamente reunió al encargado de planeación de la producción, al supervisor de impresión y al supervisor de terminados. Luego accedió al archivo del cliente, incluyendo la correspondencia, de modo que pudiera comparar las peticiones del cliente con las especificaciones de producción de AGI. Una vez que los miembros del grupo resolvieron el problema, llamaron al cliente para la aprobación final.

A los empleados parece que les gusta el espacio abierto de trabajo. Al derribar las barreras físicas entre los trabajadores y proporcionarles la información tecnológica para trabajar en lo que sea necesario, los empleados descubrieron que pueden ser más productivos. Y si bien algunos ejecutivos se quejaron al principio por la falta de privacía, ahora todos aceptan el ambiente abierto. Han llegado a ver cómo les favorece para que sus trabajos sean más fáciles. ◆

AGI está dentro de un creciente número de compañías que están rediseñando sus espacios de trabajo a fin de mejorar la colaboración y la comunicación. En este capítulo, analizamos el diseño del espacio de trabajo en detalle y explicamos cómo el ambiente físico de un empleado y la distribución de su ambiente de trabajo pueden afectar su comportamiento laboral. También presentamos varios marcos para analizar puestos, demostrar cómo la tecnología está cambiando las organizaciones y los puestos que la gente ocupa, y concluimos mostrando cómo la gerencia puede rediseñar los puestos y los horarios de trabajo de formas que puedan incrementar la productividad y la satisfacción del empleado.

Marcos conceptuales para analizar las tareas de trabajo

"Cada día era lo mismo", señaló Frank Greer. "Poner el asiento adecuado a los Jeeps conforme salen de la línea de ensamble, colocar cuatro tornillos para asegurar el marco del asiento al cuerpo del automóvil, luego apretar los tornillos con mi herramienta eléctrica. Treinta automóviles y 120 tornillos en una hora, ocho horas al día. No me importaba que me estuvieran pagando $18 la hora, me estaba volviendo loco. Lo hice durante casi año y medio. Finalmente, le dije a mi esposa que ésta no era la manera en que pensaba pasar el resto de mi vida. Mi cerebro se estaba convirtiendo en gelatina con ese trabajo. Así que renuncié. Ahora trabajo en un taller de impresión y gano menos de $12 la hora. Pero déjeme decirle, que el trabajo que hago es realmente interesante. ¡Es un desafío! Espero ansioso cada mañana para irme otra vez a trabajar."

Frank Greer está admitiendo dos hechos que todos sabemos: (1) los puestos son diferentes y (2) algunos son más interesantes y desafiantes que otros. Estos hechos no han sido desapercibidos para los investigadores del CO. Ellos han respondido con el desarrollo de numerosas **teorías de las características de la tarea** que buscan identificar las cualidades de la labor que subyacen en los puestos, cómo estas características se combinan para formar diferentes puestos y la relación que existe entre éstas y la motivación, la satisfacción y el desempeño del empleado.

Hay cuando menos siete teorías de las características de la tarea.[2] Por fortuna, hay una significativa sobreposición entre ellas.[3] Por ejemplo, la teoría de la motivación-higiene de Herzberg y la investigación sobre la necesidad de logro (ambas analizadas en el capítulo 5) son esencialmente teorías de las características de la tarea. Usted recordará que Herzberg sostenía que los puestos que proporcionan oportunidades de logro, reconocimiento, responsabilidad y elementos similares incrementarían la satisfacción del empleado. De forma parecida, McClelland demostró que los grandes realizadores se desempeñaban mejor en trabajos que ofrecieran responsabilidad personal, retroalimentación y riesgos moderados.

En esta sección, revisaremos tres de las más importantes características de la tarea: la teoría de los atributos necesarios para la tarea, el modelo de las características del puesto y el modelo de procesamiento social de la información.

Teoría de los atributos requeridos en la tarea

El método de las características de la tarea empezó con el trabajo pionero de Turner y Lawrence a mitad de la década de los sesenta.[4] Ellos desarrollaron un estudio de investigación para evaluar el efecto de diferentes clases de puestos sobre la satisfacción y el ausentismo del desempleado. Pronosticaron que los empleados preferirían puestos que fueran complejos y de reto; es decir, tales empleos incrementarían la satisfacción

teorías de las características de la tarea
Busca identificar las características de la tarea que subyacen en los puestos, cómo estas características se combinan para formar diferentes puestos y la relación que existe entre estas características de la tarea y la motivación, la satisfacción y el desempeño del empleado.

y darían como resultado tasas de ausencia menores. Definieron la complejidad de acuerdo con seis características de la tarea: (1) variedad, (2) autonomía, (3) responsabilidad, (4) conocimiento y habilidad; (5) interacción social requerida; (6) e interacción social opcional. Mientras más alto calificara un puesto en estas características, de acuerdo con Turner y Lawrence, más complejo sería.

Sus hallazgos confirmaron su pronóstico sobre el ausentismo. Los empleados en tareas de alta complejidad tuvieron mejores registros de asistencia. Pero no encontraron una correlación general entre la complejidad de la tarea y la satisfacción, hasta que dividieron su información entre los antecedentes de los empleados. Cuando se tomaron en consideración las diferencias individuales relativas a antecedentes urbanos o rurales, los empleados de medios urbanos se mostraron más satisfechos con puestos de complejidad baja. Los empleados con antecedentes rurales reportaron una alta satisfacción en puestos de alta complejidad. Turner y Lawrence concluyeron que los trabajadores en las grandes comunidades tenían una variedad de intereses aparte de los laborales y por tanto estaban menos involucrados y motivados por su trabajo. En contraste, los trabajadores de pueblos pequeños tenían pocos intereses no relacionados con el trabajo y eran más receptivos a las tareas complejas de sus trabajos.

La teoría de los atributos requeridos de Turner y Lawrence fue importante por al menos tres razones. Primero, demostraron que los empleados respondían de manera diferente a distintos tipos de puestos. Segundo, proporcionaron un grupo preliminar de atributos de las tareas mediante los cuales los puestos podían ser evaluados. Y tercero, enfocaron su atención en la necesidad de considerar la influencia de las diferencias individuales sobre la reacción de los empleados ante los puestos.

El modelo de las características del puesto

La teoría de los atributos requeridos en la tarea de Turner y Lawrence sentó las bases de lo que hoy en día es el marco dominante para definir las características de la tarea y entender su relación con la motivación, el desempeño y la satisfacción del empleado. Esto es el **modelo de las características del puesto** (MCP) de Hackman y Oldham.[5]

De acuerdo con el MCP, cualquier puesto puede describirse desde el punto de vista de las cinco dimensiones críticas del puesto, definidas como sigue:

1. **Variedad de la tarea:** El grado en el cual el puesto requiere una variedad de actividades diferentes para que así el trabajador ponga en práctica habilidades y talentos diferentes.
2. **Identidad de la tarea:** El grado en el cual el puesto requiere de la terminación de toda una porción identificable de trabajo.
3. **Importancia de la tarea:** El grado en el cual el puesto tiene un impacto sustancial en la vida o el trabajo de otras personas.
4. **Autonomía:** El grado en el cual el puesto proporciona libertad, independencia y discrecionalidad sustanciales para que el individuo programe el trabajo y determine los procedimientos que deberán ser utilizados para llevarlo a cabo.
5. **Retroalimentación:** El grado en el cual el cumplimiento de las actividades requeridas por el puesto permiten que el individuo obtenga información clara y directa acerca de la efectividad de su desempeño.

La ilustración 14-1 ofrece ejemplos de las actividades de puestos que califican alto y bajo en cada característica. La ilustración 14-2 de la página 519 presenta el modelo. Observe cómo las primeras tres dimensiones —variedad de habilidades, identidad de la tarea e importancia de la tarea— se combinan para crear un trabajo con significado. Es decir, si estas tres características existen en un puesto, podemos predecir que el interesado verá el tra-

modelo de las características del puesto
Identifica cinco características del puesto y su relación con los resultados personales y de trabajo.

variedad de la tarea
El grado en el cual el puesto requiere una variedad de actividades diferentes.

identidad de la tarea
El grado en el cual el puesto requiere de la terminación de toda una porción identificable de trabajo.

importancia de la tarea
El grado en el cual el puesto tiene un impacto sustancial en la vida o el trabajo de otras personas.

autonomía
El grado en el cual el puesto proporciona libertad y discrecionalidad sustanciales para que el individuo programe el trabajo y determine los procedimientos que serán utilizados para llevarlo a cabo.

retroalimentación
El grado en el cual el cumplimiento de las actividades requeridas por el puesto permiten que el individuo obtenga información clara y directa acerca de la efectividad de su desempeño.

Ilustración 14-1 Ejemplos de características altas y bajas del puesto

Variedad de las habilidades

| Variedad alta | El dueño-propietario de un estacionamiento que hace reparaciones eléctricas, reconstruye motores, repara carrocerías e interactúa con los clientes |
| Variedad baja | Un trabajador de reparación de carrocerías que rocía pintura ocho horas al día |

Identidad de la tarea

| Identidad alta | Un fabricante de armarios que diseña una pieza de mobiliario, selecciona la madera, construye el objeto y lo termina a la perfección |
| Identidad baja | Un trabajador en una fábrica de muebles que opera un torno para fabricar las patas de las mesas |

Significado de la tarea

| Significado alto | Cuidar de los enfermos en una unidad de cuidado intensivo de un hospital |
| Significado bajo | Barrer los pisos del hospital |

Autonomía

| Autonomía alta | Un instalador de teléfonos que programa su propio trabajo del día, realiza visitas sin supervisión y decide sobre las técnicas más efectivas para una instalación en particular |
| Autonomía baja | Un operador de teléfonos que debe manejar las llamadas conforme llegan de acuerdo con un procedimiento rutinario y altamente especificado |

Retroalimentación

| Retroalimentación alta | Un trabajador de una fábrica de electrónica que arma un radio y después lo prueba para determinar si opera adecuadamente |
| Retroalimentación baja | Un trabajador de una fábrica de electrónica que ensambla un radio y luego lo envía al inspector de control de calidad que comprueba su operación adecuada y luego realiza los ajustes necesarios |

Fuente: adaptado de G. Johns, *Organizational Behavior: Understanding and Managing Life at Work*, 4a ed. Derechos reservados © 1981 por HarperCollins College Publishers. Reimpreso con autorización de Addison-Wesley Educational Publishers, Inc.

bajo como algo más importante, valioso e interesante. Observe, también que los puestos que poseen autonomía dan a sus poseedores un sentimiento de responsabilidad personal por los resultados y que, si un puesto proporciona retroalimentación, los empleados sabrán cuán efectivamente están desempeñándose. Desde el punto de vista motivacional, el modelo dice que los individuos obtienen las recompensas internas cuando *aprenden* (conocimiento de los resultados) que ellos *personalmente* (responsabilidad experimentada) se han desempeñado bien en una tarea que les *importa* (importancia experimentada).[6] Cuanto más presentes estén estos tres estados psicológicos, más grande será la motivación, el desempeño y la satisfacción de los empleados y más bajo su ausentismo y la probabilidad de que abandonen la organización. Como muestra la ilustración 14-2, los lazos entre las dimensiones del puesto y los resultados están moderados o ajustados por la fuerza de la necesidad de crecimiento individual; esto es, por el deseo de los empleados de obtener la autoestima y la autorrealización. Esto significa que los individuos con una alta necesidad de crecimiento tienen más posibilidades de experimentar los estados psicológicos cuando sus puestos están enriquecidos que lo que están sus contrapartes con una baja necesidad de crecimiento. Además, responderán más positivamente a los estados psicológicos, cuando éstos se presenten, que los individuos con una baja necesidad de crecimiento.

calificación del potencial motivador
Un índice pronosticador que sugiere el potencial de motivación de un puesto.

Las dimensiones críticas se combinan en un índice pronosticador único, llamado **calificación del potencial motivador** (CPM). Su cálculo se muestra en la ilustración 14-3.

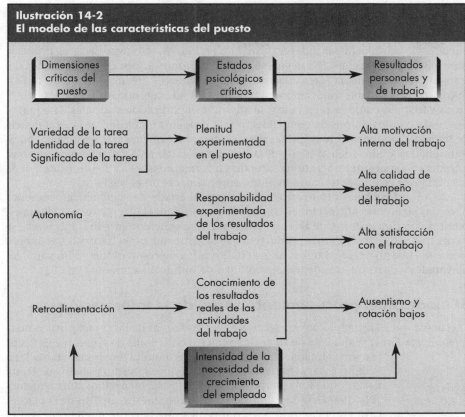

Ilustración 14-2
El modelo de las características del puesto

Fuente: J. R. Hackman, G. R. Oldham, *Work Design* (extracto de las páginas 78-80). © 1980 por Addison-Wesley Publishing Co., Inc. Reimpreso con autorización de Addison-Wesley Longman Inc.

Los puestos que tienen alto potencial de motivación deben calificar alto en cuando menos uno de los tres factores que llevan a la importancia experimentada y deben calificar alto tanto en autonomía como en retroalimentación. Si los puestos califican alto en potencial de motivación, el modelo predice que la motivación, el desempeño y la satisfacción se verán afectados positivamente, mientras que la posibilidad de ausencias y rotación disminuirán.

Las características del modelo de puesto han sido bastante investigadas. La mayor parte de la evidencia apoya el marco general de la teoría —esto es, hay un conjunto múltiple de características del puesto y estas características impactan los resultados del comportamiento.[7] Pero todavía hay un considerable debate alrededor de las cinco dimensiones específicas en el MPC, las propiedades multiplicativas de la CPM y la validez de la fuerza de la necesidad de crecimiento como una variable moderadora.

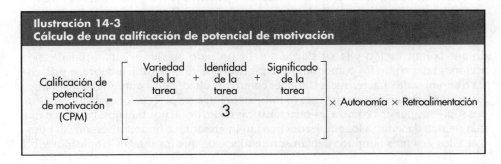

Ilustración 14-3
Cálculo de una calificación de potencial de motivación

Hay cierta duda respecto a si la identidad de la tarea incrementa o no la capacidad productiva del modelo,[8] y si hay evidencia que sugiera que la variedad de la habilidad pudiera ser redundante con la autonomía.[9] Además, diversos estudios han encontrado que al agregar todas las variables en la CPM, en lugar de agregar unas y multiplicar por otras, la CPM se vuelve un mejor pronosticador de los resultados del trabajo.[10] Finalmente, la intensidad de las necesidades de crecimiento de un individuo como una variable moderadora significativa ha sido cuestionada recientemente.[11] Otras variables, como la presencia o la ausencia de indicadores sociales, la equidad percibida con los grupos de comparación y la propensión a asimilar la experiencia de trabajo,[12] podrían ser más válidas para moderar la relación característica del puesto-resultados. Dado el actual estado de la investigación sobre las variables moderadoras, uno debería ser cauteloso antes de aceptar en forma inequívoca la intensidad de la necesidad de crecimiento como incluida originalmente en el MCP.

¿Adónde nos lleva todo esto? Dado el actual estado de la evidencia, podemos hacer las siguientes afirmaciones con relativa seguridad: (1) La gente que labora en puestos con dimensiones de alta centralización está generalmente más motivada, se siente más satisfecha y es más productiva que la gente que no lo hace. (2) Las dimensiones del puesto operan a través de los estados psicológicos al influir en las variables personales y de resultados de trabajo en lugar de influir directamente en ellas.[13]

El modelo del procesamiento social de la información

¿Recuerda que al principio de esta sección sobre las teorías de las características de la tarea, Frank Greer se quejaba de su antiguo puesto en la línea de ensamble de Jeep?

◆ **La gente puede ver el mismo puesto y evaluarlo de manera diferente.**

modelo del procesamiento social de la información (MPSI)
Los empleados adoptan actitudes y comportamientos en respuesta a las señales sociales proporcionadas por otros con quienes tienen contacto.

¿Le sorprendería saber que uno de los mejores amigos de Frank, Russ Wright, todavía trabaja en Jeep, haciendo el mismo trabajo que Frank hacía, y que Russ piensa que su trabajo está bien? ¡Probablemente no! ¿Por qué? Debido a que, de acuerdo con nuestro análisis de la percepción en el capítulo 3, reconocemos que la gente puede observar el mismo puesto y evaluarlo de manera diferente. El hecho de que las personas respondan a sus puestos como *ellas los perciben* más que como trabajos *objetivos per se* es la tesis central en nuestra tercera teoría de las características de la tarea. Se llama el **modelo del procesamiento social de la información (MPSI)**.[14]

El MPSI sostiene que los empleados adoptan actitudes y comportamientos en respuesta a las señales sociales proporcionadas por otros con quienes tiene contacto. Estos otros pueden ser compañeros de trabajo, supervisores, amigos, miembros de la familia o clientes. Por ejemplo, Gary Ling consiguió un trabajo de verano trabajando en un aserradero en la Columbia Británica. Ya que los trabajos eran escasos y éste era particularmente bien pagado, en su primer día Gary llegó al trabajo altamente motivado. Dos semanas después, sin embargo, su motivación había decaído mucho. Lo que había ocurrido era que sus compañeros maldecían constantemente sus trabajos. Decían que el trabajo era aburrido, que el hecho de tener que registrar sus horas de entrada y salida probaba que la gerencia no confiaba en ellos y que los supervisores nunca escuchaban sus opiniones. Las características objetivas del trabajo de Gary no habían cambiado en un periodo de dos semanas. Más bien, Gary había reconstruido la realidad basándose en mensajes que había recibido de otros.

Varios estudios confirman la validez del MPSI.[15] Por ejemplo, se ha demostrado que la motivación y la satisfacción del empleado pueden ser manipuladas por acciones tales como los comentarios de un compañero o de un jefe sobre la existencia o ausencia de características laborales como dificultad, reto y autonomía. Por tanto, los gerentes deberían prestar tanta (o más) atención a las percepciones de los empleados sobre sus puestos como a las características reales de dichos trabajos. Podrían pasar más tiempo diciendo a los empleados qué tan interesantes e importantes son sus puestos. Y los gerentes tampoco debían sorprenderse de que los nuevos empleados y las personas transferidas o ascendidas a nuevas posiciones tengan más probabilidades de ser receptivos a la información social que aquellos con mayor antigüedad.

La tecnología y los nuevos diseños de trabajo

Introdujimos el término *tecnología* en el análisis del capítulo anterior a propósito de por qué difieren las estructuras. Señalamos que era la forma en que una organización transformaba sus insumos en resultados. En años recientes, el término ha sido ampliamente utilizado por los economistas, gerentes, consultores y analistas de negocios para describir la maquinaria y el equipo de electrónica avanzada y computadoras para producir esos resultados.

El tema común entre las nuevas tecnologías en el lugar de trabajo es que sustituyen la mano de obra humana por maquinaria al transformar los suministros en productos. Esta sustitución de mano de obra por capital ha estado ocurriendo sin cesar esencialmente desde que empezó la Revolución Industrial, a mitad del siglo XIX. Por ejemplo, la introducción de la electricidad permitió que las fábricas textiles introdujeran telares mecánicos que podían producir ropa mucho más rápido y más barato de lo que era posible cuando los telares utilizaban la fuerza de los individuos. Pero, la computarización del equipo y la maquinaria en el último cuarto de siglo ha sido el motor principal que ha moldeado nuevamente el lugar de trabajo del siglo XX. Los cajeros automáticos, por ejemplo, han reemplazado a decenas de miles de cajeros humanos en los bancos. El 98% de los puntos de soldadura en los nuevos Taurus de Ford son realizados por robots, no por personas. Muchos automóviles ahora vienen equipados con computadoras a bordo que, en segundos, diagnostican problemas cuyo diagnóstico por mecánicos solía tomar horas. IBM ha construido una planta en Austin, Texas, que puede producir computadoras laptop sin la ayuda de un solo trabajador. Todo, desde el momento en que las piezas llegan a la planta de IBM hasta el empaquetado final de los productos terminados, está completamente automatizado. Y un número cada vez mayor de compañías, pequeñas y grandes por igual, están cambiando a la tecnología multimedia e interactiva para entrenar al empleado.

Este libro tiene como interés central el comportamiento de la gente en el trabajo. Ningún tratamiento de este tema estaría completo hoy en día si no analizara la medida en que los recientes avances en la tecnología están cambiando el lugar de

THE WALL STREET JOURNAL

"¡Grandioso! ¡Un teclado que escribe sin impresora!"

Ilustración 14-4

Fuente: Wall Street Journal, 11 de octubre de 1995. Con autorización del Cartoon Features Syndicate.

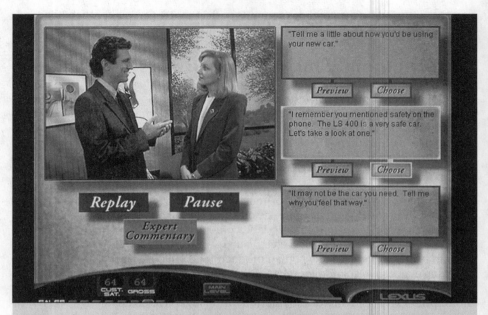

El fabricante de automóviles de lujo Lexus, una división de Toyota Motor Sales, ha utilizado la tecnología para entrenar a su gente de ventas. Los ejercicios de simulación por computadora ayudan al personal de ventas a desarrollar habilidades interpersonales a través de simulaciones de actuación de los papeles comprador/vendedor. Los novatos aprenden a conducir negociaciones honestas con compradores, a tratar a los clientes con respeto y cortesía y a adaptar una presentación a los intereses específicos de un cliente, como se muestra en esta fotografía. El laboratorio de datos de la compañía proporciona información acerca de los modelos Lexus y sus competidores, equipando así a la gente de ventas con el conocimiento necesario para lograr la meta del Lexus: "la completa satisfacción del cliente".

trabajo y afectando la vida de los empleados. En esta sección revisaremos cuatro temas específicos relacionados con la tecnología y el trabajo. Éstos son: ACT y procesos de mejoramiento continuo, reingeniería, sistemas de manufactura flexible y obsolescencia del trabajador.

Procesos de mejoramiento continuo

En el capítulo 1, describimos la administración de la calidad total (ACT) como una filosofía de la gerencia que está motivada por el logro constante de la satisfacción del cliente a través del mejoramiento continuo de todos los procesos organizacionales. Los gerentes de muchas organizaciones, especialmente en Estados Unidos, han sido criticados por aceptar un nivel de desempeño que está por debajo de la perfección. ¡La ACT, sin embargo, sostiene que *bueno* no es *lo suficientemente bueno*! Para resaltar este punto, es fácil asumir que 99.9% de desempeño libre de errores representa los más altos estándares de excelencia. ¡Sin embargo, no resulta tan impresionante cuando nos damos cuenta de que este estándar significaría la pérdida de 2,000 piezas de correo por hora del servicio postal estadounidense, o un promedio de 500 operaciones quirúrgicas incorrectas a la semana en los hospitales de Estados Unidos, o dos accidentes aéreos por día en el aeropuerto O'Hare de Chicago![16]

Los programas de ACT buscan lograr procesos de mejoramiento continuo para que de esta manera se reduzca constantemente la variabilidad. Cuando usted elimina las variaciones, incrementa la uniformidad del producto o servicio. Esto, a su vez, da como resultado menores costos y una mayor calidad. Por ejemplo, Advanced Filtration Systems Inc., en Champaign, Illinois, recientemente redujo el número de defectos en los productos —como lo determinó una auditoría de calidad hecha por el cliente— de 26.5 por cada 1,000 unidades a cero durante cuatro años. Y esto ocurrió durante un periodo en que la producción mensual por unidad se triplicó y el número de trabajadores descendió en 20 por ciento.

El mejoramiento continuo se mueve en dirección contraria al enfoque gerencial estadounidense tradicional de ver los proyectos de trabajo como lineales, con un principio y un fin. Por ejemplo, los gerentes estadounidenses tradicionalmente veían la reducción de costos como un proyecto de corto plazo. Establecían una meta de reducir los costos en 20%, lo lograban y luego decían: "¡Vaya! Nuestra reducción de costos ha terminado." Los japoneses, por otro lado, han visto el control de costos como algo que nunca termina. La búsqueda de mejoramiento continuo crea una carrera sin una línea de meta.

La búsqueda de mejora sin fin requiere de un enfoque circular más que uno lineal. Esto se ilustra en el ciclo planear-hacer-verificar-actuar (PHVA) mostrado en la ilustración 14-5. [17] La gerencia planea un cambio, lo lleva a cabo, verifica sus resultados y dependiendo de la producción, actúa para estandarizar el cambio o empieza nuevamente el ciclo de mejoramiento con nueva información. Este ciclo trata todos los procesos organizacionales como si estuvieran en un estado constante de mejoramiento.

Eaton Corporation, un gran fabricante de componentes automotrices, ha adoptado el ciclo PHVA en todos los procesos de la compañía.[18] La gerencia estimula a los trabajadores a dar miles de pasos pequeños para mejorar cada vez más los productos que hacen y los procesos que utilizan. Esto se extiende a los oficinistas que negocian las tasas de utilidad, evalúan los impuestos locales, contabilizan los inventarios y eliminan el papeleo. El mejoramiento continuo ayudó a Eaton a incrementar su productividad anual entre 1983 y 1992 en 3% al año en comparación con el promedio estadounidense de 1.9 por ciento.

A medida que literalmente decenas de miles de organizaciones introducen la ACT y el proceso de mejoramiento continuo, ¿qué significa esto para los empleados y sus puestos? Significa que ya no podrán descansar en sus logros y éxitos anteriores. De este modo, algunas personas podrían experimentar una mayor tensión proveniente de un clima de trabajo que ya no acepta la complacencia con el *statu quo*. Una carrera sin una línea de meta significa una carrera que nunca termina, lo cual crea una tensión constante. Si bien esta tensión puede ser positiva para la organización (recuerde el *conflicto funcional* del capítulo 12), las presiones de una búsqueda inmisericorde por mejoras en los procesos pueden crear ansiedad y tensión en algunos empleados. Probablemente la implicación más significativa para los empleados sea que la gerencia los considerará como la fuente principal de ideas para la mejora. Los equipos de trabajo facultados que tienen una participación activa en el proceso de mejora, por ejemplo, son ampliamente utilizados en aquellas organizaciones que han introducido la ACT.

Reingeniería de los procesos de trabajo

También presentamos la reingeniería en el capítulo 1. La describimos como la consideración de cómo serían las cosas si se pudiera volver a empezar todo desde cero.

El término *reingeniería* viene del proceso histórico de desarmar un producto electrónico y diseñar una versión mejorada. Michael Hammer acuñó el término para las organizaciones. Cuando descubrió que las compañías estaban usando computadoras simplemente para automatizar procesos anticuados, en lugar de encontrar fundamentalmente mejores formas de hacer las cosas, se dio cuenta de que los mismos principios podían ser aplicados a los negocios. Así, aplicada a las organizaciones, la reingeniería significa que la gerencia debe empezar con una hoja de papel en blanco —pensar nuevamente y rediseñar aquellos procesos con los cuales la organización crea valor y hace el trabajo, deshaciéndose de las operaciones que se han vuelto anticuadas en la era de las computadoras.[19]

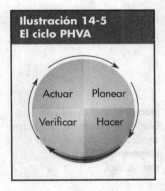

**Ilustración 14-5
El ciclo PHVA**

Actuar — Planear — Verificar — Hacer

ELEMENTOS CLAVE Tres elementos clave de la reingeniería son identificar las capacidades distintivas de la organización, evaluar los procesos centrales y reorganizar horizontalmente por procesos.

capacidades distintivas
Define lo que hace que la organización sea superior en comparación con su competencia.

Las **capacidades distintivas** de una organización definen lo que hace que la organización sea superior en comparación con su competencia. Los ejemplos podrían incluir mejores ubicaciones de tiendas, un sistema de distribución más eficiente, productos de mayor calidad, un personal de ventas con mayor conocimiento o un soporte técnico superior. Dell Computer, por ejemplo, se diferencia de sus competidores al enfatizar hardware de alta calidad, servicio y apoyo técnico amplios y bajos precios. ¿Por qué las capacidades distintivas son tan importantes? Debido a que guían las decisiones concernientes a las actividades que son cruciales para el éxito de la organización.

La gerencia también necesita evaluar los procesos críticos que claramente añaden valor a las competencias distintivas de la organización. Éstos son los procesos que transforman los materiales, el capital, la información y la mano de obra en productos y servicios que el cliente valora. Cuando la organización es vista como una serie de procesos, que van desde la planeación estratégica hasta el soporte al cliente posterior a las ventas, la gerencia puede determinar en qué grado cada uno de ellos agrega valor. No es de sorprender que este **proceso de análisis del valor** típicamente descubra muchas actividades que agregan poco o nada de valor y cuya única justificación sea que "siempre se ha hecho de esta manera".

proceso de análisis del valor
Determinar en qué medida cada proceso organizacional agrega valor a las competencias distintivas de la organización.

La reingeniería requiere que la gerencia se reorganice en torno a procesos horizontales. Esto significa equipos interfuncionales y equipos autodirigidos. Significa enfocarse en procesos más que en funciones. Así, por ejemplo, el vicepresidente de mercadotecnia podría volverse el "propietario del proceso de encontrar y conservar clientes".[20] Y también significa reducir niveles de la gerencia media. Como Hammer señaló: "Los gerentes no son un valor agregado. Un cliente nunca compra un producto debido al calibre del gerente. La gerencia es, por definición, indirecta. De modo que, si es posible, mientras menos haya es mejor. Una de las metas de la reingeniería es minimizar la cantidad necesaria de gerentes."[21]

¿POR QUÉ LA REINGENIERÍA AHORA? ¿No es la reingeniería algo que la gerencia debió haber realizado hacía tiempo? ¿Por qué se ha vuelto un tema candente en la década de los noventa? Las respuestas, de acuerdo con Michael Hammer, son el ambiente de cambio global y estructuras organizacionales que se han vuelto muy pesadas.[22]

Las organizaciones mecanicistas tradicionales funcionaban bien en momentos de crecimiento estable. Las actividades podían ser fragmentadas y especializadas para obtener eficiencias en la economía. Esto describía el ambiente al que se enfrentaban casi todas las organizaciones estadounidenses en las décadas de los cincuenta, sesenta y buena parte de los setenta. Pero la mayoría de las organizaciones hoy en día operan en condiciones globales de excesiva capacidad. Los clientes están mucho más informados y son más refinados de lo que eran hace 30 años. Además, los mercados, la producción y el capital son todos globalmente móviles. Los inversionistas en Australia, por ejemplo, pueden colocar su dinero en oportunidades en Japón, Canadá o en cualquier parte del mundo si ven mejores rendimientos de los que pueden conseguir en casa. Hoy los clientes globales demandan calidad, servicio y bajo costo. Si *usted* no puede proporcionarlos, los conseguirán con alguien más.

La especialización del trabajo, los departamentos funcionales, los espacios estrechos de control y cosas similares disminuyeron los costos directos de mano de obra pero las burocracias que crearon tenían costos de operación enormes. Esto es, para coordinar toda la fragmentación y especialización, la organización tuvo que crear numerosos niveles de gerencia media para unir las piezas fragmentadas. De este modo, si bien las burocracias disminuyeron los costos a nivel operativo, requerirán sistemas más caros de coordinación. Aquellas organizaciones que introdujeron equipos, descentralizaron las decisiones, ampliaron los tramos de control y volvieron horizontales las estructuras se hicieron más eficientes y desafiaron las formas tradicionales de hacer las cosas.

REINGENIERÍA EN COMPARACIÓN CON ACT ¿Es la reingeniería sólo otro término para la ACT? ¡No! En efecto, tienen algunas características en común.[23] Ambas, por ejemplo, enfatizan los procesos y la satisfacción del cliente. Aparte de eso, divergen radicalmente. Esto es evidente en sus metas y en los medios que utilizan para lograrlas.

La ACT busca mejoras incrementales, mientras que la reingeniería busca saltos enormes en el desempeño. Esto es, la primera en esencia mejora algo que está básicamente bien; la segunda busca tomar algo que es irrelevante, tirarlo y comenzar todo de nuevo. Y los medios que ambos enfoques utilizan son totalmente diferentes. La ACT se basa en la toma de decisiones participativas de abajo hacia arriba, tanto en la planeación de un programa de ACT como en su ejecución. La reingeniería, por otro lado, inicialmente es impulsada por la alta dirección. Una vez que la reingeniería termina, el lugar de trabajo estará ampliamente autodirigido. Pero llegar ahí es un proceso muy autocrático y no democrático. Los defensores de la reingeniería sostienen que tiene que ser de esta forma, ya que el nivel de cambio que el proceso demanda es altamente amenazador para la gente y tal vez no lo acepten de manera voluntaria. Cuando la alta dirección se compromete con la reingeniería, los empleados no tienen opción. Como Hammer gusta decir: "o se sube al tren o lo arrollaremos con él".[24] Claro, el cambio impuesto autocráticamente es probable que enfrente la resistencia del empleado. Si bien no hay una solución fácil a la resistencia que crea el cambio de arriba hacia bajo, algunas de las técnicas presentadas en el capítulo 17, en nuestro análisis sobre vencer la resistencia al cambio, pueden ser de gran ayuda.

IMPLICACIONES PARA LOS EMPLEADOS La reingeniería está ganando rápidamente impulso en el negocio y la industria.[25] Una encuesta reciente encontró que, entre las compañías manufactureras, 44% de las empresas que respondieron indicaron que están haciendo la reingeniería o bien están considerándola. Entre las compañías de servicios domésticos y las de seguros, las respuestas fueron 48 y 52%, respectivamente.

Entre las compañías que han adoptado la reingeniería en al menos algunas de sus divisiones se incluyen Motorola, Xerox, Ford, Banc One, Banca di America e di

La alta dirección de la división de químicos industriales de Union Carbide dirigió el impulso para poner en práctica la reingeniería en los procesos de mantenimiento de la planta y del equipo, lo cual contó por 30% de los costos. Dirigidos para trabajar en equipos y para establecer metas ambiciosas de reducción de costos, los empleados (que se muestran aquí) diseñaron los detalles de su nuevo proceso de trabajo mediante el desarrollo de nuevos procedimientos de mantenimiento. El esfuerzo de la reingeniería ahorró a Union Carbide $20 millones, 50% más que la meta de la gerencia. En toda la compañía, Union Carbide ha usado la reingeniería para reducir $400 millones de sus costos fijos en un periodo de tres años.

Italia, AT&T, Siemens, KPMG Peat Marwick, Hallmark y el grupo de seguros de vida de la Commonwealth. Hallmark, por ejemplo, redujo el tiempo que le tomaba introducir un nuevo producto al mercado de dos años a unos cuantos meses.[26] Y la Commonwealth ahora tiene a 1,100 personas haciendo el trabajo que solían hacer 1,900, aun cuando su negocio se ha incrementado 25 por ciento.[27]

La popularidad de la reingeniería no es de sorprender. En el mercado global altamente competitivo de hoy en día, las compañías están encontrando que están forzadas a realizar la reingeniería en sus procesos de trabajo si es que desean sobrevivir. Y los empleados "tendrán que subirse al tren".

Muchas personas van a perder su trabajo como resultado directo de los esfuerzos de reingeniería. Cuántas serán depende del ritmo al cual las organizaciones adopten las nuevas técnicas. Algunos expertos dicen que la reingeniería eliminará de 1 a 2.5 millones de puestos cada año en el futuro próximo.[28] Sin duda, gran parte del movimiento de adelgazamiento puede achacarse directamente a los esfuerzos de reingeniería. Pero a pesar del número, el impacto no será uniforme a lo largo de la organización. Los puestos del personal de apoyo, en especial los gerentes de nivel medio, serán los más vulnerables. Así también lo serán los puestos de oficina en industrias de servicio. Por ejemplo, un observador informado pronostica que la reingeniería reducirá el empleo en los bancos comerciales e instituciones de ahorro de un 30 a 40%, durante la década de los noventa.[29]

Aquellos empleados que mantengan sus puestos después de la reingeniería encontrarán que éstos ya no son los mismos. Estas nuevas posiciones típicamente requerirán un mayor rango de habilidades, incluirán más interacción con los clientes y proveedores, ofrecerán mayor reto, contendrán mayores responsabilidades y proporcionarán un mayor salario. Sin embargo, el periodo de tres a cinco años que toma poner en práctica la reingeniería es usualmente difícil para los empleados. Sufren de la incertidumbre y ansiedad asociadas con asumir nuevas tareas y tener que desechar prácticas de trabajo y redes sociales formales establecidas.

> ◆ Aquellos empleados que mantengan sus puestos después de la reingeniería encontrarán que éstos ya no son los mismos.

Sistemas de manufactura flexible

Se parecen a algo salido de una película de ciencia-ficción en la cual las carretillas a control remoto entregan una pieza de fundición básica a un centro computarizado de maquinado. Con robots que colocan y vuelven a colocar la pieza, el centro de maquinado utiliza sus cientos de herramientas para realizar varias operaciones que transforman la pieza de fundición en un producto terminado. Las partes terminadas, cada una un poco diferente de las otras, son terminadas a una velocidad de una cada 90 segundos. No se utiliza la ayuda de ningún mecánico habilidoso ni de ninguna máquina convencional de herramientas. Ni existen los costosos retrasos por cambiar las matrices o herramientas en esta fábrica. Una sola máquina puede fabricar docenas o aun cientos de partes diferentes en cualquier orden que la gerencia quiera. Bienvenidos al mundo de los **sistemas de manufactura flexible**.[30]

sistema de manufactura flexible
Integración del diseño, ingeniería y manufactura por computadora para generar productos de bajo volumen a costos de producción en masa.

En una economía global, estas organizaciones de manufactura que pueden responder rápidamente al cambio tienen una ventaja competitiva. Pueden, por ejemplo, cumplir mejor con las diversas necesidades de los clientes y entregar productos más rápido que sus competidores. Cuando los clientes estuvieron dispuestos a aceptar los productos estandarizados, las líneas de ensamble fijas tenían sentido. Pero hoy en día, las tecnologías flexibles son cada vez más necesarias para competir eficazmente.

La característica única de los sistemas de manufactura flexible es que al integrar el diseño, la ingeniería y la manufactura por computadora, pueden producir productos de bajo volumen para los clientes a un costo comparable a lo que previamente sólo era posible a través de la producción en masa. Los sistemas de manufactura flexible están, en efecto, rescindiendo las leyes de las economías de escala. La gerencia ya no tiene que producir en masa miles de productos idénticos para lograr costos bajos de

Un sistema de manufactura flexible en la planta de IBM en Charlotte, Carolina del Norte, puede producir 27 diferentes productos de computadora al mismo tiempo. Las líneas de ensamble automatizadas están controladas por instrucciones por computadora que varían con base en las diversas necesidades del cliente. Las computadoras también dan a los empleados instrucciones de ensamblaje. Este sistema flexible proporciona eficiencia a los procesos de fabricación en IBM y ayuda a la compañía a entregar productos a los clientes más rápidamente que los competidores.

producción por pieza. Con la manufactura flexible, cuando la gerencia quiere producir una parte nueva, no cambia máquinas sólo cambia el programa de computadora.

Algunas plantas automatizadas pueden construir una amplia variedad de productos sin errores y cambiar de un producto a otro en línea desde una computadora central. John Deere, por ejemplo, tiene una fábrica automatizada de $1.5 mil millones que puede producir 10 modelos de tractores con hasta 3,000 opciones sin parar la planta para instalar nuevas herramientas. National Bicycle Industrial Co., la cual vende sus bicicletas bajo la marca Panasonic, utiliza la manufactura flexible para producir cualquiera de las 11,231,862 variaciones sobre los 18 modelos de bicicletas de carrera, de camino y de montaña en 199 patrones de colores y casi en cualquier tamaño. Esto permite a Panasonic proporcionar bicicletas casi fabricadas a la medida a precios de producción en masa.[31]

¿Qué significan los sistemas de manufactura flexible para la gente que tiene que trabajar dentro de ellos? Requieren de un tipo de empleado industrial diferente.[32] Los trabajadores de las plantas de manufactura flexible necesitan más entrenamiento y mayores habilidades. Esto es porque hay menos empleados, así que cada uno tiene que ser capaz de hacer una gran variedad de tareas. Por ejemplo, en la planta flexible de Carrier en Arkansas, la cual fabrica compresores para aire acondicionado, todos los empleados pasan por un entrenamiento de seis semanas antes de empezar en sus trabajos. Este entrenamiento incluye aprender a leer planos, matemáticas como fracciones y cálculos métricos, métodos de control de proceso estadístico, algunas habilidades con las computadoras y resolver problemas involucrados con sus compañeros. Además de habilidades más elevadas, los empleados en plantas flexibles por lo general están organizados en equipos y se les concede una discrecionalidad considerable en la toma de decisiones. De manera compatible con el objetivo de alta flexibilidad, estas plantas tienden a tener estructuras orgánicas. Descentralizan la autoridad hacia las manos de los equipos de operación.

Obsolescencia del trabajador

Los cambios en la tecnología han reducido la vida útil de la mayoría de las habilidades de los empleados. Un trabajador de una fábrica o un oficinista en la década de los cincuenta podía aprender un puesto y estar razonablemente seguro de que sus habilidades serían adecuadas para ese puesto durante la mayor parte de su vida laboral. Esa certidumbre ya no es verdad. Las nuevas tecnologías impulsadas por las computadoras, la reingeniería, la ACT y los sistemas de manufactura flexible están cambiando las demandas de los puestos y las habilidades que los empleados necesitan para hacerlos.

Las tareas repetitivas como aquellas realizadas tradicionalmente en las líneas de ensamble y por los oficinistas de bajas habilidades seguirán automatizándose. Y un buen número de puestos serán actualizados. Por ejemplo, conforme la mayoría de los gerentes y profesionistas vayan asumiendo la tarea de escribir sus propios memorandos e informes usando un software de procesador de palabras, el trabajo tradicional de las secretarias se irá actualizado para volverse más el de un asistente administrativo. Aquellas secretarias que no estén equipadas para adoptar esos papeles extendidos serán desplazadas.

La reingeniería, como ya se hizo notar, está produciendo incrementos significativos en la productividad del empleado. El rediseño de los procesos de trabajo está logrando una mayor producción con menos trabajadores. Y estos puestos que pasan por la reingeniería requieren de diferentes habilidades. Los empleados que no tienen conocimientos en computación, tienen pocas habilidades interpersonales o no pueden trabajar de manera autónoma se encontrarán mal preparados para las demandas de las nuevas tecnologías.

Tenga en mente que el fenómeno de la obsolescencia no excluye a los gerentes. Aquellos gerentes de nivel medio que simplemente actuaban como conductos en la cadena de mando entre la alta dirección y el nivel operativo están siendo eliminados. Y nuevas habilidades —por ejemplo, entrenar, negociar e integrar equipos— se están volviendo necesidades absolutas para todo gerente.

Finalmente, el software está cambiando los puestos de muchos profesionales, incluyendo abogados, doctores, contadores, planeadores financieros y bibliotecarios.[33] Los programas de software permitirán a la gente usar conocimientos especializados para solucionar problemas rutinarios u optar por un asistente diestro en software. Particularmente vulnerables son aquellos profesionales que hacen trabajos estandarizados. En Estados Unidos, mucho del trabajo legal, por ejemplo, consiste de escribir contratos estándares y otras actividades rutinarias. Estas tareas serán realizadas por computadoras y pasantes dentro de las firmas de abogados; incluso podrían ser realizados por los propios clientes, usando un software diseñado para preparar testamentos, fideicomisos, incorporaciones y sociedades. Los paquetes de software como TurboTax continuarán absorbiendo gran parte del trabajo de los contadores profesionales. Y los hospitales están usando software para ayudar a los doctores a hacer diagnósticos. Se teclean la edad, el sexo, los resultados del laboratorio y los síntomas del paciente, se responde a una serie de preguntas estructuradas, y un programa de $995 llamado Illiad recurrirá a su conocimiento de nueve subespecialidades de medicina interna para diagnosticar el problema del paciente. Estos ejemplos demuestran que aun el conocimiento de profesionales altamente entrenados puede volverse obsoleto. Conforme el mundo cambia, los profesionales necesitarán cambiar también si es que desean sobrevivir.

◆ **El software está cambiando los puestos de muchos profesionales, incluyendo abogados, doctores, contadores, planeadores financieros y bibliotecarios.**

Condiciones físicas de trabajo y diseño del lugar de trabajo

¿Alguna vez ha tratado de estudiar para un examen en una biblioteca estando la temperatura demasiado alta? ¿O alguna vez ha tratado de estudiar en casa mientras la familia o los amigos hablan fuerte en el cuarto de al lado? ¿Le fue difícil concentrarse? Si fue así, entonces usted entenderá cómo el ambiente físico de trabajo podría afectar de igual manera a los empleados.

Los arquitectos, los ingenieros industriales y los diseñadores de oficinas han sabido durante décadas que factores como la temperatura, el nivel de ruido y la distribución física del lugar de trabajo influyen en el desempeño del empleado. Pero ha sido sólo en las últimas dos décadas que los investigadores del CO han llegado a la misma conclusión. El siguiente párrafo resume la evidencia de la investigación que enlaza el ambiente físico y el diseño del lugar de trabajo con el desempeño y la satisfacción del empleado.[34]

Ambiente físico

A principios de siglo, los "talleres de sudor" eran comunes. Regularmente los empleados trabajaban de manera continua en condiciones adversas de trabajo como temperaturas extremas, iluminación pobre, aire contaminado o espacios apretados de trabajo. Pocos empleados en los países desarrollados enfrentan tales condiciones hoy en día. Tendemos a dar por hecho que las organizaciones proporcionarán a sus empleados espacios físicos de trabajo saludables, seguros y cómodos. Sin embargo, las condiciones ambientales varían considerablemente de una oficina a otra y de una fábrica a otra. Además, la evidencia indica que aun las variaciones relativamente modestas en temperatura, ruido, iluminación o calidad del aire pueden ejercer efectos apreciables en el desempeño y las actitudes del empleado.[35] Conforme usted revise la evidencia, tenga en mente que estos temas son probablemente más importantes hoy en día de lo que fueron hace 10 o 20 años. ¿Por qué? Debido a que mucha gente ahora trabaja en casa, y pocas oficinas caseras han tenido el beneficio de distribución y diseño profesionales que típicamente hay en los lugares de trabajo formales.

> ◆ Aun las variaciones más modestas en temperatura, ruido, iluminación o calidad del aire pueden ejercer efectos apreciables en el desempeño y las actitudes del empleado.

TEMPERATURA Los efectos del calor en el desempeño de la gente que realiza actividades *físicas* duras han sido bien documentados.[36] Pero hay efectos negativos también en los empleados que hacen tareas *mentales*.[37] En contraste con los individuos que trabajan en temperaturas de 35 grados (C) contra 21 grados, la primera condición produjo más errores, haciéndose más grande la diferencia a medida que el número de horas de exposición se extendieron a más de tres.

Los efectos del frío no son tan severos. El desempeño de tareas manuales no se ve afectado hasta que las temperaturas de la piel caen debajo de los 13 grados. En las tareas mentales, la evidencia disponible sugiere que el frío carece relativamente de importancia.[38]

La temperatura es una variable donde existen grandes diferencias individuales. La temperatura que para una persona es el "cielo" para otra es el "infierno". Así que, para maximizar la productividad, es importante que los empleados trabajen en un ambiente en el cual la temperatura esté regulada de tal manera que caiga dentro del rango aceptable del individuo. Esto implica alguna justificación para crear lugares de trabajo individualizados de temperatura controlada. También sugiere que las organizaciones tengan códigos de vestido que sean lo suficientemente flexibles para permitir a los empleados vestirse de acuerdo con sus propias necesidades físicas.

RUIDO La intensidad o fuerza del ruido se mide en decibeles, la cual es una escala logarítmica. Una diferencia de 10 decibeles en la intensidad es realmente 10 veces la diferencia en el nivel del sonido. La evidencia de los estudios del ruido indica que ruidos constantes o predecibles *generalmente* no causan deterioro en el desempeño en el trabajo.[39] Si lo hay, es a niveles de cerca de 90 decibeles, lo cual es equivalente al ruido generado por un tren subterráneo a seis metros. Para poner esto en perspectiva, el nivel de decibeles típico en una oficina de contadores es de menos de 60 decibeles, y los niveles de ruido en las plantas de impresión de periódicos son raramente de más de 85 decibeles.[40]

En contraste, los efectos del ruido impredecible parecen ser uniformemente negativos. Tales ruidos tienden a interferir con la capacidad de los empleados de concentrarse y poner atención.[41] Los ruidos fuertes y no predecibles también tienden a incrementar la excitación y llevar a una reducción en la satisfacción en el trabajo.[42]

La mayoría de las oficinas y fábricas tienen niveles de ruido en el rango de bajo a moderado. Sin embargo, donde los niveles son altos e impredecibles, las organizaciones deberían considerar instalar superficies absorbentes del ruido (tales como techos, alfombras y cortinas acústicos) y equipo que refleje los recientes desarrollos en tecnología del sonido blanco que disfraza el ruido.

ILUMINACIÓN Usted sabe que leer en la oscuridad fatiga sus ojos. ¿Pero cuál es el nivel óptimo de iluminación? ¿Y el desempeño mejora de forma lineal conforme la intensidad de la luz va de lo bajo a lo moderado y luego a lo alto?

La intensidad adecuada de luz depende de la dificultad de la tarea y de la precisión requerida.[43] Para tareas difíciles que requieren atención a los detalles, los niveles de iluminación tan altos como entre 100 a 150 ft-bujías son típicamente los apropiados. Esto incluiría actividades como escribir a máquina, verificar números y corregir pruebas. Tareas difíciles en inspección, tales como buscar errores en la pintura de los automóviles, podrían requerir 500 ft-bujías. Cargar y descargar materiales, por otro lado, podrán ser realizadas de manera efectiva con 20 ft-bujías de luz.

El nivel adecuado en la intensidad de la luz también depende de la edad del empleado.[44] Las ganancias en desempeño a niveles altos de iluminación son mucho más grandes para los viejos que para los empleados jóvenes.

Finalmente, los beneficios de un incremento en la iluminación no son lineales.[45] Los beneficios son mayores a niveles relativamente más bajos de iluminación y disminuyen en magnitud conforme la iluminación se incrementa a moderada y de ahí a niveles altos. Uno debe esperar solamente modestos efectos de una iluminación mayor una vez que se haya logrado algún nivel mínimo de iluminación.

CALIDAD DEL AIRE Es un hecho bien establecido que respirar aire contaminado tiene efectos adversos en la salud personal.[46] El aire contaminado de ciudades como Los Ángeles, Phoenix, Denver, la ciudad de México y Atenas trae consigo dolores de cabeza, irritación de los ojos, fatiga, irritabilidad, depresión e impedimento en el juicio. En la medida en que los diversos contaminantes se encuentran en mayores concentraciones en los establecimientos de trabajo que en la comunidad en general, los empleados pueden estar en serios problemas de salud.

En relación con el desempeño en el trabajo, la evidencia indica que diversos contaminantes pueden reducir la producción o la precisión en muchas tareas. Por ejemplo, se ha descubierto que la exposición al monóxido de carbono en concentraciones encontradas comúnmente a lo largo de las grandes autopistas reduce significativamente el tiempo de reacción del ser humano y disminuye la destreza manual. Esto es un argumento en favor de que las organizaciones que han contaminado los sitios de trabajo instalen equipo de filtración. Tales filtros pueden eliminar hasta 99.75% las partículas suspendidas del aire.

La tendencia hacia sitios de trabajo donde está prohibido fumar es una respuesta a los efectos negativos para el fumador pasivo. Por ejemplo, los no fumadores expuestos a altas concentraciones de humo de cigarrillos (es decir, los fumadores pasivos) reportan mayores sentimientos de irritación, fatiga y ansiedad.

Una nota final: la gente parece acostumbrarse al aire contaminado. La gente se vuelve menos interesada acerca de los altos niveles de contaminación y se siente menos amenazada por la exposición prolongada a tales condiciones.

El diseño del lugar de trabajo

Ahora nos dirigiremos al diseño actual del lugar de trabajo del empleado. Específicamente, observaremos cómo la cantidad de espacio de trabajo, su arreglo o distribución y el grado de privacía que proporciona afectan el desempeño y la satisfacción de un empleado.

TAMAÑO El tamaño está definido por el metro cuadrado por empleado. Uno podría pensar que la tarea a realizar sería el factor más importante para determinar cuánto espacio proporcionar a un empleado, pero éste no es el caso. El estatus es el determinante más importante del espacio.[47] Cuando menos en Estados Unidos, mientras más alto esté un individuo en la jerarquía de la organización, típicamente más espacio consigue.

El hecho de que el estatus y el espacio estén altamente correlacionados demuestra el valor simbólico que tiene la cantidad de espacio que uno controla. Simplemente caminando dentro de la oficina de un gerente y calculando con la vista el tamaño de su oficina, usted de inmediato puede medir el nivel de autoridad de este gerente.

En los rangos de la gerencia, el espacio de oficina puede ser la más anhelada y peleada de todas las recompensas que la organización ofrece, después del dinero y los títulos. Debido a que connota logro y rango, no es raro que las organizaciones, especialmente las grandes, definan los metros de espacio para cada nivel en la jerarquía. A los altos ejecutivos, por ejemplo, podrían asignárseles 74 m² más 28 m² para una oficina o espacio privado de la secretaria. Un gerente de sección podría conseguir 37 m², un gerente de unidad 11 m² y los supervisores solamente 7.4 m². El personal de oficina pudiera ser relegado a compartir una oficina para ocho personas. Nuevamente, no hay una relación necesaria entre los metros cuadrados requeridos para hacer el propio trabajo y el puesto asignado. Y debido a que el estatus es el determinante clave en el tamaño del lugar de trabajo, las desviaciones de este patrón probablemente diminuyan la satisfacción en el trabajo para aquellos individuos que se perciben a sí mismos en el límite de la discrepancia.

DISTRIBUCIÓN Mientras que el tamaño mide la cantidad de espacio por empleado, la distribución se refiere a la distancia entre la gente y las instalaciones. Como mostraremos, la distribución del lugar de trabajo es importante primeramente porque influye de manera significativa en la interacción social.

Existe una cantidad lo suficientemente grande de investigación que apoya que una persona probablemente interactuará más con aquellos individuos que están más

Los muebles sobre ruedas dan a los empleados de la agencia de publicidad establecida en Minneapolis, Fallon McElligott, flexibilidad para distribuir su lugar de trabajo de acuerdo con las necesidades de sus tareas. Para privacía, los empleados trabajan en sus cubículos desde los escritorios que están especialmente equipados con una computadora, archivos y teléfono. Pero cuando los directores de diseño, compradores, gerentes de contabilidad y editores necesitan reunirse en equipo para sesiones de tormenta de ideas, ruedan sus escritorios a un área abierta que la agencia llama espacio "virtual".

cerca físicamente.[48] La ubicación del trabajo de un empleado, por tanto, puede influir en la información a la que uno tiene acceso y a la inclusión o exclusión de uno de los eventos de la organización. El que usted se encuentre o no dentro de una red de chisme, por ejemplo, estará determinado en gran medida por el lugar en que esté ubicado físicamente en la organización.

Un tema que ha recibido considerable atención es la distribución de las oficinas, en especial la colocación del escritorio y el lugar en que el dueño de la oficina prefiere sentarse.[49] A diferencia de la planta de las fábricas, los individuos típicamente tienen algo de margen para acomodar los muebles de su oficina. Y la distribución de una oficina transmite mensajes no verbales a los visitantes. Un escritorio entre dos personas transmite formalidad y la autoridad del poseedor de la oficina, mientras que colocar sillas para que los individuos puedan sentarse en ángulo recto respecto de cada uno trasmite una relación más natural e informal.

PRIVACÍA Como se describió al principio de este capítulo, AGI Inc. rediseñó el lugar de trabajo de sus empleados para reducir la privacía e incrementar la comunicación. AGI es una de las muchas organizaciones que han reemplazado los lugares de trabajo jerárquicos tradicionales por oficinas abiertas.[50]

La privacía es en parte una función de la cantidad de espacio por persona y la distribución de ese espacio. Pero también está influido por los muros, divisiones y otras barreras físicas. La mayoría de los empleados desea una gran cantidad de privacía en sus trabajos (especialmente en puestos gerenciales, donde aquélla está asociada con el estatus). Sin embargo, la mayoría de los empleados también quieren oportunidades de interactuar con colegas, las cuales se restringen conforme la privacía aumenta.

Las oficinas abiertas, con oportunidad mínima para la privacía, están siendo ampliamente adoptadas. "Desde las torres de Manhattan hasta las laderas de Silicon Valley, desde los monstruos como Mobil, IBM y Procter & Gamble hasta las pequeñas empresas, están adoptando nuevos diseños de oficinas para el siglo XXI."[51] Estos nuevos diseños de oficinas son compatibles con la tendencia hacia la creación de oficinas de "trabajar donde sea, a cualquier hora", todo hecho posible por la tecnología avanzada.[52] La unión del correo de voz, el correo electrónico, el fax, la Internet y las intranets privadas hacen posible para la organización derribar las paredes tradicionales y permitir a la gente trabajar en oficinas abiertas, en su automóvil, en casa, o aun en la oficina del cliente.

◆ **Las oficinas abiertas, con oportunidad mínima para la privacía, están siendo ampliamente adoptadas.**

Existe una evidencia cada vez mayor de que el deseo de privacía es fuerte en la mayoría de la gente.[53] La privacía limita las distracciones, las cuales pueden ser particularmente problemáticas para la gente que hace tareas complejas. Sin embargo, la tendencia es claramente hacia menos privacía en el lugar de trabajo. Se necesita más investigación para determinar si los esfuerzos organizacionales por abrir los espacios de trabajo y las preferencias individuales sobre la privacía son o no incompatibles y dan como resultado un desempeño y satisfacción menores del empleado.

Resumen y un modelo de integración

"En sí mismos, [las condiciones físicas de trabajo y el diseño del lugar de trabajo] no parecen tener un impacto motivacional sustancial en las personas. En otras palabras, no inducen a la gente a involucrarse en comportamientos específicos, pero pueden hacer que ciertos comportamientos sean más fáciles o difíciles de realizar. De esta manera, la efectividad de los individuos pudiera incrementarse o reducirse."[54] Así que probablemente es más preciso pensar en las variables que hemos analizado en

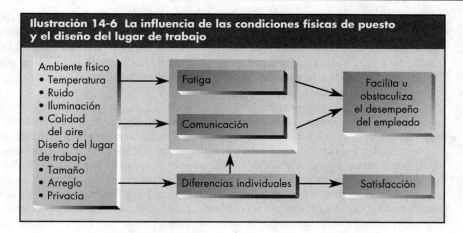

Ilustración 14-6 La influencia de las condiciones físicas de puesto y el diseño del lugar de trabajo

esta sección como aquellas que facilitan u obstaculizan la oportunidad de los empleados de perfeccionar su desempeño.

La ilustración 14-6 resume los puntos estudiados en esta sección. Los lugares y las condiciones de trabajo pueden influir directamente en la satisfacción de un empleado, tomando en consideración las diferencias individuales. Los ambientes y las condiciones de trabajo podrían también indirectamente facilitar u obstaculizar el desempeño del empleado. Cuando el lugar de trabajo está mal diseñado o es incómodo para el ocupante, puede contribuir a la fatiga y obstaculizar la comunicación. Los empleados cansados tienen dificultades para lograr tanto la cantidad como la calidad de la producción. De igual manera, los niveles de ruido o las divisiones físicas pueden hacer difícil que los empleados interactúen o formar lazos informales de grupo. Pero estas reacciones están moderadas por las diferencias individuales como las preferencias de temperatura, la duración de tiempo que uno ha estado expuesto al aire contaminado, la necesidad de estatus y la necesidad de interacción social.

Opciones para el rediseño del trabajo

¿Cuáles son algunas de las opciones que los gerentes tienen a su disposición si quieren rediseñar o cambiar los puestos del empleado? A continuación se analizan cuatro opciones: rotación de puestos, ampliación del puesto, enriquecimiento del puesto y diseños basados en equipos.

Rotación de puestos

Si los empleados sufren de una rutina excesiva en su puesto, una alternativa es utilizar la **rotación de puestos** (o lo que muchos ahora llaman *capacitación cruzada*). Cuando una actividad ya no es más desafiante, el empleado es rotado a otro puesto, al mismo nivel, que tenga requerimientos de habilidades similares.[55]

rotación de puestos
El cambio periódico de un trabajador de una tarea a otra.

G.S.I. Transcomm Data Systems Inc. de Pittsburgh utilizó la rotación del puesto para evitar que se aburra su personal de 110 empleados.[56] Durante un periodo de dos años, cerca de 20% de los empleados de Transcomm realizó cambios laterales de puesto. La gerencia cree que el programa de rotación de puestos ha sido el elemento que más ha contribuido a reducir la rotación de empleados de 25% a menos de 7% por año. Semco SA de Brasil utiliza de manera exhaustiva la rotación de puestos. "Prácticamente nadie" dice el presidente de Semco, "se queda en el mismo puesto por más de dos o tres años. Tratamos de motivar a la gente a mover por completo sus áreas de vez en cuando para que no se atasquen con las soluciones técnicas, la forma de hacer las cosas en las cuales se han arraigado."[57] Mike Conway, director general ejecutivo

(CEO) de America West Airlines, describe cómo su compañía intercapacita completamente a los representantes de servicios al cliente. Él dice que America West lo hace "para dar a los empleados un mejor trabajo, para darles más variedad laboral. Es un mayor desafío, y para aquellos que están interesados en la movilidad hacia arriba, los expone a cerca de 16 diferentes áreas de la compañía contra la única a la estarían expuestos si nos especializáramos".[58]

Las fortalezas de la rotación de puestos consiste en que reduce el aburrimiento e incrementa la motivación a través de la diversificación de las actividades del empleado. Claro, puede también tener beneficios indirectos para la organización, ya que los empleados con un rango más amplio de habilidades dan a la gerencia más flexibilidad para programar el trabajo, adaptarse a los cambios y ocupar las vacantes. Por otro lado, la rotación de puestos tiene sus desventajas. Los costos de entrenamiento se incrementan y la productividad se reduce al mover al trabajador a un nuevo puesto justo cuando su eficiencia en el puesto anterior estaba creando economías organizacionales. La rotación de puestos también crea problemas. Los miembros de un grupo de trabajo tienen que ajustarse al nuevo empleado. El supervisor también podría pasar más tiempo contestando preguntas y observando el trabajo de un empleado a quien se ha rotado recientemente. Por último, la rotación de puestos puede desmotivar a aprendices inteligentes y ambiciosos que buscan responsabilidades específicas en la especialidad que han escogido.

Ampliación del puesto

ampliación del puesto
La expansión horizontal de los puestos.

Hace más de 35 años, la idea de expandir los puestos horizontalmente, o lo que llamamos **ampliación del puesto,** creció en popularidad. Incrementar el número y la variedad de las tareas que un individuo desarrollaba produjo puestos con más diversidad. En lugar de únicamente ordenar el correo de llegada por departamento, por ejemplo, el puesto de un ordenador de correo pudo ser ampliado para incluir la entrega física del correo a los diversos departamentos o pasar las cartas de salida a través del medidor postal.

Los esfuerzos en la ampliación del puesto se toparon con resultados poco entusiastas.[59] Como señaló un empleado que experimentó dicho rediseño de su puesto, "Antes yo tenía un mal puesto. ¡Ahora, gracias a la ampliación, tengo tres!" Sin embargo, han habido algunas aplicaciones exitosas de la ampliación del puesto. Por ejemplo, U.S. Shoe Co. creó áreas modulares de trabajo para reemplazar las líneas de producción en cerca de la mitad de sus fábricas en estas áreas laborales, los trabajadores desarrollan dos o tres pasos en la fabricación de zapatos en lugar de una, como ocurría en las líneas tradicionales de producción. El resultado ha sido producir un calzado de manera eficiente y con mayor atención en la calidad.[60]

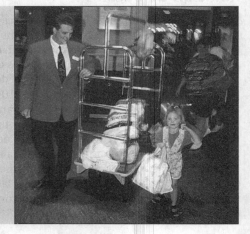

Un saco rojo utilizado por un empleado del Hotel Marriott solía identificar al empleado como portero. Pero los portadores de sacos rojos del Hotel Marriott en Schaumberg, Illinois, son ahora conocidos como "asociados de servicio al huésped". Para incrementar la satisfacción del empleado en el puesto, el hotel ha ampliado el puesto de portero para incluir las tareas de maletero, recepcionista y conserje. La ampliación del puesto también es parte de la estrategia de Marriott para mejorar la calidad del servicio a través de programas tales como First 10 (los primeros 10), el cual se enfoca en dar a los clientes un excelente servicio durante sus primeros 10 minutos en el hotel.

Así, si bien la ampliación del puesto atacó la carencia de la diversidad en puestos superespecializados, hizo muy poco para introducir reto o significado a las actividades del trabajador. El enriquecimiento del puesto fue introducido para ocuparse de las deficiencias de la ampliación.

Enriquecimiento del puesto

El **enriquecimiento del puesto** se refiere a la expansión vertical de los puestos. Incrementa el grado en el cual el trabajador controla la planeación, la ejecución y la evaluación de su puesto. Un puesto enriquecido organiza las tareas de modo que permitan al trabajador realizar una actividad completa, incrementar la libertad e independencia del empleado, incrementar la responsabilidad y proporcionar retroalimentación, para que un individuo sea capaz de evaluar y corregir su propio desempeño.[61]

Lawrence Buettner enriqueció los puestos de los empleados en su departamento de banca internacional en First Chicago Corporation.[62] El producto principal de su departamento son las cartas comerciales de crédito (esencialmente una garantía bancaria para apoyar grandes transacciones de importación y exportación). Cuando él tomó posesión del departamento de 300 empleados, encontró que el papeleo se movía a lo largo de una "línea de ensamble" de documentos, que incrementaba los errores en cada paso. Y los empleados hacían poco por ocultar el aburrimiento que experimentaban en sus puestos. Buettner reemplazó las tareas estrechas, especializadas que los empleados estaban haciendo por puestos enriquecidos. Cada oficinista es ahora un experto en comercio que puede manejar a un cliente desde el principio hasta el fin. Después de 200 horas de entrenamiento en finanzas y leyes, los oficinistas se volvieron asesores de servicio completo que podían emitir documentos en un día mientras asesoraban a los clientes en asuntos misteriosos tales como los procedimientos bancarios en Turquía y controles de exportación de explosivos en Estados Unidos. ¿Y los resultados? La productividad ha aumentado a más del triple, la satisfacción del empleado se ha incrementado y el volumen de transacciones se ha elevado más de 10% al año. Además, las habilidades incrementadas se han traducido en un salario mayor para los empleados que están realizando los puestos enriquecidos. Estos representantes de servicio de comercio, algunos de los cuales han llegado al banco directamente de la preparatoria, ahora ganan de $25,000 a $50,000 al año.

El ejemplo de First Chicago no debería ser tomado como un respaldo absoluto del enriquecimiento del puesto. La evidencia total generalmente sugiere que el enriquecimiento del puesto reduce el ausentismo y los costos de rotación, pero sobre el tema crítico de la productividad, la evidencia es inconclusa.[63] En algunas situaciones, como la de First Chicago, el enriquecimiento del puesto aumenta la productividad; en otras, la disminuye. Sin embargo, aun cuando la productividad disminuya, parece haber consistentemente un uso más concienzudo de los recursos y una más alta calidad del producto o servicio.

Una nueva revisión de los diseños de puesto basados en el equipo

Cada vez más, la gente está desempeñando los puestos en grupos y equipos. ¿Qué podemos decir, si se puede decir algo, acerca del diseño del puesto basado en grupos para tratar de mejorar el desempeño del individuo en esos grupos? Sabemos mucho más acerca del diseño de puesto basado en el individuo que lo que sabemos del diseño a nivel de grupo,[65] sobre todo debido a que la amplia popularidad de los equipos —de manera específica, la asignación de tareas a un grupo de individuos en lugar de a una sola persona— es un fenómeno relativamente reciente. Dicho esto, el mejor trabajo en esta área ofrece dos conjuntos de sugerencias.[66]

Primero, las recomendaciones del MCP parecen ser tan válidas a nivel de grupo como lo son a nivel del individuo. Los gerentes deben esperar que un grupo se

Enriquecimiento del puesto
La expansión vertical de los puestos.

De los conceptos a las habilidades

Diseño de puestos enriquecidos

¿Cómo enriquece la gerencia el puesto de un empleado? Las siguientes sugerencias, basadas en el modelo de las características del puesto, especifican los tipos de cambios en los puestos que con mayor probabilidad llevarán a mejorar su potencial de motivación.[64]

1. *Combine las tareas*. Los gerentes deberían buscar tomar las tareas existentes y tareas fraccionadas y ponerlas juntas para formar un módulo nuevo y más grande de puesto. Esto incrementa la variedad de habilidades y la identidad de la tarea.

2. *Crear unidades de puesto naturales*. La creación de unidades de puesto naturales significa que las tareas que un empleado realiza conforman un todo identificable y con significado. Esto incrementa la "propiedad" del empleado sobre el puesto y mejora la probabilidad de que los empleados vean su trabajo como algo significativo e importante en lugar de considerarlo irrelevante y aburrido.

3. *Establecer relaciones con el cliente*. El cliente es el usuario del producto o servicio sobre el cual el empleado trabaja (y podría ser tanto un "cliente interno" como alguien fuera de la organización). Cuando sea posible, los gerentes deben tratar de establecer relaciones directas entre los trabajadores y sus clientes. Esto incrementa la variedad de habilidades, la autonomía y la retroalimentación para el empleado.

4. *Expandir los puestos verticalmente*. La expansión vertical da a los empleados responsabilidades y control que antes estaban reservadas para la gerencia. Busca cerrar parcialmente la brecha entre "hacer" y "controlar" los aspectos del puesto e incrementa la autonomía del empleado.

5. *Abrir canales de retroalimentación*. Al incrementar la retroalimentación, los empleados no sólo saben si están desempeñando bien sus puestos, sino también si su rendimiento está mejorando, se deteriora o está estancado a un nivel constante. Idealmente, esta retroalimentación debería ser recibida directamente conforme el empleado realiza el trabajo, en vez de que la gerencia se la proporcione ocasionalmente.

desempeñe a un alto nivel cuando (1) la tarea del grupo requiere que los miembros utilicen una variedad de habilidades relativamente de alto nivel; (2) la tarea del grupo es una pieza completa y significativa de puesto, con un resultado visible; (3) los resultados de grupo en la tarea tienen consecuencias significativas para otras personas; (4) la tarea proporciona a los miembros del grupo con autonomía sustancial para decidir cómo hacen el puesto, y (5) el puesto sobre la tarea genera retroalimentación regular y confiable acerca de lo bien que el grupo se está desempeñando.

Segundo, la composición del grupo es vital para el éxito del grupo de puesto. En consistencia con los descubrimientos descritos en el capítulo 8, los gerentes deberían tratar de asegurase de que se cumplan las siguientes cuatro condiciones: (1) los miembros individuales tienen la destreza necesaria relevante a la tarea para hacer su puesto; (2) el grupo es lo suficientemente grande para realizar el puesto; (3) los miembros poseen habilidades tanto interpersonales como de tarea, y (4) la pertenencia al grupo es moderadamente diversa en términos de talentos y perspectivas.

Opciones de programación de horario

Susan Ross es el clásico "pájaro madrugador". Se levanta cada mañana a las 5:00 A.M., en punto, llena de energía. Por otro lado, como ella señaló: "Usualmente estoy lista para dormir justo después de las noticias de las 7:00 P.M."

El horario de trabajo de Susan como procesadora de reclamaciones en Hartford Insurance es flexible. Le permite algún grado de libertad en cuanto a sus horas de entrada y de salida. Su oficina abre a las 6:00 A.M. y cierra a las 7:00 P.M. Depende de ella cómo programe sus ocho horas diarias dentro de este periodo de 13 horas. Debido a que Susan es una persona diurna y a que tiene un hijo de siete años de edad quien sale de la escuela a las 3:00 P.M. todos los días, ella opta por trabajar de 6:00 A.M. a 3:00 P.M. "Mis horas de trabajo son perfectas. Estoy en el trabajo cuando me encuentro mentalmente más alerta y puedo estar en casa para hacerme cargo de Sean después de que sale de la escuela."

La mayoría de la gente trabaja ocho horas al día, cinco días a la semana. Empiezan a una hora fija y se van a otra hora fija. Pero un gran número de organizaciones han introducido opciones alternativas de horario de trabajo como una manera de mejorar la motivación, la productividad y la satisfacción del empleado.

Semana laboral comprimida

La forma más popular de una **semana laboral comprimida** es cuatro días de 10 horas cada uno.[67] El programa 4-40 fue concebido para permitir a los trabajadores más tiempo de esparcimiento y compras, y permitirles viajar hacia y desde el trabajo en horarios que no fueran horas pico. Los defensores sugieren que tal programa puede incrementar el entusiasmo, la moral y el compromiso del empleado en la organización; puede incrementar la productividad y reducir los costos; reducir los paros de máquina en la fabricación; reducir el tiempo extra, la rotación y el ausentismo, y hacer más fácil para la organización reclutar empleados.

Actualmente cerca de 25% de las grandes compañías estadounidenses ofrecen un horario de cuatro días para cuando menos algunos de sus trabajadores.[68] Esto es el doble de lo que era a finales de la década de los ochenta. Y una encuesta nacional reciente encontró que dos tercios de los adultos que trabajaban preferiría una semana de trabajo de cuatro días a un horario estandarizado de cinco días.[69]

Los defensores sostienen que la semana laboral comprimida podría afectar positivamente la productividad en situaciones en las cuales el proceso de trabajo requiere periodos significativos de arranque y paro.[70] Cuando los momentos de encendido y apagado son un factor importante, los estándares de productividad toman estos periodos en consideración al determinar el tiempo requerido para generar una producción dada. En consecuencia, en tales casos, la semana de trabajo comprimida incrementará la productividad aun cuando el desempeño del trabajador no resulte afectado, simplemente porque el horario mejorado de trabajo reduce el tiempo no productivo.

La evidencia sobre el programa de desempeño 4-40 es generalmente positiva.[71] A pesar de que algunos empleados se quejan de fatiga cerca del final del día, y acerca de la dificultad de coordinar sus puestos con su vida personal —esto último es un problema para las madres trabajadoras—, a la mayoría le gusta el programa 4-40. En un estudio, por ejemplo, cuando a los empleados se les preguntó si ellos querrían continuar su programa 4-40, el cual había estado funcionando por seis meses, o regresar a la semana tradicional de cinco días, 78% quiso mantener la semana laboral comprimida.[72]

Semana laboral más corta

¿Qué tal se oye una semana reducida de cuatro días, de 32 horas? ¿Qué pasaría si se incluyera una reducción de 20% en el salario? Un numeroso grupo de países de Europa occidental están considerando la primera como una solución al alto desempleo. Pero si los sindicatos obtienen lo que quieren, no será con una reducción salarial.[73]

Europa occidental tiene 20 millones de desempleados. En un esfuerzo por enfrentar este problema, países como Alemania, Francia, España y Bélgica están considerando seriamente esparcir el puesto disponible entre más gente al reducir la semana laboral en 20 por ciento.

semana laboral comprimida
semana de cuatro días, con empleados que trabajan 10 horas al día.

Con una tasa de desempleo de cerca de 12% y que sigue elevándose en Francia y Alemania, las presiones políticas están forzando su aprobación. Volkswagen, por ejemplo, ha dado un ultimátum al sindicato que representa a sus 103,000 trabajadores: o aceptan una semana laboral de cuatro días con un 20% de disminución en el salario o cerca de un tercio de los puestos será recortado.

No está claro hasta este punto si la semana laboral de 32 horas se volverá el nuevo estándar en Europa occidental. Más aún, incluso si así fuera, no es seguro que los empleados tengan que aceptar una reducción significativa en el salario. Las propuestas actuales que están siendo consideradas a nivel federal incluyen que los patrones absorban el costo completo: pagar trabajadores por 40 horas, aun si trabajan sólo 32; que el gobierno se haga cargo de la cuenta; o alguna combinación de reparto del costo entre trabajadores, patrones y el gobierno.

El impacto que tenga sobre los empleados una semana laboral reducida sólo puede ser especulativo en este momento. Si bien el programa crearía más puestos, los empleados quizás se enfocarían en cómo los afecta individualmente en lugar del efecto positivo que tenga en el empleo en su país. Una reducción de 20% en las horas, sin una reducción en el salario, debería tener efectos generalmente positivos sobre la satisfacción del empleado y efectos negativos en la productividad. Si la reducción en las horas se ve acompañado de un 20% de reducción en el salario, es probable que disminuya la satisfacción.

Tiempo flexible

El tiempo flexible es una opción de programación que permite a los empleados, dentro de parámetros específicos, decidir cuándo ir a trabajar. El horario de trabajo de Susan Ross en Hartford Insurance es un ejemplo de tiempo flexible. Pero, específicamente, ¿qué es el tiempo flexible?

El **tiempo flexible** es corto para las horas flexibles de trabajo. Permite a los empleados alguna libertad sobre cuándo llegan y cuándo dejan el trabajo. Los empleados tienen que trabajar un número específico de horas a la semana, pero son libres de variar las horas de trabajo dentro de ciertos límites. Como se muestra en la ilustración 14-7, cada día consiste de un centro común, usualmente de seis horas, con una banda flexible que rodea el centro. Por ejemplo, excluyendo una hora de descanso para el almuerzo, el núcleo podría ser de 9:00 A.M. a 3:00 P.M., con el horario de apertura y cierre de la oficina de 6:00 A.M. a 6:00 P.M. A todos los empleados se les pide estar en sus trabajos durante el periodo central común, pero se les permite acumular sus otras dos horas antes y/o después del horario central. Algunos programas de tiempo flexible permiten horas extra para que sean acumuladas y cambiadas a un día libre cada mes.

El tiempo flexible se ha vuelto una opción de horario extremadamente popular. Por ejemplo, un estudio reciente sobre compañías con más de 1,000 empleados encontró que 53% de éstas ofreció a los empleados la opción del tiempo flexible.[74]

Los beneficios reducidos al tiempo flexible son numerosos. Incluyen una reducción en el ausentismo, una productividad mayor, menos gastos por horas extra,

tiempo flexible
Los empleados trabajan durante un periodo de tiempo flexible con un periodo central común cada día, pero tienen la facultad de formar su día de trabajo total a partir de un conjunto de horas flexibles fuera del periodo central.

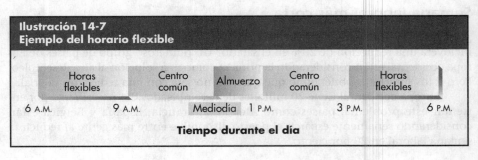

Ilustración 14-7
Ejemplo del horario flexible

Horas flexibles	Centro común	Almuerzo	Centro común	Horas flexibles
6 A.M.	9 A.M.	Mediodía 1 P.M.	3 P.M.	6 P.M.

Tiempo durante el día

una disminución en la hostilidad hacia la gerencia, una reducción de tráfico alrededor de los sitios de trabajo, eliminación de los retardos y una mayor autonomía y responsabilidad de los empleados que podrían incrementar la satisfacción del empleado en el trabajo.[75] Pero, más allá de las pretensiones, ¿cuál es la marca del tiempo flexible?

Casi toda la evidencia sobre el desempeño es favorable. El tiempo flexible tiende a reducir el ausentismo y con frecuencia mejora la productividad del trabajador,[76] probablemente por diversas razones. Los empleados pueden programar sus horas de trabajo para acomodarlas a las demandas personales, con lo que se reducen los retardos y el ausentismo y los empleados pueden ajustar sus actividades de trabajo a esas horas en las cuales son individualmente más productivos.

La mayor desventaja del tiempo flexible es que no es aplicable a todos los puestos. Funciona bien con las tareas de oficina donde la interacción del empleado con la gente externa de su departamento es limitada. No es una opción viable para las re-

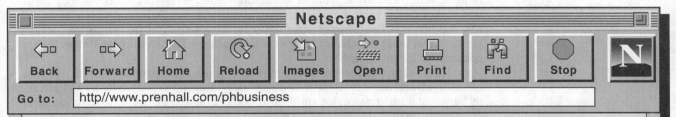

Netscape

Go to: http//www.prenhall.com/phbusiness

El CO en las noticias

La creciente popularidad de los horarios de trabajo alternativos

Los horarios de trabajo alternativos, los cuales no hace mucho eran vistos como distorsiones en el lugar de trabajo y como asunto "únicamente de las mamás" se han vuelto una herramienta estratégica a medida que las organizaciones tratan de ofrecer la flexibilidad que sus empleados necesitan en una sociedad en cambio.

El Bank of America de San Francisco, por ejemplo, tiene a 12,000 trabajadores que usan el tiempo flexible, 4,800 están en semanas de trabajo comprimidas, 2,000 comparten el trabajo, 1,300 trabajan en casa cuando menos un día a la semana y tiene 500 empleados de medio tiempo.

Una unidad de negocios de Continental Corp., en el norte de Nueva York, tiene 200 de sus 207 empleados en horarios alternativos. Bechtel Corp., la compañía mundial de construcción, hace uso extensivo de las semanas de trabajo comprimidas.

Tres cambios sociales están influyendo en este movimiento del horario de trabajo alternativo. Primero, cada vez menos mujeres están en casa para proporcionar cuidado a los niños o familiares de edad avanzada. Segundo, hay menos disposición de la gente de casarse con el trabajo. Y tercero, la tecnología en constante cambio como las computadoras, los teléfonos y los faxes en red hace que la ubicación donde se realiza el trabajo sea menos relevante.

Basado en M. A. Verespej, "The Anytime, Anywhere Workplace", *Industry Week*, 4 de julio de 1994, pp. 37-40.

¡Conéctese a la red!

Lo invitamos a que visite la página de Robbins en el sitio de Prentice Hall en la Web:

http://www.prenhall.com/robbinsorgbeh

para el ejercicio de la World Wide Web de este capítulo.

cepcionistas, personal de ventas en tiendas de venta al menudeo o trabajos similares donde el servicio amplio requiere que la gente esté en sus estaciones de trabajo en momentos predeterminados.

Puesto compartido

puesto compartido
La práctica de tener un trabajo de 40 horas a la semana dividido entre dos o más personas.

Una innovación reciente de la programación del trabajo es el **puesto compartido.** Permite a dos o más individuos dividir la semana tradicional de 40 horas. Así, por ejemplo, una persona podría realizar el trabajo de las 8:00 A.M. al medio día, mientras que otra podría realizar el mismo trabajo de la 1:00 P.M. a las 5:00 P.M.; o los dos podrían trabajar horario completo pero en días alternados.

Aunque el puesto compartido está creciendo en popularidad, está menos generalizado que el tiempo flexible. Solamente cerca de 30% de las grandes organizaciones ofrecen esta opción.[77] Y en contraste con el tiempo flexible, sólo un pequeño porcentaje de empleados realmente utilizan esta opción.[78] Xerox es una organización que lo hace. Laura Meier y Lori Meagher, por ejemplo, comparten el puesto de gerente de ventas en Xerox.[79] Ambas son madres de niños en edad preescolar y deseaban una mayor flexibilidad, pero no querían abandonar sus carreras gerenciales en Xerox. Así que hoy Laura supervisa a sus ocho representantes de ventas los jueves y viernes; Lori tiene el trabajo los lunes y los martes, y las dos mujeres trabajan alternadamente los miércoles.

Desde el punto de vista de la gerencia, el puesto compartido permite a la organización atraer los talentos de más de un individuo en un puesto dado. Un gerente de banco que supervisa a dos empleados que comparten el puesto lo describe como una oportunidad para conseguir dos cabezas, pero "pagar sólo una".[80] También abre la oportunidad para adquirir trabajadores más hábiles —por ejemplo, mujeres con niños pequeños y jubilados— quienes pudieran no estar disponibles sobre una base de tiempo completo. Desde el punto de vista del empleado, el puesto compartido incrementa la flexibilidad. Como tal, pude incrementar la motivación y la satisfacción de aquellos para quienes una semana de 40 horas no es práctica.

Teleconmutación (teletrabajo o teleenlace)

teleconmutación
Los empleados hacen su trabajo en casa en una computadora que está enlazada a la empresa.

Podría ser lo más cercano al trabajo ideal para mucha gente. No más trayectos a la oficina, horas flexibles, libertad de vestir como le plazca y pocas o ninguna interrupción de sus colegas. Se llama **teleconmutación** (teletrabajo o teleenlace) y se refiere a los empleados que hacen su trabajo en casa en una computadora que está enlazada a sus oficinas.[81] Actualmente, en Estados Unidos, cerca de 10 millones de personas trabajan en casa haciendo cosas como tomar órdenes por teléfono, llenar formas y reportes y procesar o analizar información.[82] La teleconmutación es actualmente la tendencia de mayor crecimiento en la programación del trabajo. Una proyección, por ejemplo, predice que para el año 2000 más de 60 millones de trabajadores estadounidenses —cerca de la mitad de la fuerza laboral— harán alguna clase de trabajo en casa.[83] Los patrones han estado entusiasmados con el concepto, y sostienen que incrementa la productividad del trabajador, mejora la capacidad de la organización para retener empleados valiosos e incrementa la lealtad del empleado.

◆ La teleconmutación (teletrabajo o teleenlace) es actualmente la tendencia de mayor crecimiento en la programación del trabajo.

American Express Travel Services es una organización cuya experiencia con la teleconmutación ha sido muy positiva.[84] En 1993, 100 agentes de viajes de AmEx en 15 localidades trabajaron de este modo. La compañía puede conectar las casas de estas personas con el teléfono de American Express y líneas de datos por un gasto único de $1,300 cada uno, incluyendo el hardware. Una vez en su lugar, las llamadas del servicio de reservaciones de AmEx son dirigidas a las casas de los trabajadores, donde ellos pueden buscar tarifas y realizar reservaciones en sus PC. El agente típico en teleconmutación en AmEx maneja 26% más llamadas en casa que en la oficina. ¿Por qué? Un agente piensa que se debe a la ausencia de distracciones: "No me siento como si estuviera trabajando más duro. Es sólo que no tengo a Suzy a mi lado diciéndome que su esposo es un estúpido. No estoy preocupada acerca de quién está entrando en la oficina del jefe, u observando quién se dirige al sanitario por décima ocasión en el día." Además, conforme más agentes se adhieran a la teleconmutación (teletrabajadores) y liberan espacio de oficina, la compañía generará ahorros sustanciales en renta. Por ejemplo, en la ciudad de Nueva York, le cuesta a AmEx cerca de $4,400 al año rentar el espacio de 12 m² que ocupa cada agente de viajes.

No todos los empleados adoptan la idea de la teleconmutación. Después del terremoto de Los Ángeles en enero de 1994, muchas compañías de ese lugar empezaron a ofrecer la teleconmutación a sus trabajadores.[85] Fue popular durante una semana o dos, pero pronto se desvaneció. Muchos trabajadores se quejaron de que se estaban perdiendo de reuniones importantes e interacciones informales que llevaban a nuevas políticas e ideas. La inmensa mayoría estaba dispuesta a realizar los viajes de dos y tres horas, mientras los puentes y autopistas estaban siendo reconstruidos, a fin de mantener sus contactos en el trabajo.

El futuro a largo plazo de la teleconmutación depende de algunas preguntas para las cuales todavía no tenemos respuestas definitivas. Por ejemplo, ¿los empleados que trabajan en su casa estarán en desventaja acerca de las políticas de la oficina? ¿Podrían tener menos probabilidades de ser tomados en cuenta para aumentos de salario y ascensos? ¿Estar fuera de vista equivale a estar olvidado? ¿Las distracciones que no están relacionadas con el trabajo, como los niños, los vecinos y la cercanía del refrigerador podrían reducir de manera significativa la productividad en el caso de personas sin fuerza de voluntad y disciplina superiores?

Resumen e implicaciones para los gerentes

La comprensión del diseño del puesto puede ayudar a los gerentes a diseñar trabajos que afecten positivamente la motivación del empleado. Por ejemplo, los puestos que califican alto en potencial motivacional incrementan el control del empleado sobre los aspectos clave en su trabajo. Por tanto, los puestos que ofrecen autonomía, retroalimentación y características de tarea de complejidad similar ayudan a satisfacer las metas individuales de aquellos empleados que desean un gran control sobre su trabajo. Por supuesto, en consistencia con el modelo del procesamiento de la información social, la percepción de que las características de las tareas son más complejas tal vez sea más importante como influencia en la motivación del empleado que las solas características objetivas de las tareas. La clave, entonces, es proporcionar pistas a los empleados que sugieran que sus puestos califican alto en factores como la variedad de las habilidades, la identidad de la tarea, la autonomía y la retroalimentación.

La tecnología está cambiando los puestos de las personas y su comportamiento de trabajo. La ACT y su énfasis en el proceso de mejoramiento continuo pueden incrementar la tensión del empleado a medida que los individuos encuentran que las expectativas de desempeño se incrementan de manera constante. La reingeniería está eliminando millones de puestos y está modificando completamente los puestos que quedan. Los sistemas de manufactura flexible requieren de empleados que aprendan nuevas habilidades y acepten mayores responsabilidades. Y la tecnología está haciendo que muchas de las habilidades de puesto resulten hoy obsoletas y está acortando el tiempo de vida de casi todas las habilidades —técnicas, administrativas y gerenciales. Las variables en el diseño y en las condiciones de puesto como la temperatura, el ruido, la iluminación, la calidad del aire, el tamaño del espacio de trabajo, la distribución y el arreglo interior y el grado de privacía pueden influir directamente en la satisfacción del empleado. Además puede afectar la productividad del empleado al influir en la comunicación y la fatiga del empleado.

Las opciones de horarios hábiles alternativos como la semana de trabajo comprimida, semanas laborales más cortas, el tiempo flexible, el puesto compartido y la teleconmutación (el teletrabajo) se han vuelto más populares en los años recientes. Se han convertido en una herramienta estratégica en la medida que las organizaciones tratan de incrementar la flexibilidad que sus empleados necesitan en el cambiante lugar de trabajo.

Para revisión

1. Describa tres puestos que califiquen alto en el MPC. Describa tres puestos que califiquen bajo en el mismo modelo.

2. ¿Cuáles son las implicaciones del modelo de procesamiento social de la información para predecir el comportamiento del empleado?

3. ¿Cuáles son las implicaciones de un programa de mejora continua para los empleados?

4. ¿Cuáles son las implicaciones de un programa de reingeniería para los empleados?

5. ¿Qué son los sistemas de manufactura flexible?

6. ¿Cómo podría usted diseñar una oficina de manera que se incremente la oportunidad de que los empleados sean productivos?

7. ¿Qué puede hacer para mejorar el desempeño del empleado en los equipos a través del diseño del trabajo?

8. ¿Cuáles son las ventajas del tiempo flexible desde la perspectiva del empleado? ¿Desde la perspectiva de la gerencia?

9. ¿Cuáles son las ventajas del puesto compartido desde la perspectiva del empleado? ¿Desde la perspectiva de la gerencia?

10. Desde la perspectiva del empleado, ¿cuáles son los pros y los contras de la teleconmutación (el teletrabajo)?

Para discusión

1. La reingeniería necesita ser impuesta autocráticamente a fin de superar la resistencia del empleado. Esto va directamente en contra del modelo contemporáneo de gerente como buen escucha, instructor, alguien que motiva a través de la participación del empleado y que posee fuertes habilidades de apoyo de equipo. ¿Pueden estas dos posturas ser reconciliadas?

2. ¿Cómo ha cambiado la tecnología el puesto del gerente a lo largo de los últimos 20 años?

3. ¿Querría usted un puesto de teleconmutación (teletrabajo o teleenlace) de tiempo completo? ¿Cómo piensa que la mayoría de sus amigos se sentirían acerca de tal trabajo? ¿Usted piensa que la teleconmutación tiene futuro?

4. ¿Qué puede hacer la gerencia para mejorar las percepciones de los empleados acerca de que sus puestos son interesantes y de desafío?

5. ¿Cuáles son las implicaciones de la obsolescencia del trabajador en (a) la sociedad; (b) la práctica gerencial; y (c) usted, como individuo, al planear una carrera?

Punto

La noción de puesto se está volviendo obsoleta

Antes de 1800, muy poca gente tenía un empleo. La gente trabajaba duro cultivando comida o haciendo cosas en casa. No tenían horarios regulares, ni descripciones de puesto, ni jefes, ni prestaciones laborales. En su lugar, trabajaban largas horas en cambiar diversas tareas en diversos lugares, en un horario establecido por el sol y el clima y las necesidades del día. Fue la Revolución Industrial y la creación de las grandes compañías manufactureras lo que trajo consigo el concepto de lo que hemos llegado a considerar como *puesto*. Pero las condiciones que crearon "el puesto" están desapareciendo. La producción con especificaciones individuales está acabando con la producción en masa; la mayoría de los trabajadores ahora manejan información, no productos físicos, y las condiciones de competencia están demandando una respuesta rápida a los mercados cambiantes. Aunque los economistas y los analistas sociales continúan hablando de desaparición de los puestos en ciertos países o industrias, están pasando por alto el punto más relevante: lo que está desapareciendo realmente es *el empleo en sí mismo*.

En una economía de movimiento rápido, los puestos son soluciones rígidas a un problema elástico. De vez en cuando podemos reescribir la descripción del puesto de una persona, pero no cada semana. Cuando el puesto necesita cambios constantemente —lo cual caracteriza cada vez más al mundo de hoy en día— las organizaciones no pueden costear la inflexibilidad que los puestos tradicionales traen consigo.

En el futuro próximo, muy poca gente tendrá puestos como los hemos llegado a conocer. En lugar de éstos, habrá situaciones de puesto de tiempo parcial y temporales. Las organizaciones se transformarán de una estructura integrada por puestos a un campo con trabajo que necesita ser realizado. Estas organizaciones estarán formadas esencialmente por "pistoleros a sueldo" —empleados eventuales (temporales, de medio tiempo, consultores y trabajadores por contrato), quienes se unirán a equipos de proyecto para realizar una tarea específica. Cuando esa tarea sea terminada, se desintegrará el equipo. La gente trabajará en más de un equipo a la vez, manteniendo horarios irregulares y probablemente sin reunirse jamás con sus compañeros cara a cara. Las computadoras, los radiolocalizadores, los teléfonos celulares, los módems y similares permitirán que la gente trabaje para múltiples patrones al mismo tiempo, en localidades a lo largo de todo el mundo. Pocos de estos empleados estarán trabajando de 9:00 A.M. a 5:00 P.M. en lugares específicos de puesto y tendrán menos seguridad de la que tuvieron sus abuelos, quienes trabajaron para U.S. Steel, General Motors, Sears, Bank of America o enormes burocracias similares. En lugar de seguridad y pronosticabilidad, tendrán flexibilidad y autonomía. Serán capaces de hacer sus propias combinaciones de lugar-tiempo para sustentar sus diversas necesidades familiares, de estilo de vida y financieras.

Este argumento está basado en W. Bridges, *JobShift* (Reading, MA: Addison-Wesley, 1994).

Los puestos son la esencia de la vida organizacional

El punto central de cualquier discusión sobre el trabajo o el comportamiento organizacional es el concepto de puesto. Es la suma de tareas lo que define los deberes y responsabilidades del individuo.

Cuando se crea una organización, los gerentes tienen que determinar qué tareas necesitan hacerse para que la organización logre sus metas y quiénes realizarán dichas tareas. Estas decisiones preceden a la contratación de la fuerza de trabajo. Recuerde que son las tareas las que determinan la necesidad de la gente, no al revés. El análisis del puesto es el proceso formal que los gerentes usan para definir los puestos dentro de la organización y los comportamientos que son necesarios para realizar esos trabajos. Por ejemplo, ¿cuáles son los deberes de un especialista de compras de tercer grado que trabaja para International Paper? ¿Qué cantidad mínima de conocimientos, destrezas y habilidades es necesaria para un adecuado desempeño del puesto de un especialista de compras grado 3? ¿Cómo se comparan los requerimientos de este especialista de tercer grado con los de uno de segundo grado o con un analista de compras? Éstas son preguntas que los analistas de puestos pueden responder.

¿Puede usted concebir una organización sin puestos? No más de lo que usted puede concebir un automóvil sin motor. No hay duda de que los cambios que están ocurriendo en las organizaciones requieren que los gerentes definan nuevamente lo que es el puesto. Por ejemplo, hoy en día, los puestos a menudo incluyen una interacción directa con el cliente así como también responsabilidades de equipo. En muchos casos, las organizaciones están teniendo que hacer las descripciones de puesto más flexibles para reflejar la naturaleza más dinámica del trabajo hoy en día. Debido a que es ineficiente reescribir las descripciones de puesto cada semana, los gerentes están pensando nuevamente qué es lo que forma un puesto y están definiendo los puestos en términos más fluidos. Pero el concepto de los puestos continúa siendo el centro de cualquier esfuerzo de diseño del trabajo y una piedra angular fundamental para entender el comportamiento laboral formal en las organizaciones.

Para aquellos que creen que el concepto de puesto está agonizando, todo lo que tienen que hacer es mirar el movimiento sindicalista de comercio y su determinación a mantener claras delineaciones de trabajo. Los sindicatos laborales han volcado su interés en el *statu quo* y lucharán duro para proteger la seguridad y la susceptibilidad de predicción que proporcionan los puestos tradicionales. Además, si pareciese que la sociedad sin puestos fuera a convertirse en una realidad ampliamente difundida, los políticos estarían bajo una fuerte presión para crear una legislación que la prohibiera. Un mundo con empleados de tiempo parcial y eventuales es una amenaza a la estabilidad de nuestra sociedad. La gente trabajadora quiere estabilidad y posibilidad de predecir y buscarán elegir a sus representantes para que los protejan contra eso. Los políticos que ignoren este deseo enfrentarán la ira del electorado.

Ejercicio de aprendizaje sobre usted mismo

¿El puesto enriquecido es para usted?

INSTRUCCIONES La gente difiere en lo que le gusta y le disgusta de sus trabajos. A continuación, se enumeran 12 pares de puestos. En cada par, indique cuál puesto preferiría usted. Suponga que todo lo demás acerca de los puestos es lo mismo —ponga atención sólo a las características realmente enumeradas para cada par de puestos. Si usted prefiriera el puesto de la columna A, indique cuánto lo prefiere poniendo una marca en algún espacio en blanco a la izquierda del punto neutral. Si usted prefiriera el puesto de la columna B, marque uno de los espacios en blanco a la derecha del neutral. Marque el espacio neutral sólo si usted encuentra los dos puestos igualmente atractivos o desagradables. Trate de usar lo menos posible el espacio neutral.

Columna A		Columna B
1. Un puesto que ofrezca poco o ningún reto.	Fuerte preferencia por A — Neutral — Fuerte preferencia por B	Un puesto que requiera que usted esté completamente aislado de sus compañeros.
2. Un puesto en que paguen bien.	Fuerte preferencia por A — Neutral — Fuerte preferencia por B	Un puesto que permita una oportunidad considerable de ser creativo e innovador.
3. Un puesto en que a menudo requiera que usted tome decisiones importantes.	Fuerte preferencia por A — Neutral — Fuerte preferencia por B	Un puesto en el cual haya mucha gente agradable con quien trabajar.
4. Un puesto con poca seguridad en alguna organización algo inestable.	Fuerte preferencia por A — Neutral — Fuerte preferencia por B	Un puesto en el cual usted tenga poca a ninguna oportunidad de participar en decisiones que afecten su trabajo.
5. Un puesto en el cual la mayor responsabilidad se le da a aquellos que hacen el mejor trabajo.	Fuerte preferencia por A — Neutral — Fuerte preferencia por B	Un puesto en el cual la mayor responsabilidad se le da a los empleados leales que tengan más *antigüedad*.
6. Un puesto con un supervisor que a veces sea profundamente crítico.	Fuerte preferencia por A — Neutral — Fuerte preferencia por B	Un puesto que no requiera que use mucho de su talento.
7. Un puesto muy rutinario.	Fuerte preferencia por A — Neutral — Fuerte preferencia por B	Un puesto en el cual sus compañeros no sean muy amigables.
8. Un puesto con un supervisor que lo respete y lo trate con justicia.	Fuerte preferencia por A — Neutral — Fuerte preferencia por B	Un puesto que le proporcione oportunidades constantes de aprender cosas nuevas e interesantes.
9. Un puesto que le dé una oportunidad real de desarrollarse personalmente.	Fuerte preferencia por A — Neutral — Fuerte preferencia por B	Un puesto con prestaciones vacacionales y adicionales excelentes.
10. Un puesto en el cual haya una oportunidad real de que pudiera ser despedido.	Fuerte preferencia por A — Neutral — Fuerte preferencia por B	Un puesto con muy poca oportunidad de hacer un puesto desafiante.
11. Un puesto con poca libertad e independencia para hacer su trabajo en la forma que usted piensa que es mejor.	Fuerte preferencia por A — Neutral — Fuerte preferencia por B	Un puesto con condiciones laborales pobres.

12. Un puesto con un equipo de puesto muy satisfactorio.

Fuerte prefe-   Neutral Fuerte preferencia por A   rencia por B

Un puesto que le permite usar sus habilidades y capacidades en toda su extensión.

Pase a la página A-29 para instrucciones sobre la calificación y la clave.

Fuente: J. R. Hackman y G. R. Oldham, *The Job Diagnostic Survey: An Instrument for the Diagnosis of Jobs and the Evaluation of Redesign Projects.* Technical Report No. 4 (New Haven, Conn.: Yale University, Departament of Administrative Sciences, 1974). Reimpreso con autorización.

Ejercicio de trabajo en grupo

Análisis y diseño de puestos

Divídanse en grupos de cinco a siete miembros. Cada estudiante deberá describir el peor puesto que él o ella haya tenido. Use cualquier criterio que desee para seleccionar uno de estos puestos para ser analizado por el grupo.

Los miembros del grupo analizarán el puesto seleccionado determinando qué tan bien califica en el modelo de las características del puesto. Utilice la siguiente escala para su análisis de cada dimensión del puesto:

7 = Muy alto
6 = Alto
5 = Un poco alto
4 = Moderado
3 = Un poco bajo
2 = Bajo
1 = Muy bajo

Las siguientes preguntas de muestra pueden guiar al grupo en su análisis del puesto en cuestión:

◆ *Variedad de las habilidades*: Describa las diferentes habilidades identificables requeridas para hacer este trabajo. ¿Cuál es la naturaleza de las habilidades orales, escritas y/o habilidades cuantitativas necesarias? ¿Y de las habilidades físicas? ¿El poseedor del puesto obtiene la oportunidad de usar todas sus habilidades?

◆ *Identidad de la tarea*: ¿Cuál es el producto que el poseedor del puesto crea? ¿Está él o ella involucrado en la producción desde el principio hasta el final? Si no es así, ¿está él o ella involucrado en una fase particular de su producción desde el principio hasta el final?

◆ *Significado de la tarea*: ¿Cuán importante es el producto? ¿Cuán importante es el papel del poseedor del puesto en su producción? ¿Cuán importante es la contribución del poseedor del puesto para la gente con la que él o ella trabaja? Si el trabajo del poseedor del puesto fuera eliminado, ¿cuán inferior sería el producto?

◆ *Autonomía*: ¿Cuánta independencia tiene el poseedor del puesto? ¿Tiene que seguir un horario estricto? ¿Qué tanto es supervisado él o ella?

◆ *Retroalimentación*: ¿El poseedor del puesto obtiene retroalimentación regular de su supervisor? ¿De sus compañeros? ¿De sus subordinados? ¿De los clientes? ¿Qué hay acerca de la retroalimentación intrínseca sobre el desempeño cuando hace el trabajo?

Usando la fórmula en la ilustración 14-3, calcule el potencial motivador del puesto. Luego, utilizando las sugerencias ofrecidas en el capítulo para rediseñar los puestos, describa acciones específicas que la gerencia pudiera llevar a cabo para incrementar el potencial motivador del trabajo.

Calcule los costos para la gerencia provenientes de rediseñar el puesto en cuestión. ¿Los beneficios exceden a los costos?

Concluya el ejercicio pidiendo que un representante de cada grupo comparta su análisis de grupo y sugerencias de rediseño con toda la clase. Los temas posibles para la discusión de la clase podrían incluir: similitudes en los puestos escogidos, problemas en la clasificación de las dimensiones de puesto y la evaluación del costo-beneficio de los cambios de diseño.

Fuente: este ejercicio está basado en el trabajo de W. P. Ferris, "Enlivening the Job Characteristics Model", en C. Harris y C. C. Lundberg, *Proceedings of the 29th Annual Eastern Academy of Management Meeting,* Baltimore, MD; mayo de 1992, pp. 125-128.

Una experiencia universitaria de reingeniería

Al dar inicio este siglo, menos de 2% de los egresados de preparatoria fueron a la universidad. En su mayor parte, la universidad en aquellos días era una experiencia elitista reservada para los niños de la clase alta. Hoy en día, en lugares como Estados Unidos, aproximadamente 60% de los egresados de preparatoria continúan la universidad. En la década de los noventa, en gran parte del mundo, la educación superior se ha vuelto un producto para las masas.

Aunque las instituciones de educación superior ahora sirven a una audiencia más amplia y diversa, la estructura de las universidades y sus currículos no han cambiado mucho desde el siglo pasado. Los críticos sostienen que la experiencia del egresado típico —cuatro años de trabajo en cursos, dividido en ocho o nueve periodos, con estudiantes tomando de tres a seis cursos por periodo, dictados mayormente por profesores de tiempo completo que imparten sus clases— tienen poco sentido hoy en día. Por ejemplo, nos damos cuenta de que el conocimiento no está dividido en estrechas especialidades departamentales ni en segmentos de tres unidades, pero es así como tiende a ser transmitido. Además, si bien la cátedra tuvo sentido hace un siglo, es un medio anticuado de transferir la información cuando los estudiantes tienen acceso a bibliotecas y a bases de datos en línea. Los críticos también desafían diversas prácticas bien establecidas de los colegios y universidades: extensos campus con dormitorios y otras instalaciones para alumnos residentes cuando, de hecho, la mayoría de los estudiantes viajan diariamente a la universidad; los procesos de acreditación que legitiman las credenciales académicas del profesor, la importancia de la investigación, el uso de un cuerpo docente de tiempo completo en vez de uno de tiempo parcial y el otorgamiento de la definitividad; el alto subsidio de la educación pública por parte de los contribuyentes, y la falta de respuesta del profesorado y administradores a la necesidad de cambio.

¿Cómo se vería una universidad si se sometiera a un proceso de reingeniería? El Vassar College, por ejemplo, recientemente anunció que estaba eliminando el nombramiento a los nuevos profesores. La National University en San Diego dividió su currículum en cursos mensuales que son ofrecidos en todo el año e impartidos casi completamente por profesionales en ejercicio en lugar de profesores de tiempo completo. Algunas universidades están experimentando con clases impartidas en equipo con profesores de diversas disciplinas. Pero esto representa solamente cambios incrementales. La verdadera reingeniería requeriría crear por completo una nueva estructura y currículum a partir de cero.

Preguntas

1. Enumere tantas características de su universidad como pueda, las cuales piense que obstruyen la efectividad de ésta en la década de los noventa.

2. ¿Cómo imagina que serían la estructura y el currículum de una universidad que haya pasado por el proceso de reingeniería?

3. En momentos de cambio drástico en la sociedad, los colegios y universidades permanecen relativamente estables. Los campus de las universidades no son muy diferentes de aquellos que sus padres o abuelos podrían haber encontrado. ¿Qué cambios han ocurrido que hayan sido crecientes o introducidos por las universidades recién desarrolladas? En momentos en que casi toda compañía está haciendo una remodelación completa de sus prácticas tradicionales, ¿por qué las universidades continúan operando como siempre lo han hecho?

Espionaje dirigido a los empleados

¡El hermano mayor lo está observando! Algunas corporaciones han estado espiado a los empleados en el trabajo, y aun en momentos en que no están en el trabajo. Sheraton Hotels lo está haciendo. Así también Kmart.

Francklin Etienne y Brad Fair se encuentran entre las docenas de empleados del Sheraton que fueron videograbados en secreto en el trabajo (y no sólo mientras estaban haciendo sus trabajos). Brad, por ejemplo, fue videograbado desvistiéndose en el cuarto de guardarropa de los empleados. Francklin fue "atrapado" leyendo un libro durante su descanso programado para el almuerzo. Los funcionarios de Sheraton defendieron sus actos diciendo que videograbar en secreto dio como resultado el arresto de un empleado traficante de drogas. Sin embargo, Etienne, un inmigrante haitiano, no puede conciliar esta acción de su patrón con la preocupación de Estados Unidos por la libertad. Él dice: "Cuando descubrí que estaba grabado en cinta, pensé: '¿dónde está la intimidad de la que los estadounidenses siempre están hablando? ¿Dónde está la libertad sobre la cual ellos siempre están hablando?'"

La experiencia de Lew Hubble en el almacén de Kmart fue más personal. Él supo que dos compañeros con quienes había trabajado amistad eran realmente investigadores privados contratados por Kmart para reunir informes sobre los empleados yendo a los bares locales con ellos, visitándolos en sus casas y cosas parecidas. Estos reportes contenían información que poco o nada tenían que ver con los puestos de los empleados. Por ejemplo, en un informe se leía que un empleado había procreado al niño de otro empleado, y se identificaba a los empleados por su nombre. La gerencia de Kmart no hablaría acerca de estas acciones como una evidencia, pero los gerentes defendieron su uso de los investigadores privados señalando que fueron contratados para ayudar a dividir un círculo "interno" de robo. Un empleado del almacén dijo: "Lo que toma lugar en el almacén, tienen derecho a saberlo. Pero no tienen derecho a saber lo que pasa en mi recámara, ni en mi sala."

Éstos no son ejemplos aislados. Se ha estimado que cuando menos seis millones de trabajadores estadounidenses son espiados en el trabajo cada año. Este espionaje adopta varias formas: escuchar las llamadas telefónicas, grabar en video las áreas de trabajo, revisar las entradas de las computadoras y monitorear el correo electrónico, y hay poco que los empleados puedan hacer para impedir que la gerencia los espíe, dentro o fuera de la propiedad de la compañía. En Estados Unidos hay una ley federal que prohíbe que los patrones escuchen las llamadas personales de sus trabajadores, pero aparte de eso, casi no hay protección contra los ojos curiosos en el trabajo.

Preguntas

1. ¿Cuándo el espionaje cruza la línea de los controles reales de la gerencia para invadir la intimidad del empleado?

2. ¿Su percepción de la gerencia de Sheraton o de Kmart es que hubiera sido mejor que éstas le hubieran dicho a los empleados que podrían ser grabados en video en cualquier lado o que se habían contratado a investigadores privados para vigilar actividades ilegales de los empleados? Discuta sobre este punto.

3. ¿Piensa usted que el descenso de la moral y el deterioro de la confianza como resultado de estas prácticas de espionaje está compensado por la reducción en las pérdidas de propiedad y ganancias en la productividad (por ejemplo, al identificar y despedir empleados que roban o usan drogas ilegales)?

4. Los asistentes digitales personales, las computadoras en red y nuevas tecnologías similares sólo harán más fácil para los patrones observar a los empleados. ¿Qué opina al respecto de esto? ¿Qué controles, de haberlos, espera que su patrón ponga en práctica para proteger su intimidad y sus libertades?

Fuente: basado en "Employers Spying on Employees", *ABC News World News Tonight;* pasado al aire el 28 de marzo de 1994.

POLÍTICAS Y PRÁCTICAS DE RECURSOS HUMANOS

PERFIL DEL CAPÍTULO

OBJETIVOS DE APRENDIZAJE

Después de estudiar este capítulo, usted será capaz de:

1 Contrastar las descripciones de puesto con las especificaciones de puesto

2 Identificar las habilidades clave para una entrevista eficaz

3 Enumerar las ventajas de los exámenes de simulación del desempeño sobre los exámenes escritos

4 Definir tres categorías de habilidades

5 Describir cómo ha cambiado la planeación de la carrera en la última década

6 Explicar los propósitos de la evaluación del desempeño

7 Describir los problemas potenciales en la evaluación del desempeño y las acciones que pueden corregir estos problemas

8 Aclarar cómo la existencia de un sindicato afecta el comportamiento del empleado

9 Describir las características de un lugar de trabajo con interés en la familia

> Después de escuchar a mis empleados, tengo que concluir que tengo solamente tres tipos de gente trabajando para mí: Stars, All-Stars y Superstars ¿Cómo es posible que toda mi gente esté por encima del promedio?
> —Un jefe anónimo

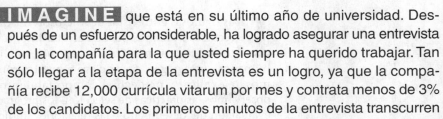

IMAGINE que está en su último año de universidad. Después de un esfuerzo considerable, ha logrado asegurar una entrevista con la compañía para la que usted siempre ha querido trabajar. Tan sólo llegar a la etapa de la entrevista es un logro, ya que la compañía recibe 12,000 currícula vitarum por mes y contrata menos de 3% de los candidatos. Los primeros minutos de la entrevista transcurren como usted esperaba. Se le pregunta su experiencia en la universidad, sus clases favoritas, sus intereses. Entonces, de repente, el entrevistador le hace diversas preguntas sobre las cuales nunca antes había cavilado: ¿por qué las cubiertas de las alcantarillas son redondas? ¿Cuántas estaciones de gasolina hay en Estados Unidos? ¿Cuánta agua fluye a través del Mississippi diariamente? Suponga que usted tiene un globo lleno de aire que está debajo del agua y en equilibrio. ¿Qué pasa cuando usted lo hunde 3 metros?

Bienvenidos a una entrevista con Microsoft Corp.[1] El líder mundial en software ha crecido a más del triple desde 1990. En años recientes, ha estado contratando a una tasa de 3,000 nuevos empleados anualmente, la mayoría recién egresados de la universidad. Las preguntas anteriores son lo típico a lo que se enfrentan los solicitantes al trabajo en Microsoft. Como explicó el director de reclutamiento de Microsoft, David Pritchard, al describir por qué su gente hace preguntas tan extrañas: "No estamos buscando la respuesta 'correcta'. Estamos buscando el método." Él quiere gente que demuestre un proceso de razonamiento lógico.

La gerencia de Microsoft está determinada a contratar al mejor y más brillante. La compañía quiere solicitantes que sean inteligentes, creativos y que demuestren la flexibilidad para aprender continuamente. "En esta industria", dijo Pritchard, "las cosas están cambiando diariamente, y si usted no es capaz de aprender cosas nuevas, no tendrá éxito".

Pritchard pone en claro que él y su personal creen que la contratación cuidadosa es vital para el éxito futuro de Microsoft. "Lo mejor que podemos hacer por nuestros competidores es contratar de manera errónea. Si contrato a un montón de payasos, nos dañaríamos, debido a que toma tiempo deshacerse de ellos. Empiezan infiltrándose y luego ellos mismos comienzan a contratar gente de menor calidad. En Microsoft siempre estamos buscando contratar a personas que sean mejores que nosotros." ◆

as rigurosas entrevistas de Microsoft ilustran cómo las políticas y prácticas de recursos humanos pueden afectar importantes resultados de comportamiento organizacional. En este capítulo, analizamos, varios asuntos de recursos humanos que agregan piezas clave a nuestro rompecabezas en la medida que tratamos de explicar y predecir el comportamiento del empleado.[2] Específicamente, observamos las prácticas de selección, los programas de desarrollo y capacitación, la evaluación del desempeño y las relaciones sindicato-gerencia.

Prácticas de selección

El objetivo de la selección eficaz es acoplar las características individuales (capacidad, experiencia y así sucesivamente) con los requerimientos del puesto.[3] Cuando la gerencia no puede conseguir un acoplamiento adecuado, tanto el desempeño del empleado como su satisfacción sufre. En esta búsqueda por lograr el ajuste correcto individuo-puesto, ¿dónde empieza la gerencia? La respuesta es en la evaluación de las demandas y los requerimientos del puesto. El proceso de apreciar las actividades de un puesto se llama *análisis del puesto*.

Análisis del puesto

El **análisis del puesto** implica desarrollar una descripción detallada de las tareas involucradas en una posición, determinar la relación del puesto dado con otros puestos y descubrir cuáles son los conocimientos, las habilidades y las destrezas necesarias para que un empleado realice exitosamente el trabajo.[4]

¿Cómo se consigue esta información? La ilustración 15-1 describe los métodos de análisis del puesto más populares.

La información que se reunió mediante el uso de uno o más métodos de análisis del puesto da como resultado que la organización sea capaz de crear una **descripción del puesto** y una **especificación del puesto.** La primera es un enunciado escrito de lo que un trabajador hace, cómo lo hace y por qué lo hace. Debe mostrar con precisión el contenido del puesto, el ambiente y las condiciones de empleo. La especificación del puesto enuncia las calificaciones mínimas aceptables que los empleados deben poseer para desempeñar exitosamente un puesto dado. Así que las descripciones del puesto identifican las características del titular exitoso.

Ilustración 15-1 Métodos comunes de análisis de puestos

1. **Método de observación.** Un analista observa directamente a los empleados o revisa películas de trabajadores en sus labores.
2. **Método de la entrevista individual.** Aspirantes seleccionados al puesto son sometidos a una rigurosa entrevista y los resultados de un número de estas entrevistas se combinan en un solo análisis del trabajo.
3. **Método de entrevista de grupo.** Igual que la entrevista individual, excepto que los aspirantes al puesto son entrevistados simultáneamente.
4. **Método del cuestionario estructurado.** Los trabajadores marcan o califican los conceptos que ellos desarrollan en sus puestos de una larga lista de posibles elementos de tareas.
5. **Método de la conferencia técnica.** Las características específicas de un puesto son obtenidas de "expertos", quienes por lo general son supervisores con un extenso conocimiento sobre el puesto.
6. **Método diario.** Los ocupantes del puesto reportan sus actividades cotidianas en un diario.

La descripción y la especificación del puesto son documentos importantes para conducir el proceso de selección. La descripción del puesto es útil para explicar a los candidatos en qué consiste el trabajo. La especificación del puesto mantiene la atención de quienes hacen la selección en la lista de cualidades necesarias para que un titular desempeñe un puesto, y ayuda al mismo tiempo a determinar si los candidatos están calificados o no.

Herramientas de selección

¿Qué tienen en común las solicitudes, las entrevistas, los exámenes de empleo, las verificaciones de referencias y las cartas de recomendación? Cada una es una herramienta para obtener información acerca del solicitante al puesto que pueda ayudar a que la organización determine si las habilidades, el conocimiento y las capacidades del solicitante son apropiadas para el puesto en cuestión. En esta sección revisamos las herramientas de selección más importantes: entrevistas, exámenes escritos y exámenes de simulación de desempeño.

ENTREVISTAS ¿Sabe de alguien que haya obtenido un trabajo sin al menos una entrevista? Usted podría tener un conocido que consiguió un trabajo de medio tiempo o de verano gracias a un amigo cercano o a un pariente sin pasar por una entrevista, pero tales casos son raros. De todas las herramientas de selección que las organizaciones usan para diferenciar a los candidatos, la entrevista continúa siendo una de las más frecuentemente utilizadas.[5]

La entrevista también parece tener gran peso. Es decir, no sólo es ampliamente utilizada, sino que sus resultados tienden a tener una influencia desproporcionada sobre la decisión de selección. El candidato que tiene un desempeño pobre en la entrevista de trabajo probablemente será retirado del grupo de solicitantes, a pesar de su experiencia, resultados en los exámenes o cartas de recomendación. Por el contrario, "muy a menudo, la persona que está más pulida en las técnicas de búsqueda de trabajo, particularmente aquellas utilizadas en el proceso de la entrevista, es quien resulta contratado, aun cuando él o ella no sea el mejor candidato para el puesto".[6]

> ◆ El candidato que tiene un desempeño pobre en la entrevista de trabajo probablemente será retirado del grupo de solicitantes, a pesar de su experiencia, resultados en los exámenes o cartas de recomendación.

Estos hallazgos son importantes debido a la manera no estructurada en la cual es conducida frecuentemente la entrevista de selección. La entrevista no estructurada —de corta duración, informal y compuesta de preguntas al azar— ha probado ser una herramienta de selección poco eficaz.[7] La información reunida en tales entrevistas por lo general está influenciada y a menudo no está relacionada con el futuro desempeño en el puesto. Sin una estructura, varios prejuicios pueden distorsionar los resultados. Estos prejuicios incluyen entrevistadores que tienden a favorecer a los solicitantes que comparten sus actitudes, dan un gran peso a la información negativa y permiten que el orden en el cual los solicitantes son entrevistados influya en la evaluación.[8] Si se tiene entrevistadores que utilicen un grupo estandarizado de preguntas, se cuenta con un método uniforme de registrar la información y se estandarizan las calificaciones del solicitante, la variabilidad de los resultados de los solicitantes se reduce, con lo que aumenta grandemente la validez de la entrevista como herramienta de selección.

La evidencia indica que las entrevistas son muy valiosas para evaluar la inteligencia, el nivel de motivación y las habilidades interpersonales de un solicitante.[9] Cuando estas cualidades están relacionadas con el desempeño en el puesto, la validez de la entrevista como una herramienta de selección se incrementa. Por ejemplo, estas cualidades han demostrado su relevancia para el desempeño de los puestos ge-

Solicitantes calificados que buscan empleo en The Bulldog Group son entrevistados por la fundadora de la compañía, Elie Rubin (izquierda). Debido a que la firma de mercadotecnia de Toronto se especializa en comunicaciones interactivas como pabellones y publicidad en CD-ROM, los candidatos deben tener experiencia en diseño gráfico o producción de video y demostrar dominio técnico en al menos cuatro, pero preferentemente nueve, programas especializados de software. Durante las entrevistas, los solicitantes también deben convencer a Rubin de que poseen bastantes habilidades generales. Su empleado ideal es un "profesionista ecléctico", una persona que sea creativa, flexible, analítica, comunicativa, dispuesta a aprender y que piense independientemente pero que pueda trabajar con miembros del equipo.

renciales superiores. Esto podría explicar por qué el solicitante de posiciones a nivel de alta gerencia pasan por docenas de entrevistas con reclutadores ejecutivos, miembros del consejo y otros ejecutivos de la compañía, antes de que se tome la decisión final. También puede explicar por qué las organizaciones que diseñan el trabajo en torno a equipos hacen pasar a los solicitantes por un número inusual de entrevistas.

EXÁMENES ESCRITOS Los exámenes escritos comunes son exámenes de inteligencia, aptitud, capacidad, interés e integridad. Muy populares durante largo tiempo como herramientas de selección, por lo general ha declinado su uso desde la década de los sesenta. La razón es que tales exámenes frecuentemente han sido caracterizados como discriminatorios y muchas organizaciones no han validado o no pueden validar que tales exámenes tengan relación con el trabajo.

Los exámenes de capacidad intelectual, capacidad espacial y mecánica, precisión perceptual y capacidad motriz han mostrado ser pronosticadores moderadamente válidos para muchos puestos operativos semicalificados y no calificados en las organizaciones industriales.[10] Los exámenes de inteligencia han probado ser pronosticadores particularmente buenos para puestos que requieren complejidad cognoscitiva.[11] Los fabricantes japoneses de automóviles, cuando buscan personal para las plantas en Estados Unidos, se apoyan en gran medida en los exámenes escritos para predecir qué candidatos tendrán un alto desempeño.[12] Conseguir un trabajo con Toyota, por ejemplo, puede tomar hasta tres días de exámenes y entrevistas. Los exámenes escritos por lo general se enfocan en habilidades como la lectura, las matemáticas, la destreza mecánica y la capacidad para trabajar con otros.

Conforme se van incrementando los problemas éticos en las organizaciones, los exámenes de integridad han ido ganando popularidad. Éstos son exámenes de papel y lápiz que miden factores como la confiabilidad, el cuidado, la responsabili-

De los conceptos a las habilidades

Entrevista de selección

La entrevista consta de cuatro etapas. Empieza con la *preparación*, seguida por la *apertura*, un periodo de *cuestionamiento y discusión* y una *conclusión*.[13]

1. *Preparación.* Antes de reunirse con el solicitante, usted deberá revisar su forma de solicitud y su currículum. También deberá revisar la descripción y la especificación del puesto para el cual está siendo entrevistado el solicitante. A continuación, estructure la agenda de la entrevista. Específicamente, utilice las preguntas estandarizadas que se le proporcionen o prepare una serie de preguntas que quiera hacerle al solicitante. Las preguntas estandarizadas hacen más fácil las comparaciones entre los candidatos. Escoja preguntas que no puedan contestarse solamente con un sí o un no. Las preguntas que empiezan con *cómo* o *por qué* tienden a estimular las respuestas largas. Evite preguntas dirigidas que telegrafíen la respuesta deseada (como "¿usted diría que tiene buenas habilidades interpersonales?") y preguntas bipolares que requieren que el solicitante seleccione una respuesta de sólo dos opciones (como "¿prefiere trabajar con otros o trabajar solo?"). En la mayoría de los casos, las preguntas que se relacionan con el estado civil y la situación familiar, la edad, la raza, la religión, el sexo, antecedentes étnicos, historial crediticio e historial de arrestos están prohibidos por la ley estadounidense a menos que usted pueda demostrar que de alguna

manera están relacionadas con el desempeño en el puesto, así que evítelas. En lugar de preguntar "¿Es usted casado?" o "¿Tiene niños?", podría preguntar: "¿Hay razones que le impidan trabajar tiempo extra varias veces al mes?" Claro, para evitar la discriminación, usted tiene que hacer esta pregunta a ambos candidatos, masculino y femenino. Ya que el mejor pronosticador del comportamiento futuro es el comportamiento pasado, las mejores preguntas tienden a ser aquellas que se enfocan en experiencias previas que son relevantes para el trabajo actual. Los ejemplos podrían incluir: "¿qué ha hecho en los trabajos anteriores que demuestren su creatividad?", "piense en alguna ocasión en que tuvo que motivar a un empleado o una empleada para realizar un trabajo que a él o ella le disgustaba pero que usted necesitaba que el individuo hiciera. ¿Cómo manejó la situación?" Puede hacerse un pronóstico más válido si se hacen preguntas de cómo los candidatos han manejado situaciones en el pasado inmediato, similares a las que enfrentarán en el trabajo.

2. *Apertura.* Suponga que el solicitante está tenso y nervioso. Si usted va a obtener un conocimiento válido sobre lo que es realmente el solicitante, necesitará hacer que se relaje. Preséntese usted mismo. Sea amistoso. Empiece con preguntas simples o frases que puedan romper el hielo; por ejemplo: "¿hubo mucho tráfico

camino hacia acá?" Una vez que el solicitante está un poco relajado, usted deberá proporcionar una orientación breve. Anticipe los temas que serán discutidos, cuánto durará la entrevista, y explique si usted tomará notas. Aliente al solicitante a hacer preguntas.

3. *Cuestionamiento y discusión.* Las preguntas que usted desarrolle durante la etapa de preparación le proporcionarán un mapa para guiarlo. Asegúrese de que las cubrirá todas. Las preguntas adicionales deberán emerger de las respuestas a las preguntas estandarizadas. Seleccione preguntas de seguimiento que fluyan naturalmente de las respuestas dadas. Las preguntas de seguimiento buscan explorar más profundo de lo que el solicitante dice. Si usted siente que la respuesta del solicitante es superficial o inadecuada, busque una elaboración de la misma. Aliente una repuesta más larga exclamando: "Dígame más acerca del tema". Si usted necesita aclarar la información, diga algo así como: "Usted dice que trabajar tiempo extra está bien *a veces*. ¿Puede decirme específicamente cuándo estaría dispuesto a trabajar tiempo extra?" Si el solicitante no responde directamente a su pregunta, haga un seguimiento repitiendo la pregunta o parafraseando. Finalmente, nunca desestime el poder del silencio en una entrevista. Uno de los mayores errores que cometen los entrevistadores inexpertos es que hablan demasiado. Usted no aprenderá nada del candidato

(continúa)

si usted no deja de hablar. Pare cuando menos por unos segundos después de que el solicitante parezca haber terminado una respuesta. Su silencio alienta al solicitante a continuar hablando.

4. *Conclusión*. Una vez que ha terminado con las preguntas y discusiones, usted está listo para terminar la entrevista. Deje que el solicitante sepa este hecho con una frase como: "Bueno, esto cubre todas las preguntas que tengo. ¿Hay algo acerca del trabajo o de nuestra organización que no haya dicho?" Luego permita que el solicitante sepa lo que pasará a continuación. ¿Cuándo podrá tener noticias? ¿Le escribirán o le telefonearán? ¿Es probable que haya más entrevistas de seguimiento? Antes de considerar la entrevista terminada, escriba su evaluación, mientras esté fresca en su mente. Idealmente, usted debe haber tomado notas o debe haber grabado las respuestas del solicitante y debe haber hecho comentarios de sus impresiones. Ahora que se ha ido el solicitante, tómese el tiempo para evaluar sus respuestas.

dad y la honestidad. Hay evidencia de que estos exámenes son muy buenos para predecir calificaciones de supervisión de desempeño en el trabajo y comportamiento laboral contraproducente, como el robo, los problemas de disciplina y el ausentismo excesivo.[14]

EXÁMENES DE SIMULACIÓN DEL DESEMPEÑO ¿Qué mejor forma hay de saber si el solicitante puede hacer el trabajo exitosamente que dejándolo hacerlo? Ésa es precisamente la lógica de los exámenes de simulación del desempeño.

Los exámenes de simulación del desempeño han incrementado su popularidad durante las pasadas dos décadas. Indudablemente el entusiasmo por estos exámenes proviene del hecho de que ellos están basados en el análisis de los datos del puesto y, por tanto, cumplen más fácilmente con los requerimientos de la relación en el trabajo que la mayoría de los exámenes escritos. Los exámenes de simulación del desempeño implican comportamientos reales de trabajo en lugar de sustitutos, como los exámenes escritos.

◆ **¿Qué mejor forma hay de saber si el solicitante puede hacer el trabajo exitosamente que dejando que lo haga?**

Los dos exámenes de simulación del desempeño mejor conocidos son la muestra del trabajo y los centros de evaluación (Assessment Centers). El primero está hecho para los puestos rutinarios, en tanto que el segundo es relevante para la selección de personal gerencial.

La **muestra del trabajo** es un esfuerzo por crear una réplica en miniatura de un puesto. Los candidatos deben demostrar que poseen los talentos necesarios para hacer realmente las tareas. Para planear las muestras de trabajo con base en el análisis de la información del puesto, se determinan el conocimiento, las habilidades y las destrezas necesarias para cada puesto. Entonces cada elemento de muestra del trabajo es acoplado con el elemento de desempeño correspondiente en el puesto. Por ejemplo, una muestra de trabajo para un puesto donde el empleado tiene que usar un software de hoja de cálculo requeriría que el solicitante resuelva realmente un problema usando una hoja de cálculo.

muestra del trabajo
Crear una réplica en miniatura de un puesto para evaluar las capacidades de desempeño de los candidatos.

Los resultados de los experimentos sobre las muestras de trabajo son impresionantes. Los estudios demuestran de manera consistente que las muestras de trabajo proporcionan una validez superior a las pruebas escritas de aptitud y de personalidad.[15]

Un grupo más elaborado de exámenes de simulación del desempeño, diseñados específicamente para evaluar el potencial gerencial del candidato, es administrado en los **centros de evaluación.** Aquí, los ejecutivos de línea, los supervisores, y/o los psicólogos entrenados evalúan a los candidatos que pasan de dos a cuatro días en ejercicios que simulan problemas reales que deberán enfrentar en el trabajo. Con base en una lista de dimensiones descriptivas que el solicitante al puesto real debe poseer, las actividades podrían incluir entrevistas, ejercicios de solución de problemas, discusiones de grupo y juegos de toma de decisiones empresariales. Por ejemplo,

centros de evaluación
Un grupo de exámenes de simulación del desempeño diseñados para evaluar el potencial gerencial de un candidato.

Figura 15-2
Fuente: Chronicle of Higher Education,
10 de febrero de 1995. © 1995 Mark
Litzler.

podría pedirse a un candidato que actuara el papel de un gerente que debe decidir cómo responder a 10 memorandos pendientes en un periodo de dos horas.

¿Cuán válido es el centro de evaluación como herramienta de selección? La evidencia sobre la efectividad de los centros de evaluación es en extremo impresionante. Éstos han demostrado consistentemente que los resultados predicen el desempeño en puestos gerenciales.[16]

Programas de capacitación y desarrollo

Los empleados competentes no permanecen por siempre competentes. Las habilidades se deterioran y pueden volverse obsoletas. Ésta es la razón por la cual las organizaciones gastan miles de millones de dólares cada año en capacitación formal. Por ejemplo, se reportó que las corporaciones estadounidenses con 100 o más empleados gastaron $52.2 mil millones en un año reciente en capacitación formal para 47.3 millones de trabajadores.[17] Xerox por sí sola gasta más de $300 millones al año en capacitación y reentrenamiento de sus empleados.[18] Motorola, Federal Express, Andersen Consulting, Corning y Singapore Airlines gastan todas ellas un mínimo de 3% de su nómina en costos de capacitación.[19] Y miles de pequeñas compañías están invirtiendo en grande en capacitación del empleado.[20]

La mayor competencia, los cambios tecnológicos y la búsqueda de mejoras en la productividad están motivando a la gerencia a incrementar sus gastos para capacitación. Los ingenieros necesitan actualizar sus conocimientos en sistemas mecánicos y eléctricos. Los trabajadores por hora asisten a seminarios sobre solución de problemas, mejoramiento de la calidad y habilidades de formación de equipos. El personal de oficina toma cursos para aprender cómo aprovechar en su totalidad lo último en programas para sus computadoras. Y los ejecutivos mismos participan en talleres para aprender cómo transformarse en líderes eficaces o desarrollar planes estratégicos para sus divisiones. Hoy en día, las personas en todos los niveles de las organizaciones están involucradas en capacitación formal.

En esta sección echamos un vistazo al tipo de habilidades que la capacitación puede mejorar; después revisamos varios métodos de capacitación de habilidades, así como los programas de desarrollo de la carrera que pueden preparar a los individuos para un futuro que será diferente de lo que es hoy.

Categorías de habilidades

Podemos separar las habilidades en cuatro categorías generales: conocimientos elementales, técnica, interpersonal y solución de problemas. La mayoría de las actividades de capacitación buscan modificar una o más de estas habilidades.

CONOCIMIENTOS ELEMENTALES ¡Un informe reciente del Departamento de Educación de Estados Unidos señaló que 90 millones de estadounidenses adultos tienen habilidades limitadas de lectura y cerca de 40 millones pueden leer poco o nada![21] La American Management Association (Asociación de Administración de Estados Unidos) reporta que uno de cada tres solicitantes de trabajo examinados por sus miembros en 1995 carecía de habilidades suficientes de lectura y matemáticas para desarrollar los trabajos que solicitaban.[22] Los demandantes de la mayoría de los lugares de trabajo incluyen un nivel de lectura de primero a segundo de preparatoria, pero cerca de 20% de los estadounidenses entre 21 y 25 años no pueden leer siquiera a un nivel de segundo de secundaria.[23] Y en muchos países del Tercer Mundo, pocos trabajadores pueden leer o han cursado más allá del equivalente al tercer grado de primaria.

Las organizaciones tienen que proporcionar cada vez más habilidades básicas de lectura y matemáticas para sus empleados. Por ejemplo, William Dudek dirige una pequeña compañía de manufactura en el lado norte de Chicago.[24] Sus 35 empleados fabrican clips, ganchos y seguros de metal utilizados en aparatos del hogar y componentes automotrices. Cuando Dudek trató de introducir algunos principios básicos de administración de calidad en su planta, observó que muchos de sus empleados parecían pasar por alto las instrucciones escritas y solamente unos pocos podían calcular porcentajes o hacer una simple gráfica. Después de confirmar la carencia de habilidades básicas de sus empleados, contrató a un profesor y proporcionó clases de inglés y matemáticas a sus empleados en la cafetería de la compañía. Dudek señaló que este entrenamiento, el cual le costó $15,000 en el primer año, hizo a sus empleados más eficientes y ahora trabajan mejor como equipo.

TÉCNICAS La mayoría de la capacitación está dirigida a actualizar y mejorar las habilidades técnicas del empleado. Esto se aplica tanto a los puestos de oficina como a los de la planta. Los puestos cambian como resultado de nuevas tecnologías y métodos mejorados. El empleado de hoy en día que trabaja en una planta automatizada de manufactura necesita un amplio rango de habilidades técnicas que van desde las matemáticas, la ciencia y las computadoras hasta técnicas avanzadas de ensamblaje y herramientas de administración de la calidad como el control de procesos estadístico.[25] Pocos puestos no se han visto afectados. Los clasificadores del correo han tenido que pasar por un entrenamiento técnico a fin de aprender a operar las máquinas automáticas de clasificación. Muchos trabajadores de reparación de automóviles han tenido que pasar por un entrenamiento extensivo para arreglar y mantener los modelos recientes con ejes de transmisión delantera, encendidos electrónicos, inyección de combustible y otras innovaciones. Y millones de oficinistas de la década pasada han tenido que ser entrenados para operar e interactuar con las terminales de computadora.

INTERPERSONAL Casi todos los empleados pertenecen a una unidad de trabajo. En algún grado, el desempeño de sus labores depende de su capacidad para interactuar efectivamente con sus compañeros y sus jefes. Algunos empleados poseen excelentes habilidades interpersonales, pero otros requieren de capacitación para mejorar las suyas. Esto incluye aprender a escuchar mejor, a comunicar las ideas más claramente y a ser un participante más eficaz de equipo.

Una de las áreas de mayor crecimiento en el desarrollo de habilidades interpersonales es la capacitación en la diversidad.[26] Los dos tipos más populares de esta capacitación se enfocan en incrementar la conciencia y en formar habilidades. La *capacitación en concientización* trata de fomentar la comprensión sobre la necesidad del manejo y la valoración de la diversidad y de su significado. El *entrenamiento para la formación de habilidades* educa a los empleados acerca de diferencias culturales específicas en el lugar de trabajo. Las compañías que encabezan la capacitación en la diversidad incluyen a American Express, Avon, Corning, Hewlett-Packard, Monsanto, Motorola, Pacific Gas & Electric, US West y Xerox.

SOLUCIÓN DE PROBLEMAS Tanto los gerentes como muchos empleados que desempeñan tareas no rutinarias tienen que solucionar problemas en el trabajo. Cuando la gente requiere de estas habilidades pero tienen deficiencia de ellas, puede participar en la capacitación para solución de problemas. Esto incluiría actividades que agudicen sus habilidades lógicas, de razonamiento y de definición del problema, así como también sus habilidades para evaluar causas, desarrollar alternativas y seleccionar soluciones. La capacitación para la solución de problemas se ha convertido en una parte básica de casi todo esfuerzo organizacional por introducir equipos autodirigidos o poner en práctica la ACT.

Métodos de entrenamiento

Casi toda la capacitación tiene lugar en el puesto. Esta preferencia puede atribuirse a la simplicidad y, usualmente, al bajo costo de los métodos de capacitación en el puesto. Sin embargo, esta capacitación puede desestabilizar el lugar de trabajo y dar como resultado un incremento en los errores a medida que ocurre el aprendizaje. Asimismo, el desarrollo de ciertas habilidades es demasiado complejo para realizarlo en el puesto. En tales casos, debe tener lugar fuera del ambiente de trabajo.[27]

◆ Casi toda la capacitación tiene lugar en el puesto.

CAPACITACIÓN EN EL PUESTO Los métodos comunes de capacitación en el puesto incluyen la rotación de puestos y las asignaciones de suplente. La *rotación de puestos* implica transferencias laterales que permiten a los empleados laborar en diferentes puestos. Los empleados aprenden una amplia variedad de trabajos y obtienen un mayor conocimiento de la interdependencia entre los puestos y una mayor perspectiva sobre las actividades organizacionales. Los nuevos empleados a menudo aprenden sus trabajos tomando como modelo a un veterano fogueado. En los oficios, esto usualmente se llama *adiestramiento*. En los trabajos de oficina, se conoce como relación *de entrenamiento* o *de mentor*. En cada uno de ellos el aprendiz trabaja bajo la observación de un trabajador experimentado, que actúa como un modelo a quien el suplente trata de emular.

Tanto la rotación como las asignaciones de suplencia se aplican al aprendizaje de las habilidades técnicas. Las habilidades interpersonales y de solución de problemas se adquieren de manera más eficaz mediante la capacitación que toma lugar fuera del trabajo.

CAPACITACIÓN FUERA DEL PUESTO Hay diversos métodos de capacitación fuera del puesto que los gerentes podrían desear poner a disposición de sus empleados. Los más populares son las cátedras en salones, los videos y los ejercicios de simulación. Las *cátedras en los salones de clase* están bien diseñadas para transmitir información específica. Pueden ser utilizadas de manera eficaz para desarrollar habilidades técnicas y de solución de problemas. Los *videos* también pueden utilizarse para demostrar explícitamente las habilidades técnicas que no se presentan con facilidad por otros métodos. Las habilidades interpersonales y de solución de problemas podrían aprenderse mejor a través de *ejercicios de simulación* como los análisis de casos, los ejercicios vivenciales, la actuación de papeles y sesiones de interacción de grupo. Los complejos modelos de computadora, como aquellos utilizados por las líneas aéreas en el entrenamiento de pilotos, son otra clase de ejercicios de simulación, la cual en este caso se usa para enseñar habilidades técnicas. Así ocurre con el *entrenamiento de vestíbulo*, en el cual los empleados aprenden sus trabajos con el mismo equipo que estarán usando, excepto que la capacitación se efectúa fuera del piso real de trabajo. La ilustración 15-3 describe los resultados de una encuesta sobre los métodos de instrucción fuera del puesto usados para el entrenamiento del empleado.

La capacitación fuera del puesto puede apoyarse en consultores externos, la universidad local, profesorado o personal interno. Es probable que la mayoría de ustedes estén familiarizados con el hecho de que McDonald's ha estado entrenando a miles de sus gerentes y futuros gerentes desde 1961 en su Universidad de la Hamburguesa.[28] El corazón del currículum de esta universidad es un programa de dos semanas que combina operaciones de mejoramiento, dirección de equipos y desarrollo de habilidades interpersonales para los gerentes de restaurantes y franquicias. Pero usted no tiene que ser una corporación de miles de millones de dólares para comprometerse con la capacitación interna. Granite Rock, Inc., un productor de materiales de construcción y pavimentación, gasta cerca de 1% de sus ventas brutas y un enorme 4.2% de la nómina en capacitación, y hasta ha creado su propia universidad interna.[29] Granite Rock University ofrece más de 50 cursos y seminarios para los empleados de la compañía en todos los rubros, desde el incremento de la autoestima hasta la mecánica del equipo hidráulico móvil.

Ilustración 15-3 Popularidad de los métodos de enseñanza

Método	Porcentaje
Porcentaje de organizaciones que usan estos métodos para la capacitación del empleado	
Videocintas	95
Cátedras	93
Instrucción individual	76
Actuación de papeles	63
Juegos	58
Entrenamiento basado en computadora	58
Audiocintas	54
Autoevaluación/instrumentos de autoexamen	53
Estudio de casos	52

Basado en una encuesta nacional de compañías estadounidenses con al menos 100 empleados.

Fuente: reimpreso con autorización del número de octubre de 1993 de la revista *TRAINING.* © 1993, Lakewood Publications, Minneapolis, MN. Todos los derechos reservados.

Individualizar la capacitación para ajustarla al estilo de aprendizaje del empleado

La manera en que usted procesa, internaliza y recuerda material nuevo y difícil no es necesariamente la misma manera en que lo hago yo. Este hecho significa que la capacitación eficaz debería ser individualizada para que refleje el estilo de aprendizaje del empleado.[30]

Algunos ejemplos de diferentes estilos de aprendizaje incluyen leer, observar, escuchar y participar. Algunas personas absorben la mejor información cuando leen acerca de ella. Ésta es la clase de gente que puede aprender a utilizar computadoras sentándose en su estudio y leyendo manuales. Algunas personas aprenden mejor mediante la observación. Observan a los demás y después emulan los comportamientos que han visto. Este tipo de gente puede observar a alguien usar una computadora por un rato y luego copiar lo que ha visto. Quienes escuchan se apoyan en gran medida en su sentido auditivo para absorber la información. Preferirían aprender a utilizar una computadora escuchando una cinta. Las personas que prefieren un estilo participativo aprenden mediante la práctica. Quieren sentarse, encender la computadora y obtener experiencia realizando la actividad que van a aprender.

Usted puede traducir estos estilos en diferentes métodos de aprendizaje. Para maximizar el aprendizaje, los lectores deberían recibir libros u otro material de lectura para su revisión; los observadores deberían tener la oportunidad de observar a los individuos modelando las nuevas habilidades ya sea en persona o en video; quienes escuchan se beneficiarían escuchando conferencias o cintas; y quienes participan se beneficiarían más con oportunidades de experiencias donde puedan simular y practicar sus nuevas habilidades.

Estos estilos diferentes de aprendizaje obviamente no son mutuamente excluyentes. De hecho, los buenos maestros reconocen que sus estudiantes aprenden de diferentes formas y, por tanto, proporcionan múltiples métodos de aprendizaje. Asignan lecturas antes de clase, dan cátedras, utilizan ayudas visuales para ilustrar los conceptos y hacen que los alumnos participen en proyectos de grupo, análisis de casos, actuación de papeles y ejercicios de aprendizaje vivencial. Si usted conoce el estilo preferido de un empleado, puede diseñar el programa de capacitación para que él o ella optimice esta preferencia. Si usted no tiene esa información, probablemente sea mejor diseñar el programa para usar una variedad de estilos de aprendizaje. El apoyarse de manera excesiva en un único estilo coloca en desventaja a los individuos que no aprenden bien en ese estilo.

Los hoteles Hilton ofrecen a los empleados una variedad de métodos de capacitación para ajustar los estilos individuales de aprendizaje e involucra a los empleados en el diseño de programas de los de capacitación. La retroalimentación del empleado ayudó a Hilton a diseñar sus series de entrenamiento basadas en video que se muestran aquí. La gran inversión de Hilton en capacitación y reconocer que los empleados aprenden de manera diferente pagan buenos dividendos. Su fuerza de trabajo es el modelo de la excelencia en el servicio en la industria hotelera.

Desarrollo de la carrera

Pocos temas de recursos humanos han cambiado tanto en las pasadas décadas como el papel de la organización en las carreras de sus empleados.[31] Hace 20 años, cuando era más probable que una persona pasara toda su vida laboral con el mismo patrón, la mayoría de las organizaciones de tamaño medio y grande se involucraron en una gran planeación de la carrera del empleado. Ésta se enfocó exclusivamente en desarrollar empleados para oportunidades dentro de la organización específica.

Por ejemplo, desarrollarían gráficas sofisticadas de reemplazo que identificarían el potencial de ascenso los candidatos a puestos internos clave. También ofrecerían un amplio rango de programas internos de desarrollo de carrera para preparar a los empleados para los promociones. Compañías como Aetna Life, General Electric, Merrill Lynch y Toshiba todavía invierten fuertemente en esta forma de planeación de la carrera. Pero conforme más y más organizaciones adelgazan sus operaciones, reingenierizan sus procesos y se reestructuran a sí mismas para incrementar la flexibilidad, están desplazando la responsabilidad del desarrollo de la carrera a sus empleados. En concordancia con el movimiento de facultación del empleado, un número cada vez mayor de organizaciones está facultando a sus empleados para manejar sus propias carreras. Apple Computer, por ejemplo, apoya a los empleados con talleres, asesoría sobre la carrera y programas de reembolso de colegiaturas. Pero se les dice a los empleados que tienen que asumir la responsabilidad de planear la ruta de su carrera personal. No es función del gerente ni de la compañía definir su futuro. En aquellos casos donde se vuelve evidente que las metas personales del individuo no pueden satisfacerse en Apple, los consejeros de la compañía pueden aun ayudar al individuo a prepararse para un futuro fuera de la empresa.

A pesar de este cambio en la tendencia de la responsabilidad, hay beneficios definitivos que se agregan a las organizaciones que ofrecen programas de desarrollo de la carrera.[32] Éstos incluyen asegurarse de que la gente adecuada esté disponible para cumplir con los requerimientos cambiantes de personal, aumentar la diversidad de la fuerza de trabajo y proporcionar empleados con expectativas más realistas de trabajo. En esta sección, proporcionamos una breve revisión histórica del papel cambiante que desempeñan las organizaciones en el desarrollo de la carrera del empleado. Después describimos cuáles son las responsabilidades tanto de la organización como del empleado para el desarrollo de la carrera en la actualidad.

Primero, sin embargo, definamos lo que queremos decir con el término *carrera*. Una **carrera** es "la secuencia evolutiva de las experiencias de trabajo de una persona a lo largo del tiempo".[33] Esta definición no implica el avance o el éxito o fracaso. Cualquier trabajo, remunerado o no, realizado durante un periodo largo puede constituir una carrera. Además del trabajo formal, podría incluir el trabajo de escuela, trabajo en casa o trabajo voluntario.[34]

UN BREVE VISTAZO HACIA EL PASADO   El papel de la gerencia en el desarrollo de la carrera ha sufrido cambios significativos en años recientes. Ha pasado del paternalismo —en el cual la organización asumía la responsabilidad de administrar las carreras de sus empleados— a apoyar a los individuos conforme adoptan la responsabilidad personal de su futuro.

Durante gran parte del siglo XX, las compañías reclutaron trabajadores jóvenes con la intención de que pasaran toda su carrera dentro de una sola organización. Para quienes tenían los diplomas y la motivación adecuados, crearon trayectorias de ascenso con una responsabilidad cada vez mayor. Los patrones proporcionarían la capacitación y las oportunidades y los empleados responderían demostrando lealtad y trabajo duro. Para la mayoría de las organizaciones hoy en día, este programa for-

◆ Un número cada vez mayor de organizaciones está facultando a los empleados para que administren sus propias carreras.

carrera
Una secuencia de puestos ocupados por una persona durante toda una vida.

mal de planeación de la carrera dirigida ha sido desechado. Se le ha reemplazado por carreras autodirigidas. El nuevo arreglo entre patrones y empleados transfiere de la organización al empleado la responsabilidad del desarrollo de la carrera. Así, los empleados de hoy en día están adquiriendo más interés que nunca en mantener sus capacidades, y conocimiento actualizados y en prepararse para las nuevas tareas de mañana. Están empezando a ver el aprendizaje como un proceso que dura toda la vida. Cada vez más, los empleados de hoy en día están equilibrando las responsabilidades de trabajo actuales con la asistencia a cursos durante sus horas libres. De la misma manera que la ACT enfatiza el mejoramiento continuo, las carreras autodirigidas requieren de entrenamiento y aprendizaje continuos.

¿Qué es lo que ocurrió? ¿Por qué tantas organizaciones se salieron del negocio de proporcionar una guía a las carreras de sus empleados? Parece ser que diversas fuerzas están involucradas.[35] Por ejemplo, los esfuerzos organizacionales hacia la creación de empleo para toda la vida han sido, en su mayor parte, desechados. Los patrones no quieren invertir en costosos programas de planeación de la carrera para empleados de corto plazo. Y los empleados no están motivados para aprender habilidades específicas de la organización que podrían no ser compatibles con las habilidades necesarias para otras organizaciones. Además, las burocracias fueron diseñadas para dividir trayectorias bien definidas de carrera para sus miembros. Crearon especialistas funcionales con miras estrechas, ubicados en una jerarquía de múltiples niveles. A medida que se han ido desmantelando las burocracias —reemplazadas a menudo con equipos funcionales, estructuras planas y actividades realizadas por empresas externas— los programas de planeación de carrera han tenido el mismo destino.

LAS RESPONSABILIDADES DE LA ORGANIZACIÓN ¿Qué responsabilidad, si la hay, tiene la organización para el desarrollo de la carrera bajo estas nuevas reglas? El programa de desarrollo de la carrera de Amoco Corp. es un modelo para las compañías modernas.[36] Está diseñado en torno de la confianza en uno mismo y ayuda a que los empleados reflejen su potencial para venderse tanto dentro como fuera de la compañía petrolera establecida en Chicago. Todos los trabajadores son alentados a participar medio día en la introducción del programa en sesiones de todo un día en autovaloración y autodesarrollo. La compañía da apoyo a sus empleados proporcionándoles información: un sistema electrónico de boletines de trabajo en todo el mundo, una red de asesores de carrera y un directorio mundial de los empleados de Amoco y sus habilidades, el cual pueden consultar los gerentes de la compañía para buscar candidatos para nuevos puestos. Pero todo el programa es voluntario y asume que es responsabilidad del trabajador mantener su capacidad de ser empleado.

La esencia del programa de desarrollo progresivo de la carrera se basa en proporcionar apoyo a los empleados para que incrementen continuamente sus capacidades y conocimiento. Este apoyo incluye:

1. *Comunicar claramente las metas de la organización y las estrategias futuras*. Cuando las personas saben a dónde se dirige la organización, están mejor capacitadas para desarrollar un plan personal para participar en ese futuro.

2. *Crear oportunidades de crecimiento*. Los empleados deberían tener la oportunidad de obtener experiencias de trabajo nuevas, interesantes y profesionalmente desafiantes.

3. *Ofrecer asistencia financiera*. La organización debería ofrecer el reembolso de las colegiaturas para ayudar a los empleados a mantenerse actualizados.

4. *Proporcionar el tiempo para que los empleados aprendan*. Las organizaciones deberían mostrar generosidad para conceder permisos pagados para capacitación fuera del trabajo. Además, la cargas de trabajo no deberían ser tan demandantes que impidan a los empleados tener el tiempo para desarrollar nuevas habilidades, capacidades y conocimientos.

LAS RESPONSABILIDADES DEL EMPLEADO Los empleados de la actualidad deberían administrar sus propias carreras como empresarios que manejan un pequeño negocio. Deberían pensar en ellos mismos como autoempleados, aun estando empleados en una gran organización.[37] En un mundo de "agencia libre", la carrera exitosa deberá basarse en una flexibilidad continua, manteniendo las habilidades y el conocimiento actualizados. Las siguientes sugerencias son consistentes con la percepción de que usted, y solamente usted, tiene la principal responsabilidad de su carrera.[38]

1. *Conózcase usted mismo.* Conozca sus fortalezas y debilidades. ¿Qué talentos pueden ofrecer a un patrón? La planeación de la carrera personal empieza con la honestidad con uno mismo.

2. *Administre su reputación.* Sin aparecer como un fanfarrón, permita que otros tanto dentro como fuera de su organización actual sepan acerca de sus logros. Haga visibles sus obras.

3. *Construya y mantenga una red de contactos.* En un mundo de alta movilidad, usted necesita desarrollar contactos. Únase a las asociaciones profesionales nacionales y locales, asista a conferencias y establezca redes en reuniones sociales.

4. *Manténgase actualizado.* Desarrolle aquellas habilidades y capacidades específicas que están en alta demanda. Evite aprender habilidades específicas de la organización que no puedan ser transferidas rápidamente a otros empleadores.

5. *Equilibre sus aptitudes especiales y generales.* Usted necesita mantenerse actualizado dentro de su especialidad técnica. Pero también necesita desarrollar competencias generales que le den la versatilidad para reaccionar a un ambiente de trabajo siempre cambiante. El énfasis demasiado grande en una sola área funcional o incluso en una industria estrecha puede limitar su movilidad.

6. *Documente sus logros.* Los patrones observan cada vez más lo que usted ha logrado en lugar de los títulos que ha obtenido. Busque trabajos y tareas que le proporcionen retos cada vez mayores y que le ofrezcan una evidencia objetiva de sus aptitudes.

7. *Mantenga sus opciones abiertas.* Tenga siempre preparados planes de contingencia que pueda utilizar cuando sea necesario. Usted nunca sabrá cuándo será eliminado su grupo, su departamento adelgazado, su proyecto cancelado o su compañía comprada por otra empresa. "Espere lo mejor pero esté preparado para lo peor", podrá ser un *cliché*, pero es todavía un buen consejo.

Evaluación del desempeño

¿Estudiaría de forma diferente o emplearía un nivel diferente de esfuerzo en un curso universitario calificado sobre una base de aprobar-reprobar que en uno donde se utilicen calificaciones de 10 a 5? Cuando hago esta pregunta a mis alumnos, por lo general obtengo una respuesta afirmativa. Los estudiantes típicamente me dicen que estudian más duro cuando las calificaciones están en riesgo. Además, afirman que cuando toman un curso con calificación aprobar-reprobar, tienden a hacer sólo lo necesario para asegurarse una calificación de aprobación.

Este hallazgo ilustra cómo los sistemas de evaluación del desempeño influyen en el comportamiento. Los mayores determinantes de su esfuerzo de estudio dentro y fuera de clase son los criterios y técnicas que su instructor utiliza para evaluar su desempeño. Claro, lo que se aplica en el contexto de la universidad también se aplica a los empleados en el trabajo. En esta sección, mostraremos cómo la opción de un sistema de evaluación del desempeño y la manera en que éste es administrado pueden ser una fuerza importante que influye en el comportamiento del empleado.

Propósitos de la evaluación del desempeño

La evaluación del desempeño sirve a diversos propósitos en las organizaciones (véase la ilustración 15-4 para los resultados de la encuesta sobre los principales usos de las evaluaciones).[39] La gerencia utiliza las evaluaciones para tomar *decisiones de recursos humanos* generales. Las evaluaciones contribuyen en la toma de decisiones tan importantes como los ascensos, las transferencias y los despidos. Las evaluaciones *identifican las necesidades de capacitación y de desarrollo*. Señalan las habilidades del empleado y las aptitudes que actualmente son inadecuadas pero para las cuales se pueden desarrollar programas que remedian lo anterior. Las evaluaciones del desempeño pueden ser utilizadas como *criterios contra los cuales pueden ser validados los programas de selección y desarrollo*. Los empleados recién contratados que se desempeñan pobremente pueden ser identificados a través de la evaluación del desempeño. De igual manera, la efectividad de los programas de capacitación y desarrollo puede determinarse evaluando cuán bien actuaron los empleados en su evaluación de desempeño. Las evaluaciones también cumplen el propósito de *proporcionar retroalimentación a los empleados* sobre cómo percibe la organización su desempeño. Además, las evaluaciones del desempeño se utilizan como la *base para distribuir las recompensas*. Las decisiones de quién obtiene el mérito de los incrementos en salario y otras recompensas son determinados frecuentemente por las evaluaciones del desempeño.

Cada una de estas funciones de la evaluación del desempeño es importante. Sin embargo, su importancia para nosotros depende de la perspectiva de la que estemos hablando. Algunas de ellas son claramente relevantes para las decisiones de administración de recursos humanos. Pero nuestro interés se centra en el comportamiento organizacional. Como resultado, subrayaremos la evaluación de desempeño en su papel como mecanismo para proporcionar retroalimentación y como un determinante de la distribución de las recompensas.

Evaluación del desempeño y motivación

En el capítulo 5 se otorgó una considerable atención al modelo motivacional de las expectativas. Debatimos acerca de que este modelo ofrece actualmente la mejor explicación sobre qué condiciona la cantidad de esfuerzo que un individuo empleará en su trabajo. Un componente vital de este modelo es el desempeño, específicamente los enlaces esfuerzo-desempeño y desempeño-recompensa.

Ilustración 15-4 Usos principales de las evaluaciones del desempeño

Uso	Porcentaje*
Compensación	85.6
Retroalimentación sobre el desempeño	65.1
Capacitación	64.3
Promoción	45.3
Planeación de recursos humanos	43.1
Retención/despido	30.3
Investigación	17.2

*Basado en respuestas de 600 organizaciones.

Fuente: basado en "Performance Appraisal: Current Practices and Techniques", *Personnel*, mayo-junio de 1994, p. 57.

¿Pero qué define el *desempeño*? En el modelo de las expectativas, es la evaluación del desempeño del individuo. Para maximizar la motivación, la gente necesita percibir que el esfuerzo que ejerce lleva a una evaluación favorable del desempeño y que la evaluación favorable conducirá a las recompensas que valora.

Siguiendo el modelo motivacional de las expectativas, si los objetivos que los empleados esperan lograr no son claros, si los criterios para medir aquellos objetivos son vagos y si los empleados no pueden confiar en que sus esfuerzos llevarán a una evaluación satisfactoria de su desempeño o creen que habrá una retribución no satisfactoria por parte de la organización cuando alcancen sus objetivos, podemos esperar que los individuos trabajen considerablemente por debajo de su potencial.

¿Qué evaluamos?

Los criterios o el criterio que la gerencia elija para evaluar el desempeño del empleado, tendrán una gran influencia sobre lo que hagan los empleados. Dos ejemplos ilustran esto.

En una agencia pública de empleo, la cual atiende a trabajadores que buscan empleo y patrones que buscan empleados se evaluaba a los entrevistadores de acuerdo con el número de entrevistas que realizaban. De manera consistente con la tesis de que los criterios de evaluación influyen en el comportamiento, los entrevistadores daban mayor importancia al *número* de entrevistas realizadas que a las *colocaciones* de clientes en los puestos.[40]

Un consultor gerencial especializado en investigación policíaca observó que, en cierta comunidad, los oficiales que entraban a su turno procedían a subirse a sus automóviles, manejaban hasta la autopista que cruza el pueblo y corrían de ida y vuelta durante todo su turno. Claramente estos paseos rápidos tenían poco que ver con el buen trabajo policíaco, pero dicho comportamiento adquirió sentido una vez que el consultor supo que el consejo de la ciudad utilizaba el kilometraje de los vehículos policíacos como una medida de la eficacia de la policía.[41]

Estos ejemplos demuestran la importancia de los criterios en la evaluación del desempeño. Esto, por supuesto, da por sentado la pregunta: ¿qué debería evaluar la

El desempeño de quienes prueban los juegos en el departamento de aseguramiento de la calidad de Interplay Productions, un productor de juegos de computadora, se evalúa de acuerdo con los resultados de las tareas individuales. La meta de estas personas es encontrar "errores" en la programación de los juegos. Cuando encuentran un error, deben ser capaces de decir a los programadores cómo descubrieron la falla. Obtienen puntos extra si además pueden sugerir cómo arreglar el problema. Los criterios para el ascenso en la compañía incluyen la capacidad de quienes prueban los juegos para explicar un problema complejo de computadora en términos simples y generar ideas para nuevos juegos.

gerencia? Los tres grupos más populares de criterios son los resultados de las tareas individuales, los comportamientos y las características.

LOS RESULTADOS DE LAS TAREAS INDIVIDUALES Si lo que cuenta es el fin en lugar de los medios, entonces la gerencia debería evaluar los resultados de las tareas del empleado. Usando los resultados de las tareas, un gerente de planta podría ser calificado con base en criterios como la cantidad producida, el desperdicio generado y el costo por unidad de producción. De igual manera, un agente de ventas podría ser evaluado de acuerdo con el volumen de ventas totales en su territorio, el incremento de las ventas en dólares y el número de nuevas cuentas establecidas.

COMPORTAMIENTO En muchos casos, es difícil identificar resultados específicos que puedan ser atribuidos directamente a las acciones de un empleado. Esto es particularmente cierto para personal en puestos administrativos e individuos cuyas asignaciones de trabajo son parte intrínseca del esfuerzo de un grupo. En este último caso, el desempeño del grupo podría ser evaluado, pero podría ser difícil o imposible de identificar claramente la contribución de cada miembro del grupo. En tales casos, no es raro que la gerencia evalúe el comportamiento del empleado. Usando los ejemplos anteriores, los comportamientos de un gerente de planta que pudieran ser utilizados para propósitos de evaluación del desempeño podrían incluir la rapidez para entregar sus informes mensuales o el estilo de liderazgo que muestra el gerente. Los comportamientos pertinentes del agente de ventas podrían ser el número promedio de llamadas de contacto realizadas por día o los días utilizados por enfermedad al año.

CARACTERÍSTICAS El conjunto más débil de criterios, el cual no obstante todavía es ampliamente utilizado por las organizaciones, es el de las características individuales.[42] Decimos que son más débiles que los resultados de las tareas o los comportamientos debido a que están más alejadas del desempeño real del trabajo mismo. Características como tener "una buena actitud", mostrar "seguridad", ser "confiable" o "cooperativo", "parecer ocupado" o poseer una "rica experiencia" podrían estar o no estar altamente correlacionadas con los resultados positivos de la tarea, pero sólo un ingenuo ignoraría la realidad de que dichas características a menudo son utilizadas en las organizaciones como criterios para evaluar el nivel del desempeño.

¿Quién debe hacer la evaluación?

¿Quién debe evaluar el desempeño de un empleado? La respuesta obvia parecería ser: ¡su jefe inmediato! Por tradición, típicamente la autoridad del gerente ha incluido la evaluación del desempeño de sus subordinados. La lógica detrás de esta tradición parece ser que, puesto que los gerentes son responsables por el desempeño de sus subordinados, es del todo sensato que estos gerentes hagan la evaluación de ese desempeño. Pero está lógica podría estar errada. Otros personas podrían hacer mejor el trabajo.

EL SUPERIOR INMEDIATO Como ya indicamos, cerca de 95% de las evaluaciones de desempeño en los niveles bajo y medio de la organización son llevadas a cabo por el jefe inmediato del empleado.[43] Sin embargo, en algunas organizaciones se están reconociendo las desventajas de usar esta fuente de evaluación. Por ejemplo, muchos jefes sienten que no están calificados para evaluar las contribuciones únicas de cada uno de sus subordinados. Otros se sienten ofendidos de que se les pida que "jueguen a ser Dios" con las carreras de sus empleados. Además, con tantas organizaciones que hoy en día utilizan equipos autodirigidos, la teleconmutación (el teletrabajo) y otros dispositivos de organización que alejan a los jefes de sus empleados, el superior inmediato de un empleado pudiera no ser un juez confiable del desempeño del empleado.

COMPAÑEROS Las evaluaciones de los compañeros son una de las fuentes más confiables de datos de evaluación. ¿Por qué? Primero, los compañeros están cerca de la acción. Las interacciones diarias les proporcionan un panorama amplio del desempeño de un empleado en el trabajo. Segundo, utilizando a los compañeros como calificadores se obtienen diversos juicios independientes. Un jefe puede ofrecer una evaluación única, pero los compañeros pueden proporcionar múltiples evaluaciones. Y el promedio de diversas calificaciones es a menudo más confiable que una sola evaluación. La desventaja es que las evaluaciones de los compañeros pueden verse afectadas por la negativa de los compañeros a evaluarse uno al otro y por los prejuicios basados en la amistad o la animadversión.

AUTOEVALUACIÓN Hacer que los empleados evalúen su propio desempeño es compatible con valores como la autodirección y la facultación. Las autoevaluaciones obtienen altas calificaciones de los empleados mismos; tienden a disminuir las defensas de los empleados acerca del proceso de evaluación, y son excelentes vehículos para estimular las discusiones del desempeño del trabajo entre los empleados y sus superiores. Sin embargo, como usted seguramente supone, adolecen de valoraciones exageradas y de prejuicios egoístas. Además, las autoevaluaciones a menudo están en desacuerdo con las calificaciones de los superiores.[44] Debido a estas serias desventajas, las autoevaluaciones probablemente convengan más para su uso en el desarrollo que para propósitos de evaluación.

SUBORDINADOS INMEDIATOS Una cuarta fuente de juicio es la de los subordinados inmediatos del empleado. Por ejemplo, Datatec Industries, un fabricante de sistemas computarizadas para tiendas, utiliza esta forma de evaluación.[45] El presidente de la compañía dice que es consistente con los valores básicos de la compañía de honestidad, apertura y facultación de los empleados.

Las evaluaciones de los subordinados inmediatos pueden proporcionar una información precisa y detallada acerca del comportamiento del gerente debido a que los evaluadores por lo general tienen un contacto frecuente con el evaluado. El problema obvio con esta forma de calificación es el temor a represalias por parte de los jefes que reciben evaluaciones desfavorables. Por lo tanto, el responder de manera anónima es crucial si se desea que estas evaluaciones sean precisas.

EL ENFOQUE AMPLIO: EVALUACIONES DE 360 GRADOS El método más moderno de evaluación del desempeño es el uso de evaluaciones de 360 grados.[46] Proporciona la retroalimentación del desempeño desde el círculo completo de contactos diarios que un empleado pudiera tener, abarcando desde el personal de correo hasta los clientes, jefes y compañeros (véase la ilustración 15-5). El número de evaluaciones pueden ser tan pocas como tres o cuatro o tantas como 25; la mayoría de las organizaciones recoge de cinco a 10 evaluaciones por empleado.

Una encuesta reciente encontró que 26% de las compañías estadounidenses utilizan alguna forma de retroalimentación de 360 grados como parte de sus procesos de revisión.[47] Este porcentaje incluye a compañías como Alcoa, Du Pont, Levi Strauss, Honeywell, UPS, Sprint, Amoco, AT&T y W. L. Gore & Associates.

¿Cuál es el atractivo de las evaluaciones de 360 grados? Se ajustan bien a las organizaciones que han introducido equipos, el involucramiento del empleado y programas de ACT. Al apoyarse en la retroalimentación de los compañeros, clientes y subordinados, estas organizaciones esperan dar a todos ellos un sentido de participación en el proceso de revisión y obtener lecturas más precisas sobre el desempeño del empleado.

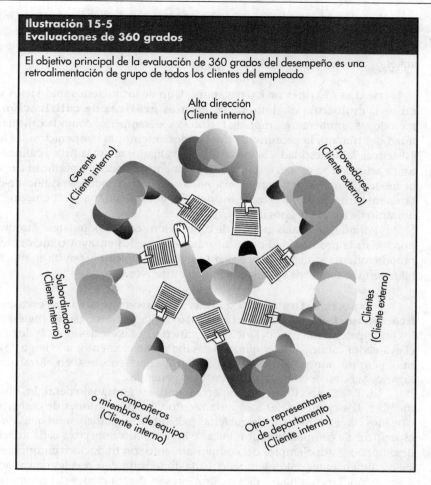

Ilustración 15-5
Evaluaciones de 360 grados

El objetivo principal de la evaluación de 360 grados del desempeño es una retroalimentación de grupo de todos los clientes del empleado

Alta dirección
(Cliente interno)

Gerente
(Cliente interno)

Proveedores
(Cliente externo)

Subordinados
(Cliente interno)

Clientes
(Cliente externo)

Compañeros
o miembros de equipo
(Cliente interno)

Otros representantes
de departamento
(Cliente interno)

Fuente: adaptado de *Personnel Journal,* noviembre de 1994, p. 100.

Métodos de evaluación del desempeño

Las secciones anteriores explicaban *qué* podemos evaluar y *quién* debe hacer la evaluación. Ahora nos preguntamos: ¿*cómo* evaluamos el desempeño de un empleado? Es decir, ¿cuáles son las técnicas específicas para la evaluación? Esta sección revisa los principales métodos de evaluación del desempeño.

ENSAYOS ESCRITOS Probablemente el método más simple de evaluación sea escribir una narración en que se derivan las fortalezas, debilidades, desempeño pasado, potencial y sugerencias para el mejoramiento del empleado. El ensayo escrito no requiere de formas complejas o entrenamiento intenso para realizarlo. Pero los resultados a menudo reflejan la capacidad del escritor. La buena o mala evaluación podría estar determinada tanto por la habilidad de escritura del evaluador como por el nivel real de desempeño del empleado.

INCIDENTES CRÍTICOS Los **incidentes críticos** enfocan la atención del evaluador en aquellos comportamientos clave que hacen la diferencia entre ejecutar un trabajo efectivamente y ejecutarlo de manera ineficaz. Esto es, el evaluador redacta anécdotas que describen lo realizado por el empleado que haya sido específicamente eficaz o ineficaz. La clave aquí es que sólo son mencionados los comportamientos

incidentes críticos
La evaluación de los comportamientos que son clave para establecer la diferencia entre ejecutar un trabajo de manera eficaz y ejecutarlo de manera ineficaz.

específicos, no las características de personalidad vagamente definidas. Una lista de los incidentes críticos proporciona un rico conjunto de ejemplos a partir de los cuales se pueden mostrar al empleado aquellos comportamientos que son deseables y aquellos que necesitan mejorarse.

escalas gráficas de calificación
Un método de evaluación donde el evaluador califica los factores de desempeño sobre una escala creciente.

ESCALAS GRÁFICAS DE CALIFICACIÓN   Uno de los métodos más viejos y populares de la evaluación es el uso de las **escalas gráficas de calificación.** En este método, se enumera un grupo de factores de desempeño, como la cantidad y la calidad del trabajo, la profundidad del conocimiento, la cooperación, la lealtad, la asistencia, la honestidad y la iniciativa. El evaluador revisa la lista y califica cada factor de acuerdo con escalas crecientes. Típicamente las escalas especifican cinco puntos, de modo que un factor como el *conocimiento del trabajo* podría ser calificado de 1 ("pobremente informado acerca de los deberes del trabajo") a 5 ("tiene un completo dominio de todas las fases del trabajo").

¿Por qué las escalas gráficas de calificación son tan populares? Aunque no proporcionan la profundidad de la información que los ensayos o incidentes críticos proporcionan, requieren menos tiempo en su elaboración y puesta en práctica. También permiten análisis y comparación cuantitativos.

escalas de calificación ancladas al comportamiento
Un método de evaluación en el cual los comportamientos relacionados con el trabajo real se califican a lo largo de un continuo.

ESCALAS DE CALIFICACIÓN ANCLADAS AL COMPORTAMIENTO   Las **escalas de calificación ancladas al comportamiento** (BARS, por sus siglas en inglés) combinan los principales elementos del incidente crítico y de las escalas gráficas de calificación: el evaluador califica a los empleados basándose en elementos a lo largo de un continuo, pero los puntos son ejemplos del comportamiento real en el trabajo dado en lugar de ser descripciones o características generales.

Las BARS especifican el comportamiento en un trabajo definido, observable y medible. Los ejemplos del comportamiento y las dimensiones de desempeño relacionados con el trabajo son descubiertas pidiendo a los participantes que den ejemplos específicos de comportamientos eficaz e ineficaz con respecto a cada dimensión del desempeño. Estos ejemplos del comportamiento son traducidos entonces en una serie de dimensiones del desempeño, cada dimensión con niveles de variación en el desempeño. Los resultados de este proceso son descripciones del comportamiento, como *anticipa, planea, ejecuta, resuelve problemas inmediatos, lleva a cabo las órdenes* y *maneja situaciones de emergencia.*

clasificación del orden en el grupo
Un método de evaluación que coloca a los empleados en una clasificación particular tal como los cuartiles.

COMPARACIONES MULTIPERSONALES   Las comparaciones multipersonales evalúan el desempeño de un individuo contra el desempeño de uno o de otros más. Es una herramienta de medición relativa más que absoluta. Las tres comparaciones más populares son la clasificación del orden en el grupo, la clasificación individual y la comparación por pares.

La **clasificación del orden en el grupo** requiere que el evaluador coloque a los empleados en una clasificación particular, como la quinta parte superior o la segunda quinta parte. Este método es usado a menudo para recomendar estudiantes a las escuelas de posgrado. Se pide a los evaluadores que indiquen si el estudiante se clasifica en el 5% superior de la clase, el siguiente 5%, el siguiente 15% y así sucesivamente. Pero cuando es utilizado por los gerentes para evaluar a los empleados, los gerentes deben vérselas con todos sus subordinados. Por tanto, si un evaluador tiene 20 subordinados, solamente cuatro pueden estar en la quinta parte superior y, por supuesto, cuatro deben estar relegados a la quinta parte más baja.

clasificación individual
Un método de evaluación que ordena a los empleados del mejor al peor.

El enfoque de la **clasificación individual** ordena a los empleados del mejor al peor. Si el gerente requiere evaluar a 30 subordinados, este planteamiento asume que la diferencia entre el primero y el segundo empleados es la misma que entre el vigésimo primero y el vigésimo segundo. Aun cuando algunos de los empleados pudieran estar estrechamente agrupados, este enfoque no permite empates. El resultado es un orden claro de empleados, desde el de más alto desempeño hasta el de más bajo desempeño.

El método de la **comparación por pares** compara a cada empleado con cada uno de los demás empleados y califica a cada uno como el superior o inferior del par. Después de que se realizan todas las comparaciones, a cada empleado se le asigna una clasificación resumida basada en el número de calificaciones superiores que él o ella consiguiera. Este método asegura que cada empleado sea comparado con cada uno de los demás, pero puede volverse difícil de manejar cuando se compara a muchos empleados.

Las comparaciones multipersonales pueden combinarse con uno de los otros métodos para mezclar lo mejor de los estándares absolutos y relativos. Por ejemplo, en un esfuerzo para manejar aumento a las calificaciones, Dartmouth College las cambió recientemente para incluir no sólo la calificación con letra, sino el tamaño de la clase y el promedio de la clase.[48] Así que un posible patrón o una escuela de posgrado pueden ahora observar a dos estudiantes que obtuvieron 8 en sus cursos de geología física, y sacar conclusiones considerablemente diferentes acerca de cada uno, si al lado de una calificación se dice que el promedio general fue un 7 mientras que al lado de la otra aparece que el promedio fue un 9. Obviamente, el primer estudiante se desempeñó relativamente mejor que el segundo.

Problemas potenciales

Si aunque las organizaciones busquen que los procesos de evaluación del desempeño estén libres de inclinaciones personales, prejuicios e idiosincrasias, diversos problemas potenciales pueden deslizarse en el proceso. La evaluación del empleado resultará distorsionada en la medida en que estén presentes los siguientes factores.

CRITERIO ÚNICO El trabajo típico de un empleado está formado por numerosas tareas. El trabajo de un sobrecargo, por ejemplo, incluye dar la bienvenida a los pasajeros, ver que estén a gusto, servir las comidas y ofrecer consejos de seguridad. Si el desempeño en este trabajo fuera evaluado por un solo criterio de medición —digamos, el tiempo que le tomó proporcionar alimentos y bebidas a cien pasajeros— el resultado sería una evaluación, limitada de ese trabajo. Más importante aún, los sobrecargos cuya evaluación del desempeño incluyera la evaluación respecto de este único criterio estarían motivados a ignorar otras tareas en su trabajo. De igual manera, si un mariscal de campo fuera evaluado con base únicamente en sus pases completos, es probable que lanzara solamente pases cortos y sólo en situaciones en que se sintiera seguro de que serían atrapados. Nuestro punto es que cuando los empleados son evaluados con base en un solo criterio laboral, y cuando el desempeño exitoso de ese trabajo requiere de un buen desempeño de diversos criterios, los empleados enfatizarán el criterio único a expensas de los otros factores relevantes del trabajo.

ERROR DE INDULGENCIA Cada evaluador tiene su propio sistema de evaluación que funciona como un estándar contra el cual se llevan a cabo las evaluaciones. En relación con el desempeño verdadero o real que un individuo muestra, algunos evaluadores lo califican alto y otros bajo. El primero se conoce como **error de indulgencia** positivo, y el segundo como error de indulgencia negativo.

Cuando los evaluadores son positivamente indulgentes en su evaluación, el desempeño de un individuo se estima exageradamente; esto es, se califica más alto de

comparación por pares
Un método de evaluación que compara a cada empleado con cada uno de los demás empleados y asigna una calificación resumida basada en el número de calificaciones superiores que el empleado obtiene.

error de indulgencia
La tendencia a evaluar una serie de empleados muy alto (positivo) o muy bajo (negativo).

lo que en realidad debiera ser. Esto da como resultado evaluaciones infladas —un problema ampliamente reconocido dentro de las organizaciones estadounidenses.[49] Un error de indulgencia negativa desestima el desempeño, y da al individuo una evaluación más baja de lo que se merece.

Si todos los individuos en una organización fueran evaluados por la misma persona, no habría problemas. Aunque hubiera un factor de error, sería aplicado en forma equitativa a todos. La dificultad surge cuando aparecen diferentes evaluadores con diferente error de indulgencia realizando juicios. Por ejemplo, suponga que Jones y Smith están desempeñado el mismo trabajo para diferentes supervisores, pero tienen un desempeño idéntico en el trabajo. Si el supervisor de Jones tiende a desviarse hacia la indulgencia positiva, mientras que el supervisor de Smith lo hace en dirección a la indulgencia, podríamos estarnos enfrentando con dos evaluaciones drásticamente diferentes.

ERROR DE HALO El efecto o error de halo, como se observó en el capítulo 3, es la tendencia de un evaluador a permitir que la evaluación de un individuo en relación con una característica influya en la evaluación de esa persona en relación con otras características. Por ejemplo, si un empleado tiende a ser responsable, podríamos vernos prejuiciados hacia ese individuo hasta el punto de que le demos una calificación alta en muchos atributos deseables.[50]

La gente que diseña formas de evaluación magisterial para que los estudiantes universitarios evalúen la eficacia de sus profesores cada semestre deben enfrentarse con el error de halo. Los estudiantes tienden a calificar a un miembro del profesorado como sobresaliente respecto a todos los criterios cuando aprecian particularmente unas pocas cosas que él o ella hace en el salón. De igual manera, los malos hábitos —como llegar tarde a sus cátedras, por ejemplo, o tardar en regresar los trabajos, o bien asignar lecturas excesivas— podrían dar como resultado que los estudiantes evalúen a sus instructores como "flojos" en todos los aspectos.

ERROR DE SIMILITUD Cuando los evaluadores califican a otra gente dando especial consideración a aquellas cualidades que perciben en ellos mismos, están cometiendo un **error de similitud.** Por ejemplo, los evaluadores que se perciben a sí mismos como vigorosos podrían evaluar a los demás en términos de su energía. Aquellos que muestren esta característica serán beneficiados, mientras que los demás serán penalizados.[51]

Una vez más, este error podría eliminarse si el mismo evaluador calificara a todas las personas en la organización. Sin embargo, la confiabilidad de los evaluadores se deteriora cuando varios de ellos utilizan sus propios criterios de similitud.

error de similitud
Dar especial consideración a aquellas cualidades que el evaluador percibe en uno mismo cuando está calificando a otros.

BAJA DIFERENCIACIÓN Es posible que, sin importar a quién observa el evaluador y qué características son utilizadas, el patrón de evaluación permanezca igual. Es posible que la capacidad de un sujeto para evaluar objetivamente y con precisión se haya visto impedida por la diferenciación social, es decir, el estilo del evaluador para calificar el comportamiento.

Se ha sugerido que los evaluadores podrían ser clasificados como (1) altos diferenciadores, quienes usan toda o la mayor parte de la escala o (2) bajos diferenciadores, quienes usan un rango limitado de la escala.[52]

Los bajos diferenciadores tienden a ignorar o suprimir las diferencias y perciben el universo como algo más uniforme de lo que realmente es. Los altos diferenciadores, por otra parte, tienden a utilizar toda la información disponible hasta el límite máximo y por tanto están mejor capacitados para definir perceptualmente las anomalías y contradicciones que los bajos diferenciadores.[53]

Este hallazgo nos muestra que las evaluaciones realizados por los bajos diferenciadores necesitan ser inspeccionadas con sumo cuidado y que la gente que trabaja para un bajo diferenciador tiene una alta probabilidades de ser evaluada de manera significativamente más homogénea de lo que es en realidad.

FORZAR LA INFORMACIÓN PARA ADAPTARSE A LOS CRITERIOS NO RELACIONADOS CON EL DESEMPEÑO Aunque se menciona poco, es una práctica frecuente que la evaluación formal tenga lugar *después* de que se ha determinado la forma en que se ha estado desempeñando un individuo. Esto podría sonar ilógico, pero simplemente reconoce que las decisiones subjetivas, y con todo, formales, a menudo se toman antes de que se haya reunido información objetiva que sustente dichas decisiones.[54] Por ejemplo, si el evaluador considera que la evaluación no debería estar basada en el desempeño, sino en la antigüedad, él o ella podrían estar ajustando inconscientemente cada evaluación de "desempeño" a fin de nivelarla con la antigüedad del empleado. En este caso, y en otros similares, el evaluador aumenta o reduce las evaluaciones del desempeño para ajustarlas a los criterios que no son de desempeño pero que realmente se están utilizando.

Superar los problemas

Sólo porque las organizaciones podrían enfrentar problemas con las evaluaciones del desempeño no debería ser razón para que los gerentes abandonen dicho proceso. Se pueden llevar a cabo algunas cosas para superar la mayoría de los problemas que hemos identificado.[55]

USO DE CRITERIOS MÚLTIPLES Puesto que el desempeño exitoso en la mayoría de los trabajos requiere que se realicen bien varias cosas, todas esas "cosas" deberían ser identificadas y evaluadas. Pero no todo debe ser evaluado. Las actividades vitales que llevan a un desempeño alto o bajo son las que deben atenderse.

ENFATIZAR LOS COMPORTAMIENTOS EN LUGAR DE LAS CARACTERÍSTICAS La mayoría de las características que con frecuencia se consideran relacionadas con el buen desempeño pudieran, de hecho, tener poca o ninguna relación con éste. Por ejemplo, características como la lealtad, la iniciativa, el valor, la confiabilidad y la expresión personal son atractivas intuitivamente como características deseables en los empleados. Pero la pregunta relevante es: ¿los individuos que se consideran diestros en esas características se desempeñan mejor que aquellos que califican bajo? No podemos contestar fácilmente a esta pregunta. Sabemos que hay empleados que califican alto en estas características y que tienen desempeños pobres. Podemos encontrar a otros que se desempeñan de manera excelente pero que no califican bien en características como éstas. Nuestra conclusión es que las características como la lealtad y la iniciativa podrían ser valoradas por los gerentes, pero no hay evidencia para sostener que ciertas características sean sinónimos adecuados para el desempeño en un gran número de trabajos.

Otro punto débil de la evaluación de las características es el juicio en sí mismo. ¿Qué es "lealtad"? ¿Cuándo es "confiable" un empleado? Lo que usted considera "lealtad", yo podría considerarlo otra cosa. Así que las características adolecen de un acuerdo entre los calificadores.

DOCUMENTAR LOS COMPORTAMIENTOS DE DESEMPEÑO EN UN DIARIO Al mantener un diario de los incidentes críticos específicos para cada empleado, las evaluaciones tienden a ser más precisas.[56] Los diarios, por ejemplo, tienden a reducir los errores de indulgencia y de halo debido a que alientan al evaluador a enfocarse en comportamientos relacionados con el desempeño más que en las características.

USO DE MÚLTIPLES EVALUADORES Conforme el número de evaluadores se incrementa, la probabilidad de lograr información más precisa aumenta. Si el error de los calificadores tiende a seguir una curva normal, un incremento en el número de evaluadores tenderá a congregar la mayoría cerca del punto medio. Usted puede ver que este método es utilizado en las competencias atléticas en deportes como clavados y gimnasia. Un grupo de evaluadores juzga el desempeño, las calificaciones más alta y más baja son desechadas y la evaluación final del desempeño se forma con las calificaciones acumuladas restantes. La lógica de evaluadores múltiples se aplica de igual manera a las organizaciones.

Si un empleado ha tenido 10 supervisores, nueve que lo calificaron como excelente y uno como pésimo, podemos descontar el valor de la evaluación negativa. Por tanto, si movemos a los empleados por toda la organización para obtener diversas evaluaciones o se utiliza a múltiples asesores (como ocurre con las evaluaciones de 360 grados), incrementamos la probabilidad de lograr evaluaciones más válidas y confiables.

EVALUAR DE MANERA SELECTIVA Se ha sugerido que los evaluadores deberían evaluar solamente en aquellas áreas en las cuales tengan algo de experiencia.[57] Si realizan evaluaciones sólo en aquellas dimensiones en las cuales están en una buena posición para calificar, se incrementa el acuerdo entre los calificadores y la evaluación se convierte en un proceso válido. Este enfoque también reconoce que los diferentes niveles organizacionales a menudo tienen diferentes orientaciones hacia los calificados y los observan en diferentes ambientes. Por tanto, en general, recomendaríamos que los evaluadores estuvieran tan cerca como fuera posible, en términos de nivel organizacional, al individuo que está siendo evaluado. A la inversa, mientras más niveles separen al evaluador del evaluado, menos oportunidades tendrá el primero de observar el comportamiento del individuo y, por consiguiente, más grande será la posibilidad de que ocurran imprecisiones.

La aplicación específica de estos conceptos dará como resultado que los supervisores inmediatos, los compañeros, los subordinados o alguna combinación de esta

Raychem, un productor de equipo electrónico y eléctrico, utiliza las evaluaciones de múltiples evaluadores para evaluar el desempeño en el trabajo. El ex director general ejecutivo (CEO) de Raychem, Robert Saldich, fue evaluado por su equipo de alta gerencia. Estuvieron de acuerdo en sus evaluaciones de que Saldich necesitaba mejorar en el área de planeación de contingencia. Saldich se sorprendió al saberlo. Él sabía que tenía problemas con la planeación de contingencia, pero no estaba consciente de que su debilidad era tan obvia para su equipo de alta gerencia.

gente proporcione la mayor contribución a la evaluación y los mueva a evaluar esos factores en los que están mejor calificados para juzgar. Por ejemplo, se ha sugerido que cuando los profesores evalúan a las secretarias dentro de una universidad, utilizan criterios como juicio, competencia técnica y meticulosidad, en tanto que las compañeras (otras secretarias) utilizan criterios como conocimiento del trabajo, organización, cooperación con los compañeros y responsabilidad.[58] Usar a los profesores y a las compañeras como evaluadores es un método lógico y confiable, ya que provoca que la gente evalúe solamente aquellas dimensiones de las cuales tienen la capacidad de emitir juicios.

ENTRENAMIENTO DE EVALUADORES Si usted no puede *encontrar* buenos evaluadores, la alternativa es *formarlos*. Existe evidencia sustancial de que entrenar evaluadores puede hacer de ellos calificadores más precisos.[59]

Los errores comunes, como el halo y la indulgencia, han sido minimizados o eliminados en los talleres donde los gerentes practican la observación y calificación de comportamientos. Estos talleres típicamente duran de uno a tres días, pero no siempre es necesario distribuir muchas horas de entrenamiento. Se ha citado un caso donde tanto el halo como la indulgencia disminuyeron inmediatamente después de exponer a los evaluadores a sesiones de entrenamiento explicativo sólo cinco minutos.[60] Pero los efectos del entrenamiento parecen disminuir con el tiempo.[61] Esto sugiere la necesidad de sesiones periódicas de actualización.

PROPORCIONAR A LOS EMPLEADOS EL PROCESO ADECUADO El concepto del *proceso adecuado* puede ser aplicado a las evaluaciones para incrementar la percepción de que los empleados son tratados con justicia.[62] Tres elementos caracterizan los sistemas de proceso adecuado: (1) a los individuos se les proporciona información adecuada de lo que se espera de ellos; (2) toda evidencia relevante para una propuesta de violación es expuesta en una audiencia justa para que los individuos afectados puedan responder; y (3) la decisión final está basada en la evidencia y está libre de prejuicios.

Hay una evidencia considerable de que los sistemas de evaluación con frecuencia violan el proceso adecuado de los empleados al proporcionarles retroalimentación no frecuente y relativamente general, dándoles poca contribución del proceso de evaluación e introduciendo de manera premeditada en prejuicios las calificaciones de evaluación. Sin embargo, donde el proceso adecuado ha sido parte del sistema de evaluación, los empleados reportan reacciones positivas al proceso de evaluación, perciben los resultados de evaluación como más precisos y expresan un mayor deseo de permanecer con la organización.

Proporcionar retroalimentación sobre el desempeño

Para muchos gerentes, pocas actividades son menos placenteras que proporcionar retroalimentación sobre el desempeño a los empleados.[63] De hecho, a menos que sean presionados por las políticas y controles organizacionales, los gerentes probablemente pasen por alto esta responsabilidad.[64]

¿Por qué esta renuencia a proporcionar retroalimentación sobre el desempeño? Parece haber cuando menos tres razones. Primero, los gerentes se sienten incómodos al analizar las debilidades del desempeño directamente con los empleados. Dado que casi todo empleado puede mejorar en algunas áreas, los gerentes temen a la confrontación cuando presentan una retroalimentación negativa. ¡Esto aparentemente se aplica incluso cuando la gente da retroalimentación negativa a una computadora! Bill Gates reporta que Microsoft recientemente condujo un proyecto que requería que los usuarios calificaran su experiencia con una computadora. "Cuando hicimos que la computadora con la que los empleados habían trabajado pidiera una evaluación de su desempeño, las respuestas tendieron a ser positivas. Pero cuando hicimos que una segunda computadora pidiera a la misma gente que evaluara sus encuentros con la primera máquina, la gente fue significativamente más crítica. Su renuencia a criticar a la primera computadora 'en su cara' sugirió que no querían herir sus sentimientos, aun cuando ellos sabían que solamente era una máquina."[65] Segundo, muchos empleados tienden a ponerse a la defensiva cuando se les señalan sus debilidades. En lugar de aceptar la retroalimentación como constructiva y como base para mejorar el desempeño, algunos empleados desafían la evaluación mediante la crítica del gerente o dirigiendo nuevamente la culpa a alguien más. Por último, los empleados tienden a realizar evaluaciones infladas de su propio desempeño. Hablando estadísticamente, la mitad de los empleados debe ser desempeñarse por debajo del promedio. Pero la evidencia indica que la estimación del empleado promedio de su propio nivel de desempeño cae alrededor del septuagésimo quinto percentil.[66] ¡Así, aun cuando los gerentes proporcionen buenas noticias, los empleados tal vez lo perciban como que no es lo suficientemente bueno!

> ◆ La estimación del empleado promedio de su propio nivel de desempeño cae alrededor de septuagésimo quinto percentil.

La solución al problema de la retroalimentación del desempeño no es ignorarlo, sino capacitar a los gerentes para que sepan conducir sesiones constructivas de retroalimentación. Una revisión eficaz —una en la cual el empleado perciba que la evaluación es justa, el gerente es sincero y el clima es constructivo— puede provocar que el empleado deje la entrevista con un humor más ligero, informado acerca de las áreas de desempeño en las cuales necesita mejorar y salga con la determinación de corregir las deficiencias.[67] Además, la revisión del desempeño debería estar diseñada más como una actividad de asesoría que como un proceso de juicio. Esto se puede lograr mejor permitiendo que la revisión surja de la propia autoevaluación del empleado.

¿Qué hay acerca de las evaluaciones de desempeño del equipo?

Los conceptos de evaluación han sido desarrollados casi exclusivamente teniendo en mente a sólo unos cuantos empleados. Esto refleja la creencia histórica de que los individuos son el bloque central alrededor del cual se construyen las organizaciones. Pero, como hemos descrito a lo largo de este libro, más y más organizaciones están reestructurándose en torno a equipos. En aquellas organizaciones que usan equipos, ¿cómo deberíamos evaluar el desempeño? Se han ofrecido cuatro sugerencias para diseñar un sistema que sustente y mejore el desempeño de los equipos.[68]

1. *Vincule los resultados del equipo con las metas de la organización.* Es importante encontrar mediciones que se apliquen a metas importantes que el equipo se supone debe lograr.

2. *Empiece con los clientes del equipo y el proceso de trabajo que sigue el equipo para satisfacer las necesidades de éstos.* El producto final que el cliente recibe puede ser evaluado en términos de los requerimientos del cliente. Las transacciones entre equipos pueden ser evaluadas con base en la entrega y la calidad. Y los pasos del proceso pueden ser evaluados con base en el desperdicio y en el tiempo del ciclo.

3. *Mida tanto el desempeño del equipo como el individual.* Defina los papeles de cada miembro del equipo en términos de logros que apoyen el proceso de trabajo del equipo. Luego evalúe la contribución de cada miembro al desempeño global del equipo.

4. *Entrene al equipo para crear sus propias mediciones.* Hacer que el equipo defina sus objetivos y los de cada miembro asegura que todos entiendan su papel en el equipo y ayuda a éste a desarrollarse en una unidad más cohesiva.

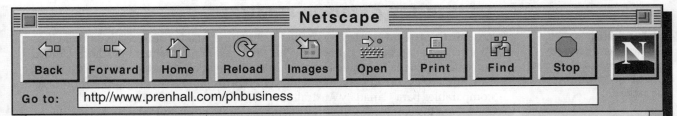

El CO en las noticias

A los empleados les disgustan las revisiones, aun cuando sean favorables

A los empleados no les gustan las revisiones del desempeño. A los gerentes tampoco. Casi toda encuesta significativa reveló que los empleados que obtienen evaluaciones y la mayoría de los supervisores que las dan califican el proceso como un fracaso.

Ha habido siempre críticas al proceso de evaluación del desempeño. Pero esas críticas parecen ser más fuertes hoy que nunca.

A pesar de todos los beneficios potenciales que pueden obtenerse de las evaluaciones del desempeño, los críticos sostienen que no funcionan. "La mayor parte del tiempo, es sólo un ritual por el que pasan los gerentes", dice un ejecutivo de recursos humanos jubilado. "Sacan la revisión del año pasado, la actualizan y lo hacen rápido."

Los expertos dicen que los sistemas de evaluación con frecuencia no funcionan debido a que están diseñados principalmente por especialistas de personal con contribución limitada de los gerentes que usan el sistema, y aun menos contribución de los empleados.

Un problema: a los empleados no sólo no les gusta oír malas noticias, sino que, aun cuando una revisión es generalmente positiva, muchos parecen escuchar sólo lo negativo. Otro problema: muchos supervisores odian dar retroalimentación negativa. Se muestran incómodos al decir algo negativo y temen la retribución de sus empleados. Por ejemplo, los investigadores en Filadelfia encontraron que 98% de 151 gerentes de área encontraron algún tipo de agresión después de dar a sus empleados evaluaciones negativas. Para muchos supervisores, el camino fácil consiste en calificar a sus empleados como "excelente" en todas las categorías, lo cual, por supuesto, debilita mucho el valor de las evaluaciones.

A pesar de las inadecuaciones de los sistemas de evaluación, sólo unas pocas organizaciones han eliminado realmente sus formas escritas de evaluación. La razón principal parece ser que proporcionan documentación para ayudar a la organización a defenderse a sí misma de las demandas legales deshonestas. Pero las organizaciones están experimentando con modificaciones a la revisión anual de desempeño conducida por un supervisor. Un número creciente de compañías, especialmente aquellas con empleados que trabajan en equipos, han cambiado a la evaluación de 360 grados. Cada vez más empresas requieren que los gerentes revisen formalmente a los empleados cuando menos dos veces al año y les proporcionen retroalimentación informalmente a lo largo del año.

Basado en T. D. Schellhardt, "It's Time to Evaluate Your Work, and All Involved Are Groaning", *Wall Street Journal*, 19 de noviembre de 1996, p. A1.

¡Conéctese a la red!

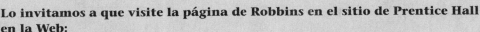

Lo invitamos a que visite la página de Robbins en el sitio de Prentice Hall en la Web:

http://www.prenhall.com/robbinsorgbeh

para el ejercicio de la World Wide Web de este capítulo.

La interfaz gerencia-sindicato

sindicato laboral
Una organización formada por empleados que actúa colectivamente para proteger y promover los intereses del empleado.

Los **sindicatos laborales** son un vehículo por el cual los empleados actúan colectivamente para proteger y promover sus intereses. Actualmente, en Estados Unidos, cerca de 15% de la fuerza de trabajo pertenece a y es representada por un sindicato. Este número es considerablemente mayor en otros países. Por ejemplo, los números comparables para Canadá y Australia son 37 y 41%, respectivamente.

Para los empleados que son miembros de un sindicato laboral, los niveles salariales y condiciones de trabajo son explícitamente articulados en un contrato que es acordado, a través de una negociación colectiva, entre los representantes del sindicato y la gerencia de la organización. Allí donde existe un sindicato laboral, éste influye en numerosas actividades organizacionales.[69] Fuentes de reclutamiento, criterios de contratación, horarios de trabajo, diseño del trabajo, procedimientos de corrección, reglas de seguridad y elegibilidad para programas de entrenamiento son ejemplos de las actividades que están influidas por los sindicatos. Los sindicatos laborales estadounidenses, al tener que contender con el descenso de los mercados de trabajo en industrias donde eran históricamente fuertes —como las del acero, los automóviles, los plásticos—, han enfocado su atención en años recientes a mejorar los salarios estancados, desalentar el adelgazamiento corporativo, minimizar la contratación externa de trabajos y enfrentarse con la obsolescencia del trabajo.[70]

El área más obvia y permeable de influencia sindical es en los salarios y las condiciones de trabajo. Donde existen los sindicatos, los sistemas de evaluación del desempeño tienden a ser menos complejos debido a que juegan una parte relativamente pequeña en las decisiones de las recompensas. Los salarios, cuando son determinados a través de la negociación colectiva, enfatizan la antigüedad y minimizan las diferencias de desempeño.

La ilustración 15-6 muestra el impacto que tiene un sindicato sobre el desempeño del empleado y su satisfacción en el trabajo. El contrato sindical afecta la motivación a través de la determinación de las tasas salariales, las reglas de antigüedad, los pro-

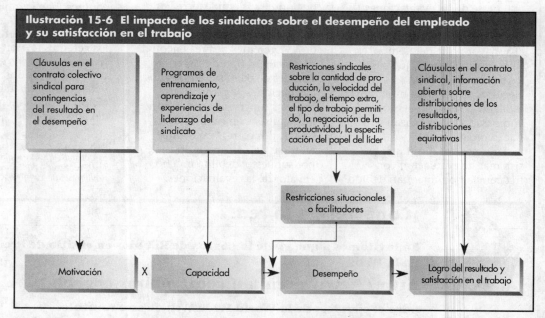

Ilustración 15-6 El impacto de los sindicatos sobre el desempeño del empleado y su satisfacción en el trabajo

Fuente: T. H. Hammer, "Relationships Between Local Union Characteristics and Worker Behavior and Attitudes", *Academy of Management Journal*, diciembre de 1978, p. 573.

cedimientos de cesantía, los criterios de ascenso y las medidas de seguridad. Los sindicatos pueden influir en la competencia con que los empleados desempeñan sus trabajos al ofrecer programas de entrenamiento especial a sus miembros, al requerir capacitación y al permitir a los miembros que obtengan experiencia de liderazgo a través de actividades organizacionales del sindicato. El nivel real del desempeño del empleado estará influido aún más por las restricciones de la negociación colectiva impuestas sobre la cantidad de trabajo producida, la velocidad con la cual puede hacerse el trabajo, el tiempo extra por trabajador y la clase de tareas que se permite realizar a un trabajador dado.

La investigación que evalúa el efecto específico de los sindicatos sobre la productividad es ambigua.[71] Algunos estudios han demostrado que los sindicatos tuvieron un efecto positivo en la productividad como resultado de las mejoras en las relaciones gerencia-sindicato así como en las mejoras en la calidad de la fuerza laboral. En contraste, otros estudios han demostrado que los sindicatos tienen un impacto negativo en la productividad al reducir la efectividad de algunas prácticas gerenciales destinadas a mejorar la productividad y al contribuir a que se deteriore el clima en las relaciones entre la fuerza de trabajo y la gerencia. De manera que la evidencia es demasiado inconsistente como para llegar a conclusiones claras.

¿Están los miembros de los sindicatos más satisfechos con sus trabajos que sus contrapartes no sindicalizados? La respuesta a esta pregunta es más complicada que un simple "Sí" o "No". La evidencia demuestra consistentemente que los sindicatos tienen tan sólo efectos indirectos en la satisfacción en el trabajo.[72] Incrementan la satisfacción salarial pero afectan negativamente la satisfacción con el trabajo mismo (al disminuir la percepción del alcance del puesto), la satisfacción con los compañeros y con la supervisión (a través de percepciones menos favorables del comportamiento de supervisión) y la satisfacción con los ascensos (pues otorgan menos importancia a los ascensos).

Prácticas internacionales de recursos humanos: temas selectos

Muchas de las políticas y prácticas de recursos humanos analizadas en este capítulo tienen que ser modificadas para que reflejen las diferencias de las sociedades.[73] Para ilustrar este punto, observemos brevemente el problema de seleccionar gerentes para tareas en el extranjero y la importancia de la evaluación del desempeño en diferentes culturas.

Selección

La corporación global necesita cada vez más gerentes que tengan experiencia en culturas diversas y que sean conscientes de los retos de las operaciones internacionales. En Ford Motor Co., por ejemplo, una tarea internacional es un requerimiento para la carrera ascendente de un ejecutivo. Pero muchos gerentes a nivel nacional no tienen las actitudes o características asociadas con los ejecutivos internacionales exitosos. Una técnica de selección que está utilizando un número cada vez más grande de compañías es el Overseas Assignment Inventory (OAI, Inventario de Asignaciones en el Extranjero). Este cuestionario de 85 preguntas evalúa 15 pronosticadores: motivaciones, expectativas, apertura mental, respeto por las creencias de los demás, confianza en la gente, flexibilidad, tolerancia, control personal, paciencia, adaptabilidad, confianza en sí mismo/iniciativa, sentido del humor, interés interpersonal, adaptabilidad, armonía interpersonal y comunicación con la (el) esposa(o) o la familia. Los resultados son comparados contra una base de datos de más de 10,000 examinados anteriores. La investigación indica que usar el OAI como una herramienta de selección previa elimina cerca de 40% de los problemas tradicionales de las asignaciones en el extranjero.[74]

Evaluación del desempeño

Previamente examinamos el papel que juega la evaluación del desempeño en la motivación y en la forma en que afecta el comportamiento. Se debe tener precaución, sin embargo, al generalizar entre las culturas. ¿Por qué? Debido a que muchas culturas no están interesada particularmente en la evaluación del desempeño o, si lo están, no lo observan de la misma forma en que los gerentes lo hacen en Estados Unidos o Canadá.

Veamos tres dimensiones culturales: la relación de una persona con el medio ambiente, la orientación hacia el tiempo y la atención a la responsabilidad.

Las organizaciones estadounidenses y canadienses responsabilizan a su gente por sus acciones, pues la gente en estos países cree que pueden dominar su ambiente. En los países del Medio Oriente, por otro lado, las evaluaciones del desempeño tal vez no sean ampliamente utilizadas ya que los gerentes en estos países tienden a ver a la gente como dominada por su ambiente.

Algunos países como Estados Unidos, tienen una orientación al tiempo de corto plazo. Es probable que las evaluaciones del desempeño sean frecuentes en tales culturas, cuando menos una vez al año. En Japón, sin embargo, donde la gente tiene una orientación al largo plazo, las evaluaciones pudieran ocurrir cada cinco o 10 años.

La cultura israelí valora las actividades de grupo mucho más que Estados Unidos o Canadá. Así, mientras los gerentes estadounidenses enfatizan las evaluaciones de desempeño individuales, es mucho más probable que sus contrapartes en Israel enfaticen las contribuciones y el desempeño del grupo.

Manejo de la diversidad en las organizaciones

United Parcel Service (UPS) ha adoptado un método bastante singular para administrar la diversidad. Está dando a sus gerentes un curso intensivo sobre depresiones económicas.[75] La compañía considera que sus gerentes no serán capaces realmente de entender los problemas de los demás a menos que estén en sus zapatos. Así que, cada año, UPS asigna 40 gerentes medios y superiores a internados comunitarios de un mes de duración en los cuales se les obliga a vivir y trabajar en comunidades pobres. En McAllen, Texas, dan asistencia a mexicanoestadounidenses pobres y latinoamericanos refugiados. En Chicago, viven en una iglesia y trabajan con gente joven y sus familias. En Chattanooga, Tennessee, proporcionan ayuda a familias pobres, a los discapacitados y a quienes sufran de un retraso mental severo. En Nueva York, ayudan a madres solteras adolescentes a encontrar trabajo, visitan a pacientes con problemas mentales y enseñan a niños pobres. Todo esto tiene la intención de ayudar a los gerentes de UPS a entender mejor a los empleados y clientes de diversos ambientes. Un grupo de nueve gerentes de UPS, por ejemplo, recientemente empleó 60 horas semanales en McAllen, Texas, en establecer una biblioteca móvil para niños inmigrantes, determinar los planes de un taller de costura para proporcionar trabajo y desarrollar un video en una clínica local para educar a pacientes indigentes acerca de la salud y la nutrición.

El programa de UPS es poco convencional. Cuando vemos lo que compañías como Aetna, American Express, Avon Products, Corning, Du Pont, Johnson & Johnson, Motorola, Quaker Oats, Xerox y otros defensores prominentes de la diversidad están haciendo, encontramos numerosas características en común. En su mayor parte, sus programas tienden a enfatizar la creación de lugares de trabajo amigables, proporcionan un entrenamiento sobre la diversidad y desarrollan programas de tutoría.

Lugares de trabajo con interés en la familia

En la fuerza laboral de hoy en día, cada vez más empleados son mujeres, padres solteros, padrastros, individuos con la responsabilidad de cuidar a parientes de edad avanzada o miembros de familias con dos ingresos. Estos empleados tienen necesidades diferentes de las del estereotipo tradicional de un papá que trabaja, con una esposa ama de casa y dos hijos. Un número cada vez mayor de organizaciones está respondiendo a su fuerza laboral diversa creando lugares de trabajo amigables.

La fuerza laboral estadounidense consta ahora de 46% de mujeres. Más y más padres quieren participar activamente en el cuidado y crecimiento de sus hijos. Conforme la generación de los *baby boomers* crece, muchos se encuentran ante la responsabilidad de cuidar de sus padres ancianos. Estos tres hechos se traducen en un número creciente de empleados que están tratando de equilibrar las obligaciones familiares con las responsabilidades de su trabajo. En Estados Unidos, el gobierno federal admitió este hecho cuando, en 1993, el Congreso aprobó la Ley de Ausencia por Familia y Médica. Esta ley proporciona hasta 12 semanas de ausencia sin sueldo para empleados que acaban de tener o adoptar a un bebé, o para cuidar de un niño, esposa o padre seriamente enfermos. La ley requiere que los patrones continúen proporcionando las prestaciones de salud durante estas ausencias y garantiza a los empleados el mismo trabajo o uno comparable a su regreso. En gran parte de Europa occidental, tales leyes de ausencia familiar han estado en operación durante décadas.

Así que, ¿qué es un **lugar de trabajo con interés en la familia**? El término se refiere a un abanico de programas de trabajo/familia como guardería en el lugar de trabajo, referencias para el cuidado de niños y ancianos, horarios flexibles, semanas laborales comprimidas, trabajo compartido, teleconmutación (teletrabajo), empleo temporal de medio tiempo y asistencia en reubicación para los miembros de la familia del empleado.[76]

La creación de un clima de trabajo amigable fue motivado inicialmente por el interés de la gerencia de mejorar la moral y la productividad del empleado y para reducir el ausentismo. En Quaker Oats, por ejemplo, 60% de los empleados admitieron ausentarse cuando menos tres días al año debido a enfermedades de sus hijos y 56% reconocieron que fueron incapaces de atender funciones relacionadas con la compañía o trabajar tiempo extra debido a problemas con el cuidado de sus hijos.[77] Sin embargo, toda la evidencia indica que el principal beneficio de crear un lugar de trabajo con interés en la familia es que facilita a los patrones reclutar y retener trabajadores de primera.[78]

Para muchos padres, la razón determinante para saber si podrían trabajar o no es la disponibilidad de cuidado para los niños. Fel-Pro, uno de los más grandes fabricantes de empaques para automóviles y usos industriales, es un modelo de lo que una compañía puede hacer por los hijos de sus empleados.[79] Cuando los niños de los empleados de Fel-Pro cumplen dos años, son elegibles para asistir a la guardería de Fel-Pro (con personal profesional) ubicada a un lado de la planta de la compañía. Después de que los niños comienzan la escuela, la guardería Fel-Pro envía cuidadores profesionales a casa para atenderlos si se enferman. Si un niño tiene dificultades en la escuela, la compañía proporciona examinadores y tutoría individual por un costo mínimo. Y la empresa dirige un campamento de verano para los niños de los empleados. Los autobuses recogen a los niños en la fábrica todos los días por la mañana durante el verano y los regresan en la tarde.

Conforme la población envejece, un número cada vez mayor de empleados se encuentran con la responsabilidad de cuidar a sus padres o abuelos.[80] Los empleados que pasan el tiempo preocupándose acerca del cuidado de los ancianos tienen menos tiempo y están menos concentrados en temas relacionados con el trabajo. Por tanto muchas organizaciones están ampliando su interés para cubrir a todos los dependientes, incluyendo los miembros ancianos de la familia.

Uno de los descubrimientos más interesantes relacionados con los lugares de trabajo con interés en la familia es que es atractivo para ambos sexos. La suposición común es que no es así. Se cree que los programas con interés en la familia son utilizados principalmente por mujeres. La evidencia sugiere que no. Los trabajadores de ambos sexos realizan intercambios por la familia; y los hombres tienen tantas proba-

lugar de trabajo con interés en la familia
Compañías que ofrecen un abanico de programas de trabajo/familia como guardería en el lugar de trabajo, referencias para el cuidado de niños y ancianos, horarios flexibles, semanas laborales comprimidas, trabajo compartido, teleconmutación, (teletrabajo), empleo temporal de medio tiempo y asistencia en reubicación para los miembros de la familia del empleado.

Lancaster Labs, un laboratorio de análisis de pruebas, ha expandido sus instalaciones de cuidado para niños para incluir el cuidado a ancianos. Su centro familiar intergeneracional dentro de la planta proporciona cuidados hasta a 25 parientes ancianos o discapacitados de los empleados además del cuidado a 151 niños. Lancaster otorga el crédito a este centro de cuidado de niños por 94% de retención de las mamás que trabajan, 50% más que el porcentaje antes de que el centro fuera instituido. Lancaster encuesta a los empleados cada año para saber qué es lo que quieren agregar a los programas de prestaciones flexibles de la compañía.

bilidades de buscar estos programas como las mujeres.[81] De igual manera, los hombres rechazan cada vez más la reubicación, los viajes nocturnos y el tiempo extra para pasar más tiempo con su familia. Por ejemplo, en Du Pont, 41% de los hombres en la gerencia o en trabajos profesionales dijeron a sus supervisores que no estaban disponibles para reubicarse; y 19% dijo a sus jefes que no aceptarían un trabajo que requiriera viajar mucho. De quienes trabajan en la manufactura en Du Pont, 39% de los hombres rehusaron trabajar tiempo extra a fin de pasar más tiempo con la familia.[82]

Capacitación sobre la diversidad

La pieza central de la mayoría de los programas sobre diversidad es la capacitación. Por ejemplo, una encuesta de 1994 mostró que 56% de las organizaciones estadounidenses con más de 100 empleados condujo alguna clase de capacitación sobre diversidad en el año anterior.[83] Los programas de capacitación sobre la diversidad por lo general tienen la finalidad de proporcionar un vehículo para aumentar la conciencia y el examen de los estereotipos. Los participantes aprenden el valor de las diferencias individuales, incrementan su comprensión de las diferentes culturas y confrontan los estereotipos.[84]

El programa típico dura de medio día a tres días e incluye ejercicios de actuación de papeles, cátedras, discusiones y experiencias de grupo. Por ejemplo, Xerox ha trabajado con el departamento de teatro de la Cornell University para crear un grupo de obras cortas que incrementen la conciencia en los conflictos raciales y de sexos relacionados con el trabajo. El espectáculo se ha presentado ante más de 1,300 gerentes de Xerox.[85] Un ejercicio de capacitación en Hartford Insurance que busca incrementar la sensibilidad hacia los ancianos pide a los participantes que respondan las siguientes cuatro preguntas: (1) Si usted no supiera qué edad tiene, ¿cuán viejo supondría que es? En otras palabras, ¿cuán viejo se siente por dentro? (2) Cuando yo tenía 18 años, pensaba que la edad media comenzaba a los ___ años. (3) Hoy en día, pienso que la edad media empieza a los ___ años. (4) ¿Cuál sería su primera reacción si alguien lo llamara trabajador anciano?[86] Las respuestas a estas preguntas se utilizaron para analizar los estereotipos relacionados con la edad. En otro programa diseñado para crear conciencia sobre el poder de los estereotipos, se le pidió a cada participante que escribiera un ensayo anónimo detallando todos los grupos —mujeres, conversos, negros, homosexuales, hispanos, hombres— a los cuales había agregado estereotipos.[87] Se les pidió también que explicaran por qué habían tenido problemas trabajando con ciertos grupos en el pasado. Con base en sus repuestas, se invitó a conferencistas a la clase para que destruyeran los estereotipos. A esto siguió una extensa discusión.

Programas de mentoría

Ya antes discutimos brevemente sobre los mentores en el capítulo 2. Un **mentor** es un empleado con antigüedad que patrocina y apoya a un empleado menos experimentado (su protegido). El papel de mentor incluye instruir, aconsejar y apoyar.[88] Como instructores, los mentores ayudan a desarrollar las habilidades de sus protegidos. Como consejeros, los mentores proporcionan el apoyo y ayudan a reforzar la confianza de sus protegidos. Como patrocinadores, los mentores intervienen activamente en el beneficio de sus protegidos, cabildean para conseguirles tareas visibles y hacen política para obtener recompensas para ellos, como ascensos e incrementos de salario.

¿Es importante la actividad del mentor? Para aquellos que quieren progresar, parece que sí lo es. Los egresados de las escuelas de negocios que han tenido mentores al principio de su carrera son promovidos más rápido, obtienen salarios más altos y están más satisfechos con el progreso de su carrera posteriormente en su vida.[89] Y más de la mitad de los hombres que logran llegar hasta los puestos ejecutivos señalan que tuvieron un mentor a lo largo del camino.[90]

Los programas de mentores formales son particularmente importantes para las minorías y las mujeres. ¿Por qué? Debido a que la evidencia indica que los individuos en estos grupos tienen menos probabilidades de ser seleccionados como protegidos que los hombres blancos y por tanto es menos probable que obtengan beneficios de la mentoría.[91] Los mentores tienden a seleccionar a los protegidos que son semejantes a ellos mismos bajo criterios como antecedentes, educación, sexo, raza, etnia y religión. "La gente busca naturalmente asesorar y puede comunicarse más fácilmente con aquellos con quienes más se identifica."[92] En Estados Unidos, por ejemplo, los puestos de alta gerencia en la mayoría de las organizaciones han sido tradicionalmente ocupados por hombres blancos, por lo que les es difícil a las minorías y a las mujeres ser seleccionadas como protegidos. Además, en términos de la mentoría entre sexos, los gerentes superiores hombres podrían seleccionar protegidos de sexo masculino para minimizar problemas como la atracción sexual o los chismes. De modo que las organizaciones han respondido reemplazando las relaciones informales de mentoría con programas formales y proporcionando la capacitación y la instrucción para mentores potenciales de grupos especiales, como las minorías y las mujeres.

mentor
Un empleado con antigüedad que patrocina y apoya a un empleado menos experimentado (un protegido).

Resumen e implicaciones para los gerentes

Las prácticas y las políticas de recursos humanos de una organización representan fuerzas importantes para moldear el comportamiento y los actitudes de un empleado. En este capítulo analizamos específicamente la influencia de las prácticas de selección, los programas de capacitación y desarrollo, los sistemas de evaluación del desempeño y la existencia de los sindicatos.

Prácticas de selección

Las prácticas de selección de una organización determinarán quién es contratado. Si son diseñadas adecuadamente, identificarán a los candidatos competentes y los acoplarán con precisión al puesto. El uso de las herramientas eléctricas adecuadas de selección incrementará la probabilidad de que se elija a la persona adecuada para cubrir una vacante determinada.

Si bien la selección del empleado está lejos de ser una ciencia, algunas organizaciones no pueden diseñar sus sistemas de selección para así maximizar las probabilidades de que se logre el ajuste adecuado de la persona con el puesto. Cuando se cometen errores, el desempeño del candidato podría ser poco satisfactorio. Será necesario el entrenamiento para mejorar las habilidades del candidato. En el peor de los casos, el candidato probará que no es el adecuado y se necesitará un reemplazo. De igual manera, cuando el proceso de selección da por resultado la contratación de candidatos poco calificados o individuos que no se ajustan a la organización, quienes sean elegidos probablemente se sentirían nerviosos, tensos y a disgusto. Esto, a su vez, puede incrementar la insatisfacción en el trabajo.

Los programas de capacitación y desarrollo

Los programas de capacitación pueden afectar el comportamiento en el trabajo de dos formas. La forma más obvia es al mejorar directamente las habilidades necesarias para que el empleado termine exitosamente su trabajo. Un incremento en la capacidad mejora el potencial del empleado para desempeñarse en un nivel más alto. Por supuesto, que ese potencial llegue a convertirse en una realidad depende en gran medida de la motivación.

Un segundo beneficio de la capacitación es que incrementa la eficiencia personal del empleado. De acuerdo con lo estudiado en el capítulo 5, la eficacia personal es la expectativa de una persona de que ella puede llevar a cabo exitosamente los comportamientos requeridos para producir un resultado.[93] Para los empleados, dichos comportamientos son tareas de trabajo y el resultado es un desempeño eficaz del mismo. Los empleados con una alta eficacia personal tienen fuertes expectativas acerca de sus habilidades para desempeñarse con éxito en situaciones nuevas. Se muestran seguros de ellos mismos y esperan ser exitosos. La capacitación, por tanto, es un medio que afecta positivamente la eficacia personal ya que los empleados podrían estar más dispuestos a asumir tareas de trabajo y a ejercer un alto nivel de esfuerzo. O en términos de las expectativas (véase el capítulo 5), los individuos tienen más probabilidades de percibir que su esfuerzo los conducirá al desempeño.

También en este capítulo, analizamos el desarrollo de la carrera. Observamos el descenso significativo en los programas formales que buscan guiar la carrera de un empleado dentro de una organización. Sin embargo, los empleados todavía valoran la planeación y el desarrollo de su carrera, de modo que las organizaciones pueden incrementar el desempeño, la lealtad y la satisfacción de un empleado, alentando y guiando a los empleados para que desarrollen un plan de carrera autodirigida, y comunicando claramente las metas de la organización y las estrategias futuras, dando a los empleados experiencias de crecimiento, ofreciendo asistencia financiera para ayudar a los empleados a mantener actualizado su conocimiento y sus habilidades y proporcionando horas hábiles pagadas para la capacitación fuera del trabajo.

Evaluación del desempeño

Una meta principal de la evaluación del desempeño consiste en evaluar con precisión la contribución del desempeño individual como la base para tomar decisiones de distribución de las recompensas. Si el proceso de evaluación del desempeño enfatiza el criterio equivocado o evalúa de manera imprecisa el desempeño real en el trabajo, los empleados recibirán más o menos recompensas de lo que merecen. Como se demostró en el capítulo 5 en nuestro análisis de la teoría de la equidad, esto puede llevar a consecuencias negativas como un esfuerzo reducido, incrementos en el ausentismo o la búsqueda de oportunidades de trabajo alternativas. Además, se ha ido encontrando que el contenido de las evaluaciones del desempeño influye en el rendimiento y la satisfacción del empleado.[94] Específicamente, el desempeño y la satisfacción se incrementan cuando la evaluación está basada en el comportamiento, en los criterios orientados a resultados, cuando se analizan los temas de la carrera así como los de desempeño, y cuando el subordinado tiene la oportunidad de participar en la evaluación.

Interfaz gerencia-sindicato

La existencia de un sindicato en una organización agrega otra variable en nuestra búsqueda para explicar y pronosticar el comportamiento del empleado. Se ha descubierto que el sindicato contribuye de manera importante en las percepciones, actitudes y comportamiento de los empleados.

El poder del sindicato emerge del acuerdo colectivo que se negocia con la gerencia. Mucho de lo que un empleado puede y no puede hacer en el trabajo está estipulado formalmente en este acuerdo. Además, las normas informales que la cohesión del sindicato fomenta pueden alentar o desalentar la alta productividad, el compromiso organizacional y la moral.

Para revisión

1. ¿Qué es el análisis del puesto? ¿Cómo está relacionado con las personas que contrata la organización?

2. ¿Qué son los centros de evaluación? ¿Por qué piensa usted que podrían ser más eficaces para seleccionar gerentes que los exámenes escritos tradicionales?

3. Describa diversos métodos de capacitación en el puesto y varios métodos fuera de él.

4. ¿Qué pueden hacer las organizaciones para ayudar a los empleados a desarrollar sus carreras?

5. ¿Qué pueden hacer los individuos para estimular su propio desarrollo de la carrera?

6. ¿Por qué las organizaciones evalúan a los empleados?

7. ¿Cuáles son las ventajas y desventajas de los siguientes métodos de evaluación del desempeño: (a) ensayos escritos, (b) escalas gráficas de calificación, y (c) escalas de calificación ancladas al comportamiento?

8. ¿Cómo puede la gerencia evaluar eficazmente a los individuos cuando trabajan como parte de un equipo?

9. ¿De qué manera los sistemas de evaluación del desempeño que hay en la organización afectan el comportamiento del empleado?

10. ¿Qué impacto tienen los sindicatos en los sistemas de recompensas de la organización?

Para discusión

1. Si usted fuera el director de una escuela de negocios, ¿cómo determinaría cuáles candidatos al trabajo serían maestros eficaces?

2. Si usted fuera el director de una escuela de negocios, ¿cómo evaluaría el desempeño de los miembros de su facultad?

3. ¿Qué relación, si la hay, existe entre el análisis del puesto y la evaluación del desempeño?

4. ¿Qué problemas, si los hay, considera que podrían surgir como resultado de usar evaluaciones de 360 grados?

5. El presidente de su compañía le ha pedido que identifique cosas que su empresa podría hacer para mejorar el registro de antecedentes para contratar y retener a gerentes mujeres. ¿Qué sugerencias haría?

El entrenamiento intercultural no funciona

Los académicos parecen tomar como una verdad evidente que el creciente mercado global tiene serias implicaciones para la práctica gerencial. Como resultado, se han vuelto fuertes defensores de la necesidad de capacitación intercultural. Pero la mayoría de las corporaciones no proporcionan entrenamiento intercultural para los empleados. Los estudios indican, por ejemplo, que solamente 30% de los gerentes estadounidenses que son enviados a tareas en el extranjero para durar de uno a cinco años recibieron alguna capacitación intercultural antes de su salida.

¿Por qué la mayoría de las organizaciones no proporcionan a sus gerentes entrenamiento intercultural? Proponemos dos posibles explicaciones. Una es que la alta gerencia cree que "dirigir es dirigir", de modo que el *dónde* se realice resulta irrelevante. La otra explicación es que la alta gerencia no cree que el entrenamiento intercultural sea eficaz.

En contra de la evidencia, muchos gerentes superiores continúan creyendo que las habilidades gerenciales son perfectamente transferibles de una cultura a otra. Un buen gerente en Nueva York o Los Ángeles, por ejemplo, debería ser igualmente eficaz en París o Hong Kong. En organizaciones donde predomina esta creencia, usted no encontrará ninguna preocupación acerca de la capacitación intercultural. Además, es probable que haya poco esfuerzo para seleccionar candidatos para tareas en el extranjero con base en la habilidad de acoplamiento o adaptación a una cultura específica. Las decisiones de selección para puestos en el extranjero en estas organizaciones se toman usando un solo criterio: el archivo de la carrera de la persona en el propio país.

Probablemente sea justo decir que la mayoría de los altos gerentes hoy en día reconocen que las diferencias culturales afectan el desempeño gerencial. Pero sus organizaciones todavía no proporcionan entrenamiento intercultural debido a que estos gerentes dudan de la efectividad de dicha capacitación. Sostienen que la gente no puede aprender a dirigir en una cultura extranjera después de sólo unas semanas o meses de entrenamiento. La comprensión de la cultura de un país es algo que uno asimila durante muchos años con base en la contribución de muchas fuentes. No es algo que se preste al aprendizaje a corto plazo, no importan cuán intensivo sea el programa de capacitación.

Dados los argumentos previos, sería sorprendente encontrar organizaciones que ofrezcan capacitación intercultural. Nosotros proponemos que los altos ejecutivos de las organizaciones típicamente tomen uno de tres métodos al tratar con la selección de personal gerencial para cubrir sus asignaciones en el extranjero. Un método consiste en ignorar las diferencias culturales. No se preocupan acerca de ellas y toman sus decisiones de selección basados únicamente en las marcas gerenciales previas de los individuos. Otro método es contratar personal nacional para manejar las operaciones extranjeras. Puesto que el entrenamiento intercultural no es eficaz, cuando una firma como Xerox necesita un ejecutivo que cubra una posición clave en Italia, sería mejor si se contrata a un italiano. Esta solución se ha vuelto aún más fácil para las firmas estadounidenses en los años recientes conforme se incrementa el número de extranjeros en las escuelas de negocios estadounidenses y canadienses. Por ejemplo, ahora hay literalmente miles de italianos, árabes, japoneses y otros extranjeros que han obtenido certificados de negocios en universidades estadounidenses, entienden las prácticas estadounidenses de negocios y han regresado a sus países de origen. La tercera solución al problema es, ya sea contratar nacionales o entrenar de manera intensiva gente para que asesore a expertos de la gerencia. AT&T, como un caso pertinente, envió a un ejecutivo y su familia a Singapur por una larga estancia para absorber la atmósfera y aprender acerca de la forma de ese país para hacer negocios. Luego regresó a Nueva York como el residente experto en cultura de Singapur. Cuando surgen problemas que involucran a ese país, él es llamado para proporcionar conocimientos al respecto.

La evidencia en este argumento se extrajo de J. S. Black y M. Mendenhall, "Cross-Cultural Training Effectiveness: A Review and a Theoretical Framework for Future Research", *Academy of Management Review*, enero de 1990, pp. 113-136; y A. Kupfer, "How to Be a Global Manager", *Fortune*, 14 de marzo de 1988, p. 52.

Contrapunto

El entrenamiento intercultural es eficaz

Sí, es verdad que la mayoría de las corporaciones no proporcionan entrenamiento intercultural. ¡Y ése es un error! Claramente, la capacidad de adaptación a las diferencias culturales en una asignación extranjera es importante para el éxito gerencial. Más aún, contrario a lo que muchos gerentes creen, la capacitación intercultural es muy eficaz. Ampliemos un poco este segundo punto.

Una revisión amplia de los estudios que observaron específicamente la efectividad del entrenamiento intercultural muestra una abrumadora evidencia de que esta capacitación fomenta el desarrollo de las habilidades interculturales y conduce a un desempeño superior. El entrenamiento ha mostrado mejorar las relaciones de un individuo con sus compañeros nacionales, para permitir a esa persona ajustarse más rápidamente a una nueva cultura y mejorar su desempeño en el trabajo. Además, el entrenamiento reduce significativamente las tasas de fracaso en el extranjero. Por ejemplo, sin capacitación, 68 de cada 100 estadounidenses transferidos a Arabia Saudita regresarán con anticipación a casa debido a su incapacidad para cruzar el abismo cultural. Shell Oil, sin embargo, hizo pasar a 800 empleados estadounidenses a través del entrenamiento antes de enviarlos a una operación petroquímica en Arabia Saudita y solamente tres no sobrevivieron al ajuste cultural.

Aunque estos resultados son impresionantes, no nos dicen algo acerca del tipo de capacitación que recibió el empleado. ¿Esto marca alguna diferencia?

Existe una variedad de técnicas de entrenamiento disponibles para preparar a la gente para asignaciones de trabajo en el extranjero. Van desde programas documentales que simplemente exponen a la gente a la nueva cultura a través de materiales escritos sobre la historia sociopolítica, la geografía, la economía y las instituciones culturales hasta la capacitación vivencial interpersonal, donde los individuos participan en ejercicios de actuación de papeles, ambientes sociales simulados y experiencias similares para "sentir" las diferencias en la nueva cultura.

Un estudio de investigación se enfocó en la efectividad de estos dos métodos sobre un grupo de gerentes estadounidenses. Estos gerentes, que trabajaban para una firma de productos electrónicos, fueron enviados a una tarea en Seúl, Corea del Sur. De ellos, 20 no recibieron entrenamiento, 20 obtuvieron solamente un programa documental y 20 recibieron tan sólo capacitación de experiencia interpersonal. Las actividades de entrenamiento terminaron todas en un periodo de tres días. Todos los participantes, sin importar en qué grupo estuvieron, recibieron algo de entrenamiento en el idioma, información que cubría las operaciones de la compañía en Corea del Sur y una descripción breve de tres páginas del pasado del país. Los resultados de este estudio confirmaron la evidencia previa de que la capacitación intercultural funciona. Específicamente, el estudio mostró que los gerentes que recibieron cualquier forma de capacitación se desempeñaron mejor y percibieron una necesidad menor de ajustarse a la nueva cultura que aquellos que no recibieron dicho entrenamiento. Adicionalmente, ningún método probó ser superior a otro.

En otro estudio con empleados civiles en una agencia militar estadounidense, los participantes fueron agrupados para que recibieran ya fuera una orientación en documentos, capacitación de experiencia o vivencial, alguna combinación de las dos o ningún entrenamiento en absoluto. Los resultados de este estudio confirmaron nuevamente el valor de la capacitación intercultural. Cualquier tipo de entrenamiento probó ser más eficaz que ningún entrenamiento para mejorar el conocimiento intercultural y el desempeño conductual, además de que la combinación de enfoques probó ser el más eficaz.

La evidencia en este argumento se obtuvo de J. S. Black y M. Mendenhall, "Cross-Cultural Training Effectiveness: A Review and a Theoretical Framework for Future Research", *Academy of Management Review*, enero de 1990, pp. 113-136; P. C. Earley, "Intercultural Training for Managers: A Comparison of Documentary and Interpersonal Methods", *Academy of Management Journal*, diciembre de 1987, pp. 685-698; S. Caudron, "Surviving Cross-Cultural Shock", *Industry Week*, 6 de julio de 1992, pp. 35-38; J. S. Lublin, "Companies Use Cross-Cultural Training to Help Their Employees Adjust Abroad", *Wall Street Journal*, 4 de agosto de 1992, p. B1; y J. K. Harrison, "Individual and Combined Effects of Behavior Modeling and the Cultural Assimilator in Cross-Cultural Management Training", *Journal of Applied Psychology*, diciembre de 1992, pp. 952-962.

Ejercicio de aprendizaje acerca de usted mismo

¿Cuán eficaces son sus habilidades de entrevista?

Es probable que cada uno de nosotros pase por docenas de entrevistas de trabajo durante nuestra vida. ¿Sabe usted cómo sacar lo mejor de esas situaciones de entrevista?

Para evaluar sus habilidades de entrevista, conteste los siguientes enunciados usando una escala de 1 (nunca) a 5 (siempre):

1. Pienso acerca de la ropa que usaré cuando menos un día antes de la entrevista y selecciono cuidadosamente el traje que sea consistente con la impresión que quiero dar. _____

2. Me preparo para la entrevista investigando sobre la organización y obteniendo tanta información como pueda acerca del entrevistador, la unidad en la cual estaré trabajando y mi posible jefe. _____

3. Estoy justo a tiempo para la entrevista o unos minutos antes. _____

4. Juzgo a mi entrevistador y su área de trabajo con anticipación en la entrevista y modulo mi lenguaje corporal y mis respuestas verbales para ajustarme a la situación. _____

5. He pensado cuidadosamente en todas las respuestas a las preguntas con respecto a las metas de mi carrera, educación, experiencia y otras preguntas que me pudieran hacer. _____

6. He identificado temas que son importantes en mi decisión y tengo preguntas acerca de estos temas que he preparado para hacerlas al entrevistador. _____

7. Después de que ha terminado la entrevista, envío una carta de agradecimiento al entrevistador. _____

Pase a la página A-29 para instrucciones sobre la calificación y la clave.

Fuente: basado en D. A. De Cenzo y S. P. Robbins, *Human Resource Management*, 5a ed. (Nueva York: Wiley, 1996), pp. 517-519.

Ejercicio de trabajo en grupo

Evalúe el desempeño y proporcione retroalimentación

Objetivo Experimentar la evaluación del desempeño y observar cómo se proporciona la retroalimentación sobre el desempeño.

Tiempo Aproximadamente 30 minutos.

Procedimiento Se seleccionará a alguien como líder del grupo. Él o ella podría ser un voluntario o alguien escogido por su profesor. El líder de la clase presidirá la discusión en clase y desempeñará el papel de gerente en la revisión de la evaluación.

Su instructor saldrá del salón. El líder de la clase pasará entonces hasta 15 minutos ayudando al grupo a evaluar a su profesor. El profesor entiende que esto es solamente un ejercicio de clase y está preparado para aceptar la crítica (y, por supuesto, cualquier ala-

alabanza que usted y sus compañeros quieran transmitir). Su profesor también reconoce que la evaluación del líder es en realidad una mezcla de las contribuciones de muchos estudiantes. Así que usted y sus compañeros sean abiertos y honestos en su evaluación y tengan la seguridad de que su profesor no tomará represalias.

La investigación ha identificado siete dimensiones de desempeño para el trabajo de un profesor universitario: (1) conocimiento del profesor, (2) procedimientos de examinación, (3) relaciones estudiante-profesor, (4) habilidades organizacionales, (5) habilidades de comunicación, (6) relevancia del tema y (7) utilidad de las tareas. La discusión sobre el desempeño de su instructor deberá enfocarse en estas siete dimensiones. El líder podría desear tomar notas para su uso personal, pero no se le pedirá que dé a su instructor cualquier documentación por escrito.

Cuando la discusión de 15 minutos del grupo haya terminado, el líder invitará al profesor a que regrese al salón. La revisión del desempeño se dará tan pronto como el profesor pase por la puerta, con el líder de la clase transformado en el gerente y el profesor actuando como él mismo.

Una vez que haya terminado, la discusión de la clase se enfocará en los criterios de evaluación del desempeño y cuán bien se comportó el líder del grupo proporcionando retroalimentación sobre el desempeño.

Ejercicio de dilema ético

Capacitación en ética: ¿humo o sustancia química?

Aproximadamente 80% de las grandes corporaciones estadounidenses tienen programas formales sobre ética, y 44% de estas firmas proporciona entrenamiento en este mismo tema.[*] La mayoría de los programas de universitarios sobre negocios exigen ahora cursos en ética o tener agregado un componente ético en sus cursos en mercadotecnia, finanzas y administración.

¿Qué esperan lograr los defensores del entrenamiento en ética con estos programas? Los instructores de ética incluyen entre sus metas estimular el pensamiento moral, reconocer los dilemas éticos, crear un sentido de la obligación moral, desarrollar habilidades de solución de problemas y tolerar y reducir la ambigüedad. Pero ¿se puede enseñar moral en la universidad? La evidencia es variada. Revisemos brevemente las pruebas presentadas por ambos bandos.

Los críticos sostienen que la moral está basada en valores y los sistemas de valores se fijan en la edad temprana. Para cuando la gente llega a la universidad, sus valores éticos ya están establecidos. Los críticos también sostienen que la moral no puede ser enseñada, sino que debe aprenderse con el ejemplo. Los líderes establecen ejemplos éticos mediante lo que dicen y hacen. Si esto es cierto, entonces el entrenamiento en ética es relevante sólo como parte de la capacitación de liderazgo.

Los defensores de la capacitación en ética sostienen que los valores pueden aprenderse y cambiarse después de la niñez. Y aun si no fuera así, la capacitación en ética sería más eficaz ya que consigue que sus empleados piensen acerca de los dilemas éticos y estén más conscientes de las cuestiones éticas que subyacen a sus acciones. Los defensores del entrenamiento en ética señalan la evidencia de la investigación en este último punto: un análisis amplio de la efectividad de los programas de capacitación en ética demostró que mejoran la conciencia moral y las habilidades de razonamiento de los estudiantes.

Una encuesta reciente de los empleados en compañías que proporcionan entrenamiento en ética mostró resultados generalmente positivos. En total, 73% de las personas que respondieron consideró que la capacitación era útil, ya sea *frecuente* u *ocasional,* para guiar sus decisiones o conducta en el trabajo. Sólo 3% señaló que *nunca* era útil.

¿Pueden las universidades enseñar moral? ¿Deberían las compañías gastar su dinero en programas de entrenamiento en ética? ¿Qué piensa usted?

*La información en este ejercicio es de G. L. Pamental, "The Course in Business Ethics: Can It Work?", *Journal of Business Ethics*, julio de 1989, pp. 547-551; P. F. Miller y W. T. Coady, "Teaching Work Ethics", *Education Digest*, febrero de 1990, pp. 54-55; D. Rice y C, Dreilinger, "Rights and Wrongs of Ethics Training", *Training and Development Journal*, mayo de 1990, pp. 103-108; J. Weber, "Measuring the Impact of Teaching Ethics to Future Managers: A Review, Assessment, and Recommendations", *Journal of Business Ethics*, marzo de 1990, pp. 183-190; y R. Goodell, *Ethics in American Business: Policies, Programs and Perceptions*. Report of Landmark Survey of U.S. Employees (Washington, DC, Ethics Resource Center, 1994).

"No puedo trabajar los domingos"

La mayoría de los estadounidenses entienden que la ley protege a los empleados contra la discriminación basada en el sexo o en el prejuicio sobre la raza. Pero el título VII de la ley federal de las leyes civiles estadounidenses también prohíbe la discriminación basada en la religión. Un gerente de una tienda Wal-Mart en Springfield, Missouri, no entendió este hecho y su compañía tuvo que arreglar una demanda por discriminación religiosa fuera de la corte instituida por un ex empleado.

Este empleado, Scott Hamby, dijo que fue obligado a renunciar a Wal-Mart en 1993 después de rehusarse a trabajar en domingo, su *Sabbath*. Al mismo tiempo que negaba cualquier iniquidad, Wal-Mart finalizó la demanda del señor Hamby con un arreglo en efectivo. También estuvo de acuerdo en entrenar inmediatamente a los gerentes de Wal-Mart a cargo de la contratación y programación en sus 2,173 tiendas acerca de los derechos de los empleados a "acomodar razonablemente" sus creencias religiosas, preparar un manual en computadora acerca de los derechos de los empleados y el acoso religioso y contrató de 30 a 40 entrenadores regionales sobre el tema.

El incidente de Wal-Mart podría ser una señal de los futuros problemas para muchos empleados, especialmente en industrias como el transporte, la seguridad pública y la venta al menudeo donde el trabajo de fin de semana a menudo se espera como una parte de las labores. El problema podría ser exacerbado en el oeste y el sur, donde los votantes de años recientes han rescindido leyes que exigen a los negocios que cierren los domingos.

Las cortes han dicho que los patrones deben "acomodar razonablemente" las peticiones de observar el *Sabbath* u otros días religiosos a menos que la petición causara un "extremo daño" al negocio. Se asume que las creencias religiosas de los empleados son sinceras a menos que se pruebe lo contrario.

Preguntas

1. ¿Hay algo que un patrón pudiera hacer al momento de contratar que pudiera impedir legalmente que este problema ocurra?

2. ¿Por qué piensa usted que los prejuicios de sexo y raza en Estados Unidos ha recibido más atención que los prejuicios religiosos?

3. ¿Cómo podría acoplarse el entrenamiento para reducir la discriminación religiosa como parte de la capacitación sobre la diversidad?

4. ¿Cómo sería un programa de capacitación que buscara eliminar la discriminación religiosa? Sea específico.

Este caso se basa en M. A. Jacobs, "Workers' Religious Beliefs May Get New Attention", *Wall Street Journal*, 22 de agosto de 1995, p. B1.

¿Contradiscriminación?

Es un problema cada vez más grande: los hombres blancos que se sienten víctimas debido a su raza y sexo. Los resultados de una encuesta reciente mostraron que uno de cada 10 hombres blancos hoy en día siente que ha sido víctima de la contradiscriminación.

Durante años, las mujeres y las minorías han sido las víctimas de la discriminación, y a menudo culpan a los hombres blancos de mantenerlos fuera de los trabajos y posiciones de poder. Ahora los papeles parecen haber cambiado. Los hombres blancos están quejándose amargamente de que los programas de "acción afirmativa" están dando sus trabajos y ascensos a las mujeres y a las minorías, aun cuando estos individuos estén menos calificados.

Aunque la corporación estadounidense y las instituciones académicas a lo largo de Estados Unidos tienen su parte de culpa en el descontento de los hombres blancos, es en las agencias gubernamentales donde un número creciente de aquéllos dice que se siente más vulnerable y más amenazado. Durante un año reciente, por ejemplo, más de 4,000 hombres pusieron quejas de discriminación con la Comisión de Oportunidad Igualitaria de Empleo (Equal Employment Opportunity Commission). Más de la mitad de estas quejas provinieron de hombres blancos. Dos trabajadores del servicio forestal estadounidense en California representan el tipo de quejas de que se trata. Uno dijo: "¿cómo se sentiría usted si estuviera trabajando, y le dijeran, ya sabe, que usted es bueno, pero que tienen que contratar a alguien más debido a su derecho por nacimiento o su sexo. Se siente muy mal. Fue injusto". Una corte de California ordenó a esa región del servicio forestal estadounidense hacer accesible toda su fuerza de trabajo masculina a las mujeres, lo cual molestó a los empleados hombres con mayor antigüedad. En el decreto firmado por el servicio forestal, éste prometió que daría 43% de sus trabajos a las mujeres. Aunque el servicio forestal insiste en que sus prácticas de contratación han estado siempre de acuerdo con las leyes de oportunidad equitativa de trabajo, muchas mujeres trabajadoras forestales sostienen que si la corte de California no hubiera abierto el lugar de trabajo a las mujeres, todavía estarían del otro lado observando que todo el servicio forestal se reservaba para los hombres. Sin la protección y acción ofrecidas por las leyes y regulaciones de acción afirmativa, dicen estas mujeres, no tendrían oportunidad de obtener los trabajos o los ascensos.

En contraste, los hombres blancos se quejan de que este tipo de acciones constituyen en realidad una contradiscriminación. Por ejemplo, en el departamento de defensa, varios hombres blancos no están seguros de cómo deben reaccionar a un memorando que les avisa que en el futuro "se requerirá de un permiso especial para la promoción de todos los hombres blancos sin discapacidades". En el servicio de parques nacionales, un funcionario de alto nivel comentó acerca de un candidato al trabajo que era un egresado *cum laude* (con honores) de Harvard, que tenía experiencia en el cuerpo de paz, pero que, "por desgracia, él era blanco, lo cual era lamentable".

Preguntas

1. ¿Qué tan válidas piensa usted que son estas quejas de los hombres blancos?

2. Analice este caso en el contexto de los patrones que tratan de mejorar la diversidad dentro de su fuerza de trabajo.

3. Desde su punto de vista, ¿cuáles son las implicaciones de comportamiento de la contradiscriminación sobre los hombres blancos? ¿Y sobre las mujeres y las minorías?

Fuente: basado en "They Need Not Apply—Discrimination Against White Men", *ABC News 20/20*; pasado al aire el 18 de noviembre de 1994.

LA CULTURA ORGANIZACIONAL

PERFIL DEL CAPÍTULO
Institucionalización: un antecesor de la cultura
¿Qué es la cultura organizacional?
¿Qué hace la cultura?
La creación y el sostenimiento de una cultura
Cómo aprenden la cultura los empleados

> En cualquier organización hay procedimientos que saltar y procedimientos que conocer.
> —R. Ritti y G. Funkhouser

OBJETIVOS DE APRENDIZAJE

Después de estudiar este capítulo, usted será capaz de:

1 Describir la institucionalización y su relación con la cultura organizacional

2 Definir las características comunes que conforman la cultura organizacional

3 Comparar las culturas fuertes y débiles

4 Identificar los efectos funcionales y disfuncionales de la cultura organizacional en la gente y en la organización

5 Explicar los factores que determinan la cultura de la organización

6 Listar los factores que mantienen la cultura de la organización

7 Precisar la forma como se transmite la cultura a los empleados

8 Conocer el perfil de varias alternativas de socialización que la gerencia tiene a su disposición

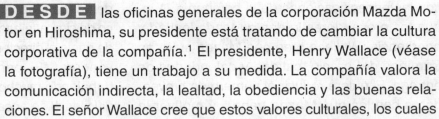

DESDE las oficinas generales de la corporación Mazda Motor en Hiroshima, su presidente está tratando de cambiar la cultura corporativa de la compañía.[1] El presidente, Henry Wallace (véase la fotografía), tiene un trabajo a su medida. La compañía valora la comunicación indirecta, la lealtad, la obediencia y las buenas relaciones. El señor Wallace cree que estos valores culturales, los cuales funcionaron en favor de la compañía en los años de la posguerra, son obsoletos en la actual economía global y altamente competitiva. Llegó allí en la primavera de 1996, a petición de Ford Motor Co., la cual tiene intereses en Mazda, con el objeto de revertir las ventas decrecientes y volver nuevamente lucrativa a esta empresa. En 1995, Mazda fabricó sólo 771,000 autos, la mitad de la producción de 1990.

El señor Wallace, un espigado escocés, se proyecta como un "pulgar adolorido" en Japón. Al ser el único extranjero que dirige una compañía japonesa, él es una celebridad y una curiosidad. Su estatus de extranjero le proporciona tanto ventajas como desventajas. Ya que se espera que los extranjeros actúen de diferente manera, se le ha dado mayor oportunidad de introducir prácticas no japonesas en Mazda. Pero él no habla con fluidez el japonés y sus esfuerzos para fomentar más el inglés en el lugar de trabajo y para cambiar las normas organizacionales establecidas han provocado que se eleven los niveles de nerviosismo. Muchos empleados de Mazda sienten que Wallace simplemente no entiende la forma japonesa de hacer las cosas ni la singularidad de la cultura de Mazda.

Wallace enfrenta una cultura organizacional donde la gente teme hablar en las reuniones y donde los empleados y los proveedores de partes están establecidos de por vida. Wallace quiere cambiar esto. Ha transformado con cuidado las reuniones en sesiones libres de tormenta de ideas. Él espera que la gente haga preguntas y cuestione las ideas. Esto no es fácil para los empleados de Mazda. Él ha forzado a los miembros del personal de Mazda a utilizar más la información de mercadotecnia para fundamentar sus propuestas sobre un nuevo producto. Está inyectando más inglés, el lenguaje internacional de los negocios, en la compañía. Aunque él no ha despedido a nadie todavía, habla al respecto como una posibilidad y ello está incrementando las preocupaciones en toda la empresa. Pero uno de los más grandes retos es romper el sistema tradicional japonés de relaciones de largo plazo, tipo familiar, con los proveedores. Cientos de éstos consiguen los planos de Mazda y construyen partes con las especificaciones de la compañía. Aunque los proveedores le dan a Mazda lealtad y obediencia, Wallace cree que Mazda sufre en términos del precio, calidad y calendarios de entrega. Él quiere reducir el número de proveedores con los que Mazda trabaja y motivar la competencia entre los que queden. "Si el presidente [de Mazda] fuera japonés, sentiría un poco de simpatía hacia nosotros", expresa, a manera de queja el director de una pequeña empresa proveedora. "Él pensaría: 'Ustedes han estado trabajando mucho para Mazda'. Aun en tiempos difíciles él se encargaría de que el mayor número posible de compañías sobreviviera." ◆

Una fuerte cultura organizacional como la encontrada en Mazda proporciona a los empleados un entendimiento claro de la "manera de hacer las cosas en esta compañía". Proporciona estabilidad a la organización. Pero, como se hizo evidente en Mazda, también puede ser una gran barrera para el cambio. En este capítulo, mostramos que toda organización tiene una cultura y, dependiendo de su fortaleza, ejerce una influencia significativa en las actitudes y comportamientos de los miembros de la organización.

Institucionalización: un antecesor de la cultura

La idea de ver a las organizaciones como culturas —donde hay un sistema de significado compartido entre los miembros— es un fenómeno relativamente reciente. Hasta mediados de la década de los ochenta, las organizaciones eran, en su mayoría, simplemente concebibles como un medio racional mediante el cual coordinar y controlar un grupo de gente. Tenían niveles verticales, departamentos, relaciones de autoridad y otras características similares. Pero las organizaciones son mucho más que eso. También tienen personalidades, como los individuos. Pueden ser rígidas o flexibles, difíciles o apoyadoras, innovadoras o conservadoras. Las oficinas y el personal de General Electric son diferentes de las de General Mills. Harvard y el MIT están en el mismo negocio —la educación— y sólo las separa el río Charles, pero cada una tiene un sentimiento y un carácter particulares más allá de sus características estructurales. Los teóricos organizacionales últimamente han admitido esto al reconocer el importante papel que la cultura juega en la vida de los miembros de la organización. Es interesante que, sin embargo, el origen de la cultura como una variable independiente que afecta las actitudes del empleado y el comportamiento se remonta a hace 50 años, a la noción de **institucionalización.**[2]

institucionalización
Cuando una organización adquiere vida propia —aparte de la de sus miembros— e inmortalidad.

Cuando una organización se institucionaliza, toma vida propia, aparte de la de sus fundadores o miembros. Ross Perot creó Electronic Data Systems (EDS) a principios de la década de los sesenta, pero la dejó en 1987 y fundó una nueva compañía, Perot Systems. EDS, ahora parte de General Motors, ha continuado progresando a pesar de la salida de su fundador. Sony, Eastman Kodak y Timex Corporation son ejemplos de organizaciones que han existido más allá de la vida de cualquiera de sus miembros.

Además, cuando una organización se institucionaliza, se valora por sí misma, no tan sólo por los bienes o servicios que produce; adquiere inmortalidad. Si sus metas originales dejan de ser relevantes, no se sale del negocio; al contrario, se redefine a sí misma. Cuando bajó la demanda de los relojes Timex, la compañía simplemente se redirigió hacia el negocio de aparatos electrónicos para el consumidor —fabricando, además de relojes de pulsera, relojes, computadoras y productos para el cuidado de la salud como termómetros digitales y aparatos para verificar la presión arterial. Timex cobró una existencia que rebasó su misión original de fabricar relojes mecánicos de pulsera de bajo costo.

La institucionalización opera para generar un conocimiento común entre los miembros acerca de lo que es un comportamiento apropiado y, fundamentalmente, significativo. Así, cuando una organización se vuelve una permanencia institucional,

◆ Cuando una organización se institucionaliza, adquiere vida propia, aparte de la de sus fundadores o cualquiera de sus miembros.

los modos aceptables de comportamiento por ellos mismos se vuelven evidentes para sus miembros. Como veremos, en esencia esto es lo mismo que hace la cultura organizacional. En consecuencia, entender lo que conforma la cultura de la organización y la manera en que se creó, se mantuvo y pudo aprenderse incrementará nuestra habilidad de explicar y predecir el comportamiento de la gente en el trabajo.

¿Qué es la cultura organizacional?

Hace unos años, le pedí a un ejecutivo que me dijera lo que él pensaba que significaba la *cultura organizacional* y en esencia me dio la misma respuesta que una vez un magistrado de la Suprema Corte de Justicia dio al tratar de definir la pornografía: "No puedo definirla, pero la reconozco cuando la veo." Este método del ejecutivo para definir la cultura organizacional no es aceptable para nuestros propósitos. Necesitamos una definición básica que nos proporcione un punto de partida para nuestra búsqueda de un mejor entendimiento del fenómeno. En esta sección, proponemos una definición específica y revisamos diversos temas periféricos que giran alrededor de esta definición.

Una definición

Parece haber un amplio acuerdo en que la **cultura organizacional** se refiere a un sistema de significado compartido entre sus miembros y que distingue a una organización de las otras.[4] Al examinar con mayor detalle este sistema de significado compartido, se identifica un grupo de características clave que la organización valora. La investigación más reciente sugiere que hay siete características primarias que, en resumen, captan la esencia de la cultura de una organización.[5]

cultura organizacional
Percepción común mantenida por los miembros de la organización; sistema de significado compartido.

1. *Innovación y toma de riesgos*. El grado en el cual se alienta a los empleados a ser innovadores y a correr riesgos.

La orientación hacia la gente es una característica clave que capta la esencia de la cultura organizacional de Birkenstock Footwear's. La gerencia apoya el deseo del personal de participar en causas en que ellos creen. Desde que los empleados quisieron fomentar la conciencia ambiental en la compañía, la gerencia ha permitido que se dedique una hora a la semana a trabajar en proyectos ambientales y ha puesto los recursos necesarios para desarrollar en la empresa una biblioteca sobre el tema, compilar una guía de recursos no tóxicos y organizar reuniones mensuales con otros negocios para compartir ideas sobre productos y temas de conservación.

2. *Atención al detalle*. El grado en que se espera que los empleados demuestren precisión, análisis y atención al detalle.

3. *Orientación a los resultados*. El grado en que la gerencia se enfoca en los resultados en lugar de en las técnicas y procesos utilizados para lograr estos resultados.

4. *Orientación hacia las personas*. El grado en que las decisiones de la gerencia toman en cuenta el efecto de los resultados en la gente dentro de la organización.

5. *Orientación al equipo*. El grado en que las actividades de trabajo están organizadas alrededor de equipos, en lugar de hacerlo en torno a individuos.

6. *Energía*. El grado en que la gente es emprendedora y competitiva y no pasiva.

7. *Estabilidad*. El grado en que las actividades organizacionales prefieren mantener el *statu quo* en contraste con la insistencia en el crecimiento.

Cada una de estas características existe en un continuo de bajo a alto. De modo que la evaluación de la organización a partir de estas siete características, permite bosquejar un cuadro mezclado de la cultura de la organización. Este panorama se vuelve la base de la percepción de conocimiento que tienen los miembros acerca de la organización, la forma como se hacen las cosas y la manera en que se supone que los miembros deben comportarse. La ilustración 16-1 demuestra cómo pueden mezclarse estas características para crear organizaciones profundamente diversas.

La cultura es un término descriptivo

La cultura organizacional se ocupa de la forma como los empleados perciben las características de la cultura de una organización, sin importar si les gustan o no. Esto es, se trata de un término descriptivo. Lo anterior es importante porque establece la diferencia de este concepto con el de la satisfacción en el trabajo.

La investigación sobre la cultura organizacional ha intentado medir la forma como los empleados visualizan su organización: ¿Alienta el trabajo de equipo? ¿Recompensa la innovación? ¿Ahoga la iniciativa?

En contraste, la satisfacción en el trabajo busca medir las respuestas afectivas frente al ambiente de trabajo. Se ocupa de la forma en que los empleados se sienten acerca de las expectativas de la organización, las prácticas de recompensa y cosas similares. Aunque, sin duda, los dos términos tienen características que se traslapan, tenga en cuenta que el término *cultura organizacional* es un concepto descriptivo, mientras que la *satisfacción con el trabajo* es un concepto de evaluación.

¿Las organizaciones tienen culturas uniformes?

La cultura organizacional representa una percepción común de los miembros de la organización. Esto se hace explícito cuando definimos la cultura como un sistema de significado *compartido*. Deberíamos esperar, por tanto, que los individuos con antecedentes diferentes o en distintos niveles de la organización tendieron a describir la cultura de la organización en términos similares.[6]

Admitir que una cultura organizacional tiene propiedades comunes no significa, sin embargo, que no existan subculturas dentro de una cultura determinada. Las grandes organizaciones tienen una cultura dominante y numerosos grupos de subculturas.[7]

Una **cultura dominante** expresa los valores centrales que comparte la mayoría de los miembros de la organización. Cuando hablamos acerca de la cultura *organizacional*, nos referimos a su cultura dominante. Esta macrovisión de la cultura es la que le da a una organización su personalidad distintiva.[8] Las **subculturas** tienden

cultura dominante
Expresa los valores centrales que son compartidos por la mayoría de los miembros de la organización.

subculturas
Miniculturas dentro de una organización, que generalmente se definen por las designaciones de departamentos y por la separación geográfica.

Ilustración 16-1 Contraste de culturas organizacionales

Organización A

Esta organización es una empresa manufacturera. Se espera que los gerentes documenten completamente todas las decisiones; y los "buenos gerentes" son aquellos que proporcionan información detallada para apoyar sus recomendaciones. No se alientan las decisiones creativas que incurren en el cambio significativo o riesgo. Debido a que los gerentes de proyectos que han fracasado son criticados abiertamente y penalizados, no tratan de poner en práctica ideas que se desvíen mucho del *statu quo*. Un gerente de nivel bajo citó una frase muy utilizada en la compañía: "Si no está averiado, no lo arregle."

Existen normas extensas y regulaciones en esta compañía que deben seguir los empleados. Los gerentes supervisan a los empleados estrechamente para asegurarse de que no hay desviaciones. La gerencia se interesa en la alta productividad, sin que le importe el impacto en la moral o en la rotación del personal.

Las actividades de trabajo se diseñan alrededor de individuos. Hay departamentos distintivos y líneas de autoridad y se espera que los empleados minimicen el contacto formal con otros trabajadores ajenos a su área funcional o línea de mando. Las evaluaciones de desempeño o las recompensas tienden a ser el factor principal en la determinación de incrementos salariales y ascensos.

Organización B

Esta organización también es una empresa manufacturera. Aquí, sin embargo, la gerencia alienta y recompensa el correr riesgos y el cambio. Las decisiones basadas en la intuición se valoran tanto como aquellas bien racionalizadas. La gerencia se enorgullece de su historia de experimentación con nuevas tecnologías y por sus éxitos comunes al introducir productos innovadores. Los gerentes o empleados que tienen una buena idea reciben apoyo para ponerla en práctica. Los fracasos se consideran "experiencias de aprendizaje". La compañía se enorgullece de ser dirigida por el mercado y de responder rápidamente a las necesidades cambiantes de sus clientes.

Hay pocas normas y reglamentaciones que los empleados deben seguir y la supervisión no es muy estricta debido a que la gerencia cree que sus empleados son trabajadores maduros y dignos de confiar. La gerencia se preocupa por la alta productividad, pero cree que esto es resultado de tratar bien a su gente. La compañía está orgullosa de su reputación de ser un buen lugar para trabajar.

Las actividades de trabajo se diseñan alrededor de equipos de trabajo y se fomenta que los miembros del equipo interactúen con la gente a lo largo de las diferentes funciones y los distintos niveles de autoridad. Los empleados hablan positivamente acerca de la competencia entre equipos. Los individuos y los equipos tienen metas y los bonos están basados en el logro de estos resultados. Los empleados gozan de una gran autonomía al escoger los medios por los cuales lograr las metas.

a desarrollarse en las grandes organizaciones para reflejar problemas, situaciones o experiencias comunes que los miembros enfrentan. Es probable que estas subculturas se definan por designaciones de departamento y por separación geográfica. Por ejemplo, el departamento de compras puede tener una subcultura que compartan de manera exclusiva los miembros de esa área. Incluirá los **valores centrales** de la cultura dominante, más los valores adicionales específicos de los miembros del departamento de compras. De igual manera, una oficina o unidad de la organización que está separada físicamente de las operaciones principales de la organización podría adquirir una personalidad diferente. Asimismo, los valores centrales se mantienen en esencia, pero se modifican para reflejar la situación distintiva de la unidad separada.

valores centrales
Los valores principales o dominantes que se aceptan en toda la organización.

Si las organizaciones no tuvieran una cultura dominante y estuvieran compuestas únicamente de numerosas subculturas, se disminuiría en forma significativa el valor de la cultura organizacional como variables independiente, ya que no habría una interpretación uniforme de lo que representa un comportamiento apropiado e inapropiado. Es el aspecto de "significado compartido" de la cultura lo que la hace un instrumento tan potente para guiar y moldear el comportamiento. Pero no podemos pasar por alto la realidad de que muchas organizaciones también tienen subculturas que pueden influir en el comportamiento de los miembros.

Culturas fuertes en comparación con las débiles

Se ha vuelto cada vez más popular diferenciar entre las culturas fuertes y las débiles.[9] El argumento que sostenemos es que las culturas fuertes tienen un mayor impacto en el comportamiento del empleado y están relacionadas más directamente con una menor rotación del personal.

cultura fuerte
Culturas en las que los valores fuertes se sostienen con intensidad y se comparten ampliamente.

En una **cultura fuerte,** se sostienen con intensidad y se comparten ampliamente los valores centrales de la organización.[10] Mientras más miembros acepten los valores centrales y mayor sea su compromiso con esos valores, más fuerte será la cultura. En consistencia con esta definición, una cultura fuerte tendrá una gran influencia en el comportamiento de sus miembros debido a que el alto grado en que se comparte y la intensidad crean un clima interno de alto control de comportamiento. Por ejemplo, Nordstrom, ubicada en Seattle, ha desarrollado una de las culturas de servicio más fuertes en la industria de venta al menudeo. Los empleados de Nordstrom saben en términos muy precisos lo que se espera de ellos y estas expectativas contribuyen en buena medida a moldear su comportamiento.

Un resultado específico de una cultura fuerte debería ser una menor rotación de empleados. Una cultura fuerte muestra un alto grado de acuerdo entre los miembros acerca de lo que representa la organización. Tal unanimidad de propósito propicia la cohesión, la lealtad y el compromiso organizacionales. A su vez estas cualidades, disminuyen la propensión del empleado a abandonar la organización.[11]

Cultura *versus* formalización

Una cultura organizacional fuerte favorece la consistencia en el comportamiento. En este sentido deberíamos reconocer que una cultura fuerte puede actuar como sustituto de la formalización.

El valor central de mejorar la vida de las personas por medio del deporte y la buena condición física se sostiene y se comparte ampliamente por los empleados de Nike. El fundador de Nike, Philip Knight, creó una cultura fuertemente orientada a los deportes y promueve por medio de la compañía prácticas como paga extra por llegar al trabajo en bicicleta, en lugar de manejar. Nike está reconocida en el mundo como una compañía de atletas que contrata ex atletas profesionales, universitarios y olímpicos para diseñar y vender sus zapatos y ropa para los aficionados al deporte. Las oficinas generales de Nike en Beaverton, Oregón, son un campus de 74 acres (299,500 metros cuadrados) con pistas de caminata y trote y edificios con los nombres de héroes deportistas, como el Centro Joan Benoit Samuelson y la guardería Joe Paterno.

De los conceptos a las habilidades

Cómo interpretar la cultura de una organización

La habilidad de interpretar y evaluar la cultura de una organización es valiosa.[12] Cuando busca un trabajo, desearía escoger una cultura que fuera compatible con los sentimientos propios y con la cual se sintiera uno a gusto. Si usted puede evaluar con precisión la cultura del patrón potencial antes de tomar su decisión, podría ahorrarse muchas penas y reducir la probabilidad de efectuar una decisión incorrecta. Asimismo, sin duda, durante su vida profesional tendrá transacciones con numerosas organizaciones. Tratará de vender un producto o servicio, negociar un contrato, arreglar una empresa de riesgo compartido o simplemente buscar quién controla ciertas decisiones en una organización determinada. La habilidad de evaluar la cultura de otra organización puede ser definitiva para alcanzar con éxito estas metas.

Por el bien de la simplicidad, nos aproximaremos al problema de leer la cultura de una organización desde el punto de vista de un solicitante de trabajo. Asumiremos que usted sostiene una entrevista para un puesto determinado. A continuación se presenta una lista de cosas que usted puede hacer para ayudarse a leer o interpretar la cultura del patrón potencial:

◆ Observe el ambiente físico. Ponga atención a los signos, fotografías, estilo de vestir, largo del cabello, proporción entre las oficinas y el mobiliario, así como la disposición de éstos.

◆ ¿Con quién se reunió? ¿Sólo con la persona que sería su supervisor inmediato? ¿O también estuvieron colegas potenciales, gerentes de otros departamentos o altos ejecutivos? ¿Y con base en lo que le han revelado, en qué grado las personas diferentes de su supervisor inmediato influyen en la decisión de contratar?

◆ ¿Cómo describiría el estilo de la gente con la que se entrevistó? ¿Formal? ¿Casual? ¿Seria? ¿Jovial?

◆ ¿Tiene la organización reglas formales y regulaciones impresas en un manual de políticas? ¿Si es así, cuán detalladas están éstas?

◆ ¿Haga preguntas sobre las personas con las cuales se entrevista. Casi siempre la información de mayor validez y confiabilidad provienen de hacer las mismas preguntas a diversas personas (y ver cuán parecidas son sus respuestas) y de hablar con el personal que se relaciona con el exterior de la organización. Entre ellos se incluyen puestos de recursos humanos, agentes de ventas, agentes de compras, negociadores laborales, especialistas en relaciones públicas y abogados de la compañía. Las preguntas que le proporcionan conocimientos sobre los procesos y prácticas organizacionales podrían ser:

◆ ¿Cuál es la experiencia de los fundadores?

◆ ¿Cuál es la experiencia de los altos gerentes actuales? ¿Cuáles son sus especializa-

ciones funcionales? ¿Fueron ascendidos o contratados de fuera?

◆ ¿Cómo integra la organización a los nuevos empleados? ¿Hay un programa de inducción? ¿Capacitación? ¿Si es así, podría describir estas características?

◆ ¿Cómo define su jefe su éxito en el trabajo? (¿Cantidad de ganancias? ¿Servicio a clientes? ¿Cumplimiento en las fechas límite? ¿Objeción de incrementos en el presupuesto?)

◆ ¿Cómo definiría la igualdad en términos de la distribución de la recompensa?

◆ ¿Puede usted identificar algunas personas que estén en el carril de alta velocidad? ¿Qué piensa que los ha puesto en ese carril?

◆ ¿Puede identificar a alguien que parece estar considerado como un divergente en la organización? ¿Cómo ha respondido la organización hacia esta persona?

◆ ¿Puede usted describir una decisión que alguien haya tomado aquí y que haya sido bien recibida?

◆ ¿Puede usted describir una decisión que no haya funcionado bien? ¿Cuáles fueron las consecuencias para quien tomó la decisión?

◆ ¿Podría describir una crisis o un evento crítico que haya ocurrido recientemente en la organización? ¿Cómo respondió la gerencia de alto nivel? ¿Qué se aprendió de esta experiencia?

En el capítulo 13, hablamos sobre la manera en que las normas y reglamentos de la formalización actúan para ajustar el comportamiento del empleado. La alta formalización en la organización propicia la posibilidad de predecir, el orden y la consistencia. Nuestro argumento es que una cultura fuerte logra el mismo fin sin necesidad de que se documente por escrito. Por tanto, deberíamos ver la formalización y la cultura como dos caminos diferentes hacia un destino común. Mientras más fuerte sea la cultura de la organización, menos interesada estará la gerencia en desarrollar normas formales y regulaciones para guiar el comportamiento de los empleados. Aquellas directrices se interiorizan en los empleados cuando hayan aceptado la cultura de la organización.

Cultura organizacional *versus* cultura nacional

Abrimos este capítulo con la descripción de los retos que enfrenta el nuevo presidente de Mazda en su intento de cambiar la cultura organizacional. También vimos cómo la cultura nacional de Japón estaba estrechamente unida a la cultura corporativa de Mazda. A lo largo de este libro hemos insistido que las diferencias nacionales —es decir, las culturas nacionales— deben tomarse en cuenta si se desea hacer pronósticos razonables acerca del comportamiento organizacional en diferentes países. En este punto, parece apropiado plantear la pregunta: ¿la cultura nacional nulifica la cultura de la organización? Por ejemplo, ¿es más probable que la instalación de IBM en Alemania, refleje la cultura étnica germana o la cultura corporativa de IBM?

La investigación indica que la cultura nacional tiene un mayor impacto en los empleados que la cultura de su organización.[13] Los empleados alemanes de la instalación de IBM en Munich, por tanto, están más influenciados por la cultura alemana que por la de IBM. Estos hallazgos, incidentalmente, son consistentes con lo que concluyó el nuevo presidente de Mazda: la cultura nacional japonesa ha moldeado fuertemente la cultura organizacional de esta compañía, y los empleados japoneses se resisten a los valores culturales del tipo de Ford. Ésta es nuestra conclusión: a pesar de lo influyente que es la cultura organizacional para comprender el comportamiento de la gente en el trabajo, la cultura nacional lo es todavía más.

La conclusión anterior tiene que evaluarse para reflejar la autoselección que acompaña al estado de contratación. Por ejemplo, a IBM le podría interesar menos contratar al "típico italiano" para sus operaciones en Italia que contratar a un italiano que se ajuste a la manera de hacer las cosas de IBM.[14] Históricamente, los italianos que tienen una alta necesidad de autonomía son más propensos a trabajar con Olivetti que con IBM. ¿Por qué? Porque la cultura organizacional de Olivetti es informal

El gigante de la electrónica Matsushita Electric Company reconoce que la cultura nacional tiene un mayor impacto en los empleados que la cultura organizacional. Matsushita trata de incorporar los valores culturales nacionales a la administración de sus 150 plantas en 38 países a lo largo del sur de Asia, Estados Unidos, Europa, el Medio Oriente, Latinoamérica y África. En sus plantas en Malasia, la compañía ofrece comida especial étnica en sus cafeterías para los empleados musulmanes originarios de Malasia, China e India, y respeta las costumbres religiosas musulmanas al proporcionar salones de oración especiales en cada planta y al permitir dos sesiones de oración por turno.

y no estructurada. Ha tendido a dar a los empleados mucho más libertad de lo que ofrece IBM.[15] De hecho, Olivetti busca contratar individuos que sean impacientes, que tomen riesgos y que sean innovadores —cualidades en los candidatos al trabajo que las operaciones italianas de IBM buscan excluir en los nuevos contratados.

¿Qué hace la cultura?

Nos hemos referido al impacto de la cultura organizacional en el comportamiento. También hemos explicado que una cultura fuerte debería estar asociada con una menor rotación. En esta sección, revisaremos con más detalle las funciones que realiza la cultura y evaluaremos si ésta es o no es responsabilidad de la organización.

Funciones de la cultura

La cultura desempeña numerosas funciones dentro de la organización. Primero, tiene un papel de definición de fronteras; esto es, crea distinciones entre una organización y las demás. Segundo, transmite un sentido de identidad a los miembros de la organización. Tercero, la cultura facilita la generación de un compromiso con algo más grande que el interés personal de un individuo. Cuarto, incrementa la estabilidad del sistema social. La cultura es el pegamento social que ayuda a unir a la organización al proporcionar los estándares apropiados de lo que deben hacer y decir los empleados. Finalmente, la cultura sirve como un mecanismo de control y de sensatez que guía y moldea las actitudes y el comportamiento de los empleados. Es esta última función en particular la que nos interesa.[16] Como se aclara con la siguiente cita, la cultura define las reglas del juego:

> La cultura, por definición, es difícil de describir, intangible, implícita, y se da por sentada. Pero cada organización desarrolla un grupo central de suposiciones, conocimientos y reglas implícitas que gobiernan el comportamiento día a día en el lugar de trabajo... Una vez que los nuevos trabajadores han aprendido las reglas, son aceptados como miembros integrantes de la organización. Las transgresiones a las reglas, ya sea por parte de los ejecutivos de alto nivel o de los empleados de los niveles más bajos, dan como resultado una desaprobación general y fuertes sanciones. El cumplir las reglas se vuelve la base principal de las recompensas y ascensos.[17]

El papel de la cultura como influencia en el comportamiento de un empleado parece ser cada vez más importante en la década de los noventa.[18] Conforme las organizaciones han ampliado los tramos de control, han aplanado sus estructuras, han introducido equipos de trabajo, han reducido la formalización y han facultado a los empleados, el *significado compartido* proporcionado por una cultura fuerte asegura que todos apunten en la misma dirección.

Como mostraremos más adelante en este capítulo, quién recibe una oferta de trabajo para unirse a la organización, quién es evaluado con alta necesidad de logro y quién obtiene un ascenso, son decisiones que se ven muy influenciadas por el "ajuste" individuo-organización —esto es, si las actitudes y el comportamiento del solicitante o del empleado son compatibles con la cultura o no. No es coincidencia que los empleados de los parques de diversiones de Disney parezcan ser casi universalmente atractivos, limpios y saludables, y con una sonrisa radiante. Ésa es la imagen que Disney busca. La compañía selecciona empleados que mantendrán esa imagen. Y una vez en el trabajo, una cultura sólida, apoyada por normas y reglamentos formales, asegura que los empleados de los parques de Disney actúen de manera relativamente uniforme y predecible.

La cultura como desventaja

Estamos tratando la cultura de una manera que no ha implicado hacer juicios. No hemos dicho que es buena o mala, sólo que existe. Muchas de sus funciones, como ya se describió, son valiosas tanto para la organización como para el empleado. La cultura intensifica el compromiso organizacional e incrementa la consistencia del comportamiento del empleado. Es evidente que éstos son beneficios para la organización. Desde el punto de vista del empleado la cultura es valiosa porque reduce la ambigüedad. Le dice a los empleados cómo hacer las cosas y lo que es importante. Pero no debemos pasar por alto los aspectos de la cultura que pueden ser disfuncionales, especialmente de una cultura sólida, en la eficacia de la organización.

BARRERA CONTRA EL CAMBIO La cultura es una desventaja cuando los valores compartidos no están de acuerdo con aquellos que favorecerán la efectividad de la organización. Es más probable que esto ocurra cuando el ambiente de la organización es dinámico. Cuando el ambiente pasa por cambios rápidos, la cultura fortificada de la organización pudiera ya no ser apropiada. Así pues, la consistencia en el comportamiento es un activo para una organización cuando enfrenta un ambiente estable. Sin embargo, pudiera pesar sobre la organización y hacer más difícil responder a los cambios en el ambiente. Esto ayuda a explicar los retos que los ejecutivos de compañías como IBM, Eastman Kodak y General Dynamics han tendido en años recientes para adaptarse a cataclismos en su ambiente. Estas compañías tienen culturas fuertes que les funcionaron bien en el pasado. Pero estas culturas fuertes se convierten en barreras contra el cambio cuando ya no es eficaz "hacer las cosas como siempre". Como lo ilustra el caso de Louis Gerstner, cuando dejó RJR Nabisco en 1993 para convertirse en el director de IBM. Gerstner convirtió en su prioridad más alta el cambiar la cultura conservadora de IBM, caracterizada por su aversión al riesgo. Después de tres años de enfocar su atención en esa tarea, finalmente tuvo éxito.[19] Para muchas organizaciones con culturas fuertes, las prácticas que propiciaron a los éxitos anteriores pueden conducir al fracaso si es que ya no se ajustan bien a las necesidades ambientales.[20]

BARRERA HACIA LA DIVERSIDAD La contratación de nuevos empleados que, a causa de la raza, el género, el grupo étnico u otras diferencias no son como la mayoría de los miembros de la organización, crea una paradoja.[21] La gerencia quiere que los nuevos empleados acepten los valores culturales centrales de la cultura de la organización. De otra manera, no es probable que estos empleados se ajusten o sean aceptados. Pero al mismo tiempo, la gerencia quiere reconocer abiertamente y mostrar apoyo a las diferencias que estos empleados traen al lugar de trabajo.

Las culturas fuertes imponen una presión considerable para que se ajusten los empleados. Limitan el rango de valores y estilos que son aceptables. En algunos ejemplos, como el caso reciente de Texaco (el cual se resolvió en beneficio de 1,400 empleados por $176 millones), en que los altos gerentes hicieron ridículas observaciones acerca de las minorías, una cultura fuerte que tolera el prejuicio puede minar las políticas formales de diversidad de la corporación.[22]

Las organizaciones buscan fuera y contratan individuos diversos por las fortalezas alternativas que esta gente trae al lugar de trabajo. Sin embargo, estos comportamientos y fortalezas diversos probablemente disminuyan en las culturas fuertes conforme la gente trate de ajustarse. Las culturas fuertes, por tanto, pueden ser desventajas cuando en efecto eliminan aquellas fortalezas únicas que la gente de diferentes experiencias aporta a la organización. Además, las culturas fuertes pueden ser también una desventaja cuando apoyan el prejuicio institucional o se vuelven insensibles a la gente que es diferente.

BARRERAS CONTRA LAS FUSIONES Y ADQUISICIONES Tradicionalmente, los factores clave que observaba la gerencia al tomar decisiones sobre una fusión o adquisición estaban relacionadas con las ventajas financieras o la sinergia de los productos. En años recientes, la compatibilidad cultural se ha vuelto el interés principal.[23] Aunque un estado financiero favorable o una línea de productos pudieran ser la atracción inicial de una posible adquisición, el hecho de que realmente funcione la operación o no parece que sobre todo tiene que ver con la forma como se integran las culturas de las organizaciones.

Numerosas fusiones consumadas en la década de los noventa ya han fracasado o muestran signos de fracasar. Y la causa principal es el conflicto de las culturas organizacionales.[24] La fusión de Time Inc. con Warner Communications en 1990 ha experimentado problemas desde el principio. La cultura de hacer negocios de Time era conservadora y paternalista, mientras que la de Warner seguía a la filosofía: "alto riesgo, gran recompensa".[25] Los empleados de las dos compañías se tenían confianza, pero la combinación Time Warner nunca ha visto las sinergias que la prefusión pronosticó. La adquisición de NCR por parte de AT&T en 1991 y la adquisición de MCA por parte de Matsushita en 1991 son otros ejemplos visibles de los fracasos de las fusiones que no tomaron en cuenta la cultura. Y pocos negocios tuvieron más sentido en términos financieros que la fusión de octubre de 1993 de Price Club y Costco Wholesale. La combinación Price/Costco habría tenido el impulso de competir directamente con Wal-Mart's Sam's Club. Pero el matrimonio fracasó. El personal de Price y el de Costco no pudieron trabajar juntos. Un analista dijo: "Los chicos de Price tenían una mentalidad de tipo bienes raíces. Los chicos de Costco eran del tipo de quienes empezaron a trabajar en almacenes empacando mercancía cuando tenían 10 años y que fueron subiendo los peldaños".[26] Fue una unión que duró muy poco. Price y Costco se divorciaron en agosto de 1994.

La creación y el sostenimiento de una cultura

La cultura de una organización no surge del aire. Una vez establecida, raramente se desvanece. ¿Qué fuerzas influyen en la creación de una cultura? ¿Qué vigoriza y mantiene estas fuerzas una vez que se han establecido? Responderemos ambas preguntas en esta sección.

Cómo comienza una cultura

Las costumbres actuales, las tradiciones y la forma general de hacer las cosas se deben principalmente a lo que se ha hecho antes y al grado de éxito que ha tenido con esas empresas. Esto nos lleva a la última fuente de la cultura de la organización: sus fundadores.[27]

Los fundadores de una organización tradicionalmente tienen un mayor impacto en la cultura inicial de esa organización. Tienen una visión de cómo debería ser la organización. No están restringidos por costumbres o ideologías anteriores. El tamaño pequeño que suele caracterizar a las nuevas organizaciones facilita todavía más la imposición de la visión de los fundadores sobre todos los miembros de la organización.

La cultura de Microsoft es en gran parte una reflexión del cofundador y actual director general ejecutivo (CEO), Bill Gates. Como persona Gates desborda energía, es competitivo y mucho muy disciplinado. Éstas son las mismas características que a menudo se utilizan para describir al gigante del software que él dirige. Otros ejemplos contemporáneos de fundadores que han tenido un impacto inconmensurable en la cultura de sus organizaciones son Akio Morita de Sony, Ted Turner de Turner Broadcasting Systems, Fred Smith de Federal Express, Mary Kay de Mary Kay Cosmetics y Richard Branson de Virgin Group.

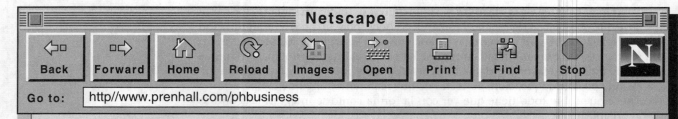

Netscape

| Back | Forward | Home | Reload | Images | Open | Print | Find | Stop |

Go to: http//www.prenhall.com/phbusiness

El CO en las noticias

Chung Ju Yung y la compañía que creó: Hyundai

Hyundai es un emporio empresarial de $45 mil millones anuales compuesto de más de 40 compañías en campos que van desde barcos a semiconductores, de vehículos a computadoras, de ingeniería a robots, de petroquímicos a tiendas departamentales. El grupo Hyundai es una organización con disciplina de tipo militar. El hombre que la forjó así es Chung Ju Yung.

Chung nació en 1915, y fue uno de siete niños de una familia campesina pobre. Después de la Segunda Guerra Mundial, Chung estableció un negocio de reparación de autos. La llamó "Hyundai", que en coreano significa *moderno*. De este pequeño principio, surgió el imperio del gigante. En todo el crecimiento de la compañía, el estilo de Chung moldeó su cultura. La lealtad a la familia y el autoritarismo regían. "El jefe todavía es el jefe", dice Kim Yung Duc, presidente de Hyundai Corp. U.S.A.

En la altura de su poder era una figura que inspiraba temor. Hay rumores acerca de que solía haber una camilla en la sala de juntas de Hyundai, ya que Chung a veces golpeaba a los subalternos que no lo escuchaban o no hacían lo que él quería.

Hyundai pudiera representar un extremo de la obediencia feudal pero evolucionó a lo que uno de los ejecutivos de Chung llamó "el espíritu Hyundai". Un manual que se les da a los nuevos contratados dice: "El trabajo duro del creador [Chung] y su valor de pionero nos han ayudado a abrir camino hacia la expansión, la modernización y la internacionalización de la sociedad industrial de nuestro país". En los documentos y las tradiciones de Hyundai, se cita a Chung casi como hace dos décadas, los chinos invocaban a Mao Zedong.

"Todo en Hyundai funciona con una base muy parecida a la militar", dice un consultor estadounidense. "Hay un arsenal en el patio. Esta gente está preparada y sabe lo que tiene que hacer si estalla una guerra."

Si usted quiere entender el estilo fiero, competitivo de Hyundai, su obediencia feudal o su naturaleza disciplinada, militarista, no necesita más que observar a su fundador, Chung Ju Yung.

Basado en D. Kirk, "The Humbling of Chairman Chung", *Asia, Inc.*, abril de 1994, pp. 24-29.

Conéctese a la red

Lo invitamos a que visite la página de Robbins en el sitio de Prentice Hall en la Web:

http://www.prenhall.com/robbinsorgbeh

para el ejercicio de la World Wide Web de este capítulo.

Cómo mantener viva una cultura

Una vez que se ha establecido una cultura, hay prácticas dentro de la organización que actúan para mantenerla al darle a los empleados una serie de experiencias similares.[28] Por ejemplo, muchas de las prácticas de recursos humanos que analizamos en el capítulo anterior refuerzan la cultura de la organización. El proceso de selección, los criterios para la evaluación del desempeño, la capacitación y las actividades de desarrollo de la carrera y los procedimientos de ascenso aseguran que quienes son contratados se ajusten a la cultura, y que se recompense a aquellos que la apoyan y se sancione (hasta con la expulsión) a los que la impugnan. Tres fuerzas desempeñan una parte particularmente importante en el mantenimiento de una cultura: las prácticas de selección, las acciones de la alta dirección y los métodos de socialización. Examinemos cada una con detalle.

SELECCIÓN La meta explícita del proceso de selección es identificar y contratar individuos que tengan los conocimientos, las habilidades y las destrezas para desempeñar con éxito los puestos dentro de la organización. Sin embargo, suele suceder que se identifique a más de un candidato que cumpla con los requerimientos de un puesto dado. Cuando se llega a ese punto, sería ingenuo pasar por alto el hecho de que la decisión final sobre quién es el contratado estará influida de manera significativa por el juicio que formule quien tome la decisión sobre lo bien que se integrarán los candidatos a la organización. Este intento de asegurar un acoplamiento adecuado, ya sea a propósito o inadvertidamente, dará como resultado la contratación de personas que tiene los valores que en esencia son consistentes con aquellos de la organización, o cuando menos con una buena parte de esos valores.[29] Además, el proceso de selección proporciona información a los candidatos acerca de la organización, y si ellos perciben un conflicto entre sus valores y los de la organización, pueden eliminarse ellos mismos del grupo de solicitantes. La selección, por tanto, se vuelve una calle de dos sentidos, ya que permite tanto al patrón como al candidato anular el matrimonio si parece que habrá incompatibilidad. De esta manera, el proceso de selección mantiene la cultura de una organización al sacar aquellos individuos que pudieran atacar o minar sus valores centrales.

> ◆ La decisión final sobre quién será contratado estará influida de manera significativa por el juicio que formule quien tome la decisión de qué tanto se integran los candidatos a la organización.

Los candidatos a puestos de primer nivel en las gerencias de marca de Procter & Gamble (P&G) pasan por un exhaustivo proceso de admisión y filtración. Sus entrevistadores son parte de un núcleo élite que ha sido seleccionado y entrenado exhaustivamente mediante conferencias, videos, películas, entrevistas prácticas y actuación de papeles para identificar a los solicitantes que se acoplarán con éxito a P&G. Se entrevista a profundidad a los solicitantes para detectar cualidades como su habilidad para "efectuar grandes volúmenes de trabajo excelente", "identificar y entender problemas", y "llegar a conclusiones perfectamente fundamentadas y bien razonadas que lleven a la acción". P&G valora la racionalidad y busca a los candidatos que piensan de esa manera. Los solicitantes universitarios se someten a dos entrevistas y a un examen de conocimientos generales en el campus antes de viajar a Cincinnati para sostener tres entrevistas individuales y una entrevista de grupo a la hora del almuerzo. Cada encuentro busca evidencia que corrobore la existencia de las características que la compañía cree que se correlacionan en gran medida con "lo que cuenta" para alcanzar el éxito en P&G.[30] Los candidatos de puestos en Compaq Computer son escogidos cuidadosamente por su habilidad de ajustarse a la cultura de la compañía, orientada al trabajo en equipo. Como lo expuso un ejecutivo: "podemos encontrar montones de personas competentes... El punto número 1 es si se ajustan a nuestra manera de hacer los negocios".[31] En Compaq eso significa que los candidatos deben ser personas con quienes es fácil llevarse bien y que se sienten a gusto con el estilo gerencial por consenso de la empresa. Para incrementar la probabilidad de que se eliminen los solitarios y aquellos con grandes egos, no es raro que un candidato sea entrevistado por 15 personas, que representan todos los departamentos de la compañía y una variedad de niveles de antigüedad.[32]

ALTA GERENCIA Las acciones de la alta gerencia también tienen un gran impacto en la cultura de la organización.[33] Con lo que dicen y con su forma de comportarse, los altos ejecutivos establecen normas que se filtran hacia abajo a través de la organización; por ejemplo, si tomar riesgos es deseable; el grado de libertad que los gerentes deben conceder a sus subordinados; cuál es la vestimenta apropiada; qué acciones redituarán en términos de incrementos salariales, ascensos y otras recompensas.

Por ejemplo, veamos a Xerox Corp.[34] Su director general ejecutivo (CEO) desde 1961 a 1968 fue Joseph C. Wilson. Un tipo de emprendedor dinámico que supervisó el asombroso crecimiento sobre la base de su copiadora 914, uno de los productos más exitosos de la historia estadounidense. Bajo el mando de Wilson, Xerox tuvo un ambiente emprendedor, con una cultura informal, de mucha camaradería, innovadora, audaz y que tomaba riesgos. El reemplazo de Wilson como presidente fue C. Peter McColough, un egresado de Harvard con una maestría en negocios (MBA), con un estilo gerencial formal. Él instituyó controles burocráticos y un cambio drástico en la cultura de Xerox. Para cuando McColough renunció en 1982, Xerox se había vuelto torpe y formal, con mucha política y batallas de campo y niveles de gerentes que se portaban como perros guardianes. Su reemplazo fue David T. Kearns, quien creyó que la cultura que heredaba obstaculizaba la habilidad de Xerox de competir. Para incrementar la competitividad de la compañía, Kearns redujo el tamaño de Xerox eliminando 15,000 puestos, delegó la toma de decisiones y enfocó nuevamente la cultura de la organización alrededor de un tema sencillo: impulsar la calidad de los productos y servicios de Xerox. Mediante sus acciones y aquellas de su equipo de alta dirección, Kearns transmitió a todos los empleados de Xerox que la compañía valoraba y recompensaba la calidad y la eficiencia. Cuando Kerns se jubiló en 1990, Xerox todavía tenía sus problemas. El negocio de las fotocopiadoras había madurado y Xerox no había desarrollado sistemas computarizados para

Por medio de sus palabras y acciones, Laura Henderson (izquierda) ha creado una cultura que considera a los empleados como el valor más grande de la compañía. Henderson, fundadora de Prospect Associates, una compañía de investigación de la salud y comunicaciones, da a sus empleados una enorme flexibilidad para programar su trabajo. Ella pone a disposición de los empleados opciones de tiempo flexible, teleconmutación* y tiempo parcial; les permite traer a sus hijos al trabajo cuando es necesario y reestructura los puestos de los empleados para ayudarles a sobreponerse a las dificultades cuando pasan por momentos difíciles en sus vidas. Henderson cree que tal flexibilidad le ayuda a atraer y retener a los mejores empleados, lo que le da a una ventaja competitiva a su pequeña compañía.

*Forma de trabajo a distancia en que se mantiene una comunicación en red y por otros medios electrónicos con la base y con los demás integrantes de la compañía. (Nota del editor)

oficinas. El presidente ejecutivo actual, Paul Allaire, pretende moldear nuevamente la cultura de Xerox. Reorganizó la corporación alrededor de un departamento de mercadotecnia mundial, unificó las divisiones de desarrollo de producto y manufactura y reemplazó la mitad del equipo de alta gerencia con externos. Allaire busca moldear de nuevo la cultura de Xerox para centrarla en el pensamiento innovador y adelantarse a la competencia.

SOCIALIZACIÓN Sin importar cuán bien se haga el reclutamiento y la selección de personal, los nuevos empleados no están completamente adoctrinados en la cultura de la organización. Tal vez sea más importante, que al no estar familiarizados con la cultura de la organización, lleguen a perturbar las creencias y costumbres que ya están establecidos. La organización, por tanto, querrá ayudar a los nuevos empleados a adaptarse a su cultura. Este proceso de adaptación se denomina **socialización.**[35]

Todos los infantes de marina deben pasar por un campo de entrenamiento, donde deben "probar" su compromiso. Claro, al mismo tiempo, los entrenadores están adoctrinando a los nuevos reclutas en el "estilo de la marina". Los nuevos empleados de Sanyo pasan por un programa intensivo de entrenamiento que dura cinco meses (los aprendices comen y duermen juntos en dormitorios subsidiados por la compañía y se les pide que vacacionen juntos en los centros de diversión y descanso [*resorts*] que son propiedad de la compañía), donde aprenden la forma de Sanyo de hacer todo —desde cómo hablar a los superiores hasta el atuendo adecuado.[36] La compañía considera que este programa es esencial para transformar a los empleados jóvenes, recién egresados de la escuela, en *kaisha senshi consagrados o*, en otras palabras, en guerreros corporativos. Starbucks, la cadena de café de gourmet que ha tenido un rápido crecimiento no llega al extremo de Sanyo, pero busca el mismo resultado.[37] Todos los empleados nuevos pasan por un entrenamiento de 24 horas. ¿Sólo para un nivel de primer ingreso en una tienda de venta de café? ¡Sí! Las clases cubren todo lo necesario para hacer de los nuevos empleados unos asesores en la preparación de bebidas. Aprenden la filosofía de Starbucks, la jerga de la compañía (incluyendo frases como "semidescafeinado doble almendrado y desnatado con moca"), y aun cómo ayudar a los clientes a tomar decisiones sobre los granos, el molido y las máquinas para hacer expreso. El resultado se resume en empleados que entienden la cultura de Starbucks y que proyectan una imagen de conocedores entusiastas a los clientes.

Conforme analizamos la socialización, mantenga en mente que la etapa crucial de la socialización es el momento de ingreso en la organización; es decir, cuando la organización busca moldear al recién incorporado como un empleado "en buenas condiciones". Aquellos empleados que no logran aprender el comportamiento de los papeles esenciales o centrales corren el riesgo de que se les califique de "inconformes" o "rebeldes", lo que con frecuencia conduce a la expulsión. Pero la organización estará socializando a cada empleado, quizá no tan explícitamente, durante toda su carrera en la organización. Esto contribuye al mantenimiento de la cultura organizacional.

La socialización puede conceptualizarse como un proceso formado por tres etapas: prearribo, encuentro y metamorfosis.[38] La primera etapa abarca todo el aprendizaje que ocurre antes de que un nuevo miembro se una a la organización. En la segunda, el nuevo empleado ve cómo es en realidad la organización y enfrenta la posibilidad de que las expectativas y la realidad puedan ser divergentes. En la tercera etapa, tienen lugar los cambios de larga duración. El empleado nuevo domina las habilidades requeridas para su trabajo, lleva a cabo con éxito sus nuevos papeles y realiza los ajustes a los valores y normas de su grupo de trabajo.[39] Este proceso de tres etapas tiene efecto en la productividad del trabajo del nuevo empleado, su compromiso con los objetivos de la organización y la decisión final de quedarse en la compañía. La ilustración 16-2 de la página 608 muestra este proceso.

La **etapa de prearribo** reconoce explícitamente que cada individuo llega con un conjunto de valores, actitudes y expectativas. Éstas atañen tanto al trabajo que va a realizarse y a la organización. Por ejemplo, en muchos puestos, en particular los

socialización
El proceso de adaptación de los empleados a la cultura de la organización.

etapa de prearribo
El periodo de aprendizaje en el proceso de socialización que ocurre antes de que un nuevo empleado se una a la organización.

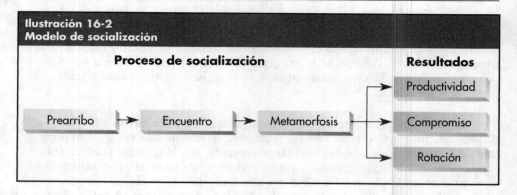

Ilustración 16-2
Modelo de socialización

Proceso de socialización

Prearribo → Encuentro → Metamorfosis

Resultados

Productividad

Compromiso

Rotación

de profesionistas, los miembros nuevos tendrán que pasar un considerable grado de socialización previa durante la capacitación y en la universidad. Un propósito mayor de una escuela de negocios, por ejemplo, es socializar a los estudiantes con las actitudes y los comportamientos que son deseables para las compañías. Si los ejecutivos creen que los empleados exitosos valoran la ética en las utilidades, son leales, trabajan con ahínco y desean realizarse, pueden contratar individuos de las escuelas de negocios que han sido premoldeados de acuerdo con este patrón. Pero la socialización de prearribo va más allá del puesto específico. El proceso de selección se utiliza en la mayoría de las organizaciones para informar a los empleados potenciales acerca de la organización como un todo. Además, como ya se hizo notar, el proceso de selección también actúa para asegurar la inclusión del "tipo correcto" —aquellos que se ajustarán. "En verdad, la habilidad del individuo de presentar la cara apropiada durante el proceso de selección determina su habilidad de ingresar en la organización. Por tanto, el éxito depende del grado en que el aspirante se haya anticipado correctamente a las expectativas y deseos de las personas de la organización que están a cargo de la selección."[40]

A su ingreso en la organización, el nuevo miembro entra en la **etapa de encuentro.** Aquí el individuo enfrenta la posible dicotomía entre sus expectativas —acerca de su puesto, sus compañeros, su jefe y la organización en general— y la realidad. Si las expectativas han sido más o menos precisas, la etapa de encuentro simplemente confirma las percepciones que se obtuvieron al inicio. Sin embargo, a menudo éste no es el caso. Cuando las expectativas y la realidad difieren, el nuevo empleado debe pasar por una socialización que lo aleje de sus suposiciones anteriores y lo lleva a reemplazarlas con otra serie que corresponda con los deseos de organización. En un caso extremo, un miembro nuevo puede llegar a desilusionarse por completo de la realidad de su puesto y renunciar. La selección adecuada debería reducir en forma significativa la probabilidad de que esto ocurra.

Finalmente, el miembro nuevo debe resolver cualquier problema que haya descubierto durante la etapa de encuentro. Esto pudiera significar tener que pasar por cambios —por ello, llamamos a ésta la **etapa de metamorfosis**. Las opciones presentadas en la ilustración 16-3 son alternativas diseñadas para favorecer la metamorfosis deseada. Por ejemplo, observe que mientras más confían los gerentes en los programas de socialización que son formales, colectivos, fijos, en serie y que hacen hincapié en el desprendimiento, mayor es la probabilidad de que se eliminen las diferencias y perspectivas de los elementos de nuevo ingreso y se reemplacen por comportamientos tipificados y predecibles. Si la administración realiza una selección puede —en un caso extremo— crear conformistas que mantengan tradiciones y costumbres, o individuos inventivos y creativos que consideren que ninguna práctica organizacional es sagrada.

Podemos decir que la metamorfosis y el proceso de socialización de entrada están terminados cuando el nuevo miembro se siente a gusto con la organización y con su puesto; cuando se ha compenetrado con las normas de la organización y de

etapa de encuentro
La etapa en el proceso de socialización en la cual un nuevo empleado ve realmente cómo es la organización y enfrenta la posibilidad de que sus expectativas y la realidad pudieran diferir.

etapa de metamorfosis
La etapa en el proceso de socialización en el cual un nuevo empleado ajusta su trabajo a los valores y normas del grupo.

Ilustración 16-3 Opciones de socialización de entrada

Formal *versus* informal   Mientras más se segregue a un empleado nuevo del trabajo y más se le distinga de alguna manera para hacer explícito su papel de recién contratado, más formal será la socialización. Los programas de inducción y capacitación son ejemplos de ello. La socialización informal pone al empleado nuevo directamente en su trabajo con poca o ninguna atención.

Individual *versus* colectiva   Los nuevos miembros pueden ser socializados individualmente. Así es como se realiza en muchas oficinas profesionales. También pueden agruparse e inducirse por medio de un grupo idéntico de experiencias, como en los campos militares.

Fija *versus* variable   Esto se refiere al programa en el cual los de nuevo ingreso llevan a cabo su transición de externos a internos. Un programa fijo establece etapas estandarizadas de transición. Esto caracteriza a los programas de capacitación rotacionales. También incluye los periodos de prueba, como el estatus de "asociado de ocho a diez años" que se usan en las firmas de contaduría y de abogados antes de decidir si un candidato se admite o no como socio. Los programas variables no dan noticias por adelantado sobre la tabla de tiempos de transición. Estos programas describen el sistema típico de ascensos, donde uno no avanza a la siguiente etapa hasta que se esté "listo".

En serie *versus* aleatoria   La socialización en serie se caracteriza por el uso de modelos que capacitan y alientan al de recién ingreso. Los programas de aprendices y tutoría son algunos ejemplos. En la socialización aleatoria, los modelos se mantienen en forma deliberada. Al nuevo empleado se le deja por su cuenta para que resuelva las cosas.

Investidura *versus* despojamiento   La socialización por investidura asume que las cualidades y las características del recién llegado son los ingredientes necesarios para el éxito en el puesto, así que se confirman estas cualidades y se apoyan características. La socialización por despojamiento trata de eliminar ciertas características del recluta. Los "devotos" o miembros de las fraternidades o hermandades pasan por una socialización de despojamiento para moldearlos de acuerdo con el papel adecuado.

Fuente: basado en J. Van Maanen, "People Processing: Strategies of Organizational Socialization", *Organizational Dynamics, verano* de 1978, pp. 19-36; y E. H. Schein, "Organizational Culture", *American Psychologist,* febrero de 1990, p. 116.

su grupo de trabajo, las entiende y las acepta. El miembro nuevo se siente aceptado por sus compañeros como un individuo digno de confianza y valioso, seguro de que es competente para efectuar el trabajo con éxito, y entiende todo el sistema —no sólo sus propias tareas, sino también las reglas, los procedimientos y las prácticas aceptadas informalmente. Por último sabe cómo será evaluado, esto es, conoce los criterios que se aplicarán para medir y evaluar su trabajo. Sabe lo que se espera de él y lo que constituye un trabajo "bien hecho". Como se muestra en la ilustración 16-2, la metamorfosis exitosa debe tener un impacto positivo en la productividad del nuevo empleado y en su compromiso con la organización, y reducir su propensión a dejar la organización.

Resumen: cómo se forman las culturas organizacionales

La ilustración 16-4, en la página 610, resume la forma como la cultura de una organización se establece y se mantiene. La cultura original se deriva de la filosofía del fundador. Esto, a su vez, influye fuertemente el criterio que se emplea en la contratación. Las acciones de la alta dirección actual establecen el clima general de lo que es un comportamiento aceptable y de lo que no lo es. La forma en que se socializa-

Ilustración 16-4
Cómo se forman las culturas organizacionales

rá a los empleados depende tanto del grado de éxito logrado en el acoplamiento de los valores de los nuevos empleados con los de los procesos de selección de la organización, como de la preferencia de la gerencia por los métodos de socialización.

Cómo aprenden la cultura los empleados

La cultura se transmite a los empleados de diversas maneras; entre las cuales, las más poderosas son: las historias o anécdotas, los rituales, los símbolos materiales y el lenguaje.

Historias

Durante los días cuando Henry Ford II era presidente de Ford Motor Co., era muy difícil encontrar un gerente que no hubiera escuchado la historia del señor Ford, que recordaba a sus ejecutivos cuando se volvían demasiado arrogantes, que "es mi nombre el que está en el edificio". El mensaje era claro: ¡Henry Ford II dirigía la compañía!

A los empleados de Nordstrom les gusta escuchar la siguiente historia. Ésta transmite con vehemencia la política de la compañía sobre las devoluciones de los clientes. Cuando esta cadena de venta de especialidades al menudeo estaba en su infancia, un cliente entró y quiso devolver un juego de neumáticos para automóvil. El vendedor no estaba seguro de cómo debía manejar el problema. Mientras el cliente y el vendedor hablaban, el señor Nordstrom pasaba por ahí y escuchó cuál era el problema. Él intervino inmediatamente preguntándole al cliente cuánto había pagado por los neumáticos. El señor Nordstrom luego ordenó al vendedor que tomara los neumáticos e hiciera un reembolso total en efectivo. Después de que el cliente hubo recibido su dinero y se hubo marchado, el vendedor, perplejo, miró al jefe. "¡Pero señor Nordstrom, no vendemos neumáticos!" "Ya lo sé", contestó el jefe, "pero sí hacemos todo lo que sea necesario para tener contento al cliente. Esto es lo que quiero decir cuando afirmo que tenemos una política de reembolsos sin hacer preguntas". Entonces Nordstrom levantó el teléfono y llamó a un amigo que tenía un negocio de autopartes para ver cuánto podía obtener por los neumáticos.

Relatos como éstos circulan en muchas organizaciones. Suelen contener una narración de acontecimientos acerca de los fundadores de la organización, la ruptura de reglas, éxitos de mendigos que llegan a ser millonarios, reducciones en la fuerza de trabajo, reubicación de empleados, reacciones a errores pasados y la forma como la organización maneja las situaciones.[41] Estas historias anclan el presente en el pasado y proporcionan explicaciones y legitimidad a las prácticas actuales.[42]

rituales
Secuencias repetitivas de actividades que expresan y refuerzan los valores clave de la organización, indican qué metas tienen mayor importancia, qué gente es importante y cuál no lo es.

Rituales

Los **rituales** son secuencias repetitivas de actividades que expresan y refuerzan los valores clave de la organización, indican qué metas tienen mayor importancia, qué gente es importante y cuál no lo es.[43]

Los miembros facultativos de las universidades pasan por un largo ritual en su búsqueda de empleo permanente —la posesión definitiva del puesto. En Estados Unidos, por ejemplo, es común que el profesor esté a prueba durante seis años. Al final de ese periodo, sus colegas deben elegir entre dos opciones: extenderle un nombramiento definitivo o entregarle un contrato de un año, al término del cual se terminará la relación laboral. ¿Qué se necesita para obtener el trabajo permanente? En general se requiere un desempeño satisfactorio en la enseñanza, servicios al departamento y a la universidad, y en la actividad académica. Pero, claro, lo que satisface los requerimientos para la posesión de un puesto como profesor en una universidad pudiera considerarse como inadecuado en otra. Lo más importante en una designación de definitividad es la opinión del personal académico que ya tiene el estatus de definitivo. Con base en los seis años de desempeño del candidato, se decide si éste se ajusta a las exigencias del departamento y de la universidad. Los colegas que han sido socializados debidamente habrán probado ser dignos de que se les conceda el nombramiento. Cada año, a cientos de miembros de las facultades se les niega la definitividad. En algunos casos, esta acción es resultado del pobre desempeño en todos los aspectos, de acuerdo con la junta. Más a menudo, sin embargo, la decisión se debe a que el profesor no se está desempeñado bien en aquellas áreas que los facultativos definitivos creen que son importantes. El profesor que pasa docenas de horas preparando sus clases cada semana y que logra evaluaciones sobresalientes por parte de los estudiantes, pero que pasa por alto sus actividades de investigación y publicación corre el riesgo de que no se le tome en cuenta al momento de otorgar los nombramientos definitivos. Lo que ha sucedido simplemente, es que el profesor no se ha adaptado a las normas establecidas por el departamento. El profesor astuto evaluará desde el inicio del periodo probatorio qué actitudes y comportamientos desean sus colegas, y entonces procederá a conseguir lo que ellos esperan de él. Y, por supuesto, al exigir actitudes y comportamientos determinados, el personal académico definitivo da pasos significativos hacia la tipificación de los candidatos a ocupar una plaza permanente.

Uno de los rituales corporativos mejor conocidos es la reunión anual de premiación de Mary Kay Cosmetics.[44] Parece ser una combinación entre un circo y un espectáculo de Miss América, y la reunión tiene lugar durante un par de días en un gran auditorio, en un escenario frente a una multitud de espectadores que aplauden, y donde todos los participantes visten trajes de noche fascinantes. Las agentes de ventas reciben recompensas que consisten en regalos ostentosos —prendedores de oro y

Un ritual en Mary Kay Cosmetics es la reunión anual de ventas. Reconocer los grandes logros es una parte importante de la cultura de la compañía, la cual valora el trabajo duro y la determinación. El ritual de la premiación y el reconocimiento honra los logros de las asesoras de belleza que alcanzan sus cuotas de ventas, lo cual contribuye al éxito de la compañía.

"Yo tampoco sé cómo empezó.
Lo único que sé es que es parte de nuestra cultura corporativa".

diamantes, estolas de pieles, Cadillacs rosas— con base en el éxito que hayan tenido en alcanzar las cuotas de ventas. El "espectáculo" actúa como un motivador al reconocer públicamente el desempeño sobresaliente en las ventas. Además, el aspecto de ritual refuerza la determinación y el optimismo del personal de Mary Kay, características que le permitieron a Kay superar las limitaciones personales, fundar su compañía y conseguir el éxito material. Transmite a sus vendedoras el mensaje de que es importante alcanzar su cuota de ventas y que por medio de un trabajo arduo y estímulos, también ellas pueden alcanzar el éxito.

Símbolos materiales

Las oficinas generales del fabricante de envolturas AGI no lucen como la típica oficina general de operaciones. Como se hizo notar en el capítulo 14, son pocas las áreas de trabajo individuales. En esencia, tales instalaciones son áreas comunes y salas de juntas abiertas. Estas oficinas generales corporativas transmiten a los empleados la idea de que AGI valora la apertura, la igualdad, la creatividad y la flexibilidad.

Algunas corporaciones proporcionan a sus altos ejecutivos limosinas manejadas por choferes y, cuando viajan por avión, el uso ilimitado del *jet* de la compañía. Otros tal vez no aborden limosinas ni *jets* privados, pero tienen acceso a un automóvil y a la transportación aérea pagada por la compañía. Sólo que el auto es un Chevrolet (sin chofer) y el asiento del avión está en la sección económica de una línea comercial.

La distribución física de la eficacia corporativa, el tipo de automóviles que los ejecutivos de alto nivel reciben y la presencia o ausencia de aviones corporativos son ejemplos de símbolos materiales. Otros incluyen el tamaño de las oficinas, la elegancia de los muebles, los incentivos de los ejecutivos y la vestimenta.[45] Estos símbolos materiales comunican a los empleados quién es importante, el grado de igualitarismo deseado por la gerencia de alto nivel y la clase de comportamiento (por ejemplo, buscador de riesgos, conservador, autoritario, participativo, individualista, social) que es apropiado.

Lenguaje

Muchas organizaciones y unidades dentro de las organizaciones usan el lenguaje como una forma de identificar a los miembros de una cultura o subcultura. Al aprender este lenguaje, los miembros evidencian su aceptación de la cultura, y al hacerlo, ayudan a preservarla.

Los siguientes son ejemplos de la terminología utilizada por los empleados de Dialog, un redistribuidor de datos establecido en California: *número de acceso* (un número asignado a cada registro individual en una base de datos); *KWIC* (una serie de palabras clave en el contexto); *operador relacional* (la búsqueda de nombres o términos clave en una base de datos, con cierto orden). Los bibliotecarios tienen una fuente rica de terminología que es extraña para la gente que no está en esa profesión. Desarrollan sus conversaciones liberalmente con siglas como ARL (siglas en inglés de la Asociación de Bibliotecas de Investigación), OCLC (un centro de Ohio que realiza catalogación por cooperación) y OPAC (que se refiere a un catálogo de acceso de patrones en línea). Cuando Louis Gerstner salió de RJR Nabisco para dirigir IBM, tuvo que aprender un vocabulario completamente nuevo que incluía *Orchard* (la sede corporativa de IBM en Armonk, Nueva York, y que alguna vez fue un huerto de manzanas); *big iron* (computadoras de mainframe); *hypo* (un empleado de alto potencial); *one performer* (un empleado con calificación de desempeño superior, según IBM); y *PROFS* (sistemas de oficinas profesionales, el sistema de correo electrónico interno de IBM).[46]

Con el tiempo, las organizaciones, desarrollan términos particulares para describir equipo, oficinas, personal clave, proveedores, clientes o productos que se relacionan con su negocio. Los nuevos empleados frecuentemente se ven abrumados con siglas y una jerga que, después de seis meses en el puesto, se vuelve parte de su lenguaje. Una vez asimilada, esta terminología actúa como denominador común que une a los miembros de una cultura o una subcultura determinadas.

Resumen e implicaciones para los gerentes

La ilustración 16-6 muestra la cultura organizacional como una variable interventora en el desempeño y la organización. Los empleados forman una percepción subjetiva global de la organización basada en factores como el grado de tolerancia al riesgo, el énfasis en el sentido de equipo y el apoyo a la gente. Esta percepción se vuelve, en efecto, la cultura o personalidad de la organización. Así, estas percepciones favorables o desfavorables afectan el desempeño y la satisfacción del empleado, y el impacto más grande tiene lugar en las culturas más fuertes.

Así como la personalidad de la gente tiende a ser estable a lo largo del tiempo, así también las culturas fuertes lo son. Ello provoca que las culturas fuertes sean difíciles de cambiar por los gerentes. Cuando una cultura es ajena a su ambiente, la gerencia querrá cambiarla. Pero como el debate Punto-Contrapunto de este capítulo lo demuestra, cambiar la cultura de una organización es un largo y difícil proceso. El resultado, cuando menos en el corto plazo, es que los gerentes deberían tratar la cultura de sus organizaciones como relativamente fijas.

Una de las implicaciones gerenciales más importantes de la cultura organizacional se relaciona con las decisiones de selección de personal. Contratar individuos cuyos valores no se alinean con los de la organización se traduciría en empleados sin motivación ni compromiso y que estén insatisfechos con sus puestos y con la orga-

Ilustración 16-6 Forma en que la cultura organizacional afecta en el desempeño y la satisfacción

nización.[47] No es de sorprender que los empleados "desajustados" tengan tasas mayores de rotación que los individuos que se perciben como bien ajustados.[48]

No deberíamos pasar por alto la influencia que la socialización tiene en el desempeño del personal. El desempeño de un empleado depende en grado considerable del conocimiento de lo que debe y no debe hacer. Entender la forma correcta de realizar un trabajo indica la socialización adecuada. Además, la evaluación del desempeño de un individuo incluye la forma como la persona se ajusta a la organización. ¿Se lleva bien con sus compañeros? ¿Tiene hábitos aceptables de trabajo y demuestra una actitud adecuada? Estas cualidades difieren entre los puestos y las organizaciones. Por ejemplo, en algunos puestos, se evaluará más favorablemente los empleados si son audaces y demuestran abiertamente que son ambiciosos. En otro puesto, o en el mismo pero en otra organización, tal conducta podría evaluarse en forma negativa. Como resultado, la socialización adecuada se vuelve un factor significativo que influye tanto en el desempeño real del puesto como en la forma en que los demás lo perciban.

Para revisión

1. ¿Cuál es la relación entre la institucionalización, la formalización y la cultura organizacional?

2. ¿Cuál es la diferencia entre la satisfacción en el trabajo (con el puesto) y la cultura organizacional?

3. ¿Puede un empleado sobrevivir en una organización si rechaza sus valores centrales? Explique.

4. ¿Cómo puede un externo evaluar la cultura de una organización?

5. ¿Qué define las subculturas de una organización?

6. Contraste la cultura organizacional con la cultura nacional.

7. ¿Cómo puede ser la cultura una ventaja para una organización?

8. ¿De qué forma una cultura fuerte afecta los esfuerzos de una organización de favorecer la diversidad?

9. ¿Qué beneficios proporciona la socialización a una organización? ¿Y a un empleado nuevo?

10. ¿En qué se relaciona el lenguaje con la cultura organizacional?

Para discusión

1. Contraste la personalidad individual con la cultura organizacional. ¿En qué son similares? ¿En qué son diferentes?

2. ¿La socialización es un lavado de cerebro? Explique.

3. ¿Si la gerencia busca una cultura caracterizada por la innovación y la autonomía, como podría ser su programa de socialización?

4. ¿Identifica una serie de características que describen la cultura de su universidad? Compare su lista con las de sus compañeros. ¿Qué tanto concuerdan?

5. "Deberíamos oponernos a la manipulación de los individuos para propósitos organizacionales, pero el grado de uniformidad social permite que las organizaciones trabajen mejor." ¿Está usted de acuerdo o en desacuerdo con este enunciado? Discútalo.

En contra del cambio cultural

El hecho de que la cultura de una organización esté formada por características relativamente estables implicaría que es muy difícil que la gerencia cambie la cultura. Tal conclusión sería correcta.

La cultura de una organización se va desarrollando durante muchos años y está enraizada en valores con los cuales los empleados están fuertemente comprometidos. Además, hay fuerzas que de manera continua operan para mantener una cultura dada. Éstas incluirían declaraciones escritas acerca de la misión y la filosofía de la organización, el diseño de los espacios físicos y los edificios, el estilo de liderazgo dominante, los criterios de contratación, las prácticas previas a un ascenso, los rituales arraigados, las historias populares acerca de gente y sucesos clave, los criterios históricos de evaluación de desempeño de la organización y la estructura formal de ésta.

Las políticas de selección y ascensos son mecanismos particularmente importantes que trabajan contra el cambio cultural. Los empleados escogen la organización debido a que perciben que sus valores se "ajustan bien" con ésta. Se sienten cómodos con ese ajuste y resistirán con vigor los esfuerzos encaminados a alterar el equilibrio. Son testigos de este dilema las dificultades terribles que las organizaciones como General Motors, AT&T y el Servicio Postal de Estados Unidos han tenido al tratar de remoldear sus culturas. Estas organizaciones tradicionalmente atraían a individuos que deseaban progresar, y en efecto lo hacían, en situaciones estables y altamente estructuradas. Las personas que controlan las organizaciones también seleccionarán altos ejecutivos que continúen la cultura actual. Aun suele suceder que los intentos de cambiar una cultura resulten infructuosos contratando un nuevo director ejecutivo general de fuera. La evidencia indica que es más probable que la cultura cambie al ejecutivo en lugar de que suceda a la inversa. ¿Por qué? Porque aquélla está demasiado arraigada, y el cambio se vuelve una amenaza potencial para el propio interés de los miembros. De hecho, un punto de vista más pragmático de la relación entre la cultura de una organización y su director general ejecutivo sería la observación de que la práctica de cubrir las vacantes gerenciales de alto nivel con los empleados gerenciales actuales asegura que quienes dirijan la organización hayan sido plenamente adoctrinados en la cultura de la empresa. El ascenso desde dentro proporciona estabilidad y disminuye la incertidumbre. Cuando la junta de directores de Exxon selecciona como director general ejecutivo a un individuo que ha pasado 30 años en la compañía, garantiza virtualmente que la cultura permanecerá sin cambios.

Nuestro argumento, sin embargo, no debería entenderse como que la cultura nunca puede modificarse. En el caso poco común en que una organización enfrenta una crisis que amenaza su supervivencia —una crisis que se reconoce universalmente como una verdadera situación de vida o muerte—, los miembros de la organización responderán a los esfuerzos de cambio cultural. Por ejemplo, sólo cuando los ejecutivos de General Motors y AT&T fueron capaces de transmitir con éxito a los empleados la trascendencia de las crisis que generaban sus competidores, las culturas de estas organizaciones empezaron a mostrar signos de adaptación. Sin embargo, es improbable que algo que no sea una crisis sea eficaz para implantar el cambio cultural.

Contrapunto

El cambio de la cultura de una organización

Cambiar la cultura de una organización es extremadamente difícil, pero es posible. Por ejemplo, Lee Iacocca llegó a Chrysler Corp. en 1978, cuando la compañía parecía estar sólo a unas semanas de declararse en bancarrota. Le llevó cinco años, pero en lo que ahora es una historia bien sabida por todos, él cambió la cultura conservadora, intrínseca y orientada a la ingeniería por una cultura orientada a la acción y que respondía al mercado.

La evidencia sugiere que es muy posible que tenga lugar el cambio cultural cuando existe la mayoría de, o todas, las condiciones siguientes:

Una crisis drástica. Éste es el *shock* que mina el *statu quo* y cuestiona la aplicabilidad de la cultura actual. Ejemplos de estas crisis podrían ser: un retroceso financiero sorpresivo, la pérdida de un cliente grande o un avance drástico en la tecnología, puesto en práctica por un competidor. Los ejecutivos de Pepsi-Cola y Ameritech admiten incluso haber creado crisis a fin de estimular el cambio cultural en sus organizaciones.*

La rotación en el liderazgo. Un nuevo liderazgo de alto nivel, el cual proporciona un grupo alternativo de valores clave, puede percibirse como más capaz de responder a las crisis. Éste, en definitiva, sería el del director general ejecutivo de la organización, pero podía ser necesario incluir también todas las posiciones de la alta gerencia. La contratación de directores generales ejecutivos (CEO) externos en IBM (Louis Gerstner) y en General Motor (Jack Smith) ilustran los intentos de introducir un nuevo liderazgo.

Organización joven y pequeña. Mientras más joven sea la organización, menos arraigada estará su cultura. De igual manera, es más fácil que la gerencia comunique sus nuevos valores cuando la organización es pequeña. Esto ayuda a explicar la dificultad que tienen las corporaciones multimillonarias para cambiar su cultura.

Cultura débil. Mientras más ampliamente difundida esté una cultura y mayor sea el acuerdo entre los miembros sobre sus valores, más difícil será cambiarla. A la inversa, las culturas débiles son más dóciles al cambio que las culturas fuertes.

Si las condiciones apoyan el cambio cultural, usted debería considerar las siguientes sugerencias:

1. Haga que la gente de la alta gerencia se convierta en modelo positivo a seguir, estableciendo el tono por medio de su comportamiento.

2. Cree nuevos relatos, símbolos y rituales para reemplazar los que actualmente están de moda.

3. Seleccione, promueva y apoye a los empleados que adoptan los nuevos valores que se buscan.

4. Rediseñe el proceso de socialización para ajustarlo a los nuevos valores.

5. Cambie el sistema de recompensas para estimular la aceptación de un nuevo conjunto de valores.

6. Reemplace las normas no escritas con normas y reglamentos formales que deben cumplirse con rigidez.

7. Sacuda las subculturas actuales a través de transferencias, rotación de puestos y/o despidos.

8. Trabaje para conseguir el consenso del grupo de los compañeros mediante la participación de los empleados y la creación de un clima con un alto nivel de confianza.

La puesta en práctica de la mayoría o de todas estas sugerencias no generará un cambio inmediato o drástico en la cultura de la organización. En el último análisis, el cambio cultural es un proceso duradero —medido en años en lugar de meses. Pero la pregunta es: "¿Puede cambiarse la cultura?" La respuesta es "¡Sí!"

*B. Dumaine, "Times Are Good? Create a Crisis", *Fortune*, 28 de junio de 1993, pp. 123-30.

Ejercicio de aprendizaje sobre usted mismo

¿En qué clase de cultura organizacional se ajusta mejor usted?

En cada uno de los siguientes enunciados, encierre en un círculo el nivel de acuerdo o desacuerdo en que usted se encuentra personalmente:

MA	=	Muy de acuerdo
A	=	De acuerdo
I	=	Incierto
D	=	En desacuerdo
MD	=	Muy en desacuerdo

1. Me gusta ser parte de un equipo y que mi desempeño se evalúe en términos de mi contribución al equipo.   MA   A   I   D   MD

2. Ninguna de las necesidades de la persona deben ponerse en riesgo a fin de que el departamento logre sus metas.   MA   A   I   D   MD

3. Me gusta la emoción y la excitación de tomar riesgos.   MA   A   I   D   MD

4. Si el desempeño en el puesto de una persona no es adecuado, es irrelevante cuánto esfuerzo haga.   MA   A   I   D   MD

5. Me gusta que las cosas sean estables y predecibles.   MA   A   I   D   MD

6. Prefiero a los gerentes que proporcionan explicaciones detalladas y racionales de sus decisiones.   MA   A   I   D   MD

7. Me gusta trabajar donde no haya tanta presión y donde la gente sea amigable.   MA   A   I   D   MD

Pase a la página A-30 para las instrucciones y la clave de calificación.

Ejercicio de trabajo en grupo

Califique la cultura de su salón de clases

A continuación se listan 10 enunciados. Califique cada uno indicando el grado en el cual está usted de acuerdo. Si está fuertemente de acuerdo dé un cinco, si usted está fuertemente en desacuerdo, asigne un 1.

1. Mis compañeros son amigables y apoyadores. _____

2. Mi profesor es amigable y ofrece apoyo. _____

3. Mi profesor me alienta a preguntarle y desafiarlo como también a otros estudiantes. _____

4. Mi maestro expresa con claridad sus expectativas en clase. _____

5. Pienso que el sistema de calificación utilizado por mi profesor está basado en estándares de desempeño. _____

6. El comportamiento de mi profesor durante los exámenes demuestra su creencia de que los estudiantes son honestos y dignos de confianza. _____

7. Mi profesor proporciona una retroalimentación regular
y rápida sobre mi desempeño. _____

8. Mi profesor utiliza una curva de campana estricta
para distribuir las calificaciones. _____

9. Mi profesor se muestra receptivo a las sugerencias
sobre cómo podría mejorarse el curso. _____

10. Mi profesor hace que tengas deseos de aprender. _____

Sume la calificación de todos los enunciados, excepto la del número ocho. En este caso revierta la calificación (muy de acuerdo = 1; muy en desacuerdo = 5) y súmelo a su total. Su calificación estará entre 10 y 50.

Una calificación alta (37 o más) habla de una cultura abierta, cálida, humana, confiable y apoyadora. Una calificación baja (25 o menos) describe una cultura cerrada, fría, orientada a la tarea, autocrática y tensa.

Forme equipos de 5 a 7 miembros. Compare sus calificaciones. ¿Qué tanto concuerdan? Discuta y resuelva las discrepancias.

Ejercicio sobre un dilema ético

Los factores culturales y el comportamiento no ético

La cultura de una organización socializa a la gente. Sutilmente transmite a los miembros que ciertas acciones son aceptables, aun cuando sean ilegales. Por ejemplo, cuando los ejecutivos de General Electric, Westinghouse y otros fabricantes de equipo eléctrico pesado conspiraron, contraviniendo la ley, para establecer precios a principios de la década de los sesenta, todos los acusados declararon que llevaban poco tiempo en sus puestos, que encontraron que la fijación de precios era una forma de vida establecida y que simplemente entraron en la fijación de precios como lo hacían en otros aspectos de su trabajo. Un gerente de GE hizo notar que cada uno de sus jefes le había ordenado que se reuniera con la competencia: "Se había vuelto tan común y había estado en vigor durante tantos años, que creo que perdimos de vista el hecho de que era ilegal."*

La fortaleza de la cultura de una organización tiene una influencia en el comportamiento ético de sus gerentes. Una cultura fuerte ejercerá más influencia en los gerentes que una débil. Si la cultura es fuerte y apoya rigurosas normas éticas, debería tener una influencia positiva muy poderosa en el comportamiento ético de un gerente. Sin embargo, en una cultura débil, es muy posible que los gerentes se apoyen en las normas de las subculturas para guiar su comportamiento. Así que los grupos de trabajo y los estándares departamentales influirán fuertemente en el comportamiento ético en las organizaciones que tienen culturas débiles.

También se reconoce en general que el contenido de una cultura afecta el comportamiento ético. Asumiendo que esto es verdad, ¿cómo sería una cultura que modele altas normas éticas? ¿Qué podría hacer la alta gerencia para fortalecer esa cultura? ¿Piensa usted que es posible que un administrador con altos estándares éticos mantenga esos cánones en una cultura organizacional que tolera, o aun alienta las prácticas antiéticas?

*Como se describió en P. C. Yeager, "Analyzing Corporate Offenses: Progress and Prospects", en W. C. Frederick y L. E. Preston (eds.), *Business Ethics: Research Issues and Empirical Studies* (Greenwich, CT: JAI Press, 1990), p. 174.

Los esfuerzos de cambio cultural en el servicio postal estadounidense

Cuando Marvin Runyon fue designado director del Servicio Postal estadounidense en 1992, prometió transformar la cultura de ese lugar. Dijo todo lo adecuado: modernizar la administración, apartarse del liderazgo basado en la autoridad, facultar a los empleados, responsabilizar a los gerentes y trabajadores postales de su desempeño e introducir equipos de trabajo interfuncionales para hacer que las operaciones hasta entonces separadas trabajen más estrechamente. Runyon notó la necesidad de un cambio que eliminara la percepción del público acerca de que el servicio postal era ineficiente. Enfatizó la amenaza de la competencia de United Parcel Service, Federal Express y el correo electrónico.

A pesar de las buenas intenciones, Runyon no logró un impacto esencial para hacer cambiar la cultura del servicio postal. "Absolutamente nada ha cambiado", dice el presidente de un sindicato que representa cerca de 240,000 carteros activos. "Facultar a los empleados pareció una buena ida durante 60 días, hasta que la gerencia resolvió que eso realmente significaba ceder algo de su poder y permitir que los trabajadores opinaran."

Desde hace tiempo, el servicio postal ha tenido problemas con su fuerza laboral de más de 700,000 empleados. Los trabajadores de manera rutinaria presentan quejas sobre cuestiones como la negación de permisos de salir o faltar o las autorizaciones no solicitadas de tiempo extra. Aunque las relaciones sindicato-gerencia han estado tensas durante décadas, parecen haber empeorado en años recientes. Las quejas están presentes en todo momento. Por ejemplo, en 1995, 73,300 quejas no pudieron resolverse en el ámbito del lugar de trabajo. En contraste, el sindicato de United Auto Workers, el cual representa acerca de 800,000 empleados, tuvo sólo 1,000 quejas que no se resolvieron a nivel de la planta.

Un ejemplo de las severas acciones que la gerencia está tomando en contra de los trabajadores, de acuerdo con los funcionarios del sindicato, es el caso de un cartero con un expediente ejemplar de diez años, que fue despedido por rehusarse a trabajar tiempo extra un día que tenía que recoger a su hijo en la escuela. La gerencia del Servicio Postal sostiene que sólo se está volviendo duro con los empleados que abusan del sistema. Admite que los esfuerzos para restaurar la cultura autoritaria del servicio no han sido exitosos como se había esperado, pero que el número de quejas presentadas por los trabajadores no debería ser utilizado como evidencia de que los esfuerzos encaminados a cambiar el servicio postal han fracasado. Los líderes del sindicato ven las cosas de diferente manera. Creen que la gerencia está atrincherada en su estilo de mando y control, que quiere que los empleados tengan en cuenta quién es el jefe y busca disminuir el poder de los sindicatos.

Tres series de eventos notables parecen estar en el centro de las tensiones laboral-gerenciales en el Servicio Postal. El primero es la automatización. El salario promedio para empleados de contrato individual fue de $45,000 en 1995. Con el tiempo, el servicio quiere reducir los costos laborales usando equipo de clasificación de cartas y lectores de código. El desorden de los trabajos actuales y la ansiedad acerca de los trabajos futuros preocupa a los sindicalistas. Por ejemplo, la automatización en el centro de procesamiento y distribución del correo de San Francisco forzó a 600 trabajadores sindicalizados de 2,400 a cambiar sus turnos o trabajos. En algunos casos, los trabajadores tuvieron que cambiarse a puestos de menor salario. El segundo grupo de eventos concierne a las negociaciones contractuales. La ronda de negociaciones de 1994 con los cuatro sindicatos del Servicio Postal se caracterizó por una intransigencia inaudita. Sólo uno de los cuatro sindicatos llegó a un acuerdo con el servicio sin recurrir al arbitraje. En un grupo de negociaciones, el sindicato de carteros había pedido un incremento moderado en el salario y en las prestaciones, arguyendo que como sus miembros habían desempeñado los trabajos en el nivel comparable al del personal de entrega de UPS y Federal Express, por tanto, merecían incrementos salariales comparables. La gerencia respondió con una demanda de reducción salarial, sosteniendo que el trabajo desempeñado por los carteros era comparable con el del "personal uniformado de entrega como los repartidores de pizzas", una frase que enfureció al sindicato y a sus miembros. Un arbitraje posteriormente otorgó a los carteros 1.2% de incremento salarial con un pago complementario de $950 el primer año. Por último, están los problemas relacionados con el adelgazamiento. Poco después de haber sido nombrado director, Runyon, ofreció a los gerentes un paquete atractivo de retiro temprano. Pretendía eliminar algunos de los 30,000 gerentes, a los cuales desde hace tiempo los críticos han caracterizado como producto de una estructura excesivamente burocratizada. Pero los trabajadores, la gente que en realidad maneja los 180 mil millones de piezas al año, luchó para que se les incluyera en el paquete de retiro. El resultado fue la jubilación de 48,000 empleados, muchos de los cuales tenían amplia experiencia y eran supervisores de primera línea, y la duplicación del tiempo extra, como consecuencia de que los trabajadores que quedaron tuvieron que "pagar los platos rotos".

Preguntas

1. Describa la cultura actual del servicio postal estadounidense.

2. ¿En qué podrían ser diferentes los esfuerzos de cambio de la cultura en las organizaciones del sector público y en las compañías lucrativas?

3. ¿Qué sugerencias le haría a la alta gerencia que ayuden a incluir a los sindicatos en sus esfuerzos por cambiar la cultura?

4. Analice las sugerencias específicas que usted le haría a la alta gerencia y que pudieran ayudarle a tener éxito en transformar la cultura del servicio postal en la cultura que originalmente describió Runyon.

Fuente: basado en D. Stamps, "Going Nowhere: Cultural Change at the Postal Service Fizzles", *Training*, julio de 1996, pp. 26-34.

Cuando los buenos policías se vuelven malos

Michael Dowd es un policía corrupto. Este caso es acerca de Dowd y la cultura del departamento de policía de Nueva York (NYPD, por sus siglas en inglés), la cual le permitió abusar de su posición de autoridad durante seis años.

Michael Dowd cuenta su historia: "Cuando eres un policía, eres el jefe en la calle. ¿Quién, en su sano juicio, si está haciendo algo malo, va a decirle a un policía: 'No puedes hacer esto, no puedes hacer aquello?' Nadie. Tú te sientes indestructible. Yo pensé: 'si no me han agarrado hasta ahora, lo olvidarán'. Podía hacer lo que fuera. Lo que fuera."

Dowd trabajó en un vecindario difícil donde el tráfico de drogas era cosa de todos los días. "Usted tiene gran cantidad de dinero en sus bolsillos, usted sabe, cientos, miles de dólares en un momento. Y, bueno, de repente lleva a casa $340 a la semana en un solo instante, así que, usted sabe, se da cuenta de esas cosas."

Pero Dowd hizo más que darse cuenta. Se unió al otro lado. Se convirtió en traficante. Comenzó lentamente —bebiendo en el trabajo como novato, arreglando infracciones— escaló hasta tal punto que ganaba de $8,000 a $10,000 por semana por medio de actividades ilegales. Robó dinero de cuerpos en las escenas del crimen, robó a traficantes de droga y traficó con cocaína.

¿Alguien descubrió las actividades del bajo mundo de Dowd? Sí, Joe Trimboli. Él era un investigador en el departamento de relaciones internas (IA, por sus siglas en inglés) del NYPD. Trimboli sospechó que entre 15 y 20 policías estaban involucrados con Dowd y pidió ayuda para su investigación. Sus jefes se la negaron. Después de presionar continuamente al IA para perseguir lo que Trimboli sentía que era un grupo de policías corruptos, el IA clausuró las investigaciones de Trimboli y lo retiró del caso Dowd. ¿Por qué? La mejor respuesta parece estar en la historia del NYPD. Había sufrido su mayor escándalo de corrupción en 1986. No quería otro más. Las palabras de la oficina del alcalde fueron "mantenga la corrupción fuera de los encabezados".

Down y otros como él fueron capaces de involucrarse en prácticas de corrupción durante años debido al código no escrito de silencio. Cuando se le preguntó por qué otros oficiales de policía a su mando, que sabían lo que él estaba haciendo, no lo entregaron, Dowd dijo: "Todavía soy un policía. Los policías no entregan a otros policías. No quieren ser etiquetados como ratas. Los policías dependen uno del otro para sobrevivir afuera."

Preguntas

1. ¿Cómo puede la cultura de una organización perdonar o desalentar las actividades ilegales?

2. ¿Qué hay, en la cultura del NYPD, que piensa usted que apoya a los malos policías?

3. ¿Si usted fuera un nuevo jefe de policía, que podría hacer para cambiar la cultura y hacerla menos tolerante a las actividades fuera de la ley?

Fuente: basado en "The Tarnished Shield", *ABC News Turning Point;* pasado al aire el 4 de septiembre de 1994.

ROB PANCO:
EL TRABAJO
EN EL SISTEMA
ORGANIZACIONAL

"Las estructuras de AT&T y Aslett eran tan diferentes como la noche y el día", dice Rob Panco. "AT&T era puramente jerárquica. Todo mundo estaba muy consciente del rango de cada uno en la organización. No era raro que alguien dijera, por ejemplo, 'Usted es solamente nivel dos. Tenga cuidado de retar a los niveles cuatro en una reunión'. El rango lo era todo. De hecho, recuerdo haber viajado con un gerente de alto nivel alguna vez. Cuando recogimos nuestro automóvil rentado, en el aeropuerto, dijo, 'tú eres el eructo. Tú maneja'. En AT&T, nunca se permitía olvidar dónde estaba uno en el orden. En contraste, Aslett era muy informal. Éramos una organización horizontal. La gente podía acudir a mí sin peligro de que se le cortara la cabeza. Nunca presté mucha atención al rango. Nuevamente entonces, estaba a cargo. Si yo hubiera sido Bob Allen [CEO de AT&T], posiblemente hubiera pensado que AT&T era menos que jerárquica. Mi perspectiva era hacia abajo.

La mayoría de la gente está familiarizada con la forma en que las grandes compañías como AT&T realizan el proceso de selección. Estas compañías tradicionalmente contrataban gente joven para puestos de primer ingreso a la que se le permitía crecer por medio de la escala jerárquica. Las calificaciones escolares y los exámenes de aptitud tenían un gran peso en la decisión de selección. Durante la década pasada, AT&T ha sufrido grandes cambios como resultado de la desregulación. Se han despedido a cientos de miles de personas. En contraste con las prácticas del pasado, los nuevos contratados a menudo han venido de fuera a ocupar las vacantes gerenciales de niveles medio y alto cuando las habilidades necesarias y las perspectivas no han estado disponibles dentro de AT&T. Por ejemplo, en 1990, la compañía contrató a Richard Bodman, presidente de Washington National Insurance, como vicepresidente *senior* de AT&T a cargo de la estrategia y el desarrollo corporativos. En 1991, Alex Mandl, ex presidente de Sea-Land Service, se unió a AT&T como su director ejecutivo financiero; y Jerre Stead, presidente de Square D Co., fue traído como presidente de la unidad de sistemas de comunicaciones de negocios de AT&T. Más recientemente, AT&T escogió a John R. Walter, un ejecutivo impresor de R. R. Donnelly & Sons sin experiencia en telecomunicaciones, como presidente corporativo y director ejecutivo de operaciones, en 1996.

El tamaño pequeño y la forma del proyecto de la estructura de Aslett le permitió a Rob Panco contratar de una manera mucho más informal y directa. Cerca de la mitad de los nuevos contratados provenían de referencias de empleados actuales. Una vez que el recomendado se había contratado, quien hubiere hecho la referencia se convertía en el patrocinador del nuevo empleado. Esto es, el patrocinador ayudaba al nuevo empleado a ajustarse a su trabajo. La mayoría de los demás contratados provenían de un grupo de trabajadores por cuenta propia que la compañía utilizaba. Cuando había un puesto vacante, se buscaba el candidato entre los mejores elementos de este tipo, para convertirlos en empleados de tiempo completo. Al contratar a miembros de este grupo, ya se tenía evidencia de primera mano de su capacidad de desempeño, así que no tenía que hacerse mucha labor de selección, asegura Rob. Este trabajo anterior se convirtió en una especie de examen. Pero entre los referidos, Rob se apoyaba en muestras de trabajo. Por ejemplo, los candidatos a trabajos como diseñadores y realizadores de páginas electrónicas tenían que presentar un examen de media hora en que demostraran sus habilidades. Rob notó que todos los nuevos contratados del grupo de trabajadores independientes también tenían patrocinadores. Por lo común éstos eran los líderes de equipo del último proyecto en el que había participado el trabajador por cuenta propia. Se les decía explícitamente a todos los nuevos empleados lo que se esperaba de ellos. Estaban a prueba por seis meses. Al final de este periodo, eran evaluados. Después de eso, las revisiones de desempeño se hacían cada aniversario de servicio.

Cuando el negocio decayó en 1995, se redujo la contratación. Cuando la reducción natural no fue lo suficiente para bajar la nómina, el reto de Rob fue decidir a quién despedir. "Realmente las decisiones de contratación y de despido fueron muy similares. ¿Por ejemplo, debería despedir primero a los nuevos empleados? ¿Mantendría a un trabajador de tiempo parcial con alto desempeño en lugar de uno de tiempo completo con desempeño pobre? Escogí utilizar dos factores que guiaran mi decisión: qué habilidades eran cruciales y quién era más competente.

Cuando se le preguntó a Rob si la cultura de Aslett cambió cuando se detuvo el crecimiento, Rob contestó: "Sí, creo que sí. La gente operativa tomó más posesión. Estaba más enfocada en su tarea. Trabajaba al parejo que los demás y tenía más iniciativa. Durante el crecimiento, suprimimos la posesión. Había una seudofacultación, pues realmente yo no estaba dando libertad de tomar decisiones. Tal vez si hubiéramos permitido que los empleados participaran con más anticipación, el negocio hubiera podido estar mejor."

La forma en que AT&T y Aslett condujeron las evaluaciones de desempeño también proporcionan una buena ilustración de las diferencias entre las dos organizaciones. De acuerdo con Rob, "las evaluaciones son un juego en AT&T. Tienen grandiosas herramientas pero no enseñan a los gerentes a utilizarlas". El procedimiento de evaluación es bastante estandarizado: los individuos son calificados por su jefe y clasificados de 1 a n en su grupo. Se utiliza una curva de campana modificada. El 10% se distribuye en la categoría más alta (empleados con desempeño sobresaliente); el 5% se etiqueta como empleados de bajo desempeño y se pone a prueba. Claro, hay una considerable politiquería y negociación acerca de las clasificaciones. El tiempo, por ejemplo, tiene mucho peso en la clasificación.

"Soy muy débil. No me gusta clasificar a la gente", admite Rob. "Solía utilizar un sistema métrico en las clasificaciones ya esto era mejor que las evaluaciones subjetivas, pero no me gustaba clasificar a la gente." Rob entonces describió la forma estandarizada que él utilizaba, la cual dividía el desempeño del empleado en cuatro categorías: desempeño personal (individual); habilidad de equipo; contribución a la calidad y desarrollo personal. "Las primeras tres eran casi iguales —cada una valía cerca de 30%. El desarrollo personal era el encargado de romper el empate." Dentro de cada categoría, Rob formaba una lista y calificaba a la gente de acuerdo con: (1) logros realizados durante el periodo y (2) áreas de mejoramiento. "Admito que pude haber manejado el proceso en forma equivocada. No les pedía a los empleados sus observaciones sino al final de la sesión de revisión. Debí haber empezado por pedirle a la gente una autoevaluación."

El tamaño pequeño de Aslett le creó a Rob problemas muy diferentes de los que enfrentaban los gerentes de AT&T. "En una compañía del tamaño de AT&T, ninguna persona hace tanto que haga una diferencia", afirma Rob. "Pero en una compañía pequeña como Aslett, cada persona es crucial. Si alguien no llega al trabajo, puede realmente afectar a toda la organización. Esto hace que cada persona en Aslett esté cerca del centro. Mi gente necesitaba creer más en la organización de lo que se necesitaba en AT&T."

Preguntas

1. ¿Es una ley del diseño estructural que los tamaños grandes (como AT&T) generen una reorganización manejada en forma jerárquica? Discútalo.

2. Evalúe los pros y los contras de ocupar puestos con recomendaciones de posibles empleados hechas por trabajadores actuales.

3. Contraste las formas en que la estructura restringe a los empleados de bajo nivel en AT&T con el personal operativo en Aslett.

4. Evalúe la efectividad del sistema de evaluación de desempeño que Rob puso en práctica en Aslett. ¿Ayudó u obstaculizo la motivación del empleado?

5. ¿Cómo pueden los "patrocinadores" influenciar las actitudes y el comportamiento de los nuevos contratados?

6. Algunos investigadores descubrieron un "síndrome del sobreviviente al despido", después de un adelgazamiento: aquellas personas que permanecen se quejan de fatiga y muestran niveles mayores de ansiedad y estrés. ¿Por qué no ocurrió esto en Aslett?

CAPÍTULO 17

Quinta parte   Dinámica organizacional

CAMBIO ORGANIZACIONAL Y MANEJO DE LA TENSIÓN

PERFIL DEL CAPÍTULO

Fuerzas para el cambio
Administración del cambio planeado
¿Qué pueden cambiar los agentes de cambio?
Resistencia al cambio
Enfoques para administrar el cambio organizacional
Temas de cambio actuales para los gerentes de hoy
La tensión en el trabajo y su manejo

> La mayoría de la gente odia cualquier cambio que no suene en sus bolsillos.
>
> —Anónimo

OBJETIVOS DE APRENDIZAJE

Después de estudiar este capítulo, usted será capaz de:

1 Describir las fuerzas que actúan como estimulantes del cambio

2 Contrastar el cambio de primero y de segundo orden

3 Resumir las fuentes de la resistencia individual y organizacional al cambio

4 Identificar las propiedades de las organizaciones innovadoras

5 Enumerar las características de una organización de aprendizaje

6 Describir las fuentes potenciales de la tensión

7 Explicar las variables de diferencias individuales que moderan la relación tensión-resultado

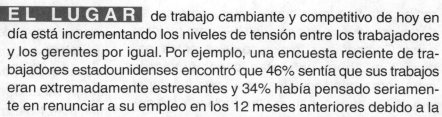

EL LUGAR de trabajo cambiante y competitivo de hoy en día está incrementando los niveles de tensión entre los trabajadores y los gerentes por igual. Por ejemplo, una encuesta reciente de trabajadores estadounidenses encontró que 46% sentía que sus trabajos eran extremadamente estresantes y 34% había pensado seriamente en renunciar a su empleo en los 12 meses anteriores debido a la tensión en el lugar de trabajo.[1] En Asia, más y más gerentes están mostrando signos de fatiga crónica y agotamiento, y existe una creciente preocupación entre los altos ejecutivos de ese continente en el sentido de que gerentes agotados pueden significar una compañía agotada.[2]

Muchos ejecutivos trabajan mejor bajo presión y disfrutan del flujo de la adrenalina que producen la competencia y el logro. Pero los seres humanos pueden desgastarse y esto es lo que aparentemente está ocurriendo entre un número cada vez mayor de gerentes asiáticos. Están mostrando signos de fatiga crónica: cambios en el humor, aletargamiento, comportamiento errático, desórdenes físicos y mayores problemas familiares. El jefe de ejecutivos de Hong Kong Telecom cree que los gerentes fatigados no son buenos para sus compañías o accionistas. Él dice que "en la mayoría de los casos, reduce grandemente la eficiencia incluso en los mejores individuos, y casi inevitablemente provoca un descenso en la productividad".

La tensión parece ser un problema, sin importar que la economía sea fuerte o débil. En Tailandia, por ejemplo, la economía es robusta. Pero el tailandés que trabaja en sectores altamente competitivos como publicidad, acciones y productos al consumidor muestra signos de tensión y fatiga. En contraste, la economía japonesa está estancada. Sin embargo, los gerentes continúan trabajando más de 80 horas a la semana y empujándose a sí mismos hacia la fatiga.

Los gerentes japoneses han considerado durante mucho tiempo que la adicción al trabajo y la evidencia de la tensión relacionada con el trabajo son un emblema de honor. Los japoneses incluso tienen un nombre para la "enfermedad": *karoshi* o muerte por trabajo excesivo. Se enorgullecen de no tener vida social y de su incapacidad para hablar de cualquier tema excepto de negocios. Los esfuerzos recientes de adelgazamiento por parte de las compañías japonesas sólo está empeorando las cosas. El empleo para toda la vida con ascensos continuos está siendo reemplazado por expectativas relacionadas con el desempeño. Los planes salariales de mérito están siendo puestos en marcha. Quienes no contribuyen reciben crudas indirectas —tales como considerables reducciones salariales— para mejorar o irse. Compañías con exceso de gerentes medios, que ahora enfrentan a competidores extranjeros más eficientes, no se pueden dar el lujo de mantener gente no productiva. Y los gerentes de nivel bajo están encontrando que sus cargas laborales son más grandes. Este clima de adelgazamiento únicamente está incrementando la tensión en el lugar de trabajo.

El gobierno japonés ha empezado a protestar contra esta cultura de trabajo excesivo, pues el impacto negativo de la tensión en la productividad ya no puede ser ignorado. Ahora el gobierno quiere que los trabajadores y los gerentes japoneses tengan vida propia, disfruten de su familia, tomen vacaciones, produzcan menos y consuman más. No es de sorprender, sin embargo, que en un clima de recortes, pocos japoneses estén escuchando. Y aparentemente sus compañeros en Tailandia, Hong Kong, Malasia y otras economías en expansión tampoco están oyendo el mensaje. ◆

Este capítulo trata sobre el cambio y la tensión. Describimos las fuerzas ambientales que están requiriendo que los gerentes pongan en práctica programas extensos de cambio. También consideramos por qué la gente y las organizaciones a menudo se resisten al cambio y cómo esta resistencia puede superarse. Revisamos varios procesos para administrar el cambio organizacional. También analizamos los temas contemporáneos de cambio para los gerentes de hoy en día. Después cambiamos hacia el tema de la tensión. Disertamos sobre las fuentes y consecuencias de la tensión. Por último concluimos este capítulo con una discusión de lo que los individuos y las organizaciones pueden hacer mejor para manejar los niveles de tensión.

Fuerzas para el cambio

Más y más organizaciones hoy en día enfrentan un ambiente dinámico y cambiante. Esto, a su vez, está requiriendo que dichas organizaciones se adapten. "¡Cambiar o morir!", es el grito entre los gerentes en todo el mundo hoy en día. La ilustración 17-1 resume seis fuerzas específicas que están actuando como estimulantes del cambio.

En diversas secciones de este libro, hemos analizado la cambiante *naturaleza de la fuerza laboral*. Por ejemplo, casi toda organización está teniendo que ajustarse al ambiente multicultural. Las políticas y prácticas de recursos humanos tienen que cambiar a fin de atraer y mantener esta fuerza laboral más diversa. Y muchas compañías están teniendo que gastar grandes cantidades de dinero en capacitación para actualizar las habilidades de los empleados en lectura, matemáticas, computación y otras áreas.

Como se observó en el capítulo 14, la *tecnología* está cambiando los trabajos y las organizaciones. La sustitución de la supervisión directa por el control por computadora, por ejemplo, da como resultado extensiones más amplias de control para los gerentes y organizaciones más horizontales. La sofisticación de la tecnología de la información también está haciendo que las organizaciones sean más responsivas. Compañías como AT&T, Motorola, General Electric y Chrysler pueden ahora desarrollar, hacer y distribuir sus productos en una fracción del tiempo que les tomaba hace una década. Y así como las organizaciones se han vuelto más adaptables, también lo han hecho sus empleados. Como mencionamos en nuestro análisis del diseño de los grupos y de la organización, muchos puestos están siendo moldeados nuevamente. Los individuos que hacen trabajos

◆ Vivimos en la "era de la discontinuidad".

estrechos, especializados y rutinarios están siendo reemplazados por equipos de trabajo cuyos miembros pueden realizar múltiples tareas y participar activamente en decisiones de equipo.

Vivimos en la "era de la discontinuidad". En las décadas de los cincuenta y sesenta, el pasado era un prólogo bastante bueno del futuro. El mañana era esencialmente

Ilustración 17-1 Fuerzas para el cambio

Fuerza	Ejemplos
Naturaleza de la fuerza de trabajo	• Mayor diversidad cultural • Incremento en los profesionales • Muchos nuevos contratados con habilidades inadecuadas
Tecnología	• Más computadoras y automatización • Programas de ACT • Programas de reingeniería
Colapsos económicos	• Colapsos del mercado de valores • Fluctuaciones en las tasas de interés • Fluctuaciones en la moneda
Competencia	• Competidores globales • Fusiones y consolidaciones • Crecimiento de vendedores al detalle especializados
Tendencias sociales	• Incremento en la asistencia a la universidad • Aplazamiento de matrimonios de la gente joven • Incrementos en las tasas de divorcio
Política mundial	• Colapso de la Unión Soviética • El embargo de Estados Unidos a Libia • La regla negra de Sudáfrica

una tendencia del ayer. Esto ya no es verdad. A principios de la década de los setenta, con el ascenso cuadruplicado de los precios del petróleo, los *shocks económicos* han continuado imponiendo cambios en las organizaciones. En años recientes, por ejemplo, las tasas de interés se han vuelto más volátiles y las economías de los países individuales se han hecho más interdependientes. Cuando las tasas de interés se elevan, por ejemplo, el mercado para nuevos préstamos hipotecarios y refinanciamiento desciende. Para muchas compañías de corretaje de hipotecas, los ingresos descienden y sobrevienen los despidos. De igual manera, la lucratividad de compañías de acciones estadounidenses como Merrill Lynch y Dean Witter está cada vez más unida a la salud de las economías y los mercados extranjeros.

La *competencia* está cambiando. La economía global significa que los competidores pueden venir del otro lado del océano como si fuera del otro lado del pueblo. Una competencia mayor significa también que las organizaciones establecidas necesitan defenderse contra los competidores tradicionales que desarrollan nuevos productos y servicios, y también contra pequeñas firmas empresariales con ofertas innovadoras. Las organizaciones exitosas serán aquellas que puedan cambiar en respuesta a la competencia. Tendrán que ser veloces, capaces de desarrollar nuevos productos rápidamente y sacarlos al mercado de igual manera. Se apoyarán en corridas cortas y ciclos cortos de producción y una corriente continua de nuevos productos. En otras palabras, serán flexibles. Adquirirán una fuerza de trabajo igualmente flexible y responsiva que pueda adaptarse a condiciones en rápido cambio, e incluso en cambio radical.

Echemos un vistazo a las *tendencias sociales* durante la generación pasada. Sugieren cambios a los que las organizaciones tendrán que ajustarse. Por ejemplo, ha habido una clara tendencia hacia el matrimonio y el divorcio durante las dos décadas pasadas. La gente joven está retrasando el matrimonio y la mitad de todos éstos terminan en divorcio. Un resultado obvio de esta tendencia social es un número cada vez mayor de solteros que sostienen un hogar y una creciente demanda de casas para solteros. Si usted está en el negocio de edificios para vivienda, éste es un factor importante para determinar el tamaño y el diseño de las casas. De igual forma, la expansión de este tipo de solteros ha incrementado la demanda de cantidades de porciones personales de comidas congeladas, lo cual es muy relevante para organizaciones como la división Healthy Choice de ConAgra o Pillsbury's Green Giant.

Hemos visualizado el CO en un contexto global a lo largo de este libro. Mientras que las escuelas de negocios han estado predicando una perspectiva global desde principios de la década de los ochenta, nadie —ni aun el más fuerte de los defensores de la globalización— pudo haber imaginado cómo cambiaría la *política mundial* en años recientes. Unos cuantos ejemplos señalan el punto: la caída del muro de Berlín, la reunificación de Alemania, la invasión de Iraq a Kuwait y la división de la Unión Soviética. Casi todos los contratistas importantes de la defensa estadounidense, por ejemplo, han tenido que replantear su negocio y realizar serios cambios en respuesta a la desintegración de la Unión Soviética y a la reducción del presupuesto del Pentágono. Las compañías como Hughes Electronics, Lockheed Martin, Raytheon y Northrop Grumman han eliminado cada una cientos de miles de puestos desde principios de la década de los noventa.

Administración del cambio planeado

Un grupo de empleados que trabaja en una pequeña tienda de ropa para mujer se enfrentó con el propietario: "El aire contaminado en esta tienda por el humo del cigarro se ha vuelto insoportable", dijo su vocera. "No queremos continuar trabajando aquí si usted permite fumar en la tienda. Queremos que coloque avisos de no fumar en las puertas de entrada y que prohíba a cualquier empleado fumar en el área. Si la gente tiene que fumar, puede ir al centro comercial." El propietario escuchó atentamente el ultimátum del grupo y estuvo de acuerdo en su petición. Al siguiente día colocó avisos de no fumar y dio conocimiento de la nueva regla a todos los empleados.

Un gran fabricante de automóviles gastó varios miles de millones de dólares para instalar lo último en robots. Un área que recibiría el nuevo equipo fue la de control de calidad. Equipo sofisticado controlado por computadora sería colocado para mejorar significativamente la capacidad de la compañía para encontrar y corregir los

AT&T se ha adaptado a los cambios en el campo de la economía global y la política reorganizándose en tres compañías globales separadas, despidiendo a 40,000 empleados y capturando oportunidades de crecimiento en nuevos mercados. Después de la puesta en marcha del Tratado de Libre Comercio de América del Norte, AT&T empezó a exportar cable de fibra óptica producido en su planta de Atlanta, Georgia a México. El TLC está ayudando a AT&T a entrar en el mercado mexicano, el cual ha estado dominado por competidores globales como Alcatel de Francia y Ericsson de Suecia.

defectos. Ya que el nuevo equipo cambiaría drásticamente los puestos de la gente que trabaja en el área de control de calidad y que la gerencia anticipó considerable resistencia por parte de los empleados al nuevo equipo, los ejecutivos desarrollaron un programa para que la gente pudiera familiarizarse con el equipo y para manejar cualquier ansiedad que pudieran sentir.

Estos dos escenarios anteriores son ejemplos del **cambio.** Esto es, ambos tratan acerca de hacer las cosas de manera diferente. Sin embargo, sólo el segundo escenario describe un cambio planeado. En esta sección buscamos aclarar lo que queremos decir con cambio planeado, describir sus metas, contrastar los cambios de primer y segundo órdenes y considerar quién es responsable por traer el **cambio planeado** a la organización.

Muchos cambios en las organizaciones son como el que tuvo lugar en la tienda de ventas al menudeo: simplemente ocurrieron. Algunas organizaciones tratan todos los cambios como una circunstancia accidental. Sin embargo, estamos interesados en las actividades de cambio que son productivas y tienen un propósito. En este capítulo, estudiamos el cambio como una actividad intencional, orientada a la actividad.

¿Cuáles son las metas del cambio planeado? Esencialmente son dos. Primero, busca mejorar la capacidad de la organización para adaptarse a los cambios en su ambiente. Segundo, busca cambiar el comportamiento del empleado.

Si una organización pretende sobrevivir, debe responder a los cambios en su ambiente. Cuando los competidores introducen nuevos productos o servicios, las agencias de gobierno establecen nuevas leyes, fuentes importantes de proveedores se salen del negocio u ocurren cambios ambientales similares, la organización necesita adaptarse. Los esfuerzos por estimular la innovación, facultar a los empleados e introducir equipos de trabajo son ejemplos de las actividades del cambio planeado dirigido para responder a cambios en el ambiente.

Ya que el éxito o fracaso de una organización se debe esencialmente a cosas que sus empleados hacen o dejan de hacer, el cambio planeado también busca cambiar el comportamiento de individuos o grupos dentro de la organización. En este capítulo, revisaremos diversas técnicas que las organizaciones pueden usar para hacer que la gente se comporte de forma diferente en las tareas que desarrolla en sus interacciones con otros.

También ayuda pensar acerca del cambio planeado en términos del orden de su magnitud.[3] El **cambio de primer orden** es lineal y continuo. Implica que no hay cambios fundamentales en las suposiciones que los miembros organizacionales tienen acerca del mundo o de cómo la organización puede mejorar su funcionamiento. En contraste, el **cambio de segundo orden** es multidimensional, multinivel, discontinuo y radical e involucra dar nueva forma al marco de las suposiciones acerca de la organización y el mundo en el cual opera. Mikio Kitano, director de toda la ingeniería de producción de Toyota, está introduciendo el cambio de primer orden en su compañía.[4] Él persigue cambios lentos, imperceptibles e incrementales en los procesos de producción para mejorar la eficiencia de las plantas de Toyota. Por otro lado, los altos ejecutivos de Boeing se han comprometido recientemente para reinventar su compañía.[5] En respuesta a la caída masiva de las aerolíneas, la agresiva competencia de Airbus y la amenaza de los competidores japoneses, este proceso de cambio de segundo orden en Boeing incluye cortar costos hasta en un 30%, reducir el tiempo que toma fabricar un 737 de 13 a 6 meses, reducir drásticamente los inventarios, poner a toda la fuerza de trabajo de la compañía en un curso de cuatro días sobre "competitividad" a introducir a clientes y proveedores al que alguna vez fuera el proceso secreto de diseñar nuevos aviones.

¿Quiénes en las organizaciones son responsables de administrar las actividades de cambio? La respuesta es los **agentes de cambio.** Los agentes de cambio pueden ser gerentes o no gerentes, empleados de la organización o consultores externos.

cambio
Hacer las cosas de manera diferente.

cambio planeado
Cambiar las actividades que son intencionales y orientadas a la meta.

cambio de primer orden
Cambio lineal y continuo.

cambio de segundo orden
Cambio que es multidimensional, de multinivel, discontinuo y radical.

agentes de cambio
Personas que actúan como catalizadores y asumen la responsabilidad de administrar las actividades de cambio.

Típicamente consideramos a los altos ejecutivos como los agentes de cambio. El director ejecutivo Bob Allen ha sido el agente primario de cambio en AT&T. Mikio Kitano lo es en Toyota. El agente primario de cambio de Boeing es su director ejecutivo, Philip Condit.

Para mayores esfuerzos de cambio, la alta gerencia recurre cada vez más a consultores externos temporales con conocimiento especializado en teoría y métodos de cambio. Los consultores agentes de cambio pueden ofrecer una perspectiva más objetiva que la del personal interno. Sin embargo, tienen la desventaja de que con frecuencia tienen un conocimiento inadecuado de la historia, la cultura, los procedimientos operativos y el personal de la organización. Los consultores externos también están más dispuestos a iniciar cambios de segundo orden —lo cual puede ser un beneficio o una desventaja— porque no tienen que vivir con las repercusiones. En contraste, los especialistas del personal interno o los gerentes, especialmente aquellos que pasan muchos años con la organización, son a menudo más cautelosos ya que temen ofender a amigos y asociados de largo tiempo.

¿Qué pueden cambiar los agentes de cambio?

¿Qué pueden cambiar los agentes de cambio? Las opciones se remiten esencialmente a cuatro categorías: estructura, tecnología, ubicación física y gente.[6] (Véase la ilustración 17-2.) Cambiar la *estructura* involucra hacer una alteración en las relaciones de autoridad, mecanismos de coordinación, rediseño del trabajo o variables estructurales similares. Cambiar la *tecnología* conlleva modificaciones en la forma en que el trabajo se procesa y en los métodos y equipo utilizados. Cambiar la *ubicación física* cubre la alteración del espacio y los arreglos de distribución en el lugar de trabajo. Cambiar a la *gente* se refiere a los cambios en las actitudes del empleado, habilidades, expectativas, percepciones y/o comportamiento.

Cambio en la estructura

En el capítulo 13, analizamos los temas estructurales tales como la especialización del trabajo, el tramo de control y varios diseños organizacionales. Pero las estructuras organizacionales no están establecidas de manera concreta. Cambiar las condiciones

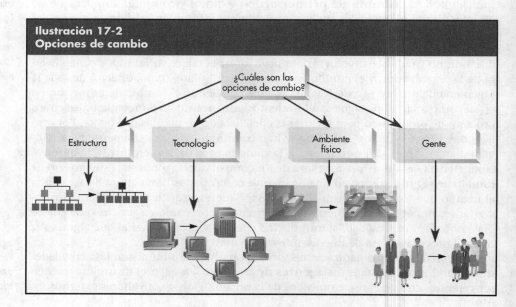

**Ilustración 17-2
Opciones de cambio**

¿Cuáles son las opciones de cambio?

Estructura · Tecnología · Ambiente físico · Gente

demanda cambios estructurales. Como resultado, el agente de cambio pudiera necesitar modificar la estructura de la organización.

La estructura de una organización está definida por la manera en que las tareas están formalmente divididas, agrupadas y coordinadas. Los agentes de cambio pueden alterar uno o más de los elementos clave en el diseño de la organización. Por ejemplo, las responsabilidades departamentales pueden combinarse, removerse las capas verticales y ampliarse los tramos de control para hacer más horizontal y menos burocrática la organización. Pueden ponerse en práctica más procedimientos y reglas para incrementar la estandarización. Puede realizarse un incremento en la descentralización para acelerar el proceso de la toma de decisiones.

Los agentes de cambio también pueden introducir mayores modificaciones en el diseño estructural real. Esto pudiera incluir el cambio de una estructura simple a una estructura basada en el equipo o la creación de un diseño matricial. Los agentes de cambio podrían considerar el rediseñar los puestos o los horarios de trabajo. Las descripciones de puesto pueden redefinirse, los puestos pueden enriquecerse o pueden introducirse horas flexibles de trabajo. Una opción más sería modificar el sistema de compensaciones de la organización. La motivación podría ser incrementada, por ejemplo, introduciendo bonos de desempeño o reparto de utilidades.

Cambio de la tecnología

La mayoría de los estudios anteriores en gerencia y comportamiento organizacional versaban sobre los esfuerzos dirigidos al cambio tecnológico. Al dar inicio este siglo, por ejemplo, la administración científica buscó imponer cambios basados en los estudios de tiempos y movimientos que incrementarían la eficiencia de la producción. Hoy en día, los mayores cambios tecnológicos involucran la introducción de nuevo equipo, herramientas o métodos; automatización; computación.

Los factores competitivos o innovaciones dentro de una industria a menudo requieren de agentes de cambio que introduzcan nuevo equipo, nuevas herramientas o métodos de operación innovadores. Por ejemplo, muchas compañías de aluminio han modernizado significativamente sus plantas en años recientes para competir más eficazmente. Han instalado equipo de manejo, hornos y prensas más eficientes para reducir el costo de fabricación de cada tonelada de aluminio.

La automatización es un cambio tecnológico que reemplaza a las personas con máquinas. Empezó con la Revolución Industrial y continúa como una opción de cambio hoy en día. Los ejemplos de la automatización son la introducción de clasificadores de correo automático por el servicio postal estadounidense y robots en las líneas de ensamble de automóviles.

Como se observó en capítulos anteriores, el cambio tecnológico más visible en años recientes ha sido la computación, la cual va abarcando cada vez más y más terrenos. Muchas organizaciones actualmente tienen sofisticados sistemas de información. Los grandes supermercados han convertido sus cajas registradoras en terminales de entrada conectadas a computadoras para proporcionar información de inventario instantáneo. La oficina de 1998 es completamente diferente de la de 1978, en especial debido a la computarización. Esto está representado por las microcomputadoras de escritorio que pueden correr cientos de paquetes de software de negocios y sistemas de redes que les permiten comunicarse unas con otras.

Cambio de la ubicación física

La distribución del espacio de trabajo no debería ser una actividad aleatoria. Por lo común, la gerencia considera minuciosamente las demandas de trabajo, los requerimientos de interacción formal y las necesidades sociales cuando toma decisiones acerca de las configuraciones de espacio, diseño interior, colocación del equipo y asuntos similares.

Por ejemplo, al eliminar las paredes y divisiones y abrir el diseño de la oficina, se hace más fácil que los empleados se comuniquen. De igual manera, la gerencia puede cambiar la cantidad y tipos de luces, el nivel de calor o frío, los niveles o tipos de ruido y la limpieza del área de trabajo, como también las dimensiones del diseño del interior como muebles, decoración y colores.

Cambio en la gente

El área final en la cual los agentes de cambio operan es la ayuda que prestan a los individuos y grupos dentro de la organización para trabajar juntos de manera más eficaz. Esta categoría involucra cambiar las actitudes y comportamientos de los miembros de la organización a través de procesos de comunicación, toma de decisiones y solución de problemas. Como usted verá más adelante en este capítulo, el concepto de *desarrollo organizacional* ha llegado a incluir un arreglo de intervenciones diseñadas para hacer cambiar a la gente y la naturaleza y la calidad de sus relaciones de trabajo. Revisaremos estas intervenciones de cambio en la gente en nuestro análisis sobre el desarrollo organizacional.

Resistencia al cambio

Uno de los descubrimientos mejor documentados de los estudios sobre el comportamiento del individuo y la organización es que las organizaciones y sus miembros se resisten al cambio. En cierto sentido, esto es positivo. Proporciona algún grado de estabilidad y pronosticabilidad sobre el comportamiento. Si no hubiera alguna resistencia, el comportamiento organizacional tomaría las características de una aleatoriedad caótica. La resistencia al cambio puede ser una fuente de conflicto funcional. Por ejemplo, la resistencia a un plan de reorganización o a un cambio en una línea de producto puede estimular un debate saludable sobre los méritos de la idea y dar como resultado una mejor decisión. Pero existe definitivamente una desventaja en la resistencia al cambio. Obstaculiza la adaptación y el progreso.

La resistencia al cambio no necesariamente emerge en formas estandarizadas. La resistencia puede ser abierta, implícita, inmediata o diferida. Es mucho más fácil para la gerencia tratar con la resistencia cuando es abierta e inmediata. Por ejemplo, un cambio es propuesto y los empleados rápidamente responden mediante quejas manifiestas, trabajando más lentamente, amenazando con ir a huelga o cosas similares. El mayor reto es manejar la resistencia implícita o diferida. Los esfuerzos de la resistencia implícita son más sutiles: pérdida de la lealtad a la organización, pérdida de la motivación a trabajar, incremento de errores, aumento en el ausentismo debido a "enfermedad", y es por tanto más difícil de reconocer. De igual manera, las acciones diferidas nublan el lazo entre la fuente de la resistencia y la reacción a ella. Un cambio podría producir lo que parece ser sólo una reacción mínima en el momento que se inicia, pero entonces la resistencia emerge en semanas, meses o incluso años después. O un solo cambio que en sí mismo tiene poco impacto se vuelve la gota que derrama el vaso. Las reacciones al cambio pueden acumularse y luego explotar en alguna respuesta que parece totalmente fuera de proporción con la acción de cambio que la produjo. La resistencia, por supuesto, simplemente se ha diferido y acumulado. Lo que emerge es una respuesta a una acumulación de los cambios anteriores.

◆ Uno de los descubrimientos mejor documentados de los estudios sobre el comportamiento del individuo y la organización es que las organizaciones y sus miembros se resisten al cambio.

Ilustración 17-3
Fuentes de resistencia individual al cambio

Veamos las fuentes de resistencia. Para propósitos analíticos, las hemos categorizado en fuentes individuales y organizacionales. En el mundo real, las fuentes con frecuencia se traslapan.

Resistencia individual

Las fuentes individuales de resistencia al cambio residen en características humanas básicas como las percepciones, personalidades y necesidades. A continuación se resumen las cinco razones por las que los individuos pudieran resistirse al cambio. (Véase la ilustración 17-3.)

HÁBITO Cada vez que usted sale a comer, ¿prueba un restaurante distinto? Probablemente no. Si usted es como la demás gente, usted encuentra un par de lugares que le gustan y regresa a ellos con cierta regularidad.

Como seres humanos, somos criaturas de hábitos. La vida es de por sí suficientemente complicada; no necesitamos considerar el rango completo de opciones de los cientos de decisiones que tenemos que tomar todos los días. Para enfrentar esta complejidad, todos nos apoyamos en los hábitos o respuestas programadas. Pero cuando nos enfrentamos con el cambio, esta tendencia a responder en nuestras formas acostumbradas se vuelve una fuente de resistencia. Así que cuando su departamento se muda a un nuevo edificio al otro lado del pueblo, significa que probablemente tendrá que cambiar muchos hábitos: levantarse 10 minutos más temprano, tomar una nueva serie de calles para ir al trabajo, encontrar un nuevo lugar donde estacionarse, ajustarse a la nueva distribución de la oficina, desarrollar una nueva rutina de almuerzo y así sucesivamente.

SEGURIDAD La gente con una alta necesidad de seguridad es probable que se resista al cambio, ya que éste amenaza sus sentimientos de seguridad. Cuando Sears anuncia el despido de 50,000 empleados o Ford introduce un nuevo equipo de robots, muchos empleados en estas compañías podrían temer que sus trabajos estén en juego.

FACTORES ECONÓMICOS Otra fuente de la resistencia individual es la preocupación de que los cambios disminuyan el ingreso individual. Los cambios en las tareas de trabajo o las rutinas establecidas de trabajo también pueden incrementar los temores económicos si la gente está consciente de que no será capaz de desempeñar las nuevas tareas o rutinas con sus estándares anteriores, en especial cuando el salario está estrechamente ligado a la productividad.

Ilustración 17-4

Fuente: Dilbert, por Scott Adams, 3 de agosto de 1996. DILBERT reimpreso con autorización de United Feature Syndicate, Inc.

TEMOR A LO DESCONOCIDO Los cambios sustituyen lo conocido por la ambigüedad y la incertidumbre. La transición de la preparatoria a la universidad es una experiencia de este tipo.

Para cuando estamos en el último año de preparatoria, entendemos cómo funcionan las cosas. Pudiera no haberle gustado la preparatoria, pero cuando menos usted entendió el sistema. Luego usted se traslada a la universidad y se enfrenta con todo un sistema nuevo y lleno de incertidumbre. Ha cambiado lo conocido por lo desconocido y el temor o la inseguridad que lo acompaña.

Los empleados en las organizaciones sienten la misma aversión hacia la incertidumbre. Si, por ejemplo, la introducción de la ACT significa que los trabajadores de producción tendrán que aprender técnicas de control de procesos estadísticos, algunos podrían temer que no serán capaces de hacerlo. Por tanto, podrían desarrollar actitudes negativas hacia la ACT o comportarse de manera disfuncional si se pidiera usar técnicas estadísticas.

PROCESAMIENTO SELECTIVO DE LA INFORMACIÓN Como aprendimos en el capítulo 3, los individuos moldean su mundo a través de sus percepciones. Una vez que han creado este mundo, se resisten a cambiar. Así que los individuos son culpables de procesar la información selectivamente a fin de mantener sus percepciones intactas. Escuchan lo que quieren escuchar. Ignoran la información que amenaza el mundo que han creado. Volviendo a los trabajadores de producción que han enfrentado la introducción de la ACT, podrían ignorar los argumentos de sus jefes cuando explican por qué es necesario el conocimiento de estadística o cuáles son los beneficios potenciales que el cambio les podría proporcionar.

Resistencia organizacional

Las organizaciones, por su naturaleza, son conservadoras.[7] Se resisten activamente al cambio. No hay que buscar mucho para encontrar evidencia de este fenómeno. Las agencias de gobierno quieren continuar haciendo lo que estaban haciendo durante años, ya sea que la necesidad del servicio cambie o permanezca igual. Las organizaciones religiosas están profundamente enraizadas en su historia. Los intentos por cambiar la doctrina de la Iglesia requieren de gran persistencia y paciencia. Las instituciones educacionales, las cuales existen para abrir las mentes y retar la doctrina establecida, son ellas mismas muy resistentes al cambio. La mayoría de los sistemas escolares aplican esencialmente las mismas tecnologías de enseñanza hoy en día como lo estaban haciendo hace 50 años. Asimismo, la mayoría de las compañías, parecen resistirse enormemente al cambio.

Se han identificado seis fuentes principales de resistencia organizacional.[8] Éstas se muestran en la ilustración 17-5.

Ilustración 17-5
Fuentes de resistencia organizacional al cambio

INERCIA ESTRUCTURAL Las organizaciones tienen mecanismos interconstruidos para producir estabilidad. Por ejemplo, el proceso de selección sistemáticamente elige a ciertas personas y rechaza a otras. La capacitación y otras técnicas de socialización refuerzan los requerimientos específicos del papel y las habilidades. La formalización proporciona descripciones de puestos, reglas y procedimientos para que sean seguidos por los empleados.

Las personas que son contratadas en una organización son elegidas para que se acoplen; luego son moldeadas y dirigidas para que se comporten de cierta manera. Cuando una organización es confrontada con el cambio, esta inercia estructural actúa como una balanza para mantener la estabilidad.

ENFOQUE LIMITADO DEL CAMBIO Las organizaciones están formadas por varios sistemas interdependientes. Usted no puede cambiar uno sin afectar los demás. Por ejemplo, si la gerencia cambia los procesos tecnológicos sin modificar simultáneamente la estructura de la organización para que se ajuste, tal vez no se acepte el cambio en la tecnología. Así que los cambios limitados en los subsistemas tienden a ser anulados por el sistema más grande.

INERCIA DE GRUPO Incluso si los individuos quieren cambiar su comportamiento, las normas de grupo podrían actuar como una restricción. El miembro individual de un sindicato, por ejemplo, podría estar deseando aceptar los cambios en su trabajo sugeridos por la gerencia. Pero si las normas del sindicato dictaran resistir cualquier cambio unilateral realizado por la gerencia, él probablemente se resistiría.

AMENAZA A LA EXPERIENCIA Los cambios en los patrones organizacionales podrían amenazar la experiencia de los grupos especializados. La introducción de computadoras personales descentralizadas, las cuales permiten a los gerentes obtener acceso a la información directamente de la computadora central de la compañía, es un ejemplo de un cambio que encontró fuerte resistencia por parte de muchos departamentos de sistemas de información a principios de la década de los noventa. ¿Por qué? Debido a que el usuario descentralizado constituía una amenaza para las habilidades especializadas de las personas en los departamentos de sistemas de información centralizada.

AMENAZA A LAS RELACIONES ESTABLECIDAS DE PODER Cualquier redistribución de la autoridad en la toma de decisiones puede amenazar las relaciones de poder establecidas desde hace tiempo en la organización. La introducción de la toma de decisiones participativa o de los equipos de trabajo autodirigidos es la clase de cambio que con frecuencia es vista como una amenaza por los supervisores y gerentes medios.

AMENAZA A LAS DISTRIBUCIONES ESTABLECIDAS DE LOS RECURSOS Aquellos grupos en la organización que controlan los recursos con frecuencia ven el cambio como una amenaza. Tienden a estar contentos con la forma en que ocurren las cosas. ¿El cambio, por ejemplo, significaría una reducción en sus presupuestos o una reducción en el tamaño de su personal? Aquellos que más se benefician de la distribución actual de los recursos con frecuencia se sienten amenazados por cambios que pudieran afectar futuras distribuciones.

Cómo superar la resistencia al cambio

Se han sugerido seis tácticas para uso de los agentes de cambio al tratar con la resistencia al cambio.[9] Revisémoslas brevemente.

EDUCACIÓN Y COMUNICACIÓN La resistencia puede reducirse a través de la comunicación con los empleados para ayudarles a ver la lógica del cambio. Esta táctica básicamente asume que la fuente de la resistencia yace en la mala información o en la comunicación deficiente: si los empleados reciben todos los hechos y consiguen aclarar todos los malentendidos, la resistencia cederá. La comunicación puede establecerse a través de discusiones uno a uno, memorandos, presentaciones de grupo o informes. ¿Funciona? Sí, siempre que la fuente de resistencia sea una comunicación inadecuada y las relaciones gerencia-empleado estén caracterizadas por la confianza y la credibilidad. Si estas condiciones no existen, el cambio probablemente no tendrá éxito.

PARTICIPACIÓN Es difícil para los individuos resistirse a una decisión de cambio en la cual ellos participan. Antes de hacer el cambio, aquellos que se oponen pueden ser introducidos al proceso de decisión. Al asumir que los participantes tienen la experiencia para hacer una contribución significativa, su participación puede reducir la resistencia, obtener el compromiso e incrementar la calidad de la decisión de cambio. Sin embargo, contra estas ventajas están las desventajas: puede llegar a una solución pobre con un gran consumo de tiempo.

> ◆ Es difícil para los individuos resistirse a una decisión de cambio en la cual participan.

FACILITACIÓN Y APOYO Los agentes de cambio pueden ofrecer un rango de esfuerzos de apoyo para reducir la resistencia. Cuando el temor y la ansiedad del empleado son elevados, la asesoría y la terapia, el entrenamiento de nuevas habilidades o un periodo corto de ausencia pagada podrían facilitar el ajuste. Las desventajas de esta táctica son que, como las demás, consume tiempo. Además, es cara y su puesta en práctica no ofrece seguridad de éxito.

NEGOCIACIÓN Otra manera para que un agente de cambio maneje la resistencia al cambio potencial es intercambiar algo de valor para disminuir la resistencia. Por ejemplo, si la resistencia está centrada en unos pocos individuos poderosos, se puede negociar un paquete específico de recompensas para que cumpla con sus necesidades individuales. La negociación como táctica puede ser necesaria cuando la resistencia proviene de una fuente poderosa. Sin embargo, uno no puede ignorar sus costos potencialmente altos. Además, existe el riesgo de que, una vez que el agente de cambio negocie una parte para evitar la resistencia, él o ella estará abierto a la posibilidad de ser chantajeado por otros individuos en posiciones de poder.

MANIPULACIÓN Y COOPTACIÓN La manipulación se refiere a los intentos disimulados de influir. Distorsionar los hechos para hacerlos parecer más atractivos, retener

Michael Ying, presidente de Esprit Asia Holdings, aprendió que la comunicación puede ayudar a superar la resistencia al cambio. Ying, al tratar de integrar las operaciones asiáticas y europeas de Esprit, reconoció las grandes diferencias en la forma en que manejaban a la gente y los negocios. Las operaciones europeas eran más nacionalistas, autocráticas y tenían estructuras rígidas, en tanto que las operaciones asiáticas tenían el sello de una mentalidad más abierta y dispuesta a aprender. Durante sus visitas a los gerentes europeos, Ying les comunicó su método de sentido común para la solución de problemas y escuchó las preocupaciones de los europeos. Esta comunicación ayudó a que éstos se mostraran receptivos al plan de Ying de unir las dos operaciones.

información no deseable y crear falsos rumores para que los empleados acepten el cambio son todos ejemplos de manipulación. Si la gerencia corporativa amenaza con cerrar una planta de manufactura en particular si los empleados de la planta no aceptan una reducción de salarios y la amenaza no es cierta, la gerencia está usando la manipulación.

La cooptación, por otro lado, es una forma tanto de manipulación como de participación. Busca "sobornar" a los líderes del grupo de resistencia dándoles un papel clave en la decisión de cambio. Se busca el consejo de los líderes, no para tomar una mejor decisión, sino para conseguir su apoyo. Tanto la manipulación como la cooptación son relativamente baratas y constituyen formas fáciles de obtener el apoyo de los adversarios, pero las tácticas se pueden revertir si los objetivos tienen conocimiento de que están siendo engañados o utilizados. Una vez descubierto, la credibilidad del agente de cambio podría caer a cero.

COERCIÓN La última en la lista de las tácticas es la coerción, esto es, la aplicación de amenazas directas o fuerza hacia los que resisten. Si la gerencia corporativa mencionada en la discusión previa está determinada realmente a cerrar la planta de manufactura si los empleados no aceptan una reducción en el salario, entonces la coerción sería la etiqueta con que se nombraría a su táctica de cambio. Otros ejemplos de coerción son las amenazas de transferencia, la pérdida de ascensos, evaluaciones negativas de desempeño y una carta pobre de recomendación. Las ventajas y desventajas de la coerción son aproximadamente las mismas que aquellas mencionadas en la manipulación y la cooptación.

La política del cambio

Ningún análisis sobre la resistencia al cambio estaría completo sin una breve mención de las políticas del cambio. Debido a que éste amenaza invariablemente el *statu quo*, implica en forma inherente una actividad política.[10]

Los agentes internos de cambio por lo general son individuos de jerarquía alta en la organización que tienen mucho que perder con el cambio. De hecho, han llegado hasta sus posiciones de autoridad al desarrollar habilidades y patrones de comportamiento que son favorecidos por la organización. El cambio es una amenaza a aquellas habilidades y patrones. ¿Qué pasa si ya no son ellos a quienes la organización valora? Esto crea el potencial para que otros en la organización obtengan poder a sus costillas.

La política sugiere que el impulso por el cambio probablemente provenga de agentes de cambio externos, empleados que son nuevos en la organización (y que tienen menos invertido en el *statu quo*), o de los gerentes ligeramente removidos de la estructura principal de poder. Aquellos gerentes que han pasado todas sus carreras con una sola organización y eventualmente logran una posición ejecutiva en la jerarquía son a menudo los mayores impedimentos para el cambio. Éste, en sí mismo, es una amenaza muy real a su nivel y posición. Sin embargo, podría esperarse de ellos que pusieran en práctica cambios para demostrar que no son simplemente vigilantes. Al actuar como agentes de cambio, simbólicamente transmiten a los varios constituyentes —accionistas, proveedores, empleados, clientes— que están por encima de los problemas y que se adaptan a un ambiente dinámico. Por supuesto, como usted ya habrá adivinado, cuando se ven forzadas a introducir el cambio, estas personas que han detentado el poder durante mucho tiempo tienden a ejecutar cambios de primer orden. El cambio radical es demasiado amenazador.

Las batallas de poder dentro de la organización determinarán, en gran medida, la velocidad y cantidad del cambio. Uno podría esperar que los ejecutivos con larga trayectoria fueran fuentes de resistencia. Esto, incidentalmente, explica por qué las juntas de directores que reconocen lo imperativo de una rápida introducción del cambio de segundo orden en sus organizaciones a menudo dirigen su atención a los candidatos externos para un nuevo liderazgo.[11]

Enfoques para administrar el cambio organizacional

Ahora consideraremos varios enfoques populares para administrar el cambio. Específicamente, analizaremos el modelo clásico de los tres pasos de Lewin del proceso de cambio y presentaremos el modelo de la investigación de la acción.

Modelo de los tres pasos de Lewin

descongelar
Los esfuerzos de cambio para superar las presiones tanto de la resistencia individual como de la conformidad del grupo.

recongelar
Estabilizar una intervención de cambio al equilibrar las fuerzas de impulso y restricción.

Kurt Lewin sostenía que el cambio exitoso en las organizaciones debería seguir tres pasos: **descongelar** el *statu quo*, *moverse* hacia un nuevo estado y **recongelar** el nuevo cambio para hacerlo permanente.[12] (Véase la ilustración 17-6.) El valor de este modelo puede ser visto en el siguiente ejemplo, en el que la gerencia de una gran compañía petrolera decidió reorganizar su función de mercadotecnia en el oeste de Estados Unidos.

La compañía petrolera tenía tres oficinas en el Oeste, localizadas en Seattle, San Francisco y Los Ángeles. La decisión fue tomada para consolidar las divisiones en una oficina regional única que estaría localizada en San Francisco. La reorganización significaba transferir a más de 150 empleados, eliminar algunos puestos gerenciales duplicados e instituir una nueva jerarquía de mando. Como usted podrá adivinar,

De los conceptos a las habilidades

Evaluar el clima para el cambio

¿**P**or qué algunos programas de cambio tienen éxito y otros fracasan? Un factor importante es la disponibilidad para el cambio.[13] La investigación de Symetrix, una compañía de consultoría de Massachusetts, identificó 17 elementos clave para un cambio exitoso. Mientras más respuestas positivas se obtengan a las siguientes preguntas, más grande será la posibilidad de que los esfuerzos de cambio tengan éxito.

1. ¿El promotor del cambio tiene un nivel lo suficientemente alto como para tener el poder de manejar con eficacia la resistencia?

2. ¿El liderazgo cotidiano apoya el cambio y está comprometido con él?

3. ¿Hay un fuerte sentimiento de urgencia de la alta gerencia acerca de la necesidad del cambio y éste es compartido por el resto de la organización?

4. ¿La gerencia tiene una clara visión de lo diferente que será el futuro?

5. ¿Existen las mediciones objetivas para evaluar el esfuerzo de cambio y los sistemas de recompensa están diseñados de manera explícita para reforzarlos?

6. ¿Es el esfuerzo específico de cambio consistente con otros cambios que ocurren en la organización?

7. ¿Están dispuestos los gerentes funcionales a sacrificar su propio interés personal por el bien de la organización como un todo?

8. ¿La gerencia se enorgullece de observar con atención los cambios y acciones de sus competidores?

9. ¿La importancia del cliente y el conocimiento de las necesidades del cliente son situaciones bien aceptadas por cada miembro de la fuerza de trabajo?

10. ¿Son recompensados los gerentes y empleados por asumir riesgos, ser innovadores y buscar nuevas soluciones?

11. ¿Es flexible la estructura organizacional?

12. ¿Están abiertos los canales de comunicación tanto hacia arriba como hacia abajo?

13. ¿La jerarquía de la organización es relativamente horizontal?

14. ¿Ha puesto en práctica exitosamente cambios importantes en el pasado reciente?

15. ¿La satisfacción del empleado y la confianza en la gerencia son elevadas?

16. ¿Hay un alto grado de interacción entre fronteras y de cooperación entre las unidades en la organización?

17. ¿Las decisiones son adoptadas rápidamente, tomando en consideración una amplia variedad de sugerencias?

fue difícil mantener en secreto un movimiento de esta magnitud. El rumor de que ocurriría precedió a su anuncio por varios meses. La decisión en sí misma fue tomada de manera unilateral. Provino de las oficinas ejecutivas en Nueva York. Aquellas personas afectadas no pudieron decir nada en la elección. Para aquellos en Seattle o Los Ángeles, a quienes les hubiera disgustado la decisión y sus consecuencias (los problemas inherentes a transferirse a otra ciudad, sacar a los jóvenes de la escuela, hacer nuevos amigos, tener nuevos compañeros de trabajo, pasar por una reasignación de responsabilidades), el único recurso que quedaba era renunciar. En realidad, menos de 10% lo hizo.

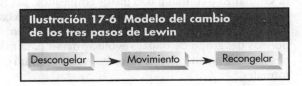

Ilustración 17-6 Modelo del cambio de los tres pasos de Lewin

Descongelar → Movimiento → Recongelar

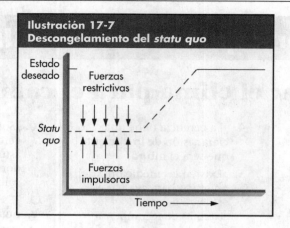

Ilustración 17-7
Descongelamiento del *statu quo*

El *statu quo* puede considerarse como un estado en equilibrio. Para desviarse de este equilibrio —superar las presiones tanto de la resistencia como de la conformidad de grupo—, es necesario descongelarse. Puede lograrse en una de tres formas. (Véase la ilustración 17-7.) Las **fuerzas impulsoras,** las cuales dirigen el comportamiento fuera del *statu quo*, pueden incrementarse. Las **fuerzas restrictivas,** las cuales obstaculizan las desviaciones del equilibrio existente, pueden disminuirse. Una tercera alternativa es *combinar los dos primeros enfoques*.

La gerencia de la compañía petrolera podía esperar resistencia de los empleados a la consolidación. Para hacer frente a esta resistencia, la gerencia pudo usar incentivos positivos para alentar a los empleados a aceptar el cambio. Por ejemplo, pudieron ofrecerse incrementos salariales a aquellos que hubieran aceptado la transferencia. La compañía podía pagar gastos de mudanza muy liberales. La gerencia puede ofrecer fondos de hipoteca de bajo costo para permitir a los empleados comprar nuevas casas en San Francisco. Por supuesto, la gerencia también pudo haber considerado descongelar la aceptación del *statu quo* al eliminar las fuerzas restrictivas. Los empleados pudieron ser asesorados individualmente. Las preocupaciones y aprehensiones de cada empleado pudieron ser escuchadas y aclaradas específicamente. Suponiendo que la mayoría de los temores eran injustificados, el asesor podía haber asegurado a los empleados que no había nada que temer y entonces demostrar, a través de la evidencia tangible, que las fuerzas restrictivas no tenían justificación. Si la resistencia es extremadamente alta, la gerencia podría enfocarse tanto en reducir la resistencia e incrementar lo atractivo de la alternativa si se pretende que el descongelamiento sea exitoso.

Una vez que la consolidación del cambio ha sido ejecutada, si tiene éxito, la nueva situación necesita ser congelada para que pueda mantenerse con el tiempo. A menos que este último paso sea tomado, existe una posibilidad muy grande de que el cambio sea de corta duración y que los empleados traten de revertirlo al estado anterior de equilibrio. El objetivo de recongelar, entonces, es establecer la nueva situación equilibrando las fuerzas impulsoras y restrictivas.

¿Cómo podría la gerencia de la compañía petrolera recongelar su consolidación del cambio? Reemplazando sistemáticamente las fuerzas temporales con fuerzas permanentes. Por ejemplo, la gerencia podría imponer ajustes hacia arriba de los salarios o remover permanentemente los marcadores de tiempo para reforzar el clima de confianza y confiabilidad de los empleados. Las reglas formales y las regulaciones que gobiernan el comportamiento de aquellos afectados por el cambio también deberán ser revisadas para reforzar la nueva situación. Con el tiempo, claro, las propias normas del grupo de trabajo evolucionarán para mantener el nuevo equilibrio. Pero hasta que se alcance este punto, la gerencia tendrá que apoyarse en mecanismos más formales.

fuerzas impulsoras
Fuerzas que desvían el comportamiento del *statu quo*.

fuerzas restrictivas
Fuerzas que obstaculizan las desviaciones del *statu quo*.

Investigación de la acción

La **investigación de la acción** se refiere al proceso de cambio basado en la recolección sistemática de datos y luego la elección posterior de una acción de cambio basada en lo que indica la información analizada.[14] Su importancia yace en que proporciona una metodología científica para administrar el cambio planeado.

El proceso de la investigación de la acción consiste en cinco pasos: diagnóstico, análisis, retroalimentación, acción y evaluación. Usted notará que estos pasos son muy parecidos al método científico.

DIAGNÓSTICO El agente de cambio, a menudo un consultor externo de la investigación de la acción, empieza por reunir información acerca de problemas, preocupaciones y cambios necesarios de los miembros de la organización. Este diagnóstico es análogo a la búsqueda de un doctor para encontrar específicamente el padecimiento de un paciente. En la investigación de la acción, el agente de cambio hace preguntas, entrevista a los empleados, revisa los archivos y escucha las preocupaciones de los trabajadores.

ANÁLISIS La información reunida durante la etapa de diagnóstico es luego analizada. ¿Cuáles son los problemas clave para la gente? ¿Qué patrones parecen seguir estos problemas? El agente de cambio sintetiza esta información en preocupaciones primordiales, áreas problemáticas y posibles acciones.

RETROALIMENTACIÓN La investigación de la acción incluye un manejo extensivo de los objetivos de cambio. Esto es, la gente que estará involucrada en cualquier programa de cambio debe estar implicada activamente en determinar cuál es el problema y participar para crear la solución. Así que el tercer paso es compartir con los empleados lo que se ha encontrado en los pasos uno y dos. Los empleados, con la ayuda del agente de cambio, desarrollan planes de acción para originar cualquier necesidad de cambio.

ACCIÓN Ahora la parte de "acción" de la investigación de la acción está en movimiento. Los empleados y el agente de cambio llevan a cabo acciones específicas para corregir los problemas que han sido identificados.

EVALUACIÓN Finalmente, de manera consistente con los cimientos científicos de la investigación de la acción, el agente de cambio evalúa la efectividad de los planes de acción. Usando la información inicial recolectada como punto de comparación, cualquier cambio subsecuente puede ser comparado y evaluado.

La investigación de la acción proporciona cuando menos dos beneficios específicos para una organización. Primero, el problema es enfocado. El agente de cambio busca de manera objetiva los problemas y el tipo de problema determina el tipo de acción de cambio. Si bien esto pudiera parecer intuitivamente obvio, muchas actividades de cambio no son realizadas de esta manera. Más bien se centran en la solución. El agente de cambio tiene una solución favorita —por ejemplo, poner en ejecución el tiempo flexible, los equipos o un programa de administración por objetivos— y luego busca problemas que se ajusten a su solución. Segundo, debido a que la investigación de la acción involucra de manera tan grande a los empleados en el proceso, la resistencia al cambio se ve reducida. De hecho, una vez que los empleados han participado activamente en la etapa de retroalimentación, por lo general el proceso de cambio adopta típicamente un impulso propio. Los empleados y los grupos que han estado involucrados se vuelven una fuente interna de presión sostenida para producir el cambio.

investigación de la acción
Un proceso de cambio basado en la recolección sistemática de datos y la elección posterior de una acción de cambio basada en lo que indica la información analizada.

Desarrollo organizacional

desarrollo organizacional (DO)
Un conjunto de intervenciones del cambio planeado sustentado en valores humanistas democráticos que buscan mejorar la efectividad organizacional y el bienestar del empleado.

Ningún análisis sobre la administración del cambio estaría completo si no incluyera el desarrollo organizacional. El **desarrollo organizacional (DO)** no es un concepto único fácilmente definido. Más bien, es un término utilizado para transmitir un conjunto de intervenciones del cambio planeado sustentadas en valores humanistas democráticos que buscan mejorar la efectividad organizacional y el bienestar del empleado.[15]

El paradigma del DO valora el crecimiento humano y organizacional, el proceso participativo y de colaboración y el espíritu de búsqueda.[16] El agente de cambio podría ser directivo en el DO; sin embargo, hay un fuerte énfasis en la colaboración. Conceptos como el poder, la autoridad, el control, el conflicto y la coerción se tienen relativamente en baja estima entre los agentes de cambio del DO. Lo siguiente identifica brevemente los valores en que se basa la mayoría de los esfuerzos del DO.

1. *Respeto por la gente*. Los individuos se consideran responsables, conscientes e interesados. Deberían ser tratados con dignidad y respeto.

2. *Confianza y apoyo*. La organización efectiva y saludable se caracteriza por la confianza, la autenticidad, la apertura y el clima de apoyo.

3. *Igualdad de poder*. Las organizaciones efectivas dejan de enfatizar la autoridad y el control jerárquicos.

4. *Confrontación*. Los problemas no deben esconderse debajo de la alfombra. Deben ser confrontados abiertamente.

5. *Participación*. Mientras más gente afectada por un cambio participe en las decisiones que lo rodean, más comprometidos estarán en poner en práctica esas decisiones.

¿Cuáles son algunas técnicas o intervenciones del DO para hacer el cambio? En las siguientes páginas, presentamos cinco intervenciones que los agentes del cambio podrían considerar.

entrenamiento en sensibilización
Grupos de entrenamiento que buscan cambiar el comportamiento por medio de una interacción no estructurada.

ENTRENAMIENTO EN SENSIBILIZACIÓN Puede llamársele con toda una variedad de nombres —laboratorio de entrenamiento, **entrenamiento en sensibilización**, gru-

El agente de cambio George Fisher, director ejecutivo de Eastman Kodak, está aplicando los valores fundamentales del desarrollo organizacional para impulsar la moral de los empleados y reiniciar el crecimiento de la compañía. Cuando Fisher ocupó el puesto en Kodak, la compañía sufría una serie de reestructuraciones, una fuerza laboral sin espíritu, una jerarquía rígida y grandes deudas. Mientras que los pasados directores de Kodak tendieron a ser autocráticos e inaccesibles, Fisher (a la derecha en la fotografía) está reconstruyendo la compañía a través del respeto por la gente, la confianza y el apoyo, la apertura, la compartición del poder y la participación.

pos de encuentro o grupos T (grupos de entrenamiento, por la inicial de la palabra inglesa *training*)— pero todos se refieren a un método para cambiar el comportamiento a través de una interacción no estructurada. Los miembros se reúnen en un ambiente libre y abierto en el cual los participantes discuten sobre ellos mismos y sus procesos interactivos, dirigidos por un científico del comportamiento profesional. El grupo se orienta a los procesos, lo cual significa que los individuos aprenden a través de la observación y la participación en lugar de hacer sólo lo que se les ordena. El profesional crea la oportunidad para que los participantes expresen sus ideas, creencias y actitudes. Él o ella no acepta —de hecho, rechaza abiertamente— cualquier papel de liderazgo.

Los objetivos de los grupos T son proporcionar a los sujetos un mayor conocimiento sobre su propio comportamiento y cómo los perciben los demás, una mayor sensibilidad hacia el comportamiento de los demás y una mayor comprensión de los procesos de grupo. Los resultados específicos buscan incluir una mayor capacidad para sentir empatía por los demás, mejores habilidades para escuchar, mayor apertura, mayor tolerancia a las diferencias individuales y mejores habilidades de solución de conflictos.

Si los individuos carecen del conocimiento de cómo los perciben los demás, entonces el grupo T exitoso puede producir percepciones propias más realistas, una mayor cohesión de grupo y una reducción de los conflictos interpersonales disfuncionales. Además, idealmente dará como resultado una mejor integración entre el individuo y la organización.

RETROALIMENTACIÓN DE ENCUESTAS Una herramienta para evaluar las actitudes de los miembros de la organización, identificar las discrepancias entre las percepciones de los miembros y resolver esas diferencias es el enfoque de la **retroalimentación de encuestas.**

> **retroalimentación de encuestas**
> El uso de cuestionarios para identificar discrepancias entre las percepciones de los miembros; se sigue una discusión y se sugieren remedios.

Cada persona en una organización puede participar en la retroalimentación de las encuestas, pero la familia organizacional resulta de importancia fundamental —el gerente de cualquier unidad y aquellos empleados que le informan directamente a él o ella. Por lo general todos los miembros en la organización o unidad responden a un mismo cuestionario. A los miembros de la organización se les podría pedir que sugirieran preguntas o se les podría entrevistar para determinar qué temas son relevantes. El cuestionario típicamente pregunta a los miembros sus percepciones y actitudes sobre un amplio rango de temas, incluyendo las prácticas de toma de decisiones; la efectividad de la comunicación, la coordinación entre unidades y la satisfacción con la organización, el trabajo, los compañeros y el supervisor inmediato.

Los datos de este cuestionario se tabulan con los datos pertenecientes a una "familia" específica del individuo y a la organización completa, y luego se distribuyen a los empleados. Esta información se vuelve entonces el percutor para identificar problemas y aclarar temas que pudieran estar creando dificultades a la gente. En algunos casos, el gerente podría ser asesorado por un agente externo de cambio acerca del significado de las respuestas del cuestionario e incluso se le podrían sugerir guías para dirigir a la familia organizacional en la discusión de grupo acerca de los resultados. Se otorga una particular atención a la importancia de alentar la discusión y asegurarse de que ésta se enfoquen en temas e ideas, no en atacar a los individuos.

Finalmente, la discusión de grupo en el enfoque de la retroalimentación de encuestas debería dar por resultado que los miembros identifiquen las posibles implicaciones de los descubrimientos del cuestionario. ¿La gente escucha? ¿Se están generando nuevas ideas? ¿Pueden mejorarse la toma de decisiones, las relaciones interpersonales o las tareas del trabajo? Es de esperarse que las respuestas a preguntas como éstas den como resultado que el grupo esté de acuerdo en comprometerse con varias acciones que remediarán los problemas que han sido identificados.

CONSULTORÍA DEL PROCESO Ninguna organización opera perfectamente. Los gerentes con frecuencia sienten que el desempeño de su unidad puede mejorarse, pero son incapaces de identificar qué puede mejorarse y cómo deben hacerlo. El propósito de la **consultoría del proceso** es que un consultor externo ayude a un cliente, usualmente un gerente, "a percibir, entender y actuar de acuerdo con el proceso de los eventos" con los cuales tiene que tratar.[17] Esto podría incluir el flujo de trabajo, las relaciones informales entre los miembros de la unidad y los canales formales de comunicación.

consultoría del proceso
El consultor da a un cliente el conocimiento sobre lo que está pasando alrededor de este último, dentro de él y entre el cliente y la demás gente; identifica los procesos que necesitan mejorarse.

La consultoría de procesos (CP) es similar al entrenamiento en sensibilización en su suposición de que la efectividad organizacional puede mejorarse manejando los problemas interpersonales y en su énfasis en la participación. Pero la CP es más una tarea dirigida que un entrenamiento en sensibilización.

Los consultores en CP "dan al cliente el conocimiento de lo que pasa alrededor de él, dentro de él y entre el cliente y la demás gente".[18] No solucionan los problemas de la organización. En lugar de eso, los consultores son guías o instructores que aconsejan sobre el proceso para ayudar a que el cliente resuelva sus propios problemas.

El consultor trabaja con el cliente en *unión* diagnosticando qué procesos necesitan mejorarse. Subrayamos el término "unión", ya que el cliente desarrolla una habilidad para analizar los procesos dentro de su unidad que pueden ser continuamente consultados mucho tiempo después que el consultor se ha ido. Además, al hacer participar activamente al cliente tanto en el diagnóstico como en el desarrollo de alternativas, habrá una mayor comprensión del proceso y el remedio, así como también una menor resistencia al plan de acción escogido.

Es importante señalar que el consultor de procesos no necesariamente tiene que ser un experto en la solución del problema particular que se ha identificado. La experiencia del consultor radica en el diagnóstico y en desarrollar una relación de ayuda. Si el problema específico descubierto requiere de conocimiento técnico diferente de la experiencia del cliente y el consultor, éste ayuda al cliente a localizar a dicho experto y luego instruye al cliente en la forma de conseguir más de este recurso experto.

INTEGRACIÓN DE EQUIPOS Como hemos mencionado en numerosos lugares a lo largo de este libro, las organizaciones están apoyándose cada vez más en equipos para lograr las tareas del trabajo. La **integración de equipos** utiliza actividades de grupo de alta interacción para incrementar la confianza y apertura entre los miembros de un equipo.[19]

integración de equipos
La alta interacción entre los miembros de un equipo para incrementar la confianza y la apertura.

La integración de equipos se aplica dentro de grupos o a nivel intergrupal donde las actividades son interdependientes. Para nuestro análisis, enfatizaremos el nivel intragrupal y dejaremos el desarrollo intergrupal para la siguiente sección. Como resultado, nuestro interés tiene que ver con las aplicaciones a las familias organizacionales (grupos de mando), así como a los comités, equipos de proyectos, equipos autodirigidos y grupos de tarea.

No toda la actividad de grupo tiene interdependencia de funciones. Para ilustrar este punto, considere un equipo de fútbol y un equipo de pista:

Aunque los miembros de ambos equipos están interesados en el resultado total del equipo, funcionan de manera diferente. Los resultados del equipo de fútbol dependen sinérgicamente de lo bien que cada jugador haga su trabajo particular en concierto con sus compañeros de equipo. El desempeño del mariscal de campo depende del desempeño de sus hombres de línea y receptores, y termina en lo bien que el mariscal de campo lance el balón y así sucesivamente. Por otro lado, el desempeño del equipo de pista está determinado en gran medida por una simple adición de los desempeños de los miembros individuales.[20]

La integración del equipo es aplicable al caso de la interdependencia, tal como en el fútbol. El objetivo es mejorar los esfuerzos coordinados de los miembros, que darán como resultado un incremento en el desempeño del equipo.

Las actividades consideradas en la integración de equipos por lo general incluyen el establecimiento de la meta, el desarrollo de relaciones interpersonales entre los miembros del equipo, el análisis del papel para aclarar cada uno de los papeles y responsabilidades de los miembros y el análisis de proceso del equipo. Por supuesto, la integración del equipo podría enfatizar o excluir ciertas actividades dependiendo del propósito del esfuerzo de desarrollo y los problemas específicos con los cuales se enfrente el equipo. Básicamente, sin embargo, la integración del equipo busca usar una alta interacción entre los miembros para incrementar la confianza y la apertura.

Sería benéfico dar comienzo teniendo miembros que traten de definir las metas y prioridades del equipo. Esto traerá a la superficie diferentes percepciones de lo que podría ser el propósito del equipo. Después de esto, los miembros pueden evaluar el desempeño del equipo (¿cuán eficaz es el equipo para estructurar las prioridades y lograr sus metas?). Esto debería identificar las áreas problemáticas potenciales. Este análisis autocrítico de medios y fines se realiza con todos los miembros del equipo presentes o, cuando el tamaño grande interfiere con el intercambio libre de puntos de vista, tiene lugar inicialmente en grupos pequeños, luego de lo cual sigue el proceso de compartir sus descubrimientos con todo el equipo.

La integración del equipo también puede dirigirse para aclarar el papel de cada miembro en el equipo. Cada papel se identifica y se aclara. Las ambigüedades anteriores quedan a flote. Para algunos individuos, ésta podría ser una de las pocas oportunidades que han tenido para meditar profundamente acerca de lo que es su trabajo y qué tareas específicas se espera que lleven a cabo si el equipo busca mejorar su eficacia.

Una actividad más de la integración de equipos es similar a la desarrollada por el consultor de procesos, esto es, analizar los procesos clave que ocurren dentro del equipo para identificar la forma en que se realiza el trabajo y cómo podrían mejorarse estos procesos para hacer al equipo más efectivo.

DESARROLLO INTERGRUPAL Un área importante de interés en el DO es el conflicto disfuncional que existe entre los grupos. Como resultado, éste ha sido el objetivo hacia el cual se han dirigido los esfuerzos de cambio.

El **desarrollo intergrupal** busca cambiar las actitudes, los estereotipos y las percepciones que los grupos tienen uno del otro. Por ejemplo, en una compañía, los ingenieros consideran que el departamento de contabilidad está compuesto por individuos tímidos y conservadores, y que el departamento de recursos humanos tiene un montón de "ultraliberales que están más preocupados por evitar herir los sentimientos de algún grupo protegido de empleados que por que la compañía obtenga ganancias". Tales estereotipos pueden tener un impacto negativo obvio en los esfuerzos de coordinación entre los departamentos.

> **desarrollo intergrupal**
> Los esfuerzos del DO para cambiar las actitudes, los estereotipos y las percepciones que los grupos tienen uno del otro.

Aunque hay diversos enfoques para mejorar las relaciones intergrupales,[21] un método popular enfatiza la solución de problemas.[22] En este método, cada grupo se reúne de manera independiente para hacer sendas listas de la percepción que ellos tienen sobre ellos mismos, sobre el otro grupo y sobre cómo cree que lo percibe el otro grupo. A continuación los grupos comparten sus listas, después de lo cual se canalizan las similitudes y las diferencias. Las diferencias son claramente articuladas y los grupos buscan las causas de las disparidades.

¿Están en conflicto las metas de los grupos? ¿Estuvieron distorsionadas las percepciones? ¿Con qué bases fueron formulados los estereotipos? ¿Las diferencias han sido causadas por malentendidos de las intenciones? ¿Las palabras y los conceptos se definieron de diferente manera en cada grupo? Las respuestas a preguntas como éstas ponen en claro la naturaleza exacta del conflicto. Una vez que las causas de las dificultades han sido identificadas, los grupos pueden moverse hacia la fase de integración: trabajar para desarrollar soluciones que mejoren las relaciones entre los grupos.

Los subgrupos, con miembros de cada uno de los grupos en conflicto, se crea para un diagnóstico posterior y para empezar a formular posibles acciones alternativas que mejoren las relaciones.

Temas de cambio actuales para los gerentes de hoy

Hable con los gerentes. Lea las publicaciones de negocios. Verá que han sobresalido dos temas actuales sobre el cambio. Éstos son estimular la *innovación* organizacional y crear una *organización de aprendizaje*. En las siguientes páginas estudiaremos estas cuestiones. Luego atenderemos esta pregunta: ¿está la administración del cambio unida a la cultura?

Innovación

La pregunta relevante es: ¿cómo pueden volverse más innovadoras las organizaciones? El estándar hacia lo cual luchan muchas organizaciones es hacia lo que logró 3M Co.[23] Esta empresa ha desarrollado la reputación de ser capaz de estimular la innovación durante mucho tiempo. 3M se ha establecido el objetivo de que 30% de sus ventas provenga de productos de menos de cuatro años de antigüedad. En 1995, el número fue 32%. Tan sólo en cierto año reciente, 3M lanzó más de 200 nuevos productos.

¿Cuál es el secreto del éxito de 3M? ¿Qué pueden hacer otras organizaciones para clonar la marca de innovación de 3M? Si bien no hay una fórmula garantizada, ciertas características emergen una y otra vez cuando los investigadores estudian a las organizaciones innovadoras. Las hemos agrupado en categorías estructurales, culturales y de recursos humanos. Nuestro mensaje para los agentes de cambio es que deben considerar introducir estas características en sus organizaciones si quieren crear un clima innovador. No obstante, antes de ver estas características, aclaremos lo que queremos decir por innovación.

innovación
Una nueva idea aplicada para generar o mejorar un producto, proceso o servicio.

DEFINICIÓN Dijimos que el cambio se refiere a hacer las cosas de manera diferente. La **innovación** es una clase más especializada de cambio. La innovación es una nueva idea aplicada para generar o mejorar un producto, proceso o servicio.[24] Así que todas las innovaciones implican el cambio, pero no todos los cambios necesariamente involucran nuevas ideas o llevan a mejoras significativas. Las innovaciones pueden variar desde pequeñas mejoras, tales como la extensión de RJR Nabisco de su línea de producto Oreo para incluir las Oreos dobles y las galletas cubiertas de chocolate, hasta los avances radicales como la librería Amazon.Com en el Internet. Tenga en mente que mientras nuestros ejemplos son en su mayoría innovaciones de productos, el concepto de innovación también abarca nuevas tecnologías de procesos de producción, nuevas estructuras o sistemas administrativos y nuevas plantas o programas relacionados con los miembros de las organizaciones.

FUENTES DE INNOVACIÓN Las *variables estructurales* han sido la fuente potencial más estudiada de innovación.[25] Una revisión amplia de la relación estructura-innovación lleva a las siguientes conclusiones.[26] Primero, las estructuras orgánicas influyen positivamente en la innovación. Debido a que tienen una menor diferenciación vertical, formalización y centralización, las organizaciones orgánicas facilitan la flexibilidad, la adaptación y la interfertilización que hace más fácil la adopción de innovaciones. Segundo, la posesión por largo tiempo de la gerencia está asociada con la innovación. La posesión gerencial aparentemente proporciona legitimidad y conocimiento de cómo realizar tareas y obtener los resultados deseados. Tercero, la innovación se nutre donde hay recursos inactivos. Tener una abundancia de recursos permite a una organización comprar innovaciones, soportar el costo de instituir innovaciones y absorber los fracasos. Finalmente la comunicación entre unidades es alta en las organizaciones innovadoras.[27] Estas organizaciones son usuarios asiduos de comités, fuerzas de tarea, equipos interfuncionales y otros mecanismos que facilitan la interacción a lo largo de las líneas departamentales.

Las organizaciones innovadoras tienden a tener *culturas* similares. Estimulan la experimentación. Recompensan tanto los éxitos como los fracasos. Celebran los errores. En Hewlett-Packard, por ejemplo, el director ejecutivo Lewis Platt ha construido exitosamente una cultura corporativa que apoya a la gente que intenta cosas que no funcionan.[28] El mismo Platt, protege a la gente que se hace vulnerable, temeroso de que de otra manera se sofoque la cultura de asumir riesgos que ha alentado entre sus gerentes. Desafortunadamente, en demasiadas organizaciones la gente es recompensada por la ausencia de fracasos más que por la presencia de éxitos. Tales culturas extinguen la toma de riesgos y la innovación. La gente sugerirá e intentará nuevas ideas sólo donde sientan que tales comportamientos no causarán sanciones. Los gerentes en organizaciones innovadoras reconocen que los fracasos son un producto natural de aventurarse en lo desconocido. Cuando Babe Ruth estableció su marca de *home runs* en una temporada, también fue el líder de ponches. ¡Y se le recuerda por lo primero, no por lo segundo!

Dentro de la categoría de los *recursos humanos*, encontramos que las organizaciones innovadoras promueven activamente la capacitación y el desarrollo de sus miembros para que se mantengan actualizados, ofrecen alta seguridad en el trabajo para que así los empleados no teman ser despedidos por cometer errores y alientan a los individuos a volverse campeones del cambio. Una vez que una nueva idea se ha desarrollado, los **campeones de la idea** la promueven de forma activa y entusiasta, generan el apoyo, superan la resistencia y se aseguran de que la innovación sea puesta en práctica.[29] La evidencia indica que los campeones de la idea tienen ca-

campeones de la idea
Individuos que toman una innovación y promueven de forma activa y entusiasta la idea, generan el apoyo, superan la resistencia y se aseguran de que sea puesta en práctica.

Aluminum Company of America es una organización innovadora que alienta la experimentación. Alcoa ha instalado terminales de computadoras con pantallas sensibles al tacto en sus plantas para ayudar a educar a los empleados acerca de su plan de retiro 401(k) y sus opciones de inversión. Las terminales facilitan a los empleados jugar a "¿qué pasa si?" al modelar diferentes opciones de inversión de retiro y sus rendimientos potenciales.

racterísticas de personalidad en común: extremadamente alta seguridad en ellos mismos, persistencia, energía y una tendencia a asumir riesgos. Los campeones de la idea también muestran características asociadas con el liderazgo transformacional. Inspiran y vigorizan a otros con su visión del potencial de una innovación y a través de su fuerte convicción personal en su misión. También son buenos para conseguir el compromiso de otros para apoyar su misión. Además, los campeones de la idea tienen trabajos que proporcionan una considerable discrecionalidad en la toma de decisiones. Esta autonomía ayuda a introducir y poner en práctica innovaciones en las organizaciones.[30]

Dado el estatus de 3M como el principal innovador de productos, esperaríamos que tuviera la mayoría de las propiedades que hemos identificado. Y las tiene. La compañía es tan altamente descentralizada que tiene muchas de las características de las organizaciones pequeñas, orgánicas. La estructura se apoya en una redundancia extensiva. Por ejemplo, cada división, departamento y grupo de producto tiene sus propios laboratorios, muchos de los cuales deliberadamente duplican el trabajo de otros. Y en consistencia con la necesidad de la interfertilización de ideas, la compañía mantiene ferias de intercambio interno donde las divisiones muestran sus tecnologías a los empleados de otras divisiones. Todos los científicos y gerentes de 3M son desafiados a "mantenerse actualizados". Se crea y se alienta a los campeones de la idea al permitir a científicos e ingenieros que destinen hasta 15% de su tiempo a proyectos que ellos mismos han escogido. Y si un científico de 3M tiene una nueva idea pero encuentra resistencia dentro de su propia división de investigación, él o ella puede solicitar un subsidio de $50,000 de un fondo interno de capital de riesgo para desarrollar dicha idea. La compañía alienta a sus empleados a asumir riesgos —y recompensa tanto los fracasos como los éxitos. La gerencia de 3M tiene la paciencia de ver las ideas convertirse en productos exitosos. Invierte cerca de 7% del ingreso de ventas de la compañía (más de mil millones al año) en investigación y desarrollo, no obstante, la gerencia dice a su gente de IyD que *no todo va a funcionar*. También fomenta una cultura que permite a la gente desafiar a sus supervisores. Por ejemplo, cada nuevo empleado y su supervisor toman una clase de orientación de un día donde, entre otras cosas se mencionan, historias sobre victorias ganadas por los empleados a pesar de la oposición de su jefe. Finalmente, si bien 3M incurrió en su primer periodo de despidos en décadas durante 1995, la compañía continúa siendo un modelo de estabilidad corporativa. El promedio de ejercicio en su cargo para funcionarios de la compañía es de 31 años, y la tasa de rotación anual dentro de la compañía es un minúsculo 3 por ciento.

◆ La organización de aprendizaje se ha convertido a finales de la década de los noventa en lo que la ACT fue para la década de los ochenta y la reingeniería fue para principios de los noventa.

Crear una organización de aprendizaje

La organización de aprendizaje se ha convertido a finales de la década de los noventa lo que la ACT fue para la década de los ochenta y la reingeniería fue para principios de los noventa. Ha desarrollado un gran interés en los gerentes y teóricos de la organización que buscan nuevas formas de responder exitosamente a un mundo de interdependencia y cambio.[31] En esta sección, describiremos cómo luce una organización de aprendizaje y los métodos para administrar el aprendizaje.

organización de aprendizaje
Una organización que ha desarrollado la capacidad continua de adaptarse y cambiar.

¿QUÉ ES UNA ORGANIZACIÓN DE APRENDIZAJE? Una **organización de aprendizaje** es aquella que ha desarrollado la capacidad continua de adaptarse y cambiar. Así como los individuos aprenden, también lo hacen las organizaciones. "Todas las organizaciones aprenden, ya sea que conscientemente lo escogieran o no; es un requerimiento fundamental para mantener su existencia."[32] Sin embargo, algunas organizaciones, como Xerox, Corning, Federal Express, Ford, General Electric, Motorola y Wal-Mart, lo hacen mejor que otras.

La mayoría de las organizaciones se involucran en lo que se ha llamado **aprendizaje de ciclo simple.**[33] Cuando los errores son detectados, el proceso de corrección se apoya en rutinas pasadas y en políticas presentes. En contraste, las organizaciones de aprendizaje utilizan un **aprendizaje de ciclo doble.** Cuando se detecta un error, es corregido de manera que involucran la modificación de los objetivos de la organización, políticas y rutinas estandarizadas. Como el cambio de segundo orden descrito al principio de este capítulo, el aprendizaje de doble ciclo desafía las suposiciones y normas profundamente enraizadas dentro de la organización. En esta forma, proporciona oportunidades para encontrar soluciones radicalmente diferentes a problemas y dar saltos espectaculares en el mejoramiento.

La ilustración 17-8 resume las cinco características básicas de la organización de aprendizaje. Es una organización donde las personas abandonan sus viejas formas de pensar, aprenden a ser abiertos unos con otros, entienden cómo trabaja realmente su organización, forma un plan o visión en el que todos están de acuerdo y entonces trabajan juntos para alcanzar esta visión.[34]

Los defensores de la organización de aprendizaje la vislumbran como un remedio para los tres problemas fundamentales inherentes en las organizaciones tradicionales: fragmentación, competencia y reacción.[35] Primero, la *fragmentación* basada en la especialización crea "muros" y "chimeneas" que separan las diferentes funciones en otras independientes y a menudo las convierten en feudos en pie de guerra. Segundo, un énfasis exagerado en la *competencia* a menudo mina la colaboración. Los miembros del equipo gerencial compiten unos con otros para mostrar quién está en lo correcto, quién sabe más o quién es más persuasivo. Las divisiones compiten entre ellas cuando deben cooperar para compartir el conocimiento. Los líderes de equipos de proyecto entran en competencia para mostrar quién es el mejor gerente. Y tercero, la *reacción* desvía la atención de la gerencia que busca resolver problemas en lugar de crear. Quien soluciona el problema trata de hacer que se vaya algo, mientras que el creador trata de hacer que surja algo nuevo. Un énfasis en la reacción elimina la motivación y el mejoramiento continuo y, en su lugar, alienta a la gente a dar vueltas "apagando incendios".

Para entender mejor lo que es una organización de aprendizaje sería útil imaginarla como un modelo *ideal* que se basa en algunos *conceptos del CO*. Ninguna compañía ha logrado exitosamente todas las características descritas en la ilustración 17-8. Como tal, usted debería pensar en la organización de aprendizaje como un ideal al cual perseguir en lugar de considerarlo una descripción realista de una actividad estructurada. Observe también cómo las organizaciones de aprendizaje hacen uso de conceptos previos del CO tales como la ACT, la cultura organizacional, el conflicto

aprendizaje de ciclo simple
Los errores son corregidos utilizando rutinas pasadas y políticas presentes.

aprendizaje de ciclo doble
Los errores se corrigen mediante la modificación de los objetivos, las políticas y las rutinas estandarizadas de la organización.

Ilustración 17-8 Características de la organización de aprendizaje

1. Hay una visión compartida en la cual todo mundo está de acuerdo.
2. La gente desecha las formas viejas de pensar y las rutinas estandarizadas que usaban para solucionar problemas o hacer sus trabajos.
3. Los miembros consideran que todos los procesos organizacionales, actividades, funciones e interacciones con el ambiente son parte de un sistema de interrelaciones.
4. La gente se comunica abiertamente con los demás (a lo largo de las barreras horizontales) sin temor de la crítica o el castigo.
5. La gente supedita su interés personal y los intereses departamentales fragmentados al trabajo en conjunto para alcanzar la visión compartida de la organización.

Fuente: basado en P. M. Senge, *The Fifth Discipline* (Nueva York, Doubleday, 1990).

El CO en las noticias

El ejército estadounidense se está convirtiendo en una organización de aprendizaje

El ejército de Estados Unidos no es precisamente el ejemplo típico de una organización de aprendizaje. Pero piense otra vez.

El ambiente del ejército ha cambiado drásticamente desde los días del conflicto de Vietnam. Por una parte, la amenaza soviética, que fue la mayor justificación para el crecimiento militar de la infantería, ha desaparecido. Ahora es más probable que los soldados estén más comprometidos con alimentar niños en Somalia, pacificar Haití o ayudar a extinguir fuegos que en pelear una guerra. Y su nueva misión se ve reflejada en su presupuesto. El aprovisionamiento anual cayó de $90 mil millones en 1989 a $60 mil millones en 1994. Mientras tanto, el número de tropas uniformadas se ha reducido de 780,000 a menos de 500,000. Claramente, "el negocio, ya no es como solía ser" en la infantería.

El alto mando de la infantería ha rediseñado su estructura para reflejar su nueva misión. Se decía que la vieja infantería era una organización "diseñada por genios para ser dirigida por idiotas". Aquella estructura rígida, jerárquica, de mando y control estaba bien cuando el único propósito de la infantería se relacionaba con el combate. La autoridad estaba centralizada en el Pentágono y las órdenes se pasaban hacia abajo. No se esperaba que los oficiales innovaran o hicieran ajustes. Pero ese tipo de estructura ya no se ajusta con el papel cambiante de los militares. La nueva infantería está poniendo en marcha una estructura adaptable y flexible que se ajuste a sus ahora más variados objetivos.

Junto con la nueva estructura se encuentra un gran programa para hacer que la cultura de la infantería sea más igualitaria. Todos, desde el soldado raso hasta el general brigadier, han pasado por un entrenamiento de equipo para aprender cómo tomar decisiones en el campo e incluso cuestionar la autoridad (una idea que nunca antes se había escuchado). A los oficiales en jefe se les pide que cursen algo llamado el After Action Review (Revisión después de la acción, AAR, por sus siglas en inglés) —una evaluación pública de desempeño— donde las decisiones son criticadas abiertamente por los subordinados. Una potencial vergüenza pública en un AAR nunca hubiera sido permitida en la vieja infantería.

El fin es que la infantería se vuelva una organización de aprendizaje. Está desarrollando soldados, sobre todo oficiales, que puedan adaptarse rápidamente a las diferentes tareas y misiones. El nuevo ejército busca ser capaz de improvisar con rapidez en situaciones complejas y ambiguas. Sus soldados estarán preparados para actuar un conjunto múltiple de papeles cambiantes —combatir, pacificar, llevar a cabo un rescate humanitario, construir la nación, o lo que sea— y ser capaces de cambiar aquellos papeles tan rápido como sea necesario.

Fuente: basado en L. Smith, "New Ideas from the Army (Really)", *Fortune*, 19 de septiembre de 1994, pp. 203-12.

¡Conéctese a la red!

Lo invitamos a que visite la página de Robbins en el sitio de Prentice Hall en la Web:

http://www.prenhall.com/robbinsorgbeh

para el ejercicio de la World Wide Web de este capítulo.

funcional y el liderazgo transformacional. Por ejemplo, la organización de aprendizaje adopta el compromiso de la ACT para el mejoramiento continuo. Las organizaciones de aprendizaje también están caracterizadas por una cultura específica que valora la toma de riesgos, la apertura y el crecimiento. Busca "un mundo sin fronteras" a través de derribar las barreras creadas por los niveles jerárquicos y la departamentalización funcional. Una organización de aprendizaje apoya la importancia de los desacuerdos, la crítica constructiva y otras formas de conflicto funcional. Un liderazgo transformacional es necesario en una organización de aprendizaje para poner en práctica la visión compartida.

ADMINISTRAR EL APRENDIZAJE ¿Cómo adquiere una organización su carácter de aprendizaje continuo? ¿Qué pueden hacer los gerentes para hacer que sus compañías sean organizaciones de aprendizaje?

Establezca una estrategia. La gerencia necesita hacer explícito su compromiso con el cambio, la innovación y el mejoramiento continuo.

Rediseñe la estructura de la organización. La estructura formal puede ser un serio impedimento para el aprendizaje. Al hacer horizontal la estructura, eliminar o combinar los departamentos e incrementar el uso de los equipos interfuncionales, se refuerza la interdependencia y se reducen las fronteras entre la gente.

Moldee nuevamente la cultura de la organización. Como ya se mencionó, las organizaciones de aprendizaje se caracterizan por la toma de riesgos, la apertura y el crecimiento. La gerencia establece el tono de la cultura de la organización tanto en lo que dice (estrategia) como en lo que hace (comportamiento). Los gerentes necesitan demostrar por sus acciones que asumir riesgos y admitir los fracasos son características deseables. Eso significa recompensar a la gente que aprovecha las oportunidades y comete errores. Y la gerencia necesita alentar el conflicto funcional. "La clave para liberar la apertura real en el trabajo —dice un experto en organizaciones de aprendizaje— es enseñar a la gente a admitir que ya hay un acuerdo. Pensamos que el acuerdo es tan importante. ¿A quién le importa? Usted tiene que sacar a relucir paradojas, conflictos y dilemas, para que así colectivamente podamos ser más inteligentes de lo que podemos ser individualmente."[36]

La administración del cambio: ¡está ligada a la cultura!

Diversos temas de cambio que hemos analizado están ligados a la cultura. Para ilustrar esto veamos brevemente cinco preguntas: (1) ¿La gente cree que el cambio es posible? (2) Si es posible, ¿cuánto tardará en realizarse? (3) ¿La resistencia al cambio es mayor en algunas culturas que en otras? (4) ¿La cultura influye en la forma en que serán puestas en práctica los esfuerzos de cambio? (5) ¿Los campeones de la idea que tienen éxito hacen las cosas de forma distinta en las diferentes culturas?

¿La gente cree que el cambio es posible? Recuerde que las culturas varían en términos de creencias acerca de su capacidad para controlar su ambiente. En culturas donde la gente cree que puede dominar su ambiente, los individuos toman una posición proactiva hacia el cambio. Esto describiría a Estados Unidos y Canadá. En muchos otros países, como Irán y Arabia Saudita, la gente se ve a sí misma como subyugada por su ambiente y por tanto tiende a adoptar un enfoque pasivo hacia el cambio.

Si el cambio es posible, ¿cuánto tiempo tomará lograrlo? La orientación de una cultura al tiempo puede ayudarnos a responder esta pregunta. Las sociedades que se enfocan en el largo plazo, como Japón, demostrarán una paciencia considerable mientras esperan resultados positivos de los esfuerzos de cambio. En sociedades con enfoque de corto plazo, como Estados Unidos y Canadá, la gente espera mejoras rápidas y buscará programas de cambio que prometan resultados rápidos.

Estas parejas prefieren el estilo occidental de baile al *Tai chi,* el ejercicio de meditación tradicional. Pero en su lugar de trabajo, los trabajadores chinos son más resistentes al cambio y mantienen sus antiguas tradiciones. Las diferencias culturales significativas son un reto para las compañías extranjeras que operan en China. Deben enfrentar la estructura jerárquica china, donde la idea de que los jóvenes gerentes digan a los trabajadores viejos qué deben hacer es impensable y los empleados trabajan en compañías controladas por el Estado que no proporcionan incentivos para el avance.

¿Es la resistencia al cambio mayor en algunas culturas que en otras? La resistencia al cambio estará influida por la confianza de una sociedad en las tradiciones. Los italianos, por ejemplo, se conectan en el pasado, mientras que los estadounidenses enfatizan el presente. Los primeros, por tanto, deben ser más resistentes en general a los esfuerzos de cambio que sus contrapartes americanos.

¿La cultura influye en la forma en que serán puestos en práctica los esfuerzos de cambio? La distancia de poder es útil en este tema. En culturas de gran distancia de poder, como la de Filipinas o Venezuela, los esfuerzos de cambio tienden a ser puestos en práctica autocráticamente por la gerencia de alto nivel. En contraste, las culturas de distancia corta de poder valoran los métodos democráticos. Predecimos, por tanto, un mayor uso de la participación en países como Dinamarca e Israel.

Finalmente, ¿los campeones exitosos de la idea hacen las cosas de manera diferente en diferentes culturas? La evidencia indica que la respuesta es "sí".[37] La gente en culturas colectivistas, en contraste con las culturas individualistas, prefieren solicitar el apoyo interfuncional para los esfuerzos de innovación; las personas de culturas con gran distancia de poder prefieren campeones que trabajen estrechamente con quienes tengan la autoridad para aprobar actividades innovadoras antes de que el trabajo sea conducido sobre ellos; y mientras más alta sea la tendencia a evitar la incertidumbre por parte de una sociedad, más deben trabajar los campeones dentro de las reglas y procedimientos de la organización para desarrollar la innovación. Estos hallazgos sugieren que los gerentes eficaces alterarán las estrategias de la organización para producir campeones que reflejen los valores culturales. Así, por ejemplo, mientras que los campeones de la idea en Estados Unidos podrían tener éxito ignorando las limitaciones de presupuesto y evitando los límites de los procedimientos, los campeones en Venezuela, Grecia, Italia y otras culturas altas en evasión de la incertidumbre serán más eficaces si siguen estrechamente los presupuestos y procedimientos.

La tensión en el trabajo y su manejo

La mayoría de nosotros sabe que la tensión de los empleados es un problema cada vez más grande en las organizaciones. Escuchamos acerca de trabajadores postales que matan a sus compañeros y supervisores, y después nos enteramos de que las tensiones relacionadas con el trabajo fueron la principal causa. Los amigos nos dicen que están cada día más tensos debido a grandes cargas de trabajo y a tener que laborar largas jornadas a causa del adelgazamiento de su compañía. Leemos encuestas donde los empleados se quejan acerca de la tensión creada al tratar de equilibrar el trabajo con las responsabilidades familiares. En esta sección observaremos las causas y consecuencias de la tensión y entonces consideraremos qué pueden hacer los individuos y las organizacionales para reducirla. (Véase la ilustración 17-9 para la clasificación de los trabajos con base en sus calificaciones de tensión.)

¿Qué es la tensión?

La **tensión** *(o estrés) es una condición dinámica en la cual un individuo es confrontado con una oportunidad, una restricción o demanda relacionada con lo que él o ella desea y para lo cual el resultado se percibe como incierto a la vez que importante.*[38] Esto es una definición complicada. Veamos sus componentes más de cerca.

La tensión no es necesariamente mala en sí misma. Aunque casi siempre se discute en un contexto negativo, la tensión también posee un valor positivo. Es una oportunidad cuando representa una ganancia potencial. Considere, por ejemplo, el desempeño superior que un atleta o un actor da en situaciones de tensión. Tales individuos con frecuencia usan la tensión positivamente para elevarse de acuerdo con la ocasión y desempeñarse cerca del máximo.

tensión
Una condición dinámica en la cual un individuo se enfrenta con una oportunidad, una restricción o demanda relacionada con lo que él o ella desea y para lo cual el resultado se percibe como incierto a la vez que importante.

Ilustración 17-9 Los puestos más estresantes

¿Cómo se califican los puestos en términos de la tensión? A continuación se muestra cómo se clasifican las ocupaciones seleccionadas en una evaluación de 250 puestos. Entre los criterios utilizados en estas calificaciones estuvieron: tiempo extra, cuotas, fechas límite, competitividad, demandas físicas, condiciones ambientales, peligros encontrados, iniciativa requerida, vigor requerido, situaciones de ganar-perder y trabajar bajo el ojo público.

Clasificación	Calificación de tensión	Clasificación	Calificación de tensión
1. Presidente de Estados Unidos	176.6	47. Agente de ventas de autos	56.3
2. Piloto de combate	110.9	50. Profesor universitario	54.2
3. Altos ejecutivos	108.6	60. Director de escuela	51.7
6. Cirujano	99.5	103. Analista de investigación de mercado	42.1
10. Controlador de tráfico aéreo	83.1	104. Reclutador de personal	41.8
12. Ejecutivo de relaciones públicas	78.5	113. Administrador de hospital	39.6
16. Ejecutivo de cuenta de publicidad	74.6	119. Economista	38.7
17. Agente de bienes raíces	73.1	122. Ingeniero mecánico	38.3
20. Promotor de valores	71.7	124. Quiropráctico	37.9
22. Piloto	68.7	132. Escritor técnico	36.5
25. Arquitecto	66.9	149. Agente de ventas al detalle	34.9
31. Abogado	64.3	173. Contador	31.1
33. Médico general	64.0	193. Agente de compras	28.9
35. Agente de seguros	63.3	229. Técnico de transmisión	24.2
42. Agente de ventas de publicidad	59.9	245. Actuario	20.2

Fuente: reimpreso con autorización de *The Wall Street Journal,* © 1996 Dow Jones & Company, Inc. Todos los derechos reservados mundialmente.

restricciones
Las fuerzas que impiden a los individuos hacer lo que desean.

demandas
La pérdida de algo deseado.

De manera más común, la tensión se asocia con las **restricciones** y **demandas.** La primera le impide a usted hacer lo que desea. La segunda se refiere a la pérdida de algo deseado. Así que cuando usted hace un examen en la escuela o pasa por una revisión de desempeño anual en el trabajo, siente la tensión debido a que confronta las oportunidades, las restricciones y las demandas. Una buena revisión del desempeño podría llevarlo a un ascenso, mayores responsabilidades y a un mayor salario. Pero una revisión pobre podría impedirle obtener el ascenso. Una revisión extremadamente pobre podría incluso provocar que usted fuera despedido.

Dos condiciones son necesarias para que una tensión potencial se vuelva una tensión real.[39] Debe haber incertidumbre sobre el resultado y el resultado debe ser importante. A pesar de las condiciones, sólo habrá tensión cuando hay duda o incertidumbre con respecto a si la oportunidad será tomada, eliminada la restricción o evitada la pérdida. Es decir, la tensión es alta para aquellos individuos que perciben que no están seguros de si ganarán o perderán y baja para aquellos que piensan que ganar o perder es una certidumbre. Pero la importancia también es crítica. Si ganar o perder no es un resultado importante, no hay tensión. Si mantener su trabajo o ganar un ascenso no tiene ninguna importancia para usted, no tiene ninguna razón para sentirse en tensión acerca de tener que pasar por una revisión del desempeño.

Entender la tensión y sus consecuencias

¿Qué causa la tensión? ¿Cuáles son sus consecuencias para los empleados individuales? ¿Por qué ocurre que el mismo conjunto de condiciones que crea la tensión para una persona parece tener poco o ningún efecto en otra persona? La ilustración 17-11 proporciona un modelo que lo puede ayudar a responder preguntas como éstas.[40]

Ilustración 17-10

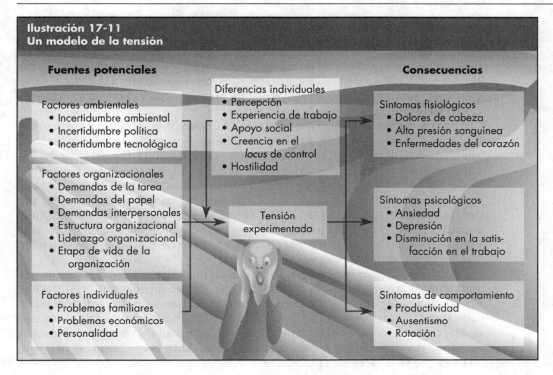

Ilustración 17-11
Un modelo de la tensión

(El modelo muestra tres columnas: "Fuentes potenciales", "Diferencias individuales" y "Consecuencias")

Fuentes potenciales

Factores ambientales
• Incertidumbre ambiental
• Incertidumbre política
• Incertidumbre tecnológica

Factores organizacionales
• Demandas de la tarea
• Demandas del papel
• Demandas interpersonales
• Estructura organizacional
• Liderazgo organizacional
• Etapa de vida de la organización

Factores individuales
• Problemas familiares
• Problemas económicos
• Personalidad

Diferencias individuales
• Percepción
• Experiencia de trabajo
• Apoyo social
• Creencia en el *locus* de control
• Hostilidad

Tensión experimentada

Consecuencias

Síntomas fisiológicos
• Dolores de cabeza
• Alta presión sanguínea
• Enfermedades del corazón

Síntomas psicológicos
• Ansiedad
• Depresión
• Disminución en la satisfacción en el trabajo

Síntomas de comportamiento
• Productividad
• Ausentismo
• Rotación

El modelo identifica tres grupos de factores —ambiental, organizacional e individual— que actúan como fuentes *potenciales* de la tensión. El hecho de que se vuelvan una tensión *real* depende de diferencias individuales tales como la experiencia en el trabajo y la personalidad. Cuando un individuo experimenta la tensión, sus síntomas pueden emerger como rasgos psicológicos, fisiológicos y de comportamiento.

Fuentes potenciales de la tensión

Como muestra el modelo de la ilustración 17-11, hay tres categorías de estresantes potenciales: ambientales, organizacionales e individuales. Veamos de cerca cada uno.[41]

FACTORES AMBIENTALES Así como la incertidumbre ambiental influye en el diseño de la estructura de una organización, también influye en los niveles de tensión entre los empleados de aquella organización. Los cambios en el ciclo del negocio serán *incertidumbres económicas*. Cuando la economía se contrae, por ejemplo, la gente se siente cada vez más nerviosa acerca de su seguridad. Las *incertidumbres políticas* no tienden a crear tensión entre los estadounidenses como lo hacen en empleados de países como Haití o Iraq. La razón obvia es que Estados Unidos y Canadá tienen sistemas políticos estables donde por lo común el cambio se pone en práctica de una manera ordenada. Sin embargo, las amenazas políticas y los cambios, aun en países como Estados Unidos y Canadá, pueden inducir tensión. Por ejemplo, las amenazas de Quebec de separarse de Canadá y volverse un país distinto de habla francesa incrementan la tensión entre muchos canadienses, especialmente entre los nativos de esa provincia con muy poco o ningún conocimiento del idioma francés. La *incertidumbre tecnológica* es un tercer tipo de factor ambiental que puede causar tensión. Debido a que las innovaciones pueden hacer que las habilidades y experiencia del empleado se vuelvan obsoletas en un periodo corto, las computadoras, los robots, la automatización y formas similares de tecnología constituyen una amenaza para muchas personas y les provocan tensión.

FACTORES ORGANIZACIONALES No hay escasez de factores dentro de la organización que puedan causar tensión. Las presiones de evitar errores o terminar tareas en un periodo limitado de tiempo, la carga excesiva de trabajo, un jefe demandante e insensible y compañeros de trabajo poco agradables son algunos ejemplos. (Véase la ilustración 17-12.) Hemos categorizado estos factores en torno a la tarea, el papel y las demandas interpersonales; la estructura organizacional; el liderazgo organizacional y la etapa de la vida de la organización.[42]

Las *demandas de la tarea* son factores relacionados con el trabajo de la persona. Incluyen el diseño del trabajo individual (autonomía, variedad de la tarea, grado de automatización), las condiciones de trabajo y la distribución física del lugar del trabajo. Las líneas de ensamble pueden ejercer presión en la gente cuando su velocidad se percibe como excesiva. Mientras más interdependencia haya entre las tareas de una persona y las tareas de otros, habrá más tensión potencial. La autonomía, por otro lado, tiende a disminuir la tensión. Los trabajos donde las temperaturas, ruido u otras condiciones de trabajo son peligrosos o no deseables pueden incrementar la ansiedad. Así también lo es trabajar en un cuarto lleno de gente o en una ubicación visible donde las interrupciones son constantes.

Las *demandas del papel* se relacionan con las presiones colocadas sobre una persona como una función del papel particular que ella desempeña en la organización. Los conflictos de papeles crean expectativas que podrían ser difíciles de conciliar o satisfacer. La sobrecarga del papel se experimenta cuando se espera que el empleado haga más de lo que el tiempo permite. La ambigüedad del papel se crea cuando las expectativas de éste no se comprenden con claridad y el empleado no está seguro de lo que va a hacer.

Las *demandas interpersonales* son presiones creadas por otros empleados. La carencia de apoyo social de los colegas o las relaciones interpersonales pobres pueden causar considerable tensión, especialmente entre empleados con una necesidad social alta.

La *estructura organizacional* define el nivel de diferenciación en la organización, el grado de normas y regulaciones y el lugar donde se toman las decisiones. Las reglas excesivas y la carencia de participación en las decisiones que afectan a unos empleados son ejemplos de variables estructurales que pudieran ser fuentes potenciales de la tensión.

El *liderazgo organizacional* representa el estilo gerencial de los altos ejecutivos de la organización. Algunos altos ejecutivos crean una cultura caracterizada por la tensión, el temor y la ansiedad. Establecen presiones que no son reales para que sean desempeñadas a corto plazo, imponen controles excesivamente fuertes y despiden de manera rutinaria a empleados que no "mantienen el paso".

Ilustración 17-12 Causas principales de la tensión en el trabajo

¿Qué factores causan más tensión en el trabajo? Una encuesta del *Wall Street Journal* reportó:

Factor	Porcentaje de respuesta*
No hacer la clase de trabajo que quiero hacer	34
Dificultades con el trabajo actual	30
Trabajar muy duro	28
Colegas en el trabajo	21
Un jefe difícil	18

*Los porcentajes exceden de 100% como resultado de algunas respuestas múltiples.

Fuente: "Worries at work", *The Wall Street Journal*, 7 de abril de 1988, p. 27. Reimpreso con autorización de *The Wall Street Journal*, © 1988 Dow Jones & Company, Inc. Todos los derechos reservados mundialmente.

Las organizaciones pasan a través de un ciclo. Se establecen, crecen, maduran y con el tiempo declinan. El *periodo de vida de la organización* —esto es, el tiempo que transcurre a lo largo de este ciclo de cuatro etapas— crea problemas y presiones diferentes a los empleados. Las etapas de establecimiento y descenso son particularmente estresantes. La primera se caracteriza por una gran emoción e incertidumbre, mientras que la segunda requiere recortes, despidos y un grupo diferente de incertidumbres. La tensión tiende a ser menor en la madurez, donde las incertidumbres están en su punto más bajo.

FACTORES INDIVIDUALES El individuo típico sólo trabaja cerca de 40 a 50 horas a la semana. Las experiencias y problemas que la gente encuentra en aquellas otras 120 o más que no trabaja cada semana pueden derramarse sobre el trabajo. Nuestra categoría final, entonces, abarca factores de la vida personal del empleado. De manera importante, estos factores son asuntos familiares, problemas económicos personales y características inherentes de la personalidad.

Las encuestas nacionales muestran consistentemente cómo la gente tiene en gran aprecio las relaciones *familiares* y personales. Las dificultades conyugales, el rompimiento de una relación y los problemas de disciplina con los niños son ejemplos de relaciones problemáticas que crean tensión en los empleados y que no se pueden dejar en la puerta de entrada, cuando llegan al trabajo.

Los problemas *económicos* creados por individuos que agotan sus recursos financieros es otro grupo de conflictos personales que pueden crear tensión a los empleados y distraer su atención del trabajo. Sin importar el nivel de ingreso (la gente que gana $80,000 al año parece tener tantos problemas con el manejo de sus finanzas como aquellos que ganan $18,000), algunas personas son malos administradores de dinero o desean cosas que siempre parecen exceder su capacidad de pago.

Los estudios en tres organizaciones diversas encontraron que los síntomas de tensión que se informaron antes de empezar un trabajo figuraron en la mayor parte de la varianza de los síntomas de tensión informados nueve meses después.[43] Esto llevó a los investigadores a concluir que algunas personas podrían tener una tendencia inherente a acentuar los factores negativos del mundo en general. De ser así, entonces un factor significativo de influencia sobre la tensión sería la naturaleza básica de la persona. Esto es, los síntomas de la tensión expresados en el trabajo pudieron realmente originarse en la *personalidad* del individuo.

LOS FACTORES DE TENSIÓN SON ACUMULATIVOS Un hecho que tiende a pasarse por alto cuando se revisan por separado los factores de tensión es que la tensión es un fenómeno acumulativo.[44] La tensión se acumula. Cada nuevo y persistente factor de tensión agrega tensión al nivel de un individuo. Un factor simple puede parecer relativamente sin importancia en sí mismo, pero si se agrega a los de por sí altos niveles de tensión, puede ser "la gota que derrame el vaso". Si queremos evaluar la cantidad total de tensión en un individuo, tenemos que sumar sus tensiones de oportunidad, de restricciones y de demandas.

Diferencias individuales

Algunas personas prosperan en situaciones de tensión, mientras que otras son sobrepasadas por ellas. ¿Qué es lo que distingue a la gente en términos de su capacidad para manejar la tensión? ¿Qué variables individuales distintas moderan la relación entre los factores *potenciales* de tensión y la tensión *experimentada*? Cuando menos cinco variables —percepción, experiencia de trabajo, apoyo social, el *locus* de control y la hostilidad— parecen ser moderadores relevantes.

PERCEPCIÓN En el capítulo 3, demostramos que los empleados reaccionan en respuesta a su percepción de la realidad más que a la realidad misma. La percepción, por tanto, moderará la relación entre la condición de tensión potencial y la reacción de los empleados a ella. El temor de una persona de perder su trabajo debido a que su compañía está despidiendo personal podría ser percibida por otro individuo como una oportunidad de conseguir una gran compensación y comenzar su propio negocio. De igual manera, lo que un empleado percibe como un trabajo de reto pudiera ser visto como amenazante y demandante por otros.[45] Así, el potencial de tensión ambiental, organizacional y de factores individuales no yacen en su condición objetiva. Más bien, yacen en la interpretación que el empleado hace de esos factores.

EXPERIENCIA LABORAL Se dice que la experiencia es un gran maestro. También puede ser un gran reductor de la tensión. Piense en su primera cita o en sus primeros días en la universidad. Para la mayoría de nosotros, la incertidumbre y lo nuevo de estas situaciones crearon tensión. Pero conforme adquirimos experiencia, esa tensión desaparece o cuando menos disminuye significativamente. El mismo fenómeno parece aplicarse a las situaciones de trabajo. Es decir, la experiencia en el trabajo tiende a relacionarse negativamente con la tensión laboral. Se han puesto a consideración dos explicaciones.[46] Primero está la del retiro selectivo. La rotación voluntaria es más probable entre la gente que experimenta más tensión. Por tanto, las personas que permanecen con la organización más tiempo son aquellos con más características de resistencia a la tensión o aquellos que son más resistentes a las características de tensión de su organización. Segundo, la gente a la postre desarrolla mecanismos de defensa para manejar la tensión. Debido a que toma tiempo, los miembros más antiguos de la organización tienen más probabilidades de estar completamente adaptados y deberían experimentar menos tensión.

APOYO SOCIAL Hay una evidencia cada vez mayor de que el apoyo social —esto es, las relaciones universitarias con los compañeros o supervisores— pueden absorber el impacto de la tensión.[47] La lógica que fundamenta esta variable moderadora es que el apoyo social actúa como un paliativo, mitigando incluso los efectos de trabajos de extrema tensión.

Los individuos cuyos asociados de trabajo no le son de ayuda o incluso le son hostiles, encuentran el apoyo social fuera del trabajo. El involucramiento con la familia, amigos y comunidad puede proporcionar el apoyo —en especial a aquellos con una alta necesidad social— que no encuentran en el trabajo y esto puede hacer que los factores de tensión del trabajo sean más tolerables.

LOCUS DE CONTROL El *locus* de control fue mencionado en el capítulo 2 como un atributo de la personalidad. Aquellos con un *locus* de control interno creen controlar su propio destino. Quienes tienen un control externo creen que su vida está controlada por factores externos. La evidencia indica que los internos perciben sus trabajos como menos estresantes que los externos.[48]

Cuando los internos y los externos confrontan situaciones similares de tensión, los internos probablemente creerán que tienen un efecto significativo en los resultados. Ellos, por tanto, actúan para tomar el control de los eventos. Los externos probablemente serán pasivos y defensivos. En lugar de hacer algo que reduzca la tensión, la aceptan. Así, los externos, que tienen más probabilidades de sentirse desamparados en situaciones de tensión, probablemente la experimenten.

HOSTILIDAD Durante gran parte de las décadas de los setenta y ochenta, una gran atención fue dirigida al tipo de personalidad A.[49] De hecho, a lo largo de los ochenta, fue sin duda la variable más frecuentemente utilizada relacionada con la tensión.

Como se observó en el capítulo 2, la personalidad de tipo A se caracteriza por sentir un sentido crónico de la urgencia del tiempo y por un impulso de *excesiva* competencia. El individuo de tipo A está "*agresivamente* involucrado en una lucha *crónica, incesante* para lograr más y más en cada vez menos tiempo, y si se le pide hacerlo, contra los esfuerzos en oposición de otras cosas o personas".[50]

Hasta hace poco, los investigadores creyeron ampliamente que los tipos A probablemente experimentaban más tensión en y fuera del trabajo. Más específicamente, se creía en general que los tipos A tenían un alto riesgo de ataque al corazón. Un análisis más profundo de la evidencia, sin embargo, ha producido nuevas conclusiones.[51] Al observar varios componentes del comportamiento del tipo A, se ha encontrado que solamente la hostilidad y la ira asociadas con el comportamiento del tipo A están realmente relacionados con enfermedades del corazón. La persona crónicamente iracunda, suspicaz y desconfiada es la que corre riesgos.

De modo que, sólo porque una persona sea una adicta al trabajo, se mueva mucho y sea impaciente o competitiva no significa que indudablemente esté propensa a una enfermedad del corazón o a otros efectos negativos de la tensión. Más bien, es la rapidez con que se enfurece, la persistente actitud hostil y la desconfianza cíclica en los demás lo que es dañino.

Consecuencias de la tensión

La tensión se manifiesta de diferentes maneras. Por ejemplo, un individuo que experimenta un alto nivel de tensión pudiera desarrollar presión sanguínea alta, úlceras, irritabilidad, dificultad para tomar decisiones rutinarias, pérdida del apetito, predisposición a accidentes, etc. Esto puede ser clasificado en tres categorías generales: fisiológica, psicológica y síntomas del comportamiento.[52]

SÍNTOMAS FISIOLÓGICOS La mayor parte del interés inicial con la tensión se dirigió a los síntomas fisiológicos. Esto se debía predominantemente al hecho de que el tema fue investigado por especialistas en ciencias de la salud y médicas. Esta investigación llevó a la conclusión de que la tensión podría crear cambios en el metabolismo, incrementar el ritmo del corazón y de la respiración, incrementar la presión sanguínea, dolores de cabeza e inducir ataques al corazón.

El lazo entre la tensión y los síntomas fisiológicos particulares no es claro. Hay pocas relaciones consistentes si es que las hay.[53] Esto se atribuye a la complejidad de los síntomas y a la dificultad de medirlos objetivamente. Pero la mayor relevancia es el hecho de que los síntomas fisiológicos tienen la menor relevancia directa con los estudiantes del CO. Nuestro interés se centra en los comportamientos y las actitudes. por tanto, las otras dos categorías de síntomas son más importantes para nosotros.

◆ La insatisfacción en el trabajo es "el efecto psicológico más simple y más obvio" de la tensión.

SÍNTOMAS PSICOLÓGICOS La tensión puede causar insatisfacción. La tensión relacionada con el trabajo puede causar insatisfacción relacionada con el trabajo. La insatisfacción, de hecho, es "el efecto psicológico más simple y más obvio" de la tensión.[54] Pero la tensión se manifiesta en otros estados psicológicos: por ejemplo, ansiedad, nerviosismo, irritabilidad, aburrimiento y la postergación (dejar todo para más tarde).

La evidencia indica que cuando la gente es colocada en puestos que tienen demandas múltiples y conflictivas o en los cuales hay una carencia de claridad en los deberes, la autoridad y las responsabilidades del involucrado, tanto la tensión como la insatisfacción se incrementan.[55] De igual manera, entre menor sea el control que la gente tenga sobre el ritmo de su trabajo, más grande serán la tensión y la insatisfacción. A pesar de que se necesita más investigación para aclarar esta relación, la evidencia sugiere que los puestos que proporcionan un bajo nivel de variedad, autonomía, retroalimentación e identidad para los involucrados crean tensión y reducen la satisfacción y el compromiso en el trabajo.[56]

SÍNTOMAS DE COMPORTAMIENTO Los síntomas de comportamiento relacionados con la tensión incluyen cambios en la productividad, ausencias y rotación, así como cambios en los hábitos alimenticios, incremento en el consumo de tabaco o alcohol, habla rápida, nerviosismo y desórdenes en el sueño.

Ha habido una cantidad significativa de investigación acerca de la relación tensión-desempeño. El patrón más ampliamente utilizado en la bibliografía es la relación de la U invertida.[57] Ésta se muestra en la ilustración 17-13.

La lógica que fundamenta la U invertida es que los niveles de bajo a moderado de tensión estimulan el cuerpo e incrementan su capacidad de reaccionar. Así, los individuos a menudo desempeñan mejor sus tareas, más intensamente o más rápidamente. Pero demasiada tensión impone demandas no alcanzables o restricciones a una persona, lo cual provoca un desempeño más bajo. Este patrón de la U invertida también describe la reacción hacia la tensión con el tiempo, así como a los cambios en la intensidad de la tensión. Esto es, los niveles moderados de tensión pueden influir negativamente en el desempeño a corto plazo conforme la intensidad continua de la tensión gasta al individuo y mina sus recursos energéticos. Un atleta podría ser capaz de usar los efectos positivos de la tensión para obtener un desempeño alto durante el juego del sábado durante la temporada de otoño, o una ejecutiva de ventas podría ser capaz de analizarse a sí misma para su presentación en la reunión nacional anual. Pero los niveles moderados de tensión experimentados continuamente durante largos periodos —como los tipificados por el personal en una sala de emergencias de un gran hospital urbano— pueden dar como resultado un desempeño menor. Esto podría explicar por qué el personal de las salas de emergencia es rotado con frecuencia y por qué es poco usual encontrar individuos que hayan pasado la mayor parte de su carrera en esa clase de ambiente. En efecto, para hacer eso se expondría el individuo al riesgo del "desgaste por la carrera".

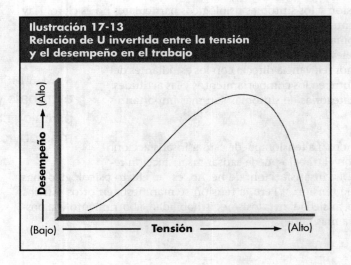

Ilustración 17-13
Relación de U invertida entre la tensión y el desempeño en el trabajo

Desempeño (Alto)

(Bajo) — Tensión → (Alto)

A pesar de la popularidad y lo atractivo del modelo de la U invertida, no tiene mucho soporte empírico.[58] En este punto del tiempo, los gerentes deberían ser cuidadosos al adoptar este modelo con precisión a pesar de la relación tensión-desempeño.

Manejo de la tensión

Desde el punto de vista de la organización, es posible que a la gerencia no le preocupe que los empleados experimenten niveles de bajo a moderado de tensión. La razón, como hemos mostrado anteriormente, es que tales niveles de tensión podrían ser funcionales y llevar a un mayor desempeño del empleado. Pero los altos niveles de tensión, o aun niveles bajos mantenidos durante periodos largos, pueden llevar a una disminución en el desempeño del empleado y por tanto requerir acción por parte de la gerencia.

Si bien una cantidad limitada de tensión podría beneficiar el desempeño de un empleado, no espere que los empleados lo vean de esa forma. Desde el punto de vista del individuo, aun los bajos niveles de tensión tal vez sean percibidos como no deseables. Es improbable, por tanto, que los empleados y la gerencia tengan diferentes nociones de lo que constituye un nivel aceptable de tensión en el trabajo. Lo que la gerencia pudiera considerar como "un estímulo positivo que mantiene corriendo la adrenalina" es muy probable que sea visto como una "presión excesiva" por el empleado. Tenga esto en mente cuando analicemos los método individuales y organizacionales enfocados en el manejo de la tensión.[59]

MÉTODOS INDIVIDUALES Un empleado puede asumir la responsabilidad personal de reducir su nivel de tensión. Las estrategias individuales que han probado ser efectivas incluyen la puesta en práctica de técnicas de manejo del tiempo, el incremento del ejercicio físico, el aprendizaje de técnicas de relajamiento y la expansión de la red de apoyo social.

Mucha gente administra muy mal su tiempo. Las cosas que tienen que lograr un día o una semana cualquiera no siempre están lejos de su realización si administran su tiempo en forma adecuada. El empleado bien organizado, como el estudiante bien organizado, con frecuencia puede lograr el doble de lo que la persona que está mal organizada. Así, el entendimiento y la utilización de los principios básicos del *manejo del tiempo* pueden ayudar a los individuos a enfrentarse mejor con las tensiones creadas por las demandas de trabajo.[60] Algunos de los principios mejor conocidos del manejo del tiempo son: (1) hacer listas diarias de actividades que deben realizarse; (2) dar prioridad a las actividades según su importancia y urgencia; (3) programar las actividades de acuerdo con las prioridades establecidas; y (4) conocer su ciclo diario y manejar las partes más demandantes de su trabajo en la parte alta de su ciclo, cuando usted está más alerta y es más productivo.[61]

El ejercicio físico no competitivo como los *aerobics*, caminar, trotar, nadar y conducir una bicicleta es ampliamente recomendado por los doctores como una forma de manejar los niveles excesivos de tensión. Estas formas de *ejercicio físico* incrementan la capacidad física, disminuyen el ritmo cardiaco, proporcionan una distracción mental de las presiones del trabajo y ofrecen medios para "dejar escapar el vapor".[62]

Los individuos pueden enseñarse a sí mismos a reducir la tensión por medio de *técnicas de relajamiento* como la meditación, el hipnotismo y la biorretroalimentación. El objetivo es alcanzar un estado de relajación profunda, donde uno se sienta físicamente relajado, de alguna manera liberado del ambiente inmediato y alejado de las sensaciones del cuerpo.[63] Un periodo diario de 15 a 20 minutos de relajación profunda libera tensión y proporciona un profundo sentimiento de paz. Es importante señalar los cambios significativos en el ritmo cardiaco, la presión sanguínea y otros factores fisiológicos, que son resultado de lograr una condición de relajación profunda.

Como mencionamos con anterioridad en este capítulo, tener amigos, familia o colegas de trabajo con quienes hablar proporciona una salida cuando los niveles de tensión se vuelven excesivos. Expandir su *red social de apoyo*, por tanto, puede ser un medio para la reducción de la tensión. Le proporciona a alguien que escuche sus problemas y ofrezca una perspectiva más objetiva de la situación. La investigación también demuestra que el apoyo social modera la relación tensión-agotamiento.[64] Esto es, el alto apoyo reduce la probabilidad de que la elevada tensión del trabajo dé como resultado un agotamiento por el trabajo.

MÉTODOS ORGANIZACIONALES La gerencia controla varios de los factores que causan tensión (particularmente las demandas de la tarea y el papel y la estructura organizacional). Como tales, pueden ser modificados o cambiados. Las estrategias que la gerencia pudiera considerar incluyen una mejor selección del personal y una mejor colocación en los puestos, establecer metas realistas, rediseñar los puestos, incrementar el involucramiento del empleado, mejorar la comunicación organizacional y establecer programas corporativos de bienestar.

Mientras que ciertos trabajos producen más tensión que otros, hemos aprendido con anterioridad en este capítulo que los individuos difieren en su respuesta a las situaciones de tensión. Sabemos, por ejemplo, que las personas con poca experiencia o con un *locus* externo de control tienden a estar más inclinados a la tensión. Deberían tomarse en cuenta estos hechos en las decisiones de *selección y colocación*.

Obviamente, si bien la gerencia no debería restringir la contratación solamente a individuos experimentados con un *locus* de control interno, tales individuos podrían adaptarse mejor a puestos de tensión extrema y desempeñar esos puestos de manera más eficaz.

Analizamos el *establecimiento de la meta* en el capítulo 5. Con base en una extensa cantidad de investigación, concluimos que los individuos se desempeñan mejor cuando tienen metas específicas y desafiantes y reciben retroalimentación acerca de su progreso hacia esas metas. El uso de las metas puede reducir la tensión y también proporcionar motivación. Las metas específicas que son percibidas como posibles ponen en claro las expectativas de desempeño. Además, la retroalimentación sobre la meta reduce las incertidumbres acerca del desempeño real en el trabajo. El resultado es la disminución de la frustración, menos ambigüedad del papel y menor tensión para el empleado.

◆ **El uso de metas puede reducir la tensión así como proporcionar motivación.**

Rediseñar los puestos para dar a los empleados más responsabilidad, un puesto con mayor significado, más autonomía y una retroalimentación mayor reduce la tensión debido a que estos factores dan al empleado mayor control sobre las actividades de trabajo y disminuyen la dependencia de otros. Pero como observamos en nuestro análisis del diseño del puesto, no todos los empleados desean puestos enriquecidos. En consecuencia, el rediseño correcto para empleados con una necesidad baja de crecimiento podría consistir en menos responsabilidad y más especialización. Si los individuos prefieren la estructura y la rutina, reducir la variedad de habilidades debería también disminuir las incertidumbres y los niveles de tensión.

La tensión del papel actúa en detrimento en gran medida, ya que los empleados sienten la incertidumbre acerca de las metas, las expectativas, cómo serán evaluados y temas similares. Al dar a estos empleados la oportunidad de expresarse en aquellas decisiones que afectan directamente el desempeño de su trabajo, la gerencia puede incrementar el control del empleado y reducir esta tensión del papel. De modo que los gerentes deberían considerar *incrementar el involucramiento del empleado* en la toma de decisiones.[65]

Incrementar la *comunicación organizacional* con los empleados reduce la incertidumbre al disminuir la ambigüedad y el conflicto del papel. Dada la importancia que las percepciones juegan en moderar la relación de la tensión-respuesta, la gerencia puede también utilizar comunicaciones efectivas como un medio para moldear las percepciones del empleado. Recuerde que lo que los empleados categorizan como demandas, amenazas u oportunidades son simplemente una interpretación, y esa interpretación puede verse afectada por los símbolos y las acciones comunicadas por la gerencia.

Nuestra sugerencia final es ofrecer **programas de bienestar** apoyados por la organización. Estos programas se enfocan en la condición física y mental íntegras del empleado.[66] Por ejemplo, típicamente proporcionan talleres para ayudar a la gente a dejar de fumar, controlar su consumo de alcohol, perder peso, comer mejor y desarrollar un programa regular de ejercicio (véase la ilustración 17-14). La suposición que fundamenta la mayoría de los programas de bienestar es que los empleados necesitan asumir la responsabilidad personal por su salud mental y física. La organización es simplemente un vehículo para facilitar este fin.

Las organizaciones, por supuesto, no son altruistas. Esperan un pago por su inversión en los programas de bienestar. Y la mayoría de las firmas que han introducido programas de bienestar han encontrado beneficios significativos. Por ejemplo, Johnson & Johnson calculó los ahorros anuales siguientes en primas de seguros cuando un empleado cambiaba los malos hábitos por otros saludables: dejar de fumar ($1,110); comenzar a hacer ejercicio ($260); disminuir el colesterol de 240 a 190 miligramos ($1,200); y adelgazar ($177).[67]

programas de bienestar
Programas apoyados organizacionalmente que se enfocan en la condición total física y mental del empleado.

Ilustración 17-14 Programas de bienestar que obtuvieron premios

Cada año, el C. Everett Koop National Health Award premia a las compañías que poseen programas de bienestar sobresalientes. A continuación se mencionan a algunos ganadores recientes, elegidos debido a que sus planes ofrecen los rangos de servicios y ahorros generados más grandes de todos.

Aetna	Premia a cinco clubes avanzados tecnológicamente con 7,600 participantes. Asegurar a una persona que hace ejercicio cuesta $282 menos por año que una sedentaria.
L.L. Bean	Paga hasta $200 a los empleados cuyas familias dejan de fumar o toman clases prenatales. Las primas anuales de seguro de la compañía es de $2,000 por trabajador, la mitad del promedio nacional.
Coors	Paga bonos por hábitos saludables. Los empleados pueden usar el premio —un máximo de $500 por familia— para comprar vacaciones extra o pagar una planeación financiera.
Dow	Apoya programas de acción que alientan el ejercicio, las dietas y la ergonomía. La compañía ha disminuido los tirones y luxaciones en el trabajo hasta en un 90 por ciento.
Quaker Oats	Otorga bonos hasta por $500 para familias que hacen ejercicio, dejan de fumar y utilizan cinturones de seguridad. Los empleados pueden quedarse con el dinero o invertirlo en prestaciones añadidas.
Steelcase	Examinó a 4,000 trabajadores desde el uso del cinturón hasta el colesterol. Al promover estilos de vida saludables, el fabricante de muebles espera ahorrar $20 millones durante los siguientes 10 años.
Union Pacific Corporation	Motiva a trabajadores testarudos y callados a hablar de sus riesgos de salud y a cambiar sus hábitos. Su inversión de $1.2 millones al año en programas de bienestar genera un rendimiento de 3 a 1.

Fuente: S. Tully, "America's Healthiest Companies", *Fortune*, 12 de junio de 1995, p. 99. © 1995 Time Inc. Todos los derechos reservados.

Resumen e implicaciones para los gerentes

A todo lo largo del texto hemos sugerido la necesidad de cambio. "Una reflexión casual sobre el cambio debería indicar que éste abarca casi todos nuestros conceptos en la literatura del comportamiento organizacional. Piense acerca del liderazgo, la motivación, el ambiente organizacional y los papeles. Es imposible pensar acerca de estos y otros conceptos sin preguntar acerca del cambio."[68]

Si el ambiente fuera perfectamente estático, si las capacidades y habilidades de los empleados fueran siempre actuales y no sufrieran deterioro y si el mañana fuera siempre exactamente como hoy, el cambio organizacional hubiera tenido poca o ninguna relevancia para los gerentes. Pero el mundo real es turbulento, y requiere que las organizaciones y sus miembros pasen por un cambio dinámico si es que desean desempeñarse a niveles competitivos.

Los gerentes son los agentes primarios de cambio en la mayoría de las organizaciones. Por medio de las decisiones que toman y los comportamientos de configuración de los papeles, dan forma al cambio en la cultura de la organización. Por ejemplo, las decisiones de la gerencia relacionadas con el diseño estructural, los factores culturales y las políticas de recursos humanos determinan en gran medida el nivel de innovación dentro de la organización. De igual manera, las decisiones, políticas y prácticas de la gerencia, determinarán el grado en el cual aprende y se adapta la organización para cambiar los factores ambientales.

Encontramos que la existencia de tensión en el trabajo, tanto dentro como fuera de él, no implica forzosamente un bajo desempeño. La evidencia indica que la tensión puede ser tanto una influencia positiva como negativa en el desempeño del empleado. Para muchas personas, las cantidades de moderadas a bajas de tensión les permiten desempeñar mejor sus trabajos, pues incrementan la intensidad de su trabajo, su atención y su capacidad de reaccionar. Sin embargo, un alto nivel de tensión o incluso una cantidad moderada continua durante un largo tiempo, a la larga cobra su cuota y el desempeño desciende. El impacto de la tensión sobre la satisfacción es más directa. La tensión relacionada con el trabajo tiende a disminuir la satisfacción general en el trabajo.[69] A pesar de que los niveles de moderados a bajos de tensión podrían mejorar el desempeño en el trabajo, los empleados encuentran insatisfactorio el estrés.

Para revisión

1. ¿Qué se quiere decir con la frase "vivimos en la edad de la discontinuidad"?

2. "La resistencia al cambio es una respuesta irracional." ¿Está usted de acuerdo o en desacuerdo? Explique su respuesta.

3. ¿Por qué la participación es considerada una técnica tan eficaz para disminuir la resistencia al cambio?

4. ¿Por qué el cambio frecuentemente se vuelve un tema político en las organizaciones?

5. ¿Cómo maneja el modelo de los tres pasos de Lewin la resistencia al cambio?

6. ¿Qué cambios puede hacer una organización con una historia de "seguir al líder" para fomentar la innovación?

7. "Las organizaciones de aprendizaje atacan la fragmentación, la competitividad y la reacción." Explique este enunciado.

8. ¿Qué características distinguen el desarrollo organizacional?

9. ¿Cómo están relacionadas las oportunidades, restricciones y demandas con la tensión? Dé un ejemplo de cada una.

10. ¿Qué pueden hacer las organizaciones para reducir la tensión del empleado?

Para discusión

1. ¿De qué manera los cambios en la fuerza laboral en los pasados 20 años han afectado las políticas organizacionales?

2. "Dirigir hoy en día es más fácil que a principios de siglo porque los años de cambio real tuvieron lugar entre la Guerra Civil y la Primera Guerra Mundial." ¿Está usted de acuerdo o en desacuerdo? Discuta su respuesta.

3. ¿Todos los gerentes son agentes de cambio? Discútalo.

4. Discuta el lazo entre las teorías del aprendizaje analizadas en el capítulo 3 y el tema del cambio organizacional.

5. Discuta el lazo entre el cambio de segundo orden y el aprendizaje de ciclo doble.

El cambio es una actividad episódica

El estudio del cambio organizacional planeado se trata, salvo muy pocas excepciones, como una actividad episódica. Esto es, empieza en algún punto, procede a través de varios pasos y culmina en algún resultado del cual aquellos involucrados esperan que sea una mejora sobre el punto de inicio. Cuando el cambio es visto como una actividad episódica, tiene un principio, una mitad y un final.

Tanto el modelo de los tres pasos de Lewin como la investigación de la acción siguen esta perspectiva. En el primero, el cambio es visto como una grieta en el equilibrio de la organización. El *statu quo* ha sido perturbado, y el cambio es necesario para establecer un nuevo estado de equilibrio. El objetivo de recongelar es estabilizar la nueva situación al balancear el impulso y las fuerzas restrictivas. La investigación de la acción empieza con una evaluación del diagnóstico en la cual se identifican los problemas. Después se analizan estos problemas y se comparten con aquellos que serán afectados, se desarrollan soluciones y se inician planes de acción. El proceso se cierra con una evaluación de la eficacia del plan de acción. Aunque los defensores de la investigación de la acción reconocen que el ciclo podría tener que pasar a través de numerosas iteraciones, el proceso es visto todavía como un ciclo con un principio y un final.

Algunos expertos han sostenido que el cambio organizacional debería ser considerado como el proceso de equilibrar un sistema formado por cinco variables interactivas dentro de la organización: gente, tareas, tecnología, estructura y estrategia. Un cambio en cualquier variable tiene repercusiones en una o más de las demás. Nuevamente, esta perspectiva es episódica en el sentido de que amenaza el cambio organizacional en la forma esencial de un esfuerzo por mantener el equilibrio. Un cambio en una variable da inicio a una cadena de eventos en las otras variables para lograr un nuevo estado de equilibrio.

Otra manera de conceptualizar la forma episódica de observar el cambio es pensar en el manejo del cambio como algo análogo a dirigir un barco. La organización como un gran buque cruzando a lo largo del tranquilo Mar Mediterráneo en dirección a un puerto específico. El capitán del barco ha realizado el mismo viaje cientos de veces con la misma tripulación. De vez en cuando, sin embargo, una tormenta aparecerá y la tripulación tendrá que responder. El capitán tendrá que hacer los ajustes necesarios —esto es, implantar cambios— y, habiendo maniobrado a través de la tormenta, regresará a aguas calmadas. Dirigir una organización debería considerarse como un viaje con un principio y un final, y poner en práctica el cambio debería considerarse una respuesta a una grieta en el *statu quo*, la cual sólo es necesaria en situaciones ocasionales.

➡ **Contrapunto** ⬅

El cambio es una actividad continua

E l enfoque episódico podría ser el paradigma dominante para manejar el cambio organizacional planeado, pero se ha vuelto obsoleto. Se aplica al mundo de la certidumbre y la pronosticabilidad. El enfoque episódico fue desarrollado en las décadas de los cincuenta y sesenta y refleja el ambiente de aquellos tiempos. Trata el cambio como una perturbación ocasional en el otrora pacífico mundo. Sin embargo, este paradigma tiene muy poco parecido con el ambiente de la década de los noventa de cambios constantes y caóticos.

Si usted quiere entender cómo es manejar el cambio en las organizaciones de hoy en día, piense que es el equivalente a navegar en una balsa y atravesar los rápidos.* La organización no es un gran bote, sino más bien una balsa de 13 m de largo. En lugar de navegar en un mar calmado, esta balsa debe atravesar un caudaloso río con un flujo ininterrumpido de rápidos permanentes. Para empeorar las cosas, la balsa está tripulada por 10 personas que nunca han trabajado juntas o nunca han viajado por el río, gran parte del viaje es en la oscuridad, el río tiene abundantes vueltas y obstáculos inesperados, el destino exacto de la balsa es desconocido y a intervalos irregulares la balsa tiene que salir a la orilla donde nuevos miembros se unen y otros se van. El cambio es un estado natural y administrarlo es un proceso continuo. Es decir, los gerentes nunca pueden darse el lujo de escapar de los rápidos.

Para sentir lo que los gerentes están enfrentando, piense en lo que sería asistir a una universidad que tuviera la siguiente estructura: los cursos varían en longitud. Cuando usted se inscribe en un curso, no sabe cuánto durará. Podría ser dos semanas o 30 semanas, más aún, el profesor podría terminar un curso en cualquier momento que lo deseara, sin ninguna advertencia. Si eso no es lo suficientemente frustrante, la duración de las clases cambia de una en otra —a veces dura 20 minutos, mientras que otras veces dura tres horas—, y la determinación de cuándo se llevará a cabo la siguiente reunión de clase se establece la clase anterior. Y una cosa más: ningún examen es anunciado, así que tiene que estar listo para el examen a cualquier hora.

Un número cada vez mayor de gerentes está aceptando que sus trabajos son en gran medida lo que un estudiante enfrentaría en una universidad así. La estabilidad y la susceptibilidad de predicción de la perspectiva episódica no existen. Ni tampoco las perturbaciones en el *statu quo* que son sólo ocasionales, temporales y seguidas de un regreso al estado de equilibrio. Los gerentes de hoy en día se enfrentan constantemente al cambio, en el límite con el caos. Están siendo forzados a participar en un juego que nunca han jugado, gobernado por reglas que se crean conforme el juego progresa. Para administrar en este terreno dinámico, se están inclinando hacia la creación de organizaciones de aprendizaje.

*Esta perspectiva está basada en P. B. Vaill, *Managing as a Performing Art: New Ideas for a World of Chaotic Change* (San Francisco, Jossey-Bass, 1989).

Ejercicio de aprendizaje sobre usted mismo

Prueba de tolerancia a dirigir en un mundo turbulento

Instrucciones

A continuación aparecen algunos enunciados que un gerente de 37 años pronunció acerca de su trabajo en una gran corporación exitosa. Si su trabajo tuviese estas características, ¿cómo reaccionaría a ellas? Después de cada enunciado hay cinco letras, de la A a la E. Encierre en un círculo la letra que mejor describa cómo piensa usted que reaccionaría de acuerdo con la siguiente escala:

A *Disfrutaría mucho esto: es completamente aceptable.*

B *Esto sería disfrutable y aceptable la mayor parte del tiempo.*

C *No tendría ninguna reacción a esta característica de una u otra forma, o sería igualmente disfrutable o no placentero.*

D *Esta característica sería de cierta forma no placentera para mí.*

E *Esta característica sería demasiado desagradable para mí.*

1. Regularmente paso de 30 a 40% de mi tiempo en reuniones.

2. Hace un año y medio, mi puesto no existía y esencialmente he estado inventándolo conforme pasa el tiempo. A B C D E

3. Las responsabilidades que asumo o que se me asignan exceden consistentemente la autoridad que tengo para realizarlas. A B C D E

4. En cualquier momento de mi trabajo, tengo en promedio cerca de 12 llamadas telefónicas que debo contestar. A B C D E

5. Parece haber muy poca relación en mi puesto entre la calidad de mi desempeño y mi salario real y prestaciones. A B C D E

6. Se necesitan aproximadamente dos semanas al año de entrenamiento gerencial formal para estar actualizado en mi puesto. A B C D E

7. Debido a que tenemos una oportunidad efectiva de igualdad de empleo en mi compañía, y debido a que es multinacional, mi trabajo constantemente me lleva a trabajar en forma estrecha a un nivel profesional con gente de muchas razas, grupos étnicos y nacionalidades y de ambos sexos. A B C D E

8. No hay una manera objetiva de medir mi eficacia. A B C D E

9. Reporto a tres jefes diferentes sobre distintos aspectos de mi trabajo y cada uno tiene una evaluación igual de mi desempeño. A B C D E

10. En promedio, cerca de un tercio de mi tiempo se va en tratar con emergencias no esperadas que obligan a que se posponga todo el trabajo programado. A B C D E

11. Cuando debo realizar una reunión con mis subordinados, le lleva a mi secretaria la mayor parte del día encontrar el tiempo en que todos estemos disponibles, y aun entonces, tengo que buscar una reunión en que todos estén presentes durante toda la reunión.   A B C D E

12. El título universitario que obtuve como preparación para este tipo de trabajo ahora es obsoleto y probablemente debería regresar a la universidad para obtener otro.   A B C D E

13. Mi trabajo requiere que absorba de 100 a 200 páginas por semana de materiales técnicos.   A B C D E

14. Estoy fuera de la ciudad cuando menos una noche a la semana.   A B C D E

15. Mi departamento es tan interdependiente con otras divisiones en la compañía que todas las distinciones sobre los departamentos que son responsables de determinar tareas son un tanto arbitrarias.   A B C D E

16. Probablemente consiga un ascenso en un año para un puesto en otra división que tiene casi las mismas características que éste.   A B C D E

17. Mientras he estado en este empleo, la compañía o la división para la cual trabajo se ha reorganizado cada año, más o menos.   A B C D E

18. Aunque hay diversos ascensos posibles que puedo ver delante de mí, no tengo una trayectoria para mi carrera en un sentido objetivo.   A B C D E

19. Aunque hay diversos ascensos que veo en mi futuro, pienso que no tengo una oportunidad real de llegar hasta los niveles altos en la compañía.   A B C D E

20. Aunque tengo muchas ideas sobre cómo hacer mejor las cosas, no tengo influencia directa sobre las políticas del negocio o las políticas de personal que gobiernan mi división.   A B C D E

21. Mi compañía recientemente puso un "centro de evaluación" donde se pedirá que los otros gerentes y yo nos sometamos a una extensa batería de exámenes psicológicos para evaluar nuestro potencial.   A B C D E

22. Mi compañía está acusada en una demanda antimonopolio y si el caso llega a juicio, tendré que testificar acerca de algunas decisiones que se tomaron hace años.   A B C D E

23. El avance en computación y otras tecnologías electrónicas de oficina se introducen continuamente en mi división, por lo cual necesito un constante aprendizaje.   A B C D E

24. La terminal de computadora con pantalla que tengo en mi oficina puede ser monitoreada desde las oficinas de mis jefes sin mi conocimiento.   A B C D E

Pase a la página A-30 para instrucciones sobre la calificación y la clave.

Fuente: tomado de P. B. Vaill, *Managing as a Performing Art: New ideas for A Worl of Chaotic Change* (San Francisco, Jossey-Bass, 1989), pp. 8-9. Reproducido con permiso del editor. Todos los derechos reservados.

Ejercicio de trabajo en grupo

La compañía Beacon Aircraft

Objetivos

1. Ilustrar cómo las fuerzas de cambio y de estabilidad deben ser manejadas en los programas de desarrollo organizacional.

2. Ilustrar los efectos de las técnicas de cambio alternativo sobre la relativa fortaleza de las fuerzas de cambio y de estabilidad.

La situación

La división de mercadotecnia de Beacon Aircraft Company ha pasado por dos reorganizaciones en los últimos dos años. Inicialmente, su estructura cambió de una forma funcional a una matricial. Pero la estructura de matriz no satisfizo a algunos gerentes funcionales. Se quejaron de que hice confusas las relaciones de autoridad y responsabilidad.

En respuesta a estas quejas, el gerente de mercadotecnia regresó la estructura a la forma funcional. Esta nueva estructura mantuvo los grupos de mercado y de proyecto, los cuales eran dirigidos por gerentes de proyecto con poco personal general. Pero ningún especialista funcional fue asignado a estos grupos.

Después del cambio, algunos problemas empezaron a surgir. Los gerentes de proyecto se quejaron de que ellos no podían obtener la asistencia adecuada de los miembros del personal funcional. No sólo tomó más tiempo obtener la asistencia necesaria, sino que también hubo problemas para tener relaciones estables con los miembros del personal funcional. Puesto que estos problemas afectaban sus servicios a los clientes, los gerentes de proyecto demandaban un cambio en la estructura organizacional: tal vez nuevamente hacia una estructura de matriz. Confrontado con estas quejas y demandas de los gerentes de proyecto, el vicepresidente está considerando otra reorganización. Ha solicitado a un consultor externo que le ayude en el plan de reorganización.

El procedimiento

1. El grupo debe dividirse en equipos de cinco a siete elementos y adoptar el papel de consultores.

2. Cada equipo identifique las fuerzas impulsoras y de resistencia encontradas en la empresa. Enumere estas fuerzas en los espacios proporcionados.

Las fuerzas impulsoras	Las fuerzas de resistencia
_____	_____
_____	_____
_____	_____
_____	_____
_____	_____
_____	_____

3. Cada equipo desarrolle una serie de estrategias para incrementar las fuerzas impulsoras y otra serie para reducir las fuerzas de resistencia.

4. Cada equipo prepare una lista de cambios que desea introducir.

5. El grupo debe reunirse de nuevo y escuchar las recomendaciones de cada equipo.

Fuente: adaptado de Kae H. Chung y Leon C. Megginson, *Organizational Behavior*, derechos reservados © 1981 por Kae H. Chung y Leon Megginson. Reimpreso con permiso de HarperCollins Publishers, Inc.

Los alemanes llegan a Alabama

Un día de primavera de 1994, dos gerentes de Mercedes participaron en un ejercicio tipo unión externa sobre formación de equipos en los Alpes austríacos. Este ejercicio era una de las ideas de su jefe, Andreas Renschler, sobre cómo sacudir la cultura de Mercedes-Benz.

Renschler es el ejecutivo de rápido crecimiento que está supervisando el desarrollo del primer vehículo deportivo-utilitario, para el mercado masivo de la Mercedes (un vehículo para toda actividad, o AAV, por sus siglas en inglés), el cual se producirá en la primera gran planta externa de la compañía ubicada en Vance, Alabama. Como presidente de la Mercedes-Benz U.S. International Inc., Renschler está tratando de llevar a las operaciones de la compañía estadounidense lo que sus jefes están tratando de hacer en Alemania: transformar el una vez poderoso fabricante de autos de lujo en un competidor eficiente a nivel mundial.

La juventud relativa de Renschler —aún no cumple los cuarenta— fue una de las principales razones para que fuera seleccionado para este trabajo. Él no está empapado en la cultura de Mercedes, donde los costos siempre han estado supeditados a la excelencia en ingeniería. En sus seis años con la compañía, y como asistente del director ejecutivo, él ayudó a planear el cambio corporativo actual y se hizo conocido como un solucionador creativo de problemas y generador de ideas. También planeó estrategias para los camiones ligeros en Europa y Latinoamérica y dirigió el estudio de factibilidad para el AAV. Pero tiene un duro trabajo por delante. Mientras que los japoneses típicamente trasplantan y copian las plantas en casa y ensamblan primero modelos ya existentes, Renschler tendrá que desarrollar simultáneamente un producto, un proceso de manufactura y una fuerza de trabajo. "Es la receta del desastre", dice un consultor en manufactura. "Hay demasiadas variables."

Como parte del plan para adaptar las mejores técnicas de operación de otras compañías, Renschler ha contratado gerentes de Chrysler, Ford, Mitsubishi, Honda, Nissan, Toyota, Saturn, Subaru e Isuzu. Desafortunadamente, sus antecedentes diversos hacen difícil mezclar sus estilos. Por ejemplo, un trabajador de Toyota pasó el fin de semana de Acción de Gracias de 1993 en un motel de Alabama con una docena de colegas alemanes y estadounidenses, debatiendo sobre la distribución de la fábrica. Los ingenieros alemanes querían un edificio en forma de E con departamentos unidos por complejos transportadores. Después de luchas que parecían interminables, aquellos con experiencia japonesa prevalecieron y el grupo acordó un diseño compacto y rectangular.

Para dar forma de equipo a su grupo diverso. Renschler está haciendo todo para borrar la rígida formalidad de Mercedes y estimular los lazos. El ejercicio de integración de equipos en los Alpes, por ejemplo, fue diseñado para cumplir su objetivo. Renschler también está promoviendo cambios en el proceso tradicional de desarrollo de producto de Mercedes. Para ahorrar tiempo y dinero, el AAV tendrá 100 proveedores principales contra los 1,000 que tiene el sedan actual de la clase E. Además, los proveedores tendrán mano libre en el diseño de las partes, algunas veces adaptando los componentes existentes en lugar de comenzar siempre de la nada, como en el pasado. También, en lugar de hacer que los proveedores liciten por el negocio anualmente como lo hace Mercedes, Renschler ha estado ofreciendo contratos por varios años a cambio de una reducción en precios de 5% anual.

El programa de cambio audaz de Renschler le ha valido ganarse algunos enemigos dentro de la compañía. "Mucha gente siente envidia" de su surgimiento o se siente amenazada por los cambios que está impulsando, señala un trabajador y algunos esperan silenciosamente que fracase.

Preguntas

1. "Si no está descompuesto, no lo arregles." ¿Por qué Renschler no acepta este adagio?

2. ¿Renschler está tratando de poner en práctica demasiados cambios muy aprisa? Apoye su postura.

3. ¿Piensa que las innovaciones de Renschler en Vance tendrán éxito? Explique su postura.

Basado en D. Woodruff, "Mercedes' Maverick in Alabama", *Business Week,* 11 de septiembre de 1995, pp 64-65; y B. S. Moskal, "Not the Same Old Mercedes", *Industry Week,* 7 de octubre de 1996, pp. 12-21.

RESEÑA DE CASO

ABCNEWS

El mundo cambiante de la lealtad corporativa

La lista de las compañías triple A que están distribuyendo fichas de despido va en aumento. Sears Roebuck anuncia que 50,000 puestos serán eliminados; IBM dice que reducirá 63,000 puestos; AT&T anuncia que 40,000 puestos tendrán que recortarse. Y categorías enteras de puestos están disolviéndose frente a nuestros ojos. Entre 1986 y 1994, los bancos eliminaron 41,000 cajeros. La mayoría de esos cajeros fueron reemplazados por cajeros automáticos. Cada vez más, la seguridad en el trabajo se vuelve una falacia. Los siguientes comentarios de Albert Dunlap, ex director ejecutivo de Scott Paper Co., si bien amargos, capturan la esencia del nuevo arreglo empleado-patrón. Dunlap, incidentalmente, se ha creado una reputación por eliminar puestos de trabajo; de ahí, su sobrenombre, El Serrucho Al. Él empezó por defender su sobrenombre.

"No es ofensivo debido a que he ido a compañías que han tenido resultados muy pobres. Antes de que me uniera a Scott, estuve en una compañía que perdió $277 millones y estaba bajo observación de crédito, y me vi forzado a despedir aproximadamente 35% de la gente, pero el 65% restante tiene ahora un futuro más seguro de lo que nunca antes había tenido, y eso es lo que la gente no ve. Soy el doctor. Yo no creo el problema."

"La razón para estar en el mercado es ganar dinero para los accionistas. Los accionistas poseen la compañía. Asumen todos los riesgos. Ninguna compañía les regresa a los accionistas su dinero cuando se declaran en quiebra, y uno tiene una enorme responsabilidad para que obtengan el rendimiento adecuado por su riesgo."

"El sistema de libre empresa es muy eficiente cuando se le permite desempeñarse. Estados Unidos se estaba volviendo improductivo en la economía global. Las compañías estadounidenses estaban fracasando. Debido a que la gente ha llegado y ha tomado decisiones difíciles, las compañías estadounidenses ahora se están volviendo exitosas. Se están convirtiendo en gigantes mundiales. Y con el tiempo, crearán mucho más empleos. Y sí, algunas personas han perdido sus trabajos, pero como dije antes, eso es mejor a que todo mundo se quede sin empleo."

"El mundo ha cambiado durante los últimos 20 años. Pero los negocios no son un experimento social. Usted existe en el negocio para ser competitivo, para llegar con los mejores productos, las mejores instalaciones y crear un futuro para su gente, y las compañías que se desempeñen bien deben tener buenos productos, deben tener buenas relaciones con los empleados, debido a que todo figura en el futuro de la compañía. Y, bueno, el socialismo ha fracasado en todo el mundo, y a pesar de eso, queremos restituir el socialismo en nuestra situación económica y pienso que eso está totalmente equivocado."

"El papel de los negocios es proporcionar a la gente un futuro seguro para sus empleados, y al hacerlo, algunas personas perderán sus empleos. Eso ha pasado desde el principio del tiempo. Y debido a que la gente no asumió la responsabilidad de dirigir eficientemente las corporaciones, estamos en la situación en que nos encontramos ahora. Y el último que debería ser árbitro es el gobierno, el mayor negocio en Estados Unidos, pero con la peor hoja de balance, la más pobre administración, con servicios que la gente no quiere y una inflada y costosa estructura."

Preguntas

1. ¿Piensa que Al Dunlap está describiendo con precisión el clima de los negocios de hoy en día?

2. ¿Por qué la gente que dice apoyar el capitalismo critica tan duramente las cosas que Dunlap dice y hace?

3. ¿Cuáles son las implicaciones de los comentarios de Dunlap para los empleados de hoy en día?

Fuente: basado en "Corporate Layoffs and the Fate of American Workers", *ABC News Nightline;* pasado al aire el 14 de febrero de 1996.

ROB PANCO:
MANEJO
DEL CAMBIO

"Si no está descompuesto y no es obsoleto, déjalo en paz. Cambiaremos cuando tengamos que hacerlo." Eso, de acuerdo con Rob Panco, era su filosofía hacia el manejo del cambio. Esta filosofía, admite Rob, pudiera haber sido una responsabilidad para él en Aslett. Él comparó a Aslett con AT&T.

"AT&T y los laboratorios Bell han pasado a través de una gran cantidad de cambios desde que el gobierno federal desreguló el monopolio telefónico. Desde que Bob Allen tomó posesión, ha hecho cosas excelentes. Le tengo un gran respeto. Lo primero que hizo fue crear divisiones autónomas con sus propios presidentes y descentralizar la autoridad de la toma de decisiones. Mi impresión, sin embargo, es que el compromiso por el cambio en AT&T fue alto tanto a nivel superior de la compañía como entre los gerentes de nivel bajo. El problema era la gerencia media. El típico gerente medio de 55 años, con 30 años en la compañía, estaba amenazado por los cambios que Allen propuso. Había una considerable resistencia para cambiar. Por ejemplo, los gerentes de producto y los equipos de ventas fueron muy resistentes. No es una coincidencia que la compañía haya utilizado el adelgazamiento a principios de la década de los noventa para retirar a muchos de aquellos rígidos gerentes medios."

En sus primeros 18 meses en Aslett, Rob trató de crear un clima que apoyara el crecimiento y los cambios que estaban teniendo lugar (incluyendo el uso de la publicidad por computadora, la tecnología digital y los formatos en CD-ROM). Irónicamente, cuando el adelgazamiento llegó, los empleados pudieron manejarlo mejor que él. Los trabajadores mostraron poca resistencia al cambio. "La crisis eventualmente acercó a los empleados. Se ayudaron más unos a otros. Buscaron formas de reducir costos. Su confianza en la gerencia también pareció incrementarse significativamente. Parecían entender mejor que los cambios que estabamos haciendo eran en el mejor interés para la compañía." Cuando se le preguntó si hubo algún individuo que no pudo manejar el cambio muy bien, Rob dijo: "Pudiera haber sido yo. Soy una persona progresista. Eso significa crecer para mí. No manejo bien las restricciones y las limitaciones. Puedo orquestar la supervivencia, pero no es mi preferencia. Especialmente viniendo de un crecimiento rápido. Cuando la curva de crecimiento se convierte en una línea horizontal, se pierde lo divertido del trabajo."

De acuerdo con Rob, el crecimiento rápido de Aslett creó una gran tensión entre los empleados, especialmente en los momentos críticos cuando los proyectos estaban llegando a su término. "La gente tuvo que trabajar mucho tiempo extra. Las horas se alargaron. Al final de un proyecto, las cosas se desquiciaban para los miembros de un equipo. No supuse que la tensión fuera normal. Quise ayudar a mi gente a liberarla. Conforme se acercaba el tiempo, reunía al equipo y les pedía que abiertamente me dijeran algunos problemas personales potenciales (como un bautizo al que tuvieran que asistir o un padre que tuviera una cirugía). Quise saber todos los problemas con anticipación para que pudiéramos enfocar nuestra atención en la fecha límite del proyecto. Cuando la fecha límite se acercaba, a menudo traía bocadillos, el almuerzo y cosas similares para romper la tensión y mostrarles que estaba interesado. Si alguien se estresaba demasiado, lo enviaba a casa temprano, sin descontar de su salario. Una vez que se terminaba el proyecto, le decía a la gente que tomara un par de días, también con goce de sueldo. Quería que pasara el tiempo necesario para que pusiera su vida en orden."

¿Fue la tensión un problema en Aslett cuando el negocio dio una voltereta? "No", dice Rob. "Las personas que no pudieron manejarla tendieron a irse ellas solas. Ellas se fueron voluntariamente. Y por fortuna, aquellos que se fueron por su voluntad pertenecían a áreas donde teníamos personal en exceso. Pienso que nos beneficiamos de contratar correctamente. Buscamos gente que entendiera las compañías pequeñas. Tenían personalidades que se adaptaban bastante bien a las fortunas cambiantes de los negocios pequeños. En retrospectiva, pienso que el crecimiento fue más una amenaza y un inductor de la tensión para los empleados que el adelgazamiento. Mientras crecíamos, la gente parecía tener dificultades para renunciar a ciertas responsabilidades y tener que dividir su trabajo con los nuevos contratados. Durante los cortes, hubo algo de preocupación como '¿seré el siguiente?', pero nuestra gente pareció reagruparse en torno a nuestros problemas. Utilizaron las reducciones como una oportunidad de aprender nuevas habilidades y construir uniones operativas con quienes se quedaron."

Preguntas

1. ¿Qué piensa acerca de la filosofía de Rob sobre el cambio?

2. Compare los retos de poner en práctica el cambio en Aslett con hacerlo en AT&T.

3. ¿Qué podría explicar la observación de Rob de que los gerentes de bajo nivel en AT&T estaban aceptando más el cambio que los gerentes medios?

4. ¿Que podría haber hecho Rob para convertir a Aslett en una organización de aprendizaje? ¿O es ya una organización de este tipo?

5. ¿Puede usted explicar por qué los empleados de Aslett respondieron al adelgazamiento de la forma en que lo hicieron?

LA EVOLUCIÓN HISTÓRICA
DEL COMPORTAMIENTO ORGANIZACIONAL

¿Por qué estudiar historia? Oliver Wendell Holmes respondió esa pregunta con precisión al afirmar: "Cuando quiero entender lo que está pasando hoy o trato de decidir lo que pasará mañana, tengo que retroceder." Al *retroceder* en la historia del comportamiento organizacional, se obtiene un gran conocimiento de cómo ha llegado el campo del comportamiento organizacional en la actualidad. Le ayudará a entender, por ejemplo, cómo la gerencia llegó a imponer normas y reglamentos a los empleados, por qué muchos trabajadores en las organizaciones efectúan tareas estandarizadas y repetitivas en las líneas de ensamble, y por qué tantas organizaciones en años recientes han reemplazado sus líneas de ensamble con unidades de trabajo basadas en los equipos. En este apéndice, usted encontrará una breve descripción de cómo han evolucionado la teoría y la práctica del comportamiento organizacional.

¿Así que por dónde empezamos? Los seres humanos y las actividades organizacionales han estado aquí durante miles de años, pero no necesitamos retroceder antes de los siglos XVIII o XIX para encontrar las raíces del CO.

Primeras prácticas

No hay duda de que cientos de personas ayudaron a plantar las "semillas" de las cuales el "jardín" del CO ha crecido.[1] Sin embargo, tres individuos, fueron particularmente importantes en el planteamiento de ideas que con el tiempo tendrían una influencia determinante para modelar la dirección y las fronteras del CO: Adam Smith, Charles Babbage y Robert Owen.

Adam Smith

Adam Smith es más citado por los economistas por sus contribuciones a la doctrina de la economía clásica, pero su análisis de *The Wealth of Nations* (*La Riqueza de las Naciones*),[2] obra publicada en 1776, exponía un brillante argumento sobre las ventajas económicas que las organizaciones y la sociedad cosecharían de la división del trabajo (también llamada especialización del trabajo). Smith tomó sus ejemplos de la industria de la fabricación de alfileres. Observó que 10 individuos, cada uno encargado de hacer una tarea especializada, podían producir cerca de 48,000 alfileres al día entre todos. Él propuso, sin embargo, que si cada uno estuviera trabajando por separado y en forma independiente de los demás, los 10 obreros juntos con suerte podrían hacer diez alfileres en un día. Si cada uno tenía que estirar el alambre, enderezarlo, cortarlo, hacer las cabezas en cada alfiler, afilar la punta y soldar la cabeza al cuerpo del alfiler, ¡sería algo toda una hazaña producir diez alfileres al día!

Smith concluyó que la división del trabajo aumentaba la productividad al incrementar la habilidad y la destreza de cada trabajador, al ahorrar el tiempo que se pierde comúnmente en el cambio de tareas, y al estimular la creación de inventos y maquinaria que ahorrarán mano de obra. El extenso desarrollo de los procesos de la línea de ensamble durante este siglo sin duda ha sido estimulado por las ventajas económicas de la especialización del trabajo citada por Adam Smith hace más de dos siglos.

Charles Babbage

Charles Babbage fue un profesor de matemáticas británico que profundizó en las virtudes de la división del trabajo postuladas antes por Adam Smith. En su libro *On the Economy of Machinery and Manufactures*,[3] publicado en 1832, Babbage agregó las siguientes características a la lista de ventajas de la división del trabajo, escrita por Smith:

1. Reduce el tiempo necesario para aprender las funciones de un puesto.
2. Reduce el desperdicio de material durante la etapa de aprendizaje.
3. Permite alcanzar altos niveles de habilidad.
4. Propicia un acoplamiento más cuidadoso de las habilidades de la gente con las tareas específicas.

Además, Babbage propuso que las economías de la especialización deberían ser relevantes para hacer tanto trabajo mental como físico. Hoy en día, por ejemplo, damos por hecho la especialización entre los profesionistas. Cuando tenemos una alergia de la piel, acudimos con el dermatólogo. Cuando compramos una casa, consultamos a un abogado especializado en bienes raíces. Los profesores que imparten clases de negocios se especializan en áreas como contabilidad fiscal, empresariado, investigación de mercados y comportamiento organizacional. No se conocían estas aplicaciones de la división del trabajo en la Inglaterra del siglo XVIII. Pero las organizaciones actuales en todo el mundo —en las industrias de manufactura y de servicio— hacen un amplio uso de la división del trabajo.

Robert Owen

Robert Owen fue un emprendedor de Gales que compró su primera fábrica en 1789, a la edad de 18 años. Es importante en la historia del CO porque fue uno de los primeros industriales en reconocer cómo el sistema creciente fabril denigraba a los trabajadores.

Harto de la dureza de las prácticas que veía en las fábricas —como el empleo de niños (muchos menores de 10 años), días laborales de 13 horas y condiciones miserables de trabajo— Owen se convirtió en un reformador. Llamó la atención de los propietarios de la fábrica por tratar mejor a su equipo que a sus empleados. Los criticó por comprar las mejores máquinas y después emplear la mano de obra más barata para manejarlas. Owen alegaba que el dinero gastado en mejorar la mano de obra era una de las mejores inversiones que podían hacer los ejecutivos de negocios. Sostuvo que mostrar interés por los empleados convenía a la gerencia y aliviaría la miseria humana.

Para su tiempo, Owen era un idealista. Lo que proponía era un lugar de trabajo utópico que redujera el sufrimiento de la clase trabajadora. Se había adelantado más de 100 años al pugnar, en 1825, por horas de trabajo reglamentadas para todos, leyes laborales relativas a la mano de obra infantil, educación pública, alimentos proporcionados por la compañía en el lugar de trabajo y el involucramiento del negocio en los proyectos de la comunidad.[4]

La era clásica

La era clásica abarcó desde 1900 hasta la primera mitad de la década de los treinta. Fue durante este periodo cuando las primeras teorías generales de la administración empezaron a evolucionar. Los contribuyentes clásicos —entre quienes se incluyen a Frederick Taylor, Henri Fayol, Max Weber, Mary Parker Follett y Chester Barnard— pusieron las bases de las prácticas contemporáneas de la administración.

Administración científica

El conductor típico de United Parcel Service (UPS) hoy en día hace 120 paradas durante su turno de trabajo. Cada paso en la ruta diaria del conductor ha sido cuidadosamente estudiado por los ingenieros industriales de UPS para maximizar la eficacia. Ellos han documentado cada segundo que se gasta en los semáforos, el tráfico, las desviaciones, el timbrado de las puertas, las caminatas, las escaleras y los descansos para el café con el objeto de reducir el tiempo desperdiciado. No es casualidad, por ejemplo, que los conductores de UPS hagan sonar las bocinas cuando se aproximan a una parada con la esperanza de que el cliente se apresure a la puerta segundos antes. Tampoco lo es que los conductores de UPS caminen hasta la puerta del cliente a un paso rápido de tres pies por segundo y toquen la puerta en vez de perder segundos buscando el timbre.

Los conductores actuales de UPS siguen los principios que se establecieron hace más de 85 años por Frederick W. Taylor en sus *Principles of Scientific Management*.[5] En este libro, Taylor describió cómo el método científico podía utilizarse para definir la "mejor manera" de realizar el trabajo. En esta sección, revisaremos su trabajo.

Como ingeniero mecánico en las compañías de acero Midvale y Bethlehem en Pennsylvania, Taylor estaba constantemente consternado por la ineficacia de los trabajadores. Los empleados utilizaban técnicas muy diferentes para hacer el mismo trabajo. Estaban predispuestos a "tomar con calma" su trabajo. Taylor creía que la producción de un trabajador era sólo un tercio de lo que era posible. Por tanto, intentó corregir la situación aplicando el método científico a los puestos en el piso de la planta. Pasó más de dos décadas persiguiendo con pasión la "mejor manera" de realizar cada trabajo.

Es importante entender lo que Taylor vio en Midvale Steel que estimuló su determinación de mejorar la forma en que se hacían las cosas en la planta. En ese tiempo, no estaban claros los conceptos de las responsabilidades del trabajador y de la gerencia. Casi no existían estándares de trabajo eficaces. Los empleados a propósito trabajaban a paso lento. Las decisiones de la gerencia se basaban en la "experiencia", en corazonadas y en la intuición. Se colocaba a los trabajadores en puestos en los cuales tenían poco o ningún interés de acoplar sus habilidades y aptitudes a las tareas que se requería que ellos hicieran. Más importancia revestía el hecho de que la gerencia y los trabajadores consideraban que siempre estaban en conflicto. En lugar de cooperar en beneficio mutuo, percibían su relación como un juego de suma cero —cualquier ganancia obtenida por uno sería a costa del otro.

Taylor trató de crear una revolución mental entre los trabajadores y la gerencia al definir directrices claras para mejorar la eficacia en la producción. Definió los cuatro principios de la administración, listados en la ilustración A-1; sostuvo que si se seguían estos principios se tendría como resultado la prosperidad tanto de la gerencia como de los trabajadores. Los trabajadores obtendrían salarios más altos y la gerencia tendría más ganancias.

Es probable que el ejemplo más ampliamente citado de la administración científica sea el experimento de los lingotes de acero de Taylor. El promedio diario de la

Ilustración A-1 Los cuatro principios de la administración, según Taylor

1. Desarrollo de una ciencia para cada elemento de un trabajo individual. (Antes, los trabajadores usaban el método del tanteo o "regla del pulgar".)
2. Selección científica seguida de capacitación, enseñanza y desarrollo del trabajador. (Antes, los trabajadores escogían su propio trabajo y se entrenaban ellos mismos como mejor podían.)
3. Cooperación estrecha con los trabajadores de modo que asegure que todo el trabajo se realiza de acuerdo con los principios de la ciencia que se ha desarrollado. (Antes, la gerencia y los trabajadores estaban en conflicto continuo.)
4. División casi equitativa del trabajo y de la responsabilidad entre la gerencia y los trabajadores. La gerencia asume todo el trabajo para el cual está mejor equipada que los trabajadores. (Antes, casi todo el trabajo y gran parte de la responsabilidad recaía en los trabajadores.)

producción de lingotes de 92 libras cargada en los carros era de 12.5 toneladas por trabajador. Taylor estaba convencido de que al analizar científicamente el trabajo para determinar la mejor manera de cargar el carro, la producción podía incrementarse hasta 47 y 48 toneladas por día.

Taylor empezó su experimento buscando un sujeto físicamente fuerte que daba un alto valor al dólar. El individuo que Taylor escogió era un inmigrante fuerte y corpulento de Holanda, a quien llamó Schmidt. Schmidt, como los demás cargadores, ganaba $1.15 al día, que aun a principios de siglo, era apenas lo suficiente para que una persona sobreviviera. Como se manifiesta en la siguiente cita del libro de Taylor, él usó el dinero —la oportunidad de hacer $1.85 al día— como el medio principal para hacer que los trabajadores como Schmidt hicieran exactamente lo que se les decía:

—"¿Schmidt, eres un hombre altamente valioso?"
—"Bueno, no sé qué quieres decir."
—"Oh, claro que sí. Lo que quiero saber es si tú eres un hombre altamente valioso o no."
—"Bueno, no sé qué quieres decir."
—"Vamos, responde a mis preguntas. Lo que quiero saber es si tú eres un hombre altamente valioso o eres como tus compañeros baratos. Lo que quiero saber es si tú quieres ganar $1.85 al día o si tú estás satisfecho con $1.15, igual que tus demás compañeros baratos."
—"¿Que si quiero $1.85 al día? ¿Es eso ser un hombre de alto precio? Bueno, sí. Yo soy un hombre de alto precio."[6]

Taylor usó el dinero para motivar a Schmidt, y consiguió que cargara los lingotes en los carros, alternando varios factores de trabajo para ver qué impacto tenían los cambios en la producción diaria de Schmidt. Por ejemplo, algunos días Schmidt levantaba los lingotes doblando las rodillas; donde otros días él mantenía sus piernas derechas y usaba su espalda. Experimentó con periodos de descanso, caminata rápida, posiciones de acarreo y otras variables. Después de un largo periodo de experimentar científicamente con varias combinaciones de procedimientos, técnicas y herramientas, Taylor tuvo éxito en poner a la persona adecuada en el trabajo adecuado con las herramientas y el equipo correctos, al hacer que el trabajador siguiera sus instrucciones con exactitud y al motivar al trabajador con el incentivo económico de un salario diario significativamente más alto, Taylor alcanzó su objetivo de 48 toneladas.

Otro experimento de Taylor se relacionaba con los tamaños de las palas. Taylor notó que cada trabajador en la planta utilizaba palos de la misma medida, sin importar el material que estuviera moviendo. Esto no tenía sentido para Taylor. Si había un peso óptimo que maximizara el apaleo de los trabajadores durante un día completo, entonces pensaba Taylor, el tamaño de la pala debería variar dependiendo del peso del material a mover. Después de una experimentación extensiva, Taylor encontró que 21 libras era la capacidad óptima de la pala. Para lograr el peso óptimo, los materiales pesados como mena de hierro tendrían que moverse con una pala de ala pequeña y los materiales ligeros como el carbón con una pala de ala ancha. Basados en los descubrimientos de Taylor, los supervisores ya no dirían simplemente a un trabajador que "apaleara esa pila al otro lado". Dependiendo del material a moverse, el supervisor ahora tendría que determinar el tamaño adecuado de la pala y asignarlo al trabajador. El resultado, por supuesto, de nuevo fue un incremento significativos en la producción de los obreros.

Usando métodos similares en otros trabajos, Taylor fue capaz de definir la mejor manera de hacer las cosas en cada puesto. Después de seleccionar las personas adecuadas para cada puesto, trataba de capacitarlas para que trabajaran de la mejor manera. Para motivar a los empleados, favoreció planes de incentivos salariales. En resumen, Taylor logró mejoramientos consistentes en la productividad en el ámbito de 200% o más. Él reafirmó el papel de los gerentes de planear y controlar y el de los trabajadores de desempeñarse según se les instruía. Su libro *The Principles of Scientific Management*, así como también los artículos que Taylor escribió y presentó, dieron a conocer sus ideas no sólo en Estados Unidos, sino en Francia, Alemania, Rusia y Japón. Uno de los mayores impulsos al interés por la administración científica en Estados Unidos sobrevino durante una audiencia, en 1910, sobre las tarifas de ferrocarril ante la Comisión de Comercio Estatal (Interstate Commerce Commission). ¡Ante la comisión, un experto en eficiencia alegó que los ferrocarriles podrían ahorrar 1 millón de dólares diarios (equivalente a cerca de $16 millones al día en dólares de 1998) mediante la aplicación de la administración científica! De hecho ¡La pronta aceptación de las técnicas de la administración científica por parte de las compañías manufactureras estadounidenses, les dio la ventaja comparativa sobre las compañías de otros países e hizo que la manufactura estadounidense fuera la envidia del mundo —cuando menos durante unos 50 años!

La teoría administrativa

La teoría administrativa describe los intentos de definir las funciones universales que desempeñan los administradores o gerentes y los principios que constituyen una buena práctica de la administración. Quien hizo más aportes a la teoría administrativa fue un industrial francés llamado Henri Fayol.

Escribiendo casi al mismo tiempo que Taylor, Fayol propuso que todos los gerentes desempeñaban cinco funciones administrativas: planear, organizar, ordenar, coordinar y controlar.[7] La importancia de esta sencilla apreciación se manifiesta cuando admitimos que casi todo libro de texto de administración hoy en día usa estas cinco funciones, o una variación muy cercana, como marco básico para describir lo que hacen los gerentes.

Además, Fayol describió la práctica de la gerencia como algo distinto de la contabilidad, las finanzas, la producción, la distribución y otras funciones típicas de los negocios. Planteó que la administración era una actividad común a todos los seres humanos en los ámbitos de los negocios, el gobierno y aun en la casa. Luego procedió a enunciar los 14 principios de la administración que podían aprenderse en las escuelas y universidades. Estos principios aparecen en la ilustración A-2.

Teoría estructural

Mientras Taylor se interesaba en la gerencia al nivel del taller o primera línea (o lo que hoy en día describiríamos como el puesto de un supervisor) y Fayol se ocupaba en las funciones generales de la administración, el psicólogo alemán Max Weber (pro-

Ilustración A-2 Los 14 principios de la administración, según Fayol

1. *División del trabajo*. Este principio es el mismo que la "división del trabajo" de Adam Smith. La especialización incrementa la producción al hacer más eficientes a los empleados.

2. *Autoridad*. Los gerentes deben dar órdenes. La autoridad les da este derecho. Junto con la autoridad, sin embargo, va aparejada la responsabilidad. Siempre que se ejerza la autoridad, habrá responsabilidad.

3. *Disciplina*. Los empleados deben obedecer y respetar las reglas que gobiernan la organización. La buena disciplina es resultado del liderazgo eficaz, un entendimiento claro entre la gerencia y los trabajadores con respecto a las reglas de la organización, y la aplicación juiciosa de sanciones por infracciones a las reglas.

4. *Unidad de mando*. Cada empleado debe recibir órdenes de un solo superior.

5. *Unidad de dirección*. Cada grupo de actividades organizacionales que tenga el mismo objetivo debería ser dirigido por un solo gerente apegándose a un plan determinado.

6. *Subordinación de los intereses individuales a los generales*. Los intereses de cualquier empleado o grupo de empleados no deben anteponerse a los de la organización como un todo.

7. *Remuneración*. Los trabajadores deben recibir un salario justo por sus servicios.

8. *Centralización*. La centralización se refiere al grado en que los subordinados participan en la toma de decisiones. El que ésta esté centralizada (en la gerencia) o descentralizada (en los subordinados) es una cuestión de que tenga las proporciones adecuadas. El problema es encontrar el grado óptimo de centralización en cada caso particular.

9. *Cadena de mando*. La línea de autoridad que va desde la alta gerencia hasta los rangos inferiores representa la cadena de mando. Las comunicaciones deben seguir esta cadena. Sin embargo, si ello causara retrasos, pueden permitirse las intercomunicaciones si todas las partes están de acuerdo y los superiores están informados.

10. *Orden*. La gente y los materiales deben estar en el lugar adecuado a la hora adecuada.

11. *Equidad*. Los gerentes deben ser amables y justos con sus subordinados.

12. *Estabilidad del puesto*. La alta rotación del personal es ineficaz. La gerencia debe hacer una planeación de su personal para asegurar que los reemplazos estén disponibles para ocupar las vacantes.

13. *Iniciativa*. Los empleados a quienes se les permite organizar y llevar a cabo planes, ejercerán altos niveles de esfuerzo.

14. *Espíritu de equipo*. Promover el espíritu de equipo favorecerá la armonía y el sentimiento de la unidad en la organización.

nunciado *Véber*) desarrollaba una teoría de las estructuras y describía la actividad organizacional con base en las relaciones de autoridad.[8] Fue uno de los primeros en visualizar la administración y el comportamiento organizacional desde una perspectiva estructural.

Weber describió un tipo ideal de organización a la que llamó burocracia. La burocracia era un sistema caracterizado por la división del trabajo, una jerarquía claramente definida, normas y reglamentos bien detallados y relaciones impersonales. Weber reconoció que esta "burocracia ideal" no existía en realidad, sino que más bien representaba una reconstrucción selectiva del mundo real. Él pretendía que se considerara como la base para teorizar acerca del trabajo y de cómo éste podía realizarse en grandes grupos. Su teoría se volvió el prototipo de diseños de las grandes organizaciones. Las características detalladas de la estructura burocrática ideal de Weber se destacan en la ilustración A-3.

Ilustración A-3 La burocracia ideal de Weber

1. *Especialización del puesto.* Los puestos se dividen en tareas simples, rutinarias y bien definidas.
2. *Jerarquía de la autoridad.* Las oficinas o los puestos se organizan en una jerarquía, en que cada nivel es controlado y supervisado por uno superior.
3. *Selección formal.* Todos los miembros de la organización serán seleccionados con base en las calificaciones técnicas en consideración de la capacitación, la formación profesional y un examen formal.
4. *Normas y reglamentos formales.* Para asegurar la uniformidad y regular las acciones de los empleados, los gerentes deben apoyarse en gran medida en las reglas formales de la organización.
5. *Impersonalidad.* Las reglas y los controles se aplicarán de manera uniforme, evitando el involucramiento con la personalidad y las preferencias personales de los empleados.
6. *Orientación de la carrera.* Los gerentes son funcionarios profesionales y no propietarios de la unidad que manejan. Trabajan con un sueldo fijo y pretenden hacer carrera dentro de la organización.

Teoría "del hombre social"

Puede acusarse a la gente como Taylor, Fayol, Weber de haber olvidado que los seres humanos son el núcleo central de cada organización, y que los seres humanos son animales sociales. Mary Parker Follett y Chester Barnard fueron dos teóricos que vieron la importancia de los aspectos sociales de las organizaciones. Sus ideas nacieron tarde en el periodo de la administración científica y no lograron ningún reconocimiento considerable antes de la década de los treinta.[9]

MARY PARKER FOLLETT Mary Parker Follett fue una de las primeras escritoras en reconocer que las organizaciones podían visualizarse desde la perspectiva del comportamiento individual y de grupos.[10] Una escritora transicionalista en el tiempo en que la administración científica dominaba, Follett era una filósofa social que proponía ideas más orientadas a la gente. Sus ideas tenían implicaciones claras para el comportamiento organizacional. Follett pensaba que las organizaciones deberían basarse en la ética de grupo en lugar del individualismo. Afirmaba, que el potencial individual permanecía sólo como potencial hasta que se liberara por medio de la asociación en grupo. El trabajo del gerente era armonizar y coordinar con esfuerzos de grupo. Los gerentes y los trabajadores deberían verse como socios —como parte de un grupo común. Por tanto, los gerentes deberían apoyarse más en su experiencia y conocimiento que en la autoridad formal de su puesto para dirigir a los subordinados.

Las ideas humanistas de Follet han influido en la forma en que veamos la motivación, el liderazgo, el poder y la autoridad hoy en día. De hecho los éxitos gerenciales y de la organización japonesas, que estuvieron de moda en Estados Unidos y Europa a finales de los setenta se deben a Follett. Ponen un gran énfasis en la unión del grupo y en el esfuerzo de equipo.

CHESTER BARNARD Como Henri Fayol, Chester Barnard fue un práctico. Se unió al sistema de la American Telephone and Telegraph en 1909 y se volvió presidente de la New Jersey Bell en 1927. Barnard leyó a Weber y recibió la influencia de sus ensayos. Pero a diferencia de Weber, quien tenía un punto de vista mecanicista e impersonal de las organizaciones, Barnard veía a éstas como sistemas sociales que requerían de la cooperación humana. Expresó sus ideas en *The Functions of the Executive*,[11] publicado en 1938.

Según Barnard las organizaciones estaban formadas por personas que tenían relaciones sociales que interactuaban. Los papeles más importantes de los gerentes eran comunicar y estimular a los subordinados a realizar altos niveles de esfuerzo. Una gran parte del éxito de una organización, según Barnard, dependía de la obtención de la cooperación de su personal. Barnard también sostuvo que el éxito dependía de mantener buenas relaciones con la gente y las instituciones fuera de la organización, con las cuales ésta interactuaba en forma regular. Al reconocer la dependencia de la organización respecto de los inversionistas, proveedores, clientes y otros públicos externos, Barnard introdujo la idea de que los gerentes tenían que examinar el ambiente y luego ajustar la organización para mantener un estado de equilibrio. Así, por ejemplo, sin importar cuán eficiente pudiera ser la producción de una organización, si la gerencia no aseguraba una contribución continua de materiales y provisiones o no encontraba mercados para su producción, entonces se vería amenazada la supervivencia de la organización. Mucho del interés actual en cómo afecta el ambiente a las organizaciones y sus empleados puede trazarse de acuerdo con las ideas inicialmente sugeridas por Barnard.

La era del comportamiento

El "humano" de las organizaciones llegó a su madurez durante el periodo que llamaremos la era del comportamiento. Como veremos, esta era estuvo marcada por el movimiento de las relaciones humanas y la amplia aplicación de las investigaciones de la ciencia del comportamiento. Aunque esta época conductista realmente no empezó a cobrar fuerza hasta los treinta, dos eventos anteriores merecen una mención breve ya que desempeñaron una parte importante en la aplicación y desarrollo del comportamiento organizacional. Éstos son el nacimiento de la "oficina de personal" alrededor de principios de siglo y la creación del campo de la psicología industrial con la publicación del libro de texto de Hugo Münsterberg en 1913.

El nacimiento de la "oficina de personal"

En respuesta al crecimiento del sindicalismo a principios de siglo, algunas compañías —por ejemplo, H. J. Heinz, Colorado Fuel & Iron e International Harvester— crearon el puesto de "secretario de bienestar". Se suponía que los secretarios de bienestar ayudaban a los trabajadores sugiriendo mejoras en las condiciones de trabajo, viviendas, atención médica, instalaciones educativas y recreación. Estas personas, que fueron los antecesores de los directores de personal o de los gerentes de recursos humanos, actuaban como amortiguadores entre la organización y sus empleados. La B. F. Goodrich Co. desarrolló el primer departamento en 1900, pero sus responsabilidades se limitaban a las contrataciones. En 1902, la National Cash Register Company estableció el primer departamento de trabajo amplio responsable de la administración de salarios, quejas, condiciones de empleo y de trabajo, condiciones sanitarias, registros y mejoramiento del trabajador.

El nacimiento de la psicología industrial

Hugo Münsterberg creó el campo de la psicología industrial con la publicación de su libro *Psychology and Industrial Efficiency*,[12] en 1913. En él, propuso que el estudio científico del comportamiento humano para identificar patrones generales y explicar las diferencias individuales. Es interesante, que Münsterberg haya visto un vínculo entre la administración científica y la psicología industrial. Ambas buscaban una mayor eficiencia por medio de análisis científicos del trabajo y de un mejor acoplamiento de las habilidades individuales y con las exigencias de varios puestos.

Münsterberg sugirió el uso de exámenes psicológicos para mejorar la selección de los empleados, el valor de la teoría del aprendizaje en el desarrollo de métodos de capacitación y el estudio del comportamiento humano a fin de entender cuáles son las técnicas más eficaces para motivar a los trabajadores. Mucho de nuestro conocimiento actual de las técnicas de selección, capacitación de los empleados, diseño del trabajo y la motivación se ha construido con base en el trabajo de Münsterberg.

La Carta Magna del trabajo

En seguida de la caída del mercado de 1929, Estados Unidos y gran parte de la economía del mundo entraron en la Gran Depresión. Para ayudar a aliviar los efectos de la depresión en la fuerza laboral estadounidense, el presidente Franklin Roosevelt apoyó la ley Wagner, la cual se promulgó en 1935. Esta ley reconocía a los sindicatos como representantes autorizados de los trabajadores, capacitados para negociar colectivamente con los patrones en favor de los intereses de sus miembros. La ley Wagner llegaría a ser la Carta Magna del trabajo. Legitimó el papel de los sindicatos y estimuló el rápido crecimiento de la membresía sindical. En respuesta a esta legislación, los gerentes de la industria se volvieron mucho más abiertos ante nuevas formas de manejar a sus empleados. Habiendo perdido la batalla para mantener a los sindicatos fuera de las fábricas, la gerencia empezó a tratar de mejorar las condiciones de trabajo y a buscar mejores relaciones con su fuerza laboral. Una serie de estudios realizados en la planta Hawthorne de la Western Electric sería el principal estímulo para el movimiento de relaciones humanas que recorrió toda la industria estadounidense desde finales de los treinta hasta los cincuenta.

Relaciones humanas

La esencia del movimiento de las relaciones humanas era la creencia de que la clave para una mayor productividad en las organizaciones era el incremento en la satisfacción de los empleados. Además de los estudios Hawthorne, tres personas tuvieron un papel importante en la transmisión del mensaje de relaciones humanas: Dale Carnegie, Abraham Maslow y Douglas McGregor. En esta sección, revisaremos brevemente las contribuciones de cada uno de ellos. Pero primero describiremos brevemente los muy influyentes estudios de Hawthorne.

LOS ESTUDIOS DE HAWTHORNE Si duda, la contribución más importante al movimiento de relaciones humanas dentro del comportamiento organizacional provino de los estudios de Hawthorne, que se llevaron a cabo en la planta de Hawthorne de la Western Electric Company, en Cicero, Illinois. Esos estudios, originalmente empezaron en 1924 pero con el tiempo se ampliaron y se llevaron hasta principios de los treinta; inicialmente fueron diseñados por los ingenieros industriales de la Western Electric para examinar el efecto de diversos niveles de iluminación en la productividad de los obreros. Se establecieron grupos de control y de experimentación. Se ofrecieron al grupo experimental diversas intensidades de iluminación, mientras que el grupo de control trabajaba bajo un nivel constante de iluminación. Los ingenieros habían esperado que la producción individual estuviera directamente relacionada con la intensidad de la luz. Sin embargo, encontraron que al aumentar el nivel de la luz en el grupo experimental de ambos grupos. Para sorpresa de los ingenieros, conforme el nivel de la luz caía en el grupo experimental, la productividad continuaba incrementándose en ambos grupos. De hecho, se observó una disminución en el grupo experimental sólo cuando se redujo la intensidad de la luz al nivel de la luz de la luna. Los ingenieros concluyeron que la intensidad de la iluminación no estaba directamente relacionada con la productividad del grupo, pero no pudieron explicar el comportamiento del que habían sido testigos.

En 1927, los ingenieros de la Western Electric pidieron al profesor de Harvard Elton Mayo y a sus asociados, que se unieran al estudio como consultores. Empezaron una relación que duraría hasta 1932 y abarcaría numerosos experimentos relativos al rediseño de los puestos, cambios en la duración de la jornada laboral de la semana de trabajo, la introducción de periodos de descanso y planes individuales de salario en comparación con los planes de grupo.[13] Por ejemplo, se diseñó un experimento para evaluar el efecto de un sistema de pago por pieza para el grupo sobre la productividad de éste. Los resultados indicaron que el plan de incentivos tuvo menos efecto en la producción del individuo que la presión y la aceptación de grupo, así como la seguridad intrínseca. Así, se llegó a la conclusión de que las normas o estándares sociales de grupo, eran determinantes clave del comportamiento individual en el trabajo.

Los estudiosos en general están de acuerdo en que los estudios de Hawthorne tuvieron un amplio y drástico impacto en la dirección del comportamiento organizacional y la práctica gerencial. Entre las conclusiones de Mayo figuraron las siguientes: que el comportamiento y los sentimientos estaban estrechamente relacionados, que la influencia del grupo afectaba en forma significativa el comportamiento del individuo, que las normas de grupo establecían la producción individual del trabajador y que el dinero era un factor de menor importancia para determinar la producción que los estándares y los sentimientos del grupo y la seguridad. Estas conclusiones concedieron un nuevo énfasis en el factor humano en el funcionamiento de las organizaciones y en el logro de sus metas. También condujeron a un mayor paternalismo por parte de la gerencia.

Los estudios Hawthorne han tenido sus críticas. Se ha atacado sus procedimientos, el análisis de los resultados y las conclusiones a las que llegó.[14] Sin embargo, desde el punto de vista histórico, es de pequeña importancia si los estudios eran sólidos desde un punto de vista académico o si sus conclusiones se justificaban. Lo que es importante es que estimularon el interés en los factores humanos.

DALE CARNEGIE El libro de Dale Carnegie, *How to Win Friends and Influence People*,[15] tuvo millones de lectores durante los años treinta, cuarenta y cincuenta. Durante ese mismo periodo, cientos de miles de administradores y aspirantes a gerentes asistieron a sus conferencias y seminarios sobre gerencia. Así que las ideas de Carnegie merecen atención debido al extenso auditorio que tuvieron.

El tema esencial de Carnegie es que el camino al éxito transita por el deseo de ganarse la cooperación de los demás. Aconsejaba a sus oyentes a: (1) hacer que las otras personas se sintieran importantes por medio de una apreciación sincera de sus esfuerzos; (2) luchar por causar una buena primera impresión; (3) ganar a las personas para que adopten su manera de pensar permitiendo que hablen los demás, siendo empáticos, y sin decir "nunca a alguien que está equivocado"; y (4) hacer que la gente cambie apreciando sus buenas cualidades y dando al ofensor la oportunidad de salvar el prestigio.[16]

ABRAHAM MASLOW Pocos estudiantes universitarios no han tenido contacto con las ideas de Abraham Maslow. Él era un psicólogo humanista, que propuso una jerarquía teórica de cinco necesidades: fisiológicas, de seguridad, sociales, de estima y de autorrealización.[17] Desde un punto de vista motivacional, Maslow afirmaba que debía satisfacerse cada paso en la jerarquía antes de que pudiese activarse el siguiente y una vez que una necesidad era sustancialmente satisfecha, dejaba de motivar el comportamiento. Además, él creía que la autorrealización —esto es, lograr el potencial total de uno— era el punto más alto de la existencia del ser humano. Los gerentes que aceptaron la jerarquía de Maslow trataron de modificar sus organizaciones y prácticas gerenciales para reducir las barreras a la realización de los empleados.

DOUGLAS MCGREGOR Douglas McGregor es mejor conocido por su formulación de los dos grupos de suposiciones —Teoría X y Teoría Y— acerca de la naturaleza humana.[18] Brevemente, la Teoría X descansa en la perspectiva negativa de la gente. Supone que el individuo tiene muy poca ambición, le disgusta el trabajo, trata de evitar la responsabilidad y necesita que se dirija muy de cerca para trabar con eficacia. La Teoría Y, por el otro lado, tiene su base en una perspectiva positiva de la gente. Supone que puede ejercer autodirección, aceptar responsabilidad y considerar que el trabajo es tan natural como el descanso o el juego. McGregor personalmente creyó que las suposiciones de la Teoría Y capturaban mejor la verdadera naturaleza de los trabajadores, por lo que deberían guiar la práctica gerencial. Como resultado, argumentaba que los gerentes deberían liberar a sus empleados para que desencadenaran todo su potencial creativo y productivo.

Teóricos de la ciencia del comportamiento

La última categoría dentro de la era del comportamiento abarca a un grupo de investigadores que, como Taylor en la administración científica, se apoyaron en el método científico para estudiar el comportamiento organizacional. A diferencia de los miembros del movimiento de relaciones humanas, los teóricos de la ciencia del comportamiento humano se ocuparon de la investigación objetiva del comportamiento humano en las organizaciones. Se esmeraron en evitar que sus creencias personales interfirieran en el trabajo. Intentaron desarrollar rigurosos diseños de investigación que pudieran ser copiados por otros científicos del comportamiento con la esperanza de que pudiera construirse una ciencia del comportamiento organizacional.

Una revisión profunda de las contribuciones que han hecho los teóricos de la ciencia del comportamiento requeriría cientos de páginas, ya que su trabajo constituye una gran parte de los fundamentos actuales del comportamiento organizacional. Pero para que usted tenga una prueba de su trabajo, resumiremos brevemente las contribuciones de algunos pocos de los principales teóricos.

JACOB MORENO Jacob Moreno creó una técnica analítica llamada *sociometría* para estudiar las interacciones de grupo.[19] Se pidió a los miembros de un grupo que dijeran quiénes les eran simpáticos y quiénes antipáticos; y con quiénes preferían trabajar y con quiénes no deseaban hacerlo. De esta información, recopilada mediante entrevistas, Moreno construyó sociogramas que identificaron patrones de atracción, repulsión e indiferencia entre los miembros de un grupo. El análisis sociométrico de Moreno se ha aplicado en las organizaciones para crear equipos de trabajo cohesivos y de alto desempeño.

B. F. SKINNER Pocos nombres de científicos del comportamiento son más familiares para el público en general que el de B. F. Skinner. Sus investigaciones sobre el condicionamiento operante y la modificación del comportamiento han tenido un efecto significativo en el diseño de programas de capacitación y de sistemas de recompensa organizacionales.[20]

Esencialmente, Skinner demostró que el comportamiento es una función de sus consecuencias. Encontró que la gente se involucraba más en un comportamiento deseado si se le recompensaba por ello; estas recompensas eran más eficaces si seguían a la respuesta deseada. Por otra parte, era menos probable que se repitiera el comportamiento que no se recompensaba, o incluso que se sancionaba.

DAVID MCCLELLAND El psicólogo David McClelland probó la fuerza de motivación del logro individual al pedir a ciertos sujetos que observaran una serie de fotografías ambiguas y escribieran una historia acerca de cada fotografía. Con base en estos exámenes de proyección, McClelland descubrió que era posible diferenciar a la gente con alta necesidad de logro —individuos que tenían un fuerte deseo de tener éxito u obtener logros en relación con una serie de estándares— de aquéllos con pocos deseos de realizarse o con una baja necesidad de logro.[21] Su investigación ha ayudado a las organizaciones a acoplar mejor a las personas con los trabajos, y a rediseñar los puestos para individuos con alta necesidad de logro para así maximizar su potencial de motivación. Además, McClelland y sus asociados han entrenado exitosamente a individuos para que incrementen su impulso por el logro. Por ejemplo, en la India, la gente que había pasado por la capacitación en el logro trabajaba más horas, iniciaba más negocios, hacía inversiones más grandes en valores productivos, empleaba un mayor número de trabajadores y obtenía un gran incremento en sus ingresos brutos en comparación con un grupo similar que había tenido capacitación.

FRED FIEDLER El liderazgo es uno de los temas más importantes y más ampliamente investigados en el comportamiento organizacional. El trabajo de Fred Fiedler sobre este asunto es significativo por su énfasis en los aspectos situacionales del liderazgo, así como por su intento de desarrollar una teoría amplia del comportamiento del liderazgo.[22]

Desde mediados de la década de los sesenta hasta finales de los setenta, el modelo de contingencia de Fiedler dominó la investigación del liderazgo. Desarrolló un cuestionario para medir la orientación al liderazgo inherente de un individuo e identificó tres variables contingentes que, según él, determinaban qué tipo de comportamiento de liderazgo era más eficaz. Para someter a prueba su modelo, Fiedler y sus asociados estudiaron cientos de grupos. Docenas de investigadores han tratado de repetir sus resultados. A pesar de que algunas de las predicciones del modelo no se han sostenido bien al hacer un análisis más detallado, el modelo de Fiedler ha sido una influencia muy importante en la investigación y en el pensamiento actuales acerca del liderazgo.

FREDERICK HERZBERG Con la posible excepción de los estudios Hawthorne, ninguna corriente de investigación ha tenido un mayor impacto en minar las recomendaciones del método científico que el trabajo de Frederick Herzberg.[23]

Herzberg pretende responder a la interrogante: ¿qué quieren los individuos de sus trabajos? Planteó esta pregunta a cientos de personas a finales de la década de los cincuenta y analizó minuciosamente sus respuestas. Concluyó que la gente prefería trabajos que ofrecieran oportunidades de reconocimiento, logro, responsabilidad y crecimiento. Los gerentes que se interesaban en asuntos como las políticas de la compañía, el salario del empleado, la creación de puestos limitados y repetitivos y el desarrollo de condiciones de trabajo favorables podrían aplacar a sus trabajadores, pero no motivarlos. De acuerdo con Herzberg, si los gerentes desean motivar a su gente, deben rediseñar sus puestos para hacer que sus trabajadores desempeñen más tareas y que éstas sean más variadas. Mucho del interés actual de enriquecer los puestos y de mejorar la calidad de la vida de trabajo tienen su origen en la investigación de Herzberg.

J. RICHARD HACKMAN Y GREG OLDHAM Aunque las conclusiones de Herzberg se acogieron con entusiasmo, la metodología que usó para llegar a esas conclusiones estaba lejos de ser aceptada con entusiasmo. Sería el trabajo de J. Richard Hackman y Greg Oldham, en la década de los setenta, lo que daría una explicación de cómo los factores de los puestos influyen en la motivación y la satisfacción del empleado y lo que ofrecería un marco de referencia válido para analizar los puestos.[24] La investigación de Hackman y Oldham también develó las dimensiones centrales del trabajo —variedad en las habilidades, identidad y significado de la tarea, autonomía y retroalimentación— que han funcionado bien como guías en el diseño de los puestos. Más específicamente, Hackman y Oldham descubrieron que entre los individuos con fuertes necesidades de crecimiento, los trabajos que califican alto en estas cinco dimensiones centrales llevan a un desempeño alto del empleado y satisfacción.

El CO hoy en día: una perspectiva de contingencia

Hemos tratado de demostrar en este apéndice que el estado actual del comportamiento organizacional abarca ideas que se introdujeron hace decenios y, a veces, hasta cientos de años. Así que no pensemos que los conceptos de una época *reemplazan* a los de la anterior pues, más bien, se trata de *extensiones* y *modificaciones* de las ideas anteriores. Como lo demuestra United Parcel Service, muchos de los principios de la administración científica de Taylor pueden aplicarse hoy en día con resultados impresionantes. Claro, eso no significa que esos principios funcionen de igual manera en otras organizaciones. Si hay algo que hemos aprendido durante el último cuarto de siglo, es que pocas ideas —no importa lo atractivas que sean— son aplicables a *todas* las organizaciones o a *todos* los puestos o a *todos* los tipos de empleados. En nuestros días, es necesario estudiar y aplicar el comportamiento organizacional en un marco de contingencia.

Los fanáticos del béisbol saben que un bateador no *siempre* trata de batear un *home run*. Eso depende del marcador, la entrada, si hay los corredores en base y variables similares de contingencia. De igual manera, usted no puede decir que los estudiantes siempre aprenden más en grupos pequeños que en grandes. Un amplio cuerpo de investigación educacional nos dice que los factores de *contingencia,* como el contenido del curso y el estilo de enseñanza del profesor influyen en la relación entre el tamaño del grupo y la eficacia del aprendizaje. Aplicada al comportamiento organizacional, la teoría de la contingencia reconoce que no "hay una mejor manera" de manejar a la gente en las organizaciones y tampoco un solo grupo de principios que puedan aplicarse universalmente.[25]

Un enfoque de contingencia del estudio del CO es intuitivamente lógico. ¿Por qué? Porque es obvio que las organizaciones difieren en tamaño, objetivos, necesidades e incertidumbres ambientales. De igual manera, los empleados difieren en valores, actitudes, necesidades y experiencias. En otras palabras sería sorprendente encontrar que hay principios aplicables de manera universal que funcionan en *todas* las situaciones. Pero, claro, una cosa es decir "todo depende" y otra decir "de *qué* depende todo esto".

Los temas más populares del CO en la investigación de los años recientes han sido las teorías de la motivación, el liderazgo, el diseño de los puestos y la satisfacción en el trabajo.[26] Pero así como en décadas de los sesenta y setenta surgieron nuevas teorías, desde entonces se ha puesto en énfasis las teorías existentes, aclarar las hipótesis anteriores e identificar las variables de contingencia relevantes.[27] Esto es, los investigadores han estado tratando de identificar cuáles son las variables esenciales y cuáles las relevantes para entender varios fenómenos del comportamiento. En el fondo, esta situación refleja la madurez del CO como una disciplina científica. A corto plazo, es probable que la investigación del CO continúe enfocándose en afinar las teorías actuales a fin de que ayuden a entender mejor aquellas situaciones donde es más probable que sean de utilidad.

Resumen

Aunque las semillas del comportamiento organizacional se plantaron hace más de 200 años, la teoría y la práctica del CO actuales son esencialmente productos del siglo xx.

Los principios de la administración científica propuestos por Taylor sirvieron para precisar y estandarizar los puestos de la gente. Henri Fayol definió las funciones universales que desempeñan todos los gerentes y los principios que constituyen una buena práctica de la administración. Max Weber desarrolló una teoría de estructuras de autoridad y describió la actividad organizacional con base en las relaciones de autoridad.

La era del "lado humano" de las organizaciones llegó en la década de los treinta, predominantemente como resultado de los estudios de Hawthorne. Estos estudios llevaron a un nuevo énfasis en el factor humano en las organizaciones y a un mayor paternalismo por parte de la gerencia. A finales de la década de los cincuenta, las ideas de autores como Abraham Maslow y Douglas McGregor captaron la atención de los gerentes. Ellos proponían que las estructuras de la organización y las prácticas la gerenciales tenían que modificarse a fin de estimular el pleno potencial productivo de los empleados. Las teorías de la motivación y el liderazgo expuestas por David McClelland, Fred Fiedler, Frederick Herzberg, y otros científicos del comportamiento durante la década de los sesenta y setenta proporcionaron a los gerentes grandes conocimientos del comportamiento del empleado.

Casi todos los conceptos de la administración contemporánea y del comportamiento organizacional se basan en la contingencia. Esto es, proporcionan varias recomendaciones que dependan de los factores situacionales. Como una disciplina que alcanza su madurez, la investigación del CO actual hace hincapié en el refinamiento de las teorías existentes.

INVESTIGACIÓN EN EL COMPORTAMIENTO ORGANIZACIONAL

Hace unos años, un amigo estaba muy emocionado porque había leído los descubrimientos de una investigación que finalmente, de una vez por todas, contestaba la pregunta de lo que se necesita para llegar a la cima en una gran corporación. Yo dudé de que hubiera una simple respuesta para esta pregunta, pero no queriendo disminuir su entusiasmo, le pedí que me dijera lo que había leído. La respuesta, de acuerdo con mi amigo, era la *participación en competencias universitarias de atletismo*. Decir que me mostré escéptico de su pretensión es hablar con moderación. Le pedí que me hablara más sobre el asunto.

El estudio abarcaba 1,700 altos ejecutivos exitosos de las 500 corporaciones estadounidenses más grandes. Los investigadores encontraron que la mitad de esos ejecutivos habían practicado algún deporte a nivel universitario.[1] Mi amigo, que es bueno con las estadísticas, me informó que ya que menos de 2% de los estudiantes universitarios participaban en atletismo intercolegial, ¡la probabilidad de encontrar esta posibilidad por simple azar era de menos de 1 en 10 millones! Concluyó su análisis diciendo que, con base en esta investigación, debería alentar a mis estudiantes de administración a que se pusieran en forma y se unieran a alguno de los equipos deportivos de la universidad.

Mi amigo se perturbó mucho cuando le sugerí que sus conclusiones eran erróneas. Todos esos ejecutivos eran hombres que habían asistido a la universidad en las décadas de los cuarenta y cincuenta. ¿Tendría su consejo algún significado para las mujeres en la década de los noventa? Estos ejecutivos tampoco habían sido los típicos estudiantes universitarios. La mayoría había asistido a colegios privados elitistas como Princeton y Lehigh, donde una gran proporción del cuerpo estudiantil participa en deportes intercolegiales. Y estos "atletas" no habían jugado necesariamente fútbol americano o básquetbol; muchos habían participado en golf, tenis, béisbol, carreras a campo traviesa, *rugby* y deportes similares menores. Más aún, probablemente los investigadores habían confundido la dirección de la causalidad. Esto es, tal vez los individuos con la motivación y la habilidad para llegar a la cima de una gran corporación eran aquellos que se sentían atraídos por las actividades de competencia como el atletismo universitario.

Mi amigo había utilizado mal la información de la investigación. Claro, él no es el único. A todos nos bombardean continuamente con informes de experimentos que relacionan ciertas sustancias con el cáncer en los ratones y resultados de encuestas que muestran el cambio de actitudes hacia el sexo entre los estudiantes universitarios, por mencionar sólo dos ejemplos. Muchos de estos estudios fueron diseñados con cuidado, exigieron minuciosidad al observar las implicaciones y limitaciones de los descubrimientos. Pero algunos estudios han sido mal diseñados lo que causa que sus conclusiones sean, en el mejor de los casos, sospechosas y, lo que es peor, carezcan de significado.

Lejos de tratar de convertirlo en un investigador, el propósito de este apéndice es profundizar su conciencia como usuario de la investigación del comportamiento. Un conocimiento de los métodos de investigación le permitirá apreciar en detalle el cuidado que se tuvo en la recopilación de datos que sustente la información y las conclusiones de este texto. Más aún, conocer los métodos de investigación hará que usted se convierta en un evaluador más hábil de esos estudios del CO que pululan en las revistas de negocios y profesionales. Así pues, es importante evaluar la investigación del comportamiento porque: (1) es la base sobre la cual se construyen las teorías expuestas en este texto, y (2) le beneficiará en años futuros cuando tenga usted que leer informes de investigación y trate de determinar su validez.

El propósito de la investigación

La *investigación* se ocupa de la reunión sistemática de la información. Su propósito es ayudarnos en la búsqueda de la verdad. Aunque nunca encontraremos la verdad última —en nuestro caso, eso sería saber precisamente cómo una persona se comportará en cualquier contexto organizacional— la investigación continúa agregando conocimientos a nuestro *bagage* sobre el conocimiento del CO al apoyar algunas teorías, al contradecir otras y al sugerir nuevas teorías para reemplazar aquellas que no llegan a ser convincentes.

Terminología de la investigación

Los investigadores tienen su propio vocabulario para comunicarse entre ellos y con los externos. A continuación se definen brevemente algunos de los términos más populares que usted probablemente encontrará en los estudios de la ciencia del comportamiento.[2]

VARIABLE Una *variable* es cualquier característica general que puede medirse y que cambia ya sea en su amplitud, intensidad, o en ambas. Algunos ejemplos de variables del CO que se manejan en este libro son la satisfacción en el trabajo, la productividad del empleado, la tensión en el trabajo, la habilidad, la personalidad y las normas de grupo.

HIPÓTESIS Una explicación tentativa de la relación entre dos o más variables se denomina *hipótesis*. El enunciado de mi amigo acerca de que practicar algún deporte en la universidad llevaba a una posición de alto ejecutivo en una gran corporación es un ejemplo de hipótesis. Mientras no se confirme mediante la investigación empírica, una hipótesis permanece sólo como explicación *tentativa*.

VARIABLE DEPENDIENTE Una *variable dependiente* es una respuesta afectada por una variable independiente. En términos de la hipótesis, es la variable que el investigador desea explicar. Con referencia a nuestro ejemplo del inicio, la variable dependiente en la hipótesis de mi amigo era el éxito del ejecutivo. En la investigación del comportamiento organizacional, las variables dependientes más populares son la productividad, el ausentismo, la rotación, la satisfacción en el trabajo y el compromiso organizacional.[3]

VARIABLE INDEPENDIENTE Una *variable independiente* es la causa presumible de algún cambio en la variable dependiente. Participar en algún equipo de atletismo era la variable independiente en la hipótesis de mi amigo. Entre las variables independientes que han sido estudiadas por los investigadores del CO se incluyen: la inteligencia, la personalidad, la satisfacción en el trabajo, la experiencia, la motivación, los patrones de reforzamiento, los estilos de liderazgo, la distribución de la recompensa, los métodos de selección y el diseño organizacional.

Usted pudo haber notado que dijimos que los investigadores del CO consideran la satisfacción en el trabajo a veces como una variable dependiente y a veces como independiente. Esto no es un error. Simplemente refleja el hecho de que la etiqueta dada a una variable depende del lugar que ocupe en la hipótesis. En el enunciado: el "incremento en la satisfacción en el trabajo lleva a una menor rotación de personal", la satisfacción en el trabajo es una variable independiente. Sin embargo, en el enunciado "los aumentos monetarios conducen a una mayor satisfacción en el trabajo", esta última se vuelve una variable dependiente.

VARIABLE MODERADORA   Una *variable moderadora* disminuye el efecto de la variable independiente sobre la dependiente. Podría considerarse también como la variable de contingencia: si *X* (variable independiente), entonces *Y* (variable dependiente) ocurrirá, pero sólo en condiciones *Z* (variable moderadora). Para traducir esto a un ejemplo de la vida real, podríamos decir que si incrementamos la cantidad de supervisión directa en el área de trabajo (*X*), entonces habrá un aumento en la productividad del trabajador (*Y*), pero este efecto será moderado por la complejidad de las tareas que se llevarán a cabo (*Z*).

CAUSALIDAD   Por definición, una hipótesis implica una relación. Esto es, implica una causa presumible y un efecto. Esta dirección de la causa y efecto se conoce como *causalidad*. Se supone que los cambios en la variable independiente causan cambios en la variable dependiente. Sin embargo, en la investigación del comportamiento, es posible hacer una suposición incorrecta de la causalidad cuando se encuentran relaciones entre la satisfacción del empleado y la productividad. Se concluyó que un trabajador feliz era un trabajador productivo. Una investigación de seguimiento ha apoyado la relación, pero no conforma la dirección de la flecha. La evidencia sugiere de manera más apropiada que la alta productividad lleva a la satisfacción, en lugar de que sea al contrario.

COEFICIENTE DE CORRELACIÓN   Una cosa es decir que hay una relación entre dos o más variables y otra es conocer la *fortaleza* de esa relación. El término *coeficiente de correlación* indica esa fortaleza y se expresa como un número entre –1.00 (una relación negativa perfecta) y +1.00 (una correlación positiva perfecta).

Cuando dos variables varían directamente una de otra, la correlación se expresa con un número positivo. Cuando varían inversamente —esto es, una se incrementa y la otra disminuye— la correlación se expresa con un número negativo. Si las dos variables varían independientemente una de otra, decimos que la correlación entre ellas es cero.

Por ejemplo, un investigador puede encuestar a un grupo de empleados para determinar la satisfacción de cada uno con su puesto. Luego, usando los informes de ausentismo de la empresa, el investigador podría correlacionar las calificaciones de la satisfacción en el trabajo contra los registros individuales de asistencia para determinar si los empleados que están más satisfechos con sus puestos tienen una mejor asistencia que sus contrapartes que indicaron una menor satisfacción. Supongamos que el investigador encontró un coeficiente de correlación entre la satisfacción y la asistencia de + 0.50. ¿Sería esa una asociación fuerte? Por desgracia no hay un corte numérico preciso que separe las relaciones fuertes y débiles. Se necesitaría aplicar una prueba de estadística estándar para determinar si la relación es significativa.

Es necesario hacer una observación aparte antes de seguir. Un coeficiente de correlación mide sólo la fuerza de la asociación entre dos variables. Un valor alto *no* implica causalidad. Por ejemplo, se ha observado que el largo de las faldas de las mujeres y los precios del mercado de valores están altamente correlacionados, pero uno debería tener cuidado de no inferir que existe una relación causal entre ellos. En este ejemplo, la alta correlación es más una ocurrencia (producto del azar) que una predicción.

TEORÍA El último término que presentamos en esta sección es la *teoría*. La teoría describe una serie de conceptos o hipótesis sistemáticamente interrelacionados que fundamentan la explicación y la predicción de un fenómeno. En el CO, es frecuente llamar *modelos* a las teorías. Utilizamos de manera indistinta los dos términos.

No faltan teorías en el CO. Por ejemplo, tenemos teorías que describen lo que motiva a la gente, los estilos más eficaces de liderazgo, la mejor manera de resolver conflictos y la forma en que la gente adquiere poder. En algunos casos, tenemos varias teorías distintas que intentan explicar y predecir un fenómeno dado. ¿En tales casos, una es la correcta y las otras son erróneas? ¡No! Esto no es más que un reflejo del trabajo en la ciencia —los investigadores ponen a prueba teorías anteriores, las modifican y, cuando es apropiado, proponen nuevos modelos que pueden probar tener mayores poderes explicativos y predictivos. Las múltiples teorías que tratan de explicar fenómenos comunes simplemente atestiguan que el CO es una disciplina activa, todavía en crecimiento y evolución.

Evaluación de la investigación

Como usuario potencial de la investigación del comportamiento, usted debería seguir el consejo del *caveat emptor* —¡permita que el comprador conozca! Al evaluar cualquier estudio de investigación, usted necesita hacer tres preguntas.[4]

¿Es válido? ¿Está midiendo realmente el estudio lo que pretende medir? En años recientes, los patrones han desechado muchos exámenes psicológicos, debido a que se ha encontrado que no son mediciones válidas de la habilidad del solicitante para realizar bien un trabajo. Pero el tema de la validez es relevante en todos los estudios de investigación. Así, si usted encuentra un estudio que relacione los equipos cohesivos de trabajo con la alta productividad, deseará saber cómo se midió cada una de esas variables y si en realidad miden lo que se proponen medir.

¿Es confiable? La confiabilidad se refiere a la consistencia de la medición. Si midiera su estatura todos los días con un metro de madera, obtendría resultados altamente confiables. Por otro lado, si la midiera diariamente con una cinta métrica elástica, probablemente habría una disparidad considerable entre las mediciones de su altura de un día al otro. Su estatura, claro, no cambia día con día. La variabilidad se debe a la falta de confiabilidad del instrumento de medición. Así, si una compañía pregunta a un grupo de sus empleados que lleve un cuestionario confiable sobre la satisfacción en el puesto, y luego repite el cuestionario seis meses después, esperaríamos que los resultados fueran muy similares —suponiendo que se mantuviera constante todo lo que pudiera afectar en forma significativa la satisfacción del empleado.

¿Es generalizable? ¿Es posible generalizar los resultados de la investigación a los grupos de individuos que no han participado en el estudio original? Tenga cuidado, por ejemplo, de las limitaciones que pudieran existir en las investigaciones cuya muestra de estudio está conformada por universitarios. Los hallazgos de tales estudios ¿son generalizables a empleados de tiempo completo en trabajos reales? ¿De igual manera, qué tan generalizable a toda la población laboral son los resultados de un estudio que evalúa la tensión en el puesto entre 10 ingenieros de una planta generadora de energía en la Bahía Mahone, de Nueva Escocia?

El diseño de la investigación

El diseño de la investigación es un ejercicio de intercambio. La riqueza de la información suele acompañarse de una menor generalización. Cuanto más un investigador busca controlar las variables que confunden, más probable es que sus resultados sean menos realistas. Una gran precisión, una mayor generalización y un control más estricto casi siempre se traducen en mayores costos. Cuando los investigadores deciden a quién estudiarán, dónde realizarán su investigación, los métodos que utilizarán para recopilar información, y así sucesivamente, necesitan hacer algunas concesiones. Los buenos diseños de investigación no son perfectos, pero reflejan cuidadosamente las preguntas en que se centran. Mantenga en mente estos hechos al revisar las fortalezas y debilidades de cinco diseños populares de investigación: estudios de caso, encuestas de campo, experimentos de laboratorio, experimentos de campo y revisiones cuantitativas agregadas.

ESTUDIO DE CASO Usted hojea un ejemplar de la autobiografía de Soichiro Honda. En él se describe la pobreza de su niñez; sus decisiones para abrir un pequeño garaje, ensamblar motocicletas y con el tiempo fabricar automóviles; y cómo llevó esto a la creación de una de las corporaciones más grandes y de mayor éxito en el mundo. O bien, usted está en una clase de negocios y el profesor le entrega un juego de 50 páginas que trata sobre dos compañías: Compaq Computer y Digital Equipment Corporation (DEC). El artículo le detalla la historia de las dos compañías, describe sus líneas de productos, sus instalaciones de producción, su filosofía de la gerencia y sus estrategias de mercado, e incluye copias de sus hojas de balance recientes y de sus estados de ingresos. El instructor le pide al grupo que lea el artículo, analice la información y determine por qué en los años recientes Compaq ha tenido más éxito que DEC.

La autobiografía de Soichiro Honda y los artículos de Compaq y DEC son estudios de caso. Obtenidos de situaciones de la vida real, los estudios de caso presentan un análisis profundo de un ambiente o una situación determinados. Son descripciones completas, ricas en detalles acerca de un individuo, un grupo o una organización. La fuente principal de información en los estudios de caso es la observación, ocasionalmente respaldada por entrevistas y una revisión de los archivos y documentos.

Los estudios de caso tienen sus desventajas. Están abiertos al prejuicio perceptual y sujetos a interpretaciones subjetivas del observador. El lector de un caso es cautivo de lo que el observador/escritor selecciona y determina incluir o excluir. Los casos también ceden la generalización a cambio de la profundidad de la información y riqueza de los detalles. Puesto que siempre es peligroso generalizar a partir de una muestra de uno, este tipo de estudios dificulta comprobar o rechazar una hipótesis. Por otro lado, usted no puede pasar por alto la profundidad de los análisis que a menudo los casos proporcionan. Son un instrumento excelente para la investigación exploratoria inicial y para evaluar los problemas de la vida real en las organizaciones.

ENCUESTA DE CAMPO Un cuestionario formado por aproximadamente una docena de preguntas pretendía examinar el contenido de los programas de capacitación para supervisores en corporaciones de millones de dólares. Se enviaron por correo las copias del cuestionario, acompañadas de una carta en que se explicaba la naturaleza del estudio, a las oficinas de capacitación corporativa de 250 corporaciones seleccionadas al azar de la lista de *Fortune* 500; 155 funcionarios respondieron. Los resultados de esta encuesta pusieron de manifiesto, entre otras cosas, que el tema más común de capacitación era retroalimentar a los empleados respecto de la evaluación del desempeño (92% de las compañías encuestadas seleccionaron este tema como el aspecto más común de su programa). A éste le siguió muy de cerca el desarrollo de habilidades eficaces de delegación (90%) y de habilidades de escuchar (83%).[5]

El estudio anterior se refiere a una encuesta de campo típica. Se seleccionó una muestra de personas que pudieran contestar (en este caso, 250 funcionarios de capacitación corporativa) en representación de un grupo más grande que se estaba examinando (funcionarios de capacitación corporativa de las 500 compañías de *For-*

tune). Los respondientes se encuestaron mediante un cuestionario o una entrevista, para recabar información sobre características específicas (el contenido de los programas de capacitación para supervisores) de interés para el investigador. La estandarización de las respuestas permite que la información sea fácilmente cuantificada, analizada y resumida, y que el investigador formule inferencias de la muestra representativa acerca del universo más grande.

La encuesta de campo permite economizar al hacer la investigación. Es menos costoso usar una muestra de una población que obtener información de cada miembro de ese universo. Además, como el ejemplo del programa de capacitación para supervisores lo ilustra, las encuestas de campo constituyen un medio eficaz de descubrir qué piensa la gente acerca de ciertos temas, o cómo dicen ellos que se comportan. Después, esta información puede cuantificarse fácilmente. Pero la encuesta de campo tiene numerosas debilidades potenciales. Primero, el envío por correo de cuestionarios rara vez obtiene el 100% de las respuestas. Las tasas bajas de respuesta ponen en duda si las conclusiones basadas en las respuestas recibidas son generalizables a quienes no respondieron. Segundo, el formato de encuesta es mejor para dar a conocer las actitudes y percepciones de las personas que respondieron, que su comportamiento. Tercero, las respuestas pueden sufrir de "deseabilidad social"; esto es, la gente dice lo que piensa que el investigador quiere escuchar. Cuarto, ya que las encuestas de campo están diseñadas para enfocarse en temas específicos, son un medio relativamente pobre de adquirir información en profundidad. Finalmente, la cualidad de las generalizaciones es en gran parte un factor de la población escogida. Las respuestas de los ejecutivos de las compañías de *Fortune* 500, por ejemplo, no dicen nada acerca de compañías pequeñas o medianas o de las organizaciones no lucrativas. En resumen, aun una encuesta de campo bien diseñada cede la profundidad de la información a cambio de la amplitud, la generalización y las eficiencias económicas.

EXPERIMENTO DE LABORATORIO El siguiente estudio es un ejemplo clásico de un experimento de laboratorio. Un investigador, Stanley Milgram, deseaba saber cuánto soportarían los individuos siguiendo órdenes. Si se colocaran sujetos en el papel de maestro en un experimento de aprendizaje, y un experimentador les dijera que aplicaran un choque eléctrico a un aprendiz cada vez que éste cometiera un error, ¿seguirían los sujetos las órdenes del experimentador? ¿Su voluntad de cumplirlas disminuiría conforme aumentara la intensidad del choque?

Para probar la hipótesis, Milgram contrató un grupo de sujetos. A cada uno se le hizo creer que el experimento era para investigar el efecto del castigo en la memoria. Su trabajo era actuar como maestro y administrar el castigo cuando el aprendiz cometiera un error en el examen de aprendizaje.

El castigo era un choque eléctrico. El sujeto se sentaba enfrente de un generador de choques con 30 niveles de intensidad —desde cero hasta 450 volts, en incrementos progresivos de 15 volts. Las demarcaciones de estas posiciones variaban desde "choque suave" en 15 volts hasta "peligro: choque severo" a 450 volts. Para hacer más realista el experimento, los sujetos recibían un choque de muestra de 45 volts y veían al alumno —un hombre agradable, de carácter pacífico, como de 50 años— amarrado a una "silla eléctrica" en un cuarto adyacente. Claro que el aprendiz era un actor y los choques eléctricos eran simulados, pero los sujetos no lo sabían.

Al tomar su asiento enfrente del generador de choques, se ordenaba al sujeto que empezara con el nivel más bajo de choque y que incrementara la intensidad del choque al siguiente nivel cada vez que el alumno tuviera un error o no contestara.

Cuando el examen empezó, la intensidad del choque se incrementó rápidamente debido a que el aprendiz cometía muchos errores. El sujeto recibía retroalimentación verbal del aprendiz: a los 75 volts, el aprendiz empezaba a gruñir y a quejarse; a los

150 volts, exigía salir del experimento; a los 180 volts, gritaba que ya no podía soportar el dolor; y a los 300 volts, insistía en que se le dejara salir, gritaba acerca de su condición cardiaca, gritaba y luego no respondía las siguientes preguntas.

La mayoría de los sujetos protestó y, temerosos éstos de que pudieran matar al aprendiz al incrementar los choques al poder causarle un ataque al corazón, insistieron en que no podían continuar con su trabajo. Los titubeos o las protestas del sujeto tenían como respuesta un solo enunciado del experimentador: "¡Usted no tiene opción, debe continuar! Su trabajo es castigar los errores del aprendiz." Claro, los sujetos si tenían una opción. Todo lo que tenían que hacer era ponerse de pie y retirarse.

La mayoría de los sujetos disintió. Pero la disensión no es sinónimo de desobediencia. 62% de los sujetos incrementó el nivel de choque al máximo de 450 volts. El nivel promedio de choque suministrado por el 38% restante fue de casi 370 volts.[6]

En un experimento de laboratorio como el conducido por Milgram, el investigador crea un ambiente artificial. Luego manipula una variable independiente en condiciones controladas. Por último, puesto que las otras cosas permanecen igual, el investigador puede concluir que cualquier cambio en la variable dependiente se debe a la manipulación o cambio impuesto en la variable independiente. Note que, debido a las condiciones controladas, el investigador puede obtener relaciones causales entre las variables independiente y dependiente.

El experimento de laboratorio cambia el realismo y la generalidad por la precisión y el control. Proporciona un alto grado de control sobre las variables y una medición precisa de esas variables. Pero los descubrimientos de los estudios de laboratorio con frecuencia son difíciles de generalizar al mundo real del trabajo. Esto se debe a que el laboratorio artificial rara vez duplica la complejidad y los matices de las condiciones de las organizaciones reales. Además, muchos experimentos de laboratorio tratan fenómenos que no pueden reproducirse o aplicarse a las situaciones de la vida real.

EXPERIMENTO DE CAMPO El siguiente estudio es un ejemplo de experimento de campo. La dirección de una gran compañía está interesada en determinar el impacto que una semana laboral de cuatro días tendría en el ausentismo del empleado. Para ser más específicos, la gerencia quiere saber si los empleados que trabajan cuatro días de diez horas tiene tasas menores de ausentismo que los trabajadores similares que trabajan cinco días a la semana de ocho horas cada uno. Debido a que la compañía es grande, tiene numerosas plantas manufactureras que emplean fuerza de trabajo esencialmente similar. Se escogen dos de éstas para el experimento, ambas localizadas en una gran área de Cleveland. Obviamente, no sería apropiado comparar dos plantas de igual tamaño si una estuviera en un área rural de Mississippi y la otra en una zona urbana en Copenhague, debido a que factores como la cultura nacional, la transportación y el clima pudieran explicar con mayor probabilidad cualquier diferencia que se encontrara, más que los cambios en el número de días trabajados por semana.

En una planta, el experimento se puso en marcha —los trabajadores empezaron la semana de cuatro días. En la otra planta, que se convirtió en el grupo de control, no se hicieron cambios en la semana laboral de cinco días. Los registros de faltas se tomaron de los archivos de la empresa en ambas localidades durante un periodo de 18 meses. Este extenso periodo disminuyó la posibilidad de que se distorsionara cualquier resultado por la simple novedad de los cambios puestos en práctica en la planta experimental. Después de 18 meses, la administración encontró que el ausentismo había decrecido en un 40% en la planta experimental y sólo un 6% en la planta de control. Debido al diseño de este estudio, la gerencia creyó que la mayor baja en las ausencias de la planta experimental se debió a la introducción de la semana comprimida de trabajo.

El experimento de campo es similar al de laboratorio, excepto que se desarrolla en una organización real. El ambiente natural es más realista que el del laboratorio y esto incrementa la validez pero obstaculiza el control. Además, a menos que se mantengan grupos de control, puede haber una pérdida de éste si intervienen fuerzas extrañas —por ejemplo, una huelga, un despido masivo o una reestructuración corporativa. Probablemente la mayor preocupación con los estudios de campo tenga que ver con el prejuicio de selección organizacional. No todas las organizaciones van a permitir que investigadores externos vengan y estudien a sus empleados y sus operaciones. Esto es especialmente cierto en aquellas empresas que tienen problemas serios. Por tanto, ya que la mayoría de los estudios publicados sobre el CO se ha realizado por investigadores externos, el prejuicio de selección podría influir para que se publicaran estudios realizados casi exclusivamente en organizaciones exitosas y bien administradas.

Nuestra conclusión general es que, de los cuatro diseños de investigación que hemos discutido, el experimento de campo proporciona los hallazgos más válidos y generalizables y, excepto por su alto costo, dan lo menos por lo más.

REVISIONES CUANTITATIVAS AGREGADAS ¿Qué relación hay, si existe alguna, entre el genero del empleado y la tensión ocupacional? Ha habido numerosas encuestas individuales de campo y revisiones cualitativas de estas encuestas que han tratado de arrojar luz a esta pregunta. Desafortunadamente, estos estudios han producido resultados contradictorios.

Para tratar de conciliar estas contradicciones, los investigadores de Michigan State University identificaron todos los estudios publicados que correlacionaban el sexo y la tensión en contextos relacionados con el trabajo.[7] Después de desechar los informes que contenían datos inadecuados, no cuantitativos y que no incluían tanto a hombres como a mujeres en su muestra, los investigadores redujeron su grupo a 15 estudios que incluían información sobre 9,439 individuos. Usando una técnica de agregados llamada *metanálisis*, los investigadores integraron cuantitativamente los estudios y concluyeron que no había diferencias en la tensión experimentada entre hombres y mujeres en el ambiente de trabajo.

La revisión de sexo-tensión realizada por los investigadores de la estatal de Michigan ilustra el uso del metanálisis, una forma cuantitativa de revisión bibliográfica que permite a los investigadores precisar la validez de los resultados de un grupo amplio de estudios individuales, y luego aplicarles una fórmula para determinar si produjeron consistentemente resultados similares.[8] Si los resultados prueban ser consistentes, esto permite a los investigadores concluir con más seguridad que la validez es generalizable. El metanálisis es un medio para superar la probable imprecisión de las interpretaciones de las revisiones cualitativas. Además, la técnica permite que los investigadores identifiquen el potencial de las variables moderadoras entre una variable independiente y una dependiente.

En los últimos 12 años, se ha incrementado la popularidad de este método de investigación. ¿Por qué? Porque parece ofrecer un medio más objetivo para hacer las revisiones bibliográficas tradicionales. A pesar de que el uso del metanálisis requiere que los investigadores hagan varios juicios de valor, los cuales pueden introducir una considerable cantidad de subjetividad al proceso, no hay duda de que sus revisiones se han difundido ampliamente en las publicaciones sobre el CO.

La ética en la investigación

Los investigadores no siempre son cuidadosos ni siempre son sinceros con los sujetos cuando hacen sus estudios. Por ejemplo, las personas que responden las preguntas de las encuestas de campo pudieran percibirlas como vergonzosas o como una invasión a la intimidad. Asimismo se sabe que los investigadores que han dirigido estudios de laboratorio han engañado a los participantes sobre el verdadero propósito de su experimento "debido a que creían que el engaño era necesario para obtener respuestas honestas".[9]

Los psicólogos criticaron mucho los "experimentos de aprendizaje" realizados por Stanley Milgram, por motivos éticos. Él mintió a los sujetos, diciéndoles que el objetivo de su estudio era investigar el aprendizaje, cuando, de hecho, él estaba interesado en la obediencia. La máquina de choques que él utilizó era falsa. Aun el "aprendiz" era un cómplice de Milgram, que había sido capacitado para a actuar como si él fuera herido o tuviera dolor.

Las asociaciones profesionales como la American Psychological Association, la American Sociological Association y la Academy of Management han publicado guías formales para la conducción de investigaciones. Sin embargo, el debate ético, continúa. De un lado están aquellos que sostienen que los controles estrictos pueden dañar la validez científica de un experimento y lesionar la investigación futura. El engaño, por ejemplo, con frecuencia es necesario para evitar contaminar los resultados. Además, los partidarios de la minimización de los controles éticos han hecho notar que pocos sujetos han sido dañados exactamente por experimentos engañosos. Aun en el experimento altamente manipulador de Milgram, sólo 1.3% de los sujetos informó tener sentimientos negativos acerca de su experiencia. El otro lado de este debate se enfoca en los derechos de los participantes. Aquellos que están en favor de controles éticos estrictos sostienen que ningún procedimiento debería ser emocional o físicamente estresante para los sujetos, y que, como profesionales, los investigadores están obligados a ser por completo honestos con los sujetos y proteger su privacidad a toda costa.

Ahora, demos una mirada a una muestra de los aspectos éticos relacionados con la investigación. ¿Usted piensa que el experimento de Milgram carecía de ética? ¿Juzgaría falto de ética el hecho de que una compañía anónimamente encuestara a sus empleados mediante cuestionarios por correo sobre sus intenciones de renunciar a su trabajo actual? ¿Sería diferente su opinión si la compañía codificara las respuestas para identificar a aquellos que no quisieron responder con el fin de enviarles cuestionarios de seguimiento? ¿Sería carente de ética que la administración escondiera una cámara de video en el piso de producción para estudiar los patrones de interacción de grupo (con la meta de usar la información para diseñar equipos de trabajo más efectivos), sin primero decirles a los empleados que se han convertido en sujetos de investigación?

Resumen

El tema del comportamiento organizacional está compuesto de un gran número de teorías que se basan en la investigación. Los estudios de investigación, cuando se han integrado en forma acumulativa, se vuelven teorías; y las teorías se proponen y se les da seguimiento mediante estudios de investigación diseñados para validarlos. Los conceptos que constituyen el CO, por tanto, sólo son tan válidos como la investigación que los apoya.

Los temas y los asuntos que se han estudiado en este texto, en su mayor parte, se derivan de la investigación. Representan el resultado de una recopilación sistemática de información en lugar de ser simples corazonadas, intuiciones u opiniones. Por supuesto, esto no significa que tengamos todas las respuestas a los temas del CO. Muchos de éstos requieren mayor evidencia que corrobore su validez. La posibilidad de la generalización de otros está limitada por los métodos de investigación. Pero se está creando y publicando nueva información a un ritmo acelerado. Para mantenerse al día con los últimos hallazgos, exhortamos al lector a que revise periódicamente las investigaciones más recientes, sobre el comportamiento organizacional. Los trabajos más académicos se encuentran en revistas como: *Academy of Management Journal, Academy of Management Review, Administrative Science Quarterly, Human Relations, Journal of Applied Psychology, Journal of Management* y *Leadership Quarterly*. Para interpretaciones más prácticas de los resultados de la investigación del CO, recomendamos leer: *Academy of Management Executive, California Management Review, Harvard Business Review, Organizational Dynamics* y *Sloan Management Review*.

CLAVES DE CALIFICACIÓN
PARA LOS EJERCICIOS
DE "APRENDIZAJE SOBRE USTED MISMO"

Capítulo 1: ¿Cuál es su calificación en comportamiento ético?

Dése un punto por cada respuesta N; 2 puntos por cada respuesta S; 2 puntos por cada respuesta O, y 4 puntos por cada respuesta R. Ahora totalice su calificación, la cual estará entre 15 y 60 puntos. Ya que todos los conceptos en este ejercicio son considerados no éticos, mientras más baja sea su calificación más altas serán sus normas éticas.

Capítulo 2: ¿Cuál es su estilo de aprendizaje?

Este instrumento mide los elementos cognoscitivos, afectivos y motivacionales que afectan el aprendizaje. Aunque los 13 reactivos no tienen un significado estadístico, es posible identificar su estilo de aprendizaje dominante o preferido, a partir de este cuestionario.

Los aprendices pragmáticos prefieren aprender primero las aplicaciones y luego la teoría que las fundamenta. La solución de problemas del mundo real es su fuerte. Para calcular su calificación pragmática, sume sus respuestas 1 y 5, e invierta el número para la pregunta 11 (5 se vuelve 1, 4 se vuelve 2, etcétera).

Los aprendices por experiencias prefieren profesores que les permitan descubrir los principios fundamentales, en lugar de que se los expliquen en una cátedra. La pregunta 9 descubre este estilo.

Los investigadores críticos prefieren saber el porqué que subyace en cada asunto e ir más allá del hecho material. Quieren análisis, síntesis y evaluación. Ven el aprendizaje como una persecución intelectual. Para calcular su calificación como investigador crítico, sume sus respuestas a las preguntas 6 y 10, e invierta el número para la pregunta 13.

La carencia de compromiso se refiere a gente que no está dispuesta a dedicar el tiempo necesario para llegar a ser un experto en el tema. Para calcular su falta de compromiso, sume sus respuestas a las preguntas 7, 8 y 11.

Ahora coloque sus calificaciones debajo y calcule el promedio:

	Calificación		
Aprendiz pragmático	12	dividido entre 3 =	4
Aprendiz por experiencias	1	transfiera =	1
Investigador crítico	10	dividido entre 3 =	3.3
Carencia de compromiso	6	dividido entre 3 =	2

¿En qué estilo de aprendizaje tiene una calificación *más baja*? Eso le dice a usted su estilo preferido de aprendizaje. Note, por ejemplo, que una calificación relativamente alta en la escala pragmática sugiere que le gustan las ideas abstractas y la teoría.

Ningún estilo es mejor que otro. El valor de este ejercicio es que le ayuda a conocerse mejor. Usted puede utilizar esta información como guía para seleccionar las técnicas y métodos de aprendizaje más adecuados para usted.

Capítulo 3: Cuestionario sobre el estilo de toma de decisiones

Marque cada una de sus respuestas en las siguientes escalas. Luego use la columna con el valor de los puntos para llegar a su calificación. Por ejemplo, si usted contestó *a* en la primera pregunta, usted marcaría *1a* en la columna de sentimiento. Esta respuesta recibe cero puntos cuando usted suma la columna del valor de los puntos. Las instrucciones para clasificar sus calificaciones se indican en seguida de las escalas.

Sensación	Punto valor	Intuición	Punto valor	Razonar	Punto valor	Sentir	Punto valor
2b ✗	1	2a	2	1b ✗	1	1a	0
4a ✗	1	4b	1	3b ✗	2	3a	1
5a ✗	1	5b	1	7b ✗	1	7a	1
6b	1	6a ✗	0	8a	0	8b ✗	1
9b ✗	2	9a ✗	2	10b ✗	2	10a	1
12a	1	12b ✗	0	11a ✗	2	11b	1
15a	1	15b	1	13b ✗	1	13a	1
16b ✗	2	16a	0	14b	0	14a	1
	7		0		9		1

Valor máximo del punto (10)   (7)   (9)   (7)

Escriba *intuición* si su calificación de intuición es igual o mayor que su calificación de sensación. Escriba *sensación* si su calificación de sensación es mayor que su calificación de intuición. Escriba *sentimiento* si su calificación de sentimiento es mayor que su calificación de razonamiento o pensamiento. Escriba *razonamiento* si la calificación de razonamiento es mayor que su calificación de sentimiento.

Una alta calificación en *intuición* indica que usted ve el mundo de manera integrada. Tiende a ser creativo. Una alta calificación en *sensación* indica que usted es realista y ve el mundo en término de hechos. Una alta calificación en *sentimiento* significa que usted toma decisiones con base en sus emociones, en sus corazonadas. Una alta calificación en *razonamiento* indica una aproximación muy lógica y analítica en la toma de decisiones.

Capítulo 4: ¿Qué valora usted?

Transfiera el número de cada uno de los 16 conceptos a la columna apropiada; ahora sume los dos números de cada columna.

	Profesional	Financiero	Familiar	Social
	1. ___	2. ___	3. ___	4. ___
	9. ___	10. ___	11. ___	12. ___
Totales	190	150	130	136

Comunidad	Espiritual	Físico	Intelectual
5._____	6._____	7._____	8._____
13._____	14._____	15._____	16._____

Totales _____10_____ _____30_____ ___3 100___ ____150____

Mientras más alto sea el total en cualquier dimensión de valores, mayor será la importancia que usted le da a ese grupo de valores. Mientras más cercanos estén unos de otros, los números en las ocho dimensiones, mejor equilibrado estará usted.

Capítulo 5: ¿Qué lo motiva a usted?

Para determinar sus necesidades dominantes —y qué lo motiva— coloque el número 1 al 5 que representa su calificación para cada enunciado a lado de su número,

Logro	Poder	Afiliación
1._____	2._____	3._____
4._____	5._____	6._____
7._____	8._____	9._____
10._____	11._____	12._____
13._____	14._____	15._____

Totales _____ _____ _____

Sume el total de cada columna. La suma de los números en cada columna será entre 5 y 25 puntos. La columna con la calificación más alta le dice cuál es su necesidad dominante.

Capítulo 6: ¿Cuán sensible es a la equidad?

Sume los puntos que asignó a las siguientes preguntas: 1B; 2A; 3B; 4A; y 5B. Su calificación total será entre cero y 50.

Los investigadores han identificado tres grupos sensitivos a la equidad. En seguida se presenta la clasificación y su definición:

◆ Benevolentes: individuos que prefieren que su relación aportación/beneficio sea menor en comparación de otros.

◆ Sensitivos a la equidad: individuos que prefieren que su relación aportación/beneficio sea igual que los demás.

◆ Individuos con derecho a: sujetos que prefieren que su relación aportación/beneficio exceda la de los demás.

Con base en la información de más de 3,500 personas que respondieron, los investigadores han encontrado que las calificaciones inferiores a 29 se clasifican como con derecho; aquellos que están entre 29 y 32 son sensitivos ante la equidad; y los que tienen calificaciones por arriba de 32 son benevolentes.

¿Qué significa todo esto? Primero, no todos los individuos son sensibles a la equidad. Segundo, las predicciones de acuerdo con la teoría de la equidad son más precisas con individuos que pertenecen al grupo de los sensibles a la equidad. Y, tercero, los benevolentes prefieren en realidad relaciones bajas de aportación/beneficio y tienden a proporcionar niveles de producción más altos que los igualmente sensibles o con derecho.

Capítulo 7: ¿Se siente atraído por el grupo?

Sume sus calificaciones para las preguntas 4, 6, 7, 8, 9, 10, 14, 17, 19 y 20. Obtenga una calificación corregida restando a 10 la calificación de cada una de las preguntas restantes. Por ejemplo, si usted marcó 3 para la pregunta 1, usted obtendría la calificación corregida de 7 (10 – 3). Sume las calificaciones corregidas al total obtenido de las 10 preguntas que se calificaron directamente. Mientras más alta sea su calificación, más positivos son sus sentimientos acerca del grupo.

Capítulo 8: ¿Los demás me consideran digno de confianza?

Sume toda su calificación de los siete enunciados. A continuación se presenta una guía general para interpretar su calificación.

57-70	puntos =	Usted es visto como altamente confiable.
21-56	puntos =	Usted es visto como moderadamente confiable.
7-20	puntos =	Usted es calificado bajo en esta característica.

Capítulo 9: Autoinventario de escucha

Las respuestas correctas a las 15 pregunta, con base en la teoría del escucha, son las siguientes: (1) No; (2) No; (3) No; (4) Sí; (5) No; (6) No; (7) No; (8) No; (9) No; (10) No; (11) No; (12) Sí; (13) Sí; (14) No; (15) Sí. Para determinar su calificación, sume el número de respuestas incorrectas, multiplíquelos por 7, y reste ese total a 105. Si su calificación está entre 91 y 105, usted tiene buenos hábitos de escucha. Las calificaciones de 77 a 90 sugieren que tiene que mejorar en ese aspecto. Las calificaciones por debajo de 76 indican que usted es un escucha pobre y necesita trabajar duro para mejorar la habilidad de escuchar.

Capítulo 10: ¿Cuál es su estilo básico de liderazgo?

Cuente el número de situaciones en las cuales usted haya respondido marcando una A. Ese número es su calificación de *delegación*. De igual manera, cuente el número de situaciones en las cuales haya respondido B, C y D. Estos números son sus calificaciones de *participación, venta* y *discurso* respectivamente.

Estas respuestas se alinean con el modelo del liderazgo situacional de Hersey y Blanchard. Su estilo básico o estilo preferido de liderazgo es la respuesta que seleccionó con mayor frecuencia.

Capítulo 11: ¿Cuán político es usted?

De acuerdo con el autor de este instrumento, un político organizacional puro contestaría "cierto" a las diez preguntas. Los políticos organizacionales con normas éticas fundamentales responderán "falso" a las preguntas 5 y 6, las cuales tratan sobre mentiras deliberadas y comportamiento no caritativo. Los individuos que consideran que la manipulación, una revelación incompleta y el comportamiento dirigido al beneficio propio son inaceptables, contestarán "falso" a todas o a casi todas las preguntas.

Capítulo 12: ¿Cuál es su primera intención en el manejo del conflicto?

Para determinar su intención principal en el manejo de conflictos, coloque el número 1 al 5 que representa su calificación para cada enunciado junto a su número. Luego sume las columnas.

Competitiva	Colaboradora	Evasiva	Complaciente	Comprometedora
1.___	4.___	6.___	3.___	2.___
5.___	9.___	10.___	11.___	8.___
7.___	12.___	15.___	14.___	13.___
Totales ___	___	___	___	___

Su intención primordial en el manejo de conflictos es la categoría con el total más elevado. Su segunda intención es la categoría que tenga el segundo total más alto.

Capítulo 13: Examen de orientación burocrática

Dése un punto por cada declaración que usted respondió en la dirección burocrática:

1. Muy de acuerdo		11. Muy de acuerdo	
2. Muy de acuerdo		12. Muy en desacuerdo	
3. Muy en desacuerdo		13. Muy en desacuerdo	
4. Muy de acuerdo		14. Muy de acuerdo	
5. Muy en desacuerdo		15. Muy en desacuerdo	
6. Muy en desacuerdo		16. Muy de acuerdo	
7. Muy de acuerdo		17. Muy en desacuerdo	
8. Muy de acuerdo		18. Muy de acuerdo	
9. Muy en desacuerdo		19. Muy de acuerdo	
10. Muy de acuerdo		20. Muy en desacuerdo	

Una calificación muy alta (15 o más) sugiere que a usted le gustaría trabajar en la burocracia. Una calificación muy baja (5 o menos) sugiere que usted se frustraría si trabajara en una burocracia, especialmente si ésta es grande.

Capítulo 14: ¿El puesto enriquecido es para usted?

Este cuestionario sugiere el grado en que usted tiene un deseo fuerte *versus* uno débil de obtener mayor satisfacción en su trabajo. Cada reactivo de este cuestionario da una calificación del 1 al 7 (esto es, "Fervorosamente se prefiere A" se califica con 1; "Neutral" se califica con 4; y "Fervorosamente se prefiere B" se califica con 7). Para obtener su calificación de gran necesidad de crecimiento, el promedio de 12 conceptos es como sigue:

Números 1, 2, 7, 8, 11, 12 (calificación directa)

Números 3, 4, 5, 6, 9, 10 (calificación revertida)

Las calificaciones promedio para las típicas personas que resuelven el cuestionario es cercana al punto medio de 4.0. La investigación indica que si usted califica alto en esta medición, usted respondería positivamente en un puesto enriquecido. Al contrario, si usted califica bajo, tenderá a considerar que un puesto enriquecido *no* es satisfactorio ni motivante.

Capítulo 15: ¿Cuán eficaces son sus habilidades de entrevista?

Sume su calificación de los siete enunciados. Su calificación estará entre 7 y 35. Mientras más alta sea su calificación, mejores serán sus habilidades de entrevista. Por ejemplo, las calificaciones de 30 o más altas indican que usted debe desempeñarse muy bien en las entrevistas de trabajo.

Puede usar este cuestionario para identificar las áreas donde puede mejorar sus habilidades de entrevista. Si su calificación es de 3 o menos en cualquier enunciado, usted debería considerar qué puede hacer para mejorar esa calificación.

Capítulo 16: ¿En qué clase de cultura organizacional se ajusta mejor a usted?

Para los conceptos 5 y 6, califíquese como sigue:

Muy de acuerdo =	+2
De acuerdo =	+1
No sé =	0
En desacuerdo =	−1
Muy en desacuerdo =	−2

Para las preguntas 1, 2, 3, 4 y 7, invierta la calificación (muy de acuerdo = −2, y así sucesivamente). Sume su total. Su calificación estará entre +14 y −14.

¿Qué significa su calificación? Mientras más alta sea su calificación (positiva) más cómodo se sentirá usted en una cultura formal, mecanicista, orientada a las reglas y estructurada. Esto se asocia con frecuencia con las grandes corporaciones y dependencias de gobierno. Las calificaciones negativas indican una preferencia por las culturas informales, humanistas, flexibles e innovadoras, las cuales son más probables de encontrar en unidades de investigación, agencias de publicidad, compañías de alta tecnología y pequeñas empresas.

Capítulo 17: Prueba de tolerancia a dirigir en un mundo turbulento

Califíquese 4 puntos por cada A, 3 por cada B, 2 por cada C, 1 por cada D y 0 por cada E. Calcule el total, divida entre 24 y redondee a un punto decimal.

Si bien los resultados no tienen la intención de ser más que sugerencias, mientras más alta sea su calificación, más cómodo parecería estar usted con el cambio. El autor de la prueba sugiere analizar las calificaciones como si fueran promedios de calificaciones de cursos universitarios. De esta manera, un promedio 4.0 equivale a la máxima calificación o a una A, un 2.0 es una C y las calificaciones por debajo de 1.0 son reprobatorias.

Usando las respuestas de cerca de 500 estudiantes de la maestría de administración de empresas (MBA) y gerentes jóvenes, se encontró que el rango de las calificaciones era estrecho —entre 1.0 y 2.2. ¡La calificación promedio estuvo entre 1.5 y 1.6 —equivalente a una calificación suficiente de D+/C− ! Si estas calificaciones son generalizables al universo de empleados, es claro que la gente no es muy tolerante ante el tipo de cambios que sobrevienen con un ambiente turbulento. Sin embargo, esta muestra corresponde a la realidad de hace casi diez años. Esperaríamos que las calificaciones actuales fueran más altas conforme la gente se ha ido acostumbrando más a vivir en un ambiente dinámico.

CASO PARA EL FINAL DE CADA PARTE DEL LIBRO: THE KNITTING FACTORY

Bienvenidos a The KnitMedia, LLC*

The KnitMedia, LLC, es una compañía de música alternativa y entretenimiento establecida en la sección TriBeCa de la ciudad de Nueva York. Es quizá mejor conocida por su club de interpretaciones en vivo, The Knitting Factory; su espectáculo de radio universitario unido y su marca independiente de grabaciones, aclamada por la crítica. La compañía produce actuaciones en vivo, giras de conciertos, festivales de música, su marca de grabación, una agencia de publicidad de música y producciones interactivas en multimedia (radio, televisión, Internet y conferencias en video).

Fundada en 1987 por un oriundo de Milwaukee, Michael Dorf, The Knitting Factory fue inicialmente un espacio destinado a galería de arte/interpretación, donde se vendía té, café y una pequeña selección de comida. Desde su inicio, tuvo una tremenda influencia en la escena musical de Nueva York. La revista *Billboard* la llamó la "capital mundial de la nueva música: jazz experimental y rock, sonidos clásicos contemporáneos y étnicos, como también —y lo más importante— varias formas híbridas".

Michael Dorf fundó The Knitting Factory después de que dejó la escuela de leyes y se mudó a la ciudad de Nueva York en 1986. Trataba de ganar el suficiente dinero para sobrevivir mientras promocionaba a Swamp Thing, la banda que él administraba, y su compañía de grabaciones, Flaming Pie. Él y su amigo Louis Spitzer habían hablado acerca de abrir un lugar donde se interpretara música y se exhibiera y vendiera arte. Juntos rentaron y remodelaron un local en la ciudad de Nueva York, y abrieron su club en febrero de 1987.

El club reunía varios medios y diversos tipos de música. Michael y Louis dirigían la galería de arte durante el día, hacían lecturas en voz alta los miércoles, jazz los jueves y cualquier cosa que funcionara los fines de semana. A diferencia de los clubes más vanguardistas, los cuales tenían fines no lucrativos y se apoyaban en las donaciones, The Knitting Factory era una empresa lucrativa. En busca de ayuda, Michael contactó al cantante y escritor Paul McMahon, quien empezó contratando artistas los fines de semanas. Michael aprendió rápidamente la escena musical y contrató a Wayne Horvitz para que tocara en el club. Horvitz contribuyó programando las actuaciones de jazz los jueves por la noche. El músico John Zorn visitó el club y pidió realizar un nuevo proyecto ahí. Debido a que el club estaba totalmente ocupado, Michael sugirió un concierto de media noche. Ese concierto resultó ser el primero en tener cupo lleno.

En junio de 1987, The Knit tuvo su primer patrocinador importante cuando el Bigelow Tea Company patrocinó el festival de Tea y acompañamientos. Louis Spitzer dejó el club y Bob Appel, propietario parcial del Flaming Pie Records, se convirtió en el socio de Michael. Flaming Pie sacó ocho grabaciones y álbumes y una guía para la escena musical. Michael y Bob entonces comenzaron las series de radio de *Live at the Knitting Factory*, que vendieron a 30 estaciones de radio. Para 1990, TDK Tapes patrocinaba el espectáculo, el cual era transmitido a más de 200 estaciones.

---

* *Fuente:* las siguientes fuentes se refieren a esta sección introductoria. B. Bambarger, *Billboard,* 1o. de febrero de 1997, p. 1. P. Watrons, *The Village Voice,* 30 de junio de 1987. J. Wolf, *Wall Street Journal,* 9 de abril de 1991.

A mitad de 1989, Michael y Bob hicieron un trato con A&M Records para hacer una serie de grabaciones llamada *Live at the Knitting Factory*. Utilizaron una nueva tecnología con la cual dividieron la señal entre el estudio de grabación y el sistema de sonido del club. Esto les permitió hacer las grabaciones en vivo y mezclar el sonido en las grabaciones y al mismo tiempo hacer mezclas para los clientes que estaban en el club. Con el tiempo, la relación con A&M terminó debido a que el volumen de grabaciones que se vendían era relativamente bajo para una gran compañía de grabación (aunque no para una independiente) y debido también a que A&M pasó a ser propiedad de Polygram.

Durante el verano de 1988, The Knit produjo un festival de Jazz como alternativa al festival JVC de la ciudad de Nueva York. El festival JVC había comenzado a cambiar sus raíces de jazz por una música más pop-jazz y popular. El festival de jazz de The Knitting Factory, patrocinado por Vinylmania, una tienda de grabaciones de West Village, atrajo mucho la atención de la prensa (el *New York Times*, El *New Yorker*, la *Nation* y la *Village Voice*). Cuando apareció un artículo acerca del festival en el periódico holandés *de Volksgraant* (similar a la sección "Arts and Leisure" del *New York Times*), se invitó a Michael para que montara el festival de jazz en Holanda. Michael y Bob escogieron artistas europeos y llevaron 30 músicos de Nueva York para que tocaran en el espectáculo de las tierras holandesas.

Inspirados por la idea de tocar en Holanda, Dorf puso junto una serie de conciertos en el Lincoln Center durante el segundo festival de jazz de verano de The Knit. Aunque la cobertura de la prensa fue buena, las multitudes se desilusionaron debido a que los grandes nombres como Ella Fitzgerald y Dizzy Gillespie al mismo tiempo tocaron en el Avery Fischer Hall.

Su éxito en Holanda alentó a Michael y a Bob a producir una gira por 24 ciudades europeas. Aunque la gira perdió algo de dinero, generó más de 100 críticas favorables en la prensa europea, lo que incrementó las ventas de las grabaciones de The Knitting Factory, y atrajo a turistas europeos al club de The Knitting Factory en la ciudad de Nueva York. Se les pidió a Michael y a Bob que hicieran más giras, con lo que se inició una tradición anual de giras europeas que tuvieron gran éxito financiero. En 1991, se embarcaron en su primera gira estadounidense, durante la cual promovieron su marca de grabación The Knitting Factory Works. En 1993, abrieron una oficina en Amsterdam para promover y dar servicio con la marca de The Knitting Factory Works y lograr el contrato para The Knitting Factory Festival Tours en Europa.

El éxito de los festivales de jazz en Nueva York condujo, en 1995, al Macintosh New York Music Festival y en 1996 al festival ¿Qué es el Jazz? de Heineken. El festival de Macintosh fue patrocinado por Apple Computer Company y se caracterizó por las transmisiones de las actuaciones en vivo por Internet, a más de dos millones de personas en todo el mundo. The Knitting Factory fue la primera compañía en emplear la transmisión cibernética para difundir música multicámara, por Internet. Ha difundido de esta manera actuaciones de artistas como Yoko Ono, Throwing Muses, Los Corrs, Ken Nordine, Goove Collective, Riverdance y Medski Martin & Wood. El popular sitio en la Web de The KnitMedia, **http://www.knitlingfactory.com** es sumamente visitado. Ha ganado varios premios de alta tecnología, incluyendo el premio del ciberespacio de *Newsweek* "Virtual City" (ciudad virtual) y el de *Microsoft Network*, "Site of the Week" (el sitio de la semana).

The Knit ha promovido a muchos artistas que han alcanzado un gran éxito, incluyendo John Zorn, Wayne Horvitz, They Might Be Giants, Indigo Girls, Sonic Youth, los Lounge Lizards, Vernon Reid, Bill Frisell, Marc Ribot, Melvin Gibbs, Galaxie 500, Cassandra Wilson y los Pixies. Ha creado un nicho de mercado único para la música marginal con éstos y otros artistas. "The KnitMedia está en el centro del movimiento de la música internacional", informó el *Wall Street Journal*, e intenta permanecer en el frente del entretenimiento interactivo y los nuevos medios. Los fondos de inversionistas permitirán a la compañía continuar su crecimiento.

Preguntas

1. ¿Qué acciones tomó Michael Dorf para hacer de The KnitMedia un éxito? ¿Por qué estas acciones fueron determinantes?

2. Mencione tres habilidades gerenciales críticas que Michael haya demostrado conforme iba construyendo The Knitting Factory y la organización The KnitMedia. ¿Por qué fueron importantes estas habilidades?

3. Desde su punto de vista, ¿por qué The Knitting Factory se ha vuelto tan popular en todo el mundo?

Primera parte: introducción

The Knitting Factory empezó como una compañía de dos hombres. Michael Dorf y su socio hacían todo el trabajo y tomaban todas las decisiones, dividían el trabajo de acuerdo con el interés y el talento. Pero conforme la compañía crecía, se necesitaba más gente y conforme más gente venía, Michael iba retirándose de sus tareas rutinarias. Él todavía trabaja duro en una variedad de tareas, cambia de papel con frecuencia y adecua los engranajes rápidamente, según transcurre su día. Constantemente está de prisa, se reúne con sus empleados, con los artistas que actúan en The Knitting Factory y con sus patrocinadores. También debe arreglar los problemas que surgen, atender llamadas telefónicas y ocuparse de la voluminosa correspondencia. Además, tiene que planear el crecimiento de su compañía y sus diversos negocios. Gran parte de su comunicación tiende a ser en persona y verbal, y su posición como director general ejecutivo (CEO) requiere que desempeñe varias funciones de alta gerencia: interpersonal, informativa y de decisión.

El papel interpersonal de Michael proviene directamente de su puesto como director general ejecutivo (CEO) de The KnitMedia. Este papel de dirigente en las tareas ceremoniales como las reuniones con los visitantes o los empleados constituye un aspecto importante de su posición. Como líder, debe ayudar a sus empleados a lograr las metas de las organizaciones. Este papel requiere que encuentre, contrate y promueva al personal adecuado, como también que instruya y dirija a la gente. Él también debe reunirse con proveedores, artistas, funcionarios del gobierno de la ciudad y otros para conseguir la variedad de información que necesita.

En su papel informativo, Michael busca y recibe información y la comparte con otros dentro y fuera de la organización. Como contralor, debe monitorear el desempeño de la organización.

En su papel como tomador de decisiones, Michael define los cursos de acción de The Knitting Factory: inicia nuevos proyectos, resuelve conflictos, distribuye los recursos y negocia. A veces, también debe ser científico del comportamiento para entender a sus empleados y saber mejor cómo desarrollarlos y motivarlos.

Los empleados de The Knitting Factory reflejan el atractivo multicultural de la compañía y su talento para atraer gente motivada por su amor a la música, no por el dinero. Sascha von Oretzen es de Alemania; supo que The Knitting Factory estaba buscando un ingeniero de grabación, un puesto para el cual ella se entrenó en Alemania; entró a la oficina y fue contratada de inmediato. Ed Greer, gerente de operaciones, es de Irlanda del Norte. The Knitting Factory ha podido contratar empleados de alta calidad, debido a su amor a la música, que de otra manera no hubiera podido pagar. Por ejemplo, un abogado que se encontraba desempleado aceptó trabajar en esa empresa por un pequeño pago semanal, sólo porque ama el negocio de la música en general y a The Knitting Factory en particular.

Músicos de todo el mundo vienen a The Knitting Factory para actuar. La música vanguardista, por la cual The Knitting Factory goza de una reputación internacional, se disfruta en todo el mundo. En consecuencia, Michael empezó una serie de giras de conciertos en Europa y ahora está en el proceso de abrir oficinas de The Knitting Factory en varias ciudades del mundo. En lugar de adoptar un método de franquicia como un Hard Rock Café, Michael intenta desarrollar clubes que combinen el jazz experimental vanguardista con la música local. De esta forma, los clubes mantendrán la imagen particular de The Knitting Factory, la cual siempre ha reflejado la música local de avanzada, acogiendo a los artistas locales para que creen, exploren y desarrollen su trabajo.

Claro, la expansión internacional presenta retos para cualquier organización. Con frecuencia, por ejemplo, hay problemas debidos a las diferencias culturales. Para evitar este tipo de problemas, The Knitting Factory abrió una oficina en Amsterdam para organizar las giras por Europa y desarrollar relaciones con las bandas locales, agentes de música, promotores y distribuidores europeos. La oficina contrata y promueve artistas, al mismo tiempo que hace la promoción de las grabaciones de The Knitting Factory Works en los mercados asiáticos y europeos. Debido a la reciente popularidad de la música de The Knitting Factory en Japón, se hizo evidente que Michael necesitaba expandirse hacia ese país. Como parte de su preparación, tomó clases de japonés para entender mejor la cultura japonesa. Además, The Knitting Factory adapta el conocimiento de su personal multicultural a las costumbres locales.

Por último, Michael ha obtenido un amplio conocimiento del negocio de la música en Europa, donde administra todas las oportunidades de negocio de The KnitMedia. Su meta personal es dar a todas las nacionalidades, con sus diversos estilos de música, una oportunidad de tocar juntas y crear la música mundial. En lugar de permitir que los músicos estadounidenses dominen, él planea contratar bandas locales y hacer combinaciones fuera de lo común con el talento estadounidense, en proporciones iguales.

Un problema que enfrentan todas las organizaciones en expansión es la necesidad de instituir controles más amplios. Michael Dorf vislumbra una organización trasnacional en la cual el control central de aquellos aspectos de la organización que debería ser estandarizados se combine con el control local de las áreas que deberían basarse en las consideraciones distintivas del mercado. Para The Knitting Factory, este plan significa que los clubes internacionales responderán a los gustos musicales locales mientras que mantienen la esencia de lo que los hace ser clubes de The Knitting Factory. Además, significa que las funciones financieras se centralizarán en Nueva York. El seguimiento diario de su posición financiera será posible mediante la tecnología Internet. La información financiera de cada día puede enviarse por correo electrónico durante la noche a Nueva York. De esta manera, Michael Dorf puede monitorear la información financiera y, con base en ésta, tomar decisiones relativas a la administración de sus diversas empresas.

Preguntas

1. ¿Qué opina acerca del estilo gerencial de Michael?
2. Con base en lo que ha aprendido en el texto, ¿cuál es su evaluación de los esfuerzos de Mike por expandirse a otros países y globalizarse?
3. ¿Qué le depara el futuro a The KnitMedia?

Segunda parte: el individuo

El éxito de The Knitting Factory puede atribuirse a su fundador Michael Dorf y al hecho de que ha sido capaz de reunir a un grupo de personas brillantes, altamente calificadas. Comparten el amor por la música, que le ha dado fama a The Knitting

Factory —rock, jazz y música alternativa de avanzada— y un sistema de valores similar del cual la integridad artística es un componente importante. La mayoría de ellas también desempeña múltiples puestos. Por ejemplo, Ed Greer, quien ahora es el gerente del club de The Knitting Factory y el director de operaciones The Knit Work, continúa actuando como músico en el club. Su trabajo anterior en el club era el de ingeniero de sonido y luego gerente de producción. Ed también supervisó la construcción cuando el club se mudó de la calle Houston a la calle Leonard, su ubicación actual. Con el tiempo ocupó el papel de gerente del club, que consistía en la administración del club, bares, espectáculos e instalaciones físicas. En su nuevo papel como gerente general, también pondrá en funcionamiento los nuevos clubes que la compañía planea abrir.

Michael Dorf promueve la toma de decisiones de su personal. En su papel de gerente del club y director de operaciones, Ed Greer toma las decisiones operativas, relativas al club de The Knitting Factory y al estudio de grabaciones. Contrata el personal de su club y también el del bar, junto con el gerente de éste. Él y Ken Ashworth, vicepresidente ejecutivo y director ejecutivo de operaciones, y Rachel McBeth, gerente del negocio, contratan a otros gerentes.

Rachel consiguió su trabajo en The Knitting Factory al responder a un anuncio en el *New York Times*. Ella tiene una amplia experiencia en el negocio de la música, que comenzó cuando ella era estudiante de psicología en Berkeley, donde trabajó en la producción de un concierto para la asociación de estudiantes. Su experiencia en producción la llevó a trabajar con el editor de una publicación sobre la industria de las grabaciones. Cuando su patrón compró una revista de música electrónica, Rachel fue a Nueva York a dirigir la oficina de grabaciones del productor. Ella era la administradora de negocios de la Big Apple Circus, antes de que se uniera a The Knitting Factory. Ahora es la responsable de la administración financiera de la compañía.

Aunque es común que Michael Dorf asigne las tareas, los individuos tienen la libertad de decidir cómo desempeñarlas. Esta actitud ha fomentado que los empleados sean innovadores y creativos; que contribuyan a un ambiente laboral positivo y que tengan una buena actitud hacia el trabajo. Además, como cada vez hay más gente, cambian las responsabilidades del trabajo, de manera que existe la posibilidad de que los empleados crezcan y desarrollen su talento y habilidades. Como resultado de ello, hay una actitud muy positiva hacia el trabajo y la gente está altamente motivada. En general, quienes trabajan en The Knitting Factory brindan su apoyo a los demás. En lugar de competir, se ayudan unos a otros a montar buenos espectáculos y a dirigir el club sin altibajos. Están enfocados en producir trabajo de alta calidad y tienden a laborar juntos como compañeros, en lugar de jefes y empleados.

The Knitting Factory tiene una ética de trabajo basada en los valores, y la clave para lograr ese sistema de valores es mantener un núcleo de integridad artística. Michael Dorf quiere promover música con integridad y dirigir su negocio con integridad. Su sentido de los valores, por ejemplo, lo llevó a rechazar a un patrocinador porque la propaganda implicaba que violara su sentido de la integridad artística. Paga generosamente a las bandas que se presentan en el club y, aunque con frecuencia pierde dinero, él se mantiene y es reconocido por su integridad.

Naturalmente, la gente se siente motivada por una variedad de factores. La oportunidad de la excelencia en el trabajo de uno es altamente motivante para mucha gente, The Knitting Factory les da esta oportunidad a sus empleados. Está conformada por gente que ama la música y que valora el ser capaz de compartir la música con los demás. También les ofrece la oportunidad de escuchar y conocer a grandes músicos. Trabajar con gente que comparte los mismos valores y metas contribuye a la motivación de quienes laboran en The Knitting Factory.

A diferencia de muchas compañías, sin embargo, The Knitting Factory no está en posibilidad de motivar con incentivos financieros. Su flujo de efectivo restringe su habilidad de pagar altos salarios o conceder grandes prestaciones. No hay reparto

de utilidades ni beneficios de gastos médicos y con frecuencia la nómina es, de alguna manera, irregular. Sin embargo, Michael Dorf es generoso, especialmente en los
bonos de Navidad.

Michael Dorf también dedica mucho tiempo a elucubrar sobre cómo manejar
a sus empleados. "Los libros de texto no siempre enseñan cómo tratar con otros seres humanos y motivarlos", dice Michael. "Paso horas pensando acerca de eso. Dirigir
a la gente es difícil. Me he vuelto muy paciente." Michael motiva a su personal principalmente con su visión de lo que es The Knitting Factory y lo que puede ser en el
futuro. Es una visión poderosa. Esa visión incluye ser una gran fuerza en el negocio
de la música; tener clubes de The Knitting Factory en todo el mundo; producir ciber-
conciertos; crear una marca con una franquicia global; ser parte de una comunidad
digital de The Knitting Factory; y expandirse a la televisión, el cine y los nuevos medios masivos.

Preguntas

1. Con base en su lectura, ¿cómo caracterizaría el estilo de Mike? ¿Es eficaz o
   ineficaz? Explique.

2. ¿Es The Knitting Factory una organización donde le gustaría trabajar? ¿Le
   gustaría ser motivado con la excelencia? ¿Por qué sí o por qué no? Explique.

3. ¿Qué tipo de personalidad piensa usted que sería particularmente adecuado para trabajar con Mike Dorf? Explique.

4. ¿Qué papel desempeña la ética de Mike en el desarrollo de The Knitting Factory? ¿En qué forma se manifiesta esto?

Tercera parte: el grupo

The Knitting Factory proporciona un hogar para los grupos combinados de jazz-rock
de la calle. En estos grupos, cada uno desempeña un papel, como en la organización de
The Knitting Factory. En general, The Knitting Factory está formada de dos grupos,
el personal diurno y el nocturno. El primero maneja la dirección de la oficina de
The KnitMedia, las finanzas y la marca de grabación, las giras y los festivales. El personal de la noche dirige el club de The Knitting Factory. Debido a sus diferentes
horarios, los empleados de ambos turnos forman diferentes grupos de tareas que
normalmente no interactúan. Rachel McBeth los describe de esta forma: "Debido a
que nuestros horarios son diferentes no todos trabajamos juntos y, por supuesto,
nuestros ambientes son diferentes; no se da la misma camaradería. El personal de la
oficina tiende a formar grupos con el personal de oficina y el del club, con el del
club."

Entre los empleados del día, se hacen grupos pequeños especialmente equipos
de trabajo para varios proyectos. Estos equipos típicamente se forman con gente de
diferentes áreas funcionales, dependiendo de las habilidades que sean necesarias. Por
ejemplo, el director de arte, Liz Leggett, está en cualquier equipo que tenga que ver
con gráficas, ya sea en el club de The Knitting Factory, la marca de grabaciones The
Knitting Factory Works o los festivales que monta The Knitting Factory.

La comunicación es un aspecto importante de la forma de dirigir de Michael
Dorf, por tanto, él mantiene reuniones regulares cada miércoles por la tarde. Estas
juntas surgieron de una excursión para escalar rocas, que Michael organizó para sus
gerentes. Como parte del ejercicio del establecimiento de la meta, se pidió a cada persona que identificara la misión y la estrategia del club. Sorprendentemente, cada uno
estaba en sincronía, recuerda Rachel McBeth. "Todos nosotros, como grupo, tuvimos
impresiones casi idénticas de lo que estábamos haciendo y de lo que era la esencia y
nuestra misión *per se*. Y pensé que era motivo de inspiración."

En las reuniones de los miércoles, cada área comunica información, así todo mundo sabe lo que los demás están haciendo. Michael Dorf también tiene reuniones semanales con su personal de operaciones del club —Rachel, Ed, el gerente de las taquillas y los dos gerentes de operaciones de la noche— para revisar la labor de la siguiente semana: espectáculos, asuntos del personal, temas de operación y similares. Michael también se reúne diariamente con Rachel para revisar las finanzas, los problemas de flujo de caja y cualquier problema pertinente operacional. De esta manera, él tiene un mejor control de la operación y es capaz de dar soluciones a los problemas antes de que se salgan de control. Rachel, quien ha sido muy valiosa para que Michael obtenga el control de las finanzas, complementa a Michael: él se enfoca en el lado artístico del negocio y ella vigila los dólares.

Aunque The Knitting Factory es conocida como una usuaria avanzada de la alta tecnología, con conferencias en video, y en vivo, conciertos en el ciberespacio, sorprendentemente, Michael Dorf no puede apoyarse en el correo electrónico como un medio de comunicación debido a que no toda su gente está familiarizada con este sistema de correo. Dorf dice: "Sé que algunas personas siempre leen su correo; otras no, así que les envío mensajes a quienes trabajan con el correo electrónico. Mark es amigo de este modo de comunicación, igual que Ken. JW es menos amigable con el correo electrónico, así que a veces tengo que dejarle una nota en su computadora."

Michael es un líder carismático cuyas ideas creativas transmiten energía a las personas. Él las inspira para que pongan en práctica tanto sus ideas como las de su autoría, proporciona un ambiente en el cual ejerzan su propia independencia, creatividad y talento innovadores. Él también tiene una pasión por la excelencia que motiva a su personal a ser excelente. Pero quizá su característica más importante es su habilidad visionaria. Él ha creado una visión de lo que puede ser The KnitMedia y la ha transmitido a otros. Ha comunicado esa visión no solamente a sus empleados, sino también a sus inversionistas. Él está ocupado en desarrollar la habilidad de compartir el poder en una organización que está en continuo crecimiento; también parece reconocer sus fortalezas y debilidades y tiene la sabiduría de contratar a aquellos que pueden compensarlo con creces. "Antes de contratar a Rachel", afirma Dorf, "siempre tenía problemas de efectivo, no podía pagar las cuentas, no tenía suficiente dinero para hacer las cosas. Rachel ha aligerado nuestros problemas de efectivo y paga las cuentas a tiempo".

El conflicto, por supuesto, existe en todas las organizaciones. En The Knitting Factory, surge a causa de la adicción al trabajo de Michael Dorf. Todo mundo trabaja duro, aun cuando los recursos son muy limitados y, debido al paso frenético de la actividad, muchos desacuerdos se dejan de lado porque no hay tiempo de atenderlos. Pero cuando el personal no puede resolver sus conflictos, entonces interviene Dorf.

Preguntas

1. Discuta el valor del trabajo de equipo en relación con The Knitting Factory.

2. ¿Cómo describiría las normas de la organización The KnitMedia? ¿Cómo afectan estas normas el desempeño de la organización?

3. ¿Cuáles son las ventajas y las desventajas de los procesos de comunicación en The KnitMedia? El proceso promueve el pensamiento de grupo o las comunicaciones eficaces? Explique.

4. En referencia al video del CO, los casos que ha leído hasta aquí y al texto, discuta la eficacia del manejo del conflicto de Mike y mencione lo que crea que debe cambiarse o descartarse. ¿Qué otras maneras de resolver los problemas puede haber?

Cuarta parte: el sistema de organización

The KnitMedia tiene un organigrama formal, diseñado para la compañía del futuro y un organigrama más informal que refleja la realidad de la estructura vigente. En la actualidad, no hay muchos puestos de gerencia media en la compañía. En el club, hay más niveles, mientras que en otras áreas sólo tienen unos cuantos. Aunque el organigrama formal tiene solamente unas cuantas personas que reportan directamente a Michael Dorf, en realidad él interactúa con todos, día con día. Se involucra en todo lo que sale de la organización debido a que, desde el punto de vista de la dirección de arte, Michael cree que todo necesita reflejar la personalidad de The Knitting Factory.

Dorf ha descrito la organización como una fogata, en cuyo centro está él mismo sacando chispas. Sin embargo, él sabe que la organización en realidad está estructurada de manera diferente. "Al final, estoy en la cúspide de la pirámide y, bueno, me gustaría estar en el centro de este círculo y que todo pasara a mi alrededor, pero estoy seguro de que, en realidad, por ahora, estoy más en la cúspide." Como sucede con la mayoría de los emprendedores, Michael tiene problemas para dejar ser a su proyecto. Él se da cuenta de esto, sin embargo, y ahora está delegando más autoridad en la toma de decisiones a los asociados, como también está dando una gran autonomía al personal en la forma de hacer el trabajo.

The Knitting Factory es una pionera en el uso de la tecnología con propósitos de entretenimiento y esa tecnología también puede utilizarse para monitorear y controlar a la organización. Pronto, Michael tendrá la posibilidad de interactuar con el personal de cualquier parte del mundo. Un programa de contabilidad incrementará el sistema financiero y un sistema de monitoreo le permitirá tener un control más cercano de los clubes. También puede ser utilizado para facilitar el flujo de trabajo en una atmósfera caótica, en la cual las tareas vuelen hacia las personas desde todas direcciones.

El ritmo en The Knitting Factory es rápido y las personas están bajo una presión constante, a causa del tiempo. Hay problemas continuos de flujo de efectivo, lo cual significa que el dinero es limitado y los recursos escasos. Esto genera mucha presión en la compañía, que diariamente ofrece espectáculos en vivo y que realiza dos discos compactos cada mes. La gente maneja la tensión de diversas maneras. Rachel McBeth maneja su tensión subiendo a ver los espectáculos. Por su parte, Michael Dorf corre, practica el alpinismo en roca y viaja una vez al año con sus compañeros de la universidad. Ken Ashworth parece progresar continuamente contra el estrés. Dice Ken: "Cuando estás como atrapado en el caos del trabajo, la emoción de hacer más y más y la excitación inherente, aunado eso a que todo mundo a tu alrededor está trabajando al mismo paso, casi como con un pensamiento de grupo, todo mundo desea mantenerse trabajando y haciendo lo mejor para apoyar a los artistas, para apoyar a la compañía."

The Knitting Factory continúa desarrollándose orgánicamente. Conforme el trabajo cambia y surge la necesidad de habilidades particulares, Michael encuentra la gente que la organización necesita. El crecimiento de la compañía ha causado que cambien las descripciones. Las tareas de trabajo ahora se dividen entre más personas y están más enfocadas. Al darse cuenta de la dinámica de estos cambios, Michael no juzga el trabajo de un nuevo empleado con base en el desempeño del empleado anterior; aunque con frecuencia los títulos son los mismos, el trabajo casi siempre es muy diferente. Debido a la naturaleza del trabajo —el ritmo rápido y los recursos escasos— y a la existencia de la cultura del trabajo duro y la excelencia, Michael no puede darse el lujo de conservar a la gente que no está rindiendo. Él no tolera un trabajo mediocre, y, si después de un consejo franco los problemas de trabajo no se resuelven, Michael hace cambios. Como él dice: "Si a final de cuentas el trabajo no funciona, no están logrando mis expectativas, entonces tenemos que hacer un cambio. Éste suele ser muy obvio."

La cultura de The Knitting Factory está definida por la música alternativa que promueve. La integridad artística significa que The Knit no contrata grupos populares de rock o grupos pop, aun cuando éstos pudieran generar más dinero. The Knit se mantiene fiel a sus valores. Ha creado un nicho que ahora atrae a los amantes de la música de todo el mundo. Ese nicho impulsa a su club, su marca, sus festivales, su marca de grabación y su negocio de música Siberia. Ha creado una imagen valiosa con su visión de The Knitting como un mosaico de varias clases de música. Michael y su personal comparten los mismos valores acerca de la música y una visión del futuro de The Knitting Factory. Ven la cultura de su organización extendiéndose en todo el mundo. Michael pronto ingresará al gran mercado de la música en Londres y otras ciudades en todo el mundo. Planea abrir clubes en Londres y Los Ángeles como el primer paso hacia su visión de una organización global de música, construida alrededor de la marca The Knitting Factory.

Preguntas

1. ¿Qué diferencias detecta entre la organización formal y la informal de The KnitMedia?

2. ¿De qué manera la estructura organizacional de The Knit facilita o impide el trabajo y la productividad de esta empresa?

3. ¿Qué papel ha jugado la tecnología en el desarrollo y el desempeño de The KnitMedia?

Quinta parte: dinámica organizacional

The KnitMedia enfrenta un mundo de cambio sin precedente. Recientemente recaudó fondos en favor de su visión de un negocio global de música fructífero. En el siguiente año, The KnitMedia planea duplicar su tamaño. Primero, la compañía intenta expandir su marca de grabación a nivel mundial. Con nuevo financiamiento, The KnitMedia puede invertir en artistas, mercadotecnia y promociones. Recientemente entró a una empresa de riesgo compartido con Sony Music y Columbia Records para comercializar mejor y distribuir sus productos a nivel mundial.

La compañía también intenta lanzar una red de clubes de The Knitting Factory en mercados globales estratégicos. Esto se llamará The Knitwork. Empezarán The Knitwork al abrir clubes en dos mercados esenciales, Los Ángeles y Londres. El club London será una alianza estratégica con el South Bank Centre, el cual cuenta con el Royal Festival Hall y el Queen Elizabeth Hall. El próximo año se abrirán más clubes en Dublin, París, Tokio y Toronto; después cada año se abrirán otros centros. Los clubes no solamente resaltarán el talento local y proporcionarán entretenimiento a los gustos regionales, también serán un foro para otros artistas y productos de The Knitting Factory. Esto les dará una ventaja competitiva que los distinguirá de otras compañías de música y marcas de grabación.

The Knitwork tejerá la red de las comunidades de The Knitting Factory junto con una conexión interactiva virtual entre cada club. Esta comunidad musical digital permitirá a The KnitMedia crear lugares de reunión global y transmisiones interactivas en vivo de conciertos; por tanto, creará una localidad donde los consumidores de música interactúen con los productos de The KnitMedia. The KnitMedia está posicionada para explotar el cambio tecnológico rápido en la industria de la música conforme compite por una gran parte de los mercados existentes y continúa obteniendo participación en aquellos que son nuevos y emergentes.

Este rápido crecimiento implica muchos cambios en la organización The KnitMedia. Como director ejecutivo de su compañía en crecimiento, Michael Dorf también está consciente de que estos cambios tendrán profundas implicaciones en la forma en que la compañía opera ahora y el modo en que está estructurada en el futuro. También significa que sus empleados se verán afectados por estos cambios organizacionales. Él se pregunta cómo mantener a todo mundo motivado y cómo retener la cultura singular de The Knitting Factory que él estableció. "¿Cómo puedo estar seguro de que todas esas personas continuarán sintiendo la misma clase de visión compartida y así estar seguro de que ella inspirará a todos los demás?"

Conforme crece la organización, el personal tendrá nuevas áreas de responsabilidad y nuevo personal se integrará a la organización. Ed Greer se convertirá en el gerente general y administrará los nuevos clubes de The Knitting Factory conforme se vayan creando. Michael y su gerente del negocio, Rachel McBeth, han nombrado a John Lewis para que reemplace a Ed como gerente del club.

El crecimiento también impacta en el espacio, y el espacio físico de la compañía se está llenando. El club se mudó de la calle Houston a un local más amplio en la calle Leonard. Actualmente la oficina está en el sótano del edificio y ya no tiene espacio libre. Michael tiene que compartir su oficina y el salón de conferencias con otros debido a la carencia de espacio para oficinas. Se necesitarán nuevas posiciones como resultado de los planes de la compañía, con respecto a la expansión de sus negocios existentes y el desarrollo de otros nuevos. Michael y su personal están conscientes del hecho de que la distribución física de una compañía puede afectar la cultura de la gente. Steve Smith, director de publicidad, hizo una reflexión sobre el crecimiento de la compañía: "Tengo curiosidad acerca de cómo nos afectará y pienso, obviamente, que de alguna manera se reflejará en el espacio físico mismo. Quiero decir, ¿tendremos oficinas? ¿Vamos a tener puertas? ¿Nuestro ambiente de trabajo va a volverse más profesional?"

Michael Dorf no quiere que la compañía sea como una gran corporación. Reconoce, sin embargo, que el crecimiento significa que habrá más sistemas de control para manejar el crecimiento. "No quiero imponer un sentimiento o una vibra de una gran corporación, pero sí tiene que haber cierta rigidez en el proceso de comunicación y en el proceso de reporte, pues eso nos permitirá crecer y tener controles. Al mismo tiempo, es muy emocionante que ahora pensemos en esto de una manera más analítica."

Al planear con la suficiente antelación, Michael puede manejar el proceso mejor que si sólo dejara que pasaran las cosas. Él puede empezar a determinar cómo debería verse la compañía, e incluso retener la cultura de The Knitting Factory. Por ejemplo, si él quiere un sentimiento de compañía abierta, él podría decidir no tener puertas. Cuando Al Gamper tomó posesión de CIT Financial Services Corporation, una de las primeras cosas que decidió hacer fue quitar las puertas con sus bisagras. Gamper quiso cambiar la compañía de una cultura de puertas cerradas a una de puertas abiertas. Administrar el espacio físico tiene un impacto en los empleados y en la cultura que desarrolla.

The KnitMedia es todo acerca de la música, acerca de la nueva música del mundo, pop y jazz alternativos de avanzada. Los clubes de The Knitting Factory son un canal entre los artistas que crean, exploran y desarrollan esta música vanguardista y los consumidores de la música y de entretenimiento musical. En palabras de Michael: "Los clubes se dirigen hacia donde es más probable que se experimente la música en vivo, de modo que eso constituye una base importante de nuestro negocio. Pero como los otros medios se desarrollan con el tiempo, no sé que suceda; y eso es emocionante, me da gusto no saber dónde estaremos dentro de 10 años."

Preguntas

1. ¿Qué fuerzas están actuando como estimulantes del cambio que The Knit-Media está enfrentando o va a enfrentar? Explique.

2. ¿Cuáles fuentes de resistencia individual anticipa al cambio usted? Y, ¿cuáles fuentes de resistencia organizacional al cambio prevé en The KnitMedia?

3. ¿Qué consejo le daría a Michael Dorf para ayudarlo en sus esfuerzos hacia el cambio planeado? Explique.

Notas finales

Capítulo 1

[1] D. Milbank, "Managers Are Sent to 'Charmn Schools? to Discover How to Polish Up Their Acts", *Wall Street Journal*, 14 de diciembre de 1990, p. B1.

[2] S. Sherman, "Are You As Good As the Best in the World?" *Fortune,* 13 de diciembre de 1993, p. 96. Este tema se llevó a cabo en J. Pfeffter, "Producing Sustainable Competitive Advantage through the Effective Management of People", *Academy of Management Executive,* febrero de 1995, pp. 55-69.

[3] M. Rothman, "Into the Black", *INC.*, enero de 1993, p. 59.

[4] C. Hymowitz, "Five Main Reasons Why Managers Fail", *Wall Street Journal*, 2 de mayo de 1988, p. 25.

[5] Milbank, "Managers Are Sent to 'Charm Schools' to Discover How to Polish Up Their Acts".

[6] S.A. Waddock, "Educating Tomorrow's Managers", *Journal of Management Education*, febrero de 1991, pp. 69-96; y K.F. Kane, "MBAs: A Recruiter's-Eye View", *Business Horizons*, enero a febrero de 1993, pp. 65-71.

[7] H. Fayol, *Industrial and General Administration* (París: Dunod, 1916).

[8] H. Mintzberg, *The Nature of Managerial Work* (Nueva York: Harper & Row, 1973).

[9] R.L. Katz, "Skills of an Effective Administrator", *Harvad Business Review*, septiembre-octubre de 1974, pp. 90-102.

[10] F. Luthans, "Successful *versus* Effective Real Managers", *Academy of Management Executive*, mayo de 1988, pp. 127-132; y F. Luthans, R.M. Hodgetts, y S.A. Rosenkrantz, *Real Managers* (Cambridge, MA: Ballinger, 1988).

[11] Véase, por ejemplo, J.E. Garcia y K.S. Keleman, "What Is Organizational Behavior Anyhow?" se presentó en la 16a. Conferencia Anual de Enseñanza de Comportamiento Organizacional, Columbia, MO, junio de 1989.

[12] Véase, por ejemplo, A. Khon, "You Know What They Say..." *Psycology Today*, abril de 1988, pp. 36-41.

[13] E.E. Lawler III y J.G. Rhode, *Information and Control in Organizations* (Pacific Palidases, California: Goodyear, 1976), p. 22.

[14] R. Weinberg y W. Nord, "Coping with It's All Common Sense", *Exchange*, 7, número 2 (1982), 29-33; R.P. Vecchio, "Some Popular (But Misguided) Criticisms of the Organizational Sciences", *Organizational Behavior Teaching Review*, 10, número 1 (1986-1987), 28-34; y M.L. Lynn, "Organizational Behavior and Common Sense: Philosophical Implications for Teaching and Thinking", presentado en la 14a. Conferencia anual de Enseñanza de Comportamiento Organizacional", Waltham. MA, mayo de 1987.

[15] Véase, por ejemplo, R.R. Thomas Jr., "From Affirmative Action to Affirming Diversity", *Harvard Business Review*, marzo-abril de 1990, pp. 107-117; B. Mandrell y S. Kohler-Gray, "Management Development That Values Diversity", *Personnel*, marzo de 1990, pp. 41-47; J. Dreyfuss, "Get Ready for the New Work Force", *Fortune*, 23 de abril de 1990, pp. 165-181; e I.Wielawski, "Diversity Makes Both Dollars an Sense", *Los Angeles Times*, 16 de mayo de 1994, p. II-3.

[16] Véase S. Pedigo, "Diversity in the Workforce: Riding the Tide of Change", *The Wyatt Communicator*, invierno de 1991, pp. 4-11.

[17] Dreyfuss, "Get Ready for the New Work Force", p. 168.

[18] Véase, por ejemplo, P.L. McLeod y S.A. Lobel, "The Effects of Ethnic Diversity on Idea Generation in Small Groups", presentado en la Conferencia Anual Académica de Administradores, Las Vegas, agosto de 1992.

[19] J.S. McClenahen, "The Edge of Light", *Industry Week*, 3 de enero de 1994, p. 11.

[20] Véase, por ejemplo, M. Sashkin y K.J. Kiser, *Putting Total Quality Management to Work* (San Francisco: Berret-Koehler, 1993); J.R. Hackman y R. Wageman, "Total Quality Management: Empirical, Conceptual, and Practical Issues", *Administrative Science Quarterly*, junio de 1995, pp. 309-342.

[21] M. Hammer y J. Champy, *Reengineering the Corporation: A Manifesto for Business Revolution* (Nueva York: HarperBusiness, 1993); y J. Champy, *Reengineering Management* (Nueva York: HarperBusiness, 1995).

[22] B. Dumaine, "The New Non-Manager Managers", *Fortune*, 22 de febrero de 1993, pp. 80-84.

[23] "Wanted: Teammates, Crew Members, and Cast Members-But No Employees", *Wall Street Journal*, 30 de abril de 1996, p. A1.

[24] M. Sashkin, "Participative Management Is an Ethical Imperative", *Organizational Dynamics*, Spring 1984, pp. 5-22.

[25] Véase, "What Self-Managing Teams Manage", *Training*, octubre de 1995, p. 72.

[26] M. Kaeter, "The Age of the Specialized Generalist", *Training*, diciembre de 1993, pp. 48-53; y N. Templin, "Auto Plants, Hiring Again, Are Demanding Higher-Skilled Labor", *Wall Street Jorunal*, 11 de marzo de 1994, p. A1.

[27] Véase, por ejemplo, W.J. Byron, "Coming to Terms with the New Corporate Contract", *Business Horizons,* enero-ferebro de 1995, 15 de enero de 1996, p. 22; J. Templeman, "A Continent Swarming with Temps", *Bussiness Week*, 8 de abril de 1996, p. 54; D. Hulme, "Temps Catch on in Japan", *Asian Business*, abril de 1996, pp. 57-58; T. Price, "Pioneering a New Age of Flexibility", *Asian Business*, abril de 1996, pp. 59-60; J.W. Verity, "Let's Order Out for Technology", *Business Week*, 13 de mayo de 1996, p. 47; y T. Egan, "A Temporary Force to Be Reckoned With", *New York Times*, 20 de mayo de 1996, p. C1.

[28] E.J. Ottensmeyer y G. McCarthy, *Ethics in the Workplace* (Nueva York: McGraw Hill, 1996).

[29] (R.R. Sims, "The Challenge of Ethical Behavior", *Journal of Business Ethics*, julio de 1992, pp. 505-513.

[30] Véase, por ejemplo, M.J. Driver, "Cognitive Psycology; An Interactionist View", R.H. Hall, "Organizational Behavior: A Sociological Perspective", y C. Hardy, "The Contribution of Political Science to Organizational Behavior", en J.W. Lorsch (ed.), *Handbook of Organizational Behavior* (Englewood Cliffs, NJ: Prentice Hall, 1987), pp. 62-108.

[31] D. Tjosvold, "Controversy for Learning Organizational Behavior", *Organizational Behavior Teaching Rewiew*, 11, número 3 (1986-1987), 51-59; y L.F. Moore, D.C. Limerick, y PJ Frost, "Debating the Issue: Increasing Understanding of the 'Close Calls' in Organizational Decision Making", *Organizational Behavior Teaching Rewiew*, 14, número 1 (1989-1990), 37-43.

[32] S.R. Rhodes y R.M. Steers, *Managing Employee Absenteeism* (Leído, MA: Addison-Wesley, 1990).

[33] Citado en "Expensive Absteeism", *Wall Street Journal*, 29 de julio de 1986, p. 1.

[34] M. Mercer, "Turnover: Reducing the Costs", *Personnel*, diciembre de 1988, pp. 36-42; y R. Darmon, "Identifying Sources of Turnover Cost", *Journal of Marketing*, abril de 1990, pp. 46-56.

[35] Véase, por ejemplo, D.R. Dalton y W.D. Todor, "Functional Turnover: An Empirical Assessment", *Journal of Applied Psycology*, diciembre de 1981, pp. 716-721; y G.M. McEvoy y W.F. Cascio, "Do Good or Poor Perfomers Leave? A Meta-Analysis of the Relationship between Performance and Turnover", *Academy of Management Journal*, diciembre de 1987, pp. 744-762.

[36] Citado en "You Often Lose the Ones You Love", *Industry Week*, 21 de noviembre de 1988, p. 5.

[37] H.J. Leavitt, *Managerial Psycology*, rev. ed. (Chicago: University of Chicago Press, 1964), p. 3.

[38] Citado en "You Often Lose the Ones You Love".

[39] H.J. Leavitt, *Managerial Psychology*, ed. rev., p. 3.

Capítulo 2

[1] Basado en B. Vlasic y D. Woodruff, "Chrysler's Most Valuable Player?" *Business Week*, 22 de enero de 1996, pp. 64-65.

[2] Se informó en M. Galen, "Myths about Older Workers Cost Business Plenty", *Business Week,* 20 de diciembre de 1993, p. 83.

[3] "American Business and Older Workers: A Road Map to the 21st Century", un informe preparado por la American Association of Retired Persons by DYG, Inc., 1995; y "Valuing Older Workers: A Study of Costs and Productivity", informe preparado por la American Association of Retired Persons by ICF Inc., 1995.

[4] S.R. Rhodes, "Age-Related Differences in Work Attitudes and Behavior: A Review and Conceptual Analysis", *Psychological Bulletin*, marzo de 1983, pp. 328-367; J.L. Cotton y J.M. Tuttle, "Employee Turnover: A Meta-Analyis and Review with Implications for Research", *Academy of Management Review*, enero de 1986, pp. 55-70; y D.R. Davies, G. Matthews, y C.S.K. Wong, "Ageing and Work", en C.L. Cooper e I.T. Robertson (eds.), *International Review of Industrial and Organizational Psychology*, vol. 6 (Chichester, Inglaterra: Wiley, 1991), pp. 183-187.

[5] Rhodes, "Age-Related Differences in Work Attitudes and Behavior", pp. 347-349; R.D. Hackett, "Age, Tenure, and Employee Absenteeism", *Human Relations*, julio de 1990, pp. 601-619; y Davides, Matthews, and Wong, "Ageing and Work", pp. 183-187.

[6] Citado en K. Labich, "The New Unemployed", *Fortune*, 8 de marzo de 1993, p. 43.

[7] G.M. McEvoy y W.F. Cascio, "Cumulative Evidence of the Relatioship between Employee Age and Job Performance", *Journal of Applied Psychology*, febrero de 1989, pp. 11-17.

[8] A.L. Kalleberg y K.A. Loscocco, "Aging, Values, and Rewards: Explaining Age Differences in Job Satisfaction", *American Sociological Review*, febrero de 1983, pp. 78-90; R. Lee y E.R. Wilbur, "Age, Education, Job Tenure, Salary, Job Characteristics, and Job Satisfaction: A Multivariate Analysis", *Human Relations*, agosto de 1985, pp. 781-791; y Davies, Matthews, y Wong, "Ageing and Work", pp. 176-183.

[9] K.M. Kacmar y G.R. Ferris, "Theoretical and Methodological Considerations in the Age-Job Satisfaction Relationship", *Journal of Applied Psychology*, abril de 1989, pp. 201-207; y G. Z Zeitz, "Age and Work Satisfaction in a Government Agency: A Situational Perspective", *Human Relations*, mayo de 1990, pp. 419-438.

[10] Véase, por ejemplo, E. Maccoby y C. Nagy Jakclin, *The Psychology of Sex Differences* (Stanford, California: Stanford University Press, 1974); A.H. Eagly y L.L. Carli, "Sex Researchers and Sex-Typed Communications as Determinants of Sex Differences in Influenceability: A Meta-Analysis of Social Influence Studies", *Psychological Bulletin*, agosto de 1981, pp. 1-20; J.S. Hyde, "How Large Are Cognitive Gender Differences?" *American Psychologist*, octubre de 1981, pp. 892-901; y P. Chance, "Biology, Destiny, and All That", *Across the Board*, julio-agosto de 1988, pp. 19-23.

[11] R.P. Quinn, G.L. Staines, y M.R. McCullough, *Job Satisfaction: Is There a Trend?* Documento 2900-00195 (Washington, D.C.: U.S. Government Printing Office, 1974).

[12] Véase, por ejemplo, B. Kantrowitz, P. Wingert, y K. Robins, "Advocating 'Mommy Track'", *Newsweek*, 13 de marzo de 1989, p. 45; y S. Shellenbarger, "More Job Seekers Put Family Needs First", *Wall Street Journal*, 15 de noviembre de 1991, p. B1.

[13] T.W. Mangione, "Turnover-Some Psychological and Demographic Correlates", en R.P. Quinn y T.W. Mangione (eds.), *The 1969-1970 Survey of Working Conditions* (Ann Arbor: University of Michigan, Survey Research Center, 1973); y R. Marsh y H. Mannari, "Organizational Commitment and Turnover: A Predictive Study", *Administrative Science Quarterly*, marzo de 1977, pp. 57-75.

[14] Véase, por ejemplo, K.R. Garrison y P.M. Muchinsky, "Attitudinal and Biographical Predictors of Incidental Absenteeism", *Journal of Vocational Behavior*, abril de 1977, pp. 221-230; G. Johns, "Attitudinal and Nonattitudinal Predictors of Two Forms of Abscence from Works", *Organizational behavior and Human Performance*, diciembre de 1978, pp. 431-444; J.P. Leigh, "Sex Differences in Abstenteeism", *Industrial Relations*, otoño de 1983, pp. 349-361; K.D. Scott y E.L. McClellan, "Gender Differences in Absenteeism", *Public Personnel Management*, verano de 1990, pp. 229-253; y A. VandenHeuvel y M. Wooden, "Do Explanations of Absenteeism Differ forn Men and Women?" *Human Relations*, noviembre de 1995, pp. 1309-1329.

[15] Véase, por ejemplo, M. Tait, M.Y. Padgett, y T.T. Baldwin, "Job and Life Satisfaction: A Reevaluation of the Strength of the Relationship and Gender Effects as a Function of the Date of the Study", *Journal of Applied Psychology*, junio de 1989, pp. 502-507; y R.A. Douthitt, "The Division of Labor within the Home: Have Gender Roles Changed?" *Sex Roles*, junio de 1989, pp. 693-704.

[16] Garrison and Muchinsky, "Attitudinal and Biographical Predictors of Incidental Absenteeism"; C.J. Watson, "An Evaluation and Some Aspects of the Steers and Rhodes Model of Employee Attendance", *Journal of Applied Psychology*, junio de 1981, pp. 385-389; R.T. Keller, "Predicting Absenteeism from Prior Abseteeism, Attitudinal Factors, and Nonattitudinal Factors, *Journal of Applied Psychology*, agosto de 1983, pp. 536-540; J.M. Federico, P. Federico, y G.W. Lundquist, "Predicting Women's Turnover as a Function of Extent of Met Salary Expectations and Biodemographic Data", *Personnel Psychology*, invierno de 1976, pp. 559-566; March y Mannari, "Organizational Commitment and Turnover"; y D.R. Austrom, T. Baldwin, y G.J. Macy, "The Single Worker: An Empirical Exploration of Attitudes, Behavior, and Well-Being", *Canadian Journal of Administrative Sciences*, diciembre de 1988, pp. 22-29.

[17] M.E. Gordon y W.J. Fitzgibbons, "Empirical Test of the Validity of Seniority as a Factor in Staffing Decisions", *Journal of Applied Psychology*, junio de 1982, pp. 311-319; M.E. Gordon y W.A. Jonhson, "Seniority: A Review of Its Legal and Scientific Standing", *Personnel Psychology*, verano de 1982, pp. 255-280; M.A. McDaniel, F.L. Schmidt, y J.E. Hunter, "Job Experience Correlates of Job Performance", *Journal of Applied Psychology*, mayo de 1988, pp. 327-330; y M.A. Quinones, J.K. Ford, y M.S. Teachout, "The Relationship between Work Experience and Job Performance: A Conceptual and Meta-Analytic Review", *Personnel Psychology*, invierno de 1995, pp. 887-910.

[18] Garrison y Muchinsky, "Attitudinal and Biographical Predictors of Incidental Absenteeism"; N. Nicholson, C.A. Brown, y J.K. Chadwick-Jones, "Absence from Work and Personal Characteristics", *Journal of Applied Psychology*, junio de 1977, pp. 319-327; y R.T. Keller, "Predicting Absenteeism from Prior Absenteeism, Attitudinal Factors, and Nonattitudinal Factors", *Journal of Applied Psychology,* agosto de 1983, pp. 536-540.

[19] P.O. Popp y J.A. Belohlav, "Absenteeism in a Low Status Work Environment", *Academy of Management Journal*, septiembre de 1982, p. 681.

[20] H.J. Arnold y D.C. Feldman, "A Multivariate Analysis of the Determinants of Job Turnover", *Journal of Applied Psychology*, junio de 1982, p. 352.

[21] R.D. Gatewood y H.S. Field, *Human Resource Selection* (Chicago: Dryden Press, 1987).

[22] J.A. Breaugh y D.L. Dossett, "The Effectiveness of Biodata for Predicting Turnover", documento presentado en la National Academy of Management, en Nueva Orleans, agosto de 1987.

[23] A.G. Bedeian, G.R. Ferris, y K.M. Kacmar, "Age, Tenure, and Job Satisfaction: A Tale of two Perspectives", *Journal of Vocational Behavior*, febrero de 1992, pp. 33-48.

[24] L.E. Tyler, *Individual Differences: Abilities and Motivational Directions* (Englewood Cliffs, NJ: Prentice Hall, 1974).

[25] M.D. Dunnette, "Aptitudes, Abilities, and Skills", en M.D. Dunnette (ed.), *Handbook of Industrial and Organizational Psychology* (Chicago, IL: Rand McNally, 1976), pp. 478-483.

[26] D. Lubinski y R.V. Dawis, "Aptitudes, Skills, and Proficiencies", en M.D. Dunnette y L.M. Hough (eds.), *Handbook of Industrial & Organizational Psychology*, vol. 3, 2a. edición (Palo Alto, CA: Consulting Psychologists Press, 1992), pp. 30-33.

[27] J.E. Hunter y R.F. Hunter, "Validity and Utility of Alternative Predictors of Job Performance", *Psychological Bulletin*, enero de 1984, pp. 72-98; J.E. Hunter, "Cognitive Ability, Cognitive Aptitudes, Job Knowledge, and Job Performance", *Journal of Vocational Behavior*, diciembre de 1986, pp. 340-362; W.M. Coward y P.R. Sackett, "Linearity of Ability-Performance Relationships: A Reconfirmation", *Journal of Applied Psychology*, junio de 1990, pp. 297-300; y M.J. Ree, J.A. Earles, y M.S. Teachout, "Predicting Job Performance: Not Much More Than g", *Journal of Applied Psychology*, agosto de 1994, pp. 518-524.

[28] Hunter y Hunter, "Validity and Utility of Alternative Predictors of Job Performance", pp. 73-74.

[29] E.A. Fleishman, "Evaluating Physical Abilities Required by Jobs", *Personnel Administrator*, junio de 1979, pp. 82-92.

[30] G.W. Allport, *Personality: A Psychological Interpretation* (Nueva York: Holt, Rinehart & Winston, 1937), p. 48.

[31] Citado en R. Bolton, *People Skills* (Englewood Cliffs, NJ: Prentice Hall, 1979), p. 260.

[32] Informado en R.L. Hotz, "Genetics, Not Parenting, Key to Temperment, Studies Say", *Los Angeles Times*, 20 de febrero de 1994, p. A1.

[33] Véase T.J. Bouchard Jr., D.T. Lykken, M. McGue, N.L. Segal, y A. Tellegen, "Sources of Human Psychological Differences-The Minnesota Study of Twins Reared Apart", *Science*, 12 de octubre de 1990, pp. 223-238; T.J. Bouchard Jr. y M. McGue, "Genetic and Rearing Environmental Influences on Adult Personality: An Analysis of Adopted Twins Raised Apart", *Journal of Personality* 58 (1990), pp. 263-292; D.T. Lykken, T.J. Bouchard Jr., M. McGue, y A. Tellegen, "Heritability of Interests: A twin Study", *Journal of Applied Psychology*, agosto de 1993, pp. 649-661; y R.D. Arvey y T.J. Bouchard, Jr., "Genetics, Twins, and Organizational Behavior", en B.M. Staw y L.L. Cummings, *Research in Organizational Behavior*, vol. 16 (Greenwich, CT: JAI Press, 1994), pp. 65-66.

[34] Véase B.M. Staw y J. Ross, "Stability in the Midst of Change: A Dispositional Approach to Job Attitudes", *Journal of Applied Psychology*, agosto de 1985, pp. 469-480; y B.M. Staw, N.E. Bell, y J.A. Clausen, "The Dispositional Approach to job Attitudes: A lifetime Longitudinal Test", *Administrative Science Quarterly*, marzo de 1986, pp. 56-77.

[35] R.C. Carson, "Personality", en M.R. Rosenzweing y L.W. Porter (eds.), *Annual Review of Psychology*, vol. 40 (Palo Alto, CA: Annual Reviews, 1989), pp. 228-229.

[36] L. Sechrest, "Personality", en M.R. Resenzweing y L.W. Porter (eds.), *Annual Review of Psychology*, vol. 27 (Palo Alto, CA: Annual Reviews, 1976), p. 10.

[37] Ibid.

[38] Véase A.H. Buss, "Personality as Traits", *American Psychologist*, noviembre de 1989, pp. 1378-88.

[39] G.W. Allport y H.S. Odbert, "Trait Names, A. Psycholexical Study",*Psychological Monographs*, número 47 (1936).

[40] R.B. Cattell, "Personality Pinned Down", *Psychology Today*, julio de 1973, pp. 40-46.

[41] Véase A.J. Vaccaro, "Personality Clash", *Personnel Administrator*, septiembre de 1988, pp. 88-92; y R.R. McCrae y P.T. Costa Jr., "Reinterpreting the Myers-Briggs Type Indicator from the Perspective of the Five Factor Model of Personality", *Journal of Personality*, marzo de 1989, pp. 17-40.

[42] G.N. Landrum, *Profiles of Genius* (Nueva York: Prometheus, 1993).

[43] Véase, por ejemplo, J.M. Digman, "Personality Structure: Emergence of the Five-Factor Model", en M.R. Rosenzweing y L.W. Porter (eds.), *Annual Review of Psychology*, vol. 41 (Palo Alto, CA: Annual Reviews, 1990), pp. 417-440; O.P. John, "The 'Big Five' Factor Taxonomy: Dimensions of Personality in the Natural Language and in Questionnaires", en L.A. Pervin (ed.), *Handbook of Personality Theory and Research* (Nueva York: Guilford Press, 1990), pp. 66-100; M.K. Mount, M.R. Barrick, y J.P. Strauss, "Validity of Observer Ratings of the Big Five Personality Factors", *Journal of Aplied Psichology*, abril de 1994, pp. 272-280; y P.J. Howard y J.M. Howard, "Buddy, Can You Paradigm?" *Training & Development Journal*, septiembre de 1995, pp. 28-34.

[44] M.R. Barrick y M.K. Mount, "The Big Five Personality Dimensions and Job Performance: A Meta-Analisys", *Personnel Psychology* 44 (1991), pp. 1-26; y M.R. Barrick y M.K. Mount, "Autonomy as a Moderator of the Relationships between the Big Five Personality Dimensions and Job Performance", *Journal of Applied Psychology*, febrero de 1993, pp. 111-118.

[45] Mount, Barrick y Strauss, "Validity of Observer Ratings of the Big Five Personality Factors", p. 272.

[46] J.B. Rotter, "Generalized Expectancies for Internal versus External Control of Reinforcement", *Psychological Monographs* 80, número 609 (1966).

[47] Véase P.E. Spector, "Behavior in Organizations as a Function of Employee's Locus of Control", *Psychological Bulletin*, mayo de 1992, pp. 482-497; y G.J. Blau, "Locus of Control as a Potential Moderator of the Turnover Process", *Journal of Occupational Psychology*, otoño de 1987, pp. 21-29.

[48] R.T. Keller, "Predicting Absenteeism from Prior Absenteeism, Attitudinal Factors, and Nonattitudinal Factors", *Journal of Applied Psychology*, agosto de 1983, pp. 536-540.

[49] Spector, "Behavior in Organizations as a Function of Employee's Locus of Control", p. 493.

[50] R.G. Vleeming, "Machiavellianism: A Preliminary Review", *Psychological Reports*, febrero de 1979, pp. 295-310.

[51] R. Christie y F.L. Geis, *Studies in Machiavellianism* (Nueva York: Academic Press, 1970), p. 312; y N.V. Ramanaiah, A. Byravan, y F.R.J. Detwiler, "Revised Neo Personality Inventory Profiles of Machiavellian and Non-Machiavellian People", *Psychological Reports*, octubre de 1994, pp. 937-938.

[52] Christie y Geis, *Studies in Machiavellism*.

[53] Basado en J. Brockner, *Self-Esteem at Work* (Lexington, MA: Lexington Books, 1988), capítulos 1-4.

[54] Véase M. Snyder, *Public Appearances/Private Realities: The Psychology of Self-Monitoring* (Nueva York: W.H. Freeman, 1987).

[55] Ibid.

[56] M. Kilduff y D.V. Day, "Do Chameleons Get Ahead? The Effects of Self-Monitoring on Managerial Careers", *Academy of Management Journal*, agosto de 1994, pp. 1047-1060.

[57] R.N. Taylor y M.D. Dunnette, "Influence of Dogmatism, Risk-Taking Propensity, and Intelligence on Decision-Making Strategies for a Sample of Industrial Managers", *Journal of Applied Psychology*, agosto de 1974, pp. 420-423.

[58] I.L. Janis y L. Mann, *Decisión Making: A Psychological Analysis of Conflic, Choice, and Commitment* (Nueva York: Free Press, 1977).

[59] N. Kogan y M.A. Wallach, "Group Risk Taking as a Function of Members' Anxiety and Defensiveness", *Journal of Personality*, marzo de 1967, pp. 50-63.

[60] M. Friedman y R.H. Rosenman, *Type A Behavior and Your Heart* (Nueva York: Alfred A. Knopf, 1974), p. 84 (énfasis en el original).

[61] Ibid., pp. 84-85.

[62] Ibid., p. 86.

[63] F. Kluckhohn y F.L. Strodtbeck, *Variations in Value Orientations* (Evanston, IL: Row Peterson, 1961).

[64] Friedman y Rosenman, *Type A Behavior Your Heart*, p. 86.

[65] J.L. Holland, *Making Vocational Choices: A Theory of Vocational Personalities and Work Environments*, 2a. ed. (Englewood Cliffs, NJ: Prentice Hall, 1985).

[66] Véase, por ejemplo, A.R. Spokane, "A Review of Research on Person-Environment Congruence in Holland's Thepry of Careers", *Journal of Vocational Behavior*, junio de 1985, pp. 306-343; D. Brown, "The Status of Holland's Theory of Career Choice",*Career Development Journal*, septiembre de 1987, pp. 13-23; J.L. Holland y G.D. Gottfredson, "Studies of the Hexagonal Model: An Evaluation (or, The Perils of Stalking the Perfect Hexagon)", *Journal of Vocational Behavior*, abril de 1992, pp. 158-170; y T.J. Tracey y J. Rounds, "Evaluating Holland's and Gati's Vocational-Interest Models: A Structural Meta-Analysis", *Psychological Bulletin*, marzo de 1993, pp. 229-246.

[67] W. McGehee, "Are We Using What We Know about Training? —Learning Tehory and Training", *Personnel Psychology*, primavera de 1958, p. 2.

[68] I.P. Pavlov, *The Work of the Digestive Galnds*, trans. W.H. Thompson (London: Charles Griffin, 1902).

[69] B.F. Skinner, *Contingencies of Reinforcement* (East Norwalk, CT: Appleton-Century-Crofts, 1971).

[70] A. Bandura, *Social Learning Theory* (Englewood Cliffs, NJ: Prentice Hall, 1977).

[71] T.W. Costello y S.S. Zalkind, *Psycology in Administration* (Englewood Cliffs, NJ: Prentice Hall, 1963), p. 193.

[72] F. Luthans y R. Kreitner *Organizational Behavior Modification and Beyond*, 2a. ed. (Glenview, IL: Scott, Foresman, 1985).

[73] A. Halcrow, "Incentive! How Three Companies Cut Costs", *Personnel Journal*, febrero de 1986, p. 12.

[74] D. Willings, "The Absentee Worker", *Personnel and Training Management*, diciembre de 1968, pp. 10-12.

[75] B.H. Harvey, J.F. Rogers, y J.A. Schultz, "Sick Pay *versus* Well Pay: An Analysis of the Impac of Rewarding Employees for

Being on the Job", *Public Personnel Management Journal*, verano de 1983, pp. 218-224.

[76] M.S. Forbes Jr., "There's a Better Way", *Forbes*, 26 de abril de 1993, p. 23.

[77] Citado en *Training*, octubre de 1995, p. 38.

[78] Tomado de A. Belohlav, *The Art of Disciplining Your Employees* (Englewood Cliffs, NJ: Prentice Hall, 1985), y R. H. Lussier, "A Discipline Model for Increasing Performance", *Supervisory Management*, agosto de 1990, pp. 6-7.

[79] Véase, por ejemplo, C.C. Manz y H.P. Sims, "Self-Management as a Substitute for Leadership: A Social Learning Theory Perspective", *Academy of Management Review*, julio de 1980, pp. 361-367; y S.E. Markman e I.S. Markham, "Self-Management and Self-Leadership Reexamined: A Levels-of-Analysis Perspective", *Leadership Quarterly*, otoño de 1995, pp. 343-360.

[80] G.P. Latham y C.A. Frayne, "Self-Management Training for Increasing Job Attendance: A Follow-Up and a Replication", *Journal of Applied Psychology*, junio de 1989, pp. 411-416.

Capítulo 3

[1] Tomado de R. Lane, "Don't Mess with Marilyn", *Forbes*, 4 de diciembre de 1995, pp. 106-112.

[2] D.C. McClelland y J.W. Atkinson, "The Projective Expression of Needs: The Effect of Different Intensities of the Hunger Drive on Perception", *Journal of Psychology*, vol. 25 (1984), pp. 205-222.

[3] H.H. Kelley, "Attribution in Social Interaction", en E. Jones, *et al.* (eds.), *Attribution: Perceiving the Causes of Behavior* (Morristown, NJ: General Learning Press, 1972).

[4] Véase L. Ross, "The Intuitive Psychologist and His Shortcomings", en L. Berkowitz (ed.), *Advances in Experimental Social Psychology*, vol. 10 (Orlando, Florida: Academic Press, 1977), pp. 174-220; y A.G. Miller y T. Lawson, "The Effect of an informational Option on the Fundamental Attribution Error", *Personality and Social Psychology Bulletin*, junio de 1989, pp. 194-204.

[5] S. Nam, *Cultural and Managerial Attributions for Group Performance*, unpublished doctoral dissertation; University of Oregon. Citado en R.M. Steers, S.J. Bischoff, y L.H. Higgins, "Cross-Cultural Management Research", *Journal of Management Inquiry*, diciembre de 1992, pp. 325-326.

[6] D.C. Dearbon y H.A. Simon, "Selective Perception: A Note on the Departmental Identification of Executives", *Sociometry*, junio de 1958, pp. 140-144. Algunas de las conclusiones en estos estudios clásicos se han analizado en J.P. Walsh, "Selectivity and Selective Perception: An Investigation of Managers' Belief Structures and Information Processing", *Academy of Management Journal*, diciembre de 1988, pp. 873-896; M.J. Waller, G.P. Huber, y W.H. Glick, "Functional Background as a determinant of Executives' Selective Perception", *Academy of Management Journal*, agosto de 1995, pp. 943-974; y J.S. Bunderson, "Work History and Selective Perception: Fine-Tuning What We Know", en D.P. Moore (ed.), *Academy of Management Best Papers Proceedings* (Vancouver, BC, Academy of Management Conference, 1995), pp. 459-463.

[7] S.E. Asch, "Forming Impressions of Personality", *Journal of Abnormal and Social Psychology*, julio de 1946, pp. 258-290.

[8] J.S. Bruner y R. Tagiuri, "The Perception of People", en E. Lindzey (ed.), *Handbook of Social Psychology* (Reading, MA: Addison-Wesley, 1954), p. 641.

[9] Véase, por ejemplo, C.M. Judd B. Park, "Definition and Assessment of Accuracy in Social Stereotypes", *Psychological Review*, enero de 1993, pp. 109-128.

[10] Véase, por ejemplo, S.T. Fiske, D.N. Beroff, E. Borgida, K. Deaux, y M.E. Heilman, "Use of Sex Stereotipyng Research in price Waterhouse vs. Hopkins", *American Psychologist*, 1991, pp. 1049-1060; G.N. Powell, "The Good Manager: Business Students' Stereotypes of Japanese Managers versus Stereotypes of American Managers", *Group & Organizational Management*, 1992, pp. 44-56; y K.J. Gibson, W.J. Zerbe, y R.E. Franken, "Job Search Strategies for Older Job Hunters: Addressing Employers' Perceptions", *Canadian Journal of Counseling*, 1992, pp. 166-176.

[11] Véase, por ejemplo, E.C. Webster, *Decision Making in the Employment Interview* (Montreal: McGill University, Industrial Relations Center, 1964).

[12] Véase, por ejemplo, L. Jussim, "Self-Fulfilling Prophecies: A Theorical and Integrative Review", *Psychological Review*, octubre de 1986, pp. 429-445; D. Eden, *Pygmalion in Management* (Lexington, MA: Lexington 1990); y D. Eden. "Leadership and Expectations: Pygmalion Effects and Other Self-Fulfilling Prophecies", *Leadership Quarterly*, invierno de 1992, pp. 271-305.

[13] D. Eden y A.B. Shani, "Pygmalion Goes to Boot Camp: Expectancy, Leadership, and Trainee Performance", *Journal of Applied Psychology*, abril de 1982, pp. 194-199.

[14] Véase, por ejemplo, R.D. Bretz Jr., G.T. Milkovich, y W. Read, "The Current State of performance Appraisal Research and Practice: Concerns, Directions, and Implications", *Journal of Management*, junio de 1992, pp. 323-324; y P.M. Swiercz, M.L. Icenogle, N.B. Bryan, y R.W. Renn, "Do Perceptions of Performance Appraisal Fairness Predict Employee Attitudes and Performance?" en D.P. Moore (ed.), *Proceedings of the Academy of Management* (Atlanta: Academy of Management, 1993), pp. 304-308.

[15] D. Kipnis, *The Powerholders* (Chicago: University of Chicago Press, 1976).

[16] Véase J.P. Near y M.P. Miceli, "Whistle-Blowers in Organizations: Dissidents or Reformers?" en L.L. Cummings y B.M. Staw (eds.), *Research in Organizational Behavior*, vol. 9 (Greenwich, CT: JAI Press, 1987), pp. 321-368.

[17] Véase H. A. Simon, "Rationality in Psychology and Economics", *The Journal of Business*, octubre de 1986, pp. 209-224; y A. Langley, "In Search of Rationality: The Purposes Behind the Use of Formal Analysis in Organizations", *Administrative Science Quarterly*, diciembre de 1989, pp. 598-631.

[18] Para revisar el modelo racional, véase E.F. Harrison, *The Managerial Decision-Making Process*, 4a. ed. (Boston: Houghton Mifflin, 1995), pp. 75-85.

[19] W. Pounds, "The Process of Problem Finding", *Industrial Management Review*, otoño 1969, pp. 1-19.

[20] J.G. March, *A primer on Decision Making* (Nueva York: Free Press, 1994), pp. 2-7.

[21] T.M. Amabile, "A Model of Creativity and Innovation in Organizations", en B.M. Staw y L.L. Cummings (eds.), *Research*

in Organizational Behavior, vol. 10 (Greenwich, CT: JAI Press, 1988), p. 126.

22 Citado en C.G. Morris, *Psychology: An Introduction*, 9a. ed. (Upper Saddle River, NJ: Prentice Hall, 1996), p. 344.

23 M.A. Colgrove, "Stimulating Creative Problem Solving: Innovative Set", *Psychological Reports*, vol. 22 (1968), pp. 1205-1211.

24 Véase M. Stein, *Stimulating Creativity*, vol. 1 (Nueva York: Academic Press, 1974).

25 E. deBono, lateral Thinking: *Creativity Step by Step* (Nueva York: Harper & Row, 1971).

26 W.J.J. Gordon, *Synectics* (Nueva York: Harper y Row, 1961).

27 D.L. Rados, "Selection and Evaluation of Alternatives in Repetitive Decision Making", *Administrative Science Quarterly*, junio de 1972, pp. 196-206.

28 M. Bazerman, *Judgment in Managerial Decision Making*, 3a. ed. (Nueva York: Wiley, 1994), p. 5.

29 Véase H.A. Simon, *Administrative Behavior*, 3a. ed. (Nueva York: Free Press, 1976); y J. Forester, "Bounded Rationality and the Politics of Muddling Trough", *Public Administration* Review, enero-febrero de 1984, pp. 23-31.

30 W.H. Agor, "The Logic of Intuition: How Top Executives Make Important Decisions", *Organizational Dynamics*, invierno de 1986, p. 5; W.H. Agor (ed.), *Intuition in Organizations* (Newbury Park, CA: Sage Publications, 1989); O. Behling y N.L. Eckel, "Making Sense Out of Intuition", *Academy of Management Executive*, febrero de 1991, pp. 46-47; y V. Johnson, "Intuition in Decision-Making", *Successful Meetings*, febrero de 1993, pp. 148-151.

31 Behling y Eckel, "Making Sense Out of Intuition", pp. 46-54.

32 Como se describe en H.A. Simon, "Making Management Decisions: The Role of Intuition and Emotion", *Academy of Management Executive*, febrero de 1987, pp. 59-60.

33 Agor, "The Logic of Intuition", p. 9.

34 Ibid., p. 15.

35 Véase, por ejemplo, M.D. Cohen, J.G. March, y J.P. Olsen, "A Garbage Can model of Organizational Choice", *Administrative Science Quarterly*, marzo de 1972, pp. 1-25.

36 Véase, J.G. Thompson, *Organizations in Action* (Nueva York: McGraw-Hill, 1967), p. 123.

37 C.E. Lindholm, "The Science of 'Muddling Trough", *Public Administration Review*, primavera de 1959, pp. 79-88.

38 A. Tversky y K. Kahneman, "Judgment Under Uncertainty: Heuristics and Biases", *Science*, septiembre de 1974, pp. 1124-1131.

39 Véase B.M. Satw, "The Escalation of Commitment to a Course of Action", *Academy of Management Review*, octubre de 1981, pp. 577-587; y D.R. Bobecei y J.P. Meyer, "Escalating Commitment to a Failing Course of Action: Separating the Roles of Choice and Justification", *Journal of Applied Psychology*, junio de 1994, pp. 360-363.

40 A.J. Rowe, J.D. Boulgarides, y M.R. McGrath, *Managerial Decision Making*, Modules in Management Series (Chicago: SRA, 1984), pp. 18-22.

41 S.N. Chakravarty y A. Feldman, "The Road Not Taken", *Forbes*, 30 de agosto de 1993, pp. 40-41.

42 A. Wildavsky, *The Politics of the Budgetary Process* (Boston: Little Brown & Co., 1964).

43 N.J. Adler, *International Dimensions of Organizational Behavior*, 2a. ed. (Boston: Kent Publishing, 1991), pp. 160-168.

44 G.F. Cavanagh, D.J. Moberg, y M. Valasquez, "The Ethics of Organizational Politics", *Academy of Management Journal*, junio de 1981, pp. 363-374.

45 Véase, por ejemplo, T. Machan, ed., *Commerce and Morality* (Totowa, NJ: Rwman and Littlefield, 1988).

46 L.K. Treviño, "Ethical Decision Making in Organizations: A Person-Situation Interactionist Model", *Academy of Management Review*, julio de 1986, pp. 601-617; y L.K. Trevino y S.A. Youngblood, "Bad Apples in Bad Barrels: A Casual Analysis of Ethical Decision-Making Behavior", *Journal of Applied Psychology*, agosto de 1990, pp. 378-385.

47 Véase L. Kohlberg, *Essays in Moral Development: The Philosophy of Moral Development*, vol. 1 (Nueva York: Harper & Row, 1981); L. Kohlberg, *Essays in Moral Development: The psychology of Moral Development*, vol. 2 (Nueva York: Harper & Row, 1984); y R.S. Snell, "Complementing Kohlberg: Mapping the Ethical Reasoning Used by Managers for Their Own Dilema Cases", *Human Relations*, enero de 1996, pp. 23-50.

48 W. Chow Hou, "To Bribe or Not to Bribe?" *Asia, Inc.*, octubre de 1996, p. 104.

Capítulo 4

1 Basado en J.L. Seglin, "The Happiest Workers in the World", *INC.: The State of Small Business 1996*, mayo de 1996, pp. 62-76.

2 Ibid.

3 Véase, por ejemplo, los estudios citados en A.F. Chelte, J. Wright, y C. Tausky, "Did Job Satisfaction Really Drop During the 1970s?" *Monthly Labor Review*, noviembre de 1982, pp. 33-36; "Job Satisfaction High in America, Says Conference Board Study", *Monthly Labor Review*, febrero de 1985, p. 52; y C. Hartman y S. Pearlstein, "The Joy of Working", *INC.*, noviembre de 1987, pp. 61-66. Véase también "Wyatt WorkAmerica", publicado por The Wyatt Company, 1990.

4 Véase "Job Satisfaction High in America", p. 52; y "America's Workers and Job Satisfaction", *Manpower Argus*, marzo de 1996, p. 7.

5 G.L. Staines y R.P. Quinn, "American Workers Evaluate the Quality of Their Jobs", *Monthly Labor Review*, enero de 1979, pp. 3-12.

6 Chelte, Wright, Tausky, "Did Job Satisfaction Really Drop?"; y B.M. Staw, N.E. Bell, y J.A. Clausen, "The Dispositional Approach to Job Attitudes: A Lifetime Longitudinal Test", *Administrative Science Quarterly*, marzo de 1986, pp. 56-77.

7 J.L. Seglin, "The Happiest Workers in the World", p. 64; y "Satisfaction at Work", *Business Week*, 24 junio de 1996, p. 28.

8 S.L. Wilk, L.B. Desmararis, y P.R. Sackett, "Gravitation to Jobs Commensurate With Ability: Longitudinal and Cross-Sectional Test", *Journal of Applied Psychology*, febrero de 1995, pp. 79-85.

9 M. Rockeach, *The Nature of Human Values* (Nueva York: Free Press, 1973), p. 5.

[10] Véase, por ejemplo, P.E. Connor y B.W. Becker, "Personal Values and Management: What Do We Know and Why Dont'n We Know More?" *Journal of Management Inquiry*, marzo de 1994, p. 68.

[11] L.M. Keller, T.J. Bouchard, Jr., R.D. Arvery, N.L. Segal, y R.V. Dawis, "Work Values: Genetic and Environmental Influences", *Journal of Applied Psychology*, febrero de 1992, pp. 79-88.

[12] M. Rokeach y S.J. Ball-Rokeach, "Stability and Change in American Value Priorities, 1968-1981", *American Psychologys*, mayo de 1989, pp. 775-784.

[13] M. Rokeach, *The Nature of Human Values*, p. 6.

[14] Ibid.

[15] J.M. Munson y B.Z. Posner, "The Factorial Validity of a Modified Rokeach Value Survey for Four Diverse Samples", *Educational and Psychological Measurement*, invierno de 1980, pp. 1073-1079; y W.C. Frederick y J. Weber, "The Values of Corporate Managers and Their Critics: An Empirical Description and Normative Implications", en W.C. Frederick y L.E. Preston (eds.), *Business Ethics: Research Issues and Empirical Studies* (Greenwich, CT: JAI Press, 1990), pp. 123-144.

[16] Frederick y Weber, "The Values of Corporate Managers and Their Critics".

[17] Ibid., p. 132.

[18] Véase, por ejemplo, D.J. Cherrington, S.J. Condie, y J.L. England, "Age and Work Values", *Academy of Management Journal*, septiembre de 1979, pp. 617-623; J.A. Raelin, "The '60s Kids in the Corporation: More Than Just 'Daydream Beliervers'", *Academy of Management Executive*, febrero de 1987, pp. 21-30; L. Zinn, "Move Over, Boomers", *Business Week*, 14 de diciembre de 1992, pp. 74-82; A. Harmon, "Fox GenX, the *Angst* Is On-Line", *Los Angeles Times*, 28 de abril de 1993, p. A1; S. Ratan, "Generational Tension in the Office: Why Busters Hate Boomers", *Fortune*, 4 de octubre de 1993, pp. 56-70; P. O'Toole, "Redefining Sucess", *Working Woman*, noviembre de 1993, pp. 49-55, 100; B. Filipczak, "It's Just a Job: Generation X at Work", *Training*, abril de 1994, pp. 21-27; R. Rowe y W.E. Snizek, "Gender Differences in Work Values: Perpetuating the Myth", *Work and Occupations*, mayo de 1995, pp. 215-229; y R. Maynard, "A Less-Stressed Work Force", *Nation's Business*, noviembre de 1996, pp. 50-52.

[19] Señalado por sus autores R. Volkema y R.L. Neal Jr., de la American University, este modelo tambien tiene límites en su aplicación a la población minoritaria y a los nuevos inmigrantes a Norteamérica.

[20] R.E. Hattwick, Y. Kathawala, M. Monipullil, y L. Wall, "On the Alleged Decline in Business Ethics", *Journal of Behavior Economics*, verano de 1989, pp. 129-143.

[21] B.Z. Posner y W.H. Schmidt, "Values and the American Manager: An Update Updated", *California Management Review*, primavera de 1992, p. 86.

[22] Véase, por ejemplo, D.A. Ralston, D.H. Holt, R.H. Terpstra, y Y. Kai-Cheng, "The Impact of Culture and Ideology on Managerial Work Values: A Study of the United States, Russia, Japan, and China", en D.P. Moore (ed.), *Academy of Management Best Paper Proceedings* (Vancouver, BC; agosto de 1995), pp. 187-191.

[23] G. Hofstede, *Culture's Consequences: International Differences in Work Related Values* (Beverly Hills, CA: Sage, 1980); G. Hofstede, *Cultures and Organizations: Software of the Mind* (Londres: McGraw-Hill, 1991); y G. Hofstede, "Cultural Constraints in Management Theories", *Academy of Management Executive*, febrero de 1993, pp. 81-94.

[24] Hofstede llamó a esta dimensión masculino *versus* femenino, sin embargo tuvo que cambiarla ya que contenían una fuerte connotación sexista.

[25] N.J. Adler, "Cross-Cultural Management Reserach: The Ostrich and the Trend", *Academy of Management Review*, abril de 1983, pp. 226-232.

[26] L. Godkin, C.E. Braye, y C.L. Caunch, "U.S. Based Cross Cultural Management Research in the Eighties", *Journal of Business and Economic Perspectives*, vol. 15 (1989), pp. 37-45; T.K. Peng, M.F. Peterson, y Y.P. Shyi, "Quantitative Methods in Cross-National Management Reserach: Trends and Equivalence Issues", *Journal of Organizational Behavior*, vol. 12 (1991), pp. 87-107.

[27] S.J. Breckler, "Empirical Validation of Affect, Behavior, and Cognition as District Components of Attitude", *Journal of Personality and Social Psychology*, mayo de 1984, pp. 1191-1205.

[28] Véase R.D. Arvey y T.J. Bouchard, Jr., "Genetics, Twins, and Organizational Behavior", en B.M. Staw y L.L. Cummings (eds.), *Research in Organizational Behavior*", vol. 16 (Greenwich, CT: JAI Press, 1994), pp. 66-68 para demostración de evidencia de base genética en el desarrollo de la actitud y la expresión.

[29] P.P. Brooke Jr., D.W. Russell, y J.L. Price, "Discriminant Validation of Measures of Job Satisfaction, Job Involvement, and Organizational Commitment", *Journal of Applied Psychology*, mayo de 1988, pp. 139-145.

[30] Véase, por ejemplo, S. Rabinowitz y D.T. Hall, "Organizational Research in Job Involvement", *Psychological Bulletin*, marzo de 1977, pp. 265-288; G.J. Blau, "A Multiple Study Investigation of the Dimensionality of Job Involvement", *Journal of Vocational Behavior*, agosto de 1985, pp. 19-36; y N.A. Jans, "Organizational Factors and Work Involvement", *Organizational Behavior and Human Decision Processes*, junio de 1985, pp. 382-396.

[31] Basado en G.J. Blau y K.L. Boal, "Conceptualizing How Job Involvement and Organizational Commitment Affect Turnover and Absenteeism", *Academy of Management Review*, abril de 1987, p. 290.

[32] G.J. Blau, "Job Involvement and Organizational Commitment as Interactive Predictors of Tardiness and Absenteeism", *Journal of Management*, invierno de 1986, pp. 577-584; K. Boal y R. Cidambi, "Attitudinal Correlates of Turnover and Absenteeism: A Meta Analysis", documento presentado en la reunión de la American Psychological Association, Toronto, Canadá, 1984.

[33] G. Farris, "A Predictive Study of Turnover", *Personnel Psychology*, verano de 1971, pp. 311-328.

[34] Blau y Boal, "Conceptualizing", p. 290.

[35] Véase, por ejemplo, P.W. Hom, R. Katerberg, y C.L. Hulin, "Comparative Examination of Three Approaches to the Prediction of Turnover", *Journal of Applied Psychology*, junio de 1979, pp. 280-290; H. Angle y J. Perry, "Organizational Commitment: Individual and Organizational Influence", *Work and Occupations*, mayo de 1983, pp. 123-146; J.L. Pierce y R.B. Dunham, "Organizational Commitment: Pre-Employment

Propensity and Initial Work Experiences", *Journal of Management*, primavera de 1987, pp. 163-178.

[36] Hom, Katerberg, y Hulin, "Comparative Examination", y R.T. Mowday, L.W. Porter, y R.M. Steers, *Employee Organization Linkages: The Psychology of Commitment, Absenteeism, y Turnover* (Nueva York: Academic Press, 1982).

[37] L.W. Porter, R.M. Steers, R.T. Mowday, y P.V. Boulian, "Organizational Commitment, Job Satisfaction, and Turnover Among Psychiatric Technicians", *Journal of Applied Psychology*, octubre de 1974, pp. 603-609.

[38] L. Festinger, *A Theory of Cognitive Dissonance* (Stanford, CA: Stanford University Press, 1957).

[39] A.W. Wicker, "Attitude versus Action: The Relationship of Verbal and Overt Behavioral Responses to Attitude Objects", *Journal of Social Issues*, otoño de 1969, pp. 41-78.

[40] Ibid., p. 65.

[41] T.A. Heberlein y J.S. Black, "Attitudinal Specificity and the Prediction of Behavior in a Field Setting", *Journal of Personality and Social Psychology*, abril de 1976, pp. 474-479.

[42] H. Schuman y M.P. Johnson, "Attitudes and Behavior", en A. Inkeles (ed.), *Annual Review of Sociology* (Palo Alto, CA: Annual Reviews, 1976), pp. 161-207.

[43] R.H. Fazio y M.P. Zanna, "Direct Experience and Attitude-Behavior Consistency", en L. Berkowitz (ed.), *Advances in Experimental Social Psychology* (Nueva York: Academic Press, 1981), pp. 161-202.

[44] L.R. Kahle y H.J. Berman, "Attitudes Cause Behaviors: A Cross-Lagged Panel Analysis", *Journal of Personality and Social Psychology*, marzo de 1979, pp. 315-321; y C.L. Kleinke, "Two Models for Conceptualizing the Attitude-Behavior Relationship", *Human Relations*, abril de 1984, pp. 333-350.

[45] D.J. Bem, "Self-Perception Theory", en L. Berkowitz (ed.), *Advances in Experimental Social Psychology*, vol. 6 (Nueva York: Academic Press, 1972), pp. 1-62.

[46] Véase, por ejemplo, C.A. Kiesler, R.E. Nisbett, y M.P. Zanna, "On Inferring One's Belief from One's Behavior", *Journal of personality and Social Psychology*, abril de 1969, pp. 321-327.

[47] R. Abelson, "Are Attitudes Necesary?" en B.T. King y E. McGinnies (eds.), *Attitudes, Conflicts, and Social Change* (Nueva York: Academic Press, 1972), p. 25.

[48] Véase, por ejemplo, G.E. Lyne, "How to Measure Employee Attitudes", *Training and Development Journal*, diciembre de 1989, pp. 40-43; y P. Hise, "The Motivational Employee-Satisfaction Questionaire", *INC.*, febrero de 1994, pp. 73-75.

[49] P. Hise, "The Motivational Employee-Satisfaction Questionnaire".

[50] I. Barmash, "More Substance Than Show", *Across the Board*, mayo de 1993, pp. 43-45.

[51] Véase G. Gallup, "Employee Research: From Nice to Know to Need to Know", *Personnel Journal*, agosto de 1988, pp. 42-43; y T. Lammers, "The Essential Employee Survey", *INC.*, diciembre de 1992, pp. 159-161.

[52] Este apartado está basado en P.G. Zimbardo, E.B. Ebbsen, y C. Maslach, *Influencing Attitudes and Changig Behavior* (Reading, MA: Addison-Wesley, 1977); R.E. Petty y J.T. Cacioppo, *Attitudes and Persuasion: Central and Peripheral Routes to Persuasion* (Nueva York: Springer-Verlag, 1984); y A. Bednar y W.H. Levie, "Attitude-Change Principles", en C. Fleming y W.H. Levie, *Instructional Message Design: Principles from the Behavioral and Cognitive Sciences*, 2a. ed. (Englewood Cliffs, NJ: Educational Technology Publication, 1993).

[53] M. Crawford, "The New Office Etiquette", *Canadian Business*, mayo de 1993, pp. 22-31.

[54] Citado en A. Rossett y T. Bickham, "Diversity Training: Hope, Faith and Cynicism", *Training*, enero de 1994, p. 40.

[55] Esta sección está basada en A. Rossett y T. Bickham, "Diversity Training", pp. 40-46.

[56] Para problemas con el concepto de satisfacción en el trabajo, véase R. Hodson, "Workplace Behaviors", *Work and Ocupations*, agosto de 1991, pp. 271-290; y H.M. Weiss y R. Copranzano, "Affective Events Theory: A Theorical Discussion of the Structure, Causes and Consequences of Affective Experiences at Work", en B.M. Staw y L.L. Cummings (eds.), *Research in Organizational Behavior*, vol. 18 (Greenwich,CT: JAI Press, 1996), pp. 1-3.

[57] La Wyatt Compañy's estudió en 1989 en Estados Unidos 12 dimensiones no identificadas de satisfacción: la organización del trabajo, las condiciones de trabajo, las comunicaciones, el desarrollo del trabajo y el desarrollo de la revisión, los cotrabajadores, la supervisión, la administración de la compañía, los pagos, las prestaciones, el desarrollo y la capacitación en la carrera, la satisfacción en el trabajo, y la imagen y el cambio de la compañía.

[58] Véase, J.L. Price y C.W. Mueller, *Handbook of Organizational Measurement* (Marshfield, MA: Pitman Publishing, 1986), pp. 223-227.

[59] V. Scarpello y J.P. Campbell, "Job Satisfaction: Are All the Parts Three?" *Personnel Psychology*, otoño de 1983, pp. 577-600.

[60] E.A. Loche, "The Nature and Causes of Job Satisfaction", en M.D. Dunnette (ed.), *Handbook of Industrial and Organizational Psychology* (Chicago: Rand McNally, 1976), pp. 1319-1328.

[61] R.A. Katzell, D.E. Thompson, y R.A. Guzzo, "How Job Satisfaction and Job Performance Are and Are Not Linked", en C.J. Cranny, P.C. Smith y E.F. Stone (eds.), *Job Satisfaction* (Nueva York: Lexington Books, 1992), pp. 195-217.

[62] L.A. Witt y L.G. Nye, "Gender and the Relationship Between Perceived Fairness of Pay or Promotion and Job Satisfaction", *Journal of Applied Psychology*, diciembre de 1992, pp. 910-917.

[63] Véase, por ejemplo, D.C. Feldman y H.J. Arnold, "Personality Types y Career Patterns: Some Empirical Evidence on Holland's Model", *Canadian Journal of Administrative Science*, junio de 1985, pp. 192-210.

[64] Para cada dato obtenido, véase Staw, Bell y Clausen, "The Dispositional Approach to Job Attitudes"; R.D. Arvey, T.J. Bouchard, Jr., N.L. Segal, y L.M. Abraham, "Job Satisfaction: Enviromental y Genetic Componentes", *Journal of Applied Psychology*, abril de 1989, pp. 187-192; B. Gerhart, "How Important Are Dispositional factors as Determinants of Job Satisfaction? Implications for Job Design and Other Personnel Programs", *Journal of Applied Psychology,* agosto de 1987, pp. 366-373; R.D. Arvey, G.W. Carter, y D.K. Buerkley, "Job Satisfaction: Dispositional and Situational Influences", en C.L. Cooper e I. T. Robertson (eds.), *International Review of Industrial and Organizational Psychology*, vol. 6 (Chichester, Inglaterra: John Wiley, 1991), pp. 359-383, T.J. Bouchard, Jr.,

R.D. Arvey, L.M. Keller y N.L. Segal, "Genetic Influences on Job Satisfaction: A Reply to Cropanzano and James", *Journal of Applied Psychology*, febrero de 1992, pp. 89-93; T.A. Judge, "Dispositional Perspective in Human Resources Research", en G.R. Ferris y K.M. Rowland (eds.), *Research in Personality and Human Resources Management*, vol. 10 (Greenwich, CT: JAI Press, 1992); R.D. Arvey y T.J. Bouchard, Jr., "Genetics, Twins, and Organizational Behavior", en B.M. Staw y L.L. Cummings (eds.), *Research in Organizational Behavior*; T.A. Judge y S. Watanabe, "Another Look at the Job Satisfaction-Life Satisfaction Relationship", *Journal of Applied Psychology*, diciembre de 1993, pp. 939-948; y R.D. Arvey, B. MaCall, T.J. Bouchard, Jr. y P. Taubman, "Genetic Influences on Job Satisfaction and Work Values", *Personality and Individual Differences*, julio de 1994, pp. 21-23.

[65] G. Bassett, "The Case Against Job Satisfaction", *Business Horizons*, mayo-junio de 1994, p. 65.

[66] A.H. Brayfield y W.H. Crockett, "Employee Attitudes and Employee Performance", *Psychological Bulletin*, septiembre de 1995, pp. 396-428; F. Herzberg, B. Mausner, R.O. Peterson, y D.F. Capwell, *Job Attitudes: Review of Research and Opinion* (Pittsburgh: Psychologycal Service of Pittsburg, 1957); V.H. Vroom, *Work and Motiviation* (Nueva York: John Wiley, 1964); G.P. Fournet, M.K. Distefano, Jr., y M.W. Pryer, "Job Satisfaction: Issues and Problems", *Personnel Psychology*, verano de 1966, pp. 165-183.

[67] Vroom, *Work and Motivation*; y M.T. Iaffaldano y P.M. Muchinsky, "Job Satisfaction and Job Performance: A Meta-Analysis", *Psychological Bulletin*, marzo de 1985, pp. 251-273.

[68] Véase, por ejemplo, J.B. Herman, "Are Situational Contingencies Limiting Job Attitude-Job Performance Relationship?", *Organizational Behavior and Human Performance*, octubre de 1973, pp. 208-224; y M.M. Petty, G.W. McGee, y J.W. Cavender, "A meta-Analysis of the Relationship Between Individual Job Satisfaction and Individual Performance", *Academy of Management Review*, octubre de 1984, pp. 712-721.

[69] C.N. Greene, "The satisfaction-Performance Controversy", *Business Horizons*, febrero de 1972, pp. 31-41; E.E. Lawler III, *Motivation in Organizations* (Monterey, CA: Brooks/Cole, 1973); y Petty, McGee, y Cavender, "A Meta-Analysis of the Relationship Between Individual Job Satisfaction and Individual Performance".

[70] C. Ostroff, "The Relationship Between Satisfaction, Attitudes, and Performance: An: Organizational Level Analysis", *Journal of Applied Psychology*, diciembre de 1992, pp. 963-974.

[71] Locke, "The Nature and Causes of Job Satisfaction", p. 1331; S.L. McShane, "Job Satisfaction and Absenteeism: A Meta-Analytic Re-Examination", *Canadian Journal of Administrative Science*, junio de 1984, pp. 61-77; R.D. Hackett y R.M. Guion, "A Reevaluation of the Absenteeism-Job Satisfaction Relationship", *Organizational Behavior and Human Decision Processes*, junio de 1985, pp. 340-381; K.D. Scott y G.S. Taylor, "An Examination of Conflicting Findings on the Relationship Between Job Satisfaction and Absenteeism: Meta-Analysis", *Academy of Management Journal*, septiembre de 1985, pp. 599-612; R.D. Hackett, "Work Attitudes and Employee Absenteeism: A Synthesis of the Literature", documento presentado en 1988 en la National Academy of Management Conference, Anaheim, CA., agosto de 1988;

R.P. Steel y J.R. Rentsch, "Influence of Cumulation Strategies on the Long-Range Prediction of Absenteeism", *Academy of Management Journal*, diciembre de 1995, pp. 1616-1634.

[72] F.J. Smith, "Work Attitudes as Predictors of Attendance on a Specific Day", *Journal of applied Psychology*, febrero de 1977, pp. 16-19.

[73] Brayfield y Crockett, "Employee Attitudes"; Vroom, *Work and Motivation*; J. Price, *The Study of Turnover* (Ames: Iowa State University Press, 1977); H.W. Mobley, R.W. Griffeth, H.H. Hand, y B.M. Meglino, "Review and Conceptual Analysis of the Employee Turnover Process", *Psychological Bulletin*, mayo de 1979, pp. 493-522.

[74] Véase, por ejemplo, C.L. Hulin, M. Roznowski, y D. Hachiya, "Alternative Opportunities and Withdrawal Decisions: Empirical and Theoretical Discrepancies and a Integration", *Psychology Bulletin*, julio de 1985, pp. 233-250; y J.M. Carsten y P.E. Spector, "Unemployment, Job Satisfaction, and Employee Turnover: A Meta-Analytic Test of the Muchinsky Model", *Journal of Applied Psychology*, agosto de 1987, pp. 374-381.

[75] D.G. Spencer y R.M. Steers, "Performance as a Moderator of the Job Satisfaction-Turnover Relationship", *Journal of Applied Psychology*, agosto de 1981, pp. 511-514.

[76] T.A. Judge, "Does Affective Disposition Moderate the Relationship Between Job Satisfaction and Voluntary Turnover?" *Journal of Applied Psychology*, junio de 1993, pp. 395-401.

[77] S.M. Puffer, "Prosocial Behavior, Noncompliant Behavior, and Work Performance Among Commission Salespeople", *Journal of Applied Psychology*, noviembre de 1987, pp. 615-621; J. Hogan y R. Hogan, "How to Measure Employee Reliability", *Journal of Applied Psychology*, mayo de 1989, pp. 273-279; y C.D. Fisher y E.A. Locke, "The New Look in Job Satisfaction Research and Theory", en C.J. Cranny, P.C. Smith, y E.F. Stone (eds.), *Job Satisfacion*, pp. 165-194.

[78] Véase D. Farrel, "Exit, Voice, Loyalty, and Neglect as Responses to Job Dissatisfaction: A Multidimensional Scaling Study", *Academy of Management Journal*, diciembre de 1983, pp. 596-606; C.E. Rusbult, D. Farrell, G. Rogers, y A.G. Mainous III, "Impact of Exchange Variables on Exit, Voice Loyalty, and Neglect: An Integrative Model of Responses to Declining Job Satisfaction", *Academy of Management Journal*, septiembre de 1988, pp. 599-627; M.J. Whitney y W.H. Cooper, "Predicting Exit, Voice, Loyalty, and Neglect", *Administrative Science Quarterly*, diciembre de 1989, pp. 521-539; D. Farrel, C. Rusbult, Y.H. Lin, y P. Bernthall, "Impact of Job Satisfaction, Investment Size, and Quality of Alternatives on Exit, Voice, Loyalty, and Neglect Responses to Job Dissatisfaction: A Cross-Legged Panel Study", en L.R. Jauch y J.L. Wall (eds.), *Proceedings of the 50th Annual Academy of Management Conference*, San Francisco, 1990, pp. 211-215.

[79] R.B. Freeman, "Job Satisfaction as an Economic Variable", *American Economic Review*, enero de 1978, pp. 135-141.

Capítulo 5

[1] S. Desker-Shaw, "Revving Up Asia's Workers", *Asian Business*, febrero de 1996, pp. 41-44.

[2] R. Katerberg y G.J. Blau, "An Examination of Level and Direction of Effort and Job Perporfance", *Academy of Management Journal*, junio de 1983, pp. 249-257.

[3] A. Maslow, *Motivation and Personality* (Nueva York: Harper & Row, 1954).

[4] Véase, por ejemplo, E.E. Laeler III y J.L. Suttle, "A Causal Correlation Test of the Need Hierachy Concept", *Organizational Behavior and Human Performance*, abril de 1972, pp. 265-287; D.T. Hall y K.E. Nougaim, "An Examination of Maslow's Need Hierarchy in an Organizational Setting", *Organizational Behavior and Human Performance*, febrero de 1968, pp. 12-35; J. Rauschemberg, N. Schmitt, y J.E. Hunter, "A Test of the Need Hierarchy Concept by a Markov Model of Change in Need Strength", *Administrative Science Quarterly*, diciembre de 1980, pp. 654-670.

[5] A.K. Korman, J.H. Greenhaus, y I.J. Badin, "Personnel Attitudes and Motivation", en M.R. Resenzweing y L.W. Portes (eds.), *Annual Review of Psychology* (Palo Alto, CA: Annual Reviews, 1977), p. 178.

[6] Ibid., p. 179.

[7] M.A. Wahba y L.G. Bridwell, "Maslow Reconsidered: A Review of Research on the Need Hierarchy Theory", *Organizational Behavior and Human Performance*, abril de 1976, pp. 212-240.

[8] D. McGregor, *The Human Side of Enterprise* (Nueva York: McGraw-Hill, 1960). Para un análisis actualizado de la Teoría X y la Teoría Y de la construcción, véase R.J. Summers y S.F. Cronshaw, "A Study of McGregor's Thepry X, Theory Y and the influence of Theory Y Assumptions on Causal Attributions for Instances of Worker Poor Performance", en S.L. McShane (ed.), *Organizational Behavior*, ASAC 1988 Conference Procceedings, vol. 9, parte 5. Halifax, Nova Scotia, 1988, pp. 115-123.

[9] F. Hezberg, B. Mausner, y B. Snyderman, *The Motivation to Work* (Nueva York: John Wiley, 1959).

[10] R.J. House y L.A. Wigdor, "Herzberg's Dual-Factor Theory of Job Satisfaction and Motivations: A Review of the Evidence and Criticism", *Personnel Psychology*, invierno de 1967, pp. 369-389; D.P. Schwab y L.L. Cummings, "Theories of Performance and Satisfaction: A Review", *Industrial Relations*, octubre de 1970, pp. 403-430; y R.J. Caston y R. Braito, "A Specification Issue in Job Satisfaction Research", *Sociological Perspectives*, abril de 1985, pp. 175-197.

[11] D. Guest, "What's New in Motivation", *Personnel Management*, mayo de 1984, pp. 20-23.

[12] C.P. Alderfer, "An Empirical Test of a New Theory of Human Needs", *Organizational Behavior and Human Performance*, mayo de 1969, pp. 142-175.

[13] M. Haire, E.E. Ghiselli, y L.W. Porter, "Cultural Patterns in the Role of the Manager", *Industrial Relations,* febrero de 1963, pp. 95-117.

[14] C.P. Schneider y C.P. Alderfer, "Three Studies of Measures of Need Satisfaction in Organizations", *Administrative Science Quarterly*, diciembre de 1973, pp. 489-505.

[15] J.P. Wanous y A. Zwany, "A Cross-Sectional Test of Need Hierarchy Theory", *Organizational Behavior and Human Performance*, mayo de 1977, pp. 78-97.

[16] D.C. McClelland, *The Achieving Society* (Nueva York: Van Nostrand Reinhold, 1961); J.W. Atkinson y J.O. Raynor, *Motivation and Achievement* (Washington, D.C.: Winston, 1974); D.C. McClelland, *Power: The Inner Experience* (Nueva York: Irvington, 1975); y M.J. Stahl, *Managerial and Technical Motivation: Assessing Needs for Achievement, Power, and, Affiliation* (Nueva York: Praeger, 1986).

[17] McClelland, *The Achieving Society*.

[18] Véase, por ejemplo, A. Mehrabian, "Measures of Achieving Tendency", *Educational and Psychological Measurement*, verano de 1969, pp. 445-451; H.J.M. Hermans, "A Questionaire Measure of Achievement Motivation", *Journal of Applied Psychology*, agosto de 1970, pp. 353-363; y J.M. Smith, "A Quick Measure of Achievement Motivation", *British Journal of Social and Clinical Psychology*, junio de 1973, pp. 137-143.

[19] Véase W.D. Spangler, "Validity of Questionnaire and TAT Measures of Need for Achievement: Two Meta-Analyses", *Psychological Bulletin*, julio de 1992, pp. 140-154.

[20] D.C. McClelland, y D.G. Winter, *Motivating Economic Achievement* (Nueva York: Free Press, 1969).

[21] McClelland, *Power*; McClelland y D.H. Burnham, "Power Is the Great Motivator", *Harvard Business Review*, marzo-abril de 1976, pp. 100-110; y R.E. Boyatzis, "The Need for Close Relationships and the Manager's Job", en D.A. Kolb, I.M. Rubin, y J.M. McIntyre, *Organizational Psychology: Readings on Human Behavior in Organizations*, 4a. ed. (Englewood Cliffs, NJ: Prentice Hall, 1984), pp. 81-86.

[22] Ibid.

[23] J.B. Miner, *Studies in Management Education* (Nueva York: primavera de 1965).

[24] D. Kipnis, "The Powerholder", en J.T. Tedeschi (ed.), *Perspectives in Social Power* (Chicago: Aldine, 1974), pp. 82-123.

[25] D. McClelland, "Toward a Theory of Motive Acquisition", *American Psychologist*, mayo de 1965, pp. 321-333; D. Miron y D.C. McClelland, "The Impact of Achievement Motivation Training on Small Businesses", *California Management Review*, verano de 1979, pp. 13-28.

[26] R. de Charms, *Personal Causation: The Internal Affective Determinants of Behavior* (Nueva York: Academic Press, 1968).

[27] E.L. Deci, *Intrinsic Motivation* (Nueva York: Plenum, 1975); R.D. Pritchard, K.M. Campbell, y D.J. Campbell, "Efects of Extrinsic Financial Rewards on Intrinsic Motivation", *Journal of Applied Psychology*, febrero de 1977, pp. 9-15; E.L. Deci, G. Betly, J. Kahle, L. Abrams, y J. Porac, "When Trying to Win: Competition and Intrinsic Motivation", *Personality and Social Psychology Bulletin*, marzo de 1981, pp. 79-83; y P.C. Jordan, "Effects an Extrinsic Reward on Intrinsic Motivation: A Field Experiment", *Academy of Management Journal*, junio de 1986, pp. 405-412. Véase también J.M. Schrof, "Tarnished Trophies", *U.S. News & World Report*, 25 de octubre de 1993, pp. 52-59.

[28] W.E. Scott, "The Effects of Extrinsic Rewards on 'Intrinsic Motivation': A Crtitique", *Organizational Behavior and Human Performance*, febrero de 1976, pp. 117-119; B.J. Calder y B.M. Staw, "Interaction of Intrinsic and Extrinsic Motivation: Some Methodological Notes", *Journal of Personality and Social Psychology*, enero de 1975, pp. 76-80; K.B. Boal y L.L. Cummings, "Cognitive Evaluation Theory: An Experimental Test of Processes and Outcomes", *Organizational Behavior and Human Performance*, diciembre de 1981, pp. 289-310.

[29] G.R. Salancik, "Interaction Effects of Performance and Money on Self-Perception on Intrinsic Motivation", *Organizational*

Behavior and Human Performance, junio de 1975, pp. 339-351; y F. Luthans, M. Martinko, y T. Kess, "An Analysis of the Impact of Contingency Monetary Rewards on Intrinsic Motivation", *Proceedings of the Nineteenth Annual Midwest Acadamy of Management*, St. Louis, 1976, pp. 209-221.

30 J.B. Miner, *Theories of Organizational Behavior* (Hinsdale, Il: Dryden Press, 1980), p. 157.

31 H.J. Arnold, "Effects of Performance Feedback and Extrinsic Reward upon High Intrinsic Motivation", *Organizational Behavior and Human Performance*, diciembre de 1976, pp. 275-288.

32 B.M. Staw, "Motivation in Organizations: Toward Synthesis and Redirection", en B.M. Staw y G.R. Salancik (eds.), *New Directions in Organizational Behavior* (Chicago: St. Clair, 1977), p. 76.

33 B.J. Calder y B.M. Staw, "Self-Perception of Intrinsic and Extrinsic Motivation", *Journal of Personality and Social Psychology*, abril de 1975, pp. 599-605.

34 E.A Locke, "Toward a Theory of Task Motivation and Incentives", *Organizational Behavior and Human Performance*, mayo de 1968, pp. 157-189.

35 P.C. Earley, P. Wojnaroski, y W. Prest, "Task Planning and Energy Expended: Exploration of How Goals Influence Performance", *Journal of Applied Psychology*, febrero de 1987, pp. 107-114.

36 G.P. Latham y G.A. Yuki, "A Review of Research on the Application of Goal Setting in Organizations", *Academy of Management Journal*, diciembre de 1975, pp. 824-845; E.A. Locke, K.N. Shaw, L.M. Saari, y G.P. Latham, "Goal Setting and Task Performance", *Psychological Bulletin*, enero de 1981, pp. 125-152; A.J. Mento, R.P. Steel, y R.J. Karren, "A Meta-Analytic Study of the Effects of Goal Setting on Task Performance: 1966-1984", *Organizational Behavior and Human Decision Processes*, febrero de 1987, pp. 52-83; M.E. Tubbs, "Goal Setting: A Meta-Analytic Examination of the Empirical Evidence", *Journal of Applied Psychology*, agosto de 1986, pp. 474-483; P.C. Earley, G.B. Northcraft, C. Lee, y T.R. Lituchy, "Impact of Process and Outcome Feedback on the Relation of Goal Setting to Task Performance", *Academy of Management Journal*, marzo de 1990, pp. 87-105; y E.A. Locke y G.P. Latham, *A Theory of Goal Setting and Task Performance* (Englewood Cliffs, NJ: Prentice Hall, 1990).

37 J.M. Ivancevich y J.T. McMahon, "The Effects of Goal Setting, External Feedback, and Self-Generated Feedback on Outcome Variables: A Field Experiment", *Academy of Management Journal*, junio de 1982, pp. 359-372.

38 Véase, por ejemplo, G.P. Latham, M. Erez y E.A. Locke, "Resolving Scientific Disputes by the Joint Design of Crucial Experiments by the Anatagonists: Application to the Erez-Latham Dispute Regarding Participation in Goal Setting", *Journal of Applied Psychology*, noviembre de 1988, pp. 753-772.

39 M. Erez, P.C. Earley, y C.L. Hulin, "The Impact of Participation on Goal Acceptance and Performance: A Two-Step Model", *Academy of Managament Journal*, marzo de 1985, pp. 50-66.

40 J.R. Hollenbeck, C.R. Williams, y H.J. Klein, "An Empirical Examination of the Antecedents of Commitment to Difficult Goals", *Journal of Applied Psychology*, febrero de 1989, pp. 18-23. Véase también J.C. Wofford, V.L. Goodwin, y S. Premack, "Meta-Analysis of the Antecedent of Personal Goal Level and the Antecedents and Consequences of Goal Commitment", *Journal of Management*, septiembre de 1992, pp. 595-615; y M.E. Tubbs, "Commitment as a Moderator of the Goal-Performance Relation: A Case for Clearer Construct Definition", *Journal of Applied Psychology*, febrero de 1993, pp. 86-97.

41 A. Bandura, "Self-Efficacy: Toward a Unifying Theory of Behavioral Change", *Psychological Review*, mayo de 1977, pp. 191-215; y M.E. Gist, "Self-Efficacy: Implications for Organizational Behavior and Human Resource Management", *Academy of Management Review*, julio de 1987, pp. 472-485.

42 E.A. Locke, E. Frederick, C.Lee, y P. Bobko, "Effect of Self-Efficacy, Goals, and Task Strategies on Task Performance", *Journal of Applied Psychology*, mayo de 1984, pp. 241-251; y M.E. Gist y T.R. Mitchell, "Self-Efficacy: A Theoretical Analysis of Its Determinants and Malleability", *Academy of Management Review*, abril de 1992, pp. 183-211.

43 A. Bandura y D. Cervone, "Differential Engagement in Self-Reactive Influences in Cognitively-Based Motivation", *Organizational Behavior and Human Decision Processes*, agosto de 1986, pp. 92-113.

44 Véase J.C. Anderson y C.A. O'Reilly, "Effects of an Organizational Control System on Managerial Satisfaction and Performance", *Human Relations*, junio de 1981, pp. 491-501; y J.P. Meyer, B. Schact-Cole, e I. R. Gellatly, "An Examination of the Cognitive Mechanisms by Which Assigned Goals Affect Task Performance and Reactions to Performance", *Journal of Applied Social Psychology*, vol. 18, no. 5, 1988, pp. 390-408.

45 R.M. Steers y L. W. Porter, *Motivation and Work Behavior*, 2a. ed. (Nueva York: McGraw-Hill, 1979), p. 13.

46 E.A. Locke, "Latham vs. Komaki: A Tale of Two Paradigms", *Journal of Applied Psychology* (Nueva York: Academic Press, 1965), pp. 16-23.

47 J.S. Adams, "Inequity in Social Exchanges", en L. Berkowitz (ed.), *Advances in Experimental Social Psychology* (Nueva York: Academic Press, 1965), pp. 267-300.

48 P.S. Goodman, "An Examination of Referents Used in the Evaluation of Pay", *Organizational Behavior and Human Performance*, octubre de 1974, pp. 170-195; S. Ronen, "Equity Perception in Multiple Comparisons: A Field Study", *Human Relations*, abril de 1986, pp. 333-346; R.W. Scholl, E.A. Cooper, y J.F. McKenna, "Referent Selection in Determining Equity Perception: Differential Effects on Behavioral and Attitudinal Outcomes", *Personnel Psychology*, primavera de 1987, pp. 113-127; y T.P. Summers y A.S. DeNisi, "In Search of Adams' Other: Reexamination of Referents Used in the Evaluation of Pay", *Human Relations*, junio de 1990, pp. 497-511.

49 C.T. Kulik y M.L. Ambrose, "Personal and Situational Determinants of Referent Choice", *Academy of Management Review*, abril de 1992, pp. 212-237.

50 Véase, por ejemplo, E. Walster, G.W. Walster, y W.G. Scott, *Equity: Theory and Research* (Boston: Allyn & Bacon, 1978); y J. Greenberg, "Cognitive Reevaluation of Outcomes in Response to Underpayment Inequity", *Academy of Management Journal*, marzo de 1989, pp. 174-184.

51 P.S. Goodman y A. Friedman, "An Examination of Adam's Theory of Inequity", *Administrative Science Quarterly*, septiembre de 1971, pp. 271-288; R.P. Vecchio, "An Individual-Differences Interpretation of the Conflicting Predictions Generated by Equity Theory and Expectancy Theory", *Journal of Applied Psychology*, agosto de 1981, pp. 470-481; J. Greenberg, "Approaching Equity and Avoiding Inequity in Groups and Organizations", en J. Greenberg y R.L. Cohenn (eds.), *Equity and Justice in Social Behavior* (Nueva York: Academic Press, 1982), pp. 389-435; R.T. Mowday, "Equity Theory Predictions of Behavior in Organizations", en R.M. Steers y L.W. Porter (eds.), *Motivation and Work Behavior*, 4a. ed. (Nueva York: McGraw-Hill, 1987), pp. 89-110; E.W. Miles, J.D. Hatfield, y R.C. Huseman, "The Equity Sensitive Construct: Potential Implications for Worker Performance", *Journal of Management*, diciembre de 1989, pp. 581-588; y R.T. Mowday, "Equity Theory Predictions of Behavior in Organizations", en R. Steers y L. W. Porter (eds.), *Motivation and Work Behavior*, 5a. ed. (Nueva York: McGraw-Hill, 1991), pp. 111-131.

52 J.Greenberg y S. Ornstein, "High Status Job Title as Compesation for Underpayment: A Test of Equity Theory", *Journal of Applied Psychology*, mayo de 1983, pp. 285-297; y J. Greenberg, "Equity and Workplace Status: A Field Experiment", *Journal of Applied Psychology*, noviembre de 1988, pp. 606-613.

53 Véase, por ejemplo, B.H. Sheppard, R.J. Lewicki, y J.W. Minton, *Organizational Justice: The Search for Fairness in the Workplace* (Nueva York: Lexintong Books, 1992); y J. Greenberg, *The Quest for Justice on the Job* (Thounsand Oaks, CA: Sage, 1996).

54 Véase, por ejemplo, R.C. Dailey y D.J. Kirk, "Distributive and Procedural Justice as Antecedents of Job Dissatisfaction and Intent to Turnover", *Human Relations,* marzo de 1992, pp. 305-316; D.B. McFarlin y P.D. Sweeney, "Distributive and Procedural Justice as Predictors of Satisfaction Whith Personal and Organizational Outcomes", *Academy of Management Journal*, agosto de 1992, pp. 626-637; y M.A. Korsgaard, D.M. Schweiger, y H.J. Sapienza, "Building Comminment, Attachment, and Trust in Strategic Decision-Making Teams: The Role of Procedural Justice", *Academy of Management Journal*, febrero de 1995, pp. 60-84.

55 P.S. Goodman, "Social Comparison Process in Organizations", en B.M. Staw y G.R. Salancik (eds.), *New Directions in Organizational Behavior* (Chicago: St. Clair, 1977), pp. 97-132; y J. Greenberg, "A Taxonomy of Organizational Justice Theories", *Academy of Management Review*, enero de 1987, pp. 9-22.

56 V.H. Vroom, *Work and Motivation* (Nueva York: John Wiley, 1964).

57 Véase, por ejemplo, H.G. Heneman III y D.P. Schwab, "Evaluation of Research on Expectancy Theory Prediction of Employee Performance", *Psychological Bulletin*, julio de 1972, pp. 1-9; T.R. Mitchell, "Expectancy Models of Job Satisfaction, Occupational Preference and Effort: A Theoretical, Methodological and Empirical Appraisal", *Psychological Bulletin*, noviembre de 1974, pp. 1053-1077; y L. Reinharth y M.A. Wahba, "Expectancy Theory as a Predictor of Work Motivation, Effort Expenditure, and Job Performance", *Academy of Management Journal*, septiembre de 1975, pp. 502-537.

58 Véase, por ejemplo, L.W. Porter y E.E. III; *Managerial Attitudes and Performance* (Homewood, IL: Richard D. Irwing, 1968); D.F. Parker y L. Dryer, "Expectancy Theory as a Within-Person Behavioral Choice Model: An Empirical Test of Some Conceptual and Methodological Refinements", *Organizational Behavior and Human Performance*, octubre de 1976, pp. 97-117; H.J. Arnold, "A Test of the Multiplicative Hypothesis of Expectancy-Valence Tehories of Work Motivation", *Academy of Management Journal*, abril de 1981, pp. 128-141; y W. Van Eerde y H. Thierry, "Vroom's Expectancy Models and Work-Related Criteria: A Meta-Analysis", *Journal of Applied Psychology*, octubre de 1996, pp. 575-586.

59 Vroom se refiere a estas tres variables como expectativa, instrumento y valencia, respectivamente.

60 P. M. Muchinsky, "A Comparison of Within- and Across-Subjects Analyses of the Expectancy-Valence Model for Predicting Effort", *Academy of Management Journal*, marzo de 1977, pp. 154-158.

61 R.J. House, H.J. Shapiro, y M.A. Wahba, "Expectancy Theory as a Predictor of Work Behavior and Attitudes: A Re-evaluation of Empirical Evidence", *Decision Sciences*, enero de 1974, pp. 481-506.

62 L.H. Peters, E.J. O'Connor, y C.J. Rudolf, "The Behavioral and Affective Consequences of Performance-Relevant Situational Variables", *Organizational Behavior and Human Performance*, febrero de 1980, pp. 79-96; M. Blumberg y C.D. Pringle, "The Missing Opportunity in Organizational Research: Some Implications for a Theory of Work Performance", *Academy of Management Review*, octubre de 1982, pp. 560-569; D.A. Waldman y W.D. Spangler, "Putting Together the Pieces: A Closer Look at the Determinants of Job Performance", *Human Performance*, vol. 2, 1989, pp. 29-59; y J. Hall, "Americans Know How to Be Productive If Managers Will Let Them", *Organizational Dynamics*, invierno de 1994, pp. 33-46.

63 Para otros ejemplos de modelos que intentan integrar la teoría de la motivación, véase H.J. Klein, "An Integrated Control Theory Model of Work Motivation", *"Academy of Management Review*, abril de 1989, pp. 150-172; y E.A. Locke, "The Motivation Sequence, the Motivation Hub, and the Motivation Core", *Organizational Behavior and Human Decision Processes*, diciembre de 1991, pp. 288-299.

64 N.J. Adler, *International Dimensions of Organizational Behavior*, 2a. ed. (Boston: PWS-Kent Publishing, 1991), p. 152.

65 G. Hofstede, "Motivation, Leadership, and Organization: Do American Theories Apply Abroad", *Organizational Dynamics*, verano de 1980, p. 55.

66 Ibid.

67 I. Harpaz, "The Importance of Work Goals: An International Perspective", *Journal International Bussiness Studies*, primer trimestre de 1990, pp. 75-93.

68 G.E. Popp, H.J. Davis, y T.T. Herbert, "An International Study of Intrinsic Motivation Composition", *Management International Review*, enero de 1986, pp. 28-35.

69 Esta sección está basada en la obra de F.J. Landy y W.S. Becker, "Motivation Theory Reconsidered", en L.L. Cummings y B.M. Staw (eds.), *Research in Organizational Behavior*, vol. 9 (Greenwich, CT: JAI Press, 1987), pp. 24-35.

Capítulo 6

1 P. Simao, "Eureka!" *Canadian Business*, junio de 1996, pp. 66-69.

[2] P.F. Drucker, *The Practice of Management* (Nueva York: Harper & Row, 1954).

[3] Véase, por ejemplo, S.J. Carroll y H.L. Tosi, *Management by Objetives: Applications and Research* (Nueva York, Macmillan, 1973); R.Rodgers y J.E. Hunter, "Impact of Management by Objetives on Organizational Productivity", *Journal of Applied Psychology*, abril de 1991, pp. 322-326.

[4] Véase, por ejemplo, R.C. Ford, F.S. MacLaughlin, y J. Nixdorf, "Ten Questions About MBO", *California Management Review*, invierno de 1980, p. 89; T.J. Collamore, "Making MBO Work in the Public Sector", *Bureaucrat*, otoño de 1989, pp. 37-40; G. Dabbs, "Nonprofit Businesses in the 1990s: Models for Success", *Business Horizons*, septiembre-octubre de 1991, pp. 68-71; R. Rodgers y J.E. Hunter, "A Foundation of Good Management Practice in Government: Management by Objetives", *Public Administration Review*, enero-ferero de 1992, pp. 27-39; y T.H. Poister y G. Streib, "MBO in Municipal Government: Variations on a Traditional Management Tool", *Public Administration Review*, enero-febrero de 1995, pp. 48-56.

[5] Véase, por ejemplo, C.H. Ford, "MBO: An Idea Whose Time Has Gone?" *Business Horizons*, diciembre de 1979, p. 49; R. Rodgers y J.E. Hunter, "Impact of Management by Objetives on Organizational Productivity", *Journal of Applied Psychology*, abril de 1991, pp. 322-336; y R. Rodgers, J.E. Hunter, y D.L. Rodgers, "Influence of Top Management Commitment on Management Program Sucess", *Journal of Applied Psychology*, febrero de 1993, pp. 151-155.

[6] S. Navarette, "Multiple Forms of Employee Recognition", *At Work*, julio-agosto de 1993, pp. 9-10.

[7] Citado en S. Caudron, "The Top 20 Ways to Motivate Employees", *Industry Week*, 3 de abril de 1995, pp. 15-16. Véase también B. Nelson, "Try Praise", *INC.*, septiembre de 1996, p. 115.

[8] "Look, Movie Tickets: With Budgets Tight, Alternatives to Pay Increases Emerge", *Wall Street Journal*, 27 de septiembre de 1994, p. A1.

[9] Citado en *Asian Business*, diciembre de 1994, p. 3.

[10] R. Levering y M. Mosokowitz, "The Ten Best Companies to Work for in America", *Business and Society Review*, primavera de 1993, p. 29.

[11] B. Saporito, "The Revolt Against 'Working Samter,'" *Fortune*, 21 de julio de 1986, pp. 58-65; "Quality Circles: Rounding Up Quality at USAA", *AIDE Magazine*, otoño de 1983, p. 24; y J. Kerr, "The Informes", *INC.*, marzo de 1995, pp. 50-61.

[12] J.L. Cotton, *Employee Involvement* (Newbury Park, CA: Sage, 1993), pp. 3 y 14.

[13] Ibid., p. 3.

[14] Véase, por ejemplo, la nueva bibliografía autorizada tales como R.C. Ford y M.D. Fottler, "Empowerment: A Matter of Degree", *The Academy of Management Executive*, agosto de 1995, pp. 21-31; y G.M. Spreitzer, "Psychological Empowerment in the Workplace: Dimensions, Measurement, and Validation", *Academy of Management Journal*, octubre de 1995, pp. 1442-1465.

[15] M. Sashkin, "Participative Management Is an Ethical Imperative", *Organizational Dynamics*, primavera de 1984, pp. 5-22.

[16] R. Tannenbaum, I.R. Weschler, y F. Massarik, *Leadership and Organization: A Behavioral Science Approach* (Nueva York: McGraw-Hill, 1961), pp. 88-100.

[17] E. Locke y D. Schweiger, "Participation in Decision Making: One More Look", en B.M. Staw (ed.), *Research in Organizational Behavior*, vol. 1, Greenwich, CT: JAI Press, 1979; E.A. Locke, D.B. Feren, V.M. McCaleb, K.N. Shaw, y A.T. Denny, "The Relative Effectiveness of Four Methods of Motivating Employee Performance", en K.D. Duncan, M.M. Gruneberg, y D. Wallis (eds.), *Changes in Working Life* (Londres: Wiley, 1980), pp. 363-388; K.L. Miller y P.R. Monge, "Participation, Satisfaction, and Productivity: A Meta-Analytic Review", *Academy of Management Journal*, diciembre de 1986, pp. 727-753; J.A. Wagner III y R.Z. Gooding, "Effects of Societal Trends on Participation Research", *Administrative Science Quarterly*, junio de 1987, pp. 241-262; J.A. Wagner III y R.Z. Gooding, "Shared Influence and Organizational Behavior: A Meta-Analysis of Situational Variables Expected to Moderate Participation Outcome Relationships", *Academy of Management Journal*, septiembre de 1987, pp. 524-541; J.L. Cotton, D.A. Vollrath, K.L. Froggatt, M.L. Lengnick-Hall, y K.R. Jennings, "Employee Participation: Diverse Forms and Different Outcomes", *Academy of Management Review*, enero de 1988, pp. 8-22; C.R. Leana, E.A. Locke, y D.M. Schweiger, "Fact and Fiction in Analyzing Research on Participative Decision Making: A Critique of Cotton, Vollrath, Froggatt, Lengnick-Hall, and Jennings", *Academy of Management Review*, enero de 1990, pp. 137-146; J.W. Graham y A. Verma, "Predictors and Moderators of Employee Responses to Employee Participation Programs", *Human Relations*, junio de 1991, pp. 551-568; J.A. Wagner III, "Particpation's Effects on Performance and Satisfaction: A Reconsideration of Research Evidence", *Academy of Management Review*, abril de 1994, pp. 312-330; G.P. Latham, D.C. Winters, y E.A. Locke, "Cognitive and Motivational Effects of Participation: A Mediator Study", *Journal of Organizational Behavior*, enero de 1994, pp. 49-63; C. Doucouliagos, "Worker Participation and Productivity in Labor-Managed and Participatory Capitalist Firms: A Meta-Analysis", *Industrial and Labor Relations Review*, octubre de 1995, pp. 58-77; y C. Pavett y T. Morris, "Management Styles Within a Multinational Corporation: A Five Country Comparative Study", *Human Relations*, octubre de 1995, pp. 1171-1191.

[18] J.L. Cotton, *Employee Involvement*, p. 114.

[19] Véase, por ejemplo, M. Poole, "Industrial Democracy: A Comparative Abalysis", *Industrial Relations*, otoño de 1979, pp. 262-272; IDE International Research Group, *European Industrial Relations* (Oxford, UK: Clarendon, 1981); E.M. Kassalow, "Employee Representation on U.S., German Boards", *Monthly Labor Review*, septiembre de 1989, pp. 39-42; T.H. Hammer, S.C. Curral, y R.N. Stern, "Worker Representation on Boards of Directors: A Study of Competing Roles", *Industrial and Labor Relations Review*, invierno de 1991, pp. 661-680; y P. Kunst y J. Soeters, "Works Council Membership and Career Opportunities", *Organization Studies*, vol. 12, no. 1, 1991, pp. 75-93.

[20] J.D. Kleyn y S. Perrick, "Netherlands", *International Financial Law Review*, febrero de 1990, pp. 51-56.

[21] J.L. Cotton, *Employee Involvement*, pp. 129-130 y 139-140.

[22] Ibid., p. 140.

[23] Ibid., p. 59.

24 Véase, por ejemplo, G.W. Meyer y R.G. Stott, "Quality Circles: Panacea or Pandora's Box?" *Organizational Dynamics*, primavera de 1985, pp. 34-50; M.L. Marks, P.H. Mirvis, E.J. Hackett y J.F. Grady, Jr., "Employee Participation in a Quality Circle Program: Impact on Quality of Work Life Productivity and Absenteeism", *Journal of Applied Psychology*, febrero de 1986, pp. 61-69; E.E. Lawer III y S.A. Mohrman. "Quality Circles: After the Honeymoon", *Organizational Dynamics*, primavera de 1987, pp. 42-54; R.P. Steel y R.F., "Cognitive, Affective, and Behavioral Outcomes of Particpation in Quality Circles: Conceptual and Empirical Findigs", *Journal of Applied Behavioral Science*, vol. 24, no. 1, 1988, pp. 1-17; T.R. Miller, "The Quality Circle Phenomenon: A Review and Appraisal", *SAM Advanced Management Journal*, invierno de 1989, pp. 4-7; K. Buch y R. Spangler, "The Effects of Quality Circles on Performance and Promotions", *Human Relations*, junio de 1990, pp. 573-582; P.R. Liverpool, "Employee Participation in Decision-Making An Analysis of the Perceptions of Members and Nonmembers of Quality Circles", *Journal of Business and Psychology*, verano de 1990, pp. 411-422, y E.E. Adams, Jr., "Quality Circle Performance", *Journal of Management*, marzo de 1991, pp. 25-39.

25 J.L. Cotton, *Employee Involvement*, p. 76.

26 Ibid., p. 78.

27 Ibid., p. 87.

28 Véase K.M. Young (ed.), *The Expanding Role* of ESOPs in Public Companies (Nueva York: Quorum, 1990); J.L. Pierce y C.A. Furo, "Employee Ownweship: Implications for Management", *Organizational Dynamics*, invierno de 1990, pp. 32-43; J. Blasi y D.L. Druse, *The New Owners: The Mass Emergence of Employee Ownership in Public Companies and What It Means to American Business* (Champaign, IL: Harper Business, 1991); F.T. Adams y G.B. Hansen, *Putting Democracy to Work: A Practical Guide for Satarting and Managing Worker-Owned Businesses* (San Francisco: Berrett-Koehler, 1993); y A.A. Buchko, "The Effects of Employee Owership on Employee Attitudes: An Integrated Causal Model and Path Analysis", *Journal of Management Studies*, julio de 1993, pp. 633-656.

29 J.L. Pierce y C.A. Furo, "Employee Ownership;" C.H. Farnsworth, "One Employee Buyout That Actually Worked", *New York Times*, 5 de febrero de 1995, p. F4; A. Bernstein, "Should Avis Try Harder-For Its Employees?" *Business Week*, 12 de agosto de 1996, pp. 68-69.

30 A.A. Buchko, "The Effects of Employee Ownership on Employee Attitudes".

31 C.M. Rosen y M. Quarrey, "How Well Is Employee Ownership Working?" *Harvard Business Review*, septiembre-octubre de 1987, pp. 126-132.

32 J.L. Pierce y C.A. Furo, "Employee Ownership".

33 Véanse datos en D. Stamps, "A Piece of the Action", *Training*, marzo de 1996, p. 66.

34 T.R. Miller, "The Quality Circle Phenomenon", p. 5.

35 J.L. Pierce y C.A. Furo, "Employee Ownership", p. 32; y A. Bernstein, "Why ESOP Deals Have Slowed to a Crawl", *Business Week*, 18 de marzo de 1996, pp. 101-102.

36 Citado en T. Ehrenfeld, "Cashing In.", *INC.*, julio de 1993, pp. 69-70.

37 J. Fierman, "The Perilous New World of Fair Pay", *Fortune*, 13 de junio de 1994, p. 63.

38 G. Steinmetz, "German Banks Note the Value of Bonuses", *Wall Street Journal*, 9 de mayo de 1995, p. A17.

39 J.A. Byrne, "Deliver-Or Else", *Business Week*, 27 de marzo de 1995, pp. 36-38.

40 Basado en S.E. Gross y J.P. Bacher, "The New Variable Pay Programs: How Some Succeed, Why Some Don't", *Compensation & Benefits Review*, enero-febrero de 1993, p. 51; y J.R. Schster y P.K. Zingheim, "The New Variable Pay: Key Design Issues", *Compensation & Benefits Review*, marzo-abril de 1993, p. 28.

41 J.A. Byrne, "That Eye-Popping Executive Pay", *Business Week*, 25 de abril de 1994, p. 58.

42 J. O'C. Hamilton, "Levi's Pot O' Gold", *Business Week*, 24 de junio de 1996, p. 44.

43 Véase, por ejemplo, S.C. Hanlon, D.G. Meyer, y R.R. Taylor, "Consequences of Gainsharing", *Group & Organization Management*, marzo de 1994, pp. 87-111; J.G. Belcher, Jr., "Gainsharing and Variable Pay: The State of the Art", *Compensation & Benefits Review*, mayo-junio de 1994, pp. 50-60; y T.M. Welbourne y L.R. Gomez Mejia, "Gainsharing: A Critical Review and a Future Research Agenda", *Journal of Management*, vol. 21; no. 3, 1995, pp. 559-609.

44 Véase J.L. Cotton, *Employee Involvement*, pp. 89-113; y W. Imberman, "Boosting Plant Performance with Gainsharing", *Business Horizons*, noviembre-diciembre de 1992, p. 79.

45 M. Fein, "Work Measurement and Wage Incentives", *Industrial Engineering*, septiembre de 1973, pp. 49-51.

46 B. Wysocki, Jr., "Unstable Pay Becomes Ever More Common", *Wall Street Journal*, 4 de diciembre de 1995, p. A1.

47 W. Zellner, "Trickle-Down Is Tricking Down at Work", *Businees Week*, 18 de marzo de 1996, p. 34.

48 Ibid.

49 "Bonus Pay in Canada", *Manpower Argus*, septiembre de 1996, p. 5.

50 D. Beck, "Implementing a Gainsharing Plan: What Companies Need to Know", *Compensation & Benefits Review*, enero-febrero de 1992, p. 23.

51 W. Imberman, "Boosting Plant Performance with Gainsharing".

52 Citado en "Pay for Performance", *Wall Street Journal*, 20 de febrero de 1990, p. 1.

53 Estos ejemplos están citados en A. Gabor, "After the Pay Revolution, Job Titles Won't Matter", *New York Times*, 17 de mayo de 1992, p. F5; "Skilled-Based Pay Boosts Worker Productivity and Morale", *Wall Street Journal*, 23 de junio de 1992, p. A1; L. Wiener, "No New Skills? No Raise", *U.S. News & World Report*, 26 de octubre de 1992, p. 78; y M.A. Verespej, "New Responsabilities? New Pay!" *Industry Week*, 15 de agosto de 1994, p. 14.

54 G.E. Ledford, Jr., "Paying for the Skills, Knowledge, and Competencies of Knowledge Workers", *Compensation & Benefits Review*, julio-agosto de 1995, pp. 55-62.

55 M. Rowland, "For Each New Skill, More Money", *New York Times*, 13 de junio de 1993, p. F16.

[56] E.E. Lawler III, G.E. Ledford, Jr., y L. Chang, "Who Uses Skill-Based Pay, and Why", *Compesation & Benefits Review*, marzo-abril de 1993, p. 22.

[57] "Tensions of a New Pay Plan", *New York Times*, 17 de mayo de 1992, p. F5.

[58] Citado en E.E. Lawler III, S.A. Mohrman, y G.E. Ledford, Jr., *Creating High Performance Organizations: Practices and Results in the Fortune 1000* (San Francisco: Josey-Bass, 1995).

[59] "Skill-Based Pay Boosts Worker Productivity and Morale, *Wall Street Journal*, 23 de junio de 1992, p. A1.

[60] E.E. Lawler III, G.E. Ledford, Jr., y L. Chang, "Who Uses Skill-Based Pay, and Why".

[61] M. Rowland, "It's What You Can Do That Counts", *New York Times*, 6 de junio de 1993, p. F17.

[62] Ibid.

[63] Véase, por ejemplo, "When You Want to Contain Costs and Let Employee Pick Their Benefits: Cafeteria Plans", *INC.*, diciembre de 1989, p. 142; "More Benefits Bend with Workers' Needs", *Wall Street Journal*, 9 de enero de 1990, p. B1; R. Thompson, "Switching to Flexible Benefits", *Nation's Business*, julio de 1991, pp. 16-23; y A.E. Barber, R.B. Dunham, y R.A. Formisano, "The Impact of Flexible Benefits on Employee Satisfaction: A Field Study", *Personnel Psychology*, primavera de 1992, pp. 55-75.

[64] E.E. Lawler III, "Reward Systems", en Hackman y Suttle (eds.), *Improving Life at Work*, p. 182.

[65] R.Thompson, "Switching to Flexible Benefits", p. 17.

[66] "When You Want to Contain Costs and Let Employees Pick Their Benefits".

[67] H. Bernstein, "New Benefit Schemes Can Be Deceiving", *Los Angeles Times*, 14 de mayo de 1991, p. D3.

[68] Véase, por ejemplo, M. Alpert, "The Care and Feeding of Engineers", *Fortune*, 21 de septiembre de 1992, pp. 86-95; y G. Poole, "How to Manage Your Nerds", *Forbes ASAP*, diciembre de 1994, pp. 132-136.

[69] Véase, por ejemplo, B. Geber, "The Flexible Work Force", *Training*, diciembre de 1993, pp. 23-30; M. Barrier, "Now You Hire Them, Now Tou Don't", *Nation's Business*, enero de 1994, pp. 30-31; J. Fierman, "The Contingency Work Force", *Fortune*, 24 de enero de 1994, pp. 30-36; y D.C. Feldman, H.I. Doerpinghaus, y W.H. Turnley, "Managing Temporary Workers: A Permanent HRM Challenge", *Organizational Dynamics*, otoño de 1994, pp. 49-63.

[70] "Six Million Americans Say Jobs Are Temporary", *Manpower Argus*, noviembre de 1995, p. 2.

[71] G. Fuchsberg, "Parallel Lines", *Wall Street Journal*, 21 de abril de 1993, p. R4; y A. Penzias, "New Paths to Success", *Fortune*, 12 de junio de 1995, pp. 90-94.

[72] D. Hage y J. Impoco, "Jawboning the Jobs", *U.S. News & World Report*, 9 de agosto de 1993, p. 53.

[73] M.P. Cronin, "One Life to Live", *INC.*, julio de 1993, pp. 56-60.

Capítulo 7

[1] Basado en M. Stevenson, "Be Nice for a Change", *Canadian Business*, noviembre de 1993, pp. 81-85.

[2] L.R. Sayles, "Work Group Behavior and the Larger Organization", en C. Arensburg, *et al.* (eds.), *Research in Industrial Relations* (Nueva York: Harper & Row, 1957), pp. 131-145.

[3] B.W. Tuckman, "Developmental Sequences in Small Groups", *Psychological Bulletin*, junio de 1965, pp. 384-399; B.W. Tuckman y M.C. Jensen, "Stages of Small-Group Development Revisited", *Group and Organizational Studies*, diciembre de 1977, pp. 419-427; y M.F. Maples, "Group Development: Extending Tuckman's Theory", *Journal for Specialists in Group Work*, otoño de 1988, pp. 17-23.

[4] R.C. Ginnett, "The Airline Cockpit Crew", en J.R. Hackman (ed.), *Groups That Work (and Those That Don't)* (San Francisco: Jossey-Bass, 1990).

[5] C.J. G. Gersick, "Time and Transition in Work Teams: Toward a New Model of Group Development", *Academy of Management Journal*, marzo de 1988, pp. 9-41; C.J.G. Gersick, "Marking Time: Predictable Transitions in Task Groups", *Academy of Management Journal*, junio de 1989, pp. 274-309; E. Romanelli y M.L. Tushman, "Organizational Transformation as Punctuated Equilibrium: An Empirical Test", *Academy of Management Journal*, octubre de 1994, pp. 1141-1166; y B.M. Lichtenstein, "Evolution or Transformation: A Critique and Alternative to Punctuated Equilibrium", en D.P. Moore (ed.), *Academy of Management Best Paper Proceedings*; National Academy of Management Conference; Vancouver, BC, 1995, pp. 291-295.

[6] Véase J.L. Moreno, "Contributions of Sociometry to Research Methodology in Sociology", *American Sociological Review*, junio de 1947, pp. 287-292. También J.W. Hart y R. Nath, "Sociometry in Business and Industry: New Developments in Historical Perspective", *Group Psychotherapy Psychodrama and Sociometry*, vol. 32 (1979), pp. 128-149.

[7] N.M. Tichy, M.L. Tushman, y C. Fombrun, "Social Network Analysis for Organizations", *Academy of Management Review*, octubre de 1979, pp. 507-519; N. Tichy y C. Fombrun, "Network Analysis in Organizational Settings", *Human Relations*, noviembre de 1979, pp. 923-965.

[8] D. Karckhardt y L.W. Porter, "The Snowball Effect: Turnover Embedded in Comunication Networks", *Journal of Applied Psychology*, febrero de 1986, pp. 50-55.

[9] R.E. Nelson, "The Strength of Strong Ties: Social Networks and Intergroup Conflict in Organizations", *Academy of Management Journal*, junio de 1989, pp. 377-401.

[10] H. Ibarra, "Personal Networks of Women and Minorities in Management: A Conceptual Framework", *Academy of Management Review*, enero de 1993, pp. 56-87.

[11] Este modelo está basado en el trabajo de P.S. Goodman, E. Ravlin y M. Schminke, "Understanding Groups in Organizations", en L.L. Cummings y B. M. Staw (eds.), *Research in Organizational Behavior*, vol. 9 (Greenwich, CT: JAI Press, 1987), pp. 124-128; J.R: Hackman, "The Design of Work Teams", en J.W. Lorsh (ed.), *Handbook of Organizational Behavior* (Englewood Cliffs, NJ: Prentice Hall, 1987), pp. 315-342; G.R. Bushe y A.L. Johnson, "Contextual and Internal Variables Affecting Task Group Outcomes in Organizations", *Group and Organization Studies*, diciembre de 1989, pp. 462-482; y M.A. Campion, G.J. Medsker, y A.C. Higgs, "Relations Between Work Group Characteristics and Effectiveness: Implications for Designing Effective Work Groups", *Personnel Psychology*, invierno de 1993, pp. 823-850.

[12] Friedlander, "The Ecology of Work Groups", en J.W. Lorsch (ed.), *Handbook of Organizational Behavior*, pp. 301-314; P.B. Paulus y D. Nagar, "Environmental Influences on Groups, en P. Paulus (ed.), *Psychology of Group Influence*, 2a. ed. (Hillsdale, NJ: Erlbaum, 1989); y E. Sundstrom e I. Altman, "Physical Environments y Work-Group Effectiveness", en L.L. Cummings y B.M. Staw (eds.), *Research in Organizational Behavior*, vol. 11 (Greenwich, CT: JAI Press, 1989), pp. 175-209.

[13] Véase, por ejemplo, J. Krantz, "Group Processes Under Conditions of Organizational Decline", *The Journal of Applied Behavioral Science*, vol. 21, no. 1, 1985, pp. 1-17.

[14] Hackman, "The Design of Work Teams", pp. 325-326.

[15] Véase, por ejemplo, G.R. Oldham e Y. Fried, "Employee Reactions of Workspace Characteristics", *Journal of Applied Psychology*, febrero de 1987, pp. 75-80; y R.A. Baron, "The Physical Environment of Work Settings: Effects on Task Performance, Interpersonal Relations, y Job Satisfaction", en B.M. Staw y L.L. Cummings (eds.), *Research in Organizational Behavior*, vol. 6 (Greenwich, C.T.: JAI Press, 1994), pp. 1-46.

[16] Citado en A.D. Szilagyi, Jr., y M.J. Wallace, Jr., *Organizational Behavior and Performance*, 4a. ed. (Glenview, IL: Scott Foresman, 1987), p. 223.

[17] Véase M. Hill, "Group Versus Individual Performance. Are N+1 Heads Better Than One'", *Psychological Reports*, abril de 1982, pp. 517-539; y A. Tziner y D. Eden, "Effects of Crew Composition on Crew Performance: Does the Whole Equal the Sum of Its Parts?" *Journal of Applied Psychology*, febrero de 1985, pp. 85-93.

[18] M.E. Shaw, *Contemporary Topics in Social Psychology* (Morristown, NJ: General Learning Press, 1976), pp. 350-351.

[19] S. Lieberman, "The Effects of Changes in Roles on the Attitudes of Role Occupants", *Human Relations*, noviembre de 1956, pp. 385-402.

[20] Véase S.L. Robinson, M.S. Kraatz, y D.M. Rousseau, "Changing Obligations and the Psychological Contract: A Longitudinal Study", *Academy of Management Journal*, febrero de 1994, pp. 137-152.

[21] E.H. Schein, *Organizational Psychology*, 3a. ed. (Englewood Cliffs, NJ: Prentice Hall, 1980), p. 24.

[22] Véase M.F. Peterson, *et al.*, "Role Conflict, Ambiguity, and Overload: A 21-Nation Study", *Academy of Management Journal*, abril de 1995, pp. 429-452.

[23] P.G. Zimbardo, C. Haney, W.C. Banks, y D. Jaffe, "The Mind Is Formidable Jailer: A Pirandellian Pison", *New York Times*, 8 de abril de 1973, pp. 38-60.

[24] para una investigación reciente sobre las reglas en grupo, véase J.R. Hackman, "Group Influences on Individuals in Organizations", en M.D. Dunnette y L.M. Hough (eds.), *Hadbook of Industrial & Organizational Psychology*, 2a. ed., vol. 3 (Palo Alto, CA: Consulting Psychologists Press (1992), pp. 235-250.

[25] A. Harlan, J. Kerr, y S. Kerr, "Preference for Motivator and Hygiene Factors in a Hipothetical Interview Situation: Further Findings and Some Implications for the Employment Interview", *Personnel Psychology*, invierno de 1977, pp. 557-566.

[26] Adaptado de Goodman, Ravlin, y Schminke, "Understanding Groups in Organizations", p. 159.

[27] Véase, por ejemplo, G. Blau, "Influence of Group Lateness on Individual Lateness: A Cross-Level Examination", *Academy of Management Journal*, octubre de 1995, pp. 1483-1496.

[28] D.C. Feldman, "The Development and Enforcement of Groups Norman", *Academy of Management Journal*, enero de 1984, pp. 47-53; y K.L. Bettenhausen y J.K. Murninghan, "The Development of an Intragroup Norm and the Effectcs of Interpersonal and Structural Challenges", *Administrative Science Quarterly*, marzo de 1991, pp. 20-35.

[29] C.A. Kiesler y S.B. Kiesler, *Conformity* (Reading, MA: Addison-Wesley, 1969).

[30] Idib., p. 27.

[31] S.E. Asch, "Effects of Group Pressure upon the Modification and Distortion of Judgments", en H. Guetzkow (ed.), *Groups, Leadership and Men* (Pittsburgh: Carnegie Press, 1951), pp. 177-190.

[32] R. Keyes, *Is There Life After High School?* (Nueva York: Warner Books, 1976).

[33] W.F. Whyte, "The Social Structure of the Restaurant", *American Journal of Sociology*, enero de 1954, pp. 302-308.

[34] Citado en J.R. Hackaman, "Group Influences on Individuals in Organizations", p. 236.

[35] O.J. Harvey y Consalvi, "Status y Conformity to Pressures in Informal Groups", *Journal of Abnormal and Social Psychology*, primavera de 1960, pp. 182-187.

[36] J.A. Wiggins, F. Dill, y R.D. Schwartz, "On 'Status-Liability,'" *Sociometry*, abril-mayo de 1965, pp. 197-209.

[37] J. Greenberg, "Equity and Workplace Status: A Field Experiment", *Journal of Applied Psychology*, noviembre de 1988, pp. 606-613.

[38] E.J. Thomas y C.F. Fink, "Effects of Group Sice", *Psychological Bulletin*, julio de 1963, pp. 371-384; A. P. Hare, *Handbook of Small Group Research* (Nueva York: Free Press, 1976); y M.E. Shaw, *Group Dynamics: The Psychology of Small Group Behavior*, 3a. ed. (Nueva York: McGraw-Hill, 1981).

[39] Véase D.R. Comer, "A Model of Social Loafing in Real Work Groups", *Human Relations*, junio de 1995, pp. 647-667.

[40] W. Moede, "Die Richtlinien der Leistungs-Psychologie", *Industrielle Psychotechmik*, vol. 4 (1927), pp. 193-207. Véase también D.A. Kravitz y B. Martin, "Ringlemann Rediscovered: The Original Article", *Journal of Personality and Social Psychology*, mayo de 1986, pp. 936-941.

[41] Véase, por ejemplo, J.A. Shepperd, "Productivity Loss in Performance Groups: A Motivation Analysis", Psychological Bulletin, enero de 1993, pp. 67-81; y S.J. Karau y K.D. Williams, "Social Loafing: A Meta-Analytic Review and Theoretical Integration", *Journal of Personality and Social Psychology*, octubre de 1993, pp. 681-706.

[42] S.G. Harkins y K. Szymanski, "Social Loafing and Group Evaluation", *Journal of Personality and Social Psychology,* diciembre de 1989, pp. 934-941.

[43] Véase, P.C. Earley, "Social Loafing and Collectivism: A Comparison of the United States and the People's Republic of

China", Administrative Science Quarterly, diciembre de 1989, pp. 565-581; y P.C. Earley, "East Meets West Meets Mideast: Further Explorations of Collectivistic and Individualistic Work Groups", *Academy of Management Journal,* abril de 1993, pp. 319-348.

[44] Thomas y Fink, "Effects of Group Size"; Hare, *Handbook; Shaw, Group Dynamics*; P. Yetton y P. Bottger, "The Relationships Among Group Size, Member Ability, Social Decision Schemes, and Performance", *Organizational Behavior and Human Performance,* octubre de 1983, pp. 145-159.

[45] Véase, por ejemplo, P.S. Goodman, E.C. Ravlin, y L. Argote, "Current Thinking About Groups: Setting the Stage for New Ideas", en P.S. Goodman y Associates, *Designing Effective Work Groups* (San Francisco: Jossey-Bass, 1986), pp. 15-16; y R.A. Guzzo y G.P. Shea, "Group Performance and Intergroup Relations in Organizations", en M.D. Dunnette y L.M. Hough, eds. *Handbook of Industrial & Organizational Psychology,* 2a. ed., vol. 3 (Palo Alto, CA: Consulting Psychologists Press, 1972), pp. 288-290.

[46] Shaw, *Contemporary Topics,* p. 356.

[47] W.E. Watson, K. Kumar, y L.K. Michalsen, "Cultural Diversity Impact on Interaction Process and Performance: Comparing Homogeneous and Diverse Task Groups", *Academy of Management Journal,* junio de 1993, pp. 590-602.

[48] B.E. McCain, C.A. O'Reilly III, y J. Pfeffer, "The Effects of Departamental on Turnover: The Case of a University", *Academy of Management Journal,* diciembre de 1983, pp. 626-641; W.G. Wagner, J. Pfeffer, y C.A. O'Reilly III, "Organizational Demography and Turnover in Top-Management Groups", *Administrative Science Quarterly,* marzo de 1984, pp. 74-92; J. Pfeffer y C.A. O'Reilly III, "Hospital Demography and Turnover Among Nurses", *Industrial Relations,* primavera de 1987, pp. 158-173; C.A. O'Reilly III, D.F. Caldwell, y W.P. Barnett, "Work Group Demography, Social Integration, and Turnover", *Administrative Science Quarterly,* marzo de 1989, pp. 21-37; S.E. Jackson, J.F. Brett, V.I. Sessa, D.M. Cooper, J.A. Julin, y K. Peyronnin, "Some Differences Make a Differences: Individual Dissimilarity and Group Heterogeneity as Correlates of Recruitment, Promotions, and Turnover", *Journal of Applied Psychology,* agosto de 1991, pp. 675-689; M.F. Wiersema y A. Bird, "Organizational Demography in Japanese Firms: Group Heterogeneity, Individual Dissimilarity, and Top Management Team Turnover", *Academy of Management Journal,* octubre de 1993, pp. 996-1025; F.J. Milliken y L.L. Martins, "Searching for Common Threads: Understanding the Multiple Effects of Diversity in organizational Groups", *Academy of Management Review,* abril de 1996, pp. 402-433.

[49] Para alguna conclusión en la controversia de la definición de cohesión, véase J. Keyton y J. Springston, "Redefining Coheiveness in Groups", *Small Group Research,* mayo de 1990, pp. 234-254.

[50] I. Summers, T. Coffelt, y R.E. Horton, "Work-Group Cohesion", *Psychological Reports,* octubre de 1988, pp. 627-636; y B. Mullen y C. Cooper, "The Relation Between Group Cohesiveness and Performance: An Integration", *Psychological Bulletin,* marzo de 1994, pp. 210-227.

[51] Basado en J.L. Gibson, J.M. Ivancevich, y J.H. Donnelly Jr., *Organizations,* 8a. ed. (Burr Ridge, IL: Irwin, 1994), p. 323.

[52] I.D. Steiner, *Group Process and Productivity* (Nueva York: Academic Press, 1972).

[53] R.B. Zajonc, "Social Facilitation", *Science* marzo de 1965, pp. 269-274.

[54] C.F. Bond, Jr. y L.J. Titus, "Social Facilitation: A Meta-Analysis of 241 Studies", *Psychological Bulletin,* septiembre de 1983, pp. 265-292.

[55] V.F. Nieva, E.A. Fleishman, y A. Rieck, "Team Dimensions: Their Identity, Their Measurement, and Their Relationships". Final Technical Report for Contract No. DAHC 19-C-0001. Washintong, D.C: Advanced Research Resources Organizations, 1978.

[56] Véase, por ejemplo, J.R. Hackman y G.G. Morris, "Group Tasks, Group Interaction Process and Group Performance Effectiveness: A Review and Proposed Integration", en L. Berkowitz (ed.), *Advances in Experimental Social Psychology* (Nueva York: Academic Press, 1975), pp. 45-99; y R. Saavedra, P.C. Early, y L. Van Dyne, "Complex Interdependence in Task-Performing Groups", *Journal of Applied Psychology,* febrero de 1993, pp. 61-72.

[57] J. Galbraith, *Organizational Design* (Reading, MA: Addison-Wesley, 1977).

[58] Véase N.R.F. Maier, "Assets and Liabilities in Group Problem Solving: The need for an Integrative Function", *Psychological Review,* abril de 1967, pp. 239-249; G.W. Hill, "Group versus Individual Performance: Are N+1 Heads Better Than One?" *Psychological Bulletin,* mayo de 1982, pp. 517-539; y A.E. Schwartz y J. Levin, "Better Group Decision Making", *Supervisory Management,* junio de 1990, p. 4.

[59] Véase, por ejemplo, R.A. Cooke y J.A. Kernaghan, "Estimating the Difference Between Group versus Individual Performance on problem-Solving Tasks", *Group & Organization Studies,* septiembre de 1987, pp. 319-342; y L.K. Michalsen, W.E. Watson, y R.H. Black, "A Realistic Test of Individual versus Group Consensus Decision Making", *Journal of Applied Psychology,* octubre de 1989, pp. 834-839.

[60] Véase, por ejemplo, W.C. Swap y Associates, *Group Decision Making* (Newbury Park, CA: Sage, 1984).

[61] I.L. Janis, *Groupthink* (Boston: Houghton Mifflin, 1982), C.P. Neck y G. Moorhead, "Groupthink Remodeled: The Importance of Leadership, Time Pressure, and Methodical Decision-Making Procedures", *Human Relations,* mayo de 1995, pp. 537-558.

[62] Janis, *Groupthink.*

[63] Ibid.

[64] C.R. Leana, "A Partial Test of Jani's Grouothink Model: Effects of Group Cohesiveness and Leader Behavior on Defective Decision Making", *Journal of Management,* primavera de 1985, pp. 5-17, G. Moorhead y J.R. Montanari, "An Empirical Investigation of the Groupthink Phenomenon", *Human Relations,* mayo de 1986, pp. 399-410.

[65] Véase D.J. Isenberg, "Group Polarization: A Critical Review and Meta-Analysis", *Journal of Personality and Social Psychology,* diciembre de 1986, pp. 1141-1151; J.L. Hale y F.J. Boster, "Comparing Effec Coded Models of Choice Shifts", *Communication Research Reports,* abril de 1988, pp. 180-186, P.W.

Paese, M. Bieser, y M.E. Tubbs, "Framing Effects and Choice Shifts in Group Decision Making", *Organizational Behavior and Human Decision Processes,* octubre de 1993, pp. 149-165.

[66] Véase, por ejemplo, N. Kogan y M.A. Wallach, "Risk Taking as a Function of the Situation, the Person, and the Group", en *New Directions in Psychology*, vol. 3 (Nueva York: Holt, Rinehart and Winston, 1967); y M.A. Wallach, N. Kogan, y D.J. Bem, "Group Influence on Individual Risk Taking", *Journal of Abnormal and Social Psychology*, vol. 65 (1962), pp. 75-86.

[67] R.D. Clark III, "Group-Induced Shift Toward Risk: A Critical Appraisal", *Psychological Bulletin*, octubre de 1971, pp. 251-270.

[68] A.F. Osborn, *Applied Imagination: Principles and procedures of Creative Thinking* (Nueva York: Scribner's, 1941). Véase también P.B. Paulus, M.T. Dzindolet, G. Poletes, y L.M. Camacho, "Perception of Performance in Group Brainstorming: The Illusion of Group Productivity", *Personality and Social Psychology Bulletin*, febrero de 1993, pp. 78-89.

[69] Véase A.L. Delbecq, A.H. Van deVen, y D.H. Gustafson, *Group Techniques for program Planning: A Guide to Nominal and Delphi Processes* (Gelnview, IL: Scott, Foresman, 1975); y W.M. Fox, "Anonymity and Other Keys to Successful Problem-Solving Meetings", *National Productivity Review*, primavera de 1989, pp. 145-156.

[70] Véase, por ejemplo, A.R. Dennis y J.S. Valacich, "Computer Brainstorms: More Heads Are Better Than One", *Journal of Applied Psychology*, agosto de 1993, pp. 531-537; R.B. Gallupe y W.H. Cooper, "Brainstorming Electronically", *Sloan Management Review*, otoño de 1993, pp. 27-36, R.B. Gallupe, V.H. Cooper; M.L. Grise, y L.M. Bastianutti, "Blocking Electronic Brainstorms", *Journal of Applied Psychology*, febrero de 1994, pp. 77-86.

[71] S.P. Robbins y P.L. Hunsaker, *Training in Interpersonal Skills*, 2a. ed. (Upper Saddle River, NJ: Prentice Hall, 1996), pp. 168-184.

[72] T.P. Verney, "Role Perception Congruence, Performance, and Satisfaction", en D.J. Vredenburg y R.S. Schuler (eds.), *Effective Management: Research and Application*, Proceedings of the 20th Annual Eastern Academy of Management Pittsburgh, PA, mayo de 1983, pp. 24-27.

[73] Ibid.

[74] M. Van Sell, A.P. Brief, y R.S. Schuler, "Role Conflic and Role Ambiguity: Integration of the Literature and Directions for Future Research", *Human Relations*, enero de 1981, pp. 43-71, A.G. Bedeian y A.A. Armenakis, "A Path-Analytic Study of the Consequences of Role Conflict and Ambiguity", *Academy of Management Journal*, junio de 1981, pp. 417-424.

[75] Shaw, *Group Dynamics*.

[76] B. Mullen, C. Symons, L. Hu, y E. Salas, "Group Size, Leadership Behavior, and Subordinate Satisfaction", *Journal of General Psychology*, abril de 1989, pp. 155-170.

Capítulo 8

[1] J.M. Schorof, "Team Chemestry Sets", *U.S. News & World Report*, 5 de agosto de 1996, pp. 53-56.

[2] Véase, por ejemplo, D. Tjosvold, Team Organization: *An Enduring Competitive Advantage* (Chichester, England: Wiley, 1991); J. Lipnack y J. Stamps, *The Team Net Factor* (Essex Junction, VT: Oliver Wight, 1993); J.R. Katzenbach y D.K. Smith, *The Wisdom of Teams* (Boston: Harvard Business School Press, 1973); y S.A. Mohrman, S.G. Cohen, y A.M. Mohrman, Jr., *Designing Team-Based Organizations* (San Francisco: Jossey-Bass, 1995).

[3] K. Kelly, "The New Soul of John Dere", *Business Week*, 31 de enero de 1994, pp. 64-66.

[4] Esta sección está basada en J.R. Katzenbach y D.K. Smith, *The Wisdom of Teams*, pp. 21, 45 y 85; y D.C. Kinlaw, *Developing Superior Work Teams* (Lexington, MA: Lexington Books, 1991), pp. 3-21.

[5] J.H. Shonk, *Team-Based Organizations* (Homewood, IL: Business One Irwin, 1992; y M.A. Verespej, "When Workers Get New Roles", *Industry Week*, 3 de febrero de 1992, p. 11.

[6] M.L. Marks, P.H. Mirvis, E.J. Hackett, y J.F. Grady, Jr., "Employee Participation in a Quality Circle Program: Impact on Quality of Work Life, Productivity, y Absteeism", *Journal of Applied Psychology*, febrero de 1986, pp. 61-69; T.R. Miller, "The Quality Circle Phenomenon: A Review and Appraisal", *SAM Advanced Management Journal*, invierno de 1989, pp. 4-7; y E.E. Adams, Jr., "Quality Circle Performance", *Journal of Management*, marzo de 1991, pp. 25-39.

[7] Véase, por ejemplo, C.C. Manz y H.P. Sims, Jr., *Business Without Bosses: How Self-Managing Teams Are Building High Performance Companies* (Nueva York: Wiley, 1993); J.R. Barker, "Tightening the Iron Cage: Concertive Control in Self-Managing Teams", *Administrative Science Quarterly*, septiembre de 1993, pp. 408-437; y S.G. Cohen, G.E. Ledford, Jr., y G.M. Spreitzer, "A Predictive Model of Self-Managing Work Team Effectiveness", *Human Relations*, mayo de 1996, pp. 643-676.

[8] J. Hillkirk, "Self-Directed Work Teams Give TI lift", *USA Today*. 20 de diciembre de 1993, p. 8B; y M.A. Verespej, "Workers-Managers", *Industry Week*, 16 de mayo de 1994, p. 30.

[9] J.S. Lublin, "Trying to Increase Worker Productivity, More Employers Alter Management Style", *Wall Street Journal*, 13 de febrero de 1992, p. B1.

[10] J. Hillkirk, "Self-Directed Work Teams".

[11] "A Conversation with Charles Dull", *Organizational Dynamics*, verano de 1993, pp. 57-70.

[12] T.B. Kirker, "Edy's Grand Ice Cream", *Industry Week*, 18 de octubre de 1993, pp. 29-32.

[13] R. Zemke, "Rethinking the Rush to Team Up", *Training*, noviembre de 1993, pp. 55-61.

[14] Véase, por ejemplo, T.D. Wall, N.J. Kemp, P.R. Jackson, y C.W. Clegg, "Outcomes of Autonomus Workgroups: A Long-Term Field Experiment", *Academy of Management Journal*, junio de 1986, pp. 280-304; y J.L. Cordery, W.S. Mueller, y L.M. Smith, "Attitudinal y Behavioral Effects of Autonomus Group Working: A Longitudinal Field Study", *Academy of Management Journal*, junio de 1991, pp. 464-476.

[15] Véase J. Lipnack y J. Stamps, *The TeamNet Factor*, pp. 14-17; G. Taninecz, "Team Players", *Industry Week*, 15 de julio de

1996, pp. 28-32; y D.R. Denison, S.L. Hart, y J.A. Kahn, "From Chimneys to Cross-Functional Teams: Developing and Validating a Diagnostic Model", *Academy of Management Journal*, agosto de 1996, pp. 1005-1023.

[16] D. Woodruff, "Chrysler's Neon: Is This the Small Car Detroit Could'nt Build?" *Business Week*, 3 de mayo de 1993, pp. 116-126.

[17] T.B. Kinni, "Boundary-Busting Teamwork", *Industry Week*, 21 de marzo de 1994, pp. 72-78.

[18] "Cross-Functional Obstacles", *Training*, mayo de 1994, pp. 125-126.

[19] Esta sección está basada en K. Hess, *Creating the High Performance Team* (Nueva York: Wiley, 1987); J.R. Katzenbach y D.K. Smith, *The Wisdom of Teams*, pp. 43-64; y K.D. Scott y A. Townsend, "Teams: Why Some Succeed and Others Fail", *HRMagazine*, agosto de 1994, pp. 62-67.

[20] Para más detalles sobre la ruptura de los equipos, véase M.J. Stevens y M.A. Campion, "The Knowledge, Skill, y Ability Requirements for Teamwork: Implications for Human Resource Management", *Journal of Management*, verano de 1994, pp. 503-530.

[21] C. Margerison y D. McCann, *Team Management: Practical New Approaches* (Londres: Mercury Books, 1990).

[22] B. Dumaine, "Payoff from the New Management", *Fortune*, 13 de diciembre de 1993, pp. 103-110.

[23] Véase, S.T. Johnson, "Work Teams: Wtha's Ahead in Work Desing and Rewards Management", *Compesation & Benefits Review*, marzo-abril de 1993, pp. 35-41; y A.M. Saunier y E.J. Hawk, "Realizing the Potential of Teams Through Team-Based Rewards", *Compesation & Benefits Review*, julio-agosto de 1994, pp. 24-33.

[24] F.K. Sonnenberg, "Trust Me ... Trust Me Not", *Industry Week*, 16 de agosto de 1993, pp. 22-28. Para una definición más precisa, véase L.T. Hosmer, "Trust: The Connecting Link Between organizational Theory and Philosophical Ethics", *Academy of Management Review*, abril de 1995, pp. 379-403.

[25] P.L. Schindler y C.C. Thomas, "The Structure of Interpersonal Trust in the Workplace", *Psychological Reports*, octubre de 1993, pp. 563-573. Una definición parecida tetradimensional está en A.K. Mishra, "Organizational Responses to Crisis: The Centrality of Trust", en R.M. Kramer y T.R. Tyler, *Trust in Organizations* (Thounsand Oaks, CA: Sage, 1996), pp. 264-270.

[26] Schindler y Thomas, "The Structure of Interpersonal Trust in the Workplace".

[27] J.K. Butler y R.S. Cantrell, "A behavioral Decision Theory Approach to Modeling Dyadic Trust in Superiors and Subordinates", *Psychological Reports*, agosto de 1984, pp. 19-28.

[28] Basado en F. Bartolome, "Nobody Trusts the Boss Completly-Now What?" *Harvard Business Review*, marzo-abril de 1989, pp. 135-142; y P. Pascarella, "15 Ways to Win People's Trust", *Industry Week*, 1o. de febrero de 1993, pp. 47-51.

[29] D. Harringtong-Mackin, *The Team Building Tool Kit* (Nueva York: AMACOM, 1994), p. 53.

[30] T.D. Schellhardt, "To Be a star Among Equals, Be a team Player", *Wall Street Journal*, 20 de abril de 1994, p. B1.

[31] Ibid.

[32] Ibid.

[33] "Teaming Up for Success", *Training*, enero de 1994, p. S41.

[34] B. Geber, "The Bugaboo of Team Pay", *Training*, agosto de 1995, pp. 27 y 34.

[35] D.C. Kinlaw, *Developing Superior Work teams*, p. 43.

[36] B. Krone, "Total Quality Management: An American Odyssey", *The Bureaucrat*, otoño de 1990, p. 37.

[37] *Profiles in Quality: Blueprints for Action from 50 Leading Companies* (Boston: Allyn & Bacon, 1991), pp. 71-72 y 76-77.

[38] Véase la revisión de la bibliografía en S.E. Jackson, V.K. Stone, y E.B. Alvarez, "Socialization Amidst Diversity: The Impact of Demographics on Work Team Oldtimes and Newcomers", en L.L. Cummings y B.M. Staw (eds.), *Research in organizational Behavior*, vol. 15 (Greenwich, CT: JAI Press, 1993), p. 64.

[39] R.M. Stogdill, "Group Productivity, Drive and Cohesiveness", *Organizational Behavior and Human performance*, febrero de 1972, pp. 36-43. Véase también M. Mayo, J.C. Pastor, y J.R. Meindl, "The Effects of Group Heterogeneity on the Self-Perceived Efficacy of Group leaders", *Leadership Quarterly*, verano de 1996, pp. 265-284.

[40] J.E. McGrath, *Groups: Interaction and Performance* (Englewood Cliffs, NJ: Prentice Hall, 1984).

[41] Esta idea se propone en S.E. Jackson, V.K. Stone, y E.B. Alvarez, "Socialization Amidst Diversity", p. 68.

[42] Esta sección está basada en M. Kaeter, "Reportting Mature Work Teams", *Training*, abril de 1994 (suplemento), pp. 4-6.

Capítulo 9

[1] La introducción de esta sección está basada en J. Ritter, "Poor Fluency in English Means Mixed Signals", *USA Today*, 18 de enero de 1996, p. 1A. Para un análisis acerca de los problemas de comunicación que ocasionan desastres en la aviación véase también C. Linde, "The Quantitative Study of Communicative Success...", *Language in Society*, verano de 1988, pp. 375-399.

[2] Véase, por ejemplo, K.W. Thomas y W.H. Schmidt, "A Survey of Managerial Interests with Respect to Conflict", *Academy of Management Journal*, junio de 1976, p. 317.

[3] W.G. Scott y T.R. Mitchell, *Organization Theory: A Structural and Behavioral Analysis* (Homewood, IL: Richard D. Irwin, 1976).

[4] D.K. Berlo, *The Process of Communication* (Nueva York: Holt, Rinehart & Winston, 1960), pp. 30-32.

[5] Ibid., p. 54.

[6] Ibid., p. 103.

[7] J.C. McCroskey, J.A. Baly, y G. Sorenson, "Personality Correlates of Communication Apprehension", *Human Communication Research*, primavera de 1976, pp. 376-380.

[8] B.H. Spitzberg y M.L. Hecht, "A Competent Model of Relational Competence", *Human Communication Research*, verano de 1984, pp. 575-599.

[9] Véase, por ejemplo, L. Sttaford y J.A. Daly, "Conversational Memory: The Effects of Instructional Set and Recall Mode

on Memory for Natural Conversations", *Human Communication Research*, primavera de 1984, pp. 379-402.

[10] J.A. Daly y J.C. McCrosky, "Occupational Choice and Desirability as a Function of Communication Apprehension", documento presentado en el encuentro anual de la International Communication Association, Chicago, 1975.

[11] J.A. Daly y M.D. Miller, "The Empirical Development of an Instrument of Writing Apprehension", *Research in the Teaching of English*, invierno de 1975, pp. 242-249.

[12] R.L. Simpson, "Vertical and Horizontal Communitacion in Formal Organizations", *Administrative Science Quarterly*, septiembre de 1959, pp. 188-196; y B. Harriman, "Up and Down the Communications Ladder", *Harvard Business Review*, septiembre-octubre de 1974, pp. 143-151.

[13] B. Simth, "FedEx's Key to Success", *Management Review,* julio de 1993, pp. 23-24.

[14] Véase, por ejemplo, J.M. Newstrom, R.E. Monczka, y W.E. Reif, "Percertions of the Grapevine: Its Value and Influence", *Journal of Business Communication*, primavera de 1974, pp. 12-20; y S.J. Modic, "Grapevine Rated Most Believable", *Industry Week*, 15 de mayo de 1989, p. 14.

[15] K. Davis, "Management Communication and the Grapevine", *Harvard Business Review*, septiembre-octubre de 1953, pp. 43-49.

[16] H. Sutton y L.W. Porter, "A Study of the Grapevine in a Governmental Organization", *Personnel Psychology*, verano de 1968, pp. 223-30.

[17] K. Davis, citado en R. Rowan, "Where Did That Rumor Come From?" *Fortune*, 13 de agosto de 1979, p. 134.

[18] L. Hirschhorn, "Managing Rumors", en L. Hirschhorn (ed.), *Cutting Back* (San Francisco: Jossey-Bass, 1983), pp. 49-52.

[19] R.L. Rosnow y G.A. Fine, *Rumor and Gossip: The Social Psychology of Hearsay* (Nueva York: Elsevier, 1976).

[20] Véase, por ejemplo, J.G. y G. Sevon, "Grossip, Information and Decision Making", en J.G. March (ed.), *Decisions and Organizations* (Oxford: Blackwell, 1988), pp. 429-442; M. Noon y R. Delbridge, "News from Behind My Hand: Gossip in Organizations", *Organization Studies*, vol. 14, no. 1, 1993, pp. 23-26; y N. Difonzo, P. Bordia, y R.L. Rosnow, "Reining in Rumors", *Organizational Dynamics*, verano de 1994, pp. 47-62.

[21] R.L. Birdwhistell, *Introduction to Kinesics* (Lousiville, KY: University of Louisville Press, 1952).

[22] J. Fast, *Body Language* (Philadelphia: M. Evan, 1970), p. 7.

[23] Reportado en "On Line", *The Chronicle of Higher Education*, 27 de octubre de 1995, p. A23.

[24] Véase R.L. Daft y R.H. Lengel, "Information Richness: A New Approach to Managerial Behavior and Organization Design", en B.M. Staw y L.L. Cummings (eds.), *Research in Organizational Behavior*, vol. 6 (Greenwich, CT: JAI Press, (1984), pp. 191-233; R.E. Rice y D.E. Shook, "Relationships of Job Categories and Organizational Levels to Use of Communication Channel, Including Electronic Mail: A Meta-Analysis and Extension", *Journal of Management Studies*, marzo de 1990, pp. 195-29; R.E. Rice, "Task Analyzability, Use of New Media, and

Effectiveness", *Organization Science*, noviembre de 1992, pp. 475-500; S.G. Starus y J.E. McGrath, "Does the Medium Matter? The Interaction of Task Type and Technology on Group Performance and Member Reaction", *Journal of Applied Psychology*, febrero de 1994, pp. 87-97; J. Webster y L.K. Trevino, "Ratinal and Social Theories as Complementary Explanations of Communication Media Choices: Two Policy-Capturing Studies", *Academy of Management Journal*, diciembre de 1995, pp. 1544-1572.

[25] R.L. Daft, R.H. Lengel, y L.K. Treviño, "Message Equivocality, media Seclection, and Performance: Implications for Information Systems", *MIS Quarterly,* septiembre de 1987, pp. 355-368.

[26] J. DeLorean, citado en S.P. Robbins, *The Administrative Process* (Englewood Cliffs, NJ: Prentice Hall, 1976), p. 404.

[27] S.I. Hayakama, *Language in Thourgh and Action* (Nueva York: Harcourt Brace Jovanovich, 1949), p. 292.

[28] Este apartado está basado en S.P. Robbins y P.L. Hunsaker, *Training in Personal Skills: TIPS for Managing People at Work*, 2a. ed. (Upper Saddle River, NJ: Prentice Hall, 1996), capítulo 3; y datos en R.C. Huseman, J.M. Lahiff, y J.M. Penrose, *Business Communication: Strategies and Skills* (Chicago: Dryden Press, 1988), pp. 380 y 425.

[29] M. Young y J.E. Post, "Managing to Communicate, Communicating to Manage: How Leading Companies Communicate With Employees", *Organizational Dynamics*, verano de 1993, pp. 31-43.

[30] L. Tabak, "Quality Controls", *Hemispheres*, septiembre de 1996, pp. 33-34.

[31] Ibid.

[32] Ibid.

[33] Ibid.

[34] Véase D. Tannen, *You Just Don't Understand: Women and Men in Conversation* (Nueva York: Ballentine Books, 1991); y D. Tannen, *Talking from 9 to 5* (Nueva York: William Morrow, 1995).

[35] M.L. LaGanga, "Are There Words That Neither Offend Nor Bore?" *Los Angeles Times*, 18 de mayo de 1994, p. II-27.

[36] Citado en J.Leo, "Falling for Sensitivity", *U.S. News & World Report*, 13 de diciembre de 1993, p. 27.

[37] R.E. Axtell, *Gestures: The Do's and Taboos of Body Language Around the World* (Nueva York: Wiley, 1991).

[38] Véase M. Munter, "Cross-Cultural Communication for Managers", *Business Horizons*, mayo-junio de 1993, pp. 75-76.

[39] N. Adler, *International Dimensions of Organizational Behavior*, 2a. ed. (Boston: PWS-Kent, 1991), pp. 83-84.

[40] Véase, por ejemplo, R. Hotch, "Communication Revolution", *Nation's Business*, mayo de 1993, pp. 20-28; G. Brockhouse, "I Have Seen the Future...", *Canadian Business*, agosto de 1993, pp. 43-45; R. Hotch, "In Touch Through Tecnology", *Nation's Business*, enero de 1994, pp. 33-35; y P. LaBarre, "The Other Network", *Industry Week*, 19 de septiembre de 1994, pp. 33-36.

[41] A. La Plante, "TeleConfrontationing", *Forbes ASAP*, 13 de septiembre de 1993, p. 117.

42 Véase, por ejemplo, R.S. Schuler, "A Role Perception Transactional Process Model for Organizational Communication-Outcome Relationships", *Organizational Behavior and Human Performance*, abril de 1979, pp. 268-291.

43 J.P. Walsh, S.J. Ashford, y T.E. Hill, "Feedback Obstruction: The Influence of the Information Environment on Employee Turnover Intentions", *Human Relations*, enero de 1985, pp. 23-46.

44 S.A. Hellweg y S.L. Phillips, "Communication and Productivity in Organizations: A State-of-the-Art Review", en *Proceedings of the 40th Annual Academy of Management Conference*, Detroit, 1980, pp. 188-192.

45 R.R. Reilly, B. Brown, M.R. Blood, y C.Z. Malatesta, "The Effects of Realistic Previews: A Study and Discussion of the Literature", *Personnel Psychology*, invierno de 1981, pp. 823-834.

Capítulo 10

1 D. Darlin, "To Whom Do Our Schools Belong", *Forbes*, 23 de septiembre de 1996, pp. 66-76.

2 R.M. Stogdill, *Handbook of Leardership: A Survey of Literature* (Nueva York: Free Press, 1974), p. 259.

3 Para una revisión de la controversia, véase G. Yukl, "Managerial Leadership: A Review of Theory and Research", *Journal of Management*, junio de 1989, pp. 252-253.

4 A. Zaleznik, "Excerpts from 'Manager and Leaders: Are They Different'", *Harvad Business Review*, mayo-junio de 1986, p. 54.

5 J.P. Kotter, "What Leaders Really Do", *Harvard Business Review*, mayo-junio de 1990, pp. 103-111; y J.P. Kotter, *A Force for Change: How Leadership Differs from Management* (Nueva York: Free Press, 1990).

6 V.H. Vroom, "The Search for a Theory of Leadership", en J.W. McGuire (ed.), *Contemporary Management: Issues and Viewpoints* (Englewood Cliffs, NJ: Prentice Hall, 1974), p. 236.

7 J.G. Geier, "A Trait Approach to the Study of Leadership in Small Groups", *Journal of Communication*, diciembre de 1967, pp. 316-323.

8 S.A. Kirkpatrick y E.A. Locke, "Leadership: Do Traits Matter?" *Academy of Management Executive*, mayo de 1991, pp. 48-60.

9 G.H. Dobbins. W.S. Long, E.J. Dedrick, y T.C. Clemons, "The Role of Self-Monitoring and Gender on Leader Emergence: A Laboratory and Field Study", *Journal of Management*, septiembre de 1990, pp. 609-618; y S.J. Zaccaro, R.J. Foti, y D.A. Kenny, "Self-Monitoring and Trait-Based Variance in Leadership: An Investigation of Leader Flexibility Across Multiple Group Situations", *Journal of Applied Psychology*, abril de 1991, pp. 308-315.

10 G. Yukl y D.D. Van Fleet, "Theory and Research on leadership in Organizations", en M.D. Dunnette y L.M.Hough (eds.), *Handbook of Industrial & Organizational Psychology*, 2a. ed., vol. 3 (Palo Alto, CA: Consulting Psychologists Press, 1992), p. 150.

11 R.G. Lord, C.L. De Vader, y G.M. Alliger, "A Meta-Analysis of the Relation Between personality Traits and Leadersis of the Relation Between personality Traits and Leadership

Perceptions: An Application of Validity generalization procedures", *Journal of Applied Psychology*, agosto de 1986, pp. 402-410; Dobbins, Long, Dedrick, y Clemons, "The Role of Self-Monitoring and Gender on Leader Emergence"; y Kikpatrick y Locke, "Leadership".

12 Véase T. Mulligan, "It's All a Matter of How to Crack Whip", *Los Angeles Times*, 3 de abril de 1993, p. D1.

13 R.M. Stogdill y A.E. Coons (eds.), *Leader Behavior: Its Description and Measurement*, Research Monograph No. 88 (Columbus: Ohio State University, Bureau of Business Research, 1951). La actualización de esta investigación se encuentra en S. Kerr, C.A. Schiriesheim, C.J. Murphy, y R.M. Stogdill, "Toward a Contingency Theory of Leadership Based upon the Consideration and Initiating Structure Literature", *Organizational Behavior and Human Performance*, agosto de 1974, pp. 62-82; y C.A. Schriesheim, C.C. Cogliser, y L.L. Neider, "Is It 'Trustworthy'? A Multiple-Levels-of-Analysis Reexamination of an Ohio State Leadership Study, with Implications for Future Research", *Leadership Quarterly*, verano de 1995, pp. 111-145.

14 R. Kahn y D. Katz, "Leadership Practices in Relation to Productivity and Morale", D. Cartwright y A. Zander (eds.), *Group Dynamics: Research and Theory*, 2a. ed. (Elmsford, NY: Row, Paterson, 1960).

15 R.R. Blake y J.S. Mouton, *The Managerial Grid* (Houston: Gulf, 1964).

16 Véase, por ejemplo, R.R. Blake y J.S. Mouton, "A Comparative Analysis of Situationalism y 9,9 Management by Principle", *Organizational Dynamics*, primavera de 1982, pp. 20-43.

17 Véase, por ejemplo, L.L. Larson, J.G. Hunt, y R.N. Osborn, "The Grat Hi-Fi Leader Behavior Myth: A Lesson from Occam's Razor", *Academy of Management Journal*, diciembre de 1976, pp. 628-641; y P.C. Nystrom, "Managers and the Hi-Hi Leader Myth", *Academy of Management Journal*, junio de 1978, pp. 325-331.

18 Véase, G. Ekvall y J. Arvonen, "Change-Centered Leadership: An Extension of the Two-Dimensional Model", *Scandinavian Journal of Management*, vol. 7, no. 1, 1991, pp. 17-26; M. Lindell y G. Rosenqvist, "Is There a Third Management Style?" *The Finnish Journal of Business Economics*, vol. 3, 1992, pp. 171-198; y M. Lindell y G. Rosenqvist, "Management Behavior Dimensions and Development Orientation", *Leadership Quarterly*, invierno de 1992, pp. 355-377.

19 Véase, por ejemplo, P.M. Podsakoff, S.B. Mackenzie, M. Ahearme, y W.H. Bommer, "Searching for a Needle in a Haystack: Trying to Identify the Illusive Moderators of Leadership Behavior", *Journal of Management*, vol. 1, no. 3, 1995, pp. 422-470.

20 F.E. Fiedler, *A Theory of Leadership Effectiveness* (Nueva York: McGraw Hill, 1967).

21 S. Shiflett, "Is There a Problem with the LPC Score in LEADER MATCH?" *Personnel Psychology*, invierno de 1981, pp. 765-769.

22 F.E. Fiedler, M.M. Chemers, y L. Mahar, *Improving Leadership Effectiveness: The Leader Match Concept* (Nueva York: John Wiley, 1977).

[23] L.H. Peters, D.D. Hartke, y J.T. Pohlmann, "Fiedler's Contingency Theory of Leadership: An Application of the Meta-Analysis Procedures of Schmidt and Hunter", *Psychological Bulletin*, marzo de 1985, pp. 274-285; C.A. Schriesheim, B.J. Tepper, y L.A. Tetrault, "Least Preferred Co-Worker Score, Situational Control, and Leadership Effectiveness: A Meta-Analysis of Contingency Model Performance Predictions", *Journal of Applied Psychology*, agosto de 1994, pp. 561-573; y R. Ayman, M.M. Chemers, y F. Fiedler, "The Contingency Model of Leadership Effectiveness: Its Level of Analysis", *Leadership Quarterly*, verano de 1995, pp. 147-167.

[24] Véase, por ejemplo, R.W. Rice, "Psychometric Properties of the Esteem for the Least Preferred Coworker (LPC) Scale", *Academy of Management Review*, enero de 1978, pp. 106-118; C.A. Schriesheim, B.D. Bannister, y W.H. Money, "Psychometric Properties of the LPC Scale: An Extension of Rice's Review", Academy of Management Review, abril de 1979, pp. 287-290; y J.K. Kennedy, J.M. Houston, M.A. Korgaard, y D.D. Gallo, "Construct Space of the Least Preferred Coworker (LPC) Scale", *Educational & Psychological Measurement*, otoño de 1987, pp. 807-814.

[25] Véase, E.H. Schein, *Organizational Psychology*, 3a. ed. (Englewood Cliffs, NJ: Prentice Hall, 1980), pp. 116-117; y B. Kabanoff, "A Critique of Leader Match and Its Implications for Leadership Research", *Personnel Psychology*, invierno de 1981, pp. 749-764.

[26] E.E. Fiedler y J.E. Garcia, *New Approaches to Effective Leadership*: *Cognitive Resources and Organizational Performance* (Nueva York: Jonh Wiler & Son, 1987).

[27] Ibid., p. 6.

[28] Véase R.P. Vecchio, "Theoretical and Empirical Examination of Cognotive Resource Theory", *Journal of Applied Psychology*, abril de 1990, pp. 141-147; y F.W. Gibson, F.E. Fiedler, y K.M. Barret, "Stress, Babble, and the Utilization of the Leader's Intellectual Abilities", *Leadeship Quarterly*, verano de 1993, pp. 189-208.

[29] P. Hersey y K.H. Blanchard, "So You Want to Know Your Leadership Style?" *Training and Development Journal*, febrero de 1974, pp. 1-15; y P. Hersey y K.H. Blanchard, *Management of Organizational Behavior; Utilizaing Human Resources*, 6a. ed. (Englewood Cliffs, NJ: Prentice Hall, 1993).

[30] Hersey y Blanchard, *Management of Organizational Behavior*, p. 171.

[31] P. Hersey y K.H. Blanchard, "Grid Principles and Situationalism: Both! A Response to Blake and Mouton", *Group and Organization Studies*, junio de 1982, pp. 207-210.

[32] R.K. Mableton y R. Gumpert, "The Validity of Hersey and Balnchard's Theory of Leader Effectiveness", *Group & Organizational Studies*, junio de 1982, pp. 225-242; C.L. Graeff, "The Situational Leadership Theory: A Critical View", *Academy of Management Review*, abril de 1983, pp. 285-291; R.P. Vecchio, "Situational Leadership Theory: An Examination of a Prescriptive Theory", *Journal of Applied Psychology*, agosto de 1987, pp. 444-451; J.R. Goodson, G.W. McGee, y J.F. Cashman, "Situational Leadership Theory; A Test of Leadership Prescriptions", *Group & Organization Studies*, diciembre de 1989, pp. 446-461; W. Blank, J.R. Weitzel, y S.G. Green, "A Test of the Situational Leadership Theory", *Personnel Psy-*

chology, otoño de 1990, pp. 579-597; y W.R. Norris y R.P. Vecchio, "Situational Leadership Theory: A Replication", *Group & Organization Management*, septiembre de 1992, pp. 331-342.

[33] Vecchio, "Situational Leadership Theory"; y Norris Vecchio, "Situational Leadership Theory".

[34] W. Blank, J.R. Weitzel, y S.G. Green, "A Test of the Situational Leadership Theory".

[35] F. Dansereau, J. Cashmen, y G. Graen, "Instrmentality Theory y Equity Theory as Complementary Approaches in Predicting the Relationship of Leadership and Turnover Among Managers", *Organizational Behavior and Human Performance*, octubre de 1973, pp. 184-200; y G. Graen, M. Novak, y P. Sommerkamp, "The Effects of Leader-Member Exchange and Job Design on Productivity and Satisfaction: Testing a Dual Attachment Model", *Organizational Behavior and Human Performance*, agosto de 1982, pp. 109-131.

[36] G. Graen y J. Cashman, "A Role-Making Model of Leadership in Formal Organizations: A Development Approach", en J.G. Hunt y L.L. Larson (eds.), Leadership Frontiers (Kent, OH: Kent State University Press, 1975), pp. 143-165; R. Liden y G. Graen, "Generalizability of the Vertical Dyad Linkage Model of Leadership", *Academy of Management Journal*, septiembre de 1980, pp. 451-465; y R.C. Liden, S.J. Wayne, y D. Stiwell, "A Longitudinal Study of the Early Developmnet of Leader-Member Exchanges", *Journal of Applied Psychology*, agosto de 1993, pp. 662-674.

[37] D. Duchon, S.G. Green, y T.D. Taber, "Vertical Dyad Linkage: A Longitudinal Assessment of Antecedents, Measures, and Consequences", *Journal of Applied Psychology*, febrero de 1986, pp. 56-60; R.C. Liden, S.J. Wayne, y D. Stiwell, "A Longitudinal Study on the Early Development of Leader-Member Exchanges"; R.J. Deluga y J.T. Perry, "The Role of Subordinate Performance and Ingratiation in Leader-Memeber Exhanges", *Group & Organization Management*, marzo de 1994, pp. 67-86; y A.S. Phillips y A.G. Bedeian, "Leader-Follower Exchange Quality: The Role of personal and Interpersonal Attributes", *Academy of Management Journal*, agosto de 1994, pp. 990-1001.

[38] Véase, por ejemplo, G. Graen, M. Novak, y P. Somerkamp, "The Effects of Leader-Member Exchange"; T. Scandura y G. Graen, "Moderating Effects of Initial Leader-Member Exchange Status on Effects of a Leadership Intervention", *Journal of Applied Psychology*, agosto de 1984, pp. 428-436; R.P. Vecchio y B.C. Gobdel, "The Vertical Dyad Linkage Model of Leadership: Problems and Prospects", *Organizational Behavior and Human Performance*, agosto de 1984, pp. 5-20; T.M. Dockery y D.D. Steiner, "The Role of the Initial Interaction in Leader-Member Exchange", *Group and Organization Studies*, diciembre de 1990, pp. 395-413; G.B. Graen y M. Uhl-Bien, "Relationship-Based Approach to Leadership: Development of Leader-Member Exchange (LMX) Theory of Leadership Over 25 Years: Appliying a Multi-Level Multi-Domain Perspective", *Leadership Quarterly*, verano de 1995, pp. 219-247; y R.P. Settoon, N. Bennett, y R.C. Liden, "Social Exchange in Organizations: Perceived Organizational Support, Leader-Member Exchange, and Employee Reciprocity", *Journal of Applied Psychology*, junio de 1996, pp. 219-227.

[39] A. Jago, "Leadership: Perspectives in Theory and Research", *Management Science*, marzo de 1982, p. 331.

[40] R.J. House, "A Path-Goal Theory of Leader Effectiveness", *Administrative Science Quarterly*, septiembre de 1971, pp. 321-328; R.J. House y T.R. Mitchell, "Path-Goal Theory of Leadership", *Journal of Contemporary Business*, otoño de 1974, p. 86; y R.J. House, "Retrospective Comment", en L.E. Boone y D.D. Bowen (eds.), *The Graet Writings in Management and Organizational Behavior*, 2a. ed. (Nueva York: Random House, 1987), pp. 354-364.

[41] Véase J. Indik, "Path-Goal Tehory of Leadership: A Meta-Analysis", paper presented at the National Academy of Management Conference, Chicago, agosto de 1986; R.T. Keller, "A Test of the Path-Goal Thoery of Leadership with Need for Clarity as a Moderator in Research and Development Organizations", *Journal of Applied Psychology*, abril de 1989, pp. 208-212; y J.C. Wofford y L.Z. Liska, "Path-Goal Theories of Leadership: A Meta-Analisys", *Journal of Management,* invierno de 1993, pp. 857-876.

[42] Véase M.G. Evans, "R.J. House's 'A Path-Goal Theory of Leader Effectiveness", *Leadership Quarterly*, otoño de 1996, pp. 305-309; y C.A. Schiriesheim y L.L. Neider, "Path-Goal Leadership Theory: The Long and Winding Road", *Leadership Quarterly*, otoño de 1996, pp. 317-321.

[43] V.H. Vroom y P.W. Yetton, *Leadership and Decisison-Making* (Pittrburg: University of Pittsburg Press, 1973).

[44] V.H. Vroom y A.G. Jago, *The New Leadership: Managing Participation in Organizations* (Englewood Cliffs, NJ: Prentice Hall, 1988). Véase también V.H. Vroom y A.G. Jago, "Situation Effects and Levels of Analisys in the Study of Leader Participation", *Leadership Quarterly*, verano de 1995, pp. 169-181.

[45] Véase, por ejemplo, R.H.G. Field, "A Test of the Vroom-Yetton Normative Model of Leadership", *Journal of Applied Psychology*, octubre de 1982, pp. 523-532; C.R. Leana, "Power Reliquishment versus Power Sharing: Theoretical Clarification and Empirical Comparison of Delegation and Participation", *Journal of Applied Psychology*, mayo de 1987, pp. 228-233; J.T. Ettling y A.G. Jago, "Particpation Under Conditions of Conflict: More on the Validity of the Vroom-Yetton Model", *Journal of Management Studies*, enero de 1988, pp. 73-83; y R.H.G. Field y R.J: House, "A Test of the vroom-Yetton Model Using Manager and Sobordinate Reports", *Journal of Applied Psychology*, junio de 1990, pp. 362-366.

[46] Dobbins, Long, Dedrick, y Clmens, "The Role of Self-Monitoring and Gender on Leader Emergence"; y S.J. Zaccaro, R.J. Foti, y D.A. Kenny, "Self-Monitoring and Train-Based Variance in leadership: An Invetigation of Leader Flexibility Across Multiple Group Situations", *Journal of Applied Psychology*, abril de 1991, pp. 308-315.

[47] S. Kerr y J.M. Jermier, "Substitutes for Leadership: Their Meaning and Measurement", *Organizational Behavior and Human Performance*, diciembre de 1978, pp. 375-403; J.P. Howell y P.W. Dorfman, "Substitutes for Leadership: Test os a Construct", *Academy of Management Journal*, diciembre de 1981, pp. 714-728; J.P. Howell, P.W. Dorfman, y S.Kerr, "Leadership and Substitutes for Leadership", *Journal of Applied Behavioral Science*, vol. 22, no. 1, 1986, pp. 29-46; J.P. Howell, D.E. Bowen, P.W. Dorfman, S. Kerr, y P.M. Podsakoff, "Substitutes for Leadership: Effective Alternatives to Ineffective Leadership", *Organizational Dynamics*, verano de 1990, pp. 21-38; P.M. Podsakoff, B.P. Niehoff, S.B. Mackenzie, y M.L. Williams, "Do Substitutes for Leadership Really Substitute for Leadership? An Empirical Examination of Kerr and Jermier's Situational Leadership Model", *Organizational Behavior and Human Decision Processes,* febrero de 1993, pp. 1-44; P.M. Podsakoff y S.B. Mackenzie, "An Examination of Substitutes for Leadership Within a Levels-of Analysis Framework", *Leadership Quarterly*, otoño de 1995, pp. 289-328; P.P. Podsakoff, S.B. MacKenzie, y W.H. Bommer, "Transformational Leader Behaviors and Substitutes for Leadership as Dterminantes of Employee Satisfaction, Commitment, Trust, and Organizational Citizenship Behaviors", *Journal of Management*, vol. 22, no. 2, 1996, pp. 259-298; y P.M. Podsakoff, S.B. MacKenzie, y W.H. Bommer, "Meta-Analysis of the Relationships Between Kerr y Jermier's Substitutes for Leadership and Employee Attitudes, Role Perceptions, and Performance", *Journal of Applied Psychology*, agosto de 1996, pp. 380-399.

[48] B. Karmen, "Leadership: A Challenge to Traditional Research Methods and Assumptions", *Academy of Management Review,* julio de 1978, pp. 477-479.

[49] Schein, *Organizational Psychology*, p. 132.

[50] Véase L.R. Anderson, "Toward a Two-Track Model of Leadership Training: Suggestions from Self-Monitoring Theory", *Small Group Research*, mayo de 1990, pp. 147-167.

[51] C. Margerison y R. Glube, "Leadership Decision-Making: An Empirical Test of the Vroom and Yetton Model", *Journal of Management Studies*, febrero de 1979, pp. 45-55.

[52] Véase, por ejemplo, J.C. McElroy, "A Typology of Attribution Leadership Research", *Academy of Management Review*, julio de 1982, pp. 413-417; J.R. Meindl y S.B. Ehrlinch, "The Romance of Leadership and the Evaluation of Organizational Performance", *Academy of Management Journal,* marzo de 1987, pp. 91-109; J.C. McElroy y J.D. Hunger, "Leadership Theory as Causal Attribution of Performance", en J.G. Hunt, B.R. Baliga, H.P. Dachler, y C.A. Schriesheim (eds.), *Emerging Leadership Vistas* (Lexington, M.A. Lexington Books, 1988); B. Shamir, "Attribution of Influence and Charisma to the Leader: The Romance of leadership Revisited", *Journal of Applied Social Psychology*, marzo de 1992, pp. 386-407; y J.R. Meindl, "The Romance of Leadership as a Follower-centric Theory: A Social Constructionist Approach", *Leadership Quarterly*, otoño de 1995, pp. 329-341.

[53] R.G. Lord, C.L. DeVader, y G.M. Alliger, "A Meta-Analysis of the Relation Between Personality Traits and Leadership Perceptions".

[54] G.N. Powell y D.A. Butterfield, "The 'High-High', Leader Rides Again!" *Group and Organizational Studies*, diciembre de 1984, pp. 437-450.

[55] J.R. Meindl, S.B. Ehrlinch, y J.M. Dukerich, "The Romance of Leadership", *Administrative Science Quarterly,* marzo de 1985, pp. 78-102.

[56] J. Pfeffer, *Managing With Power* (Boston: Harvard Business School Press, 1992), p. 194; y M. Loeb, "A Interview with Warren Bennis: Where Leaders Come From", *Fortune*, 19 de septiembre de 1994, p. 241.

[57] J.A. Conger y R.N. Kanungo, "Behavioral Dimensions of Charismatic Leadership", en J.A. Conger, R.N. Kanungo y Asociados, *Charismatic Leadership* (San Francisco: Jossey-Bass, 1988), p. 79.

[58] R.J. House, "A 1976 Theory of Charismatic Leadership", en J.G. Hunt y L.L. Larson (eds.), *Leadership: The Cutting Edge* (Carbondale: Southern Illinois University press, 1977), pp. 189-207.

[59] W. Bennis, "The 4 Competencies of Leadership", *Tarining and Development Journal*, agosto de 1984, pp. 15-19.

[60] Conger y Kanungo, "Behavioral Dimensions of Charismatic Leadership", pp. 78-97.

[61] B. Shamir, R.J. House, y M.B. Arthur, "The Motivational Effects of Charismatic Leadership: A Self-Concepts theory", *Organization Science*, noviembre de 1993, pp. 577-594.

[62] R.J. House, J. Woycke, y E.M. Fodor, "Charismatic and Non-charismatic Leaders: Differences in Behavior and Effectiveness", en Conger and Kandungo, *Charismatic Leadership*, pp. 103-104; D.A. Waldman, B.M. Bass, y F.J. Yammarino, "Adding to Contingent-Reward Behavior: The Aumenting Effect of Charismatic Leadership", *Group & organization Studies*, diciembre de 1990, pp. 381-394; y S.A. Kirkpatrick y E.A. Locke, "Direct and Indirect Effects of Three Core Charismatic Leadership Components on Performance and Attitudes", *Journal of Applied Psychology,* febrero de 1996, pp. 36-51.

[63] J.A. Conger y R.N. Kanungo, "Training *Charismatic Leadership*: A Risky and Critical Task", en Conger y Kanungo, Charismatic Leadership, pp. 309-323.

[64] R.J. Richardson y S.K. Thayer, The Charisma Factor: *How to Develop Your Natural Leadership Ability* (Englewood Cliffs, NJ: Prentice Hall, 1993).

[65] J.M. Howell y P.J. Frost, "A Laboratory Study of Charismatic Leadership", *Organizational Behavior and Human Decision Processes*, abril de 1989, pp. 243-269.

[66] House, "A 1976 Theory of Charismatic Leadership".

[67] J.A. Conger, *The Charismatic Leader: Behind the Mystique of Exceptional Leadership* (San Francisco: Jossey-Bass, 1989); R. Hogan, R. Raskin, y D. Fazzini, "The Dark Side of Charisma"; en K.E. Clark y M.B. Clark (eds.), *Measures of Leadership* (West Orange, NJ: Leadership of America, 1990); D. Sankowsky, The Charismatic Leader as Narcissist: Understanding the Abuse of Power", *Organizational Dynamics*, primavera de 1995, pp. 57-71; y J. O'Connor, M.D. Mumford, T.C. Clifton, T.L. Gessner, y M.S. Connelly, "Charismatic Leaders and Destructiveness: An Historiometric Study", *Leadership Quarterly*, invierno de 1995, pp. 529-555.

[68] G.P. Zachary, "How 'Barbarian' Style of Phillipe Kahn Led Borland Into Jeopardy", *Wall Street Journal*, 2 de junio de 1994, p. A1.

[69] Véase, por ejemplo, J.M. Burns, *Leadership* (Nueva York: Harper & Row, 1978); B.M. Bass, *Leadership and Performance Beyond Expectations* (Nueva York: Free Press, 1985); B.M. Bass, "From Transactional to Transformational Leadership: Learning to Share the Vision", *Organizational Dynamics*, invierno de 1990, pp. 19-31; F.J. Yammarino, W.D. Spangler, y B.M. Bass, "Transformational Leadership and Performance: A Longitudinal Investigation", *Leadership Quarterly*, primavera de 1993, pp. 81-102; y J.M. Howell y B.J. Avolio, "Transformational Leadership, Transactional Leadership, Locus of Control, and Support for Innovation: Key Predictors of Consolidated-Business-Unit Performance", *Journal of Applied Pshychology*, diciembre de 1993, pp. 891-902.

[70] B.M. Bass, "Leadership: Good, Better, Best", *Organizational Dynamics*, invierno de 1985, pp. 26-40; y J. Seltzer y B.M. Bass, "Transformational Leadership: Beyond Initiation and Consideration", *Journal of Management,* diciembre de 1990, pp. 693-703.

[71] B.J. Avolio y B.M. Bass, "Transformational Leadership, Charisma and Beyond", trabajo en papel, de la escuela de administración de la State University of New York, Binghamton, 1985, p. 14.

[72] Citado en B.M. Bass y B.J. Avolio, "Developing Transformational Leadership: 1992 y Beyond", *Journal of European Industrial Training*, enero de 1990, p. 23.

[73] J.J. Hater y B.M. Bass, "Supervisors' Evaluation and Subordinates' perceptions of Transformational and Transactional Leadership", *Journal of Applied Psychology*, noviembre de 1988, pp. 695-702.

[74] Bass y Avolio, "Developing Transformational Leadership".

[75] Esta definición está basada en M. Sashkin, "The Visionary Leader", en J.A. Conger y R.N. Kanungo (eds.), Charismatic Leadership, pp. 124-125; B. Nanus, *Visionary Leadership* (Nueva York: Free Press, 1992), p. 8; y N.H. Snyder y M. Graves, "Leadership and Vision", *Business Horizons*, enero-febrero de 1994, p. 1.

[76] B.Nanus, *Visionary Leadership*, p. 8.

[77] P.C. Nutt y R.W. Backoff, "Crafting Vision". A working paper. College of Business; Ohio State University; julio de 1995, p. 4.

[78] B. Nanus, *Visionary Leadership*, pp. 178-179.

[79] N.H. Snyder y M. Graves, "Leadership and Vision", p. 2.

[80] Citado en L.B. Korn, "How the Next CEO Will Be Different", *Fortune*, 22 de mayo de 1989, p. 157.

[81] J.C. Collins y J.I. Porras, Built to Last: *Successful Habits of Visionary Companies* (Nueva York: HarperBusiness, 1994).

[82] P.C. Nutt y R.W. Backoff, "Crafting Vision", pp. 5-7.

[83] Citado en L. Larwood, C.M. Falbe, M.P. Kriger, y P. Miesing, "Structure and Meaning of Organizational Vision", *Academy of Management Journal*, junio de 1995, pp. 740-769.

[84] Citado en B. Nanuns, *Visionary Leadership*, pp. 141.173,178; y P.C. Nutt y R.W. Backoff, "Crafting Vision", pp. 1 y 3.

[85] Basado en M. Sashkin, "The Visionary Leader", pp. 128-130.

[86] El material de esta sección está basado en J. Grant, "Women as Managers: What They Can Offer to Organizations", *Organizational Dynamics,* invierno de 1988, pp. 56-63; S. Helgesen, *The Female Advantage: Women's Ways of Leadership* (Nueva York: Doubleday, 1990); A.H. Eagly y B.T. Johnson, "Gender and leadership Style: A Meta-Analysis", *Psychological Bulletin*, septiembre de 1990, pp. 233-256; A.H. Eagly y S.J. Karau, "Gender and the Emergence of Leaders: A Meta-Analysis", *Journal of Personality and Social Psychology,* mayo de 1991, pp. 685-710; J.B. Rosener, "Ways Women Lead", *Harvard Business Review,* noviembre-diciembre de 1990, pp. 119-125; "Debate: Ways Men and Women Lead", *Harvard Business Review,* enero-febrero de 1991, pp. 150-160; A.H. Eagly, M.G. Makhijani, y B.G. Klonsky, "Gender and the Evaluation of Leaders: A Meta-Analysis", *Psychological Bulletin*, enero de 1992, pp. 3-22; A.H. Eagly, S.J. Karau, y B.T. Johnson, "Gender and leadership Style Among School Principals: A Meta-Analysis", *Educational Administration Quarterly*, febrero de 1992, pp. 76-102; L.R.

Offerman y C. Bell, "Achievement Styles of Women Leaders and their Peers", *Psychology of Women Quarterly*, marzo de 1992, pp. 37-56; T. Melamed y N. Bozionelos, "Gender Differences in the Personality Features of British Managers", *Psychological Reports*, diciembre de 1992, pp. 979-986; G.N. Powell, *Women & Men in Management*, 2a. ed. (Thousand Oaks, CA: Sage, 1993); R.L. Kent y S.E. Moss, "Effects of Size and Gender Role on Leader Emergence", *Academy of Management Journal,* octubre de 1994, pp. 1335-1346; C. Lee, "The Feminization of Management", *Training*, noviembre de 1994, pp. 25-31; H. Collingwood, "Women as Managers: Not Just Different-Better", *Working Woman*, noviembre de 1995, p. 14; y J.B. Rosener, *America's Competitive Secret: Woman Managers* (Nueva York: Oxford University Press, 1995).

[87] Véase, por ejemplo, M. Frohman, "Nothing Kills Teams Like III-Prepared Leaders", *Industry Week*, 2 de octubre de 1995, pp. 72-76.

[88] S. Caminiti, "What Team Leaders Need to Know", *Fortune*, 20 de febrero de 1995, pp. 93-100.

[89] Ibid., p. 93.

[90] Ibid., p. 100.

[91] N. Steckler y N. Fondas, "Building Team Leader Effectiveness: A Diagnostic Tool", *Organizational Dynamics*, invierno de 1995, p. 20.

[92] R.S. Wellins, W.C. Byham, y G.R. Dixon, Inside Teams (San Francisco: Jossey-Bass, 1994), p. 318.

[93] N. Steckler y N. Fondas, "Building Tem Leader Effectiveness", p. 21.

[94] C.D. Orth, H.E. Wilkinson, y R.C. Benfari, "The Manager's Role as Coach and Mentor", *Organizational Dynamics,* primavera de 1987, p. 67.

[95] Véase W.W. Burke, "Leadership as Empowering Others", en S. Srivastva y Associados, *Excutive Power* (San Francisco: Jossey-Bass, 1986); J.A. Conger y R.N. Kanungo, "The Emowerment Process: Integrating Theory and Practice", *Academy os Management Review,* julio de 1988, pp. 471-482; J. Greenwald, "Is Mr. Nice Guy Back?" *Time,* 27 de enero de 1992, pp. 42-44; J. Weber, "Letting Go Is Hard to Do", *Business Week,* 1o. de noviembre de 1993, pp. 218-219; y L. Holpp, "Applied Empowerment", *Training,* febrero de 1994, pp. 39-44.

[96] Véase, por ejemplo, D.A. Waldman, "A Theoretical Consideration of Leadership and Total Quality Managemenet", *Leadership Quarterly*, primavera de 1993, pp. 65-79.

[97] Para problemas con facultación, véase J.A. Belasco y R.C. Stayer, "Why Empowerment Doesn't Empower: The Bankruptcy of Current Paradigams", *Business Horizons*, marzo-abril de 1994, pp. 29-40; L. Holpp, "If Empowerment Is So Good, Why Does It Hurt?" *Training*, marzo 1995, pp. 52-57; y M.M. Broadwell, "Why Command and Control Won't Go Away", *Training*, septiembre de 1995, pp. 63-68.

[98] R.E. Kelley, "In Parise of Followers", *Harvard Business Review*, noviembre-diciembre de 1988, pp. 142-148; E.P. Hollander, "Leadership, Followership, Self, and Others", *Leadership Quarterly*, primavera de 1992, pp. 43-54; e I. Challef, *The Courageous Follower: Standing Up To and For Our Leaders* (San Francisco: Berrett-Koehler, 1995).

[99] Kelley, "In Praise of Followers".

[100] Para una revisión de la cross-cultural y su aplicación en la bibliografía de la dirección, véase R.S. Bhagat, B.L. Kedia, S.E. Crawford, y M.R. Kaplan, "Cross-Cultural Issues in Organizational Psychology: Emergent Trends and Directions for Research in the 1990s", en C.L. Cooper e I.T. Robertson (eds.), *International Review of Industrial and organizational Psychology*, vol. 5 (Chichester, England: John Wiley & Sons, 1990), pp. 79-89.

[101] "Military-Style Management in China", *Asia Inc.*, marzo de 1995, p. 70.

[102] Esta sección está basada en R.M. Sapolsky y J.C. Ray, "Styles of Dominance and Their Endocrine Correlates Among Wild Olive Baboons", *American Journal of Primatology*, vol. 18, no. 1, 1989, pp. 1-13; A. Booth, G. Shelley, A: Mazur, G. Tharp, y R. Kittok, "Testosterone, and Winning and Losing in Human Competition", *Hormones and Behavior*, diciembre de 1989, pp. 556-571; W.F. Allman, "Political Chemestry", *U.S. News & World Report*, 2 de noviembre de 1992, pp. 62-65; E.L. Andrews, "A Skin Patch To Increase Testosterone", *The New York Times*, 2 de noviembre de 1992, p. C2; P.D. Kramer, *Listening to Prozac* (Nueva York: Penguin, 1993); M. Kronner, "Out of the Darkness", *Nueva York Times Magazine,* 2 de octubre de 1994, pp. 70-73; M. Chase, "More Are Listening to Prozac to Keep Their Business Edge", *Wall Street Journal*, 27 de marzo de 1995, p. B1; R. Langreth, "High Anxiety: Rivals Threaten Prozac's Reign", *The Wall Street Journal,* 9 de mayo de 1996, p. B1; y W.F. Allman, "The Serotonin Cadidate", *Forbes* ASAP, 23 de septiembre de 1996, pp. 133-140.

[103] Esta sección está basada en R.B. Morgan, "Self- and Co-Worker Perceptions of Ethics and Their Relationship to Leadership and Salary", *Academy of Management Journal*, febrero de 1993, pp. 200-214; J.B. Ciulla, "Leadership Ehtics: Mapping the Territory", *Business Ethics Quarterly*, enero de 1995, pp. 5-28; E.P. Hollander, "Ethical Challenges in the Leader-Follower Relationship", *Business Ethics Quarterly*, enero de 1995, pp. 55-65; J.C. Rost, "Leadership: A Discussion About Ethics", *Business Ethics Quarterly*, enero de 1995, pp. 129-142; y R.N. Kanungo y M. Mendonca, *Ethical Dimensions of Leadership* (Thousand Oaks, CA: Sage Publications, 1996).

[104] J.M. Burns, *Leadership* (Nueva York: Harper & Row, 1978).

[105] J.M. Howell y B.J. Avolio, "The Ethics of Charismatic Leadership: Submission or Liberation?" *Academy of Management Executive*, mayo de 1992, pp. 43-55.

Capítulo 11

[1] Basado en L. Jaroff, "Assembly-Line Sexim?" *Time*, 6 de mayo de 1996, pp. 56-58.

[2] R.M. Kanter, "Power Failure in Management Circuits", *Harvard Business Review*, julio-agosto de 1979, p. 65.

[3] J: Pfeffer, "Understanding Power in Organizations", *California Management Review*, invierno de 1992, p. 35.

[4] Basado en B.M. Bass, *Bass & Stogdill's Handbook of Leadership*, 3a. ed. (Nueva York: Free Press, 1990).

[5] J.R.P. French, Jr., y B. Raven, "The Bases of Social Power", en D. Cartwrigth (ed.), *Studies in Social Power* (Ann Arbor: University of Michigan, Institute for Social Research, 1959), pp. 157-167. Para la actualización de los trabajos

de French y Raven, véase D.E. Frost y A.J. Stahelski, "The Systematic Measurement of French and Raven's Bases of Social Power in Workgroups", *Journal of Applied Social Psychology*, abril de 1988, pp. 375-389; T.R. Hinkin y C.A. Schriesheim, "Development and Application of New Scales to Measure the French and Raven (1959) Bases of Social Power", *Journal of Applied Psychology*, agosto de 1989, pp. 561-567; y G.E. Littlepage, J.L. Van Hein, K.M. Cohen, y L.L. Janiec, "Evaluation and Comparison of Three Instruments Designed to Measure organizational Power and Influence Tactics", *Journal of Applied Social psychology*, del 16 al 31 de enero de 1993, pp. 107-125.

[6] D. Kipnis, *The Powerholders* (Chicago: University of Chicago Press, 1976), pp. 77-78.

[7] R.E. Emerson, "Poer-Dependence Relations", *American Sociological Review*, vol. 27 (1962), pp. 31-41.

[8] P. Burrows, "Micron's Comeback Kid", *Business Week*, 13 de mayo de 1996, pp. 70-74.

[9] H. Mintzberg, *Power In and Around Organizations* (Englewood Cliffs, NJ: Prentice Hall, 1983), p. 24.

[10] R.M. Cyert y J.G. March, *A Behavioral Theory of the Firm* (Englewood Cliffs, NJ: Prentice Hall, 1963).

[11] C. Perrow, "Departamental Power and Perspective in Industrial Firms", en M.N. Zald (ed.), *Power in Organizations* (Nashville, TN: Vanderbilt University Press, 1970).

[12] Adaptado de J. Pfeffer, *Managing With Power* (Boston: Harvard Business School Press, 1992), pp. 63-64.

[13] Adapatado de R.M. Kanter, "Power Failure in Management Circuits", *Harvard Business Review*, julio-agosto de 1979, p. 67.

[14] Véase, por ejemplo, D. Kipnis, S.M. Schmidt, C. Swaffin-Smith, e I. Wilkinson, "Patterns of Managerial Influence: Shotgun Managers, Tacticianis, and Bystanders", *Organizational Dynamics*, invierno de 1984, pp. 58-67; T. Case, L. Dosier, G. Murkison, y B. Keys, "How Managers Influence Superiors: A Study of Upward Influence Tactics", *Leadership and Organizational Devlopment Journal*, vol. 9, no. 4, 1988, pp. 25-31; D. Kipnis y S.M. Schmidt, "Upward-Influence Styles: Relationship with Performance Evaluations, Salary, and Stress", *Administrative Science Quarterly*, diciembre de 1988, pp. 528-542; G. Yiki y C.M. Falbe, "Influence Tactics and Objetives in Upward, Donward, and Lateral Influence attempts", *Journal of Applied Psychology*, abril de 1990, pp. 132-140; B. Keys y T. Case, "Hoe to Become an Influential Manger", *Academy of Management Executive*, noviembre de 1990, pp. 38-51; D.A. Ralston, D.J. Gustafson, L. Mainiero, y D. Umstot, "Strategies of Upward Influence: A Cross-National Comparison of Hong Kong and American Managers", *Asia Pacific Journal of Management*, octubre de 1993, pp. 157-175; G. Yukl, H. Kim, y C.M. Falbe, "Antecedents of Influence Outcomes", *Journal of Applied Psychology*, junio de 1996, pp. 309-317; K.E. Lauterbach y B.J. Weiner, "Dynamics of Upward Influence; How Male and Female Managers Get Their Way", *Leadership Quarterly*, primavera de 1996, pp. 87-107; y K.R. Xin y A.S. Tsui, "Different Strokes for Different Folks? Influence Tactics by Asian-American and Cuacasian-American Managers", *Leadership Quarterly*, primavera de 1996, pp. 109-132.

[15] Esta sección está adaptada de Kipnis, Schmidt, SwffinSmith, y Wilkinson, "Paterns of Mangerial Influence".

[16] P.P. Poole, "Coalitions: The Web of Power", *in Research and Application, Proccedings of the 20th Annual Eastern Academy Conference*. D.J. Vredenburgh y R.S. Schuler (eds.), Effective Management: *Academy of Management*, Pittsburgh, mayo de 1983, pp. 79-82.

[17] Véase Pfeffer, *Power in Organizations*, pp. 155-157.

[18] Para revisar bibliografía actualizada véase, L.F. Fitzgerald y S.L. Shullman, "Sexual Harassment: A Research Analysis and Agenda for the 1990s", *Journal of Vocational Behavior*, febrero de 1993, pp. 5-27; y M.L. Lengnick-Hall, "Sexual Harassment Research: A Methodological Critique", *Personnel Psychology*, invierno de 1995, pp. 841-864.

[19] S. Silverstein y S. Christian, "Harassment Ruling Raises Free-Speech Issues", *Los Angeles Times*, 11 de noviembre de 1993, p. D2.

[20] La siguiente sección está basada en J.N. Cleveland y M.E. Kerst, "Sexual Harassment and Perceptions of Power: An Under-Articulated Relationship", *Journal of Vocational Behavior*, febrero de 1993, pp. 49-67.

[21] S.A. Culbert y J.J. McDonough, *The Invisible War: Pursuing Self-Interest at Work* (Nueva York: John Wiley, 1980), p. 6.

[22] Mintzberg, *Power In and Around Organizations*, p. 26.

[23] D.J. Vredenburgh y J.G. Maurer, "A Process Framework of Organizational Politics", *Human Relations*, enero de 1984, pp. 47-66.

[24] D. Farrel y J.C. Petersen, "Patterns of Political Behavior in Organizations", *Academy of Management Review*, julio de 1982, p. 405. Para un cuidadoso análisis de las controversias académicas fundamentales y la definición de políticas organizacionales, véase A. Drory y T. Romm, "The Definition of Organizational Politics: A Review", *Human Relations*, noviembre de 1990, pp. 1133-1154.

[25] Farrll y Peterson, "Patterns of Political Behavior", pp. 406-407; y A. Drory, "Politics in Organizational and Its Perception Within the Organization", *Organization Studies*, vol. 9, no. 2, 1988, pp. 165-179.

[26] Pfeffer, *Power in Organizations*.

[27] K.K. Eastman, "In the Eyes of the Beholder: An Attributional Approach to Ingratiation and Organizational Citizenship Behavior", *Academy of Management Journal*, octubre de 1994, pp. 1379-1391.

[28] Véase, por ejemplo, G. Biberman, "Personality and Characteristics Wirk Attitudes of persons with High, Moderate, and Low Pilitical Tendencies", *Psychological Reports*, octubre de 1985, pp. 1303-1310; y G.R. Ferris, G.S. Russ, y P.M. Fandt, "Pilitics in Organizations", en R.A. Giacalone y P. Rosenfeld (eds.), *Impression Management in the Organization* (Hillsdale, NJ: Lawrence Erlbaum Associates, 1989), pp. 155-156.

[29] Farrell y Petersen, "Patterns of Political Behavior", p. 408.

[30] S.C. Goh y A.R. Doucet, "Antecedent Situational Conditions of Organizational Politics: An Empirical Investigation, documento presentado en la Annual Administrative Sciences Association of Canada Conference", Whistler, B.C., ma-

yo de 1986; C. hardy, "The Contribution of Political Science to Organizational Behavior", en J.W. Lorsch (ed.), *Handbook of Organizational Behavior* (Englewood Cliffs, NJ: Prentice Hall, 1987), p. 103; y G.R. Ferris y K.M. Kacmar, "Perceptions of Organizational Politics", *Journal of Management*, marzo de 1992, pp. 93-116.

[31] Véase, por ejemplo, Farrell y Petersen, "Patterns of Political Behavior", p. 409; P.M. Fandt G.R. Ferris, "The Management of Information and Impressions: When Employee Behave Opportunistically", *Organizational Behavior and Human Decision Processes*, febrero de 1990, pp. 140-158; y Ferris, Russ y Fandt, "Politics in Organizations", p. 147.

[32] M.R. Leary y R.M. Kowalski, "Impression Management: A Literature Review and Two-Component Model", *Psychological Bulletin*, enero de 1990, pp. 34-47.

[33] S.P. Robbins y P.L. Hunsaker, *Training in Interpersonal Skills: TIPS for Manging People at Work*, 2a. ed. (UpperSaddle River, NJ: Prentice Hall, 1996), pp. 131-134.

[34] Ibid., p. 34.

[35] Véase, por ejemplo, B.R. Schlenker, *Impression Management: The Self-Concep, Social Identity, and Interpersonal Relations* (Monterey, CA: Brooks/Cole); W.L. Gardner y M.J. Martinko, "Impression Management in Organizations", *Journal of Management*, junio de 1988, pp. 321-338; D.C. Gilmore y G.R. Ferris, "The Effects of Applicant Impression Management Tactics on Interviewer Judgments", *Journal of Management*, diciembre de 1989, pp. 557-564; Leary y Kowalski, "Impression Management: A Literature Review and Two-Component Model", pp. 34-47; S.J. Wayne y K.M. Kacmar, "The Effects of Impression Management on the Performance Appraisal Process", *Organizational Behavior and Human Decision Processes*, febrero de 1991, pp. 70-88; E.W. Morrison y R.J. Bies, "Impression Management in the Feedback-Seeking Process: A Literature Review and Research Agenda", *Academy of Management Review*, julio de 1991, pp. 522-541; S.J. Wayne y R.C. Liden, "Effects of Impression Management on Performance Ratings: A Longitudinal Study", *Academy of Management Journal*, febrero de 1995, pp. 232-260; y C.K. Stevens y A.L. Kristof, "Making the Right Impression: A Field Study of Applicant Impression Management During Job Interviews", *Journal of Applied Psychology*, octubre de 1995, pp. 587-606.

[36] M. Snyder y J. Copeland, "Self-Monitoring Processes in Organizational Sttings", en Giacalone y Rosenfeld, *Impression Management in the Organization*, p. 11; y E.D. Long y G.H. Dobbins, "Self-Monitoring, Impression Management, and Interview Ratings: A Field and Laboratory Study", en J.L. Wall y L.R. Jauch, eds. *Proceedings of the 52nd Annual Academy of Management Conference:* Las Vegas, agosto de 1992, pp. 274-278.

[37] Leary y Kowalski, "Impression Management", p. 40.

[38] Gardner y Martinko, "Impression Management in Organizations", p. 333.

[39] R.A. Baron, "Impression Management by Applicants Durirng Employment Interviews: The 'Too Much of a Good Thing' Effect", en R.W. Eder y G.R. Ferris (eds.), *The Employment Interview: Theory, Research, and Practice* (Newbury Park, CA: Sage Publishers, 1989), pp. 204-215.

[40] Ferris, Russ y Fandt, "Politics in organizations".

[41] Baron, "Impression Management by Applicants During Employment Interviews"; Gilmore y Ferris, "The Effects of Applicant Impression Management Tactics on Interviewer Judgments"; y Stevens y Kristof, "Making the Right Impression: A Field Study of Applicant Impression Management During Job Interviews".

[42] Gimore y Ferris, "The Effecs of Applicant Impression Management Tactics on Interviewer Judgments".

[43] K.M. Kacmar, J.E. Kelery y G.R. Ferris, "Differential Effectiveness of Applicant IM Tactics on Employment Interview Decisions", *Journal of Applied Social Psychology*, del 16 al 31 de agosto de 1992, pp. 1250-1272.

[44] Stevens y Kristof, "Making the Impression: A Field Study of Applicant Impression Management During Job Interviews".

[45] Esta sección está basada en B.E. Ashforth y R.T. Lee, "Defensive Behavior in organizations: A Preliminary Model", *Human Relations*, julio de 1990, pp. 621-648.

[46] Esta ilustración está basada en G.F. Cavanagh, D.J. Moberg, y M. Valasquez, "The Ethics of Organizational Politics", *Academy of Management Journal*, junio de 1981, pp. 363-374.

[47] R.M. Kanter, *Men and Women of the Corporation* (Nueva York: Basic Books, 1977).

[48] Véase, por ejemplo, C.M. Falbe y G. Yuki, "Consequences for Managers of Using Single Influence Tactics and Combinations of Tactics", *Academy of Management Journal*, agosto de 1992, pp. 638-652.

[49] P.A. Wilson, "The Effects of Politics and Power on the Organizational Commitment of Federal Execituves", *Journal of Management*, primavera de 1995, pp. 101-118.

[50] Véase, por ejemplo, M.A. Rahim, "Relationship of Leader Power to Compliance and atisfaction with Supervision: Evidence from a National Sample of Managers", *Journal of Management*, diciembre de 1989, pp. 545-556.

[51] J.G. Bachman, D.G. Bowers, y P.M. Marcus, "Bases of Supervisory Power: A Comparative Study in Five Organizational Settings", en A.S. Tannenbaum (ed.), *Control in Organization* (Nueva York: McGraw-Hill, 1968), p. 236.

[52] J. Pfeffer, *Managing With Power*, p. 137.

[53] G.R. Ferris y K.M. Kacmar, "Perceptions of Organizational Politics".

[54] A. Drory, "Perceived Political Climate and Job Attitudes", *Organizational Studies*, vol. 14, no. 1, 1993, pp. 59-71.

Capítulo 12

[1] J. Barron, "Shea & Gould Partenrs Vote to Break Up the Law Firm", *New York Times*, 29 de enero de 1994, p. 17; y M. Geyelin y E. Felsenthal, "Irreconciliable Differences Force Shea & Gould Closure", *Wall Street Journal*, 31 de enero de 1994, p. B1.

[2] Véase, por ejemplo, C.F. Fink, "Some Conceptual Difficulties in the Tehory of Social Conflict", *Journal of Conflict Resolutions*, diciembre de 1968, pp. 412-460. Para una re-

visión actualizada sobre los conflictos de bibliografía, véase J.A. Wall, Jr. y R.R. Callister, "Conflic and Its Management", *Journal of Management*, vol. 21, no. 3, 1995, pp. 515-558.

3 L.L. Putnam y M.S. Poole, "Conflic and Negotiation", en F.M. Jablin, L.L. Putnam, K.H. Roberts, y L.W. Porter (eds.), *Handbook of Organizational Communication: An Interdisciplinary Perspective* (Newbury Park, CA: Sage, 1987), pp. 549-599.

4 K.W. Thomas, "Conflict and Negociation Processes in Organizations", en M.D. Dunnette y L.M. Hough (eds.), *Handbook of Industrial and Organizational Psychology,* 2a. ed., vol. 3 (Palo Alto, CA: Consulting Psychologistist Press, 1992), pp. 651-717.

5 G. Smith, "How to Lose Friends and Influence No One", *Business Week*, 25 de enero de 1993, pp. 42-43.

6 Véase A.C. Amason, "Distinguishing the Effects of Functional and Dysfunctional Conflic on Strategic Decision Making: Resolving a Paradox for Top Management Teams", *Academy of Management Journal*, febrero de 1996, pp. 123-48.

7 Esta sección está basada en S.P. Robbins, *Managing Organizational Conflic: A Nontraditional Approach* (Englewood Cliffs, NJ: Prentice Hall, 1974), pp. 31-55.

8 L.R. Pondy, "Organizational Conflict: Concepts and Models", *Administrative Science Quarterly*, septiembre de 1967, p. 302.

9 Véase, por ejemplo, R.L. Pinkley, "Dimensions of Conflict Frame: Disputant Interpretations of Conflic", *Journal of Applied Psychology*, abril de 1990, pp. 117-126; y R.L. Pinkley y G.B. Nrthcraft, "Conflict Frame of Reference: Implications for Dispute Processes and Outcomes", *Academy of Management Journal*, febrero de 1994, pp. 193-205.

10 R. Kumar, "Affect, Cognition and Decision Making in Negotiations: A Concetual Integration", en M.A. Rahim (ed.), *Managing Conflict: An Integrative Approach* (Nueva York: Praeger, 1989), pp. 185-194.

11 Ibid.

12 P.J.D. Carnevale y A.M. Isen, "The Influence of Positive Affect and Visual Access on the Discovery of Integrative Solutions in Bilaterañ Negotiations", *Organizational Behavior and Human Decision Processes*, febrero de 1986, pp. 1-13.

13 Thomas, "Conflic and Negotiation Processes in Organizations".

14 Ibid.

15 Véase R.J. Sternberg y L.J. Soriano, "Styles of Conflict Resolution", *Journal of Personality and Social Psychology,* julio de 1984, pp. 115-126; R.A. Baron, "Personality and Organizational Conflict: Effects of the Type A Behavior Pattern and Self-Monitoring", *Organizational Behavior and Human Decision Processes*, octubre de 1989, pp. 281-296; y R.J. Volkema y T.J. Bergmann, "Conflic Styles as Indicators of Behavioral Patterns in Interpersonal Conflicts", *Journal of Social Psychology*, febrero de 1995, pp. 5-15.

16 Thomas, "Conflict and Negociation Processes in Organizations".

17 Véase, por ejemplo, R.A. Cosier y C.R. Schwenk, "Agreement and Thinking Alike: Ingredients for Poor Decisions", *Academy of Management Executive*, febrero de 1990, pp. 69-74; K.A. Jehn, "Enhancing Effectivemess: An Investigation of Advantages and Disadvantages of Value-Based Intragroup Conflic", *International Journal of Conflic Management*, julio de 1994, pp. 223-238; y R.L. Priem, D.A. Harrison, y N.K. Muir, "Structured Conflict and Consensus Outcomes in Group Decision Making", *Journal of Management*, vol. 21, no. 4, 1995, pp. 691-710.

18 Véase, por ejemplo, C.J. Loomis, "Dinosaurs?" *Fortune*, 3 de mayo de 1993, pp. 36-42.

19 J.L. Janis, *Victims of Groupthink* (Boston: Houghton Mifflin, 1972).

20 J. Hall y M.S. Williams, "A Comparison of Decision Making Performances in Established and Ad-Hoc Groups", *Journal of Personality and Social Psychology*, febrero de 1966, p. 217.

21 R.L. Hoffman, "Homogeneity of Member Personality and Its Effect on Group problem-Solving", *Journal of Abnormal and Social Psychology*, enero de 1959, pp. 27-32; R.L. Hoffman y N.R.F. Maier, "Quality and Acceptance of Problem Solutions by Members of Homogeneous and Heterogeneous Groups", *Journal of Abnormal and Social Psychology*, marzo de 1961, pp. 401-407.

22 Véase T.H. Cox y S. Blake, "Managing Cultural Diversity: Implications for Organizational Competitiveness", *Academy of Management Executive*, agosto de 1991, pp. 45-46; T.H. Cox, S.A. Lobel y P.L. McLeod, "Effects of Ethnic Group Cultural Differences on Cooperative Behavior on a Group Task", *Academy of Management Journal,* diciembre de 1991, pp. 827-847; P.L. McLeod y S.A. Lobel, "The Effects of Ethnic Diversity on Idea Generation in Samll Groups", documento presentado en la Annual Academy of Management Conference, Las Vegas, agosto de 1992; y C. Kirchmeyer y A. Cohen, "Multicultural Groups: Their Performance and Reactions with Constructive Conflict", *Group & Organization Management,* junio de 1992, pp. 153-170.

23 R.E. Hill, "Interpersonal Compatibility and Work Group Peformance Among Systems Analysts: An Empirical Study", *Proceedings of the Seventeenth Annual Midwest Academy of Management Conference*, Kent, OH, abril de 1974, pp. 97-110.

24 D.C. Pelz y F. Andrews, *Scientists in Organizations* (Nueva York: John Wiley, 1996).

25 H. Lenk, "Konflikt und Leistung in Spitzensportmannschafter: Isozometrische Strukturen von WettKampfachtern in Ruden", *Soziale Welt*, vol. 15 (1964), pp. 307-343.

26 A. Tannenbaum, "Control Structure and Union Functions", *American Journal of Sociology*, mayo de 1956, pp. 127-140.

27 Para estudiar las consecuencias disfuncionales enfocadas al conflicto, véase *Journal of Conflict Resolution and the International Journal of Conflict Management*.

28 K. Jehn, "A Multimethod Examination of the Benefits and Detriments of Intragroup Conflict", *Administrative Science Quarterly*, junio de 1995, pp. 256-282.

[29] Esta sección está basada en F. Sommerfield, "Paying the Troops to Buck the System", *Business Month*, mayo de 1990, pp. 77-79; W. Kiechel III, "How to Escape the Echo Chamber," *Fortune,* 18 de junio de 1990, pp. 129-130; y B. Angelo, "Musical Chairs in Maryland", *Time*, 26 de agosto de 1991, p. 21. Véase, también E. Van de Vliert y C.K.W. de Dreu, "Optimizing Performance by Conflict Stimulation", *International Journal of Conflict Management*, julio de 1994, pp. 211-222.

[30] J.A. Wall, Jr., *Negotiation: Theory and Practice* (Glenview, IL: Scott, Foresman, 1985).

[31] R.E. Walton y R.B. McKersie, *A Behavioral Theory of Labor Negotiations*: *An Analysis of a Social Interaction System* (Nueva York: McGraw-Hill, 1965).

[32] Thomas, "Conflict and Negotiation Processes in Organizations".

[33] Este modelo está basado en R.J. Lewicki, "Bargaining and Negotiation", *Exchange: The Organizational Behavior Teaching Journal*, vol. 6, no. 2, 1981, pp. 39-40; y B.S. Moskal, "The Art of the Deal", *Industry Week*, 18 de enero de 1993, p. 23.

[34] M.H. Bazerman y M.A. Neale, *Negotiating Rationally* (Nueva York: Free Press, 1992). pp. 67-68.

[35] Estas sugerencias están basadas en J.A. Wall, Jr. y M.W. Blum, "Negotiations", *Journal of Management*, junio de 1991, pp. 278-282.

[36] Ibid.

[37] C. Watson y L.R. Hoffman, "Managers as Negotiators: A Test of Power versus Gender as Predictors of Feelings, Behavior, and Outcomes", *Leadership Quarterly*, primavera de 1996, pp. 63-85.

[38] Véase N.J. Adler, *International Dimensions of Organizational Behavior*, 2a. ed. (Boston: PWS-Kent, 1991), pp. 179-217.

[39] K.D. Schmidt, *Doing Business in France* (Menlo Park, CA: SRI International, 1987).

[40] S. Lubman, "Round and Round", *The Wall Street Journal*, 10 de diciembre de 1993, p. R3.

[41] E.S. Glenn, D. Witmeyer, y K.A. Stevenson, "Cultural Styles of Persuasion", *Journal of Interectual Relations*, otoño de 1977, pp. 52-66.

[42] J. Grahamn, "The Influence of Culture on Business Negotiations", *Journal of International Business Studies*, primavera de 1985, pp. 81-96.

[43] J.A. Wall, Jr. y M.W. Blum, "Negotiations", pp. 283-287.

[44] Para revisar bibliografía sobre relaciones intergrupales, véase M.R. Brewer y R.M. Kramer, "The Psychology of Intergroup Attitudes and behavior", en M.R. Rosenzweig y L.W. Porter, *Annual Review of Psychology*, vol. 36 (Palo Alto, CA: Annual Review, 1985), pp. 219-243; y R.M. Kramer, "Intergroup Relations and organizational Dilemmas: The Role of Categorization Processes", en L.L. Cummings y B.M. Staw, *Research in Organizational Behavior*, vol. 13 (Greenwich, CT: JAI Press, 1991), pp. 191-228.

[45] J.M. Brett y J.K. Rognes, "Intergroup Relations in Organizations", en P.S. Goodman and Associates (eds.), *Designing Effective Work Groups* (San Francisco: Jossey-Bass, 1986), p. 205.

[46] J.D. Thompson, *Organizations in Action* (Nueva York:McGraw-Hill, 1967), pp. 54-55.

[47] C. Perrow, "A Framework for the Comparative Analisys of Organizations", *American Sociological Review,* abril de 1967, pp. 194-208.

[48] P.R. Lawrence y J.W. Lorsch, *Organization and Environment* (Homewood, IL: R.D. Irwin, 1969), pp. 34-39.

[49] J. Galbraith, *Designing Complex Organizations* (Reading, MA: Addison-Wesley, 1973).

[50] Brett y Rgnes, "Intergroup Relations in Organizations", p. 212.

[51] K.W. Thomas, "Toward Multidimensional Values in Teaching: The Example of Conflict Behaviors", *Academy of Management Review*, julio de 1977, p. 487.

Capítulo 13

[1] D. Greising, "The Virtual Olympics", *Business Week*, 29 de abril de 1996, pp. 64-66; y B. Filipczak, "The Other Olympic Training Challenge", *Training*, julio de 1996, pp. 42-46.

[2] Véase, por ejemplo, R.L. Daft, *Organization Theory and Design* 5a. ed. (St. Paul, MN: West Publishing, 1995).

[3] J.H. Sheridan, "Sizing Up Corporate Staffs", *Industry Week*, 21 de noviembre de 1988, p. 47.

[4] J.B. Treece, "Breaking the Chains of Command", *Business Week/The Information Revolution* 1994, p. 112.

[5] Véase, por ejemplo, L. Urwick, *The Elements of Administration* (Nueva York: Harper & Row, 1994), pp. 52-53.

[6] J.S. McClenahen, "Managing More People in the '90s", *Industry Week*, 20 de marzo de 1989, p. 30.

[7] J.R. Brandt, "Middle Management: Where the Action Will Be", *Industry Week*, 2 de mayo de 1994, p. 31.

[8] A Ross, "BOM'S Big Bang", *Canadian Business*, enero de 1994, pp. 58-63.

[9] J.B. Levine, "For IBM Europe, This Is the Year of Truth,'" *Business Week*, 9 de abril de 1993, p. 45.

[10] H. Mintzberg, *Structure in Fives: Designig Effective organizations* (Englewood Cliffs, NJ: Prentice Hall, 1983), p. 157.

[11] S. Baker, "Can Nucor Forge Ahead-And Keep Its Edge?" *Business Week*, 4 de abril de 1994, p. 108.

[12] Véase, por ejemplo, La entrevista con Edward Lawler en "Bureaucracy Busting", *Across the Board*, marzo de 1993, pp. 23-27.

[13] W.E. Halal, "From Hierarchy to Enterprise: Internal Markets Are the New Foundation of Management", *The Executive*, noviembre de 1994, pp. 69-83.

[14] Citado en *At Work*, mayo-junio de 1993, p. 3.

[15] K. Knigth, "Matrix Organization: A Review", *Journal of Management Studies*, mayo de 1976, pp. 111-130; y L.R. Burns y D.R. Wholey, "Adotion and Abandonment of Matrix Management Programs: Effects of organizational Characteristics and Interorganizational Networks", *Academy of Management Journal*, febrero de 1993, pp. 106-138.

[16] Véase, por ejemplo, S.M. Davis y P.R. Lawrence, "Problems of Matrix Organization", *Harvard Business Review*, mayo-junio de 1978, pp. 131-142.

[17] M. Kaeter, "The Age of the Specialized Generalist", *Training*, diciembre de 1993, pp. 48-53.

[18] L. Brokaw, "Thinking Flat", *INC.*, octubre de 1993, p. 88.

[19] Véase, por ejemplo, E.A. Gargan, "Virtual' Companies Leave the Manufacturing to Others", *New York Times*, 17 de julio de 1994, p. F5; D.W. Cravens, S.H. Shipp, y K.S. Cravens, "Reforming the Traditional Organization: The Mandate for Developing Networks", *Business Horizons*, julio-agosto de 1994, pp. 19-27; R.T. King, Jr., "The Virtual Company", *Wall Street Journal*, 14 de noviembre de 1994, p. 85; R.E. Miles y C.C. Snow, "The New Network Firm: A Spherical Structure Built on Human Investment Philosophy", *Organizational Dynamics*, primavera de 1995, pp. 5-18; y G.G. Dess, A.M. Rasheed, K.J. Mclaughlin, y R.L. Priem, "The New Corporate Architecture", *Academy of Management Executive*, agosto de 1995, pp. 7-20.

[20] "Why Every Business Will Be Like Show Business", *INC.*, marzo de 1995, pp. 64-78.

[21] "GE: Just Your Average Everyday $60 Billion Family Grocery Store", *Industry Week*, 2 de mayo de 1994, pp. 13-18.

[22] Esta sección está basada en P. LaBarre, "The Seamless Enterprise", *Industry Week*, 19 de junio de 1995, pp. 22-34; y R. Ashkenas, D. Ulrich, T. Jick, y S. Kerr, The Boundaryless Organization: *Breaking the Cahins of Organizational Structure* /San Francisco: Jossey-Bass, 1995).

[23] Véase J. Lipnack y J. Stamps, *The TeamNet Factor* (Essex Junction, VT: Oliver Wight Publications, 1993), J.R. Wilke, "Computer Links Erode Hierarchical Nature of Workplace Culture", *The wall Street Journal*, 9 de diciembre de 1993, p. A1; y T.A. Stewart, "Managing in a Wired Company", *Fortune*, 11 de julio de 1994, pp. 44-56.

[24] T. Burns y G.M. Stalker, *The Management of Innovation* (Londres: Tavistock, 1961); y J.A. Courtrigth, G.T. Fairhurst, y L.E. Rogers, "Interaction Patterns in Organic and Mechanistic System", *Academy of Management Journal*, diciembre de 1989, pp. 773-802.

[25] Este análisis se refiere al diseño de organización como un enfoque de contingencia. Véase, por ejemplo, J.M. Pennings, "Structural Contingency Theory: A Reppraisal", en B.M. Staw y L.L. Cummings (eds.), *Research in Organizational Behavior*, vol. 14 (Greenwich, CT: JAI Press, 1992), pp. 267-309.

[26] La tesis de estrategia-estructura fue propuesta originalmente por A.D. Chandler, Jr., *Strategy and Structure: Chapters in the History of the Industrial Enterprise* (Cambridge, MA: MIT Press, 1962). Para un análisis actualizado, véase T.L. Amburgey y T. Dacin, "As the Left Foot Follows the Righ? The Dynamics of Strategic and Structural Change", *Academy of Management Journal*, diciembre de 1994, pp. 1427-1452.

[27] Véase R.E. Miles y C.C. Snow, *Organizational Strategy, Structure and Process* (Nueva York: McGraw-Hill, 1978); D. Miller, "The Structural and Environmental Correlates of Business Strategy", *Strategic Management Journal*, enero-fe-

brero de 1987, pp. 55-76; y D.C. Galunic y K.M. Eisenhardt, "Renewing the Srtategy-Structure-Performance Paradigms", en B.M. Staw y L.L. Cummings (eds.), R*esearch in Organizational Behavior*, vol. 16 (Greenwich, CT: JAI Press, 1994), pp. 215-255.

[28] Véase, por ejemplo, P.M. Blau y R.A. Schenherr, *The Structure of Organizations* (Nueva York: Basic Books, 1971); D.S. Pugh, "The Aston Program of Research: Retrospect and Prospect", en A.H. Van de Ven y W.F. Joyce (eds.), *Perspectives on Organization Desig and Behavior* (Nueva York: John Wiley, 1981), pp. 135-166; R.Z. Gooding y J.A. Wagner III, "A Meta-Analytic Review of the Relationship Between Size and Performance: The Productivity and Efficiency of Organizations and Their Subunits", *Administrative Science Quarterly*, diciembre de 1985, pp. 462-481; y A.C. Bluedorn, "Pilgrim's Progress: Trends and Convergence in Research on Organizational Size and Environmets", *Journal of Management*, verano de 1993, pp. 163-192.

[29] Véase J. Woodward, *Industrial Organization: Theory and Practice* (London: Oxford University Press, 1965); C. Perrow, "A Framework for the Comparative Analysis of Organizations", *American Sociological Review*, abril de 1967, pp. 194-208; J.D. Thopmson, *Organizations in Actions* (Nueva York: McGraw-Hill, 1967); J. Hage y M. Aiken, "Routine Technology, Social Structure, and Organizational Goals", *Administrative Science Quarterly*, septiembre de 1969, pp. 366-377; y C.C. Miller, W.H. Glick, Y, Wang, y G.P. Hubber, "Understanding Technology-Structure Relationship: Theory Development and Meta-Analytic Theory Testing", *Academy of Management Journal*, junio de 1991, pp. 370-399.

[30] Véase F.E. Emery y E. Trist, "The Causal Texture of Organizational Environments", *Human Relations*, febrero de 1965, pp. 21-32; P. Lawrence y J.W. Lorsch, *Organization and Environment: Managing Differentiation and Integration* (Boston: Harvard Business School, Division of Research, 1967); M. Yasai-Ardekani, "Structural Adaptations to Environments", *Academy of Management Review*, enero de 1986, pp. 9-21; y A.C. Bluedorn, "Pilgrim's Progress".

[31] G.G. Dess y D.W. Beard, "Dimensions of Organizational Task Enrironments", *Administrative Science Quarterly*, marzo de 1984, pp. 52-73; E.A. Gerloff, N.K. Muir y W.D. Bodensteiner, "Three Components of Perceived Environmetal Uncertainty: An Exploratory Analysis of the Effects of Aggregation", *Journal of Management*, diciembre de 1991, pp. 749-768; y O Shenkar, N. Aranya, y T. Almor, "Construct Dimenions in the Contingency Model: An Analysis Comparing metric and Non-Metric Multivariate Instruments", *Human Relations*, mayo de 1995, pp. 559-580.

[32] Véase, por ejemplo, L.W. Porter y E.E. Lawler III, "Properties of Organizations Structure in Relation to Job Attitudes and Job Behavior", *Psychological Bulletin*, julio de 1965, pp. 23-51; L.R. James y A.P. Jones, "Organization Structure: A Review of Structural Dimensions and Their Conceptual Relationships with Individual Attitudes and Behavior", *Organizational Behavior and Human Performance*, junio de 1976, pp. 74-113; D.R. Dalton, W.D. Todor, M.J. Spendolini, G.J. Fielding, y L.W. Porter, "Organization Structure and Performance: A Critical Review", *Academy of Management Review*, enero de 1980, pp. 49-64; W.

Snizek y J.H. Bullard, "Perception of Bureaucracy and Changing Job satisfaction: A Longitudinal Analysis", *Organizational Behavior and Human Performance*, octubre de 1983, pp. 275-287; y D.B. Turban y T.L. Keon, "Organizational Attractiveness: An Interactionist Perspective", *Journal of Applied Psychology*, abril de 1994, pp. 184-193.

[33] J. Markoff, "The Snooping Mayor", *New York Times*, 4 de mayo de 1990, p. B1; G. Bylinsky, "How Companies Spy on Employees", *Fortune*, 4 de noviembre de 1991, pp. 131-140; D. Warner, "The Move to Curb Worker Monitoring", *Nation's Business*, diciembre de 1993, pp. 37-38; y M. Picard, "Working Under anElectronic Thumb", *Training*, febrero de 1994, pp. 47-51.

Capítulo 14

[1] Basado en J.Macht, "When the Walls Come Tumbling Down", *Inc. Technology*, no. 2, 1995, pp. 70-72.

[2] R.M. Steers y R.T. Mowday, "The Motivational Properties of task", *Academy of Management Review*, octubre de 1977, pp. 645-658.

[3] D.G. Gardner y L.L. Cummings, "Activation Theory and Job Design: Review and Reconceptualization", en B.M. Staw y L.L. Cummings (eds.), *Research in Organizational Behavior*, vol. 10 (Greenwich, CT: Jai Press, 1988), p. 100.

[4] A.N. Turner y P.R. Lawrence, *Industrial Jobs and the Worker* (Boston: Harvard University Press, 1965).

[5] J.R. Hackman y G.R. Oldham, "Motivation Through the Design of Work: Test of a Theory", *Organizational Behavior and Human Performance*, agosto de 1976, pp. 250-279.

[6] J.R. Hackman, "Work Design", en J.R. Hackman, y J.L. Suttle (eds.), *Improving Life at Work* (Santa Monica, CA: Goodyear, 1977), p. 129.

[7] Véase, "Job Characteristics Theory of Work Redesign", en J.B. Miner, *Theories of Organizational Behavior* (Hinsdale, IL: Dryden Press, 1980), pp. 231-266; B.T. Loher, R.A. Noe, N.L. Moeller, y M.P. Fitzgerald, "A Meta-Analysis of the Relation of Job Characteristics to Job Satisfaction", *Journal of Applied Psychology*, mayo de 1985, pp. 280-289; W.H. Glick, G.D. Jenkins, Jr. y N. Gupta, "Method versus Substance: How Strong Are Underlying Relationships Between Job Characteristics and Attitudinal Outcomes?" *Academy of Management Journal*, septiembre de 1986, pp. 441-464; Y. Friend y G.R. Ferris, "The Validity of the Job Characteristics Model: A Review and Meta-Analysis", *Personnel Psychology*, verano de 1987, pp. 287-322; S.J. Zaccaro y E.F. Stone, "Incremental Validity of an Empirically Based Measure of Job Characteristics", *Journal of Applied Psychology*, mayo de 1988, pp. 245-252; y R.W. Renn y R.J. Vandenberg, "The Critical Psychological States: An Underrepresented Component in Job Characteristics Model Research", *Journal of Management*, vol. 21, no. 2, 1995, pp. 279-303.

[8] Véase Dunham, "Measurement and Dimensionality of Job Characteristics", *Journal of Applied Psychology*, agosto de 1976, pp. 404-409; J.L. Pierce y R.B. Dunham, "Task Design: A Literature Review", *Academy of Management Review*, enero de 1976, pp. 83-97; D.M. Rousseau, "Technolo-gical Differences in Job Characteristics, Employee Satisfaction, and Motivation: A Synthesis of Job Design Research and Sociotechnical Systems Theory", *Organizational Behavior and Human Performance*, octubre de 1977, pp. 18-42; y Y. Fried y G.R. Ferris, "The Dimensionality of Job Characteristics: Some Neglected Issues", *Journal of Applied Psychology*, agosto de 1986, pp. 419-426.

[9] Fried y Ferris, "The Dimensionality of Job Characteristics".

[10] Véase, por ejemplo, Fried y Ferris, "The Dimensionality of Job Characteristics;" y M.G. Evans D.A. Ondrack, "The Motivational Potential of Jobs: Is a Multiplicative Model Really necessary?" en S.I. McShane (ed.), *Organizational Behavior*, ASAC Conference Proceedings, vol. 9, parte 5, Halifax, Nova Scotia, 1988, pp. 31-39.

[11] R.B. Tiegs, L.E. Tetrick, y Y. Fried, "Growth Need Strength and Context satisfactions as Moderators of the Relations of the Job Characteristics Model", *Journal of Management*, septiembre de 1992, pp. 575-593.

[12] C.A. O'Reilly y D.F. Caldwell, "Informational Influence as Determinant of Perceived Task Characteristics and Job Satisfaction", *Journal of Applied Psychology*, abril de 1979, pp. 157-165; R. V. Montagno, "The Effects of Comparison Others and Prior Experience on Rsponses to Task Design", *Academy of Management Journal*, junio de 1985, pp. 491-498; y P.C. Bottger e I. K-H. Chew, "The Job Characteristics Model and Growth Satisfaction: Main Eggects of Assimilation of Work Experience and Context Satisfaction", *Human Relations*, junio de 1986, pp. 575-594.

[13] Hackman, "Work Design", pp. 132-133.

[14] G.R. Salancik y J. Pfeffer, "A Social Information Processing Approach to Job Attitudes and Task Design", *Administrative Science Quarterly*, junio de 19878, pp. 224-253; J.G. Thomas y R. W. Griffin, "The Power of Social Information in the Workplace", *Organizational Dynamics*, otoño de 1989, pp. 63-75; y M.D. Zalesny y J.K. Ford, "Extending the Social Information Processing Perspective: New Links to Attitudes, Behaviors, and Perceptions", *Organizational Behavior and Human Decision Processes*, diciembre de 1990, pp. 205-246.

[15] Véase, por ejemplo, J. Thomas y R. W. Griffin, "The Social Information Processing Model of Task Design: A Review of Literature", *Academy of Management Journal*, octubre de 1983, pp. 672-682; y M.D. Zalesny y J.K. Ford, "Extending the Social Information Processing Perspective: New Links to Attitudes, Behaviors, and Perceptions", *Organizational Behavior and Human Decision Processes*, diciembre de 1990, pp. 205-246; y G.W. Meyer, "Social Information Processing and Social Networks: A Test of Social Influence Mechanisms", *Human Relations*, septiembre de 1994, pp. 1013-1045.

[16] Véase, por ejemplo, T.H. Berry, *Managing the Total Quality Transition* (Nueva York: McGraw-Hill, 1991); D. Ciampa, *Total Quality* (Reading, MA: Addison-Weslwy, 1992); W.H. Schmidt y J.P. Finnegan, *The Race Without a Finish Line* (San Francisco: Jossey-Bass, 1992); y T.B. Kinni, "Process Improvement", *Industry Week*, 23 de enero de 1995, pp. 52-58.

[17] M. Sashkin y K.J. Kiser, *Putting Total Quality Management to Work* (San Francisco: Berret-Koehler, 1993), p. 44

[18] T.F. O'Boyle, "A Manufacturer Grwos Efficient By Soliciting Ideas from Employees", *Wall Street Journal*, 5 de junio de 1992, p. A1.

[19] M. Hammer y J. Champy, *Reengineering the Corporation: A Manifiesto for Business Revolution* (Nueva York: Harper Business, 1993). Véase también J. Champy, *Reengineering Management: The Mandate for New Leadership* (Nueva York: HarperBusiness, 1995); M. Hammer y S.A. Stanton, *The Reengineering Revolution* (Nueva York: HarperBusiness, 1995).

[20] R.Karlgaard, "ASAP Interview: Mike Hammer", *Forbes* ASAP, 13 de septiembre de 1993, p. 70.

[21] Ibid.

[22] "The Age of Reengineering", *Across the Board*, junio de 1993, pp. 26-33.

[23] Ibid., p. 29.

[24] Ibid., p. 33.

[25] Citado en "The Bigger Picture: Reorganizing Work", *Industry Week*, 2 de agosto de 1993, p. 24.

[26] "The Age of Reengineering", p. 31.

[27] A. Ehrbar, "Reengineering' Gives Firms New Efficiency, Workers the Pink Slip", *Wall Street Journal*, 16 de marzo de 1993, p. A1.

[28] Ibid.

[29] Ibid.

[30] Véase, por ejemplo, O. Port, "Moving Past the Assembly Line", *Business Week/Reinventing America Special Issue,* noviembre de 1992, pp. 177-180; D.M. Upton, "The Management of Manufacturing Flexibility", *California Management Review*, invierno de 1994, pp. 72-89; G. Bylinsky, "The Digital Factory", *Fortune*, 14 de noviembre de 1994, pp. 96-100; y P. Copy, "The Technology Paradox", *Business Week*, 6 de marzo de 1995, pp. 76-84.

[31] S. Moffat, "Japan's New Personalized Production", *Fortune*, 22 de octubre de 1990, p. 44.

[32] Véase E. Norton, "Samll, Flexible Plants May Play Crucial Role in U.S. Manufacturing", *Wall Street Journal*, 13 de enero de 1993, p. A1.

[33] P.E. Ross, "Software as Career Threat", *Forbes,* 22 de mayo de 1995, pp. 240-246.

[34] Para una excelente revisión de bibliografía de este tema, véase R.A. Baron, "The Physical Environment of Work Settings: Effects on Task Performance, Interpersonal Relations, and Job Satisfaction", en B.M. Staw y L.L. Cummings, *Research in Organizational Behavior*, vol. 16 (Greenwich, CT: JAI Press, 1994), pp. 1-46.

[35] P.A. Bell, J.D. Fisher, A. Baum, y T.E. Green, *Environmental Psychology*, 3a. ed. (Nueva York: Holt, Rinehart & Winston, 1990).

[36] Véase, por ejemplo, E.J. McCormick y D. Ilgen, *Industrial Psychology,* 7a. ed. (Englewood Cliffs, NJ: Prentice Hall, 1980), p. 388; y P.A. Bell, R.J. Loomis, y J.C. Cervone, "Ef-

fects of Heat, Social Facilitation, Sex Differences, and Task Difficulty on Reaction Time", *Human Factors*, enero de 1982, pp. 19-24.

[37] B.J. Fine y J.L. Kobrick, "Effects of Altitude and Heat on Complex Cognitive Tasks", *Human Factors*, febrero de 1978, pp. 115-122.

[38] McCormick e Ilgen, *Industrial Psychology*, p. 390.

[39] Ibid., p. 391.

[40] Ibid.

[41] R.A. Baron, "The Physical Environmet of Work Settings", p. 16.

[42] P.A. Bell, J.D. Fisher, A. Baum, y T.E. Green, *Environmental Psychology*.

[43] J.D. Wineman, "Office Design and Evaluation: An Overview", *Environment and Behavior*, mayo de 1982, p. 276; y P.R. Boyce, S.M. Berman, B.L. Collins, A.L. Lewis, y M.S. Rea, *Lighting and Human Performance: A Review*. Lighting Equipment Division National Electric Manufacturers Association and Lighting Research Institute, Londres, Inglaterra (citado en R.A. baron, "The Physical Environment of Work Settings").

[44] P.C. Hughes, "Lighting the Office", *The Office*, vol. 84, no. 3, 1976, p. 127.

[45] R.A. Baron, "The Physycal Environment of Work Settings", p. 20.

[46] Esta sección está basada en R.A. Baron, "The Physical Environment of Work Settings", pp. 23-25.

[47] J. Pfeffer, *Organizations and Organizations Theory* (Boston: Pitman, 1982), p. 261.

[48] Véase, por ejemplo, L.S. Festinger, S. Schachter, y K. Back, *Social Pressures in Informal Groups* (Stanford, CA: Stanford University Press, 1950).

[49] Véase, por ejemplo, R.L. Zweigenhaft, "Personal Space in The Faculty Office Desk Placement and the Student-Faculty Interaction", *Journal of Applied Psychology*, agosto de 1976, pp. 529-532; D.E. Capbell, "Interior Office Design and Visitor Response", *Journal of Applied Psychology*, diciembre de 1979, pp. 648-653; P.C. Morrow y J.C. McElroy, "Interior Office Design and Visitor Response: A Constructive Replication", *Journal of Applied Psychology*, octubre de 1981, pp. 646-650; y G.R. Oldman, "Effects of Changes in Workspace Partitions and Spatial Density on Employee Reactions: A Quasi-Experiment", *Journal of Applied Psychology*, mayo de 1988, pp. 253-258.

[50] M.A. Verespej, "Welcome to the Work Place", *Industry Week*, 15 de abril de 1996, pp. 24-30.

[51] J. O'C. Hamilton, "The New Workplace", *Business Week*, 29 de abril de 1996, p. 108.

[52] Ibid., p. 109.

[53] R.A. Baron, "The Physical Environment of Work Settings", p. 33.

[54] J.I. Porras y P.J. Robertson, "Organizational Development: Theory, Practice, and Research", en M.D. Dunnette y L.M. Hough, *Handbook of Industrial & Organizational Psychology*,

2a. ed. vol. 3 (Palo Alto, CA: Consulting Psychologists Press, 1992), p. 734.

[55] J.E. Rigdon, "Using Lateral Movers to Spur Employees", *Wall Street Journal*, 26 de mayo de 1992, p. B1.

[56] B.G. Posner, "Role Changes", *INC.*, febrero de 1990, pp. 95-98.

[57] C. Garfield, "Creating Successful Partnership with Employee", *At Work,* mayo/junio de 1992, p. 8.

[58] Ibid.

[59] Véase, por ejemplo, la ampliación de los datos de trabajo descritos en M.A. campion y C.L. McClelland, "Follow-Up and Extension of the Interdisciplinary Costs and Benefits of Enlarged Jobs", *Journal of Applied Psychology*, junio de 1993, pp. 339-351.

[60] Relatado en comunicación personal con el autor.

[61] J.R. Hackman y G.R. Oldmhan, *Work Redesign* (Reading, MA: Addison Wesley, 1980).

[62] Citado en *U.S. News & World Report*, 31 de mayo de 1993, p. 63.

[63] Véase, por ejemplo, J.R. Hackman y G.R. Oldham, *Work Redesign*; J.B. Miner, *Theories of Organizational Behavior* (Hinsdale, Il: Dryden Press, 1980), pp. 231-166; R.W. Griffin, "Effects of Work Redesign on Employee Perceptions, Attitudes, and Behaviors: A Long-Term Investigation", *Academy of Management Journal*, junio de 1991, pp. 425-435; y J.L. Cotton, *Employee Involvement* (Newbury Park, CA: Sage, 1993), pp. 141-172.

[64] J.R. Hackman, "Work Design", en J.R. Hackman y J.L. Shttle (eds.), *Improving Life at Work* (Santa Mónica, CA: Goodyear, 1977), pp. 132-133.

[65] R.W. Griffin y G.C. McMahn, "Motivation Trough Job Design", en J. Greenberg, ed. *Organizational Behavior: The State of the Science* (Hillsdale, NJ: Lawrence Erlbaum Associates, 1994), pp. 36-38.

[66] J.R. Hackman "The Design of Work teams", en J.W. Lorsch, ed., *Handbook of Organizational Behavior* (Englewood Cliffs, NJ: Prentice Hall, 1987), pp. 324-327.

[67] Véase, por ejemplo, P.T. Kilborn, "In Their Quest for Efficency, factories Scrap 5-Day Week", *The New York Times*, 4 de junio de 1996, p. A1.

[68] G. Fuchsberg, "Four-Day Workweek Has Become a Stretch for Some Employees", *Wall Street Journal*, 3 de agosto de 1994, p. A1.

[69] Reportado en Ibid.

[70] E.J. Calvasina y W.R. Boxx, "Efficiency of Workers on the Four-Day Workweek", *Academy of Management Journal,* septiembre de 1975, pp. 604-610.

[71] Véase, por ejemplo, J.C. Latack y L.W. Foster, "Implementation of Compressed Work Schedules: Participation and Job Redesign as Critical Factors for Employee Acceptance", *Personnel Psychology*, primavera de 1985, pp. 75-92; y J.W. Seybolt y J.W. Waddoups. "The Impact of Alternative Work Schedules on Employee Attitudes: A Field Experiment", docuemento presentado en la Western Academy of Managment Meeting, Hollywood, CA, abril de 1987.

[72] J.C. Goodale y A.K. Aagaard, "Factors Relating to Varyating Reactions to the 4-Day Work Week", *Journal of Applied Psychology*, febrero de 1975, pp. 33-38.

[73] Esta sección está basada en T. Roth, "Europe Ponders the Shorter Workweek", *Wall Street Journal*, 12 de noviembre de 1993, p. A11.

[74] Citado en C.M. Solomon, "Job Sharing: One Job, Double Headache?" *Personnel Journal*, septiembre de 1994, p. 90.

[75] D.R. Dalton y D.J. Mesch, "The Impact of Flexible Scheduling on Employee Attendance and Turnover", *Administrative Science Quarterly*, junio de 1990, pp. 370-387; y K.S. Kush y L.K. Stroh, "Flextime: Myth or Reality", *Business Horizons*, septiembre-octubre de 1994, p. 53.

[76] Véase, por ejemplo, D.A. Ralston y M.F. Flanagan, "The Effect of Flextime on Absteeism and Turnover for Male and Female Employees", *Journal of Vocational Behavior*, abril de 1985, pp. 206-217; D.A. Ralstonm W.P. Anthony, y D.J. Gustafson, "Employees May Love Flextime, But What Does It Do to the Organization's Productivity?" *Journal of Applied Psychology*, mayo de 1985, pp. 272-279; J.B. McGuire and J.R. Liro, "Flexible Work Schedules, Work Attitudes, and Perceptions of productivity", *Public Personnel Management,* primavera de 1986, pp. 65-73; P. Bernstein, "The Ultimate in Flextime: From Sweden, by Way of Volvo", *Personnel*, junio de 1988, pp. 70-74; D.R. Dalton y D.J. Mesch, "The Impact of Flexible Scheduling on Employe Attendance and Turnover", *Administrative Science Quarterly*, junio de 1990, pp. 370-387.

[77] Citado en Solomon, "Job Sharing", p. 90.

[78] "Job-Sharing: Widely Offered, Little Used", *Training*, noviembre de 1994, p. 12.

[79] "Teaming Up to Manage", *Working Woman*, septiembre de 1993, pp. 31-32.

[80] S. Shellenbarger, "Two People, One Job: It can Really Work", *Wall Street Journal*, 7 de diciembre de 1994, p. B1.

[81] Véase, por ejemplo, R. Maynard, "The Growing Appel of Telecommuting", *Nation's Business,* agosto de 1994, pp. 61-62; F.A.E. McQuarie, "Telecommuting: Who Really Benefits?" *Business Horizons*, noviembre-diciembre de 1994, pp. 79-83; y M. Hequet, "Virtually Working", *Training*, agosto de 1996, pp. 29-35.

[82] A. LaPlante, "Telecommuting: Round Two. Voluntary No More", *Forbes ASAP,* 9 de octubre de 1995, p. 133.

[83] M. Hequet, "Virtually Working", p. 30.

[84] "American Express: Telecommuting", *Fortune*, otoño de 1993, pp. 24-28.

[85] S. Silverstein, "Telecommuting Boomlet Has Few Follow-Up Calls", *Los Angeles Times*, 16 de mayo de 1994, p. A1.

Capítulo 15

[1] La introducción está basada en R. Carpenter, "Geek Logic", *Canadian Business*, agosto de 1995, pp. 57-58; y D. Prtichard, "Wired for Hiring: Microsoft's Slick Recruiting Machine", *Fortune*, 5 de febrero de 1996, pp. 123-124.

2 Para revisar el enlace de la evidencia de HRM con la práctica del desarrollo organizacional, véase B. Becker y B. Gerhart, "The Impact of Human Reosurce Management on Organizational Performance: Progress and Prospects", *Academy of Management Journal*, agosto de 1996, pp. 779-801; y J.T. Delaney y M.A. Huselid, "The Impact of Human Resource Management Practices on the Perceptions of Organizational Performance", *Academy of Management Journal*, agosto de 1996, pp. 949-969.

3 Véase, por ejemplo, C.T. Dortch, "Job-Person Match", *Personnel Journal,* junio de 1989, pp. 49-57; y S. Rynes y B. Gerhart, "Interviewr Assessments of Applicant 'Fit': An Exploratory Investigation", *Personnel Psychology*, primavera de 1990, pp. 13-34.

4 Véase, por ejemplo, J.V. Ghorpade, *Job Analysis: A Handbook for the Human Resource Director* (Englewood Cliffs, NJ: Prentice Hall, 1988).

5 R.L. Dipboye, *Selection Interviews: Process Perspectives* (Cincinnati: South-Western Publishing, 1992), p. 6; y J.E. Rigdon, "Talk Isn't Cheap", *Wall Street Journal*, 27 de febrero de 1995, p. R13.

6 T.J. Hanson y J.C. Balestreri-Spero, "An Alternative to Interviews", *Personnel Journal*, junio de 1985, p. 114.

7 Véase A.I. Huffcutt y W. Arthur, Jr., "Hunter and Hunter (1984) Revisited: Interview Validity for Entry-Level Jobs", *Journal of Applied Psychology*, abril de 1994, pp. 184-90; M.A. McDaniel, D.L. Whetzel, F.L. Schmidt, y S.D. Maurer, "The Validity of Employment Interviews: A Comprehensive Review and Meta-Analysis", *Journal of Applied Psychology*, agosto de 1994, pp. 599-616; y J.M. Conway, R.A. Jako, y D.F. Goodman, "A Meta-Analysis of Interrater and Internal Cosistency Reliability of Selection Interviews", *Journal of Applied Psychology*, octubre de 1995, pp. 565-579.

8 R.L. Dipboye, *Selection Interviews*, pp. 42-44.

9 W.F. Cascio, *Applied Psychology in Personnel Management,* 4a. ed. (Englewood Cliffs, NJ: Prentice Hall, 1991), p. 271.

10 E.E. Ghiselli, "The Validity of Aptitude Tests in Personnel Selection", *Personnel Psychology*, invierno de 1973, p. 475.

11 R.J. Herrnstein y C. Murray, *The Bell Curve: Intelligence and Class Structure in American Life* (Nueva York: Free Press, 1994); y M.J. Ree, J.A. Earles, y M.S. Teachout, "Predicting Job Performance: Not Much More Than *g*", *Journal of Applied Psychology*, agosto de 1994, pp. 518-524.

12 J. Flint, "Can You Tell Applesauce From Pickles?" *Forbes*, 9 de octubre de 1995, pp. 106-108.

13 Este apartado está basado en W.C. Donaghy, *The Interview: Skills and Applications* (Glenview, IL: Scott, Foresman, 1984), pp. 245-280; J.M. Jenks y B.L.P. Zevnik, "ABCs of Job Interviewing", *Harvad Bussiness Review*, julio-agosto de 1989, pp. 38-42; E.D. Pulakos y N. Schmitt, "Experience-Based and Situational Interview Questions: Studies of Validity", *Personnel Psychology*, verano de 1995, pp. 289-308; y M. Barrier, "Interviews: The War of Wits", *Nation's Business*, junio de 1996, p. 20.

14 D.S. Ones, C. Viswesvaran, y F.L. Schmidt, "Comprehensive Meta-Anaylisis of Integrity Test Validities: Findings and Implications for Personnel Selection and Theories of Job Performance", *Journal of Applied Psychology*, agosto de 1993, pp. 679-703.

15 J.J. Asher y J.A. Sciarrino, "Realistic Work Sample Test: A Review", *Personnel Psychology*, invierno de 1974, pp. 519-533; I.T. Robertson y R.S. Kandola, "Work Sample Test: Validity, Adverse Impact and Applicant Reaction", *Journal of Occupational Psychology*, primavera de 1982, pp. 171-182.

16 G.C. Thornton, *Assessment Centers in Human Reosurce Management* (Reading, MA: Addison-Wesley, 1992).

17 Citado en *Training,* octubre de 1995, p. 38.

18 Citado en J.C. Szabo, "Training Workers for Tomorrow", *Nation's Business*, marzo de 1993, pp. 22-32.

19 R. Henkoff, "Companies That Train Best", *Fortune*, 22 de marzo de 1993, p. 64; y "How SIA Nurtures High Fliers", *Asian Business*, diciembre de 1993, p. 44.

20 M.E. Mangelsdorf, "Ground-Zero Training", *INC.*, febrero de 1993, pp. 82-93.

21 Citado en M. Hequet, "The Union Push for Lifelong Leraning", *Training*, marzo de 1994, p. 31.

22 G. Koret, "A Crash Course in the Three Rs?" *Business Week*, 20 de mayo de 1996, p. 26.

23 Reportado en *Fromm School to Work* (Princeton, NJ: Educational Testing Service, 1990).

24 J.C. Szabo, "Honing Workers' Basic Skills", *Nation's Business*, mayo de 1994, p. 69.

25 M. Salter, "The New Blue Collar Elite", *Canadian Business: Special Technology Issue,* junio de 1995, pp. 55-57.

26 Véase, por ejemplo, S.E. Jackson (ed.), *Diversity in the Workplace* (Nueva York: Guilford Press, 1992); M.Lee, "Diversity Training Grows at Small Firms", *Wall Street Journal*, 2 de septiembre de 1993, p. B2; H.B. Karp, "Choices in Diversity Training", *Training*, agosto de 1994, pp. 73-74; S. Rynes y B. Rosen, "What Makes Diversity Programs Work", *HRMagazine*, octubre de 1994, pp. 67-73; y S. Nelton, "Nurturing Diversity", *Nation's Business*, junio de 1995, pp. 25-27.

27 Para una ampliación acerca del análisis de los métodos "en el trabajo" y "fuera del trabajo", véase D. DeCenzo y S.P. Robbins, *Human Resource Management*, 5a. ed. (Nueva York: Wiley, 1996), pp. 243-245.

28 D. Schaaf, "Inside Hamburger University", *Training,* diciembre de 1994, pp. 18-24.

29 Citado en N.K. Austin "Where Employee Training Works", *Working Woman*, mayo de 1993, p. 23.

30 D.A. Kolb, "Management and the Learning Process", *California Management Review,* primavera de 1976, pp. 21-31; y B. Filipczak, "Different Strokes: Learning Styles in the Classroom", *Training*, marzo de 1995, pp. 43-48.

31 Véase H. Lancaster, "You, and Only You, Must Stay in Charge of Your Employability", *Wall Street Journal*, 15 de noviembre de 1994, p. B1; B. Filipczak, "You're On Your Own: *Training*, Employability, and the New Employment Contract", *Training*, enero de 1995, pp. 29-36; y M.B. Arthur, P.H. Claman, y R.J. DeFillippi, "Intelligent Enterprise, Intelligent Careers", *The Executive*, noviembre de 1995, pp. 7-20.

[32] Véase, por ejemplo, P.O. Benham, Jr., "Developing Organizational Talent: The Key to Performance and Productivity", *SAM Advanced Management Journal*, enero de 1993, pp. 34-39.

[33] M.B. Arthur, D.T. Hall y B.S. Lawrence (eds.), *Handbook of Career Theory* (Cambridge: Cambridge University Press, 1989), p. 8.

[34] D.T. Hall, *Careers in Organizations* (Santa Mónica, CA: Goodyear, 1976), pp. 3-4.

[35] Véase R.A. McGowan, "Career Deinstitutionalization", documentos de trabajo 14-95. Faculty of Administrative Studies: York University; North York, Ontario, 1995.

[36] M. Hequet, "Flat and Happy?" *Training*, abril de 1995, pp. 29-34.

[37] G. Johns, *Organizational Behavior: Understanding and Managing Life at Work*, 4a. ed. (Nueva York: HarperCollins, 1996), p. 622.

[38] Basado en P. Hirsch, *Pack Your Oen Parachute: How to Survive Mergers, Takeovers, and Other Corporate Disasters* (Reading, MA: Addison-Wesley, 1987); R. Henkoff, "Winning the New Career Game", *Fortune*, 12 de julio de 1993, pp. 46-49; y H. Lancaster, "As Company Programs Fade, Workers Turn to Guild-Like Groups", *Wall Street Journal*, 16 de enero de 1996, p. B1.

[39] Véase, J.N. Cleveland, K.R. Murphy, y R.E. Williams, "Multiple Uses of Performance Appraisal: Prevalence and Correlates", *Journal of Applied Psychology*, febrero de 1989, pp. 130-135; J.E. Milliman, B. Nathan, y A.M. Mohrman, "Conflicting Appraisal Purposes of Managers and Subordinates and Their Effect on Performance and satisfaction;" documento presentado en la National Academy of Management Meeting: Miami, Florida, 1991; y J.F. Milliman, S. Nason, K. Lowe, N.H. Kim, y P. Huo, "An Empirical Study of Performance Appraisal Practices in Japan, Korea, Taiwan, and the U.S.", en D.P. Moore (ed.), *Academy of Management Best Paper Proceedings* (Vancouver, BC, 1995).

[40] P.M. Blau, *The Dynamics of Bureaucracy*, rev. ed. (Chicago: University of Chicago Press, 1963).

[41] "The Cop-Out Cops", *National Observer*, 3 de agosto de 1974.

[42] A.H. Locher y K.S. Teel, "Appraisal Trends", *Personnel Journal*, septiembre de 1988, pp. 139-145.

[43] G.P. Latham y K.N. Wexley, *Increasing Productivity Trough Performance Appraisal* (Reading, MA: Addison-Wesley, 1981), p. 80.

[44] Véase Review en R.D. Brets, Jr., G.T. Milkovich, y W. Read, "The Current State of performance Appraisal Research and Practice: Concerns, Directions, and Implications", *Journal of Management*, junio de 1992, p. 326.

[45] "Appraisals: Reverse Review", *INC.*, octubre de 1992, p. 33.

[46] Véase, por ejemplo, J.F. Milliman, R.A. Zawacki, C. Norman, L. Powell, y J. Kirksey, "Companies Evaluate Employees from All Perspectives", *Personnel Journal*, noviembre de 1994, pp. 99-103; G. Yuki y R. Lepsinger, "How to Get the Most Out of 360-Degree Feedback", *Training*, diciembre de 1995, pp. 45-50; H. Lancaster, "Performance Reviewa Are More Valuable When More Join In", *Wall Street Journal*, 9 de julio de 1996, p. B1; y D. D. Antonioni, "Designing an Effective 360-Degree Appraisal Feedback Porcess", *Organizational Dynamics*, otoño de 1996, pp. 24-38.

[47] Citado en R.J. Newman, "Job Reviewa Go Circle", *U.S. News & World Report*, 1o. de noviembre de 1993, pp. 42-43.

[48] D. Goldin, "In a Change of Policy, and Heart, Colleges Join Fight Against Inflated Grades", *The New York Times*, 4 de julio de 1995, p. Y-10.

[49] R.D. Bretz, Jr., G.T. Milkovich, y W. Read, "The Current State of Performance Appraisal Research and practice", p. 333. Véase también J.S. Kanne, H.J. Bernardin, P. Villanova, y J. Peyrefitte, "Stability of Rater Leniency: Three Studies", *Academy of Management Journal*, agosto de 1995, pp. 1035-1051.

[50] Para una revisión del error del papel de halo en la evaluación del desarrollo, véase, W.K. Balzer y L.M. Sulsky, "Halo and Performance Appraisal Research: A Critical Evaluation", *Journal of Applied Psychology*, diciembre de 1992, pp. 975-985.

[51] Véase T.A. Judge y G.R. Ferris, "Social Context of Performance Evaluation Decisions", *Academy of Management Journal*, febrero de 1993, pp. 80-105.

[52] A. Pizam, "Social Differentation-A New Psychological Barrier to Performance Appraisal", *Public Personnel Management*, julio-agosto de 1975, pp. 244-247.

[53] Ibid., pp. 245-246.

[54] Véase D.J. Woehr y J. Feldman, "Processing Objetive and Question Order Effects on the Causal Relation Between Memory and Judgment in Performance Appraisal: The Tip of the Iceberg", *Journal of Applied Psychology*, abril de 1993, pp. 232-241.

[55] Véase, por ejemplo, W.M. Fox, "Improving Performance Appraisal Systems", *National Productivity Review*, invierno de 1987-1988, pp. 20-27.

[56] Véase, J. Greenberg, "Determinants of Perceived Fairness of Performance Evaluations", *Journal of Applied Psychology*, mayo de 1986, pp. 340-342; y B.P. Maroney y M.R. Buckely, "Does Research in Performance Appraisal Influence the Practice of Performance the Practice of Performance Appraisal? Regretfully Not!" *Public Personnel Management*, verano de 1992, pp. 185-196.

[57] W.C. Borman, "The Rating of Individuals in Organizations: An Alternate Approach", *Organizational Behavior and Human Performance*, agosto de 1974, pp. 105-124.

[58] Ibid.

[59] Véase, por ejemplo, D.E. Smith, "Training Programs for Performance Appraisal: A Review", *Academy of Management Review*, enero de 1986, pp. 22-40; D.C. Matin y K. Bartol, "Training the Raters: A Key to Effective Performance Appraisal", *Public Personnel Management*, verano de 1986, pp. 101-109; y T.R. Athey y R.M. McIntyre, "Effect of Rater Training on Rater Accuracy: Levels-of-Processing Theory and Social Facilitation Theory Perspectives", *Journal of Applied Psychology*, noviembre de 1987, pp. 567-572.

[60] H.J. Bernardin, "The Effects of Rater Training on Leniency and Halo Errors in Student Rating of Instructors", *Journal of Applied Psychology*, junio de 1978, pp. 301-308.

[61] Ibid.; y J.M. Ivancevich, "Longitudinal Study of the Effects of rater Training on Psychometric Error in Ratings", *Journal of Applied Psychology*, octubre de 1979, pp. 502-508.

[62] M.S. Taylor, K.B. Tracy. M.K. Reanard, J.K. Harrison, y S.J. Carroll, "Due Process in Performance Appraisal: A QuasiExperiment in Procedural Justice", *Administrative Science Quarterly*, septiembre de 1995, pp. 495-523.

[63] J.S. Lublin, "It's Shape-Up Time for Performance Reviews", *Wall Street Journal*, 3 de octubre de 1994, p. B1.

[64] Gran parte de esta sección está basada en H.H. Meyer, "A Solution to the Performance Appraisal Feedback Enigma", *Academy of Management Executive*, febrero de 1991, pp. 68-76.

[65] B. Gates, *The Road Ahead* (Nueva York: Viking, 1995), p. 86.

[66] R.J. Burke, "Why Performance Appraisal Systems Fail", *Personnel Administration*, junio de 1972, pp. 32-40.

[67] B.R. Nathan, A.M. Mohrman, Jr., y J. Milliman, "Interpersonal Relations as a Context for the Effects of Appraisal Interviews on Performance and Satisfaction: A Longitudinal Study", *Academy of Management Journal*, junio de 1991, pp. 352-369.

[68] J. Zigon, "Making Performance Appraisal Work for teams", *Training*, junio de 1994, pp. 58-63.

[69] Gran parte del material de esta sección, fue adaptado de T.H. Hammer, "Relationship Between Local Union Characteristics and Worker Behavior and Attitudes", *Academy of Management Journal*, diciembre de 1978, pp. 560-577.

[70] Véase B.B. Auster y W. Cohen, "Ralling the Rank and File", *U.S. News & World Report*, 1o. de abril de 1996, pp. 26-28; y M.A. Verespej, "Wounded and Weaponless", *Industry Week*, 16 de septiembre de 1996, pp. 46-58.

[71] Véase, J.B. Arthur y J.B. Dworkin, "Current Topics in Industrial and Labor Relations Research and Practice", *Journal of Management*, septiembre de 1991, pp. 530-532.

[72] Véase, por ejemplo, C.J. Berger, C.A. Olson, y J.W. Bondreau, "Effects of Unions on Job satisfaction: The Role of Work-Related Values and Perceived Rewards", *Organizational Behavior and Human Performance*, diciembre de 1983, pp. 289-324; y M.G. Evans y D.A. Ondrack, "The Role of Job Outcome and values in Understanding the Union's Impact on Job Satisfaction. A Replication", *Human Relations*, mayo de 1990, pp. 401-418.

[73] Véase, por ejemplo, M. Mendonca y R.N. Kanungo, "Managing Human Resources: The Issue of Cultural Fit", *Journal of Management Inquiry*, junio de 1994, pp. 189-205.

[74] W. Lobdell, "Who's Right for an Overseas Psosition?" *World Trade*, abril-mayo de 1990, pp. 20-26.

[75] K. Murray, "Listening to the Other America, *New York Times*, 25 de abril de 1993, p. F25.

[76] Véase, por ejemplo, A. Saltzman, "Family Friendliness, U.S. News & World Report*, 22 de febrero de 1993, pp. 59-66;

M. Galen, "Work & Family", *Business Week*, 28 de junio de 1993, pp. 80-88; S. Hand y R.A. Zawacki, "Family-Friendly Benifits: More Than a Frill", *HRMagazine*, octubre de 1994, pp. 79-84; S. Nelton, "Adjusting Benefits for Family Needs", *Nation's Business*, agosto de 1995, pp. 27-28; L.T. Thomas Variables on Work-Family Conflict and Strain: A Control Perspective", *Journal of Applied Psychology*, febrero de 1995, pp. 6-15; y K.H. Hammonds, "Balancing Work and family", *Business Week*, 16 de septiembre de 1996, pp. 74-80.

[77] Citado en M.A. Verespej, "People-First Policies", *Industry Week*, 21 de junio de 1993, p. 20.

[78] S. Shellenbarger, "Data Gap", *Wall Street Journal*, 21 de junio de 1993, p. R6.

[79] R. Levering y M. Moskowitz, "The Ten Best Companies to Work for in America", *Business and Siciety Review*, primavera de 1993, pp. 31-32.

[80] S. Shellenbarger, "The Aging of America Is Making 'Elder care' a Big Workplace Issue", *The wall Street Journal*, 16 de febrero de 1994, p. A1.

[81] Véase, S.J. Lambert, "An Investigation of Workers' Use and Appreciation of Supportive Workplace Policies", en D.P. Moore (ed.), *Academy of Management Best Paper Proceedings* (Vancouver, BC, 1995), pp. 136-140; y T. Lewin, "Worker of Both Sexes Make Trade-Offs for Family, Study Shows", *The New York Times*, 29 de octubre de 1995, p. Y14.

[82] Citado en T. Lewin, "Workers of Both Sexes Make Trade-Offs for Family, Study Shows".

[83] Citado en J. Gordon, "Different From What? Diversity as a performance Issue", *Training*, mayo de 1995, p. 27.

[84] Véase, por ejemplo, M. Galen, "Diversity: Beyon the Numbers Game", *Business Week*, 14 de agosto de 1995, pp. 60-61.

[85] L.E. Wynter, "Theatre Program Tackles Issues of Diversity", *The Wall Street Journal*, 18 de abril de 1991, p. B1.

[86] B. Hynes-Grace, "To Thrive, Not Merely Survive", en *Textbook Authors Conference Presentations* (Washintong, DC: 21 de octubre de 1992), auspiciado por la American Association of Retired Persons, p. 12.

[87] "Teaching Diversity: Business Schools Search for Model Approaches", *Newsline*, otoño de 1992, p. 21

[88] Véase, por ejemplo, K.E. Kram, *Mentoring at Work: Developmental Relationships in Organizational Life* (Glenview, IL: Scott, Foresman, 1985).

[89] G. Dreher y R. Ash, "A Comparative Study of Mentoring Among Men and Women in Managerial, Professional, y Technical Positions", *Journal of Applied Psychology*, octubre de 1990, pp. 539-546; W. Whitely, T. Dougherty, y G. Dreher, "Relationship of Career Mentoring and Socioeconomic Origin to Managers' and Professionals' Early Career Progress", *Academy of Management Journal*, junio de 1991, pp. 331-351.

[90] Reportado en G. Johns, *Organizational Behavior: Understanding and Managing Life at Work*, p. 620.

[91] Véase, por ejemplo, B.R. Ragins, "Barriers to Mentoring: The Female Manager's Dilemma", *Human Relations*, enero

de 1989, pp. 1-22; B.R. Ragins y D. McFarlin, "Perceotions of Mentor Roles in Cross-Gender Mentoring Relationships", *Journal of Vocational Behavior*, diciembre de 1990, pp. 321-339; y D.A. Thomas, "The Impac of race on Managers' Experiences of Devlopmental Relationships: An Intra-Organizational Study", *Journal of Organizational Behavior*, noviembre de 1990, pp. 539-546.

92 J.A. Wilson y N.S. Elman, "Organizational Benefits of Mentoring", *The Executive*, noviembre de 1990, p. 90.

93 A. Bandura, "Self-Efficacy: Towards a Unifying Theory of Behavioral Change", *Psychological Review*, marzo de 1977, pp. 191-215; y P.C. Early, "Self or Group? Cultural Effects of Training on Self-Efficacy and Performance", *Administrative Science Quarterly*, marzo de 1994, pp. 89-117.

94 B.R. Nathan. A.M. Mohrman, Jr., y J. Milliman, "Interpersonal Relations as a Context for the Effects of Appraisal Interviws on Performance and Satisfaction: A Longitudinal Study".

Capítulo 16

1 S. Sugawara, "A Stranger in a Strange Land? Making Changez at Mazda", *International Herald Tribune*, 11 de octubre de 1996, p. 1

2 P. Selznick, "Foundations of the Theory of organizations", *American Sociological Reviews*, febrero de 1948, pp. 25-35.

3 Véase, L.G. Zucker, "Organizations as Instituions", en S.B. Bacharad (ed.), *Research in the Sociology of Organizations* (Grenwich, CT: Jai Press, 1983), pp. 1-47; A.J. Richardson, "The Production of Instituionalization Theory in Organizational Analysis", *Canadian Journal of Administrative Sciences*, diciembre de 1996, pp. 304-316; L.G. Zucker, *Institutional Patterns and Organizations: Culture and Environment* (Cambridge, MA: Ballinger, 1988); y R.L. Jepperson, "Institutions, Institutional Effects, and Institutionalism", en W.W. Powell y P.J. DiMaggio (eds.), *The New Institutionalism in Organizational Analysis* (Chicago: University of Chicago Press, 1991), pp. 143-163.

4 Véase, por ejemplo, H.S. Becker, "Culture: A Sociological View", *Yale Review*, verano de 1982, pp. 513-527; y E.H. Schein, *Organizational Culture and Leadership* (San Francisco: Jossey-Bass, 1985), p. 168.

5 Esta descripción de la parte siete está basada en C.A. O'Reilly III, J. Chatman, y D.F. Caldwell, "People and Organizational Culture: A Profile Comparison Approach to Assessting Person-Organization Fit", *Academy of Management Journal*, septiembre de 1991, pp. 487-516; J.A. Chatman y K.A. Jehn, "Assessing the Relationship Between Industry Characteristics and Organizational Culture: How Different Can You Be?" *Academy of Management Journal*, junio de 1994, pp. 522-553. Para un análisis de otros medios, véase A. Xenikou y A. Furnham, "A Correlational and Factor Analytic Study of Four Questionaire Measures of Organizational Culture", *Human Relations*, marzo de 1996, pp. 349-371.

6 El enfoque que aquí daremos será sobre la base de la percepción que la cultura organizacional tiene acerca de la llamada perspectiva de la "integración". Para un análisis de esta perspectiva y enfoque de conflictos, véase D. Me-

yerson y J. Martin, "Cultural Change: An Integration of Three Different Views", *Journal of Management Studies*, noviembre de 1987, pp. 623-647; y P.J. Frost, L.F. Moore, M.R. Louis, C.C. Lundberg, y J. Martin (eds.), *Reframing Organizational Culture* (Newbury Park, CA: Sage Publications, 1991) Navarette, "Multiple Forms of Employee Recognition".

7 Véase, J.M. Jermier, J.W. Slocum, Jr., J.W. Fry, y J. Gaines, "Organizational Subcultures in a Soft Bureaucracy: Resistance Behind the Myth and Facade of an official Culture", *Organization Science*, mayo de 1991, pp. 170-194; S.A: Sackmann, "Culture and Subsulture: An Analysis of organizational Knowledge", *Administrative Science Quarterly*, marzo de 1992, pp. 140-161; y R.F. Zammuto, "Mapping Organizational Cultures and Subcultures: Looking Inside and Across Hospitals", documento presentado en la National Academy of Management Conference, Vancouver, BC, agosto de 1995.

8 T.A. Timmerman, "Do Organizations Have Personalities?" documento presentado en la National Academy of Management Conference, Cincinnati, OH, agosto de 1996.

9 Véase, por ejemplo, G.G. Gordon y N. Ditomaso, "Predicting Corporate Performance From Organizational Culture", *Journal of Management Studies*, noviembre de 1996, pp. 739-798.

10 Y. Wiener, "Forms of Value Systems: A Focus on organizational Effectiveness and Cultural Change and Maintenance", *Academy of Management Review*, octubre de 1988, p. 536.

11 R.T. Mowday, L.W. Porter, y R.M. Steers, *Employee-Organization Linkages: The Psychology of Commitment, Absenteeism, and Turnover* (Nueva York: Academic Press, 1982).

12 Véase N.J. Adler, *International Dimensions of Organizational Behavior*, 2a. ed. (Boston: PWS-Kent Publishing, 1991), pp. 58-60.

13 Ideas de este apartado inspiradas por A.L. Wilkins, "The Culture Audit: A Tool for Understanding organization", *Organizational Dynamics*, otoño de 1983, pp. 24-38; H.M. Trice y J.M. Beyer, *The Cultures of Work Organizations* (Englewood Cliffs, NJ: Prentice Hall, 1993), pp. 358-362.

14 S.C. Schneider, "National vs. Corporate Culture: Implications for Human Resource Management", *Human Resource Management*, verano de 1988, p. 239.

15 Ibid.

16 Véase C.A. O'Reilly y J.A. Chatman, "Culture as a Social Control: Corporations, Cults, and Commitment", en B.M. Staw y L.L. Cummings (eds.), *Research in Organizational Behavior*, vol. 18 (Greenwich, CT: JAI Press, 1996), pp. 157-200.

17 T.E. Deal y A.A. Kennedy, "Culture: A New Look Through Old Lenses", *Journal of Applied Behavioral Science*, noviembre de 1983, p. 501.

18 J.C. "Corporate Culture", *INC.*, noviembre de 1996, pp. 42-53.

19 W.J. Cook, "The Turnaround Artist", *U.S. News & World Report*, 17 de junio de 1996, pp. 55-58.

[20] Véase, por ejemplo, D. Miller, "What Happens After Success: The Perils of Excellence", *Journal of Management Studies*, mayo de 1994, pp. 11-38.

[21] Véase C. Lindsay, "Paradoxes of Organizational Diversity: Living Within the Paradoxes", en L.R. Jauch y J.L. Wall (eds.), *Proceedings of the 50th Academy of Management Conference* (San Francisco, 1990), pp. 374-378; y T. Cox, Jr., *Cultural Diversity in Organizations: Theory, Research & Practice* (San Francisco: Berret-Koehler, 1993), pp. 162-170.

[22] "Texaco: Lessons From a Crisis-In-progress", *Busines Week*, 2 de diciembre de 1996, p. 44.

[23] A.F. Buono y J.L. Bowditch, *The Human Side of Mergers and Acquisitions: Managing Collisions Between People, Cultures, and Organizations* (San Francisco: Jossey-Bass, 1989); Y. Weber y D.M. Schweiger, "Top Management Culture Conflict in Mergers and Acquisitions: A Lesson From Antropology", *The International Journal of Conflict Management*, enero de 1992, pp. 1-17; S. Cartwright y C.L. Cooper, "The Role of Culture Compatibility in Successful Organizational Marriages", *Academy of Management Executive*, mayo de 1993, pp. 57-70.

[24] P.L. Zweig, "The Case Against Mergers", *Business Week*, 30 de octubre de 1995, pp. 122-130.

[25] J.Marchese, "Time Warp", *Business Month*, septiembre de 1990, pp. 32-40; y L. Landro, "It May Be Hollywood, But Happy Endings Are Unusual in Mergers", *Wall Street Journal*, 2 de agosto de 1995, p. A1.

[26] P.L. Zweing, "The Case Against Mergers", p. 130.

[27] E.H. Schein, "The Role of the Founder in Creating Organizational Culture", *Organizational Dynamics*, verano de 1983, pp. 13-28.

[28] Véase, por ejemplo, J.R. Harrison y G.R. Carroll, "Keeping the Faith: A Model of Cultural Transmission in Formal Organizations", *Administrative Science Quarterly*, diciembre de 1991, pp. 552-583.

[29] Véase B. Schneider, "The People Make the Place", *Personnel Psychology*, otoño de 1987, pp. 437-453; J.A. Chatman, "Matching People and Organizations: Selection and Socialization in Public Accounting Firms", *Administrative Science Quarterly*, septiembre de 1991, pp. 459-484; D.E. Bowen, G.E. Ledford, Jr., y B.R. Nathan, "Hiring for the Organization, Not the Job", *Academy of Management Executive*, noviembre de 1991, pp. 35-51; B. Schneider, H.W. Goldstein, y D.B. Smith, "The ASA Framework: An Update", *Personnel Psychology*, invierno de 1995, pp. 747-773; y A.L. Kristof, "Person-Organization Fit: An Integrative Review of Its Conceptualizations, Measurement, and Implications", *Personnel Psychology*, primavera de 1996, pp. 1-49.

[30] R. Pascale, "The Paradox of 'Corporate Culture': Reconciling Ourselves to Socialization", *California Management Review*, invierno de 1985, pp. 26-27.

[31] "Who's Afraid of IBM?" *Business Week*, 29 de junio de 1987, p. 72.

[32] Ibid.

[33] D.C. Hambrick y P.A. Mason, "Upper Echelons: The Organization as a Reflection of Its Top Managers", *Academy of Management Review*, abril de 1984, pp. 193-206; B.P. Niechoff, C.A. Enz, y R.A. Grover, "The Impact of Top-Management Actions on Employee Attitudes and Perceptions", *Group and Organization Studies*, septiembre de 1990, pp. 337-52; y H.M. Trice y J.M. Beyer, "Cultural Leaderchip in Organizations", *Organization Science*, mayo de 1991, pp. 149-169.

[34] "Culture Shock at Xerox", *Business Week*, 22 de junio de 1987, pp. 1, 6-10; y T. Vogel, "At Xerox, Ther're Shouting 'Once More into the Breach,'" *Business Week*, 23 de julio de 1990, pp. 62-63.

[35] Véase, por ejemplo, N.J. Allen y J.P. Meyer, "Organizational Socialization Tactics: A Longitudinal Analysis of Links to Newcomers' Commitment and Role Orientation", *Academy of Management Journal*, diciembre de 1990, pp. 847-858; J.P. Wanous, *Organizational Entry*, 2a. ed. (Nueva York: Addison-Wesley, 1992); G.T. Chao, A.M. O'Leary-Kelly, S. Wolf, H.J. Klein, y P.D. Gardner, "Organizational Socialization: Its Content and Consequences", *Journal of Applied Psychology*, octubre de 1994, pp. 730-743; y J.S. Black y S.J. Ashford, "Fitting In or Making Jobs Fit: Factors Affecting Mode of Adjustment for New Hires", *Human Relations*, abril de 1995, pp. 421-437.

[36] J. Impoco, "Basic Training, Sanyo Style" *U.S. & World Report*, 13 de julio de 1992, pp. 46-48.

[37] B. Filipczak, "Trained by Starbucks", *Training*, junio de 1995, pp. 73-79.

[38] J. Van Maanen y E.H. Schein, "Career Development", en J.R. Hackman y J.L. Suttle (eds.), *Improving Life at Work* (Santa Mónica, CA: Goodyear, 1977), pp. 58-62.

[39] D.C. Feldman, "The Multiple Socialization of Organization Members", *Academy of Management Review,* abril de 1981, p. 310.

[40] Van Maanen y Schein, "Career Development", p. 59.

[41] D.M. Bohe, "The Storytelling Organization: A Study of Story Performance in a Office-Supply Firm", *Administrative Science Quarterly*, marzo de 1991, pp. 106-126; y C.H. Deutsch, "The Parables of Corporate Culture", *The New York Times*, 13 de octubre de 1991, p. F25.

[42] A.M. Pettigrew, "On Studying Organizational Cultures", *Administrative Science Quarterly*, diciembre de 1979, p. 576.

[43] Ibid. Véase también K. Kamoche, "Rhetoric, Ritualism, and Totemism in Human Resource Management", *Human Relations*, abril de 1995, pp. 367-385.

[44] Citado en J.M. Beyer y H.M. Trice, "How an organization's Rites Its Culture", *Organizational Dynamics*, primavera de 1987, p. 15.

[45] A. Rafaeli y M.G. Pratt, "Tailored Meanings: On the Meaning and Impact of Organizational Dress", *Academy of Management Review*, enero de 1993, pp. 32-55.

[46] "LOB, Anyone?" *Business Week*, 4 de octubre de 1993, p. 94.

[47] J.A. Chatman, "Matching People and Organizations: Selection and Socialization in Public Accounting Firms", pp. 459-484; y B.Z. Posner, "Person-Organization Values Congruence: Not Support for Individual Differences as a Moderating Influence", *Human Relations*, abril de 1992, pp. 351-361.

[48] J.E. Sheridan, "Organizational Culture and Employee Retention", *Academy of Management Journal*, diciembre de 1992, pp. 1036-1056.

Capítulo 17

[1] Reportado en T.D. Schellhardt, "The Pressure's On", *Wall Street Journal*, 26 de febrero de 1996, p. R4.

[2] Z. Abdoolcarim, "Executive Stress a Company Killer", *Asian Business*, agosto de 1995, pp. 22-26.

[3] A Levy, "Second-Order Planned Change: Definition and Conceptualizations", *Organizational Dynamics*, verano de 1986, pp. 4-20.

[4] K.L. Miller, "The Factory Guru Tinkering With Toyota", *Business Week*, 17 de mayo de 1993, pp. 95-97.

[5] J.S. McClenahen, "Condit Takes a Hire", *Industry Week*, 2 de diciembre de 1996, pp. 12-16.

[6] Basado en H.J. Leavitt, "Applied Organization Change in Industry", en W. Cooper, H. Leavitt, y M.Shelly (eds.), *New Perspectives on Organization Research* (Nueva York: John Wiley, 1964); y P.J. Robertson, D.R. Roberts, y J.I. Porras, "Dynamics of Planned Organizational Change: Assessing Empirical Support for a Theoretical Model", *Academy of Managament Journal*, junio de 1993, pp. 619-634.

[7] R.H. Hall, *Organizations: Structures, Processes, and Outcomes*, 4a. ed. (Englewood Cliffs, NJ: Prentice Hall, 1987), p. 29.

[8] D. Katz y R.L. Kahn, *The Social Psychology of Organizations*, 2a. ed. (Nueva York: John Wiley & Sons, 1978), pp. 714-715.

[9] J.P. Kotter y L.A. Schlesinger, "Choosing Strategies for Change", *Harvard Business Review*, marzo-abril de 1979, pp. 106-114.

[10] Véase, J. Pfeffer, *Managing With Power: Politics and Influence in Organizations* (Boston: Harvard Business School Press, 1992), pp. 7 y 318-320.

[11] Véase, por ejemplo, W. Ocasio, "Political Dynamics and the Circulation of Power: CEO Succession in U.S. Industrial Corporations, 1960-1990", *Administrative Science Quarterly*, junio de 1994, pp. 285-312.

[12] K. Lewin, *Field Theory in Social Science* (Nueva York: Harper & Row, 1951).

[13] Este apartado está basado en T.A. Stewart, "Rate Your Readiness to Change", *Fortune*, 7 de febrero de 1994, pp. 106-110.

[14] Véase, por ejemplo, A.B. Shani y W.A. Pasmore, "Organization Inquiry: Towards a New Model of the Action Research Process", en D.D. Warrick (ed.), *Contemporary Organization Development: Current Thinking and Applications* (Glenview, IL: Scott, Foresman, 1985), pp. 438-448.

[15] Para mostrar varias definiciones del CO, véase, J.I. Porras y P.J. Robertson, "Organizational Developmnet: Theory, Practice, and Research", en M.D. Dunnette y L.M. Hough (eds.), *Handbook of Industrial & Organizational Psychology*, 2a. ed., vol. 3 (Palo Alto: Consulting Psychologists Press, 1992), pp. 721-723.

[16] L.D. Brown y J.G. Covey, "Development Organizations and Organization Development: Toward an Expanded Paradigm for Organization Development", en R.W. Woodman y W.A. Pasmore (eds.), *Research in Organizational Change and Development*, vol. 1 (Greenwich, CT: JAI Press, 1987), p. 63 y W.A. Pasmore y M.R. Fagans, "Participation, Individual Development, and Organizational Change: A Rreview and Synthesis", *Journal of Management*, junio de 1992, pp. 375-397.

[17] E.H. Schein, *Process Consultation: Its Role in Organizational Development* (Reading, MA: Addison-Wesley, 1969), p. 9.

[18] Ibid.

[19] Véase, por ejemplo, P.F. Buller, "The Team Building-Task Performance Relation: Some Conceptual and Methodological Refinements", *Group and Organization Studies*, septiembre de 1986, pp. 147-168; y D. Eden, "Team Development: Quasi-Experimental Confirmation Among Combat Companies", *Group and Organization Studies*, septiembre de 1986, pp. 133-146.

[20] N. Margulies y J. Wallace, *Organizational Change: Techniques and Applications* (Glenview, IL: Scott, Foresman, 1973), pp. 99-100.

[21] Véase, por ejemplo, E.H. Neilsen, "Understanding and Managing Intergroup Conflict", en J.W. Lorsch y P.R. Lawrence (eds.), *Managing Group and Intergroup Relations* (Homewood, IL: Irwing-Dorsey, 1972), pp. 329-343.

[22] R.R. Blake, J.S. Mouton, y R.L. Sloma, "The Union-Management Intergroup Laboratory: Strategy for Resolving Intergroup Conflic", *Journal of Applied Behavioral Science*, no. 1 (1965), pp. 25-57.

[23] Los análisis de 3M Co. de este capítulo están basados en K. Labich, "The Innovators", *Fortune*, 6 de junio de 1988, p. 49; R. Mitchell, "Masters of Innovation", *Business Week*, 10 de abril de 1989, p. 58; K. Kelly, "The Drought Is Over at 3M", *Business Week*, 7 de noviembre de 1994, pp. 140-141; T.A. Stewart, "3M Fights Back", *Fortune*, 5 de febrero de 1996, pp. 94-99; y T.D. Schellhardt, "David in Goliath", *Wall Street Journal*, 23 de mayo de 1996, p. R14.

[24] Véase, por ejemplo, A. Van de Ven, "Central Problems in the Managament of Innovation", *Management Science*, vol. 32, 1986, pp. 590-607; y R.M. Kanter, "When a Thousand Flowers Bloom: Structural, Collective and Social Condictions for Innovation in Organizations", en B.M. Staw y L.L. Cummings (eds.), *Research in Organizational Behavior*, vol. 10 (Greenwich, CT: JAI Press, 1988), pp. 169-211.

[25] F. Damanpour, "Organizational Innovation: A Meta-Analysis of Effects of Determinants and Moderators", *Academy of Managament Journal*, septiembre de 1991, p. 557.

[26] Ibid., pp. 555-590.

[27] Véase también P.R. Monge, M.D. Cozzens, y N.S. Contractor, "Communication and Motivational Predictors of the Dynamics of Organizational Innovation", *Organization Science*, mayo de 1992, pp. 250-274.

[28] J.H. Sheridan, "Lew Platt: Creating a Culture for Innovation", *Industry Week*, 19 de diciembre de 1994, pp. 26-30.

[29] J.M. Howell y C.A. Higgins, "Champions of Change", *Business Quarterly*, primavera de 1990, pp. 31-32; y D.L. Day, "Raising Radicals: Different Processes for Championing Innovative Corporate Ventures", *Organization Science*, mayo de 1994, pp. 148-172.

[30] J.M. Howell y C.A. Higgins, "Champions of Change".

[31] Véase, por ejemplo, P.M. Senge, *The Fifth Discipline* (Nueva York: Doubleday, 1990); D.Q. Mills y B. Friesen, "The Learning Organization", *European Management Journal*, junio de 1992, pp. 146-156; M. Dodgson, "Organizational Learning: A Review of Some Literatures", *Organization Studies*, vol. 14 no. 3, 1993; D.A. Garvin, "Building a Learning Organization", *Harvard Business Review*, julio-agosto de 1993, pp. 78-91; J.W. Slocum, Jr., M. McGill, y D.T. Lei, "The New Learning Strategy: Anytime, Anything, Anywhere", *Organizational Dynamics*, otoño de 1994, pp. 33-47; y F.J. Barret, "Creating Appreciative Learning Cultures", *Organizational Dynamics*, otoño de 1995, pp. 36-49.

[32] D.H. Kim, "The Link Between Individual and Organizational Learning", *Sloan Managment Review*, otoño de 1993, p. 37.

[33] C. Argyris y D.A. Schon, *Organizational Learning* (Reading, MA: Addison-Wesley, 1978).

[34] B. Dumaine, "Mr. Learning Organization", *Fortune*, 17 de octubre de 1994, p. 148.

[35] F. Kofman y P.M. Senge, "Communities of Commitment: The Heart of Learning organizations", *Organizational Dynamics,* otoño de 1993, pp. 5-23.

[36] B. Dumaine, "Mr. Learning Organizational", p. 154.

[37] Véase S. Shane, S. Venkataraman, e I. MacMillan, "Cultural Differences in Innovation Championing Strategies", *Journal of Management*, vol. 21, no. 5 1995, pp. 931-952.

[38] Adaptado de R.S. Schuler, "Definition and Conceptualization of Stress in Organizations", *Organizational Behavior and Human Performance*, abril de 1980, p. 189. Para revisar la actualización de las definiciones, véase R.L. Kahn y P. Byosiere, "Stress in Organizations", en M.D. Dunnette y L.M. Hough, *Handbook of Industrial and Organizational Psychologists* 2a. ed., vol. 3 (Palo Alto, CA: Consulting Psychologists Press, 1992), pp. 573-580.

[39] Ibid., p. 191.

[40] Este modelo está basado en D.F. Parker y T.A. DeCotiis, "Organizational Determinants of Job Stress", *Organizational Behavior and Human Performance*, octubre de 1983, p. 166, S. Parasuraman y J.A. Alutto, "Sources and Outcomes of Stress in Organizational Settings: Toward the Development of a Structural Model", *Academy of Management Journal*, junio de 1984, p. 333; y R.L. Kahn y P. Byosiere, "Stress in Organizations", p. 592.

[41] Esta sección ha sido adaptada de C.L. Cooper y R. Payne, *Stress at Work* (Londres: John Wiley, 1978); Parasuraman y Alutto, "Sources and Outcomes of Stress in Organizational Setting", pp. 330-350.

[42] Véase, por ejemplo, D.R. Frew y N.S. Bruning, "Perceived Organizational Characteristics and Personality Measures as Predictors of Stress/Strain in the Work Place", *Journal of Management*, invierno de 1987, pp. 633-646; y M.L. Fox, D.J. Dwyer, y D.C. Ganster, "Effects of Stressful Job Demands and Control of Physiological and Attitudinal Outcomes in a Hospital Setting", *Academy of Managment Journal*, abril de 1993, pp. 289-318.

[43] D.L. Nelson y C. Sutton, "Chronic Work Stress and Coping: A Longitudinal Study and Suggested New Directions", *Academy of Management Journal*, diciembre de 1990, pp. 859-869.

[44] H. Selye, *The Stress of Live*, rev. ed. (Nueva York: McGraw-Hill, 1956).

[45] J.L. Xie y G. Johns, "Job Scope and Stress: Can Job Scope Be Too High?" *Academy of Management Journal*, octubre de 1995, pp. 1288-1309.

[46] S.J. Motowidlo, J.S. Packard, y M.R. Manning, "Occupational Stress: Its causes and Consequenses for Job Performance", *Journal of Applied Psychology*, noviembre de 1987, pp. 619-620.

[47] Véase, por ejemplo, J.J. House, *Work Stress and Social Support* (Reading, MA: Addison Wesley, 1981); S. Jayaratne, D. Himle y W.A. Chess, "Dealing with Work Stress and Strain: Is the Perception of Support More Important Tha Its Use?" *The Journal of Applied Behavioral Science*, vol. 24, no. 2, 1988, pp. 191-202; R.C. Cummings, "Job Stress and the Buffering Effect of Supervisory Support", *Group & Organization Studies*, marzo de 1990, pp. 92-104; C.L. Sheck, A.J. Kinicki, y J.A. Davy, "A Longitudinal Study of a Multivariate Model of the Stress process Using Structural Equations Modeling", *Human Relations*, diciembre de 1995, pp. 1481-1510; y M.R. Manning, C.N. Jackson, y M.R. Fusilier, "Occupational Stress, Social Support, and the Cost of Health Care", *Academy of Management Journal*, junio de 1996, pp. 738-750.

[48] Véase L.R. Murphy, "A Review of Organizational Stress Management Research", *Journal of Organizational Behavior Management*, otoño-invierno de 1986, pp. 215-227.

[49] M. Friedman y R.H. Rosenman, *Type A Behavior and Your Heart* (Nueva York: Alfred A. Knopf, 1974).

[50] Ibid., p. 84.

[51] R. Williams, *The Trusting Heart: Grat News About Type A Behavior* (Nueva York: Times Books, 1989).

[52] Schler, "Definition and Conceptualization of Stress", pp. 200-205; y R.L. Kahn y P. Byosiere, "Stress in Organizations", pp. 604-610.

[53] Véase T.A. Beehr y J.E. Newman, "Job Stress, Employee Health, and organizational Effectiveness: A Facet Analysis, Model, y Literature Review", *Personnel Psychology*, invierno de 1978, pp. 665-699; y B.D. Steffy y J.W. Jones, "Workplace Stress and Indicators of Coronary-Dsease Risk", *Academy of Management Journal*, septiembre de 1988, pp. 686-698.

[54] B.D. Steffy y J.W. Jones, "Workplace Stress and Indicators of Coronary-Disease Risl", p. 687.

[55] C.L. Cooper y J. Marshall, "Occupational Sources of Stress: A Review of the Literature Relating to Coronary Heart Disease and Mental III Health", *Journal of Occupational Psychology*, vol. 49 no. 1 (1976), pp. 11-28.

[56] J.R. Hackman y G.R. Oldham, "Development of the Job Diagnostic Survey", *Journal of Applied Psychology*, abril de 1975, pp. 159-170.

[57] Véase, por ejemplo, J.M. Ivancevich y M.T. Matteson, Stress y Work (Glenview, IL: Scott, Foresman, 1981); y

R.D. Allen, M.A. Hitt, y C.R. Greer, "Occupational Stress and Perceived Organizational Effectiveness in Formal Groups: An Examination of Stress Level and Stress Type", *Personnel Psychology*, verano 1982, pp. 359-370.

[58] S.E. Sullivan y R.S. Bhagat, "Organizational Stress, Job Satisfaction and Job Performance: Where Do We Go From Here?" *Journal of Management*, junio de 1992, pp. 361-364.

[59] La discusión siguiente ha sido influida por J.E. Newman y T.A. Beehr, "Personal and Organizational Strategies for Handling Job Stress", *Personnel Psychology*, primavera de 1979, pp. 1-38; A.P. Brief, R.S. Schuler, y M.Van Sell, *Managing Job Stress*; R.L. Rose y J.F. Veiga, "Assessing the Sustained Effects of a Stress Management Intervention on Anxiety and Locus of Control", *Academy of Management Journal*, marzo de 1984, pp. 190-198; J.M. Ivancevich y M.T. Matteson, "Organizational Level Stress Management Interventions: A Review and Recommendations", *Journal of Organizational Behavior Management*, otoño-invierno de 1986, pp. 229-248; M.T. Matterson y J.M. Ivancevich, "Individual Stress Management Interventions: Evaluation of Techniques", *Journal of Management Psychology*, enero de 1987, pp. 24-30; J.M. Ivancevich, M.T. Matteson, S.M. Freedman, y J.S. Phillips, "Worksite Stress Management Interventions", *American Psychologist*, febrero de 1990, pp. 252-261; R, Maturi, "Stress can be Beaten", *Industry Week*, 20 de julio de 1992, pp. 23-26; y P. Froiland, "What Cures Job Stress?" *Training*, diciembre de 1993, pp. 32-36.

[60] T.H. Macan, "Time Management: Test of a Process Model", *Journal of Applied psychology*, junio de 1994, pp. 381-391.

[61] Véase, por ejemplo, M.E. Haynes, *Practical Time Management How to make the Most of Your Most Perishable Resource* (Tulsa, OK: PennWell Books, 1985).

[62] J. Kiely y G. Hodgson, "Stress in the Prison Service: The Benefits of Exercise programs", *Human Relations*, junio de 1990, pp. 551-572.

[63] E.J. Forbes y R.J. Pekala, "Psychophysiological Effects of Several Stress Management Techniques", *Psychological Reports*, febrero de 1993, pp. 19-27; y G. Smith, "Meditation the New Balm for Corporate Stress", *Business Week*, 10 de mayo de 1993, pp. 86-87.

[64] D. Etzion, "Moderating Effects of Social Support on the Stress-Burnout Relationship", *Journal of Aplied Psychology*, noviembre de 1984, pp. 615-622; y Jackson, Schawb, y Schuler, "Toward an Understanding of the Burnout Phenomenon".

[65] S.E. Jackson, "Participation in Decision Making as a Strategy fo Reducing Job-Related Strain", *Journal of Applied Psychology*, febrero de 1983, pp. 3-19; y P. Froiland, "What Cures Job Stress?"

[66] Véase, por ejemplo, R.A. Wolfe, D.O. Ulrich, y D.F. Parker, "Employee health Management Programs: Review, Critique, and Research Agenda", *Journal of Management*, invierno de 1987, pp. 603-615; D.L. Gebhardt y C.E. Crump, "Employee Fitness and Wellness programs in the Workplace", *American Psychologist*, febrero de 1990, pp. 262-272; y C.E. Beadle, "And Let's Save 'Wellness.' It Works", *New York Times*, 24 de julio de 1994, p. F9.

[67] S. Tully, "America's Healthiest Companies", *Fortune*, 12 de junio de 1995, p. 104.

[68] P.S. Goodman y L.B. Kurke, "Studies of Change in Organizations: A Status Report", en P.S. Goodman (ed.), *Change in Organizations* (San Francisco: Jossey-Bass, 1982), pp. 1-2.

[69] R.L. Kanh y P. Byosiere, "Stress in Organizations", pp. 605-608.

Apéndice A

[1] Véase, por ejemplo, D.A. Wren, *The Evolution of Management Thought*, 4a. ed. (Nueva York: John Wiley & Sons, 1994), capítulos especiales del 13 al 18.

[2] A. Smith, *An Inquiry into the Nature and Causes of the Wealth of Nations* (Nueva York: Modern Library, 1937; orig. pub. 1776).

[3] C. Babbage, *On the Economy of Machinery and Manufactures* (London: Charles Knight, 1832).

[4] R.A. Owen, *A New View of Society* (Nueva York: E. Bliss & White, 1825).

[5] F. W. Taylor, *Principles of Scientific Management* (Nueva York: Harper & Brothers, 1911).

[6] Ibid., p. 44.

[7] H. Fayol, *Industrial and general Administration* (París: Dunod, 1916).

[8] M. Weber, *The Theory of Social and Economic Organizations*, ed. T. Parsons, trans. A.M. Henderson y T. Parsons (Nueva York: Free press, 1947).

[9] Wren, *The Evolution of Management Thougth*, capítulo 14.

[10] Véase, por ejemplo, M.P. Follett, *The New State: Group Organization the Solution of Popular Government* (Londres: Longmans, Green & Co. 1918). Véase también la revisión que Mary Parker hace de las plazas públicas en *Organization* febrero de 1996, pp. 147-180.

[11] C.I. Barnard, *The Functions of the Executive* (Cambridge, MA: Harvard University Press, 1938).

[12] H. Münstemberg *Psychology and Industrial Efficiency* (Boston: Houghton Mifflin, 1913).

[13] E. Mayo, *The Human Problems of an Industrial Civilization* (Nueva York: Mcmillan, 1933); F.J. Roethlisberger y W.J. Dickson, *Management and the Worker* (Cambridge, MA: Harvard University Press, 1939):

[14] Véase, por ejemplo, A. Carey, "The Hawthorne Studies: A Radical Criticism", *American Sociological Review*, junio de 1967, pp. 403-16; R.H. Franke y J. Kaul, "The Hawthorne Experiments: First Statistical Interpretations", *American Sociological Review*, octubre de 1978, pp. 623-43; B. Rice "The Hawthorne Defect: Persistence of a Flawed Theory", *Psychology Today*, febrero de 1982, pp. 70-74; J.A. Sonnenfeld, "Shedding Ligth on the Hawthorne Studies", *Journal of Occupational Behavior*, abril de 1985, pp. 111-130; y S.R.G. Jones, "Was There a Hawthorne Effect?" *American Journal of Sociology*, noviembre de 1992, pp. 451-468.

[15] D. Carnegie, *How to Win Friends and Influence people* (Nueva York: Simon & Schster, 1936).

[16] Wren, *The Evolution of Management Thougth*, p. 336.

[17] A. Maslow, *Motivation and Personality* (Nueva York: Harper & Row, 1954).

[18] D, McGregor, *The Human Side of Enterprise* (Nueva York: McGraw-Hill, 1960).

[19] J.L. Moreno, "Contributions of Sociometry to Research Methodology in Sociology", *American Sociological Review*, junio de 1947, pp. 287-292.

[20] Véase, por ejemplo, B.F. Skinner, *Science and Human Behavior* (Nueva York: Free Press, 1953); y B.F. Skinner, *Beyond Freedom and Dignity* (Nueva York: Knopf, 1972).

[21] D.C. McClelland, *The Achieving Society* (Nueva York: Van Nostrand Reinhold, 1961); D.C. McClelland y D.G. Winter, *Motivating Economic Achievement* (Nueva York: Free Press, 1969).

[22] F.E. Fiedler, *A Theory of Leadership Effectiveness* (Nueva York: McGraw-Hill, 1967).

[23] F. Hezberg, B. Mausner, y B. Snyderman, *The Motivation to Work* (Nueva York, John Wiley, 1959); y F. Hezberg, *The Managerial Choice: To Be Efficient or to Be Human*, rev ed. (Salt Lake City: Olympus, 1982).

[24] J.R. Hackman y G.R. Oldman, "Development of the Job Diagnostic Survey", *Journal of Applied Psychology*, abril de 1975, pp. 159-170.

[25] Véase, por ejemplo, J.M. Shepard y J.G. Hougland, Jr., "Contingency Theory: 'Complex man' or' Complex Organization'?" *Academy of Management Review*, julio de 1978, pp. 413-427; y H.L. Tosi, Jr., y J.W. Slocum, Jr., "Contingency Theory: Some Suggested Directions", *Journal of Management*, primavera de 1984, pp. 9-26.

[26] C.A. O'Reilly III, "Organizational Behavior: Where We've Been, Where We're Going", en M.R. Rosenzweig y L. W. Porter (eds.), *Annual Review of Psychology*, vol. 42 (Palo Alto, CA: Annual Reviews, Inc., 1991), pp. 429-430.

[27] Ibid., pp. 427-458.

Apéndice B

[1] J.A Byrne, "Executive Swet", *Forbes*, 20 de mayo de 1985, pp. 198-200.

[2] Este análisis está basado en el material presentado en E. Stone, *Research Methods in Organizational Behavior* (Santa Mónica, CA: Goodyear, 1978).

[3] B.M. Staw y G.R. Oldham, "Recnsidering Our Dependent Variables: A Critique and Empirical Study", *Academy of Management Journal*, diciembre de 1978, pp. 539-559; y B.M. Staw, "Organizational Behavior: A Review and Reformulation of the Field's Outcome Variables", en M.R. Rosenzweig y L.W. Porter (eds.), *Annual Review of Psychology*, vol. 35 (Palo Alto, CA: Annual Reviews, 1984), pp. 627-66.

[4] R.S. Blackburn, "Experimental Desig in organizational Settings", en J.W. Lorsch (ed.), *Handbook of Organizational Behavior* (Englewood Cliffs, NJ: Prentice Hall, 1987), pp. 127-128.

[5] G.G. Alpander, "Supervisory Training Programmes in Major U.S. Corporations", *Journal of Management Development*, vol. 5, no. 5, 1986, pp. 3-22.

[6] S. Milgram, *Obedience to Authority* (Nueva York: Harper & Row, 1974). Para una crítica acerca de esta investigación, véase T. Blass, "Understanding Behavior in the Milgram Obedience Experiment: The Role of Personality, Situations, and Their Interactions", *Journal of Personality and Social Psychology*, marzo de 1991, pp. 398-413.

[7] J.J. Martocchio y A.M. O'Leary, "Sex Differences in Occupational Stress: A Meta-Analytic Review", *Journal of Applied Psychology*, junio de 1989, pp. 495-501.

[8] Véase, por ejemplo, R.A. Guzzo, S.E. Jackson, y R.A. Katzell, "Meta-Analysis", en L.L. Cummings y B.M. Staw (eds.), *Research in organizational Behavior*, vol. 9 (Greenwich, CT: JAI Press, 1987), pp. 407-442; A.L. Beaman, "An Empirical Comparison of Meta-Analytic and Traditional Reviews", *Personality and Social Psychology Bulletin*, junio de 1991, pp. 252-257; y G.E. Ledford, Jr. y E.E. Lawler, III, "Research on Employee Particpation: Beating aDead Horse?" *Academy of Management Review*, octubre de 1994, pp. 633-636.

[9] Para más publicaciones no éticas en la investigación, véase, T.L. Beauchamp, R.R. Faden, R.J. Wallace, Jr., y L. Walters (eds.), *Ethical Issues in Social Science Research* (Baltimore, MD: Johns Hopkins University Press, 1982); y D. Baumrind, "Research Using Intentional Deception", *American Psychologist*, febrero de 1985, pp. 165-174.

Créditos de fotografías

Índices

Índice de nombres

Nota: Los números precedidos de la letra "N" corresponden a la sección de *notas finales*, los números precedidos de la letra "A" se refieren a los *apéndices*.

Índice de organizaciones

Índice analítico y glosario

ROBBINS
Comportamiento organizacional 8a. edición
Prentice Hall, Inc.

USTED DEBER LEER CUIDADOSAMENTE LOS TÉRMINOS Y CONDICIONES ANTES DE USAR EL PAQUETE DEL DISQUETE. USAR ESTE PAQUETE IMPLICA SU ACEPTACIÓN A ESTOS TÉRMINOS Y CONDICIONES.

Prentice Hall, Inc., proporciona este programa y autoriza una licencia para su uso. Usted asume la responsabilidad de la selección del programa para lograr sus resultados, y para la instalación, aplicación y resultados obtenidos del programa. Esta licencia se extiende solamente para usar el programa en Estados Unidos o países en los cuales el programa sea vendido por los distribuidores autorizados.

LICENCIA
Usted acepta que esta licencia no es exclusiva ni transferible y que es permanente para instalar y usar el programa en UNA SOLA COMPUTADORA en cualquier momento. Usted puede copiar el programa únicamente para respaldo o propósitos de archivo en apoyo de su uso del programa en una sola computadora. Usted no podrá modificar, traducir, desensamblar, decompilar o realizar ingeniería de reversa al programa, en todo o en parte.

TÉRMINO
La licencia es efectiva hasta que se revoque. Prentice Hall, Inc., se reserva el derecho de revocar esta licencia automáticamente si se viola alguna provisión de la licencia. Usted puede dar por terminada la licencia en cualquier momento. Para tal efecto, debe regresar el programa, incluyendo la documentación, junto con una garantía escrita estableciendo que todas las reproducciones en su posesión han sido regresadas o destruidas.

GARANTÍA LIMITADA
EL PROGRAMA SE PROPORCIONA TAL COMO ESTÁ SIN GARANTÍA DE CUALQUIER CLASE, YA SEA EXPRESA O IMPLÍCITA; INCLUIDO, PERO NO LIMITADO A, LAS GARANTÍAS IMPLÍCITAS O DE VENTA Y AJUSTE PARA UN PROPÓSITO EN PARTICULAR. TODO EL RIESGO COMO LA CALIDAD Y EL DESEMPEÑO DE ESTE PROGRAMA ES DE USTED. SI EL PROGRAMA PRUEBA SER DEFECTUOSO, USTED (Y NO PRENTICE HALL, INC., O CUALQUIER VENDEDOR AUTORIZADO) ASUME EL COSTO COMPLETO DE TODO EL SERVICIO NECESARIO, REPARACIÓN O CORRECCIÓN, NINGUNA INFORMACIÓN ORAL O ESCRITA O CONSEJO DADO POR PRENTICE HALL, INC., SUS VENDEDORES, DISTRIBUIDORES O AGENTES CREARÁN UNA GARANTÍA O AMPLIARÁN LA COBERTURA DE ESTA GARANTÍA.

ALGUNOS ESTADOS NO PERMITEN LA EXCLUSIÓN DE GARANTÍAS IMPLÍCITAS, ASÍ QUE LA EXCLUSIÓN ANTERIOR PUDIERA NO APLICAR PARA USTED. ESTA GARANTÍA LE DA DERECHOS LEGALES ESPECÍFICOS Y USTED PUEDE TENER OTROS DERECHOS LEGALES QUE VARÍAN DE ESTADO A ESTADO.

Prentice Hall, Inc., no garantiza que las funciones en el programa reunirán sus requerimientos o que la operación del programa sea ininterrumpida o no tenga errores.

Sin embargo, Prentice Hall, Inc., garantiza que el(los) disquete(s) que contiene el programa está libre de defectos y mano de obra bajo uso normal por un periodo de (90) días, a partir de la fecha de entrega, comprobable con una copia de su recibo.

No deberá tenerse este programa como apoyo único para resolver un problema cuya solución incorrecta pudiera provocar daño a la persona o propiedad. Si el programa es empleado de tal manera, será por cuenta y riesgo del usuario y Prentice Hall, Inc., explícitamente rechaza cualquier responsabilidad por tal mal uso.

LIMITACIONES DE LA RESPONSABILIDAD DE PRENTICE HALL
La completa responsabilidad de Prentice Hall, Inc., y su remedio exclusivo será:
1. El reemplazo de cualquier disquete que no cumpla la "GARANTÍA LIMITADA" de Prentice Hall, Inc., y que sea regresado a Prentice Hall, o
2. Si Prentice Hall no es capaz de entregar un disquete de reemplazo que no tenga defectos de materiales o mano de obra, usted puede terminar este acuerdo devolviendo el programa.

EN NINGÚN EVENTO PRENTICE HALL, INC., SERÁ RESPONSABLE ANTE USTED POR CUALQUIER DAÑO QUE SURJA DEL USO O INHABILIDAD DE UTILIZAR TAL PROGRAMA AUN SI PRENTICE HALL, INC., O UN DISTRIBUIDOR AUTORIZADO HA SIDO ACONSEJADO DE LA POSIBILIDAD DE TALES DAÑOS O CUALQUIER RECLAMO POR CUALQUIERA OTRA PARTE.

ALGUNOS ESTADOS NO PERMITEN LA LIMITACIÓN O EXCLUSIÓN DE LA RESPONSABILIDAD POR DAÑOS INCIDENTALES O CONSECUENCIALES, ASÍ QUE LA LIMITACIÓN ANTERIOR O EXCLUSIÓN PUDIERA NO APLICAR EN SU CASO.

GENERAL
Usted no puede otorgar, asignar ni transferir la licencia del programa. Cualquier intento de otorgar licencia, asignar o transferir cualquiera de los derechos, deberes u obligaciones señalados es nulo.

Este acuerdo será gobernado por las leyes del estado de Nueva York.

Si tiene alguna pregunta concerniente a este acuerdo, contacte a Prentice Hall, Inc.
Escribiendo a:
Director of New Media
Higher Education Division
Prentice Hall, Inc.
1 Lake Street
Upper Saddle River, NJ 07458

Si tiene alguna pregunta concerniente al apoyo técnico, escriba a:
New Media Production
Higher Education Division
Prentice Hall, Inc.
1 Lake Street
Upper Saddle River, NJ 07458

ES DE SU CONOCIMIENTO QUE USTED HA LEÍDO ESTE ACUERDO, LO HA ENTENDIDO Y ESTÁ DE ACUERDO EN SUJETARSE A SUS TÉRMINOS Y CONDICIONES. ADEMÁS, ESTÁ DE ACUERDO EN QUE LA DECLARACIÓN COMPLETA Y EXCLUSIVA DEL ACUERDO ENTRE NOSOTROS REEMPLAZA CUALQUIER PROPUESTA O ACUERDO PREVIO, ORAL O ESCRITO Y QUE CUALQUIER OTRA COMUNICACIÓN ENTRE NOSOTROS EN RELACIÓN CON EL ASUNTO EN CUESTIÓN DE ESTE ACUERDO.